I0875975

Kohlhammer

Kohlhammer
Studienbücher Theologie

Herausgegeben von

Gottfried Bitter
Christian Frevel
Hans-Josef Klauck
Dorothea Sattler

Band 1,1

Erich Zenger, Christian Frevel, Heinz-Josef Fabry,
Georg Braulik, Georg Hentschel, Georg Steins,
Helmut Engel, Ludger Schwienhorst-Schönberger,
Silvia Schroer, Johannes Marböck, Hans-Winfried Jüngling,
Franz-Josef Backhaus, Ivo Meyer, Frank-Lothar Hossfeld,
Herbert Niehr

Einleitung in das Alte Testament

Neunte, aktualisierte Auflage
herausgegeben von Christian Frevel

Verlag W. Kohlhammer

1. Auflage August 1995
2. Auflage August 1996
3. Auflage Dezember 1998
4. Auflage Oktober 2001
5. Auflage April 2004
6. Auflage Mai 2006
7. Auflage September 2008
8. Auflage Oktober 2011

Der Herausgeber: Dr. Christian Frevel ist Professor für Altes Testament an der Universität Bochum und Extraordinary Professor am Department of Old Testament Studies der University of Pretoria, South Africa.

9. Auflage 2016

Alle Rechte vorbehalten
© W. Kohlhammer GmbH, Stuttgart
Satz: michon, Wickerer Weg 19, 65719 Hofheim/Ts.
Gesamtherstellung: W. Kohlhammer GmbH, Stuttgart

Print:
ISBN 978-3-17-030351-5

E-Book-Format:
pdf: ISBN 978-3-17-030352-2

Für den Inhalt abgedruckter oder verlinkter Websites ist ausschließlich der jeweilige Betreiber verantwortlich. Die W. Kohlhammer GmbH hat keinen Einfluss auf die verknüpften Seiten und übernimmt hierfür keinerlei Haftung.

Inhalt

Die Abkürzungen folgen dem Abkürzungsverzeichnis von *M. Görg/B. Lang*, Neues Bibel-Lexikon, Zürich 1988ff (= NBL) bzw. der »Theologischen Realenzyklopädie« (= TRE); zu den Abkürzungen rabbinischer Schriften vgl. *G. Stemberger*, Einleitung in Talmud und Midrasch, München [9]2011.

Vorwort zur ersten Auflage (1995)

Dieses Buch will in Bedeutung und Entstehung des christlichen Alten/Ersten Testaments als eines Ganzen und seiner Teile einführen. Es ist im deutschsprachigen Raum die bislang erste umfangreiche Einleitung, die den »großen« Kanon des Alten Testaments, wie er in der katholischen Tradition bis heute gültig ist, behandelt; es werden also auch die sog. deuterokanonischen Bücher vorgestellt. Daß das Alte Testament der erste Teil der christlichen Bibel ist, wird ausdrücklich reflektiert. Zugleich wird herausgestellt, daß der größte Teil der alttestamentlichen Schriften als Jüdische Bibel entstanden und als solche im Judentum lebendig ist. Um die beiden Aspekte bewußt zu halten, gebraucht die »Einleitung« die Bezeichnungen Tanach und Erstes Testament.

Bei der Darstellung folgt unser Buch dem Aufbau des christlichen Kanons. Die einzelnen Schriften werden also nicht, wie es die meisten neueren »Einleitungen« tun, nach ihrer mutmaßlichen Entstehungsabfolge, sondern nach ihrer Stellung im Kanon beschrieben. Dieses Verfahren ist zum einen fachwissenschaftlich begründet. Es setzt mit jener Größe ein, die uns vorliegt – und dies ist der Text in seiner kanonischen Endgestalt. Zum anderen beruht das Verfahren auf einer theologischen Entscheidung. Es soll eben eingeführt werden in das Verstehen des Ersten Testaments als Heilige Schrift. Zu diesem Verstehen gehört zwar auch das Wissen um die bisweilen sehr komplexe Entstehungsgeschichte der einzelnen Schriften, dennoch sind z. B. nicht die Priesterschrift oder die deuterojesajanische Redaktion, sondern die Tora und das Buch Jesaja (freilich in ihrem geschichtlich gewordenen Relief) kanonisiert worden. Unsere »Einleitung« versucht, die hermeneutische Dialektik von synchroner und diachroner Fragestellung konsequent und in theologischer Absicht durchzuführen. So folgt die Darstellung in der Regel dem Schema: 1. Aufbau des biblischen Buchs (synchrone Lektüre); 2. Entstehung (diachrone Lektüre); 3. Zeit- und theologiegeschichtlicher Kontext; 4. Schwerpunkte der Theologie; 5. Relevanz für (das Judentum und) Christentum heute.

Von ihrer theologischen Zielsetzung her sucht die »Einleitung« auch das Gespräch mit den anderen Disziplinen der Theologie. Insofern christliche Theologie die mit wissenschaftlichen Methoden verfahrende Darstellung, Erläuterung und Reflexion jüdisch-christlicher Traditionen ist, braucht sie besonders zur Bibel als der Quelle von Glauben und Leben einen fachwissenschaftlich fundierten Zugang. Da sich auf vielen Feldern der Bibelwissenschaft in den letzten Jahren nicht nur einzelne Fragestellungen, sondern grundlegende Forschungsparadigmen verändert haben (z. B. in der Pentateuchexegese mit der Infragestellung der lange gültigen Quellenhypothese, in der Sozial- und Religionsgeschichte Israels mit einer neuen Sicht der historischen Anfänge Israels sowie einer viel differenzierteren Beurteilung des Monotheismus und in der Bibelhermeneutik mit der Wiederentdeckung der Bedeutung des kanonischen Endtextes sowie mit der stärkeren Berücksichtigung der jüdischen Dimensionen des Christentums), ist es für Nichtexegeten schwer geworden, Überblick und Orientierung zu finden. Dieser Situation will unsere »Einleitung« Rechnung tragen – zugleich in der Hoffnung, daß das in den letzten Jahren stiller gewordene Gespräch zwischen der Exegese und den anderen theologischen Disziplinen wieder intensiver werden könnte.

Diese »Einleitung« ist zuallererst als Lehr- und Studienbuch für den universitären Unterricht entstanden. Sie präsentiert deshalb den Stoff gut gegliedert und mit Hilfe zahlreicher Tabellen und Graphiken. Sie will über den derzeitigen Forschungsstand informieren, ohne ein verwirrendes Kaleidoskop aller einzelnen Forschermeinungen zu entwerfen. Das Buch ist so konzipiert, daß es auch zum Selbststudium und als Orientierung für all jene geeignet sein soll, die sich in eine bibelwissenschaftlich fundierte Lektüre des Buchs der Bücher »einleiten« lassen wollen.

Dieses Werk ist als Gemeinschaftswerk entstanden. Angesichts der Ausdifferenzierung der Forschung ist kein einzelner mehr in der Lage, auf allen Gebieten kompetent zu sein. Damit dennoch kein »Sammelband« entstünde, habe ich der Mitautorin und den Mitautoren strenge Vorgaben gemacht und auch bisweilen stark redigiert, um ein einheitliches Lehrbuch zu erhalten. Ich danke der Kollegin und den Kollegen für ihre Bereitschaft, diese Beschränkung im Dienste der gemeinsamen Sache hinzunehmen.

Das Buch wäre ohne die kompetente und unermüdliche Mitwirkung meiner Münsteraner Mitarbeiterinnen und Mitarbeiter nicht zustande gekommen. So danke ich ganz herzlich Stefanie Fuest, Ulrike Homberg, Benedikt Jürgens, Resi Koslowski (Sekretariat), Ilse Müllner, Johannes Rienäcker (Graphiken), Katharina Töns und Bettina Wellmann. Nur wer selbst ein vergleichbares Opus geschaffen hat, weiß, wie viel Arbeit und Geduld die Erstellung einer reprofertigen Druckvorlage mit derart vielen Tabellen verlangt – von der Findigkeit ganz abgesehen, die immer wieder nötig ist, wenn die PCs ihre schon sprichwörtlichen Überraschungen präsentieren. Wir alle hoffen, daß wir mit dieser »Einleitung« denen, die das Erste Testament tiefer kennenlernen wollen, einen guten Dienst erwiesen haben. Unser Buch will zwar auch selbst gelesen werden, aber vor allem will es dazu verführen, die Bibel als *das Buch der Bücher* zu verstehen und zu lieben.

Münster, im Juni 1995 Erich Zenger

Vorwort zur neunten Auflage (2015)

Wenn hiermit die neunte Auflage der »Zenger-Einleitung« vorgelegt werden kann, verbindet sich damit die Freude über die nach wie vor große Akzeptanz des Studienbuches über nun schon 20 Jahre. Das bewährte Konzept und die Autoren der letzten Auflage wurden beibehalten, doch alle Beiträge erneut überarbeitet und durch Literaturhinweise ergänzt. Eine gravierende Änderung gegenüber den beiden vergangenen Auflagen bedeutet die Streichung des Grundrisses der Geschichte Israels. Der Forschungsstand zur »Geschichte Israels« hat sich in den vergangenen Jahren stark verändert. Gekennzeichnet durch das Auseinandertreten von biblischer Darstellung und außerbiblischem Befund einerseits und eine zunehmende Regionalisierung andererseits, erfordert die Rekonstruktion der Geschichte Israels ein intensives Eingehen auf die Quellen, das auf dem engem Raum im Rahmen der »Einleitung« nicht mehr möglich war. Daher erscheint der »Grundriss der Geschichte Israels« parallel als eigenes Buch unter dem Titel »Geschichte Israels« (ebenfalls in der Reihe Studienbücher Theologie im Verlag Kohlhammer).

Ohne das Mittun der Autorin und der Autoren der Einleitung und ihre Bereitschaft, sich erneut auf eine Überarbeitung und Ergänzung der von ihnen verantworteten Beiträge einzulassen, wäre das Gemeinschaftswerk nicht an den Forschungsstand anzunähern gewesen. Aus unterschiedlichen Gründen waren nicht alle Autoren der Einleitung zur Mitarbeit in der Lage. Ich bedanke mich bei allen für die Einwilligung, auch diese Teile überarbeiten zu dürfen und besonders bei Johannes Schnocks und Michael Konkel für die Hilfestellung bei der Überarbeitung der Teile zum Psalter und zu Ezechiel.

Florian Specker vom Verlag Kohlhammer hat auch den Satz dieser Auflage mit der gewohnten Professionalität begleitet. Besonderen Dank bin ich daneben auch diesmal den Mitarbeiterinnen und Mitarbeitern in Bochum schuldig, allen voran Dr. des. Katharina Pyschny und Katharina Werbeck (Sekretariat) sowie Michael Diek und Estera Weber.

Am Schluss bleibt der Wunsch, dass das Studienbuch, das der am 4.4.2010 verstorbene Erich Zenger initiiert und über 15 Jahre begleitet hat, weiter dazu verführt, sich mit dem Alten/Ersten Testament zu beschäftigen. Der Formulierung, die er in der ihm eigenen unverkennbaren Diktion in seiner Abschiedsvorlesung 2004 gewählt hat, kann ich mich ganz anschließen: »Der Mensch kann das einfache Geheimnis der Barmherzigkeit Gottes nicht begreifen, ehe er alle Worte der Heiligen Schriften gelernt und gelebt hat. Dabei eine Hilfestellung zu geben – das ist die wichtigste Aufgabe der Bibelwissenschaft, wie ich sie verstehe«.

Bochum, im August 2015 Christian Frevel

A. Heilige Schrift der Juden und der Christen

(Erich Zenger, Münster, bearb. von Christian Frevel, Bochum)

Literatur: J.-M. Auwers/H. J. de Jonge, The Biblical Canons (BEThL 163) Leuven 2003; E. Ballhorn/G. Steins (Hg.), Der Bibelkanon in der Bibelauslegung. Methodenreflexionen und Beispielexegesen, Stuttgart 2007; M. Becker/J. Frey (Hg.), Qumran und der biblische Kanon (BThS 92) Neukirchen-Vluyn 2009; P. Brandt, Endgestalten des Kanons. Das Arrangement der Schriften Israels in der jüdischen und christlichen Bibel (BBB 131) Berlin 2001; E. Brocke, Von den »Schriften« zum »Alten Testament« – und zurück? Jüdische Fragen zur christlichen Suche nach einer »Mitte der Schrift«, in: FS R. Rendtorff, Neukirchen-Vluyn 1990, 581–594; B. S. Childs, Die Bedeutung der Hebräischen Bibel für die Biblische Theologie: ThZ 48, 1992, 382–390; F. Crüsemann, Das Alte Testament als Wahrheitsraum des Neuen. Die neue Sicht der christlichen Bibel, Gütersloh 2011; C. Dohmen, Der biblische Kanon in der Diskussion: ThRev 91, 1995, 451–460 *(Lit.)*; ders., Der eine Gott in der Zweiheit der einen christlichen Bibel, in: I. Müllner/L. Schwienhorst-Schönberger (Hg.), Gottes Name(n) (HBS 71) Freiburg u. a. 2012, 52–66; ders., Christsein entscheidet sich am Alten Testament, in: G. Gafus (Hg.), Vom Leben umfangen (ÄAT 80) Münster 2014, 27–32; ders., Biblische Auslegungstraditionen: FrRu 21, 2014, 84–94; C. Dohmen/F. Mußner, Nur die halbe Wahrheit? Für die Einheit der ganzen Bibel, Freiburg 1993; C. Dohmen/T. Söding (Hg.), Eine Bibel – zwei Testamente. Positionen biblischer Theologie, Paderborn 1995; C. Dohmen/G. Stemberger, Hermeneutik der Jüdischen Bibel und des Alten Testaments, Stuttgart 1996; H. Frankemölle, Jüdische Wurzeln christlicher Theologie, Bodenheim 1998; ders. (Hg.), Der ungekündigte Bund? Antworten des Neuen Testaments (QD 172) Freiburg 1998; ders., Das jüdische Neue Testament und der christliche Glaube. Grundlagenwissen für den jüdisch-christlichen Dialog, Stuttgart 2009; H. Gese, Die dreifache Gestaltwerdung des Alten Testaments, in: M. Klopfenstein u. a. (Hg.), Mitte der Schrift? Ein jüdisch-christliches Gespräch, Bern 1987, 299–328; M. Görg, In Abrahams Schoß. Christsein ohne Neues Testament, Düsseldorf 1993; A. H. J. Gunneweg, Vom Verstehen des Alten Testaments. Eine Hermeneutik (ATD.Erg 5) Göttingen [2]1988; H. Haag, Das Plus des Alten Testaments, in: ders., Das Buch des Bundes, Düsseldorf 1990, 289–305; F. Hartenstein, Zur Bedeutung des Alten Testaments für die evangelische Kirche: ThLZ 140, 1978, 738–751; T. Hieke (Hg.), Formen des Kanons (SBS 228) Stuttgart 2013; F.-L. Hossfeld (Hg.), Wieviel Systematik erlaubt die Schrift? Auf der Suche nach einer gesamtbiblischen Theologie (QD 185) Freiburg 2001; B. Janowski (Hg.), Kanonhermeneutik. Vom Lesen und Verstehen der christlichen Bibel (Theologie interdisziplinär 1) Neukirchen-Vluyn 2007; ders., Ein Gott, der straft und tötet? Zwölf Fragen zum Gottesbild des Alten Testaments, Neukirchen-Vluyn 2013; O. Kaiser, Die Bedeutung des Alten Testaments für Heiden, die manchmal auch Christen sind: ZThK 91, 1994, 1–9; K. Koch, Der doppelte Ausgang des Alten Testaments in Judentum und Christentum: JBTh 6, 1991, 215–242; ders., Rezeptionsgeschichte als notwendige Voraussetzung einer biblischen Theologie, in: H. H. Schmid/J. Mehlhausen (Hg.), Sola Scriptura, Gütersloh 1991, 143–155; M. Köhlmoos, Kanon und Methode. Zu einer Zwischenbilanz der »kanonischen Auslegung«: ThRu 74, 2009, 135–146; K. Lehmann/R. Rothenbusch (Hg.), Gottes Wort in Menschenwort (QD 266) Freiburg u. a. 2014; A. Moenikes, Der sozial-egalitäre Impetus der Bibel Jesu und das Liebesgebot als Quintessenz der Tora, Würzburg 2007; M. Oeming, Gesamtbiblische Theologie in der Gegenwart, Stuttgart [2]1987; R. Rendtorff, Kanon und Theologie, Neukirchen-Vluyn 1991, 40–53; ders., Unterliegt der biblische Kanon den Regeln der »historisch-kritischen Exegese«?, in:

K. Schiffner u. a. (Hg.), Fragen wider die Antworten, Gütersloh 2010, 37–39; L. Schwienhorst-Schönberger, Die Rückkehr Markions: IKaZ 44, 2015, 286–302; T. Söding, Der Schatz in irdenen Gefäßen. Der Kanon als Urkunde des Glaubens: IKaZ 39, 2010, 233–263; O. H. Steck, Der Kanon des hebräischen Alten Testaments, in: W. Pannenberg/T. Schneider (Hg.), Verbindliches Zeugnis I. Kanon – Schrift – Tradition, Freiburg/Göttingen 1992, 11–33; G. Steins, Kanonisch-intertextuelle Studien zum Alten Testament (SBAB 48) Stuttgart 2009; G. Steins u. a. (Hg.), Kanonisierung – die hebräische Bibel im Werden (BThSt 110) Neukirchen-Vluyn 2010; S. Talmon, Heiliges Schrifttum und kanonische Bücher aus jüdischer Sicht. Überlegungen zur Ausbildung der Größe »Die Schrift« im Judentum, in: M. Klopfenstein u. a. (Hg.), Mitte der Schrift? Ein jüdisch-christliches Gespräch, Bern 1987, 45–80; G. Theissen, Neutestamentliche Überlegungen zu einer jüdisch-christlichen Lektüre des Alten Testaments: KuI 10, 1995, 115–136; ders., Polyphones Verstehen, Berlin ^{2}2014; E. Zenger, Das Erste Testament. Die jüdische Bibel und die Christen, Düsseldorf ^{5}1995; ders., Am Fuß des Sinai. Gottesbilder des Ersten Testaments, Düsseldorf ^{3}1996; ders., Das Erste Testament zwischen Erfüllung und Verheißung, in: K. Richter/B. Kranemann (Hg.), Christologie der Liturgie (QD 159) Freiburg 1995, 31–56; ders., Theologische Auslegung des Alten/Ersten Testaments im Spannungsfeld von Judentum und Christentum, in: P. Hünermann/T. Söding (Hg.), Methodische Erneuerung der Theologie (QD 200) Freiburg 2003, 9–34; ders., Die Bibel Israels – Grundlage des christlich-jüdischen Dialogs: KuI 24, 2009, 25–38; ders., Gott hat niemand je geschaut (Joh 1,18). Die christliche Gottesrede im Angesicht des Judentums: BiKi 65, 2010, 87–93.

I. Die Bedeutung der Bibel Israels für christliche Identität

Vorbemerkung: »Altes Testament« gibt es erst, nachdem es (seit der Mitte des 2. Jh.s n. Chr.) die Größe »Neues Testament« gibt. Vorher gibt es eine im Umfang noch offene und von den einzelnen Gruppierungen des Judentums teilweise unterschiedlich abgegrenzte Sammlung »Heiliger Schriften«, die auch von den Christen des 1. Jh.s als ihre »Heiligen Schriften« betrachtet wurden. Wegen ihrer normativen Funktion kann man diese Schriften als eine spezifische Größe betrachten und ihr die Gesamtbezeichnung »Bibel Israels« geben, wie dies im Folgenden geschieht. Der Begriff ist nicht ganz sachgemäß, weil er ein allgemeines Einverständnis über Aufbau und Umfang dieser »Bibel« als einer Einheit voraussetzt, das frühestens im 2. Jh. n. Chr. vorlag.

1. Fundament des Christentums

»Der Mensch kann das einfache Geheimnis der Barmherzigkeit Gottes nicht begreifen, ehe er alle Worte der Heiligen Schriften gelernt und gelebt hat« (*Erich Zenger*). Ohne Heilige Schrift gibt es kein Christentum. Die christlichen Gemeinden haben im Gottesdienst von Anfang an biblische Texte als Gottes Wort vorgelesen und ausgelegt. Biblische Texte waren und sind bleibend normativ und formativ für christliche Existenz in der Nachfolge Jesu. Sprache und Bilder der Bibel bildeten die kulturelle Matrix der ersten Jüngerinnen und Jünger Jesu. *Diese* Bibel der Christen war bis ins 2. Jh. hinein die Bibel Israels. Für das Urchristentum war diese Bibel nicht das »Alte Testament« im Sinne einer zweitrangigen oder gar veralteten Offenbarung. Auch als im 2. Jh. die ab der Mitte des 1. Jh.s sukzessiv entstandenen spezifisch »christlichen« Evangelien und Apostelbriefe in der Kirche den Rang »Heilige Schrift« erhielten, traten die neuen heiligen Bücher nicht an die Stelle der Bibel Israels. Zwar gab es damals vereinzelte, massiv vorgetragene Versuche, die Bibel Israels als für christliche Identität nicht (mehr) relevant oder sogar als im Gegensatz zur Botschaft Jesu stehend zu verwerfen, doch hat die Kirche dieser »Entjudaisierung« ihrer Bibel widersprochen, wohl wissend, dass die Bibel Israels das Fundament der Gottesbotschaft Jesu *und* des Bekenntnisses zu Jesus, dem Christus, ist.

Der Kampf gegen die Bibel Israels in der Kirche wurde im 2. Jh. vor allem von Markion, einem aus Kleinasien stammenden Schiffsreeder, geführt. Er war, nicht zuletzt als finanzstarker »Gönner«, in der Kirche Roms sehr einflussreich, ehe es um 144 zum Bruch kam. Danach organisierte er eine eigene »Kirche«, die viele Anhänger fand und bis ins 6. Jh. bestand. Markion war ein christlicher Gnostiker, der die Sünde und das Böse in der realen Welt nicht mit dem vollkommenen Erlöser-Gott, den Jesus verkündet hatte, zusammenbringen wollte und konnte. Die Schöpfung war für ihn das Werk jenes bösen, demiurgischen Schöpfergottes, von dem die Bibel Israels handelt. Mit dem jüdischen Gott des Gerichts und des Kriegs hatte nach Markion der Vater Jesu Christi nichts gemein. Dass Markion bei der Verwerfung der Bibel Israels als »Heilige Schrift« nicht stehen blieb, war konsequent. Er konnte in seinem Kampf für die »reine« Christusbotschaft auch solche »neutestamentlichen« Schriften nicht akzeptieren, in denen die jüdische Tradition offenkundig dominierte. Das Resultat war ein kleiner zweiteiliger Kanon, bestehend aus den zehn (freilich von ihm »entjudaisierten«) Paulusbriefen Gal, 1/2 Kor, Röm, 1/2 Thess, Eph, Kol, Phil, Phlm und aus dem Lukasevangelium (als einzigem Evangelium). Mit Blick auf Markion werden in der Forschung alle Tendenzen, die Gültigkeit des als »jüdisch« qualifizierten Alten Testaments für christliche Identität abzulehnen oder abzuschwächen, als Markionismus bezeichnet. Wo solches implizit oder unreflektiert geschieht, spricht man von latentem oder subtilem Markionismus. In allen Spielarten dieses Markionismus, der bis in die Gegenwart immer wieder aufscheint, wird an der Einheit Gottes gezweifelt und eine Differenz zwischen dem Gott des Alten und des Neuen Testaments eingetragen. Der Gott Abrahams ist der Vater Jesu Christi; er ist identisch mit dem dreieinen Gott.
Gerade angesichts der Tatsache, dass der Prozess der Kanonisierung spezifisch christlicher Schriften als »Heilige Schrift« im 2. Jh. noch im Gange war, war Markions Aktion hinsichtlich der Evangelien und Apostelbriefe weniger spektakulär als es heute erscheinen mag; allerdings hat er den Prozess der neutestamentlichen Kanonisierung – ungewollt – beschleunigt. Vor allem hat Markion mit seiner Ablehnung des *»jüdischen«* Alten Testaments das theologische Problem eines angemessenen christlichen Umgangs mit dem »Alten Testament«, das als Bibel Israels zuallererst und zugleich die Heilige Schrift der Juden ist, klarer gesehen als manche seiner theologischen Zeitgenossen, die in subtilem Markionismus die Bibel Israels typologisch (→ Typos) oder allegorisch (→ Allegorie) »entjudaisierten«, um sie kirchlich beibehalten zu können; faktisch geschah dies (fast) immer gegen das Judentum (vgl. z. B. die »Osterpredigt« des Melito von Sardes). Bis heute steht die Allegorisierung der Schrift in der Gefahr, antijüdische Tendenzen zu befördern oder auszubilden.

Als die Kirche ihre Heilige Schrift erweiterte, traf sie zwei wichtige Entscheidungen:

(1) Sie behielt *alle* Schriften der Bibel Israels bei, und sie stellte die »neuen« Schriften nicht *vor*, sondern *hinter* die Bibel Israels; so entstand die eine, zweigeteilte christliche Bibel.

(2) Sie griff nicht in den *jüdischen* Wortlaut des ersten Teils ein, um ihn durch eine Überarbeitung zu christianisieren, auch nicht dort, wo in einem neutestamentlichen Text eine christologisch/christlich motivierte Relecture eines alttestamentlichen Textes vorlag.

Dass die Kirche die Bibel Israels *so* in *ihrer* Bibel beibehielt, entsprach der in den neutestamentlichen Schriften selbst und in den wichtigen Glaubensbekenntnissen der alten Kirche sich aussprechenden Überzeugung, dass die Bibel Israels das unaufgebbare Fundament des Christentums ist. Bei aller Polemik, die das sich profilierende junge Christentum gegen die jüdische Mehrheit, die *seinen* Weg nicht gehen wollte, entwickelte, hielten die neutestamentlichen Autoren auch nach der Tempelzerstörung (70 n. Chr.), wie es scheint noch dezidierter als zuvor, daran fest: Christliche Identität gibt es nur, auch für das Heidenchristentum, in der bleibenden Rückbindung an das Judentum als seine Wurzel (vgl. die liturgischen Traditionen) und insbesondere an die Bibel Israels. Selbst als faktisch aus vielfältigen Gründen die Brücken zwischen »Kirche« und »Synagoge« abgebrochen wurden, blieb die Kirche, auch wenn es ihr offensichtlich schwer fiel, dabei: »Nicht du trägst die Wurzel, sondern die Wurzel trägt dich« (Röm 11,18).

2. Auslegungshorizont des Neuen Testaments

Dass das Christentum der Bibel Israels als seines Fundamentes bedarf, ist beinahe auf jeder Seite des Neuen Testaments buchstäblich zu greifen. Um die Botschaft vom endzeitlichen Wirken Gottes in und durch Jesus Christus nahe zu bringen, wird immer wieder »die Schrift« (d. h. die Bibel Israels) wörtlich zitiert oder motivlich eingespielt. »Gesetz und Propheten« sind explizierender und legitimierender Horizont für das neutestamentliche Christuszeugnis.

Was die Bibel Israels für den Christusglauben leistet, aber auch was *sie allein nicht* leisten kann, zeigt beispielhaft die Erzählung von den zwei Emmausjüngern am Schluss des Lukasevangeliums (vgl. Lk 24,13–35): 1. Den zwei »blinden« Jüngern rekapituliert der aus dem Tod auferweckte Jesus nicht einfach seine eigene Predigt und seine Wunder, schon gar nicht als das *ganz und gar andere* Handeln Gottes, das im Gegensatz zu seinem bisherigen Handeln an und in Israel stünde. Im Gegenteil: Er betont den tiefen Zusammenhang (die Kontinuität) zwischen »Gesetz und Propheten« und ihm selbst. Pointiert gesagt: Er macht keine Wortexegese von »Gesetz und Propheten«, sondern exegesiert sich selbst von der Schrift Israels her. 2. Dass die beiden Jünger zum Christusglauben finden, bedarf der lebendigen Begegnung mit dem Auferweckten selbst. Nicht einmal seine Exegese allein hat sie dazu geführt. Als er mit ihnen die jüdische Beraka (d. h. das eucharistische Segensgebet) spricht, werden ihnen die Augen geöffnet. »Die Schrift« ist Voraussetzung und Hilfe für den Christusglauben, aber »die Schrift« führt nicht von selbst zu Jesus als dem Christus.

Mit ihrem ausdrücklichen Rückgriff auf »die Schrift« und durch das subtile Einspielen von Vorstellungs- oder Geschehenszusammenhängen aus der Bibel Israels wollen die neutestamentlichen Autoren nicht nur die Schrift im Licht des Osterereignisses *auslegen*. Ihnen geht es um ein Verstehen und Näherbringen des Christusereignisses als der in ihrer Sicht endgültig entscheidenden Heilssetzung Gottes »*von* der Schrift *her*«, d. h. von der als bekannt und autoritativ anerkannt vorausgesetzten Bibel Israels her.

Die neutestamentlichen Autoren lassen weder Jesus einen alttestamentlichen Text zitieren noch zitieren sie selbst einen solchen, *um* damit diesen Text verbindlich christlich auszulegen, so als wäre dies der *einzige* Sinn des Textes. Das Problem der jungen Kirche, gerade im Angesicht des lebendigen Judentums, war nicht, wie sie mit der Bibel Israels umgehen sollte. »Man darf nicht sagen, daß das Alte Testament für die ersten Christen aus sich selbst keine Autorität gehabt habe und nur darum übernommen worden sei, weil man sah, daß es ›Christum trieb‹ oder auf Christus zutrieb. Die kritische Frage, auf die Luthers bekannte, viel mißbrauchte Formulierung Antwort gibt, war noch gar nicht gestellt. Die Dinge liegen eher umgekehrt: Christus wird vor den Ungläubigen wohl aus der Schrift gerechtfertigt, aber das entgegengesetzte Bedürfnis, die Schrift von Christus her zu rechtfertigen, ist noch nirgends erwacht« (*H. von Campenhausen*, Die Entstehung der christlichen Bibel, Tübingen 1968, 77f). Dass die Kirche die Bibel Israels zum ersten Teil ihrer Bibel gemacht hat, hat programmatische Bedeutung: Die Schriften der Bibel Israels hatten unbestrittenen Offenbarungsanspruch. Auf sie griffen deshalb die Jesusjünger zurück, um ihrer Jesusbotschaft kategoriale Mitteilbarkeit, Überzeugungskraft und Gültigkeit zu geben. Da die neutestamentlichen Schriften von der Bibel Israels her geschrieben sind, ergibt sich als Ansatz für eine *christliche* Bibellektüre: *Das Neue Testament will im Lichte des Alten Testaments gelesen werden.* Und zugleich gilt: *Vom Neuen Testament fällt Licht auf das Alte Testament zurück.* In Abwandlung des vielzitierten Wortes des altkirchlichen Schriftgelehrten und Bibelübersetzers Hieronymus »Die Schrift nicht kennen, heißt Christus nicht kennen« kann gesagt werden: Das Alte Testament nicht kennen und verstehen, heißt Christus und das Christentum nicht verstehen. Das gilt verbindlich über das Neue Testament und die ersten Christen hinaus. Christsein wurzelt nicht ausschließlich in der Gewissheit des einzelnen Subjekts ohne Bezug zur Tradition (was im Anschluss an die idealistische Philosophie oft überbetont wird), sondern »Christsein entscheidet sich am Alten Testament« (C. Dohmen).

3. Altes Testament oder Erstes Testament?

Man kann zu Recht darüber diskutieren, ob die grundlegende Funktion des ersten Teils der christlichen Bibel nicht verdeckt wird, wenn man ihn traditionell »Altes Testament« nennt. Das Neue Testament selbst kennt keine Kategorie »alte« Schriften als Sammelbegriff für die Bibel Israels. Erst die gezielte Absetzung der Kirche vom Judentum hat diese Bezeichnung geschaffen und sie ist seit damals bis heute oft mit einer Geringschätzung nicht nur dieses angeblich »veralteten« Teils der christlichen Bibel verbunden, sondern vielfach mit einer Abwertung des Judentums, das immer noch an diesen durch das Neue Testament doch überholten und dadurch »alt« gewordenen Schriften festhalte. Das ist die Hypothek, die bis heute auf ihm lastet. Voraussetzung für diese Bezeichnung war, dass man die beiden »Testamente« überhaupt als *zwei* Größen empfand, deren Verhältnis zueinander dann näher zu bestimmen war. Dafür waren zunächst sogar die äußeren Bedingungen nicht gegeben. In der Praxis zerfiel die christliche Bibel im frühen Christentum in mehrere Schriftrollen oder Codices; das belegt auch der Sprachgebrauch *»biblia«* = (mehrere) Bücher. Wie sehr die konzeptionelle »Einheit« im Vordergrund stand und dass sie als Einheit von ihrem Anfang her gedacht wurde, belegt die in der frühen afrikanischen Kirche für die *ganze* Bibel verwendete Bezeichnung *»lex«* (= Gesetz/Tora).

Gewiss: Bei der Bezeichnung »Altes Testament« muss »alt« nicht notwendigerweise negative Konnotationen haben; umgekehrt kann das Prädikat »neu« auch eine negative Qualifikation (z. B. modisch, unerfahren) oder zumindest gegenüber »alt« eine Qualitätsminderung sein (z. B. alter Wein – neuer Wein). So lange »alt« im Sinne von Anciennität (altehrwürdig, kostbar, bewährt) und der Ursprung seine positiven Konnotationen behält, kann die Bezeichnung gewiss akzeptabel bleiben, zumal sie selbst »alt« ist. Und wenn man sich bewusst macht, dass dies eine *spezifisch* christliche Bezeichnung ist, die daran erinnert, dass es das Neue Testament nicht ohne das Alte Testament gibt, kann man sie als legitimen Appell an die fundamentale Wahrheit hören, dass die christliche Bibel aus zwei in unterschiedlichen Kontexten entstandenen Teilen besteht, deren Gemeinsamkeit *und* Differenz zugleich (Kontinuität *und* Diskontinuität) festgehalten werden müssen. Das Wortpaar »alt – neu« ist dann nicht als Opposition, sondern als *Korrelation* gemeint. Freilich muss man sich daran erinnern, dass dies eine Bezeichnung ist, die *weder* dem Selbstverständnis des Alten Testaments entspricht *noch* dem jüdischen Verständnis dieser Schriften angemessen ist. Als solche ist sie anachronistisch und, wie die Rezeptionsgeschichte im Christentum zeigt, der Auslöser permanenter Missverständnisse und fataler Antijudaismen. Deshalb müsste sie eigentlich immer in Anführungszeichen gesetzt – oder durch eine andere Bezeichnung ersetzt oder *zumindest ergänzt* werden. Diese korrigierende Funktion könnte von der Bezeichnung »*Erstes Testament*« ausgeübt werden.

Die Bezeichnung »Erstes Testament« hat *mehrere Vorzüge*: 1. Sie vermeidet die traditionelle Abwertung, die sich assoziativ und faktisch mit der Bezeichnung »Altes Testament« verbunden hat. 2. Sie gibt zunächst den historischen Sachverhalt korrekt wieder: Es ist gegenüber dem »Neuen«/Zweiten Testament in der Tat als »erstes« entstanden und es war die erste Bibel der jungen, sich formierenden Kirche. 3. Sie formuliert theologisch richtig: Es bezeugt jenen »ewigen« Bund, den Gott mit Israel als seinem »erstgeborenen« Sohn (vgl. Ex 4,22; Hos 11,1) geschlossen hat, als »Anfang« jener großen »Bundesbewegung«, in die der Gott Israels auch die Völkerwelt hineinnehmen will. 4. Als »Erstes Testament« weist es hin auf das »Zweite Testament«. So wie letzteres nicht ohne ersteres sein kann, erinnert auch die christliche Bezeichnung »Erstes Testament«, dass es in sich keine vollständige christliche Bibel ist.

Die Bezeichnung »Erstes Testament« ist nicht unbestritten. Einige Kritiker lehnen sie deshalb ab, weil sie das Neue/Zweite Testament relativiere und weil das Wortpaar Erstes/Zweites Testament eine grundsätzlich offene Reihenfolge insinuiere, die die Endgültigkeit des Christusereignisses in Frage stelle. Beides ist nicht gemeint (und ist die simple Verwechslung von *principium* und *initium*). Die Kritiker übersehen, dass das Adjektiv groß geschrieben ist. Es heißt »*Erstes*«, und nicht »erstes« Testament. Und vor allem: Der Bezeichnung geht es um die Verhältnisbestimmung nicht irgendeiner Bibel, sondern der zwei-einen christlichen Bibel.

Die Diskussion um die Bezeichnung »Altes Testament« ist kein bloßer Streit um Worte, sondern hängt mit dem schwierigen *Sachproblem* zusammen, ob mit der Bezeichnung »Altes Testament« eine jahrhundertelange christliche Abwertung dieses Teils der *christlichen* Bibel mittransportiert und gefördert wurde, *mehr noch*, ob mit seiner »naiven« oder »aggressiven« Beibehaltung nicht auch ein theologisches Urteil über das Judentum verbunden ist, das der neuen christlichen Sicht des Judentums nicht mehr entspricht. Es besteht kein Zweifel: Einige der Kritiker der »neuen« Bezeichnung »Erstes Testament« reagieren so gereizt, weil sie darin eine überzogene Aufwertung des Judentums sehen. Sie können nicht akzeptieren, dass dieser Teil unserer Bibel, insofern er *zuallererst* Jüdische Bibel und *danach* Heilige Schrift der Christen ist, zwei unterschiedliche *gottgewollte* Leseweisen hat.

Will man das »Alte Testament« als Heilige Schrift des Judentums kennzeichnen, legt sich die Bezeichnung *Hebräische Bibel* oder *Jüdische Bibel* oder das im Judentum üblich gewordene Kunstwort *Tanach* nahe, dessen drei Konsonanten TNK (*k* als *ch* ausgesprochen) die Anfangsbuchstaben der drei Teile der Jüdischen Bibel in deren programmatischer Abfolge (s. u. II.) wiedergeben (T = Tora/Gesetz; N = Nebiim/Propheten; K = Ketubim/Schriften). Auch der Begriff *Miqra* (was, vor allem in der Synagoge, zu lesen bzw. vorzulesen ist) bezeichnet unmissverständlich die Jüdische Bibel als Heilige Schrift der Juden. Jede Bezeichnung hat Vor- und Nachteile. Daher geht es in der Diskussion weniger um das Ersetzen einer Bezeichnung durch eine andere, sondern vielmehr um die Sensibilisierung für die mit den Bezeichnungen verbundenen Implikationen.

4. Problematische Lese- und Verstehensweisen im Christentum

Als die Kirche sich im 2. Jh. Markions Ablehnung des »jüdischen« Alten Testaments widersetzte, hatte sie gespürt, dass sie mit der Abstoßung des Alten Testaments das Fundament abstoßen würde, auf dem sie selbst steht. Allerdings versäumte es die Kirche damals, tiefer darüber nachzudenken, was es bedeutete, dass sie dieses urjüdische Buch als ersten Teil ihrer Bibel beibehielt. Dieses Defizit führte bald bei nicht wenigen Theologen der Alten Kirche zu der irrigen Vorstellung, dass sie die Kirche als den *eigentlich* und *von Anfang an* von Gott anvisierten Adressaten dieses Buches proklamierten. Sie definierten die Kirche als »das wahre Israel«, in dem die Geschichte Gottes mit »Israel« an das immer schon und einzig intendierte Ziel gelangt sei. Was Gott in der Schrift Israels »eigentlich« offenbaren wollte, weiß und versteht nur die Kirche als das Gottesvolk des Neuen Bundes – das wurde die Meinung der christlichen Theologie bis in unsere Tage, die wir heute als latenten Markionismus erkennen und überwinden müssen.

Latenter und subtiler Markionismus ist am Werk, wo das Alte Testament *prinzipiell* mit neutestamentlich-christlicher »Erfüllungs-« bzw. »Überbietungsbrille« gelesen und gepredigt wird. Wo die theologische Bedeutung und Gültigkeit des Alten Testaments darauf reduziert wird, Vorbereitung und Verheißung jener Wirklichkeit zu sein, die »eigentlich« und »nur« in Jesus Christus offenbar und »da« ist, wird zwar das Alte Testament als »Wort Gottes« nicht überflüssig, aber alles, was weder christologisch noch ekklesiologisch eingelöst ist, wird dann meist marginalisiert, christlich-theologisch uminterpretiert oder antijüdisch diskriminiert. Dem Alten Testament wird nur ein geminderter Status (wie den Deuterokanonen) zuerkannt und seine Offenbarungsfunktion als Wort Gottes bestritten. In Spielarten wird das Alte Testament als ausschließlich jüdisches Buch bezeichnet (das den Juden ohne Verlust »zurückgegeben« werden könne) und dieses damit de facto aus dem christlichen Kanon herausgedrängt. Dass dabei die Juden unter christlicher Besserwisserei bis heute vielfach zu leiden hatten, insofern sie an diesen nach Meinung der Christen nur »vorläufig« gültigen Texten festhielten und insofern sie gerade mit solchen vom endgültigen Offenbarer Jesus Christus doch »aufgehobenen« Worten des Alten Testaments ihre jüdische Existenz begründeten, ist eine besonders schmerzliche Dimension dieses latenten christlichen Markionismus.

Die im Einzelnen sehr unterschiedlichen Lese- und Verstehensweisen des Alten Testaments im Christentum lassen sich auf drei Grundmodelle reduzieren:

4.1 Das Substitutionsmodell

Dieses Modell setzt die Kirche einfach an die Stelle Israels, so dass dem Umgang des nachbiblischen Judentums mit den Texten des Tanach die theologische Relevanz abgesprochen wird, weil über diesem Judentum eben die Hülle des Nichtverstehens bzw. der Christusverweigerung liege. Oft wird dann auch gesagt, dass der von Gott intendierte theologische Sinn der alttestamentlichen Texte schon von Anfang an die Kirche als die eigentliche Adressatin dieser Texte meinte. Substitutionshermeneutisch sind auch jene Positionen, die das Alte Testament oder weite Teile desselben als negative Kontrastfolie für die neue und »ganz andere« Botschaft des Neuen Testaments auslegen und beurteilen. Oftmals wird dabei bei dem Gottesbild angesetzt und eine Differenz zwischen dem Gott des Neuen Testaments und dem des Alten Testaments eingetragen.

4.2 Das Relativierungsmodell

Nach dem Relativierungskonzept ist das Alte Testament »Dienerin« des Neuen Testaments. Seine Funktion war/ist es, auf die eigentliche und endgültige Offenbarung in Jesus Christus vorzubereiten. Das Alte Testament ist die Verheißung, deren Erfüllung das Neue Testament ist. Es ist Vorausdarstellung, Vor-Bild (→ Typos) jener Wirklichkeit, die mit Jesus zu ihrer Vollendung und Vollgestalt (→ Antitypos) gekommen ist. Hermeneutisch ist die typologische Methode nicht prinzipiell abzulehnen; sie findet sich bereits innerhalb des Alten Testaments selbst und wird im hellenistischen Judentum, besonders bei Philo, kunstvoll durchgeführt. Sie ist dabei eine geschichtstheologische Explikation der Treue JHWHs, der seinen »Heilsplan« so verwirklicht, dass er seine einmal geoffenbarten Wirkweisen immer wieder neu aktualisiert. So wird mit dem Theologumenon vom Neuen/Zweiten Exodus die Rettung Israels aus der babylonischen Verbannung/→ Diaspora als erneute und neue Aktualisierung des Ersten Exodus aus Ägypten verkündigt und gefeiert. Beide verhalten sich wie Typos und Antitypos; der Antitypos hebt dabei allerdings nicht den Typos auf, sondern »lebt« von seiner Rückbindung an den Typos. Ein weiteres Beispiel wäre die Adam-Christus-Typologie (Röm 5,14). Das ändert sich oftmals in den späteren christlichen Typologien: Diese werten oft den alttestamentlichen/jüdischen Typos ab oder machen den neutestamentlichen/christlichen Antitypos wirklich zum Gegensatz. In der Reduktion auf die Vorbereitungsfunktion wird das Alte Testament gegenüber dem Neuen Testament unzulässig relativiert.

4.3 Das Selektionsmodell

Nach dem Selektionskonzept, das die Einheit der Offenbarung stark betont, ist das Alte Testament der Same, der mit innerer Notwendigkeit zur neutestamentlichen Blüte als dem von Gott von Anfang an einzig intendierten Ziel der Entwicklung hintreibt. Deshalb ist dann auch das Neue Testament der exklusive Maßstab für das, was in der verwirrenden Vielfalt des Alten Testaments als gottgegebene Offenbarung zu gelten hat. Was z. B. aus der unsystematischen Vielfalt der alttestamentlichen Heilsverheißungen von der neutestamentlichen Christologie nicht aufgenommen wurde, sei deshalb streng genommen auch nicht geoffenbarte »Wahrheit«, sondern hänge mit der geschichtlichen Bedingtheit der Offenbarung zusammen. Hier halten Christen den Juden vor, dass diese ihre eigene Jüdische Bibel nicht nur *de facto* falsch verstehen, sondern dass sie als Juden diese ihre Bibel letztlich nicht lesen und verstehen *können*, weil ihnen die christologische Brille fehle.

Hier ist keine differenzierte *Kritik der drei Modelle* möglich. Allen drei Modellen sind – auf jeweils unterschiedliche Weise – folgende Defizite gemeinsam: 1. Sie entsprechen keineswegs dem Selbstverständnis der Texte des Alten/Ersten Testaments selbst. 2. Sie werden der Komplexität des Alten Testaments nicht gerecht. 3. Sie atmen, gewollt oder ungewollt, den Atem jenes »teaching of contempt« (J. Isaac). Diese jahrhundertelang eingeübte christliche Geringschätzung des Judentums ist eine der Wurzeln jener fatalen theologischen Judenfeindschaft, die *einer* der Auslöser des rassischen Antisemitismus war. 4. Für eine Eigenbedeutung des Alten Testaments oder gar für einen bleibenden Sinnüberschuss gerade in seiner Beziehung zum Neuen Testament ist hier kein Platz. 5. Von einer theologischen Dignität, gar einer jüdischen Leseweise der Bibel Israels, ist hier nicht einmal im Ansatz die Rede.

Die im Erschrecken über die Schoa (viel zu) langsam gereifte Erkenntnis der Zusammenhänge zwischen theologisch motivierter Judenfeindschaft und Antisemitismus fordert auch einen neuen christlichen Umgang mit dem Ersten Testament, insofern dieses jener Teil der Juden und Christen gemeinsamen Überlieferung ist, an der sich die nach der Schoa notwendige Erneuerung des christlich-jüdischen Verhältnisses bewähren muss. Zugleich ist dies eine Wiederentdeckung der jüdischen Wurzeln des Christentums, die für kirchliches Leben konstitutiv sind, wie das Zweite Vatikanische Konzil 1965 in der Erklärung »Nostra Aetate« (Über das Verhältnis der Kirche zu den nichtchristlichen Religionen) festgestellt hat:

»Bei ihrer Besinnung auf das Geheimnis der Kirche gedenkt die Heilige Synode des Bandes, wodurch das Volk des Neuen Bundes mit dem Stamm Abrahams geistlich verbunden ist ... Deshalb kann die Kirche auch nicht vergessen, daß sie durch jenes Volk, mit dem Gott aus unsagbarem Erbarmen den Alten Bund geschlossen hat, die Offenbarung des Alten Testaments empfing und genährt wird von der Wurzel des guten Ölbaums, in den die Heiden als wilde Schößlinge eingepfropft sind.« (NA 4)

Diesen Abschnitt hat Papst Johannes Paul II. bei seinem historischen Besuch der Großen Synagoge Roms 1986 folgendermaßen kommentiert:

»Der heutige Besuch will einen entschiedenen Beitrag leisten zur Festigung guter Beziehungen zwischen unseren beiden Gemeinschaften; er tut dies unter dem Ansporn des Beispiels so vieler

Männer und Frauen, die sich von der einen wie von der anderen Seite dafür eingesetzt haben – und dies immer noch tun –, daß die alten Vorurteile überwunden werden und man Raum gibt für eine immer vollere Anerkennung jenes ›Bandes‹ und jenes ›gemeinsamen geistigen Erbes‹, die zwischen Juden und Christen bestehen ... Die jüdische Religion ist für uns nicht etwas ›Äußerliches‹, sondern gehört in gewisser Weise zum ›Inneren‹ unserer Religion. Zu ihr haben wir somit Beziehungen wie zu keiner anderen Religion. Ihr seid unsere bevorzugten Brüder und, so könnte man gewissermaßen sagen, unsere älteren Brüder.«

Von diesem Ansatz her, den die christlichen Kirchen (vor allem Europas und Nordamerikas) in einem großartigen ökumenischen Konsens (vgl. im Sachregister von H. H. Henrix/W. Kraus [Hg.], Die Kirche und das Judentum. Bd. II: Dokumente von 1986 bis 2000, Gütersloh/Paderborn 2001 das Stichwort »Altes Testament [Hebräische Bibel, Erstes Testament]«) in den vergangenen drei Jahrzehnten immer wieder bekräftigt und theologisch »fortgeschrieben« haben, werden die drei genannten Modelle der besonderen jüdisch-christlichen Beziehung im Umgang mit der Jüdischen Bibel/dem Ersten Testament vor allem insofern nicht gerecht, als sie die auch für Christen bleibend gültige *jüdische* Dimension der Bibel Israels *und* das Geheimnis dieser Bibel als Lebensquelle des *nachbiblischen* Judentums nicht sehen bzw. anerkennen wollen. Diese Defizite und die Tatsache, dass das Erste Testament als jüdische Wurzel des Christentums wirken will, sind die Ausgangspunkte für das im Folgenden skizzierte »Dialog- bzw. Diskursmodell«.

5. Christlich-jüdische Bibelhermeneutik

Angesichts des jahrhundertelangen problematischen christlichen Umgangs mit dem Alten Testament und im Wissen um die christliche Wiederentdeckung der theologischen Würde des nachbiblischen und zeitgenössischen Judentums erscheinen folgende Essentials einer christlich-jüdischen Bibelhermeneutik unverzichtbar:

(1) Auch wenn das Alte Testament Teil der christlichen Bibel ist, kommt es darauf an, dass sich seine einzelnen Stimmen zunächst einmal unabhängig vom Neuen Testament aussprechen können. Alttestamentliche Texte haben eine ihnen ureigene Botschaft. Das Alte Testament hat ein Eigenwort mit Eigenwert. Dabei ist zentral, dass dieser Eigenwert christlich ist, aber nicht darin aufgeht, christlich zu sein (s. u. 3).

(2) Fragt man, ob hinter den vielen Stimmen des Alten Testaments eine gemeinsame Melodie hörbar ist und ob den biblischen Texten der beiden Testamente eine gemeinsame Suchbewegung zugrunde liegt, so ist dies nicht die Christologie, sondern die Theo-Logie als Rede von und zu Gott in seiner erfahrenen oder gesuchten Zuwendung zu seinem Volk Israel und zur Welt als seiner Schöpfung. »*Gott und sein zugewandtes Wirken*, das ist der tragende, durchgängige Inhalt der biblischen Überlieferung« (*O. H. Steck*, Gott in der Zeit entdecken [BThSt 42] Neukirchen-Vluyn 2001, 71). Von dieser theozentrischen Perspektive her kann man die Bibel insgesamt und ihre einzelnen Passagen als Kontextualisierung des Wortes »Gott« betrachten. Das gilt sowohl für die Jüdische Bibel, wie für die Christliche Bibel.

(3) Aufgabe und Ziel der Bibellektüre ist es, diese unterschiedlichen Kontextualisierungen nicht zu nivellieren, sondern miteinander so ins Gespräch zu bringen, dass

sowohl die ihnen allen gemeinsame Theozentrik als auch ihre spezifischen geschichtlichen, gesellschaftlichen und anthropologischen Kontexte zur Sprache kommen. Für jüdische Bibellektüre wird und muss dies dann anders geschehen als für christliche Bibellektüre, einerseits weil der Gesamtkontext jeweils unterschiedlich ist, andererseits aber auch, weil die Einzeltexte selbst als Zeugnisse der Lebendigkeit der Zuwendung Gottes multiperspektiv und für unterschiedliche Deutungen offen sind. Die in den letzten Jahren vielfach betonte Erkenntnis, dass die Heiligen Schriften Israels einen doppelten Ausgang bzw. eine zweifache Nachgeschichte in Judentum und Christentum haben, ist eine hermeneutische Option, die es möglich macht, eine jüdische und eine christliche Leseweise der Bibel Israels als Tanach bzw. als Altes/Erstes Testament nicht nur zu tolerieren, sondern zu fordern. Letztlich geht es hier darum, den einzelnen biblischen Texten und im Bereich der christlichen Bibel den beiden Teilen Altes Testament und Neues Testament ihren Eigenwert und ihre Eigenbedeutung zu belassen und ihre unterschiedlichen Stimmen miteinander in den kanonisierten Diskurs zu bringen. Deshalb kann man diese Hermeneutik auch Hermeneutik des kanonischen Diskurses nennen. *Methodisch* bzw. *dialogisch* findet der Diskurs dann sozusagen auf gleicher Augenhöhe statt, wobei die jeweils vorgebrachten Gotteswahrnehmungen und Gotteseinsichten abgewogen, korreliert und gewichtet werden müssen.

Konkret bedeutet dieses Programm, dass es keine *vorgegebene* Sinn- und Bedeutungspriorität des Neuen Testaments vor dem Alten Testament gibt und demnach auch keine Superiorität des Christentums gegenüber dem Judentum geben kann, wie christliche Theologie dies jahrhundertelang dekretiert hat. Vielmehr geht es darum, die alttestamentlichen und die neutestamentlichen Stimmen so in einen wechselseitigen Diskurs zu bringen, dass sie sich gegenseitig erhellen. Dies soll an einem einfachen *Beispiel* verdeutlicht werden.

Wer dem *Buch Kohelet* wegen seines Insistierens auf dem Tod als Ende des Lebens von der neutestamentlichen Auferstehungsbotschaft her theologische Unvollkommenheit vorwirft und darin zugleich eine typisch alttestamentliche Begrenztheit sieht, die durch das Neue Testament aufgehoben werden *musste*, versteht Kohelets auch für Christen hilfreiche Botschaft nicht und nimmt darüber hinaus der neutestamentlichen Auferstehungstheologie eine wichtige Dimension, die gerade im Diskurs mit Kohelet aufgeht. Zwar arbeitet Kohelet provozierend scharf heraus, dass der Tod dem menschlichen Leben ein Ende setzt, das auch Gott nicht aufhebt, aber gleichwohl wird für ihn damit das menschliche Leben nicht sinnlos. Im Gegenteil: Gegen die Macht des Todes ruft Kohelet zur Freude auf, die eine Gabe ist (3,13) und in der sich Gott selbst dem Menschen mitteilt (5,19). So wird die Freude zu einer Erfahrung, in der der Mensch sein Wissen um die eigene Sterblichkeit transzendieren und sein Leben als Leben in der Gegenwart Gottes begreifen kann. Kohelets Gott ist ein Gott der Gegenwart, der in das gegenwärtige Leben schickt und vor der Flucht in eine imaginäre Welt oder gar in eine imaginäre Zukunft bewahren will. Einer solchen Flucht stellt sich Kohelet in den Weg: »Denn es gibt weder Tun noch Rechnen noch Können noch Wissen in der Unterwelt, zu der du unterwegs bist« (9,10). Indem Kohelet die Vorstellung von einem »Leben *nach* dem Tod« leugnet, ist dies zugleich eine Hochschätzung des »Lebens *vor* dem Tod« als der Zeit möglicher göttlicher Anwesenheit. Das ist auch aus christlicher Sicht eine Aussage mit eigenem Gewicht, die nicht nur dem Neuen Testament nicht widerspricht, sondern im Gegenteil dem Glauben an das »Leben nach dem Tod«, das in *fundamentaler* Kontinuität zu dem »Leben vor dem Tod« steht, eine nicht unwichtige Tiefendimension gibt.

II. Der Tanach: Heilige Schrift der Juden

1. Der dreiteilige Aufbau des Tanach

Das mit den Anfangsbuchstaben der Wörter *tōrāh* »Gesetz«, *nᵉbiʾīm* »Propheten« und *kᵉtūbīm* »Schriften« gebildete Kunstwort Tanach (TaNaK) zeigt das dreiteilige Ordnungsschema an, nach dem im Mainstream des Judentums die einzelnen Bücher zusammengestellt wurden. Allerdings gab es auch eine Reihenfolge mit dem Prophetenblock an dritter Stelle (Struktur: TaKeN). Die Abfolge der Bücher innerhalb der Blöcke Nebiim und Ketubim konnte variieren.

Die nach heutiger Zählung 39 Bücher des Tanach werden bei Josephus als 22 und im 4. Esrabuch als 24 Bücher gezählt. Die Anzahl 24 wird dadurch erreicht, dass 1/2 Sam, 1/2 Kön, 1/2 Chr, Esra/Neh, die 12 »kleinen« Propheten als je *ein* Buch gerechnet werden; die Reduktion auf 22 nimmt darüber hinaus Ri und Rut, Jer und Klgl als je *ein* Buch zusammen. Beide Zahlen betonen die Idee der Vollständigkeit und der Vollkommenheit: 22 ist die Anzahl der Buchstaben des hebräischen Alphabets; 24 ist 2x die Anzahl der 12 Monate bzw. der 12 Stämme Israels.

Die *Abfolge der drei Blöcke* entspricht ihrer sukzessiven Kanonwerdung. Die Tora erlangt als erste kanonische Geltung (C.III.4), deutlich später bis um 200 v. Chr. erfolgte die Kanonisierung der Propheten und am Schluss des Prozesses diejenige der Schriften. Innerhalb des zweiten und dritten Blocks, bei denen die Überlieferung für die einzelnen Bücher unterschiedliche Abfolgen bietet, ist ebenfalls die wirkliche oder angenommene Entstehungszeit der einzelnen Bücher die Maßgabe ihrer Reihenfolge (das »prophetische« Buch Daniel, das um 165 v. Chr. abgeschlossen ist, wird deshalb erst in den dritten Block eingereiht; vgl. demgegenüber die andere Einordnung im »Ersten Testament«), wenngleich auch systematisierende Gesichtspunkte eine Rolle spielten, vor allem was die Psalmen als Anfangsbuch und die Chronik als Schlussbuch der »Schriften« bzw. der Bibel Israels angeht.

Die gestufte *Abfolge der drei Teile* (auf sie kommt es uns hier an, nicht jedoch auf die in der Überlieferung unterschiedliche Reihenfolge der einzelnen Bücher innerhalb dieser Teile) entspricht ihrem unterschiedlichen kanonischen Gewicht und der unterschiedlichen Verwendung in der synagogalen Liturgie bis heute. Die »*Tora*« ist das Fundament, auf das die anderen beiden Teile bezogen sind. Die Tora wird in der Liturgie im Rahmen einer *lectio continua* (fortlaufende Lesung) beim Sabbatgottesdienst vorgetragen. Die »*Propheten*« gelten als Kommentare zur Tora; für die liturgische Verlesung wurden gezielt solche Abschnitte aus den Prophetenbüchern ausgewählt, die diesen Kommentar-Charakter besonders unterstreichen (Propheten-Haftarot; Plural von »Haftara«). Die »*Schriften*« spielen keine vergleichbar fundamentale Rolle in der synagogalen Liturgie, wenngleich sie – insbesondere die fünf → Megillot (Plural von *mᵉgillāh* »Schriftrolle«) und die Psalmen – auch liturgische Bedeutung haben.

Der TaNaK

Tora »Gesetz«	Genesis	*b^{e}re’šīt*	»am/als Anfang«
	Exodus	*š^{e}mōt*	»Namen«
	Levitikus	*wajjiqra’*	»und er rief«
	Numeri	*b^{e}midbar*	»in der Wüste«
	Deuteronomium	*d^{e}bārīm*	»Worte«
			[Epilog: Dtn 34,10–12]
Nebiim »Propheten«	Josua Richter 1 Samuel 2 Samuel 1 Könige 2 Könige	Unterteilung »vordere Propheten« (Jos–2 Kön) und »hintere Propheten« (Jes–Mal) seit dem 8. Jh. n. Chr. bezeugt	
	Jesaja Jeremia Ezechiel	die drei »großen« Propheten (Analogie: die Stammväter Israels: Abraham, Isaak, Jakob); Reihenfolge in der Überlieferung schwankend	
	Hosea Joël Amos Obadja Jona Micha Nahum Habakuk Zefanja Haggai Sacharja Maleachi	die zwölf »kleinen« Propheten (das Zwölfprophetenbuch »Dodekapropheton«) (Analogie: die zwölf Söhne Jakobs)	*[Epilog: Mal 3,20–24]*
Ketubim »Schriften«	Psalmen Ijob Sprichwörter	es gibt auch die Abfolge Ijob, Spr, Ps; im bab. Talmud steht Rut an erster Stelle vor den Psalmen (Genealogie des Psalmendichters David)	
	Rut Hoheslied Kohelet Klagelieder Ester	5 Bücher als »Festrollen« (*m^{e}gillōt*) seit 6. Jh. n. Chr. belegt: Rut = Wochenfest, Hld = Pesach, Koh = Laubhüttenfest, Klgl = Gedenktag der Tempelzerstörung → 9. Ab, Est = → Purim; eine andere Reihenfolge ordnet nach dem Festzyklus	
	Daniel Esra Nehemia 1 Chronik 2 Chronik	nach anderer Tradition des 11. Jh.s n. Chr. steht Chronik an der Spitze der Ketubim, um diesen Teil in Entsprechung zur Tora mit Adam (vgl. 1 Chr 1,1) beginnen zu lassen	*[Epilog: 2 Chr 36,22–23]*

Den christlichen Bibelleser, der von seinem Vorverständnis herkommt, wird überraschen, dass die Bücher Josua–2 Könige zu den »Propheten« gezählt werden. So werden sie schon im Sirachbuch beurteilt, wo im »Lob der Väter« (Sir 44–50) Josua und Samuel ausdrücklich als Propheten bezeichnet werden (vgl. Sir 46,1.13.15), wo der Prophet Natan *vor* David genannt wird (vgl. Sir 47,1) und wo Elija und Elischa als die eigentlich entscheidenden Gestalten des Nordreichs gepriesen werden (vgl. Sir 48,1–16). In der Tat kann man die beiden Königsbücher als zutiefst »prophetische Bücher« lesen, insofern in ihnen Propheten (Natan: 1 Kön 1; Ahija aus Schilo: 1 Kön 11,29–39; 14,12.18; 15,29; der Gottesmann aus Juda: 1 Kön 13; Micha ben Jimla: 1 Kön 22; Elija und Elischa: 1 Kön 17–2 Kön 13; Jesaja: 2 Kön 19–20; die Prophetin Hulda: 2 Kön 22,14–20) die weichenstellenden »Motoren« der Geschichte sind. Dass sie dabei häufig den in der Tora entfalteten Gotteswillen zum Maßstab ihrer Interventionen machen – zumindest auf der Endtextebene –, bringt sie mit dem »Propheten Mose« (vgl. Dtn 18,18; 34,10), dem Mittler der Tora, in Verbindung und macht somit noch einmal verstehbar, wieso die Bücher Jos–2 Kön, in denen sie die Hauptakteurinnen und -akteure sind, von der jüdischen Überlieferung als »Prophetenbücher« gelesen werden.

Die Dreiteilung als theologisches Konzept ist älter als der abgeschlossene Kanon, dessen Umfang um 100 n. Chr. allgemein akzeptiert wurde, wobei sich die Diskussionen bzw. die Abweichungen nach 200 v. Chr. nur noch im Bereich der »Schriften« abspielten; wahrscheinlich sind sogar die Psalmen ursprünglich als »prophetisches Buch« an den Kanonteil »Propheten« angeschlossen worden. Die *grundsätzliche* Dreiteilung deutet sich erstmals in Sir 38,34b–39,1 (um 190 v. Chr.) an; sie wird um 117 v. Chr. im → Prolog, den der Enkel des Jesus Sirach als Einleitung zur griechischen Übersetzung des von seinem Großvater auf Hebräisch verfassten Buches schreibt, vorausgesetzt. Dieser Prolog, der sich in drei Teile gliedern lässt, bietet eine kurze »Kanontheologie«:

»(1) Vieles und Großes ist uns durch das Gesetz, die Propheten (2) und die anderen, die ihnen gefolgt sind, gegeben worden, (3) für das Israel bezüglich Bildung und Weisheit gelobt werden soll. (4) Und da nicht nur die Lesekundigen selber verständig werden sollen, (5) sondern die Freunde des Studiums befähigt sein sollen, auch denen draußen nützlich zu sein (6) in Wort und Schrift, (7) widmete sich mein Großvater Jesus intensiver (8) der Lektüre *des Gesetzes* (9) und *der Propheten* (10) und *der anderen Bücher der Väter.* (11) Und nachdem er sich in diesen eine hinreichende Vertrautheit angeeignet hatte, (12) fühlte er sich angeregt, auch selbst etwas zu verfassen, was sich mit Bildung und Weisheit beschäftigt, (13) damit die Freunde des Studiums und die daran festhalten, (14) umso mehr Fortschritte machen können durch eine am Gesetz orientierte Lebensweise.
(15) Ihr seid nun gebeten, (16) mit Wohlwollen und Aufmerksamkeit (17) die Lektüre zu vollziehen (18) und Nachsicht zu üben, (19) wo wir den Anschein erwecken, (20) dass wir bezüglich der Übersetzung bei einigen Formulierungen nicht entsprochen haben, obwohl wir (viel) Mühe aufgewendet haben. (21) Nicht nämlich hat etwas die gleiche Wirkkraft, (22) wenn es ursprünglich Hebräisch gesagt wird und wenn es in eine andere Sprache übertragen wird. (23) Nicht nur dieses, (24) sondern auch *das Gesetz* und *die Prophezeiungen* (25) und *das Übrige der Bücher* (26) unterscheiden sich nicht wenig, wenn sie in der Ursprache vorgetragen werden.
(27) Als ich nämlich im 38. Jahr unter König Euergetes (28) nach Ägypten gekommen war und mich eine Zeitlang aufhielt, (29) fand ich einer nicht geringen Bildung Vergleichbares vor. (30) So hielt ich es für höchst notwendig, auch selbst einen gewissen Einsatz und Eifer darauf zu verwenden, dieses Buch hier zu übersetzen. (31) Ich verwendete viel nächtliche Mühe und Wissen, (32) in der Zwischenzeit (33) das Buch zu vollenden und herauszugeben (34) auch für die, die in der

Fremde Freunde des Studiums sein wollen, (35) indem sie ihre Haltung dafür bereiten lassen, am Gesetz orientiert zu leben« (Übersetzung: *J. Marböck*).

2. Die hermeneutische Systematik des Tanach

2.1 Programmatische Schlusstexte (Epiloge/Kolophone) der drei Teile

(1) Dtn 34,10–12 (»Mose-→ Epitaph«) ist Schlusstext zur gesamten Tora:

»Niemals wieder ist in Israel ein Prophet aufgestanden wie Mose, den JHWH von Angesicht zu Angesicht kannte; [keiner ist ihm vergleichbar] in Bezug auf all die Zeichen und Wunder, zu denen JHWH ihn gesandt hat, sie im Land Ägypten an Pharao und all seinen Dienern und seinem ganzen Land zu tun, und in Bezug auf alle Machterweise und alle großen, furchterregenden Taten, die Mose vor den Augen ganz Israels getan hat«.

Folgende Aussagen sind wichtig: 1. Die Mosetora ist unvergleichliche, unüberbietbare und ewig gültige Offenbarung und Lebensweisung. 2. Zwar werden »die Propheten« dem Mose unter- und nachgeordnet, aber zugleich wird ihre Hauptaufgabe als Ausleger der (Mose-)Tora sanktioniert. 3. Der Exodus wird in die Unvergleichbarkeitsdimension aufgenommen und so zum »Gründungsgeschehen« der weiteren Geschichte.

(2) Mal 3,22–24 ist (geschichteter) Schluss des gesamten Prophetenkorpus:

»Gedenket der Tora des Mose, meines Knechtes,
dem ich geboten habe
am Horeb für ganz Israel
Gesetze und Rechtsvorschriften.
Siehe, ich bin dabei euch zu senden
Elija den Propheten,
bevor der Tag JHWHs kommt,
der große und furchtbare.
Und er wird zuwenden das Herz der Väter zu den Söhnen,
und das Herz der Söhne zu ihren Vätern,
damit ich nicht, wenn ich komme, schlagen muss
das Land mit dem Bann«.

Folgende Aussagen über die Prophetenbücher werden hier gemacht: 1. Die Lektüre der »Propheten« steht im Dienst der »Erinnerung« der Mosetora; nach kanonischem Verständnis ist die Prophetie Aktualisierung der Tora, die als Heilsgabe »erinnert« wird. 2. Die Mosetora ist JHWH-Tora, die *JHWH selbst* geboten hat. 3. Sie ist gebündelt im Deuteronomium, worauf der Doppelausdruck »Gesetz und Rechtsvorschriften« hinweist, der als Rahmung der beiden »Hauptteile« des Deuteronomiums Kap. 5–11.12–26 (vgl. 5,1; 11,32; 12,1; 26,16) gesetzt ist. 4. Elija, als Prototyp der Prophetie, ist »Schüler« des Mose par excellence, insofern er nach 1 Kön 19,1–18 »am Horeb« JHWH »gehört« (aber nicht wie Mose »geschaut«: vgl. Ex 19–34) hat. Weil er nach 2 Kön 2,1–11 nicht gestorben, sondern in den Himmel entrückt worden ist, kann er wiederkommen, um Israel endgültig zu jener »familiären« Tora-Lerngemeinschaft zu machen, von der Dtn 6,4–9 träumt. 5. Bei der Tora-Auslegung der Propheten geht es um die Beziehung

Gott – Israel – Land. 6. Die Prophetie legt die Tora des Mose in eschatologischem Zeitdruck aus im Blick auf den »Tag JHWHs« (Mal 3,23 zitiert Joël 3,4b und spielt den ganzen Kontext Joël 3–4 ein: ganz Israel wird »prophetisch« werden).

(3) 2 Chr 36,22–23 (mit dem sog. Kyrus-Edikt) ist programmatischer Schlusstext des dritten Kanonteils »Schriften«, ja des Tanach überhaupt:

»Im ersten Jahr des Kyrus, des Königs von Persien, sollte sich das Wort JHWHs, das er durch den Mund des Propheten Jeremia geredet hatte, erfüllen. JHWH erweckte den Geist des Kyrus, des Königs von Persien, und Kyrus ließ in seinem ganzen Königreich mündlich und schriftlich verkünden:
So hat gesprochen Kyrus, der König von Persien: ›Alle Reiche der Erde hat mir gegeben JHWH, der Gott des Himmels. Und er hat mich beauftragt, ihm in Jerusalem in Juda ein Haus [= einen Tempel] zu bauen. Wer unter euch zu seinem Volk gehört, JHWH, sein Gott, wird mit ihm sein, und er ziehe hinauf‹«.

Dass der Tanach mit den Büchern Esra – Neh – 1/2 Chr (zu den Chronikbüchern als Zusammenfassung der Geschichte Gottes mit Israel »von Adam an« s. u. D.VIII.) schließt und nicht in der Reihenfolge 1/2 Chr – Esra – Neh, wie dies der geschehensmäßig-chronologischen Perspektive entsprochen hätte (vgl. dazu die Abfolge im »Ersten Testament«, s. u. A.III.), ist überraschend und zeigt die Absicht eines programmatischen Abschlusses an, der seit dem ausgehenden 1. Jh. n. Chr., also nach der Tempelzerstörung durch die Römer 70 n. Chr. und angesichts des sich noch verstärkenden römischen Drucks auf die Juden in Israel, eine wichtige Hoffnungsbotschaft vermitteln konnte:

1. Israel soll sich daran festhalten, dass schon einmal die katastrophische Not des Gottesvolks, aller Resignation und allem Zweifel zum Trotz, wundervoll zu Ende ging – weil JHWH sich treu bleibt (Anspielung auf die Prophetie des Jeremia) und weil er sogar Weltherrscher, die ihn eigentlich nicht als ihren Gott annehmen, dazu bewegen kann, seinen Geschichtsplan zu erfüllen. 2. Fundament der Hoffnung Israels ist der »ewige« Bund Gottes mit seinem Volk: »Wer zu *seinem Volk* gehört – *JHWH sein Gott* wird mit ihm sein« spielt auf die sog. Bundesformel an (vgl. besonders Lev 26,44f). 3. Das letzte Wort »er ziehe hinauf« greift das altehrwürdige Verbum *ʿālāh* »hinaufsteigen« auf, mit dem traditionell der Exodus aus dem pharaonischen Ägypten formuliert ist. An Israel will Gott erweisen, dass er der Gott der Befreiung ist. Und zugleich wird hier Jerusalem und »das Land« als *die* Heilsgabe JHWHs an sein Volk festgehalten.

2.2 Verkettung der drei Teile durch Thema- und Stichwortzusammenhang

Die drei Teile sind an ihren Rändern so aufeinander bezogen, dass dadurch das torazentrierte Gesamtverständnis unterstrichen wird.

(1) Der Anfang der »Vorderen Propheten« (Jos 1) ist mit dem Schluss der Tora, mit dem Schluss der »Propheten« und mit dem Anfang der »Schriften« verkettet.

Dtn 34,9:
»Josua, der Sohn des Nun, wurde erfüllt mit dem Geist der Weisheit, denn Mose hatte seine Hände auf ihn gelegt. Und es hörten auf ihn die Kinder Israels *und sie taten, wie JHWH dem Mose geboten hatte*«.

Jos 1,7–8.13:
(JHWH zu Josua:) »Nur sei mutig und stark, dass *du tust* die Tora, *die Mose, mein Knecht, dir geboten hat.* Weiche weder nach rechts noch nach links von ihr ab, damit du weise bist überall, wo *du gehst.* Das *Buch der Tora* soll nie aus deinem Mund weichen, du *sollst sie rezitieren bei Tag und bei Nacht*, damit du darauf achtest, und *dass du tust* gemäß allem, was in ihm geschrieben steht, und *dein Weg wird gelingen* und so *wirst du weise sein*«.
(Josua zu den Stämmen Israels:) »*Gedenket* des Wortes, das *euch geboten hat Mose, der Knecht JHWHs* ...«

Mal 3,22:
»*Gedenket der Tora des Mose, meines Knechtes, dem ich geboten habe*«.

Ps 1,1–3.6:
»Selig der Mann, der nicht *geht* ...,
sondern dessen Lust ist *in der Tora JHWHs,*
    und der *seine Tora rezitiert bei Tag und bei Nacht* ...
    und dem alles, *was er tut, gelingt.*
Ja, JHWH kennt *den Weg* der Gerechten,
    aber der Weg der Frevler verliert sich«.

Folgende Aussagen sind bedeutungsvoll: 1. Josua ist der erste, der die Tora des Mose als »Buch« buchstäblich hält; *so* gelingt der Weg in das Land der Verheißung. 2. Das durch Jos 1 und Mal 3,22 gerahmte Prophetenkorpus will aktualisierende »Erinnerung« der Tora sein, die durch Mose als Knecht JHWHs vermittelt, aber zutiefst Wort JHWHs selbst ist. 3. Die Tora ist zuallererst Verheißung/Evangelium für den Weg ganz Israels (Jos 1) und für den Einzelnen (Ps 1). 4. Es kommt darauf an, die Tora auswendig zu lernen *und* sie zu tun. So ist sie Garant eines von Gott gewährten und gelenkten, umfassend gut gelingenden Lebens.

(2) Der Anfang der »Hinteren/Späteren Propheten« (Jes 1–2) stellt die Tora Israels in das Spannungsfeld Israel – Völker; diese Dialektik wird am Anfang des Psalmenbuchs (Ps 1–2) aufgegriffen.

Jes 1,10–20	Wort JHWHs und Tora unseres Gottes für Israel (1,18–20: vgl. Mal 3,23f)
Jes 2,1–5	Tora JHWHs und sein Wort für die Völker: vom Zion aus (Haus JHWHs)
Ps 1	Tora JHWHs für Israel
Ps 2	Tora JHWHs für die Völker vom Zion aus (vermittelt durch den messianischen König)

(3) Der Schluss des Prophetenkorpus (Mal 3,13–21.22–24) wird im Doppelprolog des unmittelbar angeschlossenen Psalmenbuchs aufgenommen und torabezogen aktualisiert.

Mal 3	Gegensatz: Frevler – Gerechte Eschatologische Perspektive: Gericht JHWHs Rettung: durch Tora
Ps 1–2	Gegensatz: Frevler – Gerechte Eschatologische Perspektive: Gericht JHWHs Rettung: durch Tora

III. Das Erste Testament: Heilige Schrift der Christen

1. Zur Entstehung des umfangreicheren christlichen Kanons

Das *Urchristentum* hat für sein »Altes Testament« keinen eigenen Kanon geschaffen, sondern hielt die Bücher für kanonisch, die auch das Judentum, aus dem es hervorging, für kanonisch hielt. Das bestätigen u. a. drei Beobachtungen: 1. Es gibt bei den frühchristlichen Apologeten (Justin) kein einziges Zitat aus »→ deuterokanonischen« Schriften des Alten Testaments. 2. Melito von Sardes reiste gegen Ende des 2. Jh.s »›in den Orient‹, genauer ›an den Schauplatz der Predigten und Taten unseres Erlösers‹, ... um ›über die Bücher des Alten Testaments‹, ihre Zahl und Reihenfolge, genaue Erkundigungen einzuziehen, und berichtet darüber in einem bei Euseb erhaltenen Fragment aus seiner Schrift Ἐκλογαί (›Auszüge‹) ›seinem Bruder Onesimus‹. Die von ihm mitgeteilte Liste entspricht exakt dem hebräischen Kanon [E. Z.: mit freilich anderer Reihenfolge], vorausgesetzt daß die Klagelieder zu Jeremia und Nehemia zu Esra (Esdras) gezählt werden, bis auf das Buch Esther, das hier wie in den meisten griechischen Kanonlisten fehlt« (*A. M. Ritter*, Zur Kanonbildung in der Alten Kirche, in: ders., Charisma und Caritas, Göttingen 1993, 265–280, 273f). 3. Der erste christliche Kommentar der Antike zu einem → deuterokanonischen Buch ist »De Tobia« von Ambrosius. Dass die Alte Kirche am hebräischen Kanon der Juden festhielt, auch wenn sie dessen Bücher in griechischer und lateinischer Übersetzung las, zeigt, »daß schlechterdings keine Rede davon sein kann, Christentum und Judentum hätten sich seit ihrem Bruch infolge der Ereignisse des Jahres 70 n. Chr. nichts mehr zu sagen gehabt, sondern seien ein jedes seiner Wege gegangen« (*A. M. Ritter*, Kanonbildung 280).

Erst um 400 ist der gegenüber dem Tanach umfangreichere »*Septuagintakanon*« von der westlichen Kirche als »Heilige Schrift« anerkannt worden; die östliche Kirche hat sich dem im 7. Jh. angeschlossen. Die Reformatoren schieden alle nicht in hebräischer Textfassung vorliegenden Bücher und Buchteile aus dem Kanon aus. Demgegenüber stellte das Konzil von Trient 1546 fest, dass die in griechischer Sprache vorliegenden Bücher Tobit, Judit, die Weisheit Salomos, Jesus Sirach, Baruch, die Bücher 1/2 Makkabäer als kanonisch gelten sollten, während das Gebet des Manasse und die Bücher 3/4 Esra nicht (mehr) kanonisch sein sollten. Die östliche Kirche entschied sich 1672 für Tobit, Judit, Jesus Sirach und die Weisheit Salomos. Diese Kanonabgrenzung ist bis heute unter den christlichen Kirchen uneinheitlich und wird auch theologisch unterschiedlich beurteilt. Die Gründe, die überhaupt zur Entstehung eines umfangreicheren christlichen Kanons führten, sind nicht ganz klar.

Die früher vertretene Meinung, die sich zunächst vorwiegend im Raum des griechisch sprechenden Judentums ausbreitende junge Kirche habe eben den in Alexandrien, dem Zentrum des hellenistischen Judentums, entstandenen umfangreicheren Bibelkanon übernommen, wird heute mit gewichtigen Argumenten in Frage gestellt: »Eine genuin *jüdische, vorchristliche* Schriftensammlung in *griechischer* Sprache von kanonischer Geltung, die – auch im Bereich der Geschichtsbücher und Weisheitsschriften – eindeutig und klar abgrenzbar ist und sich durch ihren größeren Umfang von dem hebräischen Bibelkanon unterscheidet, läßt sich nicht nachweisen, und erst recht nicht, daß ein derartiger ›Kanon‹ im vorchristlichen Alexandrien ausgebildet worden sei. Man kann nur davon ausgehen, daß die 5 Bücher der Tora Moses', der sogenannte Pentateuch, unter Ptolemaios II. Philadelphos (282–246 v. Chr.) spätestens gegen Mitte des 3. Jh. v. Chr. ins Griechische übersetzt wurden, ein in der Antike einzigartiges Übersetzungswerk, das der → pseudepigraphische Aristeasbrief gegen Ende des 2. Jh. in legendärer Weise 72 Ältesten aus dem palästinischen Mutterland zuschrieb. Von dorther kommt die spätere Bezeichnung οἱ ἑβδομήκοντα, Septuaginta für das ganze griechische Alte Testament, eine Bezeichnung, die erst bei christlichen Autoren bezeugt ist und die selbst wieder in sich fragwürdig ist. Das in der Legende erzählte Unternehmen beschränkte sich ja ausschließlich auf die Übersetzung des *Pentateuch* als des jüdischen Gesetzes. Erst allmählich folgten die Übersetzungen der Geschichts- und Prophetenbücher und der Hagiographen in einem Prozeß, der sich über 300 Jahre bis gegen das Ende des 1. Jh. n. Chr. hinzog. Einige wenige Schriften der Septuaginta sind zudem gar keine Übersetzungen, sondern wurden von vornherein auf Griechisch abgefaßt. Man erhält bei der Betrachtung der Reste des eigenständigen jüdisch-alexandrinischen Schrifttums sogar eher den Eindruck, als sei die Zahl der anerkannten ›heiligen Schriften‹ in der ägyptischen Metropole wesentlich kleiner gewesen als in dem in Palästina entstehenden ›hebräischen Kanon‹ pharisäischen Ursprungs und (erst recht) als in der späteren LXX der Kirche« (*M. Hengel/R. Deines*, Die Septuaginta 183f). Auch die These, der pharisäisch-rabbinische Kanon des Tanach sei als Reaktion auf die Übernahme des »großen« hellenistisch-jüdischen Kanons durch das Urchristentum entstanden, wird damit sehr unwahrscheinlich.

Warum die frühe Kirche über den jüdischen Kanon hinaus einige Bücher kanonisierte (übrigens nicht ohne Widerstand: Hieronymus, der die lateinische Übersetzung aus dem hebräischen Urtext revidierte, war *gegen* diese Erweiterung des Kanons; anders freilich Augustinus), lässt sich durch folgende Erwägungen plausibel machen:

(1) Da die frühchristlichen Theologen gegenüber den Juden mit Vorliebe die griechische Übersetzung des Alten Testaments gerade dann verwendeten, wenn sie damit eine spezifisch christologische Argumentation verbinden konnten, erhielt der griechische Text mehr und mehr Bedeutung, zumal ja ohnehin das Neue Testament Texte *auch* in der Septuagintafassung zitierte. Mit der Aufnahme der urjüdischen Bücher, die nicht im Tanach waren (wohl weil sie nicht in hebräischer Sprache entstanden oder nicht mehr im hebräischen Original vorlagen), wollte sich die junge Kirche vielleicht als »das wahre Israel« profilieren. Dies dürfte auch dazu geführt haben, dass die Kirche die umfangreichere griechische Textfassung der Bücher Daniel und Ester kanonisiert hat.

(2) Mit der Kanonisierung dieser spät entstandenen Bücher betonte die Kirche die heilsgeschichtliche Kontinuität zu den neutestamentlichen Schriften.

(3) Letztlich entscheidend dürften ihr ansprechender literarischer Charakter und/oder ihr hoher katechetisch-pädagogischer Wert als religiöse Erbauungsliteratur gewesen sein. Möglicherweise waren Tobit, Sirach und die Weisheit Salomos schon in jüdischen Gemeinden beim Proselytenunterricht verwendet worden. Gerade weil und insofern sie an Einzelgestalten Lebensparadigmen entfalteten oder insofern sie eine Art Kompendium der Tradition darstellten, waren sie offensichtlich sehr beliebt – und kamen deshalb in den christlichen Kanon.

2. Der vierteilige Aufbau des Ersten Testaments

Auch wenn die Kirchen der Reformation *im Umfang* zum jüdischen Bibelkanon zurückgekehrt sind (im Hintergrund stand bei den Reformatoren die Idee von der *veritas hebraica* als »Originaltext«), haben sie nicht die Struktur der Hebräischen Bibel übernommen, sondern die Systematik des griechischen Kanons beibehalten. Zwar haben in der orthodoxen und römischen Kirche die griechische bzw. die lateinische Textfassung vor allem in der Liturgie quasi-kanonische Geltung, doch gilt heute faktisch überall die hebräische Originalfassung als kanonischer Text der christlichen Bibel.

Die gegenüber dem *Aufbau* des Tanach anders eingeordneten oder zusätzlichen Bücher sind in der folgenden Tabelle kursiv gesetzt. Die gegenüber dem Tanach *zusätzlichen* Bücher, die in den Kirchen der Reformation *nicht* als kanonisch gelten (sie werden meist »apokryph« genannt; man sollte sie besser »deutero-kanonisch«, d. h. kanonisch zweiten Grades, nennen), sind kursiv und in Klammern gesetzt. Von ihnen sagt M. Luther: »Das sind Bücher, so der Heiligen Schrift nicht gleich gehalten, und doch nützlich und gut zu lesen sind«. Die Gegenüberstellung von Tanach und Erstem Testament soll die Unterschiede leichter erkennen lassen. Das Aufbauschema folgt der sog. Einheitsübersetzung, d. h. der derzeit kirchenamtlichen Bibelausgabe der röm.-kath. Kirche im deutschsprachigen Raum. Das Erste Testament ordnet – in der Nachfolge des hellenistischen Judentums – die gattungsmäßig verwandten Bücher zusammen und reiht so einzelne Bücher teilweise anders ein. Dadurch entsteht insgesamt eine vierteilige, geschichtstheologische Struktur.

2.1 Unterschiede in der Struktur gegenüber dem Tanach

Die christliche Kanongeschichte ist komplexer als sie hier dargestellt wird. Den Handschriften und Kanonlisten ist aber bei aller Unterschiedlichkeit gemeinsam, dass die Bücher nach Gattungsmerkmalen und nach chronologischen Gesichtspunkten zusammengestellt sind. Dominierend bleiben die Blöcke Pentateuch, Geschichtsbücher, Prophetenbücher, poetische Bücher, wobei die Positionierung der beiden letzten Blöcke unterschiedlich sein kann. Es gibt christliche Kanongestalten mit der Prophetie als Schluss, es gibt aber auch Kanongestalten, in denen die poetischen Bücher hinter den Prophetenbüchern stehen. Unser Strukturbild gibt den Mainstream (ca. 2/3 der Belege) wieder [ein erweiterter tabellarischer Überblick findet sich in den Internet-Materialien zum Studienbuch im Kohlhammer-Portal].

(1) Der Teil Ketubim ist weitgehend aufgelöst. Ein Teil der »Schriften«, nämlich die Bücher Rut, 1/2 Chr, Esra und Neh wandern nach vorne und werden historisch richtig eingeordnet. Das Buch Rut steht nun zwischen Ri und Sam (entsprechend der Erzähleröffnung Rut 1,1 »Zu der Zeit, als die Richter regierten ...« und dem Schluss des Buches Rut, wonach der Sohn der Noomi der Großvater Davids ist). Die Bücher 1/2 Chr und Esra/Neh werden ebenfalls in die historisch stimmigere Reihenfolge gebracht und führen 1/2 Kön weiter. Ihnen werden die »neuen« Bücher Tob, Jdt und 1/2 Makk in der entsprechenden Reihenfolge ihrer vorausgesetzten historischen Szenerie angefügt. Das im Tanach ebenfalls zu den »Schriften« gehörende Buch Est wird zwischen Jdt und Makk eingeschoben – im Sinn der Gesamtidee dieses neuen Blocks, der nun von Jos–2 Makk reicht: Es entsteht eine zusammenhängende Geschichte des Volkes Israel im Lande

Israel. Die beiden Rahmenbücher Jos und 1/2 Makk erzählen vom Kampf Israels um das verheißene Land (Jos) sowie vom Kampf um die Tora (1 Makk) und um den Tempel als Ort der Gegenwart JHWHs (2 Makk).

(2) Hinter diesem Teil der »Geschichte Israels im Lande« steht nun ein Teil der »Schriften«, wobei zwei neue »Schriften« hinzukommen: die Weisheit Salomos und das Buch Jesus Sirach. Außerdem ist die im Tanach gegebene Reihenfolge Ps – Ijob umgedreht: Der neue Block »Lebensweisheit« wird nun mit Ijob eröffnet. Dafür könnten zwei Gesichtspunkte maßgebend gewesen sein: Zum einen hielt man das Buch Ijob für älter als die Psalmen; nicht nur sein »Patriarchenmilieu«, das an Gen erinnert, sondern auch die Tradition, dass Ijob von Mose verfasst sei, werden zur Vorordnung Ijobs vor das (davidische) Psalmenbuch angeregt haben. Zum anderen dürfte ein theologisches Argument mitgewirkt haben: Schon im Psalmenbuch ist eine theologische Dynamik erkennbar, die von der Klage zum Lob Gottes hinführt; das Psalmenbuch beginnt mit dem breiten Block von Klagepsalmen und wandelt sich zunehmend gegen sein Ende hin in eine Zusammenstellung von Hymnen auf die Gottesherrschaft. Dieser theologischen Dynamik »von der Klage zum Lob« entspricht es, dass das Buch Ijob *vor* das Psalmenbuch gestellt wird.

(3) Die »hinteren/späteren« Propheten des Tanach sind ans Ende gestellt, wobei auch hier wieder die aus den »Schriften« des Tanach zu den »Propheten« gehörenden Bücher zeitgeschichtlich entsprechend eingeordnet sind: Die »Klagelieder« werden als Klagelieder des Jeremia gedeutet und dementsprechend eingeordnet; ebenso das dem Baruch, dem »Sekretär« des Jeremia, zugeschriebene »neue« Buch. Auch das Buch Daniel wird nun in den Block »Propheten« aufgenommen und *vor* die zwölf »kleinen« Propheten gestellt – als viertes »großes« Prophetenbuch, aber auch von seiner vorausgesetzten zeitgeschichtlichen Szenerie her (Nebukadnezzar und Kyrus) stimmig nach Ezechiel.

2.2 Die Leitidee des Aufbaus des sog. Septuagintakanons

Da das Aufbauschema des griechischen Kanons nicht in einem einmaligen Entscheidungsakt der Alten Kirche entstanden ist und angesichts der Tatsache, dass die *Einordnung* einzelner Bücher, ja sogar Buchkomplexe und darüberhinaus der *Umfang* des griechischen Kanons im Laufe der Kirchengeschichte nicht selten *unterschiedlich* bestimmt wurden (was hier nicht im Einzelnen dargestellt werden kann; einen detaillierten Überblick bietet *P. Brandt*, Endgestalten), wird die Frage, ob der griechische Kanon und damit das Erste Testament gegenüber dem hebräischen Kanon überhaupt und dezidiert eine andere Hermeneutik intendiert, unterschiedlich beantwortet.

Achtet man auf die im Neuen Testament beliebte Formel »Gesetz und Propheten« (z. B. Mt 5,17; Röm 3,21) bzw. »Mose und die Propheten« (z. B. Lk 16,29.31; 24,27) als Bezeichnung für die ganze Bibel Israels, so wird zunächst deutlich, dass auch der griechische Kanon bzw. das Neue Testament an der Vorrangstellung der Tora festhält. Nimmt man mit *N. Lohfink* an, dass bei der anderen Bücheranordnung der Septuaginta, die die Tora in allen Kanonlisten an erster Stelle beibehält, »nicht mehr am Werk gewesen zu sein scheint als das stärkere griechische Bibliothekarsbewußtsein für literarische Gattungen« (*N. Lohfink*, Eine Bibel 79), blieb für die christliche Leseweise die in der hebräischen Bibel gegebene, das Ganze dominierende *Prae-Position der Tora* unverändert gültig.

Unter Berücksichtigung der Tatsache, dass sich der dreiteilige torazentrierte hebräische Kanon erst ab dem Ende des 1. Jh.s n. Chr. im Judentum allgemein durchzusetzen

Der Tanach
Tora »Gesetz«
Genesis Exodus Levitikus Numeri Deuteronomium
Nebiim »Propheten«
Josua Richter 1 Samuel 2 Samuel 1 Könige 2 Könige
Jesaja Jeremia Ezechiel Hosea Joël Amos Obadja Jona Micha Nahum Habakuk Zefanja Haggai Sacharja Maleachi
Ketubim »Schriften«
Psalmen Ijob Sprichwörter Rut Hoheslied Kohelet Klagelieder Ester Daniel Esra Nehemia 1 Chronik 2 Chronik

Hinweis: Die deuterokanonischen Bücher (»Apokryphen«) – in der Tabelle grau unterlegt – werden in *ev. Bibelausgaben* neuerdings als Anhang beigegeben; ansonsten stimmt die Reihenfolge in kath. und ev. Ausgaben überein. Die *Luther-Bibel* druckt im »Anhang«: Jdt, Weish, Tob, Sir, Bar, 1+2 Makk, Stücke zum Buch Ester und zum Buch Daniel, Das Gebet Manasses (nicht im kath. Ersten Testament). Die *Zürcher Bibel* druckt nur: 1+2 Makk, Jdt, Tob, Sir, Weish.

Das Erste Testament
Tora/Der Pentateuch
Genesis Exodus Levitikus Numeri Deuteronomium
Die Bücher der Geschichte
Josua Richter *Rut* 1 Samuel 2 Samuel 1 Könige 2 Könige *1 Chronik* *2 Chronik* *Esra* *Nehemia* *(Tobit)* *(Judit)* *Ester (+ Zusätze LXX)* *(1 Makk)* *(2 Makk)*
Die Bücher der Weisheit
Ijob *Psalmen* Sprichwörter *Kohelet* *Hoheslied* *(Weisheit Salomos)* *(Jesus Sirach)*
Die Bücher der Prophetie
Jesaja Jeremia *Klagelieder* *(Baruch)* Ezechiel *Daniel (+ Dan 13–14)* Hosea Joël Amos Obadja Jona Micha Nahum Habakuk Zefanja Haggai Sacharja Maleachi

begann, während ein älterer zweiteiliger Kanon aus »Gesetz und Propheten« schon früher breite Akzeptanz hatte, kann man mit *C. Dohmen* den Aufbau des griechischen Kanons als *innere* Erweiterung dieses älteren zweiteiligen Kanons aus Tora und Propheten begreifen: »Die Schriften, die z. Zt. der Herausbildung dieser Struktur in Gebrauch waren, werden sozusagen in die vorhandene Großkomposition eingebaut, so daß die *Eckdaten* von *Gesetz* und *Propheten* am Anfang und Ende bestehen bleiben. Als Alternative zu einem dritten Kanonteil, wie dem der ›Schriften‹, wird für das Alte Testament der ursprüngliche Kanonteil Nebiim stark erweitert, indem die weiteren Bücher in ihn integriert werden ... Etwas vereinfacht lassen sich die beiden verschiedenen Kanonstrukturen von Tanach und Altem Testament auf unterschiedliche inhaltliche Rezeptionen der Tora-Nebiim-Schriften zurückführen. Während der Tanach mit seinem dritten Kanonteil ganz deutlich an der Tora als Ausgangspunkt der ganzen Schrift orientiert bleibt – d. h. sowohl die Propheten (*Nebiim*) als auch die Schriften (*Ketubim*) werden von der Tora her gelesen und verstanden, was der durch die Chronik gesetzte Abschluß verdeutlicht – bildet die Prophetie den Ausgangspunkt der Rezeptionslinie, die im späteren Alten Testament greifbar wird. Die Wirkungsgeschichte zeigt somit, daß die zu Beginn des 2. Jahrhunderts v. Chr. vorliegende Bibel Israels aus *Tora* und *Nebiim* sozusagen von ihrem einen und von ihrem anderen Ende her rezipiert wird. Es ergibt sich daraus folglich eine Art *Tora-Perspektive* und eine *Propheten-Perspektive* für die weitere Aufnahme von Schriften in einen Kanon der Bibel Israels. Von hierher fällt auch neues Licht auf das Faktum, daß sich in der frühen Kirche nicht geradlinig und schnell ein einziger Kanon der Bibel Israels als Altes Testament durchsetzte. Lange noch stehen in der Kirche unterschiedliche Kanones nebeneinander und die Variationsbreite bei der Anordnung der jeweiligen Einzelteile ist sehr groß ... Die Differenzen, die später zwischen Jüdischer Bibel (Tanach) und christlichem Alten Testament zutage treten, sind folglich nicht einfach auf einen erweiterten Septuagintakanon und eine Umstrukturierung bei dessen Übernahme als Altes Testament zurückzuführen. Vielmehr ist zu sehen, daß bereits in frühjüdischer Zeit und auch unabhängig vom Christentum Unterschiede in bezug auf die Schriften zu notieren sind, die über den Kernbestand von Tora – Nebiim hinausgehen, wobei auch nicht ganz vergessen werden darf, daß auch schon die Erweiterung der Tora um die Nebiim nicht von allen jüdischen Gruppierungen in gleicher Weise anerkannt worden ist (z. B. Samaritaner)« (*C. Dohmen*, Hermeneutik 152–154).

Versucht man trotz dieser kanon*geschichtlichen* Divergenzen eine kanon*theologische* Deutung des nicht »zufällig« entstandenen Aufbauschemas, für das sich die »Einheitsübersetzung« entschieden hat und das in der *Makrostruktur* auch den kirchenamtlichen Ausgaben der Kirchen der Reformation zugrunde liegt, bietet sich folgender *Interpretationsvorschlag* an: Am Anfang steht, wie im Tanach, die Tora, die Erzählung über die »Ur-Offenbarung« Gottes vor Israel am Sinai. Danach folgen die drei Blöcke »Geschichte Israels im Lande« – »Lebensweisheit« – »Prophetie« nach dem geschichtstheologischen Schema: Vergangenheit – Gegenwart – Zukunft:

I	**Gen–Dtn**	**Ursprungsgeschichte Israels**	**Tora als Zuspruch und Anspruch**
II	Jos–2 Makk	Geschichte Israels im Lande	Vergangenheit
III	Ijob–Sir	Lebensweisheit	Gegenwart
IV	Jes–Mal	Prophetie	Zukunft

Dieses Schema kann man auf folgende Weise lesen:

Teil I (Gen–Dtn) hält fest, dass die am Sinai geoffenbarte Tora mit ihren Brennpunkten »Gebot der Gottesliebe« – »Gebot der Nächstenliebe« (vgl. Mk 12,28–34 par) die in der Schöpfung grundgelegte und über Israel zu allen Völkern kommende Ur-Offenbarung Gottes ist. Dass die Zehn Gebote als Verkündigung von Gottesrecht und Menschenrecht gemäß der in Gen–Dtn gestalteten »Geschichte« in der Wüste Sinai und vor der Landnahme gegeben wurden, deutet die jüdische Überlieferung selbst so, dass sie nicht nur für Israel, sondern für *alle* Völker das Lebensgesetz sein sollen – gerade für die Christen, die in der Nachfolge Jesu die Tora »erfüllen« sollen (vgl. Mt 22,34–39 im Horizont von Mt 5,17–20). Zum Leben mit dem sich in der Sinai-Tora verheißend *und* fordernd offenbarenden Gott wollen die sich dann anschließenden Teile II–IV hinführen:

Teil II (Jos–2 Makk) zeigt am Vorbild Israel, wie es einer Gemeinschaft ergeht, die mit dieser Tora lebt, dass und wie dies gelingt, aber auch misslingt. Dies sollen christliche Bibelleser mit innerer Anteilnahme mit- und nacherleben – als Geschichte ihrer jüdischen Schwestern und Brüder (nicht als ihre eigene Geschichte!) und als Geschichte ihres gemeinsamen Gottes.

Teil III (Ijob–Sir) lädt den Einzelnen ein, mit diesen Weisheitsschriften die wahre, Leben rettende Weisheit zu suchen, im betenden/meditierenden Hören auf die Tora, die sich in der Schöpfung und den Weisungen Israels *allen* mitteilt, die sich ihr öffnen.

Teil IV (Jes–Mal) entwirft die Vision von einer Vollendung der Welt und der Geschichte, wenn die Völker zum Zion wallfahren, um dort die große Friedens-Tora JHWHs zu lernen (Jes 2,1–5: kanonischer Programmtext am Anfang von Teil IV) und um so an jener fundamentalen Erneuerung bzw. Wiederherstellung von allem teilzuhaben, die in den Prophetenbüchern der ganzen Erde verheißen ist – freilich nicht an Israel vorbei, sondern durch und mit Israel. Von der Prophetie her, die nun wie in mehreren Strömungen zur Zeit Jesu als eschatologische Verheißung, d. h. als Entwurf eines in sich zusammenhängenden Endzeitdramas gelesen wurde, erhält einerseits sogar die Tora (Teil I) eine spezifisch prophetisch-eschatologische Dynamik unter dem Blick der Naherwartung, andererseits kann das im Neuen Testament bezeugte eschatologische Handeln JHWHs in und durch Jesus (insbesondere durch das Ostergeschehen) als der entscheidende Akt in dem prophetisch angekündigten Endzeitdrama verstanden werden. So öffnet sich in der christlichen Bibel die Prophetie auf das sich anschließende Neue Testament hin.

3. Erster Teil der einen, zweigeteilten christlichen Bibel

(1) Die beiden Teile der *einen* christlichen Bibel sind parallel gebaut:

Grundlegung	**Tora**	**Evangelien**
Vergangenheit	Bücher der Geschichte	Apostelgeschichte
Gegenwart	Bücher der Weisheit	Apostelbriefe
Zukunft	Bücher der Prophetie	Johannesapokalypse

(2) Die beiden »Eckbücher« Gen und Offb bilden einen universalgeschichtlichen Rahmen, der durch Stichwortaufnahmen unterstrichen ist:

Gen 1–3:
»Am (Als) Anfang hat Gott geschaffen den Himmel und die Erde. Die Erde war noch Tohuwabohu: Finsternis war über einem Urmeer und ein Windhauch Gottes wehte über den Wassern. Gott sprach: Es werde Licht! Da wurde Licht. Gott sah, dass es gut ist. Gott schied zwischen dem Licht und der Finsternis. Gott nannte das Licht Tag, die Finsternis aber nannte er Nacht. Es wurde Abend, und es wurde Morgen: ein Tag ...
JHWH-Elohim ließ aus dem Erdboden allerlei Bäume wachsen, verlockend anzusehen und mit köstlichen Früchten, in der Mitte des Gartens aber den Baum des Lebens und den Baum der Erkenntnis von Gut und Böse. Ein Strom entspringt in Eden, der den Garten bewässert; dort teilt er sich und wird zu vier Hauptflüssen ...
Er vertrieb die Menschen und stellte östlich des Gartens von Eden die Kerubim auf und das lodernde Flammenschwert, damit sie den Weg zum Baum des Lebens bewachten«.

Offb 21–22:
»Dann sah ich einen neuen Himmel und eine neue Erde ... Er, der auf dem Thron saß, sprach: Seht, ich mache alles neu ... Ich bin das Alpha und das Omega, der Anfang und das Ende. Und er zeigt mir einen Strom, klar wie Kristall; er entspringt am Thron Gottes und des Lammes. Zwischen der Straße der Stadt und dem Strom, hüben und drüben, stehen Bäume des Lebens ... Es wird keine Nacht mehr geben, und sie brauchen weder das Licht einer Lampe noch das Licht der Sonne. Denn der Herr, ihr Gott, wird über ihnen leuchten, und sie werden herrschen in alle Ewigkeit ... Selig wer sein Gewand wäscht: Er hat Anteil am Baum des Lebens und er wird durch die Tore in die Stadt eintreten können«.

Dass die Vollendung der Weltgeschichte eine Vollendung der in Israel begonnenen und der in Jesus dezidiert auf die Völkerwelt ausgeweiteten Gottesgeschichte ist, wird in Offb 21–22 durch zahlreiche Motiveinspielungen aus der Exodusgeschichte betont (vgl. zu Offb 21,3 besonders Ex 6,7; 29,45f; Lev 26,44f).

(3) Mal 3,22–24 als Schlusstext des Ersten Testaments kann als Überleitung zum Neuen Testament gelesen werden. Der Text wird im Neuen Testament mehrfach zitiert (vgl. Mt 17,10–13; Mk 9,11f; Lk 1,17), um Johannes den Täufer als den in Mal 3,23 für die Endzeit verheißenen Elija zu deuten. Durch Johannes als Elija von Mal 3,23 (wie immer dies im Einzelnen zu interpretieren ist) werden das Neue Testament und seine Botschaft vom Messias Jesus Christus mit dem Ersten Testament verzahnt. Zum einen wird damit das Neue Testament kanonisch legitimiert (s. o. I.). Zum anderen erhält so das Erste Testament die Aufgabe, die eschatologische Heilsinitiative des Gottes Israels

in seinem Sohn Jesus Christus in den dramatischen Horizont seiner Bundesgeschichte mit Israel (vgl. Gen 15; 17; Ex *19–34; Jer 31,31–34) und mit der ganzen Schöpfung (vgl. Gen 9) zu stellen.

B. Der Text und seine Geschichte
(Heinz-Josef Fabry, Bonn)

Gesamtdarstellungen: D. Barthélemy, Etudes d'histoire du texte de l'Ancien Testament (OBO 21) Fribourg/Göttingen 1978; G. Brooke/B. Lindars, Septuagint, Scrolls and Cognate Writings, Atlanta 1992; D. M. Carr, Einführung in das Alte Testament, Stuttgart 2011; B. Chiesa, Textual History and Textual Criticism of the Hebrew Old Testament, in: J. Trebolle Barrera/L. Vegas Montaner (Hg.), The Madrid Qumran Congress (StTDJ 11/1) Leiden 1992, 257–272; F. M. Cross, The History of the Biblical Text in the Light of Discoveries in the Judaean Desert: HThR 57, 1964, 281–299; F. M. Cross/S. Talmon, Qumran and the History of the Biblical Text, Cambridge MA 1975; F. E. Deist, Towards the Text of the Old Testament, Pretoria 1978; H.-J. Fabry, Die Bezeichnung »Altes Testament«, in: K. Finsterbusch/A. Lange (Hg.), What is Bible?, Göttingen 2011; A. A. Fischer, Der Text des Alten Testaments. Neubearbeitung der Einführung in die Biblia Hebraica, Stuttgart 2009; J. Gnilka/H. P. Rüger, Die Übersetzung der Bibel – Aufgabe der Theologie, Bielefeld 1985; M. Greenberg, The Use of the Ancient Versions for Interpreting the Hebrew Text, in: J. Emerton (Hg.), Congress Volume Göttingen 1977 (VT.S 29) Leiden 1978, 131–148; F. Hartenstein (Hg.), Textgeschichte des Alten Testaments: VuF 60, 2015, 1–79; G. N. Knoppers, The Theory and Practice of Textual Criticism: HeBAI 3, 2014, 355–362; S. Kreuzer, Altes Testament: 2. Textkritik, in: ders. u. a., Proseminar I. Altes Testament, Stuttgart 1998; ders., Text, Textgeschichte und Textkritik des Alten Testaments: ThLZ 127, 2002, 127–156; J. Maier, Zwischen den Testamenten (NEB Ergänzungsband 3 zum AT) Würzburg 1990; M. J. Mulder, The Transmission of the Biblical Text, in: ders. (Hg.), Mikra: Text, Translation, Reading and Interpretation of the Hebrew Bible in Ancient Judaism and Early Christianity, Philadelphia 1988, 87–132; H. Graf Reventlow, Epochen der Bibelauslegung I, München 1990; M. Sæbø, From Pluriformity to Uniformity. Some Remarks on the Emergence of the Massoretic Text: ASTI 11, 1977/78, 127–137; M. Rösel, Bibelkunde des Alten Testaments, Neukirchen-Vluyn [6]2008 (in: Elektronische Bibelkunde, Version 2.0., Stuttgart 2010); S. Talmon, The Old Testament Text, in: P. R. Ackroyd/C. F. Evans (Hg.), The Cambridge History of the Bible I, Cambridge 1970, 159–199; ders., Aspects of the Textual Transmission of the Bible in Light of Qumran Manuscripts, in: ders., The World of Qumran From Within, Jerusalem/Leiden 1989, 71–116; ders., Text and Canon of the Hebrew Bible, Winona Lake Ind. 2010; E. Tov, Der Text der Hebräischen Bibel. Handbuch der Textkritik, Stuttgart 1997; ders., Hebrew Bible, Greek Bible, and Qumran (TStAJ 121) Tübingen 2008; ders., Textual Criticism of the Hebrew Bible, Minneapolis [3]2012; ders., Textual Criticism of the Hebrew Bible (VT.S 167) Leiden u. a. 2015; J. Trebolle Barrera, The Jewish Bible and the Christian Bible, Leiden 1998; E. Ulrich, Horizons of Old Testament Textual Research at the Thirtieth Anniversary of Qumran Cave 4: CBQ 46, 1984, 613–636; ders., Multiple Literary Editions: Reflections Toward a Theory of the History of the Biblical Text, in: D. W. Parry/S. D. Ricks (Hg.), Current Research and Technological Developments on the Dead Sea Scrolls (StTDJ 20) Leiden 1996, 78–105; P. D. Wegener, Current Trends in Old Testament Textual Criticism: BBR 23, 2013, 461–480; E. Würthwein, Der Text des Alten Testaments, Stuttgart [5]1988; E. Würthwein/K. Aland, Art. Handschriften der Bibel: NBL 2, 1991, 31–41.

»Urtext«: P. de Lagarde, Septuagintastudien (AAWG 37) Göttingen 1891; P. Kahle, Untersuchungen zur Geschichte des Pentateuchtextes: ThStKr 88, 1915, 399–439; E. Tov, The History and Significance of a Standard Text of the Hebrew Bible, in: M. Sæbø (Hg.), Hebrew Bible/Old

Testament (HBOT). The History of its Interpretation I. From the Beginnings to the Middle Ages, Göttingen 1996, 49–66.

»Lokale Textfamilien«: W. F. Albright, New Light on Early Recensions of the Hebrew Bible: BASOR 140, 1955, 27–33; F. M. Cross, The Evolution of a Theory of Local Texts, in: 1971 Proceedings of the International Organization for Septuagint and Cognate Studies, Missoula 1972, 108–126; S. Talmon, The Textual Study of the Bible – A New Outlook, in: F. M. Cross/S. Talmon (Hg.), Qumran and the History of the Biblical Text, Cambridge MA 1975, 321–400.

»Kanon«: J. Barton, The Significance of a Fixed Canon of the Hebrew Bible, in: HBOT 1, 1996, 67–83; P. Brandt, Endgestalten des Kanons. Das Arrangement der Schriften Israels in der jüdischen und christlichen Bibel (BBB 131) Berlin 2001; D. M. Carr, Canonization in the Context of Community: An Outline of the Formation of the Tanakh and the Christian Bible, in: R. E. Weis/D. M. Carr (Hg.), A Gift of God in Due Season (FS J. A. Sanders) (JSOT.S 225) Sheffield 1996, 22–64; H.-J. Fabry, »Leiden wir an einem Tunnelblick?« Überlegungen zu Textentstehung, Textrezeption und Kanonisierung von Text, in: K. Finsterbusch/M. Tilly (Hg.), Verstehen, was man liest. Zur Notwendigkeit historisch-kritischer Bibellektüre, Göttingen 2010, 18–33; J. Maier, Zur Frage des biblischen Kanons im Frühjudentum im Licht der Qumranfunde: JBTh 3, 1988, 135–146; R. Mosis, Die Bücher des »Alten Bundes« bei Melito von Sardes, in: A. Moenikes (Hg.), Schätze der Schrift (FS H. F. Fuhs), Paderborn 2007, 131–176; G. Stemberger, Jabne und der Kanon: JBTh 3, 1988, 163–174; E. Tov, The Place of the Masoretic Text in Modern Text Editions of the Hebrew Bible: The Relevance of Canon, in: L. McDonald/J. A. Sanders (Hg.), The Canon Debate, Peabody 2002, 234–251.

»Samaritanus«: F. Péres Castro, *Séfer Abiša*ʿ. Textos y Estudios del Seminario Filologico »Cardenal Cisneros« 2, Madrid 1959; A. Freiherr von Gall, Der hebräische Pentateuch der Samaritaner, Gießen 1914–1918, ND Berlin 1966; A. Tal, The Samaritan Pentateuch. Edited According to MS 6 (C) of the Shekhem Synagogue, Tel Aviv 1994; laufendes Samaritanus-Projekt der DFG: S. Schorch/J. Zsengellér, Der samaritanische Pentateuch. Kritische editio magna (Wuppertal/Bethel).

»Qumran«: M. Becker/J. Frey, Qumran und der biblische Kanon (BThS 92) Neukirchen-Vluyn 2009; K. Beyer, Die aramäischen Texte vom Toten Meer, Göttingen 1984; Ergänzungsband 1994; G. J. Brooke, »The Canon Within the Canon« at Qumran and in the New Testament, in: S. E. Porter/C. A. Evans (Hg.), The Scrolls and the Scriptures. Qumran Fifty Years After (JSPE.S 26) 1997, 242–266; J. H. Charlesworth u. a. (Hg.), Pesharim, Other Commentaries and Related Documents (The Dead Sea Scrolls. Hebrew, Aramaic, and Greek Texts with English Translations 6B), Tübingen/Louisville 2002; S. W. Crawford, The »Rewritten« Bible at Qumran, in: B. A. Levine u. a. (Hg.), Eretz-Israel: Archaeological, Historical and Geographical Studies 26. FS F. M. Cross, Jerusalem 1999, 1–8; U. Dahmen, Psalmen- und Psalter-Rezeption im Frühjudentum (StTDJ 49) Leiden u. a. 2003; H.-J. Fabry, Art. Qumran: NBL 3, 1998, 230–260; P. W. Flint, The Dead Sea Psalms Scrolls and the Book of Psalms (StTDJ 17) Leiden 1997; J. Frey/M. Becker (Hg.), Apokalyptik und Qumran (Einblicke 10) Paderborn 2007; F. García Martínez/E. J. C. Tigchelaar, The Dead Sea Scrolls. Study Edition. Paperback Edition, Leiden 2000; A. Lange/H. Lichtenberger, Art. Qumran: TRE 28, 1997, 45–79; A. Lange, Handbuch der Textfunde vom Toten Meer 1: Die Handschriften biblischer Bücher von Qumran und den anderen Fundorten, Tübingen 2009; J. Maier, Early Jewish Biblical Interpretation in the Qumran Literature, in: HBOT 1, 1996, 108–129; ders., Die Qumran-Essener: Die Texte vom Toten Meer I–III (UTB 1862/1863/1916) München 1995f; D. W. Parry/E. Tov (Hg.), The Dead Sea Scrolls Reader, 6 Bde, Leiden 2004; E. Tov, The Dead Sea Scrolls Electronic Library. Standalone Version, Leiden 2006; ders., Groups of Biblical Texts Found at Qumran, in: D. Dimant/L. H. Schiffman (Hg.), Time to Prepare the Way in the Wilderness, Leiden 1994, 85–102; ders., Revised Lists of the Texts from the Judaean Desert, Leiden 2010; E. Ul-

rich, The Biblical Qumran Scrolls. Transcriptions and Textual Variants (VT.S 134) Leiden 2010; J. C. VanderKam, Einführung in die Qumranforschung (UTB 1998) Göttingen 1998, 49–91.143–181.

»Masada, Naḥal Ḥever und Murabbaʿat«: P. Benoit/J. T. Milik/R. de Vaux, Les Grottes de Murabaʿât (DJD II) Oxford 1961; H.-J. Fabry, Art. Masada: LThK³ 6, 1983, 1454f; S. Talmon, Hebrew Fragments From Masada, in: J. Aviram/G. Foerster/E. Netzer (Hg.), Masada VI. The Masada Reports, Jerusalem 1999.

»Genisa«: P. Kahle, Die Kairoer Genisa, Berlin 1962; J. Maier, Bedeutung und Erforschung der Kairoer »Geniza«: JAC 13, 1970, 48–61; L. Renner, Art. Geniza: NBL 1, 1991, 790f.

»Septuaginta«: A. Aejmelaeus, On the Trail of the Septuagint Translators. Collected Essays, Kampen 1993; J. Aitken (Hg.), Companion to the Septuagint, London u. a. 2015; D. Barthélemy, Les devanciers d'Aquila (VT.S 10) Leiden 1963; J. Cook (Hg.), Septuagint and Reception (VT.S 127) Leiden 2009; H.-J. Fabry/U. Offerhaus (Hg.), Im Brennpunkt: Die Septuaginta. Studien zur Entstehung und Bedeutung der Griechischen Bibel (BWANT 153) Stuttgart 2001; H.-J. Fabry/D. Böhler (Hg.), Im Brennpunkt: Die Septuaginta 3: Studien zur Theologie, Anthropologie, Ekklesiologie und Liturgie der Griechischen Bibel (BWANT 174) Stuttgart 2007; R. Hanhart, Studien zur Septuaginta und zum hellenistischen Judentum (FAT 24) Tübingen 1999; M. Harl/G. Dorival/O. Munnich (Hg.), La Bible grecque des Septante. Du Judaïsme Hellénistique au Christianisme Ancien, Paris ²1994; M. Hengel/A. Schwemer (Hg.), Die Septuaginta zwischen Judentum und Christentum (WUNT 72) Tübingen 1994; R. J. V. Hiebert/C. E. Cox/P. J. Gentry (Hg.), The Old Greek Psalter. FS A. Pietersma (JSOT.S 332) Sheffield 2001; M. Karrer/W. Kraus/M. Meiser (Hg.), Die Septuaginta – Texte, Kontexte, Lebenswelten (WUNT 219) Tübingen 2008; W. Kraus/R. Glenn Wooden (Hg.), Septuagint Research. Issues and Challenges in the Study of the Greek Jewish Scriptures (SBL Septuagint and Cognate Studies 53) Atlanta 2006; W. Kraus/M. Karrer/M. Meiser (Hg.), Die Septuaginta – Texte, Theologien, Einflüsse (WUNT 252) Tübingen 2010; S. Kreuzer/J. P. Lesch (Hg.), Im Brennpunkt: Die Septuaginta 2: Studien zur Entstehung und Bedeutung der Griechischen Bibel (BWANT 161) Stuttgart 2004; S. Olofsson, God is my Rock. A Study of Translation Technique and Theological Exegesis in the Septuagint (CB 31) Stockholm 1990; M. Rösel, Übersetzung als Vollendung der Auslegung. Studien zur Genesis-Septuaginta (BZAW 223) Berlin/New York 1994; F. Siegert, Zwischen Hebräischer Bibel und Altem Testament. Eine Einführung in die Septuaginta, Münster 2001; M. Tilly, Einführung in die Septuaginta, Darmstadt 2005; E. Tov, The Text-Critical Use of the Septuagint in Biblical Research (JBS 3) Jerusalem 1981; (JBS 8) Jerusalem ²1997; ders., Jewish Greek Scriptures, in: R. A. Kraft/G. W. E. Nickelsburg (Hg.), Early Judaism and its Modern Interpreters, Philadelphia/Atlanta 1986, 223–237; ders., The Greek and Hebrew Bible. Collected Essays on the Septuagint (VT.S 72) Leiden 1999; ders., The Bible as Book: The Transmission of the Greek Text, London 2002; ders., Der Charakter der hebräischen Quellen der Septuaginta und ihr textkritisch-textgeschichtlicher Wert, in: M. Karrer/W. Kraus (Hg.), Septuaginta Deutsch. Erläuterungen und Kommentare, Stuttgart 2011, 78–102; G. Veltri, Eine Tora für den König Talmai (TStAJ 41) Tübingen 1994; J. W. Wevers, The Interpretative Character and Significance of the Septuagint Version: HBOT 1, 1996, 84–107; E. Zenger (Hg.), Der Septuaginta-Psalter. Sprachliche und theologische Aspekte (HBS 32) Freiburg 2001.

»Äthiopische Bibel«: A. Dillmann, Veteris Testamenti Aethiopici Tomus I–V, Leipzig 1853–1894; M. Knibb/E. Ullendorff, The Ethiopic Book of Henoch, 2 Bde., Oxford 1978; M. Knibb, The Ethiopic Version of the Old Testament, Oxford 1999; O. Löfgren, Jona, Nahum, Habakuk, Zephanja, Haggai, Sacharja und Maleachi äthiopisch, Uppsala 1930.

I. Die Textgrundlagen der Ausgaben der Hebräischen Bibel

1. Die modernen Textausgaben und das »masoretische Problem«

Lange Zeit galt der von Moshe ben Ascher 895 n. Chr. geschriebene und punktierte Propheten-→ Kodex aus Kairo (Kodex Cairensis, C, M^C), der die »Frühen und die späten Propheten« (ohne Daniel) enthält, als die älteste bekannte Bibelhandschrift. Im Zuge des Hebrew University Bible Project (HUBP) (s. u.) haben Untersuchungen jedoch eine Datierung ins 11. Jh. n. Chr. wahrscheinlich gemacht (*M. Beit-Arié*). Es folgt der Kodex (Babylonicus) Petropolitanus, der sog. »Petersburger Prophetenkodex« (Ms. Heb B 3) aus dem Jahre 916 n. Chr. (Jes/Jer/Ez/XII). Als ältester Zeuge für die gesamte Hebräische Bibel ist der von Schelomo Ben Bujaʿa geschriebene und 925 n. Chr. von Aaron Ben Ascher punktierte Kodex Aleppo (M^A) zu nennen, der durch einen Brand 1947 ca. 196 von 491 Seiten verloren hat (es fehlen Gen 1,1–Dtn 28,17; 2 Kön 14,21–18,13; Jer 29,9–31,34; Am 8,13–Mi 5,1; Hag 1,1–Sach 9,17; Ps 15,1–25,1 und Hld [ab 3,11], Koh, Klgl, Est, Dan, Esra, Neh). Der aus dem Jahr 1009 n. Chr. stammende Kodex Leningradensis (L; M^L; $B19^A$) aus der Sammlung Firkovich ist nach einer Ben Ascher-Handschrift korrigiert und steht deshalb dieser Tradition sehr nahe. Er enthält die vollständige Hebräische Bibel. Seit 1991 (Namensänderung von Leningrad zu St. Petersburg) wird dieser Kodex häufig, aber unrichtig als Kodex Petropolitanus bezeichnet (*S. Kreuzer*).

Das »masoretische Problem« besteht darin, dass die ältesten bekannten Handschriften um weit mehr als ein Jahrtausend jünger sind als die Edition der bibl. Schriften selbst. Wenn auch die Texte in der Zwischenzeit mit bemerkenswerter Sorgfalt weitergegeben worden sind, so liegt hier doch eine Quelle für viele Abschreibefehler, die die exegetische Methode der Textkritik herausfordert. Zugleich ist die masoretische Texttradition zwar eine alte und an die Abfassung bibl. Schriften nahe heranreichende Texttradition, aber diese Nähe teilt sie mit anderen Texttraditionen. Zudem hat sie sich erst in weit nachbibl. Zeit durchsetzen können.

Im Jahre 1906 erschien in Leipzig die Biblia Hebraica (BH^1) auf der Basis der mittelalterlichen (1524–1525) Textausgabe des Jakob Ben Hajjim, der sog. Zweiten Rabbinerbibel aus der Druckerei Bomberg in Venedig (Bombergiana), die wiederum auf sephardische Handschriften zurückging, die dem Textbestand der tiberischen Tradition sehr nahe standen. Die 2. Auflage (BH^2) aus dem Jahre 1913 führte kleine Korrekturen aus. Die BHK (= BH^3), von *R. Kittel* und *P. Kahle* in den Jahren 1929–1937 in Stuttgart herausgegeben, stützte sich auf den Kodex Leningradensis (L, M^L) und versah den Text mit einem Varianten-Apparat. Die BHS (Biblia Hebraica Stuttgartensia = BH^4), von *K. Elliger* und *W. Rudolph* erstmals 1967 herausgegeben, basiert weiterhin auf L (M^L). Sie hat den kritischen Apparat erheblich revidiert und Qumran-Varianten aufgenommen. Zudem bietet sie die *Masora parva* (Mp) als Marginalie. Durch ein Zahlensystem wird auf die *Masora magna* (Mm) verwiesen, die von *G. E. Weil* separat publiziert wurde.

Die BHQ (Biblia Hebraica Quinta) wird (seit 1998) von *A. Schenker u. a.* herausgegeben und stützt sich ebenfalls auf L (M^L), wobei jeweils zwei weitere tiberiensische

Kodizes (v. a. der Kodex M^{A}) kollationiert (d. h. in kritischem Abgleich zusammengeführt) werden. Ein Apparat bietet Korrekturen anhand vor-tiberiensischer Texttraditionen. Die Masora magna wird oberhalb des Textes angeordnet und in einem angehängten Kommentar entschlüsselt.

Das Hebrew Old Testament Text Project (HOTTP) der United Bible Societies (UBS) – von *E. Nida* begründet – arbeitet seit 1969 (*D. Barthélemy, N. Lohfink, H. P. Rüger, J. A. Sanders u. a.*) und versteht sich als Instanz zur Klärung textkritischer Fragen. Die Ergebnisse wurden vorgelegt in »Preliminary and Interim Report on the Hebrew Old Testament Text Project« (5 Bde., New York 1979–1980) und von D. Barthélemy, Critique textuelle de l'Ancien Testament (5 Bde., OBO 50, Fribourg/Göttingen 1982–2005).

Das Hebrew University Bible Project (HUBP) löst sich vom Kodex Leningradensis und nimmt den Kodex Aleppo (A, M^{A}) als ältesten greifbaren Textzeugen aus der Ben Ascher-Tradition als Grundlage, dessen fehlende Teile noch aus alten Photos rekonstruiert werden konnten. Die HUB verzichtet völlig auf Emendationen (d. h. rekonstruierende Korrekturen). In einem vierfachen Apparat bietet sie die Varianten der alten Übersetzungen, der jüdischen Texte aus der Zeit des Zweiten Tempels inkl. Schriften aus der Judäischen Wüste, Varianten im Konsonantentext ausgewählter mittelalterlicher Kodizes und Varianten in Vokalisation und Akzentuierung ebenda. Zusätzlich übernimmt sie die große und kleine Masora von A (M^{A}). In einem zusätzlichen Anmerkungsteil werden die Varianten der alten Übersetzungen rückübersetzt. Die HUB – begonnen 1956 – erscheint seit 1995 in Jerusalem (*M. H. Goshen-Gottstein, C. Rabin, S. Talmon*). Über die Arbeit berichtet fortlaufend die Zeitschrift »Textus. Studies of the Hebrew University Bible Project« (seit 1961).

2. Herkunft und Eigenart des masoretischen Textes

2.1 Erste Listen

Erst spät (ca. 190 v. Chr.) ist im Alten Testament die Rede von einem mehr oder weniger genau umgrenzten Schriftenbereich, der als heilige Tradition besondere Aufmerksamkeit erfordert: Sir 38,34–39,1 charakterisiert den Gottesfürchtigen als jemanden, »der das Gesetz des Höchsten erforscht, die Weisheit der Vorfahren ergründet und sich mit den Weissagungen beschäftigt«. Bereits deutlicher, aber divergierend ist um 117 v. Chr. im → Prolog des Sir-Buches von »Gesetz, Propheten und den übrigen Büchern der Väter« (SirProl 10) und »Gesetz, Prophezeiungen und die sonstigen Bücher« (SirProl 25) die Rede (s. o. A.II.1.). Zur gleichen Zeit nennt Dan 9,2 αἱ βίβλοι »die Bücher«, 1 Makk 12,9 τὰ βιβλία τὰ ἅγια »die heiligen Bücher« und 2 Makk 8,23 ἡ ἱερὰ βίβλος »die Heilige Schrift«. Ob solche Bezeichnungen bereits eine Art »biblisches Selbstbewusstsein« ausdrücken, ist in der Forschung umstritten. Ebenfalls in etwa gleichzeitig verweist eine → Halacha (Rechtsanweisungen) aus Qumran (4QMMT C 10) auf »Buch des Moses, Bücher der Propheten und auf David« (vgl. 2 Makk 2,13–15: »Bücher der Könige, der Propheten und Psalmen Davids«), eine Liste, wie sie später auch in Lk 24,27.44 aufgenommen wurde.

Diese nur in Umrissen erkennbare Büchersammlung wurde offensichtlich bereits als autoritativ verstanden. Auch die Evangelisten sprechen ganz unpräzise von »Gesetz und Propheten« (Mt 5,17; Lk 16,16) oder »Gesetz des Moses, Propheten und Psalmen« (Lk 24,44). Von Melito von Sardes (um 180 n. Chr.) wird zum ersten Mal die Bezeichnung »Altes Testament« geprägt und zugleich eine Bücherliste vorgelegt, die dem jüdischen Tanach sehr nahe steht, sich aber primär noch deutlich an der Geschichte Israels – erst sekundär an der Tora – orientiert. Diese Bücherordnung wurde im 2. Jh. n. Chr. für alle jüdischen Gemeinden festgelegt (22 Bücher: vgl. Fl. Josephus, ContraAp. 1,37–43; 24 Bücher: 4 Esra 14,44–48). Die Bezeichnung »Kanon« für diese Liste findet sich zum ersten Mal im 39. Osterfestbrief des Bischofs Athanasius von Alexandria (367 n. Chr.).

Neben der »offiziellen« Linie der als autoritativ verstandenen Schriften wurden in den verschiedenen jüdischen Gruppierungen weitere Bücher und Schriften anerkannt und geschätzt. Unsicher bleibt, ob dahinter unterschiedliche Kanon-Konzepte stehen können, oder ob es überhaupt schon eine Art »Kanon-Verständnis« gab. Sicher standen die spezifischen Interessen bestimmter Trägerkreise im Judentum mit der Autorisierung bestimmter Schriften in Verbindung. Als Trends lassen sich erkennen, dass tempelzentrierte Gruppen (Sadduzäer, Samaritaner) sich auf die Tora konzentrierten, während in Gruppen, deren Aktivitäten außerhalb des Tempels lagen (Pharisäer, Essener, Qumran, Urkirche), »extended canones« zu beobachten sind, in denen sich die prophetische Opposition (z. B. Jer in Dan 9,2) artikulieren konnte.

Das frühe Christentum hatte mit der Septuaginta einen umfangreicheren Schriftenbestand, der durch einen einleitenden Oktateuch (Gen–Rut), den anschließend angeordneten Geschichts- und Weisheitsbüchern und den erst am Schluss angeordneten Prophetenbüchern die (ursprüngliche) historische Struktur aufrecht erhielt.

2.2 Die prämasoretische Textsicherung

Diese *erste Phase* der nachbibl. Texttransmission (Weitergabe der abgeschlossenen bibl. Schriften) im Judentum wird in der Forschung unterschiedlich terminiert: Sie reicht bis zur Zerstörung des Zweiten Tempels durch die Römer (70 n. Chr.; *E. Tov*) oder bis zum Abschluss des Zweiten Jüdischen Krieges (135 n. Chr.). Die Textzeugen (Qumran, Masada, Kaige-Theodotion) gehen auf babylonische (*F. M. Cross*) oder eher Jerusalemer Kreise (Pharisäer, Tempel-Priesterschaft) zurück (*E. Tov*) und sind noch recht divergent. Eine spezifizierende Einteilung dieser Phase in »proto-rabbinisch« (bis R. Hillel [30 v. Chr.–10 n. Chr.]) und »rabbinisch« (von R. Hillel bis zur Tempelzerstörung, *F. M. Cross*) ist an den Textzeugen selbst nicht mehr zu erkennen.

Die *zweite Phase* (Zerstörung des Tempels bis 8. Jh. n. Chr.) ist von einem starken Streben nach textlicher Vereinheitlichung bestimmt. Schon gegen Ende des 1. Jh.s n. Chr. kommt es zur weitgehenden textlichen Fixierung des Tanach, wobei Umfang, Inhalt und Struktur im Wesentlichen festgeschrieben wurden (Fl. Josephus, ContraAp. I,8; BB 14b–15a), sich aber zugleich eine einzige, nämlich die protomasoretische (dem MT-Text vorauslaufende) Textfassung durchsetzte. Diese vereinheitlichende Tendenz war nicht ausschließlich endogen bedingt, da es den frühen jüdischen Traditionen um Sachvermittlung, weniger um Textvermittlung ging, man also nicht notwendig eines fixierten Textes bedurft hätte. Vielmehr war sie wesentlich von außen angestoßen, insofern das Judentum den Textbestand seiner Hebräischen Bibel auch aus Gründen der Auseinandersetzung (z. B. mit dem frühen Christentum) fixieren musste. So zeigt denn auch die Bibliothek von Qumran, dass mehrere Texttraditionen im Judentum offensichtlich gleichberechtigt umliefen. Die endgültige Dominanz des protomasoretischen Textes erklärt sich nun allerdings weniger aus theologischen als vielmehr aus historischen Gründen. War zuerst die Samaritanus-Tradition durch Abwanderung der Samaritaner als schismatisch ausgeschieden worden, wurde einige Zeit später die LXX-Tradition (d. h. die griechische Übersetzung der Hebräischen Bibel) vom frühen Christentum übernommen. Vorerst wurde die LXX im rabbin. Judentum durchaus positiv gesehen und die textlichen Abweichungen als Konzessionen an König Ptolemäus II. Philadelphos (285/83–246 v. Chr.) gewertet. Das änderte sich in den folgenden Jahrhunderten und spätestens z. Zt. der Gaonim (6.–11. Jh. n. Chr.) wurde die griech. Übersetzung als »Tora für Talmai« (=Ptolemaios/Ptolemäus) abgelehnt. Es spricht vieles dafür, dass der verurteilte Text aber nicht mit der LXX identisch war (*G. Veltri*), denn dieser war zwischenzeitlich durch umfangreiche → Revisionen wieder schrittweise dem protomasoretischen Text angeglichen worden. In der Zwischenzeit waren mit der Zerstörung Qumrans (68 n. Chr.) auch die qumranische Sondertraditionen ausgefallen, so dass die MT-Tradition als einzige übrig blieb, weil ihre Tradenten die Katastrophe von 70 n. Chr. überlebten. Die Dominanz dieser Texttradition hatte sich schon früher bemerkbar gemacht, insofern sie zur Ersetzung nicht-masoretischer Textformen in Masada (Mas) und Naḥal Ḥever (Ḥev), zu gelegentlichen interlinearen Korrekturen in Qumran (4QPs^{c}), zur kritischen Revision bereits existierender griechischer Übersetzungen (Dodekapropheton in Naḥal Ḥever; Rezensionen der LXX) und schließlich zum »standardisierten masoretischen Text« (*textus receptus*) führte. Es blieb aber auch weiterhin im Bewusstsein, dass außerhalb dieser 22 (24) Bücher noch viele weitere Bücher mit höchster Autorität existierten (4 Esra 14,44–48).

In diesem Spannungsfeld breiter jüdischer Literatur hat das geistige Zentrum in der Zeit zwischen der Zerstörung des Tempels und dem Zweiten Jüdischen Krieg, die Schule des Rabbi Hillel in Jamnia, große Arbeit geleistet.

Die hier stattgefundenen Diskussionen und geäußerten Lehrmeinungen – seit *H. Graetz* und *F. Buhl* häufig, aber unzutreffend zur »*Synode von Jamnia*« verdichtet – haben weder den alttestamentlichen Kanon abgeschlossen, noch den masoretischen Text fixiert. Aus dieser Zeit ist lediglich ein → Mischna-Beleg erhalten, in dem den Büchern Hohelied und Kohelet eine besondere Sakralität (nicht jedoch Kanonizität) zugesprochen wird, insofern sie »die Hände verunreinigen« (Jad III,2–5). Fast zeitgleich berichtet der Babylonische → Talmud eine ähnliche Diskussion um die Bücher Rut und Ester (Meg 7a). Offensichtlich kennt man auch eine große Anzahl von »Bücher(n) der Äußeren«, vor deren Lektüre dringend gewarnt wird. Nach pSanh X,1,28a zählen dazu auch die Bücher des Ben Sirach. In der babylonischen Parallele wird von den »Büchern der *minîm*« (Sadduzäer? Judenchristen?) gesprochen, die diesem Verdikt unterworfen werden.

Im Verlauf dieser Diskussionen hat sich allmählich ein fester Grundbestand herausgebildet, wobei sich in den jüdischen Gemeinden die Hochachtung vor bestimmten Schriften herausgebildet hat, den Rabbinen dagegen nur eine feststellende Funktion verblieb (*G. Stemberger*).

In dieser prämasoretischen (den Masoreten vorhergehenden) Zeit wurden Regeln aufgestellt, nach denen die Heiligen Schriften anzufertigen sind: Die Häute mussten von reinen Tieren stammen, das Leder musste nach einem bestimmten Verfahren hergestellt sein; Kolumnenzahl, Zeilenabstand und -länge, Randbreite und Breite der Zwischenräume wurden im Talmud festgelegt.

Man sah die Hauptaufgabe darin, die Heilige Schrift auszulegen (→ Midrasch) und die Auslegungen zu sammeln. Dabei geriet die Schrift selbst in den Hintergrund, da sich das Hauptinteresse auf die Verschriftung der »mündlichen Tora« verlagerte. Unter dem Patriarchat der Familie des R. Hillel (2.–3. Jh. n. Chr.) führten die sozialen und religionsgesetzlichen Herausforderungen des röm. Reiches zu einer »auswählenden Redaktion und literarischen Fixierung der sogenannten ›mündlichen Tora‹, der (religions) gesetzlichen Überlieferungen, die man als verbindlich festgelegt wissen wollte« (*J. Maier*). Diese »tannaitische« (pharisäisch-rabbinische) Lehrtradition basierte auf einer Auslegung und Aktualisierung der Tora in der → *Halacha* (»Weg«), der übrigen Schriften in ausgestaltenden »Erzählungen« (→ *Haggada*) und wurde in der → *Mischna* (»Lehre«) zusammengestellt. Die weiteren Lehrdiskussionen der folgenden Rabbinen-Generation (»Amoräer«) wurde in der → *Gemara* (»Vollendung, erlernte Tradition«) kodifiziert und abschließend (im 3.–6. Jh. n. Chr.) mit der Mischna zum babylonischen und Jerusalemer → *Talmud* (»Studium«) komponiert. Damit war eine übersichtliche und kontrollierbare Darstellung der als für die religiöse Praxis und das Rechtsleben verbindlich geltenden Normen geschaffen.

2.3 Die Arbeit der Masoreten

Der Diskurs über die Textauslegung machte die Sicherung des Textbestandes notwendig, was in mehreren Schritten geschah:

(1) Die Abschreiber »Korrektoren, Revisoren« (*maggihîm*) der ersten Jahrhunderte bemühten sich aus Achtung vor der Heiligkeit des Textes um eine peinlich genaue Wiedergabe. Leseprobleme markierten sie als Marginalien zum Text.

(2) Um die z. T. vielfachen Lesemöglichkeiten des Konsonantentextes zu fixieren, fügten die »Experten der Vokalisation« (*naqdanîm*) mit Hilfe einer Punktation eine Vokalisation ein (wahrscheinlich um 700 n. Chr.)

Die Vokalisation erfolgte nach unterschiedlichen Systemen: das ältere palästinische (Occ = westliche) und das babylonische (Or = östliche) System verwendeten supralineare (oberhalb der Konsonanten angeordnete) Vokalzeichen. Sie wurden abgelöst durch das vorwiegend infralineare (unterhalb der Zeile) tiberische System, das sich bald als maßgebend durchsetzte.

(3) Die »Masoreten« (*ba'alê hammasôrah*) fixierten den Gesamttext, indem sie ihn abgrenzten, in Abschnitte (Paraschen) unterteilten und durch ein System von Zeichen (Cantillationszeichen, Sätze und Halbsätze, Hebungen und Kadenzen) für den Vortrag markierten.

Die *Einteilung des Textes in Abschnitte (Paraschen) und Verse* ist ein ausgeklügeltes Instrument der Textsicherung. Sie geht rudimentär bereits auf die talmudische Zeit zurück und findet sich vereinzelt schon in den Handschriften aus Qumran (*J. Oesch, Y. Maori*). Man ließ Sinnabschnitte im Text jeweils mit einer neuen Zeile beginnen, wobei am Ende der Schlusszeile des vorherigen

Abschnittes ein leeres Feld verblieb (*parašah p^e^tûḥah* = offener Abschnitt). Waren weitere Unterteilungen solcher Abschnitte nötig, so zeichnete man sie durch einen kleinen Leerraum (*parašah s^e^tûmah* = geschlossener Abschnitt) innerhalb der Zeilen an. Diese Unterteilung wird seit dem späten Mittelalter in Kodizes und Bibelausgaben durch die hebräischen Buchstaben פ (*p^e^tûḥah*) und ס (*s^e^tûmah*) im Text angezeigt. Parallel dazu verlief die Einteilung der Abschnitte in Verse (*pasûq*).

(4) Oft schrieben sie bestimmte Lesungen (*Qere*) gegen den geschriebenen Text (*Ketîb*) vor.

Durchgehend dokumentierten die Masoreten die wachsende Scheu vor dem Aussprechen des Gottesnamens und animierten zur ersetzenden Anderslesung (*Qerê perpetuum*), indem sie das Tetragramm, die Konsonantenfolge *JHWH* (*Ketîb*), mit den Vokalen von *ʾadônaj* »mein Herr«, *ʾelôhîm* »Gott« oder *šemaʾ* (aram.) »Name« unterlegten. Das häufig zu hörende »Jehova« beruht auf dem Missverstehen dieser Praxis; es vermischt beide Zeichensysteme und ist falsch.

(5) Verbesserungen am Text wurden selten vorgenommen, dann aber deutlich dokumentiert.

Verbesserungen wurden durch Punkte oberhalb und unterhalb (*puncta extraordinaria*) der entsprechenden Buchstaben und Wörter, durch hochgestellte »aufgehängte« Buchstaben (*litterae suspensae*) und durch weitere Schreiberzeichen angezeigt. Ihrer Meinung nach falsch eingeordnete Textabschnitte haben sie durch »umgekehrtes Nun« (*Nun inversum*) eingeklammert. »Schreiberkorrekturen« (*tiqqûnê sop^e^rîm*), d. h. inhaltliche Änderungen, wurden nur an wenigen Stellen vorgenommen.

(6) Daneben sicherten sie den Text gegen Fehlschreibungen mit Hilfe eines doppelten Hinweissystems, der »kleinen Masora« (Mp = *Masora parva*) und der »großen Masora« (Mm = *Masora magna*) ab.

Besondere Merkmale des Textes (Schreibweisen, Doppelungen, → hapax legomena, Kuriosa) wurden gekennzeichnet, um sie so vor »Verbesserungen« zu schützen. Der besseren Übersichtlichkeit wegen geschahen diese Textauszeichnungen am Rand (Mp) des Textes, um sie dann in einzelnen Abschnitten am oberen und unteren Seitenrand (Mm) ausführlicher zu entschlüsseln und darzustellen. Die bis ins hohe Mittelalter noch übliche alphabetische Sammlung dieses masoretischen Materials am Ende der jeweiligen Bücher und der gesamten Hebräischen Bibel (Schlussmasora = *Masora finalis*) wurde von Jakob Ben Hajjim in der Sammlung *Ochla w^e^Ochla* zusammengestellt. Sie wird heute nur noch von Experten verstanden und benutzt.

Völlig anderer Art ist die in den hebräischen Bibelausgaben aufgenommene *Einteilung des Textes in Leseabschnitte.* Eine in Palästina entstandene Einteilung in 452 *s^e^darîm* »Ordnungen« verteilt den Text der Tora auf einen dreijährigen Lesezyklus. Der Beginn eines *seder* wird mit ס markiert. Daneben entstand in Babylonien eine Einteilung in 54 (53) *parašôt* »Abschnitte« (פ) für einen einjährigen Lesezyklus, angezeigt durch ein פרש (*prš*) am inneren Textrand.

Die Masoreten nahmen bereits Satzeinteilungen vor, aber die Verszählung selbst stammt aus der Vulgata-Tradition; die heute noch übliche Einteilung in *Kapitel* wurde im 13. Jh. von Stephan Langton, dem Erzbischof von Canterbury, und in *Verse* von Robert Stephanus (Pariser Buchdrucker; 16. Jh.) vorgenommen (*S. Kreuzer*) und findet sich erstmals in der Pariser Vg-Handschrift.

3. Die Textgeschichte der Hebräischen Bibel im Licht der Texte aus der judäischen Wüste und der Genisa in Kairo

Hatte die Bibelwissenschaft bisher mit den Ben Ascher-Kodizes das *Ende* der masoretischen Textfixierung erreicht, so ermöglichen die Texte aus der judäischen Wüste (Qumran, Wadi Murabbaʿat, Wadi Sdeir, Naḥal Ḥever, Naḥal Ṣeʾelim und Masada) nun einen Einblick in den *Beginn* der Textfixierung. In einigen Fällen (4QEx–Lev^{f}; 4QSam^{b}; 4QJer^{a}, Dan) haben die vorgefundenen Handschriften den Charakter von Autographen, die bis ans Ende der Gestaltungsphase der entsprechenden Bücher zurückzureichen scheinen oder unmittelbar darauf folgen. Von den über 1000 Handschriften aus der judäischen Wüste sind gut 200 im engeren Sinne als bibl. Handschriften zu bezeichnen, die aus der Zeit vom ausgehenden 3. Jh. v. Chr. bis 70 n. Chr. stammen. Der überaus größte Teil dieser Texte stammt aus der Bibliothek von Qumran am Westufer des Toten Meeres, der Niederlassung einer frommen, torazentrierten und priesterlich orientierten Gruppierung, die aus Opposition gegen die hellenisierenden Tendenzen am Jerusalemer Tempel zeitweise den Tempeldienst verlassen hatte. Diese Texte sind von unschätzbarem Wert für die Klärung der Textgeschichte sowohl der Hebräischen Bibel wie zugleich auch des Alten Testaments. Die häufig anzutreffende abwertende Klassifikation dieser Schriften als »sectarian« (*M. Greenberg, B. Chiesa*) ist abwegig, zumal sie religionssoziologisch an die ältere Hypothese der Gemeinschaft von Qumran als klosterartige »Sekte« anknüpft. In der jüngeren Forschung wird die Bezeichnung dennoch neutral für die Texte verwendet, die in Qumran verfasst worden sind, im Unterschied zu den »non sectarian« Schriften, die in der Regel ihren Ursprung in vorqumranischer Zeit haben.

Die Zitation der Qumranhandschriften bedient sich zweier Systeme: (1) nach Inventarnummer: 1Q28 = Text Nr. 28 aus Höhle 1 (*vgl. E. Tov,* Revised Lists); (2) nach inhaltlichen Kriterien: 1QS = *seræk hajjaḥad* »Sektenregel«. Außerhalb der qumranologischen Fachliteratur werden die Systeme meistens kombiniert z. B. in der Form 4Q70(Jer^{a}) (= erste Jer-Rolle aus Höhle 4 = 4Q70), um neben einer inhaltlichen Erstinformation zugleich die inventarische Einordnung zu geben. Die zuerst veröffentlichten Handschriften aus Höhle 1 (z. B. 1QH; 1QJes^{a}; 1QpHab) haben keine Inventarnummern.

3.1 Die hebräischen Handschriften

Die meisten Handschriften aus Qumran sind in hebräischer Sprache, meistens in »assyrischer« Quadratschrift geschrieben. Dies darf als der normale Standard gelten. Ausgehend von der Beobachtung, dass sich die Schrift (Buchstabenform, Duktus etc.) im Laufe der Zeit ändert, gelang es mit Hilfe der paläographischen Methode (*F. M. Cross*), die Handschriften von Qumran relativ genau zu datieren.

3.2 Die Handschriften in paläohebräischer Schrift

Zwölf bibl. Handschriften aus Qumran sind in der sog. paläohebr. Schrift geschrieben. Da diese Schrift in manchen bibl. (z. B. 4Q26b[Lev^{g}]; 11Q5[Ps^{a}]) und nichtbibl. (z. B. 1QH$^{a.b}$; 4Q258[S^{d}]) Texten, dann auch in griech. Übersetzungen (8ḤevXII gr) zur Auszeichnung des Gottesnamens JHWH verwendet wurde, deutet man sie als Referentialschrift, die den so geschriebenen Texten besondere Bedeutung zumessen soll. In der Tat sind primär Pentateuch-Bücher (Ex/Lev/Num/Dtn) in dieser Schreibweise erhalten, dann auch ein Ijob-Buch (4Q101 [palaeoIjob^{c}]), das auf diese Weise als von Mose stammend und der Tora gleichwertig ausgezeichnet werden soll. Die paläohebr. Handschriften von Qumran lassen sich nicht einer bestimmten Texttradition zuordnen; die meisten stehen MT nahe, 4Q22(palaeoEx^{m}) ist präsamaritanisch, 11Q1(palaeoLev) unabhängig. In dieser Hinsicht unterscheiden diese Handschriften sich nicht von den anderen (*E. Tov*, *E. Ulrich*). Die Schriftweise ist Ausdruck auszeichnender Archaisierung, kann aber auch im soziologischen Hintergrund der entsprechenden Handschriften begründet sein: Alle diese Schriften stammen aus vorqumranischer Zeit, in der sie wahrscheinlich in sadduzäischen Kreisen tradiert wurden (*E. Tov*); *K. A. Mathews* führt sie dagegen auf die essenische »Moses mentality« zurück. In talmudischer Zeit war diese Schrift in heiligen Texten verboten (b.Sanh. 21b), da sie als die Schrift der »gewöhnlichen Leute«, z. B. der Samaritaner, galt.

3.3 Die aramäischen Handschriften

Die ungefähr 70 aramäischen Handschriften aus Qumran (*K. Beyer*) entstammen einem eigenen, soziologisch noch näher zu beschreibenden Sektor vorqumranischer Gruppierungen und sind ab der Zeit vom Beginn bis Mitte des 2. Jh.s v. Chr. entstanden: ein Jer-Fragment (4Q71[Jer^{b}]), Daniel-Texte (4Q112–115[Dan^{a-d}]), ein Esra-Fragment (4Q117[Esra]) und ein Tobit-Text (4Q196–199[Tob^{a-d}]); zu Lev (4Q156), Jes (4Q550^{f}) und Ijob (4Q157; 11Q10) liegen Targume (s. dazu u. B.III.2.) vor. Der Ezechiel-Tradition und der Tempelrolle stehen die Entwürfe für ein »Neues Jerusalem« (2Q24; 4Q554–555; 5Q15; 11Q18) nahe. Die sonstigen aram. Texte enthalten apokryphe Literatur (→ Apokryphen): ein Genesis-Apokryphon, Patriarchen- (Noach)-, Priester- (Amram, Qahat, Levi) und Henoch-Traditionen, dazu das »Buch der Giganten«.

3.4 Die griechischen Handschriften

Aus Qumran sind 8 griech. Bibelhandschriften erhalten (DJD IX, 1992), die mit Ausnahme von 7Q2(papEpJer) nur Pentateuch-Texte enthalten. Die rekonstruierbaren hebr. Vorlagen dieser Texte differieren und gehen keineswegs auf eine einzige Texttradition zurück. Aber auch die griech. Texttradition ist mehrspurig, da viele Varianten eigenständigen Charakter haben und sich nicht von LXX herleiten lassen (4Q119[LXXLev^{a}]; 4Q120[papLXXLev^{b}]). In jüngeren griech. Texten (z. B. 8ḤevXIIgr) lässt sich eine im Blick auf den späteren MT korrigierende Hand erkennen.

3.5 Der Textstatus der biblischen Texte aus Qumran

Bereits die ältesten Handschriften von Qumran erweisen sich als disparat und bezeugen zunächst das unmittelbare Nebeneinander der drei bekannten Texttraditionen ohne jedes erkennbare Ranking:

Die wohl älteste Handschrift 4Q17(Ex–Lev[f]; um 250 v. Chr.) steht MT nahe, richtet sich jedoch an einer Stelle mit Samaritanus gegen MT, ist also – wie 4Q22(palaeoEx[m]) – zur präsamaritanischen Texttradition zu rechnen. Aus dem letzten Viertel des 3. Jh.s v. Chr. stammen 4Q52(Sam[b], nahe an MT und LXX; enthält auch selbständige Lesarten), 4Q70(Jer[a], nahe an MT), 4Q51(Sam[a]) und 4Q71(Jer[b]) (beide nahe an LXX).
Mit 4Q76 (4QXII[a]) und 4Q109 (4QKoh[a]) liegen nun jedoch von diesen Texttraditionen unabhängige Handschriften vor, wobei letzte zusätzlich eine charakteristische qumranische Schreiberpraxis bezeugt. Die ebenfalls sehr frühe Handschrift 5Q1(Dtn) zeigt gar die Spezifika aller drei großen Texttraditionen, während wenig später 5Q2(Kön), 2Q12(Dtn[c]), 4Q47(Jos[a]) und 11Q1(QpalaeoLev) Varianten bieten, die sich keiner der bekannten Texttraditionen zuordnen lassen.

Die Bibliothek von Qumran bezeugt also nicht nur die drei Hauptlinien (*F. M. Cross*), vielmehr ist mit *S. Talmon* auf eine textliche Pluriformität zu verweisen, die bezeugt, dass die »ongoing literary processes of intra-biblical nature« noch keineswegs abgeschlossen waren. *E. Tov* und nach ihm *A. Lange* haben durch detaillierte Analysen der bibl. Texte aus Qumran die Theorie von den lokalen Textfamilien als zumindest für Qumran unzutreffend aufgewiesen und dagegen die Theorie der »textual variety«, der »Vielfalt der Texttraditionen«, vorgelegt und die Texte strukturiert, wobei Lange heute wesentlich weniger Handschriften der masoretischen Textlinie zurechnet, als Tov dies noch getan hatte. Demnach sind zu unterscheiden (nach *A. Lange* 16ff):

(1) Semimasoretische Handschriften (Pentateuch 5%; Propheten/Schriften 35 % [*Lange*])
(2) Protomasoretische Handschriften (Pentateuch 52% [*Tov*], 5% [*Lange*]; Propheten/Schriften 44% [*Tov*], 10% [*Lange*])
(3) Präsamaritanische Handschriften (nur Pentateuch; dem Samaritanus nahe, aber ohne Samaritaner-Ideologie: 6,5% [*Tov*], 5% [*Lange*])
(4) Handschriften, die MT und Samaritanus gleich nahe stehen (nur Pentateuch 27,5% [*Lange*])
(5) Handschriften, die die hebräische Vorlage für den LXX-Text enthalten könnten oder ihr nahe stehen (Pentateuch 4,5% [*Tov*], 5% [*Lange*]; Propheten/Schriften 3% [*Tov*], 4 % [*Lange*])
(6) Handschriften, die sich keiner dieser Texttraditionen zuordnen lassen, aber auch untereinander weder durchgängige Übereinstimmungs- noch Abweichungsmuster erkennen lassen (Pentateuch 37,0% [*Tov*], 52,5% [*Lange*]; Propheten/Schriften 53% [*Tov*], 51% [*Lange*])

Zusammenfassend lassen sich also die bibl. Texte aus Qumran in mindestens sechs Gruppen einteilen, womit wahrscheinlich das ganze Spektrum paralleler Texttraditionen noch nicht vollständig erfasst ist, zumal einzelne Texte auch noch Affinitäten zum → Targum, zur → Peschitta und → Vulgata aufweisen (*S. Talmon*).

So wie die protomasoretischen Texte aufgrund ihrer nahezu exakten Übereinstimmung mit dem späteren MT die große Sorgfalt späterer Abschreiber erweisen, geben sie auch umgekehrt Zeugnis für ihre eigene Schrifttreue. Daraus ist zu schließen, dass die Handschriften aus Qumran auch die nicht-masoretischen Texttraditionen zuverlässig bezeugen.

3.6 Kommentare zu biblischen Texten

Neben den bibl. Texten selbst sind in Qumran mehr als 30 Pescharim, Kommentare primär zu Propheten- (1QpHab; 1Q14[pMi]; 1Q15[pZef]; 3Q4[pJes]; 4Q161–165 [pJes^{a-e}]; 4Q166–167[pHos^{a-b}]; 4Q168[pMi]; 4Q169[pNah]; 4Q170[pZef]; 4Q253a [pMal]; 5Q10[pMal]) und Psalmentexten (1Q16[pPs]; 4Q171.173[pPs^{a-b}]), aber auch zum Buch Genesis (4Q252–254a[pGen^{a-d}]) erhalten. Sie sind in der Gemeinde selbst entstanden (»sectarian«) und ihre Eigenart besteht darin, dass sie den kommentierten Texten keine Botschaft für ihre je eigene Zeit beließen, sondern sie ausschließlich auf die unmittelbare eschatologische Gegenwart der Gemeinde bezogen. Daneben sind thematische → Midraschim (4Q174+177[MidrEschat$^{a.b}$]; 4Q175[Test]; 4Q176[Tanḥ]; 11Q13[QMelch]) überliefert, die der Gattung Pesher nahe stehen und zu einem bestimmten Thema anthologisch (→ Anthologie) alle verfügbaren Bibeltexte zusammenstellen. Der Text der kommentierten Bibelstellen gehört in der Regel nicht zur protomasoretischen Textlinie (*J. H. Charlesworth u. a.*, Pesharim)

3.7 Die sog. »Rewritten Bible/Scripture«: Pentateuch-Paraphrasen und Tempelrolle

Textgeschichtlich von besonderer Bedeutung ist eine große Gruppe qumranischer Handschriften, die den Eindruck macht, sie enthalte Paraphrasierungen bibl. Texte. Dabei handelt es sich um interpretierende Fortschreibungen bibl. Texte vornehmlich im Bereich des *Pentateuch* (4Q158; 4Q364–367; 4Q422; 4Q464). Die gegenwärtige Forschung nennt solche Texte »*rewritten/reworked Bible*« (*S. W. Crawford*) oder »rewritten scripture« (*J. C. VanderKam, A. Lange*). Charakteristisch für diese vornehmlich noch aus vorqumranischer Zeit stammenden Schriften ist, dass sie an einem bibl. Basistext entlanggehen, wobei sie thematisch jeweils passende Zitate aus anderen bibl. Büchern beiziehen. Dieses anthologische Vorgehen (→ Anthologie) ist unmittelbar vergleichbar mit späten redaktionellen Prozessen im Pentateuch (s. u. C.III.), weshalb man solche Texte bereits in der literarischen Entstehungsphase, nicht erst in der darauf folgenden Transmissionsphase des Pentateuch ansetzen möchte; zumindest jedoch sind sie in einer Gemeinde entstanden, die die Entwicklung des Tora-Textes noch nicht für abgeschlossen hielt. Die genannten Texte stehen ausnahmslos der präsamaritanischen Textform nahe.

In der Nähe eines solchen »rewritten-Bible«-Textes steht auch das *Genesis-Apokryphon,* das sich jedoch in paränetischer Absicht recht weit vom Basistext der Patriarchen-Erzählung (Gen 5–15) wegbewegt.

Die »*Tempelrolle*« (11Q19[T]) ist – basierend auf den Basistexten Ex/Lev/Num/Dtn – formal als unmittelbar von Gott ausgehende Tora (1. Sg.) gestaltet, die alle das Wüstenheiligtum der Israeliten betreffenden Anweisungen des Pentateuch auf den Zweiten Tempel von Jerusalem aktualisieren möchte. Ihre Quellen reichen sicher ins 3. Jh. v. Chr. (und früher?) zurück und haben die aufgenommenen Basistexte des Pentateuch noch in ihrer Formationsphase vorgefunden. Bevor man daraus weitreichende Schlüsse ableitet, ist zu bedenken, dass die Tempelrolle weniger auf feste Texttraditionen als vielmehr auf gemeinsame kultische Heiligtums- und priesterlich bestimmte gesetzliche

Überlieferungen zurückgriff, die in die Zeit vor der Auseinandersetzung mit dem Hellenismus zurückreichen und in programmatischen Diskussionen im exilisch-nachexilischen Priestertum ihren Ursprung haben können. Dies erklärt die vielen Übereinstimmungen mit den Pentateuch-Paraphrasen, mit 4QMMT und CD, aber auch mit den Traditionen hinter Jubiläen und Henoch. Andererseits sind die textlichen Differenzen zum masoretischen Text, etwa des Dtn, so massiv, dass dies nicht ohne Rückwirkung auf die Kanon-Theologie bleiben kann. Entscheidend aber ist letztlich der kanonische Anspruch, den die Tempelrolle aufgrund ihrer Formulierung als Gottes unmittelbare Tora erhebt.

Zu nennen sind schließlich noch Texte, die zwar bibl. Texten sehr nahe stehen, diese aber im echten Sinne »fortgeschrieben« haben. Sie zeigen eine deutliche *apokalyptische* Ausrichtung, lassen aber auch erkennen, dass über die bibl. bekannten »Stoffe« hinaus noch zusätzliche Materialien im Umlauf waren. Diese Texte werden in der Qumranologie mit dem Sigel ps (= pseudo) versehen: In aram. Sprache liegen zwei Daniel-Apokryphen 4QpsDan^{a-d} (4Q243–246), in hebr. Sprache fünf Ez- (4Q385–388;391) und fünf Moses-Apokryphen (4Q385a/387a/388a/389/390) vor. In ähnlicher Weise wurde in Qumran auch das Jubiläenbuch (4Q225–227) fortgeschrieben.

3.8 Die Sammlung autoritativer Schriften in Qumran

Wie im sonstigen Judentum ist auch in Qumran die Autorität einer Schrift nicht über eine explizite Terminologie, sondern nur anhand bestimmter Kriterien zu erschließen. Solche Kriterien sind (1) *die Tatsache der Verschriftung*: nur wichtige Überlieferungen werden verschriftet; (2) die *Bezeugung, Zitation und Kommentierung*: alle Bücher der Hebräischen Bibel mit den Ausnahmen Ester (vgl. aber 4Q550) und Nehemia (vielleicht zum Esra-Buch gezählt) sind in Qumran als Handschriften belegt. Von den → deuterokanonischen Büchern sind Tobit (4Q196–200), Sirach 51 (11Q5,21f.; Masada; Kairo Genisa), Ps 151 (11Q5 XXVI) und Baruch (Bar 6=EpJer [7Q2]) belegt. In Form von Zitaten (Schriftbeweis) wird auch das Jubiläenbuch (CD 10,7–10; 16,2–3) als Schrift von besonderem Wert gewichtet. Die weite Verbreitung der Wächter-Geschichte (1 Hen 1–36; vgl. 1Q23; 24; 2Q26; 4Q203; 206; 530–533) sowie des solaren Kalenders in Qumran zeigen die hohe Beachtung des Henoch-Buches (4Q201–212; vgl. Jud 1,14f). Schließlich betonen die Pescharim über die Prophetenbücher, dass diese als autoritativ betrachtet wurden. (3) Die *Anzahl der Kopien* sagt etwas über die Gewichtung der einzelnen Bücher aus (in Klammern jeweils die Anzahl der Exemplare): Ps (40); Dtn (29); Jes (21); Ex (17); Gen (15); Lev (13); Henoch (ca. 20); Jubiläen (15). Die Testamente der Patriarchen selbst sind nicht belegt, einige Handschriften können aber als Quellenschriften dazu gedeutet werden. Darüber hinaus findet sich eine breite Aufnahme von Patriarchen- und Priester-Traditionen (Amram, Qahat) in ungefähr 50 bislang unbekannt gewesenen → Apokryphen. Auch gemeindeeigene (»sectarian«) Schriften genossen hohes Ansehen: Sabbatopferlieder (4Q400–407; 11Q17; MasShirShab), 4QMMT (4Q394–399); CD/4QD und Qumran-eigene Regeln (z. B. 1/4QS) sind vielfach kopiert worden. (4) *Interner Anspruch:* Manche Texte signalisieren ein autoritatives Gewicht z. B. durch Verwendung der autorisierenden Botenformel: »Spruch Gottes« (CD 19,8) oder durch die Formgebung als mittelbare (Jubiläenbuch) oder unmittelbare Promulgation Gottes (1. Sg. [Tempelrolle]). (5) *Prä-kanonische Listen:* Die älteste in Qumran bezeugte Liste in 4QMMT C 10 bezeugt eine Dreier-Struktur der Qumran-Bibel (»Mose – Propheten – David«). Die wenig später entstandene Regel 1QS 1,3 spricht nur von Mose und den Propheten. Für die Ordnungen und Regelbücher (CD und 1QS) sind Tora, Gebetsliteratur und die Weisheitsliteratur Objekte höchster Wertschätzung. In diesen Bereichen hat Qumran eine Vielzahl eigener Bücher promulgiert (für die Tora die Tempelrolle; für die Gebete die Hodajot und die Sabbatopferlieder, für die Weisheitsliteratur das *mûsar lammebîn* [4QInstruction; 4Q415–418]).

Damit ist der spätere Kanon der Hebräischen Bibel im Wesentlichen in Qumran bereits vorhanden. Zugleich aber ist anzunehmen, »... die Leute von Qumran hätten über keine abgeschlossene, genau definierte Liste von Büchern verfügt, die eine Bibel konstituierten. ... Die Gemeinschaft glaubte sicher, dass zu ihrer Zeit die Offenbarung fortschreiten würde; ihr Lehrer galt schließlich als inspiriert« (*J. C. VanderKam* 180). So ist sicher, dass die Qumraner einen weit umfangreicheren »Kanon« hatten, der neben den »biblischen« Büchern weitere Schriften mit quasi-kanonischem Rang kannte. Damit hebt sich die Gemeinschaft von Qumran jedoch kaum von dem zeitgenössischen Frühjudentum ab. Der spätere Kanon der Hebräischen Bibel und der des Alten Testaments stellen somit »nur« ein – wenn auch großes – Segment aus den im Frühjudentum angesehenen Büchern dar.

Die *Bedeutung Qumrans für die Textgeschichte* zeigt sich besonders dann, wenn MT und LXX differieren. So ist z. B. die LXX-Fassung des Jeremia-Buches um ungefähr ein Siebtel kürzer als die MT-Fassung. In Qumran sind 6 Jer-Handschriften belegt, von denen einige (4Q70[Jer^{a}]; 4Q72a[Jer^{d}]) die längere MT-Fassung enthalten, während 4Q71(Jer^{b}) eindeutig mit der (postulierten hebr. Vorlage von) LXX zusammengeht. Diskutiert wird (*G. Fischer, H. J. Stipp u. a.*), ob die kürzere LXX-Fassung auf eine hebr. Vorlage zurückgeht, die möglicherweise eine frühere literarische Stufe des Jeremia-Buches darstellt. In Qumran existierten laut Datierung beide Fassungen nebeneinander (*A. Lange* 304–314, s. dazu auch u. F.III.0.).

In umgekehrter Weise zeigt Qumran für 1 Sam 11 eine ausführlichere Textfassung, die – obwohl in keiner anderen Texttradition belegt – alle Chancen der Ursprünglichkeit hat. So sind in 4Q51(Sam^{a}) Angaben über die Bedrückung der israelitischen Stämme Ruben und Gad durch die Ammoniter enthalten, die für das Verständnis des ansonsten enigmatischen Textes vom 1 Sam 11 notwendig sind (*A. Lange* 218ff).

Die *Bedeutung Qumrans für die Kanontheologie* zeigt sich z. B. bei den Psalmen. Über die zahlreichen Handschriften verteilt sind fast alle 150 masoretischen Psalmen bezeugt, zusätzlich noch der aus LXX bekannte Ps 151, die aus der syrischen Tradition bekannten Ps 154 und 155, sowie eine Zions-Apostrophe, ein Hymnus an den Schöpfer (alle in 11Q5[Ps^{a}]), ein eschatologischer Psalm und eine Juda-Apostrophe (in 4Q88[Ps^{f}]), die ausnahmslos so mit den bibl. Psalmen kombiniert sind, dass für sie eine kanonische Wertschätzung vorausgesetzt werden muss. In den meisten Psalmen-Handschriften wird im Wesentlichen die MT- und LXX-Abfolge der Psalmen bestätigt. Markant ist die zunehmende Unsicherheit ab Ps 89, also in den Psalmenbüchern 4 und 5, in die auch die »→ apokryphen« Materialien hinein kompiliert sind. Daraus wurde die These (*Flint*) abgeleitet, die Schriftrollen von Qumran hätten zwei unterschiedliche Versionen des Psalters bewahrt: Ab Ps 89 habe sich die Psalter-Tradition getrennt. Die eine Version der meisten Kopien (Ps 101–150) gehöre in die Tradition, die schließlich auf den masoretischen Text hinauslaufen sollte, die andere Version liege in 11Q5(Ps[a]) vor und enthalte die Ps 89–151 sowie 10 »apokryphe« Implemente in nicht-masoretischer Abfolge. Dagegen spricht die messianische Ausrichtung der Komposition (*U. Dahmen*), weshalb 11Q5 nicht mehr als Zeugnis für eine noch bestehende Fluktuation des masoretischen Psalters im 1. Jh. n. Chr. gelten kann, sondern bereits ein Rezeptionsphänomen gegenüber der später kanonisch gewordenen MT-Tradition darstellt (ähnlich 1QJes[a] gegenüber Jes[MT]) und als möglicherweise zu liturgischen Zwecken komponierte »Sonderrolle« keine kanontheologische Relevanz hat.

3.9 Die Texte von Masada, Naḥal Ḥever und Murabbaʿat

(1) In der herodianischen Festung *Masada* am Toten Meer wurden 13 stark fragm. Handschriften bibl. Texte (Gen 46,7–11; Lev 4,3–9; 8–12; Dtn 33; Ez 35,11–38,14; Ps 81,3–85,10; 147; 150) gefunden, die vornehmlich von der letzten zelotischen Besatzung (66–74 n. Chr.) stammen und textkritisch sehr wertvoll sind, da sie die protomasoretische Texttradition bezeugen. Die Handschrift MasPs[b] (M 1103–1742) ist zudem kanongeschichtlich wichtig, da sie Ps 150 in Schlussstellung zeigt und – gegen 11Q5(Ps[a]) – einen Psalter mit 150 Psalmen voraussetzt. Die hebr. (!) Sirach-Rolle aus Masada (Sir[M]) umfasst Sir 39–44 und ist identisch mit dem Genisa-Text aus Kairo. Dazu stammen aus Masada ein Gen- (50–25 v. Chr.), ein Jos-, möglicherweise auch ein Ester-Apokryphon (Mas 1m), eine hebr. Jubiläenbuch-Abschrift und eine der qumranischen Sabbatopferlieder (MasShirShab).

(2) Die Texte aus *Naḥal Ḥever/Wadi Seiyal* (*Naḥal Ṣeʾelim*) entstammen der Zeit des Bar-Kochba-Aufstandes (132–135 n. Chr.). Aus der Doppelhöhle 5/6 sind einige Fragmente mit Num 19,2–4; 20,7–8; 27,2–13; 28,11–12 (5/6Ḥev/Se 1+2), Dtn 9,5–6.21–23 (5/6Ḥev/Se 3) und Ps 7–11; 12–13; 15,1–5; 16,1; 18; 22–25; 31 (5/6Ḥev/Se 4) erhalten. Aus Höhle 8 stammt ein Dodekapropheton (8ḤevXII) in griech. Sprache (*E. Tov*, DJD VIII), das gegenwärtig die älteste vorhandene griech. Zwölf-Propheten-Rolle ist. Da es exakt der masoretischen Anordnung folgt, steht sie in einem instruktiven Kontrast zur qumranischen Handschrift 4Q76(4QXII[a]), dem ältesten qumranischen Dodekapropheton aus der Mitte des 2. Jh.s v. Chr., das noch eine abweichende Reihenfolge der einzelnen Propheten kennt.

(3) Unter den mehr als 170 Texten aus *Wadi Murabbaʿat* (18 km südl. von Qumran) finden sich ebenfalls aus der Zeit des Zweiten Jüdischen Krieges (132–135 n. Chr.) 4 Handschriften mit bibl. Texten: Gen/Ex/Num (Mur 1), Dtn (Mur 2), Jes (Mur 3) und Dodekapropheton (Mur 88), publiziert in DJD II, 1961, die eindeutig aus der protomasoretischen Texttradition stammen, auch wenn sie kleine Abweichungen enthalten. Der Text ist auffällig konservativ, evident ist die masoretische Abfolge der einzelnen Bücher im Zwölfprophetenbuch. Damit signalisieren diese Texte die zunehmende Fixierung der masoretischen Texttradition im 2. Jh. n. Chr.

3.10 Die Handschriften aus der Genisa von Altkairo

In der Genisa (Kammer zur Aufbewahrung abgenutzter Schriftrollen) der Esra-Synagoge von Fustat (Alt-Kairo) wurden 1896/97 n. Chr. in einem Gesamtbestand von mehr als 200.000 Fragmenten auch bibl. Texte (z. T. noch aus dem 8. Jh. n. Chr.) gefunden, die noch in vormasoretischer palästinischer und babylonischer Vokalisation geschrieben waren. Darunter befanden sich mindestens 5 z. T. sehr umfangreiche hebr. Handschriften des Buches Sirach, eine Kopie der LXX-Rezension des → Aquila, syrische Bibelfragmente, → Targumim, aber auch die »Damaskusschrift« (CD = »Cairo-Document«), eine vorqumranische Gemeinderegel aus der Zeit um 100 v. Chr., von der in Qumran weitere 10 Kopien (z. B. 4Q266–273) gefunden wurden. Die Genisa-Fragmente stammen zumeist aus dem 10.–12. Jh. n. Chr. Ihre Bedeutung zentriert sich zu Recht auf den hebr. Sirach und auf CD, aber sie werfen auch ein Schlaglicht auf die Persistenz nicht-masoretischer Textformen über nahezu ein volles Jahrtausend. Der größte Teil der Handschriften wird in der Taylor-Schechter-Collection in Cambridge aufbewahrt. An der Sichtung und Edition beteiligt ist das Genisa-Projekt der Cambridge University (http://www.lib.cam.ac.uk/collections/departments/taylor-schechter-genizah-research-unit).

II. Theorien zur Textgeschichte der Hebräischen Bibel

Obwohl einerseits die → Hexapla des Origenes (3. Jh. n. Chr.) und andererseits die Complutenser Polyglotte des Kardinals Ximenes von Alcala (1514–1517) einen kritischen Schriftenvergleich ermöglichten, setzte eine Kritik des Bibeltextes erst im 17. Jh. mit der Biblia Polyglotta von *B. Walton* (London 1657; Library London Kings College B2797; Nachdruck Graz 1963–1965) ein. Aus der Entdeckung echter Textvarianten entstand das dringende Desiderat, nach dem Ursprungstext der Bibel zu suchen unter der Prämisse, dass der älteste Text der richtigere sein müsse. Der Ansicht, hinter jedem bibl. Text stehe ein letztverantwortlicher Autor/Editor/Redaktor, der seinen Text in eine einzige Endform gebracht habe, stand die empirische Erkenntnis gegenüber, dass die noch erhaltenen ältesten Zeugen bibl. Texte z. T. erheblich voneinander abwichen. Es wurde diskutiert, ob aus der Kombination beider Erkenntnisse Recht und Pflicht des Exegeten abgeleitet werden können, nach einem festen Regelwerk aus den Varianten der Textzeugen diesen »Urtext« zu rekonstruieren. Diese Diskussion lässt sich im Prinzip auf zwei Grundpositionen (*P. de Lagarde, P. Kahle*) eng führen:

1. Die »Urtext«-Theorie von P. de Lagarde

P. de Lagarde (1884) schlug vor, aus den LXX-Handschriften und den Rezensionen (s. w. u.) einen gemeinsamen Urtext zu erschließen, der auf einen einzigen Übersetzungsvorgang (vgl. Aristeasbrief) der gesamten hebr. Bibel zurückgehen müsse. Aus dieser Rekonstruktion lasse sich ein einziger originaler Bibeltext, der »Urtext«, erschließen, dem ein autoritativer Status zugebilligt werden müsse.

2. Die »Vulgärtext«-Theorie von P. Kahle

P. Kahle (1915; 1941) lehnte den Zugang über die griech. Textzeugen und den Aristeasbrief ab. Die internen Differenzen in den mittelalterlichen hebr. Handschriften, die Varianten in den Handschriften der Kairoer Genisa und divergierende bibl. Zitate im → Talmud machten es für *P. Kahle* ganz unwahrscheinlich, dass die Hebräische Bibel als Ganze auf einen einzigen ursprünglichen Text zurückgehen könne. Die Divergenzen erzwingen eine plurale Quellensituation, die Vereinheitlichungstendenzen dagegen führen zu einer Vermittlungsquelle, die er Vulgärtext(e) nannte.

3. Die Theorie der »lokalen Textfamilien« von W. F. Albright/F. M. Cross

In der Folgezeit versuchte man, die richtigen Elemente der Theorien von *P. Kahle* und *P. de Lagarde* zu rezipieren. *A. Sperber* (1929) konzentrierte die Kahle'schen Vulgärtexte auf eine nördliche (Samaritanus, LXX^{B}) und eine südliche (MT, LXX^{A}) Haupttradition. Daraus entwickelten *W. F. Albright* und *F. M. Cross* die weiter ausdifferenzierte Theorie der »lokalen Textfamilien« in Israel/Palästina, in der babylonischen → Gola und in Ägypten. Die Differenzen zwischen den einzelnen Texttraditionen werden damit erklärt, dass die einzelnen Textfamilien bibl. Bücher (z. B. Jer, Chr, Esra) in unterschiedlichen Entwicklungsstadien vorgefunden und sie entsprechend übernommen haben. Die Weitergabe (Transmission) der Texte startete bereits, obwohl die literarische Genese dieser Bücher noch nicht abgeschlossen war.

3.1 Die palästinische Textfamilie

In Israel/Palästina entstand die Hebräische Bibel. Unmittelbar nach der Abfassung und Schlussredaktion der alttestamentlichen Texte selbst zwischen dem 5. und 3. Jh. v. Chr. begann die Transmission dieser Texte. Der Textbestand dieser Familie umfasst nach *F. M. Cross* den Samaritanischen Pentateuch, den sehr spät entstandenen Text der Chronik (Chr^{MT}) und einige frühe Texte aus Qumran.

Der *Samaritanische Pentateuch* (Samaritanus) ist einer der ältesten Textzeugen, auch wenn er nur in Handschriften, z. B. in der Abischaᶜ-Rolle (in paläohebräischer Schrift) der samaritanischen Gemeinde aus Sichem/Nablus frühestens aus dem 11. Jh. n. Chr. bezeugt ist. Die von S. Schorch/J. Zsengellér verfolgte Neuedition des Samaritanus stützt sich auf das ältere Ms. Dublin Chester Beatty Library 751 aus dem Jahre 1225 n. Chr. Daneben kannten die Samaritaner eine eigene Textversion des Buches Josua und ein weiteres historisches Buch, das als »Chronik II« bezeichnet wird. Der Text des Samaritanus geht auf einen früheren präsamaritanischen Text zurück, wie er auch in einigen Handschriften in Qumran (z. B. $4QpalaeoEx^{m}$; $4QRP^{a}$) bezeugt ist; er ist relativ frei formuliert, verwendet Harmonisierungen, um Spannungen im Text selbst oder zwischen alttestamentlichen Texten auszugleichen (vgl. Ex 18,21 || Dtn 1,13; Ex 32,10 || Dtn 9,20), konstruiert – um höherer Text-Kohärenz willen – Rückverweise

(Gen 30,36+31,11–13; Dtn 18,18–22) und Entsprechungen von Anordnung und Ausführung (Ex 8,16ff+19), Aktion und Reaktion (Ex 20,21+Dtn 5,28–31+Dtn 18,18–22).

Der Samaritanische Pentateuch selbst hebt sich vom präsamaritanischen Text durch eine theologisch-ideologische Prägung ab, die auf die Streitigkeiten zwischen Samaritanern und Esra (Fl. Josephus, Ant XI § 312) gegen Ende der Perserzeit zurückgeht. Auf diese Streitigkeiten antworten die Samaritaner mit einem aggressiven Identitätsprogramm, indem sie alle Stellen im Pentateuch, die auf den Ort, den Gott sich für seinen Gottesdienst *erwählen wird*, mit Sichem (heute: Nablus) und dem Berg Garizim (*har-garîzîm*, sw. von Sichem: Ex 20,21) identifizieren. Fest lokalisierte Stätten der Patriarchenzeit (Gen 14: Salem; Gen 22: Morijah; Gen 28: Bet-El; Dtn 27,4: Ebal) werden nun mit dem Garizim identifiziert. Die Zählung der Zehn Gebote wird so verändert, dass in den Dekalogen das 10. Gebot (Ex 20,17; Dtn 5,18; aus Textelementen aus Dtn 11,29a; 27,2b–3a.4a.5–7 und 11,30 kompiliert) einen Tempelbau auf dem Garizim vorschreibt. Für die Textkritik ist der Samaritanus wertvoll, insofern manche Varianten ein älteres Textstadium als MT wiederzugeben scheinen. Auch die häufigen Übereinstimmungen mit LXX bestätigen diesen Eindruck.

3.2 Die babylonische Textfamilie

Die Texte gelangten von Israel/Palästina in die babylonische → Diaspora, wo sie weiter tradiert wurden. Als wichtigste Texttradition hat sich die MT-Linie ausgebildet als Ergebnis einer kritischen Reduktion einer breiteren Texttradition. Sein auffälliges Kennzeichen ist die durchgehende Defektivschreibung, d. h. der weitgehende Verzicht auf *matres lectionis*. Diese Texttradition wurde zur Zeit des R. Hillel als Grundlage einer → Revision der LXX herangezogen, sie muss also bereits in vorchristlicher Zeit wieder nach Israel/Palästina zurückgeführt worden sein. Weite Bereiche der Qumrantexte sowie die Texte aus Masada, Murabbaʿat und Naḥal Ḥever sind dieser Tradition verpflichtet. Aus diesem Text entwickelt sich im Mittelalter nahtlos der *textus receptus,* wie er in der Ben Ascher-Familie tradiert worden ist.

3.3 Die ägyptische Textfamilie

Aus Israel/Palästina stammte ebenfalls der hebr. Grundtext, der der LXX, der Hauptzeugin der *ägyptischen Textfamilie,* als Vorlage gedient hat. Der ursprüngliche Text dieser »Old Greek«-Form ist voll und ausführlich und eng verwandt mit den ältesten Texten der palästinischen Familie. Die ägyptische Herkunft ist kaum zu bezweifeln, da *W. F. Albright* einen »pre-Septuagintal Egyptian influence« nachgewiesen und *M. Hengel* auf die Angleichungen an ptolemäisches Recht aufmerksam gemacht haben. In Qumran gehören zu dieser Familie die Texte 4QEx^{a} und 4QJer^{b}. 4QSam^{a} (3. Jh. v. Chr.) dürfte sogar die direkte Vorlage für LXX gewesen sein.

Die Theorie von den »lokalen Textfamilien« vertritt also die Gleichzeitigkeit verschiedener Texttraditionen. Dabei ist es ihr gelungen, die einzelnen Familien zutreffend zu charakterisieren und die geographische und soziologische Distanz als textprägende Elemente sichtbar zu machen. Trotz ihrer Vorzüge wird diese Theorie nicht allen Beobachtungen gerecht.

4. Neue Ansätze für eine Textgeschichte der Hebräischen Bibel

Die entscheidend weiterführende Argumentation gründet in den Textfunden vom Toten Meer und der Genisa von Kairo.

Zum Ersten hat die parallele Existenz von bibl. Büchern in unterschiedlichen literarischen Stadien – vorher schon ansatzweise aus der Differenz von Jer^{MT} und Jer^{LXX} vermutet – in Qumran gezeigt, dass der »Übergabe-Punkt« der bibl. Bücher zwischen der literarischen Genese und der literarischen Transmission neu bedacht werden muss.

Zum Zweiten haben diese Textfunde aufgewiesen, dass sich die bekannten Bibelhandschriften nicht exakt den genannten Textfamilien zuordnen lassen, dass sie vielmehr eine größere Textpluralität dokumentieren und damit eine weiter reichende Differenzierung erzwingen.

4.1 Die Theorie der »Gruppentexte«

In Antwort auf die Theorie von *F. M. Cross* entwickelte *S. Talmon* die modifizierte Theorie der »Gruppentexte«. Er ging dabei von einem »more consolidated concept of the early text of the Bible« aus: Auf eine primär mündliche Überlieferungsphase (bis ins 6. Jh. v. Chr.) folgten eine erste schriftliche Tradierungsphase (bis ins 3. Jh. v. Chr.), aus der wir keine direkten Zeugnisse besitzen, und eine zweite schriftliche Transmissionsphase (bis Ende des 1. Jh.s v. Chr.) mit z. T. noch erhaltenen Textzeugen, die dann in die abschließende Phase der »textual standardisation« durch die Rabbinen einmündete. Einerseits lasse das Ergebnis erkennen, dass die ganze Textgeschichte immer schon von »einem Texttyp« (im weiteren Sinne) geprägt war, der sich aber bereits früh aufgrund soziologisch unterschiedlicher Trägergruppen in mehrere Texttypen hinein differenzierte. Die tatsächlich vorgefundene Dreizahl der Texttypen (nur die Samaritaner [Samaritanus], Christen [LXX] und Rabbinen [MT] haben als Trägergruppen überlebt), ist Relikt einer ursprünglich viel größeren Vielfalt. Deshalb ist die Rekonstruktion eines Urtextes unmöglich.

4.2 Die Theorie von der Vielzahl der Texttraditionen (»textual variety«)

Im Gegenzug hat *E. Tov* (mit *E. Ulrich*) in seiner Theorie von der »textual variety« (Vielzahl der Texttraditionen) mit Blick auf die in Qumran präsenten mindestens sechs differierenden Textlinien (s. o. B.I.3.) die Annahme von nur drei Texttypen völlig aufgegeben. Nach *E. Tov* ist die Divergenz von Jer^{LXX} und Jer^{MT} der entscheidende Auslöser für seine Theorie, dass LXX, Samaritanus und MT keine *Texttypen*, sondern *Texte* sind, die nicht nur in einem synchronen (zeitlich nebeneinander), sondern auch in einem diachronen (zeitlich hintereinander) Beziehungsgeflecht stehen. Das genannte Beispiel zeigt eindeutig, dass sich die Phase der literarischen Genese (Redaktionsgeschichte) nicht mehr eindeutig von der Phase der literarischen Weitergabe (Transmissions- oder Rezensionsgeschichte) des Textes trennen lässt, sich beide Vorgänge gar parallel überlappen können. In der Weiterentwicklung der Ansätze von *E. Tov* bildet sich gegenwärtig ein Konsens über eine größere Diversivität der Textüberlieferung heraus

(*M. J. Mulder, E. Tov, B. Chiesa, E. Ulrich, J. C. VanderKam, J. Goldman, H.-J. Fabry*), in der zwar Samaritanus, LXX und MT als Texte auf bestimmte Textfamilien verweisen, die wirkliche Anzahl solcher Texte und Textfamilien aber unbestimmt größer angesetzt werden muss.

4.3 Die Hauptelemente gegenwärtiger Theoriebildung

(1) Die Geschichte eines Textes – dem eine mündliche Überlieferung vorausgehen kann – beginnt im klassischen Sinne mit der Übergabe des fertigen Textes durch Autor oder Schlussredaktor an seine Lesergemeinde. Dieses Ereignis ist für die Ansetzung bibl.-exegetischer Methodik von entscheidender Bedeutung, denn:
(a) Die Schlussredaktion eines bibl. Textes gilt als der Schlusspunkt seiner z. T. umfangreichen und komplexen literarischen Genese. Änderungen und Entwicklungen des Textes bis zu diesem Zeitpunkt gelten als beabsichtigt und sind per definitionem Gegenstand der Literar- und Redaktionskritik.
(b) Die Schlussredaktion eines bibl. Textes geht nahtlos in die Texttradition über. Änderungen und Entwicklungen des Textes nach diesem Zeitpunkt gelten als unbeabsichtigt und sind per definitionem Gegenstand der Textkritik.

(2) Diese akademische Definition wird aber in mehrfacher Hinsicht den vorfindlichen Fakten und ihrer Komplexität nicht gerecht, denn die Frage nach dem Autor übersieht, dass gerade die meisten bibl. Texte weder ihren Autor kennen noch nennen und möglicherweise auf Überlieferungs- und Traditionsbildungsprozesse in den Gemeinden zurückgehen. Die Annahme von abschließenden bzw. fixierenden »Endredaktionen« hat sich in der exegetischen Diskussion zudem vielfach als nicht tragbar erwiesen.
(a) Deshalb ist es keineswegs sicher, ob es für bibl. Texte im Einzelnen einen solchen Übergabepunkt gibt. Für die Hebräische Bibel als Ganze ist dies sicher ausgeschlossen.
(b) Die Bibel kennt sogenannte »Abschluss-Phänomene« (z. B. Koh 12,12–14 für das Koh-Buch; Ps 1 und 150 für das Ps-Buch u. a.), die aber nicht die Annahme erzwingen, die »Übergabe« eines Textes sei punktuell geschehen.
(c) Weder für ein einzelnes bibl. Buch noch für den Abschluss der Textentwicklung der Hebräischen Bibel als Ganzer ist ein Zeitpunkt angebbar. Die »Kanonlisten« nennen für bestimmte Zeiten lediglich vage Textumfänge, und aus bestimmten Korrekturen und Textangleichungen lässt sich die Dominanz einer bestimmten Textform datieren. Daraus errechnet sich für den Gesamtabschluss alttestamentlicher Textentwicklung nur ein *terminus ad quem*: das Ende des 1. Jh.s n. Chr.
(d) Unabhängig davon gab es jedoch schon relativ früh fertige Teiltexte (Privilegrecht, Bundesbuch, Dekalog u. a.) und fertige Teilsammlungen (Erzählkränze, dann Pentateuch; Davidpsalmen u. a.; weisheitliche Kompendien).
(e) Entscheidend ist, dass die absolute Textstabilisierung weder der Kanonisierung vorausgeht, noch mit ihr identisch ist, sondern als Folge des kanonisierenden Prozesses angesehen werden muss!

(3) Deswegen geht die gegenwärtige Theoriebildung (z. B. *E. Tov, E. Ulrich*) von dem Ansatz aus, dass der Abschluss der redaktionellen Arbeit an einem Text nahtlos in die Texttransmission und -tradition übergeht, ein Text also keinen *Übergabe-Punkt*, son-

dern einen *Übergabe-Bereich* hat. Dies erklärt zum einen das Nebeneinander von beabsichtigten Textänderungen und unbeabsichtigten Textfehlern. Dieser Übergabe-Bereich kann sich zudem über einen erheblichen lokalen und/oder zeitlichen Raum erstrecken, so dass von derselben Schrift mehrere Kompositionen aus unterschiedlichen Textentwicklungsstadien existieren können, von denen sich schließlich eine – aus welchen Gründen auch immer – durchgesetzt hat. Das erklärt zum anderen das Nebeneinander divergierender Textfassungen. Dabei können frühere Ausgaben möglicherweise in soziologisch (Qumran) oder lokal entfernten Gebieten (Alexandrien) noch lange in Geltung bleiben, obwohl sich offiziell eine andere Fassung durchgesetzt hat. In diesem Falle wäre zu prüfen, welche Institution die Autorität hat, eine bestimmte Textfassung für offiziell, d. h. »kanonisch«, zu deklarieren und durchzusetzen.

(4) Nach alledem kann die *Frage nach »dem Urtext«* nicht mehr gestellt werden, weil aufgrund der Vielfalt der Textzeugen und der Textlinien ein einzelner Ausgangstext weder zu erschließen noch zu erwarten ist. Gerade die Existenz divergierender Textlinien in Qumran impliziert je ihren Autoritätsanspruch, beweist aber auch, dass zumindest hier noch kein Standardtext mit exklusivem Verpflichtungscharakter bekannt war. Damit erledigt sich die »Urtext«-Theorie (*P. de Lagarde*). Die ausschließlich der masoretischen Texttradition verpflichteten Masada-Texte beweisen keinen Urtext, sondern nur, dass erst ab 70 n. Chr. mit der irreversiblen Dominanz einer einzigen Tradition gerechnet werden kann.

(5) Auch die Theorie von den »lokalen Textfamilien« (*F. M. Cross*) ist durch die Bibel-Handschriften aus Qumran in Frage gestellt worden, insofern Qumran über die bekannten Familien hinaus nicht nur weitere Familien, sondern auch Mischformen zu kennen scheint. Die Textgeschichte zeigt sich als ein breites Flussbett, in dem gleich mehrere Ströme offensichtlich voneinander völlig unbeeindruckt parallel verlaufen, sich gelegentlich berühren und ihre Wasser miteinander vermischen, um sich dann wieder für ein Stück des Weges zu trennen. Seit 300 v. Chr. waren mindestens sechs unterschiedliche Texttraditionen im Umlauf, die sich z. T. auch regional zuweisen lassen mögen, in Qumran jedoch konvergieren konnten und damit das Lokalprinzip aufheben. Dieser Pluralität wird der Klassifizierungsversuch von *E. Tov* besser gerecht als frühere Theorien.

(6) Die Frage nach den *Trägergruppen* der einzelnen Texttraditionen kann die Theorie von den »lokalen Textfamilien« präzisieren. Es lassen sich gelegentlich bestimmte Gruppierungen erkennen, die bestimmte Texttraditionen bevorzugt haben. Während man priesterliche Kreise am Tempel (Zadokiden) und die Pharisäer als Trägerkreise für konservative Texttraditionen annehmen kann (Proto-MT, Prä-Samaritanus) – ähnlich wird man den ursprünglichen Trägerkreis der samaritanischen Texttradition zu werten haben –, dürften im Volk eher popularisierende Textausgaben (Kompendien, Nacherzählung, »rewritten Pentateuch«, Pseudo-Jubiläen u. a.) im Umlauf gewesen sein.

In Qumran sah man sich keiner einzelnen Texttradition verpflichtet, sondern hat vielmehr alle bekannten Traditionen gesammelt und zusätzlich eine eigene Tradition gepflegt.

Im rabbinischen Judentum setzt in den ersten Jahrhunderten n. Chr. eine sorgfältige Pflege der einzig verbliebenen Texttradition ein. Das Institut der *maggihîm* und die

Vorschrift, Abschriften anhand eines *sefær muggah,* einer »korrigierten Rolle«, zu prüfen (Pes 112a; pTaan 4.68a), zeigen die vorgeschriebene Sorgfalt. Auf diese Weise entstand ein vollständig fixierter Standardtext als Basis für die Promulgation der → Halachot (gesetzliche Auslegungen) des → Talmud als Ergebnis, nicht als Ziel der langen Textgeschichte.

(7) Sind damit die Haupttheorien der älteren Forschungsgeschichte wesentlich in Frage gestellt und ist die leitende Suche nach der Einheit einer überzeugenden Bestätigung der Vielfalt gewichen, dann steht letztlich auch die *Dominanz der MT-Texttradition* zur Debatte. Die von *P. Kahle* herausgestellte Zentralstellung des MT war bereits von *E. Tov* relativiert worden, da durch Qumran deutlich geworden war, dass MT *eine* Texttradition *unter anderen* darstellt, die wesentlich durch die Koinzidenz der Geschichte das geworden ist, was sie ist. *E. Ulrich* hat die »heilige Scheu« vor diesem Text noch weiter ernüchtert durch seinen Hinweis, dass MT nicht einmal ein Basistext sein könne. Er ist nur eine Sammlung individuell geprägter Bücher, die alle bereits eine individuelle Vorgeschichte haben. Sie – und nicht MT – sind Gegenstand der Literar- und Textkritik, zu der alle verfügbaren Versionen und Traditionen heranzuziehen und zu analysieren sind. Methodisch folgt also aus der jüngeren Diskussion, dass die einfache Unterscheidung zwischen »beabsichtigten« (Phase der Textproduktion: Redaktionskritik) und »unbeabsichtigten« (Phase der Texttransmission: Textkritik) Änderungen unschärfer wird und die Aufgabe der Textkritik *nicht* die Rekonstruktion eines »Urtextes«, sondern die des ältesten erreichbaren Textes ist.

(8) Die Qumrantexte, bes. die Schriften, die an alttestamentlichen Texten entlanggehen (Pentateuch-Paraphrasen) oder wesentlich aus alttestamentlichen Quellen komponiert sind (Tempelrolle), sind als Produkte von Redaktionsprozessen bibl. Texte aus der Zeit des Zweiten Tempels anzusehen, die noch später als die sog. »Schlussredaktionen« anzusetzen sind und deshalb prominente Zeugnisse für den kreativen und dynamischen Umgang mit den bibl. Texten in frühjüdischer Zeit sind. Von diesem *rezeptionsgeschichtlichen Aspekt* geht der entscheidende Impuls aus, ein für allemal die Textgeschichte der Hebräischen Bibel viel breitflächiger anzusehen, als dies in den überkommenen Modellen geschah. Die Vielschichtigkeit des Judentums mit seinen diversen Gruppierungen, in denen die These von einer abgeschlossenen Offenbarung nicht akzeptiert und eine kreative Fortschreibung der bibl. Texte gepflegt wurde, eröffnet damit zugleich einen unverstellten Einblick auf die jüdischen Wurzeln des frühen Christentums und die darin sichtbar gewordene kreative Geisteskraft.

III. Die alten Übersetzungen (Versionen)

1. Die Septuaginta (LXX, G)

1.1 Entstehung, Eigenart und Bedeutung

Die erste schriftliche Übersetzung der Hebräischen Bibel erfolgte ins Griechische. Es begann damit, dass in der Mitte des 3. Jh.s v. Chr. die Tora/der Pentateuch übersetzt wurde, und zwar in Alexandria, der Hauptstadt des Ptolemäerreiches und dem Zentrum der hellenistischen Kultur. Im Anschluss an den Pentateuch wurden sukzessiv, großteils in Alexandria, teilweise auch im Mutterland bzw. in Jerusalem (Rut, Est, Koh, Hld, Klgl), die weiteren Schriften der Hebräischen Bibel übersetzt. Der Vorgang zog sich bis in den Anfang des 2. Jh.s n. Chr. hin; am spätesten wurden die Bücher Koh, Hld und Esra/Neh übersetzt (tabellarische Übersichten über Entstehungszeit und -ort der Übersetzung der einzelnen Bücher finden sich bei *M. Harl/G. Dorival/O. Munnich*, La Bible grecque 96f.106f; *W. Kraus/M. Karrer*, Septuaginta Deutsch IXf). Auch wenn hier also zahlreiche Übersetzer zu unterschiedlicher Zeit und an unterschiedlichen Orten am Werk waren, wird diese heterogene Sammlung als »die« erste griech. Übersetzung der Hebräischen Bibel betrachtet und mit dem Namen »Septuaginta« (= Siebzig) bezeichnet.

(1) Diese Bezeichnung beruht auf der im → pseudepigraphischen Aristeasbrief (2. oder 1. Jh. v. Chr.) überlieferten Erzählung, wonach 72 Älteste aus Jerusalem (6 aus jedem der 12 Stämme) auf Initiative des Königs Ptolemäus II. Philadelphos (285/83–246 v. Chr.) nach Alexandria gekommen waren, um dort die Tora ins Griechische zu übersetzen. Die legendenhafte Erzählung, die im Laufe ihrer (auch christlichen) Überlieferung immer »wunderbarer« ausgestaltet wurde, dürfte aber trotzdem den geschichtlichen Kontext richtig wiedergeben: »Die große jüdische → Diaspora in Ägypten und Alexandrien hatte sich in den ersten Jahrzehnten des 3. Jh.s sehr rasch hellenisiert; für eine ... Übersetzung der Tora Moses in die griechische Weltsprache bestand daher bald ein dringendes gottesdienstliches Bedürfnis. Dass der König die Übersetzung in irgendeiner Form legitimierte, ist nicht unwahrscheinlich, denn es konnte ihm, dem ersten wirklich ›absolutistischen‹ Herrscher in der Antike, nicht gleichgültig sein, welchen Gesetzen eine große ethnisch-religiöse Minderheit in seinem Reich folgte« (*M. Hengel*, Die Septuaginta als »christliche Schriftensammlung«, in: *M. Hengel/A. M. Schwemer*, Die Septuaginta 236). Vermutlich gab es auch ein starkes jüdisches Interesse, die Tora des Mose nicht nur für den internen Gebrauch bei Gottesdienst und (schulischer) Erziehung in der damaligen Hauptsprache (*lingua franca*) der Weltkultur zur Verfügung zu haben (Synagogen- und Grabinschriften der Zeit belegen, dass Griechisch damals auch die Alltagssprache der Juden war), sondern sie auch im öffentlichen Leben Alexandrias, vor allem in den beiden intellektuellen Zentren der Akademie und der Bibliothek, präsent zu haben. Propagandistische und apologetische Absichten dürften ebenfalls mitgespielt haben.

(2) Mit der Übersetzung des »heiligen Buches« der Tora war eine wichtige Voraussetzung für die Übersetzung weiterer bibl. Bücher geschaffen, da die meisten Überset-

zer nun den griech. Pentateuch als ihr »Basislexikon« benutzen konnten. Die Übersetzungsweise der einzelnen Bücher war sehr unterschiedlich: Es gibt sehr wörtliche (»Wort-zu-Wort«) Übersetzungen (z. B. der Pentateuch selbst, ebenso die Psalmen), es gibt aber auch relativ freie, ja sogar von hellenistischen Konzepten geprägte Versionen (z. B. Ijob, Spr, Jes, Dan). Doch selbst die Wort-zu-Wort Übersetzungen sind von ihrer hellenistischen Umwelt beeinflusst (sei es mit der Absicht deutlicher Abgrenzung, sei es in Aufnahme spezifisch griechischer/ägyptischer Vorstellungen).

(3) Der Vergleich der LXX-Fassung mit der MT-Fassung zeigt bei einzelnen Büchern nicht nur punktuelle Differenzen, sondern sogar starke Abweichungen in der Anordnung und im Umfang der Texte (z. B. bei Jos, Ri, 1–2 Sam, 1 Kön, Jer, Dan, Ijob, Spr, Est), sodass sich die Frage stellt, ob den Übersetzungen eine von MT abweichende (ältere) hebr. Textvorlage zugrunde liegt oder ob die Differenzen auf das Konto der Übersetzer gehen. Hierzu gibt es derzeit im Einzelnen sehr unterschiedliche Positionen der Forschung. Teilweise haben die Textfunde von Qumran (s. o.) in dieser Frage eine Klärung gebracht; z. B. wurde in Qumran die hebr. Textvorlage der LXX-Fassung von 1–2 Sam gefunden, was insofern sehr wichtig ist, als der überkommene Textzustand von 1–2 Sam^{MT} nicht immer gut ist. Einen detaillierten Überblick über die Textdifferenzen zwischen MT und LXX der einzelnen Bücher bieten *M. Hengel*, Die Septuaginta 244–251 sowie *E. Tov*, Der Text der Hebräischen Bibel 264–285 und jetzt LXX.D.

(4) Die Bezeichnung »Septuaginta« wurde im Laufe der Zeit auch auf jene in Griechisch überlieferten bibl. Bücher ausgeweitet, die über den jüdischen Kanon (Tanach: s. o. A.II.) hinausgehend zusätzlich in den christlichen Kanon (Altes/Erstes Testament: s. o. A.III.) aufgenommen wurden (»→ deuterokanonische« Bücher): Es sind Bücher, die entweder als griech. Originale entstanden sind (Jdt, Weish, 2–4 Makk, Est^{LXX} »Zusätze«, Dan^{LXX} 14), oder aus dem Hebräischen/Aramäischen übersetzt wurden (1 Makk, Sir, Tob, Dan^{LXX} 13, PsSal).

(5) Die Bedeutung der LXX liegt auf mehreren Ebenen:
a) Sie ist als älteste Übersetzung ein wichtiger Zeuge der Textüberlieferung, zumal ihre Handschriften ein hohes Alter haben (Codex Vaticanus und Codex Sinaiticus: 4. Jh., Codex Alexandrinus: 5. Jh.). Weil sie teilweise eine Textfassung bezeugt, die älter als MT ist, ist sie auch ein redaktions- und theologiegeschichtlich relevantes Dokument.
b) Sie ist ein theologisches Zeugnis des hellenistischen Judentums, weil selbst in den sehr wörtlichen Übersetzungen gegenüber dem hebr. Text Differenzen erkennbar werden, in denen sich nicht nur die spezifische zeitgeschichtliche Situation des ägyptischen (Diaspora-)Judentums widerspiegelt, sondern auch ihre hellenistisch imprägnierte Vorstellungswelt.
c) Mit der Septuaginta trat das Judentum in einen öffentlichen Diskurs mit der hellenistischen Weltkultur ein. Bereits die Übersetzung des Pentateuch mit ihrer dezidiert monotheistischen Botschaft vom Schöpfergott (Gen 1,1 übersetzt gleich programmatisch: »Im Anfang machte/schuf *der Gott* den Himmel und die Erde«), der sich als der Gott Israels offenbarte und der zugleich als solcher der Gott aller Völker sein will, und mit dem breit entfalteten ethischen Programm der Tora positionierte die jüdische Religion sich eindrucksvoll in den Horizont der damaligen Kultur. Die rezente Diskussion

hat gezeigt, dass die Notwendigkeit einer griech. Tora für das alexandrinische Judentum wahrscheinlich nur *ein* Anstoß *von vielen* darstellte. Der kulturell-philosophische Diskurs in den hellenistischen Philosophenschulen hat dazu herausgefordert, die Traditionen des Judentums einzubringen und sich z. B. im Vergleich Mose – Platon (*M. Rösel*) zu behaupten. Spuren dieser hellenistischen Konfrontation zeigen sich bes. in der alttestamentlichen Weisheitsliteratur besonders in der LXX, dann aber auch im MT (*D. M. Carr, Writing on the Tablet of the Heart: Origins of Scripture and Literature,* New York/Oxford 2005).

d) Zwar kann man nicht, wie dies noch vor einem halben Jahrhundert gefordert bzw. ansatzhaft versucht wurde, eine »Theologie der Septuaginta« nachzeichnen, weil es »die« Septuaginta als ein theologisch einheitliches Werk nie gab, aber es ist gleichwohl möglich, die in den einzelnen Büchern bzw. Buchkomplexen sichtbar werdenden theologischen Akzente und Konzepte (z. B. Betonung der Transzendenz Gottes, Messianisierung, Eschatologisierung) zu beschreiben; freilich darf dabei nicht vergessen werden, dass es sich bei den Texten der Septuaginta (mit wenigen Ausnahmen: s. o.) um Übersetzungen handelt, wodurch der Spielraum für das Eintragen eigener Ideen durch den Übersetzer sehr eng war.

e) Da die neutestamentlichen Schriften vor allem auf die LXX-Fassung der Heiligen Schriften Israels zurückgriffen und da die frühe Kirche bei der Fixierung des Umfangs ihres Ersten Testaments den vom Tanach abweichenden LXX-Kanon schuf, erhielt die LXX in der Tradition des Christentums eine prominente Rolle. Sie war die von den griech. Kirchenvätern kommentierte Textfassung und blieb die offizielle Bibel auch der lateinischen Kirche bis zu ihrer Verdrängung durch die Vulgata des Hieronymus (s. u.). Sie ist noch heute der bibl. Standardtext in der griechisch-orthodoxen Kirche; sie liegt auch den koptischen, äthiopischen, georgischen und slawischen Bibelübersetzungen zugrunde. Der christliche LXX-Kanon ist nicht nur umfangreicher als der jüdische Kanon (Tanach), sondern bietet auch eine andere Reihenfolge der Buchteile bzw. Einzelbücher (s. o. A.III.). Die frühe Kirche wählte sogar eine gegenüber dem Judentum andere Form der Textüberlieferung: An die Stelle der Schriftrollen traten die (Buch-)Kodizes.

1.2 Die Revisionen/Rezensionen der LXX

Wie Papyri (mit LXX-Textfragmenten) bestätigen, haben jüdische Schreiber bereits seit dem 2. und 1. Jh. v. Chr. sprachliche Korrekturen am griech. Text des Pentateuch vorgenommen. Ab dem 1. Jh. n. Chr. nahmen die Bemühungen zu, die griech. Textfassungen stärker dem hebr. Original anzugleichen. Insbesondere bewirkte die konsequente Aneignung der LXX durch die junge Kirche, dass das pharisäisch-rabbinische Judentum sich wieder dem hebr. Text zuwandte und diesem näher stehende griech. Textformen (→ Revisionen/Rezensionen) einforderte. Vor dem Hintergrund dieses christlich-jüdischen »Bibelstreits« müssen die Negativurteile über die Septuaginta verstanden werden, die dann im 8. Jh. n. Chr. (z. Zt. der Gaonim) polemisch ausformuliert worden sind, wonach z. B. der Tag, an dem die Tora für König Ptolemäus ins Griechische übersetzt wurde, für Israel schlimmer gewesen sei als der Tag, an dem sie das Goldene Kalb angefertigt hatten (vgl. Soferim 1,7; *G. Veltri*).

Folgende Revisionen/Rezensionen sind bisher bekannt:

(1) Eine anonyme Revision aus der Mitte des 1. Jh.s v. Chr. (?) – wegen des charakteristischen Übersetzungsdetails καίγε-Revision genannt – findet sich bereits in der Zwölfprophetenrolle von Naḥal Ḥever. Sie ist wohl mit der Revision des *Theodotion* (Θ) gegen Ende des 2. Jh.s n. Chr. zu identifizieren und geht eindeutig auf eine von der LXX verschiedene Textvorlage zurück. Dieser Revision steht in Qumran die Handschrift 4QJer[a] (1. Jh. n. Chr.) nahe. Sie diente den nachstehend genannten Revisionen wahrscheinlich als Vorlage.

(2) Die Revision des *Aquila* (α') um 125 n. Chr. reagierte bereits auf das Urchristentum. »Aquilas Übersetzung ist die wörtlichste der bibl. Übersetzungen. Er hatte im Umgang mit der Schrift von seinem Lehrer R. Akiba gelernt, dass jeder Buchstabe und jedes Wort in der Bibel eine Bedeutung hat: Aquila versuchte darum, jedes Wort, jeden Partikel und sogar jedes Morphem akkurat wiederzugeben. So übersetzte er z. B. die *nota accusativi* את eigens mit συν ›mit‹, offensichtlich aufgrund der zweiten Bedeutung von את ›mit‹« (*E. Tov*, Der Text der Hebräischen Bibel 121).

(3) Die Revision des *Symmachus* (σ') um 170 n. Chr. ist sprachbewusster und entsprechend freier in der Wiedergabe des übersetzten Textes.

(4) Da es darüber hinaus noch weitere Übersetzungen und Revisionen neben der LXX-Fassung gab, schuf *Origenes* (185–254 n. Chr.) in seiner *Hexapla* eine Synopse der wichtigsten Textfassungen (etwa 6000 Blätter in 50 Bänden!). Dieses Werk stellte in 6 Kolumnen folgende Textfassungen nebeneinander: 1. Hebräischer Text; 2. Hebr. Text in griech. Umschrift; 3. Aquila; 4. Symmachus; 5. LXX (von Origenes »textkritisch« bearbeitet); 6. Theodotion. Die von Origenes in der 5. Kolumne (Quinta) erarbeitete Textform (die sog. Hexaplarische Rezension) wurde für die weitere Textüberlieferung sehr einflussreich.

(5) Die wichtigste posthexaplarische Rezension des LXX-Textes besorgte *Lukian* (LXX^{Luc}, LXX^{L}) um 300 n. Chr. aus Antiochia, der in manchen Büchern wahrscheinlich eigenen Texttraditionen gefolgt ist (vgl. 4QSam[a]), in einigen Bereichen möglicherweise sogar die originale griech. Übersetzung erhalten haben könnte. Um vorlukianische und lukianische Anteile gleichermaßen zu umfassen, spricht man heute vom »Antiochenischen Text«.

1.3 Wichtige Textzeugen

Die Anzahl von alten, freilich nur fragmentarischen Textzeugen ist erstaunlich groß. Die frühesten Zeugen stammen sogar aus dem 2. Jh. v. Chr. (z. B. ein Papyrus mit Fragmenten aus Dtn 23–28, gefunden als Teil der Kartonage einer Mumie). Von besonderer textgeschichtlicher Bedeutung sind die drei großen Majuskelhandschriften (→ Majuskel), christliche Bibelhandschriften und zugleich Vollbibeln, d. h. sie enthalten Altes und Neues Testament. Sie sind, in Kolumnen gegliedert, mit Großbuchstaben in fortlaufendem »Fließtext« (also ohne Wort- und Satztrennung) geschrieben:

Codex Vaticanus (B); 4. Jh.; heute Bibliotheca Vaticana
Codex Sinaiticus (S oder א); 4. Jh.; heute London, British Library
Codex Alexandrinus (A); 5. Jh.; heute London, British Library

Leider ist keiner der drei Codices vollständig erhalten. Einen fast vollständigen Text bietet der Vaticanus (es fehlen Gen 1,1–46,28; Ps 106 [105],27–138 [137],6); im Sinaiticus fehlen Gen–1 Chr. Der Alexandrinus ist im AT vollständig, im NT fehlen Mt 1,1–25,6; Joh 6,50–8,52; 2 Kor 4,13–12,6. Neben den Majuskelhandschriften gibt es ca. 1500 Minuskelhandschriften (9.–16. Jh.) (→ Minuskel), die vor allem für die in den → Majuskeln fehlenden Texte wichtig sind.

1.4 Textausgaben

Für die wissenschaftliche Arbeit an der LXX liegt über weite Teile des Alten Testaments die »Göttinger Septuaginta« (*Septuaginta. Vetus Testamentum graecum auctoritate societatis litterarum gottingensis editum*) vor; dem Normalgebrauch sind die Ausgaben von *A. Rahlfs, Septuaginta, id est Vetus Testamentum graece iuxta LXX interpretes* (Stuttgart 1935; 1979) und *Septuaginta, id est Vetus Testamentum graece iuxta LXX interpretes. Duo volumina in uno. Editio altera quam recognovit et emendavit Robert Hanhart*, Stuttgart 2006 dienlich. Diese Ausgabe rekonstruiert aus der Vielzahl unterschiedlicher Textzeugen einen »Originaltext« und bietet dazu jeweils einen »Variantenapparat« in der unteren Seitenhälfte. Dieser Editionsweise liegt die Auffassung zugrunde, dass am Anfang der Textgeschichte tatsächlich ein einziger Originaltext der jeweiligen Bücher stand.

Daneben gibt es die »diplomatische« Editionsweise, die den Text einer bestimmten Handschrift zugrunde legt und diesen wortgetreu wiedergibt, wobei dann der textkritische »Apparat« wichtige Abweichungen in anderen Handschriften notiert. Die am meisten verbreitete Edition dieser Art ist: *A. E. Brooke/N. Mc Lean/H. S. J. Thackeray*, The Old Testament in Greek According to the Text of Vaticanus (Cambridge 1906–1940), oft »Cambridge Septuaginta« genannt.
Übersetzungen der Septuaginta: Septuaginta Deutsch. Das griechische Alte Testament in deutscher Übersetzung (hrsg. von W. Kraus/M. Karrer [in Zusammenarbeit mit E. Bons/K. Brodersen/H. Engel/H.-J. Fabry/S. Kreuzer/W. Orth/M. Rösel/H. Utzschneider/D. Vieweger/ N. Walter]), Stuttgart ²2010; Septuaginta Deutsch. Erläuterungen und Kommentare (hrsg. von M. Karrer/W. Kraus [in Zusammenarbeit mit E. Bons/K. Brodersen/H. Engel/H.-J. Fabry/S. Kreuzer/W. Orth/M. Rösel/K. Usener/H. Utzschneider/F. Wilk]), Stuttgart 2011.
A New English Translation of the Septuagint and the Other Greek Translations Traditionally Included Under that Title (hrsg. von A. Pietersma/B. G. Wright), Oxford/New York 2007.
La Bible d'Alexandrie. Traduction et annotation des livres de la Septante sous le direction de M. Harl/D. Dorival et O. Munnich, assistés de C. Dogniez, Paris 1986ff.

2. Die Targumim (Tg)

Mit »Targum« (pl. *Targûmîm*, »Erklärung, Übersetzung«) bezeichnet man die Übersetzungen der bibl. Bücher in das Aramäische, das bereits unmittelbar nach dem babylonischen Exil das Hebräische als Alltagssprache verdrängt hatte. Solche Übersetzungen wurden schon in vorchristlicher Zeit angefertigt, wie Exemplare aus Qumran zeigen (vgl. 4Q155[4QtgLev]; 4Q157[4QtgIjob]; 11Q10[11QtgIjob]); überkommen sind jedoch nur Abschriften aus den ersten Jahrhunderten n. Chr. Auch hier zeichnen sich eine palästinische und eine babylonische Tradition ab.

(1) Die *palästinischen Targumim* (Tg^P) zeigen eine rechte Textvielfalt, da sie nie einheitlich redigiert worden sind. Sie reichen z. T. in die frühchristliche Zeit zurück und vermitteln deshalb wertvolle Kenntnisse über das palästinische Judentum der damaligen Zeit.

Das *Targum Neophyti I* (Tg^N) findet sich auf einer Handschrift aus der Bibliotheca Vaticana aus dem Jahre 1504 und umfasst den gesamten Pentateuch. Ein zweites Pentateuch-Targum, das *Targum Pseudo-Jonathan* (Tg^J= Targum Jeruschalmi I), enthält homiletisch orientierte → Midraschim, die vom babylonischen Targum Onqelos beeinflusst sind (*A. Diéz-Macho*). Das *Fragmen-*

tentargum (Tg^F = Targum Jeruschalmi II) enthält eine Sammlung midraschischer Auslegungen von Pentateuchtexten und wurde spätestens im 7. Jh. n. Chr. abgeschlossen. Schließlich sind Fragmente von weiteren Targumen aus der Kairoer Genisa bekannt.

(2) Die *babylonischen Targumim* hatten im Gegensatz zu den palästinischen Targumim einen offiziellen Charakter.

Das *Targum Onqelos* (Tg^O) umfasst den Pentateuch und wird nach b.Meg. 3a mit dem Proselyten Onqelos (= der LXX-Revisor → Aquila) in Verbindung gebracht. Es wurde wohl im 5. Jh. n. Chr. nach längeren Revisionsarbeiten abgeschlossen und steht dem Wortsinn nach der masoretischen Texttradition nahe, kennt aber auch eine Reihe exegetischer Extensionen mit aktualisierenden und erbauenden Absichten. Das *Targum Jonathan* (Tg^L, weil von *P. de Lagarde* nach dem Kodex Reuchlinianus herausgegeben) ist ein stark haggadisch (→ Haggada) ausgestaltetes Propheten-Targum, das auf den LXX-Revisor Theodotion (= Jonathan) zurückgeführt wird, reicht aber teilweise in vorchristliche Zeit zurück. War bisher die Existenz eines *Ijob-Targum* aus der talmudischen Literatur (t.Shab. 13,2) bekannt oder aus Ijob $42,17^{LXX}$ zu erschließen, so stehen seit den Handschriftenfunden von Qumran nun gleich zwei Exemplare (4Q157; 11Q10) aus der 1. Hälfte des 1. Jh.s n. Chr. zur Verfügung. Der Text steht MT sehr nahe, scheint aber gelegentlich auf eine abweichende Texttradition zurückzugreifen. Er ist leichter zu verstehen als MT und zeigt eine rationalisierende und entmythologisierende Tendenz.

3. Die Peschitta (Syr)

Peschitta, »die einfache (Übersetzung)«, ist der Name für die syrische Übersetzung der Bibel, die nach syrischen Legenden auf Salomo zurückgehen soll; einige möglicherweise christliche Elemente sprechen aber eher dafür, sie im 1./2. Jh. n. Chr. anzusetzen. *Würthwein* und *Kahle* verweisen auf die Judaisierung des Herrscherhauses von Adiabene (Tigris) im 1. Jh. n. Chr., für die sich die Anfertigung einer syrischen Bibelübersetzung plausibel machen lasse. Gelegentlich wird für den Pentateuch und für Jes eine Abhängigkeit von einer alten palästinischen Targum-Tradition angenommen. Die hebräische Vorlage von Syr steht MT wesentlich näher als LXX. Im Bereich des Chronistischen Geschichtswerkes hat Syr möglicherweise auf eine eigenständige Texttradition zurückgegriffen.

Die ältesten erhaltenen syrischen Bibelhandschriften gehen in das 5. Jh. n. Chr. zurück, die bedeutendste ist der Codex Ambrosianus (Mailand) aus dem 6./7. Jh. n. Chr., dessen Text als Basis für die Leidener Peschitta-Ausgabe (*The Old Testament in Syriac*, Leiden 1966ff) dient.

4. Die Vetus Latina (L) und die Vulgata (Vg)

Tochterübersetzungen aus LXX sind für die Textgeschichte direkt nicht, für die Textkritik in einigen Fällen wichtig. Zu nennen sind hier die Vetus Latina (L, La) aus dem 3. Jh. n. Chr., die sich direkt aus der LXX herleitet oder auf anderen Versionen des griechischen Bibeltextes beruht. Der Text der L ist zum einen aus Handschriften überliefert, zum anderen aus Kirchenväterzitaten (bes. von Tertullian, Lucifer von Cagliari, Cyprian und Ambrosius, aber auch vielen anderen).

Basierend auf der im 18. Jh. von *P. Sabatier* zusammengestellten Zitatensammlung wird seit 1947 eine Ausgabe der L erarbeitet: *Vetus Latina. Die Reste der altlateinischen Bibel nach Petrus Sabatier neu gesammelt und herausgegeben von der Erzabtei Beuron.*

In der *Vulgata* (Vg) liegt eine um 400 n. Chr. von Hieronymus angefertigte Übersetzung unmittelbar vom Hebräischen ins Lateinische vor. Entsprechend ist als hebr. Vorlage ein protomasoretischer Text zwingend zu vermuten. Der Name dieser Übersetzung, »die Allgemeine«, spiegelt die große Popularität wider (*E. Tov*). Damit ist zumindest im christlichen Bereich die lange Dominanz der griechischen Texttradition der LXX ausgesetzt. Allerdings hat Hieronymus in seinen weiteren Arbeiten zu den Propheten gezeigt, dass er auch die griechische Texttradition zu schätzen wusste.

Der Text der Vulgata bildete eine Kompromissfassung mit früheren Ausgaben, deshalb beschloss das Konzil von Trient die Erstellung einer authentischen Ausgabe, die unter Papst Sixtus V. (1590) als »Vulgata Sixtina« vorgelegt, aber unter Papst Clemens VIII. bereits 1592/98 durch die »Clementina« ersetzt wurde.
Die klassische Ausgabe der Vg ist die *Biblia Sacra iuxta latinam Vulgatam versionem* (Rom 1926ff) oder mit gleichem Titel die Ausgabe von *R. Weber* (Stuttgart [4]1994). Nach dem Vaticanum II wurde für den kirchlichen Gebrauch 1979 eine neue Fassung der Vulgata geschaffen, die sog. »*Neovulgata*« (*Nova Vulgata Bibliorum sacrorum editio*), die eine stark revidierte Übersetzung des griech. Vorlagentextes darstellt.

C. Die Bücher der Tora/des Pentateuch

I. Die Tora/der Pentateuch als Ganzes

(Erich Zenger, Münster, bearb. von Christian Frevel, Bochum)

Einführungen in den Pentateuch: J. Blenkinsopp, The Pentateuch. An introduction to the first five books of the Bible, New York 1992; R. N. Whybray, Introduction to the Pentateuch, Grand Rapids 1995; J. L. Ska, Introduction to Reading the Pentateuch, Winona Lake 2006; E. Otto, Das Gesetz des Mose, Darmstadt 2007; D. V. Edelman u. a., Opening the Books of Moses, Sheffield 2012.

Kommentare zum Buch Genesis: H. Gunkel (HK) ³1910; B. Jacob 1934; ND 2000; U. Cassuto 1961ff; E. Speiser (AncB) 1964; W. Zimmerli (ZBK) ³1967 (1–11); C. Westermann (BK) 1974–1981, 1976 (12–25); G. von Rad (ATD) ¹⁰1976; W. Brueggemann (Interpretation) 1982; G. W. Coats (FOTL) 1983; J. Scharbert (NEB) 1983 (1–11); J. Wenham (WBC) 1987 (1–15), 1994 (16–50); L. Ruppert 1992 (1,1–11,26), 2002 (11,27–25,18); H. Seebass 1996 (1,1–11,26), 1997 (11,27–22,24), 1999 (23,1–36,43), 2000 (37,1–50,26); A. Soggin 1998; J. Ebach (HThKAT) 2007 (37–50); A. Schüle (ZBK) 2009 (1–11); F. Giuntoli (2013) (12–50).

Einzelstudien zum Buch Genesis: R. Albertz, Die Josephsgeschichte im Pentateuch, in: T. Naumann/R. Hunziker-Rodewald (Hg.), Diasynchron. Beiträge zur Exegese, Theologie und Rezeption der Hebräischen Bibel. FS W. Dietrich, Stuttgart 2009, 11–36; M. Arneth, Durch Adams Fall ist ganz verderbt ... Studien zur Entstehung der alttestamentlichen Urgeschichte (FRLANT 217) Göttingen 2006; M. Bauks, Die Welt am Anfang. Zum Verhältnis von Vorwelt und Weltentstehung in Gen 1 und in der altorientalischen Literatur (WMANT 74) Neukirchen-Vluyn 1997; N. C. Baumgart, Die Umkehr des Schöpfergottes. Untersuchungen zur Komposition und zum religionsgeschichtlichen Hintergrund von Gen 5–9 (HBS 21) Freiburg 1999; E. Blum, Die Komposition der Vätergeschichte (WMANT 57) Neukirchen-Vluyn 1984; W. Bührer, Am Anfang ... Untersuchungen zur Textgenese und zur relativ-chronologischen Einordnung von Gen 1–3 (FRLANT 256) Göttingen 2014; D. M. Carr, Reading the Fractures of Genesis, Louisville 1996; C. Dohmen, Schöpfung und Tod. Die Entfaltung theologischer und anthropologischer Konzeptionen in Gen 2–3 (SBB 35) Stuttgart ²1996; F. Ede, Die Josefsgeschichte. Literarkritische und redaktionskritische Untersuchungen zur Entstehung von Gen 37–50 (BZAW 485) Berlin u. a. 2016; C. A. Evans/J. Lohr (Hg.), The Book of Genesis (VT.S 152) Leiden u. a. 2012; I. Fischer, Die Erzeltern Israels. Feministisch-theologische Studien zu Genesis 12–36 (BZAW 222) Berlin 1994; A. Hagedorn/H. Pfeiffer (Hg.), Die Erzväter in der biblischen Tradition. FS M. Köckert (BZAW 400) Berlin 2009; T. Hieke, Die Genealogien der Genesis (HBS 39) Freiburg 2003; P. Kübel, Metamorphosen der Paradieserzählung (OBO 231) Fribourg/Göttingen 2007; J.-D. Macchi/T. Römer (Hg.), Jacob. Commentaire à plusieurs voix de Gen. 25–36 (Le monde de la Bible 44) Genf 2001; M. Millard, Die Genesis als Eröffnung der Tora (WMANT 92) Neukirchen-Vluyn 2001; H.-D. Neef, Die Prüfung Abrahams, Tübingen ²2014; E. Otto, Die Paradieserzählung Gen 2–3: Eine nachpriesterschriftliche Lehrerzählung in ihrem religionshistorischen Kontext, in: A. A. Diesel u. a. (Hg.), »Jedes Ding hat seine Zeit ...«. FS D. Michel (BZAW 241) Berlin 1996, 167–192; A. de Pury, Le cycle de Jacob comme légende autonome des origines d'Israël, in: J. A. Emerton (Hg.), Congress Volume Leuven 1989 (VT.S 43) Leiden 1991, 78–96; A. Schüle, Der Prolog der hebräischen Bibel. Der literar- und theologiegeschichtliche Diskurs der Urgeschichte (Gen 1–11) (AThANT 86) Zürich 2006; G. Steins, Die »Bindung Isaaks« im Kanon (Gen 22) (HBS 20) Freiburg 1999; J. Taschner, Verheissung und

Erfüllung in der Jakoberzählung (Gen 25,19–33,17) (HBS 27) Freiburg 2000; H. M. Wahl, Die Jakobserzählungen. Studien zu ihrer mündlichen Überlieferung, Verschriftung und Historizität (BZAW 258) Berlin 1997; P. Weimar, Studien zur Josefsgeschichte (SBAB 44) Stuttgart 2008; A. Wénin (Hg.), Studies in the Book of Genesis. Literature, Redaction and History (BEThL 155) Leuven 2001; M. Witte, Die biblische Urgeschichte. Redaktions- und theologiegeschichtliche Beobachtungen zu Genesis 1,1–11,26 (BZAW 265) Berlin 1998; J. Wöhrle, Fremdlinge im eigenen Land. Zur Entstehung und Intention der priesterlichen Passagen der Vätergeschichte (FRLANT 246) Göttingen 2012.

Kommentare zum Buch Exodus: M. Noth (ATD) 1959; U. Cassuto 1967; B. S. Childs (OTL) 1974; F. Michaeli (CAT) 1974; J. P. Hyatt (NCBC) ^{2}1980; E. Zenger (GSL) ^{2}1982, 1989 (7,14–19,25); J. I. Durham (WBC) 1987; W. H. Schmidt (BK) 1988 (1–6), 1995ff (7ff); J. Scharbert (NEB) 1989; T. E. Fretheim (Interpretation) 1991; C. Houtman (HCOT) 1993 (I–III); B. Jacob 1997; C. W. Coats (FOTL) 1999 (1–18); G. Fischer/D. Markl (NSK) 2009; T. Dozeman (ECC) 2009; C. Dohmen (HThKAT) ^{2}2012 (19–40); R. Albertz (NZK) 2012 (1–12); H. Utzschneider/W. Oswald (IEKAT) 2013 (1–15).

Einzelstudien zum Buch Exodus: R. Achenbach/R. Ebach (Hg.), Wege der Freiheit (AThANT 104) Zürich 2014; J. Assmann, Exodus, München 2015; E. Aurelius, Der Fürbitter Israels. Eine Studie zum Mosebild im Alten Testament (CB.OT 27) Lund 1988; C. Berner, Die Exoduserzählung. Das literarische Werden einer Ursprungslegende Israels (FAT 73) Tübingen 2010; T. B. Dozeman/C. E. Evans (Hg.), The Book of Exodus. Composition, Reception, and Interpretation (VT.S 164) Leiden u. a. 2014; G. Fischer, Jahwe unser Gott. Sprache, Aufbau und Erzähltechnik in der Berufung des Mose (Ex 3–4) (OBO 91) Fribourg/Göttingen 1989; M. Gerhards, Die Aussetzungsgeschichte des Mose. Literatur- und traditionsgeschichtliche Untersuchungen zu einem Schlüsseltext des nichtpriesterschriftlichen Tetrateuch (WMANT 109) Neukirchen-Vluyn 2006; J. C. Gertz, Tradition und Redaktion in der Exoduserzählung. Untersuchungen zur Endredaktion des Pentateuch (FRLANT 186) Göttingen 2000; ders., Mose und die Anfänge der jüdischen Religion: ZThK 99, 2002, 3–20; F.-L. Hossfeld, Der Dekalog. Seine späten Fassungen, die originale Komposition und seine Vorstufen (OBO 45) Fribourg/Göttingen 1982; J. Jeon, The Call of Moses in the Exodus Story. A Redactional-Critical Study in Exodus 3–4 and 5–13 (FAT II/69) Tübingen 2014; M. Köckert/E. Blum (Hg.), Gottes Volk am Sinai. Untersuchungen zu Ex 32–34 und Dtn 9–10, Gütersloh 2001; M. Konkel, Sünde und Vergebung (FAT 58) Tübingen 2008; E. Oswald, Israel am Gottesberg. Eine Untersuchung zur Literargeschichte der vorderen Sinaiperikope Ex 19–24 und deren historischem Hintergrund (OBO 159) Fribourg/Göttingen 1998; D. A. Teeter, Scribal Laws (FAT 92) Tübingen 2014; H. Utzschneider, Gottes langer Atem. Die Exoduserzählung (Ex 1–14) in ästhetischer und historischer Sicht (SBS 166) Stuttgart 1996; M. Vervenne (Hg.), Studies in the Book of Exodus. Redaction – Reception – Interpretation (BEThL 126) Leuven 1996; P. Weimar, Die Meerwundererzählung. Eine redaktionskritische Analyse von Ex 13,17–14,31 (ÄAT 9) Wiesbaden 1985; E. Zenger, Israel am Sinai. Analysen und Interpretationen zu Exodus 17–34, Altenberge ^{2}1985.

Kommentare zum Buch Levitikus: M. Noth (ATD) 1962; K. Elliger (HAT) 1966; G. Wenham (NIC) 1979; W. Kornfeld (NEB) 1983; R. Rendtorff (BK) 1985ff; B. A. Levine (JPS) 1989; J. Milgrom (AncB) 1991 (1–16), 2000 (17–22), 2001 (23–27); E. S. Gerstenberger (ATD) 1993; R. Péter-Contesse (Commentaire de l'Ancien Testament) 1993 (1–16); T. Staubli (NSK) 1996; S. E. Balentine (Interpretation) 2003; R. Gane (NIV.AC) 2004; J. Milgrom (Continental Commentary) 2004; A. Marx (Commentaire de l'Ancien Testament) 2011 (17–27); J. W. Watts (HCOT) 2013 (1–10); T. Hieke (HThKAT) 2014; J. Hartley (WBC) 2015.

Einzelstudien zum Buch Levitikus: M. Douglas, Reinheit und Gefährdung. Eine Studie zu Vorstellungen von Verunreinigung und Tabu, Frankfurt 1988; D. Erbele-Küster, Körper und Geschlecht. Studien zu Lev 12 und 15 (WMANT 121) Neukirchen-Vluyn 2008; H.-J. Fabry/H.-W. Jüngling (Hg.), Levitikus als Buch (BBB 119) Bodenheim 1999; B. Janowski, Sühne als Heilsgeschehen. Studien zur Sühnetheologie der Priesterschrift und zur Wurzel KPR im Alten Orient und im Alten Testament (WMANT 55) Neukirchen-Vluyn 1982; B. Jürgens, Heiligkeit und Versöhnung (HBS 28) Freiburg 2001; C. Nihan, From Priestly Torah to Pentateuch. A study in the composition of the Book of Leviticus (FAT 2/25) Tübingen 2007; E. Otto, Das Heiligkeitsgesetz Levitikus 17–26 in der Pentateuchredaktion, in: FS H. G. Reventlow, Frankfurt 1994, 65–80; ders., Das Buch Levitikus zwischen Priesterschrift und Pentateuch: ZAR 14, 2008, 365–407; ders., Das Buch Levitikus im Pentateuch: ThR 74, 2009, 470–479; R. Rendtorff (Hg.), The Book of Leviticus. Composition and Reception, Leiden 2003; T. Römer (Hg.), The Books of Leviticus and Numbers (BEThL 215) Leuven 2008; A. Ruwe, »Heiligkeitsgesetz« und »Priesterschrift«. Literaturgeschichtliche und rechtssystematische Untersuchungen zu Levitikus 17,1–26,2 (FAT 26) Tübingen 1999; J. F. A. Sawyer (Hg.), Reading Leviticus. A Conversation with Mary Douglas (JSOT.S 227) Sheffield 1996.

Kommentare zum Buch Numeri: M. Noth (ATD) 1966; J. Milgrom (JPS) 1990; P. J. Budd (WBC) 1992; J. Scharbert (NEB) 1992; T. R. Ashley (NIC) 1993; B. A. Levine (AncB) 1993 (1–20), 2000 (21–36); J. B. Gray (ICC) 1999; H. Seebass (BK) 1993ff; D. T. Olson (Interpretation) 1996; T. Staubli (NSK) 1996; C. Frevel (SAT) 2004; L. Schmidt (ATD) 2004 (10,11–36,13); R. Gane (NIV.AC) 2004; G. W. Coats/R. Knierim (FOTL); 2005; I. Cardellini (2013) (1,1–10,10).

Einzelstudien zum Buch Numeri: R. Albertz, A Pentateuchal Redaction in the Book of Numbers? The Late Priestly Layers of Num 25–36: ZAW 125, 2013, 220–233; R. Achenbach, Die Vollendung der Tora. Studien zur Redaktionsgeschichte des Numeribuches im Kontext von Pentateuch und Hexateuch (BZAR 3) Wiesbaden 2003; O. Artus, Etudes sur le livre des Nombres. Récit, Histoire et Loi en Nb 13,1–20,13 (OBO 157) Fribourg/Göttingen 1997; J. Baden, The Structure and Substance of Numbers 15: VT 63, 2013, 351–367; ders., The Narratives of Num 20–21: CBQ 76, 2014, 634–652; M. Ederer, Aufbrüche zur Exodustheologie. Das Itinerar Num 33,1–49 als theologische Deutung der Wüstenzeit Israels (SBS 231) Stuttgart 2014; U. Fistill, Israel und das Ostjordanland. Untersuchungen zur Komposition von Num 21,21–36,13 im Hinblick auf die Entstehung des Buches Numeri (ÖBS 30) Frankfurt a. M. 2007; C. Frevel u. a. (Hg.), Tora and the Book of Numbers (FAT 2/62), Tübingen 2013; C. Frevel, Alte Stücke – späte Brücke? Zur Rolle des Buches Numeri in der jüngeren Pentateuchdiskussion: VT.S 163, 2014, 255–300; E. Gass, Ein Stern geht auf aus Jakob: Sprach- und literaturwissenschaftliche Analyse der Bileampoesie (ATS 69) St. Ottilien 2001; M. Douglas, In the Wilderness, The Doctrine of Defilement in the Book of Numbers (JSOT.S 158) Sheffield 1993; D. Kellermann, Die Priesterschrift von Num 1,1 bis 10,10 (BZAW 120) Berlin 1970; C. Kupfer, Mit Israel auf dem Weg durch die Wüste (OTS 61) Leiden 2012; W. W. Lee, Punishment and Forgiveness in Israel's Migration Campaign, Michigan 2003; A. Leveen, Memory and Tradition in the Book of Numbers, Cambridge 2008; D. T. Olson, The Death of the Old and the Birth of the New (BJSt 71) Chico 1985; K. Pyschny, »Da spaltete sich der Erdboden ...« (Num 16,31). Das Verhältnis von nichtpriesterlicher und priesterlicher Tradition in Num 16–17 im Kontext der aktuellen Pentateuchforschung, Diss. Masch. Bochum 2015; N. Rabe, Vom Gerücht zum Gericht. Revidierte Texte und Literaturkritik der Kundschaftererzählung Numeri 13.14 als Neuansatz in der Pentateuchforschung (THLI 8) Tübingen 1994; U. Rapp, Mirjam (BZAW 317), Berlin 2002; T. Römer (Hg.), The Books of Leviticus and Numbers (EThL 215) Leuven 2008; A. Schart, Mose und Israel im Konflikt. Eine redaktionsgeschichtliche Studie zu den Wüstenerzählungen (OBO 98) Fribourg/Göttingen 1990; B. Schöning, Drei Dinge sind es, die mir zu wunderbar sind, und vier, die ich nicht begreife. Bileams Segen über Israel (Num 21,41–24,25) (BThS 132) Neukirchen-Vluyn 2013; A. Schüle, Israels Sohn – Jahwes Prophet. Ein Versuch zum Verhältnis von kanoni-

scher Theologie und Religionsgeschichte anhand der Bileam-Perikope (Num 22–24) (ATM 17) Münster 2001; J. L. Ska, Old and New in the Book of Numbers: Bib 95, 2014, 102–116.
Kommentare und Einzelstudien zum Buch Deuteronomium: s. u. C.IV.

1. Die Bücher Genesis, Exodus, Levitikus, Numeri, Deuteronomium

1.1 Der Bücherzusammenhang: Pentateuch, Hexateuch, Enneateuch

Die Bücher Genesis, Exodus, Levitikus, Numeri und Deuteronomium bilden eine Bücherkomposition, die unterschiedliche Bezeichnungen erhalten hat. Während das Judentum mit den Bezeichnungen »*die Tora*« (vgl. Jos 1,7; 8,34; Neh 8,2 u. ö.) bzw. »die Tora des Mose« (vgl. Jos 23,6; Esra 7,6; Mal 3,22 u. ö.) bzw. »Buch der Tora des Mose« (vgl. Jos 8,31; Neh 8,1 u. ö.) sowohl die Ganzheit als auch den Inhalt der Bücherkomposition betont, rückt die aus dem Griechischen kommende Bezeichnung »*Pentateuch*« (ἡ πεντάτευχος βίβλος »das fünfteilige Buch«) bzw. die Bezeichnung der Tora als Chumasch (von hebr. *ḥāmeš* »fünf«) oder Chamischa Chumschei Torah (»fünf Fünftel der Tora«) im Judentum die Zusammensetzung aus fünf »Büchern« bzw. Buchteilen in den Blick.

Zunächst ist allerdings nicht zu übersehen, dass im Pentateuch Geschehensbögen eröffnet werden, die über ihn selbst hinausweisen. Zwar ist mit dem Tod des Mose (Dtn 34) ein tiefer Einschnitt gegeben (vgl. Jos 1,1), doch kommt der Exodus aus Ägypten erst durch den Eintritt in das Westjordanland an sein Ziel (Jos 4f). Durch die Parallelisierung des Durchzugs in Ex 13f mit Jos 4, des Einzugs- mit dem Auszugspesach (Ex 12/Jos 5) und der Rückblende zum Manna in Jos 5,12 sowie vieler weiterer Bezüge wird der Erzählfaden im Josuabuch eng an den Pentateuch zurückgebunden. Die in Gen–Dtn verheißene bzw. befohlene Landnahme wird erst in Jos erzählt bzw. durchgeführt. In Jos 24, dem letzten Kapitel von Jos, wird mehrfach *so* auf die vorangehenden Bücher zurückgegriffen, dass ein geschehensmäßiger *und* literarischer Zusammenhang Gen–Jos hergestellt wird. Der Geschichtsrückblick, den Josua in Jos 24 gibt, ist nicht nur eine Kurzfassung des Ereigniszusammenhangs Gen–Jos, sondern stellt die in Jos erzählte Landnahme und Landverteilung als Zielpunkt der in Gen eröffneten Heilsgeschichte dar. Auch die in Jos 24,32 erwähnte Bestattung des Josef in Sichem ist die Erfüllung der von Josef selbst in Gen 50,25 den Söhnen Israels auferlegten Verpflichtung (vgl. auch Ex 13,19). Vom Buch Josua aus gesehen bilden Gen-Ex-Lev-Num-Dtn-Jos einen literarischen Zusammenhang, den die Bibelwissenschaft als *Hexateuch* (»das sechsteilige Buch«) bezeichnet. Wenn auch nicht in gleicher Dichte, so gibt es doch auch Linien, die bis in die Königsbücher hinabreichen, was zu der Bezeichnung *Enneateuch* (»das neunteilige Buch«: Gen–Kön) geführt hat. Diese neun Bücher (Gen-Ex-Lev-Num-Dtn-Jos-Ri-Sam-Kön) erzählen die Geschichte Israels von der Schöpfung bis zum Exil – und zwar in einem fortlaufenden, chronologisch geordneten Ereigniszusammenhang. Die einzelnen Bücher sind auch nicht durch entsprechende »Buchtitel«, wie sie z. B. über den Prophetenbüchern stehen, voneinander getrennt. So kann man Gen–2 Kön als einen epochal gegliederten Erzählfluss (Schöpfung – Erzeltern Israels – Exodus – Wüstenwanderung – Landnahme – Richterzeit – Königszeit) lesen, der zusätzlich durch zahlreiche literarische Querverweise verstärkt wird.

Innerhalb dieser weit ausgreifenden Erzählbögen »Von der Schöpfung bis zur Landnahme« bzw. »Von der Schöpfung bis zum Exil« ist freilich ebenfalls nicht zu übersehen, dass die fünf Bücher Gen–Dtn als eine in sich abgerundete und gegenüber den nachfolgenden Büchern abgegrenzte Größe markiert sind, was eben in der Bezeichnung *Pentateuch* bzw. *Tora* zum Ausdruck kommt. Dies wird am Schluss von Dtn *und* am Anfang von Jos deutlich sichtbar.

Wenn es im sog. Mose- → Epitaph in Dtn 34,10–12 heißt: »Niemals wieder ist in Israel ein Prophet aufgestanden wie Mose, den JHWH von Angesicht zu Angesicht kannte; [keiner ist ihm vergleichbar] in Bezug auf all die Zeichen und Wunder, zu denen JHWH ihn gesandt hat, sie im Land Ägypten an Pharao und all seinen Dienern und seinem ganzen Land zu tun, und in Bezug auf alle Machterweise und alle großen, furchterregenden Taten, die Mose vor den Augen ganz Israels getan hat«, wird die einmalige Sonderstellung des Mose hervorgehoben, in der ihm sein Nachfolger Josua gerade *nicht* nachfolgen konnte. Die herausgehobene Mittlerschaft des Mose findet in Josua keine Fortsetzung. Obwohl JHWH (selten) auch zu Josua direkt spricht (Jos 11,5; 20,1), ist doch die Rede immer an die Mittlerschaft des Mose zurückgebunden (Jos 4,10). Josua werden auch keine weiteren Gesetze übermittelt. Diese Differenz zwischen Mose und Josua und damit die Zäsur zwischen Pentateuch und Josuabuch wird gleich am Anfang des Josuabuches unterstrichen. Wenn auch das Josuabuch in seinem ersten Satz an den in Dtn 34 erzählten Tod des Mose anknüpft (Jos 1,1; vgl. Ri 1,1; 2 Sam 1,1) und wenn auch das Buch sogleich mit einer direkten Gottesrede an Josua beginnt, so wird doch in der Gottesrede Jos 1,7–8 sofort erkennbar, dass das Josuabuch auf das in den vorangehenden Büchern des Pentateuch Dargestellte wie auf ein abgeschlossenes Ganzes zurückblickt. Wenn hier JHWH zu Josua sagt: »Nur sei mutig und sehr stark, dass du die ganze Tora, die Mose, mein Knecht, dir geboten hat, bewahrst, um sie zu tun ... *Dieses Buch der Tora* soll nie aus deinem Mund weichen, du sollst sie rezitieren bei Tag und bei Nacht«, wird Gen–Dtn als eine Größe *sui generis* konstituiert. »Das Buch Josua, so nahtlos es sich ans Deuteronomium anzuschließen scheint, stellt sich dem ganzen Pentateuch zugleich auf eine radikale Weise gegenüber« (*N. Lohfink*, Moses Tod 486).

1.2 Das Profil der Bücher Genesis, Exodus, Levitikus, Numeri, Deuteronomium

Von seinem Umfang her war der Pentateuch für eine einzige Buchrolle der Antike wahrscheinlich zu lang. Zwar gibt es aus Qumran Rollen, die Textteile aus je zwei Büchern umfassen und aus dem *Wadi Murabbaʿat* eine Rolle, die Stücke aus Gen, Ex und Num beinhaltet, doch ob diese Stücke Zeugen für *ein* Buch Moses (4Q397 [4QMMT^{d}]) sind, ist sehr unsicher. Durch Buchüberschriften ist die Fünfteilung erst relativ spät in griechischen Kodizes (א, A, B) bezeugt und durch die masoretischen Handschriften bestätigt. Sowohl die Kirchenväter als auch Josephus, Philo und 4 Esra 14,14–18 bezeugen bereits die Fünfteilung. Vielleicht kann auch die Fünfteilung des Psalters (E.III.1.4) als Hinweis auf die Fünfteilung gewertet werden. Die Aufteilung des Pentateuch in fünf Rollen geschah nicht ausschließlich nach buchtechnischen, sondern auch nach inhaltlichen Gesichtspunkten. Besonders die Bücher Lev und Num zeigen eine Bearbeitung durch Einführungs- und Schlussformeln, die die jeweiligen Bücher konstituieren (s. u.).

Daneben gibt es einige Hinweise darauf, dass die fünf Bücher schon davor (wenn auch nicht klar abgegrenzte selbstständige) literarische Cluster gebildet haben. Die Aufteilung auf Rollen mag daher schon früh die Überlieferung bestimmt haben.

Während die jüdische Tradition die fünf Bücher nach einem ihrer ersten hebräischen Anfangsworte benennt, haben sich im Christentum die in der griechischen/lateinischen Bibelübersetzung verwendeten Überschriften, die den jeweiligen Inhalt angeben (sie werden bereits von Philo verwendet), durchgesetzt (neben den Bezeichnungen 1.–5. Buch Mose):

b^{e}re'šīt	*š^{e}mōt*	*wajjiqra'*	*b^{e}midbar*	*d^{e}bārīm*
»im Anfang«	»Namen«	»und er rief«	»in der Wüste«	»Worte«
Γένεσις	Ἔξοδος	Λευιτικόν	Ἀριθμοί	Δευτερονόμιον
Genesis	Exodus	Levitikus	Numeri	Deuteronomium
»Ursprung«	»Auszug«	»das Levitische«	»Zahlen/Zählungen«	»das zweite Gesetz«

Jedes dieser fünf Bücher, deren Anfang und Abschluss jeweils literarisch deutlich markiert ist, hat sein eigenes geschehensmäßiges und theologisches Profil.

Das *Buch Genesis* erzählt die Ursprünge Israels. Man kann den Aufbau des Buches »mit einer Fokussierung vergleichen: Aus dem ganzen Bild, das die ›Urgeschichte‹ der Welt und der Menschheit mit ihrem Schöpfer im Blick hat (Kap. 1–9), wird der Ausschnitt der Anfangsgeschichte Israels und seiner Nachbarvölker herausgenommen (Kap. 10–36), um sodann aus diesem wiederum die Geschichte Josefs näher zu betrachten (Kap. 37–47), die durch den Stämmesegen und die episodenhafte Rückkehr in das Verheißungsland (Kap. 48–50) wiederum auf die Volksebene ausgeweitet wird« (*I. Fischer*). Kap. 1–9 erzählen die Schöpfung der Welt in zwei Akten (Schöpfung und Flut); der in Kap. 9 mit »allem Lebendigen« geschlossene Bund integriert zugleich die sog. Noachidischen Gebote als grundlegende Tora für alle Völker. Die »Urgeschichte« stellt die Welt und die Geschichte Israels unter die Dialektik von Heil und Unheil (aus der Perspektive Gottes: Setzung des Lebens – Gericht – rettende Barmherzigkeit; aus der Perspektive der Menschen: Eröffnung von Lebensmöglichkeiten – Verweigerung/Schuld – erneute Zuwendung Gottes) und bietet so zugleich eine fundamentale → Ätiologie des Lebens.

Das Buch Genesis / Bereschit	
Buchanfang 1,1:	»Am/Als Anfang schuf Gott den Himmel und die Erde.«
1,1–9,29	Die sog. Urgeschichte
1,1–2,3	Weltschöpfung 1. Akt: Errichtung der Erde als Lebenshaus
2,4–4,26	Störungen der Schöpfung durch die Ursünde gegen Gott (Adam und Eva übertreten das Gebot Gottes) und gegen den Menschen (Kain erschlägt Abel)
5,1–9,29	Weltschöpfung 2. Akt: Gottes Bund mit der Schöpfung (Noach)
10,1–36,43	Die Anfangsgeschichte Israels und seiner Nachbarvölker
10,1–11,32	Die Völker des Alten Orients (Rahmung)
12,1–23,20	Die erste Generation: Abraham und Sara (Süden)
24,1–28,9	Die zweite Generation: Isaak und Rebekka (Verbindung Süden – Norden)
28,10–35,20	Die dritte Generation: Jakob mit Lea und Rahel (Norden) 28,10–30,43: Gründung der Familie Jakob/Israel 31,1–35,20: Rückkehr der Familie Jakobs ins Land der Verheißung
35,21–36,43	Die Völker beiderseits des Jordan (Rahmung)
37,1–50,26	Jakob und seine Söhne / Josef und seine Brüder
37,1–38,30	Entstehung des Brüderkonflikts
39,1–41,57	Aufstieg Josefs in Ägypten
42,1–47,28	Zusammenführung der Familie Jakobs in Ägypten
47,29–50,14	Sterben und Begräbnis des Stammvaters Jakob
50,15–26	Lösung des Brüderkonflikts
Buchschluss 50,24–26:	Rekapitulation der Erzelternerzählungen und Vorausblick auf den Exodus und die Landnahme: »Gott wird sich eurer annehmen (vgl. Ex 3,16), und er wird euch hinaufführen, weg von diesem Land in das Land (vgl. Ex 3,8), das er Abraham, Isaak und Jakob mit einem Eid versprochen hat« (vgl. Gen 12,7; 13,14f; 15,18; 26,3; 28,13). Die Gebeine Josefs schlagen eine Brücke über Ex 13,17 bis Jos 24,32.

Kap. 10–36 erzählen ausgehend von den Völkern der bekannten Welt die Anfangsgeschichte Israels und der Völker des antiken Vorderen Orients in der *Form* von Familiengeschichten um Frauen, Männer und deren Kinder sowie deren Verwandte. Die Entstehung der »Großfamilie« Israel wird als Abfolge von drei Generationen (Abraham und Sara; Isaak und Rebekka; Jakob mit Lea und Rahel) erzählt. Die erste Generation hat ihren Lebensraum im Süden, die dritte Generation im Norden und Nordosten, die zweite verbindet beide Räume. So spiegelt sich in diesen Familiengeschichten die spannungsreiche Geschichte der Staaten »Israel« im Norden und »Juda« im Süden bzw. der nachexilischen Provinzen Judäa/Jehûd und Samarina/Samaria und deren verwandtschaftliche Beziehungen mit dem Umland (Philisterland im Westen, Aram im Norden, Ammon und Moab im Osten, Edom im Osten und Süden). Kap. 37–50 erzählen mit der Josefgeschichte, deren Bühne nun die politische Großmacht Ägypten ist, von einem dramatischen Brüderkonflikt innerhalb der Familie Jakobs und präsentieren die Aussöhnung als politisches Lebensprogramm für »Israel«.

Das Buch Exodus / Schemot	
Buchanfang 1,1–9:	Genealogische Liste als Rückblick, neuer König in Ägypten und Andeutung eines fundamentalen Konflikts
1,1–18,27	Israel unter dem Pharao: tödliche Bedrohung Israels in Ägypten, Rettung und wunderbare Führung Israels durch JHWH bis zum Gottesberg
1–6	Unterdrückung Israels durch den Pharao und Verheißung der Rettung an/durch Mose (3–4: Gottesoffenbarung im brennenden Dornbusch) und der Führung zum Gottesberg
7–11	Ringen JHWHs mit dem Pharao um die Freilassung Israels (10 Plagen)
12–18	Intervention JHWHs in der Pesach-Nacht, Auszug Israels und wunderbare Rettung vor den ägyptischen Verfolgern am Schilfmeer, Israels Weg durch die Wüste zum Gottesberg, wunderbare Mannagabe in der Wüste, Bewahrung durch die Wassergabe, Übergang durch die Betonung der Notwendigkeit des Gesetzes als Entscheidungsgrundlage für die Richter
19,1–24,11	Gottesoffenbarung am Sinai und Bundesschluss
19–20	Gotteserscheinung am Berg und Verkündigung der 10 Gebote (Dekalog)
20,22–23,33	Übermittlung von Rechtsvorschriften durch JHWH an Mose für das Volk (»Bundesbuch«)
24,1–11	Bundesschluss am Fuß des Berges und Festmahl auf dem Berg im Angesicht JHWHs
24,12–40,38	Israel bei JHWH: JHWH nimmt Wohnung inmitten seines Volkes
24,12–31,18	Auftrag an Mose auf dem Berg zur Errichtung des Heiligtums und zur Einsetzung des priesterlichen Dienstes
32–34	Abfall des Volkes vom Exodusgott durch den Kult vor dem Goldenen Kalb, Ringen des Mose um die bleibende Zuwendung JHWHs, Vergebung durch JHWH und erneute Proklamation des Bundes
35–40	Ausführung des Auftrags zur Errichtung des Heiligtums durch das ganze Volk und Inbesitznahme des Heiligtums durch den »Sinai-Gott« (die Wolke über dem Sinai lässt sich im Heiligtum nieder): Das Heiligtum wird zum »mitgehenden« Sinai.
Buchschluss 40,34–38:	Rekapitulation und Vorausblick auf den Aufbruch vom Sinai unter Führung des im Heiligtum mitziehenden Exodusgottes

Das *Buch Exodus* erzählt den Anfang der *Volks*geschichte Israels als Herausführung (Befreiung) der zu einem großen Volk gewordenen Nachkommen der zwölf Söhne des Jakob. Der erste Erzählbogen 1,1–18,27 schildert die Unterdrückung Israels durch den Pharao und die Verheißung der Rettung an/durch Mose (1–6), das Ringen JHWHs mit dem Pharao um die Freilassung Israels (Ex 7–11: die sog. Plagengeschichten), den Auszug aus Ägypten und die wunderbare Rettung Israels am Meer (12–15) und Israels Weg durch die Wüste (15,22–18,27) hin zum Berg Sinai. Während Israel auf wundersame Weise mit Manna und Wasser versorgt wird, weist das Übergangskapitel Ex 18 (durch einen Nicht-Israeliten) auf die Notwendigkeit von Gesetzen als Grundlage des Zusammenlebens. Diese gibt Mose am Sinai. Dort offenbart sich JHWH, wie der zweite Erzählbogen 19,1–24,11 darstellt. Er verkündet den Dekalog und schließt mit Israel, durch die Vermittlung des Mose, den Sinaibund (19–24). Im dritten Erzählbogen 24,12–40,38 erhält Mose auf dem Berg Sinai zunächst den Auftrag an Israel zur Errichtung des Zeltheiligtums (»Stiftshütte«), in dem JHWH in der Mitte des Volkes dauerhaft präsent sein will, und zur Einsetzung des priesterlichen Dienstes (24,12–31,18), während das Volk unten am Berg unter Führung des Aaron durch die Verehrung des Goldenen Kalbs den

Bund übertritt, woraufJHWH schließlich (unter Einsatz des Mose) den Bund erneuert und seine Vergebungsbereitschaft verkündet (Ex 32–34). Nun erst folgt die Ausführung des dem Mose auf dem Berg gegebenen Auftrags (35–40): Als das Heiligtum errichtet ist, zieht die über dem Berg Sinai als Zeichen der Gegenwart JHWHs ruhende Wolke hinunter über das Zeltheiligtum (Offenbarungszelt), das nun zum »mitgehenden« Sinai werden kann. Die Herrlichkeit Gottes erfüllt das Heiligtum, der jetzt in der Mitte des ganzen Volkes wohnt.

Das Buch Levitikus / Wajjiqra	
Buchanfang 1,1:	»Und es rief zu Mose, und es redete JHWH zu ihm aus dem Zelt der Begegnung heraus folgendermaßen«: Rückbindung an den Schluss des Buches Exodus (»Zelt der Begegnung«) und Kennzeichnung der durch Redeeinleitungsformeln gegliederten Gottesrede (Fast das ganze Buch Lev ist Gottesrede = »Sinaioffenbarung«.)
1,1–7,38	Opfervorschriften (Die Opfer dienen der »Kommunikation« mit der Gottheit und auch unter den Opfernden; besonders wichtig sind die Opfer, die der Wiederherstellung der Heiligkeit [»Sühne«] dienen.)
8,1–10,20	Priesterliche Dienste (narrativ eingebunden: Einsetzung/»Weihe« Aarons und seiner Söhne) als besonderer Dienst an der Heiligkeit Israels (vgl. 10,10)
11,1–15,33	»Reinheit« im alltäglichen Zusammenleben
11,44–45	Aufforderung zur Heiligung mit Begründung durch Selbstvorstellungsformel in Verbindung mit der Bundesformel: vgl. 20,25–26
16,1–17,16	Gabe der kultischen Sühne durch den versöhnungswilligen Gott (Die *kompositionelle* Zusammenordnung von 16 *und* 17 wird durch folgende Beobachtungen gestützt: 1. Beide Kapitel sind durch topographische Angaben aufeinander bezogen: »Eingang des Offenbarungszeltes« 16,7; 17,4.5.6.9 sowie »in das/im Lager« 16,26; 17,3 bzw. »außerhalb des Lagers« 16,27; 17,3. 2. In beiden Kapiteln spielt das Motiv »Blut« eine zentrale Rolle. 3. Beide Kapitel sind durch die Wendung »entsündigen/versöhnen« verbunden. 4. Beide Kapitel sind durch die eröffnenden Redeeinleitungsformeln 16,1–2 und 17,1–2 aufeinander hingeordnet.)
18,1–20,27	»Heiligkeit« im alltäglichen Zusammenleben (19,17–18.34 Gebot der Feindes- und Fremdenliebe)
20,25–26	Aufforderung zur Heiligung mit Begründung durch Selbstvorstellungsformel in Verbindung mit der Bundesformel: vgl. 11,44–45
21,1–22,33	Heiligkeit der Priester als besonderer Dienst an der Heiligkeit Israels (vgl. 22,31–33)
23,1–26,46	Festvorschriften und Verheißungen (23: liturgischer Jahreskalender; 25: besondere »Fest-Zeiten«; 26: Segen und Fluch mit abschließender Verheißungsperspektive)
27,1–34	Auslösung von Personen und Gegenständen, die Gott durch ein Gelübde versprochen waren (Nachtrag zur Endkomposition: eingebunden durch die Schlussformel 27,34 als Wiederholung des »ursprünglichen« Buchschlusses 26,46)
Buchschluss 26,46 (bzw. 27,34; s. o.):	»Dies sind die Gesetze und die Rechtsvorschriften und die Weisungen, die JHWH gegeben hat für das Verhältnis zwischen ihm und zwischen den Kindern Israels am Sinai durch Mose«: Rückblick und Abschlussnotiz

Das *Buch Levitikus* entwirft die von JHWH »mitten aus dem Offenbarungszelt« (1,1) verkündete Lebensordnung für Israel als »heiliges und priesterliches Volk« (vgl. Ex 19,5f), in dessen Mitte JHWH als der heilige Gott Wohnung genommen hat und wirken will. Es ist die Heiligkeit Gottes, die das Volk heiligt und seine Heiligung fordert. Hier wird die »Hausordnung« für das Zusammenleben Israels mit seinem Gott entworfen, wobei den Priestern als den »Hausdienern« JHWHs eine besondere Verantwortung zukommt. Die Systematik dieser Verfassung Israels, die im Horizont der Schöpfungstheologie von Gen 1–9 und dem Willen Gottes, seine vergebende Gegenwart dem Volk dauerhaft zu gewähren (Ex 25–40), verstanden werden muss, durchschreitet in konzentrischen Kreisen die Lebensbereiche in einem spannungsreichen Ineinander von kultischen und ethischen Regelungen. Der heiligenden Gegenwart Gottes soll die Heiligkeit des Volkes entsprechen (11,44f; 19,2; 20,7 u. ö.). Fluchtpunkt und Zentrum ist die immer neue Versöhnung Gottes mit seinem Volk (Lev 16).

Das Buch Numeri / Bemidbar	
Buchanfang 1,1:	»Es redete JHWH zu Mose *in der Wüste Sinai im Zelt der Begegnung* am 1. Tag des 2. Monats im 2. Jahr nach dem Auszug aus Ägypten«: gegenüber Lev veränderte Ortsangabe (»in der Wüste Sinai«) und Zeitangabe, zugleich Rückblick auf das Buch Exodus
1,1–10,10	*In der Wüste Sinai*: Auftrag zur Einsetzung der organisatorischen Institutionen des JHWH-Volkes (Erste Volkszählung); Ordnung und Orientierung des Volkes am (Dienst des) Heiligtum(s) und dem in der Mitte des Volkes bleibenden Gott; die Einrichtung des Heiligtums und die Ordnung der Dienste (Ex 25–40; Lev 8–10) werden vollendet und das Lager der Israeliten durch Vorschriften als Ort der heiligenden Gottesgegenwart gestaltet.
10,11–25,18	*Weg durch die Wüste*: vom Sinai bis zu den Gefilden von Moab
10,11–14,45	Hoffnungsvoller Aufbruch, Murren des Volkes (11–12: Manna und Wachteln; Auflehnung Mirjams und Aarons; 13–14: Auskundschaftung des Landes und Weigerung, ins Land zu ziehen; Strafe: Androhung des Todes für die Exodusgeneration wegen der Ablehnung der Verheißung; gescheiterte eigenmächtige »Landnahme«)
15,1–20,29	Bestimmungen für das Leben im Land (15); Auflehnung von Korach, Datan und Abiram, Bekräftigung des priesterlichen Führungsanspruchs der Aaroniden (16–17) mit daraus folgenden kultischen Regelungen (18–19); Sünde des Mose und des Aaron bei den Wassern von Kadesch/Meriba mit Todesdrohung für Mose und Aaron (20)
21,1–25,18	Konflikte mit Königen und Wechsel der Perspektive von Strafe zur Bewahrung im zugesagten Segen (König von Arad: 21,1–3; König von Moab und Segen des Bileam für Israel: 22–24); Sünde Israels bei/mit Baal Pegor und Bewahrung Israels durch das sühnende priesterliche Handeln (25)
25,19–36,13	*In den Gefilden von Moab*: Anweisungen für die Verteilung des Landes (Zweite Volkszählung); Midianiterkrieg; Landzuteilung an die ostjordanischen Stämme; zusammenfassender Rückblick auf die Wanderung; Leviten- und Asylstädte; Erbrechtsbestimmungen
Buchschluss 36,13:	»Dies sind/waren die Gebote und die Rechtsvorschriften, die JHWH geboten hat durch Mose zu den Kindern Israels in den Gefilden von Moab am Jordan bei Jericho«: Rückverweis auf die Buchschlüsse Lev 26,46; 27,34 (s. o.) und Vorverweis auf den Buchanfang Dtn 1,1–5 (s. u.)

Das *Buch Numeri* erzählt Israels vierzigjährigen Weg vom Sinai durch die Wüste bis an die Grenze des verheißenen Landes. Es führt das Volk vom Sinai auf die Ostseite des Jordans gegenüber Jericho, wo dann Mose im Deuteronomium seine Abschiedsrede hält. Man kann das Buch in fünf Teile gliedern, wobei die drei mittleren Teile das eigentliche Unterwegssein erzählen, während die beiden äußeren Teile, die jeweils mit einer Volkszählung einsetzen, Anweisungen für den Aufbruch vom Sinai bzw. für die Verteilung des verheißenen Landes bieten. Die beiden Rahmenteile sind eng aufeinander bezogen, am deutlichsten durch die Volkszählungen in Num 1 und 26. Der erste Teil (1,1–10,10) konstituiert Israel als »heilige« Gemeinschaft (1,1–4,49: Gliederung nach Stämmen um das Heiligtum als Zentrum; Aussonderung der Priester und der Leviten für ihre Dienste; 5,1–10,10: Anweisungen für die »innere« Lebensordnung der Gemeinschaft; Vollendung der Einrichtung des Heiligtums und Gabe der Stämme für die Kultinitiation [Num 7f]; Feier des Pesach vor dem Aufbruch [Num 9, damit Rückbindung an den Aufbruch Ex 12]). Der Mittelteil (10,11–25,18), dessen Neueinsatz deutlich markiert ist (10,11f: Zeitangabe, Signal der Wolke, Aufbruchsnotiz), erzählt die dramatische Wüstenwanderung in drei Etappen, die jeweils positiv beginnen (Aufbruch, Landperspektive, erste Siege über die Landesbewohner) und mit einem Tiefpunkt (gescheiterte Landnahme, Vergehen der Führer, Vergehen des Volkes) enden (vgl. das Weinen des Volkes in Num 14,39; 20,29; 25,6). Indem sich das im Segen Israels (Gen 12,2f u. ö.) verkörperte Positive immer stärker durchsetzt, wird gezeigt, dass JHWH seine Zusagen einhält und sein Volk – wenn auch erst die Nachkommen der Exodusgeneration (14,30–34) – in das Land führen wird. Die Erzählungen sind eng auf Ex 15,22–18,22 bezogen und rahmen so den Sinai. Erste Etappe 10,11–14,45: Aufbruch vom Sinai; Murren des Volkes; Auflehnung Mirjams und Aarons; Zweifel am Land als einer guten Heilsgabe, mit der Konsequenz, dass JHWH den Tod der Exodusgeneration noch vor der Landnahme ankündigt; Niederlage Israels bei eigenwilligem »Landnahmeversuch«. Zweite Etappe 15,1–20,29: Bestimmungen für das Leben im Land der Verheißung; Auflehnung von Korach, Datan und Abiram; Sünde von Mose und Aaron, mit der Konsequenz, dass JHWH auch ihnen den Tod noch vor der Landnahme ankündigt; Tod Mirjams und Aarons. Dritte Etappe 21,1–25,18: Der Abschnitt beginnt in 21,1–3 mit dem Sieg Israels über den König von Arad als einer Gegengeschichte zum Schluss der ersten Etappe, wo 14,39–45 eine Niederlage der Israeliten in der gleichen Region erzählt wird; wieder murrt das Volk gegen Gott und Mose, aber Gott setzt der als Strafe geschickten Plage ein Ende, das Bewahrung in der Bedrohung zusagt. Der Segen Israels lässt sich nicht aufheben und Gott sich nicht von der Erwählung Israels abbringen (22–24). Er führt sein Volk sicher durch das Gebiet feindlicher Könige bis an die Grenze des verheißenen Landes, in die Gefilde von Moab, wo der Abfall zum Kult des Baal Pegor einen weiteren, letzten Tiefpunkt darstellt. Der dritte Teil (25,19–36,13) bringt für das abermals durch eine Zählung als Stämmegemeinschaft gegliederte Volk Anweisungen für die Verteilung des verheißenen Landes, sowohl östlich als auch westlich des Jordan, und für die Vererbung des Landes nach der Landnahme. Schon im zweiten Teil (Num 22,1) gelangt Israel in die Niederungen des Jordantals gegenüber von Jericho, wo Mose seine Abschiedsrede halten wird.

Das Buch Deuteronomium / Debarim	
Buchanfang 1,1–5:	»Dies sind die Worte, die geredet hat Mose zu ganz Israel jenseits des Jordan ... Es war im 40. Jahr, im 11. Monat, am 1. Tag des Monats. Mose redete zu den Kindern Israels gemäß allem, was ihm JHWH für sie geboten hatte ... Jenseits des Jordan im Lande Moab begann Mose diese Weisung (Tora) auszulegen«. Neueinsatz gegenüber den vorangehenden Büchern, wo Subjekt der Redeeinleitungsformeln meist JHWH ist, nun mit Mose als Sprecher; Rückbezug der Datierung auf den Exodus. Die topographische Situierung gibt sich als Fortsetzung des Schlusses von Num, freilich mit kleinen Differenzen (s. o.).
1,1–4,43	Rückblick auf die 40jährige Wanderung vom Horeb (= Berg Sinai) bis Moab (Zusammenfassung von Ex und Num), kulminierend in einer Paränese über das Leben im verheißenen Land (Entfaltung des Bilderverbots: 4,1–40) (*Überschrift: »Dies sind die Worte«*)
4,44–28,68	Gesetzeskodex/Vertragstext (das Tora-Buch)
4,44–49	Einleitung mit *Überschrift* und »Inhaltsangabe«: »Und *dies ist die Weisung (die Tora)*, die Mose den Kindern Israels vorgesetzt hat. Das sind *die Satzungen* (5–11), die *Gesetze* und *Rechtsvorschriften* (12–26,16) ...«
5–11	Dekalog und Paränese über das Hauptgebot (Fremdgötterverbot bzw. Gottesliebe)
12,1–26,16	Einzelgesetze (12,1–16,17: Kult- und Sozialrecht; 16,18–18,22: Verfassungsrecht; 19–25: Straf- und Zivilrecht; 26,1–15: »Liturgischer Anhang«: Darbringung der Gaben des Landes am Heiligtum [Rückbezug nach 12,10f])
26,17–19	Protokoll bzw. juristische Kommentierung des Bundes- bzw. Vertragsabschlusses zwischen JHWH und Israel
27–28	Fluch und Segen
28,69–32,52	Vollzug des »Moab-Bundes« auf der Basis von Dtn 5–28
28,69	*Überschrift*: »Und *dies sind die Worte des Bundes* ...«
29–30	Moab-Bundesschluss und theologische Würdigung des »Bundestextes«
31	Einsetzung Josuas zum Nachfolger des Mose, Verschriftung der Tora und Übergabe an die Amtsträger, Auftrag zur Verlesung am Laubhüttenfest des Brachjahres
32	Das sog. Moselied als poetische Zusammenfassung von Dtn 1–28
33–34	Segen des sterbenden Mose über die 12 Stämme, Tod des Mose und Begräbnis durch JHWH (33,1 *Überschrift*: »Und *dies ist der Segen*, ...«)
Buchschluss (bzw. Schluss des Pentateuch) 34,10–12:	Das sog. Mose-Epitaph (= würdigende »Grabinschrift«), das Moses Einzigartigkeit herausstellt

Das *Buch Deuteronomium* spielt szenisch in den Gefilden von Moab und präsentiert narrativ die Ereignisse am Todestag des Mose, 40 Jahre (!) nach dem Auszug aus Ägypten (1,3; 32,48); das Buch schließt mit dem Tod des Mose und mit 34,10–12 als → Kolophon des ganzen Pentateuch (s. o. A.II.). Der erzählerische Rahmen bietet, gegliedert durch entsprechende Überschriften, vier Redeblöcke (1–4.5–28.29–32.33). Es ist gewissermaßen das »Testament« des Mose. Als Erzählung des *einen* Deuteronomium-Tages und als viergliedrige Redenkomposition mit dem Akzent auf der Tora/dem Gesetz des Mose (5–28) ist das Buch eine in sich geschlossene Einheit. Durch seine Inszenierung als »zweites Gesetz« bzw. als (nach der Bundschließung am Sinai/Horeb weitere) Bundschließung in Moab verweist es einerseits auf die vorangehenden Bücher Ex–Num (1,5). Andererseits schlägt es durch den häufig wiederholten Hinweis auf das »den Vätern verheißene Land« und den Mosesegen (Gen 49) den Bogen zum Buch Gen zurück.

2. Das Programm der pentateuchischen Komposition

2.1 Der übergreifende Zusammenhang

Der Pentateuch bietet mehrere Ansatzpunkte für ein Verständnis seines übergreifenden Zusammenhangs, die sich nicht gegenseitig ausschließen, aber je unterschiedliche Akzente setzen:
(1) Der Pentateuch kann einmal *als Biographie des Mose* gelesen werden: Mose ist von Ex bis Dtn der Hauptakteur (Ex 2: Geburt; Dtn 34: Tod); Dtn 34,7 lässt ihn die volle Ausdehnung eines Menschenlebens (Gen 6,3) in ungeminderter Vitalität erleben; Dtn 34,10–12 ist geradezu sein → Epitaph (Grabinschrift). Gen ist dann die Geschichte seiner Vorfahren im weiteren Sinn (vgl. Ex 6,14–25). Von diesem Ansatz her heißt der Pentateuch auch »(Buch der) Tora des Mose«. Diese Sicht betont die herausgehobene Stellung des Mose in der Heilsgeschichte, lässt aber zugleich das Gesetz in den Hintergrund treten. Außerdem geht die Genesis nicht darin auf, Vorgeschichte des Mose zu sein.

(2) Auf der Erzählebene lässt sich der Pentateuch als der spannungsreiche *Weg Israels in das Land der den Erzeltern gegebenen Verheißung* lesen, der mit Abrahams Herausrufung mitten aus der Völkerwelt beginnt und mit einem »offenen Schluss« an der Grenze zum Gelobten Land endet – aber mit dem Auftrag, in das Land zu ziehen. Diesen leidens- und konfliktreichen Weg erzählt der Pentateuch als dramatische *Biographie Israels*:

Genesis	Exodus	Levitikus	Numeri	Deuteronomium
Weltschöpfung und Verheißung des Landes	Von Ägypten durch die Wüste zum *Sinai*	Am Sinai	Vom *Sinai* durch die Wüste nach Moab (an die Grenze des verheißenen Landes)	Weisungen für das Leben im Lande der Verheißung

Israel auf dem Wege →

Der Aufenthalt am Sinai bildet das konstitutive Zentrum für die Konstitution Israels als erwähltes Volk des lebendigen Gottes. Das »Land der Verheißung« bildet die motivliche Klammer, durch die Abraham und Mose, die beiden Protagonisten dieses Weges, auch textlich verbunden sind:

Gen 12,1.7:	Dtn 34,1.4:
»JHWH sprach zu Abram: Geh weg aus deinem Land ... in *das Land*, das ich dich *schauen lasse* ... JHWH erschien Abram und sprach:	»Mose stieg hinauf auf den Nebo ... und JHWH *ließ ihn schauen das* ganze *Land* ... JHWH sprach zu ihm: Das ist das Land, das ich Abraham, Isaak und Jakob versprochen habe mit dem Eid:
Deinen Nachkommen werde ich dieses Land geben.«	*Deinen Nachkommen werde ich es geben.* Ich habe es dich mit deinen Augen *schauen lassen.«*

Die Landverheißung als *Eid an die Erzväter* ist sogar das einzige Thema, das sich wie ein roter Faden durch alle fünf Bücher Gen–Dtn zieht (Gen 12,7; 13,15.17; 15,7.18; 17,8; 24,7; 28,4.13; 35,12; 48,4; 50,24; Ex 13,5.11; 32,13; 33,1; Lev 18,3; 19,23; 20,24; 23,10; 25,2.38; Num 11,12; 14,16.23; 32,11; Dtn 1,8.35; 6,10.18.23; 7,13; 8,1; 10,11; 11,9.21; 19,8; 26,3.15; 28,11; 30,20; 31,7.20f; 34,4). Und umgekehrt gibt es in Jos–2 Kön keinen expliziten Rückverweis auf die den Erzeltern eidlich zugesprochene Landverheißung. Auch dies bestätigt die These vom Pentateuch als einem kompositionell abgerundeten Ganzen.

(3) Die fünf Bücher sind chiastisch/spiegelbildlich (→ Chiasmus) um das Buch *Levitikus als theologisches Zentrum* angeordnet.

Im *Zentrum* der Komposition erzählt und begründet das Buch *Levitikus* die Konstitution Israels als heiliges Volk, in dessen Mitte der heilige JHWH gegenwärtig werden und wirken will. Die konzentrische Einbindung von Lev wird durch die Korrespondenz der beiden Textbereiche Ex 25–40 und Num 1–10 unterstrichen, die sich wie eine Klammer um Lev legen. Im Buch wird eine bleibend gültige Haus- und Lebensordung für das erwählte Volk entworfen, in deren Zentrum und Mitte die Versöhnungsbereitschaft des heiligenden Gottes steht. Ex 25–40 und Num 1–10 schaffen rahmend die institutionellen Voraussetzungen für das Wohnen Gottes inmitten seines erwählten Volkes.

Ex *25–40	**Levitikus**	**Num *1–10**
»bauliche« Voraussetzungen	»Hausordnung« des heiligen Gottes für sein heiliges Volk	»organisatorische« Voraussetzungen

Genesis und Deuteronomium bilden den *äußeren Rahmen*:

Genesis	**Deuteronomium**
Weltschöpfung und Verheißung des Landes	Weisungen für das Leben im Land der Verheißung
Auftrag zum Gehen in das Land	Auftrag zum Gehen in das Land
Schluss 49–50: Segen Jakobs über 12 Söhne Tod Jakobs Begräbnis Jakobs im Lande der Verheißung	Schluss 33–34: Segen des Mose über 12 Stämme Tod des Mose Begräbnis des Mose mit Bezug auf das Land der Verheißung

Exodus und *Numeri* bilden den *inneren Rahmen.* Sie sind durch zahlreiche gleiche Geschichten parallelisiert; der Sinai ist geradezu eine Art Wasserscheide:

Exodus	
Ägypten → Wüste → Sinai	
12 Pesach	
16 Manna + Wachteln	
17 Wasser aus dem Felsen	
18 Amtseinsetzung	
32 Götzendienst (»Baal«)	
Bedrohungen	
von außen:	von innen:
Ägypten	»murren«
Amalekiter	Götzendienst
sechs Wandernotizen (»sie brachen auf von ... und lagerten in ...«)	
12,37; 13,20; 14,1f; 15,22; 16,1; 17,1	

Numeri	
Sinai → Wüste → Moab	
9,1–14 Pesach	
11 Manna + Wachteln	
20 Wasser aus dem Felsen	
11 Amtseinsetzung	
25 Götzendienst (»Baal«)	
Bedrohungen	
von innen:	von außen:
»murren«	Kanaanäer, Moab
Götzendienst	Midianiter
sechs Wandernotizen (»sie brachen auf von ... und lagerten in ...«)	
10,12; 20,1; 20,22; 21,10–11; 22,1; 25,1	

2.2 Der Pentateuch als Gründungsmythos bzw. »Gründungsurkunde Israels« (R. Rendtorff)

Der Pentateuch erzählt die Ursprungsgeschichte Israels und hält so die entscheidenden formativen und normativen Grundlagen der Existenz Israels fest: die Erwählung Israels aus Gnade durch den *einen* und *einzigen* Gott, die Zusage des Landes, die Befreiung aus der ägyptischen Knechtschaft und die Gabe einer kultischen und ethischen Lebensordnung. Der Pentateuch erzählt den dramatischen Weg, auf dem Israel bis zu dem Punkt gelangt, an dem das Leben im verheißenen Land und nach den für dieses Leben gegebenen Ordnungen beginnen kann. An diesem Punkt bricht die Erzählung den Weg Israels bedeutungsvoll ab.

Der Pentateuch stellt diesen Weg Israels in einen *großen Rahmen*: Die Urgeschichte Gen 1–9, mit der der Pentateuch beginnt, entwirft nicht nur den welt- und menschheitsgeschichtlichen Horizont für die ab Gen 10 erzählte Geschichte Gottes mit seinem Volk Israel. Gen 1–9 steckt zugleich den theologisch-hermeneutischen Rahmen ab, der dann mit der in Gen–Dtn erzählten Ursprungsgeschichte Israels ausgefüllt wird. Es ist zum einen die in der Welt als Schöpfung Gottes gegen das Chaos konstituierte Lebensordnung der unterschiedlichen Lebensräume und Lebenszeiten für die unterschiedlichen Lebewesen. Und es ist zum anderen die in der Urgeschichte, insbesondere in den Erzählungen über die Sintflut, narrativ vermittelte Theologie vom barmherzigen Gott, der einerseits die Sünde nicht bagatellisiert und der andererseits die Sünder »nach der Flut« künftig am Leben lässt, weil er das Leben liebt. Das ist die Botschaft von Gen 1–9: Die Schöpfung und alles Leben in der Schöpfung lebt nur aus der Barmherzigkeit Gottes, der sein Ja zum Leben durchhält – gerade angesichts der Sünde aller Lebendigen.

Vor diesem Hintergrund und auf diesem Fundament wird Abraham berufen. Mit ihm beginnt im biblischen Sinne die Geschichte Israels. Hier zeigt sich das *erste konstitutive Element* der Existenz Israels: *die Erwählung.* Gott erwählt sich aus der Menschheit einen Menschen bzw. eine Familie, um mit diesen seine eigene Lebensgeschichte weiterzugehen. Von da an ist dieser kleine Ausschnitt aus der Menschheitsgeschichte das zentrale Thema des Pentateuch (und der ganzen Bibel Israels). »Aber die Völker bleiben dabei immer im Blick, und sie sollen an dem Segen, den Abraham von Gott empfängt, Anteil haben (Gen 12,3). Für den Leser dieser Anfangsgeschichte Israels ist dabei keinen Augenblick zweifelhaft, dass der Gott, der Abraham beruft und führt, kein anderer ist als der *eine,* von dem allein seit der Erschaffung der Welt die Rede ist. Später im Deuteronomium wird dieser Zusammenhang ausdrücklich formuliert: ›Siehe, dem Herrn, deinem Gott, gehören der Himmel und der Himmel des Himmels, die Erde und alles, was auf ihr ist. Nur deinen Vätern hat sich der Herr liebend zugewandt und hat ihren Samen nach ihnen, euch, aus allen Völkern erwählt, wie es heute ist‹ (Dtn 10,14f). So ist dieses erste konstituierende Element der Existenz Israels schon mit der ersten Anrede Gottes an Abraham gesetzt: Der *eine* Gott hat Israel [aus den Völkern] erwählt« (*R. Rendtorff,* Theologie 83f).
Mit der Erwählung Abrahams ist als *zweites konstitutives Element* der Existenz Israels von Beginn an die *Zusage des Landes* im Blick. »Allerdings erscheint es in einer sehr viel weniger eindeutigen Form als das erste. Gott spricht schon in den ersten Worten, die er an Abraham richtet, von dem ›Land, das ich dir zeigen werde‹ (Gen 12,1). Aber wenig später, als Abraham dieses Land zum ersten Mal durchzieht, lautet die Zusage: ›Deinen Nachkommen werde ich dieses Land geben‹ (V. 7). Gelegentlich heißt es zwar auch unmittelbarer: ›dir will ich es geben‹ (13,17), aber in der ganzen Vätergeschichte bleibt eindeutig, daß das Land den Vätern [und Müttern] noch nicht gehört ... und schließlich verlassen sie es für eine ungewisse Zukunft. Doch das Thema des verheißenen Landes bleibt präsent und tritt sofort wieder in den Vordergrund, als Gott erneut einen einzelnen beruft, um seine Geschichte mit Israel fortzuführen: Mose. Zunächst ist nur die Rede von einem ›schönen und weiten Land, in dem Milch und Honig fließen‹, in das Gott die Israeliten aus der ägyptischen Fronknechtschaft heraus führen will (Ex 3,8). Aber dann wird in feierlicher Gottesrede der Zusammenhang mit den Vätern hergestellt, mit denen Gott ›einen Bund geschlossen‹ hat, ›ihnen das Land Kanaan zu geben, das Land ihrer Fremdlingschaft, in dem sie als Fremde gelebt haben‹ (6,4). Vom Augenblick des Auszugs aus Ägypten an ist das Land dann ständig gegenwärtig als Ziel der schier endlosen Wanderung durch die Wüste. Aber es bleibt ein noch unerreichtes Ziel« (*R. Rendtorff,* Theologie 84), und am Schluss des Pentateuch darf Mose das Land nur noch mit seinen Augen betreten, ehe er stirbt. So ist die im Pentateuch erzählte Ursprungsgeschichte Israels eine *Geschichte der unerfüllten Verheißung* des Landes. Der oben herausgestellte Verheißungsbogen Gen 12,7 → Dtn 34,4 (s. o. 2.1) gibt dem Pentateuch, zumal diese Verheißung in Dtn immer wieder als »Eid Gottes« rekapituliert wird (20mal; vgl. Dtn 34,4), eine geradezu prophetische Perspektive. Dies kommt auch darin zum Ausdruck, dass Mose am Schluss des Pentateuch als einzigartiger »Prophet« proklamiert wird (Dtn 34,10–12). Als »prophetisches« Buch öffnet sich der Pentateuch an seinem Ende so auf die großen Landverheißungen der Prophetenbücher Jes–Mal.

Der im Pentateuch erzählte Weg an die Schwelle des verheißenen Landes wird unterbrochen durch den Aufenthalt am Sinai. Hier ist Israel, wie Ex 19,4 sagt, »bei Gott«. Hier wird Israel zum heiligen, priesterlichen Volk geweiht (Ex 19,5; 24,8). Hier nimmt Gott inmitten Israels Wohnung, denn, so sagt Ex 29,46, er hat Israel eigens deshalb aus Ägypten herausgeführt, »um in seiner Mitte zu wohnen« (Ex 29,46). Was dies für Israel bedeutet, was ihm damit geschenkt ist und wie dieses Geschenk bewahrt werden kann, reflektieren die hinteren Teile des Buches Exodus, der erste Teil des Buches Numeri, vor allem aber das Buch Levitikus. Nach dem mühsamen Weg durch die Wüste und nach dem von Israel selbst verschuldeten Wüstenaufenthalt von vierzig Jahren, nach dem Tod der sündigen Exodusgeneration, der gleichwohl nicht das Ende Israels gebracht hat, rekapituliert Mose vor seinem Tod die am Sinai gegebenen *Gottesgebote* und schwört Israel für das Leben im verheißenen Land auf sie ein.

Die Gottesgebote sind das *dritte konstitutive Element* der Existenz Israels. Sie werden programmatisch gleich nach der Ankunft Israels am Sinai proklamiert (Ex 20) und dann v. a. in den drei Rechtskorpora »Bundesbuch« (Ex 20,22–23,33), »Heiligkeitsgesetz« (Lev 17–26) und »Deuteronomisches Gesetz« (Dtn 12–28) expliziert, wobei dem Dtn (mit abermaligem Dekalog in Dtn 5) ein besonderes Gewicht zukommt. Die große Verkündigung des Mose im Buch Deuteronomium ist es, auf die der Pentateuch letztlich zuläuft.

Als »Schlussbuch« des Pentateuch gibt das Dtn mit seiner mehr als 70mal gesetzten Angabe »heute« bzw. »an diesem Tag« dem Pentateuch seine je aktuelle Gültigkeit auch für künftige LeserInnen, wie Dtn selbst betont: »Die Paränese des Deuteronomiums schließt außer den vergangenen und gegenwärtigen auch die zukünftigen Generationen ein, die beim Schluss des Moabbunds berücksichtigt werden: ›Doch nicht mit euch allein schließe ich diesen Bund und diesen eidlichen Vertrag, sondern sowohl mit denen, die heute mit uns vor Jahwe, unserem Gott, stehen, als auch mit denen, die heute noch nicht mit uns hier sind‹ (Dtn 29,13f)« (*T. Veijola*). Mit dem Wechsel von der Exodusgeneration zur Landgabegeneration und der Identifikation der Hörenden mit letzterer wird die Verheißung in die Gegenwart übertragen und gerettet.

Als »Gründungsmythos« Israels beschwört der Pentateuch in der *Form* einer Erzählung die »kanonische« Ur-Zeit Israels in der Dialektik von Chaos und Kosmos, von Unheil und Heil, von Tod und Leben – mit der Perspektive, dass der gründende »Anfang« und das vollendende »Ziel« in JHWH, dem sich erbarmenden Gott Israels, der der Schöpfer der Welt ist, liegt. Ohne seinen Verheißungscharakter aufzugeben, begründet der Pentateuch eine immer neue und erneuerte Gegenwart, die von Gottes Barmherzigkeit, seiner Treue und seiner heiligenden Versöhnungsbereitschaft bestimmt ist. Als Erzählung über die »Ur-Zeit« Israels ist der Pentateuch die narrative Konstituierung einer »symbolischen Sinnwelt« bzw. einer »Gegenwelt zur politischen, gesellschaftlichen und familiären Alltagswirklichkeit. Diese Funktion ist dem Pentateuch auch immer geblieben – massiv im synagogalen Gottesdienst, leider nur noch spurenhaft im sporadischen und selektiven liturgischen Gebrauch des Pentateuch bei den Christen« (*N. Lohfink*, Rechtshermeneutik 43).

2.3 Der Pentateuch als Tora über Geschichte und Gesetz

Die vielen literarischen Formen, die im Pentateuch versammelt sind, lassen sich, gewiss vergröbernd, auf zwei Grundformen reduzieren: erzählende/narrative und gebietende/regulative/appellative Texte. Die überwiegende Mehrheit der rechtlichen, kultischen und ethischen Regulative (*ius, fas, ethos*) ist, teilweise in der Gestalt strukturierter Rechtskorpora (Ex 21–23: das sog. Bundesbuch; Lev 17–26 das sog. Heiligkeitsgesetz; Dtn 5–28: das sog. »zweite Gesetz«), unmittelbar oder mittelbar mit dem Sinai als Ort der Gottesoffenbarung und der Konstitution Israels als Gottesvolk verbunden (das gilt auch für die beiden Dekaloge Ex 20/Dtn 5 und das Privilegrecht Ex 34). Andere regulative Texte sind in die Erzählungen über den Weg Israels aus Ägypten durch die Wüste zum Sinai (Ex 12–18) und über den Weg Israels vom Sinai durch die Wüste zu den Gefilden Moabs (Num 10–36) eingewoben.

Schon ein kurzer Blick auf das Buch Numeri zeigt das Gewebe von legislativen (L) und narrativen (N) Texten: 1,1–10,10 (L); 10,11–14,45 (N); 15 (L); 16–17 (N); 18–19 (L); 20–25 (N); 26,1–27,11 (L); 27,12–23 (N); 28–30 (L); 31,1–33,49 (N); 33,50–36,13 (L). Auch das Buch Levitikus als Verfassungsentwurf Israels ist ein subtiles Ineinander von erzählenden und gebietenden Texten. Rechtliche/ethische/kultische Texte sind auch in die urgeschichtliche Schöpfungserzählung Gen 1–9 (vgl. 9,3–6: die sog. Noachidischen Gebote als Tora/Gesetz für die Völker), in die Abrahamerzählung (z. B. Gen 17: Gebot der Beschneidung) und in die Exoduserzählung (z. B. Ex 12–13: Passa-Mazzot-Bestimmungen) integriert. Zählt man im Pentateuch die Verteilung von »Geschichte« und »Gesetz« nach Kapiteln, so ergibt sich ein ungefähres Verhältnis von 1:1.

Schon diese wenigen Beobachtungen unterstreichen: Eine Wahrnehmung entweder als »Gesetz« oder als »Geschichte« greift zu kurz. Der Pentateuch hat eine dialektische Struktur von Geschichte und Gesetz. Das »Gesetz« wächst jeweils aus der »Geschichte« heraus und will zugleich die Dynamik der »Geschichte« schützen und offen halten. Beispielhaft lässt sich dieses dynamisierende Ineinander von »Geschichte« und »Gesetz« (d. h. von Wirken und Willen Gottes) an der Struktur der biblischen Zehn Gebote (Ex 20,2–17 || Dtn 5,6–21) ablesen. Grundlegend ist die am Anfang (Ex 20,2 = Dtn 5,6) als »Basis-Satz« genannte Befreiung Israels aus Ägypten (»Geschichte«); Intention der dann folgenden Gebote/Verbote (»Gesetz«) ist die Bewahrung und Bewährung dieser gottgewirkten und gottgewollten Freiheit, damit die Befreiungsgeschichte weitergeht. Ähnlich fundamental ist das Ineinander von Geschichts- und Willensoffenbarung JHWHs in der sog. Kinderkatechese Dtn 6,20–25 erläutert. »Die Gesetze erhalten ihren Sinn durch die Geschichte. Nur wer den Auszug aus Ägypten nicht vergißt, weiß, daß das Gesetz Freiheit bedeutet, und vermag es zu befolgen« (*J. Assmann*, Das kulturelle Gedächtnis 296).

Angesichts dieses Doppelcharakters der »Tora« als Geschichte (*Evangelium*) und Gesetz (*Lex/Nomos*) ist der bisweilen von christlichen Theologen, insbesondere der reformatorischen Tradition, der Tora bzw. dem Judentum gemachte Vorwurf der »Gesetzlichkeit« bzw. der »Selbsterlösung durch das Halten des Gesetzes« als fundamentales und zugleich fatales Missverständnis zu beurteilen: »Der von Israel geforderte Gehorsam gegen das Gesetz ist nicht die Begründung, sondern die Bewährung seiner Existenz als des Volkes Gottes und Antwort auf die Liebe, mit der es Gott zuerst geliebt hat. Er bewirkt auch nicht die Erlösung, sondern er bewegt Gott dazu, Israel in seiner Barmherzigkeit zu erlösen« (*O. Kaiser*, Der Gott des Alten Testaments 351). Diese in der versöhnungswilligen Barmherzigkeit JHWHs gründende Spannung von Geschichte und Gesetz prägt die Makrostruktur des Pentateuch/der Tora:

Genesis	Exodus	Levitikus	Numeri	Deuteronomium
Geschichte →	Geschichte →	Gesetz →	Geschichte →	Gesetz
↓				↓
(*Verheißung*)	(Gericht ↔ Rettung)	(Sinai)	(Gericht ↔ Rettung)	(*Verheißung*)
Gen 1–9		Lev 16f		Dtn 30–33
Fundament: Schöpfung		Mitte: Versöhnung		Perspektive: Tod – Leben

Bei der stark abstrahierenden Darstellung ist insbesondere zu beachten, dass die theologische Mitte der sinaitischen Versöhnung weit über ihre textliche Mitte hinein ausstrahlt (Ex 19–Num 10) und »Geschichte« und »Gesetz« eng miteinander verzahnt sind. Das Gesetz ist so Ausdruck der Freiheit und von der Rettung/Befreiung nicht zu trennen. Zentral für das Verständnis ist nicht der Charakter der Verpflichtung, sondern die Vorgängigkeit des ermöglichenden, befreienden und erbarmenden Handeln Gottes. Die Struktur offenbart weit mehr »Evangelium« als »Gesetz«. Im Übrigen hat die falsche Antithese »Gesetz« – »Evangelium« übersehen, dass bereits die hebräische Bezeichnung »Tora des Mose« den Pentateuch als »Belehrung« charakterisiert hat, d. h. als ein Buch, durch das der fiktive Autor Mose lebensförderliche »Weisung« geben will – über »Geschichte« *und* »Gesetz«. Auch wenn der Pentateuch viele Rechtsmaterialien enthält und schon im Neuen Testament als »Nomos« (Gesetz) bezeichnet werden kann (z. B. Mt 11,13; Lk 10,16; 16,16; Röm 2,12–14 u. ö.), so ist er als Ganzes doch *kein Gesetzbuch*, sondern viel mehr eine narrative Rückbindung der Weisung an eine Geschichte, die als Gründungsgeschichte »Israels« verstanden werden will.

Mit seinem Nach- und Nebeneinander unterschiedlicher Anweisungen und Gesetze ermöglicht und fordert der Pentateuch einen *Diskurs* über die Applikation und Konkretion der von ihm dargestellten Rechtswelt. So lassen sich viele Rechtstexte auf der Ebene des Pentateuch als Auslegung anderer vorgegebener Texte lesen. Ein Beispiel wäre etwa die Ritualkomposition von Num 5–6, die sich eng auf Lev 5 und andere Texte des Levitikusbuches zurückbezieht und diese Texte ergänzend auslegt. Solche Prozesse innerbiblischer Auslegung bestimmen einen Großteil der späten Gesetze und man kann die Selbstauslegung als ein bestimmendes Moment im Aufbau des Pentateuch sowohl auf der Ebene der Narrative als auch in den Gesetzen festmachen. Die herausgehobene Stellung des Dekalogs, der in unbedingter Geltung von JHWH direkt gesprochen ist, wird sowohl durch das Bundesbuch als auch in der Moserede des Deuteronomiums ausgelegt. Das ganze Buch Deuteronomium begreift sich über Dtn 1,5 als Auslegung von Geschichte und Gesetz durch Mose. Viele – besonders späte Rechtstraditionen – können nur als innerpentateuchische Ergänzung und Auslegung angemessen begriffen werden (z. B. Lev 10,16–20; Num 15,32–36; 28f). Der im Pentateuch selbst grundgelegte Diskurs führt jedoch in ihm selbst nicht zu einem Ergebnis. Die ausgelegten Texte werden nicht ersetzt oder abgelöst, sondern die Tora bleibt konstitutiv offen und auf Auslegung angelegt. Deshalb heißt es zu Recht im Jerusalemer → Talmud: Die Tora »ist zur Auslegung gegeben« (Megilla 1,1,70a). Der konkrete Diskurs über die Rechtswelt des Pentateuch geht verständlicherweise in Judentum und Christentum unterschiedliche

Wege. Im Judentum hat er in der Form der (rabbinischen) → Halacha eine klassische Gestalt erhalten. Das Christentum wird sich künftig wieder stärker um eine positivere »Relecture« der pentateuchischen Rechtswelt mühen müssen (s. o. A.I.).

II. Theorien über die Entstehung des Pentateuch im Wandel der Forschung

(Erich Zenger, Münster, bearb. von Christian Frevel, Bochum)

Forschungsüberblicke: A. G. Auld, Joshua, Moses and the Land. Tetrateuch – Pentateuch – Hexateuch in a Generation since 1938, Edinburgh 1980; J. C. Gertz, Die Literatur des Alten Testaments I. Tora und Vordere Propheten, in: ders. (Hg.), Grundinformation Altes Testament (UTB 2745) Göttingen ³2009, 193–311; P. Haudebert (Hg.), Le Pentateuque. Débats et recherches (LeDiv 151) Paris 1992; F.-L. Hossfeld, Art. Pentateuch: LThK³ 8, 1999, 18–23; C. Houtman, Der Pentateuch. Die Geschichte seiner Erforschung neben einer Auswertung, Kampen 1994; J. Jeremias, Vier Jahrzehnte Forschungen am Alten Testament – ein Rückblick: VF 50, 2005, 12–50; E. Nicholson, The Pentateuch in the Twentieth Century. The Legacy of Julius Wellhausen, Oxford 1998; C. Nihan/T. Römer, Die Entstehung des Pentateuch. Die aktuelle Debatte, in: T. Römer u. a., Einleitung in das Alte Testament, Zürich 2013, 138–164; E. Otto, Kritik der Pentateuchkomposition: ThR 60, 1995, 153–191; ders., Neuere Einleitungen in den Pentateuch: ThR 61, 1996, 332–341; ders., Brückenschläge in der Pentateuchforschung: ThR 63, 1999, 84–99; ders., Forschungen zum nachpriesterschriftlichen Pentateuch: ThR 67, 2002, 125–155; A. de Pury (Hg.), Le Pentateuque en question, Genf ³2002; A. Rofé, Introduction to the Composition of the Pentateuch (The Biblical Seminar 58) Sheffield 1999; J. W. Rogerson (Hg.), The Pentateuch (The Biblical Seminar 39) Sheffield 1996; T. Römer, Zwischen Urkunden, Fragmenten und Ergänzungen. Zum Stand der Pentateuchforschung: ZAW 125, 2013, 2–24; ders., Der Pentateuch, in: W. Dietrich u.a., Die Entstehung des Alten Testaments (Theologische Wissenschaft 1) Stuttgart 2014; M. Sæbø (Hg.), Hebrew Bible/Old Testament. The History of its Interpretation III/1, Göttingen 2013; K. Schmid, Literaturgeschichte des Alten Testaments. Aufgaben, Stand, Problemfelder und Perspektiven: ThLZ 136, 2011, 243–262; L. Schmidt, Zur Entstehung des Pentateuch. Ein kritischer Literaturbericht: VF 40, 1995, 3–28; H. Seebass, Art. Pentateuch: TRE 26, 1996, 185–209; B. Seidel, Entwicklungen der neueren Pentateuchforschung im 20. Jahrhundert: ZAW 106, 1994, 476–485; J. L. Ska, Le Pentateuque. État de la recherche à partir de quelques récentes »Introductions«: Bib. 77, 1996, 245–265; ders., Introduction to Reading the Pentateuch, Winona Lake 2006; J. Van Seters, The Pentateuch. A Social-Science Commentary, Sheffield 1999; J. Vermeylen, La formation du Pentateuque. Bref historique de la recherche et essai de solution cohérente, Brüssel 1990; P. Weimar, Art. Pentateuch: NBL 3, 2001, 106–110.

Einzelstudien: R. Achenbach, Pentateuch, Hexateuch und Enneateuch. Eine Verhältnisbestimmung: ZAR 11, 2005, 122–154; J. Assmann, Das kulturelle Gedächtnis. Schrift, Erinnerung und politische Identität in frühen Hochkulturen, München 1992; J. Baden, J, E, and the Redaction of the Pentateuch (FAT 68) Tübingen 2009; ders., The Composition of the Pentateuch, New Haven/London 2012; C. Berner, Gab es einen vorpriesterlichen Meerwunderbericht?: Bib 95, 2014, 1–25; J. Blenkinsopp, The Pentateuch (ABRL) New York 1992; E. Blum, Studien zur Komposition des Pentateuch (BZAW 189) Berlin 1990; ders., Textgestalt und Komposition. Exegetische Beiträge zu Tora und Vordere Propheten (FAT 69) Tübingen 2010; D. Carr, The Formation of the Hebrew Bible, New York 2011; D. J. A. Clines, The Theme of the Pentateuch (JSOT.S 10) Sheffield 1982; C. Dohmen, Wenn die Argumente ausgehen. Anmerkungen zur Krisenstimmung in der Pentateuchforschung: BiKi 53, 1998, 113–117; T. B. Dozeman/K. Schmid (Hg.), A Farewell to the Yahwist? (SBL Symposion Series 34) Atlanta 2006; T. Dozeman u. a. (Hg.), The Pentateuch (FAT 78) Tübingen 2011; A. Fantalkin/O. Tal, The Canonization of the

Pentateuch. When and Why?: ZAW 124, 2012, 1–18 und 201–212; I. Fischer, Die Erzeltern Israels. Feministisch-theologische Studien zu Genesis 12–36 (BZAW 222) Berlin 1994; C. Frevel, »Und Mose hörte (es), und es war gut in seinen Augen« (Lev 10,20). Zum Verhältnis von Literargeschichte, Theologiegeschichte und innerbiblischer Auslegung am Beispiel von Lev 10, in: I. Müllner u. a. (Hg.), Gottes Name(n) (HBS 71) Freiburg u. a. 2012, 104–136; ders., Alte Stücke – späte Brücke. Zur Rolle des Buches Numeri in der jüngeren Pentateuchdiskussion: VT.S 163, 2014, 255–299; J. C. Gertz/K. Schmid/M. Witte (Hg.), Abschied vom Jahwisten. Die Komposition des Hexateuch in der jüngsten Diskussion (BZAW 315) Berlin 2002; S. Gesundheit, Three Times a Year. Studies on Festival Legislation in the Pentateuch (FAT 82) Tübingen 2012; F. Giuntoli/K. Schmid (Hg.), The Post-Priestly Pentateuch (FAT) Tübingen 2015; F.-L. Hossfeld, Der Dekalog (OBO 45) Fribourg/Göttingen 1982; ders., Der Pentateuch – Anfang und Basis des Alten Testaments: BiKi 53, 1998, 106–112; O. Kaiser, Der Gott des Alten Testaments 1 (UTB 1747) Göttingen 1993, 157–186; E. A. Knauf, Audiatur et altera pars. Zur Logik der Pentateuch-Redaktion: BiKi 53, 1998, 118–126; M. Konkel, Exod 32–34 and the Quest for an Enneateuch, in: K. Schmid u. a. (Hg.), Pentateuch, Hexateuch, or Enneateuch. Identifying Literary Works in Genesis Through Kings, Atlanta 2011; R. G. Kratz, Die Komposition der erzählenden Bücher des Alten Testaments. Grundwissen der Bibelkritik (UTB 2157) Göttingen 2000; ders., Der literarische Ort des Deuteronomiums, in: R. G. Kratz/H. Spieckermann (Hg.), Liebe und Gebot. Studien zum Deuteronomium. FS L. Perlitt (FRLANT 190) Göttingen 2000, 101–120; ders., The Growth of the Old Testament, in: J. W. Rogerson/J. M. Lieu (Hg.), The Oxford Handbook of Biblical Studies, Oxford ²2008, 459–488; C. Levin, Verheißung und Rechtfertigung (BZAW 431) Berlin u. a. 2013; ders., Re-Reading the Scriptures (FAT 87) Tübingen 2013; N. Lohfink, Prolegomena zu einer Rechtshermeneutik des Pentateuch, in: G. Braulik (Hg.), Das Deuteronomium (ÖBS 23) Frankfurt 2003, 11–85; R. Müller u. a., Evidence of Editing, Atlanta 2014; M. Noth, Überlieferungsgeschichte des Pentateuch, Stuttgart ³1948; E. Otto, Art. Pentateuch: RGG 6, 2003, 1089–1102; ders., Das Gesetz des Mose, Darmstadt 2007; ders., Altorientalische und biblische Rechtsgeschichte (BZAR 8) Wiesbaden 2008; ders., Die Tora. Studien zum Pentateuch (BZAR 9) Wiesbaden 2009; J. Pakkala, God's Word Ommitted. Ommissions in the Transmission of the Hebrew Bible (FRLANT 251) Göttingen 2013; A. de Pury, Die Patriarchen und die Priesterschrift (AThANT 99) Zürich 2010; G. von Rad, Das formgeschichtliche Problem des Hexateuch, in: ders., Gesammelte Studien zum Alten Testament (ThB 8) München 1958, 9–86; R. Rendtorff, Das überlieferungsgeschichtliche Problem des Pentateuch (BZAW 147) Berlin 1977; T. Römer/K. Schmid (Hg.), Les dernières rédactions du Pentateuque, de l'Hexateuque et de l'Ennéateuque (BEThL 203) Leuven 2007; A. Roskop-Erisman, The Wilderness Itinieraries. Genre, Geography and the Groth of Torah, Winona Lake 2011; dies., New Historicism, Historical Criticism, and Reading the Pentateuch: Religion Compass 8.3, 2014, 71–80; K. Schmid, Erzväter und Exodus. Untersuchungen zur doppelten Begründung der Ursprünge Israels innerhalb der Geschichtsbücher des Alten Testaments (WMANT 81) Neukirchen 1999; ders., Literaturgeschichte des Alten Testaments, Darmstadt ²2014; W. H. Schmidt, Elementare Erwägungen zur Quellenscheidung im Pentateuch, in: J. A. Emerton (Hg.), Congress Volume Leuven 1989 (VT.S 43) Leiden 1991, 22–45; L. Schmidt, Im Dickicht der Pentateuchforschung. Ein Plädoyer für die umstrittene Neuere Urkundenhypothese: VT 60, 2010, 400–420; ders., Die vorpriesterliche Verbindung von Erzvätern und Exodus durch die Josefsgeschichte (Gen 37; 39–50*) und Exodus 1: ZAW 124, 2012, 19–37; B. B. Schmitt (Hg.), Contextualizing Israel's Sacred Writing. Ancient Literacy, Orality, and Literary Production, Atlanta 2015; J. Van Seters, Abraham in History and Tradition, New Haven 1975; ders., Prologue to History. The Yahwist as Historian in Genesis, Louisville 1992; J. L. Ska, The exegesis of the Pentateuch (FAT 66) Tübingen 2009; J. Stackert, A Prophet Like Moses. Prophecy, Law and Israelite Religion, New York 2014; P. Weimar, Untersuchungen zur Redaktionsgeschichte des Pentateuch (BZAW 146) Berlin 1977; J. Wellhausen, Die

Composition des Hexateuchs und der historischen Bücher des Alten Testaments, Berlin 1963; N. Whybray, The Making of the Pentateuch (JSOT.S 53) Sheffield 1987; D. J. Wynn-Williams, The State of the Pentateuch: A Comparison of the Approaches of M. Noth and E. Blum (BZAW 249) Berlin 1997; T. L. Yoreh, The first book of God (BZAW 402) Berlin 2010; E. Zenger, Israel am Sinai, Altenberge [2]1985; ders., Wie und wozu die Tora zum Sinai kam, in: M. Vervenne (Hg.), Studies in the Book of Exodus (BEThL 126) Leuven 1996, 265–288; B. Ziemer, Die aktuelle Diskussion zur Redaktionsgeschichte des Pentateuch und die empirische Evidenz nach Qumran: ZAW 125, 2013, 383–399.

Über den Prozess der Entstehung des Pentateuch (also über das Problem seiner Diachronie) haben wir keine Nachrichten. Er muss von der Forschung aus der vorliegenden Textgestalt des Pentateuch erschlossen werden, und zwar in der Kombination von Rückschluss- und Analogieverfahren. Der methodische Ausgangspunkt ist dabei immer der vorliegende Text (d. h. selbst schon eine gewachsene Einheit s. B.II.). Dabei ist zu fragen, wie es zu den in der Endgestalt des Pentateuch vorliegenden Eigenheiten gekommen sein kann; zur Beantwortung dieser Frage werden vergleichbare literatur- und religionsgeschichtliche Vorgänge in Israel und in Israels Umwelt herangezogen (z. B. die Qumran-Texte, das Gilgamesch-Epos, Homer).

Die Traditionsbildung kann man sich (mit *J. Assmann*) als lebendigen Fluss vorstellen: »Er verlagert sein Bett und führt bald mehr, bald weniger Wasser. Texte geraten in Vergessenheit, andere kommen hinzu, sie werden erweitert, abgekürzt, umgeschrieben, anthologisiert in wechselnden Zusammenstellungen (→ Anthologie). Allmählich prägen sich Strukturen von Zentrum und Peripherie heraus. Gewisse Texte erringen aufgrund besonderer Bedeutsamkeit zentralen Rang, werden öfter als andere kopiert und zitiert und schließlich zum Inbegriff normativer und formativer Werke« (*J. Assmann*, Das kulturelle Gedächtnis 92). Dass wir selten etwas über die vergessenen oder gezielt ausgeschiedenen Texte wissen, ist eine unüberwindbare Grenze aller Theorien über die Formation des Pentateuch. »Rekonstruieren lassen sich lediglich solche Vorgänge der Textentstehung, bei denen die Vorlage mehr oder weniger vollständig in den überlieferten Text eingegangen ist, in [ihrem] Bestand nicht angetastet, sondern abgeschrieben und allenfalls um Zufügungen jeglicher Art erweitert wurde. Nicht rekonstruieren lassen sich hingegen vollständige Umarbeitungen, Reformulierungen und Auslassungen der Vorlage, sofern sie im überlieferten Text nicht irgendwelche Spuren hinterlassen haben« (*R. G. Kratz*, Innerbiblische Exegese 66f). Vergleichende Untersuchungen legen jedoch nahe, dass Redaktionsprozesse in der Regel additiv durch Hinzufügungen stattfanden und gezielte Auslassungen in der Überlieferung eher die Ausnahme waren (*J. Pakkala*).

Hinzu kommt das Problem des ungeklärten Verhältnisses von mündlicher zu schriftlicher Überlieferung. Zwar ist in den letzten Jahren durch archäologische und kulturvergleichende Forschung unser Wissen über die technischen und soziologischen Voraussetzungen einer in Israel und Juda ab dem 8. Jh. v. Chr. breiter um sich greifenden Schriftkultur (→ Ostraka, Papyrusrollen, Grabinschriften, Schreiberschulen, ausgebautes Verwaltungs- und Ausbildungswesen am Königshof bzw. im Umfeld des Tempels; rudimentäre Lesefähigkeit der Ober- und Mittelschicht bei weitgehendem Analphabetismus der Gesamtbevölkerung) gewachsen, doch ist dieses Wissen immer noch so begrenzt, dass es zur Theoriebildung ebenfalls nur sehr bedingt herangezogen werden kann. Die einfache Annahme, dass Texte aus mündlicher Tradition heraus verschriftlicht wurden, greift jedenfalls zu kurz. Es ist mit Wechselwirkungen zwischen schriftlichen und mündlichen Textformen zu rechnen, was methodisch aber kaum einzuholen ist.

Für die *historische* Rekonstruktion der Religionsgeschichte Israels und der Entstehung des frühen Judentums ist die Rückfrage nach der Entstehung des Pentateuch und die Theoriebildung darüber, mag diese noch so unsicher sein, unverzichtbar. Sie ist aber auch *theologisch* bedeutsam und unerlässlich, wenn daran festgehalten werden soll, dass Gott sich *in der Geschichte* offenbart. Insofern sie erhellen will, wie der Pentateuch entstanden ist, trägt sie zu seinem tieferen Verständnis bei. Zwar muss der Vorwurf, der wiederholt von jüdischer und von christlicher Orthodoxie gegen die Pentateuchkritik erhoben wurde, sie zerstöre den kanonisierten theologischen Charakter der Tora/des Pentateuch, ernst genommen werden: Er macht darauf aufmerksam, dass die historische Fragestellung nur *einen* Aspekt der Tora in den Blick nimmt. Aber auch dieser Aspekt ist von großer theologischer Bedeutung: 1. Gegenüber einem fundamentalistischen (»wortwörtlichen«) Verständnis des Pentateuch, das die bestehenden Widersprüche im Text selbst und dessen kulturgeschichtlichen Abstand zur Moderne (den »garstigen historischen Graben«) nicht wahrhaben oder vernunftwidrig »erklären« will, ermöglicht die geschichtliche Einordnung eines jeweiligen Textes/Textkomplexes eher eine angemessene Auslegung. 2. Texte reagieren oft auf Texte, indem sie diese fortschreiben, kommentieren und auslegen. Ein Verständnis dieser komplexen Bezugswelten und Sinnkonstitutionen, die sich in der Rezeption spiegeln, aber nicht in ihr aufgehen, lässt sich durch die Hypothesen der Entstehungsgeschichte der Texte vertiefen. Die kontinuierliche Variation und Adaption der Texte ist Teil ihrer Bedeutung. Der »historische Sinn« der Texte ist zwar nicht der einzige und kein unabhängig vom »Rezeptionssinn« zu erhebender Sinn (i. S. von »was der Autor eigentlich sagen wollte«), doch erschließt sich der Sinn der Texte angemessener, wenn die Sinnkonstitution in Beziehung zu einem geschichtlichen Ort und einem historischen Prozess gesehen wird. Der literarischen Rekonstruktion geht es also nicht um den *einen* Literalsinn oder Ursprungsinn, auf den ein Text reduziert würde, sondern um die historisch gewachsene Sinnvielfalt. 3. Insofern die Pentateuchkritik die Entstehung des Pentateuch als jahrhundertelanges, komplexes Ringen um die je aktuelle Bedeutung der zentralen Traditionen Israels zu begreifen sucht, wird diese Entstehungsgeschichte als faszinierende Geschichte der Gott-Suche Israels sichtbar. Zugleich wird deutlich, dass die biblische Gotteswahrheit einerseits immer nur in Annäherung erreichbar ist und dass sie sich andererseits unter veränderten geschichtlichen Bedingungen je neu bewähren und bewahrheiten muss.

Die Pentateuchkritik im engeren Sinn ist erwachsen aus der Aufklärung und aus der gegenüber einem allzu engen Dogmatismus entstandenen historischen Kritik. Sie ist das zurzeit schwierigste Feld der exegetischen Forschung. Seit der Mitte der 70er Jahre des 20. Jh.s ist der damals weithin akzeptierte Grundkonsens der Forschung (bei freilich vielen Divergenzen im Detail) zerbrochen. Deshalb ist es wichtig, zunächst die literarischen Probleme in der überlieferten Endgestalt des Pentateuch wahrzunehmen, die eine (wie auch immer im Einzelnen durchgeführte) Theorie über das Wachstum des Pentateuch fordern. Danach sollen kurz die Geschichte der Pentateuchkritik und die derzeitigen Forschungstrends referiert werden.

1. Hinweise auf eine komplexe und mehrstufige Entstehung des Pentateuch

Dass der Pentateuch nicht in einem einzigen Formulierungsvorgang entstanden sein kann und nicht ein von Anfang bis Ende konsequent auf Kohärenz hin durchredigiertes Werk ist, ist Konsens der kritischen Pentateuchforschung. Sie arbeitet vor allem mit der Methode der Literarkritik. Diese geht von der Erwartung aus, dass ein Textverständnis einen bestimmten Grad von Kohäsion (textliche Oberflächenstruktur: »Grammatik«) und Kohärenz (textliche Tiefenstruktur: »Inhalt«) voraussetzt, der in der Exegese meist unter dem Begriff der »Kohärenz« zusammengefasst wird. Die Literarkritik überprüft die literarische Einheitlichkeit und Kohärenz eines Textes, indem sie zunächst Leseauffälligkeiten und -störungen, d. h. sachliche und terminologische Spannungen bzw. Widersprüche, Wiederholungen und Doppelungen, Leerstellen und syntaktische Brüche und konkurrierende Vorstellungen, notiert. Aus jeweils mehreren und zueinander in Beziehung stehenden Beobachtungen schließt sie auf die unterschiedliche Herkunft entsprechender Textteile. Im Folgenden werden *paradigmatisch* einige solcher literarkritisch relevanten Beobachtungen katalogisiert; ein Teil von ihnen gehört zu den klassischen Beobachtungen der Pentateuchkritik.

1.1 Wechsel von Gottesname, Gottesbezeichnung und Gottestitel

Mit der Beobachtung, dass vor allem in den Erzählungen der Gen ein auffallender Wechsel des Gottesnamens JHWH (= → Tetragramm) und der Gottesbezeichnung Elohim (= Gott) bzw. mit bestimmtem Artikel ha-Elohim (= die Gottheit) vorliegt, setzte im 18. Jh. die »moderne« Pentateuchforschung ein, die diesen Wechsel durch die Unterscheidung einer »Elohim-Quelle« und einer »JHWH-Quelle« erklärte (s. u. C.II.3.). Diese grundlegende Beobachtung wurde durch die Erkenntnis ergänzt, dass auch die unterschiedlichen Gottestitel (z. B. El Eljon = »der Höchste Gott«: Gen 14,18f; El Schaddaj = »der Allmächtige Gott«: Gen 17,1; El Olam = »der Ewige Gott«: Gen 21,33) und Erscheinungsweisen Gottes (z. B. »der Bote JHWHs«: Gen 22,11.15; »die drei Männer« = »JHWH« = »JHWH und seine zwei Boten«: Gen 18–19) nicht so planvoll im Text auftreten, dass sie auf ein und denselben Tradentenkreis zurückgehen können; außerdem stehen diese Gottestitel fast nur in Gen.

Schon eine oberflächliche Lektüre von Gen 1–23 (»Urgeschichte« und »Abraham-Sara-Erzählungen«) macht das Problem sichtbar: die Weltschöpfungsgeschichte Gen 1,1–2,4a verwendet konsequent Elohim; die sog. Paradies-Erzählung Gen 2,4b–3,24 hat durchgängig JHWH Elohim (Gen 3,1–5 setzt nur Elohim, um im Gespräch zwischen Schlange und der Frau den Gottesnamen JHWH zu vermeiden); die Kain-Abel-Geschichte Gen 4 verwendet JHWH; die Genealogie Gen 5 beginnt in 5,1 mit Elohim und wechselt dann in Gen 5,29 zu JHWH; die Sintfluterzählung Gen 6–9 mischt JHWH und Elohim, wobei fast identische Aussagen einmal mit Elohim und einmal mit JHWH gebildet sind (Gen 6,22; 7,5: »Und Noach tat gemäß allem, was ihm Elohim/JHWH geboten hatte«); in Gen 11–16 wird von JHWH erzählt; die Verheißung eines Sohnes an Abraham in Gen 17 beginnt in 17,1 mit JHWH und El Schaddaj und ist dann konsequent mit Elohim weitergeführt; Gen 18–19 mischt zunächst JHWH, »die drei Männer«, »JHWH und seine zwei Boten« und wechselt dann in 19,29 zu Elohim; auch Gen 20 verwendet Elohim bzw.

ha-Elohim; Gen 21–22 mischt wieder JHWH und Elohim bzw. ha-Elohim (22,11.15 setzt »Bote JHWHs«); die Erzählung über Saras Tod und Begräbnis hat nur Elohim.

Schließlich kommt noch eine Beobachtung hinzu: Gemäß Ex 6,2f stellt sich Gott dem Mose erstmals mit seinem Namen JHWH vor: »Ich bin JHWH. Ich bin Abraham, Isaak und Jakob als El Schaddaj erschienen, aber unter meinem Namen JHWH habe ich mich ihnen nicht zu erkennen gegeben«. Dies steht in Spannung zu der langen Kette von Textteilen im Buch Genesis, die ausdrücklich von einer Selbstvorstellung Gottes als JHWH (vgl. Gen 15,7; 28,13) bzw. von einer Verehrung JHWHs unter seinem Namen durch die Erzväter reden (vgl. Gen 12,8; 13,18; 22,14; u. ö.). Zudem überrascht diese Namensmitteilung an Mose in Ex 6,2f, nachdem JHWH doch schon in Ex 3,13–15 dem Mose eine breite Erklärung seines Namens gegeben hat.

Fazit: Dass der Wechsel von → Tetragramm und Elohim Hinweis auf unterschiedliche Überlieferungskreise sein *kann*, wird auch heute noch angenommen. Aber der Wechsel kann auch vielfach funktionale oder theologische Gründe haben, was schon die rabbinische Exegese betont hat (z. B. JHWH = der rettende und barmherzige Gott; Elohim = der Gott des Gerichts; oder: JHWH = der Gott Israels; Elohim = der universale Gott der Welt und der Völker). Mit der unterschiedlichen Verwendung kann in bestimmten Textzusammenhängen auch eine bestimmte Offenbarungstheologie intendiert sein (z. B. der Schöpfergott offenbart sich in Israel als JHWH und die Völker sollen JHWH, den Gott Israels, als den wahren und einzigen Gott erkennen und anerkennen). Das gilt umso mehr jenseits der Genesis, wo Elohim (abgesehen vom Dtn) deutlich seltener gebraucht ist. Gegenüber der »klassischen« Pentateuchkritik sehen wir heute jedenfalls deutlicher: Das Kriterium des Wechsels von Tetragramm und Elohim darf nicht unreflektiert oder gar mechanistisch zur »Textscheidung« eingesetzt werden. Vielmehr muss der Wechsel mit anderen Beobachtungen koinzidieren und nicht aus sich selbst heraus schlüssig erklärbar sein, um als literarkritisch relevant ausgewertet werden zu können.

1.2 Doppelungen und (zugleich) Spannungen zwischen aufeinander folgenden Erzählungen

Wer in Gen 1 mit der Lektüre des Pentateuch beginnt und diesen als eine zusammenhängende stimmige Erzählung lesen will, wird vielfach darüber irritiert sein, dass ähnliche Geschichten zweifach oder gar dreifach erzählt werden und zwar so, dass sie teilweise in Widerspruch zueinander stehen oder im »Wiederholungsfall« nicht erkennen lassen, dass die Geschichte vorher schon einmal erzählt wurde. Aus der Fülle der Möglichkeiten müssen hier drei »klassische« Beispiele genügen.

1.21 Die Erzählungen über die Schöpfung Gen 1,1–2,4a bzw. Gen 2,4b–3,24

(1) Die Geschichten unterscheiden sich in ihrer Gesamtszenerie und in der Abfolge der erzählten Ereignisse.

Gen 1 inspiriert sich am Bild einer (jährlich) überschwemmten Flussebene (vgl. den Nil in Ägypten oder Eufrat und Tigris in Mesopotamien), aus der die Erdscheibe auftaucht, auf der Vegetation zu sprossen beginnt und die schließlich bevölkert wird, zunächst mit Tieren und dann mit Menschen, die wie die Pflanzen und Tiere als Gattung gleichzeitig männlich und weiblich geschaffen werden, wobei die Erzähler an eine (nicht näher bestimmte) Mehrheit von Menschen denken, denen die gesamte bewohnbare Erde als Lebensraum übergeben wird.
Gen 2–3 setzt dagegen mit der trockenen Steppe oder dem völlig ausgetrockneten Ackerboden als »Chaos vor der Schöpfung« ein (so als hätte es die Wasserfülle von Gen 1 nie gegeben!). Ein von Gott hervorgebrachter Grundwasserstrom, wie er in Oasenlandschaften in Wüstenumgebung wahrnehmbar ist (vgl. Jericho), und/oder ein Regen, wie er im Bergland von Efraim und Juda fällt und den Boden in ein blühendes Paradies verwandelt, werden als der Menschenschöpfung vorausgehend geschildert. JHWH Elohim formt zunächst aus dem befeuchteten Boden eine Menschenfigur und macht sie durch Anhauchen mit seinem eigenen Atem lebendig. Für dieses eine Exemplar von Mensch legt JHWH Elohim dann einen köstlichen Garten an, setzt den Menschen (wie eine Spielfigur) hinein und weist ihm die Früchte auf den Bäumen dieser Oase als Nahrung zu. Damit dieser eine Mensch sich nicht so einsam fühlt, formt JHWH Elohim aus dem feuchten Erdboden eine Reihe von Tieren und führt sie dem Menschen zu. Als dieser sich offensichtlich immer noch einsam und letztlich nicht lebensfähig empfindet, lässt JHWH Elohim einen mythischen Tiefschlaf über ihn fallen und baut aus der Rippe der Menschenfigur, nach Art eines altorientalischen Kunstwerks, eine Frau und führt die beiden zusammen – und nun erst gibt es Mann und Frau als zwei lebensfähige Menschenexemplare. Beide müssen freilich die Oase verlassen, um den Boden draußen »im Schweiße des Angesichts« zum Lebensraum zu machen – so, als hätte es die Schöpfung von Gen 1 nie gegeben, wo es doch heißt, dass Elohim lange vor der Menschenschöpfung bewirkt hat, dass die Erde »junges Grün hervorbrachte, alle Arten von Pflanzen, die Samen tragen, alle Arten von Bäumen, die Früchte bringen mit ihrem Samen darin« (Gen 1,12).

(2) Gen 1 und Gen 2–3 stehen auch durch ihre unterschiedlichen Gottesbilder unvermittelt nebeneinander.

Während der Schöpfergott von Gen 2–3, der JHWH Elohim genannt wird, plastisch und anthropomorph gezeichnet ist (man sieht ihn förmlich bei der Arbeit inmitten seiner Schöpfung; man merkt ihm geradezu die Spannung an, als er erst die Tiere und dann die Frau formt, um der Menschenfigur echte Lebensfähigkeit zu geben; er legt wie ein Gärtner den Park an; er geht wie ein König in der Kühle des Abends im Park umher und redet mit seinen Geschöpfen usw.), ist der Elohim genannte Schöpfergott von Gen 1 souverän und transzendent – jenseits von Himmel und Erde (er spricht und es geschieht; als er die Menschen »schafft«, sieht man ihn nicht bei der Arbeit; es wird nicht gesagt, woraus und wie er die Menschen macht; er redet nicht *mit* den Menschen, sondern ruft seinen Segen *über* sie aus usw.).

Fazit: Die Schöpfungserzählungen Gen 1 und Gen 2–3 stehen wie zwei verschiedene Welt-Bilder bei aller thematischen Gemeinsamkeit so nebeneinander, dass sie kaum die gleiche Herkunft haben können.

1.22 Die drei Erzählungen über die Preisgabe der »Ahnfrau« durch den Patriarchen Gen 12,10–20; 20,1–18; 26,1–11

Während die frühere Forschung dahin tendierte, diese drei Erzählungen als klassische »Dubletten« zu betrachten und für sie deshalb eine unterschiedliche Herkunft zu postulieren, ist diese

Frage heute wieder offen und findet unterschiedliche Antworten. Gleichwohl sind sie ein Hinweis auf eine gestufte Entstehung des Pentateuch.

(1) Die drei Erzählungen stimmen in den wesentlichen Elementen der Erzählstruktur überein.

Der Patriarch gibt seine schöne Frau (Gen 12 und 20: Abraham und Sara; Gen 26: Isaak und Rebekka) beim Eintritt in den Herrschaftsbereich eines fremden Königs (Gen 12: Ägypten/Pharao; Gen 20: Negeb/Abimelech, König von Gerar; Gen 26: Gerar, Philistergebiet/Abimelech, König der Philister) als seine Schwester aus, weil er fürchtet, dass der König die fremde Frau begehren und zu sich nehmen könnte. Der Patriarch ist jeweils bereit, seine Frau, die Trägerin der Verheißungen, preiszugeben – um selbst am Leben zu bleiben und um als »Bruder« reich beschenkt zu werden. Alle drei Erzählungen enden damit, dass die Frau gerettet wird, weil JHWH (Gen 12) bzw. Elohim (Gen 20) eingreift (Gen 12: durch eine Plage; Gen 20: im Traum) oder weil Abimelech die Lüge des Patriarchen selbst entdeckt (Gen 26: der König sieht das Ehepaar bei ihren Zärtlichkeiten).

(2) Die drei Erzählungen haben ihr je eigenes Profil.

Die Erzählung Gen 12,10–20 hat Parallelen zur Exodusgeschichte: Sie spielt in Ägypten, JHWH greift durch Plagen ein und löst damit die Entlassung der Sara aus dem Harem des Pharao aus. JHWH rettet hier Sara, die spätere Ahnmutter des Volkes Israel, und damit die Verheißungsträgerin, mit der Abraham den Erben der Verheißung zeugen soll.
Gen 20 betont die Schuld Abrahams, vor allem, wenn man die Erzählung im Zusammenhang sieht. In Gen 17–18 wird Abraham und Sara die Geburt des lange ersehnten Sohnes Isaak verheißen – und zwar binnen Jahresfrist (Gen 17,21; 18,14). Als die Erfüllung der Verheißung so nahe ist, gibt Abraham seine Frau (abermals) preis und bietet sie Abimelech, dem König von Gerar, als Ehefrau an. Und wieder greift Gott ein, damit die Verheißungsgeschichte nicht gefährdet wird: Ausdrücklich wird gesagt, dass Abimelech nicht nur Sara nicht angerührt, sondern dass ihn zuvor bereits die Unfruchtbarkeit getroffen hatte, womit ausgeschlossen ist, dass die Schwangerschaft Saras, von der gleich anschließend in Gen 21 erzählt wird, durch Abimelech verursacht sein könnte. Die Erzählperspektive ist klar: Trotz der Schuld Abrahams setzt Gott die von ihm initiierte Verheißungsgeschichte durch. Andererseits überrascht in Gen 20, dass Abraham hier auch zum Propheten stilisiert ist, der durch seine Fürbitte die Heilung Abimelechs durch Gott anstößt.
Gen 26,1–11 scheint gezielt einen Rückbezug nach Gen 12,10–20 herzustellen. Als Isaak wie Abraham in der Hungersnot nach Ägypten hinabziehen will, wird er von Gott mit dem Hinweis auf Abraham daran gehindert. So bleibt er im Gebiet von Gerar. Zwar gibt auch Isaak gegenüber den Fremden seine Frau Rebekka als seine Schwester aus, aber hier rettet Gott die Frau gleich am Anfang: Es kommt gar nicht zur Aufnahme der Rebekka in den Harem des Königs von Gerar, weil dieser selbst feststellt, dass Rebekka die Ehefrau des Isaak ist (die Erzählung spielt in Gen 26,8 mit dem Namen »Isaak«; vgl. ähnlich, aber doch anders in Gen 18,12–14; 21,6f). Hier rettet JHWH also bereits durch die Bewahrung vor der Gefahr.

Fazit: Dass alle drei Erzählungen ursprünglich in ein und demselben Erzählzusammenhang entstanden sind, ist wenig wahrscheinlich. Am ehesten könnten 12,10–20 und 26,1–11 auf einer Ebene stehen, während 20,1–18 sich einerseits von den beiden anderen Erzählungen deutlich unterscheidet, sie aber andererseits 12,10–20 vorauszusetzen scheint. Im Übrigen fällt besonders in den Abraham-Erzählungen die große Zahl sog. Doppelüberlieferungen auf: Bundesschluss mit Abraham (Gen 15 und 17),

Ankündigung der Geburt eines Sohnes für Sara (Gen 17 und 18), Verstoßung der Hagar durch Abraham und Sara (Gen 16 und 21).

1.23 Die Erzählungen über die Gottesoffenbarung für Jakob in Bet-El (Gen 28,10–22 und Gen 35,9–15)

Die beiden Erzählungen sind einerseits echte Dubletten, weil in ihnen das gleiche Handlungsmuster vorliegt: Gott offenbart sich dem Jakob und gibt ihm eine Verheißung, darauf errichtet Jakob eine Massebe (ein Steinmal), übergießt diese mit Öl und gibt dem Ort der Gottesoffenbarung jeweils den Namen »Bet-El«. Andererseits zeigen die Geschichten deutliche Differenzen: Während in 28,10–22 Bet-El als »Ort« präsentiert ist, an dem Gott *wohnt* (28,17: »Haus Gottes« und »Tor des Himmels«), heißt es in 35,9–15, dass Gott an diesem »Ort« dem Jakob *»erscheint«* und dass er dementsprechend am Ende der Offenbarung wieder zum Himmel aufsteigt (35,13). Außerdem bezeichnet der kurze Abschnitt Bet-El gleich dreimal (!) als den »Ort, an dem Gott mit ihm (Jakob) geredet hatte« (35,13.14.15). Darüber hinaus beginnt die Gottesrede in 35,10 damit, dass Gott den Jakob in »Israel« umbenennt, ohne dass Bezug genommen wird auf die Erzählung vom Gotteskampf am Jabbok (32,23–33), wo die Änderung des Namens ebenfalls – freilich viel dramatischer – erzählt wird (vgl. 32,29).

Fazit: Die beiden Erzählungen können kaum gleich ursprünglich sein, sind aber auch nicht voneinander unabhängig. Gen 35,9–15 liest sich wie eine nachträgliche theologische »Korrektur« von Gen 28,10–22.

1.3 Doppelungen und (zugleich) Spannungen innerhalb eines einzigen Erzählzusammenhangs

Noch weniger ist mit der Annahme eines einzigen Erzählers die in zahlreichen Erzählungen des Pentateuch feststellbare Eigenart zu erklären, dass in ihnen mehrere Erzähl- und Bildebenen so unausgeglichen nebeneinander gestellt sind, dass zwar einerseits ein zusammenhängender Erzählbogen vorliegt, dass aber andererseits – bei genauerem Zusehen – zwei oder drei Erzählungen zu einer einzigen Erzählung voller Wiederholungen und Widersprüche zusammengearbeitet erscheinen. Auch hier werden aus der Fülle möglicher Beispiele wieder zwei »Klassiker« der Pentateuchkritik ausgewählt.

1.31 Die Erzählung von der Sintflut Gen 6,5–9,17

Gewöhnlich werden folgende fünf *Spannungen* notiert, die (mindestens) zwei unterschiedliche Erzählebenen/-schichten anzeigen:

(1) Ursache der Flut (6,5: Bosheit aller Menschen; 6,11f: Verderbnis der Erde und allen Fleisches).
(2) Tiere in der Arche (7,2: Sieben reine und zwei unreine Tiere bzw. Tierpaare; 6,19f: je zwei von allem Lebendigen).
(3) Dauer der Flut (7,4.12: vierzig Tage und vierzig Nächte; 7,6; 8,13 = 7,11; 8,14: ein ganzes Jahr).
(4) Art der Flut (7,6; 8,2f: Sturzregen, nach dessen Aufhören das Wasser verläuft; 7,11; 8,1f: Hervorbrechen der kosmischen Urflut von unten und von oben).
(5) Herausgehen aus der Arche (8,6–12: nach dem »Vogelexperiment«; 8,15–17: aufgrund der Aufforderung Gottes).

Zu diesen Widersprüchen kommt, dass alle wichtigen Etappen des Geschehens zweimal in stilistisch und bildlich variierter Gestalt geboten werden. Die nachstehende Tabelle sammelt die wichtigsten vierzehn *Doppelungen* und ordnet sie in zwei sinnvolle Geschehensfolgen:

(1)	Bosheit der Menschen	6,5	6,11–12
(2)	Entschluss zur Vernichtung	6,7	6,13
(3)	Ankündigung der Flut	7,4	6,17
(4)	Befehl zum Besteigen der Arche	7,1	6,18
(5)	Aufforderung zur Mitnahme einer bestimmten Zahl von Tieren	7,2	6,19–20
(6)	um diese am Leben zu erhalten	7,3	6,19
(7)	Besteigen der Arche mit den Tieren	7,7–9	7,13–16
(8)	Kommen der Flut	7,10	7,11
(9)	Ansteigen der Wasser und Fahrt der Arche	7,17	7,18
(10)	Vernichtung von allem Lebendigen	7,22–23	7,20–21
(11)	Aufhören der Flut	8,2b	8,2a
(12)	Abnahme der Wasser	8,3a	8,3b.5
(13)	Anstoß zum Herausgehen aus der Arche	8,6–12	8,15–17
(14)	Zusage Gottes, nie wieder eine Flut zu schicken	8,20–22	9,8–17

Fazit: Ob die skizzierten Beobachtungen ausreichend sind, um zwei ehemals selbständige Flutgeschichten zu rekonstruieren, die hier zusammen gearbeitet vorliegen, oder ob mit einer Grunderzählung zu rechnen ist, die nachträglich »angereichert« wurde, braucht hier nicht entschieden zu werden. Es genügt: Die Indizien machen einen mehrstufigen Entstehungsprozess sichtbar.

1.32 Die Erzählung von der Errettung Israels am Meer Ex 14–15

Die Vernichtung des Israel verfolgenden Heeres des Pharao wird in Ex 14 auf dreierlei, wenn nicht gar viererlei verschiedene Weise – und doch als ein einziges Geschehen – erzählt. Am leichtesten erkennbar ist jene Schilderung, nach der Mose durch das Ausstrecken seiner Hand die Wasser spaltet, so dass die Israeliten auf trockenem Boden zwischen den Wassern wie zwischen zwei Mauern hindurchziehen, während das erneute Ausstrecken der Hand des Mose dann die Wasser zurückkehren und über die den Israeliten nachjagenden Ägypter zusammenschlagen lässt. Daneben sind zwei miteinander konkurrierende Vorstellungen auszumachen, in denen JHWH der Hauptakteur ist. Da drängt zum einen JHWH das Meer in der Nacht durch einen starken Wind zurück, so dass der trockene Meeresboden erscheint, auf dem die Ägypter den Israeliten nachsetzen; als dann am Morgen das Meer wieder zurückflutet, fliehen die kopflos gewordenen pharaonischen Truppen direkt in die Meereswogen hinein. Zum anderen steht eine Vorstellung im Hintergrund, wonach JHWH wie ein gigantischer altorientalischer Kriegsgott »erscheint«, die ägyptischen Truppen durch den Gottesschrecken lähmt, ihre Kriegswagen unbrauchbar macht – und schließlich die entmachteten Militärs wie Spielfiguren in die Mitte des Meeres schüttelt. Nicht genug damit: Da wirken auch noch »der Bote Elohims« und die dunkle Wolkensäule mit, indem sie als Trennwand zwischen die Ägypter und die Israeliten treten, gewissermaßen als Schutzwall für die angesichts der übermächtigen ägyptischen Verfolger verängstigten Israeliten; und dann gibt es sogar noch eine Licht-Feuersäule, damit Israel bei seinem nächtlichen Marsch etwas sehen kann. Nimmt man die beiden »Siegeslieder« Ex 15,1–18 und Ex 15,21 hinzu, ergeben sich noch einmal andere Bild- und Ereigniselemente. Jetzt ist es einerseits ein Götterkampf, bei dem JHWH die Feinde Israels als Repräsentanten der falschen Götter im Chaos-Meer vernichtet (Ex 15,1–18). Andererseits ist es ein Kampf, in dem JHWH das Kriegsmaterial zerstört (wenn Ex 15,21 übersetzt wird: »Ross und Wagen warf er ins Meer«), oder ein Sieg über das in der Assyrerzeit (8. Jh. v. Chr.) besonders gefürchtete feindliche Reiterheer (wenn Ex 15,21 übersetzt wird: »Ross und Reiter warf er ins Meer«).

Fazit: Auch wenn es nicht gelingen mag, alle diese Vorstellungen in stimmige Textteile aufzulösen, ist schlechterdings auszuschließen, dass ein und derselbe Erzähler in einem einzigen »Arbeitsvorgang« Ex 14–15 in seiner jetzigen Form geschaffen haben könnte.

1.4 Die Doppelüberlieferung des sog. ethischen Dekalogs in Ex 20 bzw. in Dtn 5 sowie dessen unklares Verhältnis zum sog. kultischen Dekalog in Ex 34

Der biblische Text der Zehn Gebote hat besondere Dignität: 1. Er ist zweifach überliefert. 2. Er ist der einzige Text, den Gott gemäß Dtn 5,4.22 direkt und unmittelbar zum ganzen Volk spricht. 3. Sein Wortlaut wird von Gott selbst auf die Steintafeln geschrieben (vgl. Ex 24,12; 31,18; 32,15; Dtn 5,22). Von daher wäre zu erwarten, dass die beiden Texte wörtlich übereinstimmen, zumindest wenn beide Fassungen auf denselben Verfasserkreis zurückgehen. Der detaillierte synoptische Vergleich beider Fassungen stellt jedoch zahlreiche größere oder kleinere Unterschiede fest, die von den Übersetzungen leider teilweise nivelliert werden (zum detaillierten Vergleich vgl. *F.-L. Hossfeld*, Der Dekalog).

1.41 Auffallende Unterschiede im Wortlaut der beiden Dekalogfassungen Ex 20,2–17 und Dtn 5,6–21

(1) Die Begründung des *Sabbatgebotes* ist in Ex 20,8–11 schöpfungstheologisch (Erinnerung an das Sechstagewerk der Schöpfung) und in Dtn 5,12–15 geschichtstheologisch (Erinnerung des Exodus) ausgestaltet.

(2) Die *sozialen Verbote* (Ex 20,13–17; Dtn 5,17–21) unterscheiden sich in den beiden Fassungen u. a. in ihrer syntaktischen Zusammenordnung und, was die beiden Begehrensverbote am Schluss betrifft, sowohl in ihrer Reihenfolge als auch durch das Objekt »Feld«, das nur in Dtn 5,21 steht. Ex 20,13–17 hat sechs unverbundene Kurzsätze (»Du sollst nicht … Du sollst nicht …«). Dtn 5 bildet dagegen eine zusammenhängende Reihe (»Du sollst nicht … *und* du sollst nicht …«), die die sechs Verbote in zwei sachlich parallele Dreiergruppen anordnet, wobei die erste Gruppe den Aspekt des heimlichen und die zweite Gruppe den Aspekt des öffentlichen Vergehens betrifft. Die Ex-Fassung hat diese Anordnung in zwei Dreiergruppen nicht; bei ihr steht in den beiden Begehrensverboten zweimal das gleiche Wort für »begehren« (in Dtn 5 sind es zwei unterschiedliche Verben!), und außerdem stellt sie an die erste Stelle »das Haus«, danach folgen »Frau«, »Sklave« usw. (dass »die Frau« in Ex 20,10 *nach* dem »Haus« steht, ist im Übrigen keine Einstufung der Frau als »Eigentum«; »Haus« ist hier Oberbegriff für »Familie«). Die Divergenzen der sozialen Verbote lassen sich so schematisieren:

Ex 20,13–17: 5 Gebote (Verbote)

Leben	Mord/Tötung
Zusammenleben	Ehebruch
Eigentum	Diebstahl
Leben	Falschzeugnis bei Gericht
Zusammenleben	Begehren des »Hauses« (Frau, Sklaven, Tiere)

Dtn 5,17–21: 6 Gebote (Verbote)

	heimliche Vergehen	*öffentliche Vergehen*
Leben	Mord/Tötung	Falschzeugnis bei Gericht
Zusammenleben	Ehebruch (Störung der Ehe)	Begehren der Frau (mit dem Ziel: Zerstörung der Ehe)
Eigentum	Diebstahl	Verlangen des Hauses

1.42 Unterschiedliche Einbindung in den jeweiligen Textzusammenhang

In Ex 20 ist unklar, ob das Volk den *Wortlaut* der Zehn Gebote 20,2–17 hört. Die Fortsetzung der Erzählung nimmt jedenfalls auf die Dekalogmitteilung keinen Bezug, was vor allem an der in 20,18f geschilderten Reaktion des Volkes sichtbar wird. Das ist in Dtn 5 anders, wo die Offenbarung des Dekalogs am »Horeb« (so heißt der »Sinai« im Dtn!) rekapituliert wird und wo ausdrücklich gesagt ist, dass JHWH »Auge in Auge auf dem Berg« mit dem Volk geredet habe (Dtn 5,5); außerdem heißt es gleich im Anschluss an die Dekalogmitteilung, dass JHWH »diese Worte« auf zwei Steintafeln geschrieben und dem Mose übergeben habe (Dtn 5,22). In Dtn 5 wird der Dekalog explizit als Dokument des »Horeb-Bundes« präsentiert. Er hat im Dtn die Position eines »Grund-Gesetzes«, was sich auch daran zeigt, dass das Gesetzeskorpus Dtn 12–26 in seiner Endgestalt am Dekalog ausgerichtet ist. Innerhalb der Sinaiperikope des Exodusbuches steht der Dekalog zwar auch in Anfangsposition, aber er sitzt viel lockerer im Kontext – und steht überdies in Spannung zum sog. kultischen Dekalog in Ex 34 (s. u. 1.43).

1.43 Was stand auf den »Tafeln« von Ex 34?

Wer die Sinaigeschichte von Ex 19 an gelesen hat und in Ex 34,1 auf die Ankündigung stößt »JHWH sprach zu Mose: Hau dir zwei steinerne Tafeln zurecht wie die ersten! *Ich werde* auf die Tafeln die Worte *schreiben*, die auf den ersten Tafeln waren, die du zerbrochen hast«, erwartet, dass auf diese Tafeln die Zehn Gebote von Ex 20 geschrieben werden – und zwar von Gott. Doch in Ex 34,27 erhält *Mose* von JHWH den Auftrag, *er* solle die ihm in Ex 34,11–26 mitgeteilten »Bundesworte« niederschreiben. Zwar hat Ex 34,11–26 im »Fremdgötterverbot« eine sachliche Berührung mit dem Dekalog Ex 20,2–17, aber die Formulierungen differieren; vor allem kann man den Text Ex 34,11–26 mit seiner Konzentration auf den Kult (deshalb wurde er früher »kultischer Dekalog« genannt) nicht als Parallele oder gar Variante zu Ex 20,2–17 bzw. Dtn 5,6–21 betrachten. Der Textzusammenhang wird dadurch noch komplizierter, dass dann in Ex 34,28 die Notiz folgt: »Und *er schrieb* die Worte des Bundes, die zehn Worte, auf die Tafeln«. Nun werden abermals »Bundesworte« aufgeschrieben – diesmal auf »Tafeln« und diesmal sind es »Zehn Worte«. Zwar gab es immer wieder Versuche, Ex 34,11–26 in »zehn Worte« zu gliedern, um so einen sog. kultischen Dekalog zu erhalten, aber das ist nicht möglich. Ex 34,28 ist offensichtlich gezielt doppeldeutig formuliert, um einerseits die »kanonische« Tradition zu evozieren, wonach auf den »Tafeln« die klassischen Zehn Gebote (Ex 20 || Dtn 5) stehen, und um andererseits nicht auszuschließen, dass gemäß Ex 34,27 der Textkomplex Ex 34,11–26 ebenfalls ein schriftlich fixierter »Bundestext« (das sog. »Privilegrecht«: s. u. C.VI.) ist. Im Erzählzusammenhang Ex 19–24.32–34 stellt sich überdies noch das zusätzliche Problem, welche Rolle das von Mose bereits in Ex 24,3–8 niedergeschriebene »Bundesbuch« (in der Sache bezieht sich diese Bezeichnung auf die dem Mose in Ex 20,22–23,19 von JHWH mitgeteilten »Rechtsvorschriften«) im Verhältnis zum Dekalog in Ex 20 und zu den »Bundesworten« in Ex 34,11–26 spielt. Die Verschriftungsnotizen lassen sich synchron jedenfalls nicht eindeutig und widerspruchsfrei erklären.

Fazit: Weder die beiden Kontexte von Ex 20,2–17 und Dtn 5,6–21 noch die unterschiedlichen Dekalogfassungen selbst lassen sich auf »eine Hand« zurückführen. Das Verhältnis des Exodusdekalogs zum Bundesbuch Ex 20,22–23,19 und zum sog. Privilegrecht Ex 34,11–26 offenbart unterschiedliche und für die Diachronie relevante Textlinien in Ex 19–34. Eine schlüssige, alle Beobachtungen berücksichtigende synchrone Lektüre gelingt nicht.

1.5 Das Nebeneinander der drei Gesetzeskorpora »Bundesbuch« (Ex 20,22–23,33), »Heiligkeitsgesetz« (Lev 17–26) und »Deuteronomische Gesetzessammlung« (Dtn 12–26)

Die klassische Pentateuchkritik hat sich überwiegend mit den Erzähltexten in Gen und Ex beschäftigt und von ihnen aus ihre Hypothesen entwickelt. Die Rechts- und Kultüberlieferungen blieben weitgehend unberücksichtigt. Dabei hatte schon *Julius Wellhausen* die Bedeutung der Rechtsüberlieferung für eine relative Chronologie der Quellen erkannt und genutzt. Die aktuelle Pentateuchforschung wendet sich der Entstehung der Rechtskorpora, der ihnen zugrunde liegenden Rechtsgeschichte und der Rechtshermeneutik der Tora intensiv zu. Für die Theoriebildung über die Entstehung des Pentateuch ist besonders das Verhältnis der drei großen Gesetzeskorpora »Bundesbuch« (Ex 20,22–23,33), »Heiligkeitsgesetz« (Lev 17–26) und »Deuteronomische Gesetzessammlung« (Dtn 12–26) von großer Bedeutung.

1.51 Vergleich der Gesamtstruktur

Die drei Gesetzeskorpora haben eine verwandte Makrostruktur:

	Bundesbuch	**Heiligkeits-gesetz**	**Deuteronomisches Gesetz**
Hauptgebot: Opferdarbringung und ihr Ort	Ex 20,22–26	Lev 17	Dtn 12,1–14,21
Soziale und kultische Einzelgebote	Ex 21,1–23,19	Lev 18–20	Dtn 14,22–16,17
Ämter (Richter, Priester)		Lev 21–22	Dtn 16,18–18,22
Kultische und soziale Einzelgebote		Lev 23–25	Dtn 19–25
Segen und Fluch	Ex 23,20–33	Lev 26	Dtn 27–28

Die Makrostruktur der drei Korpora ist im Einzelnen unterschiedlich ausgestaltet, entsprechend der theologisch-rechtlichen Hauptidee, die dem jeweiligen Gesetzeskorpus zugrunde liegt (Bundesbuch: Schutz der Freiheit; Heiligkeitsgesetz: Heiligung des Alltags und der Welt; Deuteronomisches Gesetz: Verwirklichung geschwisterlicher Solidarität). Dennoch ist überraschend, wie stark sich die drei Gesetzbücher bis in Einzelheiten hinein gleichen *und* wie sie sich dabei zugleich in Sprache und Sache unterscheiden. Im Übrigen ist wenig wahrscheinlich, dass die drei Korpora in sich selbst in einem einzigen Formulierungsvorgang entstanden sind (vgl. dazu C.IV.–VI.).

1.52 Vergleich der drei Gesetze zur Sklavenfreilassung (Ex 21,2–11; Lev 25,39–55; Dtn 15,12–18)

Dass die drei Gesetzeskorpora bis in die Einzelformulierungen hinein miteinander zusammenhängen und dennoch aus unterschiedlichen sozialen Kontexten stammen und deshalb nicht auf ein und denselben Verfasserkreis zurückgehen können, ließe sich an vielen Beispielen aufzeigen. Hier müssen kurze Hinweise zum Gesetz über die Sklavenfreilassung genügen.

In den drei Texten geht es um den Rechtsschutz von verarmten Kleinbauern, die in »Personalhaftung« im Status von »Schuldsklaven« ihre Schulden für Darlehen oder Saatgut u. ä. abarbeiten müssen. Die drei Texte berühren sich teilweise bis in den Wortlaut und die »Paragraphenfolge« hinein, unterscheiden sich aber im Detail sehr deutlich.

Ex 21,2–11 behandelt in zwei getrennten Abschnitten die Rechte des Schuldsklaven (21,2–6) und der (jungen, unverheirateten) Schuldsklavin (21,7–11) mit jeweils unterschiedlichen Schutzbestimmungen. Der Schuldsklave soll nach sechs Jahren, also im siebten Jahr, freigelassen werden. Will er erklärtermaßen im Status der Abhängigkeit bleiben, wird dies *am Ortsheiligtum* mit dem Ritus der Durchbohrung des Ohres (Ohrring?) besiegelt. Die Schuldsklavin kommt nicht automatisch frei. Will ihr »Herr« sie nicht als »Nebenfrau« legalisieren bzw. sich später von ihr wieder trennen, soll er sie loskaufen lassen; weist er sie seinem Sohn als »Konkubine« zu, kann sie die Freiheit wählen. Behält er sie als »Nebenfrau«, darf er sie in Bezug auf Kleidung, Nahrung und Sexualität nicht vernachlässigen.

Lev 25,39–55 behandelt drei unterschiedliche Formen von (männlicher) Schuldsklaverei. Da der Abschnitt innerhalb der Regelung über das Jobeljahr (Jubiläumsjahr nach Ablauf von 7x7 = 49 Jahren, also 50. Jahr) steht, ist unklar, ob die in Ex 21,2–6 vorgesehene Freilassung im siebten Jahr hier überhaupt gilt. Lev 25,39–43 geht es um israelitische Schuldsklaven bei Israeliten. Sie sollen eigentlich nicht wie Schuldsklaven behandelt werden, sondern wie Lohnarbeiter, d. h. sie sollen bezahlt werden, so dass sie und ihre Familie bei Freilassung nicht vor dem Bankrott

stehen. Lev 25,44–46 regelt den Sklavenstatus ausländischer Sklaven und Sklavinnen, deren gegenüber israelitischen Schuldsklaven minderer Status ausdrücklich festgeschrieben wird. Lev 25,47–54 regelt das vorzeitige Loskaufrecht von Israeliten, die sich bei im Lande lebenden reichen Ausländern in Schuldsklaverei begeben mussten.
Dtn 15,12–18 stellt ausdrücklich (abweichend von Ex 21,2–11) männliche und weibliche Schuldsklaven hinsichtlich der Freilassung im siebten Jahr gleich. Hier muss »der Herr« bei der Freilassung dem/der Freigelassenen genügend Tiere, Getreide (Saatgut) und Wein geben, damit der Start in der Freiheit wirtschaftlich gesichert ist. »Die Entlassung darf somit nicht zum bloßen ›Wegschicken‹ eines seiner Schuld Ledigen pervertieren. Der frühere Sklave muß gesellschaftlich rehabilitiert und wirtschaftlich reintegriert werden« (*G. Braulik*, NEB I 114). Erklärt der Schuldsklave/die Schuldsklavin nach sechs Jahren die Bereitschaft, beim »Herrn« zu bleiben, wird der Ohrritus (vgl. Ex 21,6) diesmal *im Haus des Gläubigers* selbst vollzogen.

Fazit: Die engen Parallelen in den drei Regelungen verweisen darauf, dass sie nicht unabhängig voneinander entstanden sind, aber auch literar- und rechtshistorisch nicht auf derselben literarischen Ebene liegen. Auch wenn die Entstehungsgeschichte im Einzelnen komplizierter ist, lässt sich eine Entwicklung vom Bundesbuch über das Deuteronomium zum Heiligkeitsgesetz hin erkennen.

1.6 Konkurrierende theologische Konzepte und Vorstellungen

Während die »klassische« Pentateuchkritik vor allem auf divergierende Einzelheiten im Pentateuch achtete, registriert die neuere Pentateuchforschung viel stärker unterschiedliche Gesamtkonzepte und theologische Vorstellungswelten. Dies kann wieder nur exemplarisch angedeutet werden.

(1) Der Bereich der »Erzelternüberlieferung« Gen 12–50 unterscheidet sich im *Gotteskonzept* stark von der in Ex–Dtn präsentierten »Exodus-Mose-Überlieferung«. Das Gottesbild von Gen ist das einer familien- und sippenbezogenen Schutzgottheit, die nicht nur zu einem friedlichen Zusammenleben mit den »Nachbarn« motiviert, sondern die Erzeltern sogar zu Segensmittlern für die »Fremden« beauftragt. Demgegenüber ist der Gott der Moseüberlieferung der kriegerische und gewalttätige Gott »des Volkes«, der die Ablehnung, ja sogar Vernichtung der anderen Völker und ihrer Götter fordert sowie strafend und gewalttätig gegen sein eigenes Volk vorgeht. Aber auch innerhalb von Gen 12–50 gibt es auffallende Differenzen im Gottesbild: Während z. B. Abraham den Gott von Gen 17, der ihm in einer groß angelegten Rede die Geburt Isaaks ankündigt, nicht einmal anschauen darf (er wirft sich sofort zu Boden und schaut erst auf, als Gott in den Himmel »auffährt«), tritt Gott in der gleich anschließenden Erzählung Gen 18, wo es abermals um die Verheißung der Geburt Isaaks geht, in menschlicher Gestalt auf, lässt sich von Abraham die Füße waschen und isst (zusammen mit seinen zwei Begleitern) das Mahl, das ihm Abraham vorsetzt.

(2) Ex–Dtn entwerfen unterschiedliche *Israelkonzepte*, die unausgeglichen nebeneinander stehen. Zum einen wird Israel als Stämmegesellschaft geschildert, an deren Spitze die Ältesten (unter der Führung des Anführers Mose) stehen. Israel wird aber auch als »Volk« charakterisiert, das in einer besonderen Vertragsbeziehung zu JHWH als seinem »Großkönig« steht. Israel wird schließlich als insgesamt »priesterliches Volk« bezeichnet, dessen Mitglieder eine fundamentale Gleichheit haben; daneben gibt es eine

klare hierarchische Trennung zwischen Priestern und Laien. Dagegen präsentiert Gen ein an der Familienstruktur orientiertes Israelkonzept und sieht Israel mit den Völkern seiner Umwelt teilweise verwandtschaftlich verbunden (Aram, Ammon, Moab, Edom). Dementsprechend geht es in den Erzählungen von Gen um familiäre Grunderfahrungen (Hochzeit, Kinderlosigkeit und Kindersegen, Rivalität und Aussöhnung, Tod und Begräbnis).

(3) In den *Sinaierzählungen* konkurrieren zwei Vorstellungen: Es gibt eine erzählerische Linie, auf der das entscheidende Ereignis die Offenbarung der Zehn Gebote und deren Übergabe an Mose auf den von Gott selbst beschrifteten Tafeln ist. Daneben verläuft die andere erzählerische Linie, wonach das wichtige Ereignis die Errichtung eines Heiligtums ist, und zwar gemäß dem Modell, das Gott selbst dem Mose – ebenfalls auf dem Berg – gezeigt hat. Beide Linien überkreuzen sich mehrmals und werden schließlich dadurch zusammengeführt, dass Mose die Tafeln in die Lade des Heiligtums legt (vgl. Ex 40,20f).

(4) Eine zentrale Rolle spielt im Pentateuch die *»Bundestheologie«*, die freilich in unterschiedlichen Konzepten präsentiert wird. Neben dem vor allem im Dtn dominierenden Modell des *zweiseitigen* Vertrages zwischen JHWH und Israel, mit den Folgen von Segen oder Fluch für Israel je nach Vertragstreue, gibt es z. B. in Gen 9 den »Bund« mit der ganzen Schöpfung und in Gen 17 den Bund mit Abraham, die beide als *einseitiger*, bedingungsloser »Gnadenbund« dargestellt sind. Für die Rekonstruktion der Literargeschichte ist vor allem das Nebeneinander beider Bundesvorstellungen in der Abraham- (Gen 15 und 17) und der Sinaiüberlieferung (Ex 24,8; 34,10.27) von Bedeutung. Die Differenz wirkt dabei bis in den Wortlaut hinein: Während für den »Vertragsbund« die Formulierung »einen Bund *schließen zwischen* bzw. *mit*« verwendet wird, heißt es beim »Gnadenbund« in Gen 9 und 17 »einen Bund *aufrichten* bzw. *geben für*«. Selbst im Buch Dtn zeigt sich eine analoge Differenzierung, wenn gegenüber dem in Dtn 5–28 dominierenden zweiseitigen Vertragskonzept in Dtn 29–30 betont wird, dass JHWHs Bundestreue sich gerade darin zeigen kann, dass er trotz des Vertragsbruchs durch das Volk an seiner Lebens- und Segenszusage festhält.

(5) Auch die *Mosefigur* wird unterschiedlich gezeichnet. Mose wird einerseits in eine singuläre Intimität zu Gott gerückt (Ex 33,11: JHWH hat mit Mose »von Angesicht zu Angesicht« geredet, so wie Menschen miteinander reden; vgl. ähnlich Num 12,8; Dtn 34,10), ja er partizipiert geradezu an der göttlichen Herrlichkeit und ist ihr Spiegel (vgl. Ex 34,29–35). Andererseits muss er wegen seines Unglaubens vor der Landnahme sterben (vgl. Num 20,12; 27,14; Dtn 32,51), obwohl er doch in Ex 3 dazu beauftragt war, Israel in das verheißene Land zu führen; daneben gibt es auch die Vorstellung, dass Mose nicht wegen einer eigenen Schuld, sondern wegen der Schuld des Volkes (Stellvertretung?) vorzeitig sterben muss (vgl. Dtn 1,37; 3,26; 4,21).

Die theologischen Konzeptionen liegen nicht auf derselben literarischen Ebene, zeigen aber zugleich durch ihre Verschränkungen, dass eine randscharfe Trennung der Konzepte und ihre Aufteilung auf verschiedene literarische Schichten weder mechanisch noch immer eindeutig durchzuführen ist.

1.7 Das literarische Grundproblem

Zwar haben wir oben unter C.I. die planvolle Komposition der Endgestalt der Tora/des Pentateuch beschrieben. Aber dies war ein Blick aus weiter Ferne. Aus der Nähe betrachtet ist alles viel komplizierter. Den meisten BibelleserInnen, die mit der aufmerksamen und geduldigen Lektüre des Pentateuch von vorne beginnen, wird es zunächst nicht anders ergehen, als es schon *Johann Wolfgang von Goethe*, der mit dem Alttestamentler *Johann Gottfried Eichhorn* befreundet war, in den »Noten und Abhandlungen« zu seinem »West-Östlichen Diwan« festgestellt hat: Ab der Mitte des Buches Exodus sehen wir »den Gang der Geschichte überall gehemmt durch eingeschaltete zahllose Gesetze, von deren größtem Teil man die eigentliche Ursache und Absicht nicht einsehen kann, wenigstens nicht, warum sie in dem Augenblick gegeben worden, oder, wenn sie späteren Ursprungs sind, warum sie hier angeführt und eingeschaltet werden. Man sieht nicht ein, warum bei einem so ungeheueren Feldzuge, dem ohnehin so viel im Wege stand, man sich recht absichtlich und kleinlich bemüht, das religiöse Zeremonien-Gepäck zu vervielfältigen, wodurch jedes Vorwärtskommen unendlich erschwert werden muss. Man begreift nicht, warum Gesetze für die Zukunft, die noch völlig im Ungewissen schwebt, zu einer Zeit ausgesprochen werden, wo es jeden Tag, jede Stunde an Rat und Tat gebricht, und der Heerführer, der auf seinen Füßen stehen sollte, sich wiederholt aufs Angesicht wirft, um Gnaden und Strafen von oben zu erflehen, die beide nur verzettelt gereicht werden, so daß man mit dem verwirrten Volke den Hauptzweck völlig aus den Augen verliert«. Sieht man einmal von der in dem Zitat erkennbaren traditionellen Abwertung des Gesetzes gegenüber der Geschichte (s. dazu o. C.I.2.3) ab, so beschreibt Goethe die Schwierigkeit, die sinaitische und die nachsinaitische Gesetzgebung angemessen einzuordnen und ihre Anordnung im Aufbau des Pentateuch zu erschließen.

Das literarische Hauptproblem des Pentateuch ist die Gesamtanlage, und zwar in dreifacher Hinsicht:

(1) Das Verhältnis von Geschichte und Gesetz ist im Ganzen und im Detail so komplex, dass es nur als ein wie immer zu erklärendes längeres Zusammenwachsen verschiedener Texte historisch und literarisch verstehbar wird.

(2) Erzählstil und Erzähltechnik sind so vielgestaltig, dass sich dies nicht als Kunstgriff eines einzigen Erzählers oder als eine durch den jeweiligen Gegenstand bedingte Vielfalt erklären lässt.

(3) Von seiner Erzählstrategie her ist der Pentateuch ein unvollständiges bzw. »unvollendetes« Werk. Die Erzelternerzählungen der Gen betonen immer wieder die göttliche Verheißung, dass die Nachkommen Abrahams »das Land«, in das Abraham auf Befehl JHWHs gezogen ist, erhalten werden. Und die ganze Mose-Exodus-Erzählung zielt auf den Einzug Israels in »das Land«. Von diesem Einzug erzählt das Buch Josua – und zwar als Abschluss und Vollendung der mit »den Vätern« und mit Mose begonnenen Geschichte. Aber das Buch Josua gehört nicht mehr zu der kanonischen Größe Tora/Pentateuch. Das muss erklärt werden.

Über dieses dreifache Grundproblem und die vielen Detailprobleme, auf die wir oben beispielhaft hingewiesen haben, dürfte es kaum Dissens geben. Der wissenschaftliche Streit geht allerdings darüber, *wie* diese Beobachtungen möglichst sach- und textgemäß in eine Entstehungstheorie umgesetzt werden können. Dass die Forschungsmeinungen darüber auseinander gehen (müssen), wird niemand verwundern. Grundvoraussetzung jeder Theoriebildung ist, dass ein Modell möglichst einfach (aber nicht einfacher!) ist und dabei möglichst viele der Beobachtungen schlüssig erklärt. Schließlich soll ein Modell in begrenztem Maße auch eine Prognosefähigkeit bereitstellen, so dass von erklärten Phänomenen auf bisher unerklärte geschlossen werden kann. Für den Pentateuch würde das bedeuten, dass von gleichen Beobachtungen auf gleiche Ergebnisse geschlossen werden kann. Im Unterschied zur naturwissenschaftlichen Modellbildung jedoch ist eine literarische Theorie nicht empirisch nachprüfbar, sondern bleibt mehr oder minder überzeugende Hypothese. Als weitere Gründe für die Vielfalt der Hypothesen lassen sich zwei Merkmale benennen: 1. Entscheidet man sich für ein »Basismodell« (wie in der Physik die Erklärung nach dem Wellen- oder Teilchenmodell bzw. in der Kombination beider Modelle), hat dies methodische Konsequenzen für die Details der Theorie. 2. Die Option für ein bestimmtes Basismodell ist abhängig von der Gewichtung der Beobachtungen, die meist unterschiedlich vorgenommen wird.

2. Die drei Basismodelle der Entstehungshypothesen

Die Vielzahl der seit den Anfängen der Pentateuchkritik bis heute vertretenen Hypothesen lassen sich zum besseren Verständnis zunächst auf drei Basismodelle reduzieren. Ausgehend von diesen Grundmodellen sind (meist in Kombinationen der Modelle in unterschiedlichen Wachstumsstufen) alle Pentateuchentstehungshypothesen entworfen. Grundunterscheidungsmerkmal ist die Annahme, ob ein durchlaufender Erzählfaden (Grundschrift), mehrere Erzählfäden (Quellen) oder gar keiner (Fragmente) der Komposition zugrunde liegt bzw. liegen.

2.1 Die Grundschrifthypothese/Ergänzungshypothese (Fortschreibungsmodell)

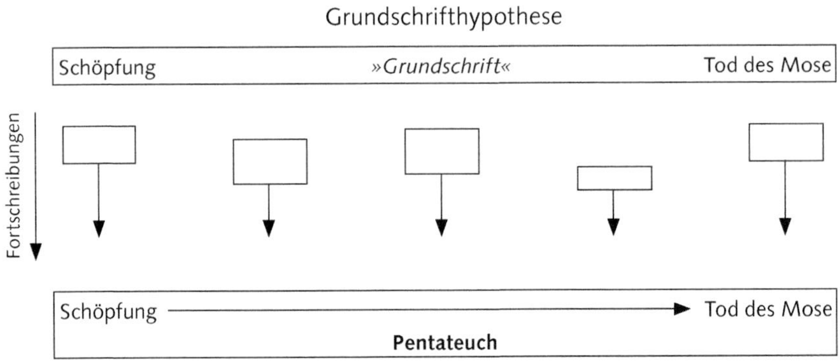

(1) Der Pentateuch geht in seiner Hauptsubstanz auf ein einziges Werk (»Grundschrift«) zurück.
(2) Diese einzige Basis-Urkunde (»Von der Schöpfung bis zum Tod des Mose«) wurde im Laufe der Überlieferung mehrfach und punktuell erweitert (»fortgeschrieben«), und zwar durch Aufnahme schriftlich oder mündlich gegebener Teiltexte oder durch aktualisierende, interpretierende Eintragungen.
(3) Das Grundschriftmodell kommt ohne *eine verbindende* Redaktion aus.

2.2 Die Quellenhypothese/Urkundenhypothese (Schichtenmodell)

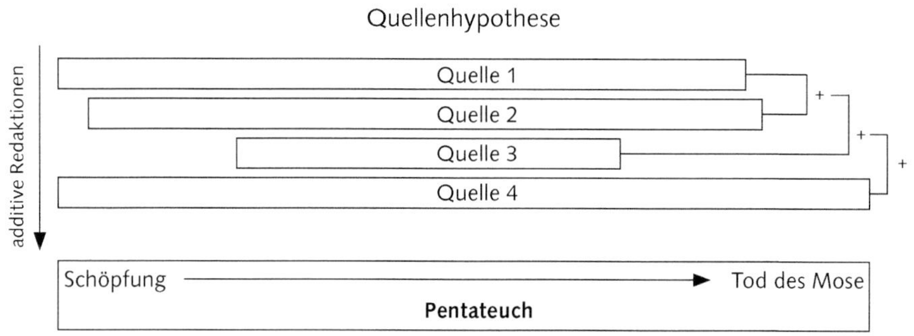

(1) Der Pentateuch ist aus mehreren (meist wird angenommen: vier) ursprünglich selbständigen »Quellen«schriften mit jeweils parallel durchlaufenden Erzählfäden entstanden, die in ihrem Inhalt jeweils eine im Einzelnen unterschiedlich umfangreiche (in der Graphik durch die unterschiedliche Länge von »Quelle 1«, »Quelle 2« angedeutet) Gesamtdarstellung von der Schöpfung bzw. von Abraham bis zum Tod des Mose bzw. bis in das Ostjordanland bieten.

(2) Die Quellen (Urkunden, Dokumente), die z. T. das Gleiche mehrfach überliefern, sind zu unterschiedlicher Zeit, an unterschiedlichen Orten und mit unterschiedlicher literarischer Technik sowie Aussageabsicht entstanden. Sie sind nicht unbedingt unabhängig voneinander entstanden, wurden aber unabhängig voneinander überliefert.

(3) Die Quellen wurden durch mehrere additive Redaktionen sukzessiv zum fertigen Pentateuch zusammengearbeitet; ob und inwieweit die Redaktoren nochmals eigene Textteile eingefügt haben, wird unterschiedlich beurteilt.

2.3 Die Erzählkranzhypothese/Fragmentenhypothese

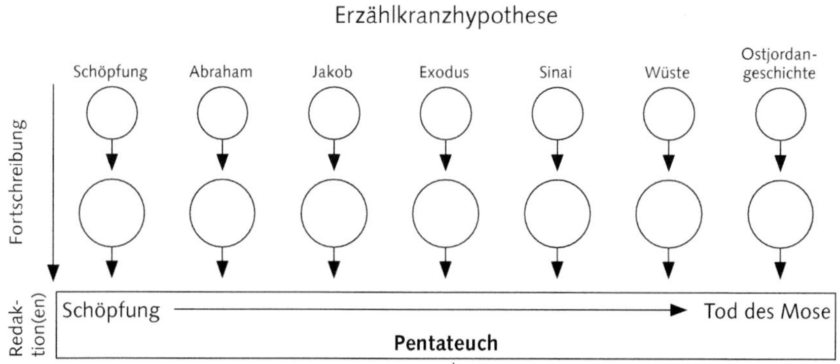

(1) Den Ursprung bilden einzelne Erzählungen oder Überlieferungscluster, die untereinander nicht verbunden waren. Die ursprünglich selbständigen Teile, aus denen der Pentateuch zusammengestellt ist, boten nicht den großen Erzählbogen von der Schöpfung (von Abraham) bis zum Tod des Mose, sondern konzentrierten sich um einzelne Themen bzw. Hauptgestalten des späteren Pentateuch (Schöpfung und Flut, Abraham, Jakob, Exodus, Sinai, Wüstenwanderung, Geschehnisse im Ostjordangebiet).

(2) Diese Erzählkränze hatten (zum Teil über Jahrhunderte hinweg) ihre je eigene mündliche und z. T. schriftliche Wachstumsgeschichte (»Fortschreibung«); dabei ist denkbar, dass einzelne Erzählkränze zu größeren, aber gleichwohl thematisch begrenzten Erzählkränzen miteinander verbunden werden konnten (z. B. Abraham + Jakob).

(3) Die (erste) Zusammenarbeitung der thematisch begrenzten Erzählkränze zum *übergreifenden Erzählzusammenhang* »Von der Schöpfung bis zum Tod des Mose« erfolgte durch eine Redaktion erst in exilischer/frühnachexilischer Zeit. Dieses Werk kann danach punktuell oder in Redaktionen fortgeschrieben worden sein. Dabei wurden weitere Überlieferungen und Erzählungen (Fragmente) nach und nach in die Darstellung redaktionell eingeflochten.

Die drei Grundmodelle werden in dieser Reinform in der Forschung nicht vertreten, lassen sich aber (meist in unterschiedlichen Wachstumsstufen kombiniert) in allen Pentateuchhypothesen wiederfinden. Forschungsgeschichtlich steht das Grundschriftmodell am Anfang. Im 18 und 19. Jh. wurde vor allem das Quellenmodell favorisiert, das im 19. und ausgehenden 20. Jh. durch Fragmentenmodelle zunehmend hinterfragt wurde. Heute kehren manche Hypothesen (freilich unter anderen Voraussetzungen) zur Grundschrifthypothese zurück. Das vorliegende Studienbuch bietet mit dem »Münsteraner Pentateuchmodell« (C.5.1) eine Kombination aus Fragmenten- und Quellenmodell.

3. Wichtige Etappen der kritischen Pentateuchforschung

3.1 Kritik am Inhalt des Pentateuch und an der mosaischen Verfasserschaft

Bis zum 17. Jh. galt der Pentateuch in Judentum und Christentum als Werk des Mose und als Wort Gottes, obwohl beides nicht explizit in der Tora selbst gesagt wird. Was dieser »dogmatischen« Annahme zu widersprechen schien, wurde über die Jahrhunderte hinweg immer wieder von »Häretikern« (z. B. die Gnostiker, die Markioniten, die Manichäer der alten Kirche; der jüdische Apostat Chiwi al-Balkhi im 9. Jh. in Afghanistan), von hochgebildeten heidnischen (z. B. Celsus im 2. Jh. und Porphyrius im 3. Jh.) und muslimischen Polemikern (z. B. Ibn Chazm im 11. Jh. in Cordoba) vorgetragen (problematisches Gottesbild, Anthropomorphismen, chronologische Irrtümer, sachliche Widersprüche) und meist mit der theologischen Ablehnung des Alten Testaments bzw. der inkriminierten Teile beantwortet. Die jüdische und christliche »Orthodoxie« reagierte darauf mit einem Instrumentarium verschiedener Auslegungsmethoden, die einen »tieferen« geistlichen Sinn verteidigten und mit allegorischen, übertragenen Bedeutungen die Probleme zu lösen versuchten (→ Allegorie, → Typos). Vereinzelt wurden die Anfragen an die mosaische Verfasserschaft des *ganzen* Pentateuch, vor allem hinsichtlich der Erzählung über den Tod des Mose in Dtn 34, hinsichtlich der Erzählungen der Genesis, die ja »vor Mose« spielten, und hinsichtlich einzelner Notizen, die offenkundig die Zeit *nach* Mose im Blick haben (z. B. Gen 12,6: »*damals* waren die Kanaaniter im Lande«; diese Notiz setzt voraus, dass das zur Zeit der Niederschrift von Gen 12,6 nicht mehr der Fall war: diese Situation trat aber erst nach Mose ein!), mit Ansätzen einer historisch-kritischen Erklärung beantwortet. Z. B.: Mose hätte »Quellen« zur Verfügung gehabt; die Erzählung über seinen Tod sei erst von Josua hinzugefügt worden; einzelne Notizen seien spätere Ergänzungen; der Pentateuch sei streng genommen nur »mittelbar« das Werk des Mose: das Original sei bei der Tempelzerstörung 586 v. Chr. verbrannt, erst Esra sei durch Gott wieder dazu inspiriert worden, den verlorengegangenen Text an fünf Schreiber zu diktieren. Deutlich erkennbar ist bei den vorneuzeitlichen Erklärungsansätzen das Bemühen, die Annahme unterschiedlicher Verfasser nicht mit der Annahme verbalinspirierter Verfasserschaft (Gott als Urheber der Schrift) und göttlicher Offenbarung in Konflikt geraten zu lassen.

3.2 Die Anfänge der neuzeitlichen Pentateuchkritik

Mit Anbruch der Neuzeit wuchs das Interesse am Pentateuch als einem geschichtlichen Buch. Die Humanisten waren verstärkt am Urtext interessiert. Die Reformatoren betonten, in Absetzung vom kirchlichen Lehramt, den buchstäblichen Sinn des Textes, den sie auch in dessen historischem Kontext suchten. Das neue Interesse führte bei den Reformatoren freilich nicht zur Kritik an der mosaischen Herkunft des Pentateuch; lediglich *Andreas Bodenstein* (gewöhnlich nach seinem Geburtsort Karlstadt genannt) meldete in der 1520 in Wittenberg erschienenen Schrift »De canonicis scripturis Libellus« massive Zweifel an. Das ändert sich im 17. Jh. mit mehreren Publikationen, die teilweise Stürme der Entrüstung und Ächtung ihrer Autoren hervorriefen. 1651 bezweifelte der englische Philosoph und Deist *Thomas Hobbes* in seinem staatspolitischen Werk »Leviathan« die mosaische Autorschaft für den größten Teil des Pentateuch; von Mose könne freilich das deuteronomische Gesetz Dtn 11–27 stammen, das vom Priester Hilkija bei der Tempelrenovierung wiederaufgefunden worden sei (vgl. 2 Kön 22–23). Vier Jahre später veröffentlichte der französische Protestant *Isaak de la Peyrère* ein Buch über die »Prae-Adamiten«, in dem er Naturwissenschaft und Bibel »versöhnen« wollte – auch durch eine Theorie über nicht-mosaische Teile des Pentateuch; das Buch wurde 1656 in Paris öffentlich verbrannt, er selbst wurde in Brüssel inhaftiert und zum Widerruf gezwungen. 1670 folgte der »Tractatus theologico-politicus« des in Amsterdam geborenen Juden *Baruch Spinoza*; auch dieses Buch, das ohne Angabe des Verfassernamens und mit falscher Angabe des Erscheinungsorts (angegeben war Hamburg, in Wirklichkeit erschien es in Amsterdam) erschien, löste allseits scharfe Ablehnung aus. Spinoza selbst wurde aus der synagogalen Gemeinschaft ausgeschlossen, zweimal entkam er in letzter Minute einem Mordanschlag. Zwar schließt Spinoza nicht aus, dass Mose als »Schriftsteller« und »Gesetzgeber« wirkte, aber der uns vorliegende Pentateuch sei so komplex und heterogen, dass er erst die von Esra besorgte Zusammenstellung bzw. Redaktion vieler Sammlungen und Überlieferungen sei. Spinozas Buch wurde, trotz Verbots, bald zu einem der damals meistgelesenen Bücher. Als »Paukenschlag« der Pentateuchkritik muss man das 1678 von dem französischen Oratorianer *Richard Simon* vorgelegte umfangreiche Werk »Histoire critique du Vieux Testament« bezeichnen, das bei seinem Erscheinen zwar das »Nihil Obstat« (»es steht nichts entgegen«) des Generalsuperiors des Oratoriums und der Theologischen Fakultät der Sorbonne hatte, aber sogleich auf Intervention des mächtigen Beraters von Ludwig XIV., des Bischofs Bossuet, beschlagnahmt und verboten wurde. 1685 erschien dann eine Neuausgabe in Rotterdam sowie mehrere lateinische und englische Übersetzungen dieses scharfsinnigen, beobachtungsreichen Werks. Richard Simon, der den Widerstand und die Entrüstung nicht begreifen konnte, da er sich doch mit Spinoza und den protestantischen Bibelkritikern kritisch auseinandergesetzt hatte, kann als Begründer der historisch-kritischen Bibelwissenschaft gelten. Simon beschrieb detailliert die Divergenzen zwischen den einzelnen Rechtskorpora und die Widersprüche, Doppelungen und Sprachunterschiede in den Erzählungen des Pentateuch, mit der Konsequenz, dass all dies unmöglich auf einen einzigen Verfasser zurückgehen könne. Er nahm daher an, dass Mose bei seiner Arbeit auf ihm vorgegebenes Material zurückgriff, dass er selbst eigene Textteile verfasste, dass *nach* Mose, vor allem in »Schreibschulen« weitergearbeitet wurde – bis Esra schließlich dem Pentateuch seine heutige Gestalt gab.

3.3 Die Entstehung der klassischen Pentateuchhypothesen im 18. und 19. Jh.

Der unaufhaltsame »Siegeszug« der kritischen Pentateuchtheorien setzte mit der künftighin für alle Theorien wichtigen Beobachtung ein, dass der Wechsel von Gottesname JHWH und Gottesbezeichnung Elohim auf unterschiedliche Herkunft der entsprechenden Textteile hinweisen müsse. Dieses Kriterium wurde erstmals 1711 von dem evangelischen Hildesheimer Pfarrer *Henning Bernhard Witter* in seinem Gen 1,1–17,27 kommentierenden Buch »Jura Israelitarum« für die Erklärung der Differenz zwischen Gen 1,1–2,3 und Gen 2,5ff angewendet. Witter ging (mit anderen Autoren seiner Zeit) davon aus, dass Mose bei seiner Erstellung des Pentateuch auf archaische Gedichte zurückgriff; eines von ihnen sei das alte Schöpfungsgedicht Gen 1,1–2,3 gewesen. Witters Entdeckung hatte zunächst keine Wirkungsgeschichte. Sie wurde allerdings 40 Jahre danach erneut gemacht, und zwar von *Jean Astruc*, Sohn eines christlichen Zweigs einer bedeutenden jüdischen Familie, Professor der Medizin in Toulouse bzw. Montpellier und Leibarzt Ludwigs XV. Mit seiner anonym 1753 in Brüssel erschienenen (tatsächlich jedoch in Paris gedruckten) Schrift »Vermutungen über die authentischen Überlieferungen, deren sich Mose bei der Abfassung der Genesis bediente« wollte er gegen die Angriffe von Hobbes, de la Peyrère, Spinoza u. a. die traditionelle Position der mosaischen Verfasserschaft verteidigen. Die von diesen Autoren herausgearbeiteten Unebenheiten und Widersprüche müssen nach Astruc nicht zu einer Ablehnung der mosaischen Authentizität der Genesis führen, sondern sie seien Hinweis auf die schriftlichen Quellen, die Mose zusammengearbeitet habe. Ausgehend vom Wechsel des Gottesnamens teilte er die Genesis in die zwei Hauptquellen A (Elohim) und B (JHWH) sowie (wegen Differenzen in Sprache und Vorstellungswelt bzw. wegen Dubletten) eine Quelle C, die aus zehn fragmentarischen Nebenquellen besteht, auf. Vermutlich angestoßen durch Astrucs Beobachtungen (wenn auch von ihm selbst erst später zugegeben) hat ab 1779 der Begründer der kritischen »Einleitungswissenschaft« *Johann Gottfried Eichhorn*, Professor in Jena, die These von zwei Hauptquellen (Elohim-Quelle und Jehova-Quelle) und mehreren fragmentarischen Nebenquellen auf den ganzen Pentateuch ausgeweitet, wobei er ihre Zusammenarbeitung (immer noch) Mose zuschreibt. Den entscheidenden Schritt zur »klassischen« Pentateuchtheorie vollzog dann *Carl David Ilgen*, Eichhorns Nachfolger in Jena, mit seiner 1798 vorgelegten Untersuchung »Die Urkunden des Jerusalemischen Tempelarchivs in ihrer Urgestalt als Beytrag zur Berichtigung der Geschichte der Religion und Politik aus dem Hebräischen mit kritischen und erklärenden Anmerkungen, auch mancherley dazugehörigen Abhandlungen. Theil 1: Die Urkunden des ersten Buchs von Moses« (es erschien nur der 1. Teil). Ilgen teilt die Genesis in *drei* ursprünglich vollständige und homogene Werke auf (die ihrerseits aus mehreren, insgesamt 17 Quellen geschöpft haben); außerdem deutet er bereits an, dass das Deuteronomium als ein eigenständiges Werk entstanden sei. Damit liegt erstmals im Ansatz die Vier-Quellen-Theorie vor, die man auch als *»Ältere Urkundenhypothese«* bezeichnet. Die Theorie Ilgens fand zunächst kaum ein Echo. Sie wurde fünfzig Jahre danach (unabhängig von Ilgen?) erneut propagiert und weiter entfaltet durch *Hermann Hupfeld* (»Die Quellen der Genesis und die Art ihrer Zusammensetzung von neuem untersucht«, Berlin 1853) und seinen Schüler *Eduard Riehm* (»Die Gesetzgebung Mosis im Lande Moab«, Gotha 1854). Sie unterscheiden vier Quellen: 1. Eine mit Gen 1 beginnende erste elohistische Schrift (»Urschrift«); sie ist die älteste Schrift und bietet eine fortlaufende Erzählung von der Schöpfung bis zur Landverteilung. 2. Eine jüngere, zweite elohistische Schrift mit Patriarchengeschichten. 3. Eine nochmals jüngere, jehovistische Schrift, die wie die »Urschrift« mit der Schöpfung beginnt und sich vor allem durch die Verwendung des Gottesnamens JHWH (damals [wie bis heute zuweilen fälschlich] als Jehova gelesen, deshalb »jehovistisch«) abhebt. 4. Das Buch Deuteronomium. Diese Form der Urkundenhypothese heißt meist »*Neuere Urkundenhypothese*«.

3.4 Zwei fundamentale Erkenntnisse für die Datierung der Quellen bzw. Überlieferungen (W. M. L. de Wette und J. Wellhausen)

Für die Datierungsdiskussion sind bis heute zwei fundamentale Erkenntnisse der Pentateuchforschung des 19. Jh. bestimmend; sie hängen mit der Frage nach der zeitlichen Herkunft der »gesetzlichen« Partien des Pentateuch zusammen.

(1) Schon 1805 zeigte *Wilhelm Martin Leberecht de Wette* mit seiner »Dissertatio critica exegetica qua Deuteronomium a prioribus Pentateuchi libris diversum, alii cuiusdam recentioris auctoris opus esse monstratur« auf, dass der Kern des Buches Deuteronomium mit der in 2 Kön 22–23 erzählten Kultzentralisation des Königs Joschija, die im Jahre 622 v. Chr. anzusetzen ist, in Verbindung stehen muss. Damit war ein erster Fixpunkt für die historische Einordnung anderer Überlieferungen gegeben, je nachdem ob diese z. B. noch mehrere Heiligtümer voraussetzten oder schon in die Wirkungsgeschichte der joschijanischen Reform gehörten und deshalb nur ein einziges Heiligtum akzeptieren.

(2) In Aufnahme entsprechender Arbeiten von *Eduard Reuß* (1804–1891), *Karl Heinrich Graf* (1815–1869) und *Abraham Kuenen* (1828–1891) setzte *Julius Wellhausen* ab 1876 mit seinen bahnbrechenden Arbeiten »Die Composition des Hexateuchs« und »Prolegomena zur Geschichte Israels« die wohl wichtigste Revision im damals gültigen Bild der Religions- und Literaturgeschichte Israels durch. Während bis dahin die mit Gen 1 beginnende »Elohim-Quelle« und die in ihr entworfene priesterliche Kult-Ordnung vom Sinai als die älteste (nach manchen immer noch »mosaische«) Überlieferung galt, wies Wellhausen durch den Vergleich dieser kultgesetzlichen Regelungen insbesondere mit den Schriftpropheten, aber auch mit dem Deuteronomium nach, dass die von ihm Q (für *quatuor* = *liber quatuor foederum* = Buch der vier Bundesschlüsse; Q bezeichnet bei Wellhausen den ursprünglichen Kern von P, dessen um mehrere Schichten erweiterte Gestalt er den »Priestercodex« nennt) genannte Priesterschrift die jüngste Pentateuchquelle sei und in jedem Fall jünger sein müsse als die Prophetie (»*lex post prophetas*« = das »mosaische« Kultgesetz müsse jünger sein als die Propheten, da es in diesen noch nicht erkennbar sei). Als Reihenfolge der vier Quellen galt nun: J (= Jahwist: 9. Jh.), E (= Elohist: 8. Jh.), D (= Deuteronomium: 7. Jh.), P (= Priesterschrift: 6. Jh). Das ergibt JEDP als leicht zu merkendes Kürzel für das Vierquellen-Modell der Neueren Urkundenhypothese.
Zwei Erkenntnisse Wellhausens, die für die aktuelle Diskussion wichtig sind, sollen eigens vermerkt werden: 1. Seine »Quellen« sind sehr komplexe und »prozesshafte« Größen. 2. Er bezieht in seiner Diskussion, wie schon der Titel des entsprechenden Werkes anzeigt, ausdrücklich das Buch Josua in seine Hypothese mit ein, d. h. er ist der Meinung, dass das »Hexateuchproblem« mitreflektiert werden muss. Wegen ihrer fundamentalen Bedeutsamkeit sollen zwei Zitate aus seinem Werk »Die Composition des Hexateuchs« die Position Wellhausens erläutern:

(1) Streng genommen hat Wellhausen »J« und »E« nicht als rekonstruierbare »Quellen« beurteilt: »JE ist nicht wie Q ein Werk einheitlicher Conception, sondern durch mehr als *eine* Phase und mehr als *eine* Hand gegangen, ehe es seine gegenwärtige Gestalt erlangte« (7). »Das Endergebnis ist, dass JE ... aus J und E bestehn muss, dass aber eine durchgeführte Scheidung unmöglich ist.

Positiv ausgedrückt besagt dies, dass J und E fast unauflöslich eng mit einander verbunden sind, zu einem Werke von wirklich beinah einheitlichem Charakter« (35).

(2) Die Entstehung des Pentateuch/Hexateuch war insgesamt viel komplexer und vielstufiger als die Vokabel »Vierquellen-Modell« insinuiert: »Bei der Untersuchung der Komposition des Hexateuchs hat sich mir dann herausgestellt, dass hier allerdings drei selbständige Erzählungsfäden fortlaufen, dass aber diese grossen Zusammenhänge nicht bloss zugeschnitten und leicht vernäht, sondern, vor, bei, und nach ihrer (nicht zugleich erfolgten) Vereinigung erheblich vermehrt und überarbeitet worden sind, dass mit anderen Worten der literarische Prozess, wodurch der Hexateuch entstanden ist, sehr komplizirt gewesen ist, und dass die sogenannte Ergänzungshypothese, in einem anderen Sinne, als wie sie ursprünglich aufgestellt ist, in der Tat ihre Anwendung findet« (315).

3.5 Die neuen Einsichten der form- und überlieferungsgeschichtlichen Forschungen von H. Gunkel, M. Noth und G. von Rad

Mit der »Wellhausen-Theorie« war einerseits ein Ergebnis erreicht, hinter das die kritische Forschung nicht mehr zurück konnte. Andererseits bot sie den Ansatz, nun erneut »hinter« die ältesten Quellen zurückzufragen – nach den Anfängen der mündlichen Überlieferungen, die in den schriftlichen Urkunden gesammelt worden waren. *Hermann Gunkel, Martin Noth* und *Gerhard von Rad* als die wichtigsten Repräsentanten dieser form- und überlieferungsgeschichtlichen Forschung haben vor allem drei neue Einsichten erarbeitet:

(1) Am Anfang der Überlieferungsbildung stehen kleine Erzählungen mit je unterschiedlichem »Sitz im Leben«.

(2) Die einzelnen Überlieferungsthemen (Abraham, Exodus, Sinai usw.) haben ursprünglich unterschiedliche regionale und geschichtliche Herkunft bzw. Haftpunkte.

(3) Die Zusammenbindung der ursprünglich jeweils eigenständigen Überlieferungsthemen sei im *vorstaatlichen Kult* (12./11. Jh. v. Chr.) erfolgt. Die älteste Quelle J sei der literarische Ausbau dieser geradezu archaischen kultischen Überlieferung der sich als Einheit verstehenden Stämme Israels (»→ Amphiktyonie-Hypothese«).

Wie sehr die »Wellhausen-Theorie« auch für die »Formgeschichtler« beinahe dogmatische Gültigkeit hatte, bestätigt *Hermann Gunkel* 1917 in der Einführung zur dritten Auflage seines 1901 erstmals erschienenen Genesiskommentars: »Die Unterscheidung dieser drei ›Quellenschriften‹ der Genesis ist ein gemeinsames Ergebnis der alttestamentlichen Wissenschaft, an dem anderthalb Jahrhunderte gearbeitet haben. Seit dem Erwachen der modernen protestantischen Wissenschaft von der Bibel hat man die kritischen Fragen an der Genesis mit besonderer Vorliebe behandelt. Ein bewunderungswürdiger Aufwand von Fleiß, von Scharfsinn, von genialer Auffassungskraft ist an diese Arbeit verwandt worden; und ein Werk ist als Ergebnis zustande gekommen, auf das die Nachkommen stolz sein dürfen. Man vermag gegenwärtig die Quellenschriften in vielen Fällen bis auf den Vers, in einigen bis auf das Wort zu bestimmen, wenn auch natürlich manches immer im unklaren bleiben wird. Die letzte entscheidende Wendung in der Geschichte der Kritik der Genesis ist durch Wellhausen geschehen, der uns in seinem Meisterwerk ›Prolegomena zur Geschichte Israels‹ gelehrt hat, die Quellen der Genesis chronologisch zu bestimmen und in den Gesamtverlauf der Religionsgeschichte Iraels einzusetzen« (*H. Gunkel*, Genesis LXXXI).

Zwar gab es vor *Wellhausen* noch andere Theorien, die sich stärker an der Ergänzungshypothese (»Grundschriftmodell«) oder an der Fragmentenhypothese (»Erzählkranzmodell«) orientierten, und auch nach *Wellhausen* gab es in diesem Jahrhundert verschiedene Revisionsversuche (u. a. Ablehnung von »E« als selbständiger Quelle), dennoch kann gesagt werden: Die »Wellhausen-

Theorie« blieb das klassische Pentateuchmodell bis in die 70er Jahre des 20. Jahrhunderts in Westeuropa und bis in die Gegenwart auf dem amerikanischen Kontinent. Es gab lediglich bei einigen Autoren eine Präzisierung in der sog. »*Neuesten Urkundenhypothese*«, die die älteste Quelle J nochmals zu unterteilen suchte in L (= Laienquelle) + J bzw. N (= Nomadenquelle) + J bzw. $J^1 + J^2$.

Gegenüber Wellhausen brachte *Martin Noth* insofern eine starke Veränderung in die Pentateuchdiskussion, als er die Rolle von Dtn und Jos ganz anders beurteilte. In seiner Theorie vom Deuteronomistischen Geschichtswerk (DtrG) (s. u. D.II.) bildete Dtn den programmatischen Anfangsteil einer groß angelegten Geschichtsdarstellung von der Landnahme bis zum Ende des Staates Juda (Dtn–2 Kön). Dieses Werk entstand neben einem ihm vorgegebenen Erzählwerk, das die Ursprungsgeschichte Israels von den Anfängen bis zur Landnahme (ohne Dtn) darstellte, und zwar die Landnahme in einer literarischen Ausprägung, die uns nicht mehr erhalten ist. Denn *diese* »Landnahmeerzählung« fiel weg, als das DtrG (Dtn–2 Kön) an Gen–Num so angefügt wurde, dass das Dtn der Abschluss des Pentateuch und Jos zum Anfang der »Vorderen Propheten« wurde. *M. Noth* erwog auch eine andere Möglichkeit für den Wegfall der »alten« Landnahmeerzählung: Sie könnte bei der Zusammenarbeitung von JE und P ausgeschieden worden sein. Die Theorie eines DtrG hat die deutschsprachige Pentateuchforschung in der zweiten Hälfte des 20. Jh.s stark geprägt. Im Rückblick kann heute gesagt werden, dass mit dieser Theorie von *M. Noth* der Zusammenhang des Dtn mit dem Tetrateuch (Gen–Num) und die Frage des Hexateuchzusammenhangs (Gen–Jos) aus dem Blick gerieten und aus der Diskussion weitgehend verschwanden. Erst neuerdings rücken diese beiden Probleme wieder stärker in den Blick der Forschung (s. u. C.II.4.3 und D.II.).

4. Das Vierquellen-Modell der »Neueren Urkundenhypothese« und deren derzeitige Infragestellung

Auch wenn das Vierquellen-Modell der sog. Neueren Urkundenhypothese in den letzten 40 Jahren, zumindest was die beiden ältesten Quellen (Jahwist und Elohist) angeht, so sehr in Frage gestellt wurde, dass es in seiner klassischen Form heute nur noch wenig Anhänger hat, soll es weiter in diesem Studienbuch präsentiert werden, und zwar aus mehreren Gründen: 1. Da dieses Modell bis ca. 1970 die Forschung bestimmte, ist die meiste Fachliteratur jener Zeit nur verstehbar, wenn man die Grunddaten des Modells kennt. 2. Das Modell ist außerhalb der Fachdiskussion in Religionsbüchern und theologischer Literatur noch immer sehr präsent. Außerhalb des deutschsprachigen Raums ist es darüber hinaus noch häufig das dominante Erklärungsmodell, weshalb es gut ist, seine Basisannahmen zu kennen. 3. Da die aktuelle Diskussion zumindest teilweise eine Auseinandersetzung mit der Neueren Urkundenhypothese ist und da die derzeitigen Pentateuchmodelle trotz aller Distanzierung nach wie vor auf vielen Beobachtungen und Erkenntnissen des Vierquellen-Modells aufbauen, können einige Grundinformationen über dieses Modell und über seine aus heutiger Sicht problematischen Voraussetzungen dazu beitragen, die aktuelle Forschungssituation besser zu begreifen.

4.1 Das Vierquellen-Modell nach W. H. Schmidt

Aus didaktischen Gründen wählen wir für unsere Darstellung mit *W. H. Schmidt* einen profilierten Vertreter der Neueren Urkundenhypothese. Er hat seine Auffassung, die er in vielen Einzelbeiträgen und auch in seinem Exoduskommentar in der Reihe »Biblischer Kommentar«

vorgelegt hat, in seinem Studienbuch »Einführung in das Alte Testament« (1. Auflage 1978; 5. Auflage 1995 – die Zitate im Folgenden stammen aus diesem Werk) zusammengefasst; auf diese Darlegung nehmen wir im Folgenden Bezug. Die von *W. H. Schmidt* vertretene Ausprägung des klassischen Vierquellen-Modells lässt sich folgendermaßen zusammenfassen (Einführung 47):

J Jahwist	etwa 950 v. Chr. (Zeit Salomos, vor der sog. Reichstrennung 926 v. Chr.)
E Elohist	um 800 v. Chr. (vor der sog. Schriftprophetie, bes. Hosea)
D (Ur-)Deuteronomium	etwa 7. Jh. v. Chr. (Anfänge vor Joschijas Reform 622 v. Chr.; später umfangreiche Erweiterungen)
P Priesterschrift	um 550 v. Chr. (Exil; Ergänzungen in nachexilischer Zeit)

Während die beiden späteren »Quellen« dieses Modells (Deuteronomium und Priesterschrift) immer noch einen relativ breiten Forschungskonsens (mit gewiss unterschiedlichen Einzelakzenten in Bezug auf Abgrenzung und Datierung) haben und deshalb an dieser Stelle nicht eigens erläutert werden (vgl. dazu unten C.IV. und C.V.), sind die ersten beiden »Quellen« (Jahwist und Elohist) höchst fragwürdig geworden bzw. werden in der jüngeren Forschung bezweifelt und z. T. kategorisch abgelehnt.

4.11 Das jahwistische Werk in der Sicht von W. H. Schmidt

Der literarische *Anfang* von J als dem frühesten Geschichtswerk Israels liegt in der mit Gen 2,4b beginnenden Schöpfungs- bzw. Urgeschichte (Paradieserzählung, Kain und Abel, Sintfluterzählung, Turmbau zu Babel). Es folgen die »Vätergeschichten« (Abraham, Isaak, Jakob, Josef) und die »Volksgeschichte« (Exodus, Sinai, Weg durch die Wüste hin zum verheißenen Land). Womit (bzw. wo) J endet, ist unsicher. Aufgrund der für J so wichtigen Perspektive des Landes als der entscheidenden Heilsgabe JHWHs an Israel muss J mit einer Landnahmeerzählung geschlossen haben. Zwar seien deren Spuren in der jahwistischen Kundschaftererzählung und in Num 32 erkennbar, doch ist »der Abschluß des jahwistischen Geschichtswerks (mit der Landnahmeerzählung) bei Einarbeitung in die Priesterschrift bzw. den Pentateuch *entfallen*« (Einführung 77). Für die *Frühdatierung* von J um 950 v. Chr. (Zeit Salomos) werden u. a. folgende Beobachtungen angeführt: 1. Das neu entstandene Königtum Davids und Salomos ist der Auslöser einer geschichtstheologischen Vergewisserung bzw. Ortsbestimmung in literarischer Form; 2. der politische Horizont der in J erzählten Geschichten ist die Völkerwelt, in der das entstehende davidisch-salomonische »Großreich« – teils kriegerisch, teils friedlich – seine Gestalt und Identität fand (Kanaanäer: Gen 9,18ff; Philister: Gen 26; Aramäer: Gen 29ff; Ammon und Moab: Gen 19; Num 22.24); 3. die Beschreibung des Frondienstes Israels in Ägypten inspiriert sich an den Verhältnissen des staatlichen Frondienstes, den Salomo für seine Großbauprojekte eingerichtet hatte (vgl. Ex 1,8–12 mit 1 Kön 9,15.19); 4. der programmatische J-Text Gen 12,1–3 redet von Israel als »einem großen Volk«; die nach Salomo erfolgte Reichsteilung in die Teilstaaten Juda (Südreich) und Israel (Nordreich) ist also noch nicht im Blick; 5. mehrere J-Texte (vor allem im Bereich der Urgeschichte) sind Reflex einer sog. salomonischen Aufklärung: »Tatsächlich ist der Jahwist von hoher Geistigkeit geprägt, die Nähe zur Weisheit verrät ... Gibt die Urgeschichte nicht geradezu eine erzählerische Antwort auf die weisheitliche Frage (Ps 8,5 u. a.): Was ist der Mensch?« (78).

Das starke Interesse der Erzählungen an Überlieferungen, die im Süden spielen (Abraham in Mamre Gen 13,18; 18,1, Sodom und Gomorra Gen 18, Isaak in Gerar Gen 26) und den Stamm Juda (Gen 38; Juda als Wortführer in der Josefsgeschichte) herausstellen, spricht für die *Herkunft* von J aus diesem Bereich. Da spezifische Jerusalemvorstellungen fehlen, wohingegen die bäuerliche Lebenswelt vor allem in der Urgeschichte thematisiert ist, wird J dem Milieu eines bäuerlichen Landjudäertums zugeordnet.
Wichtig für die Einordnung des Jahwisten ist die *theologische Leistung* von J, die als singulär charakterisiert wird: »Unter den Quellenschriften des Pentateuch hat man der jahwistischen Schicht wohl mit Recht den höchsten Rang zuerkannt: In ihr ist ›das theologisch Belangreichste enthalten, das in der Pentateucherzählung überhaupt ausgesagt wird‹ (*M. Noth*) – einerseits die radikale Einsicht in die menschliche Schuld (Gen 6,5; 8,21), andererseits die Verheißung von Segen über ›alle Sippen der Erde‹ (12,3). Die jahwistische Darstellung ist zugleich das älteste bekannte Geschichtswerk von so erheblichem verschiedene Epochen übergreifenden Umfang, wenn auch der alte Orient schon die Verbindung von Urgeschichte und Geschichte, von Erzählungen aus der Zeit vor und nach der großen Flut, kannte. Der Jahwist ist ›der erste, der den Gedanken einer einheitlichen Weltgeschichte erfaßt hat, in deren Rahmen das Geschehen in Israel eine ganz bestimmte – und zwar eine entscheidende – Funktion besitzt‹ (*J. Hempel*)« (76). In den J-Texten tritt JHWH als alleiniger und machtvoller Gestalter der Geschichte Israels und der Völker hervor. Insofern ist J nicht nur eine geschichtstheologische → Ätiologie Israels inmitten seiner Nachbarvölker und seines Segens-Auftrags für diese, sondern zugleich eine (religionsgeschichtlich singuläre) »Göttergeschichte« über den einen JHWH (Formulierungen E. Zenger).

4.12 Das elohistische Werk in der Sicht von W. H. Schmidt

Innerhalb des Pentateuch lässt sich eine Reihe von Textstücken erkennen, die sprachliche und theologische Gemeinsamkeiten haben. Dies hat zur Annahme einer elohistischen Quellenschrift in der Neueren Urkundenhypothese geführt (s. o. 3.3 und 3.4). Solche *Merkmale* sind u. a.: 1. Verwendung der Gattungsbezeichnung »Elohim« – »Gott« als Gottesname statt des für J charakteristischen → Tetragramms JHWH; 2. Gott tritt nicht (wie bei J) als sichtbarer Akteur auf (JHWH »erscheint«, »steigt herab« u. ä.), sondern er ruft (d. h. er wird nur als Stimme gehört), er offenbart sich im Traum, er sendet seinen Boten (»Engel«), d. h. Gott rückt hier ferner; 3. Gott erprobt die »Gottesfurcht« (vgl. Gen 22,1; Ex 20,20), die Gottesfurcht der Hebammen im Widerstand gegen den Pharao steht beispielhaft am Beginn des Exodus (vgl. Ex 1,17.21). 4. Stileigentümlichkeiten wie die Vorliebe für das formalisierte Gespräch (Ruf Gottes mit doppelter Nennung des Namens des Gerufenen und dessen Antwort »Siehe, hier bin ich«: vgl. Gen 22,1.7.11; 31,11; 46,2; Ex 3,4b).
Entgegen dem Vorschlag, diese Texte »nur« als eine (redaktionelle) Bearbeitungsschicht von J zu erklären, meint *W. H. Schmidt*, dass die angedeuteten Merkmale mit der Neueren Urkundenhypothese »entschieden für die ursprüngliche Eigenständigkeit des Elohisten (sprechen). ... E scheint ursprünglich nicht auf J bezogen und von ihm abhängig gewesen zu sein, was bei einer Überarbeitungsschicht der Fall sein müßte; auch lassen sich zwischen den elohistischen Textpartien ja Zusammenhänge aufspüren« (Einführung 88). Allerdings ist E nur fragmentarisch erhalten, »denn der Redaktor, der J und E vereinigte, hat das elohistische Geschichtswerk nur zur Ergänzung des von ihm zugrundegelegten jahwistischen herangezogen« (Einführung 88). Da im Bericht der Urgeschichte Gen 1–11 keinerlei E-Spuren erkennbar sind, ist anzunehmen, dass E mit der Abrahamgeschichte *begonnen* hat. Der Anfang des Werkes ist aber ebenso wie das Ende nicht mehr erhalten. Als »mehr oder weniger« elohistische Texte nennt *W. H. Schmidt* Gen 15*; 20,1–22,19*; 28,11f.17f.20f; 45,5b–15; 46,1b–5a; 50,15–26; Ex 1,15ff; 3,1bß.4b.6.9–14; 13,17–19; 14,5a.19a; 18*; 19,16f.19; Num 22f*.

Angesichts der fragmentarischen Rekonstruktion von E sind *Datierung und Herkunftsmilieu* nur annähernd zu bestimmen. Das starke Interesse an den Nordreichheiligtümern Bet-El und Sichem, bei gleichzeitigem Fehlen spezifischer Südreichüberlieferungen (z. B. Abraham-Lot-Sagenkranz), und der Überlieferungszusammenhang mit dem Nordreich-Propheten Hosea, der E aufnimmt (vgl. Ex 3,14 mit Hos 1,9; und Ex 3,10ff mit Hos 12,14), sprechen nach *W. H. Schmidt* für eine Herkunft aus dem Nordreich. Da E noch nicht die tödliche Assyrergefahr erkennen lässt, sei die Datierung um 800 v. Chr. wahrscheinlich.

»Der literarische Sachverhalt, daß der Elohist keine Urgeschichte aufweist, hat zugleich sachliche Bedeutung. Ihm fehlt die universale Ausrichtung des Jahwisten. Jahwe ist nicht schon seit der Schöpfung am Werk, sondern offenbart sich erst bei Moses Berufung (Ex 3). Darf man aus diesem argumentum e silentio schließen, daß E ausschließlicher mit dem Volk Israel und der ihm zuteil gewordenen Sonderstellung beschäftigt ist, so findet diese Folgerung in dem Spruch Bileams ihre Bestätigung: ›Siehe ein Volk, das abseits wohnt, sich nicht zu den Völkern rechnet‹ (Num 23,9). In diesem Wort scheint ein frühes Zeugnis für Israels Selbstverständnis vorzuliegen: Es ist kaum nur räumlich, sondern auch wesensmäßig von den Völkern geschieden – unter dem Segen Jahwes (Num 23,8.10.20ff)« (Einführung 91). Wenn E statt des → Tetragramms die Gattungsbezeichnung »Elohim« = Gott als Gottesnamen verwendet, betont er »Gottes Transzendenz und damit indirekt wohl auch einen gewissen Universalismus des eigenen Glaubens: Jahwe, der Gott des einen Volkes, ist Gott schlechthin« (Einführung 92). Diese Transzendenz Gottes zeigt sich auch in der gegenüber J zurücktretenden Unmittelbarkeit bzw. Sichtbarkeit seines Handelns. Dem entspricht die Betonung der »Gottesfurcht« als Antwort des Glaubensgehorsams. »Gegenüber der jahwistischen Erzählweise wirkt darum die elohistische Darstellung insgesamt theologisch reflektierter« (Einführung 93).

4.13 Die Redaktionsgeschichte des Pentateuch nach W. H. Schmidt

Die Zusammenarbeitung der vier »Quellenschriften« zum schlussendlich vorliegenden Pentateuch war kein bloß mechanisch-additiver Vorgang, sondern ein mehrstufiger Redaktionsprozess, der mit Textänderungen, Umstellungen, Erweiterungen und Auslassungen verbunden war. In wie vielen Einzelstufen die Redaktion stattfand, ist unsicher. Nach *W. H. Schmidt* muss man mindestens folgende *drei Redaktionen* auseinanderhalten:

R^{JE} = Die Redaktion, die die älteren Quellenschriften J und E verband.
Diese Kombination, die nach dem Untergang des Nordreichs (722 v. Chr.) entstand, ist so geschickt vorgenommen worden, dass es streckenweise nicht möglich ist, J und E wieder überzeugend zu trennen. So spricht man (seit *J. Wellhausen*) auch von einem jehowistischen, d. h. jahwistisch-elohistischen, Werk J/E.

R^{P} = Die (entscheidende) Redaktion, die in nachexilischer Zeit den Jehowisten J/E mit der Priesterschrift P verband bzw., genauer gesagt, J/E in P einarbeitete.

$R^{D(tr)}$ = Die Redaktion, die Texte, Sätze oder auch Satzteile einfügte, die in Wortwahl, Stil und Thematik dem Deuteronomium nahe stehen, und so die Quellenschriften mit dem Dtn bzw. deuteronomistischen Geschichtswerk Dtn–Kön verband. Ob nun diese Redaktion vor (Alternative 1) oder nach (Alternative 2) Einarbeitung der Priesterschrift erfolgte, ist umstritten.

Die Alternativen des von *W. H. Schmidt* vorgestellten Quellen-Modells lassen sich in folgende zwei Skizzen umsetzen:

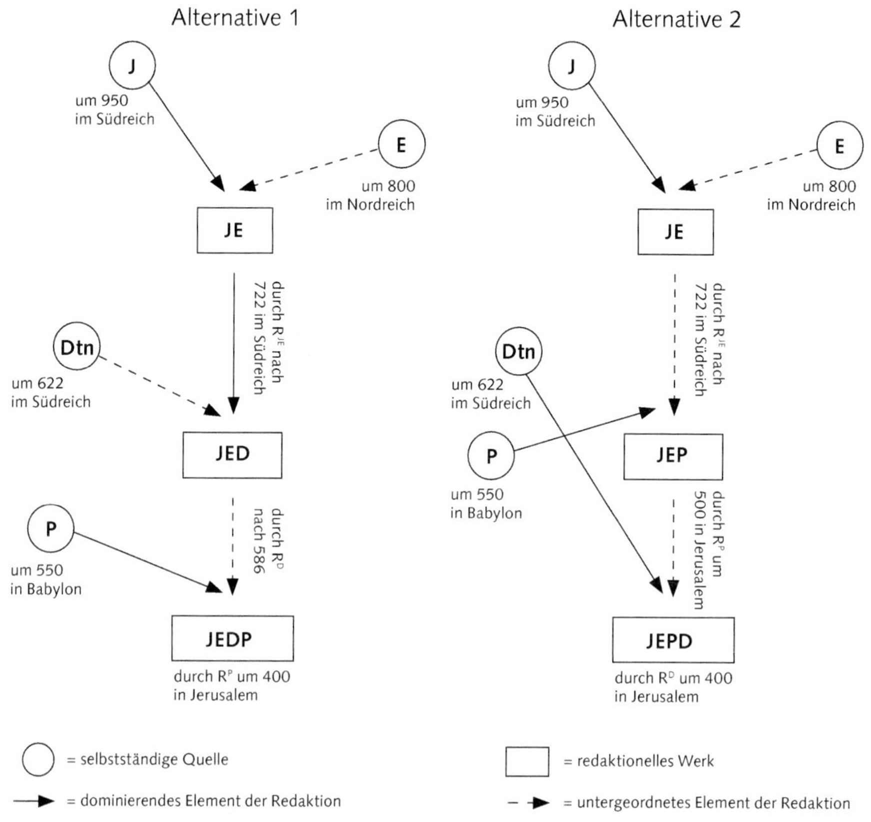

Der Vorteil des hier am Beispiel der Position von *W. H. Schmidt* dargestellten Vierquellen-Modells (JEDP) liegt in der Überschaubarkeit und relativen Einfachheit. Es vereint viele in Gen und Ex gemachte Textbeobachtungen und verbindet diese mit einer historischen und theologischen Entwicklung. Der Erklärungswert der Quellenhypothese nimmt nach der Sinaitheophanie (Ex *19–34) jedoch erheblich ab; für die komplexen Entstehungsprozesse in Lev und Num ist es weitestgehend unbrauchbar. In der jüngeren Pentateuchforschung ist das Modell besonders in den Basisannahmen zur Abgrenzung und Datierung der Quellen in Frage gestellt worden. Die Gegenargumente liegen dabei auf sehr unterschiedlichen Ebenen. Sie basieren auf veränderten Auswertungen der Textbeobachtungen, die zu alternativen Textanalysen bzw. Datierungen führen und beziehen literatursoziologische, theologiegeschichtliche, historische und archäologische Argumente mit ein. Die besonders kritischen Punkte werden im Folgenden dargestellt.

4.2 Infragestellung des traditionellen Vierquellen-Modells

Die Pentateuchforschung, einst Glanzstück der Bibelwissenschaft, ist ihr derzeit wohl schwierigstes und kontroversestes Feld. Zwar gibt es immer noch einige Konvergenzpunkte, doch gehen die aktuell vorgetragenen Hypothesen im Detail weit auseinander.

Weitgehende Übereinstimmung gibt es zunächst in der Problematisierung bzw. (Teil-) Ablehnung des traditionellen Vierquellen-Modells, wie folgendes Zitat belegen kann: »Die übliche Quellenscheidung im → Tetrateuch steht auf unsicherem Boden und ist gegenwärtig in der Auflösung begriffen« (*R. G. Kratz*, Komposition 12). Als besonderer Schwachpunkt gelten die ersten beiden Quellen »Jahwist« und »Elohist« – und damit wichtige Grundpfeiler des Modells.

Der »Elohist« war von Beginn an »fragil«, weil ihm kein durchlaufender Erzählfaden, sondern nur fragmentarische Einzelerzählungen zugewiesen werden konnten. Schon *H. Gressmann*, *S. Mowinkel*, *W. Rudolph* und *P. Volz* hatten in der ersten Hälfte des 20. Jh.s kritische Einwände gegen den Elohisten als Quelle vorgebracht, die in der Folgezeit durch relative Spätdatierungen elohistischer Kerntexte verstärkt wurden. *H. C. Schmitt* entwickelte daraus die These, den Elohisten als späte Redaktionsschicht zu verstehen. Zwar wird der Elohist bis in jüngere Arbeiten als Quelle (*A. Graupner*, *L. Schmidt* u. a.) bzw. »Sammlung paradigmatischer Erzählungen« (*P. Weimar*) verteidigt und zum Teil dem Jahwisten vorgeordnet (*R. Gnuse*, *T. L. Yoreh*), doch geht die Mehrheit derzeit nicht mehr von einer vor-priesterlichen elohistischen Pentateuchschicht aus.

Der Jahwist konnte sich deutlich länger in der Forschung halten, wenn auch das Ende der Quelle von Beginn an unsicher war. Sowohl die Bileam-Erzählung in Num 22–24 als auch der von W. H. Schmidt favorisierte Schluss in Num 32 bereiten Probleme, wenn sie als Schluss einer nicht-priesterlichen Quelle angesehen werden sollen. Gleiches gilt für die Mosetoderzählung in Dtn 34 als mögliches Ende des Jahwisten, die zwar als Schluss einer nicht-priesterlichen Quelle viel Sinn macht, jedoch textlich nicht eindeutig zugeordnet werden kann. Als der Anfang des Werkes im letzten Viertel des 20. Jh.s durch Vorschläge zur Spätdatierung von Gen *2–3 und Gen 12,1–3 wegbrach, geriet der Jahwist der Neueren Urkundenhypothese in unruhiges Fahrwasser. Das Vorwort zu dem 2002 mit programmatischem Titel »Abschied vom Jahwisten« erschienenen Sammelwerk zur jüngeren Pentateuch/Hexateuch-Forschung fasst die Situation so zusammen: »Allein die Priesterschrift, die ›Grundschrift‹ des Pentateuchs, hat sich als plausibel erarbeitete und gut begründete Theoriegrundlage erwiesen, ihr älterer Doppelgänger, der Jahwist – gefasst als durchlaufendes, vor-priesterschriftliches Geschichtswerk in mindestens tetrateuchischer Erstreckung –, hingegen beruht zwar auf einer traditionsreichen Hypothese, die aber zunehmend brüchig geworden ist. Heute steht beim Jahwisten nahezu alles zur Disposition: Sein Alter und Umfang, seine innere Kohärenz und theologische Ausrichtung, und damit liegt es nahe, nach seiner Existenz überhaupt zu fragen« (*J. C. Gertz/K. Schmid/M. Witte*, Abschied vom Jahwisten VI). Zwar ist der »Abschied vom Jahwisten« in der Forschung keinesfalls schon vollständig vollzogen und es gibt nach wie vor Gründe für die Annahme eines vor-priesterlichen, durchlaufenden Erzählfadens, der Urgeschichte, Erzelternerzählung, Exoduserzählung und Landperspektive spätestens im 7. Jh. v. Chr. miteinander verknüpft, doch ist die textliche Ausgrenzung einer eigenständigen jahwistischen Schicht sehr unsicher geworden.

Eine vollständige Ablösung der Neueren Urkundenhypothese zugunsten von zwei prägenden Kompositionsschichten (*E. Blum*), einer priesterlichen Grundschicht mit Ergänzungen älteren Materials (*E. Otto*) oder vielschichtigen Fortschreibungsprozessen (*C. Berner*) ist bei allen zugestandenen Problemen jedoch derzeit nicht angezeigt. Die

Leistungsfähigkeit der Urkundenhypothese liegt in der plausiblen Erklärung größerer Textzusammenhänge innerhalb des Hexateuch, die sich leichter durch die Annahme einer Urkunde/Quelle als durch redaktionelle Tätigkeit erklären lassen. Zu den jüngsten Tendenzen der Penateuchforschung gehört daher auch, dass sich von sehr unterschiedlichen Seiten aus Widerstand gegen die Ablösung der Urkundenhypothese regt. Ausgehend von Thesen der israelischen Wissenschaftler *M. Haran*, *I. Knohl*, *B. Schwartz* verteidigen jüngere Arbeiten wie *T. L. Yoreh* und *J. Baden* die Urkundenhypothese und greifen dabei auf die vor *J. Wellhausen* im 19. Jh. erarbeiteten Einsichten von *A. Dillmann* oder *H. Hupfeld* zurück. *J. Baden* etwa geht von vier Quellen JEDP aus, sieht aber nur einen Redaktor (»compiler«), der die zuvor unabhängigen und über längere Phasen bearbeiteten Quellen miteinander verbunden hat. D greife auf J und E zurück, ohne dass diese durch R^{JE} bereits verbunden gewesen wären. Diese Repristinierung der älteren Urkundenhypothese schafft im Detail mehr Probleme als sie löst. Eine widerspruchsfreie schlüssige Separierung der vier Quellenfäden jedenfalls haben die sog. »Neo-Documentarians« bisher nicht vorzulegen vermocht. Vor allem ist die Hypothese entgegen ihrem Anspruch nicht in der Lage, die zentralen Einwände gegen das traditionelle Vierquellen-Modell zu entkräften. Diese betreffen folgende Punkte:

4.21 Methodische Schwächen des Modells

Insofern die »Neuere Urkundenhypothese« mit der literarkritischen Methode die Texte bis in Halbverse hinein bestimmten Quellen zuwies, arbeitete sie oft mit einem mechanistischen Verfahren, das sowohl hinsichtlich der Kriteriologie als auch hinsichtlich des vorausgesetzten Überlieferungsverständnisses heute weitgehend abgelehnt wird. Dies gilt freilich weniger mit Blick auf *Wellhausen* selbst, der vor allem für die älteren Quellen mit einem offeneren Überlieferungsprozess rechnete (s. o. 3.4). Insgesamt scheint die Theorie von ihren Anfängen her damit belastet zu sein, dass sie die Entstehung des Pentateuch zu wenig als kontinuierlichen Überlieferungs- bzw. Fortschreibungsprozess betrachtet hat. Als kritischer und viel diskutierter Bereich muss zudem die Annahme von Redaktoren gelten, die die vorhandenen Quellen geradezu mechanisch ohne größere Eingriffe in den Textbestand zusammenführten. Hier bestätigt die jüngere Prophetenforschung und das darin entwickelte Konzept der »Fortschreibung« vielmehr die grundlegende Einsicht *J. Wellhausens*, dass der Prozess der Zusammenführung von Traditionen und das Wachstum der Literatur als ein komplizierter und mehrstufiger Prozess zu begreifen ist, der nicht in der Addition von Quellen aufgeht. Empirisch beobachtbare Adaptionen und Transformationen vorgegebener Texte (Beispiele bei *R. Müller* und *J. Pakkala*) zeigen, dass Redaktionsprozesse Texte neu interpretieren, punktuell verändern und oft mit Bezug auf den Ausgangstext anpassen (Stichwort »Innerbiblische Auslegung«). Der im jüngeren Urkundenmodell zugrunde gelegte Autorenbegriff wurzelt im Geniegedanken des 19. Jh.s und ist für die vorhellenistische Tradtionsliteratur unangemessen.

4.22 Aporien bei der konkreten Durchführung

Die Kritiker des Quellen-Modells weisen seit den 70er Jahren immer wieder darauf hin, dass es die Probleme, die es zu lösen vorgibt, *de facto* nicht hinreichend löst. Das Quellenmodell greift am ehesten in Gen und in der ersten Hälfte von Ex – von wo aus es auch entwickelt wurde. In Levitikus und Numeri gelingt es hingegen nicht, den vorgegebenen Textbestand auf zwei Traditionsstränge aufzuteilen.

M. Noth gibt das schon 1966 in seinem Numeri-Kommentar offen zu: »Nimmt man das 4. Mosebuch für sich, so käme man nicht leicht auf den Gedanken an ›durchlaufende‹ Quellen, sondern eher auf den Gedanken an eine systematische Zusammenstellung von zahllosen Überlieferungsstücken, sehr verschiedenen Inhalts, Alters und Charakters (›Fragmentenhypothese‹)« (*M. Noth*, Das vierte Buch Mose 8). Weil das Buch Numeri aber »zu dem größeren Ganzen des Pentateuch gehört«, sei es »gerechtfertigt, mit den anderwärts gewonnenen Ergebnissen der Pentateuchanalyse an das 4. Mosebuch heranzutreten und die durchlaufenden Pentateuch-›Quellen‹ auch in diesem Buch zu erwarten, selbst wenn, wie gesagt, der Sachverhalt im 4. Mosebuch von sich aus nicht gerade auf diese Ergebnisse hinführt« (*M. Noth*, Das vierte Buch Mose 8).

Der Erklärungswert des Quellenmodells nimmt nach der Sinaitheophanie (Ex 19–34) erheblich ab. Entwickelt wurde es an der Genesis, für Levitikus und Numeri ist es weitestgehend unbrauchbar. Wenn über die Hälfte des Textbestands mit dem Vierquellen-Modell nicht adäquat bearbeitet werden kann, führt sich dann nicht die Hypothese selbst *ad absurdum*? Die Entstehung und Einbindung der Rechtskorpora bilden – anders als noch in den Analysen bei *J. Wellhausen* – keinen eigenständigen Schwerpunkt und sind zu wenig in dem traditionellen Modell berücksichtigt. Dabei stellt die Einbindung des Bundesbuches (Ex 20,22–23,33), des Privilegrechts (Ex 34,6–26), des Deuteronomiums (Dtn *12–26), der Dekaloge (Ex 20/Dtn 5) und schließlich des Heiligkeitsgesetzes (Lev 17–26) aber einen der Schlüssel zur Lösung der Pentateuchprobleme dar (s. z. B. zum Tafelmotiv und den Dekalogen C.II.1.4 und zum Privilegrecht C.VI.4, zum Bundesbuch C.VI.5, zum Deuteronomium C.II.5.4 u. C.IV., zum Heiligkeitsgesetz C.V.3). Der Komplexität der priesterlichen wie auch der deuteronomisch-deuteronomistischen Überlieferung und den späten Fortschreibungen im Pentateuch wird das Neuere Urkundenmodell zudem nur begrenzt gerecht. Als besonders sensible Bereiche für die Annahme von älteren Quellen können Anfang und Ende gelten. Insbesondere für den Elohisten, aber auch für den Jahwisten, fehlen diese Texte oder sind signifikanterweise in der Exegese sehr umstritten. Das gilt insbesondere für Gen 12* und 15*; Num *22–24; Num 32*, aber auch für Jos 24*. Klassische J-Texte wie der Beginn der Abrahamgeschichte in Gen 12,1–3 werden inzwischen vielfach als Spätlinge angesehen und brechen für den Jahwisten als Spitzentexte des theologischen Universalismus weg. Die kompositionelle und redaktionelle Vielfalt der Texte ist größer als dass sie in einem einzigen durchlaufenden nicht-priesterlichen Entwurf von *Gen 2,4b–Num 24,25, Num 32,38 oder Dtn 34,5 gefasst werden könnte. Wenn am Jahwisten als Quelle festgehalten werden soll (und es gibt belastbare Hinweise einer vor-jehowistischen Schicht in Gen 2–3 oder in der Sinaiperikope), kommt nur ein gegenüber den klassischen Entwürfen erheblich reduzierter Textbestand in Frage.

4.23 Fragwürdigkeit der vorausgesetzten Religions- und Sozialgeschichte

Zumindest hinsichtlich der Frühdatierung der ältesten Quelle J als einer Gesamtdarstellung von der Schöpfung bis vor die bzw. gar bis zur Landnahme, aber auch hinsichtlich der Theologie von E sind die diese Auffassungen tragenden geschichtlichen Säulen in den letzten Jahrzehnten weitgehend erschüttert bzw. umgestürzt worden. Die in J vorausgesetzte → Monolatrie (Alleinverehrung JHWHs) und die für E proklamierte Theologie der »Gottesfurcht« sind angesichts der neueren Monotheismusdiskussion kaum noch in der für J und E traditionell vorgeschlagenen Epoche plausibel. Im archäologischen und → ikonographischen Befund lassen sich erst spätvorexilisch, d. h. im 8. oder eher im 7. Jh. v. Chr., Hinweise auf eine mögliche Herausbildung eines dezidierten Ausschließlichkeitsanspruchs JHWHs finden.

Auch dass eine so umfassende Geschichtstheologie, wie sie J zugesprochen wird, schon in so früher Zeit möglich sein kann, wird mehr und mehr bezweifelt, zumal es im Israel des 10. Jh.s noch gar nicht jenen »Staat« gegeben hat, der angeblich durch J legitimiert worden wäre. Für das aus dem biblischen Befund erschlossene »Großreich« Davids, das Salomo übernommen und durch seine Innen- und Außenpolitik gefestigt hätte, gibt es aus archäologisch-historischer Sicht keine ausreichenden Hinweise (s. *C. Frevel*, Geschichte Israels, 2015). Insgesamt ist eher davon auszugehen, dass sich ein institutionell ausgebauter monarchischer Staat zunächst im Norden (Omridendynastie im 9. Jh. v. Chr.) und verzögert sowie abhängig von Israel im 9./8. Jh. v. Chr. in Juda herausbildet. Damit stellt sich die Frage, ab wann überhaupt die kulturgeschichtlichen und literatursoziologischen Voraussetzungen (Schrift- und Lesekultur) für die erste »Quelle« als Geschichtsdarstellung gegeben waren. Dass dies – wie die jüngere Urkundenhypothese mit der Annahme eines davidisch-salomonischen Jahwisten voraussetzt – schon im 10. oder 9. Jh. v. Chr. in Israel der Fall war, wird weithin bestritten. Erst im 8. Jh. v. Chr. kann die wachsende Anzahl administrativer Texte die Hypothese einer höfischen Schreibkultur stützen.

4.3 Konvergenzlinien der aktuellen Pentateuchdiskussion

(1) Gegenüber allen allzu mechanistischen Textzerstückelungen ist der lebendige Überlieferungsprozess stärker zu bedenken. Insbesondere müssen die Spezifika der »größeren Einheiten« (*R. Rendtorff*) beachtet werden (z. B. die Differenzen zwischen Gen und Ex). Die einzelnen Bücher haben voneinander verschiedene redaktionelle Profile und das gilt es auch bei der Hypothesenbildung zu berücksichtigen. Ein einheitliches Entstehungsmodell für alle Textbereiche erscheint dem nicht angemessen. Umgekehrt kann die Überlieferungsbildung nicht in eine beliebige Vielzahl voneinander unabhängiger Einzeltraditionen aufgelöst werden, da auch dafür die literatursoziologische Plausibilität fehlt. »Die literarische Zerfaserung bzw. was auf dasselbe hinauskommt, die diffuse, überaus komplizierte überlieferungsgeschichtliche Differenzierung des Texts in eine Vielzahl von Quellenschriften bzw. vorliterarischen Traditionen« (*R. G. Kratz*), die früher üblich war, ist wenig überzeugend. Gerade die allgemein anerkannte Komplexität der Endgestalt des Pentateuch zeigt, wie problematisch es ist, unsere neuzeitlichen

Auffassungen über die literarische Kohärenz eines Werkes auf die antike Traditionsliteratur zu übertragen und zum Hauptkriterium der Rekonstruktion der Entstehung des Pentateuch zu machen. Es ist kaum anzunehmen, dass die Redaktoren des Pentateuch die von der neuzeitlichen Pentateuchkritik herausgearbeiteten Spannungen, Dubletten, Ambivalenzen und Gegensätzlichkeiten nicht wahrgenommen hätten. Wenn sie diese nicht beseitigt oder retuschiert haben, hatten sie offenkundig ein anderes »Textverständnis«, das nicht immer unserer neuzeitlichen Logik entsprechen muss, sondern kulturspezifische Gründe hatte, aber auch mit der Funktion dieser Texte zusammenhängen dürfte. Wenn dies für die »Endgestalt« des Pentateuch gilt, stellt sich die Frage, welches Textverständnis den von der kritischen Forschung postulierten Vorstufen des Pentateuch zugrunde lag. Diese Erkenntnis muss nicht dazu führen, auf Hypothesen über die Pentateuchentstehung zu verzichten, aber sie macht Hypothesen fragwürdig, die Pentateuch-Vorstufen bis in den Wortlaut hinein rekonstruieren.

(2) Die mehr oder minder sterile Trennung von narrativem und legislativem Material hat zu einem Auseinandertreten beider in der Literaturgeschichte geführt. Hypothesen, die sich ausschließlich auf das erzählende Material richten und sämtliche Rituale oder Gesetze für sekundäre Zuwächse erachten, sind wenig plausibel (zumal sie im Hintergrund die traditionelle Abwertung des Gesetzes erkennen lassen). Die bislang zu wenig beachteten Rechtskorpora (Bundesbuch, Privilegrecht, Deuteronomisches Gesetz, Dekaloge, Heiligkeitsgesetz) müssen in Entwürfen der alttestamentlichen Literaturgeschichte stärker berücksichtigt werden.

(3) Insbesondere müssen die späten Phasen der Formierung des Pentateuch stärker im Zusammenhang des Wachstums der Bücher Jos–2 Kön gesehen werden. Dabei ist auch dem Umstand Rechnung zu tragen, dass es neben dem Pentateuchzusammenhang auch einen Hexateuchzusammenhang gibt. Das betrifft nicht nur das Schlusskapitel Jos 24, sondern auch die Texte in Jos 13–22, die enge Bezüge zum Buch Numeri aufweisen. Da freilich auch hierüber die Meinungen der Forschung divergieren (s. u. D.II.), wird die Hypothesenbildung dadurch nicht einfacher. Dass eine Pentateuchtheorie jedenfalls ohne Einbeziehung des Buches Josua (also ohne Auseinandersetzung mit dem sog. Hexateuchproblem) nicht möglich ist, wird von den meisten Diskussionsbeiträgen der jüngsten Zeit betont.

(4) Neben der Rechtsentwicklung, der Einbindung der Gesetzeskorpora und der Hexateuchperspektive ist auch die jüngere Prophetenforschung künftig in der Theoriebildung zum Pentateuch stärker zu berücksichtigen. Auch dort haben entscheidende Verschiebungen von einer Frühdatierung zu einer relativen Spätdatierung eines Großteils der prophetischen Überlieferung stattgefunden. Damit haben sich viele der Voraussetzungen verändert, die zuvor zur Begründung der jüngeren Urkundenhypothese angeführt wurden. Die Fortschreibungs- und Redaktionsprozesse, die vom Propheten zum Prophetenbuch führen, sind mindestens ebenso komplex wie diejenigen im Pentateuch (s. u. F.I.). Die Überlieferungsbildung im *corpus propheticum* und im Pentateuch greift ineinander und es kommt zu komplexen redaktionsgeschichtlichen Interferenzen (z. B. zwischen der Traditionsbildung in Ezechiel und den priesterlichen Texten im Pentateuch). Die Ergebnisse der Prophetenforschung müssen als kritisches Korrektiv in die Theoriebildung zum Pentateuch eingebracht werden (und umgekehrt).

(5) Die Pentateuchtheorie muss religions- und sozialgeschichtlich plausibel sein. Das gilt nicht nur im Hinblick auf die Anfänge der Überlieferungsbildung, wo die neuen Erkenntnisse über die Frühgeschichte Israels und die frühe Königszeit die traditionellen Thesen über J und E (s. o.) ausschließen, sondern auch für die umgekehrte Annahme, erst die frühnachexilische Zeit des Zweiten Tempels zur Entstehungszeit beinahe aller großen literarischen Werke zu erklären. Das bedeutet, dass man auf sehr begrenztem Raum (die persische Provinz Jehûd ist ziemlich klein!) und in sehr kurzer Zeit eine vergleichsweise große Produktivität postulieren muss. Die Entwicklung einer sozial- und institutionsgeschichtlich plausiblen Theorie der Literaturentstehung in spätvorexilischer, exilischer und nachexilischer Zeit stellt eine der größten Herausforderungen für die Pentateuchforschung dar. Das schließt die regionalen literarischen Entwicklungen in den beiden Teilstaaten Juda und Israel ebenso ein, wie die daraus erwachsende Perspektive eines beide Teile umfassenden »Groß-Israels«. Historisch, religions- und sozialgeschichtlich setzt sich die unterschiedliche Entwicklung des Nordens und des Südens auch in exilischer und nachexilischer Zeit fort. Eine zentrale Rolle kommt hier den Nachbarprovinzen Jehûds, insbesondere Samaria, zu. JHWH wurde nicht nur in Jerusalem, sondern auch auf dem Garizim und wahrscheinlich noch an weiteren Orten in den Nachbarprovinzen verehrt. Der Pentateuch hat (z. B. in den verschiedenen Landeskonzeptionen oder im System der Stämme Israels) in manchen Texten ein integratives Interesse, in anderen aber auch gegenläufige Tendenzen, in denen ausschließlich Jerusalem und Juda in den Blick geraten. Dieses Geflecht an Identitätsdiskursen, das sich im Pentateuch bzw. im Hexateuch niedergeschlagen hat, muss die Literaturgeschichte zumindest in der Tendenz aufzulösen in der Lage sein. Ein Pentateuch- bzw. Hexateuchentstehungsmodell muss daher versuchen, die unterschiedlichen Land- und Israelkonzepte historisch unter der Voraussetzung der jüngeren Geschichtsforschung zu plausibilisieren.

(6) Wie die in jüngerer Zeit entwickelten Pentateuchmodelle (s. u. C.II.5.) zeigen, empfiehlt sich eine Kombination der oben (s. o. C.II.2.) skizzierten drei Basisfiguren, aufgeteilt auf die unterschiedlichen Phasen der Pentateuchentstehung. Als ausgesprochen tragfägig hat sich in der jüngsten Diskussion die Annahme von Erzählkränzen erwiesen, die zu größeren literarischen Zusammenhängen zusammengeführt worden sind. Damit kann regionalen Entwicklungen und unterschiedlichen Trägerkreisen Rechnung getragen werden. Dazu gehören etwa die Mose-Exodus(-Landnahme)-Erzählung, der Jakobszyklus, aber auch die ältere Abrahamüberlieferung.

(7) Fragt man nach weitergehenden Konvergenzlinien der jüngeren Forschung, so ist der breiteste Konsens – bei allem Dissens über den Umfang (s. u. C.V.) – in der Abgrenzung einer Priesterschrift als Quelle zu konstatieren. Zugleich wächst aber die Skepsis, diese Priesterschrift ausschließlich auf ein Gerüst narrativer Kern- und Brückentexte zu begrenzen und alle Bezüge zu Gesetzen, Ritualen, den Vorschriften zum Bau des Zweiten Tempels usw. literarkritisch zu eliminieren. Die früher scharf durchgeführte Unterscheidung von P^g und P^s wird zwar nicht aufgehoben, doch lässt sich zunehmend beobachten, dass die Priesterschrift als plurales Überlieferungskonvolut verstanden wird, in das auch älteres Material (etwa in manchen Ritualtexten, z. B. Lev 1–7; 8; 9; 11–15; 16) eingeflossen ist. Zwar bildet die Unterscheidung von priesterlichem und nicht-pries-

terlichem Material nach wie vor einen weitgehenden Konsens in der Forschung, doch ist die Unterscheidung schwieriger geworden, weil methodisch sichere Kriterien für die Zuweisung eines narrativen Textes zum priesterlichen Material fehlen und nicht ausgeschlossen werden kann, dass legislative, kultische und rituelle Texte außerhalb der Priesterschrift P^g+P^s) überliefert wurden. Dissens besteht im Einzelnen in Bezug auf den Umfang der nicht-priesterlichen Texte, die als vor-priesterlich einzustufen sind, sowie in Bezug auf deren Einbindung in größere literarische Zusammenhänge (Erzählkränze, Quellen, Geschichtswerke). Zwar findet die Annahme, dass die Priesterschrift den ersten durchlaufenden Erzählfaden geschaffen hat und vor-priesterliches Material lediglich (wenn überhaupt) in Erzählkränzen organisiert war, immer mehr Zustimmung, bleibt aber darin ein stark umstrittener Punkt (s. u. 9).

(8) Die dem jüngeren Urkundenmodell zugrunde liegende Annahme, dass das gesamte *nicht*-priesterliche Material auch *vor*-priesterlich einzuordnen sei, ist hingegen inzwischen weitestgehend aufgegeben. D. h., es wird grundsätzlich auch mit nicht-priesterlichen Texten und Traditionen gerechnet, die in ihrer literarischen Gestaltung die exilisch-nachexilische Priester(grund)schrift bereits voraussetzen bzw. zunächst unabhängig von einem Erzählzusammenhang überliefert worden sind (z. B. die Erzählung von Dina Gen 34 oder Einzelüberlieferungen in Num 21). Das schließt im Einzelnen nicht aus, dass die *nach*-priesterschriftlich schriftlich ausgestalteten Überlieferungen in ihren Stoffen älter sind. Eine Neudiskussion der Rolle der mündlichen Überlieferung im Traditionsprozess (s. o. II.3.5) steht damit auch in der Pentateuchforschung an. Auch die sozial- und institutionsgeschichtliche Verortung der Überlieferungsbildung neben bzw. jenseits von priesterlichen Tradentenkreisen muss in Zukunft intensiver erforscht werden.

Neben den genannten Punkten kristallisiert sich als Konvergenzlinie der jüngeren Pentateuchforschung die Annahme einer nicht-priesterlichen Mose-Exodus-Erzählung heraus, die zusammen mit dem Erzählkranz um Jakob einen Grundstock der vor-priesterlichen Überlieferungsbildung darstellt. Daneben bildet das Deuteronomium zumindest in seinen frühesten Schichten (s. u. C.IV.) einen immer noch relativ festen spätvorexilischen Ausgangspunkt in der Diskussion.

(9) In methodischer Hinsicht besteht weitgehende Einigkeit darüber, dass die Datierung jenes übergreifenden Erzählwerks, das erstmals die Erzelternerzählungen mit der Mose-Exodus-Erzählung zusammengebunden hat, eine entscheidende Weichenstellung für die jeweilige Pentateuchtheorie bedeutet. Dass die Entstehung eines solchen Werkes nicht mehr in die frühkönigliche Zeit angesetzt werden kann, wie dies das traditionelle Quellenmodell mit der Datierung von J in das 10./9. Jh. v. Chr. tat, ist heute ebenfalls weitestgehender Konsens. Über eine argumentativ nachvollziehbare und im Kontext der Literatur- und Theologiegeschichte Israels plausible Datierung gehen aber die Meinungen nach wie vor auseinander. Es gibt einerseits die in diesem Studienbuch favorisierte Auffassung, dass dieses erste mehrere Überlieferungseinheiten übergreifende Werk noch in spätvorexilischer Zeit, zeitlich in der Mitte des 7. Jh.s v. Chr. und theologisch im Horizont der joschijanischen Reformbewegung (und damit im Vorfeld/ Umfeld des joschijanischen Dtn), entstanden sei (»*Münsteraner Pentateuchmodell*«: s. u. 5.). Andererseits gibt es die in jüngerer Zeit verstärkt vorgetragene Auffassung, dass die

literarische Konstruktion des pentateuchischen Geschichtsbogens erstmals durch die Priesterschrift geschaffen wurde – und zwar erst in frühnachexilischer, also frühpersischer Zeit (vgl. die Pentateuchmodelle von *E. Blum, E. Otto* und *R. G. Kratz*, ferner *K. Schmid, J. C. Gertz, T. Römer* u. a.). Als einer der Begründer dieser Auffassung kann *A. de Pury* gelten, der seine diesbezügliche Position so zusammenfasst: »P^g erscheint immer deutlicher als der eigentliche Konzeptor der embryonären Pentateuchstruktur in ihren drei Teilen – Urgeschichte (Adam – Noah), Vätergeschichte (Abraham – Jakob) und Mosegeschichte – und als der Urheber ihrer ersten narrativen Durchführung« (*A. de Pury*, Patriarchen 179). Gegen diese Auffassung, die auf der Spätdatierung entsprechender nicht-priesterlicher Texte in Ex 1–4 fußt, regt sich in der jüngsten Diskussion Widerstand (*G. Davies, C. Berner, M. Konkel, L. Schmidt* u. a. m.) (s. dazu ausführlicher C.VI.3.).

(10) Stärker als früher müssen die späten Textkomplexe im Pentateuch (vor allem in Lev und Num, aber auch in Teilen von Ex) mitreflektiert werden, um den (länger dauernden) *Vorgang* der sog. Endkomposition des Pentateuch angemessen zu erfassen. Es besteht ein weitgehender Konsens dahingehend, dass das traditionelle Urkundenmodell mit der Annahme der Priestergrundschrift als spätester Quelle und *einer* die Quellen verbindenden Pentateuchredaktion für die Beschreibung der priesterlichen und nachpriesterlichen Traditionsbildung in Ex–Num unzureichend ist. Vorgeschlagen werden die Kombination von Pentateuch- und Hexateuchredaktionen und mehrfach gestufte theokratische Bearbeitungen. Dabei ist umstritten, welcher jeweilige Werkzusammenhang bei den Bearbeitungen vorausgesetzt werden kann bzw. muss.

Gegen das klassische Vierquellen-Modell (C.II.4) besteht ein weitestgehender Konsens dahingehend, dass nicht *eine* formative Redaktion den Pentateuch durch die Kombination von Quellen schafft und damit zugleich die Bearbeitungen abschließt. Dissens besteht aber in der Frage, ob es überhaupt zu einem Zeitpunkt eine formative Redaktion gegeben hat, die den Pentateuch abgeschlossen hat oder mit einer Vielzahl von Fortschreibungen gerechnet werden muss, deren Endpunkt(e) in den Übergängen zwischen Textproduktion und Textrezeption (d. h. zunächst in der Textgeschichte) zu suchen sind (s. u. C.III).

5. Die Entstehung des Pentateuch nach dem »Münsteraner Pentateuchmodell«

Zwar gibt es, wie unter 4.3 dargestellt ist, in der Forschung der letzten Jahre mehrere Konvergenzlinien, doch herrscht im Einzelnen derzeit eine kaum noch überschaubare Vielfalt von Meinungen über die Entstehung des Pentateuch. Selbst mit einer exemplarischen Auswahl von Positionen lässt sich die Vielfalt der derzeit diskutierten Hypothesen und Varianten kaum noch abdecken (vgl. die Darstellung von drei forschungsgeschichtlich wichtigen Alternativmodellen in den Zusatzmaterialien auf www.kohlhammer.de). Den Forschungsstand spiegeln die vielen Sammelbände zum Pentateuch bzw. einzelnen Büchern der Tora (s. Literatur). Im Folgenden wird ein Modell vorgestellt, das Kompromisslinien in der derzeitigen Forschung sucht und als »Münsteraner Pentateuchmodell« diskutiert wird. Andere Modelle, die an den in 4.3 dargestellten Bruchlinien ansetzen (z. B. Annahme von Quellen überhaupt, Reduktion auf ein Grundschriftmodell, erst nachexilische Verbindung von Erzvätern und Exodus, Spätdatierung des Dtn usw.) lassen sich mit den Namen *Erhard Blum, Eckart Otto, Reinhard G. Kratz, Thomas Römer, Jan Christian Gertz, Ludwig Schmidt, Christoph Levin, Konrad Schmid, Hans-Christoph Schmitt, Rainer Albertz, Reinhard Achenbach, Christoph Berner* u. v. a. verbinden. Schaut man über den deutschsprachigen Raum hinaus, sind daneben *Jean Louis Ska, John Van Seters, David Carr, Christophe Nihan, Joel Baden, Jeffrey Stackert, Thomas Dozeman, Bernhard Levinson* u. v. a. m. zu nennen.

Um die Darstellung in dem vorliegenden Studienbuch nicht zu kompliziert zu machen, beschränken sich die folgenden Ausführungen auf das »Münsteraner Pentateuchmodell«. Es setzt wie viele andere Modelle voraus, dass die Literaturproduktion im Pentateuch als Auseinandersetzungen mit epochalen Ereignissen der Geschichte Israels zwischen dem 10. und 4. Jh. v. Chr. zu verstehen sind. Divergenzen in den Forschungsmeinungen beziehen in der Regel diese Bezüge ebenfalls mit ein, bewerten sie aber anders.

Seinen Ausgangspunkt nimmt das »Münsteraner Pentateuchmodell« in frühen Arbeiten der Münsteraner Alttestamentler *Peter Weimar* und *Erich Zenger* sowie in Einzelstudien weiterer Forscher in ihrem Umkreis (*F.-L. Hossfeld, C. Dohmen* u. a.). *E. Zenger* führte die Ergebnisse in einer Pentateuchentstehungshypothese zusammen, die seit der 3. Auflage 1998 unter der Bezeichnung »Münsteraner Pentateuchmodell« geführt wird. Die zugrunde liegende Kombination von Elementen der Fragmenten-, Quellen- und Ergänzungshypothese hat eine erfreuliche Aufnahme in der Forschung gefunden. Sie ist besonders in die im Einzelnen divergierende Modellbildung bei *R. G. Kratz, E. Otto, J. C. Gertz u. a.* aufgenommen worden. Die z. T. auch kritische Diskussion des »Münsteraner Pentateuchmodells« hat zu kontinuierlichen Anpassungen an den Forschungsstand geführt (bis zur 7. Auflage durch *Erich Zenger*, seit der 8. Auflage durch *Christian Frevel*). Die Hypothese beschreibt durch eine Reihe von Grundannahmen einen Rahmen, der sich in der derzeitigen Diskussionslandschaft als Mittelposition beschreiben lässt. Das »Münsteraner Pentateuchmodell« (s. das Schaubild S. 125) wird in jeweils individueller Ausprägung von *P. Weimar, F.-L. Hossfeld, C. Dohmen, M. Konkel, C. Frevel u. a.* vertreten und bildet die Grundlage der Darstellung der Pentateuchentstehung in diesem Studienbuch (s. u. C.III.–VI.).

Insofern grundsätzlich an der Abfolge [JE]DP festgehalten wird und mit einem vorpriesterlich zu datierenden übergreifenden Erzählzusammenhang gerechnet wird, bildet die Neuere Urkundenhypothese eine der Grundlagen des Modells. Zugleich wird die Konsequenz aus der anhaltenden Diskussion um die Abgrenzbarkeit einer jahwistischen und elohistischen Quellenschicht (s. o.) gezogen. Diese werden unbeschadet der Annahme älterer Erzähltraditionen (etwa in den Jakobserzählungen, der Exoduserzählung, der Bileamperikope) als Geschichtswerke aufgegeben. Unter Aufnahme der Jehowistenhypothese (*J. Wellhausen, A. Reichert*) wird von einer konzeptionell verbindenden Arbeit im 7. Jh. v. Chr. ausgegangen.

Für die Überlieferungsbildung geht das »Münsteraner Pentateuchmodell« wie viele andere Hypothesen davon aus, dass am Anfang kleinere, zunächst eigenständige Einheiten stehen, die erst sukzessiv zu größeren Textkomplexen zusammengearbeitet wurden. Damit geht das Modell für die frühen Phasen der Pentateuchentstehung mit der

Münsteraner Pentateuchmodell (Stand 2015)

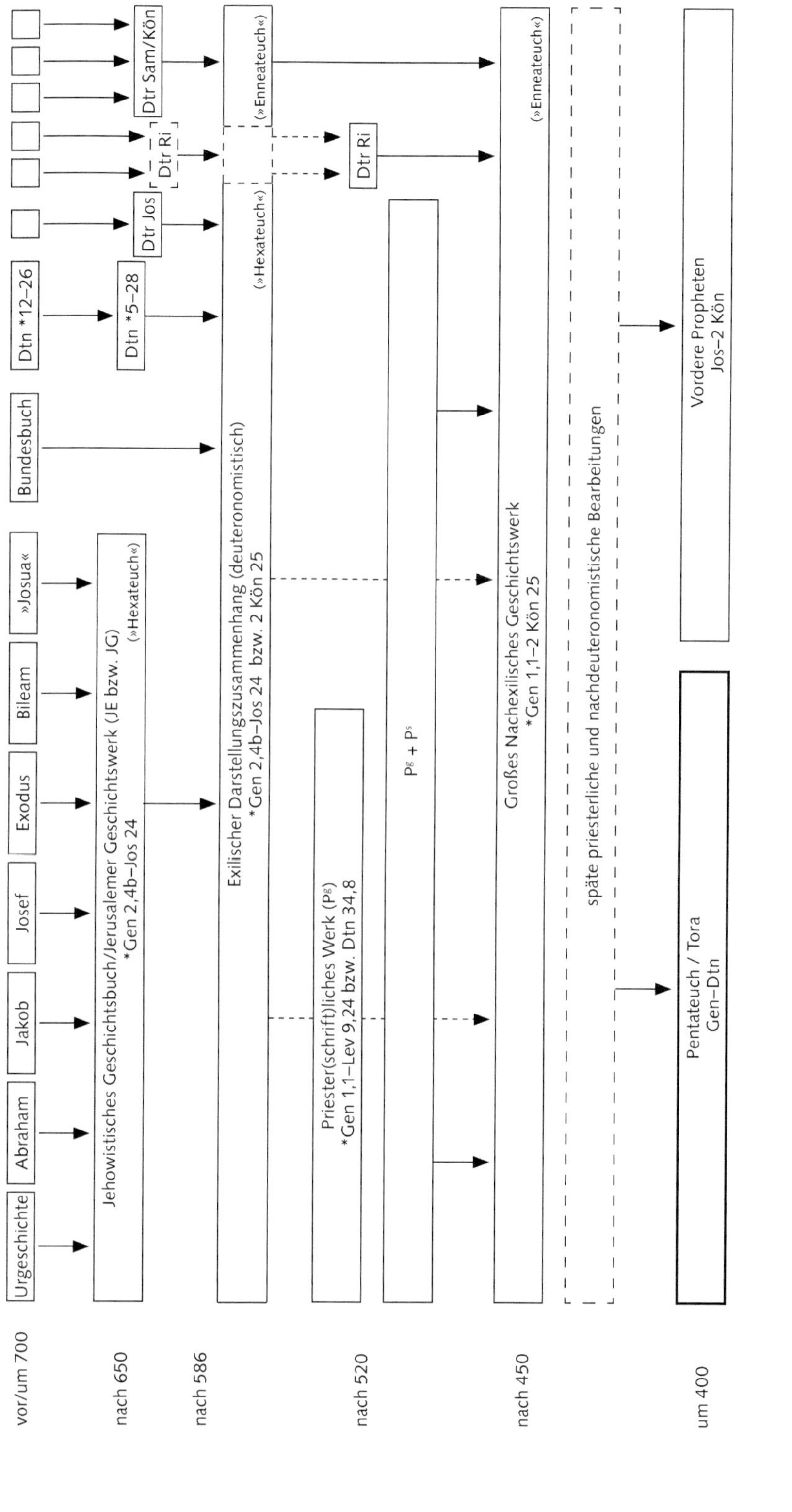

Fragmenten-/Erzählkranzhypothese und nimmt danach zwischen dem 7. Jh. und dem ausgehenden 6. Jh. v. Chr. die Entstehung von zwei bzw. drei »Quellenschriften« (JG, Dtn und P) unterschiedlichen Umfangs (Quellenhypothese) an, die ihrerseits fortgeschrieben und sukzessiv miteinander kombiniert wurden. In den darauf folgenden Redaktions- und Fortschreibungsprozessen wurden weitere nichtquellenhafte Materiale integriert (Ergänzungshypothese), ehe um 400 v. Chr. der Pentateuch in seinem Umfang Gen 1–Dtn 34 als eigenständige Größe abgegrenzt wurde. Einen literatur- und theologiegeschichtlichen Fixpunkt bildet in diesem Modell die in der 2. Hälfte des 7. Jh.s v. Chr. entstandene Fassung des Dtn, die durch ihre Nähe zu neuassyrischen Texten ziemlich sicher datierbar ist.

5.1 Die Anfänge der Überlieferungsbildung

Die Anfänge der Überlieferungsbildung liegen zum einen in den um die »Erzväter« Abraham (im Süden) und Jakob (im Norden) kreisenden *Familiengeschichten* (vgl. Gen 12/*13–35) und zum anderen in einer im Norden entstandenen *Mose-Exodus-Geschichte* (Ex *1–15). Daneben gab es lokale/regionale Erzählungen wie die über den nichtisraelitischen Seher Bileam (vgl. Num *22–24), die Zerstörung von Jericho und Ai (vgl. Jos 6* und 8*), aber auch die Zusammenstellung rechtlicher Überlieferungen (vgl. Ex *21–23: das spätere »Bundesbuch« mit dem Konzept des sog. Privilegrechts s. u. C.VI.4.). Ebenso dürfte die Geschichte vom Aufstieg des Josef am Hof des Pharao (vgl. Gen *39–41) eine »alte« Überlieferung (8. Jh. v. Chr.?) repräsentieren. Den unabhängig voneinander sich formierenden Abraham- und Jakobgeschichten ist gemeinsam, dass in ihnen Heiligtümer eine Rolle spielen (Abraham: Mamre; Jakob: Bet-El), dass die Figuren sich im Gegenüber zu anderen Figuren bzw. Größen profilieren (Abraham mit Sara und Hagar: Lot bzw. Sodom; Jakob: Esau bzw. Laban) und dass es insgesamt Geschichten sind, die die Lebensverhältnisse der Regionen, in denen sie spielen (Abraham, Sara, Hagar: Großraum Hebron und Beerscheba mit Negeb; Lot: Moab und Ammon; Jakob, Laban, Lea, Rahel: Aram; Jakob, Esau: Edom), nicht nur widerspiegeln, sondern erläutern und geradezu begründen. Dabei sind die Jakobgeschichten in der Verschränkung von regionalen, familien- und volksbezogenen Perspektiven viel komplexer als die Abrahamgeschichten. Die Beziehungen zwischen den handelnden Figuren werden als verwandtschaftliche und trotz aller Konflikte friedliche Beziehungen dargestellt. Ebenso ist der diese Erzählungen prägende Gottestyp der Typ der familialen bzw. lokalen Schutzgottheit. Durch diese zuletzt genannten Eigenheiten unterscheiden sich die Abraham- und die Jakobgeschichten massiv von der »alten« Exoduserzählung, in der es um einen politischen/staatlichen Konflikt zwischen dem Pharao Ägyptens und dem »Volk« Israel geht und den der kriegerische Gott JHWH durch die Vernichtung des Pharao »löst«. Ähnlich kriegerisch agiert auch der Gott der Josuageschichten Jos 6*; 8*; und 10*.

5.2 Zwei Ursprungsgeschichten Israels

Eine erste größere Mutation in der Überlieferungsbildung ist zunächst daran erkennbar, dass die ursprünglich eigenständigen Erzählkränze um Abraham und um Jakob zu einer genealogisch verketteten Familiengeschichte zusammengestellt werden, wobei auch die Josefgeschichte eingebunden wird. Diese neue regionenübergreifende Familiengeschichte betont nicht nur die verwandtschaftliche Zusammengehörigkeit von Norden und Süden, also von Nord- und Südstämmen, sondern auch die gottgewollte »Schicksalsgemeinschaft« von Juda und Israel, von Aram, Ammon, Moab und Edom, also der Völkergemeinschaft des ganzen Raumes Syrien-Palästina – nicht auf der Ebene der Staaten, sondern der »Großfamilie«. Dabei werden die Unterschiede nicht nivelliert, aber doch relativiert. Der *Erzählkranz Gen *13–50* lässt sich literarisch als eine Erzählung über die Ursprünge der Gemeinschaft Israel/Juda im Kontext seiner Nachbarvölker verstehen. Er setzt eine Israelperspektive voraus, die die regionale Begrenzung auf den Staat Israel im Norden bzw. den Staat Juda im Süden durch verwandschaftliche Verbundenheit übersteigt. Als plausibler Entstehungsgrund bietet sich die Zeit nach 722 v. Chr. an, also die Zeit nach dem staatlichen Ende des sog. Nordreichs. Die jüngeren Forschungen zur Geschichte Israles zeigen, dass sich der kleinere und schwächere Südstaat Juda erst im 8. Jh. v. Chr. aus der Übermacht des von den Omriden und Nimschiden beherrschten Nordens hat lösen und mehr oder minder eigenständig entwickeln können (*C. Frevel*). Die Dominanz der Assyrer in der gesamten südlichen Levante schafft ein Bewusstsein regionaler Zusammengehörigkeit. Mit der Schwächung des Nordens entsteht im Süden ein »Nationalbewusstsein«, das sich der gemeinsamen Wurzeln und der gemeinsamen Verehrung desselben Gottes bewusst ist. Der Erzählkranz Gen *13–50 kleidet das in die Vorstellung gemeinsamer »Stammeltern«, die eine »familiäre Einheit« formen. Er erhebt dabei den Anspruch, dass dem Süden mit dem zugewanderten Abraham und seiner Familie die Würde des Anfangs und Ursprungs zukommt. In diesen Familiengeschichten geht es also nicht um eine »historische Patriarchenzeit« in der Mittelbronzezeit zwischen 1800 und 1500 v. Chr., in der es weder Israel noch Juda gab. Vielmehr deutet sich Juda/Israel in dem Erzählkranz die gemeinsame und zu Gemeinsamkeit verpflichtende Ursprungsgeschichte im Kontext der Nachbarvölker – und stellt sich dabei unter die Verheißung des ihnen gemeinsamen Sippen- und Schutzgottes JHWH. Die ursprüngliche Exoduserzählung Ex *1–14 hingegen ist älter. In der Loslösung aus der ägyptischen Dominanz (die historisch seit der Spätbronzezeit die südliche Levante bestimmte) spiegelt sich der Ursprungsmythos des Nordstaates unter den Omriden im 9./8. Jh. v. Chr. Der Gott JHWH wird dort zum Gott der Befreiung und zum Garant der Entwicklung dieses jungen Israel, das seinen staatlichen Einfluss nach Norden, Osten und Süden ausdehnt. Die ältere Exoduserzählung wurde aber vielleicht erst nach dem Untergang des Nordstaates durch eine Kombination mit »Josuageschichten« zu einer »*Landnahmegeschichte*« (noch ohne »Sinai«-Erzählung) fortgeschrieben. Denn auch darin spielt wie in den Abrahamerzählungen der Süden, repräsentiert durch die Figur des Josua, eine entscheidende Rolle und das Land wird allmählich von Süden nach Norden erobert.

5.3 Das Jerusalemer Geschichtswerk

Der massive militärische Druck des assyrischen Reiches, dem der Staat Israel 722 v. Chr. zum Opfer gefallen war, und der, trotz der unerwarteten Rettung Jerusalems vor Sanherib 701 v. Chr., auch weiterhin auf Juda lastete (unter König Manasse, 699–643 v. Chr., war Juda assyrischer Vasall!), führte in Jerusalem im Umfeld von König und Tempel, soweit wir erkennen können, zu verstärkter Reflexion über die Beziehung JHWH – Juda/Israel und über die Ursachen des Untergangs des Nordstaates Israel sowie einer Rückbesinnung auf die durch JHWH von Juda/Israel geforderte politische und gesellschaftliche Identität. So bildete sich eine *»Reformallianz«* priesterlicher, administrativer und prophetisch beeinflusster Kreise heraus, die sich einerseits dem hegemonialen Druck der Assyrer widersetzten, als er Mitte des 7. Jh.s v. Chr. durch die Verschiebungen im gesamtpolitischen Gefüge nachzulassen begann. Die Reformkräfte erkennen die Gefahr, bei einem Niedergang der assyrischen Großmacht »unter die Räder« zu geraten. Sie suchen die »nationale« Identität Judas zu stärken und entwickeln dazu ein religionspolitisches und gesellschaftliches Erneuerungsprogramm, das sich in zwei größeren literarischen Werken bzw. »Quellenschriften« (Jerusalemer Geschichtswerk und Deuteronomium) des späteren Pentateuch niederschlug.

Das eine dieser beiden theologisch miteinander verwandten Werke schuf erstmals ein *normatives Geschichtsbild* über die Anfänge der Beziehung zwischen JHWH und seinem Volk Juda/Israel. Dazu stellte es unterschiedliche Erzählkränze und Einzelgeschichten zusammen, von der Menschenschöpfung über die Erzeltern Abraham und Jakob, über Exodus und Wüstenwanderung bis hin zur Eroberung Kanaans (*Gen 2–Jos 24). Die literarische Technik dieser ersten übergreifenden Geschichtsdarstellung war weitgehend die der Nebeneinanderstellung der vorgegebenen Überlieferungskomplexe, doch zugleich wurden diese Komplexe als zusammenhängende Geschehensfolge komponiert und durch eigens geschaffene »Brückentexte« (Gen 15*; Ex 34*; Jos 24*) theologisch zusammengebunden. Der so gestaltete literarische Zusammenhang bildete also nach der traditionellen Terminologie einen »Hexateuch«, dessen theologische Programmatik um zwei Hauptaussagen kreiste:

1. Mit der den Erzvätern gegebenen Land- und Volkwerdungsverheißung und der dann als Abschluss des Exodus erzählten *gemeinsamen* Landnahme unter Josua betonte dieses Werk im 7. Jh. v. Chr. die Idee eines den Raum der JHWH-Verehrung umspannenden Landeskonzeptes. Dafür steht die Zusage des *ganzen* Landes als seine Heilsgabe an Juda/Israel. Damit unterstützte es zugleich die Bemühungen, die territoriale Ausdehnung des Reichs nach Norden zu erweitern, was als Idee weit ausgreifender war als es im Regierungshandeln Joschijas eingelöst wurde. Die Exoduserzählung, die vormals »Gründungsmythos« des Nordstaates war, wurde nun zur Ursprungsgeschichte des ganzen Volkes mit Jerusalem (und dem als einzigem bedeutenden JHWH-Heiligtum verbliebenen Jerusalemer Tempel) als Zentrum. Die im Erzählkranz Gen *13–50 entwickelte Israelperspektive, die über den genealogischen Zusammenhang der Jakobsfamilie und ihre verwandtschaftliche Verbindung mit der Abrahamssippe einen auf den Schutzgott JHWH bezogenen gemeinsamen Ursprung entworfen hatte, wird mit der Exodus-Landnahme-Überlieferung zusammengeführt und so in dem konkreten Bezug zum Land eine gemeinsame »Israel«-Perspektive entfaltet. Die Ursprungserzählungen werden so zu einem »Gründungsmythos« zusammengeführt, der in dem befreienden Potential des Exodusgottes seine Mitte findet. Das Kontrastmotiv »Frondienst für Pharao« – »Fest (Dienst) für JHWH« erhielt neue Konnotationen: Der Pharao der Erzählung wurde auf die assyrische Unterdrückermacht hin transparent und das »Fest« bzw.

der »Dienst«, zu dem JHWH sein Volk von »Ägypten« befreite, wurde zur Chiffre für den monolatrischen Dienst (→ Monolatrie) für (den Zionsgott) JHWH.

2. Die Einheit der JHWH-Verehrung wurzelt in diesem Erzählkomplex in der Religion der Väter, wird aber in der Exoduserzählung deutlicher verankert und so zur identitätsstiftenden Perspektive für das literarische Groß-Israel. In dem von diesem Werk (z. T. unter Aufnahme älterer Traditionen) neu gestalteten theologischen Zentrum Ex *19–24 (Theophanie JHWHs mit Opferfest als Antwort Israels); 32* (Fest vor dem Goldenen Kalb: Abwendung vom Exodusgott JHWH); 33* (JHWHs Gnade und Zusage der Begleitung); 34* (Bund JHWHs mit Mose und mit Israel) wurde die Beziehung zwischen JHWH und seinem Volk in kritischer Aufnahme neuassyrischer Konzepte »bundestheologisch« formuliert. Dies geschah zugleich in Kombination mit einer Reflexion über die Ursachen des Untergangs des Nordreichs, der als Strafgericht JHWHs gedeutet wurde – in Aufnahme der im Amos- und Hoseabuch erkennbaren prophetischen Gerichtspredigt mit ihrem Kampf gegen das gesellschaftliche Unrecht = »Frondienst« (Amos) und gegen den Abfall vom Exodusgott JHWH (Hosea) (s. u. E.VIII.1. und E.VIII.3.). In Absetzung von den assyrischen Göttern Assur und Ischtar wird JHWH als gnädiger und barmherziger Gott vorgestellt, der Israel verzeiht und sich um das Volk kümmert (Ex 3,6–7; 34,6–7). JHWH begründet ein geradezu familiäres Beziehungsverhältnis zu Israel. In der Mitte des Weges vom Ägypten des Pharao in das Land JHWHs wird am Sinai die Beziehung zwischen dem befreiten Israel und seinem befreienden Gott als ein Bundesverhältnis konstituiert, dessen »Basistext« JHWH selbst dem Mose in einer Audienz auf dem Berg Sinai mitteilt und den Mose dann schriftlich festhält (vgl. Ex 34,27). Das »privilegrechtlich« konzipierte Bundesverhältnis, das Rechte und Pflichten beider Seiten betont (Ex *34,6–7: Selbstvorstellung JHWHs; *34,12–14: Hauptgebot der exklusiven Loyalität zu JHWH mit politischem Bündnisverbot; *34,17–26: Kultrechtliche Einzelbestimmungen als Beispiele des »JHWH-Dienstes«), ist einerseits ein Gegenentwurf zu der von den Assyrern ihren Vasallen abverlangten Loyalität (die von Ex *1–15 her als Frondienst qualifiziert ist) und es ist andererseits die rettende Perspektive für ein Leben in Freiheit im Lande, in das JHWH sein Volk führt. Deshalb schließt das Werk in Jos 24* mit der Verpflichtung des Volkes durch Josua (einer Chiffre für Joschija?) auf den exklusiven JHWH-Dienst. Die Zusage des Landes wird nicht an die hegemoniale Macht Assur, sondern an die Loyalität gegenüber dem Bundesgott JHWH geknüpft. Der Übergang zwischen der bundestheologisch erweiterten Exoduserzählung und dem Abschluss in Jos 24* wird unter Aufnahme älterer Traditionen erzählerisch in Num *10,29–33; *11–12; *13–14; 20,14–16; 21*; *22–24; *25,1–5; Jos *2–8 gestaltet. Das Thema der Bewahrung Israels auf dem Weg vom Sinai in das Land sowie die Bekräftigung der Zusage Gottes im Segen bestimmen die Erzählkomposition, die um die Gefährdung der Ausschließlichkeit der JHWH-Verehrung weiß und Israel in dieser Gefahr bestehen lässt. Die Komposition schließt eine vordtr Notiz vom Mosetod in Dtn 34 mit ein, die textlich aber ganz in der jetzigen dtr und nachdtr Gestaltung von Dtn 34 aufgegangen ist.

Man kann dieses wohl in der Anfangszeit der Regierung des Joschija entstandene »Geschichtswerk« in Anlehnung an Julius Wellhausen »jehovistisches Geschichtsbuch« (= JE) nennen, zumal es in der skizzierten literarischen Abgrenzung mit Wellhausens

JE weitgehend übereinstimmt. Da freilich seine literarische Vorgeschichte hier anders als bei Wellhausen gesehen wird (Wellhausen rechnete noch mit den JE vorgegebenen Quellenschriften J und E!), empfiehlt sich eine andere Nomenklatur, die zugleich ihren Entstehungsort mitnennt. Das Werk wird als »*Jerusalemer Geschichtswerk*« (Siglum: JG) bezeichnet (zur detaillierteren Beschreibung s. u. C.VI.), weil es im Umfeld des Jerusalemer Hofs entstanden ist und den »Berg Sinai« als eine auf den »Berg Zion« hinweisende Chiffre konzipiert hat.

5.4 Das Deuteronomium im Münsteraner Pentateuchmodell

Die zweite im Kontext der joschijanischen Reformbemühungen entstandene »Quellenschrift« ist das Buch *Deuteronomium* in seiner textlichen Hauptsubstanz. Die Entstehungsgeschichte des Dtn beginnt vielleicht bereits um 700 v. Chr. unter Hiskija, dem Vorgänger von Joschija (hiskijanisches »Kultgesetz« Dtn *12–26; s. u. D.II.2.41), aber seine literarische Gestalt als »Vertragsurkunde« in der Form eines JHWH-Gesetzes (Dtn *5–28) erhielt es erst unter Joschija. Auf einer nächsten Stufe wurde es in den erzählerischen Rahmen Dtn *1–3 und *29–34 eingebunden und nun als Moserede zu dem von Mose in Moab promulgierten »Gesetz« für das bevorstehende Leben im verheißenen Land. Welcher literarische Großkontext dabei vorausgesetzt wird, ist umstritten. Während das »Münsteraner Pentateuchmodell« die These *M. Noths* von einem eigenständigen → deuteronomistischen Erzählzusammenhang von *Dtn 1–2 Kön 25 (DtrG) aufgibt und die durch Dtn *1–3; *29–34 erfolgte Einbindung des joschijanischen Dtn in den Erzählkontext des Hexateuch bzw. Enneateuch in exilischer Zeit annimmt (Exilischer Darstellungszusammenhang *Gen 2,4–2 Kön 25: vgl. u. C.II.5.15), vertritt *G. Braulik* (im Anschluss an *N. Lohfink*) die Auffassung, das joschijanische Deuteronomium sei noch unter Joschija in den eigenständigen und vom → Tetrateuch unabhängigen Erzählzusammenhang *Dtn 1–Jos 21 eingebunden worden (Siglum: DtrL = »deuteronomistische Landnahmeerzählung«; vgl. dazu auch unten D.II.3.), der einen Grundstock des späteren deuteronomistischen Geschichtswerks bildet. In diesem Modell wurde das Deuteronomium erst durch die Pentateuchredaktion (spätestens im 4. Jh. v. Chr.) aus dem Zusammenhang der Bücher Jos–2 Kön gelöst und in den Pentateuch integriert (C.IV.2.45). Die Unterschiede beruhen auf einer unterschiedlichen Einschätzung der Erzählfunktion von Dtn *1–3, der Mosefiktion des Deuteronomiums und der Annahme bzw. Ablehnung eines separaten exilischen deuteronomistischen Geschichtswerks (*Dtn–2 Kön), das ohne das Dtn nicht sinnvoll anzunehmen ist. Die beiden Alternativen repräsentieren zwei derzeit in der Forschung vertretene Trends und sollen deshalb auch in dem vorliegenden Studienbuch nebeneinander stehen bleiben. Die jeweiligen Abschnitte gehen ausführlicher auf die im Hintergrund stehenden Argumente ein.

*5.5 Der deuteronomistisch imprägnierte Zusammenhang *Gen 2,4b–2 Kön 25*

Die Eroberung Jerusalems und die demonstrative Zerstörung des Tempels durch die Babylonier 586 v. Chr. sowie die damit verbundenen Konsequenzen (Verlust der Eigenstaatlichkeit, Deportation der Oberschicht, Verwüstung des Landes, soziale Not usw.) lösten intensive Reflexionen über die Ursachen dieses Unheils, aber auch über die bleibenden Fundamente der Geschichte JHWHs mit seinem Volk Israel aus. Bald nach 586 v. Chr. wurden die überlieferten Erzählungen über die Anfänge des Königtums (Saul/David/Salomo) und über die weitere Geschichte der beiden Teilstaaten Israel und Juda vor dem Hintergrund der in Dtn *5–28 entworfenen theologischen Programmatik (Konzentration auf die exklusive Loyalität gegenüber JHWH, dem einzigartigen und einzigen Gott seines Volks: bundestheologisches Konzept der → Monolatrie) »deuteronomistisch« bearbeitet (= Dtr Sam/Kön). Ähnlich – wenn auch mit anderen Akzenten und später als die erste dtr Gestaltung in 1 Sam–2 Kön – wurden die Überlieferungen über die »Richter/Retter« Israels zu einem deuteronomistisch geprägten Richterbuch Ri *3–16 (Dtr Ri) ausgestaltet.

Dieser von deuteronomistischen Theologen aus unterschiedlichen Kreisen ausgehende Versuch, Israels Identität geschichtstheologisch zu fassen und für eine heilvolle Zukunft zu öffnen, tendierte dazu, *die gesamte Geschichte Israels von den Anfängen bis hin zur Exilszeit* als eine große literarische Komposition darzustellen. Dazu stellte man die bislang vorhandenen Werke (d. h. das Jerusalemer Geschichtswerk, das »Bundesbuch« [Ex *20,22–23,33], das Dtn und das dtr Josuabuch) in einen Zusammenhang und schuf so – unter Einschreibung neuer Texte – ein deuteronomistisch imprägniertes Geschichtswerk (*Gen 2,4–Jos 24), das man »*Exilisches Geschichtswerk*« nennen kann. Inwieweit dieses Geschichtswerk bereits mit der dtr Darstellung in 1 Sam–2 Kön verbunden war und sich damit ein Enneateuchzusammenhang von der Schöpfung bis zum Exil ergibt, hängt an der Einschätzung des dtr Richterbuches (s. u.). Das exilische Werk stand jedenfalls von seiner Anlage her unter der Dialektik Heil – Unheil und präsentierte den Verlauf der Geschichte in der Perspektive Gehorsam bzw. Ungehorsam gegenüber den durch Mose vermittelten Gottesgesetzen. Das auf dieser literarischen Ebene mit einem erzählenden Rahmen Dtn *1–3.29–34 versehene Deuteronomium bildete die konstruktive Mitte dieses Werkes (zu einer literarhistorisch anderen Einordnung des Dtn s. u. C.IV.). Das von Mose in Dtn *12–26 promulgierte »Gesetz« wurde nun zur Grundlage des »Moabbundes« (vgl. Dtn 29–30), der neben den »Horeb-Bund« (vgl. Dtn 5–11: Dekalog als »Grundgesetz«) tritt. Das »Bundesgesetz« Dtn *12–26 wird dabei als Explikation des am Horeb geoffenbarten Dekalogs für das Leben »im Lande« präsentiert.

Im Unterschied zur früheren Forschung, die mit mehr oder minder umfangreichen → deuteronomistischen Überarbeitungen des → Tetrateuch aus der Perspektive des deuteronomistischen Geschichtswerks bzw. bes. des dtr Deuteronomiums rechnete, geht die hier vorgelegte Hypothese nicht davon aus, dass Dtn–2 Kön als separates Deuteronomistisches Geschichtswerk (DtrG) in der Exilszeit geschaffen wurden. Vielmehr handelt es sich dabei um die produktive und mehrschichtige Fortschreibung des »Jerusalemer Geschichtswerks«. Entscheidend ist dabei nicht die Frage eines Überlieferungszusammenhangs des »Enneateuch« (in *einer* Buchrolle) oder einer einheitlichen redaktionellen Fügung von *Gen–2 Kön, sondern der Darstellungszusammenhang der Heilsgeschichte.

In der gegenwärtigen Forschung wird die Annahme eines exilischen »Enneateuch« als dtr gestalteter redaktioneller Zusammenhang kontrovers diskutiert. Dabei steht vor allem in Frage, ob von einem deuteronomistisch imprägnierten Enneateuch gesprochen werden kann und die deuteronomistischen Fortschreibungen im Tetrateuch Verbindungslinien zu Jos–2 Kön erkennen lassen. Kritische Stimmen verweisen darauf, dass die vor-priesterlichen textlichen Brücken zwischen Tetrateuch und Jos–2 Kön eher dünn sind (*N. Lohfink, M. Konkel, R. Achenbach*) und vor allem keinen vor-priesterlichen *Enneateuchzusammenhang* redaktionell konstituieren.

Das schließt jedoch nicht aus, dass ein solcher Zusammenhang als literarische Komposition wahrgenommen werden kann. Setzt man einen vor-priesterlichen Hexateuch voraus (s. o. 5.13) und geht davon aus, dass das Dtn (bedingt durch die Figur des Mose) mit Dtn *1–3 und Dtn 34* in diesem Zusammenhang gelesen wurde, stellt sich die Frage nach der Fortsetzung dieses Erzählfadens. 1 Sam 1 bietet den Anfang eines Erzählzusammenhangs, der die Königsgeschichte bis zum Ende Joschijas (2 Kön 23,29) oder dem Untergang des Südstaates Juda bzw. der Begnadigung Jojachins (2 Kön 25,27–30) umgreift. Doch damit ist noch kein Übergang von der Ursprungsgeschichte *Gen 2–Jos 24 zur Königsgeschichte gegeben. Eine entscheidende Rolle für eine frühe Verbindung der Darstellungszusammenhänge von Dtn–Jos einerseits und 1 Sam–2 Kön andererseits kommt dem dtr Richterbuch zu. Rechnet man Ri 2,7–10 zur ältesten dtr Schicht, wird darin ein Bogen zu Gen 50,22–26; Ex 1,6–8 geschlagen und der Übergang zwischen dem Josua- und dem Richter»buch« im ersten dtr Zusammenhang geschaffen (*W. Groß*). Nur dann ist die Annahme eines bereits exilischen Enneateuch sinnvoll. Damit verbunden ist meist die Spätdatierung von Jos 24 und der ursprüngliche Anschluss von Ri 2,7–10 entweder an Jos 11,23 oder 21,43. Sieht man hingegen in Ri 2,8–10 einen späten Gelenktext, der Jos 24,29–31 wieder aufnimmt und noch deutlicher an den spätdtr Vers Dtn 11,9 anschließt (*C. Frevel*), dann erscheint die Einschaltung des Richterbuches zwischen dem dtr bearbeiteten Hexateuch und der früheren dtr Ausgabe von 1 Sam–2 Kön wahrscheinlich. »Als der erste Dtr das Richterbuch gestaltete, lagen ihm einerseits eine dtr Darstellung von Dtn*–Jos* und andererseits eine dtr Darstellung von 1 Sam*–2 Kön* vor« (*W. Groß*, Richterbuch, in: *H.-J. Stipp* (Hg.), Das deuteronomistische Geschichtswerk [ÖBS 39] Frankfurt a. M. 2011, 201). Ob man dies noch in der Exilszeit oder schon in nachexilischer Zeit ansetzen muss, ist derzeit in der Forschung heftig umstritten. Die jüngeren Analysen des Richterbuches (*W. Groß, C. Edenburg, S. Schulz* u. a.) weisen eher darauf hin, dass das Richterbuch seine Brückenfunktion erst in nachexilischer Zeit wahrgenommen hat.

5.6 Die Priesterschrift im Münsteraner Pentateuchmodell

In frühnachexilischer Zeit, vermutlich im Kontext der Wiedererrichtung des Tempels (Beginn: 520 v. Chr.; Einweihung: 515 v. Chr.), entstand (neben dem Jerusalemer Geschichtswerk und dem Deuteronomium) die dritte »Quelle« des Pentateuch, die wegen ihrer priesterlichen Sprache und Theologie »*Priesterschrift*« (Siglum: P) heißt. Die Existenz eines priester(schrift)lichen Werkes ist seit dem ausgehenden 19. Jh. eine der allgemein akzeptierten Erkenntnisse der Pentateuchforschung, wenngleich es im Detail darüber zahlreiche Divergenzen gibt (s. u. C.V.). Das priesterschriftliche Werk hat in sich selbst eine komplexe Entstehungsgeschichte, die bis in die Schlussphase der Bearbeitungen des Pentateuch im 4. Jh. v. Chr. reicht. Sie beginnt mit der Formation eines mit der Weltschöpfung einsetzenden Geschehensbogens, der die Geschichte Israels in der Errichtung eines Heiligtums am Sinai kulminieren bzw. enden lässt und die dadurch konstituierte Gegenwart JHWHs inmitten Israels als Ziel der Schöpfung präsentiert. Dieser Geschichtsentwurf, der Israel außerhalb des Landes am Sinai konstituiert und vermutlich auch bis an die Grenze des verheißenen Landes führt (s. dazu u. die Diskussion um das Ende von P^g C.V.2.2), ist von der Spannung zwischen der verwirklichten Gottesgegenwart am Sinai und der Verheißung des Landes gekennzeichnet. Diese Spannung zwischen »schon« und »noch nicht« könnte auf die Phase des Übergangs zwischen der Schlussphase des Exils und der sukzessive beginnenden Rückkehr der → Gola in das Land weisen. Da dieser Übergang fließend ist, erscheint eine Datierung im dritten Viertel des 6. Jh.s v. Chr. plausibel. Der enge Bezug auf die Gottesgegenwart im Heiligtum, das als Zentrum der sich konstituierenden Gemeinschaft vorgestellt wird und auf die dauerhafte Installation eines Kultes hin orientiert ist, weist auf die Phase der Restauration des Zweiten Tempels. Sieht man die Priesterschrift nicht nur von ihrem narrativen Gerüst her, sondern berücksichtigt, dass sehr früh auch kultische Überlieferungen (Opfergesetze, Rituale, Anweisungen zum Bau des Tempels) eingebunden wurden (s. u.), nähert sich die Datierung der Zeit des Zweiten Tempels im ausgehenden 6. Jh. und beginnenden 5. Jh. v. Chr. an. Die Priestergrundschrift begreift die Zuwendung JHWHs und die Erwählung ganz Israels als Gnadengabe des universalen und einzigen Gottes, der die Welt in geordneten Strukturen geschaffen hat und sie durch seine Präsenz im Heiligtum erhält. An die Erwählung Israels, die in Abraham vorgezeichnet ist, werden keine Bedingungen geknüpft. Es ist bezeichnend, dass zwar ein Bund mit der ganzen Schöpfung (Gen 9) und mit Abraham (Gen 17) in der Priestergrundschrift als Gnadenbund erzählt wird, das Sinaigeschehen jedoch nicht (wie in der älteren Sinaierzählung oder im Deuteromium) unter der verpflichtenden Bundeskategorie gestaltet wird. Indem der Gottesbund als einseitiges Zusagegeschehen und nicht als Vertrag gegenseitiger Verpflichtung konzipiert wird, weicht die Priestergrundschrift signifikant von dem Vertragsschema der exilischen deuteronomistischen Literatur ab und stellt einen Gegenentwurf zur deuteronomistischen Geschichtstheologie dar. Der erste priesterliche Geschichtsentwurf wurde dann (sukzessiv) vor allem um kultische Texte, aber auch um einige narrative Traditionen erweitert. Für diesen »Fortschreibungsprozess« hat sich die Differenzierung zwischen P^g (Priestergrundschrift) und P^s (= erweiterte Priesterschrift; s = supplementum/Ergänzung bzw. s = sekundär) eingebürgert, die wenig zureichend ist, um die gesamte Breite der Fortschreibungen priesterlicher Literatur zu umfassen (s. u. C.V.3.). Im engeren Sinne bezeichnet P^s daher zunächst die Erweiterungen der Priestergrundschrift, die noch vor der Zusammenarbeitung mit dem dtr geprägten nicht-priesterlichen exilischen Geschichtswerk eingebunden wurden. Es ist allerdings nicht immer sicher zu entscheiden, ob eine Ergänzung noch die Selbständigkeit der Priestergrundschrift voraussetzt (z. B. Lev *1–8; *11–15; Num 1–10) oder schon auf den exilischen Zusammenhang der nicht-priesterlichen Texte reagiert bzw. diesen voraussetzt (z. B. Num *16–18; *27–36; Jos *13–22).

5.7 Die Zusammenarbeitung von deuteronomistischer und priesterlicher Theologie

Nach 450 v. Chr. wurden das exilische und das priesterliche Geschichtswerk zu einem einzigen Geschichtswerk ineinandergearbeitet (»*Großes Nachexilisches Geschichtswerk*«: *Gen 1,1–2 Kön 25; Umfang: »Enneateuch«). Dazu gab es keinen besonderen Anlass oder äußerlichen Anstoß. Vielmehr scheint das hierokratische (= an priesterlichen Funktionen orientierte) Führungsmodell, das in der priesterlichen Literatur als Gegenentwurf zur Königszeit sukzessive ausgebaut wurde, mehr und mehr aufgewertet worden zu sein, bis es schließlich in den exilisch-nachexilischen Darstellungszusammenhang von *Gen–2 Kön eingebaut wurde. Auf diese redaktionelle Phase gehen zahlreiche Texte zurück, die in sprachlicher Hinsicht deuteronomistisch-priesterliche Mischtexte sind und die zugleich neue theologische Akzente setzen. Die Vielzahl von Texten liegt nicht auf einer redaktionellen Ebene und nur einige Texte sind unmittelbar auf den Redaktionsprozess der Zusammenführung des nicht-priesterlichen mit dem priesterlichen Material zurückzuführen (»Pentateuchredaktion«). Vielmehr handelt sich um eine ausgedehnte formative Phase redaktioneller Weiterarbeit an Texten, in der die Tora als Text von der Schöpfung bis zum Tod des Mose mehr und mehr zu einem autoreferentiellen Text weiterentwickelt wird, der durch intratextuelle Auslegung gekennzeichnet ist. Ergänzungen und Weiterentwicklungen des Kultes werden in die Vergangenheit zurückprojiziert und so legitimiert. Die Figur des Mose als maßgeblicher Offenbarungsmittler und gesetzliche Autorität wird weiter unterstrichen. Daneben tritt mehr und mehr die Institution des aaronidischen Priestertums als legitimatorische Instanz, die auf der Offenbarung JHWHs an Mose fußt und der ein hohes Maß an Auslegungs- und Regelungskompetenz zugestanden wird. Konflikte um die Legitimation und hierarchische Organisation des Priestertums lassen eine Phase mit sozialen Spannungen erkennen, an deren Ende das im Pentateuch nur in Ansätzen erkennbare Hohepriestertum steht. Den Fortschreibungen der Tora, die auf einen formativen Abschluss hin drängen, stehen Fortschreibungen in den Büchern Jos–2 Kön gegenüber, die die Vorderen Propheten mehr und mehr als Kommentar zur Tora erkennen lassen. Die Zäsur zwischen Tora und Vorderen Propheten vertieft sich weiter und legt die redaktionelle Abtrennung und überlieferungstechnische Selbständigkeit der Tora als Pentateuch nahe.

5.8 Die Abgrenzung des Pentateuch

Um 400 v. Chr. bzw. spätestens in der ersten Hälfte des 4. Jh.s v. Chr. wurde aus dem Textkontinuum Gen 1–2 Kön 25 (»Enneateuch«) der *Pentateuch* als eigenständiges Werk ausgegrenzt. Damit vollziehen Redaktoren, was de facto zuvor bereits durch den Aufbau und interne Verweise geschaffen worden war: die Engführung der Gesetzesübermittlung auf die Figur des Mose als Offenbarungsmittler, der am Ende des Werkes stirbt. Die Mosezeit wird so zur formativen Gründungszeit, auf die sich alles Nachfolgende bezieht. Am Ende dieser Entwicklung steht das Verständnis der vorderen wie hinteren Propheten als Kommentar zur Tora. Die Bücher Esra und Nehemia scheinen die Existenz der Größe »Pentateuch« zumindest in ihrer Endfassung vorauszusetzen und die Erzählung in Neh 8 schildert die Promulgation der Tora durch Esra und macht diesen zum priesterlichen Toralehrer par excellence (s. dazu D.IX.2.4). Auf diese Stufe der Textentstehung geht die Fünfteilung des Pentateuch und insbesondere sein Schluss Dtn 34,10–12 (»Mose-→ Epitaph«) zurück. Die dadurch erreichte Sonderstellung des Pentateuch hat jedoch nicht die Hexateuchperspektive (insb. die enge Vernetzung von Num und Jos) überdecken können und wollen. Diese hält die enge Verbindung zwischen vorderen Propheten und Tora für die Lesenden offen. Die »Abtrennung« von Jos–2 Kön, die zum Block »Vordere Propheten« werden, bewirkte für den Pentateuch, dass sein Geschichtsbogen nun vor der Landnahme endet (»offener Schluss«). Die Redaktion hat diese »Ausgrenzung« der Landnahme in Gen 50* dadurch programmatisch kompensiert, dass sie den in Ägypten gestorbenen Stammvater Israels, Jakob, auf jenem Weg zum Begräbnis in Hebron bringen lässt, den nach dem »kanonischen« Geschichtsbild von Ex–Jos das Volk Israel zieht (von Ägypten nicht auf dem »schnellen« Weg nach Norden hinauf nach Hebron, sondern auf dem Umweg über das Ostjordanland!). Der Begräbniszug des Jakob wird so zur großen Verheißung für Israel (zu den Entsprechungen zwischen Gen 49–50 und Dtn 33–34 siehe auch oben C.I.1.).

5.9 Weitere Arbeit am Pentateuch

In der jüngeren Forschungsgeschichte verdichten sich die Hinweise, dass die Tora auch nach ihrer Abtrennung aus dem Textkontinuum Gen–2 Kön noch weiter fortgeschrieben wurde. Ob z. B. die Erzählung Gen 14 über die Begegnung zwischen Abraham und Melchisedek, die die einzige explizite »Jerusalem-Perikope« des Pentateuch ist, auf die »Schlussredaktion« des Pentateuch zurückgeht oder erst später eingebaut wurde, ist schwer zu entscheiden. Wann die Bearbeitungen des Pentateuch zum Abschluss gekommen sind, lässt sich nicht sicher sagen (s. u. C.III.3.11). Der samaritanische Pentateuch und die griechische Übersetzung des Pentateuch in der Septuaginta deuten auf einen Zeitraum in der zweiten Hälfte des 4. Jh.s bis zur Mitte des 3. Jh.s v. Chr. Die Textüberlieferung aus Qumran zeigt einerseits eine hohe Stabilität der Tora, andererseits aber auch durch unterschiedliche Textformen noch Variabilität. Der Übergang zwischen formativer Textproduktion und restaurativer Textrezeption ist kein punktueller, sondern ein fließender. Zumindest spricht nichts dafür, dass die Bearbeitung des Pentateuch durch einen äußeren Akt zum Abschluss gekommen ist. Dass punktuell bis in die Makkabäerzeit (Mitte 2. Jh. v. Chr.) an der Tora weitergearbeitet worden ist, zeigt der Eintrag eines chronologischen Systems, das so angelegt ist, dass nach ihm die im Jahre 164 v. Chr. erfolgte Wiedereinweihung des Tempels im Jahr 4000 »nach der Weltschöpfung« (*a creatione mundi*) stattfand.

III. Der Prozess der Pentateuchredaktion

(Erich Zenger, Münster, bearb. von Christian Frevel, Bochum)

Literatur: R. Albertz, Religionsgeschichte Israels in alttestamentlicher Zeit. Teil 2 (ATD.Erg 8/2) Göttingen 1992, 495–535; ders., Die kanonische Anpassung des Josuabuches. Eine Neubewertung seiner sogenannten »priesterschriftlichen Texte«, in: T. Römer/K. Schmid (Hg.), Les dernières rédactions du Pentateuque, de l'Hexateuque et de l'Ennéateuque (BEThL 203) Leuven 2007, 199–216; A. und J. Assmann (Hg.), Kanon und Zensur, München 1987; J. Assmann, Das kulturelle Gedächtnis. Schrift, Erinnerung und politische Identität in frühen Hochkulturen, München 1992, 87–129.293–301; E. Blum, Studien zur Komposition des Pentateuch (BZAW 189) Berlin 1990; ders., Textgestalt und Komposition (FAT 69) Tübingen 2010; F. Crüsemann, Die Tora. Theologie und Sozialgeschichte des alttestamentlichen Gesetzes, München 1992, 381–425; C. Dohmen, Der Sinaibund als Neuer Bund nach Ex 19–34, in: E. Zenger (Hg.), Zur Bundestheologie der beiden Testamente (QD 146) Freiburg 1993, 51–83; P. Frei, Die persische Reichsautorisation. Ein Überblick: ZAR 1 (1995) 1–35; P. Frei/K. Koch, Reichsidee und Reichsorganisation im Perserreich (OBO 55) Freiburg/Göttingen ²1996; F. Giuntoli/K. Schmid (Hg.), The Post-Priestly Pentateuch (FAT) Tübingen 2015; S. Grätz, Gottesgesetz und Königsgesetz. Esr 7 und die Autorisierung der Tora: ZThK 106, 2009, 1–19; W. Groß, Zukunft für Israel (SBS 176) Stuttgart 1998, 71–137; O. Kaiser, Der Gott des Alten Testaments. Theologie des AT 1: Grundlegung (UTB 1747) Göttingen 1993, 300–353; G. N. Knoppers/B. M. Levinson, The Pentateuch as Torah. New Models for Understanding its Promulgation and Acceptance, Winona Lake 2007; R. G. Kratz, Translatio imperii. Untersuchungen zu den aramäischen Danielerzählungen und ihrem theologiegeschichtlichen Umfeld (WMANT 63) Neukirchen-Vluyn 1991, 225–255; N. Lohfink, Moses Tod, die Tora und die alttestamentliche Sonntagslesung: ThPh 71, 1991, 481–494; C. Nihan, »Moses and the Prophets«. Deuteronomy 18 and the Emergence of the Pentateuch as Torah: SEÅ 75, 2010, 21–55; W. Oswald, Israel am Gottesberg (OBO 159) Freiburg/Göttingen 1998, 202–237; ders., Staatstheorie im alten Israel. Der politische Diskurs im Pentateuch und in den Geschichtsbüchern des alten Testaments, Stuttgart 2009, 204–247; E. Otto, Die Tora. Studien zum Pentateuch (BZAR 9) Wiesbaden 2009; R. Rendtorff, Theologie des Alten Testaments. Ein kanonischer Entwurf. Band 1: Kanonische Grundlegung, Neukirchen 1998, 10–85; T. Römer/K. Schmid (Hg.), Les dernières rédactions du Pentateuque, de l'Hexateuque et de l'Ennéateuque (BEThL 203) Leuven 2007; U. Rüterswörden, Die persische Reichsautorisation der Thora: fact or fiction?: ZAR 1, 1995, 47–61; J. Sanders, Adaptable for Life: The Nature and Function of Canon, in: ders., From Sacred Story to Sacred Text, Philadelphia 1987, 9–39; K. Schmid, Erzväter und Exodus (WMANT 81) Neukirchen-Vluyn 1999, 241–278; ders., Persische Reichsautorisation und Tora: ThR 61, 2006, 494–506; H.-C. Schmitt, Die Suche nach der Identität des Jahweglaubens im nachexilischen Israel. Bemerkungen zur theologischen Intention der Endredaktion des Pentateuch, in: J. Mehlhausen (Hg.), Pluralismus und Identität (VWGTh 8) Gütersloh 1995, 259–278; J. Van Seters, The edited Bible. The curious history of the »editor« in biblical criticism, Winona Lake ²2010; O. H. Steck, Der Abschluß der Prophetie im Alten Testament. Ein Versuch zur Frage der Vorgeschichte des Kanons (BSt 17) Neukirchen-Vluyn 1991, 13–21; J. W. Watts (Hg.), Persia and Torah. The Theory of Imperial Authorization of the Pentateuch, Atlanta 2001; J. Wiesehöfer, »Reichsgesetz« oder »Einzelfallgerechtigkeit«? Bemerkungen zu P. Freis These von der Achämenidischen »Reichsautorisation«:

ZAR 1, 1995, 36–46; E. Zenger (Hg.), Die Tora als Kanon für Judentum und Christentum (HBS 10) Freiburg 1996.

S. auch o. die Literaturangaben bei C.II.

1. Das literarische Problem

Zunächst ist ein Verständnis im engeren Sinne von einem weiteren Verständnis zu unterscheiden. Während traditionell unter dem Siglum R^P (Pentateuchredaktion) lediglich das mehr oder minder mechanische Zusammenführen der älteren Quellen JEDP gefasst (s. o. C.II.4.) und der Eigenanteil dieser Redaktion eher gering eingeschätzt wurde, wird im jüngeren Verständnis unter Pentateuchredaktion auch der formative Prozess bezeichnet, in dem der Pentateuch zur »Tora« wurde. Als initiales und entscheidendes Moment dieses komplexen Redaktionsprozesses, der nicht zwingend mit der vorliegenden Endgestalt des Pentateuch gleichgesetzt werden muss, gilt die Zusammenstellung der priesterlichen Texte mit den nicht-priesterlichen Texten zu jener Komposition, die den nun vorliegenden Text Gen 1–Dtn 34 *makrostrukturell* bestimmt.

Die Mehrzahl der Forscher nimmt an, dass *diese* Pentateuchredaktion vorwiegend in *priesterlicher* Perspektive geschah (»Priesterliche Redaktion«). Andere Autoren insistieren dagegen darauf, dass die »Schlussredaktion« eher aus »nicht-priesterlicher« bzw. sogar »anti-priesterlicher« Perspektive (»prophetisch«, »spätdeuteronomistisch«, »weisheitlich«) erfolgte. Wieder andere Exegeten betonen, dass die Redaktion mehrere Perspektiven gezielt nebeneinander stellte (ausgleichend *und* kontrastierend).

Schon diese Divergenz der Positionen macht deutlich, dass das Phänomen der »Schlussredaktion« offensichtlich schwer zu erfassen und zu beschreiben ist. Immerhin müssen die folgenden vier Beobachtungen ernst genommen werden:

(1) Es gibt im Pentateuch eine Reihe später Texte, die einerseits als redaktionell zu gelten haben und die andererseits in sprachlicher Hinsicht eine *Mischung* aus priesterlicher und deuteronomistischer Theologie sind. Eine Reihe weiterer Texte setzt zudem die Zusammenarbeit von priesterlichen und nicht-priesterlichen Traditionen bereits voraus. Die These einer einseitig dominierten und/oder abschließenden Pentateuchredaktion ist damit wenig wahrscheinlich.

(2) Die Texte, die im Zusammenhang der sog. Pentateuchredaktion eingefügt bzw. verfasst wurden, sind untereinander so unterschiedlich, dass sie kaum auf eine einzige Hand zurückgehen können. *W. Groß* charakterisiert das Problem mit Recht folgendermaßen: »Über die literarischen Techniken und die äußeren Umstände der Pentateuchredaktion ist wenig bekannt. Wenn alle zur Zeit dieser Redaktionsstufe zugewiesenen Texte in einem Arbeitsgang geschaffen worden wären, müsste man dem Pentateuchredaktor bzw. seinen Mitarbeitern geradezu chamäleonartige Fähigkeiten in der Anpassung an die jeweiligen, sehr unterschiedlichen Kontexte und außergewöhnliche Variationen in Terminologie wie literarischer Technik zuerkennen. Handfeste Kriterien zur Unterscheidung zwischen der Pentateuchredaktion und noch jüngeren theologischen bzw. terminologischen Ausgleichsversuchen gibt es bisher nicht« (*W. Groß*, Zukunft 71).

(3) Die Zusammenarbeitung erfolgte zunächst *nicht* im Blick auf die Schaffung des Pentateuch, sondern wollte die »geschichtlichen« Überlieferungen »von der Schöpfung bis zum Ende des Königtums« zusammenfassen, also den Geschichtsbogen Gen 1–2 Kön 25 (vgl. dazu die Skizze des »Münsteraner Pentateuchmodells«, C.II.5.). Damit wird ein Zusammenhang zwischen Pentateuchredaktion und Toraformation fraglicher (s. u.).

(4) Die Abgrenzung des Pentateuch gegenüber den Vorderen Propheten Jos–2 Kön war zwar ein entscheidender Schritt hinsichtlich der »Kanonisierung« des Pentateuch als Tora, aber er war keine absolute Textfixierung; auch danach wurde der Pentateuch noch weiter fortgeschrieben (s. o. C.II.5.9). Insofern ist die Bezeichnung »Schlussredaktion« oder »Endredaktion« nicht korrekt, da sie den Eindruck eines punktuellen Abschlusses vermittelt. In der jüngeren Forschung ist daher vermehrt von *nachendredaktionellen* (*C. Levin*, *J. C. Gertz*) bzw. *postendredaktionellen* (*E. Otto*) Fortschreibungen die Rede. Der damit verbundene sprachliche Widerspruch wird zu Recht von *Konrad Schmid* kritisiert: »ohne forschungsgeschichtliches Rückraumwissen ist diese Redeweise kaum verständlich« (Pentateuchredaktor, in: *T. Römer/K. Schmid*, Les dernières rédactions 184). Wenn von *einer* abschließenden »Endredaktion« nicht sinnvoll geredet werden kann, stellt sich die Frage nach dem Abschluss der Bearbeitungen. Das dynamische Verhältnis von Textproduktion und Textrezeption verschiebt sich zur Rezeption. Insofern anzunehmen ist, dass die Akzeptanz des Pentateuch im 5./4. Jh. v. Chr. immer weiter wächst (s. u. C.III.3.11) und die Verbreitung über die Provinz Jehûd hinaus geht, benötigen Ergänzungen einen immer höheren Grad an Autorität und Akzeptanz. Änderungen beschränken sich daher mehr und mehr auf Varianten der Textüberlieferung und auf unterschiedliche Interpretationen desselben Ausgangstextes. Von dieser Schlussphase der Bearbeitungen ist der Prozess der Pentateuchredaktion zu unterscheiden.

Angesichts dieser literarischen Problematik und unter Beachtung des Forschungsdefizits zum ganzen Komplex »Pentateuchredaktion« erscheinen folgende Perspektiven sinnvoll:

(1) »Pentateuchredaktion« *im engen Sinne* ist jene makrostrukturell orientierte Bearbeitung, die Gen–Dtn zur *fünfteiligen Mose-Tora* machte und in dieser Absicht kleinere oder größere Textabschnitte einfügte. Sie harmonisiert die zum Teil bereits vorliegenden Buchübergänge (etwa Lev 1,1; 27,34 und Num 1,1; 36,13), ordnet das Material kompositionell so, dass sich größere Entsprechungen und Bögen ergeben (etwa Gen 49 und Dtn 33 oder die Ummantelung des Sinai durch Manna-, Wachtel- und Wassergabe).

(2) »Pentateuchredaktion« *im weiteren Sinne* ist jener komplexe mehrstufige Vorgang, der die *Endkomposition* des Textzusammenhangs Gen–Dtn schuf, und zwar zum Teil als Ausgleich, zum Teil als unausgeglichenes Nebeneinander von priesterlicher (theokratischer) *und* deuteronomistischer (eschatologischer) Theologie.

Ob man im konkreten Fall freilich diese Zweiteilung immer durchhalten kann, erscheint fraglich. Da die Forschung hier von einem auch nur schemenhaften Konsens weit entfernt ist, sollen im Folgenden nur einige Texte kurz erläutert werden, an denen gleichwohl literarische Technik *und* theologische Programmatik der sog. Pentateuchredaktion sichtbar werden.

2. Theologische Perspektiven der Redaktionen

(1) Im sog. Mose-→ Epitaph Dtn 34,10–12, das von dieser Redaktion stammt, wird Mose als unvergleichliche Instanz herausgestellt. An ihm hängt nicht nur die Heilsgeschichte durch »Zeichen und Wunder«, die er im Auftrag JHWHs tat, sondern er ist auch unüberbietbare Vermittlungsinstanz, weil er Gott »von Angesicht zu Angesicht« kannte. Diese unüberbietbare Autorität des Mose hat die Pentateuchredaktion mehrfach in den Text eingetragen (vgl. z. B. Ex 19,9; 34,29–35; Num 11,16–17.24–25). Die Tora des allen Propheten überlegenen Mose wird damit zum »Wort Gottes« schlechthin. Die Pentateuchredaktion verstärkt damit eine Tendenz, die »Mose« (und hier beginnt die Person bereits mit dem Buch zu verschmelzen) als Grundlage und Ausgangspunkt jeglicher Auslegung ansieht. So etwa, wenn »Mose« als Instanz in den Fällen gefordert ist, die in der sinaitischen Tora noch nicht ausreichend präzise geregelt sind (Lev 24,11–23; Num 15,32–36; 27,1–11; 36,1–11). Unter der Voraussetzung seiner herausgehobenen Mittlerschaft befragt Mose JHWH, wodurch die Zweifelsfälle, die allesamt Auslegung der Tora sind, gelöst werden können.

Dieser durch Mose vermittelten »Tora« kommt deshalb geradezu heilende und rettende Kraft zu. Auch diese Perspektive schafft die Pentateuchredaktion durch kleine Eintragungen (sie macht z. B. Abraham zum Lehrer der Tora: Gen 18,19; sie gestaltet das Wasserheilungswunder Ex 15,22–26 zu einer Zeichenhandlung um, die Mose als Medium des sein Volk durch die Tora heilenden Gottes erweist) oder durch eigens verfasste theologisch reflektierte Texte (z. B. Gen 22 als »Sinaiprolepse« [vgl. *G. Steins*, Die Bindung Isaaks, Freiburg 1999] oder Ex 19,3–8 als Berufung Israels zum »Königreich aus Priestern und zur heiligen Nation« *im Hören* auf die Tora).

(2) Auf die Pentateuchredaktion geht auch die Positionierung des Dekalogs Ex 20 in der Frontstellung der Sinaigesetzgebung (und in der Parallele mit dem Dekalog Dtn 5 in der Frontstellung des deuteronomischen Gesetzes) zurück. Der Dekalog selbst ist zwar keine Kreation der Pentateuchredaktion, aber auf sie dürfte die schöpfungstheologische Begründung des Sabbatgebotes Ex 20,8–11 (im Unterschied zur exodustheologischen Begründung der Fassung Dtn 5,12–15) zurückgehen. Durch die gezielte Positionierung in Ex 20 und das Tafelmotiv (Ex 31,18; 32,15–16; 34,28–29; Dtn 10,4 u. ö.) wird der Dekalog zum »Grundgesetz« und zur hermeneutischen Vorgabe der im Pentateuch versammelten Gesetzes- bzw. Rechtskorpora. Indem die von Mose vermittelten Gesetze (Bundesbuch, Privilegrecht, Deuteronomium und das Heiligkeitsgesetz) zur Auslegung des von Gott direkt gegebenen und in der Erstfassung selbst geschriebenen Gesetzes werden, wird das geoffenbarte Gotteswort als die entscheidende Instanz weiter aufgewertet.

(3) Sowohl in der deuteronomistischen als auch in der priesterlichen Theologie wird die besondere Beziehung JHWHs zu Israel mit der Kategorie *b^e^rīt* »Bund« bezeichnet und theologisch reflektiert. Etwas vereinfacht kann die Differenz zwischen den beiden Bundeskonzeptionen folgendermaßen auf den Punkt gebracht werden: Die deuteronomistische Bundestheologie deutet den Bund nach dem Modell wechselseitiger Vertragsverpflichtung und stellt Israel als Vertragspartner unter Segen (bzw. Heil) oder Fluch (bzw. Gericht) in Abhängigkeit von Israels »Bundestreue«. Der Bund ist gewissermaßen

»konditioniert«. Dieser Bund wurde am Sinai geschlossen; die vielen mit dem Sinai verbundenen Gesetze und Gebote sind die Bundesverpflichtungen, an deren Befolgung oder Nichtbefolgung sich Israels konkrete Geschichte entscheidet. Dem steht die priesterliche Bundestheologie gegenüber. Nach ihr ist die *b^erīt* ein reiner Gnadenbund, den JHWH bereits dem Abraham als einen »ewigen« und durch Israels Untreue *nicht* zerstörbaren Bund »gegeben« hat. Beide Bundeskonzepte haben nicht nur ihr jeweils spezifisches Profil. In historischer Betrachtungsweise muss man vielmehr feststellen, dass das priesterliche Bundeskonzept ausdrücklich als Gegenentwurf zum deuteronomistischen Bundeskonzept entstanden ist. Beide Konzepte haben ihre Stärken und Schwächen – und es ist die theologische Leistung der Pentateuchredaktion, dass sie eigene Texte für den Pentateuchzusammenhang geschaffen hat, die eine Synthese zwischen beiden versuchen (z. B. Ex 19,3–9; 34,9–10; Lev 26,40–45; vgl. dazu *C. Dohmen*, Der Sinaibund; *W. Groß*, Zukunft).

(4) Die Abtrennung von Gen–Dtn von der in Jos erzählten Landnahme hatte für den ab Gen erzählten Geschehenszusammenhang zur Folge, dass nun das Ziel des Weges in das verheißene Land nicht mehr erreicht wird. Dieses »erzählerische« Defizit kompensierte die Pentateuchredaktion mit einer durch entsprechende Zusätze herbeigeführten Verstärkung des *Verheißungsaspektes*, der für die Beziehung JHWH – Israel – Land konstitutiv ist. Dabei werden abermals deuteronomistische und priesterliche Theologie miteinander verbunden, wenn die Landverheißung als ein den Erzvätern gegebener Eid Gottes betont wird (vgl. die auf die Pentateuchredaktion zurückgehende Textlinie Gen 50,24; Ex 32,13; 33,1; Lev 26,42; Num 32,11; Dtn 34,4). Die Idee vom »Eid« ist deuteronomistisch, die Vorstellung von den Erzvätern als den hinsichtlich des Landes entscheidenden »Gründungsgestalten« Israels ist priesterlich. Dass nach der Pentateuchredaktion Mose mit dem *Blick* auf das verheißene Land stirbt (vgl. Dtn 34), unterstreicht diese für die Pentateuchredaktion fundamentale Perspektive, dass die Geschichte Israels (und der ganzen Schöpfung) aus der Treue des zu seiner Verheißung stehenden Gottes JHWH lebt. Auch der von der Pentateuchredaktion in Gen 50* eingefügte Begräbniszug für Jakob, der den Weg abschreitet, den Israel später bei seinem Weg von Ägypten nach Kanaan zieht, bekräftigt diese Landverheißungsperspektive.

(5) Indem die Redaktion am Ende des Pentateuch eine überarbeitete Fassung des »Mosesegens« Dtn 33 als Gegenstück zum »Jakobsegen« Gen 49 einfügt, stiftet sie der durch Gen–Dtn grundgelegten »Urgeschichte« Israels nicht nur die Perspektive des Segens ein, sondern unterstreicht mit der in Gen 49 und Dtn 33 betonten Stämmestruktur abermals, dass Israels Zukunft in der familiären Solidarität und nicht in der staatlichen Machtpolitik liegt. Damit verstärkt die Pentateuchredaktion die in Num 1–4 entworfene Organisation des am Sinai konstituierten Gottesvolks, die ebenfalls die Stämmestruktur aufweist.

3. Der geschichtliche Kontext der formativen Redaktionen der Tora

3.1 Promulgation der Tora im Kontext der persischen Politik

Dass die skizzierte Endkomposition des Pentateuch kein reines Zufallsprodukt sein kann, sondern auf planvolle literarische Arbeit zurückgeht, ist weitgehender Konsens der Forschung. Wann, wie und durch wen die Endkomposition zustande kam, ist freilich nur annähernd zu beschreiben. Es besteht ein weitgehender Konsens, dass der Prozess in die fortgeschrittene Perserzeit zu datieren ist. Bestärkt durch die These von der sog. »Reichsautorisation«, die von *Peter Frei* und *Klaus Koch* 1984 vorgetragen wurde, fand die Auffassung viel Zustimmung, dass *die entscheidende Etappe* von der persischen Reichspolitik begünstigt wurde und mit den Aktivitäten der persischen »Reichskommissare« Nehemia und Esra in Verbindung steht. Über die Präzisierung dieser Auffassung gehen die Meinungen freilich auseinander.

3.11 Der zeitgeschichtliche Kontext

Dass der Pentateuch erst in nachexilischer Zeit seine Formierung erhielt, ergibt sich aus der Entstehungsgeschichte der in ihm integrierten Bestandteile (das vor-priesterschriftliche Werk, das priesterschriftliche Werk, das Deuteronomium), deren Wachstum bis in diese Zeit reicht (s. u. C.IV.–VI. sowie D.II.). Dass der Pentateuch im Wesentlichen seine jetzige Gestalt zwischen 450 und 350 v. Chr. erhalten hat, legt sich vor allem aus fünf Gründen nahe: 1. Im Pentateuch sind keine Einflüsse des Hellenismus oder Spuren der Auseinandersetzung mit ihm zu erkennen. Auch fehlen (selbst verdeckte) Hinweise auf den Zusammenbruch des Perserreiches in der zweiten Hälfte des 4. Jh.s v. Chr. 2. Der Prozess der kultisch/religiösen Trennung der Samaritaner von der Bindung an Jerusalem, der erst in hellenistischer Zeit abgeschlossen ist, hat eine längere Geschichte. Bereits im 5. Jh. v. Chr. existiert ein JHWH-Heiligtum auf dem Garizim in mehr oder minder deutlicher Konkurrenz zu dem Zweiten Tempel in Jerusalem. In der zweiten Hälfte des 4. Jh.s v. Chr. nehmen die Spannungen zu. Derzeit ist umstritten, ob die Samaritaner zu diesem Zeitpunkt schon »den Pentateuch als heilige Schrift ihrer Kultgemeinschaft übernehmen« (*O. H. Steck*, Abschluß der Prophetie 19) oder der Pentateuch deutliche Spuren des Nebeneinanders zwischen Samariern und Judäern aufweist (*C. Nihan*, *G. A. Knoppers*). Während im ersten Fall ein äußeres Argument für den Abschluss in der Perserzeit spricht, ist es im letzteren Fall ein inneres Argument, da eine integrative Perspektive als Kompromiss nur im 5. Jh. v. Chr. Sinn macht. 3. Die spätestens gegen Mitte des 3. Jh.s v. Chr. abgeschlossene Übersetzung der Tora ins Griechische (s. o. A.III.1. und B.) setzt voraus, dass die Tora inzwischen allseits, auch in der ägyptischen → Diaspora, akzeptiert war. 4. Die Bücher Esra/Neh setzen »die Tora des Mose« als normative Größe voraus (vgl. Esra 3,2; Neh 8; 10,30; 13,1; Neh 10 und 13 kommentieren Texte aus Ex–Dtn, scheinen also den Pentateuch vorauszusetzen). 5. Geht man davon aus, dass die um 400 v. Chr. anzusetzende Schlussredaktion des Dtn im Zusammenhang mit der gezielten Abgrenzung des nunmehr fünfgegliederten Zusammenhangs Gen–Dtn von den »Vorderen Propheten« Jos–2 Kön (s. u. C.II.5. und C.IV.2.) steht, legt sich für die Fertigstellung der *Endkomposition des Pentateuch* (s. u. C.III.) der Beginn des 4. Jh.s v. Chr. nahe. Zumindest scheint zu diesem Zeitpunkt der formative Prozess weitgehend abgeschlossen zu sein.

Die genannten Argumente sind nicht alle gleichgewichtig und gleichermaßen in der Forschung akzeptiert, sprechen aber zusammengenommen zumindest dafür, die Formierung der Tora als eigenständiger Größe in die zweite Hälfte des 5. Jh.s oder zu Beginn des 4. Jh.s v. Chr. zu datieren.

Die Formierung der Tora gehört in den Prozess der *Neukonstitution jüdischer Identität* nach dem Ende der Eigenstaatlichkeit, das 586 v. Chr. durch die (neu)babylonische Eroberung Jerusalems, die Zerstörung des Tempels und die Deportation der politischen und priesterlichen Oberschicht nach Babel (»→ Gola«) ausgelöst wurde. Zwar ist nach dem derzeitigen Stand der Geschichtsrekonstruktion auch mit Kontinuitäten zwischen der Königs- und der Perserzeit zu rechnen, doch bedeutet der Verlust der Eigenstaatlichkeit dennoch einen traumatischen Traditionsabbruch, der sowohl von der deuteronomistischen als auch der priesterlichen Literatur bearbeitet wird. Mit der Rückkehr einiger aus der von den Neubabyloniern deportierten Oberschicht, der Wiedererrichtung des Tempels und vor allem der königslosen Administration der persischen Provinz steht die überkommene Tradition vor großen Herausforderungen. Kyrus und seine Nachfolger setzten für den Aufbau und die Stabilisierung ihres Weltreichs stärker als vor ihnen die (Neu-)Assyrer (diese hatten das Nordreich Israel 722 v. Chr. in ihr Weltreich integriert) und die (Neu-)Babylonier auf die lokalen Kräfte. Die persischen Großkönige versuchten ein ausbalanciertes System von lokaler Autonomie der Provinzen und zentraler Reichsgewalt zu entwickeln. Auch ihre Religionspolitik stand unter diesem doppelten Programm: Einerseits ließen sie, soweit es ihnen politisch nützlich schien, den unterworfenen Völkern ihre gewachsenen religiösen Überlieferungen und ihre Kultzentren, andererseits aber banden sie diese Kultzentren geschickt in ihr Stabilisierungs- und Kontrollsystem ein. Wann diese neue persische Religionspolitik für die deportierten Judäer und für das Mutterland Israel, das zunächst einem persischen Beamten, der in Samaria (!) residierte, unterstellt war, spürbar zu greifen begann und wie es im Einzelnen schließlich zur Errichtung einer eigenen (Unter-)Provinz Juda (Jehûd) mit Jerusalem als Zentrum kam, ist schwer auszumachen. Doch selbst wenn man davon ausgeht, dass Jehûd in Kontinuität zum neubabylonischen Verwaltungssystem von Beginn an eine eigenständige Größe (und keinen Teil der Provinz Samaria) darstellte, war die Nähe zu Samaria sehr hoch. Aus den Papyri von Elephantine lässt sich auf Abstimmungsprozesse zwischen Jerusalem und Samaria schließen, die eine Tora als gemeinsame Basis nahelegen. Neben die Aushandlungsprozesse zwischen Jehûd und Samaria tritt als innerer Grund in anderen Texten (Esra, Nehemia, Trito-Jesaja u. a. m.) auch die Neukonstitution der kollektiven Identität im 5. Jh. v. Chr. Die Rückkehr der Deportierten (»→ Gola«) führte einerseits zu schweren Konflikten, weil die Rückkehrer im Zusammenwirken mit der persischen Administration ihre Eigentumsansprüche gegen die im Lande Verbliebenen (»Altjudäer«) durchsetzten. Andererseits brachen unter den Rückkehrern selbst »ideologische« Konflikte über die Neukonstitution insofern aus, als die einen auf eine stark tempel- und priesterorientierte Ordnung und die anderen (unter Berufung auf die prophetischen Traditionen) auf eine volksorientierte Struktur setzten. Will man einen historischen Kern in den Erzählungen in Esra und Nehemia finden, so scheint es, dass der von den Persern autorisierte *Nehemia* eine Befriedung der rivalisierenden Gruppen nicht zuletzt damit durchsetzte, dass er dem Gebiet die organisatorische Struktur einer persischen Provinz mit der Hauptstadt Jerusalem gab. Mit dieser politischen »Befriedung« schuf er die *Voraussetzung* für die Schaffung jenes Dokuments, das dann *Esra* promulgieren konnte. Allerdings ist die Historizität der Erzählungen keinesfalls sicher (s. u. D.IX.). Insbesondere die in den Erzählungen Esra 7/Neh 8–10 reflektierte öffentliche Promulgation (= Inkraftsetzung) der Tora als Gesetz bleibt historisch unsicher. Die wichtigen Etappen der Re- bzw. Neuformation Israels und ihre biblischen Bezüge können so zusammengefasst werden:

nach 586	Mizpa als Zentrum eines (von den Babyloniern abhängigen) »neuen« Gemeinwesens
ab 538	Rückkehrschübe aus der Gola; Beginn der Konflikte zwischen »Altjudäern« und Rückkehrern (»Gola«)
520–515	Tempelbau (Serubbabel und Jeschua: vgl. Esra 3,6–6,22): Neuorientierung des Gemeinwesens an dem lokal in Jerusalem verehrten Gott JHWH (und damit in der Folgezeit zunehmende Lösung von JHWH in Samaria)
445	Wiederaufbau der Stadtmauer von Jerusalem durch Nehemia (vgl. Neh 1–7) und Stärkung des politischen Eigengewichts der Provinz Jehûd gegenüber Samaria: monumentale Rehabilitierung der Stadt Jerusalem und ihrer Region; »Befriedung« der Konfliktparteien durch Nehemia
398	Feierliche Promulgation der Tora durch Esra in Jerusalem (vgl. Esra 7; Neh 8–10); öffentlich-rechtliche Anerkennung der jüdischen Religion innerhalb der Religionen des persischen Weltreichs

Die zeitgeschichtliche Einordnung des *Esra* und insbesondere der Zusammenhang seines Wirkens mit dem Wirken von Nehemia ist in der Forschung kontrovers (s. u. D.IX.2.5), was u. a. an der Angabe Esra 7,7–9 liegt (Esra *im 7. Jahr des Königs Artaxerxes*: falls damit Artaxerxes I. gemeint wäre, ergäbe sich das Jahr 458 v. Chr.; falls damit Artaxerxes II. gemeint ist, ergibt sich das Jahr 398 v. Chr.). Für die oben (im Anschluss an die Forschungsmehrheit, aber im Gegensatz zur Darstellung in Esra/Neh) vertretene Reihenfolge Nehemia (445 v. Chr.) ⟶ Esra (398 v. Chr.) lassen sich folgende Beobachtungen anführen: 1. Die Redaktion von Esra/Neh zeigt insgesamt kein besonderes Interesse an chronologischer Präzision. Ihr Interesse liegt in der thematischen und ideologischen Konzeption. Wegen seiner Bedeutung wird Esra »zeitlich« vor Nehemia gesetzt. Die Redaktion stellt ihn als »neuen« Mose eines »neuen« Exodus dar (vgl. Esra 7); seine Genealogie wird auf Aaron, den Stammvater aller Priesterschaft, zurückgeführt (vgl. Esra 7,1–5). 2. Esras Wirken setzt eine wiederhergestellte und wiederbesiedelte Stadt Jerusalem als Zentrum der Region (Provinz) voraus – eben die Situation, die Nehemia schuf. Die Abfolge der Aktivitäten Nehemia ⟶ Esra ist auch aus der Perspektive persischer Reichspolitik plausibler.

3.12 Die These von der sog. Reichsautorisation der Tora

Wie es zu der die formative Redaktion des Pentateuch wesentlich vorantreibenden Promulgation eines jüdischen Gesetzes durch Esra kam, ist durch die Thesen von *E. Blum* (»Komposition des Pentateuch«), *P. Frei* (»Reichsautorisation«) und *R. G. Kratz* (»Translatio imperii«) sehr pointiert erklärt worden. Mit der »Reichsautorisation« beschreibt *P. Frei* »ein Verfahren, durch das die von einer lokalen Instanz gesetzten Normen von einer Instanz der Zentrale nicht einfach gebilligt und akzeptiert, sondern übernommen und zur eigenen Norm gemacht werden« (Reichsautorisation 3). Das persische Reichsgesetz war nicht für das gesamte Reich einheitlich kodifiziert, sondern »einheimische Rechte und Gesetze wurden vom Großkönig bzw. vom Satrapen als seinem Vertreter anerkannt, bewahrt und in lokalem Gebrauch bestätigt, besaßen aber als ›Lokalgesetze‹ keine reichsweite Gültigkeit und galten nicht als *dāta-Reichsgesetze*« (*H. Klinkott*, Der Satrap, Frankfurt 2005, 134). Dass das von den Persern praktizierte Verfahren der »Reichsautorisation«, wodurch lokales/partikulares Recht gleichzeitig als persisches Reichsrecht bzw. eher als dessen funktionales Äquivalent anerkannt wurde, auch im Hintergrund der von

Esra bei den Persern erwirkten Anerkennung der jüdischen Tora stand, soll aus dem in Esra 7,12–26 in aramäischer Sprache (offizielle Sprache des Perserreichs!) überlieferten königlichen Beglaubigungsschreiben (das sog. *Artaxerxes-Reskript*) erschlossen werden, das Esra bei seiner Mission nach Jerusalem mit sich führt. Dies ist gewiss nicht der amtliche Originaltext, sondern eine aus späterer jüdischer Sicht gestaltete Beschreibung des *status quo* und seine theologisch deutende und legitimierende Glorifizierung, aber es fügt sich inhaltlich und juristisch so passend in das von *P. Frei* und *R. G. Kratz* von nichtbiblischen Quellen her erarbeitete Gesamtbild ein, dass es den Vorgang selbst gut *illustriert*. Anfang und Schluss des Schreibens sind vor allem aufschlussreich:

Das sog. Artaxerxes-Reskript Esra 7,12–26

12Artaxerxes, der König der Könige, wünscht dem Priester Esra, dem Schriftkundigen im *Gesetz des Gottes des Himmels*, alles Gute. 13Das ist es, was ich befehle: Jeder in meinem Reich, der zum Volk Israel oder seinen Priestern und Leviten gehört und gewillt ist, nach Jerusalem zu gehen, darf mit dir ziehen. 14Denn du bist *von dem König* und seinen sieben Räten *ausgesandt* und sollst nach dem *Gesetz deines Gottes, das in deiner Hand ist*, untersuchen, wie es in Jerusalem steht ... 23Alles was der Gott des Himmels befiehlt, soll man mit frommem Eifer liefern *für das Haus des Gottes des Himmels, damit nicht* ein Strafgericht *das Reich des Königs* und seiner Söhne trifft ... 25Du aber, Esra, bestelle *Rechtskundige und Richter*, nach dem *weisen Gesetz deines Gottes, das in deiner Hand ist*; sie sollen *dem ganzen Volk im Gebiet jenseits des Stroms* Recht sprechen, allen, die das Gesetz deines Gottes kennen; wer es aber nicht kennt, den sollt ihr es *lehren*. 26Doch über jeden, der *das Gesetz deines Gottes und das Gesetz des Königs* nicht befolgt, halte man streng Gericht und *verurteile ihn* je nachdem zum Tod, zum Ausschluss (aus der Gemeinde), zu einer Geldstrafe oder zu Gefängnis.

Folgende Aussagen über die Aktion Esras und über die Formierung des Pentateuch/der Tora sind wichtig: 1. Das Gesetz, das Esra promulgiert, ist jüdisches Gesetz (»Gesetz deines Gottes«), das vom König *als* persisches Reichsgesetz autorisiert wird (»Gesetz des Königs«). 2. Die Promulgation und die Befolgung dieses Gesetzes durch »das ganze Volk« der Juden in der Provinz Transeuphratene geschehen im Interesse des persischen Reichs (V. 23). 3. Die Promulgation geschieht am kultischen Zentrum der JHWH-Religion. »Gesetz« und »Tempel« werden hier in ein gegenseitiges Bedingungsverhältnis gestellt; das Gesetzbuch ist ein »heiliges Buch«. 4. Jüdische Identität wird künftig durch den Bezug auf dieses »Heilige Buch« konstituiert. 5. Es handelt sich nicht um ein bis dahin unbekanntes Gesetz oder um ein erst von Esra zu schaffendes Gesetz, sondern um ein bereits vorhandenes Werk (»das in deiner Hand ist«). Deshalb ist auch anzunehmen, dass die Aktion Esras nicht als Oktroi von außen, sozusagen als Machtausübung der → Gola gegenüber dem Mutterland, realisiert wurde, sondern in Abstimmung mit den einflussreichen Kreisen der judäischen Selbstverwaltung (Priesterkollegium und Ältestenrat). 6. Die Befolgung des Gesetzes wird als Ausdruck jüdischer Loyalität gegenüber der persischen Oberherrschaft beurteilt; die Nicht-Befolgung wird juristisch verfolgt und bestraft (V. 26). 7. Es ist nicht nur Grundlage für richterliche Entscheidungen, sondern auch für die jüdische »Lehre« (V. 25).

Die Frage nach *Herkunft, Inhalt und Umfang des Gesetzes*, das Esra promulgiert hat, ist kontrovers. Nach Meinung des Redaktors von Esra 7 war es schon der Pentateuch (vgl. Esra 7,6: »Esra war ein Schriftgelehrter, kundig im *Gesetz des Mose*, das JHWH, der Gott Israels, gegeben hatte«). In der Forschung werden (aus verschiedenen Gründen) folgende Identifikationen vorgeschlagen: 1. das Deuteronomium bzw. das in Dtn integrierte Gesetz Dtn 5–28; 2. das »Heiligkeitsgesetz« Lev 17–26; 3. die »Priesterschrift« in einer erweiterten Gestalt (P^s und Heiligkeitsgesetz); 4. der Pentateuch in seiner Endgestalt; 5. ein nicht mehr erhaltenes/identifizierbares Gesetzeswerk bzw. eine Vorstufe des Pentateuch.

Von den außerbiblischen Quellen zum Verfahren der persischen Reichsautorisation her kommt streng genommen keines der in der Forschung dafür genannten biblischen Rechtskorpora in Frage, da sich die Reichsautorisation nur auf Einzelregelungen und meist auf kultische Fragen bezog. Geht man von Esra 7,12–26 aus und versucht, die in diesem Text bezeugte Promulgation von der in der angenommenen Reichsautorisation erkennbaren Rechtspolitik der Perser her zu verstehen, legt sich als diskutable These nahe: Die unterschiedlichen jüdischen Gruppierungen haben im Pentateuch ihre Auffassungen zusammengestellt und durch die persische Zentralregierung (unter Mitwirkung des Nehemia?) anerkennen lassen, um so ihren jüdischen *way of life* sicherzustellen. Die Aktion des Esra war im Horizont dieser Hypothese der Abschluss der jüdischen Bemühungen, von den Persern eine relative Autonomie zu erhalten. Dass dann das sog. Artaxerxesedikt ein *»Schutzbrief« für den Pentateuch* war, ist immerhin denkbar. Ob man allerdings von Esra 7,12–26 ausgehen kann, um die These der Anerkennung der Tora als lokales Recht zu begründen, ist derzeit stark umstritten. *S. Grätz* hat in seiner Untersuchung Esra 7,12–26 als *hellenistische* Fiktion interpretiert. *K. Schmid* hält dem entgegen, dass mit der Möglichkeit zu rechnen sei, »dass ein hellenistischer Text wie Esr 7 ältere, perserzeitliche Vorgänge einer ›Reichsautorisation‹ rezipiert und diese nun im Sinne einer literarischen Stilisierung auf die Einführung der Tora in Juda überträgt« (Reichsautorisation 500). Damit lässt sich vielleicht die Besonderheit von Esra 7 erklären, nicht aber die Plausibilität der »Reichsautorisation« für die perserzeitliche Tora.

3.13 Infragestellung der These von der sog. Reichsautorisation

Dass die entscheidende Phase der *Formation des Pentateuch* zwischen 450 und 400 v. Chr. in erster Linie aus dem Verlangen nach persischer Reichsautorisation der jüdischen Tora zu erklären sei, ist neuerdings mit gewichtigen Argumenten *bestritten* worden (u. a. *J. L. Ska, E. Otto, U. Rüterswörden, H.-C. Schmitt, J. Wiesehöfer, S. Grätz, H. Klinkott*): 1. Dass es Vorgänge der Autorisierung lokaler Gesetze gegeben hat, kann kaum bestritten werden, doch sind die dafür bemühten Dokumente im Einzelnen sehr unterschiedlich; keines davon scheint eindeutig zu belegen, dass ein lokales Recht wirklich *persisches Reichsrecht* war und umgekehrt ist keines davon mit der Tora wirklich formal vergleichbar. 2. Die im Pentateuch integrierten »Rechts- bzw. Gesetzeskorpora« sind untereinander so stark divergierend, dass sie deshalb kaum von den Persern als verbindliches Reichsrecht akzeptiert werden konnten (»was galt denn nun im Einzelfall?«); diese Divergenz scheint auch dem persischen Konzept von »Gesetz«, das eine in sich konsistente Eindeutigkeit forderte, zu widersprechen. Der Pentateuch ist als solcher *nicht* justiziabel. 3. Im Pentateuch selbst werde nirgends ein Bezug auf die persische Autorisation sichtbar; das Mose-Tora-Konzept stehe eher in Konkurrenz zur Idee einer persischen Autorisation. 4. Der Pentateuch ist wegen seiner vielen Erzählpassagen und seines Umfangs als »Recht« in der Perserzeit analogielos und wenig geeignet. 5. Der Pentateuch enthält eine Reihe von Texten, die wegen ihrer Vorstellung eines israelitischen Großreichs kaum von den Persern als »Reichsrecht« autorisiert worden wären (vgl. z. B. die Verheißung einer Ausdehnung Israels »bis an den Euphrat« in Gen 15,18). Die Texte greifen im Anspruch weit über die perserzeitliche Provinz Jehûd und auch über die Provinz Samaria hinaus.

Eine formale Anerkennung der Tora als geltendes Reichsrecht kann damit weitestgehend ausgeschlossen werden. Das schließt jedoch nicht aus, dass die Tora von der persischen Autorität mehr oder minder offiziell toleriert wurde (*K. Schmid, J. Blenkinsopp, G. Knoppers*). Eine solche Annahme kann zumindest erklären, warum Texte wie Esra 7 den Eindruck erwecken wollen, die Tora sei persisch autorisiert gewesen. Als Hintergrund und eigentlicher Anstoß für die Entstehung des Pentateuch als »Tora« fällt die Annahme der »Reichsautorisation« jedoch aus und es ist nach anderen Gründen zu fragen.

3.14 Die Endformation als primär innerjüdischer Vermittlungsprozess

Angesichts der skizzierten Probleme der These von der persischen »Reichsautorisation« mehren sich die Stimmen, die die Endformation des Pentateuch wieder *stärker* als *innerjüdisch motivierten* gesellschaftlichen *und* theologischen *Vermittlungsprozess* begreifen, der sich um eine Definition der Identität Israels jenseits des bloßen pluralistischen Nebeneinanders unterschiedlicher Gruppierungen und Strömungen bemüht habe (*H.-C. Schmitt*). Hier seien bereits jene literarischen Techniken am Werk, die später zum Proprium jüdischer bzw. rabbinischer Schriftgelehrsamkeit wurden (*E. Otto*). Im Prozess der *gesellschaftlichen bzw. politischen* Vermittlung der miteinander rivalisierenden Gruppen (»Altjudäer« gegen »Rückkehrer«; prophetisch orientierte gegen priesterlich orientierte »Rückkehrer«; Streit um Landbesitz *und* um theologische Kompetenz) würde dann *Nehemia* eine wichtige Rolle gespielt haben, während man *Esra* mit der *theologisch und juristisch* relevanten Promulgation des Pentateuch als fünfteiliger *Mose-Tora* in Verbindung bringen könnte. Nehemia hätte nach dieser Sicht der Dinge (vgl. *W. Oswald*, Israel am Gottesberg 224–237) mit seiner (im Zusammenhang mit der Errichtung einer persischen Provinz Jehûd stehenden) gesellschaftlich-politischen Befriedung den Weg dafür geebnet, dass dieser Prozess sich *dann* auch literarisch in der redaktionellen Zusammenarbeitung der von den rivalisierenden Gruppen für ihre jeweilige Position reklamierten Texte niederschlug.

3.2 Der Pentateuch als Kompromissdokument und als »Mose-Tora«

Ein viel beachteter Ansatz geht auf die Unterscheidung von gesellschaftlichen Strömungen durch *J. Wellhausen, M. Weber, O. Plöger, U. Kellermann u. a.* zurück, der vor allem durch *O. H. Steck* weiterentwickelt wurde: In der Theologie des nachexilischen Israels waren – sehr vergröbernd gesprochen – zwei (im Einzelnen noch weiter zu differenzierende) *Hauptströmungen* besonders einflussreich: 1. die *theokratische* Richtung; 2. die *eschatologische* Richtung.

Ihre Propria und ihre Differenzen lassen sich plakativ an ihren unterschiedlichen Deutungen der frühnachexilischen Geschichte Israels im Kontext des persischen Weltreichs (Ende des Exils, Tempelbau und Tempelweihe, Etablierung Jerusalems als eines relativ autonomen Zentrums der jüdischen Religion) ablesen. Die *theokratische Richtung* deutet dies prinzipiell so, »daß das Heil Israels bereits wieder gegenwärtig ist, insofern die weltweite Perserherrschaft als das präsentische Gottesreich und Tempel und Tempelkult in Jerusalem als Realisation dieses Heils angesehen werden – universale, mittelbar durch die Perser ausgeübte Gottesherrschaft. Erwartungen bezüglich vervollständigender Züge solchen Heils richten sich in diesem Rahmen auf die Weltherrschaft JHWHs im Perserreich und auf politische Mittel. Was dieser Position fehlt, ist der eschatologische Vorbehalt und die Erwartung einer durchgreifenden Wende für Israel jenseits der Perserherrschaft, die JHWH unmittelbar herbeiführen wird. Das unterscheidet die theokratische Konzeption, die prophetische Erwartungen als bereits realisiert ansieht, von *eschatologischen Positionen*. Und zwar zum einen von der eschatologischen Position der dtr. Tradition, die die Perserzeit als Erleichterung nach wie vor andauernden Gerichts über Israel einschätzt und auf eine – zeitlich ganz offene – Segenswende wartet, wie sie JHWH für Israel und gegen die Völkerwelt herbeiführen wird. Und zum anderen von der eschatologischen Position prophetischer Tradition, die die Perserzeit als Anzeichen sich wendenden Heils ... ansehen kann, das aber zu umfassendem Durchbruch erst gelangt, wenn jenseits der Perserherrschaft JHWH selbst und unmittelbar seine Königsherrschaft auf Zion ausüben wird« (*O. H. Steck*, Abschluß der Prophetie 15f Anm. 13).

Sicherlich vereinfacht die Annahme von zwei großen Strömungen die Vielfalt der Positionen im nachexilischen Jehûd. Sie ist aber als Vorstellung hilfreich, um grobe Linien nachzuzeichnen. Beide Richtungen, die in Juda von unterschiedlichen Trägergruppen favorisiert werden (Priesterschaft: theokratische Richtung; Laienkreise: eschatologische Richtung; selbstverständlich sind Überschneidungen möglich), sind im Pentateuch, sowohl in seiner narrativen wie legislativen Struktur, so nebeneinandergestellt, dass man von einem spannungsreichen Kompromiss reden kann. In den erzählenden Partien rivalisieren zwei Betrachtungsweisen der Ursprungsgeschichte Israels. Zum einen betont die priesterliche Sicht, dass mit der Schöpfung und mit dem Wirken Gottes »von Abraham bis Mose« die grundlegenden Heilsordnungen ein für allemal gesetzt sind und dass es wesentlich darauf ankommt, durch ein diesen Ordnungen entsprechendes Leben das Heil anzunehmen. Demgegenüber deutet die prophetisch inspirierte Sicht die Ursprünge Israels als den Anfang einer dynamischen und immer unter der Spannung von Gericht – Rettung stehenden, grundsätzlich offenen Geschichte Gottes mit Israel und mit der Völkerwelt. Auch im legislativen Bereich setzen beide Strömungen unterschiedliche Akzente. Dies lässt sich besonders markant in den drei im Pentateuch integrierten (im Detail vielfältig miteinander verwandten) »Grundordnungen« Israels Ex 20–23 (Dekalog und Bundesbuch), Lev 1–26 (besonders Lev 17–26: »Heiligkeitsgesetz«) und Dtn 5–28 ablesen. Die in die Mitte des Pentateuch gesetzte priesterliche Grundordnung definiert Israel als heilig-reine Gemeinde durch stärker kult- und sakralrechtliche Kategorien. Dagegen entwerfen die beiden (als Rahmung) davor und danach gesetzten Grundordnungen Ex 20–23 bzw. Dtn 5–28 (an deren Spitze jeweils der »ethische Dekalog« Ex 20* bzw. Dtn 5* steht, der in abgewandelter Form auch in Lev 19 begegnet) das Ideal eines »brüderlichen« (geschwisterlichen) Volkes (inspiriert am Ideal einer Familie), das in einem permanenten Reformprozess aktualisiert werden muss.

Als *theologisches Kompromisswerk* war der Pentateuch »mit verschiedenen Augen lesbar. Die Theokraten fanden in ihm an exponierter Stelle zu Anfang die grundlegenden, ewig-gültigen Bestimmungen der Welt- und Israel-Ordnung, die sie in der Existenz Judas mit seinem Tempel in Jerusalem in der Gegenwart im Rahmen des Perserreiches verwirklicht sahen. Aber die dtr. geprägten Menschen fanden ihre Ordnungen und Geschichtsperspektiven auch integriert und belassen und konnten wie die prophetischen Kreise für ihre sehr viel weiter reichenden Hoffnungen auf eine Heilswende jenseits der Perser in den Verheißungen der Genesis und des Dtn Anhalt finden« (*O. H. Steck*, Abschluß der Prophetie 18f). Die Bezeichnung »Kompromiss« darf nicht verdecken, dass beiden Richtungen (bzw. ihren unterschiedlichen gesellschaftlichen/institutionellen Trägergruppen) die grundlegende Option gemeinsam war, dass sie die Rekonstituierung jüdischer Identität in den Anfängen Israels »von Abraham bis Mose« und nicht in Überlieferungen der staatlichen Zeit suchten und dass dabei Mose die *gemeinsame* Deutefigur war. Auch darf die Bezeichnung »Kompromiss« nicht dahingehend missverstanden werden, dass *ein* Text *eine* Position formuliert, die beide Strömungen integriert. Das Kompromisshafte und Befriedende liegt in der Ermöglichung unterschiedlicher

Rezeptionsrichtungen desselben Textes. Man kann sich die Tora als einen eingefrorenen Diskurs (»frozen discourse«) vorstellen, in dem die Positionen in einem ungelösten Gespräch nebeneinander stehen.

Als Dokument, das die miteinander rivalisierenden Strömungen in einer allgemeinverbindlichen Gründungsurkunde integrierte und zur *Kompromisssuche* verpflichtete, ist der Pentateuch der konsequente Versuch, jüdische Identität zu konstituieren und zu sichern. Er präsentiert sich selbst als Tora, die Gott durch Mose für *ganz Israel* gegeben hat. Mose als Interpret der JHWH-Offenbarung wurde dabei zur Vermittlungsfigur der unterschiedlichen Gruppen und Lebenskontexte. Die Tora blickt nicht nur auf Judäa, sondern auch auf die Juden in der → Diaspora. Deren jüdische Existenz ist beispielsweise in den Erzelternerzählungen und in der Josefsgeschichte der Genesis legitimiert; auch die miteinander konkurrierenden »Rechtskorpora« ermöglichen es, jüdische Existenz außerhalb des Landes der Verheißung – wenn auch mit Blick auf dieses – zu definieren.

In nochmals anderer Perspektive kann man den Pentateuch als einen sozialpolitischen und gesellschaftsutopischen Kompromiss begreifen. Er strebte durch die Vielzahl seiner sozialen Schutzbestimmungen eine Balance zwischen den verschiedenen gesellschaftlichen Klassen in Juda (aristokratische Ober- und Mittelschicht, Tempelpersonal, Kleinbauern, Lohnarbeiter, Besitzlose) an. Er forderte gegenüber den Ansprüchen der priesterlichen und laikalen Amtsträger (Priesterkollegium, Ältestenrat) deren Ausgleich untereinander (vgl. beispielsweise das Programm einer bipolaren Ämterstruktur von Laien und Priestern beim Bundesmahl auf dem Gottesberg Sinai in Ex 24,9–11). Vor allem stellte er dem Machtanspruch der Priester das egalitäre Konzept des »heiligen Volkes und des Königreichs von Priestern«, das vom *ganzen Volk* gelten sollte, entgegen (vgl. den Kontrast zwischen Ex 19,5f; Num 16,3 und Num 16,4ff).

Die sozialgeschichtliche Verortung dieses Vermittlungsprozesses im 5. Jh. v. Chr. gelingt jedoch nur in Ansätzen. Zu wenig wissen wir über die Literaturproduktion und die Tradentenkreise der unterschiedlichen Traditionen im Pentateuch. Es lassen sich zwar vermittelnde Diskurse um Identität, soziale Organisation, Kult und Theologie feststellen, doch lassen sich diese nicht eindeutig größeren Strömungen, gesellschaftlichen Gruppen und Oppositionen (Rückkehrer/Landjudäer, Priester/Laien, Trägergruppen der priesterlichen/deuteronomistischen Tradition usw.) zuordnen. Zutreffend ist, dass im Pentateuch eine Vielzahl von Positionen erhalten geblieben ist, die untereinander z. T. in Spannung stehen. Das lässt sich z. B. an dem Umgang mit Fremden und ihrer Integration in die Gesellschaft Israels sehen. Neben die Ablehnung jeden Kontakts mit den Nachbarvölkern im Bündnisverbot (Ex 23,22; 34,12–16; Dtn 7,2–6) und die moralische Ablehnung ihres Ethos (Lev 18,3.24) tritt die Integration von Fremden in Gesellschaft und kultische Praxis (Ex 12,48f; Lev 16,29; 17,8; 19,34, 24,22; Num 15,16 u. ö.). Neben die radikale Ablehnung von Mischehen aus genealogischen (Gen 26,34–35; 27,46–28,9), religiösen (Ex 34,15–16; Dtn 7,3; Num 25,1–5) und kultischen (Lev 21,14; Num 25,6–18) Gründen oder die radikale Beispielerzählung in Gen 34 treten positiv sanktionierte Mischehen bei Josef (Gen 41,45), Abraham (Gen 25,1) und Mose (Ex 2,21). Die Vielstimmigkeit dieser Positionen lässt sich nicht auflösen und auch nicht den jeweiligen gesellschaftlichen oder theologischen Strömungen eindeutig zuordnen. Vielmehr geraten die Positionen innerhalb des Pentateuch selbst in einen literarischen Diskurs, in dem sie sich aufeinander beziehen und aufeinander reagieren. Das setzt nicht nur eine wachsende Normativität und Akzeptanz der Tora voraus, sondern deutet auch darauf hin, dass die Eigenständigkeit der *Textwelt* der Tora gegen Ende ihres formativen Wachstums zunimmt. Die Tora – so könnte man zugespitzt sagen – kommt nicht von außen, sondern aus sich selbst heraus zum Abschluss, insofern sich die innere Fortschreibung und Ergänzung nach außen (Auslegung, Kommentar) verlagert. Dieser Prozess hängt eng mit der Normativität und Akzeptanz der Tora als Gründungsurkunde Israels zusammen. Durch das Zusammenspiel von interner Auslegung der Tora in der Tora (Selbstauslegung) mit der Auslegung der Tora außerhalb der Tora (Kommentar) bleibt der Pentateuch die dynamische Gründungsurkunde des biblischen Israels. Diese Funktion wird in den formativen Prozessen im 4. Jh. v. Chr. grundgelegt und danach als normativ angesehen und fortgeschrieben.

4. Die Tora als kanonisches Buch

Die besondere Bedeutung des im 4. Jh. v. Chr. abgegrenzten Pentateuch liegt darin, dass er nunmehr zunehmend als »kanonischer Text« galt. Die »Kanonisierung« umfasst zwei voneinander zu unterscheidende Vorgänge/Aspekte. 1. Die »*Kanonwerdung*« (*canonical process*) ist ein länger dauernder Prozess, in dem ein Text sukzessiv seine definitive sprachliche Gestalt und seine Autorität/Akzeptanz erhält. 2. Die »*Kanonschließung*« ist der Akt, durch den dem Text allgemeinverbindlich seine normative Funktion zuerkannt wird; in der Regel geschieht dies durch eine letzte Textbearbeitung und durch Publikation bzw. Archivierung eines oder mehrerer Modellexemplare(s). Nach der Kanonschließung wird der kanonische Text nicht mehr »fortgeschrieben«, sondern nur noch »abgeschrieben« oder höchstens punktuell ergänzt und glossiert (→ Glosse). Während der Prozess der Kanonwerdung für die Tora an der wachsenden Autoreferentialität und den Prozessen der textinternen Selbstautorisierung (→ Intratextualität innerhalb der Tora, Bezug von Texten der Tora auf Texte der Tora als normative Instanz, Auslegung der Tora *in* der Tora und *durch* die Tora, textinterne Reflexion der Verbindlichkeit der Tora u. a. m.) zu erkennen ist und auch seine Vorstufen (etwa in der Konzeption des Dtn, Kanonformel s. u.) in Ansätzen rekonstruierbar sind, fehlt für die Kanonschließung ein Zeitpunkt bzw. ein äußerer Akt, an dem die Bearbeitung nachvollziehbar abgeschlossen wurde. Gegenüber der Kanonschließung, die *de facto* in der LXX bzw. in Qumran vorausgesetzt ist, wird daher in der jüngeren Diskussion die Aufmerksamkeit auf die textlichen Indizien für die Formation der Tora als kanonische Größe gerichtet.

Das Judentum hat die Kanonisierung allerdings nicht mit dem Begriff Kanon verbunden. Das Wort Kanon (κανών, griechisches Lehnwort nach dem semitischen/hebräischen *qānæh* »Schilfrohr«), das ursprünglich aus der Baukunst kommt (Messstab/Maßstab) und dann die Idee des Ideals/der Norm in Kunst und Literatur, Ethik und Politik zusammenfasst und schließlich die Liste/den Katalog »verbindlicher Bücher« (für unterschiedlichste Bereiche des öffentlichen Lebens und der Kultur) bezeichnete, wurde erst im 4. Jh. n. Chr. christlicherseits mit der Bibel in Verbindung gebracht. So heißt es in einer Bestimmung des Konzils von Laodizea in Kleinasien (um 360 n. Chr.), »dass man in der Kirche nicht die ›gewöhnlichen‹ Psalmen und nichtkanonische (ἀκανωνιστά) Bücher vorlesen darf, sondern allein die kanonischen (τὰ κανωνικὰ [βίβλια]) Bücher des Neuen und Alten Bundes«. Das Judentum bezeichnete »kanonische« Bücher meist als solche, »die die Hände verunreinigen«, d. h. sie sind unberührbar wie heilige Gegenstände. Der Ausdruck bezog sich ursprünglich auf die maßgeblichen Musterexemplare am Tempel, die als »heilige« Exemplare unter Beachtung ritueller Regelungen hergestellt und nur von »rituell geheiligten« Personen gebraucht (verlesen) werden durften. Diesen Aspekt betont auch die Bezeichnung »Heilige Schrift(en)«.

Gerade unter Berücksichtigung der Kanonwerdung der Tora, die entscheidend mit der Promulgation des joschijanischen Deuteronomiums als »Staatsgrundgesetz« (vgl. 2 Kön 23,1–3) beginnt (s. u. C.IV.), lässt sich das Spezifikum kanonischer Texte anhand der Unterscheidung »klassischer«, »heiliger« und »kanonischer« Texte folgendermaßen klarmachen (im Anschluss an *J. Assmann*):

(1) *Klassische Texte* sind konstitutiv und wertverkörpernd für die kulturelle Identität einer bestimmten Epoche oder Gruppe/Schule/Bewegung/Strömung. Die jeweils vollzogene Unterscheidung zwischen »klassischen« und »nichtklassischen« Texten gilt nicht notwendigerweise als allgemein verbindlich. Andere Epochen oder andere Schulen wählen anders aus. Die Kriterien der Auswahl liegen in einem breiten Spannungsbogen von der Ästhetik bis zur Ethik; entscheidend ist der Vorbildcharakter, den klassische Texte ausüben, weshalb solche Texte öfter als andere gelesen, zitiert und imitiert werden und so als eine Art »Klassiker« einer Kultur(epoche) gelten.

(2) *Heilige Texte* sind »eine Art sprachlicher Tempel, eine Vergegenwärtigung des Heiligen im Medium der Stimme. Der heilige Text verlangt keine Deutung, sondern rituell geschützte Rezitation unter sorgfältiger Beobachtung der Vorschriften hinsichtlich Ort, Zeit, Reinheit usw.« (*J. Assmann*, Das kulturelle Gedächtnis 94). Vor allem verlangen heilige Texte wortlautgetreue Überlieferung und wortlautgetreue Rezitation.

(3) *Kanonische Texte* formulieren allgemein verbindlich die normativen und formativen Werte einer Gemeinschaft. Sie setzen eine (stillschweigend oder ausdrücklich vollzogene) Zensur anderer Texte voraus, die als nicht verbindlich bzw. geradezu als verwerflich/häretisch abgelehnt werden; dieser Vorgang der Zensur in der Doppelbewegung von Einzäunung des Ausgewählten und von Ausgrenzung der Alternativen kann als »Kanonwerdung« bezeichnet werden. Kanonische Texte setzen auch die Festlegung ihres Wortlauts voraus, der als sakrosankt und nicht mehr fortschreibbar gilt. Dieser Akt der »Kanonschließung« zielt freilich nicht primär darauf, dass der Wortlaut als solcher, sondern der in und mit ihm formulierte Werte- und Sinnkanon *für das Leben* der Mitglieder der kanonisierenden Gemeinschaft festgelegt wird. Kanonische Texte als *Sinn- und Wertekanon* einer Gemeinschaft verlangen deshalb nicht nur die Institution der *Textpflege* (Unantastbarkeit und Ästhetik der Textgestalt: »heilige Bücher«), sondern vor allem die Institution der *Sinnpflege*, damit sie bei wachsendem zeitlichen/kulturellen/gesellschaftlichen Abstand nach der Kanonschließung die von ihnen erwartete fundierende Funktion »textgemäß«, d. h. sinngemäß, erfüllen können. Kanonische »Texte wollen beherzigt, befolgt und in gelebte Wirklichkeit umgesetzt werden. Dafür bedarf es weniger der Rezitation als der Deutung. Auf das *Herz* kommt es an, nicht auf Mund und Ohr. Der Text spricht aber nicht unmittelbar zum Herzen ... Daher verlangt der Umgang mit kanonischen Texten den Dritten, den Interpreten, der zwischen Text und Adressaten tritt und die normativen und formativen Impulse freisetzt, die in der Textoberfläche eingeschlossen sind. Kanonische Texte können nur in der Dreiecksbeziehung von Text, Deuter und Hörer ihren Sinn entfalten« (*J. Assmann*, Das kulturelle Gedächtnis 95). Die Kanonisierung eines Textes ist nicht das Ende seiner Produktivität, sondern der Auslöser einer nicht mehr textimmanenten, sondern textexternen, aber gleichwohl textbe-

zogenen Produktion *neuer Texte*, die den kanonischen Text aktualisieren. Die Hauptform dieses produktiven Umgangs mit einem kanonischen Text ist das Phänomen des *Kommentars*, das wie die Zensur konstitutiv zum Begriff des Kanons gehört. Ein Kommentar schreibt einen Text nicht weiter fort, sondern bezieht sich auf ihn und legt ihn schon dadurch aus. Der Kommentar ist eine Form des Textgebrauchs und Teil der Sinnpflege eines Textes. Dabei meint Kommentar nicht notwendig den erläuternden Bezug auf jede einzelne Textzeile. Der Grad der Verbindlichkeit des Kommentars ist nie gleichermaßen hoch wie der des kommentierten Textes. Der kanonbezogene Kommentar »erfüllt vor allem zwei Funktionen: er dient einerseits der Umsetzung von Text in Leben, der Freisetzung des weltdeutenden, handlungsorientierenden und lebensformenden Anspruchs in ständig veränderten Erfahrungshorizonten, und er dient andererseits als Legitimationsbasis von Innovation, die sich im Bannkreis eines Kanons immer nur in der Form des Kommentars äußern darf« (*A.* und *J. Assmann*, Kanon 14). Es gibt aber auch andere Formen des kanongemäßen Umgangs mit dem kanonischen Text: Er kann als Denkprinzip vorausgesetzt werden, ohne dass auf ihn explizit oder implizit verwiesen wird. In summa: Der Kanon ist ein Potential kreativer Energie, die sich *kanongemäß* entfaltet.

Die *Tora als »Kanon«* realisierte in Israel einerseits das Phänomen der monotheistischen Zensur und der Unterordnung der Prophetie unter die Tora; andererseits kanonisierte sie als integratives Kompromissdokument schon *in sich selbst* jene Sinnpflege, die zum Wesen des Kanons gehört. So war es nicht nur konsequent, dass als nächster Schritt die Kanonisierung der Prophetenbücher *so* erfolgte, dass sie als (kanonische) Kommentare zur Tora *verstanden* wurden, selbst bzw. gerade dort, wo sie dem Wortlaut der Tora widersprachen, und dass dann weiterhin »*die Schriften*« als torabezogene Aktualisierungen betrachtet und »kanonisiert« wurden. Dass die Kanonisierung *der Tora* neue Texte und vom Wortlaut der Tora abweichende, aber ihrem Sinn und Geist entsprechende Verhaltensweisen (»→ Halacha«) geradezu »produzierte«, lässt sich im weiten Feld der frühjüdischen Literatur erkennen. Folgende Beispiele können dies illustrieren: 1. Neh 10 als ausdrücklich sich selbst präsentierende Aktualisierung »der Tora des Mose«; 2. 1 Makk 2,39–41: Weil es »Sinn« und »Ziel« des Sabbatgebotes der Tora war, Israel als »Gottesvolk« zu konstituieren, war es »kanongemäß«, dass die Makkabäer dieses Gebot »übertraten«, um Israel zu retten und damit die Tora am Leben zu erhalten; 3. die Bergpredigt Mt 5–7 als apokalyptische Halacha Jesu zur Tora des Mose (vgl. das Motto Mt 5,17–20).

Dass die Tora als Kanon gerade nicht den Abschluss der Offenbarung bewirken will, lässt sich schon im Dtn selbst ablesen, und zwar zum einen in dessen dynamischem Offenbarungsverständnis, wonach die Mosetora sich als auf Zukunft zielende Aktualisierung der JHWH-Offenbarung präsentiert, und zum anderen in der spezifischen Ausprägung der im Dtn zweimal gesetzten sog. Kanonformel (Dtn 4,2; 13,1). Vor allem die kontextuelle Einbindung der Formel Dtn 4,2 in den Abschnitt Dtn 4,1–4 unterstreicht, worum es bei der Kanonisierung geht: 1. Der Kanon will ein Wegweiser für *das Leben* sein. 2. Der Kanon soll vor allem der Praxis dienen, wie der auf die Kanonformel folgende Infinitiv »um zu achten auf die Gebote ...« unterstreicht. Die Kanonisierung schreibt nicht den Buchstaben fest, sondern die Sinnrichtung der Offenbarung. Als kanonischer Text ist die Tora »adaptable for life« (*J. A. Sanders*).

IV. Das Buch Deuteronomium

(Georg Braulik, Wien)

Kommentare: A. Dillmann (KeH) ²1886; S. R. Driver (ICC) 1895 (=³1902); A. Bertholet (KHC) 1899; F. de Hummelauer (CSS) 1901; E. König (KAT) 1917; G. A. Smith (CB) 1918; C. Steuernagel (HK) ²1923; H. Junker (HSAT) 1933; ders. (EB) 1955; P. Buis/J. Leclercq (SBi) 1963; G. von Rad (ATD) 1964 (=⁴1984); P. Buis (VSal.AT) 1969; J. Wijngaards (BOT) 1971; A. Phillips (CBC) 1973; P. C. Craigie (NICOT) 1976; A. D. H. Mayes (NCeBC) 1979; G. Braulik (NEB) I 1986, II 1992; C. J. Labuschagne (PreOT) I^A und I^B 1987, II 1990, III 1997; M. Weinfeld (AncB) 1991; M. Rose (ZBK) 1994; E. Nielsen (HAT) 1995; J. H. Tigay (JPSTC) 1996; C. J. H. Wright (NIBC) ²1998; R. E. Clements (NIB) 1998, 269–538; D. L. Christensen (WBC) I 2001, II 2002 (ausführliche Bibliographie!); R. D. Nelson (OTL) 2002; J. G. McConville (AOT) 2002; T. Veijola (ATD) I 2004; U. Rüterswörden (NSK) 2006; E. Otto (HThKAT) I–II 2012; U. Rüterswörden (BK) 1. Lfg. 2012; J. Lundborn 2013; L. Perlitt (BK) 2013.

Forschungsüberblicke: H. D. Preuss, Deuteronomium (EdF 164) Darmstadt 1982 (dazu N. Lohfink: ThLZ 108, 1983, 349–353); ders., Zum deuteronomistischen Geschichtswerk: ThR 58, 1993, 229–245 (zum Dtn); T. Römer, The Book of Deuteronomy, in: S. L. McKenzie/M. P. Graham (Hg.), The History of Israel's Traditions. The Heritage of Martin Noth (JSOT.S 182) Sheffield 1994, 178–212; M. A. O'Brien, The Book of Deuteronomy: CRBS 3, 1995, 95–128; N. Lohfink, Deuteronomium und Pentateuch. Zum Stand der Forschung, in: ders., Studien zum Deuteronomium und zur deuteronomistischen Literatur III (SBAB 20) Stuttgart 1995, 13–38; T. Veijola, Deuteronomiumforschung zwischen Tradition und Innovation (I): ThR 67, 2002, 273–327.

Literaturdatenbank: G. Braulik/N. Lohfink, Analytische Bibliographie zum Deuteronomium: http://anabideut.univie.ac.at/ (Zugriffsdatum 28.8.2015).

Aufsatzsammlungen: G. Braulik, Studien zur Theologie des Deuteronomiums (SBAB 2) Stuttgart 1988; ders. (Hg.), Bundesdokument und Gesetz. Studien zum Deuteronomium (HBS 4) Freiburg 1995; ders., Studien zum Buch Deuteronomium (SBAB 24) Stuttgart 1997; ders., Studien zum Deuteronomium und seiner Nachgeschichte (SBAB 33) Stuttgart 2001; ders. (Hg.), Das Deuteronomium (ÖBS 23) Frankfurt a. M. 2003; ders., Studien zu den Methoden der Deuteronomiumsexegese (SBAB 42) Stuttgart 2006; F. García Martinez u. a. (Hg.), Studies in Deuteronomy. FS C. J. Labuschagne (VT.S 53) Leiden 1994; R. G. Kratz/H. Spieckermann (Hg.), Liebe und Gebot. Studien zum Deuteronomium. FS L. Perlitt (FRLANT 190) Göttingen 2000; N. Lohfink (Hg.), Das Deuteronomium: Entstehung, Gestalt und Botschaft (BEThL 68) Leuven 1985; ders., Studien zum Deuteronomium und zur deuteronomistischen Literatur I–V (SBAB 8, 12, 20, 31, 38) Stuttgart 1990–2005; E. W. Nicholson, Deuteronomy and the Judean Diaspora, Oxford 2014; E. Otto/R. Achenbach, Das Deuteronomium zwischen Pentateuch und Deuteronomistischem Geschichtswerk (FRLANT 206) Göttingen 2004; E. Otto, Die Tora. Studien zum Pentateuch (BZAR 9) Wiesbaden 2009; L. Perlitt, Deuteronomium-Studien (FAT 8) Tübingen 1994; A. Rofé, Deuteronomy. Issues and Interpretation, London/New York 2002; T. Veijola, Moses Erben. Studien zum Dekalog, zum Deuteronomismus und zum Schriftgelehrtentum (BWANT 149) Stuttgart 2000; T. Veijola (Hg.), Das Deuteronomium und seine Querverbindungen (SESJ 62) Helsinki/Göttingen 1996; M. Vervenne/J. Lust (Hg.), Deuteronomy and Deuteronomic Literature. FS C. H. W. Brekelmans (BEThL 133) Leuven 1997.

Einzelstudien (in Auswahl): R. Achenbach, Israel zwischen Verheißung und Gebot (EHS.T 422) Frankfurt a. M. 1991; P. Altmann, Festive Meals in Ancient Israel. Deuteronomy's Identity Politics in Their Ancient Near Eastern Context (BZAW 424) Berlin/Boston 2011; E. Blum, Pentateuch – Hexateuch – Enneateuch? Oder: Woran erkennt man ein literarisches Werk in der Hebräischen Bibel?, in: ders., Textgestalt und Komposition. Exegetische Beiträge zu Tora und Vorderen Propheten (FAT 69) Tübingen 2010, 375–404; G. Braulik, Die Mittel deuteronomischer Rhetorik erhoben aus Deuteronomium 4,1–40 (AnBib 68) Rom 1978; ders., Die deuteronomischen Gesetze und der Dekalog. Studien zum Aufbau von Deuteronomium 12–26 (SBS 145) Stuttgart 1991; ders., Die »Glaubensgerechtigkeit« im Buch Deuteronomium. Ein Beitrag zu den alttestamentlichen Wurzeln der paulinischen Rechtfertigungslehre: ThPh 86, 2011, 481–502; ders., Die Liebe zwischen Gott und Israel. Zur theologischen Mitte des Buches Deuteronomium: IkZ 41, 2012, 549–564; ders., Die allgemeine Gesetzesparänese und das »paränetische Schema« im Buch Deuteronomium, in: S. M. Attaro/M. Pavan (Hg.), »Canterò in eterno le misericordie del Signore« (Sal 89,2). Studi in onore del prof. Gianni Barbiero (AnBibSt 3) Roma 2015, 21–50; J.-M. Carrière, Théorie du politique dans le Deutéronome. Analyse des unités, des structures et des concepts de Dt 16,18–18,22 (ÖBS 18) Frankfurt a. M. 2001; C. L. Crouch, The Making of Israel. Cultural Diversity in the Southern Levant and the Formation of Ethnic Identity in Deuteronomy (VT.S 162) Leiden 2014; dies., Israel and the Assyrians. Deuteronomy, the Succession Treaty of Esarhaddon, and the Nature of Subversion (ANEM 8) Atlanta 2014; A. Cholewinski, Heiligkeitsgesetz und Deuteronomium. Eine vergleichende Studie (AnBib 66) Rom 1976; U. Dahmen, Leviten und Priester im Deuteronomium. Literarkritische und redaktionsgeschichtliche Studien (BBB 110) Bodenheim 1996; R. Ebach, Das Fremde und das Eigene. Die Fremddarstellungen des Deuteronomiums im Kontext israelitischer Identitätskonstruktionen (BZAW 471) Berlin/Boston 2014; E. Ehrenreich, Wähle das Leben! Deuteronomium 30 als hermeneutischer Schlüssel zur Tora (BZAR 14) Wiesbaden 2010; I. Finkelstein/N. A. Silberman, Temple and Dynasty: Hezekiah, the Remaking of Judah and the Rise of the Pan-Israelite Ideology, in: JSOT 30, 2006, 259–285; K. Finsterbusch, Weisung für Israel. Studien zum religiösen Lehren und Lernen im Deuteronomium und seinem Umfeld (FAT 44) Tübingen 2005; dies., Deuteronomium. Eine Einführung (UTB 3626) Göttingen 2012; G. Fischer/D. Markl/S. Paganini (Hg.), Deuteronomium. Tora für eine neue Generation (BZAR 17) Wiesbaden 2011; M. Geiger, Gottesräume. Die literarische und theologische Konzeption von Raum im Deuteronomium (BWANT 183) Stuttgart 2010; J. C. Gertz, Die Gerichtsorganisation Israels im deuteronomischen Gesetz (FRLANT 165) Göttingen 1994; R. Gomes de Araújo, Theologie der Wüste im Deuteronomium (ÖBS 17) Frankfurt a. M. 1998; A. Hagedorn, Between Moses and Plato. Individual and Society in Deuteronomy and Ancient Greek Law (FRLANT 204) Göttingen 2004; B. Halpern/D. W. Hobson (Hg.), Law and Ideology in Monarchic Israel (JSOT.S 124) Sheffield 1991; R. Heckl, Moses Vermächtnis. Kohärenz, literarische Intention und Funktion von Dtn 1–3 (ABG 9) Leipzig 2005; Y. Hoffmann, The Deuteronomistic Concept of the Herem: ZAW 111, 1999, 196–210; J. Hwang, The Rhetoric of Remembrance. An Investigation of the »Fathers« in Deuteronomy (Siphrut 8) Winona Lake 2012; B. Kilchör, Mosetora und Jahwetora. Das Verhältnis von Deuteronomium 12–26 zu Exodus, Levitikus und Numeri (BZAR 21) Wiesbaden 2015; G. N. Knoppers/B. M. Levinson (Hg.), The Pentateuch as Torah. New Models for Understanding Its Promulgation and Acceptance, Winona Lake 2007; C. Koch, Vertrag, Treueid und Bund. Studien zur Rezeption des altorientalischen Vertragsrechts im Deuteronomium und zur Ausbildung der Bundestheologie im Alten Testament (BZAW 383) Berlin/New York 2008; R. G. Kratz/H. Spieckermann (Hg.), One God – One Cult – One Nation. Archaeological and Biblical Perspectives (BZAW 405) Berlin/New York 2010; J. E. Lapsley, Feeling Our Way. Love for God in Deuteronomy: CBQ 65, 2003, 350–369; B. M. Levinson, Deuteronomy and the Hermeneutics of Legal Innovation, New York/Oxford 1997; ders., »The Right Chorale«. Studies in Biblical Law and Interpretation (FAT 54) Tübingen 2008; ders., Die neuassyrischen

Ursprünge der Kanonformel in Deuteronomium 13,1, in: S. Beyerle/A. Graupner/U. Rüterswörden (Hg.), Viele Wege zu dem Einen. Historische Bibelkritik – Die Vitalität der Glaubensüberlieferung (BThSt 121) Neukirchen-Vluyn 2012, 23–59; B. M. Levinson/J. Stackert, Between the Covenant Code and Esarhaddon's Succession Treaty. Deuteronomy 13 and the Composition of Deuteronomy: JAJ 3, 2012, 123–140; N. Lohfink, Das Hauptgebot. Eine Untersuchung literarischer Einleitungsfragen zu Dtn 5–11 (AnBib 20) Rom 1963; ders., Die Väter Israels im Deuteronomium. Zu einem Buch von Thomas Römer (OBO 111) Fribourg/Göttingen 1991; O. Loretz, Das Entscheidungsproblem »YHWH = 'lhym ‚Gott'« im biblisch-jüdischen 'ḥad-Monotheismus nach Jes 45,5a und Dtn 6,4 in Auseinandersetzung mit der babylonischen Marduk-Theologie: UF 43, 2011, 283–298; D. Markl, Der Dekalog als Verfassung des Gottesvolkes. Die Brennpunkte einer Rechtshermeneutik des Pentateuch in Exodus 19–24 und Deuteronomium 5 (HBS 49) Freiburg 2007; ders., Gottes Volk im Deuteronomium (BZAR 18) Wiesbaden 2012; N. McDonald, Deuteronomy and the Meaning of »Monotheism« (FAT 2/1) Tübingen 2003; R. P. Merendino, Das deuteronomische Gesetz. Eine literarkritische, gattungs- und überlieferungsgeschichtliche Untersuchung zu Dt 12–26 (BBB 31) Bonn 1969; W. S. Morrow, Organization and Redaction in Deuteronomy 14:1–17:13 (SBL.MS 49) Atlanta/GA 1995; R. O'Dowd, The Wisdom of Torah. Epistemology in Deuteronomy and Wisdom Literature (FRLANT 225) Göttingen 2009; E. Otto, Das Deuteronomium. Politische Theologie und Rechtsreform in Juda und Assyrien (BZAW 284) Berlin/New York 1999; ders., Das Deuteronomium in Pentateuch und Hexateuch. Studien zur Literaturgeschichte von Pentateuch und Hexateuch im Lichte des Deuteronomiumrahmens (FAT 30) Tübingen 2000; ders., Gottes Recht als Menschenrecht. Rechts- und literaturhistorische Studien zum Deuteronomium (BZAR 2) Wiesbaden 2002; S. Paganini, »Nicht darfst du zu diesen Wörtern etwas hinzufügen«. Die Rezeption des Deuteronomiums in der Tempelrolle: Sprache, Autoren, Hermeneutik (BZAR 11) Wiesbaden 2009; L. Perlitt, Bundestheologie im Alten Testament (WMANT 36) Neukirchen-Vluyn 1969; S. Petry, Die Entgrenzung JHWHs. Monolatrie, Bilderverbot und Monotheismus in Deuteronomium, in Deuterojesaja und im Ezechielbuch (FAT 2/27) Tübingen 2007; M. Pietsch, Die Kultreform Josias. Studien zur Religionsgeschichte der späten Königszeit (FAT 86) Tübingen 2013; E. Reuter, Kultzentralisation. Entstehung und Theologie von Dtn 12 (BBB 87) Frankfurt a. M. 1993; T. Römer, Israels Väter. Untersuchungen zur Väterthematik im Deuteronomium und in der deuteronomistischen Tradition (OBO 99) Fribourg/Göttingen 1990; U. Rüterswörden, Dtn 13 in der neueren Deuteronomiumforschung, in: A. Lemaire (Hg.), Congress Volume Basel 2001 (VT.S 92) Leiden 2002, 185–203; P. Sanders, The Provenance of Deuteronomy 32 (OTS 37) Leiden 1996; C. Schäfer-Lichtenberger, Josua und Salomo. Eine Studie zu Autorität und Legitimität des Nachfolgers im Alten Testament (VT.S 58) Leiden 1995; J. Schaper, The »Publication« of Legal Texts in Ancient Juda, in: G. N. Knoppers/B. M. Levinson, The Pentateuch as Torah, 225–236; J. Schmitt, L'église de Jérusalem ou la »restauration« d'Israel d'après les cinq premiers chapitres des Actes: RevSR 27, 1953, 209–218; I. Schulmeister, Israels Befreiung aus Ägypten. Eine Formeluntersuchung zur Theologie des Deuteronomiums (ÖBS 36) Frankfurt a. M. 2010; G. Seitz, Redaktionsgeschichtliche Studien zum Deuteronomium (BWANT 93) Stuttgart 1971; A. Siquans, Der Deuteronomium-Kommentar des Theodoret von Kyros (ÖBS 19) Frankfurt a. M. 2002; D. E. Skweres, Die Rückverweise im Buch Deuteronomium (AnBib 79) Rom 1979; J.-P. Sonnet, The Book within the Book. Writing in Deuteronomy (BIS 14) Leiden 1997; H. U. Steymans, Deuteronomium 28 und die *adê* zur Thronfolgeregelung Asarhaddons. Segen und Fluch im Alten Orient und in Israel (OBO 145) Fribourg/Göttingen 1995; ders., Die neuassyrische Vertragsrhetorik der »Vassal Treaties of Esarhaddon« und das Deuteronomium, in: G. Braulik (Hg.), Das Deuteronomium, 89–152; ders., Deuteronomy and Tell Tayinat: VeE 34, 2013, 1–13; H.-J. Stipp (Hg.), Das deuteronomistische Geschichtswerk (ÖBS 39) Frankfurt a. M. 2011; J. Taschner, Die Mosereden im Deuteronomium. Eine kanonorientierte Untersuchung (FAT 59) Tübingen 2008; R. J. Thompson, Terror of Radiance. Aššur

Covenant to YHWH Covenant (OBO 258) Fribourg/Göttingen 2013; M. Weinfeld, Deuteronomy and the Deuteronomic School, Oxford ²1990; J. Vermeylen, Les écrivains deutéronomistes travaillent-ils en Babylonie ou en Palestine?, in: C. M. Maier (Hg.), Congress Volume Munich 2013 (VT.S 163) Leiden 2014, 154–181; S. Wiesgickl, Vom Vasallenstaat zum »Informal Empire«. Postkoloniale Theorien und ihre Bedeutung für die alttestamentliche Exegese: BZ 59, 2015, 17–38; I. Wilson, Out of the Midst of the Fire. Divine Presence in Deuteronomy (SBL.DS 151) Atlanta/GA 1995; D. Yulin Tsai, Human Rights in Deuteronomy. With Special Focus on Slave Laws (BZAW 464) Berlin/Boston 2014.

1. Aufbau

Zur Übersicht über das *Profil des Buches* s. C.I.1.2.
Unter dem *Namen* »das fünfte Buch Mose« beschließt das Dtn den Erzählbogen des Pentateuch und zeigt Mose als das Prinzip von dessen Einheit (vgl. z. B. die Gipfelschau in Gen 13,14–18 mit Dtn 34,1–3.4 oder den Exodus samt der Plagenerzählung mit Dtn 34,11f). Im Judentum wird es nach den Anfangsworten meist *d^e^bārīm* »Reden« genannt. Der Name »Deuteronomium« geht auf die Übersetzung der Vg und LXX (δευτερονομιον) von Dtn 17,18 (vgl. Jos 8,32) zurück, wo eigentlich »Abschrift dieser Tora« (für den König) gemeint ist. Sie interpretiert das Buch als »zweites Gesetz«, das Mose nach Gesetzgebung und Bundesschluss am Sinai (Ex 20–24) als Grundlage eines weiteren Bundesschlusses (Dtn 28,69) im Land Moab vorgetragen hat.

(1) Das Dtn präsentiert sich als *Erzählung* der Ereignisse vor dem Tod Moses (32,50; 34,5.7), wohl an seinem Todestag (32,48). Es ist der 1.11.40 nach dem Auszug aus Ägypten (1,3), mit dem nach der Zeitstruktur des Pentateuch die liturgische Vorbereitung auf das erste Pascha im Verheißungsland (Jos 5,10) begonnen hat. Der Bucherzähler stellt fast immer nur fest, Mose habe die folgenden Worte gesprochen. Er lässt Mose den Großteil der vorausliegenden Geschichte vortragen. Genau genommen kombiniert das Dtn jedoch nicht nur Erzählung und erzählte Erzählung, sondern zwei Bücher: das Buch Dtn und das Tora-Buch, das Mose innerhalb der Erzählung des Dtn vorträgt und danach aufschreibt (31,9.24).

Die Erzählfolge deckt sich in den Mosereden nicht mit der Ereignisfolge, der »Fabel«. In 1–3 wird z. B. schon die gesamte Wüstenzeit behandelt, in 5 erst das Geschehen am Horeb. Auch der Erzähler selbst hält sich nicht immer an die Ordnung der Fabel. Die Versammlung von 29,1 dürfte z. B. mit der von 5,1 identisch sein. Dass sich der Textverlauf so weit von der Fabelfolge entfernt, hängt auch mit der höchst komplizierten Wachstumsgeschichte des Dtn zusammen. 5–28 ist vielleicht deshalb als eigene Größe gestaltet, weil das ursprüngliche Bundes-/Vertragsdokument trotz aller erst später hineingenommenen Texte in seiner Eigenart bestehen bleiben sollte.

(2) Unter dem narrativen Grundmuster des Buches kommt eine andere umfassende literarische Form zum Vorschein: das Dtn als eine *Sammlung von Reden*. Insgesamt zitiert der anonyme Erzähler 22 Reden Moses. Nur in 31 und 34 gibt es auch vom Bucherzähler zitierte Gottesreden. Als »Abschiedsreden« Moses, gleichsam sein »Testament«, beanspruchen die Reden Moses, die letztgültige Verkündigung des Gotteswillens für

Israel zu sein. Die »archivierten« Texte sind mit vier meist Mehrfaches zusammenfassenden »Überschriften« versehen. Diese nennen die »Textgattung« der ihnen zugeordneten Dokumente: »Worte« (1,1), »Tora« (4,44), »*b^e^rīt*-Worte« (28,69), »Segen« (33,1). Daran schließen sich Bemerkungen über die Vortragsweise, Adressaten und Ursprungsumstände an, ferner eine oder mehrere Redeeinleitungen. Dieses Überschriftensystem gliedert das Buch in vier Teile. Nur die Passagen über den Tod Moses in 32,48–52 und 34 werden von ihm nicht erfasst.

1–4	Rekapitulation der Wanderung vom Horeb ins Ostjordanland / Moab als Schuldgeschichte, die begründet, weshalb Mose die Leitung Israels an Josua übergeben muss (1,6–3,29) Paränese (Mahnrede) über künftige Möglichkeiten und Gefahren im Verheißungsland zur Konstituierung des folgenden Rechtsaktes (4,1–40)
5–28	Vorlage der Bundes-/Vertragsurkunde: Historische Legitimierung der Gesetzgebung am Horeb und Paränesen zum Hauptgebot ausschließlicher JHWH-Verehrung (5–11) Sammlung von Einzelgesetzen für das Leben im Land, insbesondere der Kultzentralisation, eines gewaltenteiligen Staatskonzepts und einer Sozialutopie (12–26,16) Protokoll eines Bundes-/Vertragsabschlusses (26,17–19) Erklärungen der Bundespartner und Aufträge für die Zeit nach dem Jordanübergang, insbesondere zur Sicherung des deuteronomischen Gesetzes als Landesgesetz (27) Segen und Fluch (28)
29–32	Redetext aus dem Zusammenhang des Bundes-/Vertragsabschlusses (29–30) Einsetzung Josuas, Offenbarung des Moseliedes und Hinterlegung der Tora (31) Moselied (32)
33	Mosesegen

(3) Das Schwergewicht dieser viergliedrigen Redenkomposition liegt auf »der *Tora*«, »der Weisung« (5–28). Ihr Inhalt wird in der Moserede vermittelt, die der Bucherzähler zitiert (dessen Worte aber in den Redeeinleitungen in 27 ebenfalls in der Tora stehen). In der erzählten Welt bildet die Tora die Urkunde des Bundes/Vertrags, auf die Mose anlässlich des Führungswechsels und der Einsetzung Josuas in Moab Israel vereidigen muss. Was er, um diesen Rechtszustand herzustellen, Israel rechtskräftig präsentiert (1,5), ist die von JHWH empfangene Neuformulierung des schon bekannten göttlichen Rechtswillens (5–26). Er wird jetzt von Mose vermittelt, nicht ausgelegt. Mose kommentiert also in diesen Kapiteln nicht wie ein Schriftgelehrter die Gesetze der vorangehenden Bücher des Pentateuch – sie werden nirgends als »die Tora« bezeichnet. Formmäßig verbindet die deuteronomische Tora, auf die Mose in Moab Israel einschwört (29,11), trotz ihrer Eigenart als Sozial- und Gesellschaftsordnung des Gottesvolkes Elemente eines altorientalischen Gesetzeskodex mit denen eines Vertrags.

Das Dtn ist also vor allem *Gesetz*. Die Struktur von 5–28 lässt sich deshalb mit der Struktur einiger altorientalischer Gesetzeskodizes vergleichen.

Kodex Hammurapi	Dtn Gesetz	
Prolog	5–11	»Prolog«
Gesetze	12–26	Gesetzeskorpus
Epilog (mit Segen und Fluch)	28	Epilog (Segen und Fluch)

Nach der Überschrift zur ersten Moserede (1,1–5) fängt Mose an, »dieser Tora Rechtskraft zu verleihen« (1,5). Die Eröffnungsrede 1–4 hat also innerhalb des Ganzen der Mosereden die Funktion, die Situation der Gesetzesverkündigung zu konstituieren (s. 4,5.26) und geht dem Vortrag der Tora in 5–28 voraus. Dem Dekalog (5,6–21) am Anfang von 5–26 stellt 27 am Ende den »sichemitischen Dodekalog [zwölf Gebote]« (27,15–26) als Kontrapunkt gegenüber. In 28 sanktionieren Segen und Fluch das Befolgen bzw. Übertreten der Gesetzesbestimmungen. Dagegen beziehen sie sich z. B. im Kodex Hammurapi auf die Zerstörung der Gesetzesinschrift bzw. deren Außerkraftsetzung.
Das Korpus enthält vielfältige, das ganze Leben regelnde Gesetze. Das Dtn bezeichnet sie zusammenfassend als *ḥuqqīm ûmišpāṭīm* »Gesetze und Rechtsentscheide«. Ihre Verkündigung wird in 4,45; 6,1; 12,1 angekündigt und in 26,16 als abgeschlossen erklärt. Zugleich rahmt der Doppelausdruck in 5,1 und 11,32 die grundlegende Paränese, in 12,1 und 26,16 die Einzelgesetze. Ein vergleichbares Rahmungssystem gliedert durch *miṣwōt* »Gebote« in 28,1.13 und 28,15.45 das Schlussstück in Segen und Fluch.

4,45	die Satzungen, *die Gesetze und Rechtsentscheide*
5,1	*die Gesetze und Rechtsentscheide*
6,1	das Gebot, *die Gesetze und Rechtsentscheide*
11,32	*alle Gesetze und Rechtsentscheide*
12,1	*die Gesetze und Rechtsentscheide*
26,16	*diese Gesetze und Rechtsentscheide*
28,1.13	seine Gebote
28,15.45	seine Gebote und Gesetze

Im Korpus 12–26 selbst lassen sich drei Gesetzesblöcke und ein Anhang unterscheiden:

12,2–16,17	»Privilegrecht JHWHs« (von Sozialregelungen durchwobenes liturgisches Recht)
16,18–18,22	»Verfassungsentwurf« für Israel (gewaltenteilig konzipierte Ämtergesetze über Richter, König, Priester, Prophet)
19–25	»Straf- und Zivilrecht« (verschiedenen Inhalts)
26,1–15	»Liturgischer Anhang«

Die Einzelgesetze dieser Gesetzesblöcke werden nach Prinzipien systematisiert, die auch sonst im Alten Orient bei *Rechtskodifikationen* üblich waren, einer modernen europäischen Gesetzesdisposition allerdings fremd sind. Charakteristisch sind etwa die Gliederung des Rechtsstoffes nach Sachgebieten (z. B. Gesetze über die Opfer an der einzigen, von Gott erwählten Kultstätte, dem Jerusalemer Tempel, in 12,4–7.8–12.13–19.20–28; Verführung zum Abfall vom Gott Israels in 13,2–6.7–12.13–19), die Verknüpfung der aufeinander folgenden Bereiche durch verbindende Grenzfälle (z. B. Verbot von Kultbräuchen [vgl. 12] anderer Götter [vgl. 13] in 12,29–31), Gegenüberstellung von Fall und Gegenfall (z. B. Asylstätten für Totschläger in 19,1–10 und Auslieferung eines Mörders aus einer Asylstadt in 19,11–13), Reihung der Gesetze nach der sozialen Stellung der betroffenen Personen (z. B. verheiratete Frau in 22,13–22 – verlobte Frau in 22,23–27 – ledige Frau in 22,28f) oder nach dem zeitlichen Ablauf von Ereignissen (z. B. Frühlingsfest 16,1–8 – Wochenfest 16,9–12 – Laubhüttenfest 16,13–15). Überall kann es zur Attraktion von thematisch verwandtem Gesetzesmaterial kommen, d. h. zu einer durch Stichworte oder Ge-

dankenassoziation ausgelösten Einfügung, um eine Sache möglichst an einer Stelle vollständig abzuhandeln. Nach solchen Digressionen (Abschweifungen) wird zum Hauptthema zurückgesprungen. So schließen z. B. an die Gesetze über die Opfer an der einzigen Kultstätte in 12 und ihre Rahmung durch das Fremdgötterverbot die Gesetze über den Abfall vom einzigen Gott Israels in 13 an. Der Loyalität gegenüber diesem für Israel einzigen Gott entspricht das einzigartige Verhältnis, in dem »die Kinder JHWHs« (14,1) zu ihm stehen. Deshalb formulieren die in 14,1–21 folgenden Gesetze ihre Ritualdifferenz zu den anderen Völkern. Zugleich klären sie, was gegessen werden darf, wenn die profane Schlachtung freigegeben ist (vgl. 12,15.21). Nach dieser Digression kehren die anschließenden Gesetze wieder zum Zentralheiligtum zurück und führen die Opferbestimmungen fort: Hatte 12 die Opfergesetze unter dem Gesichtspunkt des Raumes behandelt (Stichwort »Stätte«), so entfalten die Gesetze in 14,22–16,17 sie unter dem Aspekt der Zeit (Stichwort »Jahr«). Zugleich verbindet sie das Stichwort »essen« mit den in 14,3–21 unmittelbar vorausgegangenen Gesetzen. Diese Ordnungsgrundsätze dienen auch dem Auswendiglernen. Mehr als sonst im Alten Orient werden im Dtn auch ganze Gesetzesgruppen durch verschiedene stilistische Techniken wie Stichwortverkettung (z. B. durch »Name« und »Stätte« in 12,2f und 12,4–7), Rahmung (Zerstörung der Kultinstallation fremder Götter in 12,2–3 und Verbot ihres Kultes in 12,29–31), A-B-Schema (z. B. menschliche und göttliche Eigentumsrechte alternierend in 23,16–26) und palindromischen Aufbau (Ringkomposition [→ Palindromie] A-B-A [z. B. in 12,2–31]) zu einer rhetorischen Einheit geformt. Das hängt vielleicht damit zusammen, dass diese Texte einmal als »Bundes-/Vertragsrecht« für den öffentlichen Vortrag (31,9–13) und die ständige Rezitation in der Familie (6,6f) bestimmt waren.
Im Unterschied zu unseren modernen Gesetzbüchern waren die altorientalischen Rechtskodifizierungen wahrscheinlich keine *prä*skriptiven Rechtstexte. Das lässt sich z. B. daran erkennen, dass sich im Alten Orient die Rechtsprechung, die in vielen Prozessurkunden erhalten geblieben ist, bei richterlichen Entscheiden nie auf ein Gesetzbuch berief. Sie beruhte vielmehr auf Gewohnheitsrecht und Präzedenzfällen. Dagegen dienten Rechtssammlungen als *de*skriptive Texte, wahrscheinlich als Modelle zur Ausbildung der juristischen Elite. Die Problemlösungen, die sie mit Hilfe solcher juristischer Schulbücher lernte, beeinflusste dann indirekt auch die Gerichtsentscheidungen. Eine ähnliche *Funktion* wie das Keilschriftrecht – *kein Gesetzbuch, sondern Lehrbuch* – dürfte (zumindest zunächst) auch die deuteronomische Sammlung von Rechtssätzen gehabt haben. Zur Rechtshermeneutik s. auch 2.5.

Die »Tora« 5–28 ist aber nicht nur von der Form eines Gesetzeskodex, sondern zugleich von der *Form eines »Bundes-«*, d. h. *»Vertragsschlusses«*, her zu verstehen.

Ein Vertrag ist im Gegensatz zu einem vorgeschriebenen Gesetz grundsätzlich bilateral, erfordert also trotz unterschiedlicher Abstufung des Verhältnisses der Partner eine Zustimmung, die sich im Vertragseid ausdrückt und auch die Konsequenzen von Vertragseinhaltung und Vertragsbruch übernimmt. Segen und Fluch in 28 rufen deshalb Gottes Belohnung für die Einhaltung und Strafe für die Übertretung der eingegangenen Verpflichtung herab. So zeigt zum Beispiel das Grundschema des »hetitischen« Typs von Vasallenverträgen folgende Gemeinsamkeiten mit dem Aufbau von Dtn 5–28:

Hetitische Vasallenverträge	**Kernstück des Dtn**
1. Präambel	
2. historischer Prolog	5–11 historischer Prolog und
3. Grundsatzerklärung	Grundsatzerklärung
4. Einzelbestimmungen	12–26 Einzelbestimmungen
5. Liste göttlicher Vertragszeugen	
6. Segen und Fluch	28 Segen und Fluch

Präambel und Götterzeugenliste entfallen im Dtn aus je eigenen Gründen. Das Vasallenvertragsschema findet sich auch in kleineren Textbereichen, nämlich in der redaktionellen Form von 5–8 und 9–11 (und außerhalb der »Tora« in 4 und 29f). Wie und warum sich die Tradition dieses Grundschemas vom Zusammenbruch des Hetiterreiches bis zur Entstehung des Dtn durchhielt, ist noch ungeklärt. Vermutlich spielten die Nachfolgestaaten des Hetiterreiches im syrischen Bereich eine Rolle. Hier müsste die Archäologie in Zukunft noch manches klären. Klarer sehen wir in jüngster Zeit bei den dem Dtn zeitlich wesentlich näherstehenden Thronnachfolgeverträgen des Assyrerkönigs Asarhaddon. Sie spielten zweifellos eine entscheidende Rolle für die Stilisierung der Tora als Vertrag zwischen JHWH und Israel, und zwar so sehr, dass sogar einzelne Textpassagen ins Dtn übernommen wurden – s. dazu 2.72.
26,17–19 – kein Bundesschluss selbst, wohl aber seine juristische Kommentierung – interpretiert 5–28 ausdrücklich als Vertragsurkunde. Der Text resümiert rechtsgültig die spiegelbildlichen Erklärungen der beiden Bundespartner, in denen JHWH und Israel sowohl die eigene »Leistung« als auch die des Partners zusammenfassen. Das erweckt zwar den Eindruck paritätischer Vertragsvorstellungen, doch setzt JHWH allein den Inhalt der so genannten »Bundesformel«. Er allein bewirkt die Gott-Volk-Beziehung. Israel bringt als seine »Bundesleistung« den Gehorsam gegenüber dem Gesetz JHWHs ein. Diese beiden Selbstverpflichtungen werden von Mose in 26,17–19 gewissermaßen notariell protokolliert und dann in den Erklärungen in *27,1* (Mose zusammen mit den Ältesten) für Israel und in *27,9* (Mose zusammen mit den Priestern) für JHWH öffentlich vollzogen. Zum »Bundesschluss« gehört auch der Symbolakt des Schreitens zwischen den gehälfteten Tieren (29,11). Diese Bundeszeremonie in Moab ist keine »Bundeserneuerung«, sondern eine »*Bundesbestätigung*«. Denn eine Bundeserneuerung setzt eine geschichtliche Katastrophe voraus, die von Propheten auf einen Bundesbruch Israels zurückgeführt wurde. Der fehlt in der deuteronomischen Moabsituation. Eine Bundesbestätigung sollte bei Führungswechsel erfolgen. Auch die öffentliche Verlesung der Tora als Bundestext am Laubhüttenfest jedes Brachjahres durch die Priester und alle Ältesten (31,9–13), die das Wissen um den Bund lebendig halten soll, ist deshalb keine Bundeserneuerung.

Als Erzählung und als vierteilige Redenkomposition mit dem Akzent auf der »Tora« Moses steht das Dtn in sich selbst. Es präsentiert sich von seinem autarken Anfang an – insbesondere der zitierten Erzählung in Dtn 1–3, die trotz ihrer Erinnerung der Hörer an ihnen Bekanntes ganz auf den Folgekontext ausgerichtet ist – als *eigenständiges Werk*, nicht als literarische Fortführung. Dagegen verweist die Bezeichnung »Deuteronomium«, also »zweites Gesetz«, auf die *Beziehungen (und Unterschiede) dieses Schlussbuches des Pentateuch* zu den Gesetzeskorpora (und Erzählungen) der vorausgehenden Bücher. Die Rolle Josuas und der Könige (Jos 8,32; Dtn 17,18) verdeutlicht zugleich, dass das Dtn als Auftakt der Geschichte Israels in seinem Land sehr stark auf die anschließenden »Vorderen Propheten« des hebräischen Kanons hin orientiert ist. Die Übergabe der Leitung von Mose an Josua bestimmt auf der Erzählebene die Handlung des Buches sogar von Anfang bis Ende (1,38; 3,28; 31,7f). Diese Aktion ist der eigentliche Anlass für das große Mittelstück, den Moab-»Bundesschluss«. Denn wie sonst im alten Orient der Regierungswechsel ein Loyalitätsversprechen von Seiten des Volkes erforderte, bedingt auch der Führungswechsel von Mose zu Josua eine Bundesbestätigung auf der Grundlage des Gesetzes. Das Dtn muss also auf der kanonischen Textebene innerhalb des großen Zusammenhangs der Bücher Gen bis Kön gelesen werden und gibt diesen dabei eigene Akzente und Deutungen von höchster Autorität aus dem Mund des größten aller Propheten (34,10).

2. Entstehung

2.1 Kriterien und Modelle einer diachronen Analyse des Dtn

(1) Das komplexe Aussagensystem des kanonischen Dtn lässt sich nur aus einer längeren Entstehungsgeschichte verstehen. Doch gibt es unter den Bibelwissenschaftlern über den Werdegang des Buches sehr divergierende Auffassungen. Es besteht nicht einmal Einmütigkeit über die *Unterscheidungskriterien*, die im Dtn für eine Literar- und Redaktionskritik in Frage kommen.

a) In der Anrede Israels *wechselt der Numerus*: Einmal sagt Mose »du«, dann wieder »ihr«. Die singularische und pluralische Anrede kann sogar im gleichen Satz mehrfach umspringen. Zeigt das verschiedene Schichten an (so dass z. B. dem ursprünglich singularischen Dtn pluralische Abschnitte hinzugefügt und diese wieder durch singularische Stücke ergänzt worden wären)? Aber selbst wenn das für ältere Teile des Dtn zutreffen sollte: Können spätere Verfasser die »Numerusmischung« nicht als typisch dtn Stil betrachtet und in ihren eigenen Texten imitiert haben, so dass dort trotz »Numeruswechsels« keine verschiedenen Schichten vorliegen? Jedenfalls signalisiert der »Numeruswechsel« einen rhetorischen Code-Wechsel. Der könnte dann z. B. dazu gedient haben, thematische Höhepunkte rhetorisch herauszuheben. Auf der Ebene der im Text selbst sichtbar werdenden Struktur spielt er als Gliederungsmarker bestenfalls eine Nebenrolle, als Signal eines Wechsels zwischen einer Unheils- und Heilsverkündigung Moses ist er unbrauchbar (so z. B. in 4).
b) Die *theologischen Schlüsselwörter* sind nicht gleichmäßig über das Buch verteilt. Weist das darauf hin, dass im Dtn Texte verschiedenster Herkunft zusammengefügt sind? Dann wäre die Sprachstatistik ein gutes Hilfsmittel. Aber konnten nicht spätere Schichten die typischen Formulierungen älterer Schichten aufgreifen, so dass sich im Sprachgebrauch die Grenzen verwischen? Analoges gilt dann auch für *syntaktische Stileigentümlichkeiten* und *rhetorische Techniken* des Dtn, z. B. für die Siebenergruppen vor allem von theologischen Zentralwörtern oder Schlüsselaussagen, die thematisch Zusammengehörendes sowohl innerhalb einer Perikope als auch über große Bereiche des Buches hin vernetzen.
c) In 12–26 gibt es *mehrere Formen von Gesetzen*: → apodiktische, → kasuistische Gesetze, Gesetze mit historisierender Gebotseinleitung (z. B. 12,29–31) oder mit bestimmten Formeln (wie »Du sollst das Böse aus deiner Mitte wegschaffen«, z. B. 13,6). Gehörten sie ursprünglich zu getrennten, in sich formal einheitlichen Gesetzessammlungen, oder konnten solche Formen schon immer gemischt auftreten?
d) Gibt es unterschiedliche theologische Ansätze, *unterschiedliche »Kerygmata«* (Botschaften), an deren Unvereinbarkeit man verschiedene Schichten erkennen kann? Aber wie weit lassen sich überhaupt nur vom Inhalt her historische und gesellschaftliche Zuordnungen machen?
e) Gehören alle Gesetze, die unter dem Vorzeichen der spezifisch dtn *Kultzentralisation* stehen, und solche, die eine *»Parallele« im älteren Bundesbuch* (Ex 20,22–23,33) haben, schon deshalb zum Grundbestand? Musste nicht auch sekundär eingefügtes Rechtsmaterial in Einklang mit der Zentralisationsforderung stehen (z. B. die Ämtergesetze in 17f) und können nicht auch Gesetze des Bundesbuches (z. B. in 15* und 21–24) erst durch eine spätere, etwa vorwiegend juristisch orientierte Redaktion novelliert in den dtn Kodex eingebracht worden sein (s. u. 2.44)?

(2) Wenn man Theorien über das Werden des Dtn entwirft, kann man auch mit verschiedenen *Ausgangsvorstellungen* arbeiten.

a) Soll man mit relativ wenigen Redaktionsprozessen rechnen oder mit einem langen und kom-

plizierten Erweiterungs- und Kommentierungsprozess? Vorauszusetzen ist, dass es nur eine einzige Rolle oder höchstens ein paar Exemplare gab, die den autorisierten Text enthielten. Weil aber jede Änderung die Anfertigung einer neuen Rolle erforderte, sind solchen Überarbeitungshypothesen von der Praxis her enge Grenzen gesetzt.
b) Viel hängt davon ab, in welchem Ausmaß man bei Literatur vom Typ des Dtn logische Geschlossenheit erwartet und in welchem Ausmaß man schon bei der Abfassung mit einer juristisch-interpretativen Auflösung anscheinender Widersprüche rechnen darf, die allein durch die systematische Komposition zum Ausdruck kommt. Die Vielfalt literar- und redaktionskritischer Hypothesen deutet darauf hin, dass die dem Dtn eigene Logik und Pragmatik noch nicht voll begriffen wurden.
c) Waren einmal mehrere Parallelausgaben des dtn Gesetzes im Umlauf, die nachträglich vereinigt wurden (z. B. J. Wellhausen [1–4.12–26.27 und 5–11.12–26.28–30], C. Steuernagel)? Wurden verschiedenartige Textblöcke redaktionell zusammengebaut (so z. B. M. Noth [4,44–30,20 wurden vom Dtr, dem Verfasser des DtrG, um 1–3 (4) und 31*.34* erweitert])? Gab es einen Grundtext, zu dem dann immer neue Erweiterungen und Legalinterpretationen hinzugefügt wurden (an derartige »Fortschreibungen« wird heute oft gedacht)? Müssen beim Fortschreibungsmodell der Grundtext bzw. andere Vorstadien erhalten geblieben sein (nach N. Lohfink lässt sich das z. B. in Dtn 12 zumindest nicht nachweisen)? Konnte ein Text nicht auch einfach ersetzt worden oder der frühere Text durch Auslassungen, Umstellungen und Neuformulierungen für uns unrekonstruierbar geworden sein (z. B. 15,12–18)? Ferner: Können Fortschreibungen nicht auch ohne Produktion inhaltlicher Unterschiede, Spannungen, Widersprüche, syntaktischer und stilistischer Unterschiede vorgenommen werden, sodass sich Vorstufen rein textimmanent nicht mehr rekonstruieren lassen? Die Grundtypen der Pentateuchmodelle kehren also wieder: Urkunden-, Fragmenten- und Ergänzungshypothese (s. o. C.II.2.).

Zu den methodologischen Unsicherheiten kommt nicht selten eine *textkritische* Sorglosigkeit der Exegeten gegenüber *LXX* und → *Samaritanus*. Deren Unterschiede erhalten durch die Qumranfunde heute ein viel größeres Gewicht.
Ferner gibt es noch zu wenige *synchrone* Untersuchungen der Rechtstexte des Dtn. Sie sind gefordert, da das Dtn offenbar in einer Art Schlussbearbeitung juristisch systematisiert und sprachlich poliert worden ist.

2.2 Sprache des Buches und Milieu seiner Verfasser

Die *Sprache* des Dtn ist hochrhetorische Kunstprosa. Sie liebt den wogenden Rhythmus weit gespannter, eingeschachtelte Nebensätze überbauender Perioden, kennt eine Art Prosametrum, gliedert den Text rhetorisch in »Sprechzeilen« (die u. a. noch von den Pausalformen einer vormasoretischen Lesetradition bezeugt werden), arbeitet mit aufeinander abgestimmten Wortmengen, geprägten Wendungen und häufigen Assonanzen. So entsteht ein Eindruck der Harmonie und Feierlichkeit von suggestiver Kraft. Stichwortwiederholungen und Leitwortsysteme strukturieren die einzelnen Textkomplexe und verklammern sie mit anderen. Motivationen und Begründungen werben um den Hörer, es wird höchst rational argumentiert, die zentralen theologischen Themen werden durch regelmäßig wiederkehrende Formeln im Bewusstsein präsent gehalten und vor allem durch eine Siebenzahl von Belegen bzw. ihr Vielfaches unterstrichen. Die Formeln spielen oft auf ältere und wichtige Texte an, setzen sie als bekannt voraus und rufen sie wohl als Ganze in Erinnerung. Zu den Vorstufen der dtn Formelsprache gehören auch viele der sogenannten »dtr« [deuteronomistischen] Zusätze in Gen bis Num. Das Dtn selbst enthält Rückverweise auf solche Texte. Die »dtr« Zusätze imitieren also nicht in jedem Fall – wie man oft annimmt – in der Spätzeit die Redeweise des Dtn, sondern sind zum Teil »proto-« bzw. »prä-dtn« [proto- bzw. prä-deuteronomisch]. Zum Gebrauch dieser Sigel s. D.II.3.37. Man müsste also bei Texten außerhalb des Dtn mit der Bezeichnung »dtr« und mit ihrer Datierung aufgrund sprachlicher Kriterien zurückhaltender sein (s. dazu auch D.II.3.37).

Verschiedenes deutet darauf hin, dass die *Verfasser* des Dtn in seiner vorexilischen Gestalt in den literarisch wie theologisch und juristisch kompetenten Kreisen der Jerusalemer Führungselite zu suchen sind. Sie gehörten einer Reformbewegung an, die nicht nur Unabhängigkeit von Assur anstrebte, sondern Israel auch zu seiner ursprünglichen Identität zurückführen wollte. So übermittelten der Hauptpriester Hilkija und der Kanzler Schafan, die beiden wichtigsten Beamten, das »Tora-Buch« (2 Kön 22f) an König Joschija; später war der Prophet Jeremia mit der Schafanfamilie (vor allem mit Gedalja) verbunden. Ferner zeigt die Prosa des Dtn auch Bezüge zum höfischen Redestil und zur Sprache der Weisheitsliteratur, wie sie wohl vor allem in der höheren Beamtenschaft gepflegt wurde. Beziehungen zu einer »Weisheitsschule« oder gar einem »Stand« von Weisen lassen sich daraus aber nicht ableiten. Dazu kommt eine inhaltliche wie formale Nähe zur Rhetorik neuassyrischer Rechtstexte, vor allem von Vertragstexten (s. u. 2.72). Diese wurden oft so formuliert, dass sie in öffentlichen Zeremonien vorgetragen werden und auf die Zuhörer wirken konnten. Auch die älteren Teile des Dtn dürften (wie sie es beanspruchen) wörtlich fixierte Rechtsdokumente und liturgische Texte zugleich gewesen sein, die in der ausgehenden Königszeit in einer Volksversammlung wahrscheinlich im Jerusalemer Tempel vorgetragen werden sollten. Spätere Schichten des Dtn (z. B. 4,1–40) mögen zu rein literarischen Zwecken verfasst worden sein. Sie haben aber den vorgegebenen Stil des Dtn weitergepflegt. Einer Gattung »(levitische) Predigt« lässt er sich nicht zuordnen.

2.3 Innerbiblisch auffindbare Voraussetzungen des Dtn

Das Dtn setzt von Anfang an das *»Bundesbuch«* (und zwar auch in dessen scheinbar dtr Schichten) oder eine damit verwandte Gesetzessammlung voraus. Das zeigt das Verhältnis des Altargesetzes Ex 20,24–26 zu den ältesten Texten in Dtn 12. Die eigentliche Reform des Bundesbuchrechts erfolgt aber erst in 15* und 19–25, die von der spätesten Redaktion des Dtn stammen (s. 2.44). Vorausgesetzt wird ferner eine Fassung des »Privilegrechts JHWHs« – d. h. Rechtsbestimmungen, die Verpflichtungen gegenüber JHWH regeln –, die oft als *»kultischer Dekalog«* bezeichnet wurde und in Ex 34,*10–26 am besten überliefert ist. Sie ist (natürlich in einer uns nicht mehr erhaltenen Variante) die Grundlage der ältesten Schicht: der Festgesetze von 16 und damit wohl auch der (teilweise späteren) »Zentralisationsgesetze«. Die Bezüge zu Ex 34 sind – im Gegensatz zu denen zum Bundesbuch – auf 12,2–16,17 und 26,1–11 beschränkt. Darüber hinaus dürfte das Dtn auch auf sonst nicht mehr erhaltene *Gesetzessammlungen* zurückgreifen. Eine Vorgabe von höchster Autorität für das Dtn bildet der sog. *»ethische Dekalog«* (in 5,6–21 zitiert). Er trat erst zu einem bestimmten Zeitpunkt in den Horizont des Dtn, prägte dann aber Theologie, Aufbau und Sprache des Dtn entscheidend.

So sind 4,15–20; 6,10–15; 7,8–11; 8,7–20; 13,2–19 paraphrasierende Kommentare des ersten Gebots aus verschiedenen Situationen und Zeiten. 5.9f und 28,69 entwickeln die Theorie, dass JHWH beim Bundesschluss am Horeb nur den Dekalog verkündet hat, während er die einzelnen Gesetze dem Mose allein mitteilte. Sie enthalten Einzelrecht zu fast allen Dekalogsgeboten. In einem späten Redaktionsstadium wurde der Dekalogsaufbau sogar zum Dispositionsprinzip für das dtn Gesetz (s. u.). Auch was später die Propheten Israel als JHWH-Wort mitzuteilen haben, wird nach 18,16–18 nur weitere Dekalogsauslegung sein. Sprachlich entstammen einige der häufigsten stereotypen Wendungen des Dtn dem Dekalogsanfang. Die Fassung des Dekalogs, die jetzt in 5,6–21 zitiert wird, dürfte allerdings textgeschichtlich sehr jung sein: Sie ist um den Sabbat herum aufgebaut, der im Dtn sonst jedoch keine Rolle spielt.

Vorausgesetzt sind in allen Schichten des Dtn auch die alten *Erzählungen* über Exodus, Sinai, Wüstenwanderung und Landnahme, in jüngeren Schichten u. a. die Königs- und Prophetengeschichten, wenn auch natürlich nicht notwendig in der uns jetzt vorliegenden Gestalt.

Nicht zuletzt haben auch *Prophetenworte*, vor allem des Hosea, Amos, Jesaja und Jeremia, das Dtn beeinflusst.

2.4 Entwurf einer literarischen Geschichte des Dtn (nach G. Braulik u. a.)

2.41 Das hiskijanische Ur-Deuteronomium und die joschijanische Kultreform

Vom Dtn wird man zum ersten Mal reden können, als das Privilegrecht mit der Forderung verbunden wurde, den Opferkult für JHWH auf einen einzigen Ort, die »Stätte, die JHWH auswählen wird«, zu beschränken. Diese Formel dürfte aus der Altarformel Ex 20,24 entwickelt worden sein und von Anfang an Jerusalem, das schon früher als »erwählt« galt, (genauer: seinen Tempel) gemeint haben. Zwar wird die Einzigkeit des Kultorts im Dtn nirgends mit der Alleinverehrung JHWHs oder der Einzigkeit Israels begründet. Dennoch verband das Dtn von Anfang an die Kulteinheit mit der Forderung der Kultreinheit, forderte also die ausschließliche Verehrung JHWHs (6,4f) an der einen, von ihm erwählten Stätte (12*). Von der *»Kultzentralisation«* handeln im Endtext des Dtn jetzt folgende Gesetze: 12,4–7.8–12.13–19.20–28; 14,22–27; 15,19–23; 16,1–8.9–12.13–15.16f; 17,8–13; 18,1–8; 26,1–11; 31,9–13. Der Grundbestand (vor allem in 12*) dürfte eine Opferkultzentralisation unter Hiskija von Juda (725–697 v. Chr.) reflektieren und nachträglich legitimieren.

Für die Historizität der Kultreform Hiskijas sprechen neben 2 Kön 18,4 (insbesondere die Beseitigung des auf Mose zurückgeführten Nechuschtan [Kupferschlange]) und 22 auch die neubewerteten archäologischen Befunde von Arad und *Tell es-Seba*ʿ (zur Neuaufarbeitung der Grabungen s. *Z. Herzog*, Perspectives on Southern Israel's Cult Centralization. Arad and Beer-sheva, in: *R. G. Kratz/H. Spieckermann* 2010, 169–199). Die sorgsame »Beerdigung« des JHWH-Heiligtums in Arad und die Zerlegung wie Verbauung des Hörneraltars auf *Tell es-Seba*ʿ können nur im ausgehenden 8. Jh. angesetzt werden. Sie gehen nicht auf Eroberungen – z. B. Sanheribs – zurück und sind am besten mit der Kultreform Hiskijas zu erklären. Die Kultstätten in Arad und *Tell es-Seba*ʿ wurden im 7. Jh. nicht wiederhergestellt. Davon abgesehen ist die zunehmende kultische und politische Zentralisierung Judas im 8.–6. Jh. in Jerusalem jedenfalls ein historisches Faktum, das mit militärischen Interventionen der Großmächte und den wirtschaftlichen Ent-

wicklungen der Zeit zusammenhängt (vgl. *M. Pietsch*, Die Kultreform Josias, 339–342). Hiskija suchte die Landbevölkerung vor einem zu erwartenden assyrischen Angriff, dem man in offener Feldschlacht nicht widerstehen konnte, zu schützen und siedelte sie in die befestigten Städte um. Dazu musste die feste Bindung der bäuerlichen Großfamilie an ihren Boden und den Kult ihrer Ahnen aufgelöst werden. Auch diesem Zweck diente das Zentralisationsanliegen (*B. Halpern*). Ferner dürfte Hiskija mit diesen kultpolitischen Aktionen versucht haben, die zahlreichen Einwanderer aus dem ehemaligen Nordreich von einer Rückkehr zum Tempel in Bet-El abzuhalten und an Jerusalem zu binden (*I. Finkelstein/N. A. Silberman*). Von einem damit verbundenen sozialen Anliegen erzählt die dtr Geschichtsschreibung nichts.
Eine zumindest faktische Kultzentralisation der Hiskija-Zeit spiegelt sich auch in der großen *Inschrift von Hirbet Bet Layy* (BLay1) 8 km östlich von Lachisch in einem Eisen-II-zeitlichen Kammergrab: »JHWH (ist) der Gott der ganzen Erde, die Berge Judas (gehören) dem Gott Jerusalems.« JHWH ist demnach als höchster Gott, d. h. als Weltgott, zugleich Territorialgott Judas, also Nationalgott, und mit einem wohl neuen Titel der Stadtgott Jerusalems (die Bezeichnung »Gott Jerusalems« findet sich nur noch 2 Chr 32,19 im Zusammenhang des Sanherib-Feldzugs 701 v. Chr.). Dass er auch als persönlicher Schutzgott des Einzelnen handelt, zeigen die benachbarten Inschriftenfragmente (BLay 3–4). »Die religionsgeschichtliche Realität, dass Jhwh nach 701 einzig noch in Jerusalem einen Tempel besitzt und sich also de facto eine Kultzentralisation angebahnt hat, erfährt hier eine prononcierte theologische Deutung, indem JHWH gleichsam wesenhaft als Gott Jerusalems konzipiert wird.« (*M. Leuenberger*, Jhwh, »der Gott Jerusalems« [Inschrift aus Hirbet Bet Layy 1,2]. Konturen der Jerusalemer Tempeltheologie aus religions- und theologiegeschichtlicher Perspektive: EvTh 74, 2014, 245–260, 257f).

Auch Joschija von Juda (640–610 v. Chr.) hat Kultstätten beseitigt (2 Kön 23,4–20). Historisch und sachlich brauchte er dazu keine Legitimation durch einen Buchfund oder Bundesschluss, wie dies 2 Kön 22f erzählerisch (im Gegensatz zu 2 Chr 34 mit der vorausgehenden Entfernung aller Fremdkulte) zunächst nahelegt. Hatten doch schon die judäischen Könige Asa (1 Kön 15,12–14), Joschafat (1 Kön 22,47) und Joasch (2 Kön 11,17f) Götterbilder beseitigt.

Literargeschichtlich lassen sich die Maßstäbe der Kulteinheit und des ersten Gebots in den Königsbeurteilungen nicht diachron scheiden. Ihre äußerst nuancierten Auf- und Abwertungen der Könige des Nord- und Südreichs sind auf Informationen abgestimmt, die offensichtlich an vorgegebenes Material bzw. geschichtliche Erinnerungen gebunden waren. Das gilt auch für die Darstellung der beiden Reformer Hiskija und Joschija. Denn eine bloß literarische Fiktion nach der Katastrophe Jerusalems hätte nur Plausibilitätsprobleme geschaffen, die sich mit dem dazwischen geschobenen Anti-Reformer Manasse nicht ausgleichen ließen (s. *E. Blum*, Das exilische deuteronomistische Geschichtswerk, in: *H.-J. Stipp* 2011, 269–295; ausführlich *H.-J. Stipp*, Ende bei Joschija, in: a. a. O. 225–267). Zur methodischen Diskussion der Konzepte »Text« und »Artefakt« am Beispiel von 2 Kön 22f s. *J. Schaper*, Auf der Suche nach dem alten Israel?: ZAW 118, 2006, 1–21; zur historischen Plausibilität der Kultreform Joschijas s. zuletzt umfassend *M. Pietsch*.
Die neuassyrisch imperiale Herrschaft dürfte vor allem eine pragmatische, Assur-zentrierte ökonomische Politik mit der Devise »gehorchen und zahlen« betrieben haben, keine »Assyrisierung« (*A. Berlejung*, The Assyrians in the West. Assyrianization, Colonialism, Indifference, or Development Policy?, in: *M. Nissinen* (Hg.), Congress Volume Helsinki 2010 [VT.S 148] Leiden 2012, 21–60). Die Beschränkung aller Opferfeiern und Feste auf das Jerusalemer Heiligtum lässt wenig antiassyrische Tendenzen erkennen und diente mit der Beseitigung aller fremdkultischen Elemente vor allem der eigenen Identität als Volk JHWHs (Dtn 6,4). Das mit der joschijanischen Kultreform verbundene Streben nach politischer Autonomie wurde aufgrund des

Schwindens assyrischer Macht über die westlichen Provinzen und Vasallenstaaten möglich. Auch religionsgeschichtlich passen Joschijas Reformmaßnahmen nur in den Kontext des 7. Jh.s und wären in exilischer oder nachexilischer Periode nicht erklärbar. Die Beschränkung der kultischen Verehrung des »Reichsgottes« auf ein einziges Heiligtum ist – wie die Sonderstellung des Assur-Tempels in der Stadt Assur als des einzigen Ortes der kultischen Verehrung des Königsgottes Assur im assyrischen Reich belegt – nicht ohne Analogie. Dennoch ergab sich das kultpolitische Programm Joschijas aus der spezifischen historischen Konstellation seiner Zeit. Zur Vernichtung der Heiligtümer anderer Götter (zu denen dann auch synkretistisch gewordene JHWH-Heiligtümer/Kulthöhen gerechnet wurden) konnte sich Joschija außerdem auf eine privilegrechtliche Vorschrift berufen (vgl. Ex 34,13; 23,24). Nicht zuletzt ist »ein Pascha zu Ehren JHWHs« im Tempel von Jerusalem (2 Kön 23,21--23; vgl. 2 Chr 35) unvorstellbar, solange dort fremde oder synkretistische Kulte praktiziert wurden. Onomastik (bezüglich der theophoren Elemente der Eigennamen) und Epigraphik (z. B. der Lachisch-Ostraka) bezeugen für die letzte Epoche des vorexilischen Juda ein Glaubensbewusstsein, das keinen anderen Gott als JHWH kennt (*O. Keel/C. Uehlinger*, Göttinnen, Götter und Gottessymbole, Freiburg ^{7}2012, 406–429).

2.42 Das joschijanische Bundesdokument

Joschija hat 622 v. Chr. das Gottesverhältnis Israels vor allem in Anlehnung an assyrische Loyalitätseide als »Bund«, d. h. als Vertrag, gedeutet (s. dazu 2.72) und das (damalige) Dtn zur Grundlage einer eidlichen Selbstverpflichtung gemacht. In 2 Kön 22f ist ein Text verarbeitet, der wohl noch zu Lebzeiten Joschijas abgefasst wurde (22,3–12.13*.14.15–20*; 23,1–3.21–23) und trotz aller Stilisierung im Kern historisch verlässlich ist. Ihm ist zu entnehmen, dass »das« Tora-Buch, also ein schon zuvor bekanntes offizielles Dokument, im Tempel wiedergefunden wurde. Das Bundesbuch (Ex 20,22–23,33) kommt dafür nicht in Frage, weil in ihm z. B. die vom Dtn vorausgesetzte Kultzentralisation und zentralisierte Paschafeier fehlen. Auch wird es nirgends als Tora-Schrift bezeichnet. Vielmehr handelte es sich um eine nicht allzu umfangreiche Vorstufe der dtn Tora, die wahrscheinlich mit 6,4f einsetzte (vgl. 2 Kön 23,3 und 23,25*), nach wenigen paränetischen Texten vor allem Kultgesetze und Segen-Fluch-Sanktionen enthalten haben dürfte, jedoch noch keine Sozialgesetze und den Staat betreffenden »Verfassungsbestimmungen«. Dieses literarisch selbständige Ur-Dtn war vermutlich als JHWH-Gesetz (s. Dtn 6,17; 28,45; vgl. 2 Kön 22,19 »ich habe gesprochen«) und noch nicht als von Mose vorgetragenes Gesetz formuliert. Es war ein Gesetz ohne narrative Einbettung. Zu seiner Beobachtung verpflichteten sich Joschija und das Volk in einer Eideszeremonie. So wurde das Dtn (spätestens hier) zur »Bundes-/Vertragsurkunde« (2 Kön 23,1–3; vgl. V. 3 mit Dtn 6,17). Die neue Ordnung wurde durch ein Pascha nach dtn Anweisung (Dtn 16,1–8) gefeiert (2 Kön 23,21–23). Die in 2 Kön 23,4–20 erzählerisch dazwischengeschobene Kultreinigung Joschijas ist vom Torafund sachlogisch unabhängig und begann zeitlich höchstwahrscheinlich schon davor (s. o.). Ihrer vorexilischen Überlieferung zufolge dürften nicht nur synkretistische Bestandteile des JHWH-Kults beseitigt, sondern auch zum Großteil fremde Kulte abgeschafft worden sein. Ein Prophetenwort war dazu nicht erforderlich. Die Delegation, die Joschija zur Prophetin Hulda schickte, sollte wohl ihre Fürsprache für König und Volk erbitten: Gott möge seinen Zorn, der wegen des Ungehorsams der Väter (2 Kön 22,13) entbrannt war, nicht strafend verwirklichen (vgl. ähnliche Delegationen von Hiskija in 2 Kön 19,2–4 und Zidkija Jer 21,1f samt 37,3).

2.43 Die joschijanische Landeroberungserzählung

Als sich Assur aus seinen westlichen Gebieten zurückziehen musste, konnte Joschija an eine Ausdehnung seiner Herrschaft nach Westen und Norden denken. Ihm muss die Wiedergewinnung des Gebietes des alten Zwölfstämmevolks vorgeschwebt sein. Als propagandistische Vorbereitung dieser Politik und als das vielleicht wichtigste Werk der aus der nationalen und kultischen Restaurationsbewegung stammenden Literaturproduktion entstand eine »joschijanische Landeroberungserzählung« (*N. Lohfink, G. Braulik*), die später in Dtn 1–Jos 22 aufgegangen ist (s. dazu und zum Folgenden D.II.3.35). Man kann ihren Textbereich u. a. anhand einer ihr eigenen, geprägten Terminologie, verschiedener Handlungsreihen mit gleichbleibendem Verbalgerüst, bestimmter Kleinformen und großräumiger Aussagengefüge rekonstruieren. Diese Darstellung verbindet die Erzählung darüber, was vor und bei der Landeroberung geschah, mit dem, was das Leben im Land bestimmen sollte. Die Geschichte begründete, als sie verfasst wurde, den territorialen Anspruch Joschijas auf das assyrische Provinzgebiet im ehemaligen Nordreichgebiet als Land, das Israel durch königlich-göttliche Übereignung schon längst gehörte. Analog zur Erzählung über die Landnahmezeit machten auch die Rückblenden auf die Horebereignisse in 5 und 9f das dtn Gesetz als Gesellschaftsordnung für das Leben im Verheißungsland in der Urzeit Israels fest. Dazu wurde die Urkunde von 622 jetzt als Moserede beim *Moab*bund (in Zuordnung zum *Horeb*bund) stilisiert.

Andere literarhistorische Modelle rechnen mit einer erst späteren Verbindung von Dtn und Jos (bzw. deren Vorstufen) und ihrer Einbindung in den größeren Kontext eines Hexa- oder Enneateuch (s. o. C.II.5. und dazu D.II.3.38). Eine entscheidende Rolle spielt dabei, wie die Textbezüge von Dtn 1–3 zum vorausgehenden Erzählzusammenhang bewertet werden. Am plausibelsten erscheint noch immer, dass die Kapitel zwar die Kenntnis der alten Tetrateucherzählungen, z. B. der Kundschaftergeschichte in Num 13f*, voraussetzen, aber den autarken Anfang eines literarisch eigenständigen Werkes bilden. Dafür sprechen schon die Auswahl, Anordnung und Wertung des in Num bereits breit Erzählten durch das Dtn: Mose nimmt die Geschichte als Ich-Erzähler unter dem Aspekt seiner Schuld auf und formuliert sie, weil ihm Gott das Betreten des Verheißungslandes versagt hat, im Blick auf die Einsetzung Josuas. Das heißt, Mose resümiert in Kapitel 1–3, was im narrativen Gesamtvorgang des Dtn und für seine rhetorische Zielsetzung unentbehrlich ist. Um das Dtn als Fortführung des → Tetrateuch zu präsentieren, musste deshalb später noch eigens der Buchanfang 1,1–5 im Kontext der Pentateuchredaktion neu geschaffen werden.

2.44 Die exilische/frühnachexilische Überarbeitung

Ägypten hatte bereits unter Pharao Psammetich I. (664–610 v. Chr.) praktisch die Vorherrschaft über die assyrischen Provinzen in der Levante übernommen. Joschija scheint das Machtvakuum im Bergland überschätzt und den Rechtszustand unterschätzt zu haben. Pharao Necho II. (610–595 v. Chr.) interpretierte seine Aktionen wahrscheinlich als Treubruch, bestellte ihn als

Vasallen nach Megiddo und ließ ihn dort – womit Joschija offenbar nicht gerechnet hatte – 610 v. Chr. als illoyal hinrichten. Joschijas Tod beendete alle seine Projekte. Seine Nachfolger führten die religiöse Reform nicht weiter. 586 v. Chr. erlag Juda dem Ansturm der Neubabylonier. Jerusalem samt dem Tempel wurde zerstört, die Bevölkerung ins babylonische Exil deportiert. Nur das Gebiet von Benjamin nördlich von Jerusalem und das Gebiet zwischen *Ramat Raḥel* und Bet-Zur südlich der Stadt dürfte davon nicht betroffen worden sein (*O. Lipschits*, The Fall and Rise of Jerusalem, Winona Lake 2005, 206–257). Nach *J. Vermeylen* haben die Autoren/Redaktoren des DtrG wahrscheinlich in Palästina, nämlich in Mizpa, gearbeitet.

Die *dtr Literatur* erhielt dadurch fast automatisch ganz neue Akzente: Israel selbst war an der Katastrophe schuld, es hatte den Ausschließlichkeitsanspruch JHWHs auf sein Volk missachtet und nicht nach der im Bund übernommenen Sozialordnung gelebt. Dies wird in den exilischen Neubearbeitungen des DtrG weiter durchdacht und hinterlässt tiefe Spuren im Dtn.

Israels Schuld am Verlust seines Landes wird z. B. in 29,21–27 bewusst gemacht. Eine bestimmte dtr Schicht unterstreicht, dass schon die Inbesitznahme des Verheißungslandes an den Gebotsgehorsam gebunden war (z. B. 6,18f; 11,8b.22–25). Weitere Bearbeitungsschichten der Exils- oder frühen Nachexilszeit in 4,1–40; *7–9 und *29–30 gelangen zu einer *veränderten Bundestheologie*, die die Priesterschrift (P^g) bereits voraussetzt. Sie bindet, zum Teil unter Rückgriff auf die Tradition vom Bund mit Abraham und den Erzvätern (vgl. Gen 15,18; 17), JHWHs Bundeszusage nicht mehr an den Gehorsam Israels (4,31; 7,9; 9,5; 30,6). Die Wüsten-Wunder-Erfahrung wird zum Paradigma des Lebens im Land (8; 29,4–6a). Über allem steht reine Gnade.

So konnte man auch neu das zukünftige Leben im wiedergewonnenen Verheißungsland bedenken. In Übereinstimmung mit der dtr Theorie des Königtums in 2 Sam 8 und 12 wurde der *gewaltenteilige Verfassungsentwurf* von Dtn 16,18–18,22 formuliert. Diese von der Geschichtserfahrung Israels geprägte Realutopie sicherte auch dem freien Charisma im »Propheten wie Mose« (18,15.18) seinen institutionellen Ort. Jeremia, aber auch Hulda entsprechen diesem Prophetenbild. Konkrete Bedürfnisse der exilischen und nachexilischen Gemeinden führten in 15* und 19–25 zu einer massiven *Erweiterung des legislativen Materials*. Diese Gesetze stammen mindestens teilweise aus alten Rechtstraditionen, u. a. aus dem Bundesbuch, ferner wahrscheinlich aus dem Heiligkeitsgesetz (Lev 17–26), das zuvor seinerseits Gesetze des älteren Dtn rezipiert hatte. Durch diese späten Kapitel wird das Dtn eigentlich erst im vollen Sinn zu einem *Gesetzbuch*. Ob die heimgekehrte → Gola es tatsächlich als geltendes Recht betrachtet hat, bleibt allerdings unsicher. Der dtn → Kodex wird im Zusammenhang mit der Redigierung von 19–25 der Abfolge der Gebote des Dekalogs entsprechend systematisiert. Deshalb gibt es zwischen bereits vorausgesetzten Kap. 12–18 und dem Dekalog unterschiedlich klare und eher globale Korrespondenzen (u. a. mit dem Dekalogsverweis »wie JHWH, dein Gott, dir befohlen hat« in 5,12 und 16 auf die das Sabbat- bzw. Elterngebot konkretisierenden Gesetze 14,22–16,17 bzw. 16,18–18,22). Als literarische »Vorbilder« dieser »dekalogischen Redaktion« könnten der Gemeindekatechismus in Lev 19 und die katechismusartigen Reihen in Ez 18 gedient haben. Die folgende Tabelle gliedert den dtn Kodex nach seiner (vereinfachten) Wachstumsgeschichte in drei Gesetzesblöcke (12,2–16,17; 16,18–18,22; 19,1–25,16) und nennt das Thema der Gesetzesgruppen, unter dem sie die Dekalogsgebote auslegen.

1. Gebot: Fremdgötter- und Bilderverbot	12,2–13,19: JHWH an der einzigen, von ihm erwählten Opferstätte und als den einzigen Gott Israels verehren	*5. Gebot:* Nicht töten	19–21: Leben bewahren 22,1–12 Überleitungstext vom 5. zum 6. Gebot
2. Gebot: Verbot des Namensmissbrauchs	14,1–21: Als das heilige Volk JHWHs in Ritualdifferenz zu den Völkern anderer Götter leben	*6. Gebot:* Nicht die Ehe brechen	22,13–23,15: Die Würde von Mann und Frau schützen
3. Gebot: Sabbatgebot	14,22–16,17: Kult und »Bruderschaft« in heiligen Rhythmen verwirklichen	*7. Gebot:* Nicht stehlen	23,16–24,7: Menschliche Bedürfnisse und Beziehungen über das Eigentumsrecht stellen
		8. Gebot: Nicht Falsches aussagen	24,8–25,4: Den Armen, sozial Schwachen und Schuldiggewordenen ihr Recht nicht verweigern
4. Gebot: Elterngebot	16,18–18,22: Die Ämter als Autoritäten in Israel achten	*9. Gebot:* Nicht die Frau des Nächsten begehren	25,5–12: Nachkommenschaft nicht verhindern
		10. Gebot: Nicht nach dem Besitz des Nächsten verlangen	25,13–16: Kein falsches Gewicht und Maß verwenden

Ebenfalls in nachexilischer Zeit ist mit der Einfügung von Dtn 27 (ohne V. 1 und 9f, die zur joschijanischen Bundesurkunde gehören) und 11,29f zu rechnen. Vielleicht hängt sie mit zeitweisen Annäherungen zwischen Jerusalem und Samaria zusammen, die zwar nicht von Dauer waren, aber ihre Spuren hinterließen. Auch Ansprüche der Leviten fanden jetzt ihren Niederschlag (z. B. 10,8f).

2.45 Das Deuteronomium in der Pentateuchredaktion

Spätestens zu Beginn des 4. Jh.s v. Chr. wurde das Dtn von den ihm folgenden Büchern (Vertretern der Hexateuchhypothese zufolge nur von Jos) redaktionell gelöst und markierte nun als fünftes Buch des Pentateuch dessen Abschluss (zu den unterschiedlichen Modellen s. o. C.II.5. und C.III.). Die meistens der Priesterschrift zugerechneten oder zumindest davon beeinflussten Traditionen über den Tod Moses in 32,48–52 und 34,1a*.7–9 wurden dabei auf den neuen dtn Zusammenhang zugeschnitten, ganz neu kamen 1,1–5 und das Mose-→ Epitaph 34,10–12 hinzu. Auch der alte, später überarbeitete »Mosesegen« (Dtn 33) wurde wohl erst jetzt als Gegenstück zum »Jakobsegen« (Gen 49) eingesetzt. Zugleich mit Dtn 1,1–5 und 33 wurde auch das umfassende Überschriftensystem geschaffen. 1,1–5 markiert mit den »Worten Moses« gegenüber den »Geboten und Rechtsentscheiden JHWHs« der Buchabgrenzung in Num 36,13 einen Neueinsatz. Die Passage ersetzt jetzt den ursprünglichen Buchbeginn des Dtn und dient als Ansage der ersten Moserede 1,6–4,40, weitet von 1,3 an den Blick auf die Mosetora 5–28 und ist als Ganzes zugleich Teil einer weitausgreifenden Rahmung (vgl. z. B. 1,1 mit 32,45 [»diese Worte«] und 34,12 [»vor ganz Israel«]; ferner 1,1b.2 mit 33,2). Tiefe Eingriffe erlaubte man sich nicht mehr: Erzählerische und juristische Wiederholungen oder Widersprüche zwischen Ex–Num und Dtn wurden nicht harmonisiert. Bücher wie Ijob, Spr und Rut bezeugen die hohe »kanonische« Autorität des Dtn, die jedoch eine kritische (jetzt innerbiblische) Auseinandersetzung durchaus zuließ.

2.5 Zur Rechtshermeneutik des Deuteronomiums im Pentateuch

Rechtshermeneutisch bleibt festzuhalten, dass sich der *Pentateuch* nicht als Kodifizierung von Recht, sondern als Erzählung präsentiert. Er vereinigte in kritischer Stunde das »kulturelle Gedächtnis« Israels, um durch die archivarische Rettung der Tradition die im babylonischen Exil und in der frühen nachexilischen Zeit höchst gefährdete Identität des Volkes zu bewahren. Später wurde diese »symbolische Sinnwelt« Israels auch durch einen rituell geordneten, periodischen öffentlichen Vortrag, auf den schon das Dtn explizit hingeordnet war (31,10–13), gesichert.

Die Rechtswelt des Pentateuch bildete damals eine ideelle Gegenwelt zur politischen, gesellschaftlichen und familiären Alltagswelt. Sie beanspruchte kaum von Anfang an, die Rechtsprechung verbindlich zu regulieren, obwohl sie das Gewohnheitsrecht und die forensische Praxis beeinflusst haben mag. Der Pentateuch selbst sieht zwei seiner Gesetzeskomplexe als verpflichtend an: den Dekalog, den Gott ohne Geltungsbegrenzung in Zeit und Raum promulgiert hat, und das Dtn für Israel, solange es in seinem Land ist.

Nur vom *Dtn* sagt der Pentateuch dann auch (zumindest indirekt), dass sein Recht nach der Heimkehr aus dem Exil weitergelten wird (30,8). Außerdem ist das Dtn im Ablauf der vom Pentateuch erzählten Geschichte der letzte unter den beschworenen Gesetzeskodizes. Es führt das Bundesbuch und das Heiligkeitsgesetz weiter. In der Tat erweist sich das Dtn als das Gesetzeskorpus des Pentateuch, das von der restlichen Literatur des AT am intensivsten rezipiert und später schriftgelehrt diskutiert wurde. Es versteht sich im Rahmen des Pentateuch als Zusammenfassung aller vorausgehenden Bundestexte und göttlichen Gesetze, die zwischen Horeb und Moab erlassen wurden und hat im Zweifelsfall auch das letzte Wort. Doch strebt das Dtn keine Vollständigkeit an. Seine Forderungen sind so formuliert, dass sie sich mit dem intertextuell anvisierten und uminterpretierten älteren Bundesbuch zu einer rechtssystematischen Einheit zusammenfügen. Analoges dürfte auch für die ursprüngliche Beziehung zwischen dem Dtn und dem Heiligkeitsgesetz, vielleicht auch für vieles andere Rechtsmaterial des Pentateuch, gelten. Wie man mit den verbleibenden Spannungen und Widersprüchen, besonders solchen im kultischen Recht, umgeht, muss dann eine Rechtshermeneutik von außen festlegen. Ihre geschichtlich am meisten ausgeprägte Form wurde zweifellos von der jüdischen → Halacha entwickelt.

2.6 Zur Textgeschichte und frühen Nachgeschichte

Die Textfunde der judäischen Wüste zeigen, dass in der Zeit des Zweiten Tempels in Palästina zwei Schreiber-Traditionen am Werk waren – eine »konservative«, die den Text gewöhnlich exakt kopierte, und eine »kreative«, die auch Erweiterungen, Harmonisierungen und »exegetische« Änderungen vornahm (s. dazu *S. W. Crawford*, Scribal Traditions in the Pentateuch and the History of the Early Second Temple Period, in: *M. Nissinen* (Hg.), Congress Volume Helsinki 2010 [VT.S 148] Leiden 2012, 167–184). Im 1. Jh. v. und n. Chr. gewinnt die konservative Textüberlieferung zunehmend das Übergewicht. Auf sie geht der proto-masoretische Text, der Vorläufer des Masoretentextes (M), zurück. Die revidierte EÜ hält sich an diesen am wenigsten veränderten und im Judentum kanonisch gewordenen Text. Dagegen stammt der Samaritanische Pentateuch aus der freien, expansionistischen Tradition. Von den rund hundert größtenteils hebräischen Pentateuch-Handschriften aus der judäischen Wüste entfallen 34 auf das Dtn. Das ist die höchste Zahl von Textbelegen für eine Pentateuchschrift. Dazu kommt, dass es zwar Rollen gibt, die die Bücher Genesis und Exodus, Exodus und Levitikus, Levitikus und Numeri enthalten, aber kein Exemplar, das Numeri und Deuteronomium verbindet. Auch darin spiegelt sich die besondere Stellung des Deuteronomiums im Pentateuch.

Die wichtigsten Stellen, wo andere Textzeugen als M den älteren Text des Dtn haben, sind 27,4 und 32,8.43. In diesen Fällen ist mit bewusster Textänderung innerhalb der (proto)masoretischen Texttradition zu rechnen. Als theologisch wichtiges Beispiel kann 32,8 dienen. In 32,8 lesen M und Sam: »legte er [= der Höchste] die Gebiete der Völker nach der Zahl der Söhne Israels (*b^e^nê jiśrā'ēl*) fest«. 4QDeut^j^ bezeugt die Variante »Söhne der Götter (*b^e^nê ^e^lōhîm*)«, während die Septuaginta (G) »nach der Zahl der Söhne der Engel Gottes (*hyōn 'aggelōn theou*)« übersetzt. Die ursprüngliche Lesart dürfte gelautet haben: »legte er die Gebiete der Völker nach der Zahl der Söhne Els (*b^e^nê 'ēl*) fest«. Die Identifizierung des Gottes El mit dem Gott Israels erklärt die Entwicklung der verdeutlichenden Lesarten der Qumran-Handschrift und G. Die Schreiber von M und Sam ändern ihre Vorlage, um polytheistische Vorstellungen zu vermeiden, die das ursprüngliche Moselied noch ohne Bedenken benutzt. Diese Korrektur könnte durch Einschieben von drei Konsonanten (jśr) in den Urtext erfolgt sein. Die Verbindung zwischen der Zahl der Söhne der Götter und Israels bildet die Zahl 70. Denn nach verbreiteter Vorstellung gab es 70 Götter, die die 70 Völker der Welt regierten. Aber auch Jakob (= Israel) hatte, als er nach Ägypten zog, 70 Nachkommen (Ex 1,5 vgl. Dtn 10,22 und der Hinweis auf 70 im Targum Pseudo-Jonathan).

Von besonderem Interesse für die *frühe Nachgeschichte* des Dtn ist die »Tempelrolle« von Qumran. Sie ist im 2. Jh. v. Chr. kurz vor Anbruch der Hasmonäerherrschaft entstanden und wurde Generationen später von der Qumrangemeinde in ihre Bibliothek aufgenommen. Sie bietet eine utopische Vision vom Tempelbau und entwirft die Grundgesetze für eine neue, kultisch reine Gesellschaft. Dazu wurde das dtn Gesetzeskorpus zum Teil umgestaltet und aktualisiert. Die Tempelrolle verwandelt es in Gottesrede und verlegt es hinter Ex 34 an den Sinai. Sie beansprucht also eine höhere Autorität und präsentiert sich als hermeneutischer Schlüssel zum Dtn. Damit löst die Tempelrolle Probleme der Rechtsabstimmung und Rechtsentwicklung, die bei der Pentateuchredaktion offen geblieben waren. Sie ist aber nicht mehr kanonisch geworden.

2.7 Der theologiegeschichtliche Kontext

Hier kann nur die für das Dtn wichtigste theologiegeschichtliche Linie, die *Entwicklung des Bundesdenkens* unter bestimmten politischen, sozialen und religiösen Voraussetzungen, nachgezogen werden. Anderes wie z. B. die Aufnahme des Gedankengutes Hoseas oder das Verhältnis zu Jeremia müssen unberücksichtigt bleiben.

2.71 Identitätskrise Judas und Systematisierung der Überlieferungen

Wissenssoziologisch gesehen ist das dtn Phänomen die theologische Antwort auf eine *Identitätskrise Judas als der Gesellschaft JHWHs.*

Das Südreich war im 7. Jh. v. Chr. Vasallenstaat des neuassyrischen Reiches. Das bedeutete wirtschaftliche Ausbeutung durch Tributleistungen, außenpolitische Unselbständigkeit und kulturelle wie religiöse Einstrahlung in alle Lebensbereiche. Dadurch verlor der JHWH-Glaube seine gesellschaftliche Plausibilität. Alte religiöse Unterströmungen lebten wieder auf, der eigene Glaube wurde durch fremde Denk- und Handlungsmuster überlagert, die emotionale Bindung an die eigene authentische Tradition verblasste. Auf diesen Kulturschock antwortete Joschija mit einer »konstruktiven Restauration«. Als Stützstrukturen dieser »konservativen« Reform dienten die Zentralisation des Kultes im Tempel von Jerusalem und ein System theoretischer Schulung (s. u. »Lerngemeinde«) mit dem Dtn als »Lehrbuch des JHWH-Rechts«. Die geographisch breite Streuung von Schriftdokumenten (aber auch von Tonsiegeln und damit indirekt von Papyrusdokumenten), nicht zuletzt auch die Lachisch- und Arad-→ Ostraka bezeugen einen relativ hohen Alphabetisierungsgrad der Bevölkerung im vorexilischen Juda.

Das Dtn ließ den JHWH-Glauben wieder einsichtig und attraktiv werden.

(1) Es *systematisierte* die vielfältigen Überlieferungen Israels auf vierfache Weise (wodurch »Theologie« im strengen Sinn entstand):

- Geschichtssystematisierung in »Kurzformeln des Glaubens« (»kleines historisches Credo« 26,5–10; »katechetisches Credo« 6,20–25)
- ethische Systematisierung im »ethischen Dekalog« (Vorstufe von 5,6–21)
- theo-logische Engführung (JHWH ist Volksgott)
- sprachliche Vereinheitlichung (dtn Klischeesprache)

(2) Zugleich wurde das Dtn als Dokument der eigenen Identität und Unabhängigkeit in Form eines »Vertrags« zwischen JHWH und Israel stilisiert und mit einem eigenen Ritual von Vertragsabschluss (26,16–19; 29,9–14) und Vertragsverlesung (vgl. Dtn 31,9–13) versehen. Doch dürften schon ältere israelitische Traditionen, vielleicht auch Rituale, das *Gottesverhältnis Israels als »Vertrag«* dargestellt haben. Dafür sprechen

- das Jerusalemer Königszeremoniell (2 Kön 11,17)
- das Privilegrecht (Ex 34*)
- Hos 8,1 (vgl. 6,7).

2.72 Vertragskultur und Gottesverhältnis

Man griff zur Vertragskategorie, weil sie in der überlegenen neuassyrischen Kultur dominant und prestigeträchtig war.

Ein ausgebautes Lehens- und Vertragswesen, damit verbundene prächtige Eideszeremonien, hochrhetorische Texte und Inschriften hielten das assyrische Machtsystem zusammen und gaben ihm Glanz. Sogar die Idee eines Vertrages von König und Bevölkerung mit dem Gott Assur oder der Göttin Ischtar ist auf einer Tontafel des Britischen Museums belegt (ein Gottesbund ist jedenfalls in Bauinschriften sabäischer Könige aus dem 8. und 7. Jh. v. Chr. bekannt).
In Jerusalem, das nur wenige Kilometer von der Reichsgrenze Assurs entfernt lag, verwahrte man höchstwahrscheinlich auch die *Thronnachfolgevereidigungen Asarhaddons* (VTE [Vassal Treaties of Esarhaddon]). Mit ihnen versuchte König Asarhaddon die Thronnachfolge zugunsten seines Sohnes, des Prinzen Assurbanipal, festzulegen. Diese Erbfolgeverträge mussten von den Vasallen Assurs beschworen werden. Diese Texte wurden bisher nur in Tempeln gefunden – im Nabu-Tempel von Nimrud/Kalchu und im Tempel der assyrischen Provizhauptstadt Tell Tayinat/Kunulua (45 km westlich von Antakya/Antiochien [*T. P. Harrison*, Recent Discoveries at Tayinat (Ancient Kunula/Calno) and Their Biblical Implications, in: *C. M. Maier* [Hg.]. Congress Volume Munich 2013 [VT.S 163] Leiden 2014, 396–425]) –, wo sie wahrscheinlich wie Götterbilder verehrt wurden (vgl. VTE § 35,409). Der Fundkontext lässt vielleicht Rückschlüsse auf die Rezeption des Exemplars zu, auf das König Manasse von Juda seinen Treueeid schwören musste und das er im Tempel von Jerusalem aufgestellt haben dürfte. Vgl. VTE § 35, 406–409: »Wenn ihr die Tafel dieser *adê*, die mit dem Siegel Assurs, des Königs der Götter, gesiegelt (und) vor euer Angesicht hingelegt ist, nicht wie euren Gott bewahrt«. Die Tafel enthält innerhalb der §§ 54–55 zusätzliche Flüche, in denen Gottheiten aus Ekron und Bethel, dem geographischen Umfeld Jerusalems, aufgerufen werden. Dtn 28,20–44, das weitgehend einheitliche Kernstück des dtn Segen- und Fluchkapitels, hat aus den Thronnachfolgevereidigungen bestimmte Eidesflüche (VTE § 56 und 38A–42, 63–65) literarisch direkt übernommen. Die fast identische Themenabfolge in § 56, dem Fluch bei den großen Göttern des Himmels und der Erde, und Dtn 28,20–44 ist im Alten Orient einzigartig. Im unmittelbar anschließenden § 57, dem von den Vereidigten zu sprechenden Eid, findet sich die Formulierung »Lüge reden«, die in gemeinsamer semitischer Wurzel (*s.r.r* »lügen, aufwiegeln«) in Dtn 13,6 erscheint. In der Thronnachfolgeregelung verknüpft die Formel »ungute … unziemliche Worte hören und verheimlichen« den Eid (§ 57,501f) mit der Stipulation (Bestimmung) in § 10,108f, wo die Prophetengestalt in § 10,116f der in Dtn 13,2–6 entspricht. Hinzu kommt die Vorschrift zur Lynchjustiz in VTE § 12, die ihr Gegenstück im Tötungsgebot in Dtn 13,10 hat. In VTE § 4 schließlich dürfte auch die sogenannte Textsicherungsformel von Dtn 13,1 ihr Vorbild haben. Die Neubearbeitung, nicht direkte Übertragung, der VTE §§ 4 und 10 in Dtn 13,1.2–6.7–12 übertrug die ausschließliche Bindung an das Wort Asarhaddons und den Gehorsam gegenüber Assurbanipal, ferner die Verbote politischer Aufwiegelung und die Warnung vor Untreue auf die Bindung an Gehorsam und Wortlaut des Gesetzes und auf die Apostasie, die Abkehr von JHWH als dem eigentlichen Herrscher Judas. Die Übernahme dieser Texte, die in manchem der modernen Terroristenabwehr gleichen, erklärt auch die gewalttätigen Züge des Dtn.

VTE	*Zeilen*	*Gemeinsames Thema bzw. übereinstimmende Formulierungen*	*Dtn*	*Verse*
§ 4 »Erstes Gebot« / »Hauptgebot«	41–61:57–60	Keine Änderung oder Abwandlung des Wortes (Asarhaddons), Gehorsam (gegenüber Assurbanipal)	Kap. 13	1
§ 10 Stipulation [vgl. § 57]	108–122 108–109, 119	Anzeigegebote bei Aufwiegelung zum Abfall durch Verwandte und Propheten »ungute, unziemliche Worte ...hören und verheimlichen«	Kap. 13	2–12 vgl. 6
§ 12 Stipulation	130–146	Lynchjustiz / Tötungsgebot	Kap. 13	10
§ 56 Fluch	472–493		Kap. 28	20–44
	472–475	Allgemeine Verfluchung		20a
	476–479	Todessphäre und Ortlosigkeit		20b.21
	479–481	(Hungersnot) Krankheit		22.(23f)
	481–483	Krieg – Niederlage		25a
	483–484	Leichen als Tierfutter		26
	485–486	Dunkelheit und Rechtlosigkeit		28.29a
	487	Elend		29b
	488	Auswirkung des Feindeinfalls		30–32
	489	Elend		33b
	490	Krankheit		34f
	490	Nahrung		38
	491	Getränk		39
	491	Salbe		40
	493	Fremde im Lebensraum		42–44
§ 57 Eid	494–511 [vgl. §10] 501–502 505	Loyalitätsverpflichtungen, darin die Anzeigegebote »böse, ungute, unziemliche Worte und lügnerisches Gerede [*dabāb surrāti* ›Lüge reden‹] ... hören und verheimlichen«	Kap. 13	 6 »hat euch aufgewiegelt [= *dbr sārāh* ›Lüge reden‹]«

Die Übernahme der gleichen Motivabfolge und außergewöhnlichen Bilder, die sich nicht aus einer allgemeinen altorientalischen Fluchtradition erklären lassen, kann nicht vor 672 v. Chr., dem Jahr des Loyalitätsschwures auf den irregulären Thronfolger Asarhaddons, erfolgt sein und ist nach 612 v. Chr., dem Fall Ninives und Ende der Loyalitätsbindung Judas an das neuassyrische Reich, unwahrscheinlich. Denn eine Übertragung des Treueeids vom assyrischen Großkönig auf JHWH verliert dann ihre Sinnspitze, mit Hilfe der Bundestheologie gegen die assyrische Herrschaftsideologie zu revoltieren. Mit dieser Rezeption eines außer-atl. Textes und ihrer Datierung ist ein absoluter chronologischer Fixpunkt in der Literaturgeschichte des Dtn, ja ein »Angel-

punkt des Pentateuch«, gegeben. Das »Dtn«, das Joschija 622 v. Chr. zur Grundlage des Gottesbundes machte, wurde noch zu seinen Lebzeiten in die dtr Landeroberungserzählung (»DtrL«) eingebaut (Grundstock von Dtn 1 bis Jos 22 – s. dazu D.II 3.35). Auch für die nun hinzutretenden Elemente des historischen Prologs, des Hinweises auf den zu leistenden Eid und die Nachfolgeregelung für Josua, gab es formale Entsprechungen in assyrischen Verträgen. Allerdings dürfte das ihnen fehlende Element des Segens aus westlichen Vertragstraditionen übernommen worden sein, wo es sich im aramäischen Vertrag von Sefire (8. Jh. v. Chr.) wie schon zuvor in den hetitischen Vasallitätsverträgen des 2.Jt.s v. Chr. findet.
Moderne *postkoloniale Theorien* erkennen in dieser Übernahme und Umarbeitung von Kulturformen der imperialen Unterdrücker Analogien zu einer Literatur, die mit autonomen Ausdrucksformen auf die Machtausübung eines Großreiches reagiert. Man bezeichnet diesen Prozess, in dem Konzepte und Kulturformen der Kolonialherren zugunsten der eigenen Identität und des Widerstands gegen Fremdherrschaft adaptiert, aber auch umgekehrt werden, als »*Hybridität*«. Auch das Liebesgebot Dtn 6,5 ist z. B. eine hybride Antwort auf die Erfahrung der Hegemonialmacht Assyriens. Die Vasallenkönige mussten nämlich anlässlich ihrer Vereidigung auf die Thronnachfolgeverträge als Sanktion beschwören: »Wenn ihr Assurbanipal, euren Herrn, nicht liebt wie euer eigenes Leben [...]« (VTE § 24). Auch das Pathos der vorbehaltlosen Ganzheit »von ganzem Herzen, ganzer Seele, ganzer Kraft« kommt aus diesem Bereich politischer Loyalität. Denn die Vereidigungen warnen: »Solltet ihr [...] nur einen Eid des Lippenbekenntnisses und nicht aus eurem ganzen Herzen schwören [...]« (VTE § 34). Jeder innere Vorbehalt muss ausgeschlossen werden; daher »von ganzem Herzen«. Bei der »Umbuchung« von Dtn 6,4–5 auf JHWH als »Großkönig«, dem ungeteilte Loyalität geschuldet wird, drückt der Zusatz »mit ganzem Herzen« seinen Ausschließlichkeitsanspruch auf Israel aus, aber auch eine gefühlvolle Anhänglichkeit. Auch andere altorientalische Vertragstexte und die diplomatische Korrespondenz sprechen übrigens von der Liebe zum Suzerän. Das deuteronomische Liebesgebot wurde also aus der politischen Sphäre auf die religiöse Beziehung übertragen. Dennoch bleibt das in den Hintergrund gerückte Rechtsdenken wichtig. Es überwindet das Kosmisch-Numinose und Zyklisch-Schicksalhafte einer mythischen Religiosität und begreift JHWH als eine in Freiheit und Geschichte wirkende Person.

Indem die Theologen die Israel eigenen Traditionen in die neuassyrisch geprägte Vertragsform gossen, nahmen sie ihnen auch das Altmodische und Überholte, das ihnen in den Augen der Judäer anhaftete, und machten sie wieder verständlich und akzeptabel.

Was zunächst hilfreich war, wurde allerdings zum Problem, als die Katastrophe des Exils bewies, dass das Unheil seinen Lauf so genommen hatte, wie es in den Fluchsanktionen des Vertrags vorherbestimmt war. DtrG versuchte, durch die Darstellung der Sündengeschichte (prospektiv im Dtn, retrospektiv in den folgenden Büchern) und durch die Symptome diagnostizierenden Formeln wie den Abfall zu fremden Göttern eine *Gesamttheorie über den Vertragsbruch Israels* zu vermitteln. Das diente zwar einer Klärung und einer gewissen Festigung der Glaubenswelt. Aber die entscheidende Frage war doch, ob es für Israel wieder Zukunft geben würde. Die Logik eines zweiseitigen Vertrages, wie sie der »Horebbund« und der »Moabbund« enthielten, bot keinen Ansatz zu einem Neubeginn durch das schuldig gewordene Israel. Hoffnung konnte nur vom göttlichen Vertragspartner kommen. Er wird deshalb ganz allein mit der Zukunft Israels betraut. Die in der späteren Exils- oder frühen Nachexilszeit entstandenen Texte des Dtn bleiben zwar traditionsbewusst der alten Begrifflichkeit und dem Vertragsmuster verpflichtet (s. 4,9–31 oder 29f*), spiegeln aber die Auseinandersetzung mit anderen theologischen Denkbewegungen ihrer Zeit (4 und 7–9 z. B. mit der Priesterschrift

[P^g], Dtn 9,1–7 mit Ez, 30 mit Jer) wider. Das Vertragsverhältnis wird jetzt so akzentuiert, dass JHWHs Treue über den Abfall Israels hinausreicht, nicht nur in einem einzigen Gnadenakt, sondern grundsätzlich. Gottes Treue braucht nicht mehr dem Verhalten seines Volkes zu entsprechen, weil sie ihren Maßstab letztlich an seiner Treue zu sich selbst nimmt. JHWHs Erbarmen ist umfassender als seine Vergeltung, und seine Gnade währt für alle Geschlechter. Das Gottesverhältnis Israels wird deshalb nicht mehr vom zweiseitigen, also Gott und Volk verpflichtenden Horeb- und Moabbund bestimmt, sondern vom *Landverheißungsschwur JHWHs an die Patriarchen*, einer Zusage, die nur JHWH selbst bindet. Zugleich wird die Wurzel allen Unheils, dass nämlich Israel das Hauptgebot des Gottesbundes übertritt, theoretisch beseitigt: ein Abfall zu anderen Göttern erübrigt sich, weil es außer JHWH keine anderen Götter gibt (4,35.39). Dieser juristisch wie rational stringente Monotheismus wird bei Deuterojesaja außerhalb des Bundesdenkens breit entfaltet. Eine besondere Rolle spielt schließlich noch das so genannte Moselied (32,1–43). Die prosaischen Überleitungen zu diesem Mose von Gott diktierten Text lassen ihn zwar nur als Voraussage des Bundesabfalls und der darauf folgenden Katastrophe erscheinen (31,16–22.28f). Doch stellt der zweite Teil des Moselieds die ganze Bundeslogik in Frage. Denn er verkündet, dass die Geschichte Israels nach der Katastrophe allein durch das Erbarmen Gottes weitergeht.

3. Theologie

Das Dtn wird oft als »*die Mitte des Alten Testaments*« bezeichnet, weil es den zeitlichen und sachlichen Orientierungspunkt für die atl. Literatur- und Religionsgeschichte darstellt und das Verständnis des Rechts, der Geschichte und der Prophetie Israels nachhaltig bestimmt hat. Es erfüllt eine Schlüsselrolle bei der Entstehung des atl. Kanons, ja bildet den »Kristallisationspunkt« und mit dem Begriff der Tora sogar den »Kern im Kern« des Kanons.

Das Dtn stellt *eine der ersten großen theologischen Synthesen* in Israel dar. Vor allem spricht es sachlich umfassend und mit einer gewissen Systematik vom Lieben Gottes und Israels. Deshalb kann man das Dtn eine »Theologie der Liebe« nennen. Sie systematisiert die verschiedenen Traditionen erstmals unter dem Leitgedanken der Verpflichtung Israels auf den ausschließlichen Dienst für seinen Gott JHWH nach Art eines Lehens- und Liebesverhältnisses zwischen dem Herrn und denen, die sich ihm durch einen Vertrag (»Bund«) anvertraut haben. Das Dtn entwirft eine Gesellschaft, in der alle Lebensbereiche in dieses Gottesverhältnis hineingezogen werden.

Das Dtn reflektiert über *zentrale theologische Themen*: die »Ursünde« des Unglaubens und vierzig Jahre Wüstenwanderung als Strafe (1–2); den bildlosen, einzigen Gott (4); den Dekalog, seine Mitteilung in der Horebtheophanie und seine katechetische Vermittlung (5); das »JHWH allein« und das Hauptgebot der Gottesliebe bzw. Gottesfurcht (6); Erwählung und Vernichtungsweihe (7; 20); das Land und die reine Gnade (8; 9,1–7); den Kult und das Zentralheiligtum (12); die Versuchungen zum Abfall: religiöser Glanz, intime Bindung, öffentlicher Meinungsdruck (13); eine Gesellschaft ohne marginale Schichten (z. B. 15,1–18; 24,10–15); den gewaltenteiligen und der Tora dienenden Staat (16,18–18,22); die Öffnung des Rechtsraums Familie auf die Ältestengerichtsbarkeit hin (21,18–21; 22,13–21; 25,5–10); Credo und Bund (26,5–10.17–19; 29,1–14; 30,1–14); den Fluch als Bitte an Gott, sein Recht durchzusetzen (28).

Im Folgenden können nur drei Themenbereiche des Dtn ausgeführt werden – seine »*Ekklesiologie*«, seine *Kriegsideologie* und der Durchbruch zum *Monotheismus*.

Ekklesiologie und Kriegsideologie hängen mit der *Ausweitung des Sakralen* zusammen. Einerseits konzentriert es sich jetzt nicht mehr im Opfer. Das Dtn holt vielmehr die gesamte Weltwirklichkeit der Gesellschaft Israels ins Sakrale hinein. Israel ist ein »heiliges Volk« (7,6; 14,2; 26,19). Diese Gesamtheiligkeit Israels haftet auch an seinem Land (z. B. 21,1–9.22f; 24,1–4; 25,13–16). Andererseits manifestiert sich das Heilige in der militärischen »JHWH-Versammlung« (23,2–9.10–15). Das führt zur »Vernichtungsweihe« der »sieben Völker« Kanaans (z. B. 7,3–5.25f; 20,15–18), aber auch einer zum Kult anderer Götter abgefallenen israelitischen Stadt (13,13–19), die als dem Sakralen entgegenstehende »Gräuel« beseitigt werden müssen. Die »JHWH-allein-Theologie« bekämpft die anderen Götter, weil sie dem umfassenden theopolitischen gesellschaftlichen Anspruch des Gottes Israels widerstehen.

3.1 Vom heiligen Kult zum heiligen Volk

Das Dtn bildet *die* atl. »Theologie des Volkes Gottes«, die Theorie für die gesellschaftliche Innenseite einer »Zivilisation der Liebe« – oder modern formuliert: eine Art ekklesiologischer Systematik. Das Gottesvolk des Dtn verwirklicht sich vor allem (1) beim gemeinsamen Lernen des Glaubens, (2) in der Freude des Festes »vor JHWH« und (3) durch die Ethik der Geschwisterlichkeit.

(1) Das Dtn betrachtet sich selbst als *»Lehrbuch« (Tora) des JHWH-Rechts.*
Mose ist sein von JHWH beauftragter, archetypischer Lehrer (5,31; 6,1). Das Dtn entwickelt eine neuartige Form kollektiver Mnemotechnik, durch die Israel zur Gesellschaft JHWHs sozialisiert werden soll. In ihr werden das Glaubenswissen und damit auch die eigene Identität als »Volk JHWHs« in der Familie und in der Versammlung Israels im einzigen Heiligtum weitergegeben. 6,6–9 und 11,18–21 mahnen zur Aneignung des allgegenwärtigen Gesetzes mit den Wiederholungsmethoden der Schule. Für besondere Situationen stellt das Dtn »Kurzformeln des Glaubens« zur Verfügung: das »katechetische Credo« 6,21–25 für die Begründung des Gebotsgehorsams der Eltern gegenüber der jungen Generation und das sogenannte »kleine historische Credo« 26,5–10 für die Wallfahrt der Familie zum Erntedank nach Jerusalem. Der Dekalog (5,6–21) bildet eine »ethische Kurzformel« zur Bewahrung und Gestaltung der Exodusfreiheit. Am Laubhüttenfest jedes siebten Jahres, wenn alle Schulden erlassen sind und die ursprüngliche Egalität wieder gegeben ist, sollen nach 31,10–13 die Priester und Ältesten im Tempel von Jerusalem dem versammelten Volk die Tora vortragen. Wenn dann ganz Israel dieses öffentliche Lernritual im Hören und Wiederholen des Textes mitvollzieht, lernt es wie in der Ursituation am Horeb und im Land Moab »JHWH fürchten« und wird als seine Gesellschaft im kollektiven Bewusstsein neu geboren. Diese lebendige Glaubenserfahrung darf in Israel niemals aufhören (4,10). Das Moselied 32,1–43 schließlich ist eine regelmäßig zu rezitierende Vorausbelehrung für den denkbaren Abfall Israels und die daraus folgende Katastrophe, aber auch für das Erbarmen JHWHs.

Auch die Institutionen, die für das Leben im Verheißungsland von den Ämtergesetzen (16,18–18,22) entworfen werden, sollen letztlich nur der Herrschaft JHWHs durch die verschriftete Tora dienen und ihre Wirksamkeit sichern.

(2) Die aus dem Gotteswort wachsende Gesellschaft findet ihre reinste Selbstdarstellung in *»Fest« und »Feier«*.

Das Dtn hat eine Art *Theorie des Festes* entworfen. Sie macht die Wallfahrtsfeste zu den vorrangigen Orten der Weltdeutung und Sozialisation Israels. Ihr Leitwort ist die »Lust vor JHWH«. Diese mystische Dimension ist von den Riten am Altar weg ins gemeinsame Opfermahl gezogen. Die Festliturgie ist, im Vergleich zum archaischen Sacrum und Ritual, in rationales und humanisierendes Licht getaucht. In ihr wird erfahrbar, was Israel von seinem Gesellschaftsentwurf her ist. Wenn die Familien ihre Opfer (z. B. 12) und Abgaben (z. B. 14,22–27) zum einzigen Heiligtum nach Jerusalem bringen oder dort das Wochenfest bzw. das Laubhüttenfest (16,9–12 und 13–15) begehen, dann gelangen sie beim gemeinsamen Gebet und Mahl zur vollkommenen Freude vor ihrem Gott. Weil alle Glieder Israels beisammen sind, ohne dass es soziale Unterschiede gibt, verwirklicht sich realsymbolisch bereits eine geschwisterliche Gesellschaft. In ihr darf die Frau wie der Mann die Opferliturgie ihrer Familie leiten; in ihr gibt es auch keine Armen mehr.

Den beiden mit der Ernte verbundenen »Festen« steht als zweiter Liturgietyp die *»Feier«* des Pascha gegenüber. Erst das Dtn hat es zum gemeinsamen Ritus des ganzen Volkes gemacht (vgl. 2 Kön 23,21–23). Es umfasst auch das altisraelitische Fest der ungesäuerten Brote. Die Leidensgedächtnisfeier des Pascha vergegenwärtigt im gemeinsamen Opfermahl kultdramatisch die Not des nächtlichen Auszugs aus Ägypten. Durch das Essen der ungesäuerten Brote, der Speise der Bedrängnis und des Unterwegsseins, wird auch das schon im Verheißungsland lebende Israel wieder zum Volk des Exodus. Die Feierwelt des Pascha zielt auf das alltägliche Gedächtnis des Exodus (16,3), um dadurch das gesellschaftliche Bewusstsein Israels zu verändern. Davon zeugen z. B. die vielen mit dem Ägyptenaufenthalt Israels begründeten Einzelbestimmungen zugunsten von gesellschaftlichen Randgruppen (z. B. 15,15; 24,18.22).

(3) Die Liturgiereform des Dtn bildet Ferment wie Gipfel einer umfassenden *Gesellschaftsreform*.

Die »Bruder«-Ethik, wie die Feste sie vorwegnehmen, gilt auch der Frau – das Wort »Bruder« hat im Dtn, wie 15,12 zeigt, keinen geschlechtlich spezifizierenden Klang. Das Ideal der *»Brüderlichkeit«*, d. h. der Geschwisterlichkeit, das im Dtn wie nirgends sonst im AT entfaltet wird, knüpft an die vorstaatliche Stammesgesellschaft Israel an, die durch Verwandtschaftsstrukturen und ein hohes Egalitätsbewusstsein zusammengehalten wurde. Der Skandal der Klassenbildung, der mit der Monarchie entstanden ist, wird deshalb beim König angegangen. Falls Israel überhaupt einen König will, darf er sein Herz nicht über seine »Brüder« erheben (17,20). Darüber hinaus entwirft das Dtn anstelle eines hierarchisch aufgebauten Staates einen gewaltenteiligen. Auf dem Weg über die »Bruder«beziehungen heben die Ämtergesetze jede Distanz zwischen oben und unten auf (17,15; 18,7.15). Das Negative einer geschichteten Gesellschaft tritt auch am anderen Ende der sozialen Skala hervor. Die Sozialgesetzgebung des Dtn beseitigt deshalb durch eine Versorgungsgesetzgebung die Armut der bodenbesitzlosen

Fremden, Waisen und Witwen sowie der Leviten. Wo in dieser ohne Arme konstruierten Welt (15,4–6) dennoch Armut aufbricht (15,11), muss sie sofort beseitigt werden. Dabei appelliert das Dtn an die Brüderlichkeit. Daneben verweisen verschiedene Humanitätsbestimmungen in 15* und 19–25 ausdrücklich auf das »Bruder«verhältnis (15,12–18; 19,18f; 22,1–4; 23,8.20f; 24,7.14; 25,3.11). So überholt die Brüderlichkeit jegliches »Recht« und macht aus ganz Israel einen Raum, in dem jenes Verhalten gilt, das eigentlich nur im Innenraum einer Familie zu Hause ist. Die eine ganze Gesellschaft umfassende »Bruder«liebe ist möglich, weil sich JHWH diesem Israel als sein einziger Gott geschenkt hat und es aufruft, ihn als Gesellschaft (»Höre, *Israel!* JHWH, *unser* Gott, ...«, 6,4) aus ganzem Herzen zu lieben (6,5). Dieser *amor ex auditu* (Liebe aus dem Hören) ist die Wurzel der ganzen dtn Gebotsparänese.

3.2 Die Metaphorisierung der Kriegstheologie

Die kompromisslos-gewaltsame Landeroberung, die das Dtn erzählt und befiehlt, ist ein ideelles Konstrukt. Es steht als Sinnbild für die im Glauben geforderte Konsequenz, Gott sein Werk in der Geschichte freizugeben. Eine typologische Anwendung der Anweisungen zur Völkervernichtung wird nicht nur für Kriege nach der Landnahme, sondern ebenso für die Heimkehr Israels aus einem künftigen Exil ausdrücklich ausgeschlossen.

Einen Feldzug des Zwölfstämmevolks mit vollständiger Landeroberung und Ausrottung der Gesamtbevölkerung Kanaans, dessen Theorie das Dtn entwirft und deren Durchführung das Buch Jos berichtet, hat es historisch nie gegeben. Das Bild vom grausamen sakralen Vernichtungskrieg gegen die Landesbewohner systematisiert und generalisiert bewusst ältere Traditionselemente – z. B. Nachrichten über Siege mit Beuteverzicht und Vernichtungsweihe von Mensch, Vieh und Sachgütern an die Gottheit, den sogenannten Kriegs-*ḥeræm*; Listen von bereits untergegangenen, teilweise sagenhaften Völkern; Verheißungen des Landes mit Vertreibung seiner Völkerschaften. Einzelne Motive der Metaphorik, z. B. die kriegerische Terrorandrohung, dürften auch von der Sprach- und Bildwelt neuassyrischer Kriegspropaganda angeregt worden sein. Eine »historische« Rekonstruktion der Anfänge Israels war nicht intendiert, vielmehr war das Völkervernichtungsgebot schriftstellerisch von Anfang an *parabolisch-spirituell* gemeint. Denn es stammt frühestens aus der Zeit Joschijas, als die Völker, denen es galt, nicht mehr existierten. Israel hatte damals, im ausgehenden 7. Jh. v. Chr., den Großteil seines Landes schon wieder verloren. Das *ḥeræm*-Konzept sollte insinuieren: Das ganze Land gehört euch und Gott würde es euch lassen bzw. das verlorene Land wieder verschaffen, wenn ihr ihm nur radikal vertraut. Er ist siegreich über alle, die sich ihm entgegenstellen, zugunsten von allen, die ihm glauben und gehorchen. Ähnliches gilt für Jos, das mit dem Dtn auf dieser entstehungsgeschichtlichen Stufe (der dtr Landeroberungserzählung) eine Einheit bildete. Wie die Landnahme nach der Kundschaftererzählung wegen des Unglaubens Israels anfangs misslang (Dtn 1,32; vgl. 9,23f), so gelang sie unter Josua, war aber reines Geschenk Gottes (zusammenfassend Jos 21,43–45). Die Radikalität der dabei geschilderten Kriege ist schon nach dem ursprünglichen Sinn von Jos keine historisch verstandene Behauptung einer Kriegstechnik der verbrannten Erde am Anfang der Geschichte Israels, sondern ein narratives Symbol für die Radikalität des Gottvertrauens Israels. Die Kriegsmetaphorik dieser Glaubensunmittelbarkeit zu Gott, in der Israel in der Anfangsperiode sein Land, d. h. sein Glück, gewann, bildet später auch das leuchtende Gegenbild zu der nach Jahrhunderten staatlicher Existenz gescheiterten Geschichte.

Noch ehe Mose den *ḥeræm*-Krieg gegen die ostjordanischen Amoriterkönige rekapituliert, relativieren Zwischenbemerkungen des Bucherzählers die folgenden Eroberungskriege und Völkervernichtungen JHWHs und Israels zu weltgeschichtlich »gewöhnlichen« Phänomenen: Auch die Nachbarn Israels (2,12.23) und JHWH auf ihrer Seite (2,21.22) haben schon die jeweiligen Vorbewohner ausgerottet.
Nach der Auffassung von *Dtn 7* ist der *ḥeræm* eine Konsequenz der Zuneigung JHWHs zu Israel, zu dem, was zwar arm, klein und machtlos, aber von ihm erwählt ist, um das Werkzeug seines Geschichtshandelns in der Welt zu sein. Hinter dem Gebot zur Vernichtungsweihe der sieben mächtigen Völker des Verheißungslandes steht die gemeinorientalische Auffassung vom Krieg als göttlichem »Gericht« in der Geschichte. Der universalistisch-theologische Ansatz dieser Vorstellung macht deutlich, dass hier keine rassistischen oder nationalistischen Tendenzen gerechtfertigt werden, und dass es eigentlich nicht um menschliches Handeln geht, sondern um die Souveränität göttlichen Welthandelns, dem Israel bis zum Äußersten vertrauen soll.
In *9,1–7* ist die Eroberung des Westjordanlandes nur Darstellungsmittel einer streng theologischen Argumentation über Gnade und Verdienst. Sie nivelliert das Unrecht der Kanaanäer angesichts der Halsstarrigkeit Israels. Es gibt deshalb für beide keinen Rechtsanspruch auf das Land. Wenn Israel es trotz seines ständigen Versagens erhält, dann allein aufgrund der Treue JHWHs zu dem Eid, den er den Patriarchen geschworen hat, d. h. als Geschenk reiner Gnade.
Das Kriegsgesetz *20,10–20* unterscheidet deutlich zwischen späteren Kriegen und dem einmaligen bevölkerungsvernichtenden Eroberungskrieg unter Josua (20,15–18). Es zählt die kanaanäischen Vorbewohner namentlich auf (20,17) und lehnt eine spätere Vernichtungsstrategie gegen andere Völker ausdrücklich ab. Wäre die Ausrottung der Kanaanäer realistisch gemeint gewesen, hätte das Gesetz zur Zeit seiner Entstehung eine gegenstandslose Forderung erhoben.
29,21–27 blickt auf das Exil voraus. Dann wird überhaupt jeder Gegensatz zu den anderen Völkern schwinden. Wenn sie nach dem Grund dieser Katastrophe fragen, werden sie in ihrer Antwort zusammen mit Israel ein Glaubensbekenntnis zu JHWH, dem Gott Israels, ablegen, der in der Geschichte sein Recht durchgesetzt hat. Was einst die sieben Völker Kanaans so gefährlich gemacht hat – dass sie nämlich Israel zum Abfall von seinem Gott verleiten würden – ist jetzt ins Gegenteil gewendet.
Die anschließende Heimkehrprophetie von *30,1–10* erwähnt für die Herausführung der Exilierten aus den Völkern im Gegensatz zum Exodus aus Ägypten keine göttliche Gewalttätigkeit mehr. Vor allem aber fehlt dort, wo sie von der neuerlichen Inbesitznahme des Verheißungslandes spricht, jede Völkervernichtungsaussage. Die Sammlung Israels und seine Heimkehr ins Verheißungsland dürfen mit keiner Gewalttätigkeit Israels verbunden sein. Das gilt grundsätzlich.

3.3 Die Geburt des Monotheismus

Im Rahmen seiner »Theologie des Volkes« und in enger Bindung an die Ethik geschwisterlichen Mit- und Füreinanders seiner Tora entwirft das Dtn auch eine systematische Gotteslehre. Religionsgeschichtlich und literarhistorisch beginnt sie mit dem Bekenntnis und Liebesgebot in *6,4f* am Anfang des joschijanischen Ur-Dtn. Politisch gab die ausschließliche Treue des Volkes zu seinem »Einzigen« dem kleinen Vasallenstaat Juda zunächst außenpolitische Widerstandskraft gegen den assyrischen Imperialismus, opponierte gesellschaftlich gegen einen Despotismus und wehrte einem religiösen Synkretismus.

6,4 lässt zwar verschiedene Übersetzungen zu. Die EÜ »Höre, Israel! JHWH, unser Gott, JHWH ist einzig« ergibt sich aus den Sprachgewohnheiten des Dtn (z. B. »unser Gott« als Apposition zu JHWH). Syntaktisch ist »JHWH, unser Gott« ein casus pendens (isolierter, dem Satz vorausgestellter Nominativ), der vom folgenden Gottesnamen aufgenommen wird. Das Prädikat »einzig« ist ein Topos der Liebessprache (vgl. Hld 6,8f; Gen 22,2). Das anschließende Liebesgebot (Dtn 6,5: »So liebe denn JHWH, deinen Gott, …«) unterstreicht die Einzigkeit dieser Beziehung zwischen JHWH und Israel. Die Einzigkeit JHWHs propagiert keinen »Monojahwismus« gegen einen »Polyjahwismus« (vgl. z. B. *O. Loretz*, 294). Sie richtet sich also nicht gegen örtliche Manifestationen JHWHs wie eines epigraphisch bezeugten »JHWH von Samaria« und »JHWH von Teman«. »JHWH von Samaria« bezeichnet vielmehr offiziell den Reichsgott, wobei JHWH in der Hauptstadt des Nordreichs keinen Tempel gehabt hat. Und »JHWH von Teman« ist kein Ortsgott, zu dem man in den Süden wallfahren könnte. Denn Teman steht wie in Hab 3,3 (vgl. Dtn 33,2; Ri 5,4) für das Gebiet, von dem aus JHWH seinem Volk im Land zu Hilfe kommt, verweist also auf die Gotteserfahrung des Ursprungs. Das Bekenntnis zu JHWH als Israels »Einzigem«, dem es in Liebe verbunden bleiben soll, bildet eine Kurzformel des Glaubens. Sie verknüpft das Liebesgebot unlöslich mit dem zuvor genannten Gottesverhältnis. Israel soll *seinen* Gott, also JHWH, und ihn *allein* lieben. Weil JHWH von den bekannten Göttern der einzige Gott Israels – eben »unser Gott« – ist, verlangt er die ausschließliche Liebe seines Volkes. Gemeint ist ein juristisch befehlbares Treueverhältnis, eine Ganzhingabe im Gehorsam. Sie umschließt Dankbarkeit und Vertrauen und verwirklicht sich in einer gefühlvoll erfahrenen Beziehung. Diese Konnotationen der Gottesliebe ergeben sich auch aus dem innerdeuteronomischen Gebrauch des Wortes. Natürlich kann nur der bzw. die Einzelne Gott lieben und nicht ein Kollektiv. Aber die Israeliten lieben JHWH dadurch, dass sie seine Sozial- und Gesellschaftsordnung mit ihren Einzelbestimmungen erfüllen. Diese Ordnung kann man nicht ohne die Anderen leben. Sie wird erst dann Realität, wenn das Volk als Ganzes sie ausführt. Deshalb also muss ganz Israel seinen Gott lieben. Denn nur so wird Gesellschaft Gottes verwirklicht, nur so lebt Israel als Volk JHWHs.

Im vorliegenden Dtn greift 6,4f das Liebesmotiv von 5,10 auf und damit das *erste Dekalogsgebot*: »Ich bin JHWH, dein Gott, der dich aus Ägypten geführt hat … Du sollst neben mir keine anderen Götter haben … Denn ich bin JHWH, dein Gott, ein eifersüchtiger Gott … ich erweise Tausenden meine Huld, bei denen, die mich lieben …«. Das »Höre, Israel« erklärt JHWHs Gott-Sein sprachlich zwar monolatrisch (d. h. aufgrund der Überzeugung, dass zwar noch andere Götter existieren, JHWH jedoch der einzige Gott ist, dem Israels ausschließliche Verehrung gilt, → Monolatrie), aber sachlich-theologisch bereits monotheistisch (d. h. es gibt gar keinen anderen Gott außer JHWH). So sehr die Exoduserfahrung auch geschichtlich an Israel gebunden und für seine Gottesbeziehung konstitutiv ist, »Ägypten« ist längst zur »mythischen Chiffre« für alle Formen religiöser und sozialer Unterdrückung und menschlicher Entwürdigung geworden. Die anderen »Götter«, angefangen vom Gottkönig Pharao, verkörpern andere, letztlich inhumane gesellschaftliche Systeme. Der anschließende Dekalog expliziert deshalb die »mosaische Unterscheidung«, d. h. JHWHs »Gottes-Wahrheit«, durch ein herrschaftskritisches Ethos der Freiheit und Solidarität. Wie sehr es JHWH als geschichts-, gesellschafts- und gerechtigkeitsbezogenem Gott um Israel, nicht um die Götter geht, bestätigt auch der religionsgeschichtlich einmalige Gottestitel *'el qannā'* »eifersüchtiger Gott« (5,9; 6,15; 4,24; vgl. Ex 34,14). Dieses Epitheton ist dem personal vorgestellten Verhältnis JHWHs zu seinem Volk vorbehalten, seiner glühenden Zuneigung wie seinem Zorn. Wenn Israel die Götter anderer Völker verehrt, verliert es seine Identität und verdirbt Gottes Geschichtsplan. Der Ausschließlichkeitsanspruch verbietet

Israel deshalb, andere Weisen der Gottesbegegnung zu versuchen. Vor allem aber enthält die mit JHWH gegebene Gotteserfahrung etwas, was die mit anderen Göttern gegebenen Gotteserfahrungen nicht enthalten, ja was sie zerstören würden, und was mehr ist als die allen Menschen zugängliche Gotteserkenntnis und Gottesbegegnung. Für diese nicht austauschbare und zu hütende Erfahrung Israels steht in polytheistischer Sprache die Eifersucht JHWHs. Sie verschwindet deshalb mit dem Monotheismus.

Das zeigt *Dtn 4,1–40*, eine Synthese dtn-dtr Theologie zum Thema: JHWHs Gottsein und Israels Gottesverhältnis mittels seiner Tora. Hier bricht in der Ohnmachtssituation des babylonischen Exils der »reflektierte und exklusive« Monotheismus in der streng rationalen Beweisführung eines weltumspannenden Religionsvergleichs durch. Die außerordentlichen Erfahrungen der Heilsgeschichte Israels lassen JHWH allein als »*den* Gott« erkennen, »keinen sonst« (4,35.39). Das kanonische Buch Dtn steht unter diesem monotheistischen Vorzeichen, und von ihm her sind dann alle im Lesegefälle des Buches späteren, entstehungsgeschichtlich aber älteren Gottesaussagen zu verstehen, auch wo sie sich noch polytheistisch-monolatrischer Aussageformen bedienen.

3.4 Relevanz

Die große Zahl der Dtn-Rollen in Qumran, das »Höre, Israel!« (6,4–9) im täglichen Bekenntnis und der rituelle Gebrauch der Tefillin (»Gebetsriemen« 6,8; vgl. Mt 23,5) und der Mesusa (»Türpfosten« 6,9, an dem [heute in einer Kapsel] »die Worte« [6,4–9 und 11,13–21] angebracht sind) illustrieren den Einfluss, den dieses Buch im Judentum bis heute ausübt. Für das NT gehört die im Dtn entworfene Gesellschaft in die Vorgeschichte der Kirche. Es ist nicht verwunderlich, dass so verschiedene ntl. Theologien wie die der Synoptiker, der johanneischen Schriften oder der paulinischen Briefe sich darin treffen, dass sie in ihren zentralen Aussagen gerade auf das Dtn zurückgreifen. Wiederum können im Folgenden nur einige Beispiele genannt werden.

Die *Jerusalemer Urgemeinde* wird in Apg 2–5 besonders *vom Modell des dtn Gottesvolkes* her charakterisiert. Apg 3,22f belegt mit Dtn 18,15.18f, dass der Messias Jesus der von Mose verheißene »Prophet« ist und dass nur derjenige, der auf ihn hört, im Volk Gottes bleibt. Vor allem wird Apg 4,34 zufolge nach der Ausgießung des Gottesgeistes am Wochenfest das Programm der dtn Gesellschaftsordnung von Dtn 15,4 verwirklicht: in dem von Jesus gesammelten messianischen Israel gibt es keine Armen mehr. Beim geschwisterlichen Mahl strahlt seine Festfreude auf (Apg 2,44–46). Moderne Pastoraltheologien bestimmen gern mit Hilfe der Sammelberichte über das Gemeindeleben der Urkirche Apg 2,42–47; 4,32–35 die *Selbst- und Grundvollzüge der Kirche* unter den vier Perspektiven »Didaskalie«, »Liturgie«, »Koinonie« und »Diakonie«. Wenn man von ihnen her ins AT zurückfragt, stößt man vor allem auf das Dtn, wo sie zum ersten Mal auf eine bestimmte Weise systematisiert worden sind (s. dazu das »Gottesvolk als Lerngemeinde«, die »Theorie des Festes«, die »brüderliche Gesellschaft« und die »Welt ohne Arme«).

Das *šᵉmaʿ jiśrāʾel* »Höre, Israel!« (Dtn 6,4f) enthält »Grunddogma« und »Grundnorm« des JHWH-Glaubens. Es fordert das kollektive Du Israels und erst darin die einzelnen Israeliten/Israelitinnen auf, JHWH zu lieben.

Diese Liebe antwortet auf die Taten Gottes zugunsten Israels, die aus seiner Liebe hervorgegangen sind (z. B. 4,37f; 7,8). Israels Liebe zu seinem »Einzigen« und damit seine »Zivilisation der

Liebe« ist ebenfalls »Tatliebe«, die einer Haltung der Freiheit und Freude entspringt. Sie ist in der dtn Tora institutionalisiert. Israel soll seinen Gott dadurch lieben, dass es seine Sozialordnung, das dtn Gesetz, verwirklicht (z. B. 7,9; 11,1). Sie ist das Wunschbild JHWHs von seiner Geliebten. Denn nur durch diese gesellschaftliche Liebe kann jener Raum entstehen, in dem das Sozialgefüge nicht mehr gewaltgestützt und nach Klassen geschichtet, sondern von geschwisterlichen Strukturen bestimmt wird. Erst wenn das Volk, d. h. die »Familie JHWHs«, und nicht bloß einzelne Israeliten sich auf die dtn Tora einlassen, wird z. B. Not nicht bloß gelindert, sondern kann eine Welt entstehen, in der es überhaupt keine Armen mehr gibt (15,4f). Nur so gibt es auch das Fest, das deshalb zum Prüfstein gelebter Tora wird.

Jesus hat dieses Grundprinzip des Gottesbundes – »als Volk, *als Kirche Gott lieben*« – nach Mk 12,28–30 das »erste Gebot von allen« genannt. Vor allem das johanneische Schrifttum betont dieses Hauptgebot der »Liebe zu Gott« (Joh 5,42) oder zu Jesus (Joh 8,42) und seinen Zusammenhang mit dem »Halten der Gebote« (Joh 14,15.21.23f; vgl. 1 Joh 5,2f).

Die Tora als konkrete Gestalt des Heils, besonders als Entwurf seiner gesellschaftlichen Dimension, bleibt das Herzstück auch des »neuen Bundes« (s. Jer 31,33 und vgl. Dtn 30,1–14). Sie wandelt sich zwar in Einzelheiten – das zeigt schon die Novellierung von Gesetzen innerhalb des Dtn –, damit der gesellschaftliche Wille Gottes für sein Volk, seine Alternative zu den Gesellschaftsentwürfen einer aus der Schöpfungsordnung herausgefallenen und unfreien Welt, gleich bleibt. Doch verkündet auch die Bergpredigt (Mt 5–7) keine neue Tora, sondern ihre vollkommene Erfüllung (vgl. 5,48) – die »größere Gerechtigkeit« (5,20) –, die sie in der Nachfolge Jesu findet (Mt 5,17–20).

Die *paulinische Gesetzestheologie und Rechtfertigungslehre* haben in Gedankenführung, Zitation (z. B. Dtn 30,12–14 in Röm 10,6–9, vor dem Horizont von Dtn 30,1–10 eine berechtigte Zitation) und Begriffsbildung (z. B. »eigene Gerechtigkeit« Röm 10,3, vgl. Dtn 9,4) vor allem im Dtn ihre Voraussetzungen. Seine Bearbeitungsschichten entwickeln bereits die Dialektik zwischen »Gesetz und Evangelium«. Dass Israel die Gebote hält, ist z. B. nach 6,24f Teil seiner Erlösung: Durch seinen Gesetzesgehorsam verwirklicht es die geschenkte Exodusfreiheit und bleibt im Zustand des »Im-Recht-Seins« vor Gott. In 9 wird die Rechtfertigung der Sünder in die Metaphorik des Kriegs Israels gegen die Völker Kanaans verschlüsselt. Er erscheint als Rechtsstreit, den Israel nicht wegen seiner »eigenen Gerechtigkeit« (9,4) gewinnt. Denn dass es trotz seiner ständigen Widersetzlichkeit in der Wüste, insbesondere des Abfalls am Horeb, nicht dem Zorngericht Gottes verfällt, sondern ins Verheißungsland einziehen darf, verdankt es allein der Begnadigung, bei der Gott aufgrund der Fürsprache Moses seines Eides gegenüber den Patriarchen gedenkt und Israel sein Verschulden vergibt (9,26–29). In 30 ist es die »Herzensbeschneidung«, die Gott am sündigen Israel vornimmt (30,6), die ihm Bekehrung, Erfüllung des Liebesgebots samt allen Geboten der Tora und damit ein neues, glückliches Leben mit seinem Gott ermöglicht. Als das Neue des NT trägt Paulus das Christusfaktum als konkrete Gestalt des Heilshandelns Gottes ein und holt (im Anschluss an andere atl. Texte) auch die Völker in die Gottesvolk-Dimension der Rechtfertigung.

V. Das priester(schrift)liche Werk (P)

(Erich Zenger, Münster, bearb. von Christian Frevel, Bochum)

Literatur: R. Albertz, Die kanonische Anpassung des Josuabuches. Eine Neubewertung seiner sogenannten »priesterschriftlichen Texte«, in: T. Römer/K. Schmid (Hg.), Les dernières rédactions du Pentateuque, de l'Hexateuqe et de l'Ennéateuque (BEThL 203) Leuven 2007, 199–216; J. Blenkinsopp, Abraham as Paradigm in the Priestly History in Genesis: JBL 128, 2009, 225–241; E. Blum, Studien zur Komposition des Pentateuch (BZAW 189) Berlin 1990; G. Braulik, Die dekalogische Redaktion der deuteronomischen Gesetze. Ihre Abhängigkeit von Levitikus 19 am Beispiel von Deuteronomium 22,1–12; 24,10–22 und 25,13–16, in: ders., Bundesdokument und Gesetz. Studien zum Deuteronomium (HBS 4) Freiburg 1995, 1–25; F. M. Cross, The Priestly Work, in: ders., Canaanite Myth and Hebrew Epic, Cambridge 1973, 293–325; F. Crüsemann, Die Tora, München 1992, 323–380; K. Elliger, Sinn und Ursprung der priesterlichen Geschichtserzählung, in: ders., Kleine Schriften zum Alten Testament (ThB 32) München 1966, 174–198; D. Frankel, The murmuring stories of the priestly school. A retrieval of ancient sacerdotal lore (VT.S 89) Leiden 2002; C. Frevel, Mit Blick auf das Land die Schöpfung erinnern. Zum Ende der Priestergrundschrift (HBS 23) Freiburg 2000; C. Frevel/E. Zenger, Die Bücher Levitikus und Numeri als Teile der Pentateuchkomposition, in: T. Römer (Hg.), The Books of Leviticus and Numbers (BEThL 215) Leuven 2008, 35–74; J. C. Gertz, Antibabylonische Polemik im priesterlichen Schöpfungsbericht?: ZThK 106, 2009, 137–155; W. Groß, Zukunft für Israel (SBS 176) Stuttgart 1998, 45–70; K. Grünwaldt, Exil und Identität. Beschneidung, Passa und Sabbat in der Priesterschrift (BBB 85) Frankfurt 1992; ders., Das Heiligkeitsgesetz Leviticus 17–26. Ursprüngliche Gestalt, Tradition und Theologie (BZAW 271) Berlin 1999; P. Guillaume, Land and Calendar: The Priestly Document from Genesis 1 to Joshua 18 (LHBOTS 391) New York 2009; F. Hartenstein/K. Schmid (Hg.), Abschied von der Priesterschrift (VWGTh 40) Leipzig 2015; B. Janowski, Sühne als Heilsgeschehen. Studien zur Sühnetheologie der Priesterschrift und zur Wurzel KPR im Alten Orient und im Alten Testament (WMANT 55) Neukirchen-Vluyn 1982; ²2000; ders., Tempel und Schöpfung. Schöpfungstheologische Aspekte der priesterschriftlichen Heiligtumskonzeption, in: ders., Gottes Gegenwart in Israel, Neukirchen-Vluyn 1993, 214–246; I. Knohl, The Sanctuary of Silence. The Priestly Torah and the Holiness School, Minneapolis 1995; K. Koch, P – kein Redaktor! Erinnerung an zwei Eckdaten der Quellenscheidung: VT 37, 1987, 446–467; M. Köckert, Leben in Gottes Gegenwart. Zum Verständnis des Gesetzes in der priesterlichen Literatur: JBTh 4, 1989, 29–61; ders., Das Land in der priesterlichen Komposition des Pentateuch, in: FS S. Wagner, Neukirchen-Vluyn 1995, 147–162; F. Kohata, Jahwist und Priesterschrift in Exodus 3–14 (BZAW 166) Berlin 1986; T. M. Krapf, Die Priesterschrift und die vorexilische Zeit. Yehezkel Kaufmanns vernachlässigter Beitrag zur Geschichte der biblischen Religion (OBO 119) Fribourg/Göttingen 1992; N. Lohfink, Die Priesterschrift und die Geschichte: Congress Volume Göttingen (VT.S 29) Leiden 1978, 183–225; ders., Die Landübereignung in Numeri und das Ende der Priesterschrift: Zu einem rätselhaften Befund im Buch Numeri, in: ders., Studien zum Deuteronomium und zur deuteronomistischen Literatur V (SBAB 38) Stuttgart 2005, 273–292; S. E. McEvenue, The Narrative Style of the Priestly Writer (AnBib 50) Rom 1971; C. Nihan, From Priestly Torah to Pentateuch. A study in the composition of the Book of Leviticus (FAT 2/25) Tübingen 2007; E. Noort, Bis zur Grenze des Landes? Num 27,12–23 und das Ende der Priesterschrift, in: T. Römer (Hg.), The Books of Leviticus and Numbers (BEThL 215) Leuven 2008, 99–119; E. Otto, Forschungen zur Priesterschrift: ThR 62, 1997, 1–50; S. Owczarek, Die Vorstellung vom Wohnen Gottes inmitten seines Volkes in der Priesterschrift. Zur Heiligtumstheologie der priesterschriftlichen Grundschrift (EHS.T 625) Frankfurt 1998; L. Perlitt, Priesterschrift im Deuteronomium?: ZAW 100 Suppl., 1988, 65–88; T. Pola, Die ursprüngliche Priesterschrift. Beobachtungen zur Literarkritik und Traditionsgeschichte von P^g (WMANT 70) Neukirchen-Vluyn 1995; ders., Zurück in die Zukunft. Altes und Neues zum priesterschriftlichen »roten Faden« des Pentateuch: ThBeitr 46, 2015, 139–146; A. de Pury, Die Patriarchen und die Priesterschrift (AThANT 99) Zürich 2010; K. Schmid, Der Sinai und die Priesterschrift, in: R. Achenbach/M. Arneth (Hg.), »Gerechtigkeit und Recht zu üben« (Gen 18,19) (BZAR 13) Wiesbaden 2010, 114–127; L. Schmidt, Studien zur Priesterschrift (BZAW 214) Berlin 1993; ders., P in Deuteronomium 34: VT 59, 2009, 475–495; S. Shectman/J. S. Baden (Hg.), The strata of the priestly writings. Contemporary debate and future directions (AThANT 95) Zürich 2009; J.-L. Ska, Le récit sacerdotal. Une »histoire sans fin«?, in: T. Römer (Hg.), The Books of Leviticus and Numbers (BEThL 215) Leuven 2008, 631–653; O. H. Steck, Aufbauprobleme in der Priesterschrift, in: FS K. Koch, Neukirchen-Vluyn 1991, 287–308; T. Wagner, Gottes Herrlichkeit (VT.S 151) Leiden u. a. 2012; P. Weimar, Studien zur Priesterschrift (FAT 56) Tübingen 2008; J. Wöhrle, Fremdlinge im eigenen Land. Zur Entstehung und Intention der priesterlichen Passagen der Vätergeschichte (FRLANT 246) Göttingen 2012; E. Zenger, Gottes Bogen in den Wolken. Untersuchungen zu Komposition und Theologie der priesterschriftlichen Urgeschichte (SBS 112) Stuttgart [2]1987.

1. Merkmale der priesterlichen Literatur

»Wer vom Deuteronomium herkommt [s. o. C.IV.], muß sich zuerst einmal mit der nüchternen Strenge auseinander setzen, mit der die Priesterschrift ihre Stoffe vorlegt. Das Deuteronomium hat etwas Herzandrängendes; aber es kommt auch dem Verstand dadurch entgegen, daß es fortgesetzt aufs bereitwilligste erklärt. Mit einem Wort: es ist völlig auf seinen Leser oder Hörer und auf dessen theologisches Fassungsvermögen eingestellt. Bei der Priesterschrift fehlt dieser lebendige Deutungswille ganz« (*G. von Rad*, Theologie des Alten Testaments I, München [4]1962, 245). Ihr Deutungswille liegt in ihrer unverwechselbaren Sprache und ihrem theologisch ordnenden, konstruierenden Denken. Viele priesterschriftliche Texte können wegen ihrer starken formalen wie inhaltlichen Besonderheiten deshalb relativ leicht erkannt werden.

1.1 Vorliebe für Formeln, stereotype Formulierungen und Wiederholungen

Paradigmatisch lässt sich der formelhafte, konzentrierte und wiederholende Stil in der Schöpfungserzählung Gen 1,1–2,4a ablesen. Die Darstellung der ersten beiden Schöpfungstage kann dies verdeutlichen:

(1,3)	Und Gott sprach:	Redeeinleitungsformel
	Es werde Licht!	Anordnung der Ersterschaffung
	Und es wurde Licht.	Ersterschaffung durch Wort Gottes
(1,4)	Und Gott sah das Licht, wie gut es war (ist).	Billigungsformel
	Und Gott schied zwischen dem Licht und zwischen der Finsternis.	Trennung
(1,5)	Und Gott berief das Licht als Tag, und die Finsternis berief er als Nacht.	Benennung
	Und (danach) wurde es Abend, und es wurde Morgen: ein Tag.	Tagesformel
(1,6)	Und Gott sprach:	Redeeinleitungsformel
	Es sei eine Ausdehnung inmitten der Wasser, so dass sie (andauernd) scheidet zwischen Wassern und Wassern.	Anordnung der dauernden Daseinsgestalt
(1,7)	Und Gott machte die Ausdehnung, so dass sie schied zwischen den Wassern, die unterhalb der Ausdehnung (sind), und zwischen den Wassern, die oberhalb der Ausdehnung (sind).	Ersterschaffung durch Tun Gottes
(1,8)	Und dementsprechend geschah es:	Entsprechungsformel
	Und Gott berief die Ausdehnung als Himmel.	Benennung
	Und (danach) wurde es Abend, und es wurde Morgen: zweiter Tag.	Tagesformel

1.2 Zurücktreten des plastischen Elements bei Handlungsabläufen und bei der Charakteristik von Personen

Gegenüber der nicht-priesterlichen Erzählung über die Erschaffung des ersten Menschenpaars Gen 2,4b–24, in der man die einzelnen Handlungen und Überlegungen des Schöpfergottes buchstäblich miterlebt, konstatiert P nur das Geschehen selbst, ohne auch nur ein Wort über Art und Weise der Handlung zu verlieren: »Und Gott (Elohim) schuf den Menschen als sein Bild, als Gottesbild schuf er ihn, männlich und weiblich schuf er sie« (Gen 1,27).

Anders als die nicht-priesterlichen Erzählungen verzichtet P auf die Beschreibung der Szenerie eines Geschehens und der dabei auftretenden Figuren. Während man z. B. in Gen 18 sieht, wie Abraham in der gleißenden Mittagshitze vor seinem Zelt sitzt, scheinbar die Augen geschlossen hält und doch wahrnimmt, wie da in der Ferne drei Gestalten auftauchen usw., setzt P ihre Parallelerzählung von der Verheißung der Geburt Isaaks nur mit der für P charakteristischen Altersangabe (s. u. 1.3) ein, ohne irgendetwas anzudeuten über Ort und Umstände des Geschehens: »Als Abram 99 Jahre alt war, erschien ihm JHWH und sprach zu ihm ...« (Gen 17,1). Ähnliches zeigt der Vergleich der Doppelüberlieferung von der Gottesoffenbarung an Mose mit der Ankündigung des Exodus. Während Ex 3,1–6 erzählt, wie Mose mit seiner Herde unterwegs ist und plötzlich einen brennenden Dornstrauch sieht, beginnt die entsprechende P-Erzählung: »Und Gott redete mit Mose und sprach zu ihm: Ich bin JHWH ...« (Ex 6,2).

1.3 Vorliebe für Elemente, die eine Ordnung der Welt, der Geschichte und des Lebens insinuieren

Mit einem zusammenhängenden Netz chronologischer Angaben (häufig: Jahreszahl, von der Schöpfung an gerechnet, Monat und Tag) gibt P dem erzählten Gesamtgeschehen eine gewissermaßen vom Schöpfergott eingestiftete Ordnung (»allen chaotischen Erfahrungen zum Trotz«). Daneben werden mit Zahlenangaben aller Art tiefsinnige theologische Aussagen gemacht (z. B. Gen 7,6.11; 8,13: die Wasser der Sintflut sind am 1.1. des 601. Jahres, ein Jahr nach ihrem Hereinbrechen, von der Erde weggetrocknet, d. h. mit dem Ende der Flut beginnt ein neues Jahr bzw. eine neue Weltzeit; auch das Zeltheiligtum, das die Israeliten am Sinai in der Wüste errichten, wird gemäß Ex 40,17 am 1.1. des 2. Jahres des Exodus, also genau ein Jahr nach dem Beginn des Exodus [vgl. Ex 12,41], vollendet, d. h. damit beginnt die neue Zeit Israels und damit ist die Schöpfung an ihr »Ziel« gekommen). Mit Zahlenangaben werden Ereignisse miteinander verwoben, z. B. die aus der Sintflut rettende Arche und das am Sinai errichtete Heiligtum (vgl. Gen 6,15f; Ex 26,15ff: die Arche ist zehnmal so lang wie der Holzbau des Heiligtums, nämlich 300 Ellen gegenüber 30 Ellen; da die Arche in drei Etagen eingeteilt werden soll, die dann je 10 Ellen hoch sind, entspricht die Höhe einer Etage der Höhe des Holzbaus des Heiligtums). P liebt entsprechend ihrer Theologie, wonach das Leben unter dem Segen des Schöpfergottes steht, Stammbäume/Genealogien (z. B. Gen 5; 11,10–26), Völkertafeln (z. B. Gen 10,*1–32) und Listen von Tieren (z. B. Lev 11).

1.4 Interesse an kultischen und rituellen Phänomenen

Typisch für P-Texte ist nicht nur das große Interesse an klassischen »priesterlichen« Themen wie Opferritualen, Vorschriften für den priesterlichen Dienst, Regelungen für kultische Reinheit/Unreinheit. Der gesamte theologische Entwurf ist kultisch imprägniert: Die Verheißung des Sohnes an Abraham kulminiert in der Gabe der Beschneidung als Zeichen des Bundes (Gen 17). Am Sinai übergibt JHWH dem Mose nicht die Tafeln mit den Zehn Geboten, sondern er zeigt ihm das Modell des Heiligtums, das die Israeliten als »mitwandernden Sinai« errichten sollen. Dass Noach am Ende der Flut, anders als in der nicht-priesterlichen Pentateuchüberlieferung, kein Opfer darbringt, ist mit der P-Vorstellung, wonach der Kult erst am Sinai gestiftet wurde, kohärent.

1.5 Schema Auftrag-Ausführung bzw. Ankündigung-Erfüllung

Die P-Texte entfalten eine geradezu sakramentale Worttheologie: Gott oder Mose sprechen – und es geschieht unverzüglich (vgl. Gen 1,3: »Gott sprach: Es werde Licht. Und es wurde Licht«; Ex 14,15–16.21: »JHWH sprach zu Mose: Hebe deinen Stab hoch, strecke deine Hand über das Meer und spalte es ... Mose streckte seine Hand über das Meer, und die Wasser spalteten sich«). Oder P hält ausdrücklich fest: »Und JHWH tat ..., wie er geredet hatte« (z. B. Gen 21,1). Analog wird von den menschlichen Akteuren gesagt: »Und N. N. tat genau, wie JHWH geredet hatte« (z. B. Gen 6,22; 17,23). In den Sinai-Texten tritt Mose als Mittler der Gottesoffenbarung zwischen Gott und Volk: »So, wie es der Herr dem Mose befohlen hatte. So machten sie es« (z. B. Ex 39,21.43; Num 5,4).

1.6 Vorliebe für theologische Fachsprache

P ist nicht nur daran erkennbar, dass vor allem Gott lange, theologisch argumentierende Reden hält (insgesamt ist für P das Übergewicht der direkten Rede vor der erzählten Handlung typisch), selbst die Erzählungen sind meist narrative Explikationen theologischer Fachbegriffe (z. B. entfaltet die Abraham-Erzählung das Stichwort *b^e^rīt* »Bund«; die Jakob-Erzählung gestaltet das theologische Thema »Segen«; die Plagen- und Meerwunder-Erzählung, die Manna-Erzählung und die Sinai-Erzählung stehen unter dem Leitwort *kābōd* »Herrlichkeit«; vgl. die Graphik zur Gesamtanlage von P^g C.V.2.41).

2. Die priesterliche Grundschrift (P^g)

2.1 Die Diskussion um den literarischen Charakter der P-Texte

2.11 Das Problem der literarischen Einheitlichkeit: P^g und P^s

Seit *J. Wellhausen* die Priesterschrift, die *T. Nöldeke* 1869 mit seinem Werk »Die sog. Grundschrift des Pentateuchs« textlich abgegrenzt und noch als »Grundschrift« (d. h. älteste Quelle) bestimmt hatte, im Jahre 1876 als jüngste »Quelle« beschrieben hatte, ergab sich schnell ein breiter Konsens über den P-Anteil im Pentateuch. Doch wurde bald erkannt, dass sich die ausgegrenzten P-Texte nur mühsam zu einem literarisch und theologisch kohärenten Werk zusammenfügen. Dies führte zu der wichtigen Hypothese, dass innerhalb der P-Texte mindestens zwei Gruppen zu unterscheiden sind, deren Zusammenbindung mit einer Art Ergänzungshypothese erklärt wurde: Als erstes entstand die sog. priesterliche Grundschrift (P^g); diese wurde dann durch sekundären Zuwachs (P^s) ausgebaut und bearbeitet. Die Unterscheidung zwischen P^g und P^s ist bis heute weitgehend akzeptiert. Sie wird freilich im Einzelnen sehr unterschiedlich durchgeführt. Bei Autoren, die eine möglichst stringent komponierte Priestergrundschrift suchen und darüber hinaus davon ausgehen, dass P^g eine Erzählung sein muss, und die deshalb alle kultisch-rituellen Einzelvorschriften u. ä. auf P^s zurückführen, reduziert sich P^g zu einer Komposition von Reden, die in Erzählnotizen eingebunden sind. Autoren, die eine derart skeletthafte Rekonstruktion ablehnen und deshalb mit einer umfangreicheren P^g rechnen, erklären dann die in dieser P^g unübersehbaren Spannungen und Unausgewogenheiten entweder traditionsgeschichtlich (P^g als Produkt eines jahrhundertelangen lebendigen Überlieferungsvorganges) oder literargeschichtlich (P^g als Aufnahme mehrerer bereits schriftlich fixierter Vorlagen) oder wissenssoziologisch (P^g als Aufnahme von Wissensmaterialien und geprägten Vorstellungsmustern). Es kann bezweifelt werden, ob es wirklich gelingt, den Wortlaut von P^g bis ins Detail zu rekonstruieren. Vor allem im Bereich der Sinai-Erzählung und der Wanderung durch die Wüste bis an die Grenze des verheißenen Landes (also: 2. Hälfte des Buches Exodus, die Bücher Levitikus und Numeri) erweist sich die Trennung zwischen P^g und P^s de facto als kaum durchführbar (wenn nicht gar unmöglich), was die Entscheidung über den genauen Umfang und besonders über das ursprüngliche Ende von P^g sehr schwer macht. So weisen die »priesterlichen« Erzählungen im Numeribuch (Num *13–14; *16–17; *20,1–13; *25,6–18; *27,12-23) Besonderheiten (etwa hinsichtlich der Rede vom Heiligtum, der Gemeinde oder der Herrlichkeit Gottes) gegenüber Erzählungen in Gen–Ex auf, doch ist im Einzelnen schwer zu entscheiden, ob die Texte zur Priestergrundschrift gerechnet werden können und wo die Grenze zu P^s verläuft. Tragfähige und nicht kontextgebundene Kriterien fehlen z. B., um die ursprüngliche 250-Männer-Erzählung Num 16,2*–5a*.6*.7a.18.35 der P^g zuzuweisen oder sie ihr abzusprechen (*K. Pyschny*). Gerade hinsichtlich des ursprünglichen Schlusses der P^g herrschen deshalb starker Forschungsdissens und methodische Skepsis (s. u.). Gegenüber der Reduktion der P^g auf ein Erzählgerüst ohne gesetzliche und kultische Einzelheiten muss zudem eingewandt werden, dass oft eine implizite hermeneutische Vorentscheidung zur Unvereinbarkeit von Geschichte und Gesetz bzw. der Vorordnung der Geschichte vor dem Gesetz im Hintergrund steht. Eine solche Sicht steht in der Gefahr, ein Bild der Entwicklung des Frühjudentums fortzuschreiben, das dieses in Gesetzlichkeit, Rigorismus und Ritualisierung erstarrt sein lässt. Theologisches Gewicht kommt dabei nur der »Geschichte« zu. Demgegenüber spricht die dynamische Spannung von Geschichte und Gesetz in der Tora (s. o. C.I.2.) und die faktische Unmöglichkeit, Geschichte und Gesetz randscharf voneinander literargeschichtlich zu trennen, für eine integrative Rekonstruktion der P^g, in der narrative und gesetzliche Passagen komplementär zueinander stehen. Damit verbunden ist auch eine theologische Aufwertung des Gesetzes gegenüber der Geschichte (s. bereits A.II.2).

2.12 Ursprünglich selbständiges Werk oder (nur) Redaktionsschicht?

Im Zusammenhang mit der neueren Kritik am Vierquellen-Modell (s. o. C.II.4.) gibt es auch Zweifel an P als einer primär selbständigen Schrift (»Quelle«). Stattdessen wird vorgeschlagen, die P-Texte, deren sprachliches und theologisches Eigenkolorit durchaus unterstrichen wird, als eine priesterschriftliche Redaktionsschicht im Pentateuch zu begreifen, die eigene Textkomplexe geschaffen und/oder »Exzerpte« aus priesterlicher Überlieferung in eine vor-priesterschriftliche Pentateuch-Erzählung eingearbeitet hat. Nach Meinung wieder anderer Autoren ist P sogar erst die eigentliche Redaktion, die die vor ihr unverbunden überlieferten nicht-priesterlichen Erzählkränze zu einer zusammenhängenden Gesamtdarstellung von der Schöpfung bis zum Tod des Mose erstmalig verbunden hat.

Die Argumente, die *gegen* die ursprüngliche literarische Selbständigkeit von P^g vorgebracht werden, lassen sich auf drei Grundfiguren reduzieren:

(1) Im Vergleich zur vor-priesterschriftlichen Gesamtdarstellung fehlen in P^g wichtige Erzählstoffe, theologische Themen und Überleitungen (z. B. das Thema Ursünde in Entsprechung zu Gen 3–4, Jakobs Aufenthalt in Paddan-Aram, die Jakob-Esau-Rivalität, eine Josefgeschichte, die Einführung des Mose), so dass man geradezu von Lücken sprechen müsste, wollte man P^g als eigenständiges Werk betrachten. Vor allem im Bereich der Sinaiüberlieferung wiege das Fehlen einer Erzählung über die Konstitution des Sinaibundes schwer, weil P^g im Zusammenhang mit der Errichtung des Heiligtums die aus der Bundestheologie stammende »Bundesformel« (Ex 29,45: »Ich will ihnen Gott sein/werden«) zitiere, aber eben keinen eigenen Bundesschluss erzähle.

Gegen dieses Argument ist zu sagen: P^g will nicht einfach eine variierende Wiederholung der vor-priesterschriftlichen Darstellung sein, sondern ist ein Entwurf mit eigenen Akzenten – auch mit einer eigenen generalisierenden Ursündentheologie im → Prolog der Sintfluterzählung (vgl. Gen 6,11–13) und einer sich anders profilierenden »neuen« Bundestheologie, die sich bewusst aus dem Verpflichtungsgefüge der vorgängigen nicht-priesterlichen Bundesschlüsse löst und in der Zusage Ex 29,45 eine einseitige Bundeszusage Gottes formuliert, die den Abrahambund aufnimmt und bekräftigt (s. u.).

(2) Es gibt eine Reihe von kurzen Sätzen und Notizen, die zwar typisch priesterlich sind, aber gleichzeitig unbestreitbar als strukturierende Überschriften über nicht-priesterschriftlichen Texten stehen. Außerdem hängen sich P-Texte semantisch öfter an vorangehende Nicht-P-Texte an (z. B. Ex 6,7 P: »Frondienst« nimmt Ex 5,4f auf). Beides spreche eindeutig dafür, dass P eine Redaktionsschicht sei.
Gegen dieses Argument ist zu sagen: Das jetzt vorliegende Gefüge von nicht-priesterlichen und priesterlichen Texten kann nicht gegen die ursprüngliche Selbständigkeit ins Feld geführt werden, wenn man von einer überarbeiten Priestergrundschrift ausgeht. Denn die »redaktionellen« P-Texte gehen meist auf jene Redaktion zurück, die die Priesterschrift und die nicht-priesterschriftliche Darstellung zusammengearbeitet hat; sie sind also gar nicht Teil von P^g gewesen. Die Aufnahme von Formulierungen aus Nicht-P-Texten hängt damit zusammen, dass P^g nicht im luftleeren Raum entstanden ist und dass P^g in manchem eine gezielte Neu- und Gegendarstellung zum vor-priesterschriftlichen Geschichtswerk (s. u. C.VI.3.) sein will (in Aufnahme und Ablehnung!).

(3) Der P^g-Text hat eine sehr unterschiedliche Erzähldichte. Da gibt es breit ausgeführte Erzählungen und Reden (vgl. Gen 1 und Gen 17) neben sehr dünnen, geradezu fragmentarischen Notizen. Dies sei eher Kennzeichen für eine redaktionelle Schicht als für ein eigenständiges Werk, vor allem im Vergleich mit der nicht-priesterschriftlichen Darstellung.
Zu diesem Argument ist zu sagen: Aus der nicht-priesterschriftlichen Darstellung darf kein Gattungspostulat konstruiert werden. P^g kann durchaus in literarischer Hinsicht eigene Wege gehen; die fehlende Dramaturgie und Plastizität ist ohnedies ein Kennzeichen des priesterlichen Stils (s. o. 1.2).

Gewichtiger als das kritische Abwägen dieser drei Argumente sind allerdings die Argumente *für* die ursprüngliche literarische Selbständigkeit von P^g:

(1) Es gibt eine Reihe von P-Texten, die ihre geschehensmäßige und theologische Komposition *nur* dann erkennen lassen, wenn sie losgelöst von ihrem *jetzigen* literarischen Kontext als *in sich* zu lesender Textzusammenhang genommen werden. Beispiele dafür sind der Textzusammenhang Ex 2,23–25; 6,2–8 und die fünfteilige Plagengeschichte von P^g, die als Textfolge gelesen eine planvolle Steigerung ergibt, die im jetzigen Kontext, wo die fünf Szenen auseinander gerissen sind, nicht deutlich sichtbar wird. Das schließt aus, dass diese Texte redaktionell für ihren jetzigen Zusammenhang geschaffen wurden.

(2) Das durchlaufende Ineinander von nicht-priesterlichen und priesterlichen Textteilen in der Flutgeschichte Gen 6–9 und in der Meerwundergeschichte Ex 14 lässt sich nicht mit P als Bearbeitungsschicht erklären. Die herauslösbare P-Schicht ist in sich so stringent komponiert, dass sie als kunstvolle eigenständige Erzählung lesbar ist. Außerdem sind selbst in Nebenzügen der P-Erzählung derart massive Spannungen zum Nicht-P-Erzählfaden auszumachen, dass kaum vorstellbar ist, ein Bearbeiter hätte solche Spannungen, die vom theologischen Duktus her nicht notwendig sind, eingetragen. Diese

Einzelheiten müssen sich bereits in dem *Text* befunden haben, den er einarbeiten wollte. Dann aber drängt sich auf: P ist ein vorgegebener, eigenständiger *Text*, der von einer Redaktion mit dem Nicht-P-Text zusammengearbeitet wurde.

(3) Wichtige theologische Eigenheiten von P sind durch den Zusammenhang, in dem die P-Texte jetzt stehen, nur schwer erkennbar oder sogar nivelliert. Sie treten erst in ihrer Prägnanz hervor, wenn P^g als eigenständiges Werk mit profilierter Struktur gelesen wird. Dies gilt vor allem für die gestufte Offenbarung des Gottesnamens (Elohim in der Schöpfungserzählung, El-Schaddai in der Erzelternerzählung und – in Ex 6,3 explizit gemacht – das → Tetragramm JHWH ab dem Exodus), die einem inklusiven Monotheismus gleichkommt (alle Menschen verehren denselben Gott, der sich jedoch nur Israel als JHWH offenbart). Die spezifische Bundestheologie von P^g zeichnet sich gegenüber den Nicht-P-Texten durch zwei Besonderheiten aus: P^g vermeidet die Wendung »Bund *schließen* zwischen/mit« (Aspekt der Zweiseitigkeit; Vertragsbund) und gebraucht nur »Bund *geben*« bzw. »Bund *errichten*« (Aspekt der einseitigen Stiftung; Gnadenbund); darüber hinaus vermeidet P^g im Bereich der Sinaitheologie das Wort »Bund«, das dort häufig in Nicht-P-Texten steht. Dadurch wird der präsenztheologische Aspekt betont und die priesterliche Sinaitheologie von der deuteronomistischen Sicht abgerückt. Diese theologisch höchst relevanten Besonderheiten werden nur gesehen, wenn die P-Texte aus ihrem jetzigen Kontext gelöst und als eigenständige Quelle wahrgenommen werden.

(4) Es gibt zwischen P-Texten und Nicht-P-Texten, die über das gleiche Thema reden, so massive Widersprüche, dass schlechterdings nicht vorstellbar ist, dass sie von einer P-Redaktion ausgelöst sein können, sondern eben dadurch zustande kamen, dass *vorgegebene, eigenständige* Texte zusammengearbeitet wurden (das Argument gilt analog für die in jüngerer Zeit beliebte umgekehrte Annahme, nicht-P sei nie eigenständig gewesen, sondern redaktionell an P angefügt). Dies gilt z. B. für das Verhältnis von Gen 1 (P) zu Gen 2,5–7. Wer in Gen 1 gelesen hat, dass die Erde voller Pflanzen und Bäume ist und dass die Menschen erschaffen sind, kann nur voller Erstaunen lesen, wie dies alles nach Gen 2,5 noch nicht da ist: »Es gab auf der Erde noch keine Wildpflanzen. Und es gab noch keine Kulturpflanzen ... und es gab noch keine(n) Menschen, um den Boden zu bedienen«. *K. Koch* kommentiert diesen Sachverhalt mit Recht folgendermaßen: »Wenn 1,1–2,3(4a) mit keiner anderen Absicht abgefaßt wäre, als der, einen korrigierenden Vorspann zur JE-Schöpfungserzählung zu geben, warum hat dann der Priester nicht den mißverständlichen Anfang von 2,4b–7 aus seiner Vorlage gestrichen und erst mit 2,8 eingesetzt? Solche ›Beschneidung‹ des JE-Materials geschieht doch später mehrfach! Durch eine Auslassung wäre der Übergang glatt verlaufen, kein Leser würde das Zwischenstück vermissen ... Bis zum Beweis des Gegenteils wird es dabei bleiben müssen, daß der priesterliche Text von 1,1ff als eine eigene Schrift konzipiert worden ist« (*K. Koch*, P – Kein Redaktor 460f).

2.2 Die Diskussion um das ursprüngliche Ende von P^g

Dass der Anfang von P^g in Gen 1 vorliegt, ist unbestritten. Umstritten ist jedoch, wo ihr ursprüngliches Ende zu suchen ist. Da neben dem Anfang eines Werkes vor allem sein

Schluss für die Gesamtinterpretation entscheidend ist, ist diese exegetische Kontroverse keine Randfrage (die Frage stellt sich verständlicherweise nicht für jene Exegeten, die P als Bearbeitungsprozess begreifen). Je nachdem, wo dieses Ende von P^g »gefunden« wird, verändert sich die Auffassung über Aufbau und Programm von P^g. Die derzeit miteinander konkurrierenden Auffassungen lassen sich auf drei Grundfiguren reduzieren:

(1) P^g erzählte in ihrem Schlussteil die Landnahme unter Josua, d. h. das ursprüngliche Ende ist in Jos zu suchen.

(2) P^g endete an der Schwelle zum verheißenen Land, und zwar mit dem Hoffnungsbild, dass Mose vor seinem Tod das verheißene Land aus der Ferne »mit den Augen betreten« (sehen) durfte, d. h. das ursprüngliche Ende ist am Schluss von Dtn in der Erzählung vom Mosetod zu suchen.

(3) P^g endete am Sinai mit der Realisierung der verheißenen Gottesgegenwart inmitten Israels und der damit gegebenen Bekräftigung der an Abraham für Israel ergangenen Landzusage, d. h. das ursprüngliche Ende ist im Bereich von Ex–Lev zu suchen.

Im Hintergrund dieser unterschiedlichen Auffassungen steht eine seit der Mitte des 20. Jh.s kontroverse Diskussion über die Frage nach dem eigentlichen »Thema« bzw. »Ziel« der Priestergrundschrift. Den Anstoß zu dieser Kontroverse gaben *M. Noth* und *K. Elliger.*

In seinem 1948 erschienenen Grundlagenwerk zur Pentateuchforschung »Überlieferungsgeschichte des Pentateuch« stellte *M. Noth* fest, dass P^g »auf eine bevorstehende Landnahme gar nicht ausgerichtet ist, sondern mit der Darstellung der am Sinai eingesetzten, nunmehr sogleich gültigen und nicht erst auf eine spätere Landnahme abgestellten Ordnungen ihr eigentliches Ziel erreicht« (Überlieferungsgeschichte 8). Deshalb muss »das Wesentliche der Theologie von P in der Sinaierzählung gesucht werden. Was in P hinter der Sinaierzählung noch kommt, stellt nur noch die Weiterführung der überlieferten Pentateucherzählung bis zum Tode Moses dar und bedeutet für die Theologie von P kaum noch etwas Wesentliches« (Überlieferungsgeschichte 262 mit Anm. 634). *Noth* selbst hat also zwar an Dtn 34 als *faktischem* Ende von P^g festgehalten, aber ihr *eigentliches* Ende in der Sinaierzählung gesehen. Die derzeitigen Vertreter der oben unter (3) zusammengefassten Position sehen das faktische Ende in diesem »eigentlichen Ende«, d. h. sie ziehen aus den *theologischen* Beobachtungen *Noths* die entsprechenden *literarischen* Konsequenzen.

In unmittelbarem Widerspruch zu *Noth* beschrieb 1952 *K. Elliger* in seiner für die P-Forschung bis heute grundlegenden Studie »Sinn und Ursprung der priesterlichen Geschichtserzählung« die für P^g charakteristische Spannung zwischen dem Thema »Land« und dem Thema »Gottesnähe/Gottesgegenwart« folgendermaßen: »Bei P^g liegt der *Höhepunkt* [Hervorhebung: E. Z.] in der Mitte [E. Z.: am Sinai]; dann erfolgt die Peripetie, und die Linie führt abwärts [E. Z.: vom Sinai in Richtung ›Verheißenes Land‹]. Eins ist freilich merkwürdig, daß da von Anfang an ein ... Ziel bezeichnet wird, das dem Wanderer immer wieder in der Ferne erscheint, das er aber nie erreicht. Dadurch bleibt die Darstellung am Schluß merkwürdig geöffnet. Man hat zwar gemeint, als den Skopus der priesterlichen Geschichtserzählung das Wohnen Gottes bei seinem Volke erkennen zu sollen, so daß das Ziel bereits am Sinai erreicht wäre ... Die Meinung des P^g

ist es nicht. Bei ihm erscheint ... als das *eigentliche Ziel* [Hervorhebung: E. Z.], als Inbegriff der göttlichen Geschichtslenkung der Besitz des Landes Kanaan als der materiellen und ideellen Basis, auf der das Leben des Volkes und selbstverständlich der Kultus als wichtigste Funktion sich erst richtig entfalten kann« (Sinn 129). Die oben unter (2) zusammengefasste Position folgt dieser These *Elligers*. Die unter (1) aufgeführte Position schließt sich einerseits *Elliger* darin an, dass P^g wegen der für sie konstitutiven »Landperspektive« keinesfalls am Sinai enden kann, sie geht andererseits aber darin über *Elliger* hinaus, dass sie das Paradox der »Wanderschaft«, die das Ziel vor Augen hat, aber es nicht erreicht, insofern auflöst, als sie P^g bis in das Buch Josua hineinführt. Die derzeit kontroverse Forschungslage kann im Folgenden nur knapp skizziert werden:

2.21 Die These vom Schluss der P^g in Dtn 34,1aα.7–9 (J. Wellhausen, K. Elliger)

Dass die mit Gen 1,1–2,4a eröffnete P^g mit dem Text Dtn 34,7–9 ursprünglich geendet habe, hat *K. Elliger* begründet. Die meisten Arbeiten der letzten Jahre orientieren sich an der Abgrenzung des Textbestandes, den *Elliger* 1952 wie folgt vorgeschlagen hat: »*Gen* 1,1–2,4a; 5,1–28.30–32; 6,9–22; 7,6.11.13–16a.17a.18–21.24; 8,1.2a.3b–5.13a.14–19; 9,1–17.28f; 10,1–4a.5aβ–7.20.22f.31f; 11,10–27.31f; 12,4b.5; 13,6.11b.12abαβ; 16,1.3.15f; 17,1–27; 19,29; 21,1b–5; 23,1–20; 25,7–11a.12–17.19f ... 26b; 26,34f; 27,46–28,9 ...; 31,18aβγδb; 33,18a; 35,6a.9–13.15.22b–29; 36,1–14; 37,1f ...; 41,46a ...; 46,6f; 47,27b.28; 48,3–6; 49,1a.28b–33; 50,12f; *Ex* 1,1–5.7.13f; 2,23aγb.24f; 6,2–12; 7,1–13.19.20aα.21b.22; 8,1–3 ... 11aδb.12–15; 9,8–12; 12,1.3–14.28.40f; 14,1–4.8a.10abγ.15–18.21aαb.22f.26.27aα.28f; 15,27; 16,1–3.6f.9–13a ... 14bα ... 16abγ–20.22–26.31a.35b; 17,1abα; 19,1.2a; 24,15b–18a; 25,1–27,19; 28,1–41; 29,1–37 ... 42b–46; 31,18; 35,1a.4b–10.20–29. || [30–33]; 36,2. [8–38; 37,1–24; 38,1–7.9–20; 39,1–31] 32.43; 40,17.33b.34 [35]; *Lev* [8,1–10aα.12–36]; 9,1–24; *Num* [1,1–47; 2,1–34; 3,14–51; 8,5–10.12–15a.20; 9,15–18]; 10,11f; 13,1–3a.17aβ.21.25.26a.32; 14,1a.2.5–7.10.26–29aα.35–38; 20,1aα.2.3b.4.6f.8aβγbβ.10.11b.12.22.23aα.25–29; 21,4aα; 22,1b; 27,12–14a.15–23; *Dtn* 34,1a. ... 7–9«. Für diese Position lassen sich folgende Beobachtungen anführen:

(1) Im Verlauf der P^g ist mehrfach der in Dtn 34,7f konstatierte Tod des Mose vorbereitet, insbesondere wird er von der Einsetzung des Josua zum Nachfolger des Mose erzählerisch »gefordert« (Num 27,12–23). Die Doppelszene »Einsetzung des Nachfolgers und Tod des Helden« (Mose und Josua) entspricht der vorher ebenfalls in P^g erzählten Szene »Einsetzung des Eleasar zum Nachfolger des Aaron und Tod des Aaron« (Num 20,22–29).

(2) Dtn 34,9 »Und die Kinder Israels hörten auf ihn (Josua) und sie taten, wie JHWH dem Mose geboten hatte« ist eine Schlussnotiz, die den Bogen zurückschlägt bis nach Ex 6,9, aber auch strukturell auf die P-Texte Gen 6,22; 50,12; Ex 7,6; 12,28; 39,32.43 anspielt.

2.22 Die Infragestellung der priesterschriftlichen Herkunft von Dtn 34,7–9 (L. Perlitt 1988)

Die lange allgemein akzeptierte Zuweisung von Dtn 34,7–9 an P ist 1988 durch *L. Perlitt* (»Priesterschrift im Deuteronomium?«) in Frage gestellt bzw. bestritten worden, was seitdem in der Forschung vielfach aufgenommen worden ist. Dabei sind folgende drei Beobachtungen leitend:

»1. läßt sich sogenannte P-Sprache mit Sicherheit nicht in geschlossenen Textteilen in Dtn 34 (V. 7–9) nachweisen;

2. fehlen textimmanente Kriterien für die Ausgrenzung der entsprechenden Verse 7–9 aus dem näheren Kontext des Kapitels;

3. bleibt bei der klassischen Zuweisung die Schwierigkeit bestehen, daß der eigentliche Todesbericht (V. 5) nicht auf die Priesterschrift zurückgehen soll, so daß für diese ›beinahe nur noch die Tränen der Israeliten‹ (*L. Perlitt*) übrigbleiben« (*C. Dohmen*, Kanon 60).

Folgt man diesen Beobachtungen, muss man Dtn 34,1–9 als einen nach-priesterschriftlichen Text beurteilen, der von einer Redaktion gezielt für seinen jetzigen Kontext als Schluss des Pentateuch (zusammen mit Dtn 34,10–12) geschaffen wurde. Dann stellt sich freilich die Frage, wo der ursprüngliche Schluss von P^g zu suchen sei. Falls P^g mit dem Tod des Mose geschlossen hat (s. o.), müsste man annehmen, dass der ursprüngliche Schlusstext von der Redaktion durch Dtn 34,1–9 ersetzt oder überblendet worden sei. Perlitt selbst tendiert in eine andere Richtung, wenn er (ohne sich festzulegen) zur »Frage nach dem Ende der Priesterschrift« sagt: »Mit dieser Frage quält sich mit sympathischer Offenheit auch R. Smend herum, wenn er (auf Grund der Landverheißung an die Väter) in P einerseits ›die negativen Erfahrungen und die positive Hoffnung des Exils reflektiert findet‹, andererseits dann aber doch konstatieren muß, was mir mehr einleuchtet: ›Aufs Ganze gesehen steht das Thema (Land) in P am Rande, nicht in der Mitte; schon in P^g ist die Sinaiperikope der eigentliche Skopos‹ [Zitat aus: *R. Smend*, Die Entstehung des Alten Testaments (ThW 1) Stuttgart 1978, 58]. Bezweifelt man ... noch entschiedener ein priesterschriftliches Interesse an der Landnahme, dann ist es eben nicht verwunderlich, daß dieses von der dtr Schule entwickelte und breit ausgeführte Thema unter priesterschriftlichen Einflüssen nur noch mit Farbtupfern versehen zu werden brauchte« (Priesterschrift 86f). Der bei Perlitt nur angedeutete Schluss in der Sinaiperikope wurde in der Forschung danach in verschiedenen Vorschlägen entfaltet (2.23–2.26).

2.23 Das Ende von P^g in Lev 9,23–24 (E. Zenger 1995)

Während *E. Zenger* in seiner Studie »Gottes Bogen« (1983; ^{2}1987) die traditionelle These von Dtn 34,1aα.7–9 als Schluss der P^g und (im Anschluss an *P. Weimar*) deren strukturelle Zweiteilung (Gen 1,1–Ex 1,7; Ex 1,13–Dtn 34,9) vertrat, legte er in der 1. Auflage dieses Studienbuchs 1995 die These von Lev 9,23–24 als ursprünglichem Ende von P^g vor. Nach dieser Auffassung erzählt die Priesterschrift in ihrer Sinaiperikope breit vom Auftrag JHWHs an Mose auf dem Berg zum Bau des Heiligtums (verbunden mit der großen Zusage der Gottesgegenwart in diesem Heiligtum), vom Bau dieses Heiligtums durch das Volk, von der Inbesitznahme des Heiligtums durch JHWH im Zeichen der Wolke, die vom Sinai auf das Heiligtum übergeht, und schließlich vom ersten Opfer durch Mose und Aaron am Heiligtum, das von JHWH mit einer Theophanie beantwortet wird, worauf das Volk mit Proskynese und liturgischem Jubel reagiert.

Für diese These lassen sich u. a. folgende Beobachtungen anführen:

(1) Der Sinai ist der Höhe- *und* Zielpunkt der von P^g erzählten »Gründungsgeschichte« Israels: In Ex 19–Lev 9 erfüllt sich die in Gen 17,7f; Ex 6,7; 29,45–46 verheißene Gottesgegenwart mitten in seinem Volk. *Diese* Erfüllung ist zugleich die Bekräftigung der noch unerfüllten Linie der den *Erzvätern* (nicht der Exodusgeneration) gegebenen Landverheißung, die als »*ewige* Bundesstiftung« (Gen 17,7) eine bleibende Offenheit hat.

(2) In Lev 9 gibt es mehrere Rückbezüge auf zentrale Texte von P^g, die die Schlussposition von Lev 9 hervorheben (vgl. besonders das Motiv von der Gotteserscheinung: Gen 17,3.17; Lev 9,24; der Kontrast zwischen dem Murren/Klagen des Volkes in Ex 16,2.7.8 [Anfang der P^g-Sinaiperikope] und dem Jubel des Volkes in Lev 9,24 [Abschluss der Sinaiperikope]; vgl. dazu auch unter 2.4).

(3) Die in Num und Dtn für P^g reklamierten Texte sind zwar priesterliche Theologie, stammen aber eher von P^s oder sind wie Dtn 34 eine Mischung aus deuteronomistischer und priesterlicher Sprache.

2.24 Das Ende von P^g in Lev 16 (M. Köckert 1989, C. Nihan 2007)

Während Lev 9,23–24 ganz auf die erste Initiation des Kultes im neu errichteten Heiligtum hin orientiert ist und sich auf die verwirklichte Gottesgegenwart im Kult konzentriert, spielen die Einzelregelungen der Kultgesetze konzeptionell keine Rolle. Es stellt sich jedoch die Frage nach der Integration von Lev *1–8; *11–15 und vor allem des zentralen Kapitels der priesterlichen Sinaierzählung, das den großen Versöhnungstag in Lev 16 behandelt. In seiner Studie »Leben in Gottes Gegenwart« hat *M. Köckert* die zentrale Rolle der Kultgesetze für das Verständnis von P hervorgehoben und ein Verständnis einer erweiterten Grundschrift vorgeschlagen, das die konzeptionelle Diastase von Geschichte und Gesetz vermeidet und ein Ende in Lev 16 vorsichtig andeutet: »Alle Kultgesetze (sind) auch kompositorisch auf Gottes Gegenwart im Zeltheiligtum bezogen. Sie ermöglichen, ordnen und bewahren Israels Leben in der Gegenwart seines Gottes. Da im Wohnen Jahwes mitten unter den Israeliten die Verheißung Israels Gott sein und bleiben zu wollen (Gen 17,7f; Ex 6,7) ans Ziel kommt (Ex 29,45f), sind die Kultgesetze nichts geringeres als Ausdruck der Erwählung Israels« (Leben 59). Ihren Höhepunkt erfährt diese Konzeption in der Sühne des gesamten Volkes, »durch die Gott immer wieder Leben gewährt, indem er den vom Menschen in Gang gesetzten und nicht mehr auflösbaren Zusammenhang von Sünde und Unheil aufhebt« (Leben 69). Ähnlich kommt *C. Nihan* in seiner Dissertation 2007 zu Lev 16 als Schlussstein der Priestergrundschrift. Lev 1–3; 8–9 und 11–16 werden als priesterliche Komposition begriffen, die die Erwählung Israels zum Ausdruck bringt und im reinigenden Sühnekult ihren Höhepunkt erreicht.
Für diese Position lassen sich folgende Gründe anführen:

(1) Entscheidet man sich für die literarische Zugehörigkeit von Lev 9,23f zur P^g sind auch die Kultgesetze des Buches Lev, vor allem die Opfer- und die Reinheitstora, nicht plausibel aus ihr auszuschließen.

(2) Neben die Durchführung des ersten Opfers als kultische Antwort auf die bleibende Gottesgegenwart tritt das zentrale Thema der Versöhnung, das zum Kern der priesterlichen Konzeption gehört. Für eine Zugehörigkeit von Lev 16 zur priesterlichen Konzeption sprechen auch klammernde Textbezüge. So taucht das Motiv der Wolke in Ex 24,15b–18aα; 40,34–35 in Lev 16,2 wieder auf und unterstreicht so den Kulminationspunkt im Innersten des Heiligtums. Auch die Deckplatte (*kapporæt*) aus Ex 25,17–22 spielt in dem Ritual eine zentrale Rolle (Lev 16,2.13f) und macht erst so ihre *sühnende* Funktion offenbar.

(3) Die Installation des Kultes ohne die Möglichkeit der kultischen Reinigung des Heiligtums, die im Sühneritual in Lev 16 beschrieben wird, ist wenig wahrscheinlich.

2.25 Das Ende von P^g in Ex 40,16.17a.33b (T. Pola 1995)

In seiner 1995 erschienenen Studie »Die ursprüngliche Priesterschrift« führt *T. Pola* eine literarkritische Analyse der Sinaiperikope durch, die für P^g einen minimalen Textbestandteil und zugleich das ursprüngliche Ende herauskristallisiert: »Das Ergebnis der literarkritischen Beobachtungen ergibt als P^g-Stiftshüttenperikope und zugleich als Ende der P^g: Ex 19,1; 24,15b–18aα; 25,1.8a.9; 29,45f; 40,16.17a.33b« (*T. Pola,* Priesterschrift 343). P^g erzählt hier also nur, wie Mose von JHWH im Wolkendunkel einen knappen Auftrag zum Bau des Heiligtums erhält, wobei JHWH diesem Heiligtum die Zusage seiner dauernden Einwohnung gibt. Mit einer abermals ganz knappen Ausführungsnotiz schließt dann P^g. Der Berg Sinai und das an ihm errichtete Heiligtum ist nach Pola Chiffre für den Zion und das Zionsheiligtum. Der Zion *ist* das Ziel der Landverheißung an die Väter und das Ziel des Exodus. Deshalb kann P^g auch nicht von einem Aufbruch weg vom Sinai = Zion erzählen.

Für diese Position führt Pola u. a. folgende Gründe an:

(1) Die traditionell der P^g in Lev–Num zugewiesenen Texte sind als P^g-Texte fraglich (s. o.).

(2) Zwischen der Schöpfungsgeschichte von P^g und der oben rekonstruierten Sinaierzählung gibt es auffallende Bezüge (z. B. Gen 2,3/Ex 40,34); sie entsprechen sich gewissermaßen als Anfang und als Ende von P^g.

(3) Als Endpunkt der Offenbarungs- und Heilsgeschichte wird der Zion vor allem in Ez 20 reflektiert; dieses ezechielische Geschichtskonzept steht im Hintergrund von P^g.

Die Bezüge zwischen der Schöpfungserzählung und dem Bau des Heiligtums sind unbestritten bedeutsam für das Verständnis der P^g (s. u.), doch bleibt das Heiligtum ohne Kult ebenso fraglich wie der Exodus ohne Land (vgl. Gen 17,8; Ex 6,8 und Ez 20,28). Letzteres gilt auch dann, wenn alternativ der bei Pola problematisch verkürzte priestergrundschriftliche Textbestand in der Sinaiperikope erweitert wird und u. a. Ex 40,34 (*R. G. Kratz*) hinzugenommen wird.

2.26 Das Ende von P^g in Ex 29,46 (E. Otto 1997)

Die bislang rigoroseste Reduktion der P^g hat *E. Otto* 1997 vorgelegt und seinen Vorschlag inzwischen ausgebaut. Auch *Otto* zweifelt wie *Pola* und *Zenger* an der Nachweisbarkeit von P^g-Texten in Num und Dtn und ist wie diese der Meinung: »Daß das Ende von P^g als Quelle in der Sinaiperikope zu suchen ist, sollte eine für die weitere Forschung wichtige Einsicht sein« (Forschungen 96). Den Abschlusstext von P^g sieht Otto in der zentralen Verheißung der Gottesgegenwart im Heiligtum bzw. im Kult Ex 29,42–46, die in der Tat unübersehbar zahlreiche Linien der vorangehenden P^g-Erzählung bündelt. Ausgehend von Ex 29,42–46 weist Otto im Bereich von Ex 25–29, abweichend vom Mehrheitskonsens der Forschung, einen großen Textanteil der P^g zu, wodurch er (anders als Pola) einen »wirklichen« Textzusammenhang erzählt. Von dieser Abgrenzung her (deren Hauptproblem gewiss darin besteht, dass die in Ex 25–29 von JHWH gegebenen Aufträge keinerlei Ausführungen erfahren und dass sich die in Ex 29,42–46 gegebene Verheißung nicht erfüllt) bestimmt Otto die Funktion dieser kurzen *exilischen* P^g als »Legitimation der Aufgabe der aaronidischen Priester in einer an den Sinai zurückprojizierten Heiligtums-→ätiologie« (Forschungen 35).

2.27 Das Ende der P^g in Jos 18,1; 19,51 (N. Lohfink 1978)

Dass P^g erst in Versen des Buches Josua seinen Abschluss fand, vertreten u. a. *N. Lohfink, J. Blenkinsopp* und *E. A. Knauf.* Als Verse im P-Stil, die, über das Josuabuch verstreut, aus dem Endstück von P^g stammen könnten, werden Jos 4,19; 5,10–12; 14,1f; 18,1; 19,51 genannt. Lohfink führt dafür zwei untereinander zusammenhängende Gründe an:

(1) Der Schöpfungssegen in Gen 1,28 sei ein programmatischer Vorentwurf der P^g und ziele auf Jos 18,1; 19,51.

(2) Die Heiligtumstheologie der P^g komme erst in Jos 18,1; 19,51 zu ihrem intendierten Abschluss.

Nach *N. Lohfink* werden die beiden Themen Heiligtum (»Offenbarungszelt/Begegnungszelt«) und Land, denen in der P^g eine zentrale Rolle zukommt, überhaupt erst in Jos 18,1 an ihr Ende gebracht: »Einerseits wird das heilige Zelt im Lande an einem festen Ort aufgeschlagen, in Schilo. Andererseits wird festgestellt, dass das Land von den Israeliten in Besitz genommen wird. Dafür wird aber nun nicht das Verb *jrš* verwendet, sondern das seltenere *kbš*. Dieses stand als eine Art Programmwort unmittelbar nach der Schöpfung der Menschen in Gen 1,28: ›Seid fruchtbar, vermehrt euch, erfüllt die Erde und nehmt sie in Besitz (*w^ekibšuha*)!‹ In Jos 18,1 lesen wir nun, nachdem das Wort in der gesamten P^g zwischendurch niemals gebraucht wurde *w^ehā'āræṣ* *nikb*^{e}*šah lipnêhæm*, ›und das Land war in Besitz gegeben vor ihnen‹. Alle anderen Aussagen von Gen 1,28 waren im Gang der Erzählung aufgegriffen und erfüllt oder weitergeführt worden. Jede Erfüllung war auch durch Erfüllungsnotiz konstatiert worden. Nur die Besitzergreifung der Erde stand noch erzählerisch aus. Hier wird sie zwar nicht für die ganze Menschheit konstatiert, doch für das Volk Israel, auf das sich die Erzählung in ihrer zweiten Hälfte ja eingeschränkt hatte. Am Beispiel Israel zeigt sich auch die Wahrheit dieses Elements des Gotteswortes bei der Schöpfung. Hier ist nun der letzte am Anfang ausgezogene Bogen an sein Ende gekommen. Allein diese Wahrnehmungen genügen, in Jos 18,1 noch mit der Hand von P^g zu rechnen« (*N. Lohfink*, Die Schichten des Pentateuch und der Krieg, in: ders. [Hg.], Gewalt und Gewaltlosigkeit im Alten Testament [QD 96] Freiburg 1983, 51–110, bes. 81f); Jos 19,51 sei dann eine sehr passende Abschlussnotiz.

Beide Begründungen sind freilich nicht unproblematisch:

(1) Gen 1,28 kann kaum als »Kurzfassung« von P^g gelten, weil hier wichtige Theologumena von P^g (Thema Gottesnähe: »Ich will euch zum Gott werden« Gen 17,7; Ex 6,7; 29,45; Schlüsselwörter *b*^{e}*rīt* »Bund« und *kābōd* »Herrlichkeit«) nicht angesprochen werden. Die Bestimmung der Funktion von Gen 1,28 im Entwurf der P^g hängt davon ab, wie der Aufbau der P^g gesehen wird. Geht man von der Annahme aus, dass P^g aus den beiden Teilen »Welt-Menschen-Kreis« (Gen *1,1–11,26) und »Israel-Kreis« (Gen 11,27–Lev 9,24 bzw. Dtn 34,9 [?]) besteht, ist Gen 1,28 zunächst nur Programmwort für Gen *1–11 (Entstehung der Völker = »Mehrung«; Verteilung der Völker über die ganze Erde = »Inbesitznahme der Erde«). In Gen 17 wird dann Gen 1,28 erneut programmatisch aufgenommen, aber mit neuen israelspezifischen Themen erweitert (*b*^{e}*rīt* »Bund«, Gottesnähe: »Ich will ihnen Gott werden/sein«; »ich werde ihnen das Land geben«). Die Erfüllung dieses in Gen 17 verheißenen »Programms« wird dann durch Wiederholung von Elementen aus Gen 17 im weiteren Verlauf der P^g konstatiert; lediglich das Thema »Landgabe« bleibt offen (dazu s. u.).

Die folgende Tabelle lässt diese Struktur gut erkennen und zeigt zugleich die Problematik der Argumentation von *N. Lohfink*:

	fruchtbar sein	wimmeln	zahlreich sein	sehr, gar sehr	die Erde füllen	die Erde in Besitz nehmen	herrschen, König sein	Bund	Gottesnähe	Land
Gen 1,28	V		V		V	V	V			
Gen 9,1–7	V	V	V		V					
Gen 9,8–15								V/E		
Gen 17	V		V	V			V	V	V	V
Gen 28,3	V		V							
Gen 35,11	V		V				V			V
Gen 47,27	E		E	E						
Gen 48,4	V		V							V
Ex 1,7	E	E	E	E	(E)					
Ex 6,2–8								E	V	V
Ex 29,43–45									V	
Ex 40,17.34									E	
Lev 9,23f									E	

Legende: V = Verheißung, Imperativ E = Erfüllung

(2) Jos 18,1 zeigt nicht die für P^g spezifische Heiligtumstheologie. Zwar steht dort die für P charakteristische Bezeichnung »Offenbarungszelt/Zelt der Begegnung«, aber es fehlt das so wichtige Element vom Erscheinen der Herrlichkeit JHWHs; gerade dieses Element wäre aber zu erwarten, wenn Jos 18,1 »programmatischer« Abschluss der P^g sein sollte (vgl. demgegenüber Lev 9,23f).

So wird man mit *R. Albertz* festhalten, dass »alle priesterlichen Texte des Buches Josua eine klare sachliche und literarische Abhängigkeit vom Pentateuch« (Anpassung 214) zeigen und nicht Teil der P^g waren. Für die Pentateuchentstehung hingegen sind diese Texte aber von besonderer Relevanz, weil sie den starken Einfluss auf priesterliche Traditionen jenseits des Pentateuch im Hexateuch unterstreichen. Ob man sie deshalb mit Albertz als »eine Anpassung des Josuabuches an die Bücher der Tora ..., die inzwischen kanonisch geworden waren« (Anpassung 214), interpretieren kann oder sie nicht eher Kennzeichen von nach-priestergrundschriftlichen und nachdtr Hexateuchbearbeitungen (*R. Achenbach, C. Frevel*) sind, wird die Diskussion zeigen müssen.

2.28 Das Ende von P^g in Dtn 32,48–50.52; 34,1*.5*.7a.8 (C. Frevel 1998)

In kritischer Auseinandersetzung mit den oben skizzierten Positionen von *L. Perlitt, E. Zenger, M. Köckert, T. Pola, E. Otto* und *N. Lohfink* hat *C. Frevel* in seiner 1998 vorgelegten Bonner Habilitationsschrift »Mit Blick auf das Land die Schöpfung erinnern« (erschienen 2000) die These verteidigt, dass in der Kompositionsstruktur der P^g das Thema des verheißenen Landes so zentral ist, dass P^g auf keinen Fall am Sinai enden kann. Frevel sieht den Tod Moses und Aarons außerhalb des Verheißungslandes in Num 13* P^g implizit angekündigt, so dass eine erzählerische Realisierung unbedingt erforderlich ist. Diese liegt nach Frevel für Aaron in Num 20,23a*.24aα.25–29 und für Mose in Dtn 1,3a; 32,48–50.52; 34,1*.5*.7a.8 vor. Gegenüber der traditionellen Auffassung gehört nach Meinung von Frevel Dtn 34,9 nicht mehr zu P^g, da die Nachfolge in der Person Josuas einerseits sprachlich und konzeptionell an Num 27 (P^s) anknüpft und vor allem in das Josuabuch hinüberweist (»Hexateuch«, dazu s. o. C.I.1.), andererseits der »priestergrundschriftliche« Mose als durch die Offenbarung qualifizierte Gründungs- und Mittlerfigur einmalig ist und somit keinen Nachfolger haben kann. Der Vergleich mit der Sterbeszene Abrahams (Gen 25,7) und Aarons (Num 20,29) zeigt für Frevel, dass der mit dem *Ende* der Trauer um Mose hoffnungsvoll offene Schluss in Dtn 34,8 priesterschriftlicher Sprach- und Erzähltechnik entspricht.

Die Diskussion um das Ende von P^g zeigt die gewachsene Bedeutung des Textbereiches, der von der Wanderung Israels erzählt. Da dort ebenfalls nicht-priesterliche und priesterliche Texte zu finden sind, wird die Frage aufgeworfen, wie sich die Literargeschichte der Exodus-Sinaierzählung zu der des Numeribuches verhält. *T. Römer* versteht das Numeribuch als »Brückenbuch« zwischen der bis Lev 16 reichenden Sinaierzählung und dem Deuteronomium. *C. Frevel* hält demgegenüber an der Nähe der priesterlichen Kundschaftererzählung (Num *13–14), der 250-Männer-Erzählung (Num *16–17) und der Grunderzählung von Num 20 zur Priestergrundschrift fest.

2.3 Theologie- und zeitgeschichtlicher Kontext

2.31 Das Problem einer vorexilischen Herkunft

Dass einige der in P^g *vorausgesetzten* Vorstellungen und Rituale und insbesondere die in P^s *aufgenommenen* und kommentierten Rituale zum Teil auf *vorexilische* Überlieferungen bzw. kultische Praxis zurückgehen, ist sehr wahrscheinlich. Zu dieser Perspektive hat vor allem die jüdische Bibelwissenschaft (*M. Haran, A. Hurvitz, Y. Kaufmann, I. Knohl, J. Milgrom*) bedeutsame Forschungen vorgelegt (vgl. den Forschungsbericht bei *T. M. Krapf*, Priesterschrift). Allerdings gibt es einen nicht geringen Teil an priesterlichen Texten, die erst in nachexilischer Zeit in der Kultgeschichte des Zweiten Tempels ihren Ort finden. Dass die hier zur Debatte stehende »Priestergrundschrift«, mit der das Wachstum des Komplexes priesterlicher Literatur erstmals konzeptionell greifbar wird, vorexilisch sein *kann*, ist wenig wahrscheinlich.

2.32 Die These von der frühnachexilischen Entstehung um 520 v. Chr. in Babylon

Angesichts der bereits von *J. Wellhausen* begründeten Erkenntnis, dass P später sein muss als das Programm der joschijanischen Kultzentralisation, und in Anbetracht des eindeutig monotheistischen Gottesbildes der P^g kommt frühestens eine exilische Datierung in Frage. Die sprachliche Nähe zur deuteronomistischen Theologie (Bundestheologie), zu Ezechiel (Konzept der »Herrlichkeit JHWHs« in Verbindung mit dem Heiligtum) und zu Deutero-Jesaja (Verbindung von Schöpfungstheologie und Heilsgeschichte, Schöpfungsbegriff *bārā'* »schaffen«) spricht freilich eher für *spätexilische/frühnachexilische Zeit.* Versteht man das starke Interesse von P^g am Heiligtum nicht als → Ätiologie der nachexilischen Kultgemeinde mit dem 515 v. Chr. wiedererrichteten Jerusalemer Tempel als Zentrum (s. u.), sondern als kritisch-utopischen Beitrag zur Diskussion um den noch nicht vollendeten Tempelbau, legt sich eine Datierung um 520 v. Chr. nahe (vgl. auch die Verwandtschaft von P^g und Hag; s. u. F.VIII.10.). Als Entstehungsort und -milieu sind Priesterkreise im Exil bzw. frühnachexilisch anzunehmen, die mit P^g eine Grundlagenreflexion in der Gottes- und Geschichtskrise des Exils durchführen, wobei sie sich bei ihrer schöpfungstheologischen Grundlegung in Gen *1–11 zugleich kritisch mit den babylonischen Schöpfungs- und Sintflutmythen auseinander setzen (Aufnahme und Umdeutung). Zugleich bieten sie mit ihrem Konzept vom »Zeltheiligtum«, das vom Volk unter Inspiration des Gottesgeistes als Heiligtum für *alle* errichtet wird, einen Gegenentwurf zur staatsbezogenen Tempeltheologie der Königszeit. Ihr Heiligtum liegt außerhalb der konkreten Orte, in denen in nachexilischer Zeit JHWH-Tempel existierten (Samaria, Jerusalem, Elephantine, Makeda, Leontopolis), worin sich der utopische Grundzug der P^g zeigt.

2.33 Die These von der Entstehung im 5. Jh. v. Chr. in Jerusalem

Autoren, die in P^g keinerlei utopisch-eschatologische Perspektiven sehen, sondern die P^g als antieschatologische Bekräftigung der vom Schöpfergott ein für allemal gesetzten und in der Geschichte Israels zum Durchbruch gekommenen Heilsordnungen betrachten, kommen dadurch zu einer jüngeren Datierung von P^g. *L. Schmidt* z. B. fasst seine Argumente für eine Entstehung der Priesterschrift »erst in frühnachexilischer Zeit« so zusammen: »In seiner Sinaiperikope schreibt P eine → Ätiologie Israels als Kultgemeinde. Sie hat ihr Zentrum in dem Zelt der Begegnung. Zu dieser Kultgemeinde ist Israel bereits am Sinai geworden. Das spricht dafür, daß P hier kein Programm für die Zukunft entwirft, sondern Bestehendes begründet. Auch in ihrer Schöpfungsgeschichte (Gen 1,1–2,4a) und in dem Bericht von der Stiftung der *beʿrīt* [Bund] Gottes mit Noah (Gen 9,1–17) stellt die Priesterschrift dar, wie es zu den Ordnungen gekommen ist, die zur Zeit des Verfassers bestehen. Es ist also für die Priesterschrift charakteristisch, daß in ihr berichtet wird, wie die Ordnungen, die jetzt existieren, entstanden sind. Dann setzt P aber in seiner Sinaiperikope den Zweiten Tempel voraus. So wie einst Israel am Sinai zu einer Kultgemeinde wurde, die im Zelt der Begegnung ihr Zentrum hatte, ist Israel jetzt eine Kultgemeinde, deren Mitte der Zweite Tempel ist. Auch die Bedeutung, die bei P dem Sabbat zukommt, spricht ... dagegen, daß die Priesterschrift noch in der Exilszeit entstanden ist. Damals wurde zwar der Sabbat für die Israeliten zu einem Bekenntniszeichen. Er erhält jedoch bei P eine einzigartige Würde, weil er hier in der Schöpfungsgeschichte verankert wird (Gen 2,1–3). Das setzt doch wohl eine längere Entwicklung voraus, die schwerlich noch in der Exilszeit abgeschlossen war« (Studien zur Priesterschrift 259). Auch die am Schluss der Priesterschrift festgeschriebene Ämterteilung in der doppelten Spitze Josua (Nachfolger des Mose) und Eleasar (Nachfolger des Aaron) sei am ehesten aus der Abhängigkeit der P^g von der Ankündigung Sacharjas zu erklären, der für die kommende Heilszeit die beiden Ämter eines messianischen Herrschers *und* eines Hohenpriesters vorsah (vgl. Sach 4). Später als in die erste Hälfte des 5. Jh.s v. Chr. dürfe man P^g freilich nicht ansetzen, da sie noch *vor* der Einarbeitung in den dann fertigen Pentateuch durch P^s erweitert worden sei.

2.4 Theologie

2.41 Die Gesamtanlage als theologisches Programm

Von den in der Forschung erarbeiteten unterschiedlichen Bauplänen von P^g (z. B. *N. Lohfink*: Gliederung in 10 ungleich große Teile durch die Toledot-Formeln; *J. Wellhausen, W. H. Schmidt*: Gliederung in die vier Perioden »Schöpfung«, »Flut«, »Zeit Abrahams«, »Mosezeit«; *P. Weimar*: Gliederung in die zwei Teile Gen 1,1–Ex 1,7; Ex 1,13–Dtn 34,9) erscheint die besonders von *O. H. Steck* vorgeschlagene *Zweiteilung »Welt/Menschen-Kreis«* (Urgeschichte der Völkerwelt) und *»Israel-Kreis«* (Urgeschichte Israels) am plausibelsten. Das Aufbauschema von P^g lässt sich demnach vereinfacht so darstellen:

Komposition	**Gottesbezeichnung**	**Theologische Schlüsselwörter**
Schöpfung (1. Akt)	Elohim (Gott)	Elohim *segnet* die Menschen und übergibt ihnen die Erde
Flut Schöpfung (2. Akt)	Elohim (Gott)	Elohim *segnet* die Menschen und errichtet/gibt seinen *Bund* (*b^{e}rīt*) und übergibt ihnen die Erde
Abraham	Elohim als El-Schaddai (der Allmächtige)	El Schaddai gibt/errichtet seinen *Bund* (*b^{e}rīt*) und *segnet* Abraham und dessen Samen (Gen 17,7–8: Inhalt der *b^{e}rīt*: Verheißung der Gottesgegenwart und der Landgabe)
Jakob	Elohim als El-Schaddai (der Allmächtige)	El Schaddai *segnet* Jakob und dessen Samen (Gen 35,12: Erneuerung der Landverheißung)
Exodus	JHWH	JHWH gedenkt seines *Bundes* und schafft sich *Herrlichkeit* (*kābōd*) vor den Göttern Ägyptens (Ex 6,2–8: Wiederholung der *b^{e}rīt*-Verheißung von Gen 17,7–8 und Bekräftigung der Landverheißung)
Sinai	JHWH	JHWHs schöpferische *Herrlichkeit* (*kābōd*) erscheint und lässt sich nieder inmitten seines ganzen Volkes (Ex 29,43–46; 40,34f; Lev 9,23f: Erfüllung der Gottesgegenwart, zugleich als Bekräftigung der den Vätern gegebenen Landverheißung)

Zieht man die P^g bis zum Tod des Mose (Dtn 34*, s. o.) aus, muss diese Kompositionsstruktur folgendermaßen weitergeführt werden (vgl. *E. Zenger*, Gottes Bogen 141):

Unterwegs zum verheißenen Land	JHWH	JHWHs richtende und die Landverheißung erneuernde *Herrlichkeit* (*kābōd*) führt Israel an die Schwelle des Landes (Num 13,2: Bekräftigung der Landgabeverheißung durch JHWH) (Dtn 32,49: Bekräftigung der Landgabeverheißung gegenüber dem sterbenden Mose, der das Land zeichenhaft »mit den Augen« betreten darf)

Die beiden Teile stehen nicht unverbunden nebeneinander, sondern die »Urgeschichte Israels« gründet in der »Urgeschichte der Welt«, was dadurch angezeigt wird, dass beide Teile vielfältig miteinander verwoben sind (vgl. vor allem die Aufnahme des Gen 1,28; 9,1–7 ausgesprochenen »Schöpfungssegens« in der dem Abraham in Gen 17 gegebenen Bundesstiftung, die einerseits eine Explikation des Noachbundes Gen 9,8–15 ist [s. o. die Tabelle 2.27; vgl. ebenso das 6/7-Tagesschema von Gen 2,1–3 in der Sinaigeschichte, s. u. die Skizze 2.44] und andererseits mit den beiden in Gen 17,7–8 entworfenen Perspektiven der besonderen Gottesnähe *und* der Landgabe der Geschichte Israels eine bleibende Verheißungsdramatik gibt). Je weiter man die P^g über den Sinai hinausreichen lässt, desto stärker entfaltet sich die Landverheißung neben dem Geschenk der Gottesgegenwart als Schwerpunkt.

2.42 Der Aufbau der Urgeschichte der Welt Gen 1,1–11,26

Schöpfung (*1,1–2,4)
Erstellung der Erde als Lebenshaus und
Übergabe an die geschaffenen Wesen

»Gott schuf Menschen als ...«

Genealogie (*5,1–31) *»Gott schuf Menschen als ...«*
Von Adam bis zu Sems Geburt
(lebte – zeugte – lebte – zeugte – starb)

»Und Noach zeugte Sem, Ham und Jafet«

Flut (*6,9–9,29) *»Und Noach zeugte Sem, Ham und Jafet«*
Wiederherstellung der Erde als Lebenshaus
und Übergabe an die geretteten Lebewesen

»... nach der Flut«

Völkertafel (*10,1–32) *»... nach der Flut«*
Inbesitznahme der Erde durch die Völker

»... nach der Flut«

Genealogie (*11,10–26) *»... nach der Flut«*
Von Sem bis zu Abrahams Geburt
(lebte – zeugte – lebte – zeugte)

Die Erzählungen über die Schöpfung und über die Flut sind die beiden theologischen Kontrapunkte: Gen 1 zeichnet die Welt, wie sie von Gott her konzipiert ist; Gen 6–9 beschreibt, wie die Welt faktisch ist, nämlich vom Chaos bedroht – und gleichwohl vom Schöpfergott vor dem Versinken ins totale Chaos bewahrt, weil er der Schöpfung seinen Lebensbund geschenkt hat (der Bogen als Bundeszeichen für Gott und alles Lebendige). Gen 1,1–2,4a ist die Utopie des Schöpfergottes angesichts der Realität, die in Gen *6–9 durchschlägt. Gen 1,1–2,4a erzählt den Ursprung/den Anfang der Welt als ihr eigentliches Ziel. Als Instrument zur Verwirklichung dieses Ziels hat der Schöpfergott Israel erwählt, mit dessen »Stammvater« Abraham er in Gen 17 den Noachbund erneuert und zugleich seine besondere Nähe verheißt, die sich dann beim Bau des Zeltheiligtums am Sinai ereignet, nicht als Ende der Geschichte, sondern als Beginn seiner Gegenwart in der Welt, die diese *ganz* durchdringen und verwandeln will – hin auf jenes Ziel, das in Gen 1,1–2,4a entworfen ist.

Die beiden Genealogien Gen *5,1–32 und Gen *11,10–26 illustrieren den Mehrungssegen des Schöpfergottes, unter den er in Gen 1,28; 9,1 die Schöpfung gestellt hat. Die Völkertafel Gen *10,1–32 illustriert die im Schöpfersegen Gen 9,1 anvisierte Inbesitznahme der ganzen Erde. Schon hier lenkt P^g den Leser auf Israel hin, dem ihr Interesse gilt. Das geht aus dem Aufbau von Gen 10 hervor: Der Stammbaum Sems steht an letzter Stelle, obwohl Sem der älteste Sohn Noachs ist. Auf Sems Nachkommenschaft läuft die Urgeschichte der Völkerwelt hin, wie die Genealogie *11,10–26 zeigt, die mit der Geburt Abrahams schließt. Abraham ist so vom Zusammenhang her ein Nachkomme Noachs, der noch in der Ur-Zeit geboren ist. Auch die chronologischen Angaben in Gen *11,10–26 stellen die Geburt Abrahams in den Horizont der Urgeschichte, denn alle Väter ab Noach, im Ganzen 10 (!) Generationen, konnten zugegen sein, als Abraham das Licht der Welt erblickte. Somit kann die auf Abraham hinlaufende Urgeschichte Gen *1,1–11,26 mit Recht auch als Urgeschichte Israels gelesen werden.

2.43 Die Ur-Geschichte der Welt als Voraussetzung der Geschichte Israels

Angesichts des leidvollen Zerbrechens der jahrhundertelang tragenden Ordnungen Israels, die noch die deuteronomische Bundes-Theologie sowohl auf JHWHs als auch auf Israels Tun aufruhen ließ, sucht P^g nach Fundamenten, die durch die Katastrophe von 586 v. Chr. nicht zerstört werden konnten. P^g findet dieses Fundament in der dezidiert vorstaatlichen Gründungsgeschichte des JHWH-Volks. Auf dieses Fundament möchte P^g die Zukunft des JHWH-Volks als einer nachstaatlichen Gesellschaft unter außenpolitischer und militärischer Fremdherrschaft bauen. Um die vorstaatliche Ursprungsgeschichte Israels als (quasi-mythische) Daseinslegitimation des realpolitisch bedeutungslos gewordenen JHWH-Volks herauszuarbeiten, vollzieht P^g eine gewaltige Reduktion der Geschichte. Literarisch führt dies zu der beschriebenen zweiteiligen Makrostruktur (Welt/Menschen-Kreis und Israel-Kreis). Theologisch bewirkt es zunächst die Anbindung der *gesamten* Geschichte Israels an die dem *Abraham* gegebene Bundeszusage (»Gnadenbund«) des Schöpfergottes, er wolle Abrahams und seines Samens Gott werden und ihnen »das Land der Fremdlingschaft, das ganze Land Kanaan, zu ewigem Besitz geben« (Gen 17,7f). Den ersten Teil dieser Zusage löst der Schöpfergott am *Sinai* ein: seine »Herrlichkeit« lässt sich nieder inmitten seines im Exodus geschaffenen Volkes. Und diese »Erfüllung« bedeutet zugleich die Bekräftigung der noch unerfüllten Verheißung des Landes. Dass die Zusage der Gottesgegenwart und des Landes, die für Israel Rettung aus dem Tod (Ex *1–14), Gabe des Lebens (Ex 16*), soziale Gemeinschaft (Ex *19–40) und kultische Gemeinschaft mit Gott (Lev 9*) bedeutet, durch die Sünde Israels nicht hinfällig wird, ist der offene Schluss, mit dem P^g ihre zweifelnden Zeitgenossen zum Aufbruch in das Land des Lebens (vgl. Gen 17,8; Ex 6,4.8) aufrufen will. Um Israels Geschichte als spannungsreichen und gefährdeten, aber gleichwohl ein für allemal gebahnten Weg zum Leben einzuprägen, verzichtet P^g darauf, die Helden und Anti-Helden ihrer Geschichtsdarstellung als plastische Akteure in unverwechselbaren Szenerien auftreten zu lassen. Stattdessen reduziert sie die Akteure zu theologischen Sinnträgern, an denen die elementaren Strukturen menschlichen Lebens offenbar werden sollen. Das der P^g bisweilen vorgeworfene Erstarren der Sprache und der Erzählung ist die Konsequenz der Entscheidung, die Anfangsgeschichte Israels als eine präfigurative und normative Setzung zu beschreiben, auf die das verwirrte Israel des 6. Jh.s v. Chr. bauen kann.

Während in der deuteronomischen Theologie Mose als menschlicher Hauptakteur und als entscheidender Sinnträger der Gründungsgeschichte Israels gezeichnet wurde, rückt P^g Abraham in jene Anfangsposition, die diesem die vor-priesterschriftliche Geschichtstheologie gegeben hatte (s. u. C.VI.3.). Doch P^g gibt dem Abraham als dem Vater Israels, ja als dem Ursprung von Völkern und Königen (Gen 17,6), ein gegenüber der vor-priesterschriftlichen Theologie verändertes Fundament. Ist für diese Abraham als »Mann des Segens« eine Gegengestalt zu dem in der Urgeschichte vielfältig aufgebrochenen Fluch, so ist in der Sicht von P^g der dem Abraham zugesprochene Segen eine Explikation des Segens, der bereits allen Menschen bei der Erschaffung (Gen 1,28) und dem Noach nach der Rettung aus dem tödlichen Chaos (Gen *9,1–7) gegeben wurde. Die Gründungsfigur Abraham gründet ihrerseits in (Adam und) Noach. Abraham ist nicht eine Gegenfigur zur Urgeschichte, sondern ihre Entfaltung.

Die unzerstörbare Lebensgeschichte Israels gründet also in der Urgeschichte der Schöpfung: Weil der Schöpfergott als guter König seiner Erde diese nicht sich selbst und ihrem Untergang überlassen will, kann Israel auf die dem Abraham gegebene und am Sinai Wirklichkeit gewordene Verheißung setzen. Israels Geschichte ist ein konstitutiver Teil der »Lebensgeschichte von Himmel und Erde« – und deshalb nicht auf Tod, sondern auf Leben hin angelegt. Diese »Lebensgeschichte von Himmel und Erde« (vgl. Gen 1,1) ist gewiss ein dramatischer, vom Chaos bedrohter Prozess, wie die Urgeschichte in Aufnahme und kosmischer Ausweitung der Fluttradition einschärft. Aber in diesen dramatischen Prozess hinein, in dessen Strudel Israel im 6. Jh. massiv gestoßen wurde, hat der Schöpfergott »seinen Bogen« gesetzt. Als »Leuchtfeuer« seiner Königsherrschaft steht der Bogen der »Herrlichkeit« JHWHs über der Geschichte Israels. Angesichts der schöpfungswidrigen Bedrohung des Lebens durch die Lebewesen selbst verkündet der Gottesbogen inmitten der Gewitterwolken das entschiedene Ja des Schöpfergottes zum Leben. So ist der Gottesbogen Metapher für die theologische Wahrheit: Gott will und wirkt das Heil der Schöpfung – und sei es durch Gericht.

Der erste Satz (Gen 1,1), mit dem P^g ihr Werk wie mit einem Motto beginnt, formuliert demnach bündig das Fundament, auf welches das nachstaatliche Israel seine Hoffnung setzen kann: Wer in der Schöpfermacht des lebendigen Gottes gründet, braucht ob der scheinbaren Übermacht der Geschöpfe nicht zu resignieren; der den Anfang des Lebens gesetzt hat, gibt dieses Leben nicht aus seiner Hand.

2.44 Die utopische Perspektive der Sinaigeschichte *Ex 16,1–Lev 9,24

Die Sinaigeschichte der (vielleicht schon um erste Teile der P^s erweiterten) P^g erzählt in drei Etappen (vgl. die Graphik unten) die Erfüllung der in Gen 17,7 gegebenen Zusage, JHWH wolle Gott Israels werden – und zwar als Erscheinen der »Herrlichkeit JHWHs« (*kābōd JHWH*) inmitten des im Exodus »geschaffenen« Gottesvolks Israel. Im Zentrum der Sinaigeschichte steht das Erscheinen der Herrlichkeit JHWHs als Erfüllung der von JHWH feierlich dem Mose gegebenen Zusage: »Dort (d. h. im Heiligtum) werde ich den Israeliten begegnen, und es wird geheiligt werden durch meine Herrlichkeit. Und ich werde das Begegnungszelt und den Altar heiligen. Und ich werde inmitten der Israeliten wohnen und ich werde ihnen Gott sein. Und sie werden erkennen, dass ich JHWH ihr Gott bin, der sie aus dem Land Ägypten herausgeführt hat, um in ihrer Mitte zu wohnen. Ich bin JHWH ihr Gott« (Ex *29,43–46). Diese Rede ergeht an Mose am 7. Tage, seit Israel am Sinai angekommen ist, wie in Ex *24,15b–18 erläutert wird: »Und die Wolke bedeckte den Berg, und die Herrlichkeit JHWHs ließ sich nieder auf dem Berg Sinai, und die Wolke bedeckte ihn sechs Tage lang, und er rief Mose am siebten Tag mitten aus der Wolke, während die Erscheinung der Herrlichkeit JHWHs wie verzehrendes Feuer auf dem Gipfel des Berges vor den Augen der Israeliten war, und Mose ging mitten in die Wolke« – und dann redete JHWH mit ihm, wobei er ihm den Auftrag zum Bau des Begegnungszeltes gab.

Ex *16,1–35: Murren Israels	
Murren der Kinder Israels	
→ Erscheinen der Herrlichkeit	6 Tage – 7. Tag
Ex *19,1–40,35: Offenbarung am Sinai	
→ Erscheinen der Herrlichkeit auf dem Sinai	6 Tage – 7. Tag
Heiligtumsbau: Auftrag + Ausführung	JHWH-Rede am 7. Tag
→ Erscheinen der Herrlichkeit auf dem Heiligtum	1. Tag des Monats
Lev *9,1–24: Jubel Israels	
Erster Opfergottesdienst	8. Tag des Monats
→ Erscheinen der Herrlichkeit und Jubel Israels	

Mit dem 6/7-Tage-Schema schlägt P^g den Bogen von der Sinaigeschichte zur Utopie der Schöpfungsgeschichte Gen 1,1–2,4a zurück, die in der Heiligung des 7. Tages als Tag der Vollendung der Schöpfung kulminierte. Die Bedeutung des 7. Schöpfungstages und damit Sinn und Ziel der Weltschöpfung überhaupt werden erst am Sinai geoffenbart, insofern »erst hier die in der Schöpfung grundgelegte *Hinwendung Gottes zur Welt* zur Entfaltung kommt – und zwar als *Hinwendung JHWHs zu Israel* oder mit den Worten der Priesterschrift: als ›Wohnen‹ (*šākan*) JHWHs inmitten der Israeliten. Erst vom Sinai her wird also erkennbar, was mit Gottes Schöpfungshandeln ›am Anfang‹ intendiert war und d. h.: wozu Gott die Welt erschaffen hat: nämlich dazu, *Gemeinschaft mit dem Menschen/Israel* zu haben ... Am Sinai wird also Israel das schöpfungstheologische

Geheimnis des siebten Tages aufgedeckt, weil in der kultischen Präsenz des im ›Begegnungszelt‹ einwohnenden Sinaigottes (Ex 24,15b–18aα/40,34f) und in der Feier des ersten Opfergottesdienstes (Lev *9,1–24) die Schöpfungsabsicht Gottes, Gemeinschaft mit den Menschen zu haben, für Israel konkret erfahrbare Wirklichkeit wird ... Mit dem ›siebten Tag‹ von Ex 24,16b–18aα wird ein Prozeß eingeleitet, der auf die *Verwandlung der Welt als Raum konkret erfahrbarer Gottesnähe* zielt. An Israel wird damit exemplarisch Wirklichkeit, was für die Welt insgesamt noch aussteht – dies ist die Hoffnung der Priesterschrift für die nachexilische JHWH-Gemeinde« (*B. Janowski*, Gottes Gegenwart 238f.244).

3. Die Erweiterungen von P^g durch P^s

Die als Erzählwerk konzipierte P^g wurde *sukzessiv* narrativ (z. B. Lev 10; Num 16f; Num 27), vor allem aber durch kultisch-legislative und auch ethische Vorschriften angereichert. Eine besondere Rolle kommt dabei dem großen Versöhnungstag in Lev 16 als kultischer Mitte zu. Die zugesagte und im Heiligtum Wirklichkeit gewordene Gottesgegenwart wird hier noch deutlicher auf eine Konzeption hingeführt, die durch Verfehlung und Sünde nicht ins Wanken gebracht werden kann. Aaron betritt einmal im Jahr das Heiligtum und reinigt dieses von allen ungesühnten Verfehlungen, so dass es nicht noch einmal zu einer weltvernichtenden Kumulation der Sünde wie vor der Flut kommen kann. Die flankierenden Opfergesetze in Lev 1–8 und 11–15 bauen den Kult systematisch aus und ermöglichen so ein geordnetes Leben in Gottesgegenwart. Das Heiligtum durchwirkt die gesamte Organisation der Gemeinschaft (Num 1–10) und ordnet es auf die Präsenz und Heiligkeit des Lebendigen Gottes hin.

Je deutlicher die Kultgesetzgebung in den Vordergrund rückt, desto mehr tritt der utopische Charakter von P^g in den Hintergrund. P wurde nun mehr und mehr zur Legitimation der nachexilischen Tempelgemeinde und ihrer Lebensvollzüge, zur Spiegelung ihrer sozialen Organisation und der damit verbundenen Konflikte. Die P^s-Bearbeiter zogen dem Aaron den Ornat der nachexilischen Hohenpriester an, und das kritisch-utopische Zeltheiligtum als Ort der Gottunmittelbarkeit verwandelte sich unter dem literarischen Einfluss priesterlicher Kreise zusehends in den 515 v. Chr. eingeweihten Jerusalemer Tempel mitsamt den immer differenzierter werdenden Opfer- und Reinigungsritualen. Während die ursprüngliche Priesterschrift (wenn überhaupt) lediglich einige der Opfervorschriften in Lev *1–7 enthielt, wurde die Priesterschrift jetzt sukzessive durch die Priesterweihe Lev 8*, die Reinheitstora Lev *11–15 und den großen Versöhnungstag Lev 16* ausgebaut. Immer weitere Rituale und kultbezogene Vorschriften wurden in den Kontext eingepasst. Die Rolle der aaronidischen Priester und der ihnen nachgeordneten Leviten wurde dabei mehr und mehr aufgewertet. Das zeigt sich besonders in dem dichten Bereich Num 16–17, in dem durch das Stabordal (Num 17,16–26) Aaron als von Gott dauerhaft zur Führung des Volkes legitimierter Priester herausgestellt wird (*K. Pyschny*). Die *theokratische* Utopie der P^g wurde nun zu einer *hierokratischen* Verfassung *iuris divini*. Die beinahe basis-demokratische Vorstellung vom priesterlichen Dienst der *ganzen* Gemeinde Israels für die Völkerwelt wurde überlagert von der Trennung zwischen Priesterschaft und Laien (vgl. die Konflikte

Num 16 oder die Zugangsbedingungen zum Heiligtum in Num 1–4). Andererseits ist nicht zu übersehen, dass P^s in immer neuen Anläufen das Programm der *Gottesnähe* zu konkretisieren sucht und dabei in geradezu → halachischer Weise die Dialektik von Sünde und Gnade reflektiert. Theologisch sind daher die Fortschreibungen der P^g nicht als Beschneidung, sondern als Entfaltung der Idee der Gottesgegenwart zu begreifen. Sie gehen nicht im Regelungsbedarf der Kultgemeinde auf, sondern bauen das Konzept unmittelbarer und belebender Heiligkeit immer weiter aus.

Da im Bereich der Bücher Ex, Lev, Num große Textanteile auf P^s zurückgehen, bleibt es eine wichtige Aufgabe künftiger Forschung, diese komplexe Größe P^s bzw. die sog. priesterliche Literatur literarisch, sozialgeschichtlich und theologisch genauer zu erfassen. Erste Ansätze dazu sind durch die stärkere Aufmerksamkeit, die die Literatur des Zweiten Tempels insgesamt in jüngerer Zeit erfährt, gegeben. Für die innerbiblische Verortung der in den priesterlichen Texten erkennbaren Konflikte um die politische Führungsrolle der Priester am Zweiten Tempel ist vor allem das Verhältnis der Fortschreibungen zu den Büchern Ezechiel (F.VI.), Haggai und Sacharja (F.VIII.10.–11.), Maleachi (F.VIII.12.), Esra und Nehemia (D.IX.) sowie der Chronik (D.VIII.) von Bedeutung. Kaum ein Bereich hat jedenfalls in der Tora eine so intensive Nacharbeit erfahren wie die Priesterschrift, deren Konzeption der Gottesnähe prägend für den gesamten Pentateuch geworden ist.

4. Das Heiligkeitsgesetz (Lev 17–26: P^H)

Auf P^s geht letztlich auch das Konzept einer Ethik der Heiligkeit zurück, das insbesondere im sog. *Heiligkeitsgesetz* Lev 17–26 zusammengefasst ist. Die Bezeichnung »Heiligkeitsgesetz«, die erstmalig von *A. Klostermann* 1877 gebraucht wurde, hat ihren Anhaltspunkt in der in Lev 19–22 mehrfach vorkommenden Formel »Ihr sollt heilig sein, denn ich JHWH euer Gott bin heilig« (19,2; 20,7.26; 21,8 bereits 11,44f). Sie wird aufgenommen in der Bezeichnung H, die sowohl für das »Heiligkeitsgesetz« (HC – »Holiness Code«) als auch für die in seinem Geiste arbeitende »Holiness School« HS (*I. Knohl*) bzw. HL »Holiness Legislation« (*B. Schwartz, J. Stackert*) gebraucht wird. Dass Lev 17–26 ein Werk priesterlicher Theologie ist und innerhalb der priesterlichen Literatur eine *relativ* selbständige Größe bildet, ist unbestritten. Kontrovers ist die Frage, ob Lev 17–26 als primär eigenständiges Rechtskorpus entstanden ist und dann sekundär in P eingearbeitet (*J. Wellhausen*, zuletzt *K. Grünwaldt*) oder ob es gezielt aus unterschiedlichen Materialien als Korpus zum Einsatz in seinen jetzigen literarischen Zusammenhang (so *K. Elliger)* bzw. als Supplement zur Priesterschrift geschaffen wurde (*J. Milgrom, I. Knohl, C. Nihan*) oder ob es nie als eigenständige Größe konzipiert, sondern als Teil der priesterlichen Komposition von Anfang an fest mit seinem Kontext verbunden war (*E. Blum, F. Crüsemann, A. Ruwe*). Hinzu treten Thesen, die das Gesetzeskorpus einer nach-priesterschriftlichen Redaktion, etwa der Pentateuchredaktion (*E. Otto, R. Achenbach*), zuweisen. Neben der Datierung und dem Verhältnis zur Priesterschrift ist die Einheitlichkeit des Korpus umstritten. Während *K. Elliger* von vier sukzessiven Phasen der Entstehung ausgeht, sehen andere das Heiligkeitsgesetz als weitestgehend einheitlich an.

Die Verhältnisbestimmung zu den übrigen Rechtskorpora wird in der jüngeren Forschung erneut stark diskutiert. Schon *A. Cholewiński* hatte H als Revision von D verstanden, was *K. Grünwaldt, E. Otto, C. Nihan u. a.* trotz ihrer sehr unterschiedlichen literarhistorischen Ansätze ebenfalls annehmen. Während *K. Grünwaldt* davon ausgeht, dass H als unabhängiges Gesetz konzipiert ist, binden es *E. Otto, C. Nihan* und *J. Stackert* in je unterschiedlicher Weise als innerbiblische Exegese von Bundesbuch, Deuteronomium, Dekalog und Priesterschrift in eine Rechtshermeneutik des Pentateuch ein. Die Verbindung dieser »Fortschreibung« mit anderen redaktionellen Texten im Pentateuch – vor allem im Numeribuch – ist jedoch wie ihre Zuweisung (eigene Redaktionsschicht *C. Nihan*; Pentateuchredaktion *E. Otto*) umstritten. H korrigiert das ältere Recht (z. B. in der Frage der kultischen Schlachtung Dtn 12/Lev 17), ist jedoch nicht als »super law« und Ersetzung der vorausgehenden Gesetzeskorpora konzipiert, wie jüngst *J. Stackert* vorgeschlagen hat. Die Beeinflussung des Deuteronomiums durch H sehen hingegen *J. Milgrom* und *I. Knohl*, was gleichzeitig mit einer vordeuteronomischen Frühdatierung des Korpus verbunden ist. Diese wird in der *Graf-Kuenen-Wellhausen* verpflichteten Forschung jedoch überwiegend abgelehnt. Die These macht jedoch darauf aufmerksam, dass das Verhältnis von »H« und »D« kaum »pauschal« und geradlinig zu bestimmen sein wird. *G. Braulik* sieht eine Beeinflussung später dtr Schichten des Deuteronomiums durch das Heiligkeitsgesetz, das zuvor ältere Schichten des Deuteronomiums rezipiert hat (s. C.IV.2.44).

Als weitgehenden Konsens wird man festhalten können: H ist das späteste Gesetzeskorpus, das weder unabhängig von der Priesterschrift (P^g und Teile von P^s) noch von großen Teilen des deuteronomischen Gesetzes entstanden ist.

Für die Entstehung von Lev 17–26 als ehemals eigenständiges Gesetzeskorpus könnten die zum Bundesbuch Ex 20,22–23,33 und zum Deuteronomischen Gesetzeskorpus Dtn 12–28 analoge Makrostruktur (s. S. 79) sprechen sowie die zahlreichen sprachlichen und theologischen Differenzen zu P^g (z. B. Unterschiede in den Pesach-Ordnungen in Ex 12 und Lev 23; in der Auffassung über das Land als Eigentum Israels bzw. JHWHs, über den Exodus als Befreiung von Sklaverei bzw. als Versklavung unter der Herrschaft JHWHs). Gegen die Annahme eines ursprünglich selbstständigen Gesetzeskorpus sprechen das Fehlen eines der Konzeption entsprechenden Anfangs (*E. Otto*), die kompositionell enge Beziehung von Lev 16 zu 17 (*E. Zenger/C. Frevel*) sowie die vielfach erkennbaren Beziehungen zu Lev 1–16 (*C. Nihan*).

Das Verhältnis des Heiligkeitsgesetzes zum Deuteronomischen Gesetz wird meist so bestimmt, dass die Redaktion von Lev 17–26 das Heiligkeitsgesetz als kritische Exegese des (älteren) Dtn konzipiert habe (s. o.). Die Interdependenz zwischen den beiden Gesetzeskorpora wird freilich viel komplexer und als eine mehrfache gegenseitige Beeinflussung zu bestimmen sein – vorausgesetzt, man rechnet mit einer mehrstufigen Wachstumsgeschichte sowohl von Dtn 1–26 (s. o. C.IV.) als auch von Lev 17–26. Es gibt gewichtige Argumente dafür, dass die letzte Redaktion von Dtn 12–26 sich an Lev 17–26 inspiriert hat (*G. Braulik*).

In den das Heiligkeitsgesetz durchziehenden Paränesen wird die spezifisch priesterliche Theologie der Gottesnähe sichtbar: Die Heiligkeit des Gottes JHWH will und muss sich seinem Volk (und durch dieses der Welt insgesamt) einbilden. Daran, dass Israel heilig ist, wird sichtbar, dass und wie JHWH heilig ist. Damit der heilige JHWH sich in Israels gelebter Heiligkeit abbilden kann, hat JHWH Israel aus Ägypten herausgeführt. Ziel des Exodus war nach dem priesterlichen Denken des Heiligkeitsgesetzes (aber auch der sog. Priesterschrift) die Heiligung Israels: Israel kann heilig sein, weil und insofern JHWH in ihm Heiligkeit bewirkt. »Heiligen« meint einen doppelten, komplementären Vorgang. Es meint *einerseits* einen Gegenstand, einen Ort, eine Zeit, ein Tier oder einen Menschen aus seinen normalen, profanen Verwendungs- oder Lebenszusammenhängen herauszunehmen (»auszusondern«), um sie *andererseits* zugleich in die Nähe Gottes zu bringen, um sie freizumachen für die Präsenz Gottes.

Die doppelte, komplementäre Dynamik der Heiligung Israels durch JHWH kommt im Heiligkeitsgesetz sprachlich dadurch zum Ausdruck, dass sich in ihm Verbote (Aspekt der Absonderung von allem Wider-Göttlichen) und Gebote (Aspekt der Gottesnähe) vermischen. Die Ethik des Heiligkeitsgesetzes ist keine bloß negative Ethik (du sollst nicht, du darfst nicht), sondern sie ist eine entschieden positive Ethik, die zur Tat drängt.

Das Grundprinzip der priesterlichen »Heiligkeitsethik« ist das Prinzip der Nachahmung: JHWH ist heilig, deshalb soll Israel als *sein* Volk heilig sein. Doch hält diese Theologie unübersehbar an der Transzendenz des heiligen Gottes fest, dessen Heiligkeit in *keinem* Menschen voll gegenwärtig werden kann. Deshalb lautet die Leitidee dieser Theologie auch nicht: »Seid heilig, *wie* ich heilig bin«, sondern: »Seid heilig, *denn* ich bin heilig.« Israel *kann* heilig sein, weil JHWH als der Heilige Israel Anteil an seiner Heiligkeit gibt:

»Ihr sollt auf meine Gebote achten und sie befolgen:
Ich bin JHWH.
Ihr sollt meinen heiligen Namen nicht entweihen.
Ich will mich inmitten der Kinder Israels als heilig erweisen:
Ich bin JHWH,
der euch heiligt (geheiligt hat),
der euch herausführt (herausgeführt hat) aus dem Land Ägypten,
um für euch Gott zu sein.
Ich bin JHWH« (Lev 22,31–33).

Mit *F. Crüsemann* lässt sich das Proprium des sich im Heiligkeitsgesetz (und in der Priesterschrift) zu Wort meldenden priesterlichen Denkens (im Anschluss an *W. Zimmerli*) folgendermaßen charakterisieren: »›Heiligkeit ist nach alledem eine nicht zuerst vom Volk oder den Priestern zu erwerbende Eigenschaft, sondern eine zuvor durch Jahwes Tat der Herausführung seines Volkes, die zugleich eine Tat der Aussonderung ist, selber geschaffene Qualität Israels und seiner Priester. Die in dieser Tat geschehene Eigentumserklärung ist die Grundlage für die Heiligkeitsforderung.‹ Auf dieser beruhen alle ethischen und rechtlichen Aussagen der priesterlichen Gesetzessammlung. Und das gilt durchgängig ... Die Texte des Heiligkeitsgesetzes werden durch ein immer wiederkehrendes ›Ich bin JHWH‹ durchzogen. Es verweist als ceterum censeo auf die grundlegende Beziehung zwischen Gott und Volk.
Mit dieser priesterlichen Theologie wird also der Exodus anders verstanden, als es in der vorexilischen Literatur geschehen ist. Nicht der soziale, rechtliche oder politische Status Israels ist damit bezeichnet, sondern allein seine Nähe zu Gott. Zwar war der Begriff der Heiligkeit auch schon in den älteren Rechtstexten verwendet worden, aber dort hatte er ausschließlich Bezug zu kultischen Themen, wie Speiseverboten oder Trauerriten. Im Heiligkeitsgesetz wird er weit darüber hinaus zum Schlüssel für alle Rechtsfragen gemacht. Nicht die Existenz freier oder grundbesit-

zender Kreise wird mit dem Exodus gekennzeichnet, sondern die Trennung von den anderen Völkern und von ihren Sitten und damit die Zuordnung zu Gott selbst, die Nähe zu ihm. Diese Nähe ist die Gestalt der Freiheit, für die der Begriff des Exodus einsteht« (*F. Crüsemann*, Die Tora 352f).

5. Relevanz der priester(schrift)lichen Theologie

Gegenüber den früher beliebten Negativzensuren, wonach die P-Texte ritualistisch, steril und epigonal seien, wird heute die Bedeutung von P, vor allem der Priestergrundschrift, meist hoch veranschlagt, und zwar in vierfacher Hinsicht:

(1) P^g stellt die Geschichte Israels in einen untrennbaren Zusammenhang mit der Welt als Schöpfung JHWHs (vgl. auch die Zweiteilung von P^g: Gen *1,1–11,26; Gen 11,27–Lev 9,24). Aus der Sicht Israels bedeutet dies: In der Katastrophe des 6. Jh.s v. Chr. darf Israel hoffen, dass JHWH das Ja zu seinem Volk und zum Land Israel als »Lebenshaus« für sein Volk nicht zurücknimmt, solange die Schöpfung lebt. In und mit der Schöpfung als einem trotz aller chaotischen Bedrohungen (vgl. die Sintflutgeschichte) auf heilvolles Leben angelegten Geschehen hat der Schöpfergott Verantwortung auch für sein Volk als Teil dieser Schöpfung übernommen. Das aber bedeutet: Der biblische Gott will und wirkt kein Heil an der Schöpfung vorbei. Es gibt keine Erlösung bei gleichzeitiger Vernichtung der Schöpfung. Es gibt keine Heilsgeschichte neben der Schöpfungsgeschichte oder gegen sie. Die P^g entfaltet ein Programm, das in der ökologischen Diskussion einen wichtigen theologischen Beitrag leisten kann: Die Erde ist als Lebenshaus für alle gewollt. Die Zerstörung der Erde ist eine Absage an den Schöpfergott und eine Behinderung des von ihm in der Schöpfung gewollten Heils. Nicht nur der einzelne Mensch ist eingebettet in das Biotop Erde; die ganze Heilsgeschichte ist eingebunden in die Erdgeschichte.

(2) Mit ihrer Konzeption, wonach die Errichtung des Heiligtums durch die im Exodus befreiten und zum Gottesvolk geschaffenen Israeliten zugleich das »Ziel« der Schöpfung offenbart, entwirft P die Utopie, dass die Welt insgesamt befreit und verwandelt werden soll zu einem Ort des Lebens in Gottes Nähe bzw. Gegenwart, nicht zuletzt in der gemeinschaftlichen Feier von Fest und Liturgie. Gerade diese soll in der Sicht von P Erinnerung und Feier des Exodus sein – und zwar durch Israel als priesterliches Volk der Freiheit. Gottesnähe und dauerhafte Gottesgegenwart sind Kennzeichen der priesterschriftlichen Texte, die an dem unverbrüchlichen Heilswillen Gottes festhalten und mit ihrem Ethos der Heiligkeit in den Gesetzen Möglichkeiten umfassend gut gelingenden Lebens aufzeigen. Das ethische Potential der priesterlichen Literatur gilt es jenseits der christlichen Vorurteile gegenüber der »Gesetzlichkeit« neu zu entdecken.

(3) Die im Heiligkeitsgesetz, aber auch in den anderen P-Texten konkretisierte Ethik der Heiligkeit bzw. der Heiligung ist mit ihrer Interdependenz von rituellen *und* ethischen Regulativen zunächst für Israel selbst insofern wirkungsgeschichtlich wichtig geworden, als ihre Leitidee die jüdische → Halacha bis heute bestimmt. Dabei ist auch die (redaktionell) in P vollzogene schöpfungstheologische Grundlegung dieser Ethik bedeutsam: Indem Israel sich »heiligt«, wird die ganze Schöpfung »geheiligt«. Die all-

zu oberflächliche christliche Kritik an der »Reglementierung« des jüdischen Alltags hat diesen Aspekt nicht begriffen. Dass an strukturell herausragender Stelle des Heiligkeitsgesetzes das Gebot der Feindes- und der Fremdenliebe steht (Lev 19,17–18.34), sollte nicht als singuläres »highlight« gelesen werden, sondern sollte für Christen Anreiz sein, sich mit diesem ethischen Konzept einer *umfassenden* Heiligung des Lebens in Korrespondenz zum »Heiligen Gott« theologisch ernsthafter auseinander zu setzen.

(4) Die in Lev 16 narrativ-rituell skizzierte Theologie vom Versöhnung stiftenden Gott gehört in die Mitte der jüdisch-christlichen Botschaft. Dabei sollte weniger das »Sündenbock-Ritual« im Zentrum der Verstehensbemühungen liegen als vielmehr die den Ritus im jetzigen Textzusammenhang prägende Theozentrik. Von ihr her fällt erhellendes Licht auf eine Theologie der Versöhnung und damit auf ein Verständnis des Sühnetodes Jesu.

Die komplexe Literargeschichte der priesterlichen Literatur stellt sich in ihrer Endform als ein literarischer Kosmos dar, der ausgehend von Gottes Schöpfung eine strukturierte Welt entwirft, in der ein gelingendes Leben in Gottesgegenwart möglich ist. Der Charakter der Heiligkeit aller hat ekklesiologische Relevanz ebenso wie die Rückbindung des priesterlich orientierten Führungsmodells an den von Gott geoffenbarten Gotteswillen. Der priesterliche Dienst der Aaroniden z. B. hat eine eminent hohe Bedeutung für den Erhalt des Gottesvolkes, insofern er das gefährdende Potential der Heiligkeit Gottes abfedert. Die Aaroniden treten als Mediatoren und Kommunikatoren des Gotteswillens auf und interpretieren diesen situativ immer neu. Die Selbstauslegung priesterlicher Texte offenbart die Dynamik von Tradition und ihr Potential zur Innovation weit mehr als der alte Vorwurf des Ritualismus erkennen wollte. Die Gefahr des hierokratischen Modells liegt in der Überhöhung des priesterlichen Führungsanspruchs, die in manchen Texten kritisch auch kommentiert wird (Num *16–17; 20).

VI. Die vor-priester(schrift)lichen Pentateuchtexte

(Erich Zenger, Münster, bearb. von Christian Frevel, Bochum)

Literatur: N. C. Baumgart, Die Umkehr des Schöpfergottes. Untersuchungen von Komposition und zum religionsgeschichtlichen Hintergrund von Gen 6–9 (HBS 21) Freiburg 1999; C. Berner, Gab es einen vorpriesterschriftlichen Meerwunderbericht?: Bib 95, 2014, 1–25; ders., Die Eherne Schlange. Zum literarischen Ursprung eines »mosaischen« Artefakts: ZAW 124, 2012, 341–355; K. Bieberstein, Josua –Jordan – Jericho. Archäologie, Geschichte und Theologie der Landnahmeerzählungen Josua 1–6 (OBO 143) Fribourg/Göttingen 1995; E. Blum, Die Komposition der Vätergeschichte (WMANT 57) Neukirchen-Vluyn 1984; ders., Studien zur Komposition des Pentateuch (BZAW 189) Berlin 1990; ders., Das sog. »Privilegrecht« in Exodus 34,11–26: Ein Fixpunkt der Komposition des Exodusbuches, in: M. Vervenne (Hg.), Studies in the Book of Exodus (BEThL 126) Leuven 1996, 347–366; ders., The Jacob Tradition, in: C. A. Evans/J. Lohr (Hg.), The Book of Genesis (VT.S 152) Leiden u. a. 2012, 181–211; W. Bührer, Am Anfang ... Untersuchungen zur Textgenese und zur relativ-chronologischen Einordnung von Gen 1–3 (FRLANT 256) Göttingen 2014; F. Crüsemann, Die Eigenständigkeit der Urgeschichte. Ein Beitrag zur Diskussion um den »Jahwisten«, in: FS H. W. Wolff, Neukirchen-Vluyn 1981, 11–29; W. Dietrich, Die Josephserzählung als Novelle und Geschichtsschreibung. Zugleich ein Beitrag zur Pentateuchfrage (BThSt 14) Neukirchen-Vluyn 1989; C. Dohmen, Der Sinaibund als Neuer Bund nach Ex 19–34, in: E. Zenger (Hg.), Der Neue Bund im Alten. Zur Bundestheologie der beiden Testamente (QD 146) Freiburg 1993, 51–83; H. Donner, Die literarische Gestalt der alttestamentlichen Josephsgeschichte (SHAW. PH 1976,2) Heidelberg 1976; T. B. Dozeman/K. Schmid (Hg.), A Farewell to the Yahwist?, Atlanta 2006; F. Ede, Die Josefsgeschichte. Literarkritische und redaktionsgeschichtliche Untersuchungen zur Entstehung von Gen 37–50 (BZAW 485) Berlin u. a. 2016; I. Fischer, Die Erzeltern Israels. Feministisch-theologische Studien zu Genesis 12–36 (BZAW 222) Berlin 1994; M. Gerhards, Die Aussetzungsgeschichte des Mose. Literar- und traditionsgeschichtliche Untersuchungen zu einem Schlüsseltext des nichtpriesterlichen Tetrateuchs (FRLANT109) Neukirchen-Vluyn 2006; J. C. Gertz/K. Schmid/M. Witte (Hg.), Abschied vom Jahwisten. Die Komposition des Hexateuch in der jüngsten Diskussion (BZAW 315) Berlin 2002; A. Graupner, Der Elohist. Gegenwart und Wirksamkeit des transzendenten Gottes in der Geschichte (WMANT 97) Neukirchen-Vluyn 2002; A. C. Hagedorn/H. Pfeiffer (Hg.), Die Erzväter in der biblischen Tradition (BZAW 400) Berlin 2009; M. Köckert, Vätergott und Väterverheißungen (FRLANT 142) Göttingen 1988; M. Konkel, Sünde und Vergebung (FAT 58) Tübingen 2008; R. G. Kratz, Die Komposition der erzählenden Bücher des Alten Testaments, Göttingen 2000; C. Levin, Der Jahwist (FRLANT 157) Göttingen 1992; ders., The Yahwist: The Earliest Editor in the Pentateuch: JBL 126, 2007, 209–230; N. Lohfink, Die Väter Israels im Deuteronomium (OBO 111) Fribourg/Göttingen 1991, 100–110; ders.; Deuteronomium und Pentateuch, in: ders., Studien zum Deuteronomium und zur deuteronomistischen Literatur III (SBAB 20) Stuttgart 1995, 13–38; R. Lux, Josef. Der Auserwählte unter seinen Brüdern, Leipzig 2001; E. Otto, Wandel der Rechtsbegründungen in der Gesellschaftsgeschichte des antiken Israel. Eine Rechtsgeschichte des »Bundesbuches« Ex XX 22–XXIII 12, Leiden 1988; ders., Die Ursprünge der Bundestheologie im Alten Testament und im Alten Orient: ZAR 4, 1998, 1–84; ders., Art. Bundesbuch: RGG[4] 1, 1998, 1896–1897; ders., Das Deuteronomium im Pentateuch und Hexateuch (FAT 30) Tübingen 2000; ders., Die Tora. Studien zum Pentateuch. Gesammelte Schriften (BZAR 9) Wiesbaden 2009; K. Schmid, Erzväter und Exodus. Untersuchungen zur doppelten Begründung der Ursprünge Israels innerhalb der Geschichtsbücher des Alten Testaments (WMANT 81) Neukirchen-Vluyn 1999; L. Schmidt, Literarische Studien zur Josephsgeschichte (BZAW 167) Berlin 1986, 121–297; ders., Väterverheißungen und Pentateuchfrage: ZAW 104, 1992, 1–27; ders., Die vorpriesterliche Verbindung von Erzvätern und Exodus durch die Josefsgeschichte (Gen 37; 39–50*) und Exodus 1: ZAW 124, 2012, 19–37; ders., Die Berufung des Mose in Exodus 3 als Beispiel für Jahwist (J) und Elohist (E): ZAW 126, 2014, 339–357; H. C. Schmitt, Die nichtpriesterliche Josephsgeschichte. Ein Beitrag zur neuesten Pentateuchkritik (BZAW 154) Berlin 1980; ders., Die Hintergründe der »neuesten Pentateuchkritik« und der literarische Befund der Josefsgeschichte Gen 37–50: ZAW 97, 1985, 161–179; H. Schweizer, Die Josefsgeschichte. Konstituierung des Textes (THLI 4) Tübingen 1991; L. Schwienhorst-Schönberger, Das Bundesbuch (Ex 20,22–23,33) (BZAW 188) Berlin 1990; J. L. Ska, Introduzione alla lettura del Pentateuco, Rom 1998, 209–243; M. Sprinkle, The Book of Covenant. A Literary Aproach (JSOT.S 174) Sheffield 1995; P. Weimar, Art. Jehowist: NBL 2, 1995, 280–284; E. Zenger, Wie und wozu die Tora zum Sinai kam. Literarische und theologische Überlegungen zu Exodus 19–34, in: M. Vervenne (Hg.), Studies, 265–288 (s. o. C.I. und C.II.).

1. Literarische Schichtungen in den vor-priesterschriftlichen Texten

Dass das Grundgerüst der Pentateucherzählung (der »Proto-Pentateuch«) *vor* der Priesterschrift entstanden sei und dass diese sich ihrerseits davon habe inspirieren lassen, war die seit *J. Wellhausen* bis in die jüngste Zeit weitgehend akzeptierte Auffassung. Dies ist derzeit nicht mehr der Fall. Die These, dass erstmals die Priesterschrift die Kombination von Erzelternüberlieferungen und Exodus-Mose-Überlieferungen zu einem zusammenhängenden Geschehensbogen vollzogen habe, gewinnt in den letzten Jahren mehr und mehr Anhänger (*A. de Pury, T. Römer, K. Schmid, J. C. Gertz, E. Otto u. a. m.*). Die nicht-priesterlichen Texte werden dabei nicht mehr als vor-priesterlicher Erzählzusammenhang begriffen, sondern zum einen reduzierten Erzählkränzen zugewiesen (z. B. Jakob, Exodus-Mose) und zum anderen Teil erst nach-priesterschriftlich datiert. Entweder werden sie als redaktionelle Fortschreibungen der priesterlichen Texte begriffen (so die nicht-priesterlichen Passagen der Exoduserzählung Ex 13–14 bei *C. Berner*), als Teil einer Mose-Exoduserzählung, die nicht mit den Erzelternerzählungen verbunden war (so für Ex *3–4 bei *J. C. Gertz, R. Albertz*) oder als Überlieferungsstücke, die auf die Priesterschrift reagieren (so etwa die Paradieserzählung Gen 2–3 bei *E. Otto*). Im Unterschied zur klassischen Urkundenhypothese findet z. B. die Annahme Zustimmung, dass nicht-priesterliche Traditionsstücke ohne literarischen Kontext überliefert wurden, bevor sie nachpriesterlich in den Zusammenhang eingefügt wurden (so z. B. eine nicht-priesterliche Version der Kundschaftererzählung Num *13–14). Andere nicht-priesterliche Erzähltraditionen (wie etwa die Datan-Abiram-Erzählung Num 16* oder die Erzählung von der ehernen Schlange Num 21,1–9 sollen erst im 5./4. Jh. v. Chr. gebildet worden sein (*E. Otto, R. Achenbach, C. Berner*). Damit kehrt die Ergänzungshypothese (C.II.2.1) *de facto* in neuem Gewand zurück. Die literargeschichtliche Einordnung der ersten Verbindung zwischen Erzeltern- und Mose-Exodus-Erzählung ist dabei einer der Kerndissenspunkte in der jüngeren Pentateuchdiskussion, da an dieser Frage die vorpriesterliche Datierung der ersten zusammenhängenden Geschichtsdarstellung, die in der Neueren Urkundenhypothese dem Jahwisten zugewiesen wurde, hängt.

Das in dieser Einleitung entwickelte und in den diversen Auflagen modifizierte »Münsteraner Pentateuchmodell« geht nach wie vor davon aus, dass die Priesterschrift eine theologische Reflexion auf den ihr *vorgegebenen* Geschehensbogen Urgeschichte – Erzeltern – Exodus/Mose darstellt. Nach unserer Meinung wird dieser Geschehensbogen bereits im joschijanischen Deuteronomium, spätestens im sog. kleinen geschichtlichen Credo Dtn 26,5–9, *vorausgesetzt* und geht auf das in der Mitte des 7. Jh.s zusammengestellte »Jerusalemer Geschichtswerk« *Gen 2,4b–Jos 24 (s. o. die Skizze des »Münsteraner Pentateuchmodells« C.II.5.) zurück. Der allergrößte Teil des nicht-priesterlichen Erzählmaterials war bereits in literarische Zusammenhänge eingebunden, als die Priesterschrift entstand. Das schließt nicht aus, dass wenige nicht-priesterliche Erzählstücke erst nach der Priesterschrift entstanden sind.

Dass der nicht-priesterschriftliche Textbestand des Pentateuch eine komplexe Entstehungsgeschichte hat und nicht vollständig nach-priesterlich ist, ist nach wie vor weitgehender Konsens der Forschung. Meist werden mindestens eine exilische und eine vorexilische Bearbeitungsstufe unterschieden, die im Einzelnen sehr unterschiedlich bestimmt und charakterisiert werden. Die exilische Bearbeitung wird in der Regel im Horizont der deuteronomistischen Theologie situiert, während die vorexilische Bearbeitung je nach Pentateuchmodell für die Textbereiche Gen und Ex–Num (Tetrateuch) bzw. Ex–Jos (Hexateuch) profiliert wird. Dass die nicht-priesterschriftlichen Teile auch (mehrfach) nachexilisch bearbeitet wurden (C.III.), ist ebenfalls Konsens der Forschung. Umstritten ist demgegenüber, ob und in welchem Umfang es nicht-priesterliche Texte im Pentateuch gibt, die erst nachpriesterlich entstanden und integriert wurden (z. B. die Erzählung von der kupfernen Schlange Num 21 oder die Datan-Abiram-Erzählung in Num 16*).

Ausgangspunkt für ein Modell der Entstehung der nicht-priesterlichen Literatur sind die nicht-priesterlichen Texte, die mit einiger Sicherheit vorexilisch datiert werden können. Hier unterscheiden sich die gegenwärtig vertretenen Modelle erheblich. In diesem Studienbuch wird daran festgehalten, dass bereits vorexilisch ein Erzählbogen von der Menschenschöpfung bis zur Landnahme (*Gen 2,4b–Jos 24) existierte, der im Münsteraner Pentateuchmodell »Jerusalemer Geschichtswerk« genannt wird. Daneben existierte wahrscheinlich schon im ausgehenden 7. Jh. v. Chr. eine von Samuel bis Joschija reichende Geschichtsdarstellung (*1 Sam–2 Kön 24), mindestens aber eine Darstellung der Königszeit. Ob die genannten Werke bereits in exilischer Zeit zu einem Enneateuch (*Gen 2,4b–2 Kön 25) zusammengebunden wurden, hängt an der Beurteilung des Richterbuches und des ältesten Übergangs vom Josua- in das Richterbuch (s. u. 2.4). Mit *W. Groß* ist anzunehmen, dass das älteste Richterbuch Ri *2–12 verfasst wurde, um die Brücke zwischen dem Hexateuch und der Geschichtsdarstellung in Sam–Kön zu schlagen (Ri 2,11–12*.14–16.18–19*; 3,7), dass aber diese Verbindung nicht die erste deuteronomistische Schicht in Dtn–Jos und 1 Sam–2 Kön ist. Wahrscheinlich gehört Jos 23,1.2*.3.14b–16a als Anschluss an Jos 11,23b zu diesem Übergang, gefolgt von der Entscheidungsszene Jos 24,1–17* und dem Tod Josuas Jos 24,28–31 (*C. Frevel*). Daraus folgt, dass für die exilische Phase der Literaturwerdung die Enneateuchausdehnung nicht mit Sicherheit festzuhalten ist (s. C.II.5.5 und unten 2.4), was aber für die Charakterisierung der theologischen Differenz, die vor allem in der Sinaitheologie erkennbar ist, auch nicht entscheidend ist. Es wird daher im Folgenden von einem exilischen Zusammenhang gesprochen, ohne die Möglichkeit auszuschließen, dass dieser Zusammenhang *de facto* erst in nachexilischer Zeit in der Ausdehnung von Gen 2,4b–2 Kön 25 etabliert worden sein könnte.

2. Der deuteronomistisch inspirierte Zusammenhang *Gen 2,4b–2 Kön 25

2.1 Das Gesamtkonzept: Eine theologische Ätiologie der Katastrophe

Die Zerstörung des Tempels und der Stadt Jerusalem sowie die Deportation der Oberschicht durch die Babylonier im Jahre 586 v. Chr., was faktisch das Ende des eigenständigen Staates Juda bedeutete, forderten zu einer tiefgreifenden Reflexion über die Ursachen dieser Katastrophe *und* über mögliche Zukunftsperspektiven heraus. Die Reflexion über die Ursachen führte zu einer vertieften Sicht der Geschichte unter den Kategorien von Schuld und Unheil, aber auch zu einem Insistieren auf den von JHWH seinem Volk im Bund mit den Erzeltern und am Sinai/Horeb gegebenen Grundlagen des Heils.

Ein *mögliches* Ergebnis dieser theologischen Grundlagenreflexion könnte der literarische Zusammenhang *Gen 2,4b–2 Kön 25 als »Exilisches Geschichtswerk« darstellen, dessen Existenz derzeit redaktionsgeschichtlich nicht mit gleicher Sicherheit wie die Vorstufen angenommen werden kann. In *Gen 2,4b–2 Kön 25 lassen sich jedenfalls die damals vorliegenden geschichtstheologischen und rechtlichen Überlieferungen (Jerusalemer Geschichtswerk, Bundesbuch, joschijanisches Dtn, frühdtr Ri, frühdtr Sam/Kön) bereits exilisch in einem Darstellungszusammenhang lesen, sofern man annimmt, dass a) das Deuteronomium mit Dtn *1–3 nicht literarisch neu einsetzt, sondern an Num *25,1–5 anschließt bzw. zwischen Num 25,1a.3.5, die älteren Notizen vom Mosetod in Dtn 34,1a*.5f und die vordtr Kundschaftererzählung Jos 2* zwischengeschaltet wurde, b) das dtr Josuabuch nicht unabhängig von der älteren Landnahmeüberlieferung Jos *2–8 entstanden ist, und c) Teile des dtr Richterbuches bereits exilisch eine Brücke zwischen Jos 24* und 1 Sam 1,1 hergestellt haben.

Der unter diesen Voraussetzungen (s. dazu u.) angenommene Werkzusammenhang entfaltete zum einen eine → Ätiologie der Katastrophe, indem es diese auf die Sünde Israels und insbesondere seiner Könige zurückführte. Als »Ur-Sünde« wurde der Abfall Israels zu anderen Göttern präsentiert, also als Bruch des Loyalitätseides, den Israel doch JHWH geschworen hatte. Dementsprechend wurde die Geschichte von der Verehrung des Goldenen Kalbs (Ex 32*) nun zur »Bundesbruchgeschichte« par excellence ausgestaltet. Aber zugleich wurde Ex 34* zur Hoffnung stiftenden Erzählung von der Bundeserneuerung und von der Treue JHWHs zu seinem Volk. Die Dialektik von Unheil und Heil bildete die Leitidee, unter die das Exilische Geschichtswerk seine Deutung der Geschichte Israels von der Landnahme bis zum Ende Judas stellte.

2.2 Die Sinaitheologie des Exilischen Geschichtswerks

Die im Kontext der Erfahrungen des staatlichen Zusammenbruchs weiter entwickelte Sinaitheologie ist nicht abhängig von einem literarischen Zusammenhang 1 Sam–2 Kön. Der die vor-priesterschriftliche Sinai-Erzählung prägende Dreischritt Theophanie mit Bundesschluss (Ex 19–24) – Bundesbruch durch Übertretung des Bilderverbots (Ex 32) – Bundeserneuerung durch den vergebungswilligen, gnädigen Gott (Ex 33–34) geht erst auf eine dtr Bearbeitung in der Exilszeit zurück. Sie wird greifbar in Ex 24,3–8, wo die dort gegebene »Grunderzählung« über Altarbau und Opfer als Antwort auf die in Ex 19 erzählte Theophanie nun überlagert ist durch eine in dtr Sprache gestaltete Schicht, die von der Niederschrift der dem Mose in Ex 20,22–23,33 von JHWH mitgeteilten »Worte und Rechtsvorschriften« im »Bundesbuch« (*sefær habbᵉrīt* »Urkunde des Bundes«: Ex 24,7) und von dem nach Verlesen dieses Bundesbuches rituell geschlossenen Bund (Ex 24,6–8) berichtet. Spätestens durch diese dtr Redaktion wurde das alt-ehrwürdige Bundesbuch (s. u. C.VI.5.) am Sinai verortet. Da das Bundesbuch in seiner dtr Gestalt mit dem (dtr) Bilderverbot Ex 20,23 beginnt, wurde nun die in Ex 32 erzählte Anfertigung und Verehrung des Goldenen Kalbs zur Übertretung dieses Hauptgebots des Bundesbuchs und damit zum Bundesbruch, auf den dann der gnädige Bundesgott freilich mit der Erneuerung des Bundes antwortete – in Ex 34,1.4 erzählerisch entfaltet mit dem Motiv der zu erneuernden Tafeln, auf die nach dem Zusammenhang nun Ex 34,11–26 als Rekapitulation des Bundesbuchs geschrieben wird (vgl. den zu Ex 34,11–26 von der dtr Redaktion deshalb ausdrücklich neu geschaffenen → Epilog des Bundesbuchs Ex 23,20–33). Die Frage einer vor-priesterlichen deuteronomistischen Redaktion der hinteren Sinaiperikope ist von *Michael Konkel* erneut aufgeworfen worden. Ob Ex 32,7–15a; 33,1–6; 34,8–11 einer nach-priesterschriftlich-nach-deuteronomistischen Redaktion zuzuschreiben sind, die die Einfügung des Dekalogs in die vordere Sinaiperikope bereits voraussetzt (s. u. C.III.), und die Sinaiperikope erst nach-priesterschriftlich zu dem Dreischritt Bundesschluss – Bundesbruch – Bundeserneuerung ausgestaltet wurde, wird weiter zu diskutieren sein. Wenn sich Ex 32,8 auf das Bilderverbot im Bundesbuch Ex 20,23; 23,24 bezieht (s. o.) und etwa in Ex 34,13 eine deuteronomistische Einschreibung zu identifizieren ist, spräche einiges für die hier vorgestellte Lösung.

2.3 Der Einbau des joschijanischen Deuteronomiums

Das »Exilische Geschichtswerk« beurteilte die Geschichte Israels »im Lande« vor allem unter der Perspektive des Gehorsams bzw. des Ungehorsams gegenüber dem Israel von Mose vermittelten Gesetz JHWHs, wie es damals in der Gestalt des joschijanischen Deuteronomiums (Dtn *5–28) vorlag. Dementsprechend machten die Redaktoren des Exilischen Werkes diese Gesetzessammlung zur Mitte ihres Geschichtskonzepts. Auf sie geht nach Auffassung des »Münsteraner Pentateuchmodells« die »Historisierung« dieser Gesetzessammlung zurück (vgl. die davon abweichende Sicht von *G. Braulik/N. Lohfink:* C.IV.2.43). Sie wird daran sichtbar, dass die Gesetzessammlung insofern als »Novellierung« des dem Mose am Sinai gegebenen »Bundesbuchs« geboten wird, als nun beide Sammlungen in ein und demselben Werk stehen, wobei das

Bundesbuch das Dokument des Sinaibundes und die deuteronomische Sammlung das Dokument des Moabbundes ist. Literarisch führt die Historisierung der deuteronomischen Sammlung Dtn *5–28 dazu, dass Dtn *5–28 in Dtn *1–3 und *29–34 einen narrativen Rahmen erhält, der Dtn *5–28 ausdrücklich in den »pentateuchischen« Geschehensbogen einbindet. Das ist besonders deutlich, wenn Mose in Dtn 1,5 beginnt, »diese Tora« *auszulegen*.

2.4 Probleme der Annahme eines exilischen Enneateuch

Es ist derzeit umstritten, wie weit die theologischen Reflexionen über den Zusammenhang von mangelnder Loyalität gegenüber dem göttlichen Vasallitätsherrn JHWH (Bundestheologie) und dem katastrophalen Verlauf der Geschichte (Untergang des Staates Juda, vollständiger Verlust der politischen Eigenständigkeit, Exil) ihren literarischen Niederschlag in *einem* oder *mehreren* »Geschichtswerken« gefunden haben. Während die ältere Forschung vor allem auf der Grundlage der Arbeiten von *M. Noth* davon ausging, dass ein Deuteronomist mit dem DtrG eine *Dtn 1–2 Kön 25 umfassende »→ Ätiologie der Katastrophe« schuf, die unabhängig vom → Tetrateuch existierte, sind die Grundlagen der Annahme eines *zusammenhängenden Entwurfs* in der jüngeren Diskussion mehr und mehr erschüttert worden. Es gibt gute Gründe für die Annahme eines spätvorexilischen Hexateuch von *Gen 2,4b–Jos 24 (s. u.) und für ein spätvorexilisches Geschichtswerks in *1 Sam–2 Kön. Größere Bedenken gibt es hingegen gegen die Annahme, dass das früheste dtr Richterbuch bereits Teil eines DtrG gewesen ist: »Als der erste Dtr das Richterbuch gestaltete, lagen ihm einerseits eine dtr Darstellung von Dtn*–Jos* und andererseits eine dtr Darstellung von 1 Sam*–2 Kön* vor« (*W. Groß*, Das Richterbuch zwischen DtrG und Enneateuch, in: *H.-J. Stipp* [Hg.], Das Deuteronomistische Geschichtswerk [ÖBS 39] Frankfurt a. M. 2011, 201). Damit ist das Richterbuch als »jüngere Brücke« anzusehen; in der Beurteilung der Reichweite und Datierung dieser Brückenfunktion gehen die Ansichten derzeit auseinander. Für eine erst nachexilische Einfügung des Richterbuches plädieren *K. Schmid*, *U. Becker*, *R. G. Kratz u. a.* Was die Reichweite betrifft, hat *W. Groß* jüngst bekräftigt, dass »alle Verweise auf Ex und Num und insofern auf einen Enneateuch (Gen)Ex–2 Kön … jüngeren dtr und postdtr Schichten im Richterbuch (entstammen)« (*W. Groß*, Richterbuch 201). Damit hätte nach *W. Groß* das früheste dtr Richterbuch, das die vordtr Heldenerzählungen (Ri *4–8) bearbeitete (v. a. Ri *2,11–16.18–19), lediglich die Darstellungslücke zwischen Josua und 1 Samuel durch ein zeitliches Kontinuum geschlossen. Wegen der Bezüge auf Dtn 6,12–15 und 11,2–7 erscheint eine exilische Datierung zwar nicht gänzlich ausgeschlossen, aber auch nicht sehr wahrscheinlich. Die Frage eines literarischen Enneateuchzusammenhangs entscheidet sich jedoch nicht nur an der Reichweite der ersten redaktionellen Brücke zwischen Jos und Sam, die zudem an die komplexe Entstehungsgeschichte von Ri *1f gekoppelt ist, sondern auch an der Frage, ob das Dtn *1–3 umfassende dtr Deuteronomium separat als Eröffnung eines Geschichtswerks (so z. B. die Position *G. Braulik* D.II.) oder im Kontext des Tetrateuch (Gen 2,4b–Num 25) überliefert bzw. als Fortschreibung des spätvorexilischen Hexateuchzusammenhangs *Gen 2,4b–Jos 24 verstanden werden muss. Ob ein redakioneller Enneateuchzusammenhang bereits exilisch oder erst nachexilisch konstituiert (s. u. 5.17 »Großes nachexilisches Geschichtswerk«) worden ist, lässt sich schwer entscheiden. Die Graphik zum »Münsteraner Pentateuchmodell« in C.II.5. berücksichtigt daher beide Alternativen.

3. Das Jerusalemer Geschichtswerk (JG)

3.1 Die Existenz eines vorexilischen Geschichtswerks

Zwar ist als Folge der Infragestellung des Vierquellen-Modells auch die grundsätzliche Bestreitung eines wie auch immer gestalteten *vorexilischen* geschichtstheologischen Entwurfs, der die Erzelternüberlieferungen *und* die Exodus-Sinai-Landnahmeüberlieferungen in *einem* Erzählbogen dargestellt hätte, derzeit weit verbreitet (s. o.). Doch lassen sich *zugunsten der Möglichkeit* bzw. *der tatsächlichen Gegebenheit* eines solchen Entwurfs immerhin zwei gewichtige Erwägungen anstellen:

(1) Das Argument, eine derart breit und reflektiert arbeitende Theologie *der Geschichte* sei, wie z. B. der Vergleich mit der Erzählung von der Thronnachfolge zeige, die »nur« die spannungsgeladene Ereignisfolge darstelle, aber nicht über »die Geschichte« als theologisches Phänomen reflektiere, erst als geistes- bzw. theologiegeschichtlicher »Spätling« denkbar, dürfte zwar prinzipiell richtig sein. In der Tat entstehen die großen geschichtstheologischen Entwürfe als narrative Grundlagenreflexion nach der fundamentalen Erschütterung von 586 v. Chr. auch als Versuch, im kulturellen Gedächtnis der Geschichte die gefährdete bzw. zerbrochene Identität zurückzugewinnen. Doch auch der Untergang des sog. »Nordreichs« Israel 722 v. Chr. und die massive Bedrohung des sog. »Südreichs« Juda durch die Assyrer waren eine derart intensive Krisen- und Katastrophenerfahrung, dass bereits diese eine theologische Aufarbeitung verlangten. Das gilt umso mehr, wenn man die lange Dominanz des Nordstaates über den Südstaat in Betracht zieht, was einen Einfluss der literarischen Traditionen einschließt: die Exodusüberlieferung kann als Gründungsmythos des Nordstaates begriffen werden und diese Überlieferung galt es nach dem Untergang mit den Kernüberlieferungen des Südens (dem Abraham-Lot-Sagenkranz) zu verbinden (s. o. C.IV.). Immerhin sind z. B. die Komposition des Amosbuchs und die Komposition von Hos *4–11 bzw. Hos *12–14 in dieser Zeit in Juda geschaffen worden – mit der doppelten Absicht, sowohl die Ursachen des Zusammenbruchs des Nordstaates Israel als auch für Juda Wege aus der drohenden Katastrophe aufzuweisen (s. u. F.VIII.1. und F.VIII.3.). Dass Hos 4–11.12–14 sowohl auf die Exodus- als auch auf die Jakobüberlieferung zurückgreift und ihre Bekanntheit *voraussetzt,* kann als Argument dafür gewertet werden, dass beide Überlieferungen damals als Zusammenhang gesehen wurden. Setzt man das Jerusalemer Geschichtswerk, nicht zuletzt wegen seiner Transformation des neuassyrischen Vasallitätskonzeptes in die JHWH-Volk-Bundestheologie, in die Mitte des 7. Jh.s v. Chr., so kann man JG als geschichtstheologischen Programmtext einer von prophetischen, priesterlichen und juristischen Kreisen getragenen Reformallianz begreifen, deren anderer großer Programmtext das joschijanische Dtn war (s. o. C.IV.).

(2) Für die faktische Existenz eines übergreifenden Geschichtswerks bereits in vorexilischer Zeit, näherhin im 7. Jh., kann ein Argument verständlicherweise nicht darin

gefunden werden, dass *einzelne* Erzählblöcke (z. B. die »Grundschicht« der Exodus-Erzählung Ex *1–14) von ihrer zeitgeschichtlichen Transparenz und ihrer theologiegeschichtlichen Einordnung her vorexilisch sind, sondern nur, wenn die Zusammenbindung von Erzelternerzählungen (»Väterüberlieferung«) *und* Israelüberlieferung (Exodus–Sinai usw.) als vorexilisch aufweisbar oder wenigstens wahrscheinlich ist (s. u. 3.2). Ein Argument könnte immerhin das joschijanische Deuteronomium sein, das im sog. kleinen geschichtlichen Credo Dtn 26,5–9 Väterzeit, Exodus und Landnahme zusammenbindet. Für eine spätdtr oder gar nach-priesterliche Datierung (*J. C. Gertz*) dieses Kerntextes reichen die Argumente kaum aus. Da das Credo formgeschichtlich als Zusammenfassung vorgegebener Erzählungen zu erklären ist, setzt es am plausibelsten einen ihm entsprechenden Erzählbogen voraus (s. C.IV.2.71), also am einfachsten den des Jerusalemer Geschichtswerks. Für die Plausibilisierung der Verbindung von Erzeltern- und Exoduserzählung kann auch der mit dem Credo verwandte, vielleicht ihm literarisch vorausgehende Text Num 20,14–16 in Betracht gezogen werden (*A. Michel*). Zwingende Gründe für eine nachpriesterliche Datierung von Ex 1,6*.8–12*.22 gibt es nicht (*L. Schmidt, C. Berner*), so dass am Anfang des Exodusbuches auf die Genesiserzählungen zurückgegriffen wird. Schließlich ist darauf zu verweisen, dass die deuteronomistische Darstellung in Dtn *1–3 einen vor-priesterlichen Zusammenhang von Genesis–Exodus–Numeri vorauszusetzen scheint, wenn Landverheißung und Geschichtsdarstellung miteinander verbunden werden. »Die drei Kapitel beinhalten mannigfaltige Bezüge zur Genesis, die nicht nur auf den Väterschwur und die Nennung der Erzväternamen zu beschränken sind. Wenn dem aber so ist, dann muss es … vorpriester(schrift)lich eine Verbindung von Genesis und Exodus gegeben haben« (*R. Heckl*, Moses Vermächtnis, Leipzig 2004, 461).

(3) Rückt man mit der neueren Geschichtsforschung von der Annahme ab, dass es ein unter David und Salomo vereinigtes Königreich gegeben hat, das 926 v. Chr. in der sog. »Reichsteilung« wieder in die Reiche Israel und Juda auseinander gebrochen sei (*C. Frevel*), stellt sich die Frage nach der literarischen Entstehung einer beide Größen verbindenden literarischen Erzählung neu. Zum einen bedeutet das, dass der Kontext des salomonischen Hofes (im Vier-Quellen-Modell der Jahwist) für die Entstehung einer übergreifenden Perspektive nicht mehr in Frage kommt, zum anderen lässt sich für die exilische oder frühe nachexilische Zeit kaum ein sinnvoller erster Ansatzpunkt für die verbindende Sicht finden. Wenn richtig ist, dass literarische Traditionen des sog. »Nordreiches« nach dessen Zusammenbruch 722 v. Chr. ihren Weg in den Süden gefunden haben, sind Kontext und Anlass für die Entstehung einer Perspektive gegeben, die Nord- und Südreichüberlieferungen – etwa die Abrahamüberlieferungen (Süden/Juda) mit den Jakoberzählungen (Norden/Israel) und der Mose-Exodus-Überlieferung (Norden/Israel) – miteinander verbindet.

3.2 Umfang

Dass das Jerusalemer Geschichtswerk seinen Geschehensbogen von den Erzvätern über Exodus/Mose bis hin zur Landnahme (unter Josua) auszog, legt sich von der starken Betonung des Landes als Gabe JHWHs sowohl in den Vätererzählungen als auch in der Mosesberufung Ex 3 her nahe. Der ursprüngliche Abschluss von JG könnte in Jos 24,28* gelegen haben.

Schwer zu entscheiden ist die Frage, womit JG begonnen hat. Da JG als ein in Juda bzw. in Jerusalem komponiertes Werk in jedem Fall Abrahamgeschichten geboten hat, muss von Abrahams Weg ins Land der Verheißung die Rede gewesen sein. Dann müsste bereits Gen 12,1–4a zu JG gehört haben – trotz aller theologiegeschichtlichen Vorbehalte gegen eine Datierung dieses Abschnitts bereits ins 7. Jh. v. Chr. Der enge Zusammenhang von Gen 12 mit Gen 13 könnte dafür sprechen. Jedenfalls gelingt es nicht, *alle* Landverheißungstexte im Pentateuch entweder der Priesterschrift oder einer die priesterliche und nicht-priesterliche Literatur verbindenden Redaktion zuzuschreiben.

Falls Gen 12,1–4a bereits Bestandteil von JG war, muss sowohl Gen *11,1–9 als auch Gen *2–3 zu JG gehört haben, da Gen 12,1–4a als Kontrasttext zu Gen *11,1–9 und zu Gen 3 konzipiert ist. Als Konsequenz ergibt sich, dass JG die ihm als Erzählkranz vorgegebene Urgeschichte Gen *2,4b–8,22 an den Anfang gestellt und mit Gen *10–11 eine Überleitung zu Gen 12ff geschaffen hat. Liest man die sog. Turmbaugeschichte Gen *11,1–9 (die »Babel-Notiz« in 11,9 ist hier erst spätere Hinzufügung!) als Kritik am assyrischen Weltherrschaftsanspruch, ist eine Datierung dieses Textes *und* seines in JG gegebenen Erzählzusammenhangs in das 7. Jh. v. Chr. durchaus plausibel. Die antiassyrische Tendenz der Turmbau-Geschichte deckt sich mit der kritischen Aufnahme der Sargonlegende in der Mose-Exodus-Erzählung in Ex *2,1–10, die plausibler in die neuassyrische (*E. Otto, J. C. Gertz*) als in die Exilszeit (*M. Gerhards*) zu datieren ist. Vielleicht ist in Ex 1,9f ein sprachlicher Anklang an Gen 11,6f zu erkennen; Gen 11,6 wiederum steht in engem Bezug zu Gen 3,22, womit die Verbindung zwischen Urgeschichte und Exoduserzählung auf literarischer Ebene unterstrichen würde. Jüngst hat *C. Berner* (freilich unter Absehung von der Hebammen-Erzählung Ex *1,15–22) dafür optiert, in Ex 1,6aα*.8.9.10*.22 einen Übergang zwischen Gen 50,21 und Ex 2,1 zu sehen, der die nicht-priesterliche Josefsgeschichte und die nicht-priesterliche Exoduserzählung vor-priesterlich miteinander verbindet. Ähnlich hat *M. Konkel* gegen *J. C. Gertz* und *K. Schmid* den vor-priesterlichen Zusammenhang von Ex 1,8–12 verteidigt, womit »der Rückbezug auf die Josefsgeschichte in V. 8 aus der Grundschicht des Textes nicht herausgeschnitten werden« (Sünde 256) kann. Ähnlich hat *L. Schmidt* noch einmal die klassische Urkundenhypothese verteidigt und die vor-priesterlichen Verbindungen von Ex 1,6.8–10 zur Josefserzählung herausgestellt. Gegen die nach-priesterliche Spätdatierung der Josefserzählung (*T. Römer*) hat sich jüngst auch *H.-C. Schmitt* gewandt und in seiner Analyse unabhängig von Ex 1,6.8–10 (die für ihn von P abhängige, nachpriesterliche Bearbeitung sind, aber auf einem älteren Übergang aufruhen) in Gen 50,20/Ex 1,12 und dem Motiv der Gottesfurcht eine vor-priesterliche Verbindung mit der Exoduserzählung aufgezeigt. Die jüngste Analyse der Josefserzählung von *F. Ede* sieht die Erzählung zwar nicht unabhängig von Gen *12–36 entstanden, datiert aber dennoch den Übergang zur Exoduserzählung vor-priesterlich. Wie man auch zu den Analysen im Einzelnen stehen mag, ist ihnen gemeinsam, dass sie an einer frühen Verbindung von Josefserzählung und Exoduserzählung festhalten und Ex 1 nicht ausschließlich spät datieren. Gegen den von *K. Schmid* und *J. C. Gertz* begründeten Trend, die erste Verbindung von Erzeltern und Exodus erst der Priesterschrift zuzuweisen, regt sich in der aktuellen Forschung erheblicher Widerstand. Damit wird die grundsätzliche Plausibilität des hier vorgelegten Entwurfs, der die Verbindung im Kontext des spätvorexilischen JG verortet, gestützt.

Dass JG die Darstellung der Geschichte Israels mit Abraham und damit mit Erzählungen, die im Süden lokalisiert sind, beginnt, ist darüber hinaus für das 7. Jh. zeitgeschichtlich nachvollziehbar, weil ja das »Südreich« Juda – anders als das »Nordreich« Israel – die Assyrerbedrohung überlebt hat, was als Bekräftigung der Treue JHWHs zu seinen Verheißungen gedeutet werden konnte. Dann wird bedeutsam, dass die erste (!) Landverheißung an Abraham in *Sichem* (Gen 12,7) und damit in dem damals zwar von den Assyrern besetzten Nordreich erfolgt, aber dass so zugleich die Perspektive unterstrichen wird, dass diese Region Verheißungsland *ist und bleibt*. Nicht von ungefähr spielt auch die Schlussszene von JG (Jos 24*) in Sichem als dem Ort der Vollendung der Landnahme unter Josua. Diese den Norden integrierende »Sichem-Perspektive« von JG passt bestens zu den territorialpolitischen Ambitionen des Königs Joschija, in dessen Umfeld JG entstand. Geht man davon aus, dass Joschija den tatsächlichen judäischen Einfluss zumindest über Jericho und Bet-El hat ausdehnen können, liegt ein literarisches Ausgreifen auf Sichem nicht fern, zumal es der Tradition nach dort zur Ablösung der »Nordreichstämme« gekommen sein soll (1 Kön 12). »Entscheidend ist nicht, ob es Joschija tatsächlich gelingen konnte, seinen Herrschaftsbereich nennenswert zu vergrößern. Entscheidend ist, dass mit seiner Person entsprechende … Erwartungen verknüpft gewesen sein dürften, die ihren Niederschlag in der Verheißung in Ex 34,24 gefunden haben könnten« (*M. Konkel*, Sünde 284). Wie sich die Idee einer Ausdehnung des Herrschaftsbereiches des davidischen Königtums literargeschichtlich manifestiert hat, ist derzeit auch Gegenstand der Penta- bzw. Hexateuchdiskussion. *N. Lohfink* und *G. Braulik* sehen eine joschijanische Landeroberungserzählung (DtrL) *Dtn 1–Jos 22 als wichtige Entwicklungsstufe des Deuteronomiums und des DtrG an (C.IV.2.43 u. D.II.3.35). Hier wäre denkbar, dass auf das Jerusalemer Geschichtswerk zurückgegriffen wird und der legitimatorische Aspekt verstärkt wurde. *E. Otto* hingegen sieht in DtrL eine erst exilische Bearbeitung des Deuteronomiums.

3.3 Theologie

Einen signifikanten theologischen Höhepunkt setzt JG in Gen *15,1–18, wo es die in Gen 12,7 vorangehende *Landverheißung an Abraham* »Deinem Samen *werde ich dieses Land geben*« im Sinne einer privilegrechtlichen Bundestheologie juristisch interpretiert: »An jenem Tage *schloss* JHWH *mit* Abraham *einen Bund* des Inhalts: Deinem Samen *habe ich hiermit dieses Land gegeben*, vom Strom Ägyptens bis zum großen Strom, dem Eufratstrom ...« (Gen 15,18). Der juristische Aspekt der Landübereignung an Abraham, der zum Paradigma der gesamten Geschichte Israels wird, ist hier zweifach verdichtet: 1. Die Verbalform im Perfekt der Koinzidenz hat performativen Charakter (»hiermit übergebe ich ...«); 2. Die Grenzbeschreibung des übereigneten Landes hat geradezu »Urkundencharakter«. Die Landübereignung ergeht in Gen 15* im Zusammenhang eines Bundesritus, der zwischen Schwurritus und Opferhandlung schwankt und in dem JHWH, dabei bis an die Grenze des theologisch Zumutbaren gehend, geradezu den Ritus der Selbstverfluchung als Ausdruck der Selbstbindung an diese Landübereignung vollzieht. Gen 15 ist damit nicht Programmtext aus dem 4. Jh. v. Chr., in dem der Sinaibund umgedeutet wird (so *M. Köckert*), sondern steht umgekehrt in enger Verbindung zu Ex 19,18 (*J. Jeremias*). Es ist vielmehr der »Ursprung der ersttestamentlichen Bundestheologie« (*E. Zenger*).

Damit schlägt JG einen vielschichtigen Spannungsbogen zur *Sinaigeschichte* Ex *19.24.32.34, wo JHWH am/auf dem Sinai wie in Gen 15 mit den Zeichen von Feuer und rauchendem Ofen erscheint und worauf Mose bzw. Israel mit Altarbau und Opfer antwortet und wo, nach der Sünde des Goldenen Kalbs, JHWH abermals im Konzept der privilegrechtlichen Bundestheologie erklärt: »... denn gemäß dieser Worte *habe ich hiermit einen Bund* geschlossen *mit* dir und *mit* Israel« (Ex 34,27; Gen 15,18 und Ex 34,27 haben die gleiche Formulierung: *JHWH* schließt einen Bund *mit* Abraham bzw. *mit* Mose und *mit* Israel). »Diese Worte« sind der unmittelbar vorangehende Text des sog. Privilegrechts Ex *34,6–7.12–14.18–26, das hier aus drei Teilen besteht (V. 6–7: Selbstvorstellung JHWHs, V. *12–14: Fremdgötter- und Bündnisverbot, V. *18–26: Kultordnung als Ausdruck der JHWH-Alleinverehrung). Beide privilegrechtlichen »Bundesschlüsse«, die durch analoge sprachliche Gestaltung aufeinander bezogen sind, gehören wie die zwei Seiten einer Medaille zusammen: In Gen 15 übereignet JHWH dem Abraham und seinem Samen das Land als Privileg (im Sinne eines Lehens); in Ex 34 formuliert JHWH das »Privileg« der alleinigen Verehrung, das Israel ihm als Ausdruck der Lehenstreue zurückgeben soll, und definiert zugleich die unaufgebbaren Merkmale der einzigartigen JHWH-Gesellschaft. Die Gnadenformel in Ex 34,6–7, die JHWH als barmherzigen Gott auszeichnet, ist einer der theologischen Programmtexte des JG. Die dort erstmals im Pentateuch formulierte Vorordnung der göttlichen Gnade vor der strafenden Gerechtigkeit gehört zu den Kernmomenten der alttestamentlichen Gottesvorstellung. Es ist der Text, der im gesamten AT am häufigsten zitiert und am meisten angespielt wird (Ex 20,5f; Num 14,18; Dtn 5,9f; 7,9; Jer 30,11; 32,28; 46,28; Ps 86,15; 103,8; 145,8; Neh 9,17.31; 2 Chr 30,9 u. ö., s. auch u. F.VII.).

So wie am Sinai in der Gabe des Privilegrechtes der Bundesschluss unterstrichen wird, wird die befreiende Begleitung des Volkes im Exodus in Ex 33,8–9.12–17 aufgenommen und mit der gnadenhaften Erwählung des Volkes begründet. Israel bricht daher im JG vom Sinai auf, um die Wüste zu durchqueren und das Land von Süden zu betreten. Eine Reihe von nicht-priesterlichen Erzählungen aus dem Numeribuch (Num *10,29–33; 11*; 12*; *13–14; 21*; *22–24; 25,1a.3.5) formen eine erzählerische Brücke, in der die Entscheidung des Volkes für JHWH und die Entscheidung JHWHs für Israel entfaltet wird. In der Kundschaftererzählung wird die Verheißung der Landgabe unterstrichen, in der Bileamerzählung die unverrückbare Erwählung Israels. Die Bileamerzählung Num *22–24 knüpft an die Mehrungsverheißung und den Segen der Erzelternerzählungen (bes. Gen 12,1–4a) an und verknüpft das Bleibende des Segens mit der bevorstehenden Einlösung der Landverheißung. Zugleich thematisieren diese Erzählungen das Verhältnis Israels zu den umliegenden Völkern. Neben positive Beispiele (Hobab, Bileam) treten negative (Moabiter, Kanaanäer). Negativ werden die Völker immer dann gewertet, wenn sie Israel von der Entschiedenheit für JHWH abzubringen suchen und das privilegrechtliche Verhältnis zwischen Israel und seinem Gott in Frage stellen. Auch wenn sich in der vorliegenden Gestalt der Erzählung in Dtn 34 keine frühen Bestandteile mehr isolieren lassen (s. o. C.V.2.22 u. C.V.2.28), muss das JG von dem Tod des Protagonisten Mose, der nicht in das Land kommt, erzählt haben. Das

JG schließt dann mit einem Erzählzyklus über die *Landnahme*, dessen erzählerische Kristallisationsfigur Josua ist (s. u. D.III.) und der zumindest die vordtr Überlieferung in Jos 2*; 6* und 8* umfasst. Seine große *Schlussszene Jos 24** stellt Israel (d. h. auch bzw. gerade das judäische »Israel« des 7. Jh.s!) in Sichem, wo nach Gen 12,6f die erste Landverheißung für Israel erging, vor die Entscheidung, JHWH oder den fremden Göttern zu dienen (Jos 24,2.14.24; vgl. dazu auch Gen *35,1–7 JG: Entfernung der fremden Götter durch Jakob, ebenfalls in Sichem). Der Entschluss des Volkes für JHWH als den »einzigen« (d. h. für Israel einzigartigen) »Königsgott« wird von Josua durch einen feierlichen Bundesschluss (*b^{e}rīt*) besiegelt und in »Gesetz und Rechtsvorschrift« konkretisiert. Mit den drei Bundesschlüssen in Gen 15,18; Ex 34,27 und Jos 24,24f richtet JG Israel an Verheißung und Gebot aus. Indem sich Israel ganz auf die Anerkenntnis und den Beistand des »Königsgottes«, der im Exodus befreit hat, einlässt und sich für ihn *entscheidet*, werden Bundes- und Landzusage erfüllt. Der einzigartige und souveräne Gott stellt seinem Volk eine Überfülle an Lebensraum zur Verfügung, die frei von Bedrohung von außen ist.

3.4 Zeitgeschichtliche Einordnung

Die Datierung von JG lässt sich am ehesten von der Sinaierzählung her eingrenzen. Dabei sind zwei Beobachtungen von Bedeutung, die die 2. Hälfte des 7. Jh.s als Entstehungszeit von JG nahe legen.

(1) Angesichts des Untergangs des Nordstaates Israel 722 v. Chr., dessen Ursache JG im Abfall von JHWH sieht (erzählerisch verdichtet in der Erzählung Ex 32* vom Goldenen Kalb), und angesichts der bereits eingetretenen und noch weiter drohenden Land-Wegnahme durch die Assyrer, die ihre Expansionspolitik mit den ihnen vom Reichsgott Assur übertragenen Rechtsansprüchen propagandistisch legitimieren, wird hier ein Gegenkonzept entwickelt: JHWH *hat* Israel »das Land« durch einen Bundesschwur übereignet, *damit* er *dort* als der einzige und wahre Gott Israels verehrt wird (vgl. Gen *35,1–7). JG ist damit Programmentwurf einer kämpferischen JHWH-Alleinverehrung (»intolerante → Monolatrie«; vgl. die Begründung des Fremdgötterverbots in Ex 34,14: »denn JHWH, Eifersüchtiger ist sein Name, ein eifersüchtiger El ist er«; diese Definition JHWHs ist Pendant zu der ebenfalls zu JG gehörenden Gottesnamen-Theologie Ex 3,13–14!). Die kult- und sakralrechtliche Ausrichtung des Privilegrechts Ex *34,6–26 des JG hat zwei zeitgeschichtliche Haftpunkte: 1. die wunderbare Errettung Jerusalems, des Ortes des Hauses JHWHs, vor den Assyrern 701 v. Chr. und 2. die mit dem Regierungsantritt des Manasse (696 v. Chr.) zunehmende synkretistische Religionspolitik (vgl. die spätere deuteronomistische Reflexion in 2 Kön 21,7: »Manasse stellte *das Kultbild* der Aschera, *das er gemacht hatte,* in dem Haus auf, von dem JHWH zu David und dessen Sohn Salomo gesagt hatte: In diesem Haus und in Jerusalem will ich *meinen Namen* aufstellen ...«; vgl. dazu Ex 32,4: »Und Aaron bearbeitete es zu einem *Kultbild* und *machte* es zu einem Kalb aus Gold«). Mannasses wirtschaftlicher Erfolg war einer klugen Integrationspolitik als assyrischer Vasall geschuldet. Vielleicht hat gerade die damit einhergehende internationale Öffnung nationalistischere Kreise zur Kritik gereizt, die sie im JG platzierten. Von daher richtet sich JG als Beschwörung der

Bundes-Geschichte JHWHs mit seinem Volk sowohl gegen die reale bzw. ideologische Bedrohung durch das assyrische Weltreich (vgl. auch die Grenzziehung »des Landes« in Gen 15,18) als auch gegen die tödliche (vgl. Untergang des Nordreichs) Gefahr der eigenen Gottvergessenheit (vgl. die Religionspolitik Manasses) und wäre *so* in die Zeit des Manasse (696–642 v. Chr.) oder besser in die Anfangszeit des Joschija (639–609 v. Chr.) zu datieren.

(2) *E. Otto* hat herausgearbeitet, dass die von uns JG zugewiesene Sinai-Berit-Konzeption als religionspolemische Transformation des neuassyrischen Vertragskonzeptes verstanden werden kann (bzw. muss): »Daß mit der Motivkombination der Errettung vom Feind durch die Gottheit, Bundesschluß und ritueller Verpflichtung in Ex 14*; 19*; 34* ein neuassyrisch geläufiger Motivkomplex aufgenommen wird, ist nicht zu bestreiten. Aber ... [sie wird] aufgenommen, um sie an dem entscheidenden Punkt umzudeuten: Nicht dem König als Stellvertreter des Gottes Aššur gelten Rettung und Bund und nicht dem König gilt die Loyalität des Volkes und vermittelt durch den König dem Gott Aššur, sondern JHWH als dem rettenden Gott gilt sie unmittelbar. Und so hat nicht der König als ›Leitkanal göttlicher Gnade‹ die rituellen Pflichten zu erfüllen, sondern das Volk ... Neuassyrische Überlieferungen werden übernommen, um ihren Anspruch aus den Angeln zu heben und auf JHWH zu übertragen und so dem Herrschaftsanspruch des assyrischen Königs und mit ihm des Gottes Aššur die Begründung zu entziehen ... Das theologische Motiv eines Bundes der Gottheit mit dem Verehrerkreis ist ... keineswegs genuin judäisch. Das spezifisch Judäische der JHWH-Religion dieser Zeit ist nicht die Bundestheologie als solche, sondern die Revolte gegen die assyrische Herrschafts- und Königsideologie mittels der Bundestheologie. Neu also ist, daß das Motiv des Gottesbundes gezielt eingesetzt wird, um die neuassyrische Königsideologie ins Mark zu treffen, da JHWH, der Gott Israels, unmittelbar dem Volk aus der Not der Feindbedrohung hilft, mit ihm eine *b^erīt* schließt und ihm, nicht dem König, rituelle Pflichten auferlegt« (*E. Otto*, Ursprünge 60f). Von dieser Überlegung her wäre JG mit dem 622 v. Chr. promulgierten joschijanischen Dtn zu vergleichen, da dort eine analoge Transformation vorliegt, d. h. JG wäre aus dieser Perspektive in der 2. Hälfte des 7. Jh.s entstanden. Mit der Betonung der Barmherzigkeit des mitgehenden Gottes JHWH, der sich als Garant für die Gabe des Landes an seine Zusagen bindet, bietet das JG einen klaren Gegenentwurf zur Theologie des Gottes Assur, der in assyrischen Texten immer wieder dafür gepriesen wird, dass er die Landesgrenzen ausdehnt. Die von Assur verlangte Loyalität fordert das JG für JHWH und markiert damit ein subversives Gegenprogramm zur assyrischen Dominanz im 7. Jh. v. Chr.

3.5 Relevanz

Das Jerusalemer Geschichtswerk hat in einer Stunde der geschichtlichen Erschütterung Israels die Geschichte selbst und die Geschichtserinnerung zu einem tragenden Fundament der Religion Israels gemacht. JG hat wohl erstmals die bis dahin getrennt überlieferten Erzählkreise über die Anfänge Israels so zu einem übergreifenden geschichtstheologischen Entwurf zusammengebunden, dass es Israels Existenz »im Lande« als eine geschichtlich gewordene sowie geschichtlichen Erschütterungen unterworfene Existenz darstellte und dass es andererseits diese geschichtliche Existenz als gemeinsame Geschichte des Gottes JHWH mit seinem Volk Israel interpretierte. Nicht nur *einzelne* okkasionelle Ereignisse wurden als geschichtliches Handeln JHWHs verstanden – das gab es auch in den »historischen« Texten (Annalen, Königsinschriften, Bauinschriften, Chroniken u. ä.) der Umwelt Israels –, sondern die *Geschichte Israels selbst* inmitten der Völkerwelt wurde nun zum Ort und Medium der Konstitution und der Identitätsbewahrung Israels – und der Selbstauslegung (»Offenbarung«) JHWHs. Mit seinem Geschichtswerk schuf JG die normative Erinnerungsfigur für die identitätsstiftende Geschichtskultur Israels und prägte die Entwicklung der alttestamentlichen Gottesvorstellung (Ex 34,6–7.14) entscheidend mit. Die zentrale Kategorie, mit der JG die Kette der Einzelereignisse zur »Geschichte« transformiert, ist die (privilegrechtliche) Vorstellung vom Vertrag bzw. Bund (*b^erīt*). JG greift dabei eine Kategorie auf, die politisch und theologisch in direktem Zusammenhang mit der diplomatischen Praxis stand, in die auch Israel verwoben war. Schon seit der 2. Hälfte des 2. Jt.s war das zwischenstaatliche Vertragswesen zur wichtigen Struktur des Zusammenlebens der kleineren und größeren Staaten des Vorderen Orients geworden. Die assyrische Expansionspolitik machte die Verträge sogar zum konstitutiven Mittel der Politik gegenüber den kleinen Nachbarstaaten. Auch Israel konnte sich dieser juristisch auftretenden Machtpolitik nicht entziehen. Die theologiepolitische Dimension des Vertragswesens bestand darin, dass die »gemeinsamen« Götter der Vertragspartner in eine Art völkerrechtliche Instanz einrückten, denn die Verträge wurden vor den Göttern als Schutzmächte durch Eideszeremonien beschworen. Vertragsbruch der Vasallen gegenüber dem assyrischen Großkönig wurde damit zur »Sünde« gegen die Götter und forderte die Strafexpedition der Assyrer im Namen der göttlichen Gerechtigkeit heraus.

Gegen diese assyrische Vertragsideologie entwickelten die Reformkreise, die hinter JG stehen, ihr spezifisch jahwistisches Vertrags-Konzept. JHWH war nicht mehr nur ein Gott (neben anderen), der als Schutzherr eines Vertrages angerufen würde, sondern nun entstand die Idee eines Vertrages, den dieser Gott selbst mit Israel schloss. »Dadurch werden zwei völlig neue Größen geschaffen: der Gott als *Herr* und das *Volk* als Subjekt der Geschichte. ... Im Rahmen dieser neuartigen theokratischen Konstellation entfaltet sich das Konzept der Heilsgeschichte« (*J. Assmann*, Das kulturelle Gedächtnis 256f). In diesem Konzept wird die Geschichte zum Ort der Verwirklichung des Gottesbundes. JG realisiert die für die Religion Israels konstitutive Verschränkung von »Geschichte« und »Gesetz«, die dann zur Grundstruktur des Pentateuch überhaupt wurde. In diesem Sinn kann man JG durchaus das erste »israelitische Nationalepos« (*R. Smend*) und Israels erste große → Ätiologie nennen. Als solche ist JG nicht die Legitimation des politischen *status quo*. Seine ganze Tendenz ist staats- und machtkritisch (vgl. besonders die Exodus-Erzählung als normative Erinnerungsfigur). Auch die Tatsache, dass es seinen Erzählbogen gerade *vor* der Entstehung des Staates abbricht, zeigt, dass es nicht ausschließlich im Dienst der Herrschaftsstabilisierung steht. Insofern JG seinen Programmtext Ex 34* (»Privilegrecht«) als Höhepunkt der Exodus-Erzählung (neu) gestaltet, hat es das Proprium des in Israel einzig zu verehrenden JHWH definitiv in seinem rettenden Einsatz für Unterdrückte und vom Tod Bedrohte festgeschrieben. Geschichtserinnerung *und* Geschichte geschehen seit JG in Israel dort und dann, wo Israel seine Identität als Volk der Geretteten und der Rettenden sucht.

4. JG vorgegebene und von ihm aufgenommene Erzählkränze und Rechtsüberlieferungen

Dass es schon in der frühen und mittleren Königszeit fest formulierte Erzählkränze gab, die von JG erstmals in eine zusammenhängende Geschichtsdarstellung der Anfänge Israels (bzw. des Verhältnisses JHWH–Israel »im Lande«) eingebaut worden sind, zeigt sich an der literarischen Vielgesichtigkeit von JG. Trotz eines erkennbaren übergreifenden Horizontes der Darstellung können die Profilunterschiede der einzelnen Blöcke nicht übersehen werden.

Besonders markant zeigt sich dies in den Gottesbildern: Der Gott des Abraham-Erzählkreises und des Jakob-Erzählkreises ist ein friedlicher/schützender Familiengott, der Gott der Josefsgeschichte ist der im Verborgenen die Welt und das Leben leitende Gott der Gerechtigkeit, der Gott der Exodus- und Sinaigeschichte ist ein kämpferischer, intoleranter Gott, der nicht nur die Feinde Israels, sondern auch Israel selbst mit seinem Göttlichkeitsanspruch konfrontiert. Auch sprachlich heben sich die angedeuteten Blöcke einerseits voneinander ab und sind andererseits durch entsprechende Querverweise stark binnenstrukturiert.

Diese Beobachtungen bieten den Ansatzpunkt zur Rekonstruktion der JG *vorgegebenen Erzählkränze.* Gut erkennbar sind: 1. der im Südreich entstandene Abraham-Sara- und Abraham-Lot-Erzählkranz (Gen *12,10–19,1ff; vgl. dazu *I. Fischer*, Die Erzeltern 333–343); 2. der im Nordreich entstandene und dann ins Südreich »ausgewanderte« Jakobzyklus (vgl. dazu *E. Blum*, Komposition der Vätergeschichte); 3. die im Norden oder (wahrscheinlicher) im Süden als eigenständige Erzählung entstandene Josefsgeschichte (vgl. dazu *W. Dietrich*, Josephserzählung; *H. Donner*, Josephsgeschichte; *R. Lux*, Josef; *H.-C. Schmitt*, Josephsgeschichte; *H. Schweizer*, Josefsgeschichte); 4. die im Norden entstandene alte Exodusgeschichte Ex *1–14 (vgl. dazu *P. Weimar/E. Zenger*, Exodus); 5. Eine in der späten Omridenzeit im Grenzbereich zwischen Moab und Israel entstandene Erzählung von dem Seher Bileam und dem Vorrecht Israels gegenüber Moab Num *22–24 (vgl. dazu *L. Schmidt*); 6. eine um die Josua-Figur kristallisierte Sammlung von Erzählungen über die Landnahme (Jos *2–12.24) (vgl. dazu *L. Schwienhorst-Schönberger, K. Bieberstein*). Die Sinaigeschichte Ex *19.24.32.34 dürfte eine Schaffung von JG sein, wobei das *sog. Privilegrecht Ex 34** auf einen JG teilweise vorgegebenen Text zurückgeht.

Die den von JG aufgenommenen Erzählkränzen und Rechtssammlungen vorausliegenden *Einzelerzählungen* sind in ihrem Wortlaut nicht mehr durchgehend zu rekonstruieren. Dass *ältere Überlieferungen* vorauszusetzen sind, ist unbestreitbar. Sie werden dort greifbar, wo die Differenz zur »offiziellen« JHWH-Theologie noch hinter/in den Erzählungen erhalten blieb, wie dies z. B. in der Abraham-Lot-Überlieferung der Fall ist (Gen 18: JHWH erscheint dem Abraham in der Gestalt von drei Männern; Gen 19: JHWH zerstört als Sonnengott Schemesch, d. h. als »Sonne der Gerechtigkeit«, die böse Stadt Sodom). Auch der Kern der JHWH-Überlieferung in Ex *1–15 wird weit zurückreichen; ob das Lied Ex 15,21, wie oft angenommen wird, deren sprachlich älteste Gestalt ist, ist unsicher.

5. Das Bundesbuch Ex 20,22–23,33

Das wegen Ex 24,7 von der Forschung »Bundesbuch« genannte Rechtskorpus Ex 20,22–23,33 lässt sich auf der Ebene seiner Endgestalt, im Anschluss an *L. Schwienhorst-Schönberger,* folgendermaßen gliedern (zu einer etwas anderen Struktur vgl. *E. Otto,* Theologische Ethik 24):

20,22aα	Redeeinleitung	
20,22aαβ	Redeauftrag	
20,22b	Hinweis auf ergangene Rede (→ Dekalog Ex 20)	Pl.
20,23	Bilderverbot (Doppel- → prohibitiv)	Pl.
20,24–26	Altargesetz: Kultort	Sg.
21,1	*Überschrift*	
21,2–11	Sklavenfreilassung (6 Jahre – 7. Jahr)	
21,12–17	Todeswürdige Verbrechen (Ausnahme V. 13)	
21,18–32	Verletzung der körperlichen Integrität	
21,33–22,14	Haftungen im Bereich der landwirtschaftlichen und handwerklichen Arbeit	
22,15f	Verführung eines nicht verlobten Mädchens	
22,17–19	Todeswürdige Verbrechen	
22,20–26	Soziale Gebote	
22,27–30	Religiöse Gebote	
23,1–9	Soziale Gebote	
23,10–12	Brachjahr- und Ruhetaggebot (6 Jahre – 7. Jahr)	
23,13a	Hinweis auf ergangene Rede	Pl.
23,13b	Fremdgötterverbot (Doppel- → prohibitiv)	Pl. → Sg.
23,14–19	Festkalender: Kultzeit	Sg.
23,20–33	Epilog	

Schon diese Gliederung lässt die bereits oben angesprochene spätere Rahmung durch Ex 20,22–23 und Ex 23,20–33 erkennen. Dass der verbleibende Textbestand Ex 20,24–26; 23,1–19 eine mehrstufige Wachstumsgeschichte hat, die zum Teil *außerhalb* ihres nun in Ex 19–24 gegebenen Erzählzusammenhangs verlaufen ist, ist weitgehender Konsens der Forschung. Umstritten ist, wann und mit welchem Umfang die Karriere dieses »Gesetzesbuches« begonnen hat. *L. Schwienhorst-Schönberger* hat beachtliche Gründe für die folgende *Hypothese* beigebracht (vgl. auch *E. Otto,* Bundesbuch):

»Unter literarhistorischem Gesichtspunkt bildet der → *kasuistische Teil des Bundesbuches Ex 21,12–22,16** den ältesten Teil dieser Rechtssammlung. Gattungskritisch gesehen handelt es sich hierbei um ein *kasuistisches Rechtsbuch*, das im Kontext von Rechtsprechung und juristischer Gelehrsamkeit entstanden und überliefert worden ist. Die beiden Elemente des kasuistischen Rechtssatzes, die ›Tatbestandsdefinition‹ und die ›Rechtsfolgebestimmung‹, gehen – idealtypisch vereinfachend gesprochen – auf die der Rechtsprechung entstammenden Elemente der ›Erzählung eines Rechtsfalles‹ und der ›Formulierung des Urteils‹ zurück. Die Umsetzung der Erzählung eines Rechtsfalles und der Formulierung eines Urteils in einen kasuistischen Rechtssatz und die systematische Zusammenstellung und Ergänzung solcher Rechtssätze zu einem Rechtsbuch führen aber nicht nur über die Rechtsprechung im Tor, sondern darüber hinaus über eine spezifisch juristische Gelehrsamkeit, die ihren institutionellen Ort in einer Art Schreiberschule gehabt haben dürfte. In Kanaan und Israel wird es – ähnlich wie in Syrien und Mesopotamien – solche Schulen gegeben haben. Vermittelt durch ihre kanaanäischen Vorgängerinnen standen die altisraelitischen Schreiberschulen in einer gemeinsamen altorientalischen Tradition. Diese Schreiberschulen waren Orte, an denen Israel die altorientalische Rechtskultur literarisch vermittelt worden ist. So lassen sich die zum Teil engen Berührungen zwischen Bundesbuch und anderen altorientalischen Rechtsbüchern erklären«. Dabei setzen die Rechtsgelehrten in Juda eigene Akzente in der Auslegung einzelner Rechtsfälle und setzen sich z. T. kritisch von den altorientalischen Traditionen ab (bes. zuletzt *E. Otto*).

»Die kasuistischen Rechtssätze sind in der Regel nicht abstrakt, sondern in bezug auf einen konkreten Fall formuliert. Um zu verhindern, daß ein durch Zusammenstellung aller nur denkbaren Einzelfälle entstehendes Rechtsbuch unendlich anwächst, haben die altorientalischen und die in ihrer Tradition stehenden altisraelitischen Juristen verschiedene Techniken der Inklusion und Attraktion entwickelt. Dadurch wird deutlich, dass ein kasuistischer Rechtssatz, der auf einen konkreten Einzelfall bezogen ist, in der Regel nicht nur für diesen exakt beschriebenen Einzelfall, sondern auch für analoge Fälle Geltung beansprucht. So weist die Zusammenstellung der einzelfallbezogenen und gleichzeitig einzelfallübergreifenden kasuistischen Rechtssätze im Bundesbuch auf eine die verschiedenen Rechtsbereiche abdeckende Intention hin. Von daher ist es weder notwendig noch vom Textbestand her erforderlich, hinter diesem Rechtsbuch ursprünglich selbständige Teilsammlungen zu vermuten. Um in der Terminologie der Pentateuchtheorie zu sprechen: Ein Ergänzungsmodell (Grundbestand + Erweiterungen) kann die Entstehung des Rechtsbuches besser erklären als ein Fragmentenmodell…

Die Gesetze dieses Rechtsbuches ... regeln Fälle, die sich im Rahmen einer seßhaften, vielleicht gerade seßhaft gewordenen, Viehzucht und Ackerbau treibenden, in offenen Dörfern lebenden und auf verwandtschaftlicher Basis egalitär strukturierten Bauern- und Hirtenkultur durchaus ereignen können. Der Geltungsanspruch dieser Gesetze darf aber nicht ohne weiteres mit dem Akt ihrer Promulgation gleichgesetzt werden. Ihr normativer Charakter wird nur wenig größer gewesen sein als der normative Charakter des Gewohnheitsrechts. Mit der Verschriftung des Rechts wächst sein normativer Anspruch, – durchaus vergleichbar mit dem Prozeß der Verschriftung alter Spruchweisheiten. Damit wird zugleich eine Orientierung in der Rechtsprechung gegeben und eine Tendenz zur Rechtsvereinheitlichung gelegt. Es ist also weder notwendig, noch von der Textlage her angezeigt, hinter dem kasuistischen Rechtsbuch eine ›legislative‹

Autorität – sei es die eines Gottes, eines Königs, eines Heiligtums oder eines zentralen Gerichtshofes – in der Geschichte des alten Israel zu suchen.

Eine genaue Datierung des Rechtsbuches ist schwierig«. Gegenüber der älteren Annahme, dass das Bundesbuch bereits in vorstaatlicher Zeit entstanden ist, da es auf ältere Rechtstraditionen zurückgreift und darin an die kanaanäischen Schreiberschulen anknüpfe, wird man vorsichtiger sein müssen. Die institutionsgeschichtlichen Voraussetzungen für die Ausbildung und Einübung des Rechts in Schreiberschulen des staatlichen Juda/Jerusalem dürften eher auf die frühe bis mittlere Königszeit weisen. Das schließt nicht aus, dass einzelne Gesetze die Rechtstradition aus früherer Zeit bewahrt haben. »Als rein profanes kasuistisches Rechtsbuch dürfte das Bundesbuch jedenfalls bis in das 9./8. Jh. v. Chr. überliefert und fortgeschrieben worden sein.

Das im Kontext von Rechtsprechung und juristischer Gelehrsamkeit entstandene und überlieferte kasuistische Rechtsbuch wurde im Rahmen einer umfassenden Redaktion *theologisiert.* Formales Hauptkennzeichnen dieser theologischen Redaktion ist die Stilisierung des durch soziale und sakrale Rechtsvorschriften erweiterten Rechtsbuches als Gottesrede. Auf dieser Ebene wird das profane kasuistische Recht zu einem von Gott *gesetzten* Recht und damit das Rechtsbuch zu einem *Gesetz*buch im engeren Sinne des Wortes. Traditionsgeschichtlich erweist sich die *gottesrechtliche Redaktion als protodeuteronomisch*« (alle vorhergehenden Zitate *L. Schwienhorst-Schönberger*, Das Bundesbuch 415f).

Auf dieser Ebene des Wachstums, das sich auch der Prophetie des 8. Jh.s verdankt, gehört das Bundesbuch in die Nähe des JG, das ja seinerseits am Höhepunkt der Sinaigeschichte in Ex 34* das Privilegrecht aufnimmt, das sich wie eine Art Kurzfassung des sakralrechtlichen Teils des Bundesbuchs liest und – folgt man den jüngsten rechtsvergleichenden Analysen bei *M. Konkel* – bereits Normen des Bundesbuches überarbeitet. Das protodeuteronomische Bundesbuch hat seinerseits auch das Deuteronomium (Dtn *12–26) angeregt (s. o. C.IV.2.). Damit stellt sich die Frage nach der literarischen Einbindung des Bundesbuches in seinen Kontext. Die Rahmung in Ex 23,20–33 ist eher spät- als frühdeuteronomistisch. Das Altargesetz in Ex 20,24–26 ist in der Grundaussage undeuteronomistisch und wirft die Frage auf, ob es nicht bearbeitet worden wäre, wenn die Einfügung des Bundesbuches erst dtr erfolgte. Ob in Ex 20,18.21; 24,3–4 eine ältere vordtr Einbindung des Bundesbuches vorliegt (*M. Konkel*) und so das Bundesbuch bereits im Jerusalemer Geschichtswerk einen Ort im Kontext der Sinaierzählung und des Bundesschlusses hatte, wird weiter zu diskutieren sein. Zumindest ließe sich so die Auslegung des Bundesbuches in Privilegrecht und Deuteronomium besser erklären.

D. Die Bücher der Geschichte

I. Eigenart und Bedeutung der Geschichtserzählungen Israels

(Erich Zenger, Münster, bearb. von Christian Frevel, Bochum)

Literatur: K.-P. Adam (Hg.), Historiographie in der Antike (BZAW 373) Berlin 2008; B. Albrektson, History and the Gods. An Essay on the Idea of Historical Events as Divine Manifestations in the Ancient Near East and in Israel (CB.OT 1) Lund 1967; H. Cancik, Grundzüge der hethitischen und alttestamentlichen Geschichtsschreibung, Wiesbaden [2]1991; J. J. Collins, Historiography in the Dead Sea Scrolls: DSD 19, 2012, 159–176; W. Dietrich, Historiography in the Old Testament, in: M. Sæbø (Hg.), Hebrew Bible/Old Testament. The History of its Interpretation III/2: The Twentieth Century, Göttingen 2015; C. Frevel, Geschichte Israels (Kohlhammer Studienbücher 1,1), Stuttgart 2015; ders., Vom bleibenden Recht des Textes vergangen zu sein. Wie tief gehen die Anfragen an die historisch-kritische Exegese?, in: K. Lehmann/R. Rothenbusch (Hg.), Gottes Wort in Menschenwort (QD 266) Freiburg u. a. 2014, 130–176; M. Gerhards, Hethitische und biblische Historiographie: BN 156, 2013, 107–129; J . Frey/S. Krauter (Hg.), Heil und Geschichte. Die Geschichtsbezogenheit des Heils und das Problem der Heilsgeschichte in der biblischen Tradition und in der theologischen Deutung (WUNT 248) Tübingen 2009; H. Gese, Geschichtliches Denken im Alten Orient und im Alten Testament: ZThK 55, 1958, 127–145; G. Hölscher, Geschichtsschreibung in Israel. Untersuchungen zum Jahwisten und Elohisten (SHVL) Lund 1952; O. Kaiser, Glaube und Geschichte im Alten Testament (BThS 150) Neukirchen-Vluyn 2014; R. Kessler, Geschichte und Geschichten. Historische Rekonstruktion und biblisches Geschichtsbild: VF 53, 2008, 70–78; G. N. Knoppers/K. A. Ristau (Hg.), Community Identity in Judean Historiography, Winona Lakes 2009; N. Lohfink, Heilsgeschichte. Die Geschichtstheologie eines heilsgeschichtlichen Paradebeispiels der letzten Jahrzehnte, in: ders., Unsere großen Wörter, Freiburg 1977, 76–91; H. D. Preuß, Theologie des Alten Testaments. Band 1, Stuttgart 1991, 228–258; G. von Rad, Der Anfang der Geschichtsschreibung im Alten Israel, in: ders., Gesammelte Studien zum Alten Testament (ThB 8) München [3]1965, 148–188; J. Rüsen, Historik: Theorie der Geschichtswissenschaft, Köln 2013; H. H. Schmid, Das alttestamentliche Verständnis von Geschichte in seinem Verhältnis zum gemeinorientalischen Denken: WuD 13, 1975, 9–21; J. Van Seters, Der Jahwist als Historiker (ThSt 134) Zürich 1987; R. Smend, Elemente alttestamentlichen Geschichtsdenkens (ThSt 95) Zürich 1968.

Dass hier im Anschluss an die Einheitsübersetzung der zweite Teil des Ersten Testaments »Bücher der Geschichte« genannt wird, soll die Differenz zum Pentateuch herausstellen. Während der Pentateuch »die Anfänge« Israels in ätiologischer (→ Ätiologie) und paradigmatischer Absicht so erzählt, dass sogar in literarischer Hinsicht JHWH als der Gott Israels der Hauptakteur der Geschichte(n) ist, die weitgehend *außerhalb des Landes* spielen (und wo sie, wie in Gen, »im Lande« spielen, tun sie dies im gebrochenen Modus der Verheißung), setzt ab dem Buch Josua die Geschichte Israels im Westjordanland ein. Und diese spielt auf der Bühne der politischen Geschichte des Vorderen Orients, deren israelitische und nichtisraelitische Akteure historische Namen tragen und deren Ereigniszusammenhänge durch die Erzähler selbst in »historische« Chronologien eingeordnet werden. Eine prinzipielle Differenz zwischen der »Geschichtsdarstellung« im Pentateuch und in den Geschichtsbüchern gibt es nicht, beide sind zunächst mehr Geschichten als Geschichte. Nicht Historizität oder Faktizität begründen die Auswahl der erzählten Ereignisse, sondern ihre Bedeutung für den Erzähler. Dennoch wechselt zwischen Pentateuch und Geschichtsbüchern die Form der Darstellung, was man durch den Wechsel von berichtender Erzählung zum erzählendem Bericht (oder – mit forschungsgeschichtlich belasteten Kategorien – als den fließenden Übergang vom »Mythos« zur »Geschichte«) kennzeichnen kann. Der Bezug auf die reale Geschichte und die Zeit der Erzähler wird (spätestens in den Königsbüchern) geradezu zum Hauptinteresse der Erzählung. Die Erzählungen haben meist ein Doppelgesicht: Einerseits werden die erzählten Ereignisse in einer (intellektuellen) Form des kausalen Denkens zu einer größeren Abfolge historischer und politischer Geschehnisse zusammengeschaut; andererseits werden diese Geschehnisse, im Einzelnen unterschiedlich intensiv, mit JHWHs Wirken und Geschichtsplan in Verbindung gebracht.

Ob man diese Bücher »Geschichtsschreibung« nennen kann und soll, ist eher fraglich. Die Zweifel haben weniger darin ihren Grund, dass die meisten dieser Bücher schon in literarischer Hinsicht nicht den Maßstäben neuzeitlicher Historiographie entsprechen, weil sie eine bunte, oft recht lockere Aneinanderreihung unterschiedlicher »historischer« Gattungen (Sagen, Tempel- und Hofannalen, Kriegsberichte, Siegeslieder, Gebete, Vertragstexte, Kurzbiographien, Listen u. ä.) sind. In ihnen finden sich sogar Erzählungszyklen integriert, die der Gattung »Geschichtsschreibung« so nahe kommen, dass man sie geradezu als Anfang der Geschichtsschreibung überhaupt beurteilt hat (z. B. die Geschichte von der Thronnachfolge Davids). Dass diese Bücher weder für sich genommen noch in ihrem größeren Kompositionszusammenhang gelesen, in den sie teilweise gehören (s. u. D.II.), »Geschichtsschreibung« sind, hängt mit ihrer eigentlichen Absicht zusammen. Es geht ihnen gar nicht darum, die Geschichtszusammenhänge möglichst detailliert und authentisch nachzuzeichnen, sondern sie wollen die erzählten Ereignisabfolgen auf ihre *theologische Konzeption* von Geschichte hin transparent machen. Das mag im Einzelnen nicht für das Listenmaterial oder die Annalen gelten, die der Darstellung zum Teil zugrunde liegen. Sicher gilt es aber für den vorliegenden Text, der nicht Geschichtsdarstellung, sondern theologische Geschichtsdeutung sein will. Am deutlichsten wird dies dort erkennbar, wo die Geschichtsüberlieferungen geradezu zum frei disponiblen »Material« von Geschichtstheologie werden, wie das z. B. in den Büchern Judit und Ester (s. u. D.XI. und D.XII.) geschieht.

In den »Büchern der Geschichte« wird erkennbar, dass Israel seine spezifische Beziehung zur »Geschichte« hat. Auch wenn man der vor allem durch *G. von Rad* vielfach vorgetragenen These, wonach »die Geschichte« der bevorzugte Ort der Gotteserfahrung und (als *history*/Ereignis und als *story*/Erzählung über das Ereignis) die dem Gott Israels im Grunde *allein angemessene* Kategorie der Offenbarung sei, in dieser Exklusivität nicht zustimmen kann, so ist doch damit Entscheidendes für Israel und zugleich Israel von seiner Umwelt Unterscheidendes gesagt:

(1) Die früher oftmals vertretenen Auffassungen, dass JHWH und die Götter der Umwelt Israels sich nur in der Geschichte offenbarten, dass das Zeitverständnis Israels linear und das der Umweltvölker zyklisch sei und dass der Glaube Israels immer auf

einen göttlichen Selbsterweis in der Geschichte bezogen sei, waren Positionen, deren polemisch-apologetischer oder systematisch-theologischer Ursprung heute auf der Hand liegt. Sie sind durch zahlreiche Arbeiten der beiden letzten Jahrzehnte weitgehend falsifiziert worden, vor allem durch die Monographien von *B. Albrektson* (History and the Gods 1967), *H. Cancik* (Grundzüge der hethitischen und alttestamentlichen Geschichtsschreibung 1976) und *J. Van Seters* (Der Jahwist als Historiker 1987). Während *Cancik* aufzeigt, dass alle formalen Elemente, für die traditionell das Erstgeburtsrecht der Geschichtsüberlieferung Israels reklamiert wurde, im Wesentlichen schon in der hethitischen Historiographie gegeben sind (vor allem: Darstellung komplexer Handlungen unter einem einheitlichen Gesichtspunkt und nach Kausalzusammenhängen), belegt *Albrektson* überzeugend, dass auch die Götter in Israels Umwelt sich in geschichtlichen Ereignissen, vor allem im Krieg, offenbaren, dass die Götter insbesondere im König als ihrem Repräsentanten die Herrschaft ausüben, dass machtvolles Götterwort sich im privaten und öffentlichen Bereich als Geschehen verwirklicht, dass Götter plan- und zielvoll handeln und sich dabei von Eigenschaften wie Zorn, Erbarmen, Gerechtigkeit leiten lassen. Ein einfaches Beispiel dafür ist die sog. Meschastele aus Dibon in Moab, in der der Gott Kemosch zunächst seinem Land zürnt, dann zum Kampf gegen Israel aufruft und schließlich den Sieg schenkt. Und *Van Seters* weist in seiner Studie nach, wie verwandt Israels »Geschichtsbücher« mit der griechischen und spätbabylonischen Historiographie sind (dieses Ergebnis bleibt gültig, auch wenn man die literaturgeschichtlichen Theorien *Van Seters'* nicht akzeptieren kann). Allerdings wird gerade an diesen drei Studien die dreifache Differenz zwischen Israel und seiner Umwelt sichtbar, nach der: 1. »eine Geschichtstheologie ... dem Alten Orient ganz fremd war« (*W. von Soden*); 2. eine derart umfangreiche, so weit ausholende Anbindung einer fortschreitenden Geschehenskette an ein und denselben Gott, wie dies im AT der Fall ist, sich im Alten Orient und Ägypten nicht finden lässt; 3. die Geschichtserzählungen Israels meist »das Volk« als Hauptakteur der Geschichte im Blick haben (auch dort, wo es sich auf der Oberflächenstruktur des Textes um Königsgeschichte handelt).

(2) Israels Geschichtstheologie hat ihre unverwechselbaren Konturen zwar nicht ausschließlich, aber doch im besonderen Maße in Epochen geschichtlicher Erschütterungen gefunden. So verwundert es nicht, dass die meisten »Bücher der Geschichte« ihre entscheidende literarische (End-)Gestalt in der Auseinandersetzung mit geschichtlichen Krisenerfahrungen erhalten haben (Eroberung Samarias und Untergang des Nordstaates Israel 722 v. Chr.; Eroberung Jerusalems und Exilserfahrung Anfang des 6. Jh.s v. Chr.; hellenistische Erschütterungen im 3. Jh. v. Chr.; Makkabäerzeit 2. Jh. v. Chr.). Angesichts dieser Erfahrungen entstand Israels Theologie der Geschichte als Meta-Theorie über Bedingungen, Sinn und Ziel von Geschichte überhaupt. Dabei werden nicht einfach Ereignisse gesammelt und erzählerisch nebeneinandergestellt, die als speziell von Gott gewirkte Geschichtsfakten erkannt und im Sinne einer »heilsgeschichtlichen« Fortschrittsgeschichte gelesen werden sollen (z. B. 1 Kön 10,9/2 Chr 8,9; 2 Kön 17,7; 24,3–4.20; Esra 7,6; Est 4,17; Jdt 13,4–5). Es wird vielmehr ein Zweifaches intendiert: Zum einen geht die Geschichtstheologie Israels davon aus, dass der Gesamtverlauf der Geschichte als eine einzige große Tat Gottes geglaubt werden muss, die seinem tiefsten Wesen entspricht, das er in der für Israels Geschichtserinnerung normativen Exodus-

Tat geoffenbart hat. Und zum anderen ist der Exodus als normative Erinnerungsfigur zugleich das geschichtstheologische Kriterium, nach dem die erzählten »Stoffe« ausgewählt und beurteilt werden.

(3) Legt man die von *C. Lévi-Strauss* vorgenommene Unterscheidung »kalter« und »heißer« Gesellschaften zugrunde, wobei »kalte« Gesellschaften solche sind, die so »gefroren« sind, dass sie das Eindringen geschichtlicher Veränderungen gezielt verhindern wollen, während »heiße« Gesellschaften darauf aus sind, die geschichtlichen Widerfahrnisse zum Motor ihrer Entwicklung zu machen, so präsentiert sich Israel in den »Büchern der Geschichte« als Prototyp einer »heißen« Gesellschaft. Israel konzentriert sich geradezu auf die Erinnerung der gesellschaftsverändernden und -erneuernden Geschichtserfahrungen *und* konfrontiert diese kritisch-utopisch mit gesellschaftlichen und politischen Geschehnissen und Zuständen, die den »Sinn« der Geschichte behindern. So ist die Geschichtstheologie Israels eine Form von Widerstand gegen alles, was der Geschichte als Befreiungstat JHWHs widerspricht. Sie will in Zeiten der Erschütterung und der drohenden Gottlosigkeit eine unzerstörbare »Heimat« in der »Geschichte« JHWHs selbst anbieten, die wie die »Luft von einem anderen Planeten« (*H. Marcuse*) erscheinen mag, weil sie die sogenannten Realitäten und den politischen *status quo* in Frage stellt und die Sehnsucht nach dem »Ziel« der Geschichte wach hält. Darum geht es letztlich in den »Büchern der Geschichte Israels«, insofern sie Israels kulturelles Gedächtnis sind.

(4) Wo das Erste Testament sich als Geschichtsbuch präsentiert, ist es eigentlich ein *Geschichtenbuch*, das Geschichte deuten und gestalten will. In erdichteter Form werden geschichtliche Erfahrungen dargeboten, um Orientierung und Wegweisung für Leben zu geben. Die »Wahrheit« dieser Geschichten wird nicht durch die Historizität der Ereignisse, über die erzählt wird, konstituiert, sondern durch die spezifische Textform, in der hier Geschichte »konstruiert« wird.

II. Theorien über das Deuteronomistische Geschichtswerk (DtrG) im Wandel der Forschung

(Georg Braulik, Wien)

Forschungsüberblicke: H. Weippert, Das deuteronomistische Geschichtswerk. Sein Ziel und Ende in der neueren Forschung: ThR 50, 1985, 213–249; H. D. Preuß, Zum deuteronomistischen Geschichtswerk: ThR 58, 1993, 229–264.341–395; G. N. Knoppers, Two Nations under God (s. u.), 1–54; T. Römer/A. de Pury, Deuteronomistic Historiography (DH): History of Research and Debated Issues, in: A. de Pury/T. Römer/J.-D. Macchi (Hg.), Israel Constructs its History (s. u.), 24–141; T. Veijola, Deuteronomismusforschung zwischen Tradition und Innovation: ThR 67, 2002, 273–327.391–424; 68, 2003, 1–44; A. Scherer, Neuere Forschungen zu alttestamentlichen Geschichtskonzeptionen am Beispiel des deuteronomistischen Geschichtswerks: VF 53, 2008, 22–40; J. M. Hutton, Vexed Texts. Sources of the Deuteronomistic History, in: ders., The Transjordanian Palimpsest. The Overwritten Texts of Personal Exile and Transformation in the Deuteronomistic History (BZAW 396) Berlin/New York 2009, 79–156; W. Dietrich, Die Hypothese vom deuteronomistischen Geschichtswerk, in: W. Dietrich/H.-P. Mathys/T. Römer/R. Smend, Die Entstehung des Alten Testaments. Neuausgabe (ThW 1) Stuttgart 2014, 171–192.

Literaturdatenbank: G. Braulik/N. Lohfink, Analytische Bibliographie zum Deuteronomium: http://anabideut.univie.ac.at/ (Zugriff 28.8.2015).

Wichtige Literatur der älteren Forschungsgeschichte: F. M. Cross, The Themes of the Book of Kings and the Structure of the Deuteronomistic History, in: Canaanite Myth and Hebrew Epic. Essays in the History of the Religion of Israel, Cambridge/MA [4]1980, 274–289; W. Dietrich, Prophetie und Geschichte. Eine redaktionsgeschichtliche Untersuchung zum deuteronomistischen Geschichtswerk (FRLANT 108) Göttingen 1972; R. E. Friedman, The Exile and Biblical Narrative. The Formation of the Deuteronomic and Priestly Works (HMS 22) Chico/CA 1981; H.-D. Hoffmann, Reform und Reformen. Untersuchungen zu einem Grundthema der deuteronomistischen Geschichtsschreibung (AThANT 66) Zürich 1980; A. Jepsen, Die Quellen des Königsbuches, Halle/Saale 1953, [2]1957; N. Lohfink, Kerygmata des deuteronomistischen Geschichtswerks (1981), in: ders., Studien zum Deuteronomium und zur deuteronomistischen Literatur II (SBAB 12) Stuttgart 1991, 125–142; R. D. Nelson, The Double Redaction of the Deuteronomistic History (JSOT.S 18) Sheffield 1981; M. Noth, Überlieferungsgeschichtliche Studien. Die sammelnden und bearbeitenden Geschichtswerke im Alten Testament (SKGG 18,2) Tübingen [3]1967 (= Halle/S. 1943, 43–266); G. von Rad, Die deuteronomistische Geschichtstheologie in den Königsbüchern (1947), in: Gesammelte Studien zum Alten Testament I (TB 8) München [3]1958, 189–204; R. Smend, Das Gesetz und die Völker. Ein Beitrag zur deuteronomistischen Redaktionsgeschichte, in: ders., Die Mitte des Alten Testaments. Gesammelte Studien 1 (BhEvTh 99) München 1986, 124–137.494–509; T. Veijola, Die ewige Dynastie. David und die Entstehung seiner Dynastie nach der deuteronomistischen Darstellung (AASF B 193) Helsinki 1975; ders., Das Königtum in der Beurteilung der deuteronomistischen Historiographie. Eine redaktionsgeschichtliche Untersuchung (AASF B 198) Helsinki 1977; H. Weippert, Die »deuteronomistischen« Beurteilungen der Könige von Israel und Juda und das Problem der Redaktion der Königsbücher: Bib. 53, 1972, 301–339; H.-W. Wolff, Das Kerygma des deuteronomistischen Geschichtswerks (1961), in: ders., Gesammelte Studien zum Alten Testament (ThB 22) München [2]1973, 308–324.

Aufsatzsammlungen: G. N. Knoppers/J. G. McConville (Hg.), Reconsidering Israel and Juda. Recent Studies on the Deuteronomistic History (SBThSt 8) Winona Lake/IN 2000; S. L. McKenzie/M. P. Graham (Hg.), The History of Israel's Traditions. The Heritage of Martin Noth (JSOT.S 182) Sheffield 1994; A. de Pury/T. Römer/J.-D. Macchi (Hg.), Israel Constructs its History. Deuteronomistic Historiography in Recent Research (JSOT.S 306) Sheffield 2000; T. Römer (Hg.), The Future of the Deuteronomistic History (BEThL 147) Leuven 2000; U. Rüterswörden (Hg.), Martin Noth – aus der Sicht der heutigen Forschung (BThSt 58) Neukirchen-Vluyn 2004; T. Römer/K. Schmid (Hg.), Les dernières rédactions du Pentateuque, de l'Hexateuque et de l'Ennéateuque (BEThL 203) Leuven 2007; L. S. Schearing/S. L. McKenzie (Hg.), Those Elusive Deuteronomists. The Phenomenon of Pan-Deuteronomism (JSOT.S 268) Sheffield 1999; H.-J. Stipp (Hg.), Das deuteronomistische Geschichtswerk (ÖBS 39) Frankfurt a. M. 2011; M. Witte u. a. (Hg.), Die deuteronomistischen Geschichtswerke. Redaktions- und religionsgeschichtliche Perspektiven zur »Deuteronomismus«-Diskussion in Tora und Vorderen Propheten (BZAW 365) Berlin/New York 2006.

Einzelstudien: R. Albertz, Die Exilszeit: 6. Jahrhundert v. Chr. (BE 7) Stuttgart 2001; ders., Wer waren die Deuteronomisten? Das historische Rätsel einer literarischen Hypothese, in: ders., Geschichte und Theologie (BZAW 326) Berlin/New York 2003, 279–301; A. G. Auld, Kings without Privilege. David and Moses in the Story of Bible's Kings, Edinburgh 1996; E. Aurelius, Zukunft jenseits des Gerichts. Eine redaktionsgeschichtliche Studie zum Enneateuch (BZAW 319) Berlin/New York 2003; W. B. Barrick, The King and the Cemeteries. Toward a New Understanding of Josiah's Reform (VT.S 88) Leiden u. a. 2002; B. Becking, Jehojachin's Amnesty, Salvation for Israel? Notes on 2 Kings 25,27–30, in: C. Brekelmans/J. Lust (Hg.), Pentateuchal and Deuteronomistic Studies. Papers Read at the XIIIth IOSOT Congress Leuven 1989 (BEThL 94) Leuven 1990, 283–293; F. Blanco Wißmann, »Er tat das Rechte ...« Beurteilungskriterien und Deuteronomismus in 1 Kön 12–2 Kön 25 (AThANT 93) Zürich 2008; G. Braulik, Zur deuteronomistischen Konzeption von Freiheit und Frieden (1985), in: ders., Studien zur Theologie des Deuteronomiums (SBAB 2) Stuttgart 1988, 219–230; A. F. Campbell, Of Prophets and Kings. A Late Ninth-Century Document (1 Samuel–2 Kings 10) (CBQ.MS 17) Washington/DC 1986; A. F. Campbell/M. O'Brien, Unfolding the Deuteronomistic History: origins, upgrades, present text, Minneapolis/MN 2000; W. Dietrich, Die frühe Königszeit in Israel. 10. Jahrhundert v. Chr. (BE 3) Stuttgart 1997; ders., Von David zu den Deuteronomisten. Studien zu den Geschichtsüberlieferungen des Alten Testaments (BWANT 156) Stuttgart 2002; P. Dutcher-Walls, The Social Location of the Deuteronomists. A sociological Study of Factional Politics in Late Pre-Exilic Judah: JSOT 52, 1991, 77–94; D. Edelman, Hezekiah's Alleged Cultic Centralization: JSOT 34, 2008, 395–434; E. Eynikel, The Reform of King Josiah and the Composition of the Deuteronomistic History (OTS 33) Leiden 1996, 60–95; A. Faust, The Archaeology of Israelite Society in Iron Age II, Winona Lake 2012; F.-E. Focken, Joschijas Gesetzesschrift. Eine literarkritische und redaktionsgeschichtliche Analyse von 2Kön 22,1–23,3; 23,21–30: BN.NF 163, 2014, 25–43; M. Gerhards, Die Begnadigung Jojachins – Überlegungen zu 2.Kön.25,27–30 (mit einem Anhang zu den Nennungen Jojachins auf Zuteilungslisten aus Babylon): BN 94, 1998, 52–67; B. Halpern, The First Historians. The Hebrew Bible and History, San Francisco 1988; B. Halpern/D. S. Vanderhooft, The Edition of Kings in the 7th–6th Centuries B. C. E.: HUCA 62, 1991, 179–244; C. Hardmeier, Umrisse eines vordeuteronomistischen Annalenwerks der Zidkiazeit. Zu den Möglichkeiten computergestützter Textanalyse: VT 40, 1990, 165–184; U. Y. Kim, Decolonizing Josiah. Towards a Postcolonial Reading of the Deuteronomistic History (BiMW 5) Sheffield 2005; G. N. Knoppers, Two Nations under God. The Deuteronomistic History of Salomon and the Dual Monarchies (HMS 52 und 53) Atlanta 1993 und 1994; ders., Rethinking the Relationship between Deuteronomy and the Deuteronomistic History. The Case of Kings: CBQ 63, 2001, 393–415; R. G. Kratz, Die Komposition der erzählenden Bücher des Alten Testaments. Grundwissen der Bibelkritik (UTB 2157) Göttingen 2000; K. Latvus, God, Anger and Ideology. The Anger of God in Joshua and Judges in Relation to Deuteronomy and the Priestly Writings (JSOT.S 279) Sheffield 1998; A. Lemaire, Vers l'histoire de la redaction des livres Rois: ZAW 98, 1986, 221–235; N. Lohfink, Gab es eine deuteronomistische Bewegung? (1995), in: ders., Studien zum Deuteronomium und zur deuteronomistischen Literatur III (SBAB 20) Stuttgart 1995, 65–142; ders., Welches Orakel gab den Davididen Dauer? Ein Textproblem in 2 Kön 8,19 und das Funktionieren der dynastischen Orakel im deuteronomistischen Geschichtswerk (1990), in: ders., Studien zum Deuteronomium und zur deuteronomistischen Literatur IV (SBAB 31) Stuttgart 2000, 11–34; ders., Geschichtstypologisch orientierte Textstrukturen in den Büchern Deuteronomium und Josua (1997), in: ders., Studien zum Deuteronomium und zur deuteronomistischen Literatur IV (SBAB 31) Stuttgart 2000, 75–103; ders., Der Zorn Gottes und das Exil. Beobachtungen am deuteronomistischen Geschichtswerk (2000), in: ders., Studien zum Deuteronomium und zur deuteronomistischen Literatur V (SBAB 38) Stuttgart 2005, 37–55; A. D. H. Mayes, The Story of Israel between Settlement and Exile. A Redactional Study of the Deuteronomistic History, London 1983; A. Mazar, Archaeology and the Bible. Reflections on Memory in the Deuteronomistic History, in: C. M. Maier (Hg.), Congress Volume Munich 2013 (VT.S 163) Leiden 2014, 347–369; S. L. McKenzie, The Trouble with Kings. The Composition of the Book of Kings in the Deuteronomistic History (VT.S 42) Leiden 1991; A. Moenikes, Tora ohne Mose. Zur Vorgeschichte der Mose-Tora (BBB 149) Berlin 2004; P. Mommer/A. Scherer (Hg.), Geschichte Israels und deuteronomistisches Geschichtsdenken (AOAT 380) Münster 2010; R. Müller, Königtum und Gottesherrschaft. Untersuchungen zur alttestamentlichen Monarchiekritik (FAT 2/3) Tübingen 2004; E. T. Mullen, Narrative History and Ethnic Boundaries. The Deuteronomistic Historian and the Creation of Israelite National Identity, Atlanta 1993; N. Na'aman, The King Leading Cult Reforms in His Kingdom. Josiah and Other Kings in the Ancient Near East: ZAR 12, 2006, 131–168; ders., The »Discovered Book« and the Legitimation of Josiah's Reform: JBL 130, 2011, 47–62; R. D. Nelson, The Double Redaction of the Deuteronomistic History. The Case is Still Compelling: JSOT 29, 2005, 319–337; J. Nentel, Trägerschaft und Intentionen des deuteronomistischen Geschichtswerks. Untersuchungen zu den Reflexionsreden Jos 1; 23; 24; 1 Sam 12 und 1 Kön 8 (BZAW 297) Berlin/New York 2000; C. Nihan, »Deutéronomiste« et »Deutéronomisme«. Quelques remarques de méthode en lien avec le débat actuel, in: M. Nissinen (Hg.), Congress Volume Helsinki 2010 (VT.S 148) Leiden/Boston 2012, 409–441; F. A. J. Nielsen, The Tragedy in History. Herodotus and the Deuteronomistic History (JSOT.S 251) Sheffield 1997; K. L. Noll, Deuteronomistic History or Deuteronomic Debate? (A Thought Experiment): JSOT 31, 2007, 311–345; M. A. O'Brien, The Deuteronomistic History Hypothesis: a Reassessment (OBO 92) Fribourg/Göttingen 1989; W. Oswald, Staatstheorie im Alten Israel. Der politische Diskurs im Pentateuch und in den Geschichtsbüchern des Alten Testaments, Stuttgart 2009; B. Peckham, The Composition of the Deuteronomistic History (HSM 35) Atlanta/GA 1985; R. F. Person, The Deuteronomic School. History, Social Setting and Literature (SBL 2) Atlanta/GA 2002; M. Pietsch, Die Kultreform Josias. Studien zur Religionsgeschichte der späten Königszeit (FAT 86) Tübingen 2013; I. W. Provan, Hezekiah and the Book of Kings. A Contribution on the Debate about the Composition of the Deuteronomistic History (BZAW 172) Berlin 1988; T. Römer, The So-Called Deuteronomistic History. A Sociological, Historical and Literary Introduction, London 2005/2007 (dazu R. F. Person u. a. in JHS 9, 2009, 1–49); H. N. Rösel, Von Josua bis Jojachin. Untersuchungen zu den deuteronomistischen Geschichtsbüchern des Alten Testaments (VT.S 75) Leiden 1999; W. Roth, Deuteronomistisches Geschichtswerk/Deuteronomistische Schule, in: TRE 8, 1981, 543–552; C. Schäfer-Lichtenberger, Josua und Salomo. Eine Studie zu Autorität und Legitimität des Nachfolgers im Alten Testament (VT.S 58) Leiden 1995; H.-C. Schmitt, Das spätdeuteronomistische Geschichtswerk Genesis I–2 Regum XXV und seine theologische Intention, in: ders., Theologie in Prophetie und Pentateuch. Gesammelte Schriften (BZAW 310) Berlin/New York 2001, 277–294; S. Seiler, Die Geschichte von der Thronfolge Davids (2 Sam 9–20; 1 Kön 1–2). Untersuchungen zur Literarkritik und Tendenz (BZAW 267) Berlin/New York 1998; H.-J. Stipp, Remembering Josiah's Reform in Kings, in: E. Ben Zvi/C. Levin (Hg.), Remembering and Forgetting in Early Second Temple Judah (FAT 85) Tübingen 2012, 225–238; Tagliacarne, »Keiner war wie er«. Untersuchungen zur Struktur von 2 Kön 22-23 (ATSAT 31) St. Ottilien 1989; P. S. F. van Keulen, Manasseh Through the Eyes of the Deuteronomists. The Manasseh Account (2 Kings 21:1–18) and the Final Chapters of the Deuteronomistic History (OTS 38) 1996; J. Van Seters, In Search of History. Historiography in the Ancient World and the Origins of Biblical Historiography, New Haven 1983; G. Vanoni, Beobachtungen zur deuteronomistischen Terminologie in 2 Kön 23,25–25,30, in: N. Lohfink (Hg), Das Deuteronomium. Entstehung, Gestalt und Botschaft (BEThL 68) Leuven 1985, 357–362; J. Vermeylen, Les écrivains deutéronomistes travaillaient-ils en Babylonie ou en Palestine?, in: C. M. Maier (Hg.), Congress Volume Munich 2013 (VT.S 163) Leiden 2014, 154–181; H. Weippert, Geschichten und Geschichte: Verheißung und Erfüllung im deuteronomistischen Geschichtswerk, in: Congress Volume Leuven 1989 (VT.S 43) 1991, 116–131; C. Westermann, Die Geschichtsbücher des Alten Testaments. Gab es ein deuteronomistisches Geschichtswerk? (ThB 87) Gütersloh 1994; E. Würthwein, Studien zum Deuteronomistischen Geschichtswerk (BZAW 227) Berlin/ New York 1994.

1. Die entstehungsgeschichtliche und die kanonische Bücherabfolge

Das »Deuteronomistische Geschichtswerk« umfasste einst die Bücher Dtn, Jos, Ri, 1–2 Sam, 1–2 Kön. Nicht zu ihm gehörte das Buch Rut, das erst im Kanon der griechischen Bibel, der Septuaginta, zwischen den Büchern Ri und 1 Sam eingereiht wurde, weil es historisch nach der von ihm erzählten Zeit (Rut 1,1) dorthin passt. Doch zerreißt es einen Zusammenhang, den der hebräische Kanon noch bietet. Die Bücherabfolge der Septuaginta wird auch durch die anderen »historischen« Bücher verundeutlicht, die deshalb, weil sie zur Gattung »Geschichtsbücher« gehören, sofort an 2 Kön angeschlossen wurden, aber im älteren hebräischen Kanon erst im dritten Kanonteil, den »Schriften«, stehen.

Weil dieses Studienbuch dem Aufbau des katholischen Kanons folgt, gehen wir im Folgenden auf eine ältere Bücheranordnung zurück und erfassen damit eine ursprüngliche literarische Großeinheit. Sie ist noch nicht einmal im hebräischen Kanon des Tanak unmittelbar greifbar. Deshalb wird zunächst dieser entstehungsgeschichtlich wichtige Zusammenhang behandelt und vor allem forschungsgeschichtlich (schematisiert) beschrieben, ehe in den nächsten Kapiteln die einzelnen Bücher in ihrer späteren kanonischen Reihenfolge vorgestellt werden.

2. Zur Unterscheidung des »Deuteronomistischen Geschichtswerks« von den »Vorderen Propheten«

(1) In der Hebräischen Bibel gibt es eine klare Trennungslinie zwischen dem Dtn und dem Josuabuch. Sie grenzt die »fünf Bücher Mose«, die Tora, von den »Vorderen Propheten« ab: Dtn 34,7 greift die Urgeschichte, 34,4 die Vätergeschichte, 34,10–12 die Mosegeschichte auf und scheidet sie von den nachfolgenden »Propheten«. Damit hat

die von der Schöpfung bis zur Schwelle des Verheißungslandes erzählte Gründungsgeschichte einen Schlusspunkt erhalten. Jos 1,7f blickt auf die »Rolle der Tora« zurück und bezieht sich damit innerhalb des Kanons auf den Pentateuch. Die in der Tora-Rolle schriftlich fixierte Sozialordnung ist der Geschichte des Gottesvolkes fortan als Basisdokument vorgegeben. Die Bücher Jos bis 2 Kön (ohne Rut) werden als eine *erste* Auslegung der Tora verstanden. Denn nach dem Prophetengesetz von Dtn 18 wird Israel zur Deutung der ein für allemal gegebenen Tora einen Propheten wie Mose besitzen, also eine göttliche Führung durch die Geschichte. Deshalb heißen diese Bücher auch die »Vorderen *Propheten*«. Sie zeigen, wie Israel im Verheißungsland versuchte, die Tora als seine Gesellschaftsordnung zu verwirklichen, am Ende in Form eines »Nationalstaates«. Das Leuchtendste, was diese Büchergruppe in ihrem Zentrum zu schildern hatte, war die Gestalt eines »Gesalbten«, des Königs David, und seines Reiches. Dieses Experiment von Toraverwirklichung ist gescheitert; deshalb sind es die »*Vorderen* Propheten«.

Sie stehen im hebräischen Kanon einer weiteren Büchergruppe gegenüber, die eine Gegenaussage macht: den »*Hinteren* Propheten« oder Schriftpropheten. Diese Bücher bezeugen ein Prophetentum, das den Zusammenbruch des Experiments »Staat«, die Umkehr der Exilszeit und die Verheißung eines ganz neuen, anderen Handelns Gottes an Israel mit einer anderen Verwirklichung der Tora ausspricht – gewissermaßen einer *zweiten* Auslegung der Tora.

Vielleicht kann man die »Vorderen Propheten« sogar als eine Art »Handbuch zur Schriftprophetie, ein Nachschlagewerk für die Tradenten der schriftprophetischen Literatur, insbesondere des Jeremiabuches,« verstehen, analog zur deutlich durch die Prophetie geprägten Geschichtsschreibung der Chronik (*F. Blanco Wißmann* 2008). Texte aus beiden Auslegungen werden im Synagogengottesdienst der Toralesung als zweite Lesung, als »Haftara« (wörtlich »Abschluss«), angefügt.

Im hebräischen Kanon finden sich auch noch *weitere Auslegungen der Tora*, die aber nicht mehr den Rang der Haftara erreichen. Das heißt, Texte aus diesem Bereich können nur in Sonderfällen zur eigentlichen synagogalen Lesung verwendet werden, etwa die fünf Fest-»Rollen«, die »Megillot«. Am wichtigsten ist der Psalter, weil er am deutlichsten die Hoffnung auf einen »Gesalbten«, einen »Christus«, der Endzeit ausspricht. Von besonderem Interesse ist auch die ganz neue, stark am Kult orientierte Geschichtsauslegung der Chronik, die sich von den behandelten Geschichtsperioden her zu einem großen Teil mit den in den Vorderen Propheten behandelten Epochen überschneidet.

Weil es in den geschichtlichen Darstellungen des hebräischen Kanons letztlich gar nicht um eine möglichst vollständige Information über die abgelaufene Weltgeschichte und Geschichte Israels geht, sondern nur um eine Aufreihung von die Tora kommentierenden Interpretationsmöglichkeiten dieser Tora, haben wir in unserer Bibel nach dem Eintritt des babylonischen Exils über die neubabylonische, persische, hellenistische und römische Epoche keine fortlaufende Geschichtsschreibung mehr. Die damals gemachten Experimente der Toraverwirklichung forderten offenbar andere literarische Betrachtungsweisen als eine Geschichtsdarstellung, wenn sie der späteren Gemeinschaft des Gottesvolkes etwas sagen wollten. Umso interessanter ist natürlich jene Gestalt der *Toraauslegung, die die Form von Geschichtsschreibung angenommen hat.* Und das sind primär die hier zu besprechenden Bücher.

(2) Wir müssen allerdings, um zur ursprünglichen Gestalt dieser Geschichtsdarstellung zu kommen, sogar noch hinter die Größe »Vordere Propheten« zurückgehen. Erst dann stoßen wir nämlich auf das *»Deuteronomistische Geschichtswerk«*. Dieses Werk gab es nach Ansicht vieler Exegeten als zusammenhängende literarische Realität, bevor der Pentateuch in seiner uns vorliegenden Gestalt zusammengefügt wurde. Das beweisen mehrere Erzählstrukturen, die im Rahmenwerk des Dtn beginnen und sich in die späteren Bücher fortsetzen. Weil das Dtn diese Bücher prägt, spricht man vom »deuteronomistischen« Geschichtswerk. Die Gemeinsamkeiten reichen vom Sprachgebrauch über Inhalte wie JHWH-Alleinverehrung und Torabeobachtung bis zu Vorstellungskomplexen (z. B. Gesetze des Geschichtsablaufs wie Glaubenstreue und Apostasie, die zu Segen oder Fluch führen) und kompositorischen Schemata (z. B. Verheißung – Erfüllung) auf verschiedenen Ebenen. Als der Pentateuch zur »Rechtsbasis« der innerhalb des Perserreiches existierenden Tempelgemeinde Jerusalem-Juda komponiert wurde, nahm man auch das Dtn in ihn als jene Gesetzestradition auf, die als Programm der Geschichtsdarstellung bisher deren Anfang gebildet hatte.

(3) Mit dem Dtn als Schlussstück bricht die Tora vor dem Einzug ins Verheißungsland ab. Alles ist offen. Die Geschichte hatte schon zweimal an diesem Punkt begonnen – einmal unter Josua, dann nach der Heimkehr aus dem babylonischen Exil. Das in der Tora Grundgelegte konnte sich auch künftig immer wieder und ganz neu entfalten. Was die Vorderen Propheten im Anschluss an das Dtn schilderten, war gegenüber solchen neuen Entfaltungsmöglichkeiten jetzt nur mehr eine Art historisch überholtes Alternativbild. Deshalb hat die Tora gegenüber allen ihr folgenden Büchern auch ein ganz anderes Gewicht und die synagogale Lesung beginnt vor dem Einzug ins Verheißungsland wieder von vorn. Die christliche Auslegung und liturgische Leseordnung des AT hätte im Blick auf diese *Vorrangstellung der Tora* gegenüber den anderen, sie letztlich nur auslegenden Büchern des AT noch vieles zu lernen (s. *G. Braulik/N. Lohfink*, Liturgie und Bibel. Gesammelte Aufsätze [ÖBS 28] Frankfurt a. M. 2005, 125–266).

Die Abtrennung des Dtn auf der kanonischen Ebene und die damit verbundenen Überarbeitungen haben allerdings die Texte so wenig verändert, dass wir auch heute noch die Bücher des DtrG – von *Dtn bis 2 Kön – als literarische Einheit* zusammensehen können. Die Zuordnung der einzelnen Buchrollen ist zwar für die kanonische Gestalt dieses Textkorpus wichtig; doch dürften zunächst *Dtn und *Jos zusammengehört haben. Die Trennungen zwischen 1 und 2 Sam wie zwischen 1 und 2 Kön sind rein buchtechnisch begründet und zählen nicht wirklich. So bleiben schließlich die fünf »Größen« Dtn, Jos, Ri, Sam, Kön, die sich an Einzelgestalten bzw. Zeitperioden orientieren, also auch so etwas wie ein »Pentateuch«. Sein eigentliches *Problem* lautet: *Kann der Staat zur Gestalt des Gottesvolkes werden?* Dazu wird die Zeit vom Vorabend der Eroberung des Landes bis zum Verlust des Landes geschildert: vom letzten Wort Moses vor seinem Tod und der Einsetzung seines Nachfolgers Josua, der das Land für Israel erobern soll, an bis zum Schicksal des letzten, in babylonischer Gefangenschaft lebenden Davididen um 560 herum.

3. Hauptlinien der Forschungsgeschichte

3.1 Drei wichtige Erklärungsversuche vor M. Noth

(1) Einer ersten Hypothese zufolge setzen sich die Pentateuchschichten in den Büchern ab Jos fort. So vermutet z. B. *J. Wellhausen* (1876) Zusammenhänge verschiedener Erzählungsfäden in Sam und Kön mit J und E. Nach *A. Alt* und anderen widersprechen aber die Erkenntnisse über die ältesten, vielleicht noch mündlichen Erzähltraditionen vor allem in Jos und Ri einer solchen Fortführung der Pentateuchquellen.

(2) Schon *W. M. L. de Wette* (1805) nimmt eine »dtr« (d. h. eine mit dem Dtn zusammenhängende bzw. von ihm beeinflusste) Bearbeitung von Jos–Kön an. Die Bücher selbst gelten als älter. Beeinflusst von *H. Ewald* (1843ff) zeigt *A. Kuenen* (1861; im Anschluss daran *Wellhausen*), dass bestimmte Texte im redaktionellen Rahmenwerk der Kön das babylonische Exil voraussetzen (1 Kön 9,1–9; 2 Kön 17,19f; 20,17f; 21,11–15; 22,15–20; 23,26f; 24,2–4; 24,18–25,30), andere dagegen nicht. Er unterscheidet deshalb zwei dtr Redaktionen: eine vorexilische, um 600 v. Chr. herausgegebene Komposition und eine erweiterte, neudeutende Ausgabe des Werkes in der Exilszeit.

(3) Diese Unterscheidung wird vor allem von *G. Hölscher* (1922) bestritten. Er datiert die Redaktion und die meisten Quellen der Kön, aber auch deren Voraussetzung, das Dtn, in nachexilische Zeit.

3.2 Martin Noth (1943)

Er gilt als »Vater« des »Deuteronomistischen Geschichtswerks« (DtrG). Es liegt den Büchern Dtn bis 2 Kön zugrunde und wurde von einem einzigen Redaktor, ja Autor geschaffen. Weil das letzte mitgeteilte Ereignis die Rehabilitierung des in Babylon gefangenen judäischen Königs Jojachin im Jahr 562 v. Chr. ist, wurde das Werk knapp danach und am ehesten unter den im Land Verbliebenen verfasst (vgl. jüngst *J. Vermeylen*). Der »Deuteronomist« verknüpfte vielfältiges, auch heterogenes, älteres Quellenmaterial und sicherte damit das literarische und historische Erbe des vorexilischen Israel. Mit seiner einheitlichen Geschichtstheologie deutete er vor allem aufgrund des Alleinverehrungsanspruchs JHWHs die Katastrophe des Exils. Dazu im Einzelnen:

Noth sieht (a) in den dtr Redaktoren, die bisher recht vage als Sammler und Kompilatoren verstanden wurden, einen einzigen, echten Schriftsteller, »dem an einer auswählenden Sammlung und Ordnung und Deutung der ihm überkommenen, schon schriftlich fixierten Überlieferungen zur Geschichte seines Volkes auf dem Boden des palästinischen Kulturlandes gelegen« ist. Dieser »Autor«, der also gleichermaßen Sammler wie Verfasser und Redaktor ist, hat sein »umfassendes Rahmenwerk« so sehr als ganz in sich stehende »große literarische Einheit« konzipiert, dass die Vorstellung weiterlaufender Pentateuchquellen oder eines bis dahin kaum hinterfragten Hexateuchs nicht mehr in Frage kommen. Das von ihm geschaffene »Deuteronomistische Geschichtswerk« (Dtn 1–2 Kön 25), ein »Neuling im Gesamtbereich der altorientalischen Literatur«, wurde (b) erst nach der Zerstörung Jerusalems in Mizpa nördlich von Jerusalem und zwar kurz nach der am Ende berichteten Begnadigung des Königs Jojachin durch Ewil-Merodach von Babylon im Jahr 561 v. Chr. abgefasst. Das Werk betrachtet den »Geschichtsverlauf im Lichte seines Resultates« und wollte den Untergang von Staat und Tempel durch den ständigen Ungehorsam und Abfall von JHWH begründen. Es sei eine Art geschichtstheologischer Rechtfertigung Gottes, die bei seinem Zorn ende und insofern auch keine Zukunftshoffnung habe.

Noth begründet seine Theorie von dem einen »Deuteronomisten« vor allem mit den folgenden *4 Beobachtungsreihen*:

(1) die sich durchziehende stereotype deuteronomische Sprache;

(2) die durchgehende Periodisierung und die rück- wie vorausblickenden zusammenfassenden Deutungen an Einschnitten des Geschichtsverlaufs durch eingefügte Reden wichtiger Personen (Mose zu Beginn und gegen Ende des Deuteronomiums in Dtn 1–3 und 31; Josua beim Aufbruch aus Schittim und zum Abschluss der Landnahme in Jos 1 und 23; Samuels Abschiedsrede beim Übergang von der Richter- zur Königszeit in 1 Sam 12; Salomos Tempelweihgebet nach dem Bau des Jerusalemer Tempels in 1 Kön 8) und Reflexionen des »Verfassers« (Aufzählung der besiegten Könige in Jos 12; Ankündigung der Geschichte der Richter in Ri 2,11ff; Fall des Nordreiches in 2 Kön 17,7ff), die von dtr Sprache und dtr Gedankengut geprägt und aufeinander bezogen sind;

(3) ein kohärentes chronologisches System von der Wüstenwanderung Israels bis zum Untergang des Nord- und Südreichs (den Schlüssel bildet 1 Kön 6,1: 480 Jahre zwischen dem Exodus und dem Beginn des salomonischen Tempelbaus);

(4) die Konsistenz der tragenden theologischen Ideen (z. B. Gebot der Alleinverehrung JHWHs; Zusammenhang zwischen Tun und Ergehen, d. h. dem Handeln Israels gegenüber seinem Gott und der Lenkung der Geschichte Israels durch JHWH).

Diese Beobachtungen sind weithin unbestreitbar. Ein rein zufälliges Entstehen z. B. der zusammenfassenden Geschichtsbetrachtungen ohne jede kompositionelle Funktion erscheint wenig plausibel. Noth kann aber seinen einzigen Deuteronomisten nur durchhalten, indem er die relativ vielen Unstimmigkeiten innerhalb des Werkes entweder als Diskrepanzen im verwerteten und nur selten korrigierten Quellenmaterial erklärt oder sie dadurch aufhebt, dass er relativ viele spätere Zusätze zum Geschichtswerk annimmt. Die spätere Diskussion setzt gern bei diesen literarischen, konzeptionellen und theologischen Unstimmigkeiten an. Auch bei den Rede- und Reflexionstexten versucht sie deshalb, verschiedene dtr Schichten zu unterscheiden.

3.3 Die Theorieentwicklung seit M. Noth

Die Theorie Noths wurde – trotz der Skepsis der größeren Kommentare und Einleitungswerke, die das Gewicht der früheren Forschung spürten – sehr schnell und weltweit als selbstverständliche Voraussetzung und Referenzrahmen für die Auslegung der Bücher Jos bis Kön übernommen. Ihr forschungsgeschichtlicher Einfluss bis heute ist trotz verschiedener Bestreitungen kaum zu überschätzen (s. *S. L. McKenzie/M. P. Graham* und *U. Rüterswörden*).

Noths These von einem kompositorisch kohärenten Geschichtswerk wird heute z. B. von *J. Van Seters, S. L. McKenzie* und *E. Blum* vertreten. Allerdings rechnen sie mit wesentlich mehr späteren Zusätzen als Noth. Nach *Van Seters* (1983) machte der Deuteronomist – anders als Noth dies angenommen hatte – bei seiner Geschichtsdarstellung so freien Gebrauch von den Vorlagen, dass sich seine Quellen nicht mehr rekonstruieren lassen. *McKenzie* (1991) verortet das Werk (das bereits in 2 Kön 25,26 endet) wegen seines Interesses an der davidischen Dynastie kurz nach 586 v. Chr. in Mizpa. Grundlegend bleiben für *Blum* (Das exilische deuteronomistische Geschichtswerk, in: H.-J. Stipp 2011, 269–295) neben den epochemarkierenden Reden- und Reflexionsstücken, durchlaufenden Leitmotiven usw. vor allem die Selbstkonstitution des Dtn als Werkanfang und die nahtlose kompositionelle Verknüpfung von Gesetz, Josuageschichte, Richterzeit und Königszeit in der tragenden deuteronomistischen Schicht. Nicht ausgeschlossen wäre, wie Blum einräumt, ein literarisches Vorstadium nach Art einer »Deuteronomistischen Landeroberungserzählung« (Dtn*+Jos*) – s. u.

Die im Folgenden zunächst vorgestellten redaktionsgeschichtlichen Spezifizierungen von *H. W. Wolff*, *F. M. Cross* und *R. Smend* lassen sich als Modifizierungen des Nothschen DtrG verstehen. Das gilt nicht mehr für die Annahme eines Nebeneinanders ursprünglich getrennt voneinander entstandener, auch noch »Deuteronomistische Geschichtswerke« genannter Komplexe wie *Dtn–Jos, *Ri, *Sam–Kön, die verschiedene Erzählkränze in sich aufgenommen haben, auch nicht für dtr Bearbeitungen innerhalb eines »Enneateuch« (Gen bis 2 Kön). Noths These wird aber auch dort bestritten, wo den einzelnen Büchern der Vorrang gegenüber einer auktorialen, übergreifenden und planvollen dtr Redaktion eingeräumt wird. Auf diese Forschungspositionen wird weiter unten eingegangen.

Außerdem stellt sich die grundsätzliche Frage, inwiefern man Noths DtrG als »Geschichtsschreibung« bezeichnen darf. Aufgrund der göttlichen Eingriffe und der Anonymität des Verfassers entspricht das Werk gewiss nicht den Ansprüchen des Thukydides oder jenen moderner Historiographie. *J. Van Seters* (1983) verweist auf die hellenistische Geschichtsschreibung, insbesondere die Herodots. Sie lässt sich aber nicht sachgerecht mit der ganz anders situierten Deuteronomistischen Geschichtserzählung vergleichen. Diese ist viel stärker chronologisch angelegt, themenzentriert und stellt die entscheidenden Ereignisse wie den Jordandurchzug, Tempelbau und die joschijanische Reform breit dar. Dass die hellenistische Tradition DtrG sogar beeinflusst haben soll (*F. A. J. Nielsen* [1997]), bleibt deshalb ziemlich zweifelhaft.

3.31 Differenzierung im Kerygma

G. von Rad (1947) korrigiert Noths Kerygma der Hoffnungslosigkeit: Im DtrG wirkt JHWHs Wort nicht nur richtend und vernichtend, sondern in der sich ständig erfüllenden Davidverheißung (Natan-Orakel 2 Sam 7 von *Noth* nicht zum dtr Redekorpus gerechnet) auch rettend und vergebend. Der verhaltene Messianismus dieser Gerichtsdoxologie (→ Doxologie) reiche über den Fall Jerusalems hinaus bis zur Schlussnotiz von der Begnadigung Jojachins (2 Kön 25,27–30). Diese Sicht vom Funktionieren der Davidverheißung beruht allerdings auf einer von *N. Lohfink* (1990) als nicht ursprünglich erwiesenen Textgestalt von 2 Kön 8,19 MT und ist erst die Sicht der Chr. Die Theorie der Kön ist komplizierter. Doch bleibt es bei einer positiven Wertung des Königtums bis Joschija, wenn auch auf einer anderen theologischen Basis. *H. W. Wolff* (1961) hält zwar die Begnadigung Jojachins nicht für einen hoffnungsvollen Ausblick auf die Restituierung der davidischen Dynastie. Dennoch sei das eigentliche Kerygma des DtrG nicht das Gottesgericht, wie Noth gemeint hatte, sondern ein Aufruf zur »Umkehr« im Exil, der von einer »zweiten Hand des dtr Kreises« stamme (Dtn 4,29–31; 30,1–10). Die These Wolffs hat einen Prozess weiterer Schichtendifferenzierung im Dtn und die Reflexion über seine Verklammerung mit dem DtrG eingeleitet. Das von Wolff erarbeitete Kerygma aufnehmend betont *B. Becking* (1990), dass die Amnestie Jojachins kein Hoffnungsmodell für die Befreiung Israels darstelle. Sie zeige aber, dass die Schlussredaktion des DtrG noch vor dem Ende des babylonischen Exils stattgefunden hat. Sollte die Gerichtsankündigung in 2 Kön 20,18 einen Hinweis auf die Begnadigung Jojachins enthalten, so *M. Gerhards* (1998), sei die Schlussnotiz als Vollzug göttlichen Gerichts an der Daviddynastie zu verstehen. Damit sei nicht das Ende Israels angesagt, doch liegt seine einzige Chance in der Umkehr (vgl. 1 Kön 8,46–51). Zuletzt hat *H.-J. Stipp* (Ende bei Joschija, in: ders. 2011, 225–267, dort 231f) darauf aufmerksam gemacht, dass 2 Kön 25,27–30 keine terminologische Brücke zur Natanverheißung schlägt und sich jedes theologischen Kommentars enthält. Beides wäre schwer zu begreifen, wenn hier ein Generalschlüssel zum Verständnis des Gesamtwerks liegen sollte. Ginge es um eine Zukunftsperspektive für die Daviddynastie, dann wöge es schwer, dass die Notiz von den Söhnen Jojachins und damit von dynastischer Kontinuität schweigt.

3.32 Ein joschijanisches Geschichtswerk mit exilischer Bearbeitung

Die Grundannahme Noths, dass ein Deuteronomist in der Exilszeit die in den Büchern Dtn bis 2 Kön enthaltenen Stoffe erstmals zusammengestellt, durchgehend bearbeitet und zu einem großen Geschichtswerk ausgestaltet habe, wird seit den Sechzigerjahren des letzten Jahrhunderts vor allem von *F. M. Cross* und *R. Smend* sowie deren »Schulen« weitergeführt. An die Stelle von DtrG tritt aber eine Mehrzahl oder Vielzahl teils älterer, teils jüngerer Autoren bzw. Redaktoren. Der entscheidende Unterschied zwischen beiden Modellen ist der zeitliche Ansatz der dtr Grundschrift (vgl. *Noth*, 6 [=48]).

F. M. Cross (1968) knüpft an der Kritik *von Rads* und *Wolffs* an. Im DtrG steckt offenbar die Spannung zwischen zwei Kerygmata (»Verkündigungen«, Botschaften). Cross hat zwar von der »deuteronomistischen Geschichte« im Sinne von Noth gehandelt, praktisch aber vor allem die Königsbücher untersucht. Sie sind geprägt von zwei Themen: der Sünde Jerobeams, die im Untergang Samarias gipfelte (2 Kön 17,1–23), und der davon nicht ausgelöschten Hoffnung auf die Dynastieverheißung an David (2 Sam 7). Beide Themen konvergieren zunächst in König Joschija (2 Kön 22,1–23,25). Unter ihm entstand ca. 620 v. Chr. die erste Ausgabe eines DtrG. Es gipfelte in Gestalt und Wirken Joschijas und diente königlicher Propaganda. Der darauf folgende Textblock 2 Kön 23,26–25,30 wurde erst im babylonischen Exil ca. 550 v. Chr. ergänzend angehängt (weshalb man diese Theorie später irreführend als »Block-« oder »Stufenmodell« bezeichnet hat). Zugleich fügte diese exilische Redaktion auch Texte in Dtn bis 1 Kön ein. Dadurch reinterpretierte sie die vorliegende »triumphalistische« Geschichtsdarstellung nach der Zerstörung Jerusalems 586 v. Chr. und im Licht der Katastrophe. Erst ihr Kerygma vom Zornesgericht Gottes, das in der Darstellung König Manasses (2 Kön 21,2–15) gipfelt, war das, was Noth in den Blick bekommen hatte. Die Cross-These kehrt also nicht einfach zur alten Auffassung von den beiden dtr Redaktionen (Kuenen, Wellhausen) zurück. Denn in Anlehnung an Noth ist für Cross der joschijanische Deuteronomist (Dtr I) in ganz anderem Ausmaß als bei den Autoren vor Noth ein wirklicher Schriftsteller. Der exilische Deuteronomist (Dtr II) hat dann nur noch eine neue, veränderte Auflage geschaffen.

Cross hatte seinen Blick auf die Königsbücher konzentriert und vor allem thematisch argumentiert. *R. D. Nelson* (1973/1981), *R. E. Friedman* (1981) und andere haben sie auf unterschiedliche Weisen für das ganze DtrG durchgedacht. Nelson hat auch die Bedeutung des Natan-Orakels für die Geschichtsrekonstruktion von Dtr I radikalisiert. Sie war jedoch, wie *N. Lohfink* (1990) aufgrund der Textkritik von 2 Kön 8,19 zeigt, als ewige Herrschaftszusage über Israel für die Daviddynastie schon durch Salomos Nichteinhaltung der Bedingung hinfällig geworden. Deshalb fußt in Dtr I die weiterlaufende

Geschichte auf dem Ahija-Orakel (1 Kön 11): Der Thron Israels fällt an das Nordreich, die Davididen behalten aber Jerusalem, weil Gott dort eine »Leuchte« belässt.

Das Schema »Verheißung – Erfüllung« (vgl. *G. v. Rad*) greift zu kurz. Schwierigkeiten ergeben sich auch daraus, dass der exilische Verfasser auch als erweiternder Bearbeiter des ganzen DtrG beansprucht wird. Je mehr Texte man ihm in der Darstellung der älteren Perioden aufbürdet, desto weniger lässt er sich mit dem wortkargen Autor von 2 Kön 23–25* identifizieren. *G. Vanoni* (1985) beschränkt sich deshalb strikt auf die literarischen Besonderheiten von 2 Kön 23,26–25,30, wenn er den Redaktionsbruch nach 2 Kön 23,25* nachweist: Dieser Riss zeigt sich daran, dass in 2 Kön 23,25*–25,30 die dtr Phraseologie, insbesondere die Kult- und Gesetzesterminologie, fast völlig fehlt. Auch ist in 2 Kön 23,26f die sekundäre Verknüpfungsarbeit zu erkennen und ahmt die spätere Redaktion mehrfach die frühere nach. Dass Belange des Kultes nicht erwähnt werden, könnte allerdings auch dadurch bedingt sein, dass die Nachfolger König Joschijas seine Reformmaßnahmen unangetastet ließen (*P. S. F. van Keulen* 1996). Die Frage nach dem ursprünglichen Ende der Königsbücher bzw. des DtrG hat zuletzt *H.-J. Stipp* (Ende bei Joschija, in: ders. 2011, 225–267; *ders.*, Remembering) aufgegriffen und ihren ersten Abschluss mit der Regentschaft Joschijas aus der Erzähllogik des Geschichtswerks nachgewiesen – s. u.
Eine bloße Zwei-Ausgaben-Hypothese erscheint angesichts der literarischen und theologischen Divergenzen z. B. zwischen Ri und Sam–Kön und erheblich umfangreicheren, erst später eingefügten Textbeständen als etwas zu einfach. Das macht das folgende Modell der »Göttinger Schule« deutlich.

3.33 Ein exilisches Geschichtswerk mit exilischen und nachexilischen Bearbeitungsschichten

R. Smend (1971) und im Anschluss an ihn z. B. *W. Dietrich* (1972) und *T. Veijola* (1975, 1977) bleiben bei Noths einheitlichem Werk und der Abfassung im Exil. Sie rechnen aber mit einem geringeren Umfang und erklären die (zum Teil schon von Noth registrierten) Unstimmigkeiten mit mehreren, unterschiedlich weit durchlaufenden Bearbeitungen, denen auch ein verschiedenes Kerygma entsprechen konnte. Der deuteronomistische Historiker (DtrH) verfasste das Werk als Ganzes. Smend erkannte vor allem in Jos und Ri deutende Ergänzungen (Jos 1,7–9; 13,1bβ–6; 23,1–16; Ri 1,1–2,9.17.20–21.23), die den Gehorsam gegenüber dem Gesetz Moses betonen und die er einer »nomistischen«, also die Gesetzesbeobachtung betonenden Redaktion (DtrN), zuschrieb. Die weitere literarhistorische Differenzierung setzt an den Königsbüchern an. Dietrich betont die prophetische Dimension der deuteronomistischen Geschichtsschreibung. Ihm zufolge wurde DtrH (der schon in 2 Kön 25,21 endete) zwischen 580–560 v. Chr. und jedenfalls vor dem DtrN von einem prophetischen Deuteronomisten (DtrP) in Sam und Kön erheblich erweitert. Er fügte neben vor-dtr Prophetengeschichten, z. B. den Elija- und Elischazyklen (1 Kön 17–2 Kön 10), prophetische Gerichtsankündigungen und ihre Erfüllungsvermerke ein (z. B. 1 Kön 16,1–4/16,11f; 2 Kön 21,10–14/24,2). Der Epilog in 2 Kön 25 entstand erst später durch den nomistischen Deuteronomisten (DtrN), der wie DtrP zwar königskritisch war, aber mit DtrH auf den Fortbestand der davidischen Dynastie hoffte. Veijola hat das Werk dieses DtrN mit Hilfe von Ideologiekritik vor allem in Sam und Kön herausgearbeitet. Eigentlich wurde DtrH erst von DtrN richtig mit deuteronomistischer Theologie durchsetzt.

Forschungsgeschichtlich interessant ist, dass schon *A. Jepsen* (1953) bei seiner Analyse der Königsbücher zwei Quellen und drei Redaktionen feststellte, von denen die erste allerdings noch aus vorexilischer Zeit stammt. Im Übrigen impliziert, wie schon Smend beobachtete, die Beschreibung des DtrG anhand der drei Stadien von DtrH – DtrP – DtrN die chronologische Abfolge von »Geschichte – Propheten – Gesetz«, die Wellhausens Auffassung von der Evolution der Religion Israels entspricht und die der »Geschichte« den Vorrang vor dem »Gesetz« einräumt. Wie sehr der generelle Theorieansatz der Smend-Schule auch die konkreten Textanalysen (vor-)bestimmt, zeigt z. B. die Deutung der dtr Teile der Königserhebung Sauls in 1 Sam 7–12: Während *Veijola* die königsfreundliche Schicht dem exilischen DtrH und die königskritische dem ebenfalls exilischen DtrP zuordnet, gehört die königsfreundliche Schicht nach *A. D. H. Mayes* (1983) zum vorexilischen Dtr I und erst die königskritische (sicher jüngere) zu Dtr II, der exilischen Überarbeitung. Bei neuesten Arbeiten wird die Zahl der Sigel fast inflationär, wodurch die Rekonstruktion an Plausibilität verliert. DtrN z. B. wird zum Sammelbegriff mehrerer Redaktionen, die alle erst in der Perserzeit erfolgten. Trotz wertvoller Einzelbeobachtungen hat diese Forschungsrichtung – wahrscheinlich aufgrund ideologisch-theologischer und historischer Vorurteile – die exilische Datierung bereits der ältesten Fassung des Gesamtwerks nicht genügend auf die Möglichkeit der vorexilischen Entstehung bestimmter Texte hinterfragt.

J. Nentel (2000) z. B. geht von einem nach Noth definierten, aber durch das »Göttinger« Modell der Smend-Schule modifizierten DtrG aus, ersetzt jedoch dessen DtrN durch eine spät-dtr Redaktion (DtrS). Ihre (recht verschiedenartigen!) Texte stammen von einer Gruppe Jerusalemer Schriftgelehrten, die ab dem 5. Jh. die breite Grundschicht DtrH im Rahmen eines von Gen bis 2 Kön reichenden Geschichtswerks (vgl. *H.-C. Schmitt*) mit umfangreichen Ergänzungen versehen hat. Die Redaktion dieser Trägergruppe vertieft die Sündengeschichte, verkündet aber auch durch eine an die Tora gebundene Umkehrforderung Vergebung und Zukunftshoffnung.

Noths Entwurf wird auch auf die Position von *G. Hölscher* (1922) hin radikalisiert. Vor allem *H.-D. Hoffmann* (1980) gibt praktisch die Frage nach rekonstruierbaren schriftlichen Quellen auf (sekundär nur 2 Kön 16,10–18; 17,34–41). Er nimmt über alle sachlichen und sprachlichen Differenzen hinweg ein einziges, aus dem mündlichen Überlieferungsstrom schöpfendes, selbständig durchformuliertes Werk aus nachexilischer Zeit an. Es stellt eine planvoll komponierte Geschichte der Kultreformen dar, der zufolge die Reform Joschijas der Nachexilszeit als Modell dienen soll. Dazu muss man aber mit höchster sprachlicher Großzügigkeit und Unausgewogenheiten in Umfang wie Verteilung der Berichte rechnen. Außerdem werden Fakten und Vorgänge der nachexilischen Zeit unterstellt (weil sich ja deren Probleme, nicht aber die der berichteten Fakten, in den Texten spiegeln sollen), für die uns jedenfalls die Quellen fehlen.

3.34 Modelle, die beide Globaltheorien verbinden

Die Diskussion des (missverständlich) so bezeichneten »Blockmodells« (*Cross*) und des »Schichtenmodells« (*Smend*) hat dazu geführt, dass heute viele Exegeten (besonders im englischsprachigen Raum) innerhalb der Gesamtkomposition Dtn bis 2 Kön eine vorexilische deuteronomistische Geschichtsschreibung annehmen, die mehrere Redaktionsblöcke bzw. getrennte Teilwerke verarbeitet, zugleich aber auch mit einigen Redaktionen in der Exils- bzw. Nachexilszeit rechnen. Gegenwärtig herrscht besonders im deutschsprachigen Raum eine »polyphone Wissenschaftssituation«. Im Folgenden seien einige redaktionsgeschichtliche »Kompromissmodelle« erwähnt, die im Lauf der letzten Jahrzehnte vorgetragen wurden. Trotz aller Unterschiede konvergieren sie weithin in der Rekonstruktion von Vorstufen eines (teilweise unterschiedlich abgegrenzten und inhaltlich bestimmten) joschijanischen Geschichtswerks.

H. Weippert (1972, 1985) kommt aufgrund der drei verschiedenen Formen der Königsbeurteilungen zu drei Redaktionsblöcken. Den ersten Block (von Joschaphat/Joram bis Achas/Pekach oder Hoschea) und den zweiten (von Rehabeam/Jerobeam bis Ahab/Ahasja und von Hiskija bis Joschija reichenden) Block datiert sie in die Hiskija- bzw. Joschijazeit, während der dritte Redaktionsblock (der die letzten vier judäischen Könige umfasst) erst kurz nach der Begnadigung Jojachins entstanden sein dürfte. *B. Peckham* (1985) unterscheidet zwei Deuteronomistische Geschichtswerke: eine von Dtn bis Hiskija reichende »Erzählung« aus vorexilischer Zeit (Dtr I) und eine von Gen bis 2 Kön 25 reichende Darstellung (Dtr II), die Kompositionen von J sowie P und E als »Kommentare« zu Dtr I miteinander verband. Nach *A. F. Campbell* (1986) lag bereits im späten 9. Jh. v. Chr. in 1 Sam 1,1–2 Kön 10,28 eine aus Prophetenkreisen des Nordreiches stammende »prophetische Geschichte« vor. Sie wurde später durch eine Geschichte der Könige Israels von Jehu bis zum Fall Samarias und eine im Südreich entstandene Geschichte der König Judas von der Reichtrennung bis zu Hiskija ergänzt. *I. W. Provan* (1988) und *B. Halpern/D. S. Vanderhooft* (1991) eruieren ein in der Darstellung Hiskijas als zweitem David gipfelndes Geschichtswerk. Nach Provan geht es den Deuteronomisten vorrangig um die Abschaffung der Kulthöhen, die Hiskija durchgeführt hat. Er beschließt deshalb die joschijanische Ausgabe des DtrG mit 2 Kön 18–19. Sie enthielt nur die erste Fassung von Sam und Kön, beschränkte sich also auf die Geschichte der Königreiche Israel und Juda. Dtn, Jos und Ri kamen erst in neubabylonischer Zeit hinzu. Halpern/Vanderhofft vertreten drei Redigierungen: ein mit Hiskija und ein mit Joschija endendes Geschichtswerk, das im Exil nochmals überarbeitet wurde. *M. A. O'Brien* (1989) setzt die Erstausgabe des Geschichtswerks ins 7. Jh. v. Chr. Sie erzählte die Geschichte der Führer Israels von Mose bis Joschija und nahm als wichtige Quellen u. a. das dtn Gesetz und eine vor-dtr Eroberungserzählung unter Josua auf. Mindestens zwei Bearbeitungen erfolgten in der Exilszeit. *E. Eynikel* (1996) sieht die Königsbücher getrennt und in mehreren Blöcken entstanden: 1 Kön 3–2 Kön 18 im 8. Jh., 2 Kön 21–23 im 7. Jh. v. Chr., 2 Kön 24–25 im 6. Jh. v. Chr. Erst auf dieser Ebene wurden die beiden Blöcke der vorstaatlichen und frühköniglichen Zeit (Jos 1–1 Sam 12 und 1 Sam 13–1 Kön 2), die ihre eigene Vorgeschichte hatten, vorgeschaltet. *W. Dietrich* (1997) postuliert ein bald nach dem Untergang des Nordreichs in Jerusalem verfasstes Erzählwerk über die frühe Königszeit, das vielleicht von 1 Sam 1 bis 1 Kön 2 oder noch wahrscheinlicher bis 1 Kön 12 reichte. *S. Seiler* (1998) versucht eine bereits zu Salomos Lebzeiten zur theologischen Legitimierung seiner königlichen Macht verfasste, weithin einheitliche »Thronfolgegeschichte« (2 Sam 9–20 und 1 Kön 1–2) nachzuweisen. *A. Moenikes* (2004) rechnet mit einem »Efraimitischen Geschichtswerk« (Jos 24–1 Sam 12) und einem »Hiskijanischen Geschichtswerk« (1 Kön 15–2 Kön 19) aus dem 8. Jh. v. Chr. sowie einem »Joschijanischen Geschichtswerk« (Dtn 1–2 Kön 23) aus dem 7. Jh. v. Chr., das im 6. Jh. v. Chr. bis 2 Kön 25 erweitert wurde.

Das jüngste monographisch ausgearbeitete Kompromissmodell stammt von *T. Römer* (2005/7). Zwar beginnt die deuteronomistische Literaturproduktion in der neuassyrischen Zeit im 7. Jh. v. Chr., doch lässt sich DtrG in seiner vorliegenden Form nicht bis in diese Zeit zurückverfolgen. Allerdings könnte eine erste Fassung von Sam und Kön als Propagandaliteratur Joschijas bereits zu seiner Zeit entstanden sein und eine *Dtn–Jos umfassende Schrift in Art assyrischer Kriegsberichte die Politik des Königs und den Anspruch auf das Land im Namen JHWHs gerechtfertigt haben. Daneben gab es auch noch andere Rollen, z. B. die Aufstiegsgeschichte Davids. Diese »deuteronomistische Bibliothek« wurde von Nachkommen der 597 deportierten Schreiber und Hofbeamten in der babylonischen Verbannung in die erste Geschichte von Israel und Juda verarbeitet, um mit dieser »Krisenliteratur« die nationale und theologische Katastrophe des Exils zu erklären. Die letzte Revision, zu der u. a. auch der Buchfund und die Tempelreinigung in 2 Kön *22f als Gründungsmythos gehören, erfolgte in der Perserzeit unter den drei Gesichtspunkten der Erwählung und Trennung Israels von den autochthonen Völkern, des Monotheismus und den Anliegen der → Gola als wahren Gottesvolks. Mit Römers »So-Called Deuteronomistic

History« haben sich *R. F. Person, R. D. Nelson, S. L. McKenzie, E. Otto und Y. Amit* kritisch und ausführlich in JHS 9, 2009, 1–35 auseinandergesetzt; Römer hat seine Thesen dort 36–49 zu verteidigen versucht.

3.35 Die »Deuteronomistische Landeroberungserzählung« aus der Joschijazeit

Während die Königsbücher und dann auch die Samuelbücher oft untersucht wurden, fand das Dtn als Teil des DtrG wesentlich weniger Beachtung. *N. Lohfink* (1981) hat es konsequent in die Entstehungsgeschichte des DtrG einbezogen. Er erarbeitet vor allem mit Hilfe der Wurzel *jrš* (im Qal »in Besitz nehmen, die Rechtsnachfolge antreten«, im Hifil »vernichten«) verschiedene »*Kerygmata des DtrG*«. Er rechnet mit einer noch unter Joschija verfassten »Deuteronomistischen Landeroberungserzählung« (DtrL), die den Grundstock von Dtn 1 bis Jos 22 umfasste. DtrL sollte die Bestrebungen König Joschijas zur Reichsausdehnung und die Einführung des dtn Gesetzes als eine Rückkehr zum Ursprung legitimieren. Dabei ist das Land, das Israel in Besitz nimmt, der Ort, an dem es das Gesetz beobachten soll und dann den Segen empfängt. Die exilisch-dtr Schicht, die *E. Otto* später als DtrL bezeichnet hat, ist mit der Grundidee und Interpretation Lohfinks unvereinbar.

G. Braulik (Die deuteronomistische Landeroberungserzählung aus der Joschijazeit in Deuteronomium und Josua, in: *H.-J. Stipp* 2011, 89–150) hat die Existenz einer joschijanischen DtrL mit weiteren Beobachtungen erhärtet.

Die Verbindung von Dtn und Jos ergibt sich (1) aufgrund *sprachlicher Phänomene*, die innerhalb der hebräischen Bibel bzw. der dtr Literatur auf Dtn und Jos beschränkt sind. Es handelt sich also nicht einfach um dtr Sprachgebrauch, sondern um eine »regionale« Spracheigentümlichkeit innerhalb des sogenannten dtr Literaturbereichs. Mehrere dieser terminologischen Gemeinsamkeiten werden auch mit einer gewissen Systematik verwendet. Zu ihnen gehört zunächst der gesamte Wortbestand des programmatischen Anfangstextes Dtn 1,6–7a.8. Seine Verben und seine »Landbeschreibung« werden an Schlüsselstellen beider Bücher aufgegriffen und entfaltet. Das in ihm verwendete Schema »Orakel – Befehl« funktioniert als »Gesamtorakel« der DtrL. Schon damit ist der Einsatz eines eigenständigen literarischen Werkes deutlich markiert (s. u.). Beispiele weiterer terminologischer Gemeinsamkeiten sind: »kämpfen für« (*lḥm lᵉ*) und »kämpfen gegen« (*lḥm ʿal)*; ferner *jrš* Qal für die »Inbesitznahme« des Landes nach seiner Eroberung durch ganz Israel, die ebenfalls auf Dtn–Jos beschränkt ist. Die davon differierende Verwendung von *jrš* im gesamten DtrG verdeutlicht die Spannung und Gegensätze späterer literarischer Schichten wie ihrer Kerygmata. In ihnen spiegeln sich die Probleme der Angesprochenen in den letzten Jahrzehnten der Königszeit bzw. im babylonischen Exil. Zu den spezifischen Formeln der DtrL gehören z. B. die »Hinbreitungsformel« (*ntn lipnē*), die mit den zwei für Dtn und Jos wichtigsten Gaben verbunden ist – dem Land (z. B. im Rahmen eines Kriegsorakels in Dtn 1,21; 2,31; Jos 11,6) und (indirekt) dem Gesetz (Dtn 4,8 und für den damit verbundenen Segen bzw. Fluch in 11,26.32; 30,1.15.19). Ferner die »Beruhigungsformel« (»fürchte dich nicht!«), die in Dtn (1,21; 3,2.22; 20,1.4; 31,6.8) und Jos (8,1; 10,8) systematisiert eingesetzt ist.
(2) gibt es, wo der Zug Israels von Ägypten ins Land geschildert und wo Krieg und Eroberungen dargestellt werden, jeweils ein *festes Ablaufmuster von exakt aufeinander abgestimmten Verben*. Dabei ergeht das göttliche Kriegsorakel, wenn es wörtlich zitiert wird – z. B. Dtn 2,24: »Seht, hiermit gebe ich den Amoriter Sihon, den König von Heschbon, mit seinem Land in eure Gewalt. Fang an, in Besitz zu nehmen! Bei Sihon sollst du den Kampf beginnen!« –, in einer Form,

die sich in Dtn–Jos von der in den übrigen Geschichtsbüchern verwendeten abhebt.
Dazu kommen (3) *drei Dtn und Jos übergreifende Aussagenkompositionen*: ein Textsystem der Beauftragung Josuas (Dtn 1,38; 3,28; 31,7f.23 und Jos 1,2.6; 13,7), ein Schema geschichtstypologischer Textstrukturen (in Dtn 1–3 und Jos 8.10) und ein Formelsystem, dem zufolge Gott den ostjordanischen Stämmen »Ruhe verschafft« (Dtn 3,20; Jos 1,13.15; 22,4) – s. u.
Einen Ansatzpunkt für die *Datierung* der Landeroberungserzählung bietet die Darstellung von Dtn 2. Da werden nämlich Edom, Moab und Ammon friedlich durchzogen bzw. umgangen. Der Text setzt also eine geschichtliche Situation voraus, in der die drei Staaten von Israel nichts zu fürchten hatten. Die gab es nur in den letzten Jahrzehnten des 7. Jh.s, als Edom, Moab und Ammon mit Juda gleichberechtigte assyrische Vasallenstaaten waren.

Neben DtrL könnten ungefähr zur gleichen Zeit andere Werke im gleichen Geist und Stil verfasst worden sein (s. o.), sodass mehrere »deuteronomistische Geschichtswerke« über verschiedene Epochen nebeneinander existierten (vgl. z. B. *A. Moenikes* [2004]). Für sie könnten zwei Aussagensysteme sprechen, die beide mit dem Ausdruck »Ruhe verschaffen« (*nwḥ* I Hifil) konstruiert sind. Sie bezeichnen damit Unterschiedliches (die Ruhe der ostjordanischen Stämme von der Wanderexistenz und die Ruhe vor äußeren und inneren Feinden, die Gott Israel, David und Salomo verschafft) und werden am besten schichtenspezifisch erklärt, also DtrL und einem anderen Werk zugewiesen, das DtrL intertextuell mit *Sam–Kön (ohne exilische Überarbeitung) verband (*G. Braulik* [1985]).

3.36 Anfang und Ende eines joschijanischen DtrG

Spielt man über die Landeroberungserzählung hinaus mit dem Gedanken eines schon joschijanischen DtrG, dann wären vor allem sein Anfang und sein Ende zu analysieren. Was den *Anfang* angeht, so begann es nach der vorausgehenden These von *N. Lohfink/G. Braulik* [1981/2011] mit DtrL, das heißt mit Dtn 1,6–3,29 (ohne die wenigen späteren Zusätze) als seiner Einleitung. Darin nimmt Mose in gezielter Auswahl und neuer Sprache aus den vorgegebenen Tetrateucherzählungen die Geschichte als Ich-Erzähler unter dem Aspekt seiner Schuld auf und formuliert sie, weil ihm Gott das Betreten des Verheißungslandes versagt hat, im Blick auf die Einsetzung Josuas. Allerdings lässt sich die Einführung der Moserede, die einmal Dtn 1,6–8, dem thematischen wie formulierungsmäßigen Programm von DtrL (s. o.), vorausging, nicht mehr rekonstruieren, weil 1,1–5 im Rahmen der Pentateuchredaktion zur Fortführung des Tetrateuch und als Überschrift zur ersten Moserede (Dtn 1–4) an ihre Stelle getreten ist (s. C.IV.2.43). Am Vorentwurf von 1,6–8 hängt dann alles, was Mose in 1,9–3,29 erinnernd rekapituliert.
Das *Ende* einer unter Joschija entstandenen Geschichtsdarstellung lässt sich aus den Plausibilitätsproblemen erschließen, die DtrG mit den beiden vorbildlichen Reformkönigen Hiskija und Joschija hat und durch den dazwischen geschalteten Anti-Reformer Manasse nicht ausgleichen kann. *H.-J. Stipp* (Ende bei Joschija, in: *ders.* 2011, 225–267; *ders.*, Remembering) hat auf die Paradoxien aufmerksam gemacht, die der Schluss von DtrG in 2 Kön 25 mit sich bringt. Einerseits verlangt DtrG eine kultische Orthopraxie, wie sie das Dtn als Gotteswillen vorsieht, und knüpft daran allseitiges Wohlergehen, sodass den Judäern das Schicksal des Nordreiches Israel erspart bleiben müsste. Andererseits dokumentiert es, wie Joschija, der fremde Kultstätten zerstörte und die Opfer im Jerusalemer Heiligtum zentralisierte, scheiterte. Der Untergang wird sogar so lange aufgeschoben, bis alle Ursachen des Gotteszorns beseitigt sind, während bereits feststand, dass der Tempel zerstört und das Volk deportiert würden (2 Kön 21,10–15; 23,26f; 24,3f). Im gegenwärtigen Kontext liefert somit König Joschija als Musterbeispiel der Toraobservanz den historischen Beleg dafür, dass der Gebotsgehorsam schon seit Manasse seinen Sinn

verloren hatte. Der ideelle Widerspruch lässt sich nur dann vermeiden, wenn der Bericht über die Aktivitäten Joschijas zu einem vorexilischen Werk gehörte, das erst aus der Rückschau auf die Katastrophe erweitert wurde und dann versuchte, sie in historiographischer Treue noch theologisch zu bewältigen. Diese literargeschichtliche Konsequenz lässt sich nicht durch die Annahme vermeiden, man habe die joschijanische Reform in exilischer Zeit als Beispiel für den Ausweg aus der Not propagiert oder der Reformbericht habe als Fiktion späteren Interessen gedient. Die Schlüsselrolle der Kulthöhen für das Heil Judas und ihre unwiderrufliche Ausmerzung durch Joschija schufen für einen exilisch-nachexilischen Redaktor ein gewaltiges Erklärungsproblem, weil er sich mit diesem Erzählstoff einen plausiblen Grund für die Katastrophe erst nach der Reform verbaute. Warum begründete er dann die Niederlage nicht einfach mit Vergehen der Nachfolger Joschijas? Offenbar blieben Joschijas Kultreinigung wie Opferzentralisation auch noch nach ihm in Kraft – was ihre Historizität bestätigt (s. C.IV.2.41). So blieb dem Geschichtsschreiber der Exilszeit nur der Ausweg, der Manasse-Generation die Hauptschuld für den Untergang Judas aufzubürden. Das heißt aber: Die Logik des Erzählten fordert ein Werk, das in den letzten Jahrzehnten der Königszeit im Umkreis der joschijanischen Kultreform entstand, mit ihrer Darstellung endete und ihrer Legitimation diente.

Einen Einwand gegen diese Datierung könnte die Argumentation von *F. Blanco Wißmann* (2008) bilden. Ihm zufolge sind nämlich 1–2 Kön in Form und Inhalt von neubabylonischer Literatur abhängig (die neubabylonische Zeit beginnt mit Nabopolassars Herrschaftsantritt 626 v. Chr.). Vor allem die Königsbeurteilungen setzten s. E. bereits die neubabylonischen Chroniken voraus. Auch thematisierten Königsinschriften und andere Tendenzschriften die Einzigartigkeit Esagilas, des babylonischen Hauptstadttempels. Ein joschijazeitliches DtrG bis 2 Kön 19* oder 23* sei deshalb kulturgeschichtlich schwer vorstellbar. Dem lässt sich entgegenhalten, dass Datierung und Einfluss der neubabylonischen Chroniken diskutiert werden und eine neubabylonische Zentralisierung des Kultes – falls es sie gegeben hat – sich gewiss von der in 2 Kön 23 berichteten unterscheidet. Nicht zuletzt erscheint ein Werk erst aus spätneubabylonischer Zeit nicht plausibel, wenn es das fiktive Idealbild eines Königs mit vorbildlicher Fürsorge für den Kult entwirft, wenn die Kultreform dann ihren Zweck grundlos verfehlte. Nach Blanco Wißmann enthielt dieses Werk nämlich noch nicht die Beschuldigung der Manasse-Generation, gab also keine Erklärung für Joschijas Scheitern.

3.37 Zur Verwendung der Sigel »dtn« und »dtr«

M. Noth hat, als er die These eines deuteronomistischen Werks entwickelte, das Sigel »Dtr« für dessen Autor und sein Werk eingeführt. »Dtn.« (mit Kapitel- und Versangaben) steht für das Buch Deuteronomium, während »Dt« das deuteronomische Gesetz und seine Rahmenstücke bezeichnet. Spätere Theorien, die in Noths »Dtr« zwischen verschiedenen Ausgaben, Schichten und Redaktionen unterschieden, führten zu einer verwirrenden Fülle von Kürzeln, die manchmal auch noch mit Exponenten versehen wurden. Dazu kam die Qualifizierung bestimmter Wörter, Themen und Texte als »dtr« (deuteronomistisch), das heißt als von Sprache und Ideenwelt des Deuteronomiums hergeleitet. Das Sigel fehlt in *Noths* Überlieferungsgeschichtlichen Studien. Es wurde vor allem innerhalb der Vorderen Propheten verwendet, aber auch in anderen Büchern wie Jeremia und Genesis bis Numeri. Im weiteren Verlauf wurde »dtr« redaktionell ausdifferenziert und z. B. zwischen »früh-dtr«, »spät-dtr« und »nach/post-dtr« unterschieden. Innerhalb des Deuteronomiums meinte »dtr« die Redaktionen, die entstehungsgeschichtlich an die als »dtn« (deuteronomisch) bezeichnete Grundschicht

(z. B. eines joschijanischen Ur-Deuteronomiums) anschlossen. Auch das Sigel »dtn« findet sich nicht bei Noth. Sein Gebrauch wurde über das Deuteronomium hinaus ausgeweitet und ebenfalls spezifiziert, so dass sich Abkürzungen wie »proto-dtn«, »prä-dtn« u. a. m. ergaben. Die gegenwärtige verwirrende Sigel-Flut ist also – bei allen Unterschieden im Einzelnen – ausschließlich diachron gedacht und ignoriert synchrone Untersuchungen des vorhandenen Textes. Ja, sie lässt für sie keine Bezeichnungsmöglichkeiten mehr übrig. Das müsste eine dringend benötigte Neuregelung des inflationären Sprachgebrauchs berücksichtigen.

Dabei ließen sich die Sigel folgendermaßen vereinfachen und vereinheitlichen: Die Bezeichnung als »dtn« wäre auf etwas als zum Buchbestand des Deuteronomiums gehörend zu beschränken. Zugleich müsste sie für eine hypothetisch erschlossene »Grundschicht« strikt verboten sein. Ihr Ort wäre vor allem bei synchroner Endtextanalyse. Auf dieser Ebene könnten außerhalb des Deuteronomiums »Deuteronomismen« entdeckt werden, wobei dann sekundär die Frage nach historischen Abhängigkeiten gestellt werden könnte. Als »dtr« wären Texte außerhalb des Deuteronomiums zu betrachten, die in hinreichender Anzahl von Deuteronomismen geprägt wären. *Noths* »Dtr«, der ja meist schon durch »DtrG« (im deutschen Raum) oder »DtrH« (im englischen Raum) ersetzt worden ist, sollte nicht mehr unergänzt gebraucht werden und könnte aufgrund des Forschungsstandes durch Zusatzbuchstaben für die Redaktion(en) der Vorderen Propheten oder für mehrere kleinere deuteronomistische Quellenwerke verdeutlicht werden (»DtrL«, »DtrN« usw.) und damit die diachrone Sicht betonen.

Die sogenannten »dtr« Sprach- und Stilmerkmale dürften übrigens in einem weitaus größeren Umfang, als bisher angenommen, auf das Dtn beschränkt sein und in viel geringerem Ausmaß, als gewöhnlich behauptet wird, in andere Bücher ausgestrahlt haben. Eine genaue Untersuchung der Wörter und Wortverbindungen, aber auch der Syntax widerstreitet also einer extensiven »Deuteronomismus«-Definition, die für fast alle Prophetenbücher, viele Psalmen und die Chronik »dtr« Eigenschaft behauptete. Sie dürfte auch die geläufige Etikettierung verschiedener Texte als typisch »dtr« erheblich einschränken. Weil von einem bestimmten Zeitpunkt an Sprache und Theologie des Dtn allgemein zur Verfügung standen, erlauben sie auch nicht, auf eine gesellschaftlich abgrenzbare Trägerschaft zu schließen. Jedenfalls ist eine deuteronomistische »Bewegung« oder »Schule« zu keiner Zeit nachweisbar (*N. Lohfink* [1995]).

3.38 Beispiele für Bestreitungen des DtrG: Deuteronomistisch gedeutete Bücher, Hexateuch und Enneateuch

Nach dem von *E. Würthwein* (1994) eher thesenhaft vertretenen Modell liegt der Kern des sog. DtrG in einer dtr Grundschrift in Kön, die durch DtrP und DtrN erweitert wurde und sich von dort in vielen Bearbeitungen und Einschüben sukzessive und blockweise nach vorne ausbreitete – zuerst in Sam, dann in Ri 2,11–12,6 und zuletzt in Jos 1–11. *R. G. Kratz* (s. u.), *E. Aurelius* (2003) und andere haben diese Sicht auf verschiedene Weise rezipiert. *F. Blanco Wißmann* (2008) begrenzt das Werk überhaupt auf Sam–Kön (s. o.). *R. Müller* (2004) hält aus der dtr Geschichtsschreibung sogar nur die Rahmung (und damit die Grundverfasserschaft) von Kön für exilisch, den Ri-Rahmen und die pro-königlichen Texte in 1 Sam 8–11 für frühnachexilisch, die Königtumskritik für noch jünger. Den Werkanfang in 1 Sam 1 und die Annahme eines auf Sam* und Kön* beschränkten dtr Werkes hat zuletzt *E. Blum* (Das exilische deuteronomistische Geschichtswerk, in:

H.-J. Stipp 2011, 269–295, dort 271–283) einer eingehenden Kritik unterzogen. So fehlt z. B. einem Sam* und Kön* umfassenden dtr Werk der vorausgehende Kontext und damit auch der theologische Maßstab für die Königsbeurteilungen.

C. Westermann (1994) arbeitet in einer Spätschrift mit einer Art definitorischer Formgeschichte und möchte wieder hinter die ganze Diskussion um das DtrG, das es nie gegeben habe, zurück. Er orientiert sich an den Büchergrenzen und will möglichst viel an historischem Gehalt sichern. Mündliche Überlieferungen, die aus der Erfahrung der historischen Ereignisse gewachsen sind, wurden jeweils gegen Ende einer Epoche in Vorgestalten der jetzt vorliegenden Bücher schriftlich zusammengefasst. In exilisch-nachexilischer Zeit wurden diese nebeneinander stehenden Einzelschriften durch verschiedene Hände mit (teilweise dtr) »Deutetexten« überzogen und verbunden. Westermann übersieht vor allem den unterschiedlichen Charakter, den das Material auch innerhalb der Bücher in Sprache und Theologie aufweist, und die unterschiedliche Intensität der dtr redaktionellen Tätigkeiten.

Auch *H. Rösel* (1999) räumt den einzelnen Büchern wegen ihres je eigenen Charakters und ihrer einheitlichen Konzeption Priorität ein. Sie wurden erst sehr spät von dtr Redaktionen mit unterschiedlichen Interessen und in verschiedener Dichte verklammert und mit interpretierenden Texten versehen. Bei dieser Art Blockmodell wird Noths Deuteronomist als Autor preisgegeben und in die Redaktionsgeschichte verlagert. Doch bleiben bei Rösel zahlreiche intertextuelle Bezüge zwischen den Büchern unerklärt.

In jüngster Zeit wird auch wieder die alte Hypothese eines entstehungsgeschichtlichen Zusammenhangs von Dtn*–Jos* im Rahmen eines *Hexateuch* ins Gespräch gebracht. Genau 100 Jahre vor M. Noth hatte H. Ewald einen Deuteronomisten zur Zeit des Königs Manasse entdeckt, der Dtn und Jos komponierte und die »Bücher des Ursprungs«, nämlich Gen bis Jos, also den Hexateuch, redigierte. Davon unterschied er eine andere dtr Redaktion, die unter König Joschija die Bücher Ri bis Kön bearbeitete. Ähnlich hatte auch Wellhausen im Deuteronomisten den Schriftsteller gesehen, der das Dtn in das hexateuchische Geschichtsbuch einsetzte und letzteres (gemeint ist JE) dtr überarbeitete. Das Verhältnis zur dtr Redaktion von Ri bis Kön interessierte ihn nicht. Heute wird eine Hexateuchredaktion u. a. von *E. Otto* (s. C.II.5.3) vertreten (vgl. auch *R. G. Kratz*). Sie baut die nicht-priesterlichen Erzählungen erst nach-priesterschriftlich und in nachexilischer Zeit ein und kann nur wegen der (für Otto exilischen) DtrL überhaupt Hexateuchredaktion genannt werden. Dagegen geht *C. Frevel* von der Hexateuchausdehnung des Jerusalemer Geschichtswerks im »Münsteraner Pentateuchmodell« (s. o. C.II.5 und C.VI.4) aus und betont die vor-priesterlichen kompositionellen und redaktionellen Zusammenhänge zwischen Num und Jos, ferner die nahtlose Einbindung insbesondere von Dtn *1–3 und den Abschluss des Werkes mit Jos 24* (Die Wiederkehr der Hexateuchperspektive, in: *H.-J. Stipp* 2011, 13–53). Dieser Hexateuch lässt sich weder mit Noths DtrG noch mit einer DtrL verbinden, wenn DtrL wie bei Lohfink/Braulik als literarisch eigenständige Erzählung, nicht aber als Fortschreibung des Tetrateuch verstanden wird. Hauptproblem der Hypothese ist ein Erzählanfang in Dtn 1–3. Der Geschichtsrückblick dieser Kapitel müsste sich in die Fabel des Pentateuch einfügen. Seine Neuakzentuierung z. B. im Blick auf Ex 18 (die Berufung von Richtern) und Num 13f (Kundschaftererzählung) dürfte nur eine (allerdings fälschlich so bezeichnete) »relecture« (*J. C. Gertz*) der vorausgegangenen Erzählungen der Wüstenwanderung sein, die das Dtn fest in den von Ex bis Jos reichenden Erzählablauf integrieren. Die Rückbezüge zum Tetrateuch müssten also *intra*textuell (werkintern), nicht *inter*textuell (werkextern) sein. Dem widersprechen der in Dtn 1,6–8 deutlich markierte Bruch und die Funktion von Dtn 1–3 für Dtn und Jos (s. o. 3.36). Jos 24* war nach *E. Blum* (s. C.II.5.2) und anderen nur eine Episode auf dem Weg zum Pentateuch. Dtn 34 trennt ihn von den Vorderen Propheten ab; doch hindert die kanonische Größe Tora nicht, das Dtn auch in größeren Darstellungszusammenhängen zu rezipieren (s. o. D.II.2.).

Entgegen der These Noths von Dtn 1–3 als dem Anfang des DtrG stammen diese Kapitel nach *R. G. Kratz* (2000) erst von einem späteren Ergänzer, der sie im Zusammenhang der Buchtrennungen hier einfügte. Das Ur-Dtn (5,1a*; 6,4–6; *12,13–26,16) wurde nach dem Untergang Judas in einen Erzählfaden eines vor-dtr »Hexateuch« zwischen Num 25,1a und Dtn 34,1a.5f eingesetzt, um der drohenden Dezentralisierung entgegenzuwirken. Eine nachexilische dtr Redaktion brachte schließlich die ehemals getrennten »Erzählwerke«, die Volksgeschichte in (Gen) Ex–Jos und die Königtumsgeschichte in Sam–Reg, in den heilsgeschichtlichen Zusammenhang des »*Enneateuch*« (s. o. C.II.5.4). Zu den methodischen Problemen, in die sich diese höchst komplizierte Hypothese bereits beim Dtn verstrickt, und zu der ziemlich unwahrscheinlichen Geburtsstunde für die dtn Kultzentralisationsforderung s. o. C.IV.

Das »*Münsteraner Pentateuchmodell*« (s. o. C.II.5.) nimmt zunächst eine separate Entstehung eines dtr Richterbuchs und einer dtr Komposition Sam/Kön mit jeweils spezifischer Programmatik an. Diese dtr Kompositionen wurden nach 586 v. Chr. zusammen mit dem »Jerusalemer Geschichtswerk« *Gen 2,4b–Jos 24 (»Hexateuch«) zu einer dtr imprägnierten Großkomposition *Gen 2,4b–2 Kön 25 (»Enneateuch«) ausgestaltet. Sie wurde zusammen mit der Priesterschrift nach 450 v. Chr. zu einem großen nachexilischen Geschichtswerk (*Gen 1,1–2 Kön 25) vereint. Gegen das Werden des exilischen Enneateuch wird jedoch u. a. eingewendet: Als Ri vom ersten Dtr gestaltet wurde, lagen ihm bereits eine dtr Darstellung von Dtn*–Jos* (z. B. DtrL) und eine dtr Darstellung von 1 Sam*–2 Kön* vor; die Verweise auf Ex und Num entstammen dagegen erst jüngeren dtr und nach-dtr Schichten in Ri (*W. Groß*, Das Richterbuch zwischen DtrG und Enneateuch, in: *H.-J. Stipp* 2011, 177–205).

4. Quellenmaterial und Darstellungstendenz der Vorderen Propheten

Nach *M. Noth* steht außer Zweifel, dass DtrG »eine auch ›historisch‹ begründete Darstellung geben *will*«. Die Verfasser der Vorderen Propheten haben die Geschichte von Josua bis zum Fall Jerusalems, wie allgemein anerkannt ist, weder frei erfunden noch frei formuliert, sondern sich dabei auf »Quellen« gestützt, sie ausgeschrieben und in vielen Fällen einfach in ihr Werk aufgenommen. Sie stammen allerdings fast nur aus der staatlichen Zeit. Das DtrG wäre *ohne staatliche Gesellschaftsverfassung*, die diesem Typ von Geschichtsschreibung gewissermaßen das Rohmaterial liefert, *nicht denkbar*. Deshalb ist die »historische« Darstellung des »vor«-staatlichen Israel in unserem Sinn weniger »historisch«. In nachexilischer Zeit bricht die durchlaufende Geschichtsschreibung wieder ab.

Jos verarbeitet u. a. Listenmaterial mit Orts- und Grenznamen sowie ätiologische Einzelerzählungen (→ Ätiologie), Ri z. B. Heldensagen. Bei den *Quellen von Sam und Kön, die den Staat betreffen*, aber noch nicht zum Zweck eines übergreifenden Geschichtswerks verfasst wurden, kann man drei Arten unterscheiden.

(1) *Dokumente, die zum Funktionieren eines Staates, seinem Selbstvollzug, gehörten* und in Archiven der Administration zur Verfügung standen. Das waren zum Beispiel Listen über die obersten Beamten (1 Kön 4,1–6) oder das Verzeichnis über die verwaltungstechnische Neuordnung der Stammesgebiete durch die »Gaue« Salomos (1 Kön 4,7–19), die wohl auch für die Proklamation gedacht war. Ferner Annalen bzw. Gesamtdarstellungen analytischen Charakters, die zur Schulung des Beamtennachwuchses, aber auch für verschiedene Staats- und Verwaltungsakte dienten: so die »Chronik [wörtlich »Aufzeichnung der Ereignisse der Tage«, das heißt, der Regierungsjahre] Salomos« (1 Kön 11,41), die »Chronik der Könige von Israel« (1 Kön 14,19) und die »Chronik der Könige von Juda« (1 Kön 14,29). Aus ihnen dürfte ein Großteil der in Kön verar-

beiteten Informationen stammen. Die Kön sind deshalb für uns eine wichtige Geschichtsquelle. Für den staatlichen Selbstvollzug wichtig waren schließlich auch die Texte, die ein staats- und institutionsbegründendes Ereignis festhielten. In Ägypten diente dazu die Gattung der »Königsnovelle«. Sie könnte das Vorbild für das »Natan-Orakel« in 2 Sam 7 gewesen sein. Ein anderer, der Funktion nach damit verwandter Text wäre der Basistext von 2 Kön 22–23 über die Auffindung der Tora-Urkunde und die Selbstverpflichtung von König und Volk im 18. Jahr Joschijas von Juda (622/21 v. Chr.). Vielleicht gehört der hier verarbeitete Bundesschlussbericht aber schon zur nächsten Kategorie.

(2) *Texte aus dem Umkreis der staatlichen Propaganda.* Sie sind von höchstem literarischem Niveau, vielleicht der Gipfel biblischer Erzählkunst. Sie sind aber heute in ihrer Abgrenzung und Einheitlichkeit diskutiert. Zu ihnen gehört die »Ladeerzählung« (1 Sam 4,1–7,1; 2 Sam 6,2–23), mit der die Verlagerung des Zentrums Israels aus dem mittelpalästinensischen Bereich nach Jerusalem durch den davidischen Staat legitimiert wurde. Ferner die Erzählung der »Geschichte vom Aufstieg Davids« (1 Sam 16,14–2 Sam 5,10), die Sauls Schuld und Versagen, Davids Unschuld und gottgewirkten Erfolg aufzeigte, aber auch den »Gesalbten« JHWHs in eine sakrale Sphäre der Gottunmittelbarkeit rückte und durch seine Unverletzlichkeit auch den Staat tabuisierte, für den er stand. Dem Staat diente auch die literarisch vielleicht imposanteste Großerzählung, die »Thronfolgegeschichte« (2 Sam 9–20; 1 Kön 1–2), die zwar königtreu und gewissermaßen nur »hofintern« war, aber durch die Geschichte Salomo kritisierte.

(3) *Texte aus nichtstaatlichen Lebenszusammenhängen, die trotz aller Kritik den Staat als selbstverständlichen Rahmen alles Gesellschaftlichen betrachteten.* Hierher gehört ein ziemlich großer Block von eher volkstümlichen Erzählungen, oft Sagen und Legenden, in deren Mittelpunkt meist ein Prophet steht (Samuel in 1 Sam 1–3, Elija und Elischa in 1 Kön 17–2 Kön 8, Jesaja in 2 Kön 19–20).

Der *Horizont der Quellen*, aus denen das DtrG zusammengebaut wurde, war der Staat als gesellschaftliche Problemlösung. Die Perspektive, aus der DtrG in seiner endgültigen Gestalt auf ihn zurückblickte, hat sich nach dem staatlichen Zusammenbruch allerdings geändert. Die dtr Redaktion, zumindest die exilische, unterwarf deshalb ihr Material einer eher *staatskritischen Darstellungstendenz.*

5. Das Deuteronomistische Geschichtswerk als theologische Botschaft

Die exilischen Schlussverfasser der Deuteronomistischen Geschichte konnten auf die Zeit, in der Israel staatlich wurde, staatlich existierte und staatlich unterging, nur im Zorn der Geprellten zurückschauen. Ihr Werk war ein »*Rückblick im Zorn auf den Staat*« (*N. Lohfink* [2000]). Trotzdem geht es ihnen letztlich gar nicht um den Zorn von Menschen, sondern um den *Zorn Gottes*, in den Israel hineingeraten war. Dieser »Zorn« war schon vorisraelitisch-ägyptisch ein durchaus positiv besetzter Begriff politischer Theologie: Der herrscherliche Zorn war die politische Leidenschaft zur Durchsetzung des Rechts und zur Rettung der Unterdrückten (*J. Assmann*). Die dtr Geschichtsschreiber versuchen deshalb, das Geheimnis dieses göttlichen Zornes, der sie umgibt, zu ergründen.

Literarisch zieht sich dieses Thema vom Dtn bis 2 Kön, sodass mit dieser späten Schicht ein DtrG im umfassenden Nothschen Sinn gegeben ist. Dafür werden zunächst im Dtn die hermeneutischen Weichen gestellt. Für die Zornesaussagen steht *šmd* im Sinn einer »Ausrottung« Israels und dann der Könighäuser. In einer späteren Schicht wurde das dem Volk drohende Zornesgericht unter Verwendung des gleichen, nun umgedeuteten Wortes in die bloße Verbannung abgemildert. Gerade dieses Beispiel zeigt, wie die exilische Ausgabe des DtrG die Darstellung zwischen Joschija und dem babylonischen Exil ergänzte. Auch sonst wurden im Dtn wie an anderen strategisch wichtigen Stellen des Gesamtwerkes Texte eingefügt, die den Untergang des Staates durch die Schuld Israels verständlich machen. Dazu kamen später noch einige weitere Bearbeitungen.

Theologisch lautet die entscheidende Frage: »Warum hat JHWH diesem Land so etwas angetan? Warum entbrannte dieser gewaltige Zorn?« (Dtn 29,23). Die Antwort liegt im Abfall Israels zu anderen Göttern und in der Sünde seiner Könige, die es zu den Fremdkulten verführten. Diese Linie durchzieht die Redigierung des ganzen Bücherkomplexes. Sie hat ihren klarsten Ausdruck in zwei Sprachmustern gefunden, in denen das DtrG vom Zorn Gottes spricht: in der »*Zornformel*« (»der Zorn JHWHs entbrannte gegen ...« oder »JHWH geriet in Zorn«) und der »*Kränkungsformel*« (ein Mensch oder Israel »hat JHWHs Kränkung provoziert«). Die Rede vom Zorn JHWHs findet sich zwar in allen Büchern des Geschichtswerks, sie tritt aber gehäuft im Dtn und in den Königsbüchern auf; der Zorn wird am Anfang angedroht, während das Ende von seinem Eintreten erzählt. Die Zornformel ist typisch für Höhepunkte formelhafter Beschreibungen des Abfalls Israels von JHWH (z. B. Ri 10,6–7). Sie bedeutet praktisch, dass der Bund gebrochen ist (z. B. Dtn 29,22–27; Jos 23,16; Ri 2,20; 2 Kön 17,15–18), und ist stets mit der Notiz verbunden, dass Gott in einem Gericht eine Strafe verhängt. Die Kränkungsformel ist nicht notwendig mit einer göttlichen Strafe verknüpft. Der für sie typische Zusammenhang ist das Urteil über einen König (z. B. 1 Kön 16,26; 22,53–54; 2 Kön 21,6). Angesichts dieser Zornthematik bewahrheitet sich die Interpretation des Geschichtswerks durch M. Noth: Rechtfertigung Gottes angesichts des Untergangs Israels. Und doch gibt es in all dem Dunkel einen zarten Lichtschein. Denn in 2 Kön 17, der Schlusszusammenfassung des Bucherzählers für das Nordreich, eigentlich schon für beide Reiche, und dann vor allem in den Königsbeurteilungen in 2 Kön 21–24, also von Manasse an, wird der alte, vorher so eindeutige Begriff des Gotteszorns herunterinterpretiert: aus Vernichtung wird nur Deportation. Der Gotteszorn der alten Formeln hätte Israels Existenz schlechthin und in jeder Hinsicht beendet. Jetzt aber führt er nur mehr dazu, dass Israel von JHWHs Antlitz – wohl vor allem seiner kultischen Gegenwart – »entfernt« (2 Kön 17,18.23; 23,27; 24,3) bzw. »weggeschleudert wird«. Diese »Exilsformel« meint konkret die Verbannung nach Assur (2 Kön 17,23) oder Babylon (2 Kön 24,20). Sie wird, das Ende von 2 Kön vorbereitend, schon in Dtn 29,21–27, der Ansage des künftigen Exils, eingeführt: Nachdem Gottes Zorn über dem Land wie in Sodom und Gomorra gewütet hat, wird Israel »nur« aus seinem Land weggerissen und in ein anderes Land geschleudert.

Alle Ansagen des Zornes Gottes sind – wenn auch in barmherzig abgewandelter Form – in Erfüllung gegangen. Trotzdem ist der »Rückblick im Zorn« auf eine fehlgelaufene Geschichte, der das Gesamtbild der Vorderen Propheten von ihrem Ende her beurteilt, nicht das letzte, maßgeblich bleibende Wort. Auch im Exil, nachdem Gottes Zorn sich voll ausgetobt hat, gibt es noch immer eine Identität, die »Israel« heißt, selbst wenn diesem Israel alles ihm einst Verheißene aus der Hand gerissen ist. Das DtrG ist so angelegt, dass *Mose und Samuel seine eigentlichen Geschichtsdeuter* sind. Von Samuel (1 Sam 8 und 12, vgl. das Königsgesetz Dtn 17,14–20) wird die Staatsbildung von Anfang an als Weg in die Katastrophe gedeutet, obwohl auch diese Gesellschaftsform für Israel möglich gewesen wäre, wenn es die Tora beobachtet hätte. So bleibt als die einzige, über 2 Könige hinaus uneingelöste Zukunftsaussage nur die Geschichtsdeutung Moses am Anfang des Werks in Dtn 4 und 30. Die Texte gehören zu den spätesten Überarbeitungen und zitieren wörtlich

Moseworte, in denen er im Namen Gottes die Zukunft Israels entwickelt. Sie haben deshalb hohe Autorität. Ihre Perspektive umfasst nicht nur den Abfall und das Exil, sondern auch die Umkehr Israels (Dtn 4,23–31), seine Heimführung und Herzensbeschneidung durch Gott, so dass es jetzt das Liebesgebot und die ganze Sozialordnung des Dtn halten kann (Dtn 30,1–10). Durch diese unvergleichlich weise und gerechte (dtn) Tora kann Israel Gesellschaft Gottes auch ohne König und Staat sein. Es braucht nicht einmal mehr einen Tempel, denn durch die Tora ist JHWH ihm helfend nahe, wann und wo immer es zu ihm ruft (Dtn 4,6–8). Von solchen Texten her ist jetzt das ganze DtrG mit seiner Botschaft des Zorns zu lesen. Im vorliegenden Kanon ist das umso deutlicher, als das Dtn jetzt ein Teil des Pentateuch ist und deshalb noch einen höheren kanonischen Rang hat.

Angesichts des kritischen Ringens des DtrG mit der Verschwägerung von Gottesvolk und Staat und den am Ende entwickelten Utopien eines Gottesvolkes als Kontrast-Gesellschaft (zu den staatlich organisierten Gesellschaften) ohne Staat stellt sich die Frage: Wie müssen breite Entwicklungen in der christlichen und jüdischen Geschichte – vom theokratischen Staat in Byzanz über das christliche Mittelalter bis zum modernen Staat Israel als quasitheologischer Größe –, wie aber auch der Ansatz so mancher »christlichen Soziallehren« und Befreiungstheologien von den im DtrG niedergelegten Erfahrungen Israels her beurteilt werden?

III. Das Buch Josua

(Georg Hentschel, Erfurt)

Kommentare: M. Noth (HAT) ³1953; J. A. Soggin (OTL) 1972; J. M. Miller/G. M. Tucker (CNEB) 1974; R. G. Boling (AncB) 1982; J. Gray (NCeB) 1986; M. Görg (NEB) 1991; M. Ottosson 1991; V. Fritz (HAT) 1993; R. D. Nelson (OTL) 1997; E. Zenger (SAT) 2004; A. G. Auld (SCS) 2005; E. A. Knauf (ZBK) 2008; H. C. Rösel (HCOT) 2011; T. C. Buttler (WBC) ²2014; T. Dozeman (AB) (1-12) 2015.

Forschungsberichte: E. Noort, Das Buch Josua. Forschungsgeschichte und Problemfelder (EdF 292) Darmstadt 1998.

Einzelstudien: R. Albertz, Die kanonische Anpassung des Josuabuches. Eine Neubewertung seiner sogenannten »priesterschriftlichen Texte«, in: T. Römer/K. Schmid, Les dernières rédactions du Pentateuque, de l' Hexateuque et de l'Ennéateuque (BEThL 203) Leuven 2007, 199–216; M. Anbar, Josué et l'alliance de Sichem (Josué 24:1–28) (BET 25) Frankfurt a. M. 1992; E. Ballhorn, Israel am Jordan. Narrative Topographie im Buch Josua (BBB 162) Göttingen 2011; K. Bieberstein, Lukian und Theodotion im Josuabuch (BN.B 7) München 1994; ders., Josua – Jordan – Jericho (OBO 143) Fribourg/Göttingen 1995; ders., Das Buch Josua und seine Horizonte, in: H.-J. Stipp (Hg.), Das deuteronomistische Geschichtswerk (ÖBS 39) Frankfurt 2011, 151–176; G. Braulik, Die Völkervernichtung und die Rückkehr Israels ins Verheißungsland, in: M. Vervenne/J. Lust (Hg.), Deuteronomy and Deuteronomic Literature. FS C. H. W. Brekelmans (BEThL 133) Leuven 1997, 3–38; ders., Die deuteronomistische Landeroberungserzählung aus der Joschijazeit in Deuteronomium und Josua, in: H.-J. Stipp (Hg.), Das deuteronomistische Geschichtswerk (ÖBS 39) Frankfurt 2011, 89–150; E. Cortese, Josua 13–21. Ein priesterschriftlicher Abschnitt im deuteronomistischen Geschichtswerk (OBO 94) Fribourg/Göttingen 1990; T. R. Elßner, Josua und seine Kriege in jüdischer und christlicher Rezeptionsgeschichte (Theologie und Frieden 37) Stuttgart 2008; C. Frevel, Das Josua-Palimpsest. Der Übergang vom Josua- zum Richterbuch und seine Konsequenzen für die These eines Deuteronomistischen Geschichtswerks: ZAW 125, 2013, 49–71; E. A. Knauf, Buchschlüsse in Josua, in: T. Römer/K. Schmid (Hg.), Les dernières rédactions du Pentateuque, de l'Hexateuque et de l'Ennéateuque (BEThL 203) Leuven 2007, 217–224; R. G. Kratz, Die Komposition der erzählenden Bücher des Alten Testaments (UTB 2157) Göttingen 2000; J. Krause, Exodus und Eisodus. Komposition und Theologie von Jos 1–5 (VT.S 161) Leiden u. a. 2014; N. Lohfink, Kerygmata des Deuteronomistischen Geschichtswerks, in: J. Jeremias/L. Perlitt (Hg.), Die Botschaft und die Boten. FS H. W. Wolff, Neukirchen-Vluyn 1981, 87–100; ders., Landeroberung und Heimkehr. Hermeneutisches zum heutigen Umgang mit dem Josuabuch, in: JBTh 12, 1998, 3–24; R. Müller, Königtum und Gottesherrschaft (FAT 2/3) Tübingen 2004; J. Nentel, Trägerschaft und Intentionen des deuteronomistischen Geschichtswerks (BZAW 297) Berlin 2000; E. Noort, Der reißende Wolf: Josua in Überlieferung und Geschichte: VT.S 109, 2006, 153–173; ders. (Hg.), The Book of Joshua (BEThL 250) Leuven 2012; T. Römer, Josua, in: ders. (Hg.), Einleitung in das Alte Testament, Zürich 2013, 308–320; H. N. Rösel, Von Josua bis Jojachin (VT.S 75) Leiden 1999; C. Schäfer-Lichtenberger, Josua und Salomo. Eine Studie zu Autorität und Legitimität des Nachfolgers im Alten Testament (VT.S 58) Leiden 1995; K. Schmid, Literaturgeschichte des Alten Testaments, Darmstadt 2008; L. Schwienhorst, Die Eroberung Jerichos (SBS 122) Stuttgart 1986; C. de Vos, Das Los Judas: über Entstehung und

Ziele der Landbeschreibung in Josua 15 (VT.S 95) Leiden 2003; M. Wüst, Untersuchungen zu den siedlungsgeographischen Texten des AT I. Ostjordanland (BTAVO.B 9) Wiesbaden 1975; K. L. Younger, Ancient Conquest Accounts (JSOT.S 93) Sheffield 1990.

0. Text

Zwischen dem masoretischen Text und der ältesten Fassung der Septuaginta »bestehen erhebliche Divergenzen« (*K. Bieberstein*). Die alte Septuaginta, die im Josuabuch durch den Codex Vaticanus bezeugt wird, ist durchschnittlich 4 oder 5 % kürzer als der hebräische Text, an manchen Stellen allerdings länger. Der kürzere Text kann auf eine frühere Gestalt des Buches zurückgehen (*A. G. Auld*). Die beiden in Qumran gefundenen hebräischen Josua-Texte weisen auf eine eigenständige Vorlage hin, stehen dem MT aber näher als der Septuaginta.

1. Aufbau

Das Buch ist nach Josua benannt, der als Nachfolger des Mose (Dtn 31,1.2.7.8) das Volk in das verheißene Land führt. Es schildert den Einzug in das Westjordanland (Jos 1,1–12,24) sowie die Verteilung des Landes auf die einzelnen Stämme (Jos 13,1–22,34) und präsentiert zwei Abschiedsreden Josuas samt der Mitteilung über seinen Tod und seine Bestattung (Jos 23,1–24,33).

1. Teil	**2. Teil**	**3. Teil**
Eroberung des Landes (1,1–12,24)	Verteilung des Landes (13,1–22,34)	Abschiedsreden und Tod Josuas (23,1–24,33)
Leitwörter und -motive »Land geben« (1,2.6.11.15; 2,9.14.24; 9,24) »bis auf diesen Tag« (4,9; 5,9; 6,25; 7,26; 8,28.29; 9,27; 10,27)	*Leitwörter und -motive* »das Land verteilen« (13,7; 18,10; 19,51) »Erbbesitz« (13,6.7.14.23. 28.33; 14,2.9.13.14; 15,20; 16,8.9 u. ö.)	*Leitwörter und -motive* »anderen Göttern dienen« (23,7.16; 24,2.14.15.16.20) »JHWH dienen« (24,14.15.18.19.21)

Der *1. Teil* (1,1–12,24) reicht von einer einleitenden Rede JHWHs, die an Josua gerichtet ist (1,2–9), bis zur Aufzählung der besiegten Könige und der eingenommenen Gebiete (12,1–24). Unter geographischem Aspekt fällt auf, dass die meisten Erzählungen auf dem Gebiet des Stammes Benjamin spielen. Erst gegen Ende wendet sich Josua auch nach Süden (10,28–43) und nach Norden (11,1–14). Außerdem fällt auf, dass die Erzählungen des Öfteren ätiologisch erklären, warum es etwas »bis zum heutigen Tag« gibt (→ Ätiologie): zwölf Steine an der Furt mitten im Jordan (4,9), den Ortsnamen Gilgal (5,9), die Familie der Rahab in Jericho (6,25), den Steinhaufen des Achan (7,26), den Trümmerhaufen der Stadt Ai (8,28.29), die niederen Dienste der Gibeoniter (9,27) und den Stein vor der Höhle von Makkeda (10,27).

Text	Strukturmerkmale	Inhalt
1,1–18	Reden	
	JHWHs (1,2–9)	Auftrag zur Eroberung des Landes
	Josuas (1,11–15)	Befehl zur Überquerung des Jordan
	Antwort der Listenführer (1,16–18)	
2,1–11,23	Erzählungen *Leitwörter*: »hinüberziehen« (29 mal) »schlagen« (26 mal)	Kundschafter in Jericho (2,1–24), Durchzug durch den Jordan (3,1–5,1), Beschneidung und Pesach (5,2–12), Eroberung Jerichos (6,1–27); Kampf um Ai (7,1–8,29); List der Gibeoniter (9,1–27); Krieg mit den Kanaanitern (10,1–43); Sieg im Norden (11,1–23)
12,1–24	Aufzählungen	Liste der eroberten Gebiete (12,1–8) und Aufzählung der besiegten Könige (12,9–24)

Im *2. Teil* (13,1–22,34) verteilt Josua das Land an die Stämme Israels, bis auf die Stämme Ruben, Gad und den halben Stamm Manasse, die ihr Gebiet schon zugewiesen bekommen haben (13,8–33; vgl. Num 32,1–42). Die Landverteilung vollzieht sich in zwei Stufen. Zunächst erhalten Kaleb, Juda und die Josefsstämme ihre Anteile (15,1–63 und 16,1–17,18). Dann wird anlässlich einer Versammlung in Schilo (18,1–10) das restliche Land aufgezeichnet, in sieben Teile gegliedert und über sie das Los für die restlichen Stämme geworfen (18,11–19,51). Bei den Stämmen Juda (15,5b–11), Efraim (16,6–8), Manasse (17,7–10), Benjamin (18,12–20), Sebulon (19,10–14), Ascher (19,24–31) und Naftali (19,32–39) wird die Ausdehnung nach Norden und Süden, Osten und Westen genau angegeben. Im Anschluss an die *Grenzbeschreibungen* werden in *Städtelisten* Orte aufgezählt, die mitten in einem Stammesgebiet liegen. So wird für Juda genau gesagt, welche Städte sich im Süden (15,21–32), im Hügelland (15,33–47), im Gebirge (15,48–60) und in der Steppe (15,61.62) befinden. Die Gebiete der Stämme Simeon (19,1–9), Issachar (19,17–23), Ascher (19,24–31) und Dan (19,40–48) werden nur oder fast nur durch solche Städtelisten näher bestimmt. Auf Weisung JHWHs wählt man sechs *Asylstädte* aus, in der jeder Zuflucht finden kann, der ohne Absicht jemanden getötet hat (20,1–9; vgl. Dtn 19,1–10). Die Leviten, die kein geschlossenes Gebiet zur Ansiedlung bekommen haben (13,14; 18,7), erhalten 48 Städte samt ihren Weidegebieten (21,1–42). Die ostjordanischen Stämme werden in ihre Gebiete entlassen (22,1–8). Als es wegen eines großen Altars am Jordan zum Konflikt mit den übrigen Stämmen kommt, wird festgelegt, dass der Altar nur die Zugehörigkeit der ostjordanischen Stämme zu Israel bezeugen soll (22,9–34).

Text	Strukturmerkmale	Inhalt
13,1–19,51	Rede JHWHs (13,1–7) Aufzählungen (13,8–19,51) *Leitworte*: »Gebiet« (13,3.4.10.11.23.26.27; 15,1.4.11.12.21.47; 15,2.3.8.10; 17,8.10; 18,5.19; 19,12.22.46) »Los« (14,2; 15,1; 16,1; 17,1; 18,11; 19,1.10.17.24.32.40.51; 21,4.5.6.8.10.20.40)	Auftrag, das Land zu verlosen (13,1–7) Hinweis auf die schon erfolgte Verteilung des ostjordanischen Landes an zweieinhalb Stämme (13,8–33) Zusammenfassende »Vorschau« (14,1–5) Sonderregelung für Kaleb (14,6–15) Verteilung des westjordanischen Landes an Juda (15,1–63), Josef (16,1–17,18) und die übrigen sieben Stämme (18,1–19,51)
20,1–9	Rede JHWHs (20,1–6) Aufzählung (20,7–9)	Bestimmungen über die Asylstädte Wahl von sechs Asylstädten
21,1–45	Aufzählung (21,1–42) Summarium (21,43–45)	Liste der Levitenstädte Ruhe vor den Feinden; Erfüllung der Verheißungen
22,1–34	Rede Josuas (22,1–6) Erzählung (22,7–34) *Leitmotiv*: »auflehnen gegen JHWH« (22,16.18.19.22.29)	Streit um den Altar im Ostjordanland (22,9–34) Entlassung der ostjordanischen Stämme (22,1–6.7–8)

Der *3. Teil* (23,1–24,33) enthält zwei Abschiedsreden Josuas. In der ersten (23,1–16) ermahnt Josua das Volk, JHWH die Treue zu halten, und warnt es eindringlich vor der Vermischung mit den Völkern, die im Lande übriggeblieben sind, und vor dem Abfall zu anderen Göttern. Am Ende fasst Josua schon das drohende Exil ins Auge (23,15.16). In der zweiten Rede (24,2–24) in Sichem stellt Josua den versammelten Israeliten die Heilsgeschichte vor Augen und fordert sie dazu auf, seinem Beispiel zu folgen und JHWH zu dienen (24,1–15). Das Volk erklärt sich dazu bereit (V. 16–24) und wird anschließend von Josua feierlich auf das Gesetz JHWHs verpflichtet. Zur Erinnerung daran errichtet Josua einen Stein als Zeugnis (V. 25–27). Das Buch schließt mit Tod und Beisetzung Josuas, Josefs und Eleasars (V. 29–33; vgl. Ri 2,8.9).

Text	Strukturmerkmale	Inhalt
23,1–16	Rede Josuas *Leitwort*: »Völker« (23,3.4.7.9.12.13)	Warnung vor den Völkern, die im Land verblieben sind, und vor ihren Göttern
24,1–24	Rede Josuas *Leitwort*: »JHWH dienen« (24,14.15.18.19.21)	Heilsgeschichte Aufforderung, JHWH zu dienen Bereitschaftserklärung des Volkes
24,25–28	Erzählung	Aufzeichnung von Gesetz und Recht
24,29–33	Erzählung	Beisetzung Josuas, Josefs und Eleasars

2. Entstehung

Da die Erzählung vom Auszug Israels aus Ägypten erst mit der Landnahme in Kanaan zu ihrem Ziel kommt, steht das Buch Josua literarisch im Kontext des Hexateuch (Gen–Jos). Es ist unbestritten, dass es im Endtext den heilsgeschichtlichen Faden der Exoduserzählung fortsetzt und durch die Landnahme zum Abschluss bringt. Die ältere Forschung hat daher auch versucht, das Wachstum des Buches Josua im Kontext der Hexateuchentstehung zu erklären. Seit der Mitte des 20. Jahrhunderts löste jedoch die These von einem dtr Geschichtswerk (*M. Noth*) die ältere Auffassung ab. Inzwischen rechnen einige mit einer »spätvorexilischen Exodus-Josua-Geschichte« (*E. A. Knauf* 2007), die im Exil mit dem »dtr Geschichtswerk« (Sam und Kön) zu einem »Großgeschichtswerk« zusammengewachsen sei (*K. Schmid*) (s. dazu auch das »Münsteraner Pentateuchmodell« C.II.5. und C.VI.3.2). Eingebunden in die jüngere Forschung zum deuteronomistischen Geschichtswerk (s. o. D.II.) ist daher die aktuelle Diskussion über die Entstehung des Josuabuches eng verbunden mit der jüngeren Pentateuch- bzw. Hexateuchforschung. Abhängig von den Großtheorien ist dabei derzeit umstritten, ob das Buch Josua primär als Teil des Hexateuch oder des dtr Geschichtswerks zu verstehen ist.

2.1 Vordeuteronomistische Überlieferungen

Nach dem Zeugnis der Archäologie können zwar die Erzählungen über die Einnahme der Stadt Jericho (Jos 6*) oder die Eroberung von Ai (Jos 8*) nicht auf frühe Überlieferung zurückgehen, aber sie sind offenbar in der Zeit der assyrischen Vorherrschaft entstanden, um der assyrischen Kriegsideologie etwas entgegenzusetzen und zu betonen, dass JHWH den Israeliten das Land gegeben hat. Da Josua mit den feindlichen Königen auf eine Stufe gestellt ist, liegt der Gedanke nahe, dass er Züge des judäischen Königs Joschija angenommen hat (*E. A. Knauf* 2008). Der Durchzug Israels durch den Jordan zeigt schon in seiner ältesten Gestalt (Jos 3*), dass das Ostjordanland nicht mehr als Teil des verheißenen Landes gilt. Damit hat man die assyrische Eroberung Transjordaniens 733 v. Chr. verinnerlicht (*K. Bieberstein*). Eine frühe Fassung des Vertrages mit den Gibeonitern (Jos 9*), die durch andere Überlieferungen (Jos 10,1–15; 2 Sam 21,1–14) bestätigt wird (*E. A. Knauf* 2008), zeigt an, dass es auch Formen friedlicher Koexistenz gab, die eventuell auch der Sippe Rahab zugutekam. Umstritten ist, ob diese Erzählungen schon in vordtr Zeit zu einer Sammlung vereinigt waren (*R. G. Kratz*) oder nicht (*V. Fritz*). Die geographischen Beschreibungen und Listen, die in Jos 15–19 enthalten sind, gehörten sicher noch nicht dazu. Sie gelten als relativ jung (*C. de Vos*), auch wenn gerade die Einteilung des judäischen Raumes (Jos 15,20–63; 18,21–28) auf vorexilische Verwaltungstexte zurückgehen kann (*V. Fritz*). Im »Münsteraner Pentateuchmodell« wird davon ausgegangen, dass die ersten Landeroberungserzählungen schon vorexilisch in einem literarischen Zusammenhang mit der Mose-Exoduserzählung standen und im 7. Jh. v. Chr. als Teil des Jerusalemer Geschichtswerks überliefert wurden.

2.2 Die dtr Redaktionen

Die dtr Redaktion im Josuabuch lässt sich sprachlich »verhältnismäßig einfach von der Tradition abheben« (*R. G. Kratz*) und durch das ganze Buch verfolgen. Sie zeigt sich vor allem in Reden (1,1–9.10–18; 13,1–7; 22,1–6; 23,1–16) und Summarien (11,16–23; 21,43–45). Umstritten sind Anzahl, Art und Alter der einzelnen Redaktionen. *N. Lohfink* hat eine vorexilische dtr Landeroberungserzählung vorgeschlagen, die in Dtn 1 beginne und im Josuabuch bereits zum Abschluss komme (DtrL: *Dtn 1–Jos 22). Es sei das Anliegen gewesen, die Besetzung nordisraelitischen Territoriums durch Joschija zu legitimieren (*N. Lohfink* 1981; s. o. C.IV.2.43 und D.II.3.35). Dass es eine erste Ausgabe des Josuabuches schon am Ende der Königszeit gegeben habe, wird auch von anderen vertreten (*T. Römer*). Forschungsgeschichtlich bedeutsam war die Entwicklung der These einer späten dtr Redaktion, die der dtr Hauptredaktion nachfolgt (*R. Smend*). Wird Josua einerseits aufgefordert, die Israeliten mutig und stark anzuführen, um ihnen das Land zum Besitz zu geben (1,1–6.9), so hängt der Erfolg andererseits davon ab, dass er genau nach der Weisung des Mose handelt (1,7.8), also »den Feldherrenmantel ablegt und als Toralehrer auftritt« (*E. Noort*). Zu dieser »nomistischen« Bearbeitung (DtrN) gehört, dass JHWH nicht alle Völker vertrieben hat, sondern einige übrig geblieben sind (13,1.2; 23,4.7.12). JHWH kann sie noch verjagen (23,5), aber er wird es nur tun, wenn sich Israel an das Gesetz hält (23,6–11). Andernfalls werden diese Völker zur Schlinge und Falle werden und Israel wird das Land wieder verlieren (23,12.13.15.16). Doch »wenn Israel das Gesetz wieder beobachtete, konnte es hoffen, sein Land wiederzuerhalten« (*N. Lohfink* 1998). Geht man von mehreren Redaktionen aus, dann sind frühere Buchschlüsse möglich (vgl. *E. A. Knauf* 2007). Nachdem Josua das Land bereits verteilt hat und Ruhe eingekehrt ist (11,23), bleibt allerdings für ihn doch noch viel zu tun (13,1; 14,6–15; 15,13; 17,14–18; 18,3–10). Darum wird erst nach Abschluss der Landverteilung festgestellt, dass sich alle Verheißungen JHWHs erfüllt haben und er ihnen Ruhe verschafft hat (21,43–45). In der derzeitigen Diskussion ist allerdings umstritten, ob Jos *13,1–21,45 abgesehen von Jos *14,6–15 noch als dtr oder bereits als nachdtr (*C. de Vos, R. G. Kratz*) einzustufen sind.

2.3 Priesterliche Zusätze

Im Buch Josua finden sich Passagen, deren Sprache unverkennbar priesterlich ist und die sich an priesterliche Texte im Pentateuch anschließen. Rubeniter, Gaditer und der halbe Stamm Manasse ziehen gerüstet durch den Jordan (Jos 4,12f), wie es Mose ihnen geboten hatte (Num 32,29f). Da mit dem Durchzug durch den Jordan die Wüstenwanderung beendet ist, ersetzen ungesäuerte Brote und geröstetes Korn das Manna (Jos 5,10–12), wie es in P gesagt worden ist (Ex 16,35). Die Vorsteher der Gemeinde halten sich an ihren Schwur gegenüber den Gibeonitern (Jos 9,15b.18–21.27), wie es das Gesetz verlangt (Lev 19,12). Die These, dass die Priestergrundschrift sich in Josua fortsetzt und in Jos 18,1 bzw. 19,51 endet (s. dazu C.V.2.27), hat sich in der Forschung ebenso wenig wie die Annahme durchsetzen können, dass Jos *13–21 bzw. 14–19 ursprünglich Teil des Numeribuches (nach Num 34*) waren (*E. Cortese, C. de Vos*). Wie eng der literar- und redaktionsgeschichtliche Zusammenhang der P^S Texte in Numeri und dem Josuabuch über den unbestrittenen kompositionellen Bezug hinaus ist, wird unterschiedlich beurteilt. Einige Belege weisen darauf hin, dass die priesterlichen Texte im Josuabuch ihren Vorlagen nicht unbedingt folgen. Die Kommission unter Leitung des Priesters Eleasar (Num 34,16–29), die das Land verteilen soll, wird zwar im Josuabuch erwähnt (14,1 und 19,51), »aber nicht wirklich in Aktion gezeigt« (*R. Albertz*). Die unterschiedlichen Vorstellungen über die Asylstädte (Num 35,9–34 und Dtn 19,1–13) werden in Jos 20,1–9 »harmonisiert und in kreativer Weise interpretiert« (*R. Albertz*). Den Leviten werden eigene Städte zugewiesen (Jos 21,1–42), wie JHWH Mose geheißen hatte (Num 35,1–8), aber dabei werden die Aaroniden als eine privilegierte Gruppe angesehen. Die Erzählung über den Altar in Gilead (Jos 22,7–34) ist heute weithin als priesterlich beeinflusst anerkannt, aber sie schlägt eine ungewöhnliche Lösung für diejenigen vor, die in einem unreinen Land leben (22,19). Es handelt sich in den priesterlichen Passagen also »nicht um Teile einer ehemals selbständigen Quellen, sondern um eine Bearbeitungsschicht« (*K. Bieberstein*). Die Orientierung an priesterlichen Passagen des Pentateuch – vor allem an Num 26–36 – weist darauf hin, dass der Pentateuch zunehmend kanonische Autorität gewinnt. Das schließt eine eigenständige Interpretation innerhalb des Josuabuches aber nicht aus.

2.4 Offene Fragen

Schon bei *M. Noth* war das Verhältnis der beiden Schlusskapitel Jos 23 und Jos 24 nicht eindeutig bestimmt. Die Sachlage ist komplex und an ihr hängen sowohl Fragen eines vor- und nach-priesterschriftlichen Hexateuch, die Frage des frühesten Übergangs zwischen dem Buch Josua und dem Richterbuch und schließlich auch die Frage nach dem DtrG insgesamt (*C. Frevel*). Jos 23 ist eindeutig dtr, jedoch ist umstritten, ob Teile daraus (1*.2–3.9.11.14b–16a *T. Römer*) dem ersten Deuteronomisten zuzuweisen sind oder das Kapitel erst einer nachexilischen dtr Redaktion entstammt und Jos 11,23* oder 21,43–45 den Schluss der ersten dtr Schicht im Josuabuch darstellen. Bis in die jüngste Zeit umstritten ist auch die Einordnung von Jos 24, »die Probe aufs Exempel für jede flächendeckende Theorie, die mit dem Josuabuch verbunden wird« (*E. Noort*). Jos 24 ist in der vorliegenden Form sehr jung. Denn es wird nicht nur das künftige Unheil in den Blick genommen (V. 20), sondern sogar die Priesterschrift vorausgesetzt, wie die Erwähnung von Terach und Nahor zeigt (V. 2). Auch werden eindeutig Bögen zurück in den Pentateuch geschlagen (z. B. V. 9f.32). Der mit der Entscheidungssituation verbundene Bundesschluss Jos 24,21–27 passt in keines der herkömmlichen Sprachmuster ganz. Sieht man das Kapitel als literarisch einheitlich an, dann lässt es sich nur sehr spät ansetzen (*K. Schmid, R. Achenbach u. a.*). Es weist aber offenkundige Widersprüche (V. 14 und 19; vgl. *R. Müller*) und erstaunliche Besonderheiten auf (*M. Anbar*; vgl. V. 11 mit Jos 6). Umstritten ist, ob die frühesten Bestandteile des Kapitels als Teil einer vor-priesterlichen Hexateucherzählung anzusprechen sind (*R. G. Kratz*, »Münsteraner Pentateuchmodell«) oder ob der Grundbestand einer ersten dtr Redaktion zuzuschreiben ist (*V. Fritz*), auch wenn die Abgrenzung des Grundbestandes im Einzelnen weit auseinander geht (vgl. *J. Nentel* und *R. Müller*).

3. Theologie

3.1 Das Land als Gabe JHWHs

»Hauptthema des Buches ist nicht, wie immer gesagt wird, die kriegerische Eroberung des Landes und die Vernichtung seiner Bewohner, sondern das Land als Gabe JHWHs« (*E. Zenger*). Im Mittelpunkt des Josuabuches steht nicht die Landnahme, sondern die *Landgabe* (1,2.3.6.11.13.15; 2,9.14; 5,6; 9,24; 18,3; 24,13). JHWH hat Israel das Land zum »Erbbesitz« gegeben (Dtn 12,10; 19,10.14; 20,16; 21,23; 24,4; 25,19). Nach *V. Fritz* ist das Buch Josua »ein theologischer Entwurf zur Begründung des Landbesitzes durch Israel«. »Mit Gottes Hilfe ist Israel in den Besitz des Landes gekommen«. »Das Land ist Heilsgabe Gottes an sein Volk«. Dabei ist zu beachten: Das Land war die wirtschaftliche Grundlage des Volkes. Nur wer über eigenen Grund und Boden verfügte, durfte eine Familie gründen und am Tor Rechtsfragen mitentscheiden. Die Gabe des Landes durch JHWH eröffnet Josua die Möglichkeit, das Land an die Stämme zu verteilen, soweit es Mose nicht schon getan hat. Dabei soll das Los eine Rolle spielen (Num 33,54; Jos 14,2; 18,11; 19,51); der Anteil am Land kann darum auch als »Los« (15,1; 16,1; 17,1.14.17) bezeichnet werden. Damit wird nochmals betont, dass die Israeliten das Land nicht selbst erobert haben, sondern dass es ihnen zugeteilt worden ist. Der Stamm Levi sollte dabei zunächst nicht berücksichtigt werden, denn sein Anteil war JHWH (13,14.33; 18,7). Aber am Ende erhalten die Leviten doch 48 Städte, die auf dem Gebiet der anderen Stämme liegen (21,1–42).

3.2 Die Art und Weise der Übereignung des Landes

3.21 Die biblische Darstellung und das Zeugnis der Archäologie

Das Josuabuch ist keine historische Quelle über die sog. Landnahme und darf deshalb auch nicht als solche gelesen werden. »Eine kriegerische Landnahme als Feldzug eines Zwölfstämmevolks Israel mit der Vernichtung aller Landbewohner hat es nie gegeben. Das ergibt sich aus unserem Wissen über die Entstehung Israels, wonach sich Israel im 12. Jh. v. Chr. als eine ›Mischgesellschaft‹ formierte, deren Mitglieder überwiegend nicht von außen kamen, sondern bereits vorher im Lande waren, teilweise als Halbnomaden in den freien Räumen zwischen den Stadtstaaten, teilweise aber auch als ›Kanaanäer‹, die sich dem neuen Gesellschaftssystem anschlossen. Historisch und archäologisch lässt sich zwar in jener Epoche ein kultureller Niedergang der kanaanäischen Stadtkönigtümer, ja sogar die Zerstörung einzelner Städte feststellen, aber das war nicht das Werk Israels. Israel ist eher als Folge dieses Niedergangs, der eng verbunden ist mit dem Ende der ägyptischen Vorherrschaft über diesen Raum, just zu dieser Zeit entstanden. Israel ist gewissermaßen als Konsequenz des Machtrückgangs Ägyptens in jenem Raum und des Zusammenbruchs der kanaanäischen Stadtstaaten zu begreifen« (*E. Zenger*). Einige Daten können den Prozess der »Entstehung« Israels in Kanaan illustrieren. Auf dem Gebiet der Stämme Efraim und Manasse gab es – nach Auskunft der Archäologie – in der sog. Spätbronzezeit nur ca. 30 dörfliche Siedlungen. In der Eisenzeit I (1200–1000 v. Chr.) wuchs diese Zahl jedoch auf über 200 Dörfer an.

Sie waren unbefestigt. Ihre Bewohner hatten also keine Feinde, die sie bedroht hätten. Das Gebirge Efraim bot für neue Siedlungen genügend Raum. Das karge Bergland war für die bisherigen Bewohner Kanaans nicht attraktiv genug. Sie saßen in den fruchtbaren Ebenen, die sie auch jederzeit gegen Zuwanderer verteidigen konnten (vgl. Ri 1,19.21.29–33).

Allerdings wird der Prozess der *allmählichen* Besiedlung des judäischen und efraimitischen Berglandes, der galiläischen und der ostjordanischen Regionen in den Erzählungen gerade nicht reflektiert. Indem sie darstellen, dass Israel »von außen« ins Land kam, heben sie hervor, dass die Bindung Israels an »das Land« sich ganz der besonderen Zuwendung Gottes verdankt.

3.22 Erfüllung der Väterverheißungen

Die Erzähler bzw. Redaktoren weisen darauf hin, dass Gott schon den Vätern die Zusage des Landbesitzes gegeben oder gar zugeschworen hat (1,6; 5,6; 21,43.44; 23,14). Hier wird also ein Bogen zu den Vätererzählungen gespannt (Gen 12,7; 13,14–17; 15,7; 17,8; 24,7; 28,13.14; 35,12; 48,4). Mit der Sesshaftwerdung Israels haben sich diese Verheißungen – so ist die Sicht des Buches Josua – erfüllt; keine Zusage hat ihr Ziel verfehlt (21,43–45; 23,15). Angesichts der drohenden und de facto erlittenen Landverluste ist diese »Landtheologie« ein Gegenentwurf zur realen Geschichte.

3.23 Landnahme als Eroberungskrieg JHWHs

Mehrere Erzählungen schließen sich einem altorientalischen Schema an, wonach eine Gottheit den Auftrag gibt, ein Land zu unterwerfen und die Bewohner zu vernichten, falls sie Widerstand leisten. Die Stele des moabitischen Königs Mescha aus dem 9. Jh. v. Chr. zeigt mit ihrer Schilderung eines »Heiligen Krieges«, dass man auch im nahen Israel mit einer solchen Auffassung vom »Heiligen Krieg« vertraut sein konnte. Die Erfahrung mit der Kriegsideologie der Assyrer führte ebenfalls dazu, dass Israel in den Kategorien des Heiligen Krieges dachte (vgl. Dtn 7,16–26; 9,1–6; 20,1–20; 23,10–15; 25,17–19) und die Idee der sog. Vernichtungsweihe (d. h. des »Bannes«) kannte (Dtn 20,16–18). Die dtr geprägten Erzählungen im Buch Josua sprechen davon, dass eigentlich JHWH den Krieg führt (10,14), die Feinde in die Gewalt Israels gibt (Jos 6,2; 10,8; 11,6) und Israel berechtigt ist, den Bann an den bisherigen Bewohnern des Landes zu vollziehen (Jos 6,21; 8,24.25; 10,10.28.30.37.40; 11,11.14). Eine solche Darstellung wirft die Frage auf, »weshalb der Name Gottes in einen solchen Gewaltzusammenhang eingebunden worden ist« (*G. Braulik*). Darauf lassen sich folgende Antworten geben:

(1) Das literarische Genre ist zu beachten. Die Erzählung in Jos 6 will von dem gottgewirkten Wunder der Einnahme Jerichos erzählen und beschränkt den »Kampf« auf wenige Zeilen (V. 20f). Jos 8 ist zwar eine »richtige« Kriegsgeschichte (*E. Zenger*), die Hinterhalt und Scheinflucht kennt. Aber auch hier verdankt Israel den Sieg dem Wunderwirken JHWHs.

(2) Das Alter der Erzählungen darf im Josuabuch nicht außer Acht gelassen werden. Wenn die assyrische Kriegstheologie im Hintergrund steht, stammen Jos 6 und 8 frühestens aus dem 8. Jahrhundert.

(3) Die Erzähler wollten mit ihren massiven Kriegsdarstellungen unterstreichen, dass JHWH die Macht hat, den Israeliten gegen alle Widerstände das Land zu übergeben. »Vor Gott als dem eigentlichen Kriegsherrn haben die Feinde keinen Bestand, und nach ihrer Vernichtung kann Israel das Land einnehmen. Mit seiner Eroberung wird das Land zum unaufgebbaren Besitz, den Gott selbst dem Volk zugewiesen hat« (*V. Fritz*). Angesichts des faktischen Landverlustes im 8. und 7. Jh., als diese Erzählungen ausgestaltet wurden, wollten ihre Urheber Israel Mut und Hoffnung zusprechen.

(4) Gerade die Ausnahmen zeigen, worauf es den Erzählern ankam: Die Dirne Rahab, die sich zum Gott Israels bekannt (Jos 2,9–11), die israelitischen Kundschafter beschützt und ihnen zur Flucht verholfen hat (2,3–7.15.16), darf in Jericho am Leben bleiben (6,22.23.25). Ebenso ergeht es den Gibeonitern, die vom Ruhm JHWHs gehört und es geglaubt haben (Jos 9,9–10). Angehörige der alten Bevölkerung, die die Israeliten nicht zu ihren Göttern verführen wollen, stellen keine Gefahr dar und werden geschont.

3.24 Die Darstellung der Landnahme als kultisches Geschehen

Bei der Erzählung über die Eroberung von Jericho (Jos 6) fällt auf, dass der Schwerpunkt der Darstellung nicht auf der militärischen Eroberung liegt. Josua soll sechs Tage lang mit seinen Kriegern die Stadt Jericho umkreisen. Entscheidend sind nicht die Krieger, sondern die Priester, die mit Hörnern vor der Lade als dem Symbol der Gegenwart JHWHs hergehen. Am siebten Tag soll die Stadt siebenmal umrundet werden. Dabei sollen die Priester in die Hörner blasen und das Volk das Kriegsgeschrei erheben. Dann werde die Mauer der Stadt einfallen (6,3–5). Das sieht eher nach einer liturgischen Prozession als nach einem wirklichen Kampf aus.

Auch der Durchzug durch den Jordan wird als kultisches Geschehen geschildert. Das angekündigte Wunder (3,5) geschieht dadurch, dass die Füße der Priester, die die Lade tragen, das Wasser des Jordan berühren: In diesem Augenblick bleiben die Wasser oberhalb der Furt stehen (3,15.16). Das Volk kann auf diese Weise – wie beim Exodus am Schilfmeer – trockenen Fußes das Westufer des Jordan erreichen und damit in das verheißene Land einziehen (3,17).

Insgesamt wird durch diese kultische Übermalung von Jos 2–6 die Landnahme Israels zu einem feierlichen und machtvollen *Einzug JHWHs selbst* in das Land transformiert.

3.3 Freiheit und Verantwortung

Die Israeliten werden keinesfalls zur Passivität verurteilt. Josua erinnert sie an ihre Verantwortung und stellt sie vor die Wahl, wem sie dienen wollen. Er selbst hat seine Entscheidung bereits gefällt (24,15): »Ich aber und mein Haus, wir wollen JHWH dienen«. Es ist relativ selten im Alten Testament, dass den Israeliten die Wahl gelassen wird, welchem Gott sie dienen möchten. Josua will die Israeliten durch sein Beispiel zur → Monolatrie, zur alleinigen Anbetung JHWHs, führen.

Das Buch Josua lässt nicht offen, was geschieht, wenn sich die Israeliten von JHWH abwenden, sich mit den Bewohnern des Landes vermischen und deren Götter anbeten. Dann werden sie »rasch aus dem Land verschwinden«, das er ihnen gegeben hat (23,12–16). Hier tritt deutlich zutage, dass der Redaktor schon das Exil kennt. Für ihn ist es die Strafe dafür, dass die Israeliten die Gabe des Landes leichtfertig aufs Spiel gesetzt haben. Das Buch Josua wird so zur Mahnung und zum Programm für ein »neues« Leben im Land. Als Orientierung dient die Tora. Wer sich an das Gesetzbuch des Mose hält und weder nach links noch nach rechts abweicht, dessen Lebensweg wird gelingen (1,7.8; 23,6).

3.4 Die Gestalt Josuas

Die Gabe des Landes und die Forderung nach einer Entscheidung für JHWH lassen sich nicht von der Person lösen, deren Namen das Buch trägt: Josua. Sein Name bedeutet »JHWH ist Rettung/Hilfe« und ist gleichsam Programm.

Josua ist in den älteren Erzählungen der Feldherr, der es versteht, den Gegner aus der sicheren Stadt herauszulocken und mit einer List zu schlagen (8,4–23). Josua ist in der Lage, mit all seinen Männern auch in der Nacht zu marschieren, um am Morgen an der richtigen Stelle zu sein (10,7.9). Das Bild Josuas in der älteren Überlieferung entspricht dem im Amalekiterkampf (Ex 17,9.10.13), wo Josua in der typischen Rolle eines Heerführers erscheint.

Auf der Ebene der dtr Theologie wird dieses Bild zurückgedrängt. Josuas Aufgabe besteht nicht so sehr im Kampf, sondern darin, die Israeliten in das Land zu führen (Dtn 31,7.23), denn JHWH zieht vor ihnen her (Dtn 31,8) und kämpft für sie (Dtn 3,22). Der zweite Auftrag Josuas liegt darin, das Land als Erbbesitz an die Israeliten zu verteilen (13,7; 18,10; vgl. Dtn 1,38; 3,28; 31,7).

Josua darf sich vor diesen Aufgaben nicht fürchten; er soll mutig und stark sein (1,6.7.9; vgl. Dtn 31,7.23). Denn JHWH wird mit ihm sein, wie er mit Mose war (1,5; vgl. Dtn 31,8). Die Parallelisierung Josuas mit Mose wird besonders beim Durchzug durch den Jordan sichtbar, wo gleich zweimal ausdrücklich darauf hingewiesen wird (3,7; 4,14). Vor allem wird die Gleichsetzung Josua = Mose in der kurzen Erzählung von der Erscheinung des »Anführers des Heeres des Herrn« (Jos 5,13–15) deutlich, die bis in die Einzelmotive hinein die Erzählung von der dem Mose widerfahrenen Erscheinung JHWHs bzw. des Boten JHWHs im Dornbusch (Ex 3,1–6) nachahmt.

Das Bild Josuas hat im Pentateuch, v. a. in den späten Schichten, noch weitere Facetten. So ist Josua mit Mose auf dem Berg Sinai, als unten am Fuß der Tanz um das goldene Kalb beginnt (Ex 24,13; 32,17.18). Er ist darum völlig unbeteiligt an der Verirrung des Volkes. Nach Ex 33,7–11 betreut Josua als Diener des Mose das Offenbarungszelt, das außerhalb des Lagers ist. Josua wird also insgesamt »religiöse Lauterkeit attestiert« (*C. Schäfer-Lichtenberger*). Nur einmal wird er von Mose zurechtgewiesen, nachdem er gefordert hatte, Eldad und Medad die Ekstase zu untersagen (Num 11,28.29). In der Kundschaftererzählung tritt Josua ebenso wie Kaleb dafür ein, in das verheißene Land einzuziehen (Num 14,6–9). Darum bleibt er auch allein mit Kaleb am Leben, als die anderen Kundschafter plötzlich tot zu Boden fallen (Num 14,38; vgl. 26,65). Josua wird nach einem klaren Ritus zum Nachfolger des Mose eingesetzt (Num 27,15–23): Dazu wird er von JHWH selbst erwählt und Mose legt ihm die Hände auf. Das geschieht nicht heimlich, sondern in aller Öffentlichkeit und in Anwesenheit des

Priesters Eleasar, des Nachfolgers des Aaron. Josua soll nur in den Kampf ziehen, wenn er zuvor den Priester um ein Urim-Orakel gebeten hat. Mit diesem priesterschriftlichen Bild wird der Blick des Lesers gelenkt, das Josuabuch nicht isoliert zu betrachten, sondern als Fortsetzung des Pentateuch zu begreifen.

IV. Das Buch der Richter

(Georg Hentschel, Erfurt)

Kommentare: R. G. Boling (AncB) 1975; J. D. Martin (CNEB) 1975; J. A. Soggin (OTL) 1981; J. Gray (NCeB) 1986; M. Görg (NEB) 1993; E. Zenger (SAT) 2004; S. Niditch (OTL) 2008; W. Groß (HThKAT) 2009; T. Butler (WBC) 2009; B. G. Webb (NICOT) 2012; S. Frolov (FOTL) 2013; J. M. Sasson (AncB) 2014 (1–12).

Forschungsberichte: R. Bartelmus, Forschung am Richterbuch seit Martin Noth: ThR 56, 1991, 221–259; H. D. Preuß, Zum deuteronomistischen Geschichtswerk: ThR 58, 1993, 260–264; T. Veijola, Deuteronomismusforschung zwischen Tradition und Innovation (II) 3. Josua- und Richterbuch: ThR 67, 2002, 391–402.

Einzelstudien: Y. Amit, The Book of Judges: The Art of Editing (Biblical Interpretation Series 38) Leiden 1999; E. Assis, Self-interest or communal interest. An ideology of leadership in the Gideon, Abimelech and Jephthah narratives (Judg. 6–12) (VT.S 106) Leiden 2005; M. Bauks, Jephtas Tochter. Traditions-, religions- und rezeptionsgeschichtliche Studien zu Richter 11,29–40 (FAT 71) Tübingen 2010; U. Becker, Richterzeit und Königtum (BZAW 192) Berlin 1990; S. Becker-Spörl, »Und sang Debora an jenem Tag«. Untersuchungen zu Sprache und Intention des Deboraliedes (Ri 5) (EHS.T 620) Frankfurt 1998; W. R. Bodine, The Greek Text of Judges. Recensional Developments (HSM 23) Chico 1980; D. Böhler, Jiftach und die Tora. Eine intertextuelle Auslegung von Ri 10,6–12,7 (ÖBS 34) Frankfurt a. M. 2008; W. Bluedorn, Yahweh versus Baalism. A Theological Reading of the Gideon-Abimelech Narrative (JSOT.S 329) Sheffield 2001; E. Eynikel/T. Niklas (Hg.), Samson: Hero or Fool? The Many Faces of Samson (Themes in Biblical Narrative 17) Leiden u. a. 2014; C. J. Exum, Was sagt das Richterbuch den Frauen? (SBS 169) Stuttgart 1997; V. Fritz, Die Entstehung Israels im 12. und 11. Jahrhundert v. Chr. (BE 2) Stuttgart 1996; S. Gillmayr-Bucher, Erzählte Welten im Richterbuch. Narratologische Aspekte eines polyfonen Diskurses (Biblical Interpretation Series 116) Leiden u. a. 2013; G. Hentschel, Gideons Kämpfe mit den Midianitern (Ri 6,33–8,21), in: A. Moenikes (Hg.), Schätze der Schrift. FS H. F. Fuhs (PThSt 47) Paderborn 2007, 19–42; ders., Abimelech – Two Sides of the Story (Judges 9), in: K. D. Dobos/M. Köszeghy, With Wisdom as a Robe. FS I. Fröhlich (Hebrew Bible Monographs 21) Sheffield 2009, 41–56; P. Guillaume, Waiting for Josiah. The Judges (JSOT.S 385) London 2004; H.-W. Jüngling, Richter 19 – ein Plädoyer für das Königtum (AnBib 84) Rom 1981; T. Meurer, Die Simson-Erzählungen (BBB 130) Berlin/Wien 2001; H.-D. Neef, Deboraerzählung und Deboralied. Studien zu Jdc 4,1–5,31 (BThSt 49) Neukirchen-Vluyn 2002; H. M. Niemann, Die Daniten (FRLANT 135) Göttingen 1985; H. Pfeiffer, Jahwes Kommen von Süden. Jdc 5; Hab 3; Dtn 33 und Ps 68 in ihrem literatur- und theologiegeschichtlichen Umfeld (FRLANT 211) Göttingen 2005; M. Rake, »Juda wird aufsteigen!«. Untersuchungen zum ersten Kapitel des Richterbuches (BZAW 367) Berlin 2006; W. Richter, Die Bearbeitungen des »Retterbuches« in der deuteronomischen Epoche (BBB 21) Bonn 1964; ders., Traditionsgeschichtliche Untersuchungen zum Richterbuch (BBB 18) Bonn ^{2}1966; A. Scherer, Überlieferungen von Religion und Krieg. Exegetische und religionsgeschichtliche Untersuchungen zu Richter 3–8 und verwandten Texten (WMANT 105) Neukirchen-Vluyn 2005; ders., Die »kleinen« Richter und ihre Funktion: ZAW 119/2, 2007, 190–200; K. Schöpflin, Jotham's Speech and Fable as Prophetic Comment on Abimelech's Story. The Genesis of Judges 9: SJOT 18, 2004, 3–22; S. Schulz, Die Anhänge zum Richterbuch (BZAW 477) Berlin u. a. 2015; T. Seidl, Vermittler von Weisung und Erkenntnis (ATS 81) St. Ottilien 2006;

H.-J. Stipp, Richter 19 – ein frühes Beispiel schriftgestützter politischer Propaganda in Israel, in: S. Gillmayr-Bucher u. a. (Hg.), Ein Herz so weit wie der Sand am Ufer des Meeres. FS G. Hentschel (EThSt 90) Würzburg 2006, 127–164; M. Witte, Wie Simson in den Kanon kam: ZAW 112, 2000, 526–549.

0. Text

Der hebräische Text ist insgesamt gut erhalten. Ein guter Zeuge für die frühe Septuaginta ist der Codex Alexandrinus zumal dann, wenn er mit der → Vetus Latina übereinstimmt (*W. R. Bodine*). Der Codex Vaticanus ist schon vor der → Hexapla des Origenes an den hebräischen Text angeglichen worden. Interessante Vergleiche eröffnet der Qumran-Text (4QRi^{a}), in dem z. B. der Auftritt des anonymen Propheten (6,7–10) fehlt. Dabei könnte es sich nach *E. Tov* »um die Wiedergabe eines früheren Textstadiums des Buches handeln«.

1. Aufbau

Das Richterbuch entwirft ein Geschichtsbild über die Zeit zwischen der Landnahme und den Anfängen des Königtums. Das Buch besteht aus drei Teilen. In der Einleitung wird einiges zur Ansiedlung der Israeliten nachgetragen und mit dem erneuten Bericht über Tod und Beisetzung Josuas abgeschlossen (1,1–2,10). Im umfangreichen Mittelteil werden die Taten der Richter geschildert (2,11–16,31). Den Abschluss bilden Erzählungen über das Schicksal des Stammes Dan und über die Schandtat der Benjaminiter in Gibea und ihre Folgen (17,1–21,25).

1. Teil	**2. Teil**	**3. Teil**
Einleitung 1,1–2,10	Große und kleine Richter 2,11–16,31	Die königslose Zeit 17,1–21,25
Rahmung: Tod Josuas (1,1 und 2,6–10)	*Rahmung*: JHWH setzte Richter ein (2,16); Simson war Richter in Israel (16,31)	*Rahmung*: »es gab keinen König in Israel; jeder tat, was ihm gefiel« (17,6 und 21,25)
Leitwörter und -motive: »konnten nicht vertreiben« (1,19.21.27–33) »die Kanaaniter blieben wohnen« (1,29.30.32.33)	*Leitwörter und -motive*: »taten, was JHWH missfiel« (2,11; 3,7.12; 4,1; 6,1; 10,6) »entbrannte der Zorn JHWHs« (2,14.20; 3,8; 10,7)	*Leitwörter und -motive*: »kampferprobte Männer« (18,2; 20,44.46; 21,10) »Gemeinde« (20,2; 21,5.8.16)

1.1 Die Einleitung

Die *Einleitung* (1,1–2,10) greift nach Num, Dtn und Jos noch einmal das Thema Landnahme auf. Die Judäer nehmen gemeinsam mit den Nachkommen Simeons und mit den Kenitern den Süden Palästinas ein (1,1–16). Anschließend wird hervorgehoben, dass weder die Judäer noch die anderen Stämme imstande waren, das ganze Land zu erobern (1,18–36). Damit konnten die Götter der bisherigen Einwohner zum Fallstrick für Israel werden (2,1–5). Der Tod Josuas (2,8.9) wird noch einmal berichtet (vgl. Jos 24,29.30), um zu einer neuen Generation überzuleiten (Ri 2,10).

Text	Strukturmerkmale	Inhalt
1,1–36	Erzählung und negatives Besitzverzeichnis	Landnahme Judas, Simeons und Josefs Aufzählung der nicht eroberten Gebiete
2,1–5	Rede des Engels	Anklage und Ankündigung
2,6–10	Generationenwechsel	Wiederholung von Jos 24,28–30; Antritt einer neuen Generation, die JHWHs Taten nicht kennt

1.2 Das Wirken der großen und kleinen Richter (2,11–16,31)

Der *2. Teil* beginnt damit, die Zeit der sog. »Richter« zu charakterisieren (2,11–19) und die bleibenden Gefahren aufzuzeigen (2,20–3,6). Die traditionelle Übersetzung »Richter« erweckt den Eindruck, dass sie eine juridische Aufgabe zu erfüllen hatten. Ursprünglich ist aber eher eine »administrativ-politische Funktion« gemeint, sodass man von »Regenten« sprechen könnte (*W. Groß*, HThKAT 77). Sie treten recht unterschiedlich auf. Am profiliertesten ist die Gruppe der charismatischen Führer, die Israel aus der Gewalt fremder Mächte befreien: Otniël, Ehud, Debora und Barak, Gideon, Jiftach. Simson kämpft auf eigene Faust gegen die Philister. Abimelech strebt bereits die Monarchie an.

Text	Strukturmerkmale	Inhalt
2,11–3,6	Summarium	
	2,11–19 Charakterisierung der Richterzeit	Abfall, Zorn, Errettung und Rückfall
	2,20–3,6 Ankündigung der Gefahren	Israel wird durch die verbliebenen Völker auf die Probe gestellt
3,7–9,57	Erzählung 5,1–31 Lied 9,7–15 Fabel	Rettungstaten des Otniël (3,7–11), des Ehud (3,12–30), des Schamgar (3,31), der Debora u. des Barak (4,1–24; 5,1–31); Berufung Gideons, Kampf gegen die Midianiter und Ablehnung der Königswürde (6,1–8,35); Abimelechs blutiger Weg an die Macht und sein Tod (9,1–57)
10,1–12,15	Erzählung	Jiftach und die kleinen Richter:
	10,1–5 Liste	Tola aus Issachar und Jaïr aus Gilead
	10,6–12,7 Rettungstat Jiftachs	Jiftachs Kampf gegen die Ammoniter
	12,8–15 Liste	Ibzan aus Betlehem, Elon aus Sebulon, Abdon aus Piraton
13–16	Erzählung	Ankündigung der Geburt Simsons, Simsons Hochzeit, die Vernichtung der Ernte, die verfehlte Gefangennahme in Lehi und Gaza, Simson und Delila, Simsons Tod

1.21 Die großen Rettergestalten

Eine »Art Leitartikel« (*J. Wellhausen*) stellt der sich wiederholende Wechsel zwischen Abfall, Strafe und Rettung dar (2,11–16.18.19). Heute spricht man vom »Richterschema«: Wenn die Israeliten JHWH verlassen und anderen Göttern gedient haben, gibt sie JHWH in die Hand von Räubern. Nachdem die Israeliten in große Not geraten sind, rettet sie JHWH durch »Richter« oder »Regenten«. Doch nach dem Tod des »Richters« beginnt alles von Neuem. Der wiederholte Rückfall der Israeliten hat zur Folge, dass der Zorn JHWHs entbrennt und er die Völker nicht mehr vertreibt, »die Josua bei seinem Tod noch übrig gelassen hat« (2,20–3,6).

Die erste Rettungstat (3,7–11) steht dem »Leitartikel« (2,11–23) noch recht nahe, aber das »Beispielstück läßt noch nicht vermuten, daß der Weg vom Sündigen 3,7 bis zur Ruhe 3,11 ein sich wiederholender Kreislauf ist« (*W. Richter*). Die Ermordung des moabitischen Königs durch Ehud (3,15–29) wird dagegen in »einer überaus farbigen und lebendigen Heldensage« vorgestellt (*H. Donner*). Diese Überlieferung gilt als eines »der lebendigsten Beispiele israelitischer Erzählkunst« (*N. H. Rösel*).
Die Erzählung (Ri 4) und das Lied (Ri 5) vom Sieg Baraks über die Kanaaniter stimmen inhaltlich weitgehend überein. In beiden Texten ist es eine Frau, Debora, die den Anstoß zur Auseinandersetzung gibt, und beide Male wird der gegnerische Feldherr durch eine Keniterin, Jaël, erschlagen. Ein wesentlicher Unterschied besteht darin, dass nach der Erzählung nur zwei Stämme, Naftali und Sebulon, in den Kampf gezogen sind, während sich nach dem Lied auch Efraim, Benjamin, Machir und Issachar beteiligt haben.
Die Erzählung über den Retter Gideon geht von den Raubzügen der Midianiter zur Erntezeit aus (6,1–10). Die Berufung Gideons zum Retter (6,11b–17) erfolgt nach dem Muster: Berufung – Einwand – Beistand (*W. Richter*). Sie ist in eine Erzählung eingebunden, in der Gideon seinem Gast Speise vorsetzt und am Ende einen Altar in Ofra errichtet (6,11a.18–24). Ein doppeltes Zeichen (6,33–40) ermutigt Gideon. Über den anschließenden Kampf mit den Midianitern liegen zwei Erzählungen vor. Die Erste der beiden (7,1–8,3) beginnt damit, dass Gideon seine Kampftruppe auf 300 Mann beschränken muss, denn »sonst könnte sich Israel ... rühmen und sagen: Meine eigene Hand hat mich gerettet«. Tatsächlich ist es JHWH, der eine Panik unter den Midianitern auslöst (7,13.14.22). Eine zweite Überlieferung (8,4–21) setzt den ersten Kampf voraus (8,4.10–13; vgl. *G. Hentschel* 2007, anders *W. Groß*). Die Anführer der Midianiter heißen nun aber nicht mehr Oreb (»Rabe«) und Seeb (»Wolf«), sondern Sebach und Zalmunna. Nach seinem Sieg weist Gideon den Vorschlag zurück, über Israel (als »König«) zu herrschen (8,23).
Mit der Gideontradition ist die Erzählung über Abimelech verknüpft. Gideon – so wird erzählt – habe sich durch die Zerstörung eines Altars des kanaanitischen Gottes Baal und einer Aschere, eines Kultpfahls, den Namen Jerubbaal erworben (6,25–32). Abimelech gilt als Sohn jenes Jerubbaal und einer Frau aus der Stadt Sichem (s. Karte 4). Abimelech ermordet alle seine Brüder in Ofra, um Alleinherrscher in Sichem werden zu können (9,1–6). Sein jüngster Bruder Jotam entkommt dem Massaker und kann so seine berühmte herrschaftskritische Fabel vom Berg Garizim herab vortragen (9,7–15). Der Mord Abimelechs löst Zwietracht zwischen ihm und der Stadt Sichem aus (9,22–25). Die königskritische Haltung der bisherigen Erzählung tritt in den Hintergrund, als Gaal auftritt, große Reden führt, aber nichts erreicht (9,26–41). Abimelech kann Sichem mit Gewalt zurückgewinnen, fällt aber vor einer benachbarten Stadt (9,42–54). Am Ende wird die Schuld Abimelechs wie die der Bürger von Sichem betont (9,55–57).
Als die Bewohner der ostjordanischen Region Gilead von den Ammonitern bedrängt werden (10,6–18), bitten sie Jiftach, ihr Anführer zu werden (11,1–11). Jiftach verhandelt mit dem König der Ammoniter (11,12–28) und gelobt vor dem Kampf, dass er bei einer glücklichen Heimkehr

das opfern werde, was ihm als Erstes entgegenkommt. Es ist seine Tochter (11,29–40). Hier liegt das »einzige unpolemische Zeugnis eines Menschenopfers im AT« vor (*U. Hübner*). Vor ihrem Tod beweint Jiftachs Tochter mit ihren Freundinnen in den Bergen ihre Jugend. 11,40 sieht darin einen Brauch begründet, den Tod der Tochter Jiftachs jährlich vier Tage in den Bergen zu beweinen.

1.22 Die kleinen Richter (10,1–5; 12,8–15)

Neben den großen Rettergestalten werden auch die sog. »kleinen Richter« aufgezählt (10,1–5; 12,8–15). Sie werden so genannt, weil sie jeweils nur mit wenigen Sätzen bedacht sind. Meist wird lediglich etwas über ihre Herkunft, ihre Nachkommen, die Zeit ihrer Tätigkeit und über ihren Tod und ihre Beisetzung gesagt. Sie sollen jeweils ganz Israel »regiert« haben.

1.23 Simson (Ri 13–16)

Am Anfang der Simsonerzählungen steht die Ankündigung seiner Geburt durch den Engel JHWHs (13,1–25). Daran schließt sich eine Darstellung an, in der Simson dreimal Beziehungen zu philistäischen Frauen aufnimmt. Dadurch werden jeweils Konflikte mit den herrschenden Philistern heraufbeschworen (14,1–15,19; 16,1–3; 16,4–31a). Simson ist »der starke und listige Held, der den übermächtigen Philistern stets überlegen ist« (*S. Gillmayer-Bucher*) und dabei den Beistand Gottes erfährt. Am Ende tötet er in der Stunde seines Todes mehr Philister als in seinem ganzen bisherigen Leben (16,30). Simson soll zwanzig Jahre Israel gerichtet haben (15,30 und 16,31b). Mit dieser Formel ist er den sog. »kleinen Richtern« zugeordnet, deren Liste unmittelbar vorangeht (12,8–15).

1.3. Die königslose Zeit (Ri 17–21)

Der *3. Teil* handelt vom Schicksal der Stämme Dan (17–18) und Benjamin (19–21).

Text	**Strukturmerkmale**	**Inhalt**
17,1–18,31	Erzählung *Rahmung*: »Es gab keinen König« (17,6; 18,1)	Anfertigung eines Gottesbildes und Anstellung eines Priesters Aussendung von Kundschaftern; Raub des Gottesbildes und des Priesters; Eroberung von Lajisch
19,1–21,25	Erzählung *Rahmung*: »Es gab keinen König« (19,1–21,25)	Schandtat von Gibea (19,1–30) Kämpfe mit den Benjaminitern (20,1–48) Frauenraub in Jabesch und in Schilo

1.31 Das Heiligtum Michas und die Daniter

Die große Erzählung 17,1–18,31 berichtet davon, dass die Angehörigen des Stammes Dan ihr anfängliches Siedlungsgebiet in der Nähe des Tals von Ajalon verlassen, dass sie die Stadt Lajisch im Norden (s. *Karte 4*) erkunden, sie erobern und ihr den Namen Dan geben (18,1.2.7–11.27b–29). Die Erzählung beschränkt sich aber nicht auf diese profane Eroberung, sondern achtet vor allem darauf, wie die Daniter zu einem Gottesbild und einem levitischen Priester kommen (17,1–13; 18,3–6.12–27a.30.31). Die Anfertigung eines Gottesbildes mit Hilfe von gestohlenem Silber und die Anstellung des eigenen Sohnes als Priester sind in den Augen des Erzählers ein Frevel, der die Willkür bezeugt, die sich in einer königslosen Zeit breit macht (17,6; 18,1).

1.32 Die Schandtat von Gibea und ihre Folgen

Die erste Erzählung in diesem Komplex (Ri 19–21) stellt die äußerst großzügige Gastfreundschaft, die ein Efraimit in Betlehem erfahren hat, der Schmach gegenüber, die er in der benjaminitischen Stadt Gibea (s. *Karte 4*) erleben muss (19,1–30). Die brutale Vergewaltigung seiner Nebenfrau erinnert an einen Versuch, das Gastrecht radikal zu brechen (Gen 19,4–11). »Die Erzählung Ri 19,1–30a ist der als Erzählung gebotene Beleg für die Behauptung: Jeder tat, was er wollte« (*H. W. Jüngling*). Der drastische Appell des Efraimiters (19,29–30) bleibt nicht ohne Wirkung. Die »Gemeinde« aller Israeliten versammelt sich in Mizpa und verpflichtet jeden zehnten Mann zum Kampf. Als die Benjaminiter die Schuldigen nicht ausliefern wollen, kommt es zu wiederholten Kämpfen. Nach zwei Niederlagen erzielen die Israeliten einen überwältigenden Sieg, sodass der Bestand des Stammes Benjamin gefährdet ist (20,1–48). Das verhindern die Israeliten zum einen dadurch, dass sie die Stadt Jabesch in Gilead angreifen, nur die jungen Mädchen am Leben lassen und den Benjaminitern übergeben (21,1–14). Zum anderen erlauben sie, dass die Benjaminiter sich beim Laubhüttenfest in Schilo Mädchen rauben dürfen, die dort in den Weinbergen tanzen (21,15–24). Der Erzählungskomplex wird von den Sätzen eingerahmt (19,1 und 21,25): »In jenen Tagen gab es noch keinen König in Israel; jeder tat, was ihm gefiel«.

2. Entstehung

Wie gut fügt sich das Richterbuch in den Kontext ein? Ist es ein genuiner Bestandteil des dtr Werkes (*M. Noth*)? Oder ist es erst spät zwischen die benachbarten dtr Werke (Dtn und Jos sowie Sam und Kön) eingefügt worden (*W. Groß*)? Gehört es gar zu einem großen Geschichtswerk (Enneateuch), das von der Genesis bis 2 Könige reicht (*E. A. Knauf*)? Diese Fragen lassen sich natürlich nur beantworten, wenn geklärt wird, ob die großen Themen der benachbarten Bücher – Landnahme und Königtum – zum grundlegenden Bestand des Richterbuches gehören oder ob sie erst in jüngeren Schichten berücksichtigt worden sind.

2.1 Grundlegende Beobachtungen

Eine Reihe von Indizien weist darauf hin, dass das Richterbuch in einem längeren Prozess entstanden ist:

(1) Die Wiederholung der Nachrichten von Tod und Beisetzung Josuas (Jos 24,29–31 und Ri 2,7–9) wirft die Frage auf, warum diese »Wiederaufnahme« notwendig war und welche Schlüsse sich daraus für die Entstehung von Ri 1f ableiten lassen.
(2) Der Stamm Juda spielt fast nur am Rand des Buches eine Rolle (1,1–19; 3,7–11; 10,9; 15,9.11; 18,12; 20,18). In den meisten Rettererzählungen (Ri 3,12–8,35) tritt er nicht auf. In der Debora-Schlacht wird er nicht einmal vermisst (5,15–17).
(3) Die Aufzählungen der sog. »kleinen Richter« (10,1–5 und 12,8–15) wird durch die Jiftach-Erzählung (11,6–12,7) unterbrochen.
(4) Simson wird zwar wiederholt mit einer Formel bedacht, die auch in der Liste der »kleinen Richter« erscheint (15,20; 16,31). Aber sein Wirken ähnelt weder ihnen noch dem der großen Rettergestalten Barak, Gideon oder Jiftach.
(5) Die Einstellung gegenüber dem Königtum ist höchst unterschiedlich. Während im letzten Teil des Buches alle Missstände darauf zurückgeführt werden, dass es damals noch keinen König gab und jeder tat, was er wollte (17,6; 18,1; 19,1; 21,25), enthält der zweite Teil klare Zeugnisse gegen die Monarchie: Nach der Jotamfabel (9,7–15) will nur der unnütze und gefährliche Dornstrauch König werden. Gideon lehnt es ausdrücklich ab, König zu werden (8,22.23).

2.2 Das dtr Retterbuch

Es gehört inzwischen wieder zum Konsens, dass die Erzählungen über die großen Rettergestalten aus dem israelitischen Norden stammen und auf die frühe bzw. mittlere Königszeit (10. bis 8. Jh.) zurückgehen. Nach *W. Groß* gehören dazu Ehuds Ermordung des moabitischen Königs (*3,15b–26), Jaëls List gegenüber Sisera (*4,17–21), das Deboralied (*5,1–30), Gideons Berufung (*6,11–24) und sein Sieg über Sebach und Zalmunna (*8,5–21) sowie Jiftachs Aufstieg (*11,1–11) wie das Opfer seiner Tochter (*11,30–40). Lange hat man darüber gestritten, ob die Erzählungen erst von einem dtr Redaktor gesammelt worden sind (*U. Becker*) oder ob es ein nordisraelitisches »Retterbuch« gegeben habe (*W. Richter*). Inzwischen rechnet man mit Erzählungen und kleineren Erzählkränzen, die in einer losen Sammlung enthalten waren (*R. G. Kratz*) bzw. mit unverbundenen Heldenerzählungen über Ehud, Debora-Barak-Jaël, Gideon und Jiftach (*W. Groß*). Sie können schon in vordtr Zeit auf ganz Israel bezogen worden sein, sofern sie nicht wie das Deboralied von Anfang an darauf orientiert waren. Sie bezeugen das Vertrauen, dass JHWH seinem in Not geratenen Volk gegen äußere Feinde beisteht, indem er Helden erweckt, beruft oder auf andere Weise zum Zuge kommen lässt. Diese Erzählungen sind erst durch eine erste dtr Redaktion zu einer literarischen Einheit zusammengebunden worden. Die Redaktion geht davon aus, dass das Volk solange JHWH diente, solange Josua und seine Generation noch lebten (Ri 2,7–9). Als eine neue Generation herangewachsen war, diente das Volk den Göttern der Nachbarvölker und verließ JHWH (2,11–13; 3,7; 6,1a; 10,6a.b*.c). Zum Zorn gereizt übergab JHWH die Israeliten ihren Bedrückern (2,14–15; 3,8; 6,1b.2a; 10,7.8). Auf ihren Hilfeschrei hin sandte er ihnen einen Retter (2,16.18; 3,9.10; vgl. 6,6b und 10,10a). Danach hatte das Land Ruhe (3,11; 8,28). Doch sobald der Retter gestorben war, handelten die Israeliten noch schlimmer als zuvor (2,19). Damit ließen sich die Aktionen der einzelnen Rettergestalten sinnvoll miteinander verbinden. Die Geschichte läuft nicht – wie in den Königsbüchern – auf eine endgültige Katastrophe zu. Aber ähnlich wie in den jüngeren Passagen der Königsbücher (1 Kön 9,6–9; 14,22–24; 2 Kön 17,7–23) liegt die Schuld beim Volk und nicht bei seinen Führern. Der erste dtr Redaktor »vermeidet jedes positive Urteil über das Volk« (*W. Groß*). Darum kann man mit *R. G. Kratz* fragen, ob nicht die dtr Redaktion im Richterbuch insgesamt relativ spät eingesetzt hat. Der dtr Redaktor hat offenkundig auch die Liste der sog. kleinen Richter (10,1–5 und 12,7–15) in das Retterbuch aufgenommen. Seiner Ansicht nach haben auch sie die Aufgabe gehabt, »Israel zu retten« (10,1a). Welche Rolle sie aber nach der Liste selbst gespielt haben, ist bis heute nicht geklärt (*W. Groß*).

2.3 Die Anbindung der Erzählungen über Abimelech und Simson

Hat das dtr Retterbuch auch die Erzählungen über Abimelech und über Simson erfasst? Abimelech wird von der dtr Redaktion kaum berührt (vgl. aber 10,1a). Er ist schließlich auch nicht als Retter dargestellt. »Abimelech übt von außerhalb eine Schutzherrschaft über die Baal-verehrenden Sichemiten aus, zerstört bei einem Konflikt Sichem und fällt bei Belagerung eines Nachbarortes durch die Hände einer Frau« (*W. Groß*). In der Erzählung aus der frühen Königszeit (9,26–56) wird seine Herrschaft noch nicht kritisch infrage gestellt. Das geschieht erst durch einen späten Bearbeiter, der auch die äußerst königskritische Jotam-Fabel (9,7–15) aufnimmt. Die Abimelech-Erzählung ist deshalb an die Gideon-Erzählung angehängt worden, weil man Jerubbaal, den Vater Abimelechs, nachträglich mit Gideon identifiziert hat (6,25–32; 7,1; 8,29.35). Die Erzählungen über Simson, der sich als Einzelgänger mit den Philistern in der Schefela auseinandersetzt und sich deutlich von den großen Rettergestalten unterscheidet, sind nur geringfügig dtr bearbeitet worden (13,1.a.b.5e; 15,20;16,31).

2.4 Der Rahmen des Buches

Am Anfang des Richterbuches wird das Thema Landnahme noch einmal aufgegriffen. Etliches könnte sogar aus dem Josuabuch übernommen worden sein: die Bitte Achsas, der Tochter Kalebs (Ri 1,15–19/Jos 15,15–19) und die unvollkommene Landnahme der Stämme Benjamin (Ri 1,21/Jos 15,63), Manasse (Ri 1,27.28/Jos 17,11–13) und Efraim (Ri 1,29/Jos 16,10). Bei den Stämmen Sebulon, Ascher und Naftali erfahren wir allerdings erst in Ri 1,30.31–32.33, dass sie nicht alle zugewiesenen Städte (Jos 19,15.24–31.32–39) wirklich einnehmen konnten. Der Akzent ruht in Ri 1 auf dem Misserfolg (vgl. dagegen Jos 21,43–45). Das gilt allerdings nicht für die Einnahme Bet-Els (1,22–26) sowie für den Stamm Juda (trotz 1,18.19), der in Ri 1 mehr Aufmerksamkeit erfährt (1,1–20) als im gesamten übrigen Buch (vgl. Ri 10,9; 15,9.11; 18,12; 20,18). Das besondere Interesse an Juda lässt die Frage aufkommen, ob es sich in Ri 1 nicht um einen exilischen oder gar nachexilischen Text handelt (*M. Rake*). Dafür spricht auch, dass die Entlassung des Volkes durch Josua, sein Tod und seine Beisetzung (Jos 2,6–10) als »Wiederaufnahme« von Jos 24,28–31 angesehen werden können. Es ist doch immerhin seltsam, dass nach der Todesnotiz (Ri 1,1a) Josua noch einmal handelt (2,6a).

Die Erzählungen am Ende des Buches (Ri 17–21) ähneln Ri 1 insofern, als auch in ihnen ein einzelner Stamm (Ri 17–18) oder Israel als »Gemeinde« (Ri 20,1; 21,10.13.16) kollektiv agiert, ohne dass Anführer namentlich genannt werden. Die teilweise anarchischen Verhältnisse werden darauf zurückgeführt, dass es noch keinen König gab und jeder tat, was ihm gefiel (17,6; 18,1; 19,1; 21,25). Damit wird das maßgebliche Thema der nachfolgenden Bücher schon klar ins Auge gefasst. Aber diese Sicht entspricht kaum dem dtr redigierten Retterbuch, in dem nicht nur die großen Rettergestalten zeigen, dass sich die Israeliten auch ohne König sehr wohl verteidigen können, sondern in dem die Jotam-Fabel (Ri 9,7–15) und der Gideonspruch (8,22.23) die Alleinherrschaft klar zurückweisen. Die großen Themen der benachbarten Geschichtsbücher – Königtum und Landnahme – erscheinen also erst relativ spät im Rahmen des Richterbuches.

2.5 Späte Redaktionen

Dass die Israeliten die Bewohner einer Reihe von Städten nicht erobern konnten, stimmt mit einer spätdtr Redaktion überein, der zufolge auf dem Gebiet Israels Völker übrig geblieben sind (Jos 23,4), mit denen sich die Israeliten aber nicht vermischen sollten (Jos 23,7). Falls sie der Aufforderung zuwiderhandeln, werden diese Völker ihnen zur Schlinge und Falle werden (Jos 23,12.13). Dieser Fall ist tatsächlich eingetreten (Ri 2,17.20–3,6*). Auch wenn diese Bearbeitung eventuell nicht ganz einheitlich ist, lässt sie sich als spätdtr Redaktion zusammenfassen (*R. G. Kratz*). Dazu ließe sich grundsätzlich auch der Auftritt des Boten JHWHs in Bochim zählen (Ri 2,1–5). Die Aussage, dass JHWH seinen Bund mit Israel niemals brechen werde (2,2c–d), stimmt allerdings auffallend mit der Pentateuchredaktion (Lev 26,44f) überein (*W. Groß*). Das weist darauf hin, dass das Richterbuch in später Zeit im Enneateuch aufgegangen ist.

2.6 Offene Fragen

Ob die maßgebliche dtr Redaktion des Retterbuches ebenso alt ist wie die erste Redaktion der benachbarten Bücher, ist noch nicht restlos geklärt. Umstritten bleibt ebenfalls die Vorgeschichte der größeren Erzählungen. Geht die »Schandtat von Gibea« auf eine nachexilische, schriftgelehrte Komposition (*W. Groß*) zurück oder steckt doch eine frühe Tradition dahinter (*H.-J. Stipp*)? Eine Auseinandersetzung steht auch mit jenen Publikationen (z. B. *E. Assis, W. Bluedorn*) an, die die diachrone Analyse ablehnen und vorhandene Spannungen psychologisierend oder moralisierend erklären.

3. Theologie

Das Richterbuch ist keine Geschichtsschreibung, die als historische Quelle über die Epoche der vorköniglichen bzw. vorstaatlichen Zeit Israels, die um 1000 v. Chr. mit dem Königtum Davids zu Ende geht, auswertbar ist. In den Erzählungen spiegelt sich die jahrhundertelange Erfahrung Israels im Kontext seiner politischen Geschichte inmitten einer feindlichen Umwelt wider. Sie wird als vielfältig bedrohte Existenz im Spannungsfeld von Freiheit und Fremdherrschaft gezeichnet, aber nicht fatalistisch, sondern kämpferisch-offensiv. So steht die Darstellung der »Anfangszeit« Israels im Lande unter der Leitperspektive »Freiheit«. Sie muss einerseits von Israel selbst gegenüber seinen Feinden kämpferisch verteidigt werden. Sie wird aber andererseits auch als Geschenk JHWHs präsentiert.

3.1 Freiheit und Solidarität

Das Richterbuch plädiert in seinen Erzählungen dafür, dass die Verteidigung der Freiheit eine gemeinsame Aufgabe aller Stämme ist und dass gerade die stämme-übergreifende Solidarität die Freiheit garantiert und stützt. Das wird paradigmatisch im sog. Deboralied Ri 5 und in der Gideongeschichte Ri 6–8 entfaltet. In Ri 5,16f werden die Stämme Ruben, Gilead, Dan und Ascher getadelt, weil sie es an der nötigen Solidarität fehlen lassen, als die anderen Stämme den Kampf gegen die Kanaaniter aufnehmen, um die Freiheit Israels zu verteidigen. Und als Gideon erfährt, dass die Bewohner der Städte von Sukkot und Penuël nicht bereit sind, ihm bei der Verfolgung der Midianiter beizustehen (8,4–9), bestraft er die Ältesten von Sukkot und reißt die Burg von Penuël nieder (8,16). Die »Botschaft« dieser Erzählung lautet: Die Freiheit ist gefährdet, wenn sich die Israeliten nicht gegenseitig helfen.

3.2 Tapfere Männer und Frauen

Das Richterbuch präsentiert tapfere Männer, die unter Einsatz ihres Lebens Angriffe abwehren (Gideon, Jiftach), fremde Vorherrschaft zurückdrängen (Ehud) oder zumindest infrage stellen (Simson, Schamgar). Israel verdankt seine Freiheit aber nicht nur Männern, sondern gerade auch Frauen. Israel war bedrückt, bis sich Debora erhoben hat, die im Deboralied »Mutter in Israel« genannt wird (5,7). In der Prosaerzählung wird ihr Bild noch breiter entfaltet. Sie wird einerseits als Prophetin bezeichnet, andererseits als Richterin dargestellt, von der die Israeliten »Recht« erwarten (4,4.5). Sie erteilt im Namen JHWHs die entscheidende Weisung an Barak (4,6.7). Sie kann die Israeliten nicht in den Kampf führen, aber Barak besteht darauf, dass er nicht ohne sie aufbrechen kann (4,8). Sie sagt voraus, dass eine Frau den Kampf entscheiden werde, was dann auch geschieht: Die Keniterin Jaël schläfert den feindlichen Feldherrn Sisera mit warmer Milch ein und erschlägt ihn dann mit einem Zeltpfosten (4,17–22). Jaël wird auch im Deboralied entsprechend gepriesen (5,24–30). Abimelech wird ebenfalls von einer Frau erschlagen, die von einem Turm einen Mühlstein auf ihn herab wirft; die Erzählung betont dabei ausdrücklich, wie schändlich dies für einen »Helden« sei (9,54; vgl. 2 Sam 11,20f). Nachdem Jiftach über die Ammoniter gesiegt hat, läuft ihm als Erste seine einzige Tochter entgegen, die er nach seinem Gelübde vor Beginn des Kampfes opfern müsste (11,30–37). Als sie davon hört, ermutigt sie ihren Vater, sein Versprechen zu erfüllen (11,38). In den Simson-Erzählungen scheinen die philistäischen Frauen eine negative Rolle zu spielen. Doch der Verrat der ersten Philisterin (14,15–18) hat ein Nachspiel, das den Philistern große Verluste einbringt (15,1–8). Und wenn Simson den Schmeicheleien Delilas erliegt (16,4–21), führt es letztlich dazu, dass er in der Stunde seines Todes mehr Philister tötet als in seinem ganzen bisherigen Leben (16,30) – so wenig das unseren Wertvorstellungen entspricht. Nicht zu vergessen ist, dass die Geburt Simsons zuerst seiner Mutter angekündigt wird (13,3–5), die damit eine wichtige Rolle in seinem Leben und Wirken spielt.

3.3 Freiheit als Gabe JHWHs

Mag die Freiheit auch durch Mut und Tapferkeit errungen sein, bleibt sie doch eine Gabe JHWHs. Das tritt dort deutlich zutage, wo jemand wie Gideon ausdrücklich berufen wird (6,11–24; vgl. 13,1–25). JHWH kann durch Zeichen menschliche Bedenken überwinden (6,15–21.33–40). Sein Geist kann über den Berufenen kommen und ihm Kraft verleihen (3,10; 6,34; 11,29; 13,25; 14,6.19; 15,14). Wenn es zum Kampf kommt, dann handelt JHWH. Er verleiht dem Gideon Mut, indem dieser von einem Traum seiner Feinde erfährt (7,13.14). Gideon und seine Männer tragen zwar durch Fackeln und Hörner zur Verwirrung der Midianiter bei, aber die Verwirrung an sich – den sog. Gottesschrecken – bewirkt JHWH (7,21.22).

Die dtr Redaktion weist auf die Kehrseite der Medaille hin: Israel verspielt seine Freiheit, wenn es dem Willen JHWHs zuwiderhandelt (Ri 3,12–14; 4,1.2; 6,1–6); besonders dann, wenn es sich den Idolen seiner Umwelt unterwirft und damit den Zorn JHWHs provoziert (Ri 2,11–15; 3,7.8; 10,6–9). Zugleich wird betont, dass JHWH bereit ist, auf die Klage der unterdrückten Israeliten zu hören, Richter einzusetzen, das Volk aus der Gewalt seiner Unterdrücker zu befreien und ihnen Ruhe zu gewähren (Ri 2,16.18; 3,9–11.15; 10,10–16). Er hat sich erneut als der Gott erwiesen, der Israel aus Ägypten herausgeführt hat (2,1; 6,8; 10,11).

3.4 Freiheit und Herrschaft

Im Hauptteil des Richterbuches wird das Königtum kritisch beurteilt. Otniël befreit die Israeliten aus der Gewalt eines *Königs* von Aram (3,8.10). Ehud tötet den *König* von Moab (3,14.15.17.19.20). Debora und Barak tragen dazu bei, dass JHWH Jabin, den *König* der Kanaaniter, entmachtet (4,2.7.23.24). Gideon lehnt es ab, als *König* über die Israeliten zu herrschen (8,23). Noch schärfer ist die Jotam-Fabel formuliert (9,8–14). *M. Buber* hat sie als die »stärkste antimonarchische Dichtung der Weltliteratur« bezeichnet. Es ist allerdings nicht sicher, ob hier nur ein unfähiger und gefährlicher Monarch abgelehnt wird oder die Monarchie überhaupt. Im Kontext erlangt Abimelech die Herrschaft über Sichem nur durch Mord an seinen Brüdern (9,1–6.16–20). Dafür wird ihm die Strafe angekündigt (9,22–24), die auch eintrifft (9,56–57). Gerade die Erzählung über Abimelech zeigt, dass die Einstellung gegenüber der Monarchie nicht eindeutig ist. Denn Gaal – der Gegenspieler Abimelechs – führt zwar große Reden, scheitert aber kläglich (9,26–41). Abimelech handelt für heutige Begriffe grausam (9,46–49), erweist sich aber in seiner Todesstunde als ein Mann, der nicht wie Sisera durch die Hand einer Frau sterben will – was für die damalige patriarchalische Ära als Schande galt (9,50–54). Das »Plädoyer für das Königtum« (19,1–30) verurteilt die Anarchie im benjaminitischen Gibea.

Die im Exil formulierte dtr Theologie sieht in den Rettergestalten die bessere Alternative zum gescheiterten Königtum. In nachdtr Zeit lebt die Hoffnung auf eine Fortsetzung der Monarchie wieder auf. Die Zeit, in der es keinen König gab, gilt nun als eine Epoche egoistischer Willkür (17,6; 18,1; 19,1; 21,25). Der Widerspruch, der im Richterbuch zwischen den beiden Positionen zu bestehen scheint, weist auf ambivalente Erfahrungen hin: Das Königtum und damit eine ganz bestimmte staatliche Struktur kann Freiheit unterdrücken, aber auch fördern.

V. Das Buch Rut

(Erich Zenger, Münster, bearb. von Christian Frevel, Bochum)

Kommentare: P. Joüon 1953 (= ^{2}1986); W. Rudolph (KAT) 1962; G. Gerleman (BK) 1965 (= ^{2}1981); E. Würthwein (HAT) 1969; E. F. Campbell (AncB) 1975; J. M. Sasson 1979 (= ^{2}1989); R. E. Murphy (FOTL) 1981; E. Zenger (ZBK) 1986 (= ^{2}1992); R. L. Jr. Hubbard (NICOT) 1988; C. Frevel (NSK) 1992; A. Brenner 1993; J. Scharbert (NEB) 1994; F. Bush (WBC) 1996; K. Nielsen (OTL) 1997; K. D. Sakenfeld (Interpretation) 1999; I. Fischer (HThKAT) 2001; E. Zenger (SAT) 2004; M. Köhlmoos (ATD) 2010; T. C. Eskenazi (JPS Commentary) 2011; J. McKeown (Two Horizons) 2012.

Einzelstudien: D. R. G. Beattie, Jewish Exegesis of the Book of Ruth (JSOT.S 2) Sheffield 1977; F. Beyer, Hoffnung in Betlehem. Innerbiblische Querbezüge als Deutungshorizonte im Rutbuch (BZAW 463) Berlin u. a. 2014; K. Butting, Die Buchstaben werden sich noch wundern, Berlin 1993, 21–48; J. Ebach, Fremde in Moab – Fremde aus Moab. Das Buch Ruth als politische Literatur, in: J. Ebach/R. Faber (Hg.), Bibel und Literatur, München 1995, 277–304; I. Fischer, Rut – *Das* Frauenbuch der Hebräischen Bibel: rhs 39, 1996, 1–6; dies., Der Männerstammbaum im Frauenbuch: Überlegungen zum Schluß des Rutbuches (4,18–22), in: R. Kessler u. a. (Hg.), FS E. S. Gerstenberger, Münster 1997, 195–213; dies., Gottesstreiterinnen, Stuttgart ^{3}2006; M. D. Gow, The Book of Ruth: Its Structure, Theme and Purpose, Leicester 1992; C. Halton, An Indecent Proposal. The Theological Core of the Book of Ruth: SJOT 26, 2012, 30–43; R. Jost, Freundin in der Fremde: Rut und Noomi, Stuttgart 1992; M. Korpel, The Structure of the Book of Ruth, Assen 2001; P. H. W. Lau, Identity and Ethics in the Book of Ruth (BZAW 416) Berlin u. a. 2011; A. Meinhold, Theologische Schwerpunkte im Buch Ruth und ihr Gewicht für seine Datierung: ThZ 32, 1976, 129–137; C. M. Saxegaard, Character complexity in the Book of Ruth (FAT 2/47) Tübingen 2010; A. Siquanz, Foreignness and poverty in the book of Ruth: JBL 128, 2009, 443–452; dies., Israel braucht starke Frauen und Männer. Rut als Antwort auf Spr 31,10–31: BZ 56, 2012, 20–38; P. Trible, Eine menschliche Komödie, in: dies., Gott und Sexualität im Alten Testament, Gütersloh 1993, 190–226; D. Volgger, Tamar, Rut und Dtn 25,5–10: Antonianum 84, 2009, 235–250; R. Vuilleumier, Stellung und Bedeutung des Buches Ruth im alttestamentlichen Kanon: ThZ 44, 1988, 193–210; H. H. Witzenrath, Das Buch Rut. Eine literaturwissenschaftliche Untersuchung (STANT 40) München 1975; E. van Wolde, Aan de hand van Ruth, Kampen 1993; Y. Zakovitch, Das Buch Rut. Ein jüdischer Kommentar (SBS 177) Stuttgart 1999.

1. Aufbau

Das Buch Rut gilt als Meisterwerk hebräischer Erzählkunst. Es ist *das* Frauenbuch des Ersten Testaments. Anders als die beiden ebenfalls nach einer Frau benannten biblischen Bücher Ester (s. u. D.XII.) und Judit (s. u. D.XI.) thematisiert das Buch Rut ausdrücklich die soziale Realität von Frauen in einer patriarchalischen Gesellschaft. »Es geht um den Überlebenskampf zweier (oder dreier) Frauen in einer patriarchalischen und vor allem für arme Frauen lebensgefährlichen Welt; es geht ... um den Einsatz des Körpers in diesem Überlebenskampf. Es geht um Frauen als Opfer, als Verhandlungsgegenstand und als mutig und listig Handelnde; es geht um Frauensolidarität und Frauenrivalität« (*J. Ebach*, Fremde in Moab 278). Dass Rut eine junge *ausländische* Frau ist, die zur Lebensretterin der alten Judäerin Noomi und sogar zur Urgroßmutter des fürjudäische/jüdische Existenz so bedeutsamen König David wird, stellt dieses Buch neben die anderen nachexilischen Erzählungen, in denen Frauen eine markante Rettungsfunktion für das bedrohte Kollektiv zugewiesen wird (Ester, Judit). Die von Verlust und Leid geradezu als »Schwester Ijobs« gezeichnete Noomi sucht Rettung im Land und zeichnet sich wie Rut durch ihre Bereitschaft zum Aufbruch aus. Die Ausländerin Rut ist als Gegenfigur zur »fremden Frau« im Buch der Sprüche stilisiert. Während deren Verführung ins Verderben führt, führt das Handeln Ruts zur Rettung. Sowohl Noomi als auch Rut werden dabei in diesem als Identifikationsfiguren vorgestellt und so die einseitig androzentrische Sicht, dass nur die »Patriarchen« für die geschichtliche Sicht Israels bedeutsam seien, kontrastiert. Ohne Noomi und Rut als Ahnmütter Davids ist im wahrsten Sinne »kein Staat zu machen«. Das Rutbuch setzt auch andere Akzente, wenn es über die Gefährdung von Frauen auf dem Feld reflektiert (Rut 2,8–9.22), die Stadtbewohnerinnen im Geschehen berücksichtigt (Rut 1,19; 4,14) oder die Rolle der Frauen bei der Lösung des erzählten Konfliktes stark betont (Rut 1,6–19a; 2,2–3; 3,1–6; 4,16). Dass Rut als eine »starke Frau« bezeichnet wird (Rut 3,10) noch bevor sie ökonomisch wie die Frau in Spr 31,10 einen Mehrwert produziert, unterstreicht die außerordentliche Wertschätzung der Frau in der Ruterzählung. Wegen dieser starken »Frauenperspektive« ist die Vermutung nicht unbegründet, dass das Buch auf einen Verfasserkreis zurückgeht, in dem Frauen und Männer zusammenwirkten.

Das Buch setzt mit einer für die Geschichtserinnerung Israels »typischen« Situation ein. Wie Abraham und Sara (vgl. Gen 12,10–20) und wie die ganze Jakob-Sippe (vgl. Gen 46–47) verlässt in einer Hungersnot eine Familie ihre Heimat Betlehem, um im fremden Moab zu überleben. Die Fremde erweist sich aber als ein Ort des Todes: Zunächst stirbt Elimelech, dann sterben auch die beiden Söhne Machlon und Kiljon, die nach dem Tod des Vaters die Moabiterinnen Orpa und Rut geheiratet hatten. Das Buch Rut erzählt nun, wie die allein übrig gebliebene Witwe Noomi wieder zur Lebensfülle kommt, nämlich durch die Rückkehr nach Betlehem (einen Exodus in das Land der Verheißung) und insbesondere durch ihre moabitische Schwiegertochter Rut. Die Fremde schafft im fremden Land das, was Noomi durch Verlust und Leid genommen ist: eine Perspektive des Lebens. Sie geht mit ihr nach Betlehem (Kap. 1), sammelt dort während der Gerstenernte auf dem Feld des Boas in Wahrnehmung des Armenrechts Ähren (Kap. 2), legt sich nach der Ernte als Braut geschmückt nachts auf der Dreschtenne zu Boas und bittet ihn um die Ehe (Kap. 3). Boas heiratet Rut nach dem Zurücktreten eines ihm vorgeordneten Verwandten »Soundso«, der zwar das Vorkaufsrecht für das Feld der Noomi ausüben, nicht aber das damit verbundene Levirat (»Schwagerehe« von *levir* »Schwager«; s. u.) mit Rut vollziehen möchte. Der aus dieser Levirats-Ehe hervorgehende (erste) Sohn Obed gilt dann als Sohn der Noomi und wird schließlich der Großvater Davids, wie in einer feierlichen Genealogie abschließend herausgestellt wird (Kap. 4).

Der einsträngige Geschehensablauf ist in vier Abschnitte bzw. Akte gegliedert (was zugleich durch die traditionelle Kapiteleinteilung angezeigt wird), die vielfältig aufeinander bezogen sind. Im Zentrum steht die Begegnung zwischen Rut und Boas (2. und 3. Akt). Diese Begegnung verändert Boas, der im 4. Akt endlich das tut, was er schon am Ende des 1. Akts hätte tun können: der mitten im Leben »toten« Noomi die »Betlehem«-Dimension (programmatische Bedeutung von Bet-Lehem als sprechender Name: Haus des Brotes = Haus des Lebens) vermitteln, d. h. ihr und ihrer vom Tod des Aussterbens bedrohten Familie das Weiterleben zu ermöglichen. Dies zeigt der erzählerische Spannungsbogen zwischen 1,1–5 als → Exposition (Disäquilibrium [Störung des Gleichgewichts, Ungleichgewicht]: Hunger und Kinderlosigkeit als Formen des Todes) und 4,13–17 als Handlungsergebnis (Aufhebung des Disäquilibriums: Geburt des Sohnes, der als »Löser« zugleich Ernährer der Noomi sein wird) an; dieser Bogen wird durch Stichwortbeziehung zwischen 1,5 und 4,16 (»Kinder«/»Kind«) unterstrichen. Das Buch ist *symmetrisch-chiastisch* (→ Chiasmus) aufgebaut:

Kap. 1	**Kap. 2**	**Kap. 3**	**Kap. 4**
Rückkehr der Noomi nach Betlehem	Rut auf den Feldern des Boas	Rut auf der Tenne des Boas	»Lösung« für Noomi in Betlehem
1–5 Eröffnung (Handlung)	1–2 Eröffnung (Gespräch)	1–5 Eröffnung (Gespräch)	1–2 Eröffnung (Handlung)
6–19a Entscheidung der Rut für Noomi (dreifache Gesprächsrunde auf dem Weg nach Betlehem)	3–18 Begegnung zwischen Rut und Boas auf dem Gerstenfeld (Rut wirft sich nieder vor Boas)	6–15 Begegnung zwischen Boas und Rut auf der Gerstentenne (Rut legt sich nieder zu Boas)	3–12 Entscheidung Boas' für Noomi und Rut (dreifache Gesprächsrunde im Tor zu Betlehem)
19b–22 Ankunft in Betlehem (Noomi und die Frauen)	19–23 Deutendes Gespräch Noomi – Rut	16–18 Deutendes Gespräch Noomi – Rut	13–17 Geburt in Betlehem (Noomi und die Frauen)
Noomi	*Rut*	*Rut*	*Noomi*
			+ 18–22 Genealogie Davids

Kap. 2 und 3 sind parallel gebaut. Sie beginnen und enden mit einem Gespräch zwischen Noomi und Rut. Dazwischen findet jeweils eine Begegnung zwischen Rut und Boas statt, deren Höhepunkt am Mittag (2. Akt) bzw. um Mitternacht (3. Akt) liegt. Beide Male bringt Rut der Noomi von dieser Begegnung als Gabe des Boas »Brot« mit. Auch die Abfolge der Schauplätze ist analog: Stadt – Feld – Stadt (2. Akt) sowie Stadt – Tenne – Stadt (3. Akt). Die Parallelität der Kap. 1 und 4 zeigt sich am auffälligsten in der Schlussszene, in der beide Male die Frauen von Betlehem die Deutung des Geschehens geben. Auch die Parallelität zwischen Orpa und dem zweiten Löser, die beide von ihrer Solidarität zurückstehen, als Komplikationen auftauchen, ist unmittelbar nachzuvollziehen. Demgegenüber sind Boas und Rut in dem Insistieren auf einer weiterführenden Lösung verbunden. In der mittleren Szene der Akte, die jeweils als dreifacher Gesprächsgang abläuft, scheidet immer eine Kontrastfigur aus (1. Akt: Orpa als Kontrastfigur zu Rut; 4. Akt: der namenlose »Löser« Soundso als Kontrastfigur zu Boas). Der Treue-Zusage der Rut zu Noomi in 1,16f entspricht das Bekenntnis des Boas zu Rut und Noomi in 4,9f. Diese Querbezüge in den Erzählstrukturen erschließen die theologische Botschaft des Buches, die auf der Oberfläche Alltägliches erzählt. Die Erzählfiguren drücken in ihrem Reden und Handeln nicht nur ein narratives Ethos aus, sondern treiben Theologie. Das zeigt sich dann, wenn das positive Handeln der Protagonisten dem Handeln Gottes entspricht (z. B. Rut 1,6.2,14.18; 3,15.17). Diese Grundaussage wird durch das textuelle Gewebe unterstrichen und darin zeigt sich die Kunst der Erzählung.

Die vier Abschnitte haben durch entsprechende *Leitworte* ihr je eigenes Profil (Kap. 1: »zurückkehren«; Kap. 2: »Ähren sammeln, auflesen«; Kap. 3: »sich hinlegen/liegen«; Kap. 4: »lösen«). Sie werden semantisch zusammengehalten durch die *Leitmotive* Brot, Kind, Güte/Liebe (*ḥæsæd*) und Tod/Leben.
Auf der *Ebene des Ortes* kehrt die Handlung in der jeweiligen Mittelszene der Akte immer näher nach Betlehem als »Haus des Brotes/Lebens« zurück. Die Mittelszene des 1. Akts (1,6–19a) zeigt Noomi und Rut auf dem Weg von Moab nach Betlehem; 2,3–18 spielt auf den Feldern rings um Betlehem, 3,6–15 auf der Tenne am Rande von Betlehem; die Szene 4,3–12 schließlich findet im öffentlichen Zentrum von Betlehem (Stadttor) statt.
Auf der *Ebene der Zeit* läuft das Geschehen kontinuierlich ab, wobei die Zeitspanne der einzelnen Akte bis zum Höhepunkt im 4. Akt immer kürzer wird, wodurch die Erzählung eine enorme Dynamik entwickelt. Auf die zehn Jahre in Moab (1. Akt) folgen die wenigen Wochen der Ernte (2. Akt), wobei die entscheidende Handlung an einem einzigen Erntetag (vom Morgen 2,7 über Mittag 2,14–16 bis zum Abend 2,17) spielt. Danach verdichtet sich im 3. Akt das Geschehen auf eine einzige Nacht auf der Tenne (vom Abend 3,2 über Mitternacht 3,8 bis zum Morgengrauen 3,14), bis das Geschehen schließlich im 4. Akt mit der Rechtsversammlung am Tor in der Frühe des Tages nach der unmittelbar vorangegangenen »Nacht auf der Tenne« ihren angestrebten Höhepunkt findet. Von da an öffnet sich die Zeit in die Zukunft zunächst bis zur Geburt des Sohnes und bis zum Lebensende der Noomi – und schließlich bis in die Zeit Davids, der seinerseits aufgrund des messianischen Kolorits der Erzählung (s. u.) die Rutgeschichte insgesamt zur utopischen Geschichtserinnerung (s. o. D.I.) macht.

Gegenüber der seit Goethes entsprechender Bemerkung (»das lieblichste kleine Ganze ..., das uns episch und idyllisch überliefert worden ist«) verbreiteten Bestimmung des Buches als »Idylle«, die die gesellschafts- und geschichtskritische Tendenz des Buches übersieht (vgl. das leider klassisch gewordene Urteil *H. Gunkels*: »Das ist eine Geschichte, wie sie das Volk gerne hört: nach Regen Sonnenschein!«) und die Handlungsstruktur der Erzählung nicht genügend beachtet, ist das Buch Rut in literarischer Hinsicht am ehesten als Novelle zu kennzeichnen. Mit *A. Jolles* ist diese eine Gattung, die »bestrebt ist, eine Begebenheit oder ein Ereignis von eindringlicher Bedeutung zu erzählen in einer Weise, daß sie uns den Eindruck eines tatsächlichen Geschehens gibt, und zwar so, daß uns das Ereignis selbst wichtiger erscheint als die Personen, die es erleben« (Einfache Formen, Tübingen [4]1968, 192). Die erzählte Geschehenskette folgt der typischen Novellenstruktur Tiefpunkt – Wendepunkt(e) – Höhepunkt, wobei der Wendepunkt wie oft in der Novelle vom Zufall eingeführt wird (vgl. 2,3). Das Ereignis, das erzählt wird, ist in der Tat unerhört: der »toten« Noomi wird in Betlehem durch die Moabiterin Rut ein Kind geboren, das JHWH ihr als »(Er-)Löser« bestimmt hat (vgl. 4,14f). Insofern die Erzählung in der Gestalt der Rut und auch in der des Boas Leitbilder solidarischen Handelns entwirft, die zu entsprechender Lebenspraxis inspirieren wollen, ist Rut eine »weisheitliche Novelle« (vgl. dazu E. Zenger, ZBK 22–25). Beachtet man stärker, dass und wie das Buch Rut auf Erzählungen des Buches Genesis (vgl. besonders Gen 12; 19,30–38; 24; 38) zurückgreift und eine eigene neue »Genesis-Geschichte« komponiert, um in ihr bzw. mit ihr Rechtsfragen, die in der frühnachexilischen

Zeit kontrovers waren (Umgang mit Ausländern, Mischehen, Erbrecht von Witwen, Armenrecht, Verpflichtung zum Levirat), auf dem Boden der Tora (das Buch spielt u. a. auf Lev 25; Dtn 23,3–5; Dtn 25 an) neu zu regeln, kann man das Buch als → halachischen (d. h. die Tora neu auslegenden, aktualisierenden) → Midrasch verstehen (*I. Fischer, Y. Zakovitch*). So stellt z. B. die innovative Verbindung von Levirat und Löseinstitution eine Form der narrativen Rechtsauslegung dar, die auf eine Aufwertung der (groß-) familiären Solidarität als gesellschaftlichem Zusammenhalt zielt. Ähnlich wird an der Ausweitung der gebotenen Armenfürsorge (Lev 19,9; 23,22) im Handeln des Boas aufgezeigt, wie die Verheißung der Fülle für alle sich gesamtgesellschaftlich für Fremde und Einheimische gleichermaßen (Rut 2,15–18) verwirklichen kann.

Durch diese und weitere innerbiblischen Bezüge (z. B. Rut 4,11–12 mit den Bezügen auf Rahel, Lea und Tamar) gewinnt die Erzählung eine Tiefe, die weit über das alltäglich Erzählte hinausgeht (*A. Beyer*). Die Ruterzählung ist dabei hochgradig intertextuell und steht in einem lebendigen und zum Teil kontrastierenden Diskurs nicht nur mit der Tora, sondern auch der Weisheitsliteratur (Ijob, Spr, Ps) und den Schriften (Esra/Neh/Chr).

2. Entstehung

2.1 Das Problem der literarischen Einheitlichkeit

Die Novelle ist von hoher struktureller Konsistenz. Allerdings ist *fraglich*, ob die eröffnende chronologische Notiz (1,1aα) und die Genealogie 4,18–22 mit ihrem Bezug auf David zur ursprünglichen Gestalt des Buches gehören.

Die das Buch eröffnende *chronologische Notiz* ist aus folgenden Gründen kaum ursprünglich: 1. Zwar ist eine doppelte eröffnende Zeitangabe nicht prinzipiell unmöglich, aber die Näherbestimmung »da die Richter richteten« überrascht mit Blick auf die juristische Szenerie von Rut 4, wo nun ausgerechnet kein »Richter« auftritt, noch das Verbum »richten« verwendet wird. 2. Ohne die Angabe ergibt sich eine Erzähleröffnung, die den Eröffnungen der mit Rut intertextuell zusammenhängenden Geschichten Gen 12,10–20; 26,1ff entspricht. 3. Die allgemein gehaltene Angabe »Richterzeit« korrespondiert mit der Genealogie 4,18–22, die Boas in die vorkönigliche Zeit, also die Richterzeit, einordnet.
Für die Auffassung, dass die *Genealogie* und der Davidbezug *sekundär* angefügt wurden, werden folgende Gründe vorgetragen: 1. Die Position der Genealogie *am Schluss* der Erzählung ist ungewöhnlich. Üblicherweise finden sich Genealogien *am Anfang* einer Erzählung oder eines Erzählabschnitts und führen die handelnden Personen ein. In unserem Fall kommt aus der Erzählung in der Genealogie nur Boas vor; er ist in dieser aber weder Anfangs- noch Zielpunkt. 2. In der Erzählung sind Rut und Noomi die Hauptfiguren. Auch in 4,17 wird der Sohn pointiert als »Sohn für Noomi« bezeichnet; ebenso ist auffallend, dass es in 4,13 nicht dem üblichen Schema entsprechend heißt »und sie (Rut) gebar *dem Boas* einen Sohn«. Die betonte Frauenperspektive der ganzen Erzählung fehlt in der Genealogie; in ihr fehlen nicht nur Noomi und Rut, es wird überhaupt keine Frau genannt (vgl. demgegenüber z. B. die Genealogie Jesu in Mt 1). 3. Die Absicht, durch die narrative Rechtsauslegung und im Handeln des Boas eine über das rechtlich geforderte Maß hinausgehende Solidarität zu begründen, gerät in der Genealogie vollständig aus dem Blick. 4. Im Verlauf seiner kunstvollen Erzählung gibt der Erzähler keinen Hinweis,

der *David* als den von Anfang an angezielten Endpunkt der *story* erkennen oder auch nur erahnen ließe. »Wenn eine Vorgeschichte der Familie Davids erzählt werden sollte, dann verwundert schon, daß trotz der Ruterzählung die Mutter Davids völlig unbekannt bleibt. Auch die Großmutter wird nicht erwähnt. Letztlich erfährt man über die Familienangehörigen Davids, die im Rutbuch eine Rolle spielen (nach der Genealogie sind das Boas und Obed; hinzuzunehmen ist Rut als Mutter des Obed), herzlich wenig. Obed wird überhaupt nicht weiter charakterisiert. Welche Rolle sollten Noomi, Elimelech, Machlon und Kiljon haben, wenn es im Rutbuch um die Vorgeschichte Davids ginge? Genau genommen kann die Geschichte also gar nicht als Familiengeschichte der Ahnen Davids verstanden werden, viele Züge der Novelle weisen über diesen einfachen Tatbestand hinaus. Die Erzählung will mehr!« (*C. Frevel*, NSK 28f).

Wann und mit welcher Absicht die Genealogie hinzugefügt wurde, ist kontrovers. Dass zwischen ihr und der Genealogie Judas in 1 Chr 2,3–15 ein Zusammenhang besteht, ist unbestritten. Da die Genealogie in Rut 4,18–22 im Vergleich zu 1 Chr 2 kürzer ist, wird sie meist als Exzerpt aus 1 Chr 2 gedeutet; dementsprechend rückt die Datierung in das 2. Jh. v. Chr. hinab. Wird das Abhängigkeitsverhältnis umgekehrt gesehen, muss die Genealogie 4,18–22 *vor* der Entstehungszeit der Chronik angesetzt werden. Dass die Rut-Novelle durch 4,17b.18–22 »davidisiert« wurde, hängt mit der Revitalisierung der Davidfigur als einer messianischen Hoffnungsgestalt der nachexilischen Theologie zusammen. Im Buch Rut selbst boten sich mindestens vier Elemente für diese Davidisierung an: 1. Die Geschichte spielt in Betlehem, dem Herkunftsort Davids. 2. Mit Betlehem verband sich in nachexilischer Zeit die Hoffnung auf die Geburt eines »neuen David« (vgl. Mi 5,1). 3. In der nachexilischen Davidtheologie spielt das im Buch Rut wichtige Theologumenon von der *ḥæsæd* (Liebe, Güte, Treue) eine wichtige Rolle (vgl. Ps 89,2f.5.29f.50; Jes 55,3). 4. Als Erzählung von der menschen- und gottgewirkten Geburt des »(Er)Lösers Obed« (= Diener, d. h. der Gottesherrschaft) ist die *story* transparent für die messianischen Vorstellungen vom »Löser« (vgl. Ps 72,13f).

Ob der ursprüngliche Schluss der Rut-Novelle in 4,17a (»und sie riefen seinen Namen Obed«) oder schon in 4,16 (so *E. Zenger*, ZBK 11–13) vorliegt, ist kontrovers; wegen der der Androzentrik der Genealogie entgegenstehenden Frauenperspektive in 4,17a (Fokus auf Noomi) könnte die Entscheidung zugunsten der Ursprünglichkeit von 4,17a fallen.

Für die Auffassung, dass die *Genealogie* 4,18–22 *ursprünglicher Bestandteil* des Buches ist, werden neuerdings gewichtige Argumente (u. a. *I. Fischer, K. Nielsen, Y. Zakovitch*) vorgelegt: 1. 4,18 22 wird mit der Toledotformel (»und dies sind die Geschlechter ...«) eröffnet; diese Form von Genealogie markiert in Gen normalerweise den Abschluss eines Erzählbogens. 2. Der Wechsel von der Frauenperspektive zur rein männlichen Genealogie soll die Akzeptanz des Rutsohnes als Glied der judäischen Stammesgeschichte bewirken. 3. Rut versteht sich als weitere »Genesisgeschichte«, d. h. auch sie erzählt Volksgeschichte in Form einer Familiengeschichte; für diese politische Dimension ist der Stammbaum »von Perez bis David« unerlässlich. 4. Da sich Rut gegen das rigorose Verbot von Mischehen wendet, das in Neh 13,1–3 ausdrücklich mit dem sich gegen Moabiter richtenden Gemeindegesetz Dtn 23,4–7 begründet wird, ist die Davidgenealogie 4,18–22 diesbezüglich ein entscheidendes Argument.

2.2 Entstehungszeit

Für eine *Entstehung* des Rutbuchs in *nachexilischer Zeit*, wohl in der fortgeschrittenen Perserzeit im 5./4. Jh. v. Chr., sprechen u. a. folgende Gründe:

(1) Rut bietet unter dem theologisch gefüllten Begriff »Er-Lösung« eine kreative Verbindung von Schwagerehe (Levirat) und Vorkaufsrecht/Rückkaufpflicht von Sippeneigentum, beides zugunsten von Noomi und Rut, so dass man von einer »→ Halacha« zu Lev 25 (Löserinstitution) und Dtn 25 (Levirat) sprechen kann. Ähnlich zu bewerten ist die Ausweitung der von der Tora in Lev

19,9; 23,22; Dtn 24,19 geforderten Solidarität mit den *personae miserae* (Witwen, Waisen und Fremde). Diese Art von Umgang mit der Tora ist vorexilisch nicht denkbar.

(2) Die starke Betonung der Familie bzw. des Clans und das Herausarbeiten ihrer fundierenden Rolle für die Gemeinschaft ist als Reaktion auf den Zusammenbruch des Staates plausibel. Die am Beispiel der Rut aufgezeigte Bedeutung von Ausländern, die auf eine Wertschätzung von Fremden zielt, ist verständlicher in einer Situation, in der in Juda ein Diskurs um Integration geführt wird. Diese zeigt sich im 5./4. Jh. v. Chr. auch in redaktionellen Ergänzungen zur Tora, die Fremde und Einheimische gleichzustellen suchen (Ex 12,48–49; Num 15,29 u. ö.).

(3) Die Motivverbindung von »Rückkehr« aus der Fremde und »Geburt« eines Kindes für die kinderlos gewordene Noomi erinnert an die theologische Metaphorik von Klgl und Jes 40–66.

(4) Das in Rut planvoll betriebene Spiel mit den sprechenden Eigennamen (Elimelech = »Mein Gott erweist sich als König«; Noomi = »Liebliche« oder »liebevoll ist JHWH«; Rut = »Freundin, Nächste, Gefährtin«; Orpa = »die Sich-Abwendende«; Machlon und Kiljon = »Kränkling und Schwächling«; Boas = »in ihm ist Kraft«; Bet-Lehem = »Haus des Brotes«) ist typisch für die nachexilische Literatur.

(5) Die das Buch Rut zentral bestimmende Frauenperspektive ist vorexilisch *so* nicht vorstellbar; dies gilt nicht nur für die Konzeption, dass sich an der Solidarität der »fremden« Frau Rut die »Solidarität« JHWHs offenbart, sondern auch für die Betonung der Frauen in der Ursprungsgeschichte Israels (Rut 4,11f: Rahel, Lea, Tamar).

(6) Die Vielfalt der intertextuellen Bezüge verlangt nachexilische Herkunft: Rut, die Noomi nicht preisgibt, ist eine Kontrastfigur zu Abraham, der seine Frau Sara preisgibt (Gen 12,10–20). Die Moabiterin Rut ist in ihrer Heilsbedeutung eine Korrektur an den moabfeindlichen Texten Gen 19,30–38; Num 25,1–18, in denen gerade Frauen im sexuellen Kontext negativ konnotiert sind. Die Anspielungen auf Ijob und die Sprichwörter sowie die kontrastierende Rolle von Betlehem, das in den Anhängen zum Richterbuch (Ri 19) eher lebensfeindlicher Ort ist, sprechen für einen späten Ansatz der Erzählung.

Der hohe Grad an innerbiblischer Intertextualität insgesamt macht einen Ansatz nicht vor dem Ende des 5. Jh.s v. Chr., eher später, wahrscheinlich.

(7) Geht man davon aus, dass die kurze Novelle durch die emphatische Integration Ruts eine zwar implizite, aber doch gezielte Gegenposition zur Dtn 23,4–7 formuliert, die mit Jes 56,3–5 zusammenstimmt, legt sich ebenfalls eine späte Datierung nahe. Diese wird zwingend, wenn man die Heirat von Boas mit Rut als Gegenentwurf zum Mischehenverbot und der rigoristischen Ablehnung fremder Frauen in Dtn 7,3–5; Num 25; Esra 10 und Neh 13 sieht.

Nimmt man die Gründe zusammen, ist eine Entstehung in *vorexilischer Zeit*, die früher wegen des David-Bezugs häufiger vertreten wurde, praktisch ausgeschlossen. Bleibt man bei der Auffassung, dass die Genealogie am Schluss sekundär ist, ist eine Entstehung im 5./4. Jh. v. Chr. plausibel. Ist die Genealogie in Rut 4,18–22 ursprünglich, aber als Exzerpt aus 1 Chr 2 zu bewerten, ist eine nach-chronistische Datierung angezeigt, für die aber darüber hinaus nur der hohe Grad der innerbiblischen Intertextualität spricht, die auch schon vor dem 4./3. Jh. v. Chr. denkbar ist.

2.3 Entstehungsmilieu

Das *Entstehungsmilieu* des Buches ist durch folgende Merkmale bestimmt:

(1) Es zeigt kein Interesse an Kult und Tempel sowie den damit verbundenen Traditionen.

(2) Das plastisch geschilderte Lebensmilieu der bäuerlichen Welt, die Wertschätzung des »Erbbesitzes« und der verwandtschaftlichen Solidarität sind am ehesten verständlich, wenn die Erzählung in eben diesem Milieu entstanden ist; ein städtisches Milieu, gar Jerusalem, ist theoretisch zwar denkbar, doch wäre dann eher eine gezielt anti-städtische Tendenz zu erwarten.

(3) Indem das Buch Rut am beispielhaften Einsatz gerade der Moabiterin Rut gegen die pauschale Diskriminierung fremder Frauen bzw. der »Mischehen« mit ihnen durch orthodoxe Kreise protestiert, plädiert es gegen ethnische und für ethische Kriterien der Aufnahme in die Gemeinde.

3. Theologie

3.1 Vielfältige Leseweisen der Forschung

Wird David als Zielpunkt der ursprünglichen Erzählung angenommen und diese dann vorexilisch datiert, wird sie als Legitimation bzw. Apologie der moabitischen Vorfahren Davids, als Propaganda für die davidische Dynastie bzw. für den Anspruch derselben auf das Nordreich oder als Deutung des Königtums überhaupt gelesen. Wird die David-Perspektive als spezifischer Akzent der masoretischen Theologie verstanden, erhält sie »messianische« Implikationen. Dann wird das Buch zu einem Diskurs darüber, *wie* es zur Geburt des »neuen David« kommt: dadurch dass alltägliche Solidarität und Hilfsbereitschaft praktiziert werden – nach dem Vorbild der Rut. Wenn und wo dies geschieht, darf Israel hoffen, dass der »(Er-)Löser« geboren wird, der Rechtlosen zu ihrem Recht verhilft und den Armen Lebensfülle schafft.

Wo die Novelle ohne David-Bezug interpretiert wird oder wo dieser nicht im Vordergrund steht, zeigen sich in der Forschung unterschiedliche Leseweisen. Sie wird gedeutet als: 1. eine »schöne Geschichte, die die Witwentreue preist« (*H. Gunkel*); 2. eine Empfehlung der *ḥæsæd* »Treue, Solidarität« als grundlegender Tugend; 3. eine Werbeschrift für die Praxis des Levirats und der Rückkaufpflicht verlorengegangenen Sippeneigentums; 4. eine Protestschrift gegen die nachexilische Abgrenzungspolitik, Ausländerfeindlichkeit und Intoleranz, wie sie vor allem von der Jerusalemer Hierokratie verfochten wurde; 5. eine Oppositionsschrift gegen das Verbot der Mischehen durch Nehemia und Esra mit mehrfacher polemischer Spitze (a. ohne die Ehe zwischen Boas und der Ausländerin Rut hätte es das davidische Königtum nicht gegeben; b. die Mischehe des Boas ist in der Rutgeschichte intertextuell durch die Bezüge zu Lev 25; Dtn 25 als »toragemäß« gezeichnet; c. eine rigorose Mischehenpolitik, die Ausländerinnen wegschickt Esra 10, übersieht, dass es beispielhafte Ausländerinnen wie Rut gibt, die die Tora tun); 6. eine »Frauengeschichte«, an der nicht nur das Versagen der Männergesellschaft dokumentiert wird, sondern die vor allem die große Bedeutung der Frauen für die Geschichte Israels in Erinnerung rufen wolle.

Geht man davon aus, dass die kinderlos gewordene und vom »Tod mitten im Leben« bedrohte Noomi Figuration des exilischen/frühnachexilischen Israel ist, die durch die Solidarität der Rut zur Lebensfülle gelangt, will die Novelle eine *Hoffnungsgeschichte für Israel* sein. Das in der Novelle erzählte Geschehen wird von seinem Ende her eine Geschichte vom Erweis der Gottesherrschaft wie dies der Name Elimelech = »Mein Gott erweist sich als König« programmatisch am Anfang andeutet. *Dass* und *wie* JHWH sich als der aus dem Tod rettende König erweist, ist die theologische Pointe der Erzählung. Der Leben gebende Gott will sich offenbaren in Leben gebenden Menschen. Die couragiert und sensibel handelnde Ausländerin Rut ist Paradigma *dieser* Gottes-Wahrheit.

3.2 Das Buch Rut im kanonischen Zusammenhang

Im *Tanach* ist das Buch Rut als kanonische Auslegung bzw. Aktualisierung des unmittelbar voranstehenden »Loblieds« auf die »starke Frau« Spr 31,10–31 lesbar, worauf z. B. der → Midrasch Leqach Tov ausdrücklich hinweist. Rut heißt in 3,11 »starke Frau« (wie Spr 31,10) – und an ihrer Geschichte konkretisieren sich die in Spr 31 gebündelten Preisungen. Allerdings steht es auch in Kontrast zu dem »bürgerlichen« Ideal von Spr 31, wenn Rut als fremde, mittellose und ökonomisch abhängige Frau »stark« genannt wird (*A. Siquans*). Zugleich kontrastiert Rut durch ihre rettende Verführung die gefährdende fremde Frau aus Spr 1-9 und divergiert damit durch das positive Gegenbild die nicht unproblematische Sicht auf fremde Frauen im Sprüchebuch.
Im *Ersten Testament* steht das Buch Rut der Septuaginta folgend zwischen Ri und 1 Sam. Es markiert den Übergang von der anarchischen Epoche Ri 19–21 der Vor-Königszeit (vgl. die Rahmennotizen Ri 19,1; 21,25: »als es noch keinen König in Israel gab«), deren Brutalität sich vor allem in der Gewalt gegen Frauen zeigt, zur neuen Epoche des mit David beginnenden Königtums. Mit seiner Betlehem-Geschichte ist es eine Gegengeschichte zur Betlehem-Geschichte vom Sexualmord an der Frau des Leviten Ri 19–20 (vgl. *I. Fischer*, HThKAT 109: »Als Kontrast zum Schicksal der Betlehemitin wird die in Betlehem fremde Rut gezeichnet, die, von Boas geschützt, die Gesellschaft zügelloser Männer meidet und im Haus ihrer Schwiegermutter sicher sein kann. Boas stellt sich vom Kontext her als Gegenfigur zum Leviten dar, welcher der Frau den Beistand verweigert«.) und zugleich eine programmatische Weichenstellung für die neue Zeit: Wie Israel in Ägypten sein Überleben dem Einsatz und der Tat mutiger Frauen verdankt (vgl. Ex 1–2), so entsteht nach dem Buch Rut das Königtum aus dem entschlossenen Handeln zweier marginalisierter Witwen.

3.3 Das Buch Rut in der jüdischen Liturgie

In der *jüdischen Liturgie* wird das Buch Rut zum Wochenfest gelesen. Dieses wird 50 Tage nach dem Pesachfest gehalten. Es war ursprünglich das die Getreideernte abschließende Dankfest und wurde schon in frühjüdischer Zeit zugleich als Fest der Gabe der Offenbarung (der Tora) am Sinai und als Bundesfest gefeiert. Für die Verlesung des Buches Rut am Wochenfest gibt die jüdische Tradition eine ganze Reihe von Gründen an: 1. Die Handlung des Buches Rut spielt zur Erntezeit (vom Anfang bis zum Abschluss der Gersten- und Weizenernte). 2. David, Ruts Urenkel, ist an einem Wochenfest gestorben (→ Midrasch Ruth Rabba); von David aber handelt letztlich das Buch Rut. 3. Ruts Bekehrung zum Judentum ist dem Fest angemessen, das die Gabe der Tora feiert. 4. Ruts Treue symbolisiert Israels Treue zur Tora. 5. Die wahre Erfüllung der Tora liegt in der Praxis der Nächstenliebe: Gerade davon erzählt das Buch Rut. 6. Nach Lev 23,19–22 gehören Wochenfest und Sorge für die sozial Schwachen aufs engste zusammen. »Dem hat die jüdische Tradition Rechnung getragen und der Lesung des Buches Rut ihren Platz im Pfingstgottesdienst der Synagoge zugewiesen: Rut war die arme Fremde, die vor ihrer Schwiegermutter Naomi hinter den Mähern herging, um Ähren zu lesen« (*W. Zuidema*, Gottes Partner. Begegnung mit dem Judentum, Neukirchen-Vluyn 1983, 95).

3.4 Das Buch Rut im Neuen Testament

Im *Neuen Testament* ist das Buch Rut zweimal aufgenommen. Der Stammbaum Jesu in *Lk 3,23–38*, der die Abstammungslinie Jesu von Josef bis zu Adam und von diesem zu Gott zurückführt, hat vermutlich für die Linie von David bis Perez die Schlussgenealogie Rut 4,18–22 als Vorlage verwendet. Im Stammbaum Jesu *Mt 1,1–17*, der Jesus als Sohn Abrahams und als Sohn Davids darstellt, wird die für solche Genealogien charakteristische Androzentrik durchbrochen. Neben 43 namentlich genannten Männern werden nun auch fünf Frauen genannt: Tamar, Rahab, Rut, die Frau des Urija (= Batseba) und Maria. Rut wird hier also zur Stammmutter Jesu. Die früher oft vertretene Auffassung, die vier Frauen seien als »Sünderinnen« aufgenommen, um die Gnade Gottes zu verdeutlichen, die nun in dem aus Maria geborenen Christus personal greifbar wird, ist im Kontext frühjüdischer Tradition nicht belegt bzw. vorstellbar und ist als antijüdisches Konstrukt abzulehnen. Wahrscheinlich klingen zwei Motive zusammen: »Entscheidend dürfte sein: Ohne Tamar gäbe es Perez als Verheißungsträger nicht, ohne Rut gäbe es David nicht, ohne Batseba gäbe es Salomo nicht, ohne Rahab gäbe es keine Landnahmegeschichte. Die jüdische Verheißungsgeschichte würde ohne diese Frauen zusammenbrechen. Daß diese Verheißungsgeschichte dabei gleichsam ›auf krummen Wegen‹ verläuft, gehört hinsichtlich der Auswahl der Frauen sicherlich zur Intention des Matthäus. Insgesamt bringen sie etwas Irreguläres in die Gattung ›Stammbaum‹, der von seiner Gattung her ansonsten auf Normalität, Exaktheit und Legitimität ausgerichtet ist. Diese Durchbrechung des Normalen dürfte aber genau jener Punkt gewesen sein, auf den es Matthäus im Hinblick auf Maria in 1,16 (mit dem erklärenden Kommentar in 1,18–25) ankam. Der vielfach vertretene Hinweis, daß Matthäus diese vier Frauen als Nichtjüdinnen (im Hinblick auf sein universal entworfenes Evangelium) wichtig waren, mag im Rückblick auf das Bekenntnis zu Jesus als ›Sohn Abrahams‹ (1,1) zutreffen, im Kontext von Maria und der Entstehungsgeschichte Jesu ist diese Rolle der Frauen jedoch sekundär« (*H. Frankemölle*, Matthäus. Kommentar 1, Düsseldorf 1994, 142). Gerade von Mt 1,5 her erhält also die das patriarchale System durchbrechende Rut eine zusätzliche theologische Empfehlung: Ohne sie und ohne die in ihr offenbar gewordene Praxis solidarischer Liebe gäbe/gibt es kein Anbrechen des Gottesreichs.

3.5 Relevanz für das Christentum

(1) Das Buch Rut kann als *Frauengeschichte* gelesen werden, die die *konstitutive* Rolle der Frauen in der Geschichte Gottes mit seinem Volk und mit der Kirche nachdrücklich darstellt – gerade angesichts der in der Erzählung aufgedeckten tödlichen Strukturen einer patriarchalischen Welt.

(2) Es kann als *Fremdengeschichte* gelesen werden, deren Provokation darin besteht, dass hier »die Fremde« als Retterin präsentiert wird. Die Ruterzählung ist ein Plädoyer für Integration und Solidarität; im Verhalten zu den Fremden entscheidet sich nach dem Buch Rut das Anbrechen der messianischen Zeit.

(3) Es kann als *Hoffnungsgeschichte* gelesen werden, die den Sinn von Geschichte überhaupt aufscheinen lässt. Die Menschen, von denen das Buch Rut erzählt, sind einfa-

che Leute. Was sie tun, ist nach den Maßstäben derer, die die Weltgeschichte kommentieren, nicht besonders bemerkenswert. Da gibt es weder spektakuläre Ereignisse noch eine außergewöhnliche Konstellation von Gefahren und Möglichkeiten. Es ist eine Alltagsgeschichte, die hier erzählt wird. Der Alltag konfrontiert diese Menschen mit der leidvollen Dimension menschlicher Existenz. Dass sie darin und daran nicht zerbrechen, sondern dass sie darüber zu Subjekten ihrer eigenen Lebensgeschichte werden, die sie in konkreter Solidarität zueinander führt, *weil JHWH mit ihnen ist* – das ist allerdings ein Geschehen, das im Horizont der biblischen Religion erzählungs- und überlieferungswürdig ist.

VI. Die Samuelbücher

(Georg Hentschel, Erfurt)

Kommentare: K. Budde (KHC) 1902; W. Caspari (KAT) 1926; P. R. Ackroyd (CBC) 1971; J. Mauchline (NCB) 1971; H. J. Stoebe (KAT) 1973/1994; P. K. McCarter (AncB) 1980/1984; F. Stolz (ZBK) 1981; R. W. Klein (WBC) 1983; W. Brueggemann (Interpretation) 1990; S. Schroer (NSK) 1992; A. Caquot/P. de Robert (CAT) 1994; G. Hentschel (NEB) 1994; W. Dietrich (BK) 2003ff; I. Müllner (SAT) 2004; S. Bar-Efrat (BWANT 176/181) 2007/2009; A. G. Auld (OTL) 2011.

Forschungsberichte: W. Dietrich/T. Naumann, Die Samuelbücher (EdF 287) Darmstadt 1995; T. Veijola, Deuteronomismusforschung zwischen Tradition und Innovation (II): ThR 67, 2002, 403–424; W. Dietrich, Von den ersten Königen Israels. Forschungen an den Samuelbüchern im neuen Jahrtausend: ThR 77, 2012, 133–170.263–316.401–425.

Einzelstudien: K.-P. Adam, Saul und David in der judäischen Geschichtsschreibung (FAT 51) Tübingen 2007; A. G. Auld/E. Eynikel (Hg.), For and against David. Story and History in the Books of Samuel (BEThL 232) Leuven 2010; U. Becker/H. Bezzel (Hg.), Rereading the Relecture? The Question of (Post-)Chrononistic Influence in the Latest Redactions of the Books of Samuel (FAT 2/66) Tübingen 2014; H. Bezzel, Saul. Israels König in Tradition, Redaktion und früher Rezeption (FAT 97) Tübingen 2015; S. K. Bietenhard, Des Königs General (OBO 163) Fribourg/Göttingen 1998; E. Blum, Ein Anfang der Geschichtsschreibung? in: A. de Pury/T. Römer (Hg.), Thronfolgegeschichte (s. u.), 4–37; W. Dietrich, David, Saul und die Propheten (BWANT 122) Stuttgart [2]1992; ders., Die frühe Königszeit in Israel (BE 3) Stuttgart 1997; ders., Die Samuelbücher im deuteronomistischen Geschichtswerk. Studien zu den Geschichtsüberlieferungen des Alten Testaments II (BWANT 201) Stuttgart 2012; C. Edenburg/J. Pakkala (Hg.), Is Samuel among the Deuteronomists? Current Views on the Place of Samuel in a Deuteronomistic History, Atlanta 2013; C. A. Ehrlich (Hg.), Saul in Story and Tradition (FAT 47) Tübingen 2006; A. A. Fischer, Von Hebron nach Jerusalem (BZAW 335) Berlin 2004; G. Hentschel, Saul. Schuld, Reue und Tragik eines »Gesalbten« (BG 7) Leipzig 2003; ders., Davids Haus und Salomos Tempel (2 Sam 7,1–17), in: A. Berlejung/R. Heckl (Hg.). Ex Oriente Lux. Studien zur Theologie des Alten Testaments (ABG 39) Leipzig 2012, 167–186; J. M. Hutton, The Transjordanian Palimpsest (BZAW 396) Berlin 2009; J. Hutzli, The Literary Relationship between I–II Samuel and I–II Kings: ZAW 122, 2010, 505–519; O. Kaiser, Das Verhältnis der Erzählung vom König zum sogenannten deuteronomistischen Geschichtswerk, in: A. de Pury/T. Römer (Hg.), Thronfolgegeschichte (s. u.), 94–122; ders., Der historische und der biblische König Saul: ZAW 122, 2010, 520–545; R. Kessler, Samuel. Priester und Richter, Königsmacher und Prophet (BG 18) Leipzig 2007; S. Kreuzer, Literarkritik – Tendenzkritik – Theodizeebearbeitung, in: A. G. Auld/F. Eynikel, David (s. o.), 293–305; B. Lehnart, Prophet und König im Nordreich Israel (VT.S 96) Leiden 2003; S. L. McKenzie, The so-called succession narrative in the deuteronomistic history, in: A. de Pury/T. Römer (Hg.), Thronfolgegeschichte (s. u.), 123–135; P. Mommer, Samuel (WMANT 65) Neukirchen-Vluyn 1991; R. Müller, Königtum und Gottesherrschaft (FAT 2/3) Tübingen 2004; I. Müllner, Gewalt im Hause Davids (HBS 13) Freiburg 1997; W. Oswald, Nathan der Prophet (AThANT 94) Zürich 2008; M. Pietsch, »Dieser ist der Sproß Davids« (WMANT 100) Neukirchen-Vluyn 2003; A. de Pury/T. Römer (Hg.), Die sogenannte Thronfolgegeschichte Davids (OBO 176) Fribourg/

Göttingen 2000; P. Porzig, Die Lade Jahwes im Alten Testament und in den Texten vom Toten Meer (BZAW 397) Berlin 2009; T. A. Rudnig, Davids Thron. Redaktionskritische Studien zur Geschichte von der Thronnachfolge Davids (BZAW 358) Berlin 2006; S. Seiler, Die Geschichte von der Thronfolge Davids (BZAW 267) Berlin 1998; E. C. Ulrich, The Qumran Text of Samuel and Josephus (HSM 19) Chico 1978; J. Vette, Samuel und Saul (Beiträge zum Verstehen der Bibel 13) Münster 2005; T. Veijola, David (Schriften der Finnischen Exegetischen Gesellschaft 52) Helsinki/Göttingen 1990; J. Van Seters, The Court History and DtrH, in: A. de Pury/T. Römer (Hg.), Thronfolgegeschichte (s. o.), 70–93; J. Vermeylen, La loi du plus fort (BEThL 154) Leuven 2000; I. Willi-Plein, I Sam 18–19 und die Davidhausgeschichte, in: W. Dietrich (Hg.), David und Saul im Widerstreit (OBO 206) Fribourg/Göttingen 2004, 138–171; W. Zwickel, David: Historische Gestalt und idealisiertes Vorbild. Überlegungen zu Entstehung und Theologie von 2 Sam 6: JNWSL 20, 1994, 79–123 (siehe auch D.I., III. und IV.).

0. Text

Die Septuaginta ist häufig ausführlicher als der hebräische Text (z. B. 1 Sam 14,41). Sie kann aber im Extremfall (1 Sam 17) auch um ein Drittel kürzer sein. Eine frühe Fassung der Septuaginta findet man für 1 Sam 1,1–2 Sam 9,13 im Vaticanus, für 2 Sam 10,1–24,25 aber in den lukianischen → Minuskeln (*D. Barthélemy*). Die wichtigste der drei Handschriften aus Qumran (4QSam^{a}) weist auf eine eigenständige hebräische Vorlage der Septuaginta hin und stimmt mit den Lesarten bei Josephus auffallend überein (*E. C. Ulrich*).

1. Aufbau

Der Name des Buches leitet sich von der zentralen Gestalt ab, die sowohl Saul (1 Sam 9,1–10,16) als auch David zum König gesalbt (1 Sam 16,1–13) hat (vgl. 1 Chr 29,29). Die beiden Bücher wurden lange als ein einziges Buch angesehen, was auch die Auffassung der Schlussmasora (s. dazu B.I.2.3) hinter 2 Sam 24,25 ist. Aber die Septuaginta führte die Einteilung in ein erstes und zweites »Königsbuch« innerhalb der von ihr als vier »Königsbücher« präsentierten Bücher 1 Sam bis 2 Kön ein. Seit 1448 drang die Aufteilung auch in die hebräischen Handschriften ein; die erste gedruckte Rabbinerbibel von 1517 schloss sich dieser Ordnung an. Es lassen sich vier Teile unterscheiden:

1. Teil	**2. Teil**	**3. Teil**	**4. Teil**
Samuel und Saul 1 Sam 1–15	Der Aufstieg Davids 1 Sam 16–2 Sam 5	Die Thronnachfolge 2 Sam 6–20 (1 Kön 1–2)	Helden und Sühne 2 Sam 21–24
Rahmung: Geburt Samuels (1 Sam 1) Trauer Samuels um Saul (1 Sam 15,35)	*Rahmung*: »Wie lange willst du trauern?« (1 Sam 16,1) David als König von ganz Israel (2 Sam 5)	*Rahmung*: »Ich werde seinem Königtum Bestand verleihen« (2 Sam 7,12; vgl. 1 Kön 2,46)	*Rahmung*: »herrschte drei Jahre eine Hungersnot« (21,1) »die Plage hörte auf« (24,25)

Leitwörter: »erwählen« (10,24) »verwerfen« (15,23.26)	*Leitwörter*: »salben« (1 Sam 16,13; 2 Sam 2,4; 5,3)	*Leitwörter*: »Haus« = Dynastie (6,21; 7,11.16.*18–29; 12,10.11; 1 Kön 2,33)	*Leitmotive*: »Sühne leisten« (21,3) »damit die Plage aufhört« (25,21)

Der *1. Teil* (1 Sam 1–15) widmet sich zunächst der Gestalt Samuels – unterbrochen von der Ladeerzählung (1 Sam 4,1–7,1). Danach ist von Sauls Aufstieg, bald auch von seiner Verwerfung die Rede.

Text	Strukturmerkmale	Inhalt
1 Sam 1,1–3,21	Erzählung mit kultischem Wortfeld (*1,1–3,21); Danklied (2,1–11)	Jugendgeschichte *Samuels*: Verheißung und Geburt Dank der Hanna; Ausbildung Samuels in Schilo
1 Sam 4,1–7,1	Erzählung *Leitwort*: Lade (4,4–6.11.13.17–19.21f; 5,1–4.7f.10f; 6,1–3.8.10f.13.15.18.21; 7,1)	Verlust der *Lade*; Trauer im Haus Elis Unheil im Tempel Dagons und bei den Philistern Rückkehr der Lade
1 Sam 7,2–8,22	Erzählung *Kontrast*: Richter – König	*Samuel*s Sieg über die Philister Forderung des Volkes nach einem König
1 Sam 9,1–11,15	Erzählung *Wortfeld*: »Fürst«, »König«	Eselinnensuche und erste Salbung *Sauls*; Losentscheid in Mizpa; Befreiung von Jabesch und Salbung in Gilgal
1 Sam 12,1–25	Rede	Abschied *Samuels*
1 Sam 13,1–15,35	Erzählung	Erste Verwerfung *Sauls* in Gilgal; Jonatans Angriff; Erfolge Jonatans und Sauls; zweite Verwerfung nach dem Sieg über die Amalekiter

Der *2. Teil* (1 Sam 16–2 Sam 5) erzählt vom unaufhörlichen Aufstieg Davids, der nach seiner Salbung an den Hof Sauls gelangt, bald jedoch vor Saul flüchten muss, dennoch Saul verschont und ihn am Ende tief beklagt. Als König von Juda trägt David keine Schuld an der Ermordung Abners und Ischbaals. Freiwillig erheben ihn die Israeliten auch zu ihrem König.

Text	Strukturmerkmale	Inhalt
1 Sam 16,1–18,5	Erzählung	Davids Weg an den Hof Sauls: Salbung, Musiktherapie; Sieg über Goliat
1 Sam 18,6–3,28	Erzählung *Wortfeld*: »suchen« und »verfolgen«	Verfolgung Davids: Heirat Michals, Jonatans Vermittlung, Davids Flucht, Abschied von Jonatan, Massaker in Nob
1 Sam 24,1–6,25	Erzählung *Leitwort:* Gesalbter	1. Verschonung Sauls; David und Abigajil; 2. Verschonung

1 Sam 27,1–31,13	Erzählung	Davids Flucht zu den Philistern; Sauls Befragung der Frau in En-Dor; Davids Entlassung und sein Feldzug gegen Amalek; Sauls Tod
2 Sam 1,1–5,16	Erzählung Totenklage (1,17–27)	Davids Klage über Sauls Tod; Salbung zum König von Juda; Streit zwischen Israel und Juda; Abners und Ischbaals Ermordung; Davids Salbung zum König von Israel

Der *3. Teil* (2 Sam 6–20) führt die Geschichte Davids bis zur Thronnachfolge Salomos weiter, die allerdings erst am Anfang des ersten Königsbuches geschildert wird (1 Kön 1–2). Nachdem David die Lade nach Jerusalem überführt und den Plan gefasst hat, für sie ein Haus zu bauen, erhält er die Verheißungen Natans. Durch Ehebruch und Mord lädt er schwere Schuld auf sich, die sich in seinem Haus auswirkt: Kronprinz Amnon wird nach der Vergewaltigung seiner Halbschwester Tamar von Abschalom erschlagen, der sich wenige Jahre später gegen David erhebt. Nachdem der Aufstand gegen den Vater niedergeschlagen ist, zeigt die Rebellion des Scheba aus dem Stamm Benjamin, dass die Herrschaft Davids nicht unangefochten ist.

Text	**Strukturmerkmale**	**Inhalt**
2 Sam 5,17–8,18	Erzählung Prophetie (7,4–16) Gebet (7,18–29) Liste (8,16–18)	Sieg über die Philister; Übertragung der Lade; Verheißungen Natans; Gebet Davids; Sieg über Philister und andere Nachbarvölker; Kabinettsliste
2 Sam 9,1–10,19	Erzählung	Sorge um Jonatans Sohn; Verteidigung gegen Ammoniter und Aramäer
2 Sam 11,1–12,31	Erzählung mit Parabel und Gerichtswort	Ehebruch mit Batseba und Mord an Urija; Auftritt Natans und Tod des Kindes; Sieg über Ammon
2 Sam 13,1–14,33	Erzählung Parabel (14,1–12)	Vergewaltigung Tamars; Abschaloms Rache und Rückkehr
2 Sam 15,1–19,44	Erzählung	Aufstand und Flucht Davids; Beratung Abschaloms; Kampf und Tod Abschaloms; Trauer und Rückkehr
2 Sam 20,1–26	Erzählung Liste (20,23–26)	Aufstand Schebas; Amasas Ermordung; Joabs Sieg; Kabinettsliste

Der *4. Teil* (2 Sam 21–24) unterbricht die Thronnachfolgeerzählung. Er ist symmetrisch aufgebaut. Der Kern ist poetisch (22,1–51 und 23,1–7). Die Listen der Helden Davids schließen den Kern ein (21,15–22; 23,8–39). Der äußere Ring besteht aus zwei Erzählungen, die aufeinander bezogen sind (21,1–14 und 24,1–25).

	Text	**Strukturmerkmale**	**Inhalt**
A	2 Sam 21,1–14	Erzählung	Auslieferung der Sauliden; Rizpas Fürsorge
B	2 Sam 21,15–22	Aufzählung	Helden Davids
C	2 Sam 22,1–51	Psalm	Davids Psalm (= Ps 18)

C'	2 Sam 23,1–7	Psalm	Davids letzte Worte
B'	2 Sam 23,8–39	Aufzählung	Helden Davids
A'	2 Sam 24,1–25	Erzählung	Volkszählung, Pest und Altarbau

2. Entstehung

Wie eng sind die Samuelbücher mit den benachbarten Büchern verbunden, wenn man einmal von der dtr Bearbeitung absieht? Samuel knüpft an das Handeln der Rettergestalten an (1 Sam 7,2–17) und erinnert ausdrücklich an diese Zeit (1 Sam 12,9–11). Handelt es sich dabei aber nicht um jüngere Passagen? Die Verknüpfung zwischen den Samuelbüchern und den Königsbüchern ist bereits durch das beherrschende Thema »Königtum« gegeben. Die Novelle über Salomo und Batseba (2 Sam 11f) kommt sogar erst am Beginn des ersten Königsbuches zu ihrem Abschluss (1 Kön 1f). Darf man daraus folgern, dass die Bücher Samuel und Könige einmal ein eigenes Geschichtswerk gebildet haben, zumal 1 Sam 1,1 ein »vollgültiger Erzählanfang« vorliegt (*F. B. Wißmann*)? Ein Urteil darüber setzt allerdings voraus, mehr über die literarische Besonderheit der Samuel- und Königsbücher und über ihre Entstehung zu wissen.

2.1 Grundlegende Beobachtungen

Verschiedene Indizien weisen auf eine längere Entstehungsgeschichte der Samuelbücher hin:

(1) Samuel erfüllt sehr unterschiedliche Aufgaben. Er wird in Schilo als Priester ausgebildet, er nimmt aber auch Züge eines Propheten an (3,1–11.21; 4,1a). Er wird als Gottesmann (9,5) und als Seher (9,11.18.19) bezeichnet; in der späteren Terminologie ist er darum ein Prophet (9,9). Er führt Israel wie eine der großen Rettergestalten im Kampf gegen die Philister an (7,2–14), ist aber auch eine zivile Autorität (7,15–17), die den Israeliten das »Recht des Königs« verkündigt (8,11–17). Hat Samuel wirklich so unterschiedliche Ämter ausgeübt? Oder weisen die verschiedenen Rollen auf Überlieferungen aus unterschiedlichen Kreisen hin?

(2) Saul wird nach der vorliegenden Überlieferung *innerhalb einer Woche* (10,8) auf Geheiß JHWHs gesalbt (10,1), öffentlich durch das Los erwählt und vorgestellt (*10,19–27), nach der Befreiung der Stadt Jabesch in Gilgal vom Volk zum König erhoben (11,15) und dann doch von JHWH verworfen (13,7b–15a). Entspricht ein solch rascher Wechsel im Urteil JHWHs der ursprünglichen Überlieferung?

(3) Warum wird Saul nach dem Sieg über die Amalekiter verworfen, obwohl nicht er, sondern das Volk die Tiere verschont hat (1 Sam 15)? Warum wird das Urteil über ihn nicht mit dem Massaker in Nob (1 Sam 22,18.19) begründet?

(4) Einerseits verwirft das Volk JHWH als seinen König, wenn es einen irdischen König wie alle anderen Völker haben will (1 Sam 8,7; 10,18.19a). Andererseits garantiert JHWH den ewigen Bestand des Hauses Davids (2 Sam 7,11b.16) und des Königsthrons

Salomos (*7,12–14). Wie vertragen sich königskritische und königsfreundliche Aussagen?

2.2 Vordeuteronomistische Erzählungen

Die Samuelbücher bieten einen nahezu lückenlosen Zusammenhang, der von 1 Sam 1 bis in den Anfang der Königsbücher (1 Kön 2) reicht. Hier ist »der Erzählstoff ursprünglich und der deuteronomistische Rahmen sekundär« (*R. G. Kratz*). Daher sollen zunächst die wichtigsten älteren Erzählungen vorgestellt werden.

2.21 Die Erzählungen über die Lade (1 Sam 4–6; 2 Sam 6)

Während *L. Rost* noch an eine eigene Quelle einer »Ladeerzählung« gedacht hat, sieht jetzt *P. Porzig* den Kern der vordtr Überlieferung lediglich im Verlust des Kriegspalladiums und im dramatisch geschilderten Tod Elis (1 Sam 4,1f.10–18a). Aus relativ früher Zeit dürfte aber auch die Angabe stammen, dass man die Lade für drei Monate im Haus des Obed-Edom aus Gat untergebracht hat und dieser Philister dafür gesegnet worden ist (2 Sam 6,11.12). Die Rückkehr der Lade aus Philistäa nach Israel ist offenbar nur locker mit der Übertragung nach Jerusalem verbunden worden (vgl. 1 Sam 7,1 und 2 Sam 6,2). Die späte Ausgestaltung ist klar zu erkennen: Das Schicksal der Figur Dagons (5,2–5.7) setzt schon die Bilderpolemik (Jes 40,19f; 44,9–20) voraus. Das erforderliche Zeichen der Sühne (1 Sam 6,3) steht dem priesterlichen Denken nahe. Und der Rückblick auf den verhärteten Pharao (6,6) stellt bereits eine Beziehung zum Exodus her.

2.22 Erzählungen über Samuel und Saul

Die Eselinnensuche (9,1–10,16) spricht von einer ersten Begegnung Sauls mit Samuel, der ihn in Mizpa zum König auslosen lässt und öffentlich proklamiert (10,17.19d–27). Nach dem Sieg über die Ammoniter (1 Sam 11,1–11) erhebt das Volk ihn zum König (11,15). Das ist aber nach Samuels Worten (11,14) nur eine »Erneuerung« des Königtums. Saul hat durchaus Erfolge in seinem Kampf gegen die Philister aufzuweisen (1 Sam 14,16–23). Er nimmt es mit der israelitischen Überlieferung recht genau (14,31–35) und ist sogar bereit, seinen Sohn töten zu lassen, wenn dieser Schuld auf sich geladen hat (14,24–30.36–46). Der vordtr Anteil des Zyklus über Samuel und Saul wird gern auf jene Kapitel beschränkt (1 Sam 9–14), in denen Saul erfolgreich ist und von Samuel unterstützt wird (*W. Dietrich*). Denn der anschließende Sieg über Amalek (*15,4–8.12.31–33) ist bis zur Unkenntlichkeit übermalt. Und Sauls Besuch in En-Dor (28,3–25) ist von der gleichen Tragik überschattet wie sein Tod auf dem Gebirge Gilboa (31,1–13). Doch die Bemerkung, dass Saul Samuel bis zu dessen Tod (25,1) nicht mehr gesehen habe (15,33a), stellt den Bezug zum Besuch bei der weisen Frau her (28,3–25*). Der aus dem Totenreich heraufbeschworene Samuel verkündet Saul die niederschmetternde Nachricht, dass er mit seinen Söhnen am folgenden Tag fallen werde (28,19b). Dieser Ankündigung entspricht die Niederlage auf dem Gilboa (*31,1–13), bei der alle drei Söhne Sauls (14,49; 28,19; 31,2) fallen, während die Parallele (2 Sam

1,1–27) den Tod der jüngeren Söhne Sauls nicht kennt (*J. Vermeylen*). Die Reaktion der Jabeschiter (31,11–13*) verweist wieder auf die Anfänge Sauls (11,1–13). Es ist also in 1 Sam *9–31 mit einer vordtr Sammlung zu rechnen (*B. Lehnart*), die in Benjamin entstanden sein kann.

2.23 Die sog. Aufstiegserzählung

Der Komplex in 1 Sam 16,14–2 Sam 5,12 stellt dar, wie David an den Hof Sauls kommt, bald darauf von Saul hartnäckig verfolgt wird, seinen Verfolger aber respektiert und nicht antastet. David ist völlig unschuldig am Tod Sauls und wird erst danach König über Juda. Er trägt auch keine Verantwortung für die Ermordung Abners und Ischbaals. Die Israeliten tragen ihm selbst das Königtum an. Typisch für diese Komposition ist, dass parallele Überlieferungen miteinander verbunden worden sind (18,10.11 und 19,9.10; 18,17–19 und 18,20–29; 19,1–7 und 20,1–42; 21,11–16 und 27,1–28,2; 24,1–23 und 26,1–25). Das bekannteste Beispiel dafür ist, dass David einerseits wegen seiner musikalischen Fähigkeiten an den Hof Sauls gelangt (16,14–23), andererseits Saul erst durch den Sieg über Goliat (17,1–58) auf ihn aufmerksam wird. Ein verbindendes Element ist mehrfach wiederholt: JHWH war mit David (1 Sam 16,18; 17,26; 18,12.14; 2 Sam 5,10), während er Saul verlassen hatte. So erhielt der Sohn Isais aus Betlehem und nicht einer der Nachkommen Sauls den Thron. Nicht das dynastische Recht, sondern das Charisma gab den Ausschlag für die Legitimation der Herrschaft. Die Aufstiegsgeschichte Davids wurde lange im späten 10. Jahrhundert angesetzt, heute denkt man eher an die Zeit nach dem Fall Samarias 722 v. Chr. (*W. Dietrich*). Als Joschija Teile des Nordreiches besetzte, wurde sie sicher höchst aktuell, ohne dass man sie erst aus dieser Zeit herleiten müsste.

2.24 Die sog. Thronfolgeerzählung

Sie wird gewöhnlich auf 2 Sam 9–20 und 1 Kön 1f begrenzt. Sie weist aber enge Beziehungen zur Erzählung über Abner und Ischbaal (2,8–4,12) auf (*O. Kaiser*). Vielleicht setzt sie auch die Übertragung der Lade, die Verheißung der Dynastie sowie die Erfolge Davids (2 Sam 6–8) voraus. Da von einer Thronfolge erst in ihrem letzten Teil die Rede ist (1 Kön 1,20.27), spricht man heute gern von einer *Hofgeschichte*, die nur Amnons Frevel und die beiden Aufstände Abschaloms und Schebas umfasst (2 Sam 13–14.15–19.20; vgl. *S. L. McKenzie*). Davon lässt sich die *Batseba-Salomo-Novelle* unterscheiden, in der allein Batseba, Natan und Salomo auftreten (2 Sam 11f und 1 Kön 1f; vgl. *W. Dietrich*). Aber selbst diese ist nicht einheitlich, wie die völlig unterschiedliche Charakterisierung Natans (2 Sam 12,1–15a und 1 Kön 1,11–31) zeigt. Der eindrucksvolle Auftritt Natans (2 Sam 12,1–5.7a) ist erst von einer dtr Hand eingetragen und bearbeitet (12,7b–12) worden (*W. Oswald*). Da besonders der Ehebruch Davids mit Batseba und die hinterhältige Tötung ihres Ehemannes (2 Sam 11) dem dtr Bild eines idealen Königs diametral widersprechen, hat *J. Van Seters* die gesamte »Hofgeschichte« als eine Propagandaschrift aus persischer Zeit verstanden, die allen Hoffnungen auf eine Erneuerung der davidischen Dynastie entgegentreten sollte. Dagegen lässt sich aber einwenden, dass David in der Hofgeschichte (2 Sam 13–20) zwar Schwächen aufweist, aber keinesfalls nur negativ charakterisiert ist (*E. Blum*). Man müsste die postdtr Erweiterung auf Ehebruch und Mord beschränken (*S. L. McKenzie*). Inzwischen wird anerkannt, dass einzelne »Fragmente« aus der Thronfolgegeschichte – Abschalomaufstand, Geburt und Thronfolge Salomos – noch auf die frühe Königszeit zurückgehen können (*T. A. Rudnig*). Andere Analysen plädieren sogar dafür, die Batseba-Salomo-Novelle aus der frühen Königszeit herzuleiten (*W. Dietrich, J. M. Hutton*). Ein Grundstock der sog. Thronfolgegeschichte darf darum zu den ältesten schriftlichen Überlieferungen des Alten Testaments gerechnet werden. Wie zeitnah die Erzählung zu den erzählten Ereignissen entstanden ist, bleibt aber weiterhin offen.

2.25 Die Davidhausgeschichte

Da bis heute der Übergang von der Aufstiegs- zur Thronfolgegeschichte umstritten ist und 2 Sam 9 keinen überzeugenden Erzählanfang darstellt, fasst *I. Willi-Plein* zahlreiche Texte zwischen 1 Sam 14,47 und 1 Kön 4,6 zu einer frühen »Davidhausgeschichte« zusammen und führt sie auf einen Erzähler zurück, der »über solide und in sich stimmige Personen- und Ereigniskenntnisse« verfügte. Die vorausgesetzte Gesellschaftsstruktur wird vor allem durch Familienbeziehungen geprägt und entspricht »vollkommen der ersten Phase des ›frühen Staates‹«.

Abschließend kann festgestellt werden: In den Samuelbüchern stammt ein beträchtlicher Teil der Erzählungen aus vordtr Überlieferungen, auch wenn deren Umfang in der Forschung umstritten ist. Dass diese Traditionen in mehrfachen Redaktionsprozessen ihre jetzige Gestalt gefunden haben, ist durch die oben gegebenen Hinweise schon deutlich geworden. Wie aber ist diese Redaktionsarbeit im Einzelnen einzuordnen?

2.3 Komposition und Redaktion

Die Batseba-Salomo-Novelle lässt eine Bearbeitung erkennen, die zugunsten Salomos Partei ergreift. Während Salomo bedenkenlos Joab am Altar niederstoßen lässt (1 Kön 2,28–31a.34–35), rechtfertigt ein Einschub (V. 31b–33) die Hinrichtung unter Berufung auf die Morde, die Joab begangen hat (*S. K. Bietenhard*). Diese prodynastische Bearbeitung (*O. Kaiser*) gilt als judäisch, aber als vordtr (*A. A. Fischer*). Sie könnte auf einen höfischen Erzähler zurückgehen, der ein umfangreiches Sammelwerk geschaffen hat, das an zahlreichen Rück- und Vorverweisen zu erkennen ist (*W. Dietrich*). Gehört auch die Verheißung Natans in 2 Sam 7 dazu? Während Natan David zum Bau eines Tempels ermutigt (7,1–3), überrascht das nächtliche Orakel damit, dass Salomo der Bauherr werden wird (7,13a; vgl. 5b) und die Verheißungen erhalten soll (7,12.13–15). Dahinter wird ein älteres Dynastieorakel (V. 11b.12*.14a.15a.16) vermutet (*M. Pietsch*). Wenn aber das Orakel nicht in der Luft hängen soll, ist die Eingangszene (7,1–3) nicht davon zu trennen. Außerdem ist zwischen den direkten Verheißungen für David (V. 11b.16) und den Worten über Salomo (V. 12.13b–15) zu unterscheiden (*G. Hentschel*).

Ob sich allerdings eine vordtr Bearbeitung nachweisen lässt, wird weiter diskutiert. Oft werden Sammlung und Bearbeitung allein einer dtr Redaktion zugewiesen (*S. L. McKenzie*). Sie lässt sich in den Einleitungen für die Herrschaft Sauls (1 Sam

13,1), Ischbaals (2,10) und Davids (2 Sam 5,4.5) erkennen (vgl. 1 Kön 14,21; 15,1.2 u. ö). Es fällt allerdings auf, dass sich der Redaktor eines Urteils enthält, wie es in den Königsbüchern üblich ist. Die Saulerzählungen sind dagegen von einem jüngeren Redaktor bearbeitet, der sich sehr kritisch äußert. Er verurteilt den ersten König wegen eines eigenmächtigen Opfers (1 Sam 13,13.14) sowie nach der Verschonung des erbeuteten Viehs (1 Sam 15,11.23–26.27–28) auf das Heftigste. Die Kritik richtet sich schließlich gegen das Königtum generell. Wer nach einem König verlangt, wie ihn alle Völker haben, lehnt damit JHWH ab (1 Sam 8,6–8; 10,18.19a). Damit ist die Institution als solche verworfen (*R. Müller*). Wenn sich die Israeliten von den fremden Göttern trennen, dann vermag ein Richter wie Samuel die feindlichen Philister zu besiegen (1 Sam 7,3–14). Samuel erinnert darum in seiner Abschiedsrede die Israeliten an die Richterzeit (1 Sam 12,9–11) und tadelt sie, weil sie nach einem König verlangt haben, »obwohl doch JHWH, euer Gott, euer König ist« (12,12). Die späte dtr Redaktion setzt nicht nur das Ende der davidischen Herrschaft voraus, sondern lehnt auch den Bau eines Tempels strikt ab (2 Sam 7,6.7; vgl. 1 Kön 8,27 und Jes 66,1).

2.4 Offene Fragen

Ein beträchtliches Problem ergibt sich daraus, dass die Erzählungen der Samuelbücher zwar vor und in der frühen Königszeit spielen, dass sie aber frühestens im 8. Jh. v. Chr. aufgezeichnet sein sollen. Warum schildern die Erzähler so viele Einzelzüge, die in der Zeit der schriftlichen Fixierung kaum noch verständlich waren (*E. Blum*)? Auch wenn wir mit Dichtung und Wahrheit rechnen (*O. Kaiser*), darf doch gefragt werden: Wer sollte David zugeschrieben haben, ausgerechnet zu den Philistern geflohen zu sein (*W. Dietrich*)? Wie lässt sich eine einseitige Literar- bzw. Redaktionskritik vermeiden und »eine festere Ausgangsbasis erreichen« (*S. Kreuzer*)?

3. Theologie

3.1 Kritik am Königtum

In den Samuelbüchern wird aus unterschiedlichen Anlässen Kritik am Königtum geübt. Die älteste und härteste Kritik bezieht sich auf den Ehebruch und Mord Davids (2 Sam 11), auf die Intrige, die zur Salbung Salomos führt (1 Kön *1,11–31), und auf die erbarmungslose Vernichtung seiner Gegner (1 Kön 2,13–23.25; 2,28–31a.34.35a). Es gab offenbar schon früh Gegner der Monarchie in Israel (vgl. 1 Sam 10,27), die sich durch die Verbrechen am Hof in Jerusalem bestätigt sahen. Je weiter die Zeit voranschreitet, desto genereller werden die kritischen Äußerungen. Aus der frühen oder mittleren Königszeit stammt das sog. Königsrecht, das Samuel den Israeliten vorträgt, um sie von dem Verlangen nach einem König abzubringen (1 Sam 8,11–17). Nach Auffassung dieses Textes kann ein König die Einkünfte der gut situierten Bauern nur schmälern. Samuel, der in der älteren Überlieferung Saul auf Wunsch JHWHs zum König salbt (1 Sam 10,1) und ihn öffentlich als den Erwählten JHWHs bezeichnet (10,24), wird am Ende der Königszeit zu dessen heftigstem Gegner. Weil Saul das Wort

JHWHs verworfen habe, sei er selbst von JHWH verworfen worden (1 Sam 15,23.26; vgl. 13,13.14). Samuel hört nicht nur, dass ein Königtum nach dem Muster der anderen Völker der Königsherrschaft JHWHs widerspreche (1 Sam 8,6–8; vgl. 10,18.19a). Er demonstriert als Richter Israels auch, dass man die Philister ohne einen König vernichtend schlagen könne (1 Sam 7,2–14).

3.2 Legitimation durch Erfolg

Die kritische Sicht des Königtums hat andere Israeliten und Judäer nicht daran gehindert, in David einen vorbildlichen Herrscher zu sehen. Dabei mag der Gedanke eine Rolle gespielt haben: Je länger sich die Dynastie Davids hielt, desto mehr sah man in ihr auch ein Werk JHWHs. Das Bild Davids wurde deshalb im Laufe der Zeit auch verklärt.

In der Hofgeschichte war David von Anfang an wohlwollend betrachtet worden. Ein jüngerer Erzähler hat nach *E. Würthwein* seine Sympathie für David noch deutlicher zum Ausdruck gebracht. Danach legt der König sein Schicksal ganz in die Hände Gottes (2 Sam 15,25.26); er toleriert selbst jene, die ihn verfluchen, weil JHWH es ihnen geboten haben kann (16,9–12). Die Klugheit Huschais, der ein Freund des Königs war, wird aufgewertet (17,5–14). Dagegen legt man Ahitofel, dem Vertrauten Abschaloms, einen Rat in den Mund, der gegen das altisraelitische Ethos verstößt (16,21.22).

Auf die Dauer musste so auch die Kritik an Salomo verstummen. In der jetzigen Batseba-Salomo-Novelle ist Salomo der legitime Nachfolger Davids, den JHWH dazu bestellt hat (vgl. 1 Kön 1,46–48; 2,15b.24). Damit Salomo nicht als Kind einer anrüchigen Beziehung galt, wurde ihm unter geschickter Nutzung einer älteren Tradition (2 Sam 12,15b*.16–23) der Makel genommen, er sei der Sohn des Ehebruchs (*T. Veijola*). Jetzt erzählte man: Nach dem Tod des ersten Sohnes sei Batseba die legitime Ehefrau Davids geworden, mit der er einen Sohn zeugen konnte (2 Sam 12,24). Damit bereitete eine prosalomonische Redaktion eine wohlwollende Sicht der Inthronisation Salomos (1 Kön 1,35–37.46–48) und der Vernichtung seiner Gegner (1 Kön 2,24.31b–33.37b.42–45) vor.

Aus dem gleichen Grund hat man die Befreiung der Stadt Jabesch zum Anlass genommen, von einer Salbung Sauls auf Geheiß JHWHs zu sprechen (1 Sam 9,15–17; 10,1) und seine Erwählung durch einen Losentscheid zu demonstrieren (1 Sam 10,17.19b–21.24). Es entspricht dem biblischen Realismus, den Willen Gottes an der tatsächlichen Geschichte abzulesen.

3.3 Königtum und Verheißung

Das Königtum in Jerusalem kann auch durch die enge Bindung an den Tempel legitimiert werden. Im Anschluss an die Ladeerzählung und nach der Überführung der Lade nach Jerusalem (2 Sam *6,1–15.17–19) plant David den Bau eines Hauses für die Lade (2 Sam 7,1a.2.3). Natan stimmt dem Vorhaben nicht nur zu, sondern verheißt David eine beständige Herrschaft: JHWH selbst werde ihm ein Haus bauen (7,11b.16). Das entsprach der Tradition eines altorientalischen Heilsorakels, das in mesopotamischen Bauinschriften und neuassyrischen Prophetensprüchen belegt ist: Wer als König etwas für die Gottheit baut, dem sichert die Gottheit die Herrschaft. Da nicht David, sondern Salomo den Tempel errichtet hat, wird darauf Rücksicht genommen (2 Sam 7,4.5.8aβ–9a.12.13a) und ein Heilsorakel auf Salomo übertragen (7,13b.14a.15a). Die Verheißung bietet aber keine absolute Garantie und muss schon nach dem Tod Salomos korrigiert werden (1 Kön 11,31). Den Davididen bleibt nur eine »Leuchte«, weil JHWH auf David achtet und Jerusalem erwählt hat (1 Kön 11,36; 15,4; 2 Kön 8,19). In der Zeit des Exils wird die Verheißung davon abhängig gemacht, dass die Nachkommen Davids ihren Weg vor JHWH gehen (1 Kön 2,4; 8,25; 9,5). Damit ist die Verheißung aber nicht außer Kraft gesetzt. In einem dtr geprägten Gebet fleht David JHWH an, er möge die Verheißung eines ewigen Herrscherhauses erfüllen (2 Sam 7,25.29). Die Hoffnung auf ein beständiges Haus Davids geht nicht verloren (2 Sam 7,26.27; vgl. 1 Sam 25,28). Dabei setzt man ein ideales Königtum voraus und spricht lieber von einem »Fürsten« als einem König; denn mit dem Titel »Fürst« war die Loyalität gegenüber JHWH verknüpft (1 Sam 13,14; 25,30; vgl. 1 Kön 14,7; 16,2; 2 Kön 20,5). Es gab in der Zeit des Exils also nicht nur heftige Kritiker am Königtum, sondern auch andere Kreise, die an der Natan-Verheißung festgehalten und damit der messianischen Hoffnung den Boden bereitet haben.

VII. Die Königsbücher

(Georg Hentschel, Erfurt)

Kommentare: J. A. Montgomery/H. S. Gehman (ICC) 1951; M. Noth (BK) 1968; J. Gray (OTL) [3]1977; E. Würthwein (ATD) 1977/1984; M. Rehm 1979/1982; G. Hentschel (NEB) 1984/1985; S. J. De Vries/T. R. Hobbs (WBC) 1985; M. Cogan/H. Tadmor (AncB) 1988/2001; V. Fritz (ATD) 1996/1998; M. Mulder (HCOT) 1998; W. Thiel (BK IX/2) 2000ff; J. Werlitz (NSK) 2002; N. C. Baumgart (SAT) 2004; M. A. Sweeney (OTL) 2007; M. Nobile (I Libri biblici) 2010.

Forschungsberichte: H. D. Preuß, Zum deuteronomistischen Geschichtswerk: ThR 58, 1993, 368–395; T. Veijola, Deuteronomismusforschung zwischen Tradition und Innovation (III): ThR 68, 2003, 1–44; P. Höffken, Jesaja. Der Stand der theologischen Diskussion, Darmstadt 2004.

Einzelstudien: R. Albertz, Elia. Ein feuriger Kämpfer für Gott (BG 13) Leipzig 2006; E. Aurelius, Zukunft jenseits des Gerichts (BZAW 319) Berlin 2003; M. Beck, Elia und die Monolatrie (BZAW 281) Berlin/New York 1999; U. Becker, Die Reichsteilung nach I Reg 12: ZAW 112, 2000, 210–229; F. M. Cross, Canaanite Myth and Hebrew Epic, Cambridge Mass. 1973, 274–289; W. Dietrich, Prophetie im deuteronomistischen Geschichtswerk, in: T. Römer (Hg.), The Future of the Deuteronomistic History (BEThL 147) Leuven 2000, 47–65; C. Hardmeier, Prophetie im Streit vor dem Untergang Judas (BZAW 187) Berlin 1990; J. Keinänen, Traditions in Collision, Helsinki 2001; R. G. Kratz, Die Komposition der erzählenden Bücher des Alten Testaments (UTB 2157) Göttingen 2000; N. Lohfink, Welches Orakel gab den Davididen Dauer?, in: ders., Studien zum Deuteronomium und zur deuteronomistischen Literatur IV (SBAB 31) Stuttgart 2000, 11–34; S. Otto, Jehu, Elia und Elisa (BWANT 152) Stuttgart 2001; M. Pietsch, Die Kultreform Josias. Studien zur Religionsgeschichte Israels in der späten Königszeit (FAT 86) Tübingen 2013; J. M. Robker, The Jehu Revolution. A Royal Tradition of the Northern Kingdom and Its Ramifications (BZAW 435) Berlin u. a. 2012; R. Sauerwein, Elischa. Eine redaktions- und religionsgeschichtliche Studie (BZAW 465) Berlin u. a. 2014; H.-C. Schmitt, Elisa, Gütersloh 1972; B. Schmitz, Prophetie und Königtum (FAT 60) Tübingen 2008; O. H. Steck, Überlieferung und Zeitgeschichte in den Elia-Erzählungen (WMANT 26) Neukirchen-Vluyn 1968; H.-J. Stipp, Elischa – Propheten – Gottesmänner (ATS 24) St. Ottilien 1987; ders., Ende bei Joschija. Zur Frage nach dem ursprünglichen Ende der Königsbücher bzw. des deuteronomistischen Geschichtswerks, in: ders. (Hg.), Das deuteronomistische Geschichtswerk (ÖBS 39) Frankfurt 2011, 255–267; M. J. Suriano, The Politics of Dead Kings (FAT 2/48) Tübingen 2010; G. Vanoni, Beobachtungen zur deuteronomistischen Terminologie in 2 Kön 23,25–25,30, in: N. Lohfink, Das Deuteronomium (BEThL 68) Leuven 1985, 357–362; S. Wälchli, Der weise König Salomo (BWANT 141) Stuttgart 1999; H. Weippert, Die »dtr« Beurteilungen der Könige von Israel und Juda und das Problem der Redaktion der Königsbücher: Bib. 53, 1972, 301–339; F. B. Wißmann, »Er tat das Rechte …«. Beurteilungskriterien und Deuteronomismus in 1 Kön 12–2 Kön 25 (AThANT 93) Zürich 2008; E. Würthwein, Erwägungen zum deuteronomistischen Geschichtswerk. Eine Skizze, in: ders., Studien zum deuteronomistischen Geschichtswerk (BZAW 227) Berlin 1994; ders., Die Revolution Jehus. Die Jehu-Erzählung in altisraelitischer und deuteronomistischer Sicht: ZAW 120, 2008, 28–48; W. Zwickel, Der salomonische Tempel, Mainz 1999. *S. auch die Literatur zu D.II.–IV. und VI.*

0. Text

Der masoretische Text ist im Allgemeinen gut, bisweilen aber mangelhaft überliefert (z. B. 1 Kön 7,19.20.30.31.36). Der alten Septuaginta steht der Codex Vaticanus nur in einem Abschnitt recht nahe (1 Kön 2,12–21,19). In den anderen Teilen (1 Kön 1,1–2,11; 22,1–2 Kön 25,30) bietet er bereits eine frühe Rezension aus dem 1. Jh. n. Chr., die den griechischen an den hebräischen Text angleicht. Dort sind deshalb die lukianischen → Minuskeln besonders zu beachten, vor allem dann, wenn sie mit Zitaten aus Josephus oder der → Vetus Latina übereinstimmen.

1. Aufbau

Die Bücher der Könige stellen nach der Schlussmasora (2 Kön 25,30) nur ein einziges Buch dar. In der Septuaginta gab es die Teilung schon im 2. Jh. n. Chr. Im 15./16. Jh. drang sie auch in die hebräische Bibel ein. Durch die Aufteilung wird die Geschichte Ahasjas auseinandergerissen (1 Kön 22,52–54 und 2 Kön 1,1–18).

1.1 Drei Teile

Die Königsbücher lassen sich in drei Teile gliedern. Der 1. Teil der Königsbücher ist dem König Salomo gewidmet (1 Kön 1,1–11,43), der 2. Teil dem wechselhaften Geschick der beiden Staaten Israel und Juda bis zum Ende des sog. »Nordreiches« Israel (1 Kön 12,1–2 Kön 17,41), der 3. Teil handelt von den letzten Königen Judas und schließt mit der Begnadigung Jojachins (2 Kön 18,1–25,30).

1. Teil	**2. Teil**	**3. Teil**
Geschichte Salomos (1 Kön 1,1–11,43)	Geschichte Israels und Judas (1 Kön 12,1–2 Kön 17,41)	Geschichte Judas (2 Kön 18,1–25,30)
Rahmung: »König David war alt« (1 Kön 1,1) »Salomo entschlief zu seinen Vätern« (1 Kön 11,43)	*Rahmung:* Rehabeam soll König über Israel werden (1 Kön 12,1) Israel geht in die Verbannung (2 Kön 17,23)	*Rahmung:* Hiskija wird König von Juda (2 Kön 18,1) Jojachin wird begnadigt (2 Kön 25,30)
Leitmotive: Königtum (1 Kön 2,46; 11,11) Weisheit (1 Kön 2,6; 5,10; 7,14; 10,6.23.41) Reichtum (1 Kön 3,11.13; 10,23)	*Leitmotive:* »Sünde Jerobeams« (1 Kön 13, 34; 14,16; 16,31 u. ö.) Höhenkult des Volkes (1 Kön 12,31; 14,23; 2 Kön 12,4; 14,4)	*Leitmotive:* »keiner wie er« (18,5; 22,25) »wie seine Väter« (23,32.37; vgl. 24,19)

1.11 Salomo

Der *1. Teil* (1 Kön 1,1–11,43) beginnt mit dem unerwarteten Aufstieg Salomos, der sich gegen den älteren Prinzen Adonija durchsetzt (1,1–2,46), und spricht dann von seiner klugen Regierung (3,1–5,14), vom Bau und von der Einweihung des Tempels (5,15–9,9), von einer Reihe weiterer Aktivitäten (9,10–10,29) und schließlich von seinem Versagen und seinen Schwierigkeiten (11,1–43).

Text	Strukturmerkmale	Inhalt
1,1–2,46	Thronfolgeerzählung Testament Davids (1 Kön 2,2–9)	Streit um die Nachfolge Davids; Designation und Salbung Salomos; Tod Davids; Bestrafung der Gegenpartei: Tod Adonijas und Joabs, Verbannung Abjatars
3,1–5,14	Bitte um Weisheit (3,2–15) Listen (4,1–6.7–19)	Die kluge Regierung Salomos: Gabe des hörenden Herzens; salomonisches Urteil; Verwaltung
5,15–9,9	Baubericht (6,1–7,51) Ansprache (8,14–21) Weihegebet (8,22–53) Segen (8,54–61)	Der Bau des Tempels: Vertrag mit Hiram; Bau des Tempels und des Palastes; Ausstattung des Tempels; Übertragung der Lade; Ansprache; Weihegebet; Segen; Abschluss; Verheißung für den Tempel
9,10–10,29	Notizen (9,10–28) Erzählung (10,1–13) Notizen (10,14–29)	Bauten und Frondienste Besuch der Königin von Saba Salomos Reichtum
11,1–43	Urteil (11,1–13) Erzählung (11,14–40) Abschluss (11,41–43)	Götzendienst Salomos Salomos Gegner: Hadad, Reson und Jerobeam

1.12 Israel und Juda

Der *2. Teil* (1 Kön 12–2 Kön 17,41) schildert die Zeit von der Bildung der beiden »Staaten« Israel und Juda (931 v. Chr.) bis zum Untergang Israels (722 v. Chr.). Die einzelnen Könige Israels und Judas werden chronologisch nach ihrem jeweiligen Regierungsantritt vorgestellt. Einen großen Raum nehmen prophetische Überlieferungen ein.

Text	Strukturmerkmale	Inhaltliche Merkmale
1 Kön 12,1–16,34	Königschronik	Ablehnung Rehabeams in Sichem; Geschichte der Staaten Juda und Israel
1 Kön 17–2 Kön 1	Prophetenerzählungen	Elija, Micha und weitere Propheten
2 Kön 2,1–8,29	Prophetenerzählungen	Elischa
2 Kön 9,1–17,41	Königschronik	Geschichte der Staaten Juda und Israel bis zum Untergang Israels

Hier treten zahlreiche Propheten auf: ein anonymer Gottesmann aus Juda neben einem alten Propheten aus Bet-El (1 Kön 12,33–13,34), Ahija aus Schilo (1 Kön 14,1–18; vgl. 11,29–39), Elija aus Tischbe (1 Kön 17,1–19,18; 21,1–29; 2 Kön 1,2–17aα), anonyme Propheten (1 Kön 20,1–43), Micha, der Sohn des Jimla (1 Kön 22,1–38), Elischa aus

Abel Mehola (1 Kön 19,19–21; 2 Kön 2,1–25; 3,4–8,15; 9,1–13; 13,14–21). Es ist verständlich, wenn die jüdische Tradition die Königsbücher – neben Jos, Ri und Sam – zu den »Vorderen Propheten« zählt.

1.13 Das Ende Judas

Der *3. Teil* (2 Kön 18,1–25,30) ist der weiteren Geschichte Judas bis zur Eroberung Jerusalems durch die Babylonier und bis zur Begnadigung Jojachins (2 Kön 18–25) gewidmet. Eingeflochten sind die Erzählungen über den Propheten Jesaja (2 Kön 18,17–20,19), die sich auch im Jesajabuch finden (Jes 36,1–39,8).

Text	**Strukturmerkmale**	**Inhalt**
2 Kön 18,1–20,21	Königschronik (18,1–8) Gebet (19,1–7.14–19) Verheißung (19,20–34) Gerichtswort (20,12–19)	Hiskijas Regierung; Ende Samarias; Assyrer vor Jerusalem; zweimaliges Gebet Hiskijas und jeweilige Antwort Jesajas; Rettung der Stadt; Heilung Hiskijas; Strafankündigung Jesajas
2 Kön 21,1–18.29–26	Königschronik	Manasse und Amon
2 Kön 22,1–23,30	Königschronik Reformbericht (22,3–23,27)	Joschijas Regierung; Auffindung des Gesetzbuches; Kultreform in Jerusalem; Beseitigung des Altars in Bet-El; Paschafest in Jerusalem; Tod Joschijas in Megiddo
2 Kön 23,31–25,30	Königschronik Aufzählung der Beute und der Gefangenen (25,13–21)	Regierung des Joahas, des Jojakim und des Jojachin; erste Übergabe der Stadt; Regierung Zidkijas; Eroberung Jerusalems; Ermordung des Statthalters; Begnadigung Jojachins

1.2 Die redaktionellen Rahmenstücke

Charakteristisch für die beiden Königsbücher sind die sog. Rahmenstücke für die einzelnen Könige. In der Regel wird für jeden König ein solches Schema geschaffen. Für Salomo gibt es allerdings nur Abschlussnotizen (11,41–43). Die Einleitung fehlt bei Jerobeam I. (1 Kön 12,1–14,20) und bei Jehu (2 Kön 9,1–10,36), da der Antritt ihrer Herrschaft ausführlich erzählt wird. Der Schluss ist bei jenen Königen weggelassen, die deportiert worden sind (2 Kön 17,4; 23,34; 25,30). Atalja (2 Kön 11,1–20) erhält kein Schema, weil sie nicht als Königin anerkannt wird. Das Rahmenstück ist für die judäischen Könige etwas ausführlicher, wie die Übersicht zeigt:

Rahmen der Königsdarstellungen

Könige Judas	**Könige Israels**
Einleitung:	*Einleitung*:
Synchronistische Datierung	Synchronistische Datierung
Alter bei der Thronbesteigung	
Regierungsdauer	Regierungsdauer
Name der Mutter	
Religiöse Beurteilung	Religiöse Beurteilung
Schluss:	*Schluss*:
Hinweis auf eine Quelle	Hinweis auf eine Quelle
Todesnotiz	Todesnotiz
Bestattung(sort)	
Nachfolger	Nachfolger

2. Entstehung der Königsbücher

Die beiden Königsbücher können ihre *Endgestalt* nicht vor der in 2 Kön 25,27–30 berichteten Begnadigung Jojachins (561 v. Chr.) erhalten haben (*E. Aurelius*). In der Zeit des Exils blickt man auf den Untergang des judäischen Staates zurück und fragt nach den Ursachen, die zur Zerstörung von Stadt und Tempel und zum Verlust der Eigenstaatlichkeit Judas geführt haben. Es wird dabei aber nicht nur auf ältere Quellen verwiesen, sondern es werden auch viele, vor allem prophetische Erzählungen aufgenommen, die aus vordtr Zeit stammen können. Selbst bei den Rahmenstücken, dem Grundgerüst der beiden Bücher, ist bis heute umstritten, ob sie generell erst im Exil geschaffen worden sind (*M. Noth, E. Aurelius, F. B. Wißmann*) oder zu einem beträchtlichen Teil noch aus vorexilischer Zeit stammen (*H. Weippert, G. Vanoni , H.-J. Stipp*). Gerade hier gilt es, die Argumente sorgfältig abzuwägen (s. dazu D.II.3.).

Das Verhältnis der Königsbücher zu Dtn–2 Sam ist in der jüngeren Forschung sehr umstritten: Bilden die beiden Königsbücher den Abschluss des dtr Geschichtswerkes (*M. Noth*) oder stellen sie nicht vielmehr den Ausgangspunkt der dtr Geschichtsschreibung dar? Denn in keinem der Geschichtsbücher spielt die Kultzentralisation (Dtn 12,13–19) eine so wichtige Rolle wie in den Königsbüchern. Sind die Königsbücher noch vor den Samuelbüchern geschaffen worden (*J. Hutzli*)? Wurden ihnen irgendwann »die älteren Überlieferungen über Saul und David vorangestellt« (*E. Würthwein* 1994)? Oder bilden die Königsbücher zumindest eine ursprüngliche Einheit mit den Samuelbüchern (*F. B. Wißmann*)? Finden sich in den heutigen Königsbüchern auch Indizien für eine Verknüpfung mit den Büchern Dtn, Jos und Ri? Erweisen sich die Königsbücher am Ende gar als Abschluss eines Enneateuch (*E. Aurelius*)?

2.1 Die Redaktionen

2.11 Die Redaktion der Rahmenstücke

Der Standpunkt des Redaktors lässt sich leicht erkennen. Er beurteilt die Könige Judas und Israels danach, ob sie für die Einheit und Reinheit des Kultes in Jerusalem eingetreten sind. Er setzt also die Reform des Königs Joschija von 622 v. Chr. bzw. die Forderung von Dtn 12,13–19 voraus. Nur die Könige, die diesem Maßstab gerecht geworden sind, können mit einem Lob rechnen. Das gilt in erster Linie für Hiskija (2 Kön 18,3.4) und Joschija (2 Kön 22,2). Aber auch andere Könige Judas werden positiv eingeschätzt, selbst wenn das Volk weiterhin auf den Höhen opfert (1 Kön 15,11; 22,43; 2 Kön 12,3; 14,3; 15,3.34). Die Könige Israels haben bei dieser Beurteilung keine Chance, denn sie halten an der »Sünde Jerobeams« fest, der die Heiligtümer von Bet-El und Dan gefördert hat (1 Kön 12,26–29.30b). Noch härter werden jene Könige im Norden wie im Süden verurteilt, die den Kult anderer Götter unterstützt haben (1 Kön 16,31.32; 22,54; 2 Kön 16,3; 21,2–5.20–22).

2.12 Das Blockmodell

Wann ist dieses Grundgerüst der Königsbücher geschaffen worden? Sollte es teilweise bis auf die Reform Hiskijas zurückgehen (*H. Weippert*)? Deutlicher ist zu erkennen: Der Redaktor der Rahmenstücke »steht mit Leib und Seele zu der Reformation Josias« (*J. Wellhausen*). Zur »Logik des Erzählten« (*H.-J. Stipp*) gehört: Wenn Juda an der Reform festhält, kann es einer Katastrophe, wie sie Israel getroffen hat, entgehen. Für eine erste dtr Redaktion in vorexilischer Zeit spricht auch, dass die dtr Phraseologie bei den letzten vier Königen stark zurücktritt (*G. Vanoni*). Nachdem die Katastrophe über Juda hereingebrochen war, hat man sie zu erklären versucht (17,19.20). In den Augen der exilischen dtr Redaktion waren die Würfel schon zur Zeit Manasses gefallen (21,10–15). Für die Hypothese einer vorexilischen und einer exilischen Redaktion (*F. M. Cross*) hat sich der Name »Blockmodell« eingeprägt, da die Rahmenstücke für die letzten vier Könige Judas einschließlich der Rehabilitation Jojachins geschlossen der exilischen Redaktion zugerechnet werden (s. o. D.II.3). Gegen das Blockmodell wird eingewendet: Die babylonischen Chroniken, die nicht nur die Regierungszeiten angeben, sondern auch den jeweiligen König an seinem Verhältnis zum zentralen Tempel (Esagila) messen, stammen erst aus dem 6. Jh. v. Chr. (*F. B. Wißmann*). Aber es darf auch vor einer »übertriebenen, einseitigen Ableitung biblischer Theologie aus einem bestimmten Kulturraum« (*F. B. Wißmann*) gewarnt werden.

2.13 Die Erweiterung um prophetische Texte (DtrP)

Das Grundgerüst der Königsbücher ist teilweise nicht mehr klar zu erkennen, da die prophetischen Texte die Rahmenschemata für Ahab (1 Kön 16,29–34 und 22,39f), Ahasja (1 Kön 22,52–54 und 2 Kön 1,17f), Joram (2 Kön 3,1–3 und 10,34f) und Hiskija (2 Kön 18,1–8 und 20,20f) z. T. weit auseinanderreißen, sofern sie nicht ganz aus dem Rahmenwerk herausfallen (2 Kön 2,1–25; vgl. 13,14–21). *W. Dietrich* hat darum angenommen, dass nicht der gleiche dtr Redaktor diese Rahmenstücke geschaffen und über die Maßen ausgeweitet hat. Darum rechnet er zusätzlich zu einem dtr Historiker (DtrH) mit einem prophetisch-dtr Redaktor (DtrP), der die Elija- und Elischaerzählungen eingefügt und die Geschichte als Erfüllung von »Weissagungen« (1 Kön 15,29; 16,12; 2 Kön 9,36; 10,17; 24,2) verstanden hat. *F. B. Wißmann* ist allerdings davon überzeugt, dass die Königsbücher »von Anfang an ›prophetisch‹ geprägt waren«.

2.14 Die Orientierung an der Tora (DtrN)

Die Kennzeichen einer dtr Bearbeitung finden sich auch dort, wo die Verantwortung für die Katastrophe von 587 v. Chr. nicht mehr allein bei den Königen, sondern beim ganzen Volk liegt (1 Kön 9,6–9; 2 Kön 17,7–23). Der Vorwurf lautet, dass Israel JHWH verlassen hat (1 Kön 9,9), den Bräuchen der Völker folgt (1 Kön 14,24; 2 Kön 17,8.11.15) und anderen Göttern dient (1 Kön 9,9; 2 Kön 17,7.12.15.16). Die Kulthöhen sind Stätten des Götzendienstes geworden (1 Kön 11,7; 14,23; 2 Kön 17,11). Damit stellt sich das Volk in bewussten Gegensatz zur Tora (2 Kön 17,13.34), die jetzt ausdrücklich als Norm genannt wird (1 Kön 2,3; 2 Kön 10,31; 14,6; 21,8; 22,11; 23,24.25). Wegen dieses Interesses am Gesetz spricht man in der Göttinger Schule (s. o. D.II.3.) von einem nomistischen Dtr (DtrN). Die spätdtr Redaktion ähnelt mit ihrer Anklage, dass das Volk Götzendienst betreibe, auffallend der Redaktion des Richterbuches (Ri 2,11–13.19; 3,7; 8,33.34; 10,6). Vielleicht hat das Modell des Retters aus dem Richterbuch auch auf das Königsbuch zurückgewirkt (2 Kön 13,3–6).

2.15 Block- oder Schichtenmodell?

Während das Schichtenmodell der Göttinger Schule ursprünglich alle drei Stadien der dtr Redaktion (DtrH, DtrP, DtrN) in der Zeit des Exils ansetzt, unterscheidet das Blockmodell zwischen einer vorexilischen und einer exilischen Redaktion (s. oben D.II.3.3). Inzwischen werden die Modelle auch miteinander verknüpft. Einerseits findet die These, dass die erste Redaktion schon vor dem Exil anzusetzen sei, zunehmend Anhänger. Andererseits rechnet man damit, dass die exilische Redaktion nicht nur den Block zwischen 2 Kön 23,26 und 25,30 geschaffen, sondern schon vorher oft eingegriffen hat (z. B. 2 Kön 21,10–15). Wahrscheinlich ist auch mit Fortschreibungen zu rechnen, die nur einen Teil der Bücher erfasst haben.

2.16 Die nachdeuteronomistische Bearbeitung

Die nachdtr Redaktion tritt vor allem dort zu Tage, wo es um den Kult Israels geht. Die genaue Datierung des Tempelbaus im 480. Jahr des Auszugs (1 Kön 6,1) verrät bereits lebhaftes priesterliches Interesse. Der hintere Raum des Tempels wird wie in Ex 26,33f (P) als »Allerheiligstes« bezeichnet (1 Kön 6,16; 7,50; 8,69): Bei der Übertragung der Bundeslade (1 Kön 8,1–11) erinnern vor allem die Tragstangen (V. 8; vgl. Ex 25,13–15) und die Erscheinung der Herrlichkeit in einer Wolke (V. 10f; vgl. Ex 40,34f) an priesterliche Vorstellungen. Die Priesterschrift wird selbst innerhalb einer aufgenommenen Prophetenerzählung zitiert (1 Kön 18,31). Diesem Sprachgebrauch entspricht auch die Anrede: »Gott Abrahams, Isaaks und Israels!« (1 Kön 18,35). Zu den nachdtr Elementen muss man wohl auch die Bitte Naamans zählen, ihm den unfreiwilligen Besuch im Tempel des Rimmon zu vergeben (2 Kön 5,18.19). Die priesterschriftliche Darstellung der Anfänge des Volkes (Ex 19,3b–8) wird unter negativem Vorzeichen wieder aufgegriffen (2 Kön 18,12).

2.2 Die Quellen

Der maßgebliche Redaktor verweist ausdrücklich auf Quellen, die er auch benennt: die Chronik Salomos (1 Kön 11,41), die Chronik der Könige Israels (1 Kön 14,19) und die Chronik der Könige Judas (1 Kön 15,7). Darüber hinaus sind andere Überlieferungen in die Königsbücher aufgenommen worden, auch wenn diese nicht als Quellen zitiert werden.

2.21 Die Chroniken

Die Rahmenstücke bieten sehr genaue Daten über den Regierungsantritt, die Zeit der Herrschaft, die Beisetzung und den Nachfolger und bei den judäischen Herrschern auch das Alter bei Regierungsantritt und den Namen der Mutter. Diese nüchternen Daten, die klar von dem jeweiligen kultischen Urteil abheben, kann der Redaktor nur seinen Quellen entnommen haben. Vermutlich sind mit den drei genannten Chroniken nicht die offiziellen Annalen gemeint, da diese nicht jedem zugänglich waren, sondern Auszüge, die prinzipiell »griffbereit« waren. Die Quellen hoben sich vermutlich sogar von der Sicht des dtr Redaktors ab. Denn sie bezeugten auch jenen Königen »Tüchtigkeit«, die in den Augen des Redaktors gerade nicht vorbildlich waren (1 Kön 16,5.27). Wie eine Analyse der angegebenen Beisetzungsstätten gezeigt hat (*M. J. Suriano*), sind diese durchaus zuverlässig und erübrigen frühere literarkritische Thesen. Die einzelnen Chroniken unterscheiden sich auch. In der israelitischen Chronik fanden sich vermutlich vorwiegend »Putschberichte« (1 Kön 15,27.28; 16,9–10.15b–18; 2 Kön 9,14a; 15,10.25.30). Die judäische Chronik verrät ein besonderes Interesse am Tempel von Jerusalem (2 Kön 12,7–13; 16,10–13) und am Schicksal seines Schatzes (1 Kön 14,26; 2 Kön 12,19; 18,14–16). Das lässt vermuten, dass sich die Chronik der Könige von Juda nicht nur auf das Archiv des Palastes, sondern auch auf das des Tempels stützte (*T. R. Hobbs*).

Was fand der Redaktor in der »Chronik Salomos« vor? Analog zur Chronik der Könige von Juda darf man vermuten, dass darin vom Tempelbau die Rede war. In die engere Wahl kommen die Angaben über den Beginn und den Abschluss der Bauarbeiten (1 Kön 6,1*.37–38) sowie über die Länge der Bauzeit für Tempel und Palast (7,1). Was darin über Salomos »Weisheit« zu lesen war (11,41), lässt sich allenfalls vermuten.

Woher stammen aber die »synchronistischen« Angaben? Der Regierungsantritt der israelitischen und judäischen Könige wird für die Zeit zwischen Abija und Hiskija (1 Kön 15,1 und 2 Kön 18,1) jeweils mit Regierungsjahr des Nachbarn datiert. Es ist umstritten, ob der Redaktor selbst die Synchronismen errechnet und so »die Zusammengehörigkeit beider Staaten und ihrer Könige« betont hat (*F. B. Wißmann*) oder ob er sich auf eine synchronistische Chronik gestützt hat (*K.-P. Adam*).

2.22 Weitere Quellen und vorgegebene Überlieferungen

Zwischen dem Beginn der Herrschaft Salomos (1 Kön 1f) und dem Hinweis auf die »Chronik Salomos« (11,41) findet sich eine Fülle recht unterschiedlicher Erzählungen und Dokumente, die mehr oder weniger aus höfischen Kreisen stammen können. Salomos Traumerscheinung (*3,4–15), das »salomonische Urteil« (3,16–28) und der Besuch der Königin von Saba (*10,1–10.13) sollen Salomos Weisheit unterstreichen. Die Listen über die oberste Verwaltung (4,1–6) und über die »Statthalter« in Israel (4,7–19) könnten dagegen auf Dokumente am Hof zurückgehen. Der Vertrag mit Hiram von Tyrus (*5,15–26) ist zwar dtr überarbeitet, aber er wird durch die unerfindliche Angabe gestützt, dass der zahlungsunfähige Salomo zwanzig Ortschaften an Hiram von Tyrus abgetreten habe (9,11b). Das Holz, das Hiram lieferte, diente dem Bau des Palastes (7,1–12) und des bescheideneren Tempels (*6,1–38), die in einiger Entfernung von der bisherigen Stadt errichtet wurden (*W. Zwickel*). Die Ansprache Salomos (8,14–21) und das Weihegebet (8,22–53) gehören zu den großen dtr Erweiterungen. Die Klage über Mischehen und Götzendienst Salomos (11,1–8) bezeugt die königskritische Einstellung der spätdtr Redaktion.

Bei einigen weiteren Erzählungen kann man fragen, ob sie schon zur ersten Ausgabe der Königsbücher gehört haben. Das gilt natürlich in erster Linie für die Reform Joschijas (*H.-J. Stipp*). Inzwischen dürfte geklärt sein, dass schon der älteste Reformbericht im Bereich der offiziellen Religion (2 Kön 23,4a.5*.6–8.10–12.15a*) ein Bestandteil der vorexilischen Ausgabe war (*M. Pietsch*). Die Erzählung über Rehabeams Verhandlungen in Sichem (1 Kön 12,1–16.18) – eine »→ Ätiologie der Zweistaatlichkeit« (*U. Becker*) war als solche für die Königsbücher geradezu unverzichtbar, bedurfte aber einer Korrektur aus judäischer Perspektive (12,19). Erwägen lässt sich auch, ob die Geschichte der Revolution Jehus (2 Kön 9f) den Anfang eines Rahmenstücks für Jehu und den Abschluss für Joram von Israel erübrigt hat (vgl. 9,1–6.10b–13 und 9,23–26).

Unter den Erzählungen über die Propheten ragen jene über Elija, Elischa und Jesaja heraus. Die Elijaerzählungen kamen der dtr Redaktion sehr entgegen. Die Erzählung von der Befragung des Baal von Ekron durch Ahasja entsprach bereits in ihrem Kern (2 Kön 1,2–8.17a) dem dtr Vorwurf, dass das Haus der Omriden den Baalskult gefördert habe. In die Erzählung vom Justizmord an Nabot hat die dtr Redaktion eingegriffen und Elijas Urteil (1 Kön 21,17–19) noch verschärft (21,20b–26). Im ersten großen Erzählungsblock (1 Kön 17,1–19,18) hat die dtr Redaktion das Königshaus wegen der Beziehung zu den Propheten des Baal und der Aschera getadelt (1 Kön 18,18.19*). Da Elija in der Überlieferung zur Zeit Ahabs, Isebels und Ahasjas im Nordreich Israel auftritt, dürften Teile der Erzählung mindestens in die Zeit vor 722 v. Chr. zurückreichen (*R. Albertz*). Bezeichnend ist für Elija, dass er das Volk anklagt, weil es sich nicht zwischen JHWH und Baal zu entscheiden vermag (18,21). Die Frage, wer wirklich Gott ist, »kommt in charakteristischer Abwandlung auch in 2 Kön 1,2–8.17* zur Sprache« (*W. Thiel*). Hohn und Spott über einen ohnmächtigen »Gott« (1 Kön 18,26–29) haben ihre besten Parallelen bei Deuterojesaja (*J. Keinänen*).

Dass der Grundstock der Elischaerzählungen aus dem Norden stammt, ist »relativ unbestritten« (*B. Lehnart*). Die beachtliche Rolle, die die Auseinandersetzung mit den Aramäern spielt (2 Kön 6,8–23; 6,24–7,20; 8,7–15; 9,1–6.10b–13; 13,14,19; vgl. 5,1–27), rät davon ab, diese »politischen« Erzählungen in einer Zeit anzusetzen, als die aramäischen Kleinstaaten nicht mehr relevant waren. Judäischer Einfluss ist selten und fällt auf (2 Kön 3,7–12; vgl. 1 Kön 22,2–8.10.18.29–32). Die »politischen« Erzählungen, in denen ein König auftritt oder zumindest am Rande erwähnt wird (2 Kön 4,13), stammen offenbar aus einem anderen Milieu als die kurzen Wundergeschichten (2 Kön

2,19–22.23–25; 4,1–7.38–41.42–44; 6,1–7; 13,20.21). Das lässt sich z. T. an der Bezeichnung für Elischa ablesen. Während die Geschichten über den Wunder wirkenden »Gottesmann« (z. B. 4,7.9.21.27.31.36.42–44; 6,1–7) überwiegend aus den Kreisen der Prophetenschüler stammen, gebrauchen die »politischen« Erzählungen eher die Bezeichnung »Prophet« (5,3.13; 6,12; 9,1; *H.-J. Stipp*). Die unterschiedlichen Elischaerzählungen können schon vordtr eine »Elischa-Biographie« gebildet haben, die von der Berufung (1 Kön 19,19–21) bis zum Tod (2 Kön 13,20.21) gereicht (*S. Otto*) und einen Spannungsbogen enthalten hat (*B. Lehnart*). Inzwischen hat eine intensive Suche nach literarischen, religions- oder traditionsgeschichtlichen Vorbildern für die Elischaerzählungen ergeben, dass es … »keinerlei Vorbilder für Wundertäter bzw. Magier-Erzählungen in den Literaturen des Alten Orients gibt, die auch nur annähernd Ähnlichkeiten zur Typologie Elischas im Grundbestand der biblischen Elischa-Erzählungen aufweisen« (*R. Sauerwein*).

Die Erzählungen über den Propheten Jesaja (2 Kön 18,17–37; 19,1–37; 20,1–11.12–19) stehen leicht verändert auch im Jesajabuch (Jes 36,1–39,8). Jerusalem verdankt seine Rettung zunächst einem Tribut Hiskijas (2 Kön 18,13–16). Zwei längere Erzählungen führen den Abzug der Assyrer auf ein Gerücht (18,17–19,9a.36f) bzw. auf einen strafenden Engel (19,9b–35) zurück. Da die letzte Version (19,9b–35) ein monotheistisches Bekenntnis Hiskijas voraussetzt, dürfte sie frühestens exilisch sein. Die ältere Version (18,17–19,9a.36f) passt gut zu den Diskussionen der Judäer kurz vor der Zerstörung Jerusalems: Jesaja ruft anders als Jeremia zum Widerstand gegen Babylon auf (*C. Hardmeier*). Der wunderwirkende Jesaja (20,1–11) ähnelt Elija oder Elischa. Jesajas Kritik am Bündnis mit Babylon (20,12–19) passt dagegen eher ins Jesajabuch. Es kann nicht pauschal gesagt werden, dass die Erzählungen ursprünglich nur in Jes 36–39 oder nur in 2 Kön 18–20 enthalten waren (*P. Höffken*). In jedem Fall haben die zahlreichen Prophetentexte in den Königsbüchern mit dazu beigetragen, dass die Geschichtsbücher im Judentum zu den »Vorderen Propheten« gezählt werden (*F. B. Wißmann*).

Insgesamt erweisen sich die Königsbücher als echte Redaktionsarbeit. In einen festen Rahmen fügte man Texte ein, die vielfach in die vorexilische Zeit zurückreichen, aber auch lange nach dem Exil noch fortgeschrieben wurden.

2.3 Offene Fragen

Längst nicht alle aufgeworfenen Fragen lassen sich klar beantworten. Ist nicht doch mit einem ursprünglich eigenständigen Königsbuch zu rechnen, auch wenn die Verknüpfung mit dem Samuelbuch sehr eng ist (vgl. 1 Kön 1f) und das Gesamtwerk einen klaren Anfang aufweist (1 Sam 1)? Offen ist weiterhin, ob spätdtr Abschnitte in den Königsbüchern, die dem Volk die Schuld an der Katastrophe Judas geben (z. B. 1 Kön 9,6–9) mit der ersten dtr Redaktion des Richterbuches (z. B. Ri 2,11–19*) auf eine Stufe gestellt werden können. Diskutiert wird weiterhin, ob die Königsbücher durch eine gezielte Redaktion in einen Enneateuch (Gen–2 Kön) eingebunden worden sind (*E. Aurelius*) oder ob wir lediglich mit nachdtr Fortschreibungen zu rechnen haben, die z. B. die Priesterschrift voraussetzen.

3. Theologie

Die Königsbücher stellen keine profane Geschichtsschreibung dar, sondern beurteilen den Ablauf der Ereignisse im Lichte des Kultes und der Prophetie (s. o. D.I.). Sie werden daher im Judentum zu den »Vorderen Propheten« gezählt.

3.1 Der realistische Blick

Die Königsbücher enthüllen schonungslos eine Geschichte des Unheils: den Zerfall der Einheit des Staates nach Salomo, den Untergang Israels und das Ende Judas samt der Zerstörung von Stadt und Tempel. Die exilischen Redaktoren sehen der schrecklichen Wirklichkeit ins Auge und fragen nach den Gründen für eine solche Abfolge von Katastrophen.

3.2 Das kultische Versagen der Könige

Zur Eigenart der Königsbücher gehört, dass die Schuld vor allem bei den Königen gesucht wird. Sie werden aber nicht an ihrer sozialen Gerechtigkeit oder politischen Klugheit gemessen, sondern an ihrem kultischen Verhalten. Die Forderungen des aufgefundenen Buches (2 Kön *22–23 ⟶ Dtn *12,13–19) ergeben einen klaren Maßstab für die Könige Israels und Judas. Der Untergang des Nordreiches Israels hundert Jahre zuvor (722 v. Chr.) lässt sich gut als Verstoß gegen die Einheit des Kultortes erklären. Zugleich dürfen die Anhänger der Reform die Hoffnung hegen, dass Juda verschont bleiben könne. Doch die Geschichte nimmt einen anderen Verlauf. Joschijas Reformeifer kann Juda nicht retten. JHWH lässt von der gewaltigen Glut seines Zorns nicht ab (2 Kön 23,26). Weil er bereits vor Joschija zu tief gekränkt ist, verwirft er auch Juda (23,27). Aber JHWH geht in seinem Zorn nicht so weit, Juda zu vernichten. Die variable »Exilformel« (2 Kön 17,18.20.23; 23,27; 24,3.20) deutet verhalten an, dass JHWH »doch nicht ganz von seiner Liebe zu Israel lassen kann« (*N. Lohfink*).

3.3 Das Ende der Verheißung?

Hat die Natan-Verheißung überhaupt noch Einfluss auf das Geschehen? Anders als in der Chronik gilt sie in den Königsbüchern nicht mehr ungebrochen. Auch wenn Salomo auf David folgt und den Tempel errichtet (2 Sam 7,12.13a), wird schon in der Geschichte Salomos (1 Kön 2,4; 8,25; 9,4.5) »die Dauer der Davidsdynastie unter die Bedingung der Gesetzesbeoachtung gestellt« (*N. Lohfink*). Vollends wird die Verheißung Natans durch die Reichsteilung infrage gestellt. Nach dem Orakel des Ahija ist nicht Salomos Sohn Rehabeam sein Nachfolger, sondern sein Gegner Jerobeam (1 Kön 11,31). Den Nachfahren Davids bleibt seinetwegen und wegen der erwählten Stadt Jerusalem nur noch eine »Leuchte«, d. h. die »Herrschaft« über den Stamm Juda (1 Kön 11,36; 15,4; 2 Kön 8,19). Lautlos geht auch diese Zusage zu Ende. Die Begnadigung Jojachins (2 Kön 25,27–30) ist nicht mehr als eine ferne Morgenröte.

3.4 Die Forderung der Monolatrie

Da es in der Zeit des Exils weder eine zentrale Kultstätte noch einen regierenden König gab, traten die Einheit des Kultes und das Verhalten der Könige in den Hintergrund. Die jüngere dtr Redaktion achtete vor allem auf das Verhalten des Volkes, in dem sich verstärkt andere Kulte ausbreiteten – wie die Verehrung der Himmelskönigin (Jer 44,15–19). In dieser Situation griff man jene prophetischen Überlieferungen auf, die die Forderung nach einer → Monolatrie schon früher erhoben hatten. »Gibt es denn keinen Gott in Israel, sodass du Boten aussenden musst, die Beelzebul, den Gott von Ekron, befragen sollen?« (2 Kön 1,6). Für den Propheten Elija ist es ein todeswürdiges Vergehen, wenn sich König Ahasja an den fremden Gott Baal wendet. Wer anderen Göttern huldigt, hat in Israel sein Lebensrecht verwirkt (1 Kön 18,40; 2 Kön 10,18–27). Elija stellt das Volk vor die Entscheidung, welchem Gott es dienen will (1 Kön 18,21). Es geht um die Erkenntnis, dass es nur den einen »Gott in Israel« gibt (1 Kön 18,36; 2 Kön 5,15). Dem verzweifelten Propheten hält JHWH entgegen, dass immerhin 7000 Männer ihre Knie nicht vor Baal beugen (19,18). Die Anbetung des einen Gottes soll eine zwiespältige Einstellung verhindern und zu klarem, eindeutigem Verhalten führen.

3.5 Wege zum Heil

Die prophetischen Erzähler beschränken sich nicht darauf, den Baalskult zu verdammen und die → Monolatrie einzufordern. Sie heben die Bedeutung von Umkehr und Buße hervor, die mindestens einen Aufschub des Unheils bewirken konnten (1 Kön 21,27–29; 2 Kön 20,1–11; 22,15–20). Sie weisen darauf hin, dass der Gott Israels jene Erwartungen zu erfüllen vermag, die viele Israeliten gegenüber den Fruchtbarkeitsgottheiten gehegt haben: Durch den Propheten, der JHWH dient, erhalten die Ärmsten der Armen Speise (1 Kön 17,8–16; 2 Kön 4,38–41.42–44; 6,24–7,20). Diese Hilfe wird auch dem Propheten selbst zuteil (1 Kön 17,2–6.9.15; 19,4–8). Da es einen Propheten und einen Gott in Israel gibt, kann dort auch ein Feldherr der feindlichen Aramäer Heilung finden (2 Kön 5,1–19a). Es können sogar Tote zu neuem Leben erweckt werden (1 Kön 17,17–24; 2 Kön 4,8–37). Versteht man die Königsbücher – wie das nachbiblische Judentum – als prophetische Zeugnisse, dann weisen sie Wege zum Heil – vor allem im Gehorsam gegenüber der Tora.

VIII. Die Bücher der Chronik

(Georg Steins, Osnabrück)

Kommentare: E. Bertheau (KEH) 1854; O. Zöckler (Theologisch-homiletisches Bibelwerk) 1874; W. E. Barnes (Cambridge Bible) 1899; C. F. Keil 1870 (ND 1990); I. Benzinger (KHC) 1901; R. Kittel (HK) 1902; I. L. Curtis/A. A. Madson (ICC) 1910; W. A. L. Elmslie (Cambridge Bible) 1916; J. W. Rothstein/ J. Hänel (KAT) 1927; J. Goettsberger (HS) 1939; M. Rehm (EB) 1949; H. Bückers (HB) 1952; H. Cazelles (SB) 1954; K. Galling (ATD) 1954; W. Rudolph (HAT) 1955; A. van den Born (BOT) 1960; J. M. Myers (AncB) 1965; P. L. Randellini (La Sacra Bibbia) 1966; F. Michaëli (CAT) 1967; K. Roubos (POT) 1969/1972, ^{2}1983; P. R. Ackroyd (TBC) 1973; R. J. Coggins (CBC) 1976; C. Mangan (Old Testament Message) 1982; H. G. M. Williamson (NCB) 1982; J. H. Sailhammer, First and Second Chronicles, 1983; J. M. McConville (DSB) 1984; R. L. Braun/R. B. Dillard (WBC) 1986/1987; M. Wilcock 1987; J. Becker (NEB) 1986/1988; L. C. Allen (The Communicator's Commentary) 1987; M. Eiseman, (Art Scroll Tanach Series) 1987/1992; S. J. de Vries (FOTL) 1989; A. J. Rosenberg, I Chronicles/II Chronicles, 1992; S. Japhet (OTL) 1993; G. H. Jones (OTGu) 1993; M. J. Selman 1994; J. A. Thompson (NAC) 1994; W. Johnstone (JSOT.S) 1997; L. C. Allen (NIB) 1999; L. E. Keck (NIB) 1999; F. Laubach (Wuppertaler Studienbibel) 2000; P. K. Hooker (Westminster Bible Companion) 2001; S. Japhet, (HThKAT) 2001/2003; H.-P. Mathys (The Oxford Bible Commentary) 2001; S. S. Tuell (Interpretation) 2001; P. C. Beentjes (Verklaring van de Hebreeuwse Bijbel) 2002/2006; H. Bräumer (Wuppertaler Studienbibel) 2002; J. Jarick (Readings) 2002/2007; G. N. Knoppers (AncB) 2004; S. L. McKenzie 2004; P. B. Dirksen 2005; R. W. Klein (Hermeneia) 2006; T. Willi (BK) 2009ff.

Synopsen: P. Vanutelli, Libri Synoptici Veteris Testamenti, Rom 1931; W. D. Crockett, A Harmony Of Samuel, Kings and Chronicles, Grand Rapids 1951; A. Bendavid, Parallels in the Bible, Jerusalem 1972 (Neudruck 2015); J. Kegler/M. Augustin, Synopse zum Chronistischen Geschichtswerk (BEAT 1) Frankfurt 1984; dies., Deutsche Synopse zum Chronistischen Geschichtswerk (BEAT 33) Frankfurt 1993; J. D. Newome, A Synoptic Harmony of Samuel, Kings, and Chronicles, Grand Rapids 1986; J. C. Endres u. a., Chronicles and Its Synoptic Parallels in Samuel, Kings, and Realted Biblical Books, Collegeville 1998.

Bibliographien und Forschungsüberblicke: P. B. Dirksen, Kronieken in de recente literatuur: NedThT 43, 1993, 6–20; I. Kalimi, The Book of Chronicles. A Classified Bibliography, Jerusalem 1990; ders., The Book of Chronicles in Jewish Tradition: RB 105, 1998, 5–41; J. W. Kleinig, Recent Research in Chronicles: CRBS 2, 1994, 43–76 *(Lit.)*; D. Mathias, Die Geschichte der Chronikforschung im 19. Jahrhundert, Leipzig 1977; K. Peltonen, History Debated. The Historical Reliability of Chronicles in Pre-Critical and Critical Research 2 Bde., Helsinki 1996; T. Willi, Zwei Jahrzehnte Forschung an Chronik und Esra-Nehemia: ThR 67, 2002, 61–104 *(Lit.)*; P. C. Beentjes, »Die Freude war groß in Jerusalem« (Chr 30,26). Eine Einführung in die Chronikbücher, Münster 2008 *(Lit.!)*; R. K. Duke, Recent Research in Chronicles: CBR 8, 2009, 10–50 *(Lit.)*; P. Abadie, Bibliographie des Chroniques: Foi & Vie 109, 2010, 60–68 (*fehlerhaft!*); L. Jonker, Within Hearing Distance. Recent Developments in Pentateuch and Chronicles Research: OTEs 27, 2014, 123–146.

Einzelstudien: P. R. Ackroyd, The Chronicler in his Age (JSOT.S 101) Sheffield 1991; U. Becker/ H. Bezzel (Hg.), Rereading the relecture? The question of (post)chronistic influence in the latest redactions of the Books of Samuel (FAT II/66) Tübingen 2014; B. C. Beentjes, Tradition and Transformation in the Book of Chronicles, Leiden u. a. 2008; E. Ben Zvi, History, Literature and Theology in the Book of Chronicles, London 2006; M. Z. Brettler, The Creation of History in Ancient Israel, London 1995; J. Corley/H. Van Grol (Hg.), Rewriting Biblical History, Berlin 2011; P. S. Evans/T. F. Williams (Hg.), Chronicling the Chronicler. The Book of Chronicles in Early Second Temple Historiography, Winona Lake 2013; I. Finkelstein, The Historical Reality behind the Genealogical Lists in 1 Chronicles: JBL 131, 2012, 65–83; M. P. Graham u. a. (Hg.), The Chronicler as Historian (JSOT.S 238) Sheffield 1997; M. P. Graham/S. L. McKenzie (Hg.), The Chronicler as Author (JSOT.S 263) Sheffield 1999; M. P. Graham u. a. (Hg.), The Chronicler as Theologian (JSOT.S 371) London 2003; S. Japhet, From the Rivers to Babylon to the Highlands of Judah, Winona Lake 2006; dies., The Ideology of the Book of Chronicles and its Place in Biblical Thought, Winona Lake 2009; W. Johnstone, Chronicles Canons and Contexts: Aberdeen University Review 169, 1983, 1–18; L. C. Jonker, Reflections of King Josia in Chronicles, Gütersloh 2003; I. Kalimi, Die Abfassungszeit der Chronik: ZAW 105, 1993, 223–233; ders., Zur Geschichtsschreibung des Chronisten (BZAW 226) Berlin 1995; ders., Das Chronikbuch und seine Chronik, Freiburg 2013; B. E. Kelly, Retribution and Eschatology in Chronicles (JSOT.S 211) Sheffield 1996; J. W. Kleinig, The Lord's Song (JSOT.S 156) Sheffield 1993; R. G. Kratz, Die Komposition der erzählenden Bücher des Alten Testaments, Göttingen 2000; A. Labahn, Levitischer Herrschaftsanspruch zwischen Ausübung und Konstruktion (WMANT 131) Neukirchen-Vluyn 2012; M. Lynch, Monotheism and Institutions in the Book of Chronicles (FAT 2/64) Tübingnen 2014; R. A. Mason, Preaching the Tradition, Cambridge 1990; H.-P. Mathys, Vom Anfang und vom Ende (BEAT 47) Frankfurt 2000; ders., Prophetie, Psalmengesang und Kultmusik in der Chronik, in: B. Huwyler u. a. (Hg.), Prophetie und Psalmen (AOAT 280) Münster 2001, 281–296; M. Noth, Überlieferungsgeschichtliche Studien, Darmstadt 1963; M. Oeming, Das wahre Israel. Die »genealogische Vorhalle« 1 Chronik 1–9 (BWANT 128) Stuttgart 1990; K. Peltonen, A Jigsaw without a Model? The Date of Chronicles, in: L. L. Grabbe (Hg.), Did Moses Speak Attic? (JSOT.S 317) Sheffield, 2001, 225–271; R. F. Person, The Deuteronomic History and the Book of Chronicles, Atlanta 2010; K. F. Pohlmann, Zur Frage von Korrespondenzen und Divergenzen zwischen den Chronikbüchern und dem Esra/Nehemia-Buch, in: J. A. Emerton (Hg.), Congress Volume Leuven 1989 (VT.S 43) Leiden 1991, 314–330; R. Rezetko u. a. (Hg.), Reflection and Refraction (VT.S 113) Leiden u. a. 2006; S. Royar, »Denn der HERR, euer Gott, ist gnädig und barmherzig…« Die Gebete in den Chronikbüchern, Münster 2004; W. M. Schniedewind, The Word of God in Transition (JSOT.S 197) Sheffield 1995; J. T. Sparks, The Chronicler's Genealogies, Atlanta 2008; G. Steins, Die Chronik als kanonisches Abschlußphänomen (BBB 93) Bodenheim 1995 *(Lit.!)*; ders., Torabindung und Kanonabschluß, in: E. Zenger (Hg.), Die Tora als Kanon für Juden und Christen (HBS 10) Freiburg 1996, 213–256; ders., Zur Datierung der Chronik: ZAW 109, 1997, 84–92; ders., 1 Chr 1–10 als Set up der Chronikbücher, in: K. Kiesow/T. Meurer (Hg.), Textarbeit (AOAT 294) Münster 2003, 483–504; ders., Chronistisches Geschichtsbild und »levitische Predigt«, in: E. Blum u. a. (Hg.), Das Alte Testament – ein Geschichtsbuch? (ATM 10) Münster 2005, 147–173; ders., Sinaibund und Wochenfest. Ein neuer Blick auf 2 Chronik 14–16, in: C. Dohmen/C. Frevel (Hg.), Für immer verbündet (SBS 211) Stuttgart 2007, 239–248; ders., Noch einmal von vorn ... Die Bücher der Chronik als Rezyklat, in: J. Negel/M. Gruber (Hg.), Figuren der Offenbarung (JThF 24) Münster 2012, 61–81; J. Tino, King and Temple in Chronicles (FRLANT 234), Göttingen 2010; J. P. Weinberg, The Citizen-Temple Community (JSOT.S 151) Sheffield 1992; ders., Der Chronist in seiner Mitwelt (BZAW 239) Berlin 1996; P. Welten, Geschichte und Geschichtsdarstellung in den Chronikbüchern (WMANT 42) Neukirchen-Vluyn 1973; ders., Lade – Tempel – Jerusalem. Zur Theologie der Chronikbücher, in: FS E. Würthwein, Göttingen 1979, 169–183; T. Willi, Die Chronik als Auslegung (FRLANT 106) Göttingen 1972; ders., Israel und die Völker. Studien zur Literatur und Geschichte Israels in der

Perserzeit (SBAB 55) Stuttgart 2012; H. G. M. Williamson, Israel in the Books of Chronicles, Cambridge 1977.

1. Aufbau

Nach einer literarisch ungewöhnlichen »Einleitung« in 1 Chr 1–10 (s. u.) erzählen die Bücher der Chronik die Geschichte der Könige David und Salomo und dann der Könige des Südreiches Judas bis zum Ende des Königtums mit dem babylonischen Exil. Die Darstellung lehnt sich zum Teil eng an 1 und 2 Sam und 1 und 2 Kön an, weicht aber nicht selten auch bemerkenswert davon ab. 2 Chr endet mit dem Edikt des Perserkönigs Kyrus, das den Wiederaufbau des Jerusalemer Tempels und den Anstoß zur Rückkehr aus dem Exil betrifft.

Der hebräische Titel *dibrē hajjāmīm* (»Begebenheiten der Tage«, »Zeitereignisse«) kennzeichnet das Werk als Geschichtserzählung. Die seit Luther übliche Bezeichnung »(Bücher der) Chronik« geht zurück auf Hieronymus, der den hebr. Titel mit »*chronikon* totius divinae historiae« (»Chronik der gesamten Heilsgeschichte«) umschreibt. Der/die unbekannte/n Verfasser werden modern meistens als der/die »Chronist/en« bezeichnet. Ein anderes Verständnis signalisiert die Bezeichnung des Buches in der LXX: *paraleipomena*, d. h. »Übergangenes« i. S. von »Nachgetragenes«; dieser vermeintliche Nachtragscharakter hat die Geringschätzung der Chronik vor allem in der christlichen Tradition lange maßgeblich mitbestimmt. Die Aufteilung auf zwei Bücher geht auf die LXX zurück und ist dann später auch in die hebr. Ausgaben eingedrungen (zur Stellung im Kanon s. u. 2.6).

Die in 1/2 Chr erzählte Zeit erstreckt sich »vom Anfang zum (Neu-)Anfang« (*S. Japhet*), d. h. vom Beginn der Menschheitsgeschichte (das erste Wort ist »Adam«) bis zur Ermöglichung des nachexilischen Neubeginns durch das Kyrus-Edikt. Der Aufbau orientiert sich an der Abfolge der judäischen Könige von David bis zum babylonischen Exil und folgt damit der Hauptvorlage in Sam/Kön.

Dieser »Königsgeschichte« ist ein längerer Abschnitt vorgeschaltet, der seit *Rothstein* gern als »genealogische Vorhalle« bezeichnet wird. Die Bestimmung des Endes dieser mit 1,1 beginnenden ersten größeren Texteinheit ist strittig. Gewöhnlich wird eine Zäsur zwischen den Kap. 9 und 10 angenommen; mit der Erzählung vom Ende Sauls (10,1–14) setze die eigentliche Geschichtserzählung ein. Es spricht jedoch einiges dafür, eine größere Zäsur erst *nach* Kap. 10 zu setzen: Einerseits ist die Saulerzählung 1 Chr 10 über die Wiederholung des Sauliden-Stammbaums aus 8,29–40 in 9,35–44 an die »Vorhalle« rückgebunden; der Einsatz in 10,1 entspricht zudem der Art, in der auch sonst historische Notizen in die Genealogien der »Vorhalle« eingefügt sind. Andererseits ist die Davidgeschichte als der nächste Hauptteil deutlich abgegrenzt durch die Rahmung des ersten Teils (Kap. 11f) in 1 Chr 11,1–3 und 12,39–41 und durch die Wiederaufnahme des Themas von 11,1–3 (Erhebung Davids zum König von *ganz* Israel) in der Zusammenfassung der gesamten Daviderzählung in 1 Chr 29,26–28.

Die »Vorhalle« spannt einen großen Bogen vom ersten Menschen, »Adam«, bis zur göttlichen Erwählung Davids (1 Chr 10,14). Innerhalb dieses Rahmens wird die Größe »Israel« unter den Gesichtspunkten von *Genealogie* (mittels Stammbäumen der verschiedensten Art), aber auch der *Geographie* (vgl. die Angaben der Siedlungsgebiete) und der *Geschichte* (vgl. die eingestreuten historischen Notizen) beschrieben. Das Thema »Israel« wird auch am Einsatz- und am Endpunkt der nachfolgenden Geschichte hervorgehoben (1 Chr 11,1: »*Ganz* Israel versammelte sich ...«; 2 Chr 36,23: »Wer unter euch zu seinem *ganzen* Volk gehört ...«).

Die Abgrenzung nach 1 Chr 10 ermöglicht eine neue Einteilung dieses ersten Buchteils. In der Regel gilt 1 Chr 2,3–9,1a als zusammengehöriger Abschnitt, da es hier um Israels Gliederung in 12 Stämme geht; die Kap. 9 und 10 wären dann Nachträge. Die Stämme werden jedoch in auffällig unterschiedlicher Ausführlichkeit vorgestellt; der Chronist setzt in 1 Chr 1–10 deutliche Schwerpunkte: Kap. 2–4 sind Juda gewidmet; in Kap. 5–7 nimmt Levi den größten Raum ein; Kap. 8–10 geht es vornehmlich um Benjamin, um die Einwohner Jerusalems und um König Saul, den bedeutendsten Benjaminiten. Daraus ergibt sich für 1 Chr 1–10 die Aufteilung in eine Hinführung in 1,1–2,2 (von Adam bis zu den 12 Söhnen Israels/Jakobs; der Fokus ist Israel, nicht die Menschheit allgemein!) und drei Hauptabschnitte: 2,3–4,43: *Juda* und Simeon – und David; 5,1–7,40: *Levi* und weitere Stämme; 8,1–10,14: *Benjamin*, Saul und Jerusalem. Jeder dieser drei Abschnitte ist konzentrisch aufgebaut: jeweils in der Mitte stehen *David* (3,1–24), *Levi* (5,27–6,66) und *Jerusalem* (9,1–34).

1 Chr 1–10: Israel und seine Institutionen
– »genealogische Vorhalle« –

1,1–2,2	von Adam bis zu den 12 Söhnen Israels/Jakobs (Abraham herausgehoben)		
	Israel als 12-Stämme-Volk		
2,3–4,43	2,3–55	die Söhne Judas	
		Zentrum: 3,1–24 David	
	4,1–33	die Söhne Judas	
		4,24–43 Simeon (vgl. 4,27.31)	
5,1–7,40	5,1–26	Ruben; Gad; Ost-Manasse	
		Zentrum: 5,27–6,66 Levi	
	5,27–41	Aaroniden	
		6,1–34	*Leviten (bes. Musiker)*
		6,35–38	Aaroniden
	7,1–40	Issacchar; Benjamin; Naftali; Manasse; Efraim; Ascher	
8,1–10,14	8,1–40	Benjamin (Saul)	
		Zentrum: 9,1–34 Jerusalemer z. Zt. Davids (bes. Torwächter)	
	9,35–44	Benjamin (Saul)	
		10,1–14 Tod Sauls u. Übergabe des Königtums auf David	

Kap. 1–10 lassen sich mit einem Historiengemälde vergleichen, das nicht vergangene Geschichte abbilden, sondern die eigene Gegenwart in ihrer geschichtlichen Tiefe erfassen will: Die tragenden Jerusalemer Institutionen der nachexilischen Zeit – der Tempel, das Kultpersonal, der Gottesdienst – sind tief in der Geschichte Israels verankert. Zwar existiert das Königtum zur Abfassungszeit des Chronisten nicht mehr, aber das wichtigste Vermächtnis des Königs David und seiner Nachfolger, der Tempel, wird nach dem Exil wieder errichtet: Hier wird die Macht des *göttlichen* Königtums über Israel erfahren (vgl. 1 Chr 16; 29,23; 2 Chr 13,8). Das nachexilische Juda steht theologisch in Kontinuität zum 12-Stämme-Volk Israel, ethnisch und geographisch aber basiert es in

nachexilischer Zeit auf den Stämmen Juda und Benjamin und deren Territorien (s. *Karte 9*). Die genealogische Einleitung führt nicht nur auf die Übergabe des Königtums durch Gott an David hin (1 Chr 10,14b); vielmehr ist David bereits im ganzen ersten Hauptteil der Chronik die Schlüsselgestalt: Nicht Ruben, sondern Juda führt ab 1 Chr 2,3 die Stämmelisten an (vgl. 5,1f); 4,31 nennt bereits Davids Erhebung zum Königtum (vgl. 7,2); nach 6,16 und 9,22 organisiert David die levitischen Dienste und 10,14 ist er das Gegenbild zum »treulosen« Saul.

Die Sonderstellung und die Bedeutung der Kapitel 1 Chr 1–10 werden noch dadurch unterstrichen, dass dieser erste Buchteil in 1 Chr 10 endet wie der Schluss von 2 Chr: mit der Notiz vom Untergang einer Dynastie und der Übergabe des göttlichen Königtums an einen neuen Herrscher (vgl. 2 Chr 36,23a). Es handelt sich also keineswegs um eine literarisch und theologisch weniger anspruchvolle »Vorhalle«.
Ab 1 Chr 11 folgen bis zum Ende in 2 Chr 36 die *Geschichten der Könige Judas*, die im narrativen Duktus durch die jeweiligen Abschlussnotizen voneinander getrennt, aber auch durch die Hinweise auf den Regierungsantritt des Nachfolgers miteinander verklammert sind. Abweichend von 1/2 Kön werden die Könige des Nordreiches nach der Reichsteilung unter Rehabeam (2 Chr 10,1–11,5) übergangen. Die chronistische Perspektive ist die der Zeit nach dem babylonischen Exil; er schreibt aus dem Blickwinkel der Provinz Jehûd, die für ihn in theologischer Kontinuität zum Königreich Juda steht.

1 Chr 11–2 Chr 36: Gottes Königtum in der Hand der Davididen
(vgl. 1 Chr 28,5 u. 2 Chr 13,8)

1 Chr 11–29	**König David, der Tempelgründer**
2 Chr 1–9	**König Salomo, der Tempelbauer**
2 Chr 10–36	**Die Könige Judas und der Tempel** *(Gesamtbeurteilung)*
2 Chr 10–12	Rehabeam (negativ)
2 Chr 13	Abija (positiv)
2 Chr 14–16	Asa (pos./neg.)
2 Chr 17–20	Joschafat (pos.)
2 Chr 21	Joram (neg.)
2 Chr 22–23	Ahasja u. Atalja (neg.)
2 Chr 24	Joasch (neg.)
2 Chr 25	Amazja (neg.)
2 Chr 26	Usija (neg.)
2 Chr 27	Jotam (pos.)
2 Chr 28	Ahas (neg.)
2 Chr 29–32	Hiskija (pos.)
2 Chr 33,1–20	Manasse (neg./pos.)
2 Chr 33,21–25	Amon (neg.)
2 Chr 34–35	Joschija (pos.)
2 Chr 36,1–21	Joahas, Jojakim, Jojachin, Zidkija, die letzten Könige Judas (neg.), und das Ende des Tempels – das Exil
2 Chr 36,22f	**Kyrus, der Perserkönig** Neuanfang: Wiederaufbau des Tempels und Rückkehr aus dem Exil

Die besondere Ausführlichkeit vor allem der David- aber auch der Salomogeschichte – ihnen ist fast die Hälfte des chronistischen Werkes gewidmet – zeigt, dass diesen Stiftergestalten eine große Bedeutung zukommt. Breiten Raum nimmt auch die Darstellung der (überwiegend) positiv beurteilten Könige Asa, Joschafat, Hiskija und Joschija ein.

1 Chr 11–29: Der Aufbau der Davidgeschichte
– das Zentrum von 1 und 2 Chr –

Teil I: 1 Chr 11,1–22,19 Davids Aktionen für den Tempelbau

11,1–12,41 Davidische Dynastie und Jerusalem
- 11,1–8 Inthronisation; Eroberung Jerusalem
- *11,9 Erfolg: Davids Macht*
- 11,10–12,41 Dokumentation: Unterstützung Davids

13,1–16,43 Ladeüberführung nach Jerusalem
- 13 Beginn der Ladeüberführung
- *14 Erfolg: Davids Ruhm*
- 15–16 Abschluss der Ladeüberführung

17,1–22,19 Projektierung des Tempelbaus
- 17 Entschluss zum Tempelbau
  Natanverheißung an David
- *18–20 militärische Erfolge / äußere Voraussetzungen*
  für den Tempelbau
- 21,1–22,16 Bestimmung des Tempelplatzes
  Natanverheißung durch David an Salomo
- 22,17–19 Resümee: Davids Herrschaft; Tempel als Haus für die Lade; Ruhe ringsum; Aufruf zur Hilfe beim Tempelbau Salomos (s. Kap. 28f)

Teil II: 1 Chr 23,1–29,25 Davids Verfügungen für den Tempelbau (»Testament«)

23,1 Davids hohes Alter; Inthronisation Salomos (»Überschrift«)

23,2–27,34 Israel im Dienst des Tempels und des Königs
- 23,2 Volksversammlung
- 23,3–26,32 Dokumentation: Kultpersonal
- 27 Dokumentation: Israel und der Königshof

28,1–29,20 Vorbereitung des Tempelbaus
- 28,1 Volksversammlung (Rekapitulation von 23,2)
- 28,2–21 Beauftragung Salomos und Übergabe der Tempelpläne
  Natanverheißung durch David vor dem Volk
- 29,1–20 Sammlung für den Tempelbau und Dankgebet

29,21–25 Inthronisation Salomos

Abschluss: 1 Chr 29,26–30 Davids hohes Alter; positive Gesamtbeurteilung Davids

Die Verbindung zwischen der David- und der Salomogeschichte (1 Chr 11–29 und 2 Chr 1–9) wird durch die Wiederaufnahme von 1 Chr 29,(23–)25 in 2 Chr 1,1 eigens betont: Die Geschichte des Tempel*gründers* David (vgl. das Leitwort »gründen« 1 Chr 22,3.5.14 u. ö. [EÜ übersetzt ungenau »bereitstellen«]) findet ihre Fortsetzung und Erfüllung in der des Tempel*bauers* Salomo (vgl. 1 Chr 22.28f). Übergreifende strukturelle Zusammenhänge zwischen den Königsgeschichten werden vor allem durch das Mittel der Parallelisierung oder der Kontrastierung geschaffen: Die guten Könige »wiederholen« die Taten Davids und Salomos, vor allem deren Einsatz für den Tempelbau und den Kult (vgl. 2 Chr 24; 29; 35), das Verhalten der schlechten steht dem diametral entgegen (vgl. 2 Chr 26; 28; 33).

Die *interne Gliederung der Königsgeschichten* in 1 Chr 11–2 Chr 36 erfolgt nach einem einheitlichen Konzept: *Gehorsam* gegenüber Gott bewirkt Erfolg und Anerkennung, *Ungehorsam* führt zu Misserfolg und Untergang.

Ein gutes Beispiel ist die Salomogeschichte 2 Chr 1–9. 2 Chr 1,1 und 9,29–31 bilden den Rahmen der Salomogeschichte. Sie setzt 1,2–6 ein mit einer kultischen Maßnahme, an die sich ein Bericht über Salomos Weisheit und Reichtum anschließt. In 1,18 ist die Bekanntgabe des Tempelbauvorhabens ein deutliches Struktursignal. Das korrespondierende Abschlusssignal liegt aber nicht in 8,16 vor, wie meistens angenommen wird, sondern bereits in 7,22. 8,1 markiert mit der Zeitangabe »nach zwanzig Jahren« einen deutlichen Einschnitt, auf den ein Abschnitt über Salomos erfolgreiche Regierung folgt. Die beiden Abschnitte 8,12–16 und 8,17–9,28 sind durch den gleichen Beginn aufeinander bezogen. 8,12–16 ist nicht die chronologische Fortsetzung von 8,1–11, da Salomo nicht erst zwanzig Jahre nach der Fertigstellung des Tempels für den Kult und das Personal gesorgt haben kann. Die Salomoerzählung wird also strukturiert durch die dreimalige Abfolge des Schemas »Hinwendung zu Gott in der Sorge für den Kult/Tempel – Erfolg in der Regierung«. Die vom Vergeltungsprinzip bestimmte Sicht auf die Geschichte führt auch dazu, dass alle negativen Züge aus dem David- und Salomoporträt entfernt werden; diese passen nicht zum unermüdlichen und vorbildlichen Engagement der beiden Herrscher für den Kult.

2 Chr 1–9: Aufbau der Salomoerzählung
nach dem Retributionsschema (3 x)

1,1	Positive Gesamtbeurteilung
1,2–6	Kultische Maßnahmen
1,7–17	*Erfolg: Weisheit und Reichtum*
1,18–7,22	Tempelbau
8,1–11	*Erfolg: Kriege und Baumaßnahmen*
8,12–16	Kultische Maßnahmen
8,17–9,28	*Erfolg: Weisheit und Reichtum*
9,29–31	Positive Abschlussnotiz

Dieses elementare Schema von »Segen und Fluch« oder »Tun und Ergehen« beruht auf der Geltung der Tora als Geschichtsprinzip; Inbegriff der Tora ist das vor allem kultisch interpretierte Hauptgebot der exklusiven JHWH-Verehrung. Das ist mehr als ein individualisierter Vergeltungsglaube, der oft als »starres Vergeltungsdogma des Chronisten« missverstanden und kritisiert wird. Es ist der Ausdruck eines Geschichtsdenkens, das Grundstrukturen des göttlichen Wirkens erkennen und deshalb typische Verhaltensmuster (im Guten wie im Schlechten) aufzeigen und vermitteln will. Dem Chronisten steht mit diesem Schwarz-Weiß-Schema ein Hilfsmittel für die Neufassung der in Sam/

Kön überlieferten Geschichtstraditionen und ihre Ausgestaltung für paradigmatisch-paränetische Zwecke zur Verfügung. In den einzelnen »Königsporträts« ist die Darstellung folgerichtig stark von bestimmten immer wiederkehrenden Schlüsselmotiven geprägt, die bei aller individuellen Ausformung dem chronistischen Geschichtsbild insgesamt einen schematischen Zug verleihen. Solche stets wiederkehrenden Motive, die den Erfolg eines Königs ausdrücken, sind: die Ruhe vor Feinden, militärischer Erfolg, Wohlstand und Bautätigkeiten; deren Gegenteil oder ihr Fehlen zeigt den Misserfolg eines Königs an. Ein Teil der Umstellungen, die der Chronist an den vorgegebenen Texten vornimmt, gehen darauf zurück, dass er das Segen-und-Fluch-Schema als in der überlieferten Geschichte wirksam erkennt und in der Erzählung klarer zur Geltung bringen will. Die Darstellung der einzelnen Könige orientiert sich also nicht vorrangig an der Chronologie ihres Wirkens, sondern am Retributionsprinzip, in dem die theologische Basis der Geschichte aufscheint (vgl. die Aufnahme von 2 Sam 5 in 1 Chr 14, also *nach* dem in 2 Sam 6 || 1 Chr 13 Erzählten). Der Kontrast zwischen Frömmigkeit und Abkehr von Gott und entsprechend zwischen Erfolg und Misserfolg kann den Aufbau eines Abschnitts strukturieren (z. B. bei Manasse, Rehabeam und Asa); das Schema drückt sich aber auch in der Abfolge zweier gegensätzlich beurteilter Herrscher aus (z. B. Saul und David; Ahas und Hiskija).

Die Manassegeschichte 2 Chr 33 ist zweigeteilt. Einer Epoche der Abwendung von Gott steht eine Epoche der Frömmigkeit gegenüber. Der in der Vorlage 2 Kön 21 äußerst negativ beurteilte König erscheint in einem anderen Licht, denn die mit 55 Jahren ungewöhnlich lange Regierungszeit Manasses, ein Zeichen des Segens, kann der Chronist nur mit einer Konversion (2 Chr 33,12f) erklären.

2 Chr 33,1–20: Aufbau der Manasseerzählung
nach dem Retributionsschema

33, 1	Antrittsnotiz: Regierungszeit von 55 Jahren
33,2–10	Kultisches Fehlverhalten (Tempelschändung)
33,11	*Krieg und Exilierung als Strafe*
33,12f	Hinwendung zu Gott – Erhörung und Rettung
33,14–17	*Baumaßnahmen, Militärorganisation, Kultreformen*
33,18–20	Abschlussnotiz: Rekapitulation der Bekehrung

Die chronistischen Königsgeschichten spielen also auf zwei Ebenen, auf einer stets wechselnden (individuellen) »Oberfläche« der Erzählung und in einer am Hauptgebot und dem Vergeltungsprinzip ausgerichteten »Tiefenschicht« theologischer Deutung.

2. Entstehung

2.1 Das Problem des »Chronistischen Geschichtswerkes«

Die in der modernen Forschung lange Zeit allgemein akzeptierte Auffassung, 1/2 Chr und Esra/Neh hätten ursprünglich *ein* zusammenhängendes Werk *eines* Autors, das sog. »Chronistische Geschichtswerk«, gebildet und seien erst im Zuge der Kanonisierung getrennt worden, ist seit einigen Jahrzehnten umstritten und wird in dieser starken Form nur noch selten vertreten. Das Problem besteht in der Erklärung der vielfältigen Übereinstimmungen und Ähnlichkeiten zwischen beiden Werken angesichts des unbestreitbaren Faktums ihrer getrennten Überlieferung, denn auch dort, wo Chr und Esra/Neh im Kanonteil »Schriften« zusammenstehen, folgt niemals Esra/Neh den Chronikbüchern, sondern geht diesen voraus. Mit unterschiedlichen methodischen Ansätzen wird eine Lösung des Problems versucht:

(1) Die *linguistische* Debatte (Untersuchungen zum Wortschatz, zur Formenbildung und zur Syntax) hat gezeigt, dass beide Werke der gleichen Epoche in der Entwicklung des Hebräischen angehören; die Frage der gleichen oder getrennten Verfasserschaft ist auf dieser Basis nicht eindeutig zu entscheiden (*S. Japhet, D. A. Talshir*).

(2) *Theologisch-konzeptionelle* Berührungen (Interesse an Leviten; Beschreibung des Kultes) *und* Differenzen (Rolle der davidischen Dynastie; Israel-Verständnis; Vergeltungsschema) zwischen 1/2 Chr und Esra/Neh lassen sich nicht mit der These *eines* zusammenhängenden Werkes vereinbaren.

(3) *Literarisch-strukturelle* Verbindungen und Ähnlichkeiten zwischen beiden Werken können die starke Behauptung einer ursprünglichen Einheit nicht tragen: Die »Überlappung« in 2 Chr 36,22f und Esra 1,1–3a (Kyrus-Edikt) lässt sich leicht erklären als Rückgriff der Chronik auf die Vorlage in Esra 1. *W. Johnstone* sieht darin keine bloße Doppelung, sondern eine Neuinterpretation des Ediktes durch Chr. Wenn Esra/Neh der Chr vorangeht, bilden die Edikte in Esra 1 und 2 Chr 36 eine Inklusion, »in der der realisierte Zionismus von Esra/Neh dem eschatologischen Zionismus der Chr gegenübergestellt wird«. Dass in beiden Werken Höhe- und Wendepunkte der Geschichte mit Festen verbunden sind (2 Chr 7.30.35; Esra 3.6; Neh 8), kann durch die Vorgaben in den Vorlagen und die identitätsstiftende Bedeutung dieser Feste erklärt werden. Für die konsequente (Neu-)Gestaltung der chronistischen Königsgeschichten nach dem Vergeltungsschema gibt es dagegen in Esra/Neh keine Entsprechung! Ebenso fehlt in Esra/Neh ein Pendant für die typisch chronistischen Ansprachen (1 Chr 13,2f; 22,6–16.17–19; 28,2–10 u. ö.) mit ihrer besonderen Anrede, den Wortspielen und der prophetischen Qualifizierung der Sprecher. Dem besonderen Gewicht der Reden in 1/2 Chr entspricht in Esra/Neh die Rolle der Dokumente an Wendepunkten der Erzählung (vgl. Esra 4; 6 und 7; Neh 8).

(4) Das → deuterokanonische Buch *3 Esra* geht mit 2 Chr 35f, Esra 1–10 und Neh 8 weitgehend parallel. Als Fragment eines größeren Werkes würde es einen ursprünglichen Zusammenhang von Chr mit der Esraerzählung belegen (*K. F. Pohlmann*). Literarische Eigenart und Intention von 3 Esra sind jedoch so wenig geklärt, dass aus 3 Esra in der Debatte um das »Chronistische Geschichtswerk« kein Argument zu gewinnen ist. Es scheint sich eher um eine Kompilation aus 1/2 Chr und Esra/Neh zu handeln, in der die Geschichte vom Ende Judas und des Tempels durch den Ungehorsam des Volkes (vgl. 3 Esra 1,22) bis zur Wiederherstellung des Tempels und der Anerkennung der Tora erzählt wird (s. u. D.IX.).

Die neuere Forschung neigt mehrheitlich dazu, das unstrittige Zeugnis der getrennten Überlieferung von Chr und Esra/Neh zum Ausgangspunkt zu nehmen und die Gemeinsamkeiten mit offeneren Modellen als dem eines ursprünglich zusammenhängenden Werkes zu erklären, entweder durch die Annahme zweier Werke eines Autors oder eines Verfasserkreises oder durch literarische Abhängigkeiten (Esra/Neh als Quelle für Chr) und nachträgliche redaktionelle Angleichungen (s. u. 2.4).

2.2 Die Textgestalt der Sam/Kön-Vorlagen

Als Hauptvorlage der Chr diente eine Textfassung von Sam/Kön, die von der masoretischen Überlieferung abweicht und der in Qumran belegten Texttradition (4QSam[a]) nahe steht; auf diese Fassung geht auch die LXX-Fassung von Chr zurück. Die Kön-Vorlage des Chronisten weicht jedoch offensichtlich nicht so stark vom masoretischen Text von Kön ab wie die Sam-Vorlage. Beim synoptischen Vergleich ist also unbedingt zu beachten, dass nicht jede Abweichung der Chr von Sam/Kön auf eine *bewusste und bedeutsame* Änderung durch den Chronisten zurückgeht und tendenzkritisch ausgewertet werden kann.

2.3 Benutzung außerbiblischer Quellen

Für das chronistische Eigengut ist immer wieder die Benutzung außerbiblischer Quellen postuliert worden. Zwei Probleme müssen in diesem Zusammenhang sorgfältig unterschieden werden: einerseits die Frage der *Verarbeitung außerbiblischer Texte* und andererseits die Bedeutung der zahlreichen ausdrücklichen *»Quellenangaben«* in der Chronik.

Die Einsicht, dass auch die historischen Nachrichten z. B. über die Bautätigkeit, die Heeresverfassung und die Feldzüge, die oft als authentische Sonderüberlieferungen betrachtet werden, größtenteils auf den Chronisten zurückgehen (*P. Welten*), mahnt zur Vorsicht bei der Annahme außerbiblischer Quellen. Wird von vorneherein die schriftstellerische Eigenleistung des Chronisten geringer eingestuft, steigt die Neigung, das Maß der Quellenverwertung höher anzusetzen. Vieles bleibt notgedrungen hypothetisch, solange Vergleichsmaterial nicht zur Verfügung steht. Für den Tempelbaubericht 2 Chr 3 lässt sich z. B. über den Vergleich mit der Tempelrolle (11QT 5–7) mit einiger Sicherheit postulieren, dass der Chronist neben 1 Kön 6–8 auch einen Text benutzt hat, der mit der Tempelrolle verwandt ist (*G. Steins*).

Die Chronik nennt mehrfach ausdrücklich Quellen für die Geschichte der Könige Israels und Judas (z. B. 2 Chr 16,11; 25,26 u. ö.) und von Propheten verfasste Quellen (z. B. 2 Chr 26,22 u. ö.); einige der prophetischen Schriften werden als Teilsammlungen der Königsgeschichten vorgestellt (vgl. 2 Chr 24,27). Entscheidend für die Beurteilung dieser Quellenangaben ist die Einsicht, dass sie mit den entsprechenden Angaben in 1/2 Kön parallel gehen; nur in 1 Chr 29,29 wird eine Angabe der Vollständigkeit halber ergänzt. Die Erwähnung von Quellen ist folglich im Rahmen des interpretierenden Umgangs des Chronisten mit seinen biblischen Vorlagen zu sehen; es handelt sich nicht um Hinweise auf unbekannte außerbiblische Quellen (*M. Noth*, *T. Willi*). Der Erwähnung prophetischer Schriften liegt die Ansicht zugrunde, dass die Propheten die berufenen »Chronisten« ihrer Zeit waren (vgl. die spätere kanonische Bezeichnung der

»Geschichtsbücher« Jos–2 Kön als »Vordere/Frühere *Propheten*«).

2.4 Entstehungsgeschichte

In der neueren Forschung wird häufig die Einheitlichkeit des Werkes betont, in dem jedoch reichlich Quellen verarbeitet worden sind (*S. L. McKenzie*); mit nur wenigen Zusätzen rechnen *P. B. Dirksen* und *R. W. Klein* und *G. N. Knoppers*. Entstehungsmodelle, die einen längeren Prozess der Entstehung vermuten, sind entweder redaktionsgeschichtlich oder literatursoziologisch orientiert.

2.41 Redaktionsgeschichtliche Ansätze

Die Grundmodelle (vgl. die Basismodelle der klassischen Pentateuchforschung C.II.2.) sind bereits Mitte des 20. Jahrhunderts ausformuliert worden und wurden seitdem vielfach rezipiert sowie gelegentlich variiert:

Im *Blockmodell* von *F. M. Cross*, der die These eines Chronistischen Geschichtswerkes noch unbefragt voraussetzt, werden drei Stufen unterschieden: Chr_1 umfasst 1 Chr 10–2 Chr 34 + die Vorlage von 3 Esra 1,1–5,65 (= 2 Chr 34,1–Esra 3,13) und ist als prodavidische Legitimationsschrift vor 520 v. Chr. anzusetzen. Chr_2 fügt die Esra-Erzählung in der älteren Fassung an (einschließlich Neh 8), außerdem den aramäischen Textblock Esra 5,1–6,19 und die Erzählung über Serrubabel (3 Esra 3,1–5,6); diese Bearbeitung erfolgt nach der Mission Esras (nach 458 v. Chr.) und ist ebenfalls messianisch-monarchisch orientiert. Von Chr_3 werden 1 Chr 1–9 und die Nehemia-Memoiren hinzugefügt, monarchische Texte wie 3 Esra 3,1–5,6 werden aus dem kanonischen Werk eliminiert; diese um 400 v. Chr. anzusetzende Bearbeitung verfolgt klerikale Interessen.

Ein *Schichtenmodell* wird in verschiedenen Varianten vertreten: *K. Galling* unterscheidet eine Erstausgabe des chronistischen Werkes um 300 v. Chr von einer um 200 v. Chr. erweiterten Neuauflage, die sich aber theologisch-konzeptionell eng berühren. Der Bearbeiter trägt v. a. Nachrichten über die Organisation des Kultes, über einzelne Unternehmungen der Könige und zahlreiche Ansprachen nach und nimmt die Nehemia-Memoiren in das Gesamtwerk auf. *H. G. M. Williamson* rechnet demgegenüber mit einer um 350 v. Chr. entstandenen Grundschicht und geringeren Ergänzungen in pro-priesterlicher Absicht (1 Chr 15,4.11.14.24; 23–27 passim; 29,20) Ende des 4. Jh.s v. Chr.

M. Noth und *W. Rudolph* vertreten ein *Ergänzungsmodell*; durch die Subtraktion von punktuellen Zusätzen, v. a. aber ausführlicher Nachträge in 1 Chr 1–9 und des Gesamtkomplexes 1 Chr 23–27 lässt sich ein ursprüngliches Werk aus spätpersisch-frühhellenistischer Zeit rekonstruieren. Die Ergänzungen, die bis in die Makkabäerzeit hinunterreichen, lassen sich nicht einer einheitlichen Schicht zuweisen. *T. Willi* rechnet in Fortführung dieses Ansatzes mit einer Vielzahl von punktuellen Ergänzungen, die alle eine kultische Prägung besitzen und sich von der Intention der Grundschicht als einer Davididengeschichte abheben. *R. G. Kratz* variiert das *Noth*-Modell: Eine auf Auszügen aus der judäischen Königsgeschichte 2 Sam–2 Kön basierende Grundschrift (mit einer Liste der 12 Söhne Israels und einer Davidgenealogie als Einleitung) wird nach und nach durch Rückgriff auf diese Vorlage und durch Sondergut ergänzt. »Die Entstehung der Chronik erweist sich so als ein lang anhaltender Prozess, der immer Auslegung der biblischen Vorlage und zugleich Selbstauslegung der Chronik ist«. In den Nachträgen verselbständigen sich nach *Kratz* gewissermaßen die Maßstäbe der Grundschrift, das Königtum der Davididen und die Tora, denen eine immer größere Bedeutung zugewiesen wird. »Die Chronik bewegt sich damit literatur- und theologiegeschichtlich auf die beiden Makkabäerbücher zu«. (*Kratz*, Komposition 51f). Besonders die englischsprachige Forschung weist auf die Problematik so stark differenzierender Redaktionsmodelle hin: »Mit solchen operativen Eingriffen werden nur selbst gefertigte Quellen rekonstruiert und interpretiert, die wenig mit der Leistung des Chronisten zu tun haben« (*Klein*, 1 Chronicles 11).

2.42 Literatursoziologischer Ansatz

Die Zurückführung auf einen über längere Zeit tätigen Verfasserkreis (»Schule«) kann die Schwierigkeiten einer literar- und redaktionskritischen Rekonstruktion der offensichtlich nicht leicht zu erhellenden Entstehungsgeschichte überwinden. Sowohl die engen thematischen Beziehungen zwischen der Grundschicht und den Erweiterungen (auch die an den Davididen orientierte Grundschicht ist bereits völlig auf den Kult als Ort der Bewährung am Hauptgebot ausgerichtet) als auch der z. T. umfangreiche Bearbeitungsvorgang lassen sich im Rahmen der Schulhypothese leichter erklären (*M. Oeming*).

M. Noth hat an einigen Stellen umfangreiche Weiterentwicklungen des Textes beobachtet und als literarische Zusätze abgetrennt; er bezeichnet diese Art des exkursartigen Textwachstums als »wilde Wucherung«. Sieht man von der negativen Bewertung dieser Erscheinungen ab, lässt sich seine Beobachtung aufnehmen und fortführen. Noths Einsicht in den Wachstumsprozess weist eigentlich über das auch von ihm selbst vertretene Ergänzungsmodell und über die vorhandenen Schichtenmodelle hinaus: Die starken Ausdifferenzierungen, die man diachron möglicherweise als Bearbeitungen deuten könnte, setzen schwerpunktmäßig zum einen bei den Vorbereitungen Davids zum Tempelbau an, zum anderen bei den großen Liturgien (Überführung der Lade 1 Chr 15f; Tempelweihe 2 Chr 5–7; Feste unter Hiskija 2 Chr 29–32 und Joschija 2 Chr 34f). Sie kreisen zwar wie die Grundschicht um das Thema Kult, der Akzent verlagert sich aber im Laufe der Textentwicklung: Geht es zunächst um die Demonstration der Vergeltungstheologie am Beispiel der Könige (s. o. 1.), so tritt immer mehr die Ordnung des Kultpersonals, die Betonung der Rolle der Gemeinde und die Behandlung kulttechnischer Einzelfragen in den Vordergrund. Die Erweiterung im Stile thematischer Fortführungen und Anreicherungen lässt sich am besten verstehen als *literarischer Prozess*, d. h. als sich über einen nicht zu langen Zeitraum (anders *Kratz*) erstreckender zusammenhängender Vorgang der Textgestaltung in einem schriftgelehrten Milieu.

Nach *G. Steins* bestehen Querbezüge zwischen den Erweiterungen an den verschiedenen Stellen, so dass Ebenen im Bearbeitungsprozess erkennbar werden: Der *erste* Bearbeitungsschub zeigt besonderes Interesse am levitischen Kultpersonal; stehen zunächst die gewöhnlichen Leviten im Vordergrund (1 Chr *23f.26*; 2 Chr 8,14f*; 35,2f.6.8–10.14b), so verschiebt sich im Laufe der Entwicklung der Schwerpunkt auf die Musiker und ihre Einteilung in Klassen (1 Chr 6,16–32; *15f; 25; 2 Chr 5,12), dann zu den speziellen Gruppen der Musiker und Torwächter, die Leitungsfunktionen ausüben (1 Chr 9,17b–33; 15,18*.19–23.27a.28*; 16,38.42; *23–26; 2 Chr 7,6; 20,19; 23,18*.19; 29,12–15.25–28.30; 30,31b; 31,13–19; 34,12*.13; 35,15). Das dominierende Thema der *zweiten* Bearbeitungsebene bilden die Aufgaben und Leistungen der »Gemeinde« (Leitwort *qāhāl*) und ihrer Oberen, v. a. das Zusammenwirken mit dem König bei der Errichtung und beim Unterhalt des Tempels (1 Chr 28,12–19.21a; 29,1–20.21f*; 2 Chr 29,21a.23f.31–34a.35b; 30,1b–5a.13b.15–17.23–25; 35,17); diese Ebene gleicht die Hiskija- und Joschijageschichte aneinander an (vgl. 2 Chr 30 und 35). *Spätere* punktuelle Ergänzungen präzisieren kultrechtliche Einzelfragen im Sinne der Tora (1 Chr 28,17a; 29,21*; 2 Chr *2–5; 13,10f*; 26,16*.19*; 29,7*.11*.18*.21*.35a; 30,13*; 31,2f*); zu den spätesten Fortschreibungen gehört auch 1 Chr 27. Zu beachten bleibt der hypothetische Charakter dieser Differenzierungen; es fehlen zeitgeschichtliche Bezüge oder andere Anhaltspunkte für eine Überprüfung. Wegen der thematischen Zusammenhänge zwischen den Ebenen ist eher mit *einem* komplexen Vorgang der Textproduktion als mit einer gestaffelten und zeitlich lang gestreckten Entstehung zu rechnen.

Das prozesshafte Verständnis der Entstehung von 1/2 Chr ermöglicht eine genauere Bestimmung des *Verhältnisses zu Esra/Neh*: Die älteste Textstufe von 1/2 Chr setzt bereits ein Esra/Neh-Buch voraus und benutzt es als Vorlage (z. B. 1 Chr 9 und Neh 11; 2 Chr 36,22f und Esra 1,1–4). Esra/Neh ist insofern für den Chronisten *eine* Quelle neben vielen anderen, auf die er gelegentlich zurückgreift, wie z. B. auf Gen und Jos. Zahlreiche weitere Parallelen zwischen beiden Werken sind darauf zurückzuführen, dass in Esra/Neh (v. a. in Esra 3.6.8 und Neh 10–13) sehr späte Einträge erfolgt sind, die mit der Entstehung von 1/2 Chr zusammenhängen; die Erweiterungen berühren ausschließlich kultische Belange wie das Kultpersonal, die Opferpraxis und die Feste (s. u. D.IX.). Mit diesen Bearbeitungen entsteht aber kein literarischer Zusammenhang, der die moderne These eines Chronistischen Geschichtswerkes stützen könnte, denn die inhaltlichen Differenzen sind zu groß, und in der gesamten Textüberlieferung begegnen 1/2 Chr und Esra/Neh immer als zwei getrennte Werke.

2.5 Literarische Eigenart

Die Chronik ist nicht nur Auslegung von Sam/Kön, sondern ein eigenständiges Werk. Die älteren biblischen Bücher (neben Sam/Kön besonders Gen, Lev und Num, zudem Esra/Neh und nicht zuletzt die Psalmen) dienen neben außerbiblischen Texten als Quelle. Zugleich setzt die Chronik auch bei den Rezipientinnen und Rezipienten eine große Vertrautheit mit den älteren biblischen Büchern voraus. Vieles, wie die äußerst verknappte Darstellung in den Genealogien Chr 1–9 und zahlreiche Anspielungen wären ohne diese Kenntnisse gar nicht verständlich; 1 Chr 1,27 spielt z. B. auf die Umbenennung Abrahams und damit die ganze Abrahamgeschichte der Gen an. In diesem Sinne ist die Chronik »*rewritten bible*« oder »*rewritten scripture*«, eine »*Nach- oder Neuschrift*« älterer Bücher. Man könnte sie auch als »Rezyklat« (*G. Steins*) charakterisieren. Die Chr als konkurrierendes Geschichtswerk zu der Königsgeschichte in Sam/Kön zu beschreiben, verfehlt den entscheidenden Punkt: Die Chronikbücher können nicht zugleich die ältere Geschichtsdarstellung von Gen bis 2 Kön auf Schritt und Tritt voraussetzen und diese verdrängen und ersetzen wollen. Daher lässt sich die Chr am besten im weitesten Sinne als → *Midrasch*, als »Studie« der geschichtlichen und kanonisierten Überlieferung Israels mit einem klaren theologischen und didaktischen Gegenwartsinteresse an Tora und Tempel (dem geistigen und dem sichtbaren Zentrum des nachexilischen Judentums) und unübersehbar intertextuellem Profil begreifen (vgl. das Folgende und 3.). Demnach kann man die Gattung der Chr nur im weitesten Sinne als Geschichtsschreibung, näherhin als »eine theologische Neufassung der biblischen Geschichte zum Zwecke der Unterweisung« (*S. L. McKenzie*, 1–2 Chronicles 34) bezeichnen.

2.6 Geschichtlicher Kontext

Die Verfasser der Chronik sind im klerikal-schriftgelehrten Milieu des Jerusalemer Tempels (aufgrund des großen Interesses an den Belangen der Leviten wohl in deren Kreisen) beheimatet; die Chronik ist »Literatur von Schriftgelehrten für Schriftgelehrte« (*M. Oeming*); zur anfänglichen Bindung der Schriftgelehrsamkeit (Pflege der Textüberlieferung und Auslegung) an das levitische und priesterliche Tempelpersonal vgl. Dtn 33,10; Esra 7,1–11; Neh 8,1–12.

Da explizite zeitgeschichtliche Hinweise fehlen, ist eine genaue Bestimmung der Entstehungszeit von 1/2 Chr schwierig; die Diskussion ist offen, die Argumente wiederholen sich (vgl. *K. Peltonen, I. Kalimi, R. W. Klein*). Die Datierungsvorschläge reichen vom ausgehenden 6. Jh. bis zur ersten Hälfte des 2. Jh.s v. Chr. Unter dem Einfluss der These eines »Chronistischen Geschichtswerkes« bot sich eine Datierung in die spätpersische Zeit an; auch wenn die Beziehungen von Chr und Esra/Neh jetzt differenzierter beurteilt werden, favorisieren viele eine Ansetzung der Chr in dieser Epoche (4. Jh.; vgl. *T. Willi* und *S. Japhet*, die allerdings auf das Fehlen typisch persischen Vokabulars und entsprechender Vorstellungen hinweist). Auch eine frühhellenistische Datierung findet Befürworter (*H.-P. Mathys*), ebenso die Zeit der beginnenden Auseinandersetzung zwischen Ptolemäern und Seleukiden im frühen 3. Jh. (*P. Welten*). Sir 47,8–10 und der griech.-jüd. Historiker Eupolemos (beide 1. Hälfte 2. Jh.s v. Chr.) setzen die Chronik keineswegs (wie oft behauptet) zwingend voraus, so dass auch eine Entstehung im 2. Jh. nicht von vornherein ausgeschlossen ist. Das Fragment 4Q118 (= 4QChr) trägt wegen des sehr schlechten Erhaltungszustands für die Datierungsdiskussion nichts aus. Die Untersuchung der siedlungsgeographischen Notizen in 1 Chr 2–9 führt *I. Finkelstein* zu einer Datierung in die Hasmonäerzeit (2. Jh. v. Chr.).

Bereits *M. Noth* hatte eine so späte Ansetzung der Chronik für möglich gehalten (»bis die Entstehung des alttestamentlichen Kanon ein Halt gebietet«); über die Frage nach der Entwicklung des hebräischen Bibelkanons lassen sich in der Tat wichtige neue Anhaltspunkte für die Datierung gewinnen (*G. Steins*). Die Bücher der Chronik spielen eine Sonderrolle unter den Büchern des dritten Kanonteils, den »Schriften«: Sie stehen *erstens* nach der ältesten Tradition über die Anordnung der Bücher exponiert am Schluss des dritten Kanonteils (vgl. bBB 14b: die Rabbinen scheinen die Chr als Summe der ganzen Schrift angesehen zu haben). Möglicherweise setzen bereits die Evangelien eine Endstellung der Chr voraus, denn Mt 23,35||Lk 11,51 stellen dem ersten in der Bibel berichteten Mord, dem an Abel, den letzten, in 2 Chr 24,21f berichteten an Secharja gegenüber. *Zweitens* führt die Chr als Nachschrift der gesamten heiligen Geschichte des Gottesvolkes vom Anfang der Menschheit (»Adam«) bis zum Ende des babylonischen Exils (»Kyrus-Edikt«) die vorangehenden Kanonteile »Tora« und »Propheten« zusammen. Berücksichtigt man außerdem noch die Bezüge auf Esra/Neh und die Ps (vgl. die späte Psalmencollage 1 Chr 16 und die Auslegung der Psalmenüberschriften in den Gliederungen der chronistischen Musikerklassen; dazu *G. Steins*), die Reorganisation des Überlieferungsstoffes mit Hilfe elementarer theologischer Konzepte (s. o. 1.) und das starke prophetische Profil des Werkes (die Berufung auf prophetische Schriften, s. o. 2.3; die Bedeutung der prophetisch inspirierter Reden), wird die hohe Integrationsleistung der Chronik deutlich. In der Chr wird ein kanonisches Bewusstsein, die Orientierung an der älteren biblischen Literatur als Grundlage und Bezugsrahmen eines »eigenen« theologischen Programms greifbar.

Vielleicht kann man sogar noch einen Schritt weitergehen und annehmen, die Chronik sei eigens dazu verfasst worden, im Rahmen der frühmakkabäischen Restauration den Kanon der hebräischen Bibel abzuschließen, damit dieser als Grundlage der Erneuerung jüdischen Glaubens nach der Gefährdung des Judentums durch eine aggressive Hellenisierung dienen kann. Auch dafür gibt es starke Anhaltspunkte, auch wenn solche Datierungsüberlegungen angesichts des Fehlens klarer zeitgeschichtlicher Anspielungen notgedrungen hypothetisch bleiben: Die Kriegserzählungen (2 Chr 13; 14; 20) reflektieren die Größe der Erschütterung, die Reformberichte (2 Chr 14f; 24; 29–31; 34f) zeigen die Notwendigkeit der grundlegenden Erneuerung auf und entfalten den Gedanken, dass nur durch die Entfernung aller Manifestationen fremder Kulte und die unbedingte Beachtung des Hauptgebotes der Alleinverehrung JHWHs die Identität Israels bewahrt werden kann. Der das gesamte Werk prägende ständige Rückbezug auf die älteren biblischen Bücher und der offenkundige Ausfall hellenistischer Einflüsse könnten programmatischen Charakter besitzen: Nur in der kompromisslosen Rückbesinnung auf die *eigene* Tradition gibt es eine Zukunft für Israel. Es ist anzunehmen, dass der in der makkabäischen Restauration in einer jüdischen Gruppierung/Strömung sich herausbildende Kanon nicht sogleich allgemein rezipiert wurde; erst nach der Zerstörung des Tempels 70 n. Chr. setzt sich die wahrscheinlich schon Mitte des 2. Jh.s v. Chr. entstandene Form des »Tora – Propheten« + »Schriften« umfassenden Kanons (vgl. SirProlog) im Judentum durch.

Gegenüber dem Norden nimmt Chr eine offene Haltung ein; sie hält fest am 12-Stämme-Ideal, auch wenn die gesamtisraelitische Perspektive auf Jerusalem zentriert ist (2 Chr 30). Nicht die Frontstellung gegenüber den Samariern, sondern die grundsätzliche Gefahr, dass der Einfluss des Hellenismus übermächtig würde, lässt sich als zeitgeschichtlicher Hintergrund annehmen.

Inwiefern der Chronist Verhältnisse der Königszeit getreu schildert oder Zustände seiner Gegenwart auf die Vergangenheit projiziert, ist vielfach schwer zu entscheiden. Gerade in der besonders ausführlich dargestellten Kultordnung spiegeln sich vor allem, aber vermutlich nicht ausschließlich die Verhältnisse zur Zeit des Chronisten. Viele Details sind als historische Fiktionen zu beurteilen, die ein Bild der davidischen Zeit vermitteln sollen und durch einen schriftgelehrten Umgang mit den Vorgaben der älteren Bücher gewonnen werden. So ist z. B. die Darstellung der Zusammensetzung und Einteilung der levitischen Musiker in »Klassen« gemäß den »Musikhäuptern« Asaf, Heman und Etan (= Jedutun) aus älteren Einteilungen der Leviten (Num 3f u. a.) *und* aus den bereits späten Psalmenüberschriften durch kreative Auslegung gewonnen (*G. Steins*). Auch daher empfiehlt es sich nicht, die Chr vor dem 3. Jh. zu datieren.

3. Theologie

3.1 Grundlegende Aspekte

Die chronistische Theologie ist *schriftgelehrte Theologie* im Horizont eines bereits weit vorangeschrittenen kanonischen Prozesses. Sie entfaltet sich im intensiven Bezug auf das Korpus vorgegebener biblischer und anderer Texte, die auch den Rezipierenden (bis in den Wortlaut hinein) bekannt sein müssen, damit Anspielungen oder gerafft Dargestelltes verstanden werden kann. Selbstverständlich setzt die Chronik die pentateuchischen Ursprungstraditionen als bleibend gültig voraus, auch wenn diese nicht noch einmal erzählt werden (vgl. aber das chr Sondergut in 2 Chr 20,10); sonst wäre die ständige explizite und implizite Bezugnahme auf die Tora (Gottes Weisung vom Sinai, vermittelt durch Mose, vgl. 2 Chr 8,13 u. ö.) unverständlich. Die narrative Form der Darstellung ist durch den kanonischen Großentwurf Gen–2 Kön, der den Bogen vom Beginn der Menschheit bis zum Exil spannt, vorgegeben; wie im Pentateuch sind umfangreiche Genealogien, Kultordnungen, Reden und Gebete in den Geschehensablauf eingebettet. Die älteren Überlieferungen sind in der Zeit des Chronisten bereits »kanonisch« geworden, das heißt »maßgeblich, grundlegend und beispielgebend« (*S. L. McKenzie*, 1–2 Chronicles 34). So liefert etwa die Erzählung vom Bau des Sinaiheiligtums die konzeptionelle Grundlage für die Stiftung des Jerusalemer Tempels und die erzählerische Ausgestaltung (1 Chr 29,11–19, vgl. Ex 25,8f).

Eine das paränetische Interesse unterstreichende, systematisierende Gesamttendenz der Chr zeigt sich darin, dass theologische Basiseinsichten kurzformelartig wiederholt werden: Es gilt der die gesamte Darstellung prägende und in den Ansprachen immer wieder neu explizierte *Geschichts- und Glaubensgrundsatz*, dass die Ausrichtung an der Tora, besonders am Hauptgebot, über das Glücken oder Scheitern des Einzelnen und der Gemeinschaft entscheidet (1 Chr 28,9; 2 Chr 7,13–16; 15,2; vgl. Jer 29,12–14 und 2 Chr 20,20; vgl. Jes 7,9 u. ö.). »Gott suchen«, »sich demütigen«, »das Gute, das Rechte und das Wahre tun vor Gott« und Gegenbegriffe wie »Untreue üben«, »JHWH verlassen«, »das Wort JHWHs nicht beachten« durchziehen als Leitworte die gesamte Darstellung. Die Geschichten der Könige exemplifizieren diese Basisstruktur; sie bestimmt auch das spezifisch chronistische Bundesverständnis (2 Chr 15,11–15; 23,16; 29,10; 34,29–33). Im Anschluss an *W. Johnstone* hat *J. W. Kleinig* den spezifisch sakralrechtlichen Referenzrahmen dieser chronistischen Vergeltungslehre herausgestellt: »Was gewöhnlich als Vergeltung eingestuft wird, lässt sich treffender sakralrechtlich verstehen im Rahmen der chronistischen *Theologie der Heiligkeit*. Respekt vor den heiligen Dingen im Kult und dem heiligen Wort Gottes, vermittelt durch Mose und die Propheten, bringt Segen und Wohlergehen mit sich, während eine sakrilegische Missachtung Zorn und Untergang nach sich zieht. Das ist so, weil Gottes Heiligkeit niemals neutral ist, sondern immer positive oder negative Konsequenzen für diejenigen zeitigt, die damit in Berührung kommen. ›Vergeltung‹ beruht also nicht auf der Durchbrechung einer moralischen Ordnung, sondern der Verletzung der von Gott eingerichteten *sakralen Ordnung*. Sie hängt eher von Gottes Heiligkeit in Israel ab als von seiner universalen Gerechtigkeit« (Recent Research 62f). Die Chronik bietet daher keine Geschichtsschreibung als Information über vergangene Geschehnisse, sondern eine theologische Reflexion über die grundlegenden Aspekte des Gottesglaubens in Israel.

3.2 Königtum und Tempel

Die Davididen sind erwählt zu Herrschern über Israel *auf dem Thron JHWHs* (vgl. 1 Chr 17,14; 28,5; 29,23; 2 Chr 9,8; 13,8). Diese streng *theologische* Neuausrichtung der Natanverheißung (2 Sam 7) ermöglicht ein neues Verständnis des Ewigkeitsaspektes der Verheißung: den Königen, schließlich sogar dem Perser Kyrus, wird *das Königtum JHWHs* verliehen. Bleibender Ort der Gegenwart dieses Gottes ist der Tempel in Jerusalem. Schon der Exodus zielt auf die Errichtung des Tempels, die durch die doppelte Erwählung, die der Davididen und die der Stadt Jerusalem, vorbereitet wird (2 Chr 6,5–11). Alles ist auf den Tempelbau, den Salomo schließlich ausführen wird, ausgerichtet. Die Etappen auf dem Weg zur Vorbereitung des salomonischen Tempelbaus bilden die Glieder einer konsequent entfalteten Geschehenskette (1 Chr 11–29):

(1) die Inthronisation Davids
(2) die Eroberung Jerusalems
(3) die Ladeüberführung
(4) der Entschluss zum Tempelbau
(5) die Bestimmung des Tempelbauers Salomo
(6) die Schaffung der außenpolitischen Rahmenbedingungen
(7) die Destination des Tempelplatzes
(8) die Bereitstellung von Materialien
(9) die Übergabe der Baupläne
(10) die Bereitstellung von Tempelpersonal
(11) die Unterstützung durch die Notabeln und das Volk
(12) die Inthronisation des Tempelbauers Salomo

Die gesamte Königsgeschichte wird aus der Perspektive des Tempels entworfen. Ein weitergehendes eigenständiges Interesse am Königtum, vor allem die zeitgeschichtlich relevante Frage der Wiederherstellung der davidischen Monarchie und der Eigenstaatlichkeit tritt dahinter zurück. Der *Tempel* bildet das Gravitationszentrum der chronistischen Darstellung und Theologie. »Das, was ... der Tempel darstellt, kann nicht anders ausgesagt werden als in der Wiederholung der alten Erzählungen, die dem Chronisten überliefert sind ...« (*P. Welten,* Lade). Der Tempel steht in Kontinuität zu dem von Gott gestifteten »Urheiligtum«, dem am Sinai unter Mose errichteten Begegnungszelt (Ex 25ff; vgl. 1 Chr 16,37–42; 21,28f; 2 Chr 1,3–6; 5,2–14), und vermittelt die gnädige Gegenwart Gottes, seine Präsenz in Gestalt der »Herrlichkeit« (2 Chr 7,1–3; ferner 2 Chr 6; 30,8f). Die Errichtung des Tempels leitet eine neue Phase im Verhältnis

Gottes zu Israel ein. Der Kult gewährt dem Volk die beständige Möglichkeit der Vergebung (2 Chr 7,13–16 [chron. Sondergut]). »Die göttliche Vergeltung ist daher weder unvermeidlich noch absolut; sie wird gemäßigt durch das Wirken der göttlichen Gnade im Opferkult am Tempel für diejenigen, die Reue zeigen und Vergebung suchen« (*J. W. Kleinig*).

3.3 Ansätze einer Theorie der Toraauslegung

Die für den Tempel uneingeschränkt gültige Kultordnung der Tora (vgl. die häufigen Bezüge auf die Tora, z. B. 1 Chr 15,13; 22,12f; 2 Chr 30,16; 33,8; 35,13) wird durch David, den »Gottesmann« und »neuen Mose«, im Hinblick auf den neu zu errichtenden Dienst der Leviten als Musiker fortgeschrieben; mit dem Wegfall des Trägerdienstes der Lade nach deren endgültiger Deponierung im Jerusalemer Tempel, sind die Leviten frei für neue Aufgaben im Kult, vor allem für die neue Funktion als Tempelmusiker (1 Chr 15; 23–26; 2 Chr 35,3). Diese angewandte Auslegung der Tora ist nach dem Verständnis der Chr durch Propheten vermittelt und daher göttlich legitimiert (2 Chr 29,25–30; 35,15; vgl. *W. M. Schniedewind*). Hier werden bereits *Ansätze einer expliziten Theorie der Toraauslegung* erkennbar, die die rabbinische Praxis der permanenten Amplifikation und Adaption der Sinaigesetzgebung vorbereiten. Die Tempelliturgie (1 Chr 16) und die großen Wallfahrtsfeste, an denen sich auch die Bewohner des ehemaligen Nordreiches beteiligen, finden besondere Aufmerksamkeit (Pesach- und Mazzenfest 2 Chr 30.35; Laubhüttenfest 2 Chr 7,8–10); das Wochenfest wird schon in chronistischer Zeit als Fest der Erinnerung an die Sinaigesetzgebung und den Sinaibund begangen (vgl. die Anspielungen auf Ex 19 in 2 Chr 14,5; 15,10.12.14f).

3.4 Relevanz

Der Chronist hält konsequent an der Ausrichtung auf »ganz Israel« als dem idealen 12-Stämme-Volk fest und greift die ältere biblische Literatur produktiv auf; beides unterstreicht den grundsätzlichen Anspruch seines Werkes: Die Chronik ist »die erste Theologie des Alten Testaments« (*P. R. Ackroyd*, Chronicler 280), seine Summe des Kanons (vgl. *W. Johnstone*) legt die Grundlagen der Identität Israels dar; vermittelt durch Beispiele gelungener und misslungener Frömmigkeit und durch Reden und Gebete, die die Adressaten in besonderer Weise einbeziehen, lädt sie zugleich dazu ein, den vom Kanon vorgezeichneten Glaubensweg zu gehen. Im Vordergrund steht die Bewährung in der Gegenwart, nicht der Entwurf eines Zukunftsprogramms (Messianismus, Apokalyptik).

Die kritische Forschung hat sich vor allem auf die Frage der historischen Zuverlässigkeit und den Quellenwert der Bücher konzentriert; nach der theologischen Leistung wurde lange Zeit entweder nicht gefragt oder sie wurde unter dem Einfluss antijüdischer Klischeevorstellungen (z. B. Kultfixiertheit, Gesetzesfrömmigkeit, starrer Vergeltungsglaube) abwertend beurteilt. Eine unvoreingenommene Wahrnehmung der Besonderheit des Chronisten ist erst in der neueren Forschung zu beobachten (vgl. *J. W. Kleinig*). Die Einsicht in die entscheidende Rolle bei der Kanonbildung kann diesen oft gering geschätzten Büchern neue Bedeutung verleihen. Die Schriftauslegung, die bereits innerhalb der Bibel beginnt und sich literarisch in den Fortschreibungen und der Ausformung des Kanons als eines großen Deutungszusammenhangs niederschlägt, demonstriert die Lebendigkeit und Sinnfülle des Gotteswortes, das Licht wirft auf jede Situation und stets neu zur Verwirklichung der Tora ruft. So kann die Beschäftigung mit der Chronik als Produkt schriftgelehrter Theologie aus der Schlussphase der Kanonbildung Einweisung in und Anleitung zur kanonischen Lektüre der ganzen Bibel Israels werden.

Die Chronik zeigt die Bedingungen der Herausbildung von religiöser Identität unter einem massiven Kulturdruck auf: die Aktualisierung der Tradition, Konzentration auf das Wesentliche und Bereitschaft zur Unterscheidung. Die auf den ersten Blick wenig aktuell erscheinende kultische Perspektive wird in den Büchern selbst schon dadurch aufgebrochen, dass die Tora, konkret: die prononcierte Orientierung am Hauptgebot, als geschichtsprägende Kraft freigelegt wird. Dienst für JHWH, den himmlischen König, der gerecht ist und Rettung verheißt, oder für die Königreiche der Welt – das ist die zentrale (biblische) Frage vor der Israel immer wieder steht (vgl. 2 Chr 12,6–8).

IX. Die Bücher Esra und Nehemia

(Georg Steins, Osnabrück)

Kommentare: J. D. Michaelis 1783; E. Bertheau (KeHAT) 1862; C. F. Keil 1870 (ND 1990); D. C. Siegfried (HAT) 1901; A. Bertholet (KHC) 1902; G. Jahn 1909; L. W. Batten (ICC) 1913; G. Hölscher (HSAT) 1923; W. Rudolph (HAT) 1949; K. Galling (ATD) 1954; H. Schneider (HSAT) 1959; J. M. Myers (AncB) 1965; F. Michaëli (CAT) 1967; P. R. Ackroyd (TBC) 1973; R. J. Coggins (CNEB) 1976; D. Kinder (Tyndale OT Commentaries) 1979; F. C. Fensham (NICOT) 1982; D. J. A. Clines (NCB) 1984; Y. Rabinovitz (Art Scroll Tanach Series) 1984/1990; J. G. McConville/J. C. L. Gibson (DSB) 1985; H. G. M. Williamson (WBC) 1985; A. H. J. Gunneweg (KAT) 1985/87; F. C. Holmgren (ITC) 1987; H. F. Vos (Bible Study Commentary) 1987; H. G. M. Williamson (OTGu) 1987; F. E. Gaebelein (Expositor's Bible Commentary) 1988; M. D. Roberts/L. J. Ogilvie (The Communicator's Commentary) 1988; J. Blenkinsopp (OTL) 1989; J. Becker (NEB) 1990; R. Cavedo 1991; M. A. Throntveit (Interpretation) 1992; M. Brenemann (New American Commentary) 1993; F. C. Fensham (NICOT) 1994; P. Abadie (CEv) 1996; A. Jobsen (Tekst en Toelichting) 1997; J. W. H. van Wijk-Bos (Westminster Bible Companion) 1998; L. L. Grabbe (OTR) 1998; G. F. Davies (Berit Olam) 1999; C.-L. Seow (NIB) 1999; D. L. Smith-Christopher (The Oxford Bible Commentary) 2001; V. P. Hamilton (Handbook on the Historical Books) 2001; K. N. Schoville (NIV) 2001; R. K. Johnston (NIBC) 2003; T. Hieke (NSK) 2005; K. Larson/K. Dahlen 2005; M. Levering 2007; K.-D. Schunck (BK) 2009; A. E. Steinmann (Concordia Commentary) 2010.

3 Esra – Text und Kommentare: B. Walde, Die Esrabücher der Septuaginta, Freiburg 1913; R. Hanhart, Esdrae liber I, Septuaginta. Vetus Testamentum Graecum, Göttingen 1974; ders., Text und Textgeschichte des 1 Esrabuches, Göttingen 1974; J. M. Myers (AncB) 1974; K.-F. Pohlmann, 3. Esra-Buch (JSHRZ I/5) Gütersloh 1980; T. Muraoka, A Greek-Hebrew/Aramaic Index to I Esdras (SBLSCS) 1984; Z. Talshir, I Esdras. A Text-Critical Commentary (SBLSCS) 2001; M. F. Bird, 1 Esdras (SCS) 2012; D. Böhler, 1 Esdras (IEKAT) 2015.

Forschungsberichte und Bibliographien: T. C. Eskenazi, Current Perspectives on Ezra-Nehemiah and the Persian Period: CRBS 1, 1993, 59–86; A. Lehnardt/H. Lichtenberger, Bibliographie zu den Jüdischen Schriften aus hellenistisch-römischer Zeit (JSHRZ VI/2) Gütersloh 1998; B. Becking, Ezra on the Move, in: F. G. Martínez/E. Noort (Hg.), Perspectives in the Study of the Old Testament and Early Judaism (VT.S 73) Leiden 1998, 154–179; K. De Troyer, Zerubbabel and Ezra. A Survey of Current 1 Esdras Research: CBR 1, 2002, 30–60; T. Willi, Zwei Jahrzehnte Forschung an Chronik und Esra-Nehemia: ThR 67, 2002, 61–104.

Einzelstudien (s. a. Lit. zu 1 und 2 Chr): R. Bach, Esra 1. Der Verfasser, seine »Quellen« und sein Thema, in: FS H. J. Boecker, Neukirchen-Vluyn 1993, 40–60; T. Bänziger, »Jauchzen und Weinen«. Ambivalente Restauration in Jehud, Zürich 2014; J. Becker, Der Ich-Bericht des Nehemiabuches (FzB 87) Würzburg 1998; B. Becking, Ezra, Nehemiah, and the Construction of Early Jewish Identity (FAT 80) Tübingen 2012; P. R. Bedford, Diaspora: VT 52, 2002, 147–165; F. Bianchi, Le rôle de Zorobabel et la dynastie davidique en Judée du VIe siècle au IIe siècle av. J.-C.: Trans 7, 1994, 153–165; G. M. Bilkes, A Civic Vision. Nehemia's Administrative Policies in Context, Dissertation Princeton 2002; J. Blenkinsopp, A Theological Reading of Ezra-Nehemiah: PIBA 12, 1989, 26–36; ders., Judaism, the First Phase, Grand Rapids 2009; E. Blum, Esra, die Mosetora und die persische Politik: Trumah 9, 2000, 9–34; M. J. Boda/P. L. Redditt,

Unity and Disunity in Ezra-Nehemiah, Sheffield 2008 *(Lit.!)*; D. Böhler, Die heilige Stadt in Esdras α und Esra-Nehemia (OBO 158) Fribourg/Göttingen 1997 (*Lit.!*); ders., Das Gottesvolk als Altargemeinschaft, in: O. Keel/E. Zenger (Hg.), Gottesstadt und Gottesgarten (QD 191) Freiburg 2002, 207–230; J. Briend, L'édit des Cyrus et sa valeur historique: Trans 11, 1996, 33–44; C. E. Carter, The Emergence of Yehud in the Persian Period (JSOT.S 294) Sheffield 1999; F. M. Cross, Reconstruction of the Judean Restoration: JBL 94, 1975, 4–18; D. R. Daniels, The Composition of the Ezra-Nehemiah Narrative, in: FS K. Koch, Neukirchen-Vluyn 1991, 311–328; P. R. Davies (Hg.), Second Temple Studies 1. (JSOT.S 117) Sheffield 1991; A. Demsky, Who Came First, Ezra or Nehemiah: HUCA 65, 1994, 1–21; M. W. Duggan, The Covenant Renewal in Ezra-Nehemiah (SBL.DS 164) Atlanta 2001; D. Edelman, The Origins of the »Second« Temple, London 2005; T. C. Eskenazi/K. H. Richards (Hg.), Second Temple Studies 2. (JSOT.S 175) Sheffield 1994; I. Finkelstein, Geographical Lists in Eszra and Nehemiah in the Light of Archaeology, Persian or Hellenistic?, in: L. L. Grabbe/O. Lipschits (Hg.), Judah between East and West, London 2011, 49–69; C. Frevel/C. Nihan (Hg.), Purity and the Forming of Religious Traditions in the Ancient Mediterranean World and Ancient Judaism, Leiden u. a. 2012; L. S. Fried (Hg.), Was 1 Esdras first?, Atlanta 2011; ders., Chronologie im Esrabuch, in: J. Kotjatko-Reeb/B. Ziemer (Hg.), Nichts Neues unter der Sonne (BZAW 450) Berlin u. a. 2014, 213–225; K. Galling, Studien zur Geschichte Israels im persischen Zeitalter, Tübingen 1964; J.-D. Gauger, Authentizität und Methode. Untersuchungen zum historischen Wert des persisch-griechischen Herrscherbriefs, Hamburg 2000; S. Grätz, Das Edikt des Artaxerxes. Eine Untersuchung zum religionspolitischen und historischen Umfeld von Esra 7,12–26 (BZAW 337) Berlin 2004; ders., Die Aramäische Chronik des Esrabuches und die Rolle der Ältesten in Esr 5–6: ZAW 118, 2006, 405–422; ders., Gottesgesetz und Königsgesetz. Esr 7 und die Autorisierung der Tora: ZThK 106, 2009, 1–19; A. H. J. Gunneweg, Zur Interpretation der Bücher Esra-Nehemia, in: J. A. Emerton (Hg.), Congress Volume Vienna 1980 (VT.S 32) Leiden 1981, 146–161; ders., Die aramäische und die hebräische Erzählung über die nachexilische Restauration: ZAW 94, 1982, 299–302; L. Hänsel, Studien zu »Tora« in Esra-Nehemia und Chronik, Diss. Leipzig 1999; M. Häusl, Feste Feiern. Zur Bedeutung der Feste im Buch Esra/Nehemia, in: S. Ernst/M. Häusl (Hg.), Kulte, Priester, Rituale (ATSAT 89) St. Ottilien 2010, 231–251; dies., Andere, Fremde, Feinde im Buch Esra/Nehemia, in: N. C. Baumgart/M. Nitsche (Hg.), Gewalt im Spiegel alttestamentlicher Texte, Würzburg 2012, 97–122; K. G. Hoglund, Achaemenid Imperial Administration in Syria-Palestine (SBL.DS 125) Atlanta 1992 (*Lit.!*); S. H. Horn/L. H. Wood, Die Chronologie von Esra 7, Wien 1995; D. Janzen, The »Mission« of Ezra and the Persian-Period Temple community: JBL 119, 2000, 619–643; C. Karrer, Die Bücher Esra und Nehemia, in: L. Schottroff/M.-T. Wacker (Hg.), Kompendium Feministische Bibelauslegung, Gütersloh 1998, 156–168; dies., Ringen um die Verfassung Judas (BZAW 308) Berlin 2001; U. Kellermann, Nehemia (BZAW 102) Berlin 1967; ders., Erwägungen zum Problem der Esradatierung: ZAW 80, 1968, 55–87; ders., Erwägungen zum Esragesetz: ZAW 80, 1968, 373–385; E. A. Knauf, Zum Verhältnis von Esra 1,1 zu 2 Chronik 36,20–23: BN 78, 1995, 16f; G. N. Knoppers/B. M. Levinson (Hg.), The Pentateuch as Torah, Winona Lake 2007; K. Koch, Ezra and the Origins of Judaism: JSSt 19, 1974, 173–197; ders., Der Artaxerxes-Erlaß im Esrabuch, in: FS H. Donner, Wiesbaden 1995, 87–98; D. Kraemer, On the Relationship of the Books of Ezra and Nehemiah: JSOT 59, 1993, 73–92; R. G. Kratz, Das Judentum im Zeitalter des Zweiten Tempels (FAT 42) Tübingen 2004; ders., Ezra – Priest and Scribe, in: L. G. Perdue (Hg.), Scribes, Sages, and Seers (FRLANT 219) Göttingen 2008, 163–188; M. Leuchter, Coming to Terms with Ezra's Many Identities in Ezrah-Nehemiah, in: L. Jonker (Hg.), Historiography and Identity (Re)formulation in Second Temple Historiography, New York 2010, 41–63; J. Lust, The Identification of Zerubbabel with Sheshbassar: EThL 63, 1987, 90–95; A. Meinhold, Serubbabel, der Tempel und die Provinz Jehud, in: C. Hardmeier (Hg.), Steine – Bilder – Texte, Leipzig 2001, 193–211; K. Min, The Levitical Authorship of Ezra-Nehemiah, London

2004; E. Nodet, A Search for the Origins of Judaism (JSOT.S 248) Sheffield 1997; W. Oswald, Staatstheorie im Alten Israel, Stuttgart 2009; J. Pakkala, Ezra the Scribe (BZAW 347) Berlin 2004; K.-F. Pohlmann, Studien zum dritten Esra, Göttingen 1970; I. Provan/M. Boda (Hg.), Let Us Go Up to Zion (VT.S 153) Leiden 2012; R. Rendtorff, Esra und das »Gesetz«: ZAW 96, 1984, 165–184; T. Reinmuth, Der Bericht Nehemias (OBO 183) Fribourg/Göttingen 2002; R. Rothenbusch, »... abgesondert zur Tora Gottes hin.« Ethnisch-religiöse Identitäten im Esra/Nehemia-Buch (HBS 79) Freiburg 2012; U. Rüterswörden, Die persische Reichsautorisation der Thora: ZAR 1, 1995, 47–61; D. Schwiderski, Handbuch des nordwestsemitischen Briefformulars. Ein Beitrag zur Echtheitsfrage der aramäischen Briefe des Esrabuches (BZAW 295) Berlin 2000; J. M. Scott (Hg.), Exile (JSJ.S 56) Leiden 1997; W. T. in der Smitten, Esra (StSN 15) Assen 1973; G. Steins, Inszenierungen des Lesens und Lernens in Neh 8,1–12, in: B. Ego/H. Merkel (Hg.), Religiöses Lernen (WUNT 180) Tübingen 2005, 83–97; S. Stiegler, Die nachexilische JHWH-Gemeinde in Jerusalem (BEAT 34) Frankfurt 1994; Z. Talshir, I Esdras. From Origin to Translation (SBLSCS 47) Atlanta 1999; J. C. VanderKam, From Revelation to Canon, Leiden 2000, 60–80; J.-W. Wesselius, Discontinuity, Congruence, and the Making of the Hebrew Bible: SJOT 13, 1999, 24–77; T. Willi, Juda – Jehud – Israel (FAT 12) Tübingen 1995; ders., Esra. Der Lehrer Israels, Leipzig 2012; H. G. M. Williamson, Studies in Persian Period History and Historiography (FAT 38) Tübingen 2004; J. L. Wright, Rebuilding Identity (BZAW 348) Berlin 2004; W. C. van Wyk/A. P. B. Breytenbach, The Nature of the Conflict in Ezra-Nehemiah: HTS 57, 2001, 1254–1263.

0. Text und Bezeichnungen

Die Bücher Esra und Neh werden in der Hebräischen Bibel als *ein* zusammenhängendes Buch überliefert; die Abtrennung von Neh geht auf die griechische Überlieferung (*Origenes*) zurück und wurde angeregt durch die Überschrift Neh 1,1 »Bericht Nehemias, des Sohnes Hachaljas«. Es empfiehlt sich daher, Esra und Neh als ein Buch zu behandeln (zur neuerlichen Problematisierung dieser Position s. u. 2.3). In der Hebräischen Bibel gehören Esra und Neh zu den »Schriften« und stehen in der Regel *vor* 1/2 Chr, folgen jedoch niemals 1/2 Chr. Die Bücher sind benannt nach den beiden Protagonisten: Esra = »Gott ist Hilfe« und Nehemia = »JHWH tröstet«.

Die Überlieferung kennt eine Reihe von Büchern, die mit »Esra« in Verbindung gebracht werden, auch solche, die in keine Version der Bibel aufgenommen wurden. Anzahl und Bezeichnungen der »Esra« zugewiesenen Schriften differieren in der Hebräischen Bibel und in den alten Übersetzungen wie in modernen Ausgaben:

Hebräische Bibel	**Septuaginta**	**Vulgata**	**Moderne Ausgaben**
Esra*	Esdras β**	I Ezrae	Esra
Neh*	Esdras γ**	II Ezrae	Neh
	Esdras α	III Ezrae	3 Esra***
		IV Ezrae	4 Esra****

* ursprünglich *ein* Buch: Esra; Beginn von Neh ist in hebr. Bibeln nur am Rand angezeigt

** ursprünglich *ein* Buch: Esdras β (so auch in der meist benutzten Ausgabe von Rahlphs)

*** umfasst den Text 2 Chr 35–Esra 10; Neh 7,72–8,13a und eine Erzählung vom »Wettstreit der drei Pagen« in Esdras α 3,1–5,6; vermutlich im 2. Jh. v. Chr entstanden; nicht in deutschen Bibelausgaben

**** eine Apokalypse vom Ende des 1. Jh.s n. Chr; nicht in deutschen Bibelausgaben

1. Aufbau

Esra/Neh erzählen vom Neuaufbau Israels nach dem babylonischen Exil: Mittelpunkt der JHWH-Gemeinde in Juda ist der Tempel im wieder aufgebauten Jerusalem, der »Heiligen Stadt«. Prägend ist die Tora des Mose, die die Zugehörigkeit zur Gemeinde (Mischehenverbot), das Leben im Alltag (Sabbatordnung) und die Verpflichtungen für den Unterhalt des Tempels regelt.

Wird das Esra/Neh-Buch *nach Epochen* eingeteilt, in denen die Erzählung spielt, ergeben sich *zwei Hauptteile*: Esra 1–6, die Epoche der Heimkehr und des Tempelbaus unter den Perserkönigen Kyrus und Darius (2. Hälfte des 6. Jh.s v. Chr.), und Esra 7–Neh 13, die Epoche der inneren und äußeren Konsolidierung unter König Artaxerxes I. (Mitte des 5. Jh.s; vgl. Esra 7,1 und Neh 1,1). In jeder der beiden Epochen ragt auf jüdischer Seite ein Führungsduo heraus, zunächst Jeschua und Serubbabel, dann Esra und Nehemia, die zunächst getrennt, dann zusammen wirken (vgl. *C. Karrer*).

Betrachtet man Esra/Neh stärker *inhaltlich*, fällt auf, dass in *sechs Hauptabschnitten* zwei Themen in einer alternierenden Reihe (A–B, A'–B', A''–B'') miteinander verflochten sind (vgl. die nachstehende Graphik): der Wiederaufbau des Jerusalemer Tempels und der Stadtmauer einerseits sowie die Verpflichtung auf das Gesetz und die Durchsetzung der übernommenen Verpflichtungen andererseits. In dieser Gründungsgeschichte, die auf die Katastrophe von 586 v. Chr. zurückblickt (vgl. Esra 1,7; 3,12 u. ö.) und in narrativer Form die Bedingungen des Neuanfangs und der Kontinuität zum Ursprung reflektiert, wird so der enge Zusammenhang zwischen den »äußeren« Aspekten des Wiederbeginns und dem, was Israel »im Innersten zusammenhält«, aufgezeigt.

Jeder Hauptteil stellt einen entscheidenden Schritt hin auf die (Neu-)Konstituierung Israels dar. Auf der Ebene des Endtextes wird alles von der breit ausgestalteten Bundesschlusszeremonie Neh 7–10 her strukturiert, in der die beiden Protagonisten Esra und Nehemia zusammen wirken. Mit der Errichtung des Tempels und der Stadt(mauer) sowie der Mission Esras sind die Voraussetzungen für die erneute Verpflichtung auf die Tora gegeben. Neh 12 und 13 erzählen von der Realisierung der Bestimmungen. Während die von Gott durch die persischen Könige oder durch Propheten vermittelten Initiativen die Handlung vorantreiben, erweisen sich die Berichte über Widerstände, auf die die einzelnen Schritte der Reorganisation regelmäßig stoßen, als retardierende Elemente im Erzählablauf.

Zwischen den Hauptteilen bestehen Entsprechungen nicht nur auf der thematischen Ebene, sondern auch hinsichtlich der Hauptakteure. Dem Protagonistenpaar Serubbabel und Jeschua aus der Anfangsphase (Esra 3–6) stehen auf dem Höhepunkt in Neh 7–10 und 11f Esra und Nehemia gegenüber, die hier gemeinsam wirken (Neh 8,9; 10,2; 12,26.36). Im zweiten Teil (Esra 7–10) tritt Esra allein auf, ebenso Nehemia im dritten und im letzten Abschnitt (Neh 1,1–7,4 und Neh 13). Der »Repatriierungskommissar« Scheschbazzar (Esra 1,8.11; 5,14–16) wird in der Gesamtkomposition zur Randfigur.

Die wichtigsten *Klammerelemente* zwischen den Hauptteilen sind:

- Der Tempel, dessen Wiederaufbau in Esra 1–6 berichtet wird, ist in Esra 7–Neh 13 wiederholt im Blick (vgl. Esra 7; Neh 10; 11–13); in Esra 4,8–23 steht demgegenüber nicht – wie zu erwarten – der Tempel, sondern die Stadt und ihre Mauer im Mittelpunkt; entfaltet wird dieses Thema erst in Neh 1ff.

- Das Laubhüttenfest wird nach der Wiederaufnahme des Tempelgottesdienstes (Esra 3,4) und ebenso nach dem Vortrag des Gesetzes (Neh 8,13–18) »toragemäß« gefeiert.
- Esras Bußgebet Esra 9,5–15 hat eine Parallele im Bußgebet Neh 9,6–37 (vgl. das Gebet Neh 1,5–11).
- Der Briefwechsel mit Artaxerxes in Esra 4,6–23 gehört chronologisch in die Epoche Esras und Nehemias (s. u. 2.5); die Nachricht über den unerlaubten Befestigungsversuch steht in Kontrast zur offiziell geförderten Aktion Nehemias.
- Esra 6,14 nennt neben den Königen Kyrus und Darius in anachronistischer Weise auch bereits Artaxerxes I. und weist damit auf die Epoche Esras und Nehemias voraus (s. u. 3.); Neh 12,47 parallelisiert die Zeit Serubbabels (vgl. Esra 3) und die Zeit Nehemias (vgl. Neh 12,26).
- Mehrfach wird betont, dass die persischen Könige im Dienst des göttlichen Plans für Juda stehen, und damit die theologische Leitidee des Kyrus-Edikts Esra 1,1–4 aufgenommen (Esra 6,14.22; 7,6; 7,11–28; Neh 1,11; 2,4.8).
- Das sich neu konstituierende Israel, der »heilige Same« (Esra 9,2), wohnt in der »heiligen Stadt« Jerusalem (Neh 11,1.18); darüber hinaus wird das Thema »Abgrenzung des neukonstituierten Gemeinwesens nach außen« mehrfach behandelt (Esra 4,1–3; 6,21; 9f; Neh 2,20; 9,2; 10,29; 13).
- Die ständigen Anfeindungen (Esra 3,3; 4ff; Neh 2,10.19f; 3,33–37; 4,1 u. ö.), die den Aufbau bedrohen, können mit Gottes Hilfe überwunden werden.
- Die Maßnahmen Nehemias in Neh 13 beziehen sich auf Probleme, die bereits in Esra 9f und Neh 10 behandelt wurden.

A Esra 1,1–6,22	**Wiederaufbau des Tempels gegen Widerstände**
1,1–2,70	Rückkehr
1,1–11	Kyrus-Proklamation und Rückführung der Tempelgeräte
2,1–70	Heimkehrerliste
3,1–6,22	Tempelbau
3,1–4,22	Baubeginn und Widerstände
5,1–6,22	Überwindung der Widerstände und Tempelweihe
B Esra 7,1–10,44	**Verpflichtung auf das Gesetz (Bund)**
7,1–8,36	Esras Mission
7,1–28	Reise Esras von Babylon nach Jerusalem
8,1–36	Esras Begleitung
9,1–10,44	Auflösung der Mischehen
9,1–15	Mischehenproblem
10,1–44	Versammlung/Bundesschluss/Ausführung
A' Neh 1,1–7,4	**Aufbau der Stadtmauer gegen Widerstände**
1,1–2,11	Nehemias Mission
2,12–7,4	Mauerbau
2,12–4,17	Beginn des Aufbaus
5,1–19	Soziale Spannungen
6,1–7,4	Fortsetzung des Aufbaus
B' Neh 7,5–10,40	**Verpflichtung auf das Gesetz (Bund)**
7,5–72a	Dokumentation: Erstheimkehrer (= Esra 2)
7,72b–10,40	Bundeserneuerung
7,72b–9,37	Versammlung/Gesetzesverlesung/Bußgottesdienst
10,1–40	Bundesdokument

A'' Neh 11,1–12,47	**Abschluss der Reorganisation**
11,1–36	Besiedlung von Stadt u. Provinz
12,1–47	Kultpersonal u. seine Versorgung
12,1–26	Kultpersonal z. Zt. Serubbabels u. Nehemias
12,27–43	Mauerweihe
12,44–47	Versorgung des Kultpersonals
B'' Neh 13,1–13,31	**Durchsetzung des Bundes**
13,1–3	Prinzipieller Ausschluss der Nichtisraeliten
13,4–29	Einzelmaßnahmen zur Einhaltung der Verpflichtungen
13,4–14	Reinigung des Kultes von Fremdeinflüssen
13,15–22	Sabbatobservanz durch Abriegelung der Stadt
13,23–29	Auflösung der Mischehen
13,30f	Zusammenfassung

Trotz der wechselnden Akteure, Themen, Zeiten und Schauplätze entsteht durch dieses dichte Netz von Parallelen, Vorausnahmen und Wiederholungen ein hohes Maß an Geschlossenheit. Dies scheint für die Gesamtkomposition wichtiger zu sein als ein streng chronologischer und thematisch einliniger Aufbau der Erzählung. Die aus einer erzählten Zeitspanne von über 100 Jahren ausgewählten Ereignisse werden durch chronologische Vor- und Rückgriffe in *ein Gesamtbild der Reorganisation Israels nach dem Exil* integriert. Bei der Lektüre des Buches ist zu beachten, dass nicht moderne Erwartungen an eine chronologische Darstellung der Ereignisse die Besonderheiten von Esra/Neh verfehlen.

In Esra 4,8–6,18 und 7,12–26 wechselt der Text ins Aramäische, weil – wie in Esra 4,7.11 und 7,11 eigens vermerkt – aramäisch geschriebene Quellen zitiert werden (Näheres s. 2.2). Der Sprachenwechsel ist in jüngeren atl. Texten nicht singulär (vgl. Dan, Jer 10,11; s. u. F.VII.); es handelt sich um einen besonderen Stil der Demonstration von Kunstfertigkeit in der Beherrschung der Zweisprachigkeit und um ein Mittel zur Erzeugung einer Aura der Authentizität, das über die historische Herkunft und die Echtheit der vorgeführten »Dokumente« nichts aussagt.

2. Entstehung

2.1 Schlüsselprobleme

Die Rekonstruktion der Entstehungsgeschichte muss sich mit vier zentralen Problemen auseinandersetzen:

(1) *Verhältnis der Bücher Esra und Neh zu 1/2 Chr*: Die These eines »Chronistischen Geschichtswerkes« kann, wie die neuere Diskussion zeigt, nicht länger als Grundlage der Analyse von Esra/Neh dienen (s. o. D.VIII.). Beide Werke sind getrennt, aber nicht völlig unabhängig voneinander entstanden (s. u. 2.4).

(2) *Verhältnis von Neh 8–10 (bes. Neh 8) zur Esra-Erzählung Esra 7–10*: Die neuere Forschung (*D. R. Daniels, D. Kraemer, R. Rendtorff u. a.*) hat die Differenzen (Verständnis von »Gesetz«; Rolle der Leviten; Tenor der beiden Bußgebete u. a.) zwischen Neh 8–10 und der Esra-Erzählung Esra 7–10, die gegen eine ursprüngliche Einheit v. a. von Neh

8 und Esra 7–10 sprechen, herausgestellt. Neh (7,5–72+) 8–10 lässt sich am besten als Erweiterung verstehen, die den Toragehorsam, der inhaltlich im »Vertragsdokument« Neh 10,30–40 entfaltet wird, akzentuiert. Im → deuterokanonischen Buch 3 Esra folgt Neh 8 unmittelbar auf Esra 10. Die Frage, ob es sich um eine Vorstufe von Esra-Neh (*D. Böhler*) oder um eine sekundäre Zusammenstellung von Abschnitten aus 2 Chr und Esra/Neh (angereichert durch die Pagenerzählung) handelt (*H. G. M. Williamson u. a.*), ist nicht abschließend geklärt, es spricht aber vieles dafür, dass 3 Esra um die Geschichte vom Pagenwettstreit herum zusammengestellt wurde (*Z. Talshir, K. De Troyer*). *L. L. Grabbe* erklärt die Gemeinsamkeiten und Differenzen von 3 Esra und Esra/Neh mit dem Rückgriff auf eine verloren gegangene gemeinsame hebräische Textvorlage.

(3) *Wiederholung der »Heimkehrerliste« Esra 2 in Neh 7*: Die beiden »Heimkehrerlisten« stimmen weitgehend überein. Von den drei Möglichkeiten der Abhängigkeit – entweder war Esra 2 Vorlage für Neh 7 oder Neh 7 war Vorlage für Esra 2 oder beide stammen aus einer gemeinsamen Quelle – spricht am meisten für die erste Möglichkeit; denn Esra 2 ist besser in den Kontext eingebunden als Neh 7,5–72 (*vgl. M. J. Boda/P. L. Redditt*). Neh 7,5–72 führt nicht Neh 7,4 weiter (die Fortsetzung liegt erst in 11,1 vor), sondern umschreibt mit Hilfe des Rückgriffs auf ein Dokument aus der Anfangszeit (vgl. 7,5b) die Volksversammlung, die sich zur Verlesung der Tora einfindet (Neh 7,66; 8,1f). Die »Heimkehrerliste« Neh 7,5–72 ist vermutlich im Zuge der Gestaltung von Neh 8–10 aus Esra 2 übernommen worden. Die Heimkehrerliste Neh 7 und die Liste der Unterzeichner des Bundesdokumentes Neh 10 sind wechselseitig aufeinander hin gestaltet worden (*J. Becker, G. Steins*), so dass sie einen Rahmen um den inhaltlich bedeutsamen Abschnitt Neh 7,5–10,40 bilden.

(4) *Einfügung der Nehemiamemoiren*: Das Fehlen Nehemias in 3 Esra kann verschieden erklärt werden und spricht nicht zwingend für eine sekundäre Einfügung der Nehemiamemoiren in Esra/Neh. Ebenso uneindeutig ist das Zeugnis des Josephus (Ant. XI, 120–183), der sich zunächst an 3 Esra orientiert und dann einen kurzen Bericht über Nehemia folgen lässt. Auch wenn Josephus sich an einem selbständig überlieferten Nehemiabericht orientiert hätte, bleibt die Rolle der Nehemiamemoiren (zu Begriff und Textumfang s. u. 2.2) innerhalb der Redaktionsgeschichte von Esra-Neh zu klären. Gegen eine sekundäre Einfügung der Nehemiadenkschrift lässt sich das enge kompositionelle Verhältnis zur Esraerzählung anführen (*M. Noth, A. H. J. Gunneweg, J. L. Wright, C. Karrer, R. Rothenbusch*).

2.2 Quellen

Viele Texte (darunter die zahlreichen Listen) werden als Quellen identifiziert; der Quellencharakter, die Herkunft und ursprüngliche Bedeutung sind häufig stark umstritten. Die wichtigsten Quellen sind die Heimkehrerliste in Esra 2, die aramäischen Urkunden in Esra 4–6 und 7 und das Material zu Nehemia und vermutlich auch zu Esra:
(1) *Aramäische Urkunden in Esra 1–6*: Im aramäischen Abschnitt 4,8–6,18 sind nach klassischer Auffassung Briefe als Urkunden rezipiert worden (so *H. G. M. Williamson u. a.*), oder es liegt eine Dokumente als literarisches Stilmittel verwendende aramäische Erzählung über den nachexilischen Wiederaufbau aus jüdischer Sicht vor, auf die der

Autor von Esra 1–6 zurückgreift (*A. H. J. Gunneweg, O. Kaiser, J. Lust u. a.*). In der neueren Forschung wird der Quellenwert der aramäischen »Urkunden« diskutiert und überwiegend negativ beurteilt: Die aramäischen Briefe in Esra 4,11–16.17–22; 5,7–17; 6,6–12 sind nach *D. Schwiderski* und *S. Grätz* keine authentischen Dokumente aus der persischen Hofkanzlei, da sie in wesentlichen Punkten nicht dem reichsaramäischen Briefformular entsprechen; es handelt sich um fiktive Texte der nachachämenidischen Zeit (3. Jh. v. Chr.). Der aramäischen Erzählung geht es um die Legalität der Reorganisation, während die jüngere hebräische Erzählung Esra 1–6 die Auseinandersetzung mit der feindseligen Völkerwelt (vgl. Neh 3–6) betont.

(2) *Nehemia-Quelle*: Es besteht ein weitgehender Konsens, dass in Neh *1–7; *11–13 eine »Nehemia-Quelle« – aufgrund der Stilisierung als Ich-Bericht auch »Nehemiamemoiren« und wegen der wiederholten Appellation an Gott auch »Nehemia-Denkschrift« genannt – vorliegt. Offen sind Abgrenzung und Intention dieses Dokuments. *T. Reinmuth* unterscheidet im »Nehemia-Bericht« eine noch während der Statthalterschaft Nehemias entstandene »Mauerbau-Erzählung« (Neh *1,1–4,17; *6,1–7,5; 12,27–43) von einer die Schwierigkeiten bei den Reformbemühungen reflektierenden »Nehemia-Denkschrift« (Neh 5,1–19; 13,4–31) aus dem letzten Viertel des 5. Jh.s v. Chr. Um die Intention zu klären, wird auf verschiedene Vorbilder für die »Denkschrift« verwiesen, die jedoch sämtlich nicht eindeutig sind (z. B. altorientalische Königsinschriften; Bauinschriften; Votiv- bzw. Stifterinschriften; biographische Grabinschriften ägypt. Beamter; prozessuale Rechtfertigungsschriften; Gebete unschuldig Angeklagter). Ob es sich, wie vielfach angenommen, beim »Ich-Bericht« um ein authentisches Dokument der 2. Hälfte des 5. Jh.s aus der Feder Nehemias handelt (*K.-D. Schunck, R. Rothenbusch*), ist nicht unumstritten (*J. Becker*); dagegen sprechen z. B. die legendenhaften Züge, die schriftgelehrte Prägung und die Nähe zu den biblischen Führungsgeschichten (*O. Kaiser*). Aber auch wenn es sich um ein → pseudepigraphisches Werk handelt, kann der Text als Quelle in einen größeren Zusammenhang integriert worden sein (s. u. 2.4). Einer historischen Auswertung für die Verhältnisse im Juda des 5. Jh.s sind damit jedoch Grenzen gesetzt. Die neuere Forschung neigt zu starken literarkritischen Differenzierungen innerhalb der Nehemiamemoiren (*J. L. Wright*).

(3) *Esra-Quelle*: Nach einer minimalistischen Auffassung lag dem Redaktor der Esra-Erzählung nur das aramäische »Beauftragungsschreiben« Esra 7,12–26 vor; eine weitergehende Position betrachtet den Ich-Bericht als Vorlage und den Er-Bericht als Überarbeitung; es wird aber gelegentlich auch der Er-Bericht in Ezra 10 für älter gehalten (*vgl. R. Rothenbusch*). Der Wechsel zwischen der 1. und der 3. Pers. lässt sich jedoch auch als literarisches Stilmittel (vgl. Tob; s. a. Dan) oder mit der Anlehnung an den Bericht Nehemias und der Komposition des Buches erklären: Der Beginn der Esra-Erzählung im Er-Stil (Esra 7,1–10) schließt an Esra 1–6 an; ebenso erleichtert der Er-Bericht in Esra 10 den Übergang zum eigens in Neh 1,1 als Ich-Bericht eingeführten neuen Hauptteil Neh 1ff. Auch wenn sich ein Konsens in der Annahme einer wechselseitigen Beeinflussung der Esra- und der Nehemiaerzählung abzeichnet, gehen die konkreten Vorstellungen über die Textentstehung weit auseinander (vgl. *C. Karrer, J. L. Wright, R. Rothenbusch*). Welcher historische Quellenwert dem Beglaubigungsschreiben Esra 7,12–26 zukommt, ist schwer zu entscheiden (vgl. *K. Koch*); gegenwärtig wird das Schreiben überwiegend als literarische Bildung für die Esraerzählung gesehen

(vgl. *L. L. Grabbe, S. Grätz, D. Janzen, J. Pakkala;* anders *E. Blum*), das hellenistische Herrscherideologie widerspiegelt.
(4) *Listen*: Besondere Beachtung verdienen die zahlreichen Listen, die nicht ohne Weiteres als historische Primärquellen betrachtet werden können, sondern sich schriftgelehrter Arbeit verdanken. Die »Basis-Liste Esra 2« wird sowohl in Esra 8,1–20 und 10,25–43 wie auch in Neh 3,1–32; 7,5–72 und 10,15–28 aufgenommen und an die verschiedenen Kontexte angepasst (*J. Becker*). Die Liste der Bewohner Jerusalems in Neh 11 greift jedoch nicht auf Neh 7(|| Esra 2) zurück, so dass kein Zusammenhang von Neh 7 mit der Besiedlung Jerusalems angezeigt wird.
(5) *Biblische Texte:* Die Frage nach »echten« Urkunden darf nicht den Blick dafür verstellen, dass die wichtigste Quelle für Esra/Neh die älteren biblischen Bücher, vor allem die Exoduserzählung, die Bücher Lev, Dtn und Jos und prophetische Schriften (Hag; Sach 1–8 und Jer), sind (*R. Bach, A. H. J. Gunneweg, J. Blenkinsopp, C. Karrer-Grube*, in: *M. J. Boda/P. L. Redditt*).

2.3 Entstehungsmodelle

Der komplexe Aufbau von Esra/Neh gibt sich an einigen Stellen deutlich als Ergebnis einer Wachstumsgeschichte zu erkennen:

Die »Heimkehrerliste« Esra 2 wird in Neh 7 wiederholt; auffällig ist, dass die als Archivdokument (vgl. Neh 7,5) zitierte Liste in Neh 7,72; 8,1 »hinübergleitet« in die fortlaufende Erzählung: »Die Liste verwandelt sich aus einem Zitat von Vergangenem in gegenwärtige Wirklichkeit« (*J. Becker*, Ich-Bericht 74). Zwischen den beiden Bußgebeten in Esra 9 und Neh 9 bestehen Spannungen hinsichtlich der Situation Judas; so beurteilt Neh 9,36f die politische Lage pessimistischer als das Gebet Esras. Eine besondere Nahtstelle ist Neh 7,1–5: Die Frage der Besiedlung Jerusalems wird erst in Neh 11,1 wiederaufgenommen; der Abschnitt Neh 7,5–10,40 geht thematisch in eine andere Richtung. Von der nach Neh 7,1–3 zu erwartenden Mauerweihe wird erst am Ende von Neh 12 erzählt. Unklar ist ferner die genaue Einbindung von Neh 13. Einerseits lässt sich Neh 13 von Neh 10 her als Durchsetzung der Bundesverpflichtungen lesen. Andererseits scheint der Anstoß zu den Aktionen von der Lektüre der Tora (Neh 13,1ff) auszugehen. Es gibt tiefgreifende konzeptionelle Differenzen: Das Mischehenverbot in Neh 13,23 stützt sich auf Dtn 7,3, die Furcht vor dem Abfall vom Ersten Gebot durch die Verleitung zum Götzendienst; in Esra 9f wird die Absonderung von den Völkern dagegen priesterlich-sakralrechtlich mit dem Erhalt der »Heiligkeit« des Volkes in einem verunreinigten Land begründet (Esra 9,2.11). Die Gesamtkomposition schließlich wirft die Frage nach der Genese der Verschränkung zwischen der Tätigkeit Esras und der Nehemias auf, denn obwohl beide Protagonisten in Neh 8 und 12 zusammen auftreten, scheinen ihre Aktionen beziehungslos nebeneinander zu stehen.

In der Forschung werden *unterschiedliche Entstehungsmodelle* vertreten. Sie differieren grundlegend hinsichtlich der Bestimmung von Umfang und Charakter (Herkunft, Alter, Authentizität) der Quellen wie auch der Bearbeitungen (z. B. durch den Chronisten), durch die aus dem Quellenmaterial die vorliegenden Bücher geschaffen wurden (zum Folgenden s. a. D.VIII.):

(1) Nach einem *radikalen Ansatz* (*J. Becker*) stellen auch die im Werk als Quellen eingeführten Texte, vor allem aber die Berichte Esras und Nehemias, literarische Fiktionen des Chronisten dar. Dabei finden jedoch interne Spannungen zu wenig Berücksichtigung; außerdem kann der Chronist nicht als Verfasser von Esra/Neh betrachtet werden (vgl. D.VIII.2.1). Nach der Mehrheitsmeinung jedoch wurde in Esra/Neh vorgegebenes Material verarbeitet, darunter eine »Nehemia-Quelle«.

(2) Das *Blockmodell*: Esra/Neh ist nach *F. M. Cross* in Verbindung mit 1/2 Chr über drei Stufen *in Blöcken gewachsen*; nach *H. G. M. Williamson* ist die Tempelbauerzählung Esra 1–6 insgesamt der älteren (unabhängig von 1/2 Chr entstandenen) Esra-Nehemia-Erzählung (Esra 7–Neh 13) von jenem Bearbeiter vorgeschaltet worden, der auch für pro-priesterliche Zusätze in 1/2 Chr verantwortlich ist.

(3) Das *Schichtenmodell* begegnet in verschiedenen Ausformungen. Nach *W. T. in der Smitten*, *U. Kellermann*, *M. Noth* und *W. Rudolph* hat der Chronist die große Komposition Esra 1–Neh 13 aus zahlreichen Quellen geschaffen. Der chronistische Entwurf ist durch einen nachchronistischen »listenfreudigen Ergänzer« beträchtlich erweitert worden. *K. Galling* vertritt die These, die Nehemia-Denkschrift sei erst in die zweite, erweiterte Auflage des chronistischen Werkes aufgenommen worden.

(4) Eine elaborierte *Ergänzungs- oder Fortschreibungshypothese* hat nach Vorarbeiten von *R. G. Kratz J. L. Wright* vorgelegt. Er geht von Neh aus und bezieht die Entwicklung des Esra-Buches mit ein: Die ursprüngliche »Denkschrift« war lediglich eine kurze Bauinschrift (Neh 1,1a.11b; 2,*1–6.11.15*.16a.17.18b; 3,18*; 6,15). Auf den weiteren Entwicklungsstufen wird die Aufgabe Nehemias ausgeweitet, Nehemia schließlich als idealer Statthalter stilisiert (Neh 1,1b–4; 5; 13,4ff). Die größte inhaltliche Verschiebung erfolgt durch den (in sich vielschichtigen) Einschub Neh 7,1–13,3, mit dem die Verpflichtung auf die Tora zum Höhe- und Zielpunkt der Tätigkeit Esras und Nehemias ausgestaltet wird. Der älteste Teil der Esraerzählung, Esra 7–8, ist eine rein literarische Bildung und im Kontakt mit Neh 1–6 entstanden; das gleiche gilt für Esra 1–6. Esra 9 und 10 hängen von Neh 13,23–31 ab. Neh 7 und Neh 12,27–43 greifen jedoch auf Esra 2 und 6,15–22 zurück. Die Schwäche dieses Modells liegt in der Grundannahme, eine große Zahl von Bearbeitungen wortgenau abgrenzen und den Entstehungsprozess vollständig rekonstruieren zu können. Zu einem jüngst entwickelten Fortschreibungsmodell vgl. *R. Rothenbusch*.

(5) Mit einer *sekundären Einarbeitung der Nehemia-Denkschrift* im Zuge einer levitischen Bearbeitung des Gesamtwerkes rechnen *K.-F. Pohlmann* und *O. Kaiser*. Diese Redaktion zeichne auch für die Verschiebung des ursprünglichen Schlusses der Esrageschichte, die feierliche Gesetzesverlesung durch Esra, nach Neh 8 verantwortlich. *D. Böhler* hat diese Position übernommen und im Anschluss an *A. Schenker* argumentativ ausgebaut: Das in LXX überlieferte Buch 3 Esra (ohne die Erzählung vom Pagenwettstreit) bezeugt eine ältere Fassung der Erzählung vom nachexilischen Wiederaufbau. Durch zahlreiche Änderungen, die den Wiederaufbau der Stadt Jerusalem Nehemia vorbehalten, wurde diese Erzählung sekundär für die Aufnahme der Nehemiamemoiren präpariert. Auf diese Bearbeitung gehen auch Neh 7 und 9–12 zurück. Das hebr. Esra/Neh-Buch ist demnach nicht die Vorlage für 3 Esra, sondern eine jüngere Fassung der Wiederaufbauerzählung (anders dagegen *Z. Talshir*, die 3 Esra mit der Mehrheitsmeinung als späte Bildung auf der Basis von Esra, Neh und 2 Chr versteht). Dass Neh 8 erst sekundär von Esra 7–10 getrennt und wirkungsvoll an den Schluss der Wiederaufbaumaßnahmen gesetzt worden sei, wird auch im Rahmen anderer Entstehungsmodelle vertreten (*W. Rudolph*: durch den nachchronistischen Ergänzer; *H. G. M. Williamson*: durch den Verfasser der Esra-Nehemia-Geschichte).

(6) Nach *A. H. J. Gunneweg* wurde Esra/Neh vermutlich als Fortführung des dtr Geschichtswerkes verfasst; 1/2 Chr ist als neuer »Vorbau« erst später entstanden. Beide Werke sind Produkte eines längeren Entstehungsprozesses in einer *chronistischen Schule.*

(7) *D. Kraemer, J. C. VanderKam* und *B. Becking* stellen die *ursprüngliche Einheit* von Esra und Neh *in Frage*; die These stützt sich vor allem auf die Differenzen zwischen Esra 7–10 und Neh 8–10 und auf die Doppelung der »Erstheimkehrerliste« (Esra 2 und Neh 7). Diese Problematik ist jüngst erneut intensiv diskutiert worden; die Mehrheit tendiert zur Annahme einer ursprünglichen Einheit im Rahmen eines redaktionsgeschichtlichen Modells, das auch die konzeptionellen und sprachlichen Differenzen zwischen den Buchteilen erklären kann (*vgl. M.-J. Boda/P. L. Redditt*).

2.4 Ein redaktionsgeschichtliches Entstehungsmodell

Die Entstehung von Esra/Neh wird auch in der neuesten Forschung überwiegend mit einem schrittweisen Textwachstum erklärt, in den Detailfragen zeichnet sich jedoch kein Konsens ab, denn die Echtheitsfrage (der Listen und der aramäischen Dokumente) und die Frage nach der wechselseitigen Abhängigkeit einzelner Themen und Textblöcke werden sehr unterschiedlich beurteilt. Die nachfolgende Skizze ist ein Versuch, möglichst viele Beobachtungen in eine (nicht zu differenzierte) Entstehungshypothese zu integrieren.

(1) Als Ausgangspunkt bietet sich die Beobachtung konzeptioneller Differenzen zwischen dem aramäischen Teil Esra 4,4–6,15 und dem Kern des Nehemiaberichts einerseits und den hebräischen Rahmenteilen andererseits an: In den erstgenannten Texten scheint das Thema der Konstitution Israels als *Rückkehrer*gemeinde keine Rolle zu spielen; in den anderen Teilen wird »Israel« weniger ethnisch und stärker theologisch akzentuiert (*C. Karrer*). Dies führt zu der Annahme, dass offensichtlich unter Aufnahme älterer Materialien (aramäische Tempelbauerzählung; Esraerzählung[?]; Nehemiaerzählung; Listen) redaktionell ein umfassender Entwurf geschaffen wurde. Diese (von *Esra 1,1–Neh 12,43 reichende?) *Esra-Neh-Großkomposition* erzählt die nachexilische Reorganisation (der »heilige Same« in der »heiligen Stadt«, vgl. Esra 9,2 und Neh 11,1.18) als Anknüpfung an die Gründungsgeschichte Israels in Ex–Jos in drei Schritten:

Esra *1–6	Wiederaufbau des Tempels
Esra *7–10	»Definition« der Gemeinde
Neh *1–12	Wiederaufbau der Stadt(mauer)

(2) Möglicherweise sind jedoch Teile der Esraerzählung (Esra 7 und 8) als Reaktion auf den Nehemiabericht und bewusste Absetzung zu verstehen; diese gehörten dann einer späteren Entstehungsstufe an (*C. Karrer*). Die religiösen Reformen in Neh 13 wiederum könnten unter dem Einfluss des Esrabildes aus Esra 9f stehen. Nimmt man an, dass Esra und Neh zunächst als zwei getrennte Bücher entstanden sind, obwohl die o. g. Parallelen und Verschränkungen dagegen sprechen, wären erst im Zuge weiterer Bearbeitungen die »Porträts« der Protagonisten einander angeglichen und die Bücher zusammengeführt worden.

(3) *Neh 7,5–10,40, der umfangreichste Nachtrag,* integriert die Esra- und die Nehemiageschichte und lässt beide Protagonisten zusammenwirken; spätestens jetzt liegt ein einheitliches Esra-Neh-Buch vor: Mit diesem Einschub wird das Thema des Toragehorsams zur Zentralbotschaft des Buches (vgl. Neh 1,5–11a), szenisch dargestellt als große Liturgie der Toraverlesung und Bundeserneuerung, des Wiedereintritts in den Abrahambund (Neh 9,7f), der sich in der Beachtung der Sinaigesetze (Neh 9,13f) konkretisiert. Die Zusätze in Esra 7,6aβ.10.11b bereiten die Verlesung der Tora des Mose durch Esra in Neh 8 vor. Die offizielle persische Beauftragung Esras mit einer »Untersuchung« (Esra 7,14) Judas und Jerusalems (und nach Esra 7,25 der gesamten Satrapie Transeuphratene?) auf der Basis des Gesetzes und einer kultischen und politischen Reorganisation wird damit neu interpretiert: Das Gesetz ist nicht mehr Instrument der Überprüfung der Verhältnisse in der Provinz, sondern die Vermittlung der Tora des Mose an die um den Tempel in Jerusalem versammelte Gemeinde wird zum Ziel der Mission Esras, des Schriftgelehrten par excellence.

(4) Ein Reihe späterer Bearbeitungen in Esra 3*.6*.8*; Neh 8*.9*.10*.11*.12* ist ausschließlich an *kultischen Fragen,* besonders aber an den Belangen des Kultpersonals interessiert. Sie hebt die Beteiligung der Leviten, vor allem der Musiker und Torwächter an den großen Feiern hervor (s. o. D.VIII.2.4). Auf diese »prolevitische Redaktion« geht jedoch nicht der Einbau der Nehemiamemoiren zurück. Die späten redaktionellen Texte, die die Rolle der Leviten betonen, finden sich sowohl in den Abschnitten, die das → deuterokanonische Buch 3 Esra und Esra-Neh (MT) gemeinsam haben, als auch im zweiten Teil des Neh-Buches; daher ist also 3 Esra vermutlich von dem bereits mehrfach bearbeiteten Esra-Neh (MT) abhängig.

(5) Auch das *Verhältnis von Esra/Neh zu 1/2 Chr* lässt sich mit einem redaktionsgeschichtlichen Modell erfassen. Beide Werke sind getrennt, aber nicht völlig unabhängig voneinander entstanden: Die Übereinstimmungen zwischen beiden Werken gehen darauf zurück, dass der Chronist einerseits auf Esra/Neh als Quelle zurückgreift (*E. A. Knauf;* Abhängigkeit in umgekehrter Richtung nimmt *P. L. Redditt,* in: *M. J. Boda/P. L. Redditt* an) und andererseits beide Werke in einem späten Entwicklungsstadium von den gleichen Händen bearbeitet wurden (vgl. *G. Steins*).

2.5 Geschichtlicher Kontext

Die politische und soziale Verfassung Judas im 5. Jh. v. Chr. ist schwer in einen Begriff zu fassen; Termini wie »Theokratie« und »Kultgemeinde« berücksichtigen zu wenig die konkreten politischen Aspekte. Der von *J. P. Weinberg* geprägte Begriff »Bürger-Tempel-Gemeinde« hebt die zentrale Rolle des Tempels, aber auch die Bedeutung des Laienelements und der Selbstverwaltungsorgane hervor. »Das Besondere des nachexilischen judäischen Gemeinwesens war, daß es sich keineswegs nur ethnisch, politisch und territorial, sondern auch stark religiös definierte ... So war es jetzt möglich, daß eine Gruppe der anderen die Zugehörigkeit zur Gemeinschaft generell absprach und für sich selber den Anspruch erhob, das ›wahre‹ Israel zu sein« (*R. Albertz*). Unsicher ist, wann Juda zur selbständigen Provinz innerhalb der persischen Satrapie Transeuphratene erhoben wurde; wahrscheinlich war spätestens der »Wiederaufbaukommissar« Nehemia auch der erste »Gouverneur der Provinz Jehûd« (*H. Donner, A. Meinhold*).

Während die Datierung der Mission Nehemias durch außerbiblische Zeugnisse (Nachweis von Namen aus dem Umfeld Nehemias Ende 5. Jh.s in den Elephantine-Papyri) gesichert erscheint (*K.-D. Schunck*), ist die Datierung der Tätigkeit Esras und die Bestimmung des Verhältnisses der beiden Protagonisten zueinander strittig. Ausgangspunkt ist die Beobachtung, dass Esra und Nehemia nach dem vorliegenden Aufbau des Buches einerseits Zeitgenossen sind (vgl. Neh 8,9 und 12,36), sie andererseits aber in ihrer Tätigkeit nicht Bezug aufeinander nehmen (z. B. Neh 13 und Esra 10); außerdem ist es schwer verständlich, dass Esra erst im 13. Jahr seiner Tätigkeit das Gesetz verlesen haben soll (Neh 8). Es gibt drei verschiedene Lösungsansätze für diese Frage (*U. Kellermann*):

(1) *Esra als chronistische »Erfindung«*: Mit dieser Hypothese würde die historische Rückfrage grundlos. Abgesehen davon, dass starke Gründe für die Annahme der Nichthistorizität Esras fehlen, fällt diese Hypothese mit der Entscheidung gegen ein »Chronistisches Geschichtswerk« und der Annahme, dass die Chronik bereits auf Esra/Neh zurückgreift. Auch wenn diese Position in der vorgetragenen Form unhaltbar erscheint, macht sie darauf aufmerksam, dass wahrscheinlich ein großer zeitlicher Abstand zwischen den geschilderten Ereignissen und der Abfassung der Bücher besteht (s. u.) und die Darstellung darüber hinaus »frei« mit älterem Material umgeht und eigene (theologische) Intentionen verfolgt; Details der Darstellung dürfen also nicht unmittelbar historisch ausgewertet werden. Es ist bezeichnend für den geringen historischen Quellenwert des biblischen Materials, dass die Diskussion um die Historizität Esras nicht zur Ruhe kommt.

(2) *Umdatierung der Esra-Mission*: Neben der klassischen Datierung 458 v. Chr. (7. Regierungsjahr von Artaxerxes I.) wird eine Spätdatierung 398 v. Chr. (7. Jahr Artaxerxes II.; also *nach* Nehemia) vorgeschlagen; das Nebeneinander der Protagonisten wäre dann unhistorisch. Oder Esras Mission wird um 428 v. Chr. datiert (Textänderung von Esra 7,7: 37. Jahr Artaxerxes I.) und fiele zusammen mit dem zweiten Aufenthalt Nehemias in Jerusalem (vgl. Neh 5,14; 13,6f).

(3) *Redaktionsgeschichtliche Lösung*: Die Überlegungen zur Redaktionsgeschichte entschärfen das historische Problem. Werden die Nachrichten über das Zusammenwirken Esras und Nehemias (Neh 7–10; 12) und über den zweiten Aufenthalt Nehemias in Jerusalem (Neh 13) späten, primär theologisch interessierten Bearbeitungen des Textes zugewiesen, entfällt der Druck, das Nebeneinander Esras und Nehemias *historisch* plausibel zu machen. Die Datierungsangaben können auf die Zeit Artaxerxes' I. bezogen bleiben, und die »theologische« Priorität Esras kann beibehalten werden. Gerade durch diese ist Esra für das Judentum zur zweiten Gründungsfigur neben Mose aufgestiegen.

Allerdings bleiben große Unsicherheiten in der Datierung der beiden Protagonisten, da in den Elephantine-Papyri nur ein indirektes Zeugnis vorliegt. Ein hartnäckiges Forschungsproblem ist die Abfolge der persischen Könige in Esra 4; hier scheint Artaxerxes I. (465–424/23) Darius I. (522–486) *voraus*zugehen. Nach der Mehrheitsmeinung wird deshalb der in 4,11–22 zitierte Brief der Gegner Judas an Artaxerxes als prinzipieller Beleg für die Anfeindungen zitiert, ohne dass der Autor Rücksicht auf die richtige Chronologie der Könige nahm. Möglicherweise hat das mehrmalige Vorkommen von Königen mit den Namen Darius und Artaxerxes jedoch später zu Verwirrungen geführt. Erwägenswert ist auch die These, dass der Autor in Esra 4f (wie auch in Dan) von einer historisch inkorrekten Abfolge der persischen Könige ausging (*C. C. Torrey*,

D. Böhler). Der Tempel wäre nach dieser Auffassung unter dem auf Artaxerxes folgenden König Darius, d. h. Darius II. (423–405/4) vollendet worden. Vielleicht will der hebräische Text von Esra-Neh durch eine orthographische Variante eine Differenz zwischen einem den Juden feindlich gesonnenen König Artaxerxes (Esra 4) und einem freundlich eingestellten (Esra 7f; Neh 2) andeuten. Dann fiele das Wirken Esras und Nehemias in die Zeit Artaxerxes' II. (405/4–359/8).

Im Geschichtsentwurf von Esra-Neh erfolgt die Neuordnung Jerusalems und Judas »von außen«, d. h. in einem aufgrund der starken Stilisierung der Zeugnisse und der judäischen Optik kaum noch *en detail* rekonstruierbaren Zusammenspiel der persischen Zentralregierung mit der babylonischen Exulantenschaft. Nach *J. Blenkinsopp* war die persische Zentralregierung um die Etablierung einer loyalen Elite in der geopolitisch sensiblen Provinz Jehûd bemüht. Die neue Elite wurde aus den Teilen der Exulantenschaft in Babylonien rekrutiert, die über ein gewisses Ansehen verfügten und sich nicht assimiliert hatten. Als wesentlichen Aspekt eines funktionierenden Gemeinwesens ordnete die Zentrale die Wiedererrichtung des Tempels an und sicherte die Finanzierung aus Mitteln des Reiches und der Satrapie (Esra 1,7f). So entstand schon in den ersten Jahrzehnten der persischen Herrschaft eine »halb-autonome Tempelgemeinde« unter der Führung der Rückkehrer. Es ist anzunehmen, dass mit den Re-Migranten auch die neuen sozialen Strukturen in Juda eingeführt wurden, die sich in der babylonischen → Diaspora herausgebildet hatten: »Sie errichteten erneut ihr eigenes Gemeinwesen (*puḫru, qāhāl*), gegliedert nach ›Vaterhäusern‹ mit freien, landbesitzenden Bürgern und Tempelpersonal unter der Führung von Ältesten und der Oberaufsicht eines Vertreters der Zentralregierung, ein Sozialgebilde mit starkem inneren Zusammenhalt, das für Neuzugänge von außen zwar offen war, aber mit Nachdruck seinen Status und seine Privilegien verteidigte ... Damit diese neue Form der Gesellschaftsorganisation funktionieren konnte, musste sie auf zwei Ziele ausgerichtet sein. Die Immigranten mußten das nach der Deportation an die Landbevölkerung (*dallat hā'āreṣ*) verteilte Land zurückgewinnen, und sie mussten die Kontrolle über den Tempel als soziopolitischen und religiösen Mittelpunkt ihrer Existenz wiedererlangen und sichern. Das Erreichen beider Ziele, von dem die biblischen Quellen berichten, bildete die Grundlage für die besondere Gesellschaftsform des sich in der Perserzeit herausbildenden Judentums« (*J. Blenkinsopp,* in: *P. R. Davies* 53).

In diesem Kontext ist auch die *Mission des Esra* zu sehen, der im Artaxerxesedikt mit einer »Untersuchung in Juda und Jerusalem« beauftragt wird. Die Untersuchung gilt offensichtlich in erster Linie der Regelung des Kultes und der Funktionstüchtigkeit des Tempels, nicht zuletzt auch der kontrollierten Überbringung und Verwendung der Zuwendung aus den Exulantenkreisen in Babylonien (Esra 7,12–27; V. 25f nach *K. Galling* und *K. Koch* sekundär). »Anscheinend hegen die Exilskreise, die hinter der Mission Esras stehen und sich an die göttliche Wohnung in Jerusalem gebunden wissen, erhebliche Zweifel, ob es im zeitgenössischen Jerusalem hinsichtlich Reinheit und Heiligkeit mit rechten Dingen zugehe und ihre reichen Opfer an die richtige Adresse gelangen! Wenn eigens aus Babylonien ein Priester mit persischer Vollmacht anreisen muss, um die notwendigen Reformen in die Hand zu nehmen, drückt dies ein tiefes Misstrauen gegen die Jerusalemer Tempelbehörde aus« (*K. Koch*, Artaxerxes-Erlaß 93). Mit der Scheidung der Mischehen (Esra 9f; vgl. Neh 13) wird die Bevölkerung der Provinz *Jehûd* im Sinne der Tradition und des National- und Religionsbewusstseins der Exulantenschaft reorganisiert (zu weitergehenden Differenzierungen in der Verfassungskonzeption vgl. *C. Karrer*).

Nach *K. G. Hoglund* und *D. Edelman* stehen die Esra- und die Nehemia-Mission im Kontext der Versuche der persischen Zentralregierung, nach dem ägyptischen Aufstand (460 v. Chr.) und angesichts des zunehmenden griechischen Drucks die westlichen Reichsgebiete durch eine umfassende Neuorganisation stärker in das politische, militärische und ökonomische System des Achämenidenreiches zu integrieren; es handelt sich nicht um singuläre Maßnahmen gegenüber der jüdischen Bevölkerung. Nehemia erfüllt mit der Befestigung Jerusalems (Stadtmauer und Tempelburg) einen militärischen Auftrag und vermindert mittels wirtschaftlicher Reformen den Druck durch die mit der neuen persischen Politik gewachsene Abgabenlast. Die Reorganisation unter Nehemia wurde vorbereitet (falls Esra *vor* Nehemia wirkte) oder fortgeführt (falls Esra *nach* Nehemia auftrat) durch die Maßnahmen Esras. Mit dem Eintreten gegen die Mischehen tragen beide zu einer klareren Bestimmung der Zugehörigkeit zum jüdischen Gemeinwesen bei. Das Verhältnis des »Wiedergutmachungskommissars« Scheschbazzar (Esra 1) zum »Repatriierungskommissar« Serubbabel (Esra 2,2; Neh 7,7; 12,1) (*H. Donner*) bleibt unklar. Scheschbazzar wird in Esra 5,14–16 die Grundsteinlegung des Tempels zugeschrieben; dies steht in Spannung zu den Nachrichten über Serubbabel in Esra 3. Möglicherweise sucht der Autor von Esra 1–6 einen Ausgleich zwischen den unterschiedlichen Traditionen über den Tempelbaubeginn in der aramäischen Quelle Esra 5 einerseits und Hag 1f und Sach 4 (vgl. Esra 5,1f) andererseits. Angesichts der Unstimmigkeiten in den Überlieferungen und mit Bezug auf das genealogische Material in Neh 10–12 postuliert *D. Edelman* eine Umdatierung des Tempelbaus in die Zeit des Perserkönigs Artaxerxes I. (465–424/23 v. Chr.); dem Tempel kommt als Kult- und Wirtschaftszentrum eine wichtige Rolle in der Stabilisierung der persischen Provinz Jehûd zu. Die Situierung des Tempelbaus unter Darius (522–486 v. Chr.) in Esra 5f verdankt sich theologischen Interessen, denen eine prophetische Legitimation des Heiligtums wichtig erscheint (vgl. die Bezüge auf Haggai und Sacharja), und der späten Wirkung der massiven Propaganda des Darius.

Nach neuesten Untersuchungen ist mit einer größeren Distanz zwischen dem Esra-Nehemiabuch und der im Buch erzählerisch entfalteten nachexilischen Reorganisation in der Perserzeit zu rechnen. Die Tempelbau- und Esrageschichte spiegeln demnach eher Zustände der hellenistischen (ptolemäischen) Zeit des 3. Jh.s v. Chr. Die Einarbeitung von Dokumenten in die Geschichtsdarstellung entspricht dem Stil griechisch-hellenistischer Historiographie, während → epigraphische Zeugnisse der Perserzeit »direkte Parallelen zu den Urkunden in Esr 6,8–12; 7,12–26 nicht erkennen« lassen (*S. Grätz*, Edikt des Artaxerxes 290). Diese Urkunden tragen die Züge einer hellenistischen königlichen Schenkung. »Die aramäischen Urkunden in Esr 6,8ff und Esr 7,12ff haben bereits den hellenistischen Herrscher vor Augen, nach dessen wohltätiger Gesinnung als politischer Maxime nun die persischen Könige und deren Politik entworfen werden« (*S. Grätz*, Edikt des Artaxerxes 291). Nicht mehr die (teil-)autonome persische Provinz Jehûd wäre dann der politisch-geschichtliche Hintergrund des Buches, sondern das tempelzentrierte jüdische Gemeinwesen in der ptolemäischen Provinz Syrien und Phönizien (Kölesyrien), in dem den Ältesten (vgl. Esra 5) ebenso wie hierokratischen Amtsträgern (Priestern und Leviten) wichtige administrative Funktionen ausüben. Nach Esra 7,25 gilt die Mission Esras dem gesamten »Gebiet jenseits des Stromes« (= Transeuphratene), worin sich bereits der Verlust des Provinzstatus von Judäa unter ptolemäischer Herrschaft ausdrücken könnte.

»Die Esraerzählung ist eine spätere Legende über die schrittweise Durchsetzung der Tora als einer verpflichtenden und grundlegenden Urkunde für einen bestimmten Teil des Judentums in der persischen und hellenistischen Zeit« (*R. G. Kratz*, Ezra 186). Damit würden Spekulationen über das Gesetzbuch eines Esra aus persischer Zeit hinfällig (*G. N. Knoppers/B.-M. Levinson*). Esra übernimmt als Gründungsfigur Züge des Mose: Er steht für einen Neuanfang, der an die Gründungszeit Israels anknüpft, und er bürgt als Priester und Schriftgelehrter für die Zuverlässigkeit der Überlieferung. »Die durch Tradition und staatliche Autorität legitimierte Urkunde der Tora stiftet jene (jüdische) Identität, die ... zum Überleben als Gemeinschaft innerhalb der größer gewordenen und internationalisierten Welt nötig erschien. Die jüdische Gemeinschaft definierte sich über das Befolgen der Gesetze der Tora im Rahmen einer teilautonomen Selbstbestimmung (*politikós nómos*) und über die Kenntnis der Gründungsmythen, die in der Tora überliefert sind« (*S. Grätz*, Gottesgesetz 18f).

2.6 Datierung

Ausdrückliche Datierungshinweise fehlen. Ob Teile des Buches, zum Beispiel die Nehemia-Quelle, in das 4. oder sogar das 5. Jh. zurückreichen, wird kontrovers diskutiert (s. o. 2.2). Da die ausdrücklich als Zitate eingefügten Briefe und Urkunden nicht als authentische Kanzleidokumente der Perserzeit betrachtet werden können, sondern vom hellenistischen Herrscherbild beeinflusst sind (*J.-D. Gauger, D. Schwiderski, S. Grätz u. a.*), und zusätzlich einige sprachliche Eigenheiten (vgl. Esra 6,22: »König von Assur«, d. h. Syrien, und die Erwähnung der griechischen Drachme Esra 2,69) in die hellenistische Zeit weisen, spricht vieles dafür, das Esra/Neh-Buch erst in das 3. Jh. v. Chr. zu datieren. *I. Finkelstein* geht noch weiter herunter in der zeitlichen Ansetzung. Die spätesten Bearbeitungen des Buches hängen zusammen mit den ebenfalls erst in hellenistischer Zeit entstandenen Büchern 1/2 Chr (s. o. 2.4). Die Autoren sind in einem schriftgelehrten Milieu zu suchen, höchstwahrscheinlich in Kreisen der Leviten (*K. Min*), die nach Esra/Neh eine bedeutende Stellung im Tempel einnehmen und auch mit der Pflege, Weitergabe und Auslegung der normativen Überlieferungen betraut sind (vgl. Neh 8; 12,47; 13,10–13).

3. Theologie

3.1 Ein theologisches Programm

»Das Esra-Nehemiabuch will von uns nicht als historische Quelle, sondern als theologische Deutung der Wiederherstellung des Mittelpunktes des nachexilischen Judentums, Jerusalems und seines Tempels, gelesen werden« (*O. Kaiser*, Einleitung 185). Das Buch bietet nicht *die* Geschichte der frühen nachexilischen Zeit, sondern ist ein interessierter Entwurf einer »historical story«, der ein Gemeinwesen in einer prekären Situation der Identitätsklärung Judas unter der Fremdherrschaft in frühhellenistischer Zeit unterstützen will. Zur Identitätsgewinnung hilft das Pochen auf starke Kontinuitäten (»Wir sind/wollen wieder sein, wer wir immer schon waren!«). Diachron geht deshalb der Blick zurück auf die normative Gründungszeit Israels (von Mose bis Salomo), synchron fällt die Ausrichtung auf die babylonische → Gola auf: Der Neuanfang erfolgt von außen, und er knüpft an die große Zeit des Ersten Tempels an, ohne als bloße Restauration bewertet werden zu können, denn die politischen und ethnischen Rahmenbedingungen haben sich gegenüber der Königszeit verändert. In der Erzählung von der Wiedererrichtung des Tempels wird dessen Übereinstimmung mit dem Ersten Tempel (Esra 3, vgl. 1 Kön 5,15–8,66) und die Übereinstimmung des Kultes mit der Tora unterstrichen; der Tempel ist das sichtbare Zeichen heilsgeschichtlicher Kontinuität. Der zweite sichtbare Ausdruck der Kontinuität ist die »Wiederherstellung« Jerusalems. Mit Stadt und Tempel erhält das Gemeinwesen seinen religiösen und politischen Mittelpunkt zurück. Die Selbstverpflichtung auf die Tora (Neh 10,1 u. ö.) ermöglicht einen gesellschaftlichen Zusammenhalt und das Durchstehen geschichtlicher Krisen durch den Aufbau einer Erinnerungskultur. Die Neugründung ist von Esra 1,1 her als Erfüllung des prophetisch vermittelnden Gotteswortes zu sehen: Gott handelt (auch) durch die fremden Herrscher.

3.2 Unterschiedliche Definitionen Israels

In diesem Kontext der Betonung der Kontinuität zur vorexilischen Zeit steht auch die genealogische Definition Israels, die in Esra/Neh jedoch unterschiedlich konzipiert wird: Die Bezeichnung »Judäer« im Nehemia-Teil »definiert ein Ethnos, das sich durch gemeinsame Sprache, Gesetz, Religion und Geschichte auszeichnet. Alle JudäerInnen, die in Jerusalem und Juda leben, bilden das von Nehemia geleitete Gemeinwesen. Als ein Ethnos stehen sie in engem Bezug zu den JudäerInnen, die in anderen Teilen des persischen Reiches leben. Die Abgrenzung von anderen Ethnien ist scharf. Ihnen wird eine feindliche Haltung und ein Interesse an der Schwäche der Judäer unterstellt, Eine besondere Rolle spielt dabei Samaria und das von ihm kontrollierte Gebiet. Als Hauptstadt des ehemaligen Nordreiches hatte es ähnliche religiöse und kulturelle Traditionen und hatte während des Exils hohen Einfluss in Juda erlangt. Die Abgrenzung war deshalb politisch besonders wichtig… Im Gegenüber zu den ›Feinden‹ wählt Nehemia oft die Bezeichnung ›Israel‹ für die JudäerInnen. Damit wird die eigene Gemeinschaft als legitime Nachfolgerin des vorexilischen Israel betont und seine religiöse Tradition herausgestellt« (*C. Karrer*, Bücher 160).

In anderen Teilen des Buches wird »Israel« stärker theologisch definiert: Die aus dem babylonischen Exil Heimgekehrten und alle, die sich dieser Gruppe angeschlossen haben (Esra 6,21), gelten als das wahre Israel, dem »das Volk/die Völker des Landes/der Länder« gegenübergestellt werden. Die Texte zur Mischehenproblematik (Esra 9 und 10 und Neh 13) fassen das Konzept noch enger; der »heilige Same« lässt eine Ehe mit Fremden nicht zu; unter Aufnahme sakralrechtlicher Vorstellungen aus dem Buch Lev (vgl. Lev 20,26) wird das Konzept des »heiligen Volkes Gottes« (vgl. Ex 19; Dtn 7) nicht mehr primär religiös vom Hauptgebot der exklusiven JHWH-Verehrung her definiert, sondern ethnisch als kompromisslose Absetzung von allen Fremden. »Nach Esra und Nehemia entscheidet sich die Stabilität des Gemeinwesens an Familienbildungen, in denen beide Ehepartner der eigenen Gemeinschaft zugehörig sind. In Esra 9–10 wird das zu einer Frage von grundsätzlicher Bedeutung für das Gottesverhältnis erhoben« (*C. Karrer*, Bücher 166). Die engste biblische Parallele zu diesen Vorstellungen findet sich in Familiengeschichten der Gen, die ebenfalls Israels Identität ohne Rückgriff auf den Staat definieren, die durch die Heimat-versus-Fremde-Perspektive geprägt sind und in denen die Heiratspolitik eine wichtige Rolle spielt (vgl. Gen 24; 27f u. ö.).

3.3 Schriftauslegung im Dienst der Identitätsklärung

»Die Verfasser von Esra/Neh sind Schriftausleger; indem sie ein Bild der Vergangenheit zeichnen, demzufolge die Protagonisten des Wiederaufbaus sich genau so verhalten wie sie jetzt, versehen sie ihre Aktivitäten mit größerer Autorität. Mit dem Wiederaufbau ohne einen eigenen König und auch später unter einem korrupten Hohenpriester folgen die Judäer dem Beispiel der Persischen Könige und unterwerfen sich der Autorität ihrer verschriftlichen Traditionen. Sie erforschen die entsprechenden Überlieferungen – seien es Listen, die Tora oder das Esra-Nehemiabuch. Sie zeichnen ihre Einsichten auf, schreiben die älteren Texte fort und beziehen sie auf ihre eigene Situation. Schließlich werden auch diese Auslegungen zu Quellen für neues Forschen und Entdecken« (*J. L. Wright*, in: *M. J. Boda/P. L. Redditt* 303).

Die Epoche der Neugründung wird typologisch entschlüsselt als Rekapitulation der Gründungsereignisse Israels: im Exodus aus der Gefangenschaft, im (Wieder-)Einzug in das Land, in der Feier des Pesach, in der Errichtung des Heiligtums, in der Verkündung des Gesetzes, in der Verteilung des Landes bezieht sich der Autor auf die älteren normativen Überlieferungen (*J. Blenkinsopp*, *K. Koch*). Unter einem anderen Blickwinkel erscheint die Epoche der Neugründung zugleich als Erfüllung prophetischer Verheißungen (vgl. vor allem Jes und Jer; *R. Bach*, *J. Blenkinsopp;* vgl. den programmatischen Auftakt in Esra 1,1ff, dem sog. »Kyrus-Edikt«). Schriftauslegung wird so zu einem Instrument der Geschichtshermeneutik. Neben dem Tempel und der Stadt als dem sichtbaren Mittelpunkt des »neuen« Israel gewinnen die kanonischen Schriften, vor allem die Tora, zunehmend an Bedeutung als Identität stiftendes und sozial integrierendes und abgrenzendes Medium. Die aufkommende Praxis des torazentrierten synagogalen Gottesdienstes (vgl. Neh 8) dient der kontinuierlichen Präsentation und Aktualisierung dieses Mediums. In der Treue zur Tora (exemplarisch: Ablehnung der Mischehen; Sabbatobservanz; Sorge für Tempel und Kult; Unterstützung des Kultpersonals; Feste) konstituiert sich das Gottesvolk.

3.4 Aktualität

Im Christentum wurde die Wahrnehmung der Bücher Esra und Neh vielfach verstellt durch das Missverständnis und die Abwertung der Torafrömmigkeit als »Gesetzlichkeit« (Nomismus) und den Vorwurf der selbstgenügsamen Fixierung auf die eigene Gruppe (Partikularismus) und auf die Gegenwart (Theokratie; Mangel an Eschatologie). Es darf aber nicht übersehen werden, dass die teilweise rigiden ethnischen Vorstellungen von »Israel« bereits innerbiblisch durch Gegenkonzepte austariert werden (vgl. Chr; Rut, Jona, aber schon Esra 6,21). Die Torazentrierung wiederum ist kein Ausdruck eines total verrechtlichten Gottesverhältnisses, sondern Israels Weg der Treue zum Bund mit JHWH (vgl. Ex 19,5f; Neh 9,13.29). Versuche, ein positiv bewertetes vorexilisches »Israel« vom kritisch betrachteten nachexilischen »Judentum« abzusetzen, sind als ideologische Muster durchschaut und entsprechen auch nicht der Erkenntnis, dass die alttestamentliche Literatur zu größten Teilen ein Produkt der nachexilischen Epoche ist.

Die Bücher Esra und Neh haben trotz ihrer sehr ausschnitthaften Darstellung der Geschichte das Bild der nachexilischen Zeit stärker als andere geprägt, denn in ihnen zeichnen sich die Orientierungsmarken ab für den Weg Israels in der Epoche des Zweiten Tempels – und bis zur Gegenwart: das Ringen einer politisch abhängigen Gemeinschaft um eine toragemäße Gestalt des religiösen *und* sozialen Lebens (vgl. Esra 10; Neh 5); das Bewusstsein für die historische und theologische Tiefendimension der Gegenwart (vgl. Neh 9); der kreative Umgang mit der Tradition (innerbiblische Zeugnisse einer sehr produktiven Schriftauslegung). Die Wiedergewinnung dieser »weltlichen« und gegenwartsbezogenen Dimensionen des Glaubens, vor allem die stärkere Beachtung des zentralen biblischen Themas »Tora«, stellt sich dem Christentum angesichts der Neigung zu einem übermäßig spiritualisierten Erlösungsverständnis als bleibende Aufgabe.

X. Das Buch Tobit

(Helmut Engel, Frankfurt/Sankt Georgen)

Text: R. Hanhart (Hg.), Tobit (Septuaginta: Vetus Testamentum Graecum VIII,5) Göttingen 1983; R. Hanhart, Text und Textgeschichte des Buches Tobit (MSU 17) Göttingen 1984; J. A. Fitzmyer, Tobit, in: Qumran Cave 4, XIV Parabiblical Texts, Part 2 (DJD 19) Oxford 1995, 1–76; ders., The Aramaic and Hebrew Fragments of Tobit from Qumran Cave 4: CBQ 57, 1995, 655–675; C. J. Wagner, Polyglotte Tobit-Synopse Griechisch – Lateinisch – Syrisch – Hebräisch – Aramäisch (MSU 28) Göttingen 2003; T. Nicklas/C. Wagner, Thesen zur textlichen Vielfalt im Tobitbuch: JSJ 34, 2003, 141–159; M. Hallermayer, Text und Überlieferung des Buches Tobit (DCLS 3) Berlin 2008.

Kommentare: M. Schumpp (ExHb) 1933; A. Miller (HSAT) 1940; F. Zimmermann (JAL) 1958; J. C. Dancy (CBC) 1972; L. Alonso Schökel (Los libros sagrados) 1973; H. Gross (NEB) 1987; P. Deselaers (GSL.AT 11) 1990; C. A. Moore (AncB) 1996; B. Ego (JSHRZ II/6; VI/1,2) 1999, 2005; H. Schüngel-Straumann (HThKAT) 2000 (*rez.* Schmitt: BN 112, 2002, 28–32); B. Otzen (Guides to the Apocrypha and Pseudoepigrapha) 2002; J. A. Fitzmyer (CEJL) 2003.

Auslegungsgeschichte: J. Gamberoni, Die Auslegung des Buches Tobias in der griechisch-lateinischen Kirche der Antike und der Christenheit des Westens bis um 1600 (StANT 21) München 1969; R. A. Spencer, The Book of Tobit in Recent Research: CRBS 7, 1999, 147–180.

Einzelstudien: E. M. Cook, Our Translated Tobit, in: FS M. McNamara, Sheffield 1996, 153–162; P. Deselaers, Das Buch Tobit. Studien zu seiner Entstehung, Komposition und Theologie (OBO 43) Fribourg/Göttingen 1982; E. Drewermann, Voller Erbarmen rettet er uns, Freiburg 1985; B. Ego, Tobit. Das Buch Tobit / Tobias, in: M. Karrer/W. Kraus (Hh.), Septuaginta Deutsch. Erläuterungen und Kommentare zum griechischen Alten Testament I, Stuttgart 2011, 1316–1352; H. Engel, Auf zuverlässigen Wegen und in Gerechtigkeit. Religiöses Ethos in der Diaspora nach dem Buch Tobit, in: FS N. Lohfink, Freiburg 1993, 83–100; J. C. Greenfield, Ahiqar in the Book of Tobit, in: FS H. Cazelles, Paris 1981, 329–336; E. Haag, Das Tobitbuch und die Tradition von Jahwe, dem Heiler Israels (Ex 15,26): TTZ 111, 2002, 23–41; M. D. Hallermayer, Text und Überlieferung des Buches Tobit (DCL 3) Berlin/New York 2008; Kiel, The »Whole Truth«. Rethinking Retribution in the Book of Tobit (LSTS 82) London u. a. 2012; D. McCracken, Narration and Comedy in the Book of Tobit: JBL 114, 1995, 401–418; F. M. Macatangay, Wisdom Instructions in the Book of Tobit (DCLS 12) Berlin u. a. 2011; J. T. Milik, La patrie de Tobie: RB 73, 1966, 522–530; G. D. Miller, Marriage in the Book of Tobit (DCLS 10) Berlin 2011; I. Nowell, The Narrator in the Book of Tobit (SBL.SP 27) Atlanta 1988; A. Portier-Young, Alleviation of Suffering in the Book of Tobit: Comedy, Community, and Happy Endings: CBQ 63, 2001, 35–54; M. Rabenau, Studien zum Buch Tobit (BZAW 220) Berlin 1994; A. Schmitt, Die Achikar-Notiz bei Tobit 1,21–22 in aramäischer (pap4QTob^{a}ar–4Q196) und griechischer Fassung: BZ 40, 1996, 18–38; V. T. M. Skemp, The Vulgate of Tobit Compared with Other Ancient Witnesses (SBL.DS 180) Atlanta 2000; M. Weigl, Die rettende Macht der Barmherzigkeit. Achikar im Buch Tobit: BZ 50, 2006, 212–243; S. Weitzman, Allusion, Artifice, and Exile in the Hymn of Tobit: JBL 115, 1996, 49–61; G. G. Xeravits/J. Zsengellér (Hg.), The Book of Tobit. Text, Tradition, Theology (JSJ.S 98) Leiden/Boston 2005.

Darstellungen in Bildern: H. Weskott, Tobias: LCI 4, 1972, 320–326.

Achikar-Texte: I. Kottsieper (TUAT III/2) Gütersloh 1991, 320–347; R. Contini/C. Grottanelli

(Hg.), Il saggio Ahiqar: Fortuna e trasformazione di uno scritto sapienziale. Il testo più antico e le sue versioni (Studi biblici 184) Brescia 2005; H. Niehr, Aramäischer Aḥiqar (JSHRZ NF II/2) 2007 (Lit.!).

0. Text

Die Tobiterzählung ist in mehreren, voneinander verschiedenen Fassungen erhalten, die sich nicht einfachhin aufeinander zurückführen lassen.

Die *älteste Fassung* bezeugen die in Qumran gefundenen Fragmente von einer Papyrus- (4Q196) und drei Leder-Hss. (4Q197–199) in aramäischer und einer Leder-Hs. (4Q200) in hebräischer Sprache. Nach dem Urteil des Herausgebers sind nunmehr zwar ca. 42% der *Verse* des aramäischen Buches (und ca. 13% des hebräischen) belegt; wegen der bruchstückhaften Erhaltung bieten die Fragmente aber nur weniger als 1/5 des vollständigen Textes. *J. A. Fitzmyer* datiert die Hss. auf ca. 100 v. Chr. (4Q199) bis in herodianische Zeit (4Q197.200). Das Aramäisch dieser Hss. sei zwischen der Sprachstufe des Danielbuches und der des Genesis-Apokryphons (1Q20 mit 1QGenAp), also gegen Ende des 2. Jh.s v. Chr., anzusetzen; es sei jedenfalls nicht, wie oft behauptet wurde, das ältere Reichsaramäisch (*Fitzmyer*). Bei dem hebräischen Text handelt es sich wohl um eine Übersetzung aus dem Aramäischen (Begründung bei *Fitzmyer, Cook*).

Die Edition von *R. Hanhart* gruppiert die erhaltenen *griechischen* Handschriften und die Handschriften der alten Übersetzungen zu drei Hauptfassungen des Textes. Dabei ist die kürzere Textfassung G^{I} in den Hss. am weitaus häufigsten vertreten: Die → Majuskel-Hss. B (Vaticanus), A (Alexandrinus) und V (Venetus), die meisten → Minuskel-Hss. und viele der alten Übersetzungen (syr., sah., aeth., arm.) enthalten sie, auch die Einheitsübersetzung folgt dieser Fassung. Sie ist eine verdeutlichende und durchweg kürzende Bearbeitung der längeren und älteren Textfassung G^{II}. Ob sich für G^{I} darüber hinaus noch ein eigenständiger Rückgriff auf eine aramäische oder hebräische Vorlage zeigen lässt (an mehreren Stellen stimmt G^{I} gegen G^{II} mit 4Q-Texten überein), bleibt noch zu untersuchen. G^{II} ist erhalten in der Majuskel-Hs. S (Sinaiticus; darin fehlen 4,7–18 und 13,6–10), in der Minuskel-Hs. 319 (für 3,6–6,16) und in den altlateinischen Übersetzungen (La). Die dritte Textform G^{III}, erhalten in einem Maj.-Fragment (P. 910; für 2,2*–8*), in den Min.-Hss. 106.107 (44.125.610) nur für den Abschnitt 6,9–12,22, und in syr. Übersetzungen (zu 7,11–12,22) kann als sekundäre Textform bestimmt werden, die nach *Hanhart* grundsätzlich G^{II}, darin besonders La, zuzuordnen ist, die aber auch Textelemente von G^{I} übernommen hat, demnach eine innergriechische Textentwicklung bezeugt. G^{II} und La stehen der aramäischen und der hebräischen Fassung am nächsten.

Die → *Vulgata* enthält keine den vorgenannten entsprechende Textform; aus dem Prolog zu seiner Tobit-Übersetzung wird deutlich, dass Hieronymus den ihm vorliegenden altlateinischen Text »verbesserte«, indem er sich einen (nicht erhaltenen) aramäischen Tobit-Text ins Hebräische übersetzen ließ und das Gehörte seinerseits gleich ins Lateinische übertrug. Eine besonders große Nähe zu den Textfassungen der Qumranfragmente ist nicht erkennbar.

Bei der 1878 von *A. Neubauer* herausgegebenen aramäischen Handschrift aus dem 15. Jh. handelt es sich wahrscheinlich um eine mittelalterliche Übersetzung aus dem Griechischen ins Spät-Aramäische; ebenso setzen die vier erhaltenen mittelalterlichen Übersetzungen ins Hebräische bereits die griechische Textüberlieferung voraus (*Hanhart, Fitzmyer*).

Die folgenden Ausführungen wählen die älteste vollständig erhaltene Textfassung G^{II} (S. 319*; La) als Grundlage. Eine deutsche Übersetzung der beiden Fassungen G^{II} und G^{I} nebeneinander bietet *B. Ego* 915–1005.

1. Aufbau

Das Tobitbuch ist geschickt und transparent aufgebaut. Nach dem Buchtitel (1,1–2) setzt die Erzählung in Ich-Form ein (zur Ich-Form als literarischem Gestaltungsmittel vgl. die antiken »biographischen« Grabinschriften, den Achikar-Roman, Esra 7,27–9,15, das Buch Nehemia, Dan 7,2–12) mit einer summa des Lebens(ideals) der Hauptperson (1,3).

1,1–2	Buchtitel	Buch der Worte/Geschichte Tobits aus dem Stamm Naftali im assyrischen Exil
1,3–3,17	Exposition	Die Not Tobits und Saras, ihre Gebete und der Heilsplan Gottes
4,1–14,1a	Hauptteil	Die Reise des Tobias in Begleitung des Asarja *(JHWH hilft)*
14,1b–15	Epilog	Die Lebenserfüllung Tobits, Annas und des Tobias

Die Ich-Form wird bis in das *Gebet* 3,1–6, in dem der Verfasser die *Rückblende* Tobits auf sein bisheriges Leben (1,4–2,14) gipfeln lässt, weitergeführt und ab 3,7 zugleich mit einem »Kameraschwenk« von Ninive nach Ekbatana unauffällig aufgegeben. Immer wiederkehrendes καὶ ὅτε (1,4[2x].9.10b.12.15.19b; 2,7b.13), ein τότε (1,22) und drei Zeitbestimmungen (2,1.9.11) gliedern den Lebensrückblick (1,3–3,6) nach seinen Hauptstationen:

1,3	*Zusammenfassende* Charakterisierung von Tobits Lebensweise; sein Wohnort und sein gesellschaftliches Umfeld	
1,4–2,14	*»Biographische« Darlegung* (chronologisch-geographisch):	
	1,4–8	Jugend im Land Israel
	1,9–10a	Eheschließung dort und Geburt des Tobias (im assyrischen Exil)
	1,10b–11	Nichtteilnahme an heidnischen Mahlzeiten im Exil in Ninive
	1,12–14	Aufstieg unter Enemassar zum Einkäufer; Geldhinterlegung bei Gabaël in Medien
	1,15–19a	Geächtetes Wirken (Totenbestattung) zur Zeit Sennacherims
	1,19b–21	Flucht bis zum Regierungsantritt des Sacherdonos und zur Einsetzung Achikars
	1,22	Auf Veranlassung Achikars Rückkehr nach Ninive
	2,1–7a	Das unterbrochene Heimkehrmahl am Pfingstfest
	2,7b–8	Totenbestattung nach Sonnenuntergang
	2,9–10	Nächtlicher Unfall und Erblindung
	2,11–12	Die Gattin Anna verdient durch Heimarbeit den Lebensunterhalt
	2,13–14	Die Auseinandersetzung zwischen Tobit und Anna
3,1–6	*Gebet*	

Durch die wiederholte Angabe der *Gleichzeitigkeit* (ἐν τῇ ἡμέρᾳ ταύτῃ/ἐκείνῃ 3,7.10 und ἐν αὐτῷ/ἐκείνῳ τῷ καιρῷ 3,11.16.17), durch die Ähnlichkeit des Leids (»Schimpf anhören müssen« 3,6.10) und des erbetenen Auswegs (Bitte um den baldigen Tod 3,6.10.13) und indem er auch diesen zweiten Erzählstrang 3,7–15 über Sara in Ekbatana in ein *Bittgebet* der Hauptperson münden lässt (3,11–15), verknüpft der Verfasser zwei voneinander weit entfernte Orte (Ninive und Ekbatana) und zwei ganz verschiedene Schicksalsschläge (Erblindung und unüberwindbare Eheverhinderung), die an sich nichts miteinander zu tun haben. Der literarischen Parallelität der Berichte entspricht eine Wirklichkeit, die der Verfasser durch erneuten Wechsel der Erzählebene darstellt: Tobit in Ninive und Sara in Ekbatana werden gleichzeitig *erhört*. Gott verbindet die beiden Menschen und wird ihre Familien zusammenführen, indem er den Rafael sendet, »um die beiden zu heilen« (3,16–17). Im Botenauftrag an Rafael wird dann erzählerisch in Kurzfassung bereits der Verlauf des folgenden Hauptteils des Tobitbuches angekündigt. Der letzte Satz in 3,17 beschließt mit der nochmaligen Hervorhebung der Gleichzeitigkeit und der erneuten Nennung der bisherigen beiden Hauptpersonen die → *Exposition* der Erzählung, die demnach folgenden Aufbau hat:

A	1,3–3,6	Bericht über *Tobit* in einer Selbstvorstellung (Ich-Form) und sein Gebet
B	3,7–15	Bericht über *Sara* in Ekbatana: ihre Situation und ihr Gebet
C	3,16–17	Die Erhörung der Gebete beider: die Aussendung des Rafael *(Gott heilt)*

Der durch → Exposition (1,3–3,17) und → Epilog (14,1b–15) gerahmte *Hauptteil*, die Reise des jungen Tobias (4,1–14,1a), ist deutlich als *Ringkomposition* gestaltet:

A	Entsendungsplan und Lebenslehre/Testament Tobits für Tobias		
4,1–21	1–2	Erinnerung Tobits an das bei Gabaël in Rages/Medien hinterlegte Geld	
	3–19	*Testament* Tobits für seinen Sohn: Lebenslehre	
		3d–4	gegenüber den Eltern
		5–6a	* gegenüber JHWH: nicht »Unrecht«, sondern »Gerechtigkeit« tun:
		6b–16	Barmherzigkeit/Almosen/Nächstenliebe als Verwirklichung der »Gerechtigkeit«: 6b–11.12–13.14a–c.d.15a.b.16
		17–18	weitere Mahnungen (Solidarität mit Hinterbliebenen; guten Rat annehmen, der letztlich von JHWH kommt)
		19	* gegenüber JHWH: zu jeder Zeit den Herrn preisen!
	20–21	Hinweis auf das bei Gabaël hinterlegte Geld; Schlussermutigung	
B	Suche eines Reisebegleiters, Vereinbarungen und Abschied		
5,1–6,1	5,1–3	Dialoge:	Tobias – Tobit
	5,4–8		Tobias – Rafael (inkognito)
	5,9–17		Tobit – Tobias – »Asarja«
	5,18–6,1		Mutter (Anna) – Tobit

C	Die Reise von Ninive nach Ekbatana	
6,2–7,9a	6,2–9	Die Nacht am Tigris, der Kampf mit dem Fisch und dessen Verwertung
	6,10–18	Gespräch über die bevorstehende Begegnung mit Sara (nahe Ekbatana)
	7,1–9a	Empfang und Begrüßung durch Raguël, Edna und Sara
D	Die Hochzeitsfeier in Ekbatana	
7,9b–10,13	7,9b–17	Heiratsantrag und -verhandlung, Eheschließung, Heiratsvertrag, Fortsetzung des Begrüßungs- als Hochzeitsmahl, Herrichtung des Brautgemachs
	8,1–9a	Die Hochzeitsnacht
	8,9b–18	Erstaunen und Lobpreis Gottes wegen seines Erbarmens
	8,19–21	Der Beginn des 14-tägigen Hochzeitsfreudenfestes
	9,1–6	Rafael holt mit Dienern das Geld in Rages bei Gabaël; dieser nimmt die Einladung zur Hochzeitsfeier in Ekbatana an
	10,1–7k	Tobits und Annas wartende Sorge um Tobias in Ninive
	10,7l–13	Der Abschied Tobias' und Saras von ihren Eltern in Ekbatana
C'	Die Heimreise von Ekbatana nach Ninive	
11,1–19	1–15	Das Wiedersehen Tobias' mit seinen Eltern, die Heilung der Blindheit Tobits und dessen Lobgebet
	16–19	Der Empfang der Schwiegertochter Sara durch Tobit; Mitfreude aller Juden in Ninive
B'	Entlohnungsangebot an den Reisebegleiter und dessen Selbstvorstellung	
12,1–22	1–5	Würdigung der vielfältigen Verdienste und Leistungen des Begleiters
	6–22	Selbstvorstellung Rafaels; Belehrung. Entschwinden
A'	Der *Lobgesang* Tobits 13,1–6h.(6i–7.8–9)10.11–12.13–14.15–18; 14,1a	
13,1–18		
Epilog:	Die Lebenserfüllung Tobits, Annas und des Tobias	
14,1b–15	1b–2	*Zusammenfassender Überblick* bis zum Lebensende Tobits
	3–11	Die *Letzten Worte* Tobits an seinen Sohn Tobias. Tod und Begräbnis Tobits.
	12–15	Das weitere Leben des Tobias bis zu seinem Tode

Am Anfang und am Ende stehen eine lange Rede Tobits (A 4,3–21 und A' 13,1–18); ebenso entsprechen sich Suche des Reisebegleiters, Vereinbarungen mit ihm und Abschied (B 5,1–6,1) und nach der Heimkehr das Entlohnungsangebot an den Reisebegleiter und seine Selbstvorstellung (B' 12,1–22). Die Darstellungen der Reise von Ninive nach Ekbatana und des Empfangs dort durch Raguël, Edna und Sara (C 6,2–7,9a) und der Heimreise von Ekbatana nach Ninive mit der Heilung Tobits bei der Ankunft und der herzlichen Aufnahme Saras (C' 11,1–19) umgeben das *Zentrum,* die Heilung Saras und die Hochzeit in Ekbatana (D 7,9b–10,13). Einige der durch Zeitangaben, Orts- oder Personenwechsel oder andere Struktursignale abgegrenzten Szenen sind *Bindeperikopen,* d. h. sie bilden den Schluss eines Abschnitts und eröffnen zugleich schon den folgenden, z. B. die Abschieds- und Begrüßungsszenen. Andere sind *Einblendungen:* Während der vierzehntägigen Hochzeitsfeier in Ekbatana holt Rafael das

Geld in Rages und bringt Gabaël als Festgast mit (9,1–6), gleichzeitig warten Tobit und Anna voll Sorge auf die Heimkehr ihres Sohnes (10,1–7).

Ein Beispiel solcher Struktursignale: Die zum Eheschließungsverfahren gehörenden Schritte nach der *Brautwerbung* und der Zusage mit Segenswunsch des Brautvaters (7,9b–11) werden jeweils durch καὶ ἐκάλεσεν (Ῥαγουήλ) eingeleitet: die *Eheschließung* durch Übergabe der Braut an den Bräutigam (7,12), die Ausstellung der *Trauungsurkunde* mit Fortsetzung des Begrüßungsmahls als *Hochzeitsmahl* (7,13–14) und die Verabschiedung der Braut aus dem elterlichen Lebensbereich, insbesondere von der Mutter, damit der Bräutigam sie *heimführen* kann (7,15–17).

Der *Beginn* des *Hauptteils* in 4,1 wird durch eine Zeitangabe (ἐν τῇ ἡμέρᾳ ἐκείνῃ) von der → Exposition abgesetzt und durch die zeitliche Nähe und eine Erinnerung an in 1,13–14 Erzähltes zugleich mit ihr verknüpft. Mit dem Selbstgespräch Tobits in 4,2 wird die Situation »im Angesicht des Todes« hergestellt, der klassische Ort der *Lebenslehren* und der *Letzten Worte.* Da Tobit seine *Mahn- und Lehrrede* in 4,3–19 im Blick auf seinen als bald bevorstehend gedachten Tod hin hält (Begräbnisanweisung und Fürsorgeaufforderung für die weiterlebende Mutter; Vermächtnis des bei Gabaël hinterlegten Geldes), klingen auch die Gattungen der *Abschiedsrede* bzw. des *Testaments* an. Wesentliche Elemente davon fehlen allerdings hier: Sie werden erst in 14,3–11 bei der Gestaltung der tatsächlich *Letzten Mahnung* Tobits an seinen Sohn eingesetzt. Nachdem der Hauptteil der Erzählung mit der Erfüllung des Engel-Auftrags im Hymnus Tobits (13,1–18) zum abschließenden Höhepunkt gelangt ist, berichtet der → *Epilog* (14,1b–15) noch über die letzten Jahre von Tobit und Tobias. 14,1b–2 gibt rückschauend eine *summa* des Lebens Tobits, es folgen sein *Testament* an Tobias und dessen Familie und die Todesnotiz (14,3–11), sowie einige Angaben über das weitere Leben des Tobias bis zu seinem Tod.

Durch die Struktur der Erzählung sind einige Texte besonders hervorgehoben (Struktur-Angeln, Schlüsseltexte):

- die summarischen Lebensüberblicke am Anfang und am Ende (1,3 und 14,1b–2),
- die Bittgebete Tobits und Saras (3,1–6 und 3,11–15),
- der Gottes-Auftrag an Rafael (3,16–17),
- die testamentartigen Reden Tobits (4,3–21 und 14,3–11),
- die Gebete im Zentrum (8,5–8.15–17),
- die Engelrede (12,6–22) und der Tobit-Hymnus (13,1–18).

2. Entstehung

2.1 Eine fiktive Diaspora-Erzählung mit jüdisch-jerusalemischer Orientierung

Vom Buchtitel an wird der Leser des Tobitbuches mitgenommen aus dem »Land Israel« in das berüchtigte Ninive im Land der Assyrer, Ort des Exils, der Diskriminierung, der Gottlosigkeit und brutalen Verfolgung, in frühe und ferne → Diaspora. Damit niemand das *Fiktive* an dieser Erzählung übersieht, lässt der Verfasser die Hauptfigur, den Vater Tobit, in seinem 112 Jahre dauernden Leben wichtige Ereignisse der Volksgeschichte aus *mehr als drei Jahrhunderten* miterleben: Als er noch klein war, nach dem Tod Salomos, fiel sein Stamm Naftali vom Haus *seines Vaters* David und der auserwählten Stadt Jerusalem ab: Mit diesen Ausdrücken ist für den Leser die *jüdische* und nicht etwa eine israelitische (Stamm Naftali!) bzw. samaritanische Perspektive der vorliegenden Erzählung ausreichend verdeutlicht. In Tob 11,17 freuen sich über den guten Ausgang alle *Juden* in Ninive. Im Hymnus Tobits (13,1–18) geht es um *Jerusalem* und die prophetischen Hoffnungen für seine Zukunft, nicht um Samaria; letzteres wird nur in 14,4 innerhalb des Landes Israel neben Jerusalem und dem Tempel als ebenfalls verwüstet genannt. Der erwachsen gewordene Tobit wird durch die Assyrer unter Enemassar – dieser Name steht offenbar für Salmanassar V. *und* Sargon II. – nach Ninive deportiert und kann erst im Exil heiraten und einen Sohn zeugen, den er Tobias nennt. Tobit wird als Cousin des berühmten Achikar vorgestellt, der damit literarisch auch *Jude* wird und dessen Karrierehöhepunkt, Fall und Rehabilitation Tobit miterlebt.

Nach einer in seleukidischer Zeit notierten Überlieferung war »zur Zeit des Königs Assur-aḫ-iddina (= Asarhaddon) Aba-Enlil-dari, den die Aḫlamū (= Aramäer) Aḥūqār nennen, der *ummānū* (= Gelehrter, Hofberater)«. Dieser Tradition entsprechen die Angaben am Beginn des Achikarromans in den Elefantine-Papyri, dass Achikar, »der Weise und gewandte Schreiber, Ratgeber von ganz Assyrien, als Siegelbewahrer Sanheribs, des Königs von Assur« (705–681 v. Chr.) und später unter dessen Sohn Asarhaddon (681–669 v. Chr.) tätig war. Tob 1,22 zeigt in 4Q196 Kenntnis dieser Tradition: »Achikar war Obermundschenk und Herr der Siegelringe und Finanzminister und Wirtschaftsminister schon bei Sanherib, dem König von Assur. Und Asarhaddon bestellte ihn zum zweiten (Mann) bei sich« (s. *A. Schmitt*).

In seinem Hymnus (Tob 13) schaut Tobit über die Zerstörung Jerusalems (im Jahre 587) hinweg in eine erhoffte Zukunft, in der die Deportierten und Zerstreuten, wenn sie sich Gott mit ganzem Herzen zuwenden, auch Gottes Zuwendung erfahren werden *mitten unter den Völkern*.

Außer den assyrischen Königen – Enemassar ermöglicht Tobit eine Geschäftsführerposition und dadurch Wohlstand, der ihm nachfolgende gotteslästerliche Sennacherim verfolgt und ruiniert ihn, dessen Nachfolger Sacherdonos verleiht Tobits Vetter Achikar eine leitende Stellung – treten nur Juden auf der Bühne der Erzählung auf, in Ninive wie in Ekbatana und Rages und selbst bei den Reisen. Die nichtjüdische Umwelt bildet nur eine Hintergrundfolie.

Von ihren Speisen isst Tobit nicht (1,10–11). In seinem Gebet 3,4 sind »die Völker« Publikum der an Israel gemäß Dtn 28,37; Jer 24,9; Ps 44,15 vollzogenen Strafen, in seinem Hymnus werden sie Zeugen des dankbaren Gotteslobs der Israeliten, dem sich in der Endzeit jedoch Menschen aus allen Völkern in einer Prozession zur wieder aufgebauten heiligen Stadt Jerusalem anschließen werden (vgl. Jes 54; 60–62; 66). Nichtjuden werden in der Erzählung auch nicht als solche negativ dargestellt: Es bleibt unbestimmt, wer Leichen über die Mauer von Ninive oder auf den Stadtplatz wirft (1,17; 2,3), wer Tobit denunziert (1,19) oder auslacht (2,8) und wer die Arbeitgeber Annas sind (2,12–13). Nur über Juden möchte der Verfasser seinen Mitjuden erzählen.

2.2 Aufgenommene Motive und literarische Vorbilder

Wesentliche Erfahrungen und Hoffnungen aus der Geschichte Israels und Judas von den Anfängen bis in die Exilszeit sind in die Erzählung einbezogen, literarisch gestaltet und als theologisch relevant gekennzeichnet mit Hilfe des Motiv- und Überlieferungsschatzes der älteren Bücher der Bibel.

In eigenständiger und unterschiedlicher Weise wird neben vielen anderen besonders auf die folgenden Texte Bezug genommen oder angespielt: Ijob 2 (mit beträchtlichen Unterschieden zum Wortwechsel Ijobs mit seiner Frau: Anna verwahrt sich zu Recht gegen die Unterstellungen und Bevormundungsversuche des zum Sozialfall gewordenen blinden Tobit); Gen 24 (Abraham entsendet seinen Knecht, um bei seiner Verwandtschaft um eine Frau für seinen Sohn Isaak zu werben und sie mitzubringen); Gen 29 (Jakob reist zu den Aramäern im Osten und erhält Labans Töchter zu Frauen); Ex 23,20–23 (über den Begleit- und Schutzengel); Dtn 31–32 (Moselied mit Aufforderung zur Niederschrift). Den Bezugstexten in Gen, Ex, Dtn und Ijob ist gemeinsam, dass sie alle in der vorbildlichen Frühzeit ihren Schauplatz *außerhalb des Landes Israel* haben (s. dazu *S. Weitzman*). Außerdem verwendet der Verfasser die Bücher Jes und Ps, Nah bzw. Jona (über Ninive); Testaments-, Lied- und Gebetstexte in den erzählenden Büchern der Bibel wie Gen 48–49; 1 Sam 2; 1 Kön 8; 1 Chr 16; 17; 29; Esra 9; Neh 9; vgl. Dan 9; Sprichwörter und Lehren, vgl. Spr; Sir.

Auch Märchenmotive (»Die Braut des Unholds«, »Der große Fisch«) werden mit bezeichnenden Veränderungen zur Gestaltung mit herangezogen.

Zugleich lehnt sich Tob an den Aufbau einer bestimmten Form des zur Weltliteratur zählenden *Achikar-Romans* an (s. dazu besonders *J. C. Greenfield*). Der Verfasser von Tob, der bei seinen Lesern Vertrautheit mit den aramäischen Achikar-Überlieferungen voraussetzen konnte, hat sowohl im Gesamtaufbau wie in Einzelheiten nachahmend und kontrastierend darauf Bezug genommen: Karriere am Königshof; ein (Adoptiv-) Sohn, der mit Hilfe von Weisheitsmahnungen und -lehren erzogen wird, die einige ähnliche Themen enthalten, und zwar in zwei »Portionen«: vor und nach der Untat Nadans – vor und nach der Reise des Tobias. Dabei ist der *Kontrast der Söhne* Nadan und Tobias zentral für das Tobit-Buch. Der Gegensatz wird besonders deutlich an der Sorge um ein würdiges Begräbnis: Tobit hatte, um anderen ein solches zukommen zu lassen, Diskriminierung und Vermögensverlust auf sich genommen, auch seine Erblindung traf ihn in solchem Zusammenhang; am Buchende wird ausführlich erzählt (14,11–13), dass Tobias seine Eltern und Schwiegereltern würdig begräbt. Nach der syrischen Version wünscht sich Achikar besonders zur Sicherung eines würdigen Begräbnisses einen Sohn; die Verurteilung zum Tode ohne ehrenvolle Bestattung trifft ihn darum besonders hart.

2.3 »Erweiterungsschichten« im Tobitbuch?

Entgegen der anhand der Handschriften tatsächlich beobachtbaren Tendenz der späteren Bearbeitungen des Textes, ihn »spannungsfreier« zu machen und zu kürzen (so G^{I} in der Regel gegenüber G^{II} und gegenüber 4Q196–200; später Vg gegenüber La) wird in zwei neueren Arbeiten (*P. Deselaers, M. Rabenau*) eine gegenteilige Vermutung als Folgerung aus ihrer »Literarkritik«

vorgetragen: Eine kurze »Grunderzählung« habe drei sukzessive Bearbeitungen erfahren, die die »Grunderzählung« jeweils z. T. beträchtlich erweitert hätten. Dabei nimmt *Rabenau* bereits berechtigte Korrekturen an den Hypothesen von *Deselaers* vor: Auszugehen ist nicht von der jüngeren Fassung G^{I}, die ja bereits eine kürzende und glättende Redaktion zur älteren Fassung G^{II} bzw. zu den in 4Q196–200 erkennbaren aramäischen und hebräischen Fassungen darstellt. Daher fehlt *Deselaers'* Datierungs- und Lokalisierungsversuchen der von ihm angenommenen drei »Erweiterungsschichten« die Grundlage. Aber auch *Rabenau* meint noch, innerhalb des Tobitbuches eine »Grunderzählung« und drei »Erweiterungsschichten«, z. T. mit etwas anderem Zuschnitt als *Deselaers,* herauspräparieren zu können, denen er je eigene Akzentsetzungen und präzise Entstehungsdaten zuordnet (zwischen 147 und 141 die erste Erweiterung, nach 140 die zweite und im letzten Drittel des 2. Jh.s v. Chr. die dritte). Zwar können Formulierungen wie »wirkt überladen ... es hat den Anschein ... lässt sich ohne Schwierigkeit aus dem Text entfernen ... gewinnt für die weitere Erzählung keine Bedeutung ... schließt nicht nahtlos an ... stört die folgerichtige Gedankenfolge ... durch die Entfernung von ... ergibt sich ein ungestörter Gesamtzusammenhang ... die Mitteilung ist entbehrlich, deshalb kann der Halbvers ausgeschieden werden ... die Vorankündigung erscheint an dieser Stelle überflüssig ... der Übergang ist unorganisch« u. ä. Aufschluss geben über die normativen Vorstellungen des Literarkritikers, aber zum Verständnis einer orientalischen Erzählung und zur Erhellung der Entstehung des Tobitbuches sind sie wenig hilfreich.

Viele der Quellen, die der Verfasser des Tobitbuches benutzte (s. o. 2.2), sind uns durchaus bekannt, gelegentlich auch Texte, die diese Quellen weiter ausgestalteten (vgl. z. B. die oft beobachtete Nähe von Tob 5,18–6,1 zu Jub 27,13–18: nicht einmal hier ist direkte literarische Abhängigkeit erforderlich, es genügt zur Erklärung, dass beiden Texten eine entsprechende haggadische [→ Haggada] Auslegungstradition zu Gen 28 bekannt war). Die mehrfach noch deutlich erkennbaren »Nähte« zwischen den Erzählelementen und -motiven sind nicht Hinweise auf spätere »Einfügungen« in eine »Grunderzählung« (z. B. die Achikar-Notizen, die Auseinandersetzung Tobit – Anna, Rafaels Abschiedsrede und der Tobit-Hymnus in seiner Ganzheit, der Unterschied der Prioritäten bei der religiösen Praxis im »Land Abrahams« gegenüber der in der → Diaspora, u. a.). Solche »Nähte« sind vielmehr Spuren der ganz verschiedenen Herkunft der zur Tobiterzählung zusammengefügten Stoffe. So wurde es schon immer für den rätselhaft kurz und »isoliert« erwähnten Hund (6,2; 11,4) angenommen. Niemand hat ihn jemals für »später eingefügt« gehalten, keine Fassung hat ihn wegzulassen gewagt; wohl verlagert G^{I} seine Erwähnung an die »richtigere« Stelle: ans Ende von 5,17 statt mitten in 6,2.

In welchem Umfang und mit welchem »Interesse« tatsächlich Bearbeitungen und gelegentlich auch Erweiterungen vorgenommen wurden, lässt sich am Verhältnis von G^{I} zu G^{II} studieren. Untersuchungen zur Erzähltechnik des Buches haben inzwischen das Verständnis von sog. »Widersprüchen«, Perspektivenwechseln, »Nachholungen« u. ä. erheblich vorangebracht (z. B. *D. McCracken*).

2.4 Gattung

Im Tobitbuch sind eine Vielzahl von literarischen Formen und Formelementen verwendet (z. B. Gebet, Hymnus, Lebenslehre, Testament, Reiseschilderung). Die Erzählung kreist nicht nur um eine Hauptperson, sondern will Lauf und Verflechtung mehrerer Schicksale in unaufdringlich belehrender Absicht darstellen. Gegenüber anderen, weniger passenden Gattungsbestimmungen, die unterschiedlich wichtige Einzelzüge hervorheben (→ Midrasch, Lehrerzählung, Familiengeschichte, Geschichtsschreibung, Entwicklungs-, Erziehungsroman, Legende, Märchen, Novelle), umschreibt deshalb die Bezeichnung *romanhafte theologische Lehrerzählung* die Eigenart des Tobitbuches wohl am besten.

2.5 Entstehungszeit

Da sichere Anhaltspunkte fehlen, lässt sich nur vermuten, wo und wann die vorliegende Tobiterzählung entstand: jedenfalls im aramäisch sprechenden Judentum, in Syrien oder Palästina. Nur als Ort der griechischen Übersetzung, insbesondere der Fassung G^{I}, legt sich Ägypten nahe; Mesopotamien ist wegen der vagen geographischen Vorstellungen wenig wahrscheinlich. Die Zerstörungen Samarias (722 v. Chr.) und Jerusalems (587 v. Chr.) liegen in ferner Vergangenheit, gegenwärtige Erfahrung ist eine weit gestreute *jüdische* → Diaspora, die zwar die Sammlung der Kinder Israels im endzeitlichen Jerusalem besingt (13,3–5), an einen tatsächlichen Umzug nach Judäa aber nicht einmal denkt (vgl. 14,12–15). Dass sich im Begräbnisverbot des Königs für hingerichtete Juden (vgl. 1,18–20; 2,8) bereits die Erfahrungen der Konflikte der Makkabäerzeit spiegeln, ist möglich. Die Tobiterzählung kann demnach in der späteren persischen oder der hellenistischen Zeit, also im 4. bis 2. Jh. v. Chr., geschaffen worden sein. Für die Qumran-Fassung von Tob befürwortet der Herausgeber der Fragmente *J. A. Fitzmyer* ein Datum in der zweiten Hälfte des 2. Jh.s v. Chr. Dass eine samaritanische Vorstufe (aus dem Umkreis der Tobiaden-Familie) zu der vorliegenden Jerusalem-orientierten Erzählung »orthodox« umgearbeitet wurde (so, in Weiterführung von *J. T. Milik*, auch *M. Rabenau*), ist eine erwägenswerte Hypothese.

3. Theologie

3.1 Religiös begründete Verhaltensideale: Gerechtigkeit – Treue – Barmherzigkeit

Welches Verhalten der Verfasser seinen Lesern als mustergültig nahe bringen möchte, lässt er die Hauptfigur seiner Lehrerzählung gleich zu Beginn der Selbstvorstellung in 1,3 überschriftartig vortragen. Diese *summa* wird durch den daran anschließenden Lebensrückblick, in dem auch Infragestellungen, Konflikte und Fehlverhalten nicht übergangen werden, zusammen mit den Gebeten, den testamentartigen Lehrreden und dem großen Lobpreis in Kap. 13 immer weiter veranschaulicht.

In drei gewichtige *Leitworte* hinein wird in der *summa* das religiöse Verhaltensideal verdichtet: ὁδοὶ ἀληθείας (»Wege der Treue/Wahrheit = zuverlässige Wege«) – δικαιοσύνη/αι (»Gerechtigkeit[serweise]«) – ἐλεημοσύνας ποιεῖν (»Werke der Barmherzigkeit tun = Nächstenliebe verwirklichen«). Jeder dieser Begriffe wird, wie die Gebetsanreden 3,2.11 zeigen, zunächst und ursprünglich *Gott selbst* zugeschrieben und bezeichnet in Entsprechung dazu die Verhaltensantwort des Menschen auf ein solches Geschenk. Ganz selbstverständlich und grundlegend ist im Denken des Verfassers wie in der übrigen Bibel das Erste immer die Gabe Gottes, das εὐαγγέλιον, und nur innerhalb des so geschaffenen Raumes haben Weisung/Gesetz und Verhaltensantwort des Menschen ihren Ort.

Durch die Häufigkeit von ἐλεημοσύνη im Vergleich mit anderen Büchern (in der LXX: Tob 22x [17x im Sg. und 5x im Pl.]; Sir 13x; Spr 7x; Jes 4x; Pss 3[4]x; Dtn 2x; Dan^{Theod} 2x; Gen 1x) und die Konzentration der Vorkommen auf die Schlüsseltexte des Tobitbuches ist erkennbar, dass es sich dabei um ein zentrales und das ganze Buch prägendes Thema handelt. Der Verfasser bezeichnet offensichtlich mit ἐλεημοσύνην/ας ποιεῖν (»Nächstenliebe verwirklichen«) und εὐλογεῖν τὸν θεόν (»Gott preisen«) die konkreten Handlungen, wie man »auf zuverlässigen Wegen und mit Rechtverhaltenserweisen« (1,3) lebt. In der rückblickenden *summa* 14,2 wird die Wendung ἐλεημοσύνας ἐποίησεν wiederholt und dazu das durch καὶ ἐν δικαιοσύναις von 1,3 Mitumfasste ausdrücklich gemacht: Gott loben, bekennen, ihm danken.

Es geht also bei dem, was der Verfasser als der Vorgabe Gottes entsprechendes richtiges Leben in der → Diaspora kennzeichnet, um Verwirklichungen der δικαιοσύνη in Gotteslob und tätiger Nächstenliebe vor den Völkern (13,3) im Land der Gefangenschaft (13,6). Als Tobit noch »im Land Israel« war, lebte er nach dem dafür »im Gesetz des Mose Angeordneten«, im Exil aber ist anderes als die Jerusalemwallfahrten und die genaue Entrichtung der Zehntabgaben wichtig, nämlich die Wahrung und Festigung der Identität unter »meinen Brüdern, in meinem Volk, die als Kriegsgefangene ins Land der Assyrer nach Ninive mitgezogen waren«. Dazu dienen »nach außen« Abgrenzungen: das Nichtessen vom »Brot der Völker« (1,10–11) und die Einschärfungen, einen Ehepartner nur innerhalb der Verwandtschaft zu suchen. »Nach innen«, im Umgang der jüdischen Brüder und Schwestern miteinander vor ihrem Gott, gruppiert sich alles um die beiden genannten Dimensionen der »Gerechtigkeit«.

Wie das rechte *Gotteslob* gedacht ist, wird durch das Aufschreiben der Erzählung selbst entsprechend dem Engel-Auftrag in 12,20 und durch die die Erzählung stetig begleitenden Gebete, Lehrreden und Mahnungen dem Leser unüberhörbar nahe gebracht.

In Tob 1,17 (vgl. 4,16) ist stichwortartig ausgefaltet, was in 1,3.16 mit der Wendung ἐλεημοσύνας πολλὰς gemeint war: »Meine Brote habe ich den Hungernden gegeben und Kleider den Nackten, und wen ich aus meinem Volk tot und hinter die Mauer von Ninive geworfen sah, habe ich begraben«. Die hier genannte Reihe von *Werken der Barmherzigkeit* hat schon eine Jahrtausende alte Vorgeschichte in Mesopotamien und Ägypten. Vgl. noch in der Bibel: Jes 58,6–8; Ez 18,5–9; Sir 3–4; 7,32–35; Ijob 22,6–9; 31,1–40; Mt 25,31–46.

Die testamentartige *Lebenslehre* in Tob 4,3–21 stellt in anderer Weise zusammen, was »mit Verwirklichungen der Gerechtigkeit« (ἐν δικαιοσύναις 1,3) bedeutet: Nachdem Tobit seinen Sohn um ein ehrenvolles Begräbnis für sich selbst gebeten hat, trägt er ihm als erstes auf, die *Mutter* nicht im Stich zu lassen. Die Begründung der Dankespflicht gegenüber der Mutter im Blick auf die Beschwerden und Gefahren der Schwangerschaft und Geburt ist ein nicht so häufig begegnender Topos der Lebenslehren. Die zweite Mahnung Tobits an seinen Sohn ist »des Herrn zu gedenken«. Innerhalb der Weisungen sind dann die V. 6b–16, in denen der 8x wiederkehrende Ausdruck ἐλεημοσύνη das *Themawort* bildet, stark hervorgehoben. Die angesprochenen Lebensbereiche zeigen, dass die Übersetzung von ἐλεημοσύνη mit »Almosen« das Gemeinte nur teilweise erfasst. Die rechte Gottesverehrung *schließt* in Tob 4 buchstäblich die Nächstenliebe, die soziale Dimension der Gerechtigkeit, *ein!* Als »Schriftbeweis« für die grundlegende Wichtigkeit der ἐλεημοσύνη (Tun der Liebe, der Barmherzigkeit) lässt der Verfasser in 4,10 den lehrenden Tobit Spr 10,2b = 11,4b in bezeichnender Abwandlung zitieren: »Barmherzigkeit reißt aus dem Tod«. Auch Rafael greift in seiner Belehrung 12,9 auf dieses Schriftwort zurück und fügt noch den an anderen Stellen der Heiligen Schrift bezeugten Gedanken hinzu, solches Tun reinige von jeglicher Sünde.

Bei seinen tatsächlich allerletzten Worten, nach der prophetischen Zukunftsvision über die Hinwendung aller Völker von ihren Götzen zu Gott und über das dauerhafte, sichere Wohnen aller geretteten Israeliten im »Land Abrahams« (eine einmalige Wendung), »gebietet« Tobit seiner Nachkommenschaft (wie Abraham nach Gen 18,19) nochmals die *summa* aller Mahnungen des Buches, nämlich Gottes- und Nächstendienst, und verweist als anschaulichen Beweis für die Erfüllung der Schriftverheißungen auf den Ausgang des Schicksals Achikars. Der Verfasser des Tobitbuches sieht die »Gerechtigkeit, Rechtheit« Achikars mittels der Gleichung δικαιοσύνη = ἐλεημοσύνη verwirklicht im Unterhalt Achikars für Tobit (2,10) und erblickt darin den Grund für Achikars Rettung, wie es in Spr 10,2b = 11,4b^{MT} »Gerechtigkeit wird aus dem Tode reißen« verheißen ist. Durch seine Formulierung (er übersetzt *ṣ^{e}daqā* nicht mit δικαιοσύνη wie Spr 10,2^{LXX}, sondern mit ἐλεημοσύνη): ἐλεημοσύνη ἐκ θανάτου ῥύεται und die Hinzufügung καὶ οὐκ ἐᾷ εἰς τὸ σκότος ἀπελθεῖν »und lässt nicht in die Finsternis entgleiten« (4,10; vgl. 14,10) hat der Verfasser die Lehre Achikars mit der Heiligen Schrift verbunden bzw. als dort begründet erkannt und zum roten Faden seiner Erzählung gemacht.

Wenn die von Gott bestimmte Zeit dazu erfüllt sein wird, werden alle Kinder Israels, wie die Propheten gesagt haben, heimkehren und im »Land Abrahams« unbehelligt und auf Dauer in beständiger Liebe zu Gott voll Freude leben (14,7) – in der Gegenwart und in der Zeit bis dahin jedoch haben Tobias und seine Familie (und die Adressaten der Lehrerzählung) in der → Diaspora zu wohnen, ob in Ninive oder im sichereren Medien, und dieser Gegenwart gelten die Mahnungen Tobits: »Dient Gott in Treue, tut seinen Willen, tragt euren Kindern auf, Gerechtigkeit und Nächstenliebe zu verwirklichen und in Gottes Gegenwart zu leben; preist seinen Namen zu jeder Zeit in Treue und mit aller eurer Kraft!« (14,8–9).

3.2 Narrative Theologie

Das Tobitbuch ist ein Muster volkstümlicher jüdischer narrativer Theologie. In ruhiger Selbstverständlichkeit werden Märchenmotive, Zaubermittel und internationale Literatur in Dienst genommen, um erzählend, nicht moralisierend oder theoretisch argumentierend, die durch die älteren Bücher der Heiligen Schrift geprägte Überzeugung auszudrücken, dass Gott Gebete erhört, Menschen in Gefahren auf dem Lebensweg geleitet und ihnen auch im Unglück und in der → Diaspora nicht ferner ist als in glücklichen Zeiten und im Heiligen Land. Deshalb erfolgt auch keine Mahnung, baldmöglichst in das »Land Abrahams« zurückzukehren: In der verlässlich verheißenen Endzeit wird der Herr, unser Gott und Vater, alle Menschen aus allen Völkern, die Gerechtigkeit und Liebe gelebt haben, in Jerusalem, das aus Gold und Edelsteinen aufgebaut und vom Licht der Gottesnähe erhellt sein wird, zu einem unablässigen freudigen Lobgesang zusammenführen.

XI. Das Buch Judit

(Helmut Engel, Frankfurt/Sankt Georgen)

Text: R. Hanhart (Hg.), Iudith (Septuaginta: Vetus Testamentum Graecum VIII,4) Göttingen 1979; R. Hanhart, Text und Textgeschichte des Buches Judith (MSU 14) Göttingen 1979.

Kommentare: A. Miller (HSAT) 1940; M.S. Enslin/S. Zeitlin (JAL) 1972; L. Alonso Schökel (Los Libros Sagrados) 1973; E. Zenger (JSHRZ) 1981; C.A. Moore (AncB) 1985; E. Haag (GSL.AT 15) 1995; D.L. Gera, Judith (CEJL) 2014; B. Schmitz/H. Engel, Judit (HThK.AT) 2014 (*Lit.!*).

Einzelstudien: P.-M. Bogaert, Le calendrier du livre de Judith et la Fête de Hanukka: RTL 15, 1984, 67–72; D. Börner-Klein, Gefährdete Braut und schöne Witwe. Hebräische Judit-Geschichten, Wiesbaden 2007; K.R. Brine/E. Ciletti/H. Lähnemann (Hg.), The sword of Judith. Judith Studies across the Disciplines, Cambridge 2010; J. Corley, Septuagintalisms, Semitic interference, and the original language of the book of Judith, in: J. Corley/V. Skemp (Hg.), Studies in the Greek Bibles. Essays in honor of F.T. Gignac (CBQ.MS 44) Washington 2008, 65–96; T. Craven, Artistry and Faith in the Book of Judith (SBL.DS 70) Chico 1983; dies., The Book of Judith in the Context of Twentieth-Century Studies of the Apocryphal/Deuterocanonical Books, CBR 1.2, 2003, 187–229; M. Delcor, Le livre de Judith et l'époque grecque: Klio 49, 1967, 151–179; A.M. Dubarle, Judith: Formes et senses des diverses traditions (AnBib 24/1–2) Rom 1966; ders., Les textes hébreux de Judith et les étapes de la formation du livre: Bib. 70, 1989, 255–266; H. Engel, Der Herr ist ein Gott, der Kriege zerschlägt. Zur Frage der griechischen Originalsprache und der Struktur des Buches Judit, in: K.-D. Schunck/M. Augustin (Hg.), Goldene Äpfel in silbernen Schalen (BEATAJ 20) Frankfurt 1992, 155–168; Y.M. Grintz, Judith, Book of: EJ 10, 1971, 451–459; E. Haag, Studien zum Buche Judith. Seine theologische Bedeutung und literarische Eigenart (TThSt 16) Trier 1963; J. Joosten, The Original Language and Historical Milieu of the Book of Judith, in: M. Bar-Asher/E. Tov (Hg.), Meghillot. Studies in the Dead Sea Scrolls (FS D. Dimant), Jerusalem/Haifa 2007, 159–176; P. J. Milne, What Shall We Do With Judith? A Feminist Reassessment of a Biblical »Heroine«: Semeia 61, 1993, 38–48; U. Mittmann-Richert, Einführung zum Buch Judith (JShrZ VI/1), Gütersloh 2000, 82–96; C. Rakel, Judit – über Schöneit, Macht und Widerstand im Krieg. Eine feministisch-intertextuelle Lektüre (BZAW 334), Berlin/New York 2004; B. Schmitz, Männlichkeit im Mückennetz. Gendering und Crossgendering der Holofernesfigur in der Juditerzählung: Forschungsforum Bamberg 11, 2003, 21–26; dies., Zwischen Achikar und Demaratos. Die Bedeutung Achiors in der Juditerzählung: BZ NF 48,2004, 19-38; dies., Gedeutete Geschichte. Die Funktion der Reden und Gebete im Buch Judit (HBS 40) Freiburg 2004; dies., Zum Buch Judit, BiLi 78, 2005, 37–42. 139–143. 215–219; P. W. Skehan, The Hand of Judith: CBQ 25, 1963, 94–110; F. Stummer, Geographie des Buches Judith, Stuttgart 1947; J. C. VanderKam (Hg.), »No One Spoke Ill of Her.« Essays on Judith (SBL. Early Judaism and Its Literature 2) Atlanta 1992; J.W. van Henten, Judith as Alternative Leader: A Rereading of Judith 7–13, in: A. Brenner (Hg.), A Feminist Companion to Esther, Judith and Susanna, Sheffield 1995, 224–252; G. G. Xeravits (Hg.), A Pious Seductress. Studies in the Book of Judith (DCLS 14) 2012; E. Zenger, Art. Judith/Judithbuch: TRE 17, 1988, 404–408; ders., »Wir erkennen keinen anderen als Gott an ...« (Jdt 8,20). Programm und Relevanz des Buches Judit: rhs 39, 1996, 17–30.

Darstellungen in Kunst und Literatur: E. Purdie, The Story of Judith in German and English Literature (Bibl.RLC 39) Paris 1927; J. Seibert, Judith: LCI 2, 1970, 454–458; B. Bayer, Judith in the Arts: EJ 10, 1971, 459–461; M. Friedman, The Metamorphosis of Judith: Jewish Art 12/13, 1986/87, 225–246; N. Stone, Judith and Holofernes: Some Observations on the Development of the Scene in Art, in: J. C. VanderKam (Hg.), »No one Spoke Ill of Her« (s. o.), 73–93; M. Hellmann, Judit – eine Frau im Spannungsfeld von Autonomie und göttlicher Führung (EHS.T 444) Frankfurt 1992, 166–206; M. Stocker, Judith. Sexual Warrior. Women and Power in Western Culture, New Haven/London 1998; H. Efthimiadis-Keith, Text and Interpretation: Gender and violence in the Book of Judith, scholarly commentary and the visual arts from the Renaissance onward: OTEs 15, 2002, 64–84. S. die ausführliche Bibliographie zur Rezeption des Buches Judit in Kunst, Musik und Literatur in: B. Schmitz/H. Engel, Judit (HThK.AT) 2014, 29–35.

0. Text

Das Buch Judit ist in zwei wesentlich voneinander unterschiedenen Textformen überliefert: einerseits in der griechischen Fassung und den sich daran anschließenden alten Übersetzungen (→ *Vetus Latina,* syr., aeth., sah., arm.), zum anderen in der Fassung der lateinischen → Vulgata und, mit dieser durchweg parallel laufend, in mittelalterlichen hebräischen Hss.

Den vielfach und gut bezeugten *griechischen* Text hat *R. Hanhart* ediert und analysiert. Danach bieten die → Majuskel-Hss. B (Vaticanus, 4. Jh.; nah verwandt ist die Hs. 55 und die aeth. Übersetzung), A (Alexandrinus, 5. Jh.; verwandt ist die Hs. 542), V (Venetus, 8. Jh.) und in geringerem Maße S (Sinaiticus, 4. Jh.; von dem Blatt mit dem Text 11,13–13,9 ist nur ein Bruchstück erhalten) einen von rezensionellen Überarbeitungen noch wenig beeinflussten Text. Die übrigen griechischen Hss. ordnet *Hanhart* vier Gruppen zu. Dabei schließen sich die altlateinische und die syrische Übersetzung weithin an die »hexaplarisch« genannte Rezension (58.583) an. Eine weitere Gruppe, *codices mixti,* enthält je in verschiedenem Umfang unterschiedliche rezensionelle Elemente.

Ein kompliziertes Problem bietet die → *Vulgata,* die lateinische Übersetzung des Hieronymus (um 398), die nicht nur um ca. 1/5 kürzer ist als die griechische Textform, sondern auch Erweiterungen enthält und insgesamt nur zur Hälfte mit dem griechischen Text genauer übereinstimmt. Hieronymus schreibt in seiner Vorrede, das Buch Judit sei auf Aramäisch verfasst und werde bei den Juden unter den *hagiographa* (Erbauungsschriften) gelesen. Er habe nur eine einzige kleine Nachtschicht *(unam lucubratiunculam)* auf seine Übertragung verwendet und mehr sinngemäß als wortwörtlich übersetzt. Die »äußerst fehlervolle Verschiedenheit der vielen Handschriften« (gemeint sind wohl die altlateinischen) habe er beschnitten und nur, was er *in verbis chaldaeis* voll verständlich vorgefunden habe, lateinisch ausgedrückt. Der aramäische Text, der Hieronymus vorlag, ist jedoch in keiner Hs. erhalten.

Um 245 hatte Origenes in seinem Antwortbrief an Julius Africanus zwar geschrieben, die »Hebräer« hätten die Bücher Tobit und Judit nicht in Gebrauch und besäßen sie auch nicht unter den → Apokryphen auf Hebräisch. Der aramäische (»chaldäische«) Text, der Hieronymus 150 Jahre später vorlag und der ihm als zu den nichtkanonischen

Hagiographen zählend bezeichnet wurde, könnte ein »nachorigenisches Produkt« gewesen sein (*A. Miller*; so auch *M.S. Enslin*) und sich auf eine Übersetzung aus dem Griechischen ins Aramäische oder Syrische beziehen (*J. Joosten*). *A.M. Dubarle* hat in mehreren Veröffentlichungen seine Auffassung dargelegt, die mittelalterlichen hebräischen Langfassungen der Juditerzählung (Texte nach Hss. aus dem 11.–14. Jh.) seien weder Übersetzung der Vg noch freie Umformung des griechischen Textes, sondern Übersetzung oder Bearbeitung des aramäischen Textes, der Hieronymus vorlag. Angesichts der durchgehenden Übereinstimmung mit der Vg bei nur wenigen Abweichungen, die z. T. griechischer Sekundärüberlieferung entsprechen (*R. Hanhart*), hat diese These wenig Zustimmung gefunden. Erst recht ist über die → Midraschim, die *A. M. Dubarle* ebenfalls übersichtlich aufgeführt hat, kein Zugang zur Vorlage des Hieronymus mehr zu gewinnen.

1. Aufbau

Durch genaue Beachtung der Inklusionen, Formelwiederholungen und Zeitangaben, der Einführung der neu auftretenden Personen der Erzählung, von Orts- und Szenenwechseln, von Reden und Gebeten mit Einleitungen und Wirkungsbeschreibungen wird ein zweiteiliger Aufbau des Juditbuches deutlich: Kap. 1–7 und 8–16. In 4,1 markiert die Wendung καὶ ἤκουσαν (»und sie hörten«) mit einer Zusammenfassung des bis dahin Erzählten eine Zäsur zwischen den beiden Abschnitten des ersten Buchteils. Nabuchodonosor tritt nur in Kap. 1–3 handelnd und redend auf, während sein Repräsentant Holofernes in allen Abschnitten und Buchteilen tätig ist. In 4,1 wird als Subjekt von καὶ ἤκουσαν die entscheidende Gruppe das erste Mal genannt und eingeführt: οἱ υἱοὶ Ἰσραήλ (»die Israeliten«). Am Anfang des zweiten Buchteils betritt in 8,1 mit καὶ ἤκουσεν *Judit* zum ersten Mal die Bühne und bestimmt den Fortgang der Erzählung bis zum Ende. Sie wird in einem Exkurs (8,1–8) ausführlich vorgestellt und der Erzählfaden danach durch erneutes καὶ ἤκουσεν (8,9) wieder aufgenommen.

I	Kap. 1–3	Nabuchodonosors Macht und sein Herrschafts- und Verehrungsanspruch
	Kap. 4–7	Der Holoferneszug und die Israeliten
II	Kap. 8–16	Die Rettung Israels durch die Hand Judits

Der *erste Abschnitt* des ersten Buchteils umschreibt in großen Zügen den Herrschaftsanspruch des »Nabuchodonosor, Königs der Assyrer in der großen Stadt Ninive«, und seine Forderung gottgleicher Verehrung gegenüber der gesamten bewohnten Welt (in den Ausmaßen, wie sie sich im 2. Jh. v. Chr. ein palästinischer Erzähler und seine Leser vorstellten). Den Auftakt bildet eine militärische Machtdemonstration im Osten gegen König Arphaxad von Medien. Da die Völker im Westen ihn »nur als einen Menschen« (1,11) betrachten und ihm bei seinem Willkürgewaltakt die Gefolgschaft verweigern, plant Nabuchodonosor einen brutalen Unterwerfungszug, den sein Feldherr Holofernes, angefangen von Obermesopotamien über Kleinasien und Syrien bis hin nach Ägypten und Äthiopien, führen soll. Ziel ist die Anerkennung Nabuchodonors als einzige Macht und als »Gott« (3,8). Mit der Errichtung eines Lagers für das Riesenheer am Gebirgsabhang von Juda ist die Situation gegeben, von der aus dann im Folgenden erzählt wird.

Kap. 1–3 Nabuchodonosors Macht und sein Herrschafts- und Verehrungsanspruch

1,1–16	Nabuchodonosors Sieg über Medien; Gefolgschaftsverweigerung im Westen	
	1–6	Nabuchodonosor eröffnet den Krieg gegen Arphaxad im Osten
	7–12	Nabuchodonosors Abweisung durch die Völker im Westen (9 Mitte: Jerusalem)
	13–16	Nabuchodonosor vernichtet Arphaxad
2,1–13	Nabuchodonosors Vergeltungsplan gegen alle, die ihn nicht anerkennen	
	1–3	Nabuchodonosors Plan im Kronrat
	4–13	Nabuchodonosors **Rede** an seinen Oberfeldherrn Holofernes
2,14–3,10	Einberufung, Musterung und Zug des Holofernes-Heeres bis Juda	
	14–20	Holofernes beruft sein Heer ein und mustert es
	21–28	Der Zug des Holofernes-Heeres; Wirkungen
	1–5	Die Küstenvölker unterwerfen sich
	6–8	Ziel des Holofernes-Verwüstungszuges: Nabuchodonosor allein ist Gott!
	9–10	Ankunft und Lagerbau am Berglandrand von Juda

Der *zweite Abschnitt* des ersten Buchteils (Kap. 4–7) entfaltet das Problem der Erzählung: Werden auch die Israeliten, ebenso wie die anderen Völker ringsum, nach anfänglichem Widerstand in der äußersten Not doch durch Unterwerfung schließlich Nabuchodonosors Anspruch anerkennen, oder werden sie trotz allem ihrem Gott, dem HERRN, die Treue halten und sich auf die Macht des HERRN, sie zu retten, verlassen? Umrahmt von Ausmalungen der furchtbaren Notsituation der Israeliten (Kap. 4 und 7) beantwortet ein Nichtjude, der Ammoniter Achior, die Frage des Holofernes: »Wer ist dieses Volk?« (5,3) durch einen dreiteiligen Geschichtsrückblick auf die Rettungstaten ihres Gottes: Nur wenn die Israeliten sich von ihm abwendeten, könnten sie bezwungen werden. Holofernes und sein Heer weisen diese Sichtweise als mit dem Anspruch Nabuchodonosors unvereinbar zurück; der Erfolg werde entscheiden.

Kap. 4–7 Der Holoferneszug und die Israeliten

4,1–15	Furcht, Verteidigungsmaßnahmen und Hilfeschrei der Israeliten	
	1–5	Reaktion auf das Gehörte: Furcht, Anlage von Festungen
	6–8	Aufruf zum Pässesperren durch den Hohenpriester Jojakim
	9–15	Hilfeschreien zu Gott und Buße ganz Israels [13a Erhörung des Rufens durch den HERRN]
5,1–6,21	Die Achior-Rede und die Reaktionen darauf	
	1–2	Zorn des Holofernes über das Verhalten der Israeliten
	3–4	Holofernes' Frage an die Kanaanäer über Israel
	5–21	Antwort-**Rede** des Ammoniterführers Achior
	22–24	Murren und Widerrede der Soldaten und Offiziere
	1–9	Erwiderungs-**Rede** des Holofernes
	10–13	Auslieferung des Achior an die Israeliten
	14–21	Achior bei den Israeliten: sein Bericht, Gebete des Volkes

7,1–32		Die Belagerung Betulias; wachsende Not und Verzweiflung in der Stadt
	1–3	Aufbruch des Holofernesheeres und Lagerbezug vor Betulia
	4–5	Erschrecken der Israeliten, Wachsamkeit
	6–7	Vorführen der Belagerungsmacht
	8–16	Rede der kanaanäischen Truppenführer und ihr Rat: Wasser sperren!
	17–18	Völlige Umzingelung Betulias
	19	Hilfeschrei der Israeliten zum HERRN, ihrem Gott
	20–32	34tägige Belagerung und die wachsende Not in der Stadt [24–28 Klagerede des Volkes gegen die Ältesten] [30–31 Usijas Fünf-Tage-Ultimatum an Gott]

Der *zweite Buchteil* (Kap. 8–16) ist in seinen drei Großabschnitten (vgl. die folgende Übersicht) ganz bestimmt durch die überragende Gestalt der Judit, ihre Reden, Bitt- und Dankgebete. Zu Beginn des *ersten Abschnitts* (Kap. 8–9) wird Judit »biographisch« vorgestellt, dann tadelt sie in einer prophetisch-theologischen Lehrrede die Verantwortlichen und bewegt sie zum Umdenken. Ihr großes Gebet lässt die Leser ihre auf die Überlieferungen des Volkes Israel gegründete Hoffnung und ihr Vertrauen auf den Israel errettenden Gott erkennen, der durch ihre Hand auch jetzt Hilfe schenken wird. Im *zweiten Abschnitt* (10,1–13,10) wird das Gelingen des Vorhabens der schönen, klugen und gottesfürchtigen Frau erzählt: Holofernes, der Repräsentant des Gewalt und Mord verbreitenden »Gottes« Nabuchodonosor verliert seinen Kopf – im doppelten Sinn. Der *Schlussabschnitt* (13,11–16,25) schildert Freude und Dank über die Rettung bei den Israeliten, Verwirrung und Flucht bei den Feinden, und gipfelt im Gesang Judits und des Volkes während der Prozession nach Jerusalem zum Dankfest. Mit einigen Notizen über das lange Leben der hochgeachteten, heldenhaften Witwe und das ihren Tod weit überdauernde Unbehelligtbleiben der Israeliten endet die Erzählung.

Kap. 8–16 Die Rettung Israels durch die Hand Judits

8–9				Einführung Judits: Herkunft, Leben, Gottesfurcht
	8	1–8		Judit, Tochter des Merari, Witwe des Manasse aus dem Stamm Simeon
		9–36		Judits Auseinandersetzung mit dem Verhalten der Bewohner von Betulia
			9–11a	Judit hat »gehört« und lädt die Ältesten vor
			11b–27	**Rede** Judits an die Stadtältesten
			28–31	Antwortrede Usijas an Judit
			32–34	Rede Judits
			35–36	Antwort Usijas und der Führer; Szenenende
	9	1–14		Judits großes **Gebet**

10,1–13,10	Judit und Holofernes		
	10	1–5	Judit schmückt sich, rüstet sich aus
		6–10	Judits Wirkung auf die Ältesten; Segenswünsche, Anordnungen
		11–23	Der Weg ins Zelt des Holofernes
	11	1–4	Rede des Holofernes an Judit
		5–19	**Rede** Judits an Holofernes
		20–23	Wirkung der Rede Judits auf die Diener und Holofernes
	12	1–9	Judits toratreues Leben im Lager der Assyrer
		10–12	Holofernes' Gelage und sein Verführungsauftrag an Bagoas
		13–20	Judit lässt sich von Bagoas zum Gelage des Holofernes führen
	13	1–10	Judit im Zelt des Holofernes; seine Enthauptung; Rückkehr
13,11–16,25	Die Auswirkungen der Tat Judits		
	13,11–14,10		*In* Betulia: Judits Bericht, ihre Anweisungen und die Aufnahme Achiors in das Haus Israel
	14,11–15,7		Das Geschehen *außerhalb* von Betulia
			14,11–15,3a Chaos im Lager und die Flucht der Assyrer
			15,3b–7 Vertreibung der Assyrer durch alle Männer Israels
	15,8–10		Beglückwünschung Judits durch den Hohenpriester und die Jerusalemer Gerusia
	15,11		Plünderung des Lagers und Übergabe der Habe des Holofernes an Judit
	15,12–14		Der Tanz zu Ehren Judits und der Festzug aller unter Judits Führung
	16,1–17		Judits Dank- und Bekenntnishymnus
	16,18–20		Die dreimonatige Feier am Tempel in Jerusalem
	16,21–25		Die Heimkehr, Judits weiteres Leben in Betulia und ihr Tod.

Eine besondere Funktion innerhalb der Erzählung haben die Reden und Gebete: Der *Handlungs*verlauf zeigt in Entsprechung zu den beiden Buchteilen zwei große Spannungsbögen: Der erste gelangt zu einem Tiefpunkt bei der Schilderung der Not in Betulia (Kap. 7) und der zweite zu einem Höhepunkt bei der Tötung des Holofernes (Kap. 13). Demgegenüber bilden die konzentrisch angeordneten *Reden und Gebete* einen das ganze Buch übergreifenden Spannungsbogen mit einem Höhepunkt in der theologischen Lehrrede und dem Gebet Judits (Kap. 8–9). Die Nabuchodonosor-Rede (Kap. 2) kündigt in der nachgeahmten Form einer Gottesoffenbarung das vermeintlich Bevorstehende an, und Judits Prozessionshymnus (Kap. 16) schaut auf das tatsächlich Geschehene in seiner theologischen Bedeutung zurück (*B. Schmitz*):

2,5–13	Rede Nabuchodonosors				
	5,3–6,9	Dialog zwischen Holofernes und Achior			
			8,9–36	Judits Auseinandersetzung mit den Ältesten	
			9,1–14	Judits Gebet	
	11,1–23	Dialog zwischen Holofernes und Judit			
16,1–17	Judits Prozessionslied				

2. Entstehung

2.1 Die Originalsprache des Buches Judit

Der griechische Text enthält einerseits, besonders in den narrativen Abschnitten, zahlreiche Elemente in Syntax und Wortwahl, die ihn als Übersetzung aus einem semitischen Original zu kennzeichnen scheinen. Er formuliert aber andererseits – besonders in den Reden und Gebeten – von der LXX und nicht vom hebräischen Text des AT her und verwendet Stilfiguren, die Original- und nicht Übersetzungsgriechisch sind (*H. Engel*; *J. Corley*; *J. Joosten*). Da die Reden, die Gebete und der Hymnus jedoch den Buchaufbau und –inhalt entscheidend bestimmen, ist Griechisch als die Originalsprache der Juditerzählung zu betrachten. Die Bezugswelt der Erzählung ist sprachlich die griechische Bibel (LXX) und sachlich die hellenistische Umwelt. Zu den Hinweisen im Einzelnen und der Argumentation s. den Kommentar von B. Schmitz/H. Engel 40–43.

Die → Vulgata bietet wegen der nur sinngemäßen Übertragung einer aramäischen Vorlage, die selbst nicht erhalten ist, und wegen der eiligen Kürzungen und Änderungen des Hieronymus an den von ihm mitverwendeten altlateinischen Hss. kaum eine Hilfe, eine ältere aramäische Erzählung zu rekonstruieren. Ebenso wenig sind die zur Vg parallel laufenden hebräischen Texte in den mittelalterlichen Hss. dazu geeignet.

2.2 Erzählweise, verwendete Überlieferungen und Gattung

Gleich vom ersten Satz des Buches an werden die Leser darauf aufmerksam gemacht, dass im Folgenden nicht in der Art der Königs-, Chronik- oder Makkabäerbücher erzählt wird, sondern eher wie z. B. im Jona- oder im Danielbuch. Aus verschiedenen Epochen stammende Figuren, historische und geographische Überlieferungen werden hier zu einer neuen, fiktionalen Erzählung verbunden.

Nebukadnezzar, König des *Neubabylonischen* Reiches (605–562 v. Chr.) – in der LXX wird er immer mit der Namensform »Nabuchodonosor« genannt – ist in der jüdischen Tradition der Inbegriff eines Feindes und Unterdrückers, der Zerstörer Jerusalems und des Tempels und der Verantwortliche für die Verschleppung der Bevölkerung nach Babylonien. Durch die Lokalisierung Nabuchodonosors in *Ninive* (diese Hauptstadt des Neuassyrischen Reiches war 612 v. Chr., noch vor dem Regierungsantritt Nebukadnezzars, unter seinem Vorgänger zerstört worden) und seine Bezeichnung als »König der Assyrer« werden mit dieser Gestalt im Juditbuch auch die Erinnerungen an das *Neuassyrische* Reich verbunden, die brutalste Kriegsmacht des Alten Orients, die 722 v. Chr. den Staat Israel und seine Hauptstadt Samaria zerstört und unter Sanherib 701 v. Chr. Juda verwüstet und Jerusalem eingekesselt hatte (2 Kön 18–19; Jes 36–37). Die Erfahrungen mit diesen Großmächten erzählt das Juditbuch so, dass der König Nabuchodonosor für sich unbedingten Gehorsam (2,5–13) beansprucht und sein Repräsentant Holofernes diesen Anspruch noch zur Behauptung der Göttlichkeit (6,2) steigert.

Die persischen Namen des Feldherrn Holofernes und des Eunuchen Bagoas sowie die Bezeichnung von Gouverneuren als Satrapen u. a. verknüpfen zudem noch die Ereignisse während der *persischen* Oberherrschaft (z. B. den großen Feldzug des Artaxerxes III. Ochos über Syrien, Phönizien bis nach Ägypten in der Mitte des 4. Jh.s v. Chr.) mit Nabuchodonosor, dem großen Feind. Aus dieser Perspektive werden innerhalb des großen Schlusshymnus die in der voraufgehenden Erzählung und in 16,3 »Assur/Assyrer« Genannten in 16,10 als »Perser und Meder« bezeichnet. Zugleich aber ist die im Juditbuch beschriebene Situation transparent auf den Alexanderzug (vgl. in 1,6 die Erwähnung des Hydaspes) und die Not in der *seleukidischen* Zeit unter den syrischen Königen Antiochus IV. Epiphanes und Demetrius I. – bei »Assyrien« soll wohl auch *Syrien* anklingen.

Das Auftreten und das Schicksal des Holofernes werden in Entsprechung nicht nur zu Sisera, dem Heerführer des *Kanaanäer*-Königs Jabin von Hazor in der fernen Richterzeit (Ri 4–5), und zum *Philister*vorkämpfer Goliat, der die »Schlachtreihen des lebendigen Gottes verhöhnte« und dem der kleine David mit dessen eigenem Schwert den Kopf abschlug (1 Sam 17), sondern auch und besonders zum seleukidischen General *Nikanor* erzählt, dessen Kopf und rechte Hand als Siegestrophäen in Jerusalem aufgehängt worden waren (1 Makk 7; 2 Makk 15).

Wie der Erzähler in Nabuchodonosor und seinem Repräsentanten Holofernes Überlieferungen von militärisch weit überlegenen Eroberern und Unterdrückern aus vielen Jahrhunderten verdichtet, so stattet er auch die beiden anderen Hauptfiguren seines Werkes, den Ammoniterführer Achior und die schöne, kluge und gottesfürchtige Witwe Judit, mit Zügen von großen Gestalten der biblischen Überlieferung und der griechischen Literatur aus, jedoch mit bezeichnenden Veränderungen.

Durch seine von der Rettungsmacht des Gottes Israels überzeugte Rede erscheint Achior dem Holofernes wie ein (abzulehnender) Prophet (6,2), so wie einst *Bileam* vor Balak (Num 22–24). Zugleich leuchtet in diesem zum festen Glauben an den Gott Israels gelangten Nichtjuden, der so vorzüglich die Geschichte Israels als Spiegel der Treue des Volkes zu seinem Gott erkannt hat, das Proselytenideal in der hellenistischen Zeit durch. Nach Vollzug der Beschneidung wurde er »dem Haus Israel hinzugefügt« (14,10). Angesichts des Verbotes in Dtn 23,4, jemals einen Ammoniter oder Moabiter aufzunehmen, ist das eine pointierte Aussage. Vielleicht wird in der Achior-Rede im Abschnitt über die Vorfahren Israels (5,6–9) ihre Abstammung von Chaldäern und ihre Vertreibung aus Chaldäa wegen ihres Religionswechsels deshalb so ausführlich dargestellt, um die »richtige« Auslegung der Torabestimmung in Dtn 23,4 zu zeigen: Ein Proselyt, selbst einer von ammonitischer Herkunft, ist kein »Ammoniter« mehr, wie Abraham kein Chaldäer mehr war.

Schon in seinem Namen klingt Achior an den weisen *Achikar* an, den Berater und Siegelbewahrer der assyrischen Könige Sanherib und Asarhaddon. Die Rolle Achiors im Buch Judit zeigt mehrere Parallelen zur Achikar-Gestalt sowohl in der außerbiblischen Überlieferung als auch im Tobitbuch. Über die Strukturverwandtschaft der Juditerzählung im Ganzen mit der Bedrohung Griechenlands durch den Perserkönig Xerxes in der Darstellung *Herodots* (Hist. VII–IX) hinaus hat insbesondere das Gespräch, das Xerxes gleich nach der Überquerung des Hellesponts mit dem ihn begleitenden abgesetzten Spartanerkönig Demaratos führt (*Herodot*, Hist. VII, 101–104), eine ähnliche Funktion wie die Rede Achiors vor Holofernes in Jdt 5 (zu den Bezugnahmen auf die Achikar-Überlieferung und auf den Xerxes-Zug bei Herodot s. *B. Schmitz*, Die Bedeutung Achiors).

In Judit, der herausragenden Gestalt des Buches, verdichtet der Erzähler Züge großer Frauengestalten der biblischen Überlieferung: Wie einst *Mirjam* (Ex 15) nach der Rettung am Meer, so führt Judit die Frauen bei der Sieges- und Dankprozession an, dazu noch die Männer (Jdt 15,13), und sie ist Vorsängerin. Wie die Prophetin und Richterin *Debora,* die den Kampf gegen die Kanaanäer durch Barak leitete und mit ihm das Siegeslied anstimmte (Ri 4–5), gibt Judit dem Heer Anweisungen, wie vorzugehen ist; und wie *Jaël* ist sie es, die den Feldherrn ganz unmilitärisch im Zelt tötet. Über diese biblischen Frauenbilder hinaus jedoch ist Judit als persönlich, gesellschaftlich und wirtschaftlich unabhängige, selbständig und klug handelnde Frau, als überzeugend argumentierende Weisheitslehrerin und als ermutigende Theologin gezeichnet, die sich in Schrift und Tradition Israels hervorragend auskennt. Wie eine wahre Prophetin zeigt sie die Schuld und das Versagen der politisch und religiös verantwortlichen Männer auf (8,11; vgl. Mi 3,8). In ihren Gebeten wird sie als vorbildlich Glaubende und auf Gott Vertrauende erkennbar, die von ihm alle Hilfe für sein Volk erhofft. Ihre staunenswerte körperliche Schönheit wird in 10,10.14.18f.23; 11,21.23 wie die der Helena in einer Weise dargestellt, die der griechischen Welt seit Homer geläufig ist, nämlich im Spiegel der sie erblickenden Männer (vgl. die Teichoskopie in der *Ilias* III,146–160). Die Freilassung ihrer Leibmagd vor Judits Lebensende zeigt ein in hellenistischer Zeit ideales Verhalten.

Zu den zahlreichen weiteren Anspielungen und Bezugnahmen auf biblische Erzählungen, insbesondere über die Frühzeit (Väter, Exodus, Richter), vgl. z. B. *A. M. Dubarle* (AnBib 24/2, 137–156) und *E. Zenger* (JSHRZ 1981, 439–446).

Die Darstellungstechnik, eine umfassende Geschichtserfahrung und -deutung in individuellen Begebenheiten und in einer Vielfalt von literarischen Formen, im Zusammenspiel kontrastierender Gestalten und Szenen auszudrücken, entspricht der des antiken *Romans* (*E. Zenger*). Zugleich geben aber die zahlreichen Reden und Gebete, die für das Gesamtgefüge des vorliegenden Juditbuches tragende Bedeutung haben, der Erzählung ein ausgesprochen *lehrhaftes* Gepräge. So legt sich wie beim Buch Tobit auch hier nahe, die Gattung des Juditbuches als *romanhafte theologische Lehrerzählung* zu bestimmen.

2.3 Entstehungszeit

Der Hinweis auf das Juditbuch im Brief des Clemens von Rom (1 Clem 55,3–5; um 96 n. Chr.) bietet einen sicheren *terminus ad quem.* Eine Reihe von Angaben innerhalb der »erzählten Welt« des Buches lassen aber auch den historischen Standort des Erzählers und einen *terminus a quo* erschließen, wann frühestens das vorliegende griechische Juditbuch verfasst wurde.

Durch den Abriss der Geschichte Israels, mit dem Achior die Holofernesfrage beantwortet, wer dieses Volk sei, das im Bergland wohnt (5,3), werden die Leser in die Zeit geführt, von der die Erzählung handelt: Nach vielen Kriegen, Deportation, Zerstörung des Tempels und Fremdherrschaft über ihre Städte sind sie aus der → Diaspora zurückgekommen, haben Jerusalem mit dem Tempel wieder in Besitz genommen und sich im »öden Bergland« angesiedelt (5,18–19; vgl. dazu die Verheißung in Ez 36,33–

38 und grundlegend: Ex 15,17). Dass aber nicht nur die Perserzeit im Blick ist, wird aus der Einführungsbeschreibung der »Israeliten« deutlich: Sie waren vor kurzem von der Deportation zurückgekommen, das ganze Volk hatte sich versammelt und die entweihten Geräte, Altar und (Tempel-)Haus waren geheiligt worden (4,3). Im Esrabuch (Esra 1–6) ist zwar vom Zurückbringen der Geräte aus Babylon, wohin Nebukadnezzar sie 587/6 mitgenommen hatte, von einer Versammlung des ganzen Volkes und vom Wiederaufbau des Altars und des Tempels die Rede, nicht aber von Heiligung, weil sie entweiht gewesen seien. Die Erzählung nimmt also Bezug auf die Vorgänge im Jahre 516 v. Chr., um auf die Ereignisse des Jahres 164 v. Chr. zurückzuschauen: Einnahme des Tempelbezirks und der Stadt durch Judas Makkabäus, Reinigung des Tempels und Einführung des → Chanukka-Festes (1 Makk 4,36–59; 2 Makk 10,1–10).

Die Handlung in Kap. 4–16 lokalisiert die »Israeliten, die in Judäa wohnen«, im Bergland, das sich von Jerusalem bis an den Abhang zur Jesreel-Ebene erstreckt. Die Provinz Jehûd, der Jerusalemer Tempelstaat, hatte in der Perserzeit noch nicht diese Ausdehnung. An der Meeresküste (erwähnt werden Sidon, Tyrus, Akko, Jamnia, Aschdod, Aschkelon und deren Hinterland) wohnen Nichtjuden (2,28–3,8). Damit ist vielmehr die politische Lage *am Ende des 2. Jh.s v. Chr.* gekennzeichnet, nachdem Johannes Hyrkan (135/4–104 v. Chr.) Sichem mit dem Garizim erobert (nach 129 v. Chr.) und Samaria annektiert hatte (um 107 v. Chr.) und bevor Judas Aristobul 104/103 v. Chr. Galiläa judaisierte und Alexander Jannäus die Küstenregion mit Gaza hinzugewann (um 96 v. Chr.).

Auch die Angabe, dass der Hohepriester die administrative und militärische Leitung hatte und ihm in Jerusalem ein Senat (γερουσία) zur Seite stand (4,8; 11,14; 15,8), weist auf die Hasmonäerzeit nach Judas Makkabäus und Jonatan als Standort des Erzählers.

Bemerkenswert für die Geschichte der Frömmigkeitspraxis, aber für eine genaue Datierung der Abfassung des Buches weniger geeignet, ist, was der Erzähler als vorbildlich gottesfürchtiges Verhalten betrachtet (8,2–7; 9,1; 10,5; 11,11–14; 12,2.5–8; 16,18.24): Judit hat innerhalb ihres Stammes Simeon geheiratet (vgl. die hohe Wertung einer solchen Wahl des Ehepartners im Tobitbuch 4,12–13; 6,12–13); von ihrem Fasten sind nur die Sabbate und Neumondtage mit den jeweiligen Vortagen und die Freudenfeste ausgenommen; nie, nicht einmal im Lager der Assyrer, aß sie unreine Speisen; nach dem Tode ihres Gatten blieb sie bis an ihr Lebensende eine hoch geachtete Witwe.

3. Theologie

3.1 Wer und wie ist Gott?

Am Beginn ihrer ironisch-doppelsinnigen Rede vor Holofernes (11,5–19) beschreibt Judit in bewusst übertreibendem, altorientalischem Hofstil den Herrschafts- und Verehrungsanspruch Nabuchodonosors, der bereits in der Rede des Königs an seinen Oberfeldherrn Holofernes 2,4–13 Ausdruck gefunden hatte (vgl. Jes 10,5–14; 14,13f). Seine Macht, verkörpert in Holofernes mit seinem Heer, ist stets verbunden mit Furcht und Schrecken, Gewalt, Versklavung, Verwüstung und Tod. Holofernes hatte den Inhaber dieser bisher alle Widerstände brechenden Macht, vor der niemand retten kann,

»Gott« genannt (6,2). Eine solche Verkennung dessen, wer und wie Gott wirklich ist, wird in der weiteren Erzählung bloßgestellt.

Auffällig im Juditbuch ist die Häufigkeit der Wörter δύναμις (Macht, Durchsetzungsvermögen, Heer, Streitmacht, 30x), δυνατός (fähig, kräftig, kriegstüchtig, 4x), δυναστεία (Herrschaft, Herrsein, nur in 9,11), ἰσχύς 9x / ἰσχυρός 2x / (κατ)ισχύω 3x (Stärke, Kraft, stark [sein]), κράτος 12x / κραταιόω 2x / κραταίωσις 1x / κρατέω 3x (Kraft, Macht, sich bemächtigen).

Eine völlig andere Gottesvorstellung bezeugt Judit in Gebet und Lied und Verhalten: »Deine Macht stützt sich nicht auf große Zahl und deine Herrschaft nicht auf Starke; sondern der Erniedrigten Gott bist du, der Unterlegenen Helfer bist du, Beistand der Schwachen, der Verachteten Beschützer, der Verzweifelten Retter« (9,11). An zwei hervorgehobenen Stellen, in 9,7 im großen Gebet Judits und in 16,2 im Schlusshymnus, zitiert sie Ex 15,3 nach der LXX: In der LXX ist die Aussage »JHWH ist ein Kriegsmann/-held« (so der hebräische Text) ersetzt durch κύριος συντρίβων πολέμους: »Der Herr ist einer, der Kriege zerschlägt« (eine ähnliche antimilitärische Umdeutung des hebr. *ʾîš milḥāmā* geschieht in Jes 42,13^{LXX}).

Von solchen Bekenntnisaussagen her ist die zweite Buchhälfte konzipiert: Gott kämpft nicht, er lässt auch nicht die Israeliten die besseren Soldaten oder überlegen bewaffnet sein, seine Hilfe und rettende Macht passt überhaupt nicht in militärische Kategorien, ironisiert diese vielmehr: Er rettet »durch die Hand einer Frau« (9,10; 13,15; 16,5–9; unverkennbar wird mit dieser Wendung auf die Ur-Rettungstat beim Exodus »durch die Hand des Mose« bzw. durch die »Hand Gottes« zurückverwiesen, vgl. *P. W. Skehan*). Durch das nach militärischen Maßstäben Schwächste und zu Angriff oder Verteidigung Ungeeignetste kann Gott einer verheerenden Weltmacht Einhalt gebieten. Der Anspruch des gewalttätigen Nabuchodonosor und seines »Propheten« Holofernes ist damit als Selbstüberhebung (ὑπερηφανία) aufgedeckt (6,19; 9,9).

3.2 Rechtes und unrechtes Verhalten vor Gott

Judit = »die Judäerin« wird schon durch ihren Namen als vorbildlich und repräsentativ für »richtige« Juden gekennzeichnet. Möglicherweise soll darin auch ein Kontrast zum Träger der männlichen Namensform Judas (der Makkabäer) anklingen. An ihren Worten und ihrem Verhalten wird theoretisch und praktisch veranschaulicht, was es bedeuten kann, aus dem Glauben an den Gott Israels zu leben. Die Zustimmung und Bestätigung Usijas, des Sprechers der Stadtältesten, der selbst in der Not versagt hatte, gibt sowohl der theologischen Argumentation als auch dem Tun Judits Recht (8,28f.30; 13,18–20), und der Hohepriester mit seinem Senat und das ganze Volk bekräftigen die Vorbildlichkeit Judits (15,8–10).

3.21 Verantwortete Eigeninitiative im Vertrauen auf Gott

Die Tat Judits ist in vorbereitendes, begleitendes und dankendes *Gebet* eingebettet und wird *Gott* als Rettungstat mit Preis und Dank zugeschrieben (9,10; 13,14f; 14,10; 15,8; 16,2.5). Nirgends im Buch steht diese Zuschreibung jedoch in Konkurrenz dazu, dass die reiche, kluge, schöne und gottesfürchtige Frau in eigener Initiative mit allen ihr zur Verfügung stehenden Mitteln handelt und persönlich voll das Risiko ihrer Unternehmung trägt (so ausdrücklich: 13,20; 15,10; vgl. 8,24.32f). Die Erzählung verzichtet auf jedes »Wunder«, d. h. Gott wird nicht als ein Faktor *neben* anderen, die die Ereignisfolge beeinflussen, benannt. Der Verfasser verkörpert in Judit, was »gottesfürchtig leben« bedeutet, nämlich: in grenzenlosem Vertrauen auf den Gott Israels eigenverantwortlich, klug abwägend und mutig handeln. Die Niederlegung ihres gesamten Beuteanteils als Weihegabe im Jerusalemer Tempel (16,19) drückt die Überzeugung aus, dass das Gelingen der Rettung im Letzten jedoch nicht dem hohen persönlichen Einsatz, der ganz unverzichtbar ist, sondern Gott allein verdankt wird.

3.22 Verurteiltes Fehlverhalten: Gott versuchen

Auf dem Höhepunkt der Not in Betulia hatten die Ältesten den Klagen der Israeliten, die in ihrer Verzweiflung keine Hilfe mehr erwarteten, nachgegeben: Wenn innerhalb von fünf Tagen Gott sich ihrer nicht rettend erbarme, würden sie die Stadt und damit den Zugang nach Jerusalem an die Feinde ausliefern (7,19–31). In einer *theologischen Lehrrede* (8,11–27) tadelt Judit diese eidliche Zusicherung als »nicht recht«, weil solches Verhalten Gott *versuche* (vgl. die Bedeutung dieses Motivs in den biblischen Erzählungen über den Wüstenzug Israels: Murren, Nichtannahme der Verheißung, Unglaube, Nichtvertrauen). Es bedeute, *sich an die Stelle Gottes zu stellen* (wer jemandem Fristen setzt, hat ihm gegenüber eine höhere Position oder maßt sie sich an) und Gott zu *prüfen* (beurteilen, ob einer alles richtig und gut macht und tun kann, d. h. hier: die Allmacht Gottes in Frage stellen). Gegenüber dem Versuch der Ältesten, die Anerkennung des HERRN als alleinigen Gott an seine Einhaltung ihres Fünf-Tage-Ultimatums zu binden, betont die »sehr gottesfürchtige« (8,8) Judit die völlige Freiheit und Souveränität des HERRN, »uns, wann er will, zu schützen oder zugrunde gehen zu lassen ... (in jedem Fall) erkennen *wir* keinen andern als Gott an außer ihm; daher hoffen wir, dass er uns nicht unbeachtet lassen wird« (8,15–20; vgl. den verwandten Gedanken in Dan 3,17–18). Auch die Notsituation entbinde nicht davon, das Mögliche zu tun und dafür die Verantwortung zu übernehmen; vielmehr sollten sie Gott dafür danken, dass er sie so wie einst die Väter *versuche/prüfe* (8,24–27). Judits Gebet und Hymnus und ihre überlegte Tat veranschaulichen die Lehrrede.

3.3 Theologische Deutung der Gegenwart mittels der Heiligen Schrift

Das ganze Buch Judit – die Schauplätze der Handlung, die auftretenden Personen, die erwähnten Ereignisse sowie die Reden und Gebete – werden in ihrer Bedeutung erst dann voll verständlich, wenn die ständigen und verschiedenartigen Bezugnahmen auf die älteren biblischen Bücher miterfasst werden. Auf besonders auffällige Bezugsstellen wurde oben bei 2.2 und 3.1 verwiesen. Biblische Figuren, Episoden, Motive und Texte werden kreativ aufgegriffen und umgestaltet zu einer Erzählung, in der die gegenwärtigen Verhältnisse und Ereignisse der Hasmonäerzeit theologisch-kritisch gespiegelt und nach den der Heiligen Schrift entnommenen Maßstäben beurteilt werden.

Nicht nur die Achiorrede (5,5–21), sondern die gesamte Erzählung beantwortet die Holofernesfrage über »dieses Volk, das im Gebirge wohnt«: »Welche Städte bewohnt es, wie ist die Zahlengröße seiner Streitmacht, worin liegt seine Macht und Kraft, und wer steht über ihm als König, der sein Heer anführt?« (5,3). Wären die dabei zu nennenden Namen und Zahlen die entscheidenden Kriterien von Geltung und Wert, dann brauchte man die Israeliten nicht zu beachten, wie es einhellige Meinung im Holofernes-Heer ist (5,23). Etwas ganz anderes gibt »diesem Volk« Bestand seit den Anfängen, als seine Vorfahren sich in Mesopotamien um der Alleinverehrung des wahren Gottes willen von ihrer Umwelt und Verwandtschaft abkehrten, bei allem Wechsel von Ansiedlung, Umzug und Vertreibung: In Nachfolge der dtr Geschichtsbetrachtung werden Wohlergehen und Katastrophen Israels in Abhängigkeit von seinem Gehorsam gegenüber den Bundesverpflichtungen seines Gottes gesehen. Wie Abweichungen von der Gesetzestreue dem Volk Kriege, Exil und Tempelzerstörung brachten, so wird Gott, wenn sie sich ihm vorbehaltlos anvertrauen, ihr unüberwindbarer Schild gegen jede Macht der Welt sein (5,17–21; 11,10–15). Niemand wird sie dann mehr in Schrecken versetzen (16,25).

3.4 Umkehrungen von Gender-Erwartungen

Bemerkenswert ist die Verflüssigung der Geschlechterrollen in der Darstellung der Hauptfiguren Holofernes und Judit. Die Erzählung ändert die von den biblischen Überlieferungen ebenso wie von der männergeprägten Literatur und Gesellschaft her vorgegebenen Muster, ohne aber schließlich ihre Grenzen zu verlassen. Holofernes, den der erste Buchteil als Befehle ausführenden, weltweit Sieg gewohnten General an der Spitze eines mordenden, plündernden und verwüstenden Heeres zeichnet, wird vom Auftreten Judits an nur noch als verweichlichter Privatmann beschrieben, der im Zelt unter seinem luxuriösen, Frauen zugehörigen Mückennetz liegt (vgl. dazu *B. Schmitz*, Männlichkeit) und von einem Eunuchen bedient wird, der die schöne Frau begehrt, sie beeindrucken und verführen möchte, der sogar wie eine Frau spricht (11,23 zit. Rut 1,16) und schließlich selber zur Beute wird.

Demgegenüber ist Judit zwar Witwe, aber reich (einmalig im AT!) und selbständig; sie schickt den Ältesten eine Vorladung in ihr Haus, hält eine tadelnde Lehrrede, legt ihren Schmuck mit taktischen Absichten an (10,4), bestimmt und verantwortet alle entscheidenden Unternehmungen, führt bei der Prozession sowohl die Frauen als auch die Männer an (15,13), bringt im Tempel Weihegeschenke dar, verteilt Beute, schenkt ihrer Bediensteten und Geschäftsführerin die Freiheit und ordnet ihr Erbe.

3.5 Das Buch Judit innerhalb des Kanons der Heiligen Schrift

Zwar ist das Buch Judit mehreren haggadischen Überlieferungen (→ Haggada) und Darstellungen zum → Chanukka-Fest bekannt (*M. Friedmann;* s. auch oben 0.), es hat aber, vielleicht aufgrund seiner griechischen Originalsprache, nie zu den Schriften gehört, die die Rabbinen als »die Hände verunreinigend« bezeichneten. Die Kirche jedoch hat dieses Buch seit ihren Anfängen im Kanon der Heiligen Schriften überliefert (s. o. zu Clemens Romanus und Origenes). Seit Hieronymus an der → Vulgata arbeitete, scheint er von seinen rabbinischen Lehrern die »hebraica veritas« nicht nur als Richtlinie für die Korrektur von Fehlübersetzungen der LXX und als Grundtext seiner eigenen Übersetzung ins Lateinische, sondern auch als Maßstab übernommen zu haben, welchen Büchern die Autorität einer heiligen Schrift zukomme. In seiner *praefatio in librum Iudith* erwähnt er ausdrücklich, dass das Konzil von Nizäa Judit der Zahl der Heiligen Schriften zugerechnet habe; im *prologus galeatus* aber, den er der Vulgata voranstellte, vertritt er seine Einschätzung, die Bücher Weish, Sir, Jdt, Tob und Hirt des Hermas »non sunt in canone«. In der lateinischen Kirche setzte sich zwar die Vulgata als der im Gottesdienst gelesene und in den Kommentaren ausgelegte Text durch, bezüglich der Kanonizität folgte der Westen wie der Osten jedoch in großer Mehrheit dem kirchlichen Brauch und der Position des Origenes und konnte sich dabei auch auf die Selbstverteidigung des Hieronymus bei seinem Streit mit Rufinus berufen. Andere aber, genannt werden später meist Nicolaus von Lyra (1270–1349) und Dionysius der Karthäuser (1402–1471), griffen wieder auf die »hebraica veritas« als Kanonprinzip zurück, so auch viele Humanisten, Karlstadt, M. Luther und andere Reformatoren.

3.6 Die ambivalente Faszination des Buches Judit

Die »vier Ingredienzien: Gott, Macht, Sexualität und Tod« (*C. A. Moore*) erklären gewiss zum Teil die Faszination des Juditbuches. Andererseits haben viele Leser es immer mit gemischten Gefühlen, wenn nicht sogar mit moralischer Entrüstung, betrachtet. Wie kann eine solche Erzählung Bestandteil der Heiligen Schrift sein? Werden hier nicht Täuschung durch doppeldeutige Aussagen (10,12f; 11,5–8.16–19) und die direkt beabsichtigte Tötung eines Menschen als gottgewollte Mittel zur Rettung des Volkes gepriesen?

Diesen Anfragen kann man zunächst innerbiblisch begegnen: Sie sind ebenso z. B. an die Tötung Siseras durch Jaël und andere biblische Erzählungen zu richten. Aber anstelle einer solchen bloßen Frageverschiebung wäre im Blick auf das Juditbuch grundsätzlicher zu erwägen: Ist *militärische* Gegenwehr und Krieg wirklich moralisch besser oder »ehrenvoller« als die *ganz unmilitärisch erreichte* Tötung des für Unglück, Ruin und Ermordung vieler Unschuldiger Verantwortlichen, wenn sich nur so verhindern lässt, dass er weiter verwüstet und mordet und andere dazu nötigt? Gebietet der Glaube an den die Menschen liebenden Schöpfergott nur, die unter das Rad des Terrors Geratenen zu verbinden oder zu begraben, und nicht auch, diesem »Rad in die Speichen zu greifen« (*D. Bonhoeffer*)?

3.7 Zur Rezeptionsgeschichte

Der Juditstoff hat eine vielfältige Aufnahme sowohl im Judentum als auch im Christentum gefunden. Die unerhörte Geschichte hat höchst unterschiedliche Aktualisierungen in der Kunst, der Literatur, der Musik und im Film angeregt, die immer wieder Judit und ihre Tat in den Mittelpunkt gerückt haben.

Im Judentum findet sich die Judit-Überlieferung vor allem im Kontext der Makkabäer- und Chanukka-Traditionen, und zwar in den hebräischen Kurz- und Langtexten (deutsch-hebräische Texte in *Börner-Klein*, Gefährdete Braut 2007).

Im Christentum sind schon früh Darstellungen der Juditgeschichte in der Kunst belegt, aber eine breite Rezeption hat die Erzählung erst seit der Renaissance erfahren. Dabei besteht aber eine grundlegende Schwierigkeit: Der in der Kirche und der Schule gelesene Bibeltext war, jedenfalls im Westen, die Vulgata-Fassung der Juditerzählung und nicht der ursprüngliche Septuaginta-Text. Selbst in den bisherigen Revisionen der Luther-Bibel wurde die Vulgata als Vorlage der Übersetzung beibehalten. Gerade in Bezug auf die Juditfigur unterscheiden sich jedoch die griechische Originalfassung und die von Hieronymus bearbeitete und veränderte Erzählung in der Vulgata in wesentlichen Zügen. Die jüngsten Kommentare zum Buch Judit (*D. L. Gera* und *B. Schmitz*/*H. Engel*) könnten zur noch ausstehenden Erarbeitung der Eigengestalt der Vulgata-Fassung anregen und zur Rezeption des ursprünglichen griechischen Textes der Juditerzählung beitragen.

XII. Das Buch Ester

(Erich Zenger, Münster)

Kommentare: H. Bardtke (KAT) 1963; E. Würthwein (HAT) 1969; C. A. Moore (AncB) 1971; G. Gerleman (BK) 1973 (=²2003); W. Dommershausen (NEB) 1980 (=³1995); A. Meinhold (ZBK) 1983; D. J. A. Clines (NCeB) 1984; J. L. Loader (ATD) 1992; F. W. Bush (WBC) 1996; J. D. Levenson (OTL) 1997; I. Kottsieper (ATDA) 1998; A. Berlin (JPS) 2001; M.-T. Wacker (SAT) 2004; H. M. Wahl (2009).

Forschungsüberblicke: H. Bardtke, Neuere Arbeiten zum Esterbuch. Eine kritische Würdigung: Ex Oriente Lux 19, 1965/66, 519–549; G. Botterweck, Die Gattung des Buches Esther im Spektrum neuerer Publikationen: BiLe 5, 1964, 274–292; S. W. Crawford/L. G. Greenspoon (Hg.), The Book of Esther in Modern Research (JSOT.S 380) London/New York 2003; W. Herrmann, Ester im Streit der Meinungen (BEAT 4) Frankfurt 1986; H. M. Wahl, Esther-Forschung: ThR 66, 2001, 103–130.

Einzelstudien: H. Bardtke, Zusätze zu Esther (JSHRZ I/1) Gütersloh 1973; S. B. Berg, The Book of Esther. Motifs, themes and structure, Missoula 1979; A. Berlin, The Book of Esther and Ancient Storytelling: JBL 120, 2001, 3–14; K. Butting, Die Buchstaben werden sich noch wundern, Berlin 1993, 49–86; K. Butting/G. Minnaard/M.-T. Wacker (Hg.), Ester, Wittingen 2005; D. J. A. Clines, The Ester Scroll. The Story of the Story (JSOT.S 30) Sheffield 1984; W. Dommershausen, Die Estherrolle. Stil und Ziel einer alttestamentlichen Schrift (SBM 6) Stuttgart 1968; C.Dorothy, The Book of Esther. Structure, Genre and Textual Integrity (JSOT.S 187) Sheffield 1997; T. Davidovich, Esther, Queen of the Jews (CBib 59) Winona Lake 2013; B. Ego, Targum Scheni zu Ester (TSAJ 54) Tübingen 1996; dies., Die biblische Prophetie und das Esterbuch, in: R. Lux u. a. (Hg.), Die unwiderstehliche Wahrheit, Leipzig 2006, 513–530; dies., Die Geschichtskonzeption des Esterbuches als Paradigma historischer Sinnkonstruktion in der Spätzeit des Alten Testaments, in: P. Mommer/A. Scherer (Hg.), Geschichte Israels und deuteronomistisches Geschichtsdenken (AOAT 380) Münster 2010, 85–105; dies., The Book of Esther – A Hellenistic Book: JAJ 4, 2011, 279–302; dies., Die Theologisierung des Estererzählung. Von der Septuaginta zu Targum Scheni, in: W. Kraus/S. Kreuzer (Hg.), Die Septuaginta. Text, Wirkung, Rezeption (WUNT 325) Tübingen 2014, 392–404; M. V. Fox, The Redaction of the Books of Esther (SBL.MS 40) Atlanta 1991; ders., Character and Ideology in the Book of Esther. Studies on Personalities of the Old Testament, Columbia 1991; K. Jaroš, Esther. Geschichte und Legende, Mainz 1996; K. H. Jobes, The Alpha-Text of Esther. Its Character and Relationship to the Masoretic Text (SBL.DS 153) Atlanta 1996; I. Kalimi, Furcht vor Vernichtung und der ewige Bund. Das Buch Ester im Judentum und in jüdischer Theologie: ZRGG 62, 2010, 339–355; T. Laniak, Shame and Honor in the Book of Esther (SBL.DS 165) Atlanta 1998; J. C. H. Lebram, Purimfest und Estherbuch: VT 22, 1972, 208–222; J. Marböck, Das Gebet der Ester. Zur Bedeutung des Gebetes im griechischen Esterbuch, in: R. Egger-Wenzel/J. Corley (Hg.), Prayer from Tobit to Qumran (Deuterocanonical and Cognate Literature. Yearbook 2004) Berlin 2004, 73–94; K. McGeough, Esther the hero: Going beyond »wisdom« in heroic narratives: CBQ 70, 2008, 44–65; A. Meinhold, Die Gattung der Josephsgeschichte und des Estherbuches: Diasporanovelle I und II: ZAW 87, 1975, 306–324; 88, 1976, 72–93; ders., Theologische Erwägungen zum Buch Esther: ThZ 34, 1978, 321–333; ders., Zu Aufbau und Mitte des Estherbuches: VT 23, 1983, 435–445; J. Milik, Les modèles araméens du livre d'Esther dans la

Grotte 4 de Qumran: RQ 15, 1991/92 , 321–406; C. A. Moore (Hg.), Studies in the Book of Esther. Selected with a Prolegomenon, New York 1982; Rabbinische Kommentare zum Buch Ester. Bd. 2 Die Midraschim zu Ester (übersetzt von D. Börner-Klein u. E. Hollender), Leiden 2000; L. A. Rosenthal, Die Josephsgeschichte, mit den Büchern Ester und Daniel verglichen: ZAW 15, 1895, 278–285 (vgl. auch ZAW 17, 1897, 125–128); S. Talmon, Wisdom in the Book of Esther: VT 13, 1963, 419–455; E. Tov, The »Lucianic« Text of the Canonical and the Apocryphal Sections of Esther. A Rewritten Biblical Book: Textus 10, 1982, 1–25; K. De Troyer, The End of the Alpha-Text of Esther. Translation and Narrative Techniques in MT 8:1–17, LXX 8:1–17, and AT 7:14–41 (Septuagint and Cognate Studies 48) Atlanta 2000; dies., The End of the Alpha-Text of Esther. An Analysis of MT and LXX 8:9–13 and AT 7:33–38: Textus 21, 2002, 175–207; K. de Troyer/M.-T. Wacker, Esther. Das Buch Esther (LXX und A-Text), in: M. Karrer/W. Kraus (Hg.) Septuaginta Deutsch. Erläuterungen und Kommentare zum griechischen Alten Testament I, Stuttgart 2011, 1253–1296; M.-T. Wacker, Mit Toratreue und Todesmut dem einen Gott anhangen. Zum Esther-Bild der Septuaginta, in: F. Crüsemann/M. Crüsemann (Hg.), Dem Tod nicht glauben, Gütersloh 2004, 312–332; H. M. Wahl, Das Buch Esther als methodisches Problem und hermeneutische Herausforderung: eine Skizze: Biblical Interpretation 9, 2001, 25–40; A.-M. Wetter, On her Account. Reconfiguring Israel in Ruth, Esther, and Judith (LHBOTS 623) New York 2015; S. A. White, Esther: A feminine Model for Jewish Diaspora, in: P. L. Day (Hg.), Gender and Difference in Ancient Israel, Minneapolis 1989, 161–177; R. Zadok, On the Historical Background of the Book of Esther: BN 24, 1984, 18–23.

0. Textüberlieferung

Das Buch liegt in drei Texttypen vor. Der (ca. 160 Verse umfassende) hebräische Text ist die kürzeste Fassung und ist gegenüber den anderen Fassungen durch sein »Gottesschweigen« charakterisiert, d. h. in ihm wird Gott nicht ausdrücklich erwähnt, weder auf der Ebene der Erzählung noch im Munde der handelnden Figuren. Demgegenüber haben die beiden griechischen Texttypen (eine Langfassung [LXX] und eine im Vergleich dazu etwas kürzere Fassung [die sog. lukianische Fassung, die freilich nicht auf Lukian 4. Jh. n. Chr. zurück geht, sondern älter ist und heute meist Alpha-Text oder A genannt wird: s. u.]) umfangreiche Zusätze (in der Langfassung ca. 100 Verse), die mit Buchstaben gezählt werden und die explizite »Theo-Logie« bieten:

A	1,1a–r	Traum Mordechais, Aufdeckung der Verschwörung
B	3,13a–g	Pogromedikt Hamans
C	4,17a–z	Gebete Mordechais und Esters
D	5,1a–f.2ab	Esters Gang zur Audienz
E	8,12a–x	Königsedikt zum Schutz der Juden
F	10,3a–l	Deutung des Anfangstraums und Überbringung des Buches nach Ägypten

Diese LXX-Zusätze, die in der Vg am Ende stehen, sind nicht nur erzählerische Ausgestaltung der »Story« von MT, sondern haben eine ausdrücklich theologisierende Ebene, die die Rettung der Juden stark in Motiven der Exodusüberlieferung als Eingreifen des Gottes Israels denkt und die Ester zum Paradigma jüdischer Existenz in der → Diaspora macht. Durch die beiden »Traum«-Zusätze *1,1a–r* und *10,3a–k* wird die Septuaginta-Fassung kunstvoll gerahmt; das »Traum-Motiv« entspricht nicht nur der »Josef-Figu-

ration« des Mordechai (s. u. 3.), sondern ist in der jüdisch-hellenistischen Epoche sehr beliebt (vgl. Dan). Auch die eingefügten Gebete Mordechais und Esters sind typisch für dieses Milieu, wie auch die Gebete in den Büchern Jdt, Tob und Makk zeigen. Der Abschnitt D gibt mit dem zweifachen »Ohnmachtsanfall« der Ester vor dem König der Handlung eine zusätzliche Dramatik.
Ob die von *J. T. Milik* rekonstruierten Indizien für eine »theologische« Fassung von Est in Qumran, wo das Buch auffallenderweise bislang nicht belegt ist, zutreffen, ist sehr fraglich.

Der textgeschichtliche Zusammenhang der drei Fassungen wird in der Forschung sehr unterschiedlich gesehen. Am wahrscheinlichsten dürfte die Linie sein: Masoretischer Text → Septuaginta (1. Jh. v. Chr.: vgl. der Kolophon *10,3l*) → Alpha-Text (1. Jh. n. Chr.: *K. De Troyer*) (MT → LXX → A). Manche Autoren nehmen eine MT und LXX vorausliegende gemeinsame Vorlage an; andere postulieren eine dem Alpha-Text zugrunde liegende hebräische Vorlage und halten diese für die älteste Fassung. Mit *K. De Troyer* und *M.-T. Wacker* kann angenommen werden, dass der Alpha-Text eine sich an MT *und* an LXX inspirierende Neufassung ist. »Im Umfang der Zusätze steht sie der Septuaginta nahe, im Wortlaut manchmal mehr dem hebräischen Text ... Der bedeutendste Unterschied ist ihr kürzerer und inhaltlich anderer Schluss. Die Kampfhandlungen am 13. und 14. Adar werden viel knapper geschildert, und vor allem werden sie einseitig auf die Initiative der Ester und ihrer Interventionen beim König zurückgeführt. Mordechai dagegen ist derjenige, der sich für die Einsetzung des Purimfestes als Dankfest für die Rettung des jüdischen Volkes durch Gottes Hilfe starkmacht. Diese Fassung ist wohl in römischer Zeit, vielleicht im ersten Jh. n. Chr., entstanden, da der jüdische Geschichtsschreiber Flavius Josephus sie zu kennen scheint« (*M.-T. Wacker*).

Streng genommen müsste jede der drei Textformen in sich analysiert und ausgelegt werden. Die EÜ von 1979 druckt einen »Mischtext« ab: MT mit jeweils eingefügten LXX-Zusätzen. Die Bibeln der reformatorischen Tradition bieten die Übersetzung des hebräischen Textes; die »Zusätze« der LXX werden dann meist (zusammen mit den anderen → deuterokanonischen Büchern; s. o. A.III.2.) in einem eigenen Anhang als »Stücke zum Buch Ester« (so Lutherbibel) abgedruckt.

1. Aufbau

Das Buch erzählt die Rettung der Juden durch die (in Ablösung der Waschti) zur Königin aufgestiegene Jüdin Ester und ihren Onkel Mordechai vor einem auf Betreiben des Großwesirs Haman regierungsamtlich verordneten Judenpogrom. Das Geschehen, dessen *erzählte Szenerie* das persische Weltreich unter dem Großkönig Ahaschwerosch (so lautet der Name im MT; gemeint ist Xerxes I. [486–465 v. Chr.]; LXX gebraucht konsequent den Namen Artaxerxes [465–424/23 v. Chr.], so auch die Einheitsübersetzung) ist, kulminiert in dem dann von den Juden als Fest ihrer Rettung gefeierten »Purim« (Herkunft und Wortbedeutung unklar: in Est 3,7; 9,24.26 wird »Purim« von dem nichthebräischen Wort *pûr* = »Los« aus jenem »Los« hergeleitet, das Haman geworfen hat, um das Datum des Pogroms festzusetzen). »Megillat Ester«, die Esterrolle, wird im

Judentum an dem im Frühjahr (14. Adar, fällt in den März) gefeierten Purimfest als »Festrolle« gelesen.

Der Aufbau des hebräischen und des *griechischen* (Zusätze gegenüber MT *kursiv*) Esterbuches lässt sich folgendermaßen darstellen:

1,1a–r Traum Mordechais

1,1–2,23 Vorgeschichte

1,1–9	Buchanfang und Gesamtexposition (Äquilibrium/Gleichgewicht)
1,10–22	Absetzung der Königin Waschti (Störung des Äquilibriums)
2,1–18	Aufstieg Esters zur Königin
2,19–22	Esters Erprobung/Loyalität
2,23	Scheinbare Aufhebung der Störung Vorverweise auf den Schluss der Hauptteile und des ganzen Buches: 2,23 → 7,10 (Motiv: Galgen; für Haman) 2,23 → 9,13f (Motiv: Galgen; für Hamans Söhne) 2,23 → 10,2 (»Buch der Ereignisse, Chronik«)

3,1–7,10	1. Hauptteil Vernichtung des Judenfeindes Haman und Rettung des Mordechai	8,1–9,19	2. Hauptteil Vernichtung aller Judenfeinde und Rettung aller Juden
3,1–11	Investitur Hamans	8,1–8	Investitur Esters und Mordechais
3,12–14	Erlass (Judenpogrom)	8,9–13	Erlass (gegen Judenpogrom)
3,13a–g	*Edikt Hamans*	*8,12a–x*	*Edikt Esters und Mordechais*
3,15a	Eilboten	8,14	Eilboten
3,15b	Haman und der König	8,15a	Mordechai und der König
3,15c	Reaktion in Susa	8,15b	Reaktion in Susa
4,1–3	Reaktion in den Provinzen	8,16–17	Reaktion in den Provinzen
4,4–17	Dialog Ester-Mordechai		
5,1–14	Festgelage bei Ester und Triumph des Haman		
4,17a-i	*Gebet Mordechais*		
4,17k-z	*Gebet Esters*		
5,1a-f.2ab	*Audienz Esters beim König*		
6,1-13	Erhöhung des Mordechai		
6,14-7,10	Festgelage bei Ester und Ende des Haman	9,1–15 9,16–19	Ende der Judenfeinde Festgelage der Juden

9,20-10,3 Schlussteil: Ergebnis

9,20–28	Purimbrief Mordechais
9,29–32	Purimbrief Esters
10,1–3	Wiederherstellung/Erneuerung des Äquilibriums

10,3a–k Deutung des Traums Mordechais

10,3l Kolophon

Das Esterbuch, das keinen einmaligen historischen Vorgang, sondern die Erfahrung von struktureller Judenfeindschaft »aufarbeitet«, ist eine kunstvoll gestaltete Erzäh-

lung. Die *Vorgeschichte* 1–2 entwirft das *theatrum mundi*, führt in drei Akten die handelnden Figuren ein und zeichnet im Großkönig die »chaotische« Gefährdetheit eines politischen Kosmos, der nicht im Horizont der jüdischen Geschichts- (und Gottes-) Erinnerung lebt. Die beiden weitgehend parallel bzw. kontrastierend gestalteten (unterschiedlich umfangreichen) *Hauptteile* 3–7 und 8,1–9,19 erzählen nach dem Rechtsmodell des weisheitlichen Tun-Ergehen-Zusammenhangs die Vernichtung/das Scheitern des Haman als Rettung des Mordechai (3–7) und die Vernichtung/das Scheitern der Judenfeinde im gesamten Reich als Rettung aller Juden (8,1–9,19). Der *Schlussteil* 9,20–10,3 erzählt von der Einsetzung des Purimfestes und klingt mit einer Würdigung des Mordechai aus (10,1–3). Die LXX-Fassung legt um diese Erzählung als Rahmen den Traum des Mordechai (*1,1a–b*) und seine Deutung (*10,3a–k*); am Ende dieser Fassung steht ein → Kolophon (»Unterschrift«), das die Übersendung des griechischen Esterbuches an die Juden von Alexandria dokumentiert (*10,3l*).
In den skizzierten Handlungsablauf hat der Erzähler eine chiastische Komposition (→ Chiasmus) von vier Festgelagepaaren hineinverwoben. Diese Komposition gibt einen wichtigen hermeneutischen Schlüssel für das Gesamtverständnis des Buches.

Festgelagepaar I	1,3	Fest des Königs für das ganze Reich
	1,5	Fest des Königs für Susa
Festgelagepaar II	1,9	Fest der Waschti
	2,18	Fest für Ester
Festgelagepaar III	5,4–8	Fest der Ester für den König und Haman
	6,14–7,8	Fest der Ester für den König und Haman
Festgelagepaar IV	9,18	Fest der Juden in Susa
	9,19	Fest der Juden im ganzen Reich

Die äußeren Festgelagepaare I und IV stehen sich als Kontrast gegenüber; sie repräsentieren unterschiedliche Welt- bzw. Geschichtskonzepte. Die Königsgelage sind Selbstdarstellung von Luxus und imperialer Macht (die sich in der Erzählung dann als ohnmächtig und destruktiv zugleich erweist). Die Feste der Juden sind Feste der Befreiung und echter Gemeinschaft (vgl. das Motiv des gegenseitigen Beschenkens in 9,19).

Auch die inneren Festgelagepaare II und III bilden einen Gegensatz. Gemeinsam ist ihnen, dass sie »Frauenfeste« sind. Während freilich das Festpaar II Demonstration der königlichen Macht ist und die beiden Königinnen Waschti bzw. Ester als »Objekte« bzw. Opfer der Machtpolitik zeichnet, sind die beiden Feste der Ester (Festpaar III) Ausdruck und Vollzug einer »neuen« Rolle der Ester als Retterin, in die sie im Widerstand gegen die destruktive Herrschaft sukzessiv hineinwächst – dadurch, dass sie ihre jüdische Identität findet.

Mit dieser Festgelage-Komposition wird zugleich der Schlussteil programmatisch vorbereitet, in dem die Purimfesttage als Fest der Befreiung und der Gemeinschaft eingesetzt werden.

2. Entstehung

2.1 Mehrstufige Entstehung?

Die dreifache Textüberlieferung und die Vielzahl der handelnden Figuren haben immer wieder Hypothesen über die im vorliegenden Buch zusammengearbeiteten, ursprünglich eigenständigen Erzählungen (z. B.: Waschti-Erzählung: Verstoßung einer schönen Königin, die sich ihrem König widersetzt; Mordechai-Erzählung: Rivalität zwischen den zwei Höflingen Haman und Mordechai; Ester-Erzählung: eine schöne Königin rettet ihr Volk aus drohender Gefahr) ausgelöst. Derartige Spekulationen haben jedoch wenig zum Gesamtverständnis beigetragen. Es handelt sich höchstens um Hypothesen über Stoffe, die vom Erzähler kunstvoll so zusammenkomponiert wurden, dass die Komplexität der Figuren und ihrer Rollen für das Gesamtverständnis des Textes unverzichtbar ist. So ist die erzählerische Aufspaltung der Heldenfigur in eine männliche (Mordechai) und weibliche (Ester) Gestalt, wobei letztere noch einmal als Kontrastfigur zu Waschti konzipiert ist, ebenso konstitutiv wie die Dreier-Konstellation Haman – Mordechai – Ester (zur intertextuellen Bedeutung dieser Figurenkonstellationen s. u. 3.). Aus der dichten Konsistenz der Erzählung fällt allerdings die Purim-Ebene heraus. Sie passt zwar hervorragend *als Ergebnis* in die Handlungsstruktur, ist aber im Erzählgefüge selbst zu wenig vorbereitet. Deshalb dürften die Purim-Passagen 3,7; 9,20–32 auf eine Bearbeitung zurückgehen, die die Rettungserzählung zur *Festlegende* (hieros logos) des *Purim-Festes* machte.

2.2 Literarische Form, Entstehungszeit und Entstehungsort

Die Erzählung zeigt einerseits eine gute Kenntnis des persischen Milieus, in dem die Haupthandlung spielt. Auch mehrere persische Wörter unterstreichen das persische Kolorit. Andererseits hat die Erzählung einen derart spielerischen und imaginativen Umgang mit geschichtlichen Fakten (vergleichbar dem Buch Judit, s. o. D.XI.), dass auf keinen Fall eine »historische« Erzählung vorliegen kann. »Es erübrigt sich fast, Einzelheiten als Beleg für den ›unhistorischen‹ Charakter des Buches anzuführen. Die Ausleger haben oft hervorgehoben, wie unvorstellbar ein Festmahl unter Teilnahme aller Würdenträger des persischen Reiches wäre (1,1–4), wie absurd ein königlicher Erlaß an alle Männer, in ihrem Haus das letzte Wort zu behalten (1,22), und wie unwahrscheinlich die Veröffentlichung von Erlassen in allen Sprachen des Weltreiches statt in offiziellem Aramäisch (3,12; 8,9) wäre. Diesen Beobachtungen wird gewöhnlich hinzugefügt, daß weder eine Waschti noch eine Ester jemals Königin im Perserreich waren, daß die einzige feststellbare geschichtliche Gestalt des Buches, Ahasveros oder Xerxes I., eine Königin namens Amestris hatte und daß weder Ester noch Waschti als Angehörige des königlichen Harems ›Königin‹ hätten heißen können. Außerdem waren die persischen Könige dazu verpflichtet, ihre Königinnen aus einer der sieben vornehmen Familien auszuwählen. So kommt Ester gar nicht in Betracht. Ein Jude als Wesir am persischen Hof (8,2; 10,3) ist höchst unwahrscheinlich, und ein persischer König, der im eigenen Reich einen Bürgerkrieg genehmigt (8,8; 9,11ff.), völlig undenkbar. Wäre schließlich Mordechai unter den Exulanten gewesen, die 597 v. Chr. aus Jerusalem deportiert wurden (vgl. 2,6), so wäre er im zwölften Jahr des Xerxes (3,7) über 120 Jahre alt gewesen und seine Cousine Ester nicht das schöne junge Mädchen, das den König dazu gewinnen konnte, sie zur Königin zu erheben (2,17)« (*J. A. Loader*, Ester 208).

Angesichts dieser imaginativen Konstruktion einer »weltgeschichtlichen« Bühne, auf der mehrere Handlungsfäden miteinander verwoben sind, und unter Berücksichtigung der vielfältigen Rezeption von Stoffen und Motiven spezifischer Geschichtsüberlieferungen Israels (s. u. 3.) ist das Buch in literarischer Hinsicht weniger eine Novelle (»Diasporanovelle«) oder eine »historisierte Weisheitserzählung« als vielmehr eine (dem Buch Judit vergleichbare) *romanhafte Erzählung* der hellenistischen Epoche, die im 3. Jh. v. Chr. entstanden sein dürfte (typisch für den Roman der hellenistischen Epoche sind: Komplexität des Handlungszusammenhangs, *theatrum mundi*, erotische Konnotationen, »Weltdeutung«). »Die Figuren im Esterbuch sind literarische Typen: die schöne und kluge Frau, die Königin wird, der kluge und wohltätige jüdische Mann, der seinem Herrscher gegenüber loyal und politisch erfolgreich ist, der böse, aber auch eitle und dumme Höfling und der despotische, zudem von Launen umgetriebene Weltherrscher« (*M.-T. Wacker*).

Gegen die wegen des Perserreich-Kolorits meist vertretene *Datierung* ins 5./4. Jh. v. Chr. (das Buch zeigt zwar gute Kenntnisse über die persische Reichsorganisation und über die Verhältnisse am persischen Hof, aber das »Bild« entspricht dem, was damals »Bildungsgut« der griechischen Historiker und Schriftsteller war) spricht vor allem, dass das zentrale Thema der regierungsamtlichen Judenverfolgung nicht zur persischen Reichspolitik passt; der Vorwurf gegen die jüdische Tora/→ Halacha in 3,8 widerspricht allem, was wir über Akzeptanz partikularer Gesetze im Perserreich wissen (s. o. C.III.3.). Dagegen wurde das Thema in der Epoche der Diadochenkämpfe nach dem Tod Alexanders aktuell, als Judenhass und Judenverfolgung zur politischen Realität wurden.

Als *Entstehungsort* kommt am ehesten die östliche → Diaspora in Frage. Das Esterbuch ist ein »Geschichtsbuch« (s. o. D.I.) der Diaspora: Es reflektiert die Bedeutung des Judentums inmitten einer nichtjüdischen Welt, und es aktualisiert die Geschichtstraditionen Israels für jüdische Existenz unter den Bedingungen der Diaspora.

3. Theologie

3.1 Relecture vorgegebener Erzählungen

(1) Der in Est erzählte Konflikt zwischen Haman und Mordechai ist durch intertextuelle Bezüge als Aktualisierung der »Feindschaft« Amaleks gegen Israel gezeichnet, die nach der Tora die Geschichte Israels fundamental bedroht. Die in Ex 17,8–16; Dtn 25,17–19 besprochene »ewige« Feindschaft hat mehrfache Implikationen: die Amalekiter, ein Brudervolk Israels, haben Israel überfallen, als es auf dem Weg zum Sinai war, dem Ort der Begegnung mit dem »wahren Gott«; insofern gilt der Angriff letztlich JHWH selbst, weshalb die Amalekiter in der jüdischen Tradition zur Personifikation der JHWH-Feinde par excellence wurden. Andererseits hält schon Ex 17,8–16 fest, dass es Amalek nie gelingen wird, Israel als Volk JHWHs zu vernichten. Der Bezug

auf diesen Ur-Konflikt wird in Est über die Bezeichnung Hamans als »*Agagiter*« (3,1) und Mordechais als »Sohn des Jaïr, des Sohns des *Schimi*, des Sohns des *Kisch*« (2,5) hergestellt. Diese Kennzeichnungen evozieren den in 1 Sam 15 erzählten Konflikt zwischen Agag, dem König der Amalekiter, und König Saul, dem Sohn des Kisch. Wegen Agag hat nach 1 Sam 15 Saul seine Königswürde verloren, weil er sich in diesem Konflikt zwischen Amalek und JHWH nicht an das Banngebot gehalten hatte; er hatte die »theologische« Dimension dieses Konflikts nicht ernst genommen und sich selbst an diesem Krieg bereichert. Deshalb nahm Samuel im Auftrag JHWHs das Königsamt von ihm und übergab es dem kleinen David, dass er zum Retter seines Volkes werde (1 Sam 16). Dieser Ur-Konflikt der Israel-Feindschaft als JHWH-Feindschaft, der gemäß Ex 17,16 »von Generation zu Generation« aufbricht, ist das Thema des Esterbuchs. Die Figurenkonstellation Agag – Saul – David ist nun überraschend neu aktualisiert. Während Agag in Haman auflebt und Mordechai die Rolle Sauls, freilich positiver als dieser, spielt, tritt Ester als weibliche Figur mit »messianischen« Zügen an die Stelle Davids – und als davidische *Königin* in Opposition zum ambivalenten und destruktiven Modell der imperialen Macht des Ahaschwerosch. »Wenn Esther listig und unerkannt im Verborgenen zur Rettung ihres Volkes Macht entwickelt, gibt sie der erhofften anderen Qualität der Macht eine Gestalt, insofern sie Macht in einer ›anderen‹ Gestalt ausübt. Als Frau – zumal im Harem des Königs Achaschwerosch – agiert sie in einem zweiten Unterdrückungszusammenhang, und setzt auch die Geschichte und Gegenwart von Leiden und Zerstörung ihrer Geschlechtsgenossinnen auf die Tagesordnung. Ihr Königtum bestreitet die Gewalt, die andere zerstört, in jedem Haus. Charakteristisch für Esthers Königtum ist darum Ausbreitung der königlichen Würde auf Mordechaj und auf das ganze jüdische Volk. Sie verwandelt die Feste eines heidnischen Königs in jüdische Volksfeste. Damit greift ihr Königtum vor auf das für Israel kommende Reich, das nicht auf Unterwerfung anderer gegründet ist, sondern in Geschwisterlichkeit königlicher Menschen, Frauen und Männer, entsteht« (*K. Butting*, Die Buchstaben 84).
(2) Die zweite Geschichtsüberlieferung, die im Buch Ester neu aktualisiert wird, ist die *Josefsgeschichte.* Neben vielen Details, in denen das Hofmilieu der Josefsgeschichte und der Estererzählung übereinstimmen, und neben der Grundidee, dass ein am fremden Königshof aufgestiegener Jude nicht nur sein Volk vor dem Tod rettet, sondern das fremde Weltreich erfolgreich verwaltet, ist die in Est vollzogene Aufspaltung bzw. Doppelung der Figur des Josef in die beiden Komplementärfiguren Mordechai und Ester wichtig. Während Mordechai als Figur im Hintergrund agiert, repräsentiert Ester gegenüber »dem Tor« Haman die Figur der »schönen, weisen Frau«, die als Personifikation der Weisheit den Tod besiegt und das Leben mehrt. Als weibliche Josefﬁgur ist sie eine utopische Identifikationsfigur für alle, die einerseits in der Fremde (→ Diaspora) leben und die andererseits den Kampf für ihr Überleben *selbst* in die Hand nehmen.
(3) Mordechai ist in der Erzählung darüber hinaus der Idealtyp jüdischer Diaspora-Existenz, der den Kern ihrer Identität im Hauptgebot des Monotheismus sieht und deshalb politischen Mächten die verehrende Proskynese verweigert. Darin gleicht Mordechai dem *Daniel* der Daniellegenden Dan 2–6.

3.2 Pesachfest und Purimfest

Schließlich sind die Bezüge zwischen dem Esterbuch und der *Pesachüberlieferung* nicht zu übersehen. Zwar wird man sich der verschiedentlich vorgetragenen These, Est sei eine gezielte relecture von Ex 1–12 (*G. Gerleman*) nicht anschließen, doch sind die Gemeinsamkeiten zwischen der Pesachüberlieferung und dem Esterbuch nicht zu übersehen: 1. Hamans Anschlag und die folgenden (Fast-)Tage fallen in die Pesach-Tage. 2. Das Purimfest selbst liegt nach dem damaligen Kalender am *14./15.* Adar (März), wie Pesach am *14./15.* Nisan liegt, d. h. Purim ist genau elf Monate nach Pesach (bzw. einen Monat vor Pesach). Das aber bedeutet: Die im Exodus begonnene Rettung aus Ägypten vollendet sich im Purimfest, wenn das jüdische Volk seine »Ruhe« inmitten der Völkerwelt feiert. M. a. W.: Das in der → Diaspora gefeierte Purimfest *ist* das Pesachfest der Diaspora. Für die Juden in der Diaspora geht es nicht um Rettung *aus* der Fremde, sondern um Rettung *in* der Fremde.

3.3 Das sog. Gottesschweigen des hebräischen Esterbuchs

Gegenüber dem ersten Eindruck, das hebr. Esterbuch sei eine nicht-theologische Erzählung, die primär am Judentum als einer ethnischen und nicht als einer religiösen Größe interessiert sei, ist zu betonen: Est ist von der literarischen Technik her und in der beabsichtigten Wirkung auf die Leserinnen und Leser (also in textpragmatischer Hinsicht) ein *hoch-theologisches Buch*, das jenseits einer allzu affirmativen Gottesrede mit seinem »Gottesschweigen« dennoch die urbiblische *Gottesgewissheit* vermitteln will. Seine Theologie liegt nicht in der Oberflächenstruktur des Textes, sondern soll sich bei der Lektüre/beim Hören einstellen, wenn das Buch im intertextuellen Gespräch mit den Geschichtsüberlieferungen gelesen/gehört wird. Das gilt zunächst vom erzählten Geschehen selbst. Wenn die überraschende Rettung *aller* Juden vor dem politisch verordneten Tod so erzählt wird, dass hier zwar die beiden komplementären Hauptfiguren Ester (die Heldin) und Mordechai (Repräsentant der Juden) als Rettergestalten agieren *und* dass im Rettungsgeschehen selbst sich beinahe »wunderbar« ein Akt nach dem anderen fügt, muss der Leser sich fragen, warum sich letztendlich alles so gut fügte.

Es sind besonders zwei Stellen, die dem Leser diese Frage aufgeben und die ihm zugleich, wenn er die Texte im Horizont seiner Tradition liest, die von ihm geforderte Antwort nahe legen. Wenn Mordechai zu Ester sagt: »Wenn du in dieser Zeit tatsächlich schweigen würdest, erstünden den Juden Erleichterung und Rettung von einem anderen Ort her ... Aber wer weiß, ob du (nicht) für eine Zeit wie diese zur Königinwürde gelangt bist« (Est 4,14), dann liegt hier ein sehr subtiles Hinweissystem auf Gott vor. Schon die frühe rabbinische Literatur hat das Wort »der Ort« als verhüllende Redeweise für Gott gedeutet, analog dem Wort »Himmel« für Gott in 1 Makk 16,3. So ist Est 4,14 Aktualisierung der urbiblischen Gewissheit, dass Israel nicht vernichtet werden kann und dass ihm (wie beim Exodus und beim Amalekiterüberfall vor dem Sinai) in der Todesnot Rettung zuteil wird – *woher* auch immer. Von diesem Geschichtswissen soll Ester sich leiten lassen. Für sie, so sagt Est 4,14, bietet sich der Kairos, *diese* Gottes-Wahrheit der Rettung Israels durch ihr Tun mitzuwirken.

Die zweite Stelle, die den Leser mit der Gottesfrage konfrontieren will, ist 9,1: »Im 12. Monat, das ist der Monat Adar, an seinem 13. Tag, ... an dem Tag, an dem die Judenfeinde hofften, ihrer Herr zu werden, da trat *eine Wende*/Umkehrung ein«. Wie mit einem Schlag zerreißt das Netz des Todes für die Juden, urplötzlich und allüberall. Wer dies bewirkt, wird nicht ausdrücklich gesagt. Wer die Rettungsgeschichte im Horizont des Geschichtswissens Israels lesen kann, ist gefragt, auch hier den Gott der wunderbaren Rettungen Israels vor seinen Feinden mitzudenken. Darauf weist das Buch besonders in 9,16f hin, wo das Ergebnis der Rettung als *»Ruhe vor den Feinden«* gekennzeichnet wird. Im Erzählgefüge des Buches selbst ist dies die Umkehrung der Absicht des Haman, der den König in 3,8 auffordert, die Juden, weil sie *ihren* Gesetzen gehorsam sind, »nicht in Ruhe zu lassen«, sondern sie zu vernichten. Intertextuell ist »die Ruhe vor den Feinden« die große Heilsgabe JHWHs an sein Volk in der Gestalt »des Landes« (vgl. Jos 21,44; 23,1) und »des Friedens« in der Gottesgemeinschaft, dessen Realsymbol der Tempel war (vgl. 1 Kön 8,56). Das Heilsgut »der Ruhe« sieht Est allerdings nicht »im Lande« und »im Tempel«, sondern in der Fremde, mitten unter den Völkern. Es ruft nicht auf, ins Land oder zum Zion zurückzukehren, sondern seine Botschaft ist: Israel kann Einfallstor der Gottesherrschaft werden – auch bzw. gerade in der → Diaspora. Deshalb erzählt das Buch sogar davon, dass »viele von den Völkern sich als Juden bekannten« – angesichts der Bewahrheitung des Geschichtswissens Israels (vgl. Est 8,17).

Das hebr. Esterbuch vermeidet es, das Rettungsgeschehen als Ganzes und seine einzelnen Etappen direkt auf Gott zurückzuführen. Dies entspricht nicht nur der in der Spätzeit des Ersten Testaments immer stärker werdenden Betonung der Transzendenz Gottes, sondern ist das spezifische Gottesverständnis des Buchs. Das »Gottesschweigen« von Est ist sein theologisches Programm, das im Namen Ester als sprechendem Namen (die ursprüngliche Bedeutung ist unklar; vielleicht Herkunft von »Ischtar«) zusammengefasst erscheint, wenn man ihn mit der talmudischen Tradition von der Gottesaussage des Moselieds Dtn 32,20 her versteht: »Und Gott sagte: Ich will mein Gesicht verbergen (*ʼastīrah*) vor ihnen«. Dtn 32 ist ein »Theodizeepsalm«, der die Katastrophe des Exils als Erfahrung des sich verbergenden Gottes deutet, damit Israel sich auf die Gott-Suche macht. Dieses Sich-Verbergen ist keine Abwesenheit, sondern »Anwesenheit in Verhüllung« (*L. Perlitt*), wie vor allem die ebenfalls im Exil des 6. Jh.s v. Chr. entstandene Theologie des sog. Deuterojesaja entfaltet (vgl. besonders Jes 45,15; 54,8). Das Esterbuch ist von daher eine Theodizee-Theologie angesichts der katastrophischen Gefährdung jüdischer Existenz »in dieser Welt«. An und in Israels Leid bildet sich das Geheimnis des Sich-Verbergens Gottes ab, das Israel seine besondere Gottes-Sendung inmitten der Völker gibt – nämlich dass *Rettung* geschieht *für und durch* Israel, wenn es sich von seinem Geschichtswissen leiten lässt.

3.4 Bedeutung für Judentum und Christentum

Est ist die Festrolle des Purimfestes und hat als solche Israels Rettungs- *und* Gottesgewissheit inmitten von Verfolgung sowie allen Ausrottungsversuchen zum Trotz lebendig gehalten. Diesen kontrafaktischen Sinn des Purimfestes, an dem sich die Kinder verkleiden und wo die freudige Feier der Zusammengehörigkeit ganz zentral ist, haben die christlichen Kritiker nicht begriffen, die das Buch als nationalistisch, chauvinistisch, gewalttätig, ja unmoralisch verurteilen. Gewiss: »Was hier *erzählt wird*, ist nichts anderes als ein Antisemitenpogrom. Nicht die Juden, sondern ihre Verfolger wurden umgebracht ... Wir haben es mit dem typischen Fall einer Gegen-Geschichte (›counter-history‹) zu tun. Die Vergangenheit wird aus der Sicht der Besiegten und Unterdrückten so dargestellt, daß die heutigen Unterdrücker darin eine erbärmliche Figur machen und die heute Besiegten als die einstigen und wahren Sieger erscheinen« (*J. Assmann*, Das kulturelle Gedächtnis 83f).

Die bis in die Gegenwart von christlichen Exegeten propagierten Auffassungen, »Ich bin dem Buch [scil. 2 Makk] und Esther so feind, daß ich wollte sie wären gar nicht vorhanden; denn sie judenzen zu sehr und haben viel heidnische Unart« (*M. Luther*) und »Dem Christen hat das Buch Esther religiös nichts zu sagen« (*K. Kuhl*, Die Entstehung des Alten Testaments, München 1953, 294), sind ein erschreckendes Urteil über das Christentum selbst, das in der Geschichte vielfach die Rolle des Haman gespielt hat. Für diese dunkle Seite der Kirchengeschichte ist die Lektüre des Buches Ester eine notwendige Gewissenserforschung und die Aufforderung zur Umkehr. Andererseits kann das Christentum aus dem Esterbuch lernen, dass der Gott Israels auch als der Verborgene seinem Volk die Treue hält, *weil* er ein Gott der Rettung ist. Weil und wenn dies für Israel gilt, ist diese Treue-Zusage auch für die Kirche wahr.

XIII. Die Bücher der Makkabäer

(Helmut Engel, Frankfurt/Sankt Georgen)

Text: W. Kappler (Hg.), Maccabaeorum libri (Septuaginta: Vetus Testamentum Graecum IX), fasc. 1: Macc. liber I, Göttingen 1936; fasc. 2: Macc. liber II, hg. R. Hanhart, Göttingen 1959; fasc. 3: Macc. liber III, hg. R. Hanhart, Göttingen 1960; R. Hanhart, Zum Text des 2. und 3. Makkabäerbuches. Probleme der Überlieferung, der Auslegung und der Ausgabe (MSU 7) Göttingen 1961.

Kommentare: F.-M. Abel, Les livres des Maccabées, Paris 1949; S. Tedesche/S. Zeitlin, I Macc (JAL) 1950, II Macc (JAL) 1954; M. Hadas, III+IV Macc (JAL) 1953; A. Penna, I+II Macc (SB[T] 15) 1953; J. C. Dancy, I Macc, Oxford 1954; F.-M. Abel/J. Starcky, I+II Macc (SB[J]) [3]1961; J. R. Bartlett, I+II Macc, Cambridge 1973; C. Habicht, 2 Makk (JSHRZ I/3) 1976; K.-D. Schunck, 1 Makk (JSHRZ I/4) 1980; J. A. Goldstein, I+II Macc (AncB) 1976/83; W. Dommershausen, I+II Makk (NEB) 1985; H.-J. Klauck, 4. Makkabäerbuch (JSHRZ III/6) 1989; S. von Dobbeler, 1/2 Makk (NSK) 1997; G. Scarpat, Quarto libro dei Maccabei (Biblica. Testi e Studi 9) Brescia 2006; D. R. Schwartz, 2 Maccabees (CEJL) Berlin/New York 2008; R. Doran, 2 Makk (Hermeneia) 2012; M. Tilly, 1 Makk (HThKAT) 2015.

Einzelstudien: D. Arenhoevel, Die Theokratie nach dem 1. und 2. Makkabäerbuch (WSAMA.T 3) Mainz 1967; B. Bar-Kochva, Judas Maccabaeus. The Jewish Struggle Against the Seleucids, Cambridge 1989; W. Baur (Hg.), Heiliger Krieg in der Bibel? Die Kämpfe der Makkabäer (WUB 43/1) Stuttgart 2007; E. J. Bickermann, Der Gott der Makkabäer, Berlin 1937; F. Borchardt, The Torah in 1 Maccabees. A Literary Critical Approach to the Text (DCLS 19) Berlin u. a. 2014; R. Doran, Temple Propaganda. The Purpose and Character of 2 Macc (CBQ 12) Washington D. C. 1981; ders., The Jewish Hellenistic Historians Before Josephus. III The Book of 2 Maccabees: ANRW II 20/1, 1987, 274–297; A. Enermalm-Ogawa, Un langage de prière juif en grec. Le témoignage des deux premiers livres des Maccabées (CB.NT 17) Stockholm 1987; T. Fischer, Seleukiden und Makkabäer, Bochum 1980; ders., Heliodor im Tempel von Jerusalem. Ein hellenistischer Aspekt der »frommen Legende«, in: FS S. Herrmann, Stuttgart 1991, 121–138; B. Herr, Der Standpunkt des Epitomators: Bib 90, 2009, 1–31; S. Honigman, Tales of High Priests and Taxes. The Books of the Maccabees and the Judean Rebellion against Antiochos IV, Oakland 2014; J. Kampen, The Hasideans and the Origin of Pharisaism. A Study in 1 and 2 Maccabees (Septuagint and Cognate Studies 24) Atlanta 1988; U. Kellermann, Auferstanden in den Himmel. 2 Makkabäer 7 und die Auferstehung der Märtyrer (SBS 95) Stuttgart 1979; ders., Zum traditionsgeschichtlichen Problem des stellvertretenden Sühnetodes in 2 Makk 7,37f.: BN 13, 1980, 63–83; Die Makkabäerbücher: BiKi 57/2, 2002; N. Martola, Capture and Liberation. A Study in the Composition of the First Book of Maccabees (AAAbo.A 63/1) Abo 1984; P. F. Mittag, Antiochus IV. Epiphanes. Eine politische Biographie (Klio.B NF 11) Berlin 2006; G. O. Neuhaus, Studien zu den poetischen Stücken im 1. Makkabäerbuch (FzB 12) Würzburg 1974; ders., Quellen im 1. Makkabäerbuch? Eine Entgegnung auf die Analyse von K.-D. Schunck: JSJ 5, 1974, 162–175; T. Nicklas, Der Historiker als Erzähler. Zur Zeichnung des Seleukidenkönigs Antiochus in 2 Makk IX: VT 51, 2002, 80–92; V. Parker, The Letters in II Maccabees: Reflexions on the book's composition: ZAW 119, 2007, 386–402; G. Schmuttermayr, Art. Makkabäer, Makkabäerbücher: LThK[3] 6, 1997, 1225–1230; J. Schnocks, Die Rezeption des Josuabuches in den Makkabäerbüchern, in: E. Noort (Hg.), The Book of Joshua (BEThL

250) Leuven 2012, 511–521; K.-D. Schunck, Die Quellen des I. und II. Makkabäerbuches, Halle 1954; ders., Art. Makkabäer/Makkabäerbücher: TRE 21, 1991, 736–745; D. R. Schwartz, Mattathias' Final Speech (1 Maccabees 2). From Religious Zeal to Simonide Propaganda, in: A. Maeir u. a. (Hg.), »Go out and study the land« (JSJ.S 148) Leiden u. a. 2012, 213–223; J. Sievers, The Hasmoneans and Their Supporters. From Mattathias to the Death of John Hyrcanus I (Studies in the History of Judaism 6) Atlanta 1990; S. Stein, The Liturgy of Hanukka and the First Two Books of Maccabees: JJS 5, 1954, 100–106.148–155; D. S. Williams, The Structure of 1 Maccabees (CBQ.MS 31) Washington 1999; ders., Recent Research in 1 Maccabees: CRBS 9, 2001, 169–184; ders., Recent Research in 2 Maccabees: CBR 2/1, 2003, 69–83; G. G. Xeravits/J. Zsengellér (Hg.), The Books of the Maccabees: History, Theology, Ideology (JSJ.S 118) Leiden 2007; R. D. Young, The »Woman with the Soul of Abraham«. Traditions about the Mother of the Maccabaean Martyrs, in: A.-J. Levine (Hg.), Women Like This (SBL Early Judaism and its Literature 1) Atlanta 1991, 67–81; R. Zwick, Unterhaltung und Nutzen. Zum literarischen Profil des 2. Buches der Makkabäer, in: FS G. Schmuttermayr, Regensburg 2001, 125–149.

Zur Bezeichnung »Makkabäerbücher«

Unter dem Namen »Makkabäerbücher« sind in LXX-Hss. und in alten Übersetzungen davon (*Vetus Latina,* syr., arm., kopt. Hss.) vier recht verschiedene Werke überliefert. Das rabbinische Judentum hat keines dieser Bücher in seine Liste der heiligen Schriften aufgenommen. Die beiden ersten Makkabäerbücher (1/2 Makk) wurden seit jeher in den christlichen Kirchen des Ostens und des Westens gelesen und sind schließlich in das Kanonverzeichnis des Trienter Konzils eingegangen; 3 Makk wurde nur in einigen östlichen Kirchen gelesen; 4 Makk scheint dagegen nirgends kanonisch geworden zu sein trotz seiner Verbreitung auch in Bibelhandschriften und seiner Wertschätzung (die *Menologien* der griechischen Kirche, nach Festtagen geordnete Viten der Heiligen, bieten 4 Makk zum 1. August, dem Gedenktag der Makkabäischen Märtyrer). Die unterschiedliche Beurteilung der Kanonizität spiegelt sich im Umfang der griechischen Bibelhandschriften: Von den großen → Majuskel-Hss. enthalten der *Codex Alexandrinus* A (5. Jh.) und der *Codex Venetus* V (9. Jh.) den Text von 1–4 Makk, der *Sinaiticus* S (4. Jh.) nur 1 und 4 Makk; der *Vaticanus* B (4. Jh.) enthält keines der Makkabäerbücher. Viele → Minuskeln bieten den Text von 1–4 Makk, einige 1–3 Makk, wenige nur 1–2 Makk und eine (späte) nur 1.2.4 Makk.

Das *Dritte Makkabäerbuch,* das im Westen lange unbekannt geblieben zu sein scheint (es gibt keine altlateinische, wohl aber eine syrische und eine armenische Übersetzung), ist eine griechisch verfasste Schrift eines wahrscheinlich ägyptischen Juden, vielleicht aus dem 1. Jh. v. Chr. oder dem Beginn des 1. Jh.s n. Chr. Sein Name kommt dem Buch nur uneigentlich zu und stammt aus seiner Stellung in den Handschriften (wo es überliefert ist, steht es immer nach 1/2 Makk). Inhaltlich nimmt das Buch keinerlei Bezug auf Judas Makkabäus oder seine Brüder. Vielmehr werden Verfolgungen von Juden in Ägypten und ihre Rettung daraus nach dem Sieg, den Ptolemäus IV. Philopator bei Raphia 217 v. Chr. über Antiochus III. errungen hatte, und nach seinem Versuch, den Jerusalemer Tempel zu betreten, ausgeschmückt mit Vorgängen aus der Zeit Ptolemäus' VIII. Euergetes II. Physkon (170–163 und 145–116 v. Chr.) und erzählt nach Art einer Festlegende des Befreiungsfestes der alexandrinischen Juden am Anfang Juli, das auch Flavius Josephus kennt (Contra Apionem II, 5).

Als *Viertes Makkabäerbuch* wird spätestens im 4. Jh. n. Chr. eine Schrift benannt, auf die oft auch mit dem Titel »Über die Selbstherrschaft der Vernunft« verwiesen wird im Anschluss an ihre häufig wiederholte Leitfrage, ob »die gottesfürchtige Vernunft souveräne Herrscherin über die Leidenschaften ist« (4 Makk 1,1). Als viertes »Makkabäer«-Buch wurde diese »sehr philosophische Rede« (1,1) bezeichnet, weil ihr Verfasser seine These vor allem anhand der Darstellung von Märtyrern der Makkabäerzeit, dem greisen Eleasar und den sieben Brüdern mit ihrer Mutter, beispielhaft veranschaulicht. Diesen Erzählstoff entnahm der Verfasser von 4 Makk dem Zweiten Makkabäerbuch (Kap. 6–7). Zu Aufbau, Gattung, theologischen Themen und Nachwirkung dieses Werkes eines rhetorisch und philosophisch gebildeten, gesetzestreuen hellenistischen → Diasporajuden (möglicherweise in Antiochien, 1. Jh. n. Chr.) vgl. die Kommentare mit Einleitung von *H.-J. Klauck* und *G. Scarpat.*

1. Das Erste Makkabäerbuch

1.0 Text

Der hebräische Urtext des Ersten Makkabäerbuches, der um 400 n. Chr. dem Hieronymus noch vorlag, ist uns nirgends erhalten. Origenes (zitiert bei Eusebius) nennt das Buch, mehr als 150 Jahre früher, »Die Makkabäische (Geschichte)« und gibt als (hebräischen) Buchtitel in griechischer Umschrift *Sarbethsabanaiel* an (ähnlich lautet die Überschrift in einer syrischen Handschrift). Dieser Ausdruck wird verschieden gedeutet: »Buch des Hauses Haschmonaj« (*G. Dalman*), »[Buch über den] Aufstand des Gottesheeres (bzw. der Gottessöhne)« (*F.-M. Abel/J. Starcky*), »[Buch des] Fürsten des Hauses Gottes« (*K.-D. Schunck*), »Buch der Dynastie der Gottesstreiter« (*J. Goldstein*), »[Buch der] Fürsten des Hauses der Tapferen« (*W. Dommershausen*).

Alle griechischen Handschriften und die alten Übersetzungen (lat. und syr.) scheinen von einer einzigen ersten griechischen Übersetzung abzuhängen. In seiner Edition stellt *W. Kappler* die griechischen Textzeugen zu drei Hauptgruppen zusammen: die → Unzialen S A V und die → Minuskel-Gruppen *q* und *L' (L+l)* und daneben 7 Minuskeln, die einen Mischtext bieten. Wo die griechische Textüberlieferung variiert, bieten die ca. 200 n. Chr. entstandene lateinische Übersetzung und die jüngere der syrischen Übersetzungen eine wichtige Entscheidungshilfe. Ebenfalls große Bedeutung für die Rekonstruktion des ältesten griechischen Textes haben das 12. und 13. Buch der »Jüdischen Altertümer« des Flavius Josephus, der dort die griechische Übersetzung (und nicht den verlorenen hebräischen Urtext) von 1 Makk 1–13 als Hauptquelle benutzt und paraphrasiert; für seine Darstellung der in 1 Makk 14–16 erzählten Vorgänge verwendet Josephus andere Quellen.

1.1 Aufbau

Eine erste Lektüre des uns vorliegenden (griechischen) Ersten Makkabäerbuches ergibt folgende Grobgliederung:

1–2 Vorspiel

1 Die Entstehung der Krise, aus der die Rettung erfolgen wird

2 *Mattatias'* aktiver Widerstand und sein testamentarischer Auftrag an seine Söhne, sein Werk fortzusetzen

3–16 Die Geschichte von der ersten Generation der Hasmonäer

3,1–9,22 *Judas* befreit den Tempel, wehrt Angriffe auf die Juden ab, schließt einen Freundschaftsvertrag mit den Römern und fällt im Kampf

9,23–16,24 Die Leistungen *Jonatans* und insbesondere *Simeons*

9,23–12,52 *Jonatan* wehrt weitere Angriffe ab und pflegt die Beziehungen zu Rom und Sparta; wechselnde Beziehungen zu den Machthabern in Antiochien

12,53–16,24 *Simeon* befreit Jerusalem von der Bedrohung durch die Akra und das Volk vom Joch der Seleukiden. Er festigt die Beziehungen zu Rom und Sparta. Zeit des Friedens und Wohlstands. Trotz Angriffen von außen und innen geht das Erbe der ersten Generation unangefochten auf Simeons Sohn Johannes Hyrkan über

Bei seiner narrativen Analyse bezeichnet *N. Martola* einige Abschnitte als »Inseln« im Erzählfluss und als Erweiterungen einer »Grunderzählung«. Es handele sich dabei um wohlüberlegte Einfügungen und Nachträge: Kap. 8 (Judas wird Bundesgenosse und Freund der Römer); 12,1–23 (Jonatan erneuert das Bündnis mit Rom und die Freundschaft mit Sparta); 14,16–24.25–49; 15,15–24 (Simeon erneuert die Freundschaft mit Sparta und das Bündnis mit Rom; Beschluss der Juden und ihrer Priester über die Anerkennung Simeons als Hohepriester und oberste administrative und militärische Instanz); 15,1–14; 15,15–16,24 (Verfolgung Tryphons durch Antiochus VII., die Verschlechterung der Beziehungen Simeons zu Antiochus VII. bis zum erfolglosen Kriegszug des Kendebaios; misslungener Versuch von Simeons Schwiegersohn Ptolemäus, durch Ermordung Simeons dessen Nachfolger zu werden; Amtsantritt des Johannes Hyrkan, des Sohnes Simeons).

Diese Erweiterungen verstärken nach *N. Martola* die Bedeutung der Mitglieder der Mattatias-Familie als nationale Führer. Die gegenüber der Grunderzählung entstandene Gewichtsverlagerung und die Kürze des Schlusses in 16,23–24 vermittele den Eindruck, im vorliegenden 1 Makk solle der Ursprung einer auserwählten Dynastie und die Geschichte ihrer ersten Generation erzählt werden. Aus der Grunderzählung, der »Geschichte von der Einnahme des Tempels und der Stadt Jerusalem und von der Behinderung der Tora-Beobachtung und von der Befreiung aus all dem durch die Taten des Judas und des Simeon, der Söhne des Zweiten Pinhas«, sei durch eine Verschiebung der Akzente infolge der genannten Erweiterungen die Geschichte der ersten Generation der Hasmonäer, »der Familie der Männer, durch die Israel Rettung geschenkt wurde« (5,62), geworden. Vielleicht seien aus diesem Interesse an den Leistungen der ersten Generation auch die Texte über die Beziehungen zu Rom und Sparta eingefügt worden.

Die Einfügungen und Nachträge haben zwar dem zweiten Preisgedicht (14,4–15) viel von seiner Funktion als Struktursignal in der Grunderzählung genommen; stattdessen gewinnen 9,23 und 12,53 an Bedeutung (Schilderungen der Not, in der der jeweilige Nachfolger seine Aufgabe beginnt); 9,22 (Schlussnotiz zu Judas) erscheint als parallel zu 16,23–24 (ähnliche Notiz zu Johannes Hyrkan); dennoch verdecke die erweiternde

Umgestaltung die ursprüngliche Struktur der Grunderzählung nur wenig.

Die *Grunderzählung* beginnt mit einem → *Prolog* (1,1–10), der den weltgeschichtlichen Hintergrund umreißt (von Alexander dem Großen bis zu Antiochus IV. Epiphanes), von dem die im Buch erzählten Ereignisse ihren Ausgang nehmen. Die daran anschließende *Einleitung* (1,11–64) zeigt als Folge des Abfalls maßgebender Juden von Bund und Gesetz (1,11–15) den Einbruch der Katastrophe unter Antiochus IV. Epiphanes in drei Abschnitten. Programmatisch wird dann durch die Eifertat und das Wirken des Mattatias (Kap. 2) der Umschwung eingeleitet. *Gerahmt durch Preisgedichte* auf Mattatias' Söhne Judas (3,1–9) und Simeon (14,4–15) wird in zwei großen Bögen der Kampf um die religiöse und politische Freiheit erzählt, zunächst unter der Führung des Judas (3,10–9,22), dann unter Jonatan und vor allem Simeon (9,23–14,3). Dementsprechend lasse sich der *Aufbau der Grunderzählung* im Einzelnen so darstellen (die »Erweiterungen« sind in [ ] dazu notiert):

- **1,1–10 Prolog: Von Alexander dem Großen bis zu Antiochus IV. Epiphanes**
- **1,11–64 Einleitung: Der Ursprung des Unglücks**
  - 11–15 Der Abfall einiger Juden
  - 16–64 Heimsuchungen als Folge des Abfalls
    - 16–24 1. Antiochus' Plünderung des Tempels
    - 25–28 *Klagegedicht über Land und Volk Israel*
    - 29–35 2. Antiochus lässt die Akra bauen und legt Heiden dahin
    - 36–40 *Klagegedicht über Jerusalem und den Tempel*
    - 41–64 3. Antiochus' Angriff auf die Religionsausübung und den Tempel

- **2 Die Eifertat des Mattatias und seine Aufforderung zum Widerstand**
  - 1–14 Vorstellung des Priesters Mattatias und seiner Familie
    - *7–13 Klagegedicht des Mattatias*
  - 15–70 Rechtes und unrechtes Verhalten in der Verfolgungszeit
    - 15–28 Mattatias Eifer für das Gesetz
    - 29–38 Der Untergang von Gesetzestreuen infolge ihrer Passivität
    - 39–48 Schlussfolgerungen aus dieser Erfahrung; Bildung einer Widerstandstruppe
    - 49–70 Das Testament des Mattatias und sein Tod

- **3–14 Die Wiederherstellung der religiösen und politischen Freiheit**
  - *3,1–9 Rahmen: Preisgedicht auf Judas*
  - 3,10–9,22 Der Befreiungskampf erreicht sein erstes Hauptziel unter Führung des *Judas*
    - 3–6 Konflikte unter der Herrschaft Antiochus' IV. und V.
      - 3,10–4,61 Erreichung des ersten Ziels: Reinigung des Tempels und Wiederaufnahme gesetzestreuen Dienstes
        - 3,10–26 Sieg des Judas über Apollonios und Seron
        - 3,27–4,35 Vorbereitung und neue Angriffe unter Lysias
          - 3,27–37 Antiochus IV. instruiert Lysias und zieht in den Osten
          - 3,38–43 Aufmarsch in Judäa und Reaktion des Judas
          - 3,44–60 Bittgottesdienst in Mizpa; Kampfvorbereitungen
          - 4,1–27 Die Schlacht bei Emmaus: Sieg über Gorgias
          - 4,28–35 Kämpfe gegen Lysias
        - 4,36–59 Reinigung des Tempels und Wiederaufnahme des Gottesdienstes
        - 4,60–61 Festungsarbeiten in Jerusalem und Bet-Zur
      - 5,1–68 Befreiung der Juden in angrenzenden Gebieten und deren Rückführung ins Land und nach Jerusalem

1–2.9–20 Auswärtige Verfolgung von Juden; Vorbereitungen zu ihrer Befreiung

21–64 Befreiung und Geleit nach Jerusalem; militärischer Misserfolg nichthasmonäischer Führer

[3–8.65–68 Eingefügte Nachträge: Militärische Aktionen gegen Edomiter, Ammoniter, Philister]

6,1–17 Das elende Ende des Tempelräubers Antiochus IV.

6,18–63 Auf Anstiften übler Juden zieht Antiochus V. gegen Judas, jedoch ohne Erfolg

18–27 Judas belagert die Akra und wird beim König angeklagt

28–63 Der König zieht gegen Judas; Friedensvertrag

7–9 Konflikte unter der Herrschaft Demetrius' I.

7,1–4 Demetrius erringt seine Position gegen Lysias und Antiochus V.

7,5–25 Erster Kriegszug. Alkimus' und Bakchides' Gewalttaten

7,26–50 Zweiter Kriegszug; die Niederlage des Nikanor

[8,1–32]

9,1–21 Beginn des dritten Kriegszuges. Tod des Judas

9,22 *Schlussnotiz* zum Wirken des Judas

9,23–14,3 Die Befreiung wird fortgesetzt und vollendet unter der Führung *Jonatans* und v. a. *Simeons*

9,23–73 Fortgang der Konflikte unter Demetrius I.

9,23–57 Abschluss des dritten Kriegszuges. Jonatan wird zum Führer gewählt; Alkimus stirbt

9,58–73 Der vierte Kriegszug; Niederlage des Bakchides; Ruhe im Land

10,1–11,37 Alexander Balas wird König, nach ihm übernimmt Demetrius II. die Herrschaft; Jonatans Aufstieg

10,1–66 Alexander Balas stürzt Demetrius I.: Trotz eines umfassenden Privilegienangebotes von Demetrius I. bleiben Jonatan und das Volk auf der Seite Alexanders, der Jonatan zum »Freund des Königs« und zum Hohenpriester ernennt

10,67–11,37 Demetrius' II. Weg zur Macht; Bestätigung der Position Jonatans

10,67–89 Thronanspruch Demetrius' II.; Jonatan schlägt Apollonios, den von Demetrius II. eingesetzten Gouverneur von Zölesyrien

11,1–19 Ptolemäus VI. vertreibt Alexander Balas aus Palästina, der danach in Arabien ermordet wird; Ptolemäus VI. stirbt 3 Tage später; Demetrius II. wird König

11,20–37 Demetrius II. bestätigt Jonatan als Hohenpriester und erkennt seine politische Stellung an

11,38–14,3 Demetrius II. wird Gegner Jonatans; Tryphon und Antiochus VI. werden Herrscher in Antiochien, Jonatan ihr Vasall; Tryphon ermordet Jonatan; Simeon als sein Nachfolger vollendet die Befreiung

11,38–59 Demetrius II. hält seine Versprechen an Jonatan nicht; Tryphon als Kommandeur Antiochus' VI. nimmt Antiochien; Antiochus VI. bestätigt Jonatan

11,60–74 Jonatan schlägt das Heer Demetrius II.

[12,1–23]

12,24–38 Jonatan schlägt noch einmal die Truppen Demetrius II.

12,39–13,32 Tryphon meuchelmordet Jonatan. Simeon wird sein Nachfolger; Tryphon ermordet Antiochus VI.

13,33–42 Simeon erhält Konzessionen und Friedensvertrag von Demetrius II.

13,43–52 Simeon erobert Geser und nimmt endgültig die Akra ein

13,53 Simeons Sohn Johannes (Hyrkan) wird Oberbefehlshaber

14,1–3 Demetrius II. zieht in den Osten und wird dort gefangengenommen

14,4–15 Rahmen: Preisgedicht auf Simeon

[14,16–16,24]

D. S. Williams (1999) hat die Analysen von *N. Martola* mit besonderer Beachtung der Wiederholungen von Wörtern und Wendungen weithin bestätigt, gelangt aber zu einer Gliederung des vorliegenden Buches 1 Makk in *drei* Teile, von denen die ersten beiden jeweils eine Ringkomposition bilden: I 1,1–6,17 und II 6,18–14,15. Durch diese Strukturierung träten die Hauptthemen von 1 Makk, die Befreiung des Tempels und der Akra einerseits und die Bedeutung der Makkabäerbrüder andererseits noch deutlicher hervor. Er stimmt *N. Martola* in der Beurteilung des Buchteils III 14,16–16,24 als Erweiterung durch den Autor zu.

1.2 Entstehung

1.21 Quellen

Der Verfasser hat zahlreiche *Dokumente,* die ihm möglicherweise im hasmonäischen Hofarchiv zugänglich waren, in sein Werk aufgenommen: 5,10b–13 (Brief: Hilferuf der Juden in Gilead); 8,23–32 (Urkunde über das Friedensbündnis mit den Römern); 10,18–20 (Schreiben des Alexander Balas an Jonatan: Ernennung zum Hohenpriester und Freund des Königs); 10,25b–45 (Brief Demetrius I. an Jonatan mit Versprechungen); 11,30–37 (Demetrius II. an Jonatan); 12,6–18 (Brief Jonatans an die Spartaner); 12,20–23 (Brief der Spartaner an Onias II.); 13,36–40 (Demetrius II. an Simeon); 14,20b–23 (Die Spartaner an Simeon); 14,27b–45 (Ehrendekret der Priester und des Volkes für Simeon); 15,2–9 (Antiochus VII. Sidetes an Simeon); 15,16–21 (Der Konsul Lucius Caecilius Metellus Calvus an Ptolemäus VIII. Euergetes II.). Außerdem kannte der Autor, das lässt sich aus 16,23–24 entnehmen, die Annalen der (hasmonäischen) Hohenpriester.

In 1 Makk werden zwei verschiedene seleukidische *Jahreszählungen* verwendet: Bei militärischen und politischen, die Seleukiden betreffenden Ereignissen wird nach einer in Antiochien und den makedonischen Gebieten des Seleukidenreiches gebräuchlichen Weise ab dem *Herbst* 312 v. Chr. gezählt (z. B. 1,10; 10,1; 14,1); innerjüdische, den Tempel und den Gottesdienst betreffende Vorgänge werden jedoch nach einer im *Frühjahr* 311 mit dem Monat Nisan beginnenden Ära, die auch in Babylonien üblich war, datiert (z. B. 1,54; 4,52; 10,21). Mit dieser unterschiedlichen Datierweise hatte *K.-D. Schunck* (1954; 1991), nach den grundlegenden Vorarbeiten von *E. J. Bickermann*, eine Quellenscheidung und seine Annahme begründet, der Verfasser von 1 Makk habe seiner Darstellung syrische und jüdische Schriften zu Grunde gelegt (einerseits eine seleukidische Chronik und andererseits eine Judas-*Vita,* vielleicht von dem 8,17 erwähnten Eupolemos verfasst, dazu über Jonatan und Simeon die hohepriesterlichen Tagebücher). Demgegenüber hat *G. O. Neuhaus* anhand der durchgängigen zentralen Begriffe und Thematik, der eingeflochtenen poetischen Stücke und der Reden darauf verwiesen, dass 1 Makk als ein Werk aus *einer* Hand zu verstehen ist. Mit Ausnahme der zitierten Dokumente sind jedenfalls alle vermutbaren schriftlichen Quellen vom Verfasser einer durchgreifenden Umformulierung und Einpassung in seine eigene Darstellung unterzogen worden, so dass eine sichere Ausgrenzung von Vorlagen nicht mehr möglich ist. Über Gestalt und Umfang mündlicher Traditionen, die der Verfasser aufgreifen konnte, lässt sich kaum noch etwas Verlässliches feststellen.

1.22 Die poetischen Stücke in 1 Makk

In 1 Makk spielen poetische Stücke (1,25–28.36–40; 2,7–13. 49c–68; 3,3–9a.45.50b–53; 4,30d–33.38; 7,17; 9,21.41; 14,4–15: Abgrenzung nach *N. Martola* in Weiterführung von *G. O. Neuhaus*) eine besondere Rolle. Der Verfasser hat diese Stücke in Poesie und gehobener Prosa zur Hervorhebung der Höhe- und Tiefpunkte im Geschichtsverlauf für seine Darstellung selbst formuliert. Er knüpft damit an die alttestamentlichen Geschichtsdarstellungen (Ri–2 Kön; Chr) an, die ihm als Vorbild dienen.

Bemerkenswert ist das *Fehlen* poetischer Stücke in zwei Textbereichen: in den von *N. Martola* als Erweiterung der Grunderzählung bezeichneten Abschnitten und in der Darstellung *Jonatans.* Während Mattatias ein Klagelied und ein feierliches Testament zugeordnet sind und die Preislieder auf Judas und auf Simeon die Erzählungen über die drei Brüder rahmen, findet sich aus der Zeit Jonatans nur ein Zweizeiler in 9,41 (Anklang an Am 8,10) ohne direkten Bezug auf Jonatan. Spiegeln sich in dieser Zurückhaltung des Verfassers die Bedenken anderer jüdischer Gruppen (bes. der Essener) gegenüber der Übernahme der Hohepriesterwürde durch Jonatan, dessen militärisches und diplomatisches Geschick niemand bestritt, aus der Hand eines zweifelhaft legitimen syrischen Herrschers? Die Nichterwähnung Jonatans im Mattatias-Testament und die Weise der Darstellung in 10,15–21 legt eine solche Vermutung nahe: Auf das knapp eingeleitete Schreiben des Alexander Balas, womit er Jonatan zum Hohenpriester des Volkes und Freund des Königs ernennt, folgt in *einem* Satz (10,21) die Datumsangabe der ersten Amtshandlung Jonatans als Hohepriester (Laubhüttenfest 152 v. Chr.) und ein Hinweis auf sich daran anschließende neue Truppenaushebungen und erfolgreiche Rüstungsanstrengungen.

1.23 Die Erweiterungen der Grunderzählung

Es gibt keine hinreichenden inhaltlichen oder stilistischen Gründe, die Nachträge und Ergänzungen (s. o.) einem anderen als dem Verfasser der Grunderzählung zuzuschreiben. Obwohl sie die Struktur des ersten Entwurfs (der Grunderzählung) nicht berücksichtigen und keine poetischen Stücke mehr enthalten, entsprechen sie ganz dem Darstellungsinteresse des Verfassers. Das als programmatische Vorausschau auf das Buch gestaltete Testament des Mattatias (2,49–68) war zwar mit dem Bericht über die namentlich genannten Söhne Judas Makkabäus und Simeon erfüllt. Die Bezeichnung Simeons als »euer Vater« in 2,65 gab aber auch noch Raum für seine Darstellung als erster in der Reihe der Hasmonäer-Dynastie.

1.24 Entstehungszeit und politisch-theologischer Kontext

1 Makk ist das einzige Buch der Heiligen Schrift, in dem die Geschichte der Anfänge der hasmonäischen Hohepriester- und Herrscherdynastie aus deren eigener Sicht mit unverhohlener Sympathie erzählt wird. In den Augen des Verfassers ist sie »die Familie der Männer, durch die Israel Rettung geschenkt wurde« (5,62). Wie Gott einst durch die Richter und Könige Israels und Judas sein Volk, das Land und den Tempel vor den Feinden rettete und bewahrte, so hat er sich auch in der jüngsten Vergangenheit durch

Judas und seine Brüder als Retter vor Gegnern aus den eigenen Reihen und vor den seleukidischen Heeren erwiesen. Diese offensichtliche Hilfe Gottes, die rechtmäßigen Ernennungen durch mehrere Seleukidenkönige und die feierliche Volkszustimmung sollten alle Bedenken gegen die Legitimität der Hasmonäer als oberste administrative, kultische und militärische Führer (14,41f) ausräumen.

Der Verfasser schreibt *nach* dem Regierungsantritt von Simeons Sohn Johannes Hyrkan (135/34 v. Chr.) und, wie die bewundernde Darstellung der Römer nahe legt, noch *vor* dem Eingreifen des Pompeius (63 v. Chr.), am wahrscheinlichsten gegen Ende der Regierungszeit des Johannes Hyrkan oder in den ersten Jahren des Alexander Jannäus, also um 100 v. Chr. Dass sich in deren Regierungszeit tatsächlich Widerstand gegen die Aufhebung der Gewaltenteilung und gegen die rücksichtslose Durchsetzung der Machtansprüche dieser Dynastie regte, die nicht Nachkommen des Königs David, also aus dem Stamm Juda waren, sondern nur Angehörige einer nicht-zadokidischen Landpriesterfamilie, ist auch aus den Qumranschriften erkennbar und bei Flavius Josephus beschrieben.

Ob die *Übersetzung* des hebräisch verfassten Buches ins Griechische schon bald oder erst später erfolgte, ist nicht auszumachen – sie lag jedenfalls Flavius Josephus bei der Abfassung seiner *Antiquitates Judaicae* (fertiggestellt ca. 94 n. Chr.) als von ihm geschätzte Quelle längst vor.

1.3 Theologie

Als Historiker hütet der Verfasser sich strikt, in seiner Darstellung Gott jemals direkt eingreifen zu lassen, ja überhaupt zu nennen: Er ist kein Akteur *neben* den politisch und militärisch Handelnden und doch ist allein dem »Himmel« (so die ehrfürchtige Umschreibung Gottes in 3,18.19.50.60; 4,10.24.40.55; 9,46; 12,15; 16,3) die Rettung zuzuschreiben, die »durch die Hand« des Judas und seiner Brüder geschieht (3,6; 4,35; 5,62). In Siegen und Niederlagen, politischen Verhandlungen und Dekreten ist der »Retter Israels« (4,30) wirksam. Die Bittgebete in Notsituationen (3,46–54; 4,30–33; 5,33; 7,40–42; 11,71) und Lobpreis und Dank (4,24.55) der Anführer und des Volkes halten die Realität Gottes beim Leser ständig ausdrücklich präsent.

Der Verfasser gestaltet seine Geschichtserzählung nach dem Muster, wie in der Heiligen Schrift die großen Ereignisse der Geschichte des Gottesvolkes (z. B. Exodus und Rettung am Meer 4,9; David-Goliat 4,30; Sanherib vor Jerusalem 7,41) berichtet werden. Umfassend-programmatisch benennt das Testament des Mattatias die in Abraham, Josef, Pinhas, Josua, Kaleb, David, Elija, den drei Männern im Feuerofen und Daniel verkörperten Ideale (2,49–61), die dann die Darstellung der ersten Generation der Hasmonäer prägen werden, vor allem den Eifer für die Tora (2,54.58.64.68; 14,14).

Der auffälligste Zug der Geschichtsdarstellung in 1 Makk ist ihre unverkennbar pro-hasmonäische Perspektive. Judas und seine Brüder kämpfen ausschließlich für »Israel«, für eine unbehinderte Religionsausübung im Lande und für das Ansehen des Volkes (2,67; 3,1.3.43; 14,4–15). Dementsprechend betrachtet der Verfasser die Hasmonäer auch nicht als eine Partei mit starken Eigeninteressen und Machtansprüchen, die mit denen anderer konkurrieren. Ihre Anhänger sind für ihn »das Volk«, ihre Kritiker und Gegner dagegen sind (neben den Seleukiden mit ihren Truppen) sämtlich »Gesetzlose, Gottlose« (1,11; 3,5f.8; 6,21; 7,5; 9,23.58.73; 10,61; 11,21.25; 14,14). Aus seinen Quellen wählt er aus, was für die Gesetzestreue (selbst bei Kampfvorbereitungen, Beuteunternehmungen und innenpolitischen Auseinandersetzungen), für die richtige Auslegung der Tora (Erlaubtheit der Selbstverteidigung am Sabbat) und für die rechtmäßige Ämterübernahme in der Gründergeneration und folglich auch der hasmonäischen Priesterfürsten seither spricht. Was für seine Bewertung der Vorgänge problematisch werden könnte, lässt der Verfasser unerwähnt: z. B. essenische und pharisäische Messias-Konzeptionen, für die eine Trennung der Militärführer- und der Hohepriesterfunktionen unabdingbar war, oder die gestörte Sukzession der Hohepriester, seit dieses Amt unter Antiochus IV. käuflich geworden war (Jason, Menelaos). Nur der Nicht-Oniade Alkimus wird namentlich aufgeführt und als verbrecherischer Amtsinhaber gezeichnet; der unmittelbare Amtsvorgänger Jonatans jedoch und die Auseinandersetzungen bei seiner Ablösung bleiben ausgeblendet.

Dass die Bewertung der Etablierung der Hasmonäer-Dynastie in 1 Makk nicht als *das* Urteil der Heiligen Schrift gelten kann, zeigt die davon verschiedene Einschätzung in anderen ebenfalls kanonischen Büchern (Dan 1–12, Susanna-Erzählung, Judit, 2 Makk). Derart relativiert erhält diese parteiliche priesterliche Stimme ihre rechte Bedeutung einerseits als wichtige Nachrichtenquelle über die Makkabäerzeit und zum anderen als Anregung, Gottes Wirken auch in der nahe vergangenen und das Heute prägenden Geschichte zu suchen, nicht weil alles Geschehene einwandfrei und lobenswert wäre, sondern weil die Glaubenden hoffen dürfen, dass Gott sein Volk trotz aller Sünde und Gewalt von außen und von innen auch in der Gegenwart rettet.

2. Das Zweite Makkabäerbuch

2.0 Text

Das Zweite Makkabäerbuch ist, mit Ausnahme der wohl aus dem Hebräischen oder Aramäischen übersetzten 2 Briefe am Buchanfang (1,1–10a und 1,10b–2,18), von vornherein in literarischem Koine-*Griechisch* verfasst worden. Es ist in 2 → Unzialen (*Alexandrinus* A, 5. Jh. n. Chr. und *Venetus* V, 8. Jh. n. Chr.) und in mehr als 30 → Minuskeln, dazu in Handschriften der lat., syr. und arm. Übersetzungen und in Zitaten (besonders aus dem 6. und 7. Kap.) bei griechischen und lateinischen Schriftstellern erhalten.

In seiner kritischen Edition ordnet *R. Hanhart* die Handschriften in 3 bzw. 4 Gruppen zusammen: Unzialen und davon abhängige Minuskeln, Rezension *q*, Rezension des Lukian *L'* und Mischtexte. Für die Herstellung des ursprünglichen Textes stützt er sich vor allem auf die Hss. A 55 347 771. Eine Liste von Stellen, die in der Forschung kontrovers diskutiert wurden (es geht vor allem um das Gewicht der lukianischen Rezension) und bei denen von *R. Hanharts* Edition abweichende textkritische Entscheidungen oder sogar → Konjekturen erwägenswert erscheinen, hat *C. Habicht* am Ende seines Kommentars (S. 284–285) zusammengestellt.

2.1 Aufbau

Die unterschiedliche Schlusstitulierung *(subscriptio)* in den beiden → Unzialen macht auf die eigentümliche Gestalt des Buches aufmerksam: »Brief« (so A) bzw. »Kurzfassung (so V) der Taten/Geschichte Judas' des Makkabäers«. Im vorliegenden Buch bildet nämlich eine Kurzfassung (Epitome) des fünfbändigen Geschichtswerkes des Jason von Kyrene über die Taten des Judas und deren Vorgeschichte den ausführlich erläuternden »Anhang« zu den 2 voranstehenden Briefen:

1,1–2,18 Zwei Fest-Briefe zum »Laubhüttenfest im Monat Kislew«

- 1,1–10a Der Brief der Juden in Jerusalem und Judäa an die jüdischen Brüder und Schwestern in Ägypten
  - 1 Präskript (Adressaten, Absender, Gruß)
  - 2–5.6 Segenswünsche, Zusage von Fürbitte
  - 7–9 Briefkorpus:
    - 7–8 Rückverweis auf einen Brief vom Jahre 169 Sel. (= 143 v. Chr.)
    - 9 Aufforderung zur Feier des »Laubhüttenfestes im Monat Kislew«
  - 10a Datum: Jahr 188 [der Seleukidenära] (= 124 v. Chr.)
- 1,10b–2,18 Der Brief der Jerusalemer, der Judäer, der Gerusia und des Judas an Aristobulos, den Lehrer des Königs Ptolemäus (= VI. Philometor [181–145 v. Chr.]; aus dem Jahre 164 v. Chr.?)
  - 1,10b–d Präskript (Absender, Adressaten, Gruß)
  - 1,11–17 Das Ende des gottlosen Antiochus (IV. Epiphanes)
  - 1,18–2,15 Aufweis der Kontinuität vom Tempel Salomos zum jetzt zu reinigenden Tempel
    - 1,18–36 Die Bergung und Aufbewahrung des Altarfeuers über das Exil hinweg und seine Wiederauffindung unter Nehemia (zugleich Entdeckung des Erdöls)
      - *(24–29 Opfergebet der Priester zur Zeit Nehemias)*
    - 2,1–8 Überlieferungen über die Aufforderung durch Jeremia, das Feuer mitzunehmen, und wie er Zelt, Lade und Räucheraltar verbarg, unauffindbar bis zur Wiederzusammenführung des Volkes
    - 2,9–12 Erinnerung an die Tempelweihe Salomos mit Feuer vom Himmel wie bei Mose und das 8-tägige Tempelweihfest
    - 2,13–15 Die Zusammenstellung einer Bibliothek der Heiligen Schriften durch Nehemia und jetzt in gleicher Weise durch Judas; Einladung zum Bestellen von Kopien der Bücher, die in Ägypten etwa fehlen
  - 2,16–18 Aufforderung an die ägyptischen Juden als Mitglieder des geretteten Gottesvolkes, die Tage der Tempelreinigung, »Laubhütten- und Feuerfest im Monat Kislew«, zu begehen

Die darauf folgende Kurzfassung der 5 Bücher des Jason von Kyrene wird gerahmt von einem → *Proömium* (2,19–32) und einem → *Epilog* (15,37–39) des »Epitomators« bzw. Autors des Zweiten Makkabäerbuches. Die Heliodorerzählung (Kap. 3) bietet eine (für den Fortgang der Ereignisse folgenlose) *Vorgeschichte,* in der sich aber bereits die Themen und Beobachtungen zeigen, die durch das ganze Buch hindurch wichtig sind: die Bedeutung der Gesetzestreue und des Gebets; die Heiligkeit des Jerusalemer Tempels und sein wirksamer Schutz durch Gott als Zeichen, dass er sein Volk immer retten wird (vgl. 5,19f); Erscheinungen vom Himmel her zugunsten der für ihr Judesein Kämpfenden (vgl. 2,21); die Mitschuld und das Mitwirken von Juden bei Freveln und Entweihungsversuchen des Tempels.

2,19–32 ***Proömium*** des Epitomators

I. 3,1–40 Die Wahrung der Heiligkeit des Tempels gegen Heliodor

1–3	Einleitung: Die Friedenszeit unter dem frommen und gesetzestreuen Hohenpriester Onias (III.)
4–8	Die Entsendung Heliodors nach Jerusalem auf Anstiften des Tempelvorstehers Simeon
9–23	Freundliche Aufnahme Heliodors; Schmerzreaktionen auf seinen Tempelraubplan
24–35	Der Schlag gegen Heliodor durch die himmlische Erscheinung; seine Heilung auf Fürbitte des Hohenpriesters; seine Rückkehr zum König
36–39	Bekenntnis und Zeugnis Heliodors über den tempelschützenden Gott
40	*Schlussnotiz zur Heliodorerzählung*

Bei der Darstellung der militärischen Erfolge des Judas geht der Epitomator nicht geographisch oder chronologisch, sondern systematisch vor: Auf die Skizzierung von Einzelaktionen (8,1–7; 10,14–38; 12,1–45; 14,1–15,5) folgt jeweils die Schilderung eines großen seleukidischen Feldzuges (8,8–36; 11,1–12; 13,1–22; 15,6–35) mit einem Sieg der Leute des Judas und/oder Friedensabmachungen als Abschluss. Die beiden Hauptteile der Epitome (4,1–10,9 und 10,10–15,39) gipfeln jeweils nach dem (Straf-)Tod eines Feindes der Juden in einem Fest mit dem Beschluss, das Gedenken an diese Rettungstat Gottes für sein Volk auch in Zukunft zu feiern (10,8 und 15,36). So ergibt sich folgende *Gliederung* der beiden Hauptteile:

II. 4,1–10,9 Die Entweihung des Tempels und seine Wiedereinweihung

4,1–7,42		Die Ausbreitung und das Überhandnehmen der Gesetzlosigkeit; Verfolgung und Martyrien unter Antiochus IV.
4	1–6	Anhaltender Konflikt des Tempelvorstehers Simeon mit dem Hohepriester Onias
	7–22	Onias' Bruder Jason kauft das Hohepriesteramt und führt in Jerusalem griechische Gebräuche ein
	23–29	Menelaos, der Bruder Simeons, überbietet Jason nach 3 Jahren und wird Hohepriester.
	30–38	Der amtsenthobene Onias wird in seinem Asylort Daphne bei Antiochia auf Anstiften des Menelaos ermordet
	39–50	Weitere Verbrechen des Menelaos
5	1–27	Bürgerkrieg in Jerusalem im Zusammenhang mit dem Ägyptenzug Antiochus' IV., Tempelberaubung, militärische Besetzung Jerusalems; Flucht des Judas mit einer Gruppe in die Berge
6	1–11	Tempelentweihung und Religionsverfolgung
	12–17	*Theologische Zwischenreflexion* des Epitomators
	18–31	Der Märtyrertod des greisen Schriftgelehrten Eleasar
7	1–41	Das Martyrium der Sieben Brüder und ihrer Mutter vor dem König
	42	*Schlussnotiz zu diesem Abschnitt*

8,1–10,9			Der Sieg des Judas über Nikanor; der Tod Antiochus' IV.; die Reinigung und das Wiedereinweihungsfest des Tempels
	8	1–7	Der erfolgreiche Beginn des Guerillakriegs Judas' des Makkabäers
		8–36	Der Sieg über das königliche Heer unter Nikanor
	9	1–29	Das qualvolle Ende des Verfolgers und Frevlers Antiochus IV. im Osten
	10	1–7	Die Reinigung und festliche Wiedereinweihung des zurückeroberten Tempels
		8	*Beschluss der Einführung des Wiedereinweihungsfestes (Ḥanukkā) für alle Juden (jährlich ab dem 25. Kislew, 8 Tage lang)*
		9	*Schlussnotiz zu diesem Buchteil*
III. 10,10–15,39			**Die Verteidigung des Tempels**
10,10–13,26			Abwehr verschiedener Angriffe und Feindunternehmungen
	10	10–13	Die Thronbesteigung Antiochus' V. Eupator
		14–38	Siege des Judas und seiner Leute über die Truppen des Gorgias und Timotheus an verschiedenen Orten
	11	1–12	Der Sieg über das Heer des Reichskanzlers Lysias
		13–15	Der Friede mit Lysias
		16–38	Vier Briefe, die das Erreichte belegen
	12	1–45	Militärische Straf- und Verteidigungsaktionen des Judas im West- und Ostjordangebiet gegen verschiedene Städte und Generäle
	13	1–26a	Der Feldzug des Antiochus Eupator und des Lysias gegen Judäa; die Hinrichtung des Menelaos; der Friedensschluss bei Bet-Zur
		26b	*Schlussnotiz zu diesem Abschnitt*
14,1–15,36			Die Machenschaften des Alkimus; Nikanors Entfremdung von Judas und seine Drohung gegen den Tempel; Nikanors endgültige Niederlage und Tod
	14	1–14	Die Wiedereinsetzung des Menelaos-Nachfolgers Alkimus ins Hohepriesteramt durch den neuen König Demetrius I. und die Entsendung des Nikanor gegen Judas und die Hasidäer
		15–36	Nikanor wird auf Betreiben des Alkimus vom respektvollen Freund des Judas zum Verfolger und bedroht den Tempel
		37–46	Der angesehene Jerusalemer Älteste Razis tötet sich selbst, um der Schikane einer entehrenden Gefangennahme zuvorzukommen
	15	1–5	Nikanors Selbstanmaßung
		6–24	Die Vorbereitung Judas' auf die Entscheidungsschlacht durch eine Ansprache an seine Leute und Gebet
		25–35	Niederlage und Tod Nikanors; Aufhängung der Hand des Lästerers am Tempel und seines Kopfes an der Akra
		36	*Beschluss der Einführung des Nikanor-Tages jährlich am 13. Adar, einen Tag vor dem Mordekai-Tag (= Purím-Fest)*
15,37–39			*Schlussnotiz zu diesem Buchteil.* ***Epilog*** des Epitomators

2.2 Entstehung

2.21 Kurzfassung und Bearbeitung des Werks Jasons von Kyrene

Wie der Verfasser in seinem → Proömium ausdrücklich angibt, lag ihm das fünfbändige Werk des anderweitig unbekannten *Jason von Kyrene* vor, das er in einer erbaulichen Kurzfassung mit Zwischenüberlegungen (z. B. 4,17; 5,17–20; 6,12–17) und einer seiner Zielsetzung entsprechenden Neuanordnung des Stoffes vorlegt. Jason hatte Zugang zu Dokumenten, das lassen die 4 Briefe in Kap. 11 erkennen. Ob es schon Jason oder erst dem Epitomator zuzuschreiben ist, dass diese Briefe jetzt außerhalb ihres historischen Kontextes und ihrer chronologischen Reihenfolge, und damit z. T. gegen ihre ursprüngliche Bedeutung, angeführt werden, lässt sich nicht mehr entscheiden.

Im jetzigen Zusammenhang sollen die 4 Briefe die positiven Auswirkungen des Sieges Judas' über Lysias anschaulich machen. Historisch sind die 4 authentischen Dokumente nach *C. Habicht* so anzuordnen: Der älteste Brief in *11,27–33* war von Antiochus IV. an die γερουσία und »die übrigen Juden« gerichtet (gemeint sind wohl die Kreise, die Menelaos als Hohenpriester akzeptierten). Die Amnestie wurde wahrscheinlich den Anhängern des abgesetzten Hohenpriesters Jason zugesichert, falls sie bis zum 30. Xanthikos [März] 164 v. Chr. nach Jerusalem zurückkämen; 15 Tage sind jedoch kaum eine mögliche Frist zur Waffenniederlegung. Ist das Ausstellungsdatum 15. Xanthikos richtig? In dem Brief nimmt der König von sich aus die Verfolgungsmaßnahmen zurück und sagt 7 Monate vor seinem Tod den Juden Religionsfreiheit zu. Der jetzige Kontext ordnet den Brief Antiochus V. als Absender und Judas und seinen Anhängern als Adressaten zu. Der chronologisch folgende Brief des Lysias an die »Gruppe« der Juden *(11,16–21)* stammt aus dem Jahre 164 (vor September, noch vor dem Tod Antiochus' IV.) und ist an Judas und seine Leute gerichtet. Zeitgleich damit (und nicht bereits Mitte März 164 v. Chr.) dürfte auch der Brief der römischen Gesandten *(11,34–38),* ebenfalls an den siegreichen Judas und seine Anhänger, abgeschickt worden sein. Der jüngste Brief ist der undatierte *(11,22–26)* von Antiochus V. bald nach seinem Regierungsantritt (Anfang 163 v. Chr.) an Lysias noch vor dem in 2 Makk 13 erzählten Feldzug.

Die Märtyrererzählung in Kap. 7 dürfte bereits Jason, nicht erst der Epitomator (aus dem → Diasporajudentum Antiochiens?), vorgefunden und zwischen Kap. 6 und 8 eingefügt haben.

Dass Jasons Werk zeitlich noch über das in der Epitome zuletzt erwähnte Ereignis, den Sieg Judas des Makkabäers über Nikanor und die Einführung des Nikanortages (im Jahre 161 v. Chr.), hinausging, ist nicht wahrscheinlich: Z. B. passt zur Siegesverheißung des Jeremia in 15,15f zwar das vorliegende Buchende, nicht aber die im folgenden Jahr (vgl. 1 Makk 9) erlittene Niederlage und der Tod des Judas. Die Angaben in den ersten Zeilen des Proömiums: »Die Ereignisse um Judas den Makkabäer und dessen Brüder ... und die Kriege gegen Antiochus IV. Epiphanes und dessen Sohn Eupator (Antiochus V.)« bezeichnen nicht einen genauen Zeitrahmen – er würde in Kap. 3 (die Heliodorerzählung spielt unter Seleukus IV.) und ab Kap. 14 überschritten (Nikanors Expedition geschieht unter Demetrius I.).

Eine gemeinsame Quelle für das Werk Jasons und 2 Makk zu bestimmen, etwa eine Judas-*Vita,* ist nicht gelungen. Ob die nur in Fragmentzitaten erhaltene Schrift des auch Jason als Rom-Botschafter bekannten Eupolemos (4,11) »Über die Könige in Judäa« auch Ausführungen über Judas enthielt, ist ungewiss, auch wenn Eupolemos chronologische Berechnungen bis zum 5. Jahre des Demetrius I. (158/7 v. Chr.) führte. Dass Jason zeitgenössische eigene Nachrichten verwendete, erklärt sowohl die Übereinstimmungen als auch die großen Verschiedenheiten gegenüber 1 Makk ausreichend. Z. B. stellen 2 Makk 3–5 gegenüber den wenigen Sätzen in 1 Makk 1,11–15 sehr viel differenzierter dar, wie der seleukidische König in *innerjüdische* Konflikte hineingezogen wurde und dann bis hin zur Religionsverfolgung Partei ergriff. Inschriften und Funde in neuerer Zeit haben die Kenntnisse Jasons über seleukidische Institutionen, Namen und Funktionen von Beamten immer wieder bestätigt; einige seiner geographischen Angaben lassen aber vermuten, dass er Palästina nicht aus eigener Anschauung kannte (*B. Bar-Kochva*).

Der *Gattung*, den verwendeten Stilmitteln und den Topoi nach reiht sich das Werk Jasons, soweit die Epitome dies erkennen lässt, in die zeitgenössische hellenistische Geschichtsschreibung ein. Die Zuteilung zu einer »pathetischen« oder »tragischen« Historiographie, von der 2 Makk das einzige vollständig erhaltene Exemplar wäre, hat sich weniger bewährt. Die dafür als Begründung angeführten »Besonderheiten« finden sich auch bei ausdrücklich dagegen polemisierenden Historiographen wie z. B. Polybios (*R. Doran*).

In seinem Vorwort gibt der Epitomator an, dass er das Jason-Werk vor allem auf Unterhaltung und Nützlichkeit für den Leser hin verkürzt habe. Die Hervorkehrung der *belehrenden* Züge, z. B. die sorgsame Notierung von Spiegelstrafen, mögen damit zusammenhängen: Jason, der seinen Bruder hinterlistig verdrängt hatte, wird selbst hinterrücks verdrängt und kommt in der Fremde um (4,26; 5,8–10); Menelaos stirbt in heißer Asche wegen seiner Verbrechen gegen den Brandopferaltar (13,8); wie der Jüngste der 7 Märtyrerbrüder ankündigt, erleidet Antiochus IV. unter Schmerzen, wie er sie vielen zugefügt hat, den Tod (7,37; 9,6.28); Andronikus, der Mörder des Onias am Asylort, stirbt an der Stelle seines Verbrechens (4,38); der Tempelräuber Lysimachos wird beim Schatzhaus erschlagen (4,42); die Hand, die Nikanor gegen den Tempel erhoben hat, wird in Tempelnähe aufgehängt (15,32–33). Unglück und Züchtigung des Volkes und Unschuldiger dagegen sollen als Zeichen der Erziehung durch Gott betrachtet werden (6,12–17; 7,33; 10,4; vgl. Weish 3,5; 11,9.15–12,27). Zu der erbaulichen Belehrung gehört auch, dass selbst Nichtjuden Gottes Macht anerkennen, wenn sie seine Strafe erfahren: Heliodor 3,28; Nikanor 8,36; Antiochus IV. 9,11; Lysias 11,13.

Möglicherweise verweisen die jeweils einen Abschnitt beschließenden Notizen des Epitomators in 3,40; 7,42; 10,9; 13,26 und 15,37a noch auf die Stoffeinteilung der 5 Bücher Jasons.

Die Epitome kann für sich allein angefertigt worden sein oder von vornherein als »Anlage« zu dem Festbrief-Dokument aus dem Jahre 124 v. Chr., wie es für das → Purim-Fest in Est 9,20–32 beschrieben wird (vgl. den griech. → Kolophon Est^{LXX} 10,31 = F 11, in dem das ganze vorangehende Esterbuch »Purim-Brief« genannt wird). Der auf das Jahr 164 v. Chr. hin fingierte zweite Brief (1,10b–2,18) könnte bei der Anfügung der Epitome an den Festbrief verfasst bzw. bei der Archivierung des »Festbriefes (mit Anhang)« ergänzt worden sein. Er stellt einerseits eine Verbindung des berühmten Judas mit Aristobulos her, einem prominenten Alexandriner Juden zur Zeit des Ptolemäus VI. Philometor (180–145) und trägt zum anderen sonst nicht erhaltene Überlieferungen zusammen, die den Charakter von *Ḥanukkā* als Feuer-Fest erklären. Die von 2 Makk 9 so verschiedene Darstellung des Todes Antiochus' IV. in 1,11–17 ebenso wie die recht verschiedenen Zukunftshoffnungen (Wiederzusammenführung des Volkes in 2,18 und Totenauferweckung in 7; 12,42–45; 14,46) zeigen, dass nicht der Epitomator diesen Text verfasst hat.

2.22 Anhaltspunkte zur Bestimmung der Entstehungszeit

Der voranstehende Brief (1,1–10a) trägt das Datum des Jahres 188 der Seleukidenära (Beginn im Herbst 312 v. Chr.), stammt also aus dem Jahre 124 v. Chr. und verweist zitierend zurück auf einen Brief aus dem Jahre 169 Sel. (= 143 v. Chr.). Ob dieses Dokument hier vollständig oder mit einigen Änderungen im Blick auf die beigefügte Epitome wiedergegeben wird, ist kaum noch entscheidbar.

Der zweite Brief schaut in 1,13–17 auf den Tod Antiochus IV. (Ende 164 v. Chr.) zurück und lädt die ägyptischen Juden zur Mitfeier der Reinigung des Tempels am kommenden 25. Kislew ein; da als Absender (neben den Jerusalemern und dem Ältestenrat) »Judas« ohne nähere Bestimmung genannt und von ihm am Ende des Briefes gesagt wird, er habe die durch den Krieg rar gewordenen Schriften wieder gesammelt (2,14), kann nur Judas Makkabäus gemeint sein, der schon im Frühjahr 160 v. Chr. gegen Bakchides fiel. Als Abfassungsjahr dieses Briefes soll also Ende 164 v. Chr. vorgestellt werden. Für den tatsächlichen Zeitpunkt, den Ort und den Autor dieser Zusammenstellung volkstümlicher Traditionen zu dem vorliegenden »Brief« gibt es keine sicheren Anhaltspunkte (möglicherweise nicht viel später als 124 v. Chr.).

Jason von Kyrene dürfte ein Zeitgenosse des Makkabäers Judas (er wirkte 175–160 v. Chr.) gewesen sein und sein Werk auch bald nach den berichteten Ereignissen verfasst haben. Wann der an mehreren Stellen ausdrücklich hervortretende Epitomator (außer im → Proömium und im → Epilog z. B. noch in 4,17; 5,17–20 und 6,12–17) seinen Abriss des Jason-Werkes erstellte, lässt sich nicht genauer bestimmen: zweifellos vor der Zerstörung des Tempels 70 n. Chr., wahrscheinlich auch noch vor der römischen Zeit (also vor 63 v. Chr.).

Eine Reihe von Beobachtungen zu Akzentsetzungen der Epitome legt es nahe, diese als kritische Auseinandersetzung mit der Politik des Johannes Hyrkan (135/34–104 v. Chr.) nach dem Tod Antiochus VII. seit 129 v. Chr. zu betrachten: Gegenüber dessen Militäraktionen durch Söldner zur Gebietserweiterung mit Zwangsjudaisierung der Idumäer, der Zerstörung des Tempels auf dem Garizim u. ä. betont die Epitome immer wieder, dass Judas nur kämpfte, wenn die Juden angegriffen wurden oder wenn Mitjuden anderswo Unrecht geschah, und dass für seine Siege allein die jeweils im Gebet erflehte Hilfe Gottes entscheidend war und nicht die militärische Macht. Auch die auffallende Zurückhaltung der Epitome gegenüber den Hasmonäern ist, zumal im Vergleich mit 1 Makk, auffällig: Modeïn wird in 13,14 nur als ein Lagerort für Judas' Heer erwähnt (und nicht als der Heimatort der Hasmonäerdynastie); Judas' Bruder Simeon, der Vater des Johannes Hyrkan und Begründer der Dynastie, wird nur sehr kritisch erwähnt (10,19–22; 14,17), die Heldentat eines anderen Bruders, Eleasar (1 Makk 6,43–46), wird in 13,15 Judas selbst zugeschrieben. Dabei sind die Namen der Brüder des Judas dem Verfasser durchaus bekannt (8,22–23). Dass der »Zorn« Gottes sich wieder in Zuwendung, Schutz und Hilfe gewandelt hat, ist der Grund für die Erfolge und Siege des Judas, das unschuldige Blut der Märtyrer bewirkt die Wende, nicht das militärische Geschick oder die Ausrüstung des Judas (8,2–5.27; 13,17 u. ö.).

Das Zweite Makkabäerbuch in seinem vorliegenden Umfang kann demnach bald nach 124 v. Chr. zusammengestellt worden sein.

2.3 Theologie

In 2 Makk kommt dem *Tempel* eine überragende Bedeutung zu – nicht als Bauwerk, sondern als Zeichen und Unterpfand der Zuwendung und Treue Gottes zu seinem Volk: »Nicht wegen des Ortes hat der Herr das Volk erwählt, sondern wegen des Volkes den Ort. Deshalb hatte der Ort mit teil an den Unglücksschlägen, die das Volk trafen, und teilte auch die späteren Wohltaten; solange der Allherrscher zürnte, lag er verlassen, als aber der große Gebieter sich versöhnen ließ, wurde er mit allem Glanz wieder aufgerichtet« (5,19f). Untrennbar gehören für den Verfasser der toragemäße Tempelgottesdienst, die Freiheit der Stadt Jerusalem von fremder Oberherrschaft, die unbehinderte Möglichkeit der Gesetzeserfüllung und die gnädige Zugewandtheit Gottes zu seinem Volk zusammen (2,22; 3,1; 8,17; 15,37).

Sobald aber durch die Schuld von Mitjuden das Heiligtum verletzt und durch Feinde »verunreinigt« wird (Kap. [3.]4–5), erleidet das Volk Schaden und erfährt den »Zorn« Gottes, der sich erst infolge des zum Himmel schreienden Blutes der Unschuldigen wendet. Deshalb sind die Märtyrer in 2 Makk so entscheidend wichtig: Auf das Martyrium der toratreuen Mütter mit ihren Säuglingen, des greisen Eleasar und der sieben Brüder mit ihrer Mutter hin (Kap. 6–7) wendet Gott seinem Volk seine Gnade wieder zu (7,37–38; 8,1–5.27) mittels der daran anschließenden Erfolge des Judas, durch den Tod des Feindes (Antiochus IV.) und bei der Wiedereinweihung des Tempels. Der letzte Buchteil lässt auf das Amulettvergehen jüdischer Soldaten und die Machenschaften des Hohenpriesters Alkimus die martyriumsartige Selbsttötung des vornehmen Razis folgen (14,37–46), und erst danach kommen die Niederlage und der Tod des Nikanor und die Befreiung Jerusalems zustande.

Beide Male soll die Einführung eines *Festes* (→ Chanukka/*Ḥanukkā* und Nikanor-Tag) die erfahrene Hilfe und Rettung durch Gott, die sich so unverkennbar immer wieder *gezeigt* hat (vgl. die Bedeutung von ἐπιφάνεια/ἐπιφανής in 2 Makk 2,21; 3,24–30; 5,4; 12,22; 14,15; 15,13.27.34), im Gedächtnis des Volkes bewahren.

Die Überzeugung von der hilfsbereiten Nähe Gottes drücken auch die häufigen Bitt- und Dank*gebete* aus (z. B. 12,38; 14,15; 15,34). Die Wirksamkeit von Gebet und *Fürbitte* wird programmatisch in der Heilung des Heliodor auf die Opferdarbringung des Onias hin (3,31–33) deutlich und im Sieg über Nikanor, der nach der Fürbitte des ermordeten gerechten Onias und des Propheten Jeremia eintritt, wie Judas es im Traum gesehen hatte (15,12–16).

Das Zweite Makkabäerbuch ist wichtig als eines der frühen Zeugnisse für die jüdische *Hoffnung auf die leibliche Auferweckung* der gesetzestreuen Gerechten (7,9. 11.14.23.29.36; 14,37–46; vgl. Dan 12,1–3). Diese Hoffnung scheint sogar für verstorbene Sünder zu gelten (12,43–45), denen noch Fürbitten und Entsühnungsopfer zugewandt werden können. Sie ist aber nicht zu einer »Lehre« entwickelt.

Innerhalb der historiographischen Literatur ist 2 Makk ein Beispiel für jüdische Inkulturation in einer hellenistischen Umwelt. Damals gebräuchliche Motive, Stilelemente und Darstellungstechniken werden darin verwendet, um die gerade vergangene Geschichte in der Perspektive (→ diaspora-)jüdischer Glaubensüberzeugung zu erzählen. Dabei bewegt den Verfasser auch das apologetische Interesse, die Juden als gute und loyale Bürger zu zeigen, die ausschließlich nach den Gesetzen ihrer Väter leben wollen, die nie von sich aus einen Krieg anfangen und sich nur verteidigen, wenn sie angegriffen werden. In dieser Aussagetendenz sind die Briefdokumente in Kap. 11 angeordnet und der Brief Antiochus' IV. (9,19–27) formuliert.

Wo jedoch die »griechische Prägung« (4,10) die Toratreue verdrängt und die Werteordnung der Väter verletzt (4,7–22), wird für den selber griechisch gebildeten Verfasser »Griechentum« (Ἑλληνισμός 4,13; τὰ Ἑλληνικά 6,9; 11,24) abzulehnender und zu bekämpfender Gegensatz zum »Judentum« (Ἰουδαϊσμός: vgl. 2,21; 8,1; 14,38). Nicht die Eigenstaatlichkeit ist das Ziel der durch »Epiphanien vom Himmel her« (2,21) unterstützten Verteidigungsunternehmungen – deshalb kann die Darstellung auch mit dem Sieg über den tempelbedrohenden Nikanor enden –, sondern unbehinderte Religionsausübung und Tempeldienst in der befreiten Stadt Jerusalem.

E. Die Bücher der Weisheit

I. Eigenart und Bedeutung der Weisheit Israels

(Erich Zenger, Münster, bearb. von Christian Frevel, Bochum)

Literatur: S. L. Adams, Wisdom in Transition. Act and Consequence in Second Temple Instructions (JSJ.S 125) Leiden/Boston 2008; J. Assmann, Ma'at. Gerechtigkeit und Unsterblichkeit im alten Ägypten, München 1990; J. Blenkinsopp, Wisdom and the Law in the Old Testament. The Ordering of Life in Israel and Early Judaism, Oxford [2]1995; J. J. Collins, Jewish Wisdom in the Hellenistic Age, Louisville 1997; J. L. Crenshaw, Old Testament Wisdom: an Introduction, Louisville [2]1998; K. Dell, »Get Wisdom, Get Insight«. An Introduction to Israel's Wisdom Literature, London 2000; dies., Reviewing recent research on the Wisdom Literature: ET 119, 2008, 261–269; I. Fischer, Gotteslehrerinnen. Weise Frauen und Frau Weisheit in Israel, Stuttgart 2006; M. Gilbert (Hg.), La Sagesse de l'Ancien Testament (BEThL 51) Leuven [2]1993; M. Görg, Weisheit in Israel. Wurzeln, Wege, Wirkungen: KatBl 113, 1988, 544–549; B. Janowski (Hg.), Weisheit außerhalb der kanonischen Weisheitsschriften, Gütersloh 1996; O. Kaiser, Der Mensch unter dem Schicksal. Studien zur Geschichte, Theologie und Gegenwartsbedeutung der Weisheit (BZAW 161) Berlin 1985; ders., Anweisungen zum gelingenden, gesegneten und ewigen Leben. Eine Einführung in die spätbiblischen Weisheitsbücher (ThLZ.F 9) Leipzig 2003; H.-J. Klauck, »Christus, Gottes Kraft und Gottes Weisheit« (1 Kor 1,24). Jüdische Weisheitsüberlieferungen im Neuen Testament: WiWei 55, 1992, 3–22; K. Koch, Zur Stellung der Weisheit Israels in der altorientalisch-hellenistischen Kulturgeschichte, in: A. Lange u. a. (Hg.), Wege zur hebräischen Bibel. Denken – Sprache – Kultur (FRLANT 228) Göttingen 2009, 53–71; M. Küchler, Frühjüdische Weisheitsliteratur. Zum Fortgang weisheitlichen Denkens im Bereich des frühjüdischen Jahweglaubens (OBO 26) Fribourg/Göttingen 1979; I. Müllner, Das hörende Herz. Weisheit in der hebräischen Bibel, Stuttgart 2006; L. Perdue, Wisdom Literature. A Theological History, Louisville 2007; H. D. Preuß, Einführung in die alttestamentliche Weisheitsliteratur (UB 383) Stuttgart 1987; G. von Rad, Weisheit in Israel, Neukirchen-Vluyn [4]1992; K. F. D. Römheld, Die Weisheitslehre im Alten Orient. Elemente einer Formgeschichte (BN.B 4) München 1989; M. Saur, Sapientia discursiva. Die alttestamentliche Weisheitsliteratur als theologischer Diskurs: ZAW 123, 2011, 236–249; ders., Einführung in die alttestamentliche Weisheitsliteratur, Darmstadt 2012; ders. (Hg.), Die theologische Bedeutung der alttestamentlichen Weisheitsliteratur (BThS 125) Neukirchen-Vluyn 2012; H. H. Schmid, Wesen und Geschichte der Weisheit (BZAW 101) Berlin 1966; S. Schroer, Die Weisheit hat ihr Haus gebaut. Studien zur Gestalt der Sophia in den biblischen Schriften, Mainz 1996; L. Schwienhorst-Schönberger, Alttestamentliche Weisheit im Diskurs: ZAW 125, 2013, 118–142; G. T. Sheppard, Wisdom as a Hermeneutical Construct. A Study in the Sapientializing of the Old Testament (BZAW 151) Berlin 1980; F.-J. Steiert, Die Weisheit Israels – ein Fremdkörper im Alten Testament? (FThSt 143) Freiburg 1990.

1. Weisheit als praktisches Lebenswissen

Mit dem Begriff »Weisheit« wird ein in der Antike, von Mesopotamien bis Ägypten, aber auch von Griechenland bis Rom weit verbreitetes interkulturelles Phänomen bezeichnet, das man praktisches Lebenswissen oder durch Praxis gewonnenes und auf

Praxis zielendes Alltags- und Erfahrungswissen nennen könnte. Weisheit ist nicht einfach Wissen. »Ein Mensch, der viel weiß, ist ... noch kein Weiser. Und ein Weiser muss nicht auch ein Vielwissender oder gar Allwissender sein« (*M. Görg*, Weisheit 544). Damit jemand weise ist, braucht er das rechte Wissen und er muss fähig sein, mit diesem Wissen in rechter Weise umzugehen. »Der weise Mensch lässt sich nicht von allem und jedem verstricken. Weise Männer und Frauen haben gelernt, mit Ruhe auf die Welt zu schauen« (*I. Müllner*, Herz 11). Weisheit sammelt Erfahrungen und ordnet sie dadurch ein, indem sie auf andere Erfahrungen zurückgreift. Weisheit ist zwar nicht ausschließlich ein Altersphänomen und Alter kein Garant für Weisheit (Ijob 12,12; 32,9), aber als Prozess lebenslangen Lernens ist Weisheit auch nicht unabhängig vom Lebensalter (Ijob 32,7; Sir 6,32–34). Der Weisheit geht es um das rechte Wissen vom Leben. Ihr geht es um das Erlernen, Praktizieren und Weitergeben von Lebenkönnen, von Lebenskunst und Lebensklugheit. Sie ist eine Art »Lebenskunde«, die zu einem umfassend gut gelingenden Leben anleiten will. Weisheit bewährt sich im Gelingen. Gerade darin ist sie der Tora vergleichbar, weshalb die theologische Weisheit Tora und Weisheit in eine enge Beziehung zueinander setzt (Ps 19,8; Jer 8,8; Sir 1,5; 15,1; 17,11 u. ö.). So wie Tora und Weisheit beide auf das umfassend gut gelingende Leben in Gottesgegenwart zielen, so sind sie letztlich auch nur auf den ersten Blick im Ursprung verschieden, indem sie als Offenbarungswissen und Erfahrungswissen auseinander treten. Beide kommen aber darin überein, dass sie auf der von Gott der ganzen Schöpfung eingestifteten guten Ordnung und ihrer Lebensorientierung gründen und diese bedenken.

Weisheit ist jedoch kein ausschließlich individuelles, auf den Einzelnen bezogenes Lebens- und Erfahrungswissen, das anderen Menschen prinzipiell verborgen wäre. Im Gegenteil: Weisheit ist im öffentlichen Raum prinzipiell allen zugänglich. Weisheit ist Weltwissen sowohl in dem Sinne, dass es Wissen *von* der Welt als auch *in* der Welt ist. Ausgangspunkt aller weisheitlichen Theologie, von der einfachen Verhaltensregel bis zur reflektierten ethischen Maxime, ist die aus Erfahrung gewonnene Überzeugung, dass es Zusammenhänge gibt und die Welt in geordneten Zusammenhängen steht, in denen alles mit allem in Verbindung steht. Leben in der alttestamentlichen Vorstellung ist zuallererst und zutiefst Beziehung. Daher ist alles Handeln nicht isoliert, sondern steht in Zusammenhängen und bringt Zusammenhänge hervor. Es gibt einen Tun-Ergehen-Zusammenhang, den jeder in seinem Alltag als Grundorientierung menschlichen Handelns kennt, nämlich: dass Gutes Tun gut tut (der Gemeinschaft, in der man lebt, und zutiefst dem Guttuenden selbst) und Beziehung schafft und dass Böses Tun Schaden anrichtet (für die Gemeinschaft und zutiefst für den Bösen selbst) und Beziehungen zerstört. Die Perspektive vom Tun-Ergehen-Zusammenhang liegt jeder Alltags-Pädagogik zugrunde, die zum Guten motivieren und vom Bösen fernhalten will. Der Tun-Ergehen-Zusammenhang setzt ein Grundwissen von Gut und Böse voraus und vor allem ein Wissen um die Ordnungen des Guten im Leben des Einzelnen, der Familie, der gesellschaftlichen Gruppen, des Staates und der Völker, ja des gesamten Kosmos. Deshalb verwendet die Weisheit viel Mühe darauf, diese Ordnungen in ihrer Vielschichtigkeit zu erkennen, zu formulieren und zu lehren. Dabei wird durchgehend erkannt, dass der Tun-Ergehen-Zusammenhang kein Automatismus ist, sondern ein komplexes und manchmal undurchschaubares Geflecht von Wirkursachen, das Tun und Ergehen miteinander verbindet. Ein »Vergeltungsprinzip« sollte daher der Zusammenhang nicht genannt werden. Weil im Hintergrund die feste Überzeugung einer auf Gerechtigkeit zielenden Ordnung steht, kann man besser von »konnektiver Gerechtigkeit« sprechen. Letzter Grund und Garant dieser Ordnung ist Gott.

Denn alle Einzelordnungen sind nach der Lehre der mesopotamischen, ägyptischen und altisraelitischen Weisheit Elemente einer umfassenden Welt- und Schöpfungsordnung, auf die hin die Götter die Welt angelegt und die sie mit lebensförderlicher Kraft ausgestattet haben. Die alles umfassende Lebensordnung umgreift und durchwaltet sogar die Götterwelt. Diese die Götter und die Welt steuernde Urordnung nennen die Sumerer *ME*, die Ägypter *Maat* und die Israeliten *Ṣ^edāqāh*. Weisheitliche Lebenskunst besteht darin, die allumfassende Ordnung im *Lebensvollzug* zu erkennen und durch das Tun von »Gerechtigkeit« zu festigen (Axiom: Gerechtigkeit schafft *šālōm* »Heil, Frieden«). Die Orientierung an der Gerechtigkeit, die mit Barmherzigkeit und Güte verbunden ist, schafft Gerechtigkeit (Spr 21,21). Diese Gerechtigkeit, die der Mensch um »Heil«, »Leben«, »Ehre«, »Erfolg«, »Beständigkeit«, »Stärke«, »Rettung« usw. zu erlangen, tun soll, wurzelt in Gottes Gerechtigkeit, die die rettende Ordnung im Letzten garantiert. Ansatz weisheitlicher Lebenskunde ist jedoch nicht eine wie auch immer sich ereignende Gottesoffenbarung, sondern die auf Lebensbewältigung zielende Vernunft des Menschen; in der späten Weisheitstheologie Israels ist es die göttliche Weisheit selbst, die die Menschen bei ihrer Weisheitssuche inspiriert und darauf zielt, im Tun die Weisheit Gottes und die Weisheit des Menschen zur Deckung zu bringen.

Daher ist die Weisheit, in Israel wie in seiner Umwelt, alles andere als eine profane, gar gottlose Geistesbeschäftigung. Dass die Welt und ihre Ordnungen gut und auf Leben hin ausgerichtet sind, dass Gutes Tun das Leben fördern kann und dass der, der das Gute will, letztlich nicht scheitern kann, ist nicht aus naivem Optimismus abzuleiten, sondern gründet in Israel letztlich in dem, was die Weisheit »Gottesfurcht« nennt.

In einem mehrfach in der Weisheitsliteratur Israels zitierten Leitsatz heißt es deshalb: »Die Gottesfurcht ist der Anfang der Weisheit« (Spr 1,7; 9,10; Ps 111,10; Sir 1,14), was die lateinische Tradition in Spr 1,7 sehr glücklich übersetzt hat: »timor domini *principium* sapientiae«, d. h. Gottesfurcht ist das Grundprinzip der Weisheit. Gottesfurcht ist das der echten Weisheit innewohnende und sie fundamental begründende Prinzip. Dass sie dabei zugleich selbst Ausgangspunkt und Quelle der Weisheit ist, macht die alternative Übersetzung in Ps 111,10 »*initium* sapientiae timor Domini« deutlich. Dabei ist *weisheitliche Gottesfurcht* keine angstbesetzte Zurückhaltung gegenüber Gott, sondern sie ist vertrauende Grundhaltung, die sich seinem Lebenswillen gegenüber ganz öffnet. Weisheit ist eigentlich Gottvertrauen, nämlich das Vertrauen auf Gott als den, der allen Störungen und Gefährdungen zum Trotz das Ganze durchwaltet und den Lebensweg der Menschen gelingen lässt, die die Lebensordnungen suchen, ihnen entsprechend handeln und sie weitergeben. Gottesfurcht als Vertrauen in die lebensförderliche Mächtigkeit eines guten Gottes ist dann in der Tat das Prinzip, das zur Weisheit führt und zum Tun des weisheitlichen Lebenswissens motiviert. Gottesfurcht führt zum Leben (Spr 19,23) und nicht von ihm weg; sie ist Quelle des Lebens (Spr 14,27), macht das Herz froh (Sir 1,12) und führt zu langem und gelingendem Leben (Spr 10,27; 19,23; Sir 1,12.20).

Mit Recht kann man die ältere Weisheit Israels deshalb (im Anschluss an *M. Görg*) als »Theologie der praktischen Vernunft« bezeichnen: Die *Quelle* ihrer Erkenntnis ist die Vernunft, ihre *Intention* geht nicht primär auf theoretisches Wissen, sondern auf gelingende, gute Lebenspraxis zurück, und ihr *Grundprinzip* ist ein fundamentales Wissen um Gott als den, der als Schöpfer der Welt das Böse bekämpft und das Gute fördert.

Weisheit sucht die Ordnung zu ergründen, um Störungen dieser in der Schöpfung gestifteten Ordnung, die die Welt »im Innersten zusammenhält«, zu vermeiden. Werden solche Störungen der gerechten Ordnung wahrgenommen, sucht Weisheit das im Diskurs zu ergründen. Weisheitsliteratur wird daher häufiger als »Auseinandersetzungsliteratur« bezeichnet. Die Weisheitsliteratur kann nicht nur von einer Außenperspektive als Diskurs verstanden werden, sondern bildet dieses vielstimmige Gespräch selbst ab. Das ist etwa in den Auseinandersetzungen mit Zitaten bei Ijob und Kohelet oder in den innerbiblischen Schriftbezügen der späten Weisheit zu erkennen. Die Weisheitsliteratur macht sich dabei die Multiperspektivität und Polyvalenz von Texten, die prinzipiell bedeutungsoffen sind, zu eigen und nutzt diese Leerstellen für die produktive Sinnerschließung. Hier ist Weisheit dann auch ein literarisches Phänomen. Im kanonischen Kontext entfaltet die Weisheitsliteratur einen Diskurs von unterschiedlichen Positionen, der nicht einseitig aufgelöst wird (*M. Saur, L. Schwienhorst-Schönberger*).

2. Kontexte und Bezugsräume der Weisheit Israels

Weisheit gibt es in allen Lebensbereichen. Sie wird in allen institutionellen und sozialen Kontexten gepflegt und tradiert. Dabei entstehen unterschiedlich geprägte Sammlungen weisheitlicher Überzeugungen. Entsprechend den gesellschaftlichen und geschichtlichen Kontexten, in denen die Menschen des biblischen Israel ihr Lebenswissen formulierten, lassen sich drei Grundströmungen weisheitlicher Überlieferung unterscheiden.

2.1 Die Sippenweisheit (»Volksweisheit«)

Israel war weitgehend eine dörflich-bäuerliche Gesellschaft mit einem Ethos, das auf den lebensförderlichen Zusammenhalt der Großfamilie und verwandtschaftlich verbundenen Sippe setzte. Von diesem Ansatz her sind Sprache, Bilder und Inhalte der sog. Sippenweisheit volkstümlich und beschäftigen sich vorwiegend mit dem alltäglichen Sozialverhalten im Zusammenleben der Geschlechter und Generationen und mit dem Schutz der Grundwerte Leben und Freiheit, aber auch mit dem konkreten bäuerlichen Alltag, angefangen von der Beobachtung des Wetters, der Pflanzen und der Tiere bis hin zu Verhaltensregeln bei Aussaat und Ernte, im Umgang mit Städtern und Fremden. Kulturgeschichtlich gesehen ist die Sippenweisheit nicht nur die älteste Weisheitsüberlieferung Israels, die in ihren Wurzeln vielleicht sogar bis in die vorstaatliche Zeit zurückreicht, sie blieb auch über die Jahrhunderte hinweg die kritisch-sensible Hüterin der Ideale Solidarität und Gerechtigkeit für alle, als sich in den Städten und insbesondere von den Hauptstädten Samaria und Jerusalem aus eine Klassengesellschaft entwickelte, in der die alten Ideale der familiären Solidarität mehr und mehr zerbrachen. Die prophetische Kritik eines Amos und Micha, aber auch die im Dekalog gebündelten Sozialgebote wurzeln im Ethos der Sippenweisheit.

2.2 Die höfisch-städtische Weisheit (»Schulweisheit«)

Auch die Stadtkultur, die in Israel mit der Entstehung der Monarchie und dem damit notwendigen Aufbau eines differenzierten Verwaltungsapparates und der Pflege internationaler diplomatischer, juristischer und wirtschaftlicher Beziehungen verbunden war, schuf und pflegte ihr spezifisches Lebenswissen, das sich mit den Themen und Problemen des städtisch-höfischen Milieus befasste. Hier wurde die Weisheit buchstäblich in Schulen gelernt, d. h. bei der Erziehung und Ausbildung der Königssöhne und der Beamten. Ihre Sprache und ihre Bilder spiegeln dementsprechend das städtische Lebensmilieu, sie sind kunstvoll und komplex. Ihre Themen reichen von Anstandsregeln bei der Einladung am Hof und von häufigen Warnungen vor Weingenuss und vor Faulheit bis hin zum Berufsethos für Richter, Schreiber und Könige. Ihre Ideale sind auf die Stabilisierung der bestehenden staatlichen Ordnung ausgerichtet und kreisen um Loyalität, Reichtum, Lebensgenuss und Ehre. Die höfisch-städtische Weisheit Israels ist in besonderer Weise interkulturell. Sie studiert und rezipiert die Weisheitsüberlieferungen der Nachbarstaaten, insbesondere die Weisheit Ägyptens. So findet sich beispielsweise im Buch der Sprichwörter ein größerer Abschnitt (Spr 22,17–23,11), der eine Übersetzung der ägyptischen Weisheitslehre des Amenemope darstellt. Wir können davon ausgehen, dass an der Jerusalemer Prinzen- und Beamtenakademie ägyptische Weisheitsschriften und ägyptische Poesie, insbesondere ägyptische Liebeslyrik, übersetzt, gelesen und gelehrt wurde.

2.3 Die theologisierte Weisheit (»Offenbarungsweisheit«)

Während sich die Weisheit Israels bis in die Epoche des Exils in ihrem theologischen Ansatz weitgehend innerhalb gemeinorientalischer Vorstellungs- und Ausdrucksmöglichkeiten bewegt, setzt in der nachexilischen Epoche eine zunehmende Theologisierung der Weisheit ein, die sich an zwei Eigenheiten erkennen lässt:

(1) Die allem zugrunde liegende Urordnung des Lebens wird zunehmend als eine *Offenbarungsweise des Gottes JHWH* begriffen. Indem über die der Schöpfungsordnung zugrunde liegende Ordnung reflektiert und diese als die Schöpfung durchwaltende Weisheit Gottes begriffen wird, tritt die Weisheit als *principium* der Welt in den Blick. Die Suche und das Erlernen der Weisheit bleiben zwar Lebensziel, doch erweitert sich die Perspektive von dem Erfahrungswissen hin zur spekulativen Weisheit, die in Gott wurzelt und ihn offenbart. Im Handeln, Denken und Fühlen danach zu streben, diese Ordnung – unter vollem Bewusstsein der Begrenzung menschlicher Erkenntnis – zu durchdringen und dabei die Weisheit mit ganzem Herzen zu lieben und dabei zu finden (Weish 6,12), ist eigentliche Philosophie (»Liebe zur Weisheit«).

Die Weisheit ist dabei ein der Schöpfung und der Geschichte innewohnendes Geheimnis, das um Annahme und Aufnahme durch die Menschen wirbt: »Ich liebe, die mich lieben; und die mich suchen, finden mich« (Spr 8,17). Dabei wird die Weisheit personifiziert und unter Wahrung des vorausgesetzten nachexilischen Monotheismus werden weibliche Züge in das Gottesbild integriert. Unter ägyptischem Einfluss, aber auch in Fortführung israelitischer Theologumena bildet sich die Vorstellung von der *Frau Weisheit* heraus, die als die menschenfreundliche und gute Seite des Gottes Israels die Menschen sucht, liebt, nährt und tröstet (vgl. besonders Spr 8,22–31; Sir 24; Weish 6,22–11,1). Die Weisheit wird zum Erstlingswerk der Schöpfung vor der Zeit (Spr 8,22–26) und zur Schöpfungsmittlerin (Spr 8,27–30). »Die Weisheit ist in dieser Rede so stark mit dem Schöpfungshandeln JHWHs verbunden, dass sie zwar nicht als Mitschöpferin, wohl aber als ›Weltordnungsexpertin‹ bezeichnet werden kann, die ihre spielerische Kraft in die Schöpfung einbringt« (*I. Müllner*, Herz 119).

In dieser jüngeren Weisheitstheologie ist die Lebenskunst nicht mehr eine Leistung der praktischen Vernunft, sondern zunehmend eine göttliche Gabe. Die Weisheit wird hier zur Offenbarungsweisheit.

(2) Komplementär dazu betrachtet eine weitere Strömung der nachexilischen Weisheitstheologie *die Tora* Israels als die größte und eigentliche Weisheitsgabe Gottes. Der Weisheit als dem Geheimnis des alles durchwaltenden Gottes begegnet – das ist die These –, wer die Tora zur Lebensmaxime macht. Klassisch formuliert findet sich diese Weisheitstheologie bereits in der jüngsten Schicht des Deuteronomiums in Dtn 4,6–8 und vor allem im Sirachbuch (s. u. E.VIII.) sowie in Bar 3,9–4,4 (s. u. F.V.1.13). In der rabbinischen Theologie führt dies zu der Vorstellung, dass JHWH als erstes »Schöpfungswerk« die Tora schafft, die dann der Bauplan ist, nach dem er die Welt macht. Tora und Weisheit sind keine Gegensätze, sondern ergänzen einander: Die Tora führt zur Weisheit und Weisheit führt zur Tora (Ps 19,8; 119,98–100). »Gottesfurcht« ist Voraussetzung und Folge des an der Tora orientierten Handelns (Sir 2,16) und das Tun der Tora die »vollendete Weisheit« (Sir 21,11).

2.4 Gerechtigkeit und Erkenntnis als Grundthemen der Weisheit

Auch wenn die auf das lebenspraktische Ethos zielenden Sammlungen zur älteren Weisheit gerechnet werden können und die theologische Weisheitsspekulation tendenziell eine späte Entwicklung ist, sollte man nicht davon ausgehen, dass diese Strömungen vollständig voneinander getrennt waren, nicht in einem Zusammenhang gesehen wurden oder erst durch die Kompositionen in den Weisheitsbüchern zusammengeführt wurden. Die Annahme, dass die Theologisierung der Weisheit erst entwickelt wurde, als die traditionelle Weisheit im Exil in eine *Krise* geraten sei, weil die optimistische Grundannahme des »Tun-Ergehen-Zusammenhangs« zunehmend an der Erfahrungswirklichkeit zerbrochen sei, geht von zweifelhaften Voraussetzungen aus. Zum einen darf die optimistische Haltung der frühen Weisheit nicht mit einer Kritikunfähigkeit verwechselt werden. Der kritische Impuls der Weisheit, die Grenzen der menschlichen Erkenntnis auszuloten und über den Zusammenhang der Wissensordnungen (Erfahrungswissen, Glaubenswissen, Offenbarungswissen) nachzudenken, ist der Weisheit nicht erst zugewachsen, sondern ihr inhärent. Naturwissen und anthropologisches Wissen sind nicht wie in der Neuzeit künstlich getrennt vom theologischen Wissen, sondern in der Weisheit zusammengeschlossen. In der zunehmenden Intensität, in der über die Möglichkeiten weisheitlicher Erkenntnis und den Zusammenhang von göttlicher und menschlicher Weisheit nachgedacht wird, zeigt sich nicht zuletzt die Wandlungsfähigkeit der Weisheit. Zum anderen darf der Tun-Ergehen-Zusammenhang nicht als simpler Automatismus missverstanden werden. Dass die »Konnektivität« auch immer für das menschliche Erkennen unverständliche Gerechtigkeitslücken einschließt (vgl. Ijob 21,7 oder die in den Psalmen anklagende Frage »Wie lange noch?«), war den biblischen Weisheitslehren nicht erst seit der Katastrophe des Exils bewusst und die um die Theodizeeproblematik kreisende kritische Reflexion darüber stellt die Geltung des Zusammenhangs von Ordnung und Gerechtigkeit auch nicht grundsätzlich in Frage. Sie erörtert vielmehr den Zusammenhang von Freiheit und Verantwortung Gottes und durchdenkt die Grundvoraussetzung weisheitlichen Denkens, die Annahme der umfassenden und rettenden Gerechtigkeit Gottes. Auch Ijob und Kohelet bedeuten keinen Bruch mit der traditionellen Weisheit, sondern sind Indikatoren einer kontinuierlichen

Weiterentwicklung der Weisheit, die um die Grenzen der Erkenntnis weiß und weisheitliches Denken darin bewahren will. Sie sind nicht Spiegel einer »Krise der Weisheit«, die an ihre Grenzen geraten ist und diese Grenzen dann bei Jesus Sirach und der Weisheit durch einen dogmatischen Rückgriff auf die positive Offenbarung überspielt. Die späte Weisheit ist Auseinandersetzungsliteratur, die mit unterschiedlichen thematischen Schwerpunkten in der Mitte weisheitlichen Denkens steht und dieses – auch vor dem Horizont hellenistischer Philosophien – neu und leistungsfähig zu entwerfen versucht.

3. Die literarischen Formen der Weisheit

Die biblische Weisheit tritt in vier literarischen Grundformen auf: Spruch, Lehrrede, Lehrgedicht, Lehrerzählung; diese weisheitlichen Redeformen begegnen biblisch auch außerhalb der »Bücher der Weisheit« (z. B. in Prophetenbüchern).

3.1 Der Spruch

Der Spruch ist die dichteste Fassung von Erfahrung im Dienst der Lebensorientierung. Er soll helfen, einer Situation das Unerwartete und Bedrohliche dadurch zu nehmen, dass die Situation im Spruch als allgemein übliche und auftretende benannt wird. Der Spruch ist bündig-kurz, meist mit einer Pointe versehen, die als Gedächtnisstütze dient. Seine poetische Grundfigur ist der → *parallelismus membrorum*, d. h. die bildliche oder sachliche Verwandtschaft zweier aufeinander folgender »Glieder« (Bildreim, Gedankenreim):

> »Wer eine Grube gräbt, fällt selbst hinein,
> und wer einen Stein wälzt, auf den fällt er zurück« (Spr 26,27).

Je nach sprachlicher Gestalt oder Aussageabsicht lassen sich fünf Formen weisheitlicher Sprüche erkennen, die häufig in Reihungen auftreten.

(1) Das *(Volks-)Sprichwort*: Es formuliert, oft drastisch bildhaft, die Lebenserfahrung des Volkes. Es überblickt viele ähnliche Erfahrungen und verdichtet diese, gleichsam als Summe, in einem kurzen Spruch. Zwar ist seine Tendenz lehrhaft, doch formuliert das Sprichwort die Lehre nicht ausdrücklich, sondern überlässt es dem Hörer, selbst aus dem Sprichwort die praktischen Konsequenzen zu ziehen. Es ist meist einzeilig, kann aber auch als zweizeiliger Spruch auftreten. Das Sprichwort bündelt Erfahrungen im Bereich des alltäglichen Lebens, es dient aber auch dazu, politische Zusammenhänge schlaglichtartig zu deuten.
Beispiele: Spr 9,17; 14,4; Ez 16,44; 18,2.

(2) Der *Wahrspruch* (das Aussagewort): Im Unterschied zum Sprichwort, das den faktisch angezielten Sachverhalt nicht ausdrücklich benennt, wird im Wahrspruch die gemeinte Wirklichkeit angesprochen und meist im erläuternden oder kontrastierenden Vergleich gedeutet. Das Leben wird festgehalten, wie es wirklich ist (wie es in Wahrheit ist: »Wahrspruch«). Seine Tendenz ist es, vor Illusionen zu bewahren und zu realistischer Alltagspraxis zu befähigen.
Beispiele: Spr 12,4; 14,15; 16,1; 18,2.

(3) Der *Rätselspruch*: Mit seiner Frageform, die sich als eine Art pädagogisches Rätsel präsentiert, will der Rätselspruch zum Nachdenken anregen, um *so* zu dem angezielten Verhalten zu motivie-

ren. In seiner kunstvollen Sprachgestalt, aber auch in den Lebensfeldern, auf die er sich bezieht, zeigt der Rätselspruch, dass er aus dem Milieu der Oberschicht stammt und vermutlich in der schulischen Beamtenausbildung seinen »Sitz im Leben« par excellence hatte.
Beispiele: Spr 23,29–35; 30,4–5.

(4) Der *Zahlenspruch*: Er bietet nummeriert eine Reihe von Phänomenen oder Situationen auf, wobei die Zählung ein Stilmittel ist, um das an letzter Stelle aufgezählte Phänomen hervorzuheben. Die Betonung des letzten Gliedes der Reihe wird gewöhnlich schon in der Einleitung angegeben (n ..., n+1 ...).
Beispiele: Spr 6,16–19; 30,18–19.21–23.

(5) Der *Mahnspruch*: Lassen die bisher genannten Sprüche die praktische Konsequenz unausgesprochen, so wird diese im Mahnspruch ausdrücklich formuliert. Er ruft zu einem bestimmten Handeln auf, mahnend oder warnend; häufig fügt er eine Begründung an, die in irgendeiner Weise den Tun-Ergehen-Zusammenhang einschärft. Im Mahnspruch kommt also die pädagogische Absicht der Weisheit voll zum Tragen.
Beispiele: Spr 23,12 (implizite Begründung); 23,19–21 (explizite Begründung); 31,2–9 (eine programmatische Sammlung).

3.2 Die Lehrrede

In ihrer vollendeten Form besteht die adressatenbezogene Lehrrede (der Lehrvortrag) aus drei Teilen. Sie beginnt mit einem Lehreröffnungsruf, der »die Schüler« direkt anreden (»mein Sohn, meine Tochter«) und eine Motivation für die zu vermittelnde Lehre geben will. Diese selbst wird in der Regel im Misch-Stil von Darlegung und mahnender/warnender Anrede vorgetragen; beliebtes Thema ist die Frage nach der Gerechtigkeit und dem Sinn des Lebens angesichts des Glücks der Gottlosen. Als (abschließender) dritter Teil folgt meist (als »Moral aus der Geschichte«) der Hinweis auf die Folgen eines weisheitlichen oder törichten Verhaltens, nicht selten erläutert durch Beobachtungen aus der Natur oder dem täglichen Leben. Die Lehrrede, die in monologischer Form gestaltet ist, kann auch zum kunstvollen Dialog ausgeformt werden, zu einer Art weisheitlichem Lehr- und Streitgespräch.

Beispiele: Spr 1,8–19 (Warnung vor schlechtem Umgang); 5,1–23 (Warnung vor Ehebruch); Ijob 32–37 (monologische Lehrreden); Ijob 3–27 (dialogische Lehrreden).

3.3 Das Lehrgedicht

In dieser (lehrerzentrierten, den Schüler nicht anredenden) weisheitlichen Redeform reflektiert/meditiert der Weise die Grundfragen des Lebens, der Weltwahrnehmung und der Geschichte – auf der Suche nach der verborgenen guten Urordnung. Solche Lehrgedichte finden sich besonders bei Kohelet (s. u. E.V.). Auch im Psalmenbuch gibt es eine ganze Reihe weisheitlicher Lehrgedichte, die sich mit vier »Lebensfeldern« auseinandersetzen: 1. Angesichts der Erfahrung von Leid und Tod meditieren weisheitliche Gebete über den Sinn und das Glücken des Lebens (vgl. Ps 37; 49; 73). 2. Aus der Beobachtung der Schöpfung und ihrer Gesetzmäßigkeiten suchen sie zu Vertrauen im alltäglichen Leben und zu einem grundsätzlichen Ja zu dieser Welt zu motivieren (vgl. Ps 104). 3. Aus der Meditation der Volksgeschichte unter der weisheitlichen Perspektive von Tun und Ergehen wird versucht, einen Sinn dieser Geschichte zu ergründen und die entsprechenden Konsequenzen zu ziehen (vgl. Ps 78; 105; 106). 4. Weisheitliche Poesie meditiert auch über die Tora als wundervolle Lebensweisung des sein Volk und die Welt liebenden Gottes Israels (vgl. Ps 1; 19; 119).

3.4 Die Lehrerzählung

Die Lehrerzählung will an einer partikularen Geschichte eine universale Lebensweisheit bzw. Lebenslehre anschaulich und überzeugend als »wahr« vermitteln. Sie ist eine didaktisch-praktische Beispielgeschichte, die durch ihre Szenerie und die in ihr handelnden Figuren Plausibilität und Motivation zugleich wecken will. Meist steht deshalb eine Idealgestalt im Mittelpunkt, die durch negative Kontrastgestalten zur *persona imitabilis* gemacht wird. Die weisheitliche Lehrerzählung, die zur rechten Praxis anleiten will, kann in unterschiedlicher Form auftreten; und zwar als

(1) Legende (Akzent: die Einzelgestalt; z. B. Ijob in Ijob 1–2; 42, s. u. E.II.)
(2) Novelle (Akzent: das Einzelereignis; z. B. Rut, s. o. D.V.)
(3) Roman (Akzent: das Menschenleben in einer komplexen Welt; z. B. Tobit, s. o. D.X.).

4. Relevanz

Während die Weisheit als praktisches Lebenswissen in der jüdischen Ethik von großer Bedeutung ist und hohe Wertschätzung genießt, werden in der christlichen Theologie, insbesondere im Horizont der reformatorischen Tradition, immer wieder *Vorbehalte* gegenüber der Weisheit im Allgemeinen und einzelnen Büchern der Weisheit im Besonderen erhoben. Es wird u. a. gesagt: 1. Die Weisheit sei schon inneralttestamentlich »am Rande«, da in ihr der besondere Bezug zu JHWH und zur Heilsgeschichte fehle. 2. Die Weisheit sei Ausdruck einer bürgerlichen, diesseitsorientierten Religiosität bzw. sie sei weithin profan. 3. Die Mahnungen zum sittlichen Handeln gehörten in theologischer Hinsicht, insbesondere wegen der im Tun-Ergehen-Zusammenhang angelegten Leistungs- und Lohnmentalität, in den Bereich »des Gesetzes«, den Jesus und Paulus doch überwinden wollten. Die optimistische Weisheitsethik stehe vor allem im Gegensatz zur neutestamentlichen Kreuzestheologie und zur Rechtfertigung »allein aus Gnade«. 4. Als besonders problematisch gelten manchen christlichen Theologen die Bücher Koh und Ijob; in ihren Aporien werde das Scheitern weisheitlichen Denkens offenkundig.

Gegenüber derartigen christlichen Abwertungen der jüdischen Weisheitsüberlieferungen ist daran zu erinnern, dass das *Neue Testament* geradezu konstitutiv durch die jüdische Weisheit geprägt ist (vgl. *H.-J. Klauck,* Christus 3–22). Schon die älteste Jesusüberlieferung zeigt ihn als Weisheitslehrer, der wie die ersttestamentlichen Weisheitsbücher redet (vgl. nur die Weisheitsprüche Jesu in Mk 2,17b.19bc; 3,21.24.27; 4,22a.25). Vor allem das Lukasevangelium (vgl. nur Lk 7,31–35) zeichnet Jesus als Boten und als Personifikation der Weisheit, ganz im Horizont der schon beschriebenen »theologisierten Weisheit« (s. o. 2.3). Und selbst Paulus greift auf die *jüdische* Weisheitstheologie zurück, um seine Christologie von Jesus als Weisheit *Gottes* im Gegensatz zur Weisheit dieser Welt zu entfalten (vgl. 1 Kor 1–3). In der breiten Rezeption weisheitlichen Denkens zeigt sich, dass die Weisheit weder naiv noch in ihrer Skepsis dem christlichen Denken fremd ist. »Die Weisheitsliteratur ist durchaus kein Fremdkörper innerhalb des Alten Testaments oder der Bibel, sondern eine theologisch tragende Konzeption, die nicht nur für das antike Israel, sondern auch für die Ausgestaltung einer zeitgenössischen Theologie eine überragende Bedeutung hat« (*M. Saur*, Einführung 155).

Für *christliche Existenz* heute könnten die ersttestamentlichen Weisheitsüberlieferungen wichtige Anstöße und Hilfen geben: 1. Die Weisheit wurzelt in einem Grundvertrauen in Schöpfungs- und Weltwirklichkeit und will zu einem grundsätzlichen Ja zum Leben und zum »Genuss« des Lebens motivieren; dies tut sie nicht in blinder Weltverklärung, sondern in konkreter Auseinandersetzung mit der Alltagswirklichkeit. 2. Die Weisheit bemüht sich um eine Multiperspektivität von Welt- und Lebenswahrnehmung und appelliert an die eigene Einsicht, die eigenen Erfahrungen und das eigene Urteil des Individuums. Zugleich hat sie die Gemeinschaft im Blick und argumentiert (meist) mit einem Lebenskonzept, das auf die soziale und geschichtliche Interdependenz der Individuen achtet. 3. Die Weisheit sucht das allen Menschen Gemeinsame herauszustellen. Insofern hat sie als Geistesbeschäftigung ein interkulturelles Pathos; in ihrer menschen- und lebensbezogenen Ethik ist sie, geschichtlich gesehen, eine der Wurzeln der erst in der Neuzeit explizit formulierten Menschenrechte. 4. Die Weisheit regt zur eigenen theologischen Urteilsbildung an und fordert den Diskurs mit anderen – auch widerstreitenden – Positionen. Das »gezielte Nebeneinander von Perspektiven und Positionen (erscheint) geradezu als ein leitendes Prinzip der literarischen Produktion und theologischen Meinungsbildung« (*M. Saur*, Sapientia 248). In ihrer nüchternen, bisweilen skeptischen Art ist sie eine gute Korrektur gegen alle Formen religiöser Überhitzung.

II. Das Buch Ijob

(Ludger Schwienhorst-Schönberger, Wien)

Kommentare: F. Delitzsch (BC) ²1872; B. Duhm (KHC) 1897; G. Fohrer (KAT) 1963, ²1989; F. Horst, Hiob 1–19 (BK) 1968; H. H. Rowley (NCeB) 1970; M. H. Pope (AncB) ³1974; R. Gordis 1978; F. Hesse (ZBK) 1978; A. de Wilde (OTS) 1981; A. van Selms 1982, 1983; L. Alonso-Schökel/J. L. Sicre-Diaz (NBE) 1983; N. C. Habel (OTL) 1985; H. Groß (NEB) 1986; J. E. Hartley (NICOT) 1988; D. J. A. Clines (WBC) 1989/2006/2011; T. Mende (GSL. AT) 1993; J. Ebach 1996; C. A. Newsom (The New Interpreters Bible) 1996, 317–637; N. Whybray (NBC) 1998; H. Strauss, Hiob 19–42 (BK) 2000; F. Gradl (NSK) 2001; R. L. Alden (NAC) 2007; L. Schwienhorst-Schönberger, Ein Weg durch das Leid. Das Buch Ijob, Freiburg 2007, ²2010; C. L. Seow (Illuminations) 2013 (1–21).

Forschungsüberblicke: C. Kuhl, Neuere Literarkritik des Buches Hiob: ThR.NF 21, 1953, 163–205.267–317; H.-P. Müller, Das Hiobproblem. Seine Stellung und Entstehung im Alten Orient und im Alten Testament (EdF 84) Darmstadt ³1995; J. van Oorschot, Tendenzen der Hiobforschung: ThR 60, 1995, 351–388.

Einzelstudien: U. Berges, Der Ijobrahmen (Ijob 1,1–2,10; 42,7–17). Theologische Versuche angesichts unschuldigen Leidens: BZ 39, 1995, 225–245; W. A. M. Beuken (Hg.), The Book of Job (BEThL 114) Leuven 1994; J. E. Course, Speech and Response. A Rhetorical Analysis of the Introductions to the Speeches of the Book of Job (Chaps. 4–24) (CBQ.MS 25) Washington 1994; K. J. Dell, The Book of Job as Sceptical Literature (BZAW 197) Berlin 1991; J. Ebach, Art. Hiob/Hiobbuch: TRE 15, 1986, 360–380; K. Engljähringer, Theologie im Streitgespräch. Studien zur Dynamik der Dialoge des Buches Ijob (SBS 198) Stuttgart 2003; G. Fischer, Spuren des Schöpfers. Zur Rolle der Natur im Ijobbuch, in: I. Fischer/U. Rapp/J. Schiller (Hg.), Auf den Spuren der schriftgelehrten Weisen. FS J. Marböck (BZAW 331) Berlin 2003, 157–166; G. Fohrer, Studien zum Buche Hiob (BZAW 159) Berlin ²1983; G. Fuchs, Mythos und Hiobdichtung. Aufnahme und Umdeutung altorientalischer Vorstellungen, Stuttgart 1993; R. Gordis, The Book of God and Man. A Study of Job, Chicago/London 1965; R. Heckl, Hiob. Vom Gottesfürchtigen zum Repräsentanten Israels (FAT 70) Tübingen 2010; H. Irsigler, Ijobs letzte Hoffnung: 16,18–22 und 19,23–27 im Kontext der Ijobdichtung, in: O. Dyma/E. Jenni (Hg.), Sprachliche Tiefe – Theologische Weite (BThS 91) Neukirchen-Vluyn 2008, 143–191; O. Kaiser, Das Buch Hiob. Übersetzt und eingeleitet, Stuttgart 2006; O. Keel, Jahwes Entgegnung an Ijob. Eine Deutung von Ijob 38–41 vor dem Hintergrund der zeitgenössischen Bildkunst (FRLANT 121) Göttingen 1978; R. Kessler, »Ich weiß, dass mein Erlöser lebet.« Sozialgeschichtlicher Hintergrund und theologische Bedeutung der Löser-Vorstellung in Hiob 19,25: ZThK 89, 1992, 139–158; B. Klinger, Im und durch das Leiden lernen. Das Buch Ijob als Drama (BBB 155) Hamburg 2007; M. Köhlmoos, Das Auge Gottes. Textstrategie im Hiobbuch (FAT 25) Tübingen 1999; T. Krüger u. a. (Hg.), Das Buch Hiob und seine Interpretationen (AThANT 88) Zürich 2007; V. Kubina, Die Gottesreden im Buche Hiob. Ein Beitrag zur Diskussion um die Einheit von Hiob 38,1–42,6 (FThS 115) Freiburg 1979; G. Langenhorst, Hiob unser Zeitgenosse. Die literarische Hiob-Rezeption im 20. Jahrhundert als theologische Herausforderung (Theologie und Literatur 1) Mainz 1984; R. Laurin, The Theological Structure of Job: ZAW 84, 1972, 86–89; J. Lévêque, Job et son Dieu (2 Bde.) (EtB) Paris 1970; P. van der Lugt, Rhetorical criticism and the Poetry of the Book of Job (Oudtestamentische Studien 32) Leiden u. a. 1995;

V. Maag, Hiob. Wandlung und Verarbeitung des Problems in Novelle, Dialogdichtung und Spätfassung (FRLANT 128) Göttingen 1982; T. Mende, Durch Leiden zur Vollendung. Die Elihureden im Buch Ijob (Ijob 32–37) (TThSt 49) Trier 1990; H.-P. Müller, Theodizee? Anschlußerörterungen zum Buch Hiob: ZThK 89, 1992, 249–279; I. Müllner, Erkenntnis im Gespräch. Zur Bedeutung der (verbalen) Begegnung im Ijobbuch, in: I. Fischer/U. Rapp/J. Schiller (Hg.), Auf den Spuren der schriftgelehrten Weisen. FS J. Marböck (BZAW 331) Berlin 2003, 167–180; C. A. Newsom, The Book of Job as Polyphonic Text: JSOT 97, 2002, 87–108; M. Oeming/K. Schmid, Hiobs Weg: Stationen von Menschen im Leid (BThS 45) Neukirchen-Vluyn 2002; D. Opel, Hiobs Anspruch und Widerspruch. Die Herausforderungsreden Hiobs (Hi 29–31) im Kontext frühjüdischer Ethik (WMANT 127) Neukirchen-Vluyn 2010; U. Nõmmik, Die Freundesreden des ursprünglichen Hiobdialogs. Eine form- und traditionsgeschichtliche Studie (BZAW 410) Berlin/New York 2010; J. van Oorschot, Gott als Grenze. Eine literar- und redaktionsgeschichtliche Studie zu den Gottesreden des Hiobbuches (BZAW 170) Berlin 1987; L. G. Perdue/W. C. Gilpin (Hg.), The Voice from the Whirlwind. Interpreting the Book of Job, Nashville 1992; T. Pilger, Erziehung im Leiden. Komposition und Theologie der Elihureden in Hiob 32–37 (FAT 2/49) Tübingen 2010; K. Schmid, Hiob als biblisches und antikes Buch. Historische und intellektuelle Kontexte seiner Theologie (SBS 219) Stuttgart 2010; L. Schwienhorst-Schönberger/G. Steins, Zur Entstehung, Gestalt und Bedeutung der Ijob-Erzählung (Ijob 1f; 42): BZ 33, 1989, 1–24; L. Schwienhorst-Schönberger, Vom Glauben zum Schauen. Der Weg Ijobs, in: T. Pröpper/M. Raske/J. Werbick (Hg.), Mystik – Herausforderung und Inspiration. FS G. Fuchs, Ostfildern 2008, 150–159; T. Seidl (Hg.), Das Buch Ijob. Gesamtdeutungen – Einzeltexte – zentrale Themen (ÖBS 31), Frankfurt 2007; M. Treves, The Book of Job: ZAW 107, 1995, 261–272; J. Vermeylen, Job, ses amis et son Dieu (Studia Biblica 2) Leiden 1986; H.-M. Wahl, Der gerechte Schöpfer. Eine redaktionsgeschichtliche und theologiegeschichtliche Untersuchung der Elihureden – Hiob 32–37 (BZAW 207) Berlin 1993; C. Westermann, Der Aufbau des Buches Hiob (CTM 6) Stuttgart 1977; M. Witte, Vom Leiden zur Lehre. Der dritte Redegang (Hiob 21–27) und die Redaktionsgeschichte des Hiobbuches (BZAW 230) Berlin 1994; ders., Philologische Notizen zu Hiob 21–17 (BZAW 234) Berlin 1995; ders., Hiobs Gestalten. Interdisziplinäre Studien zum Bild Hiobs in Judentum und Christentum, Leipzig 2012; R. Zimmermann, Homo Sapiens Ignorans: Hiob 28 als Bestandteil der ursprünglichen Hiobdichtung: BN 74, 1994, 80–100.

1. Aufbau

Das Buch Ijob gliedert sich in drei Teile:

I	Prolog	1–2
II	Dialogteil	3,1–42,6
III	Epilog	42,7–17

→ Prolog und → Epilog sind in Prosa gehalten und bilden den Rahmen um den in Poesie verfassten Dialogteil.

1.1 Prolog 1–2

Der *Prolog* erzählt von einer zweifachen Bewährung Ijobs im Leid und einem sich daran anschließenden Besuch seiner drei Freunde. Er gliedert sich in eine → Exposition und fünf Szenen:

1,1–5 Exposition: Ijobs Frömmigkeit und Glück.	
1,6–12 *Erste Himmelsszene*: Der Satan erhält, nachdem er die Uneigennützigkeit der Frömmigkeit Ijobs in Zweifel gezogen hat, von JHWH die Erlaubnis, den gesamten Besitz Ijobs »anzutasten«.	2,1–7a *Zweite Himmelsszene*: Nachdem der Satan vor JHWH bezweifelt hat, dass Ijob an seiner Frömmigkeit festhält, wenn er von Krankheit getroffen wird, erhält er die Erlaubnis, ihn unter Verschonung seines Lebens zu »schlagen«.
1,13–22 *Erste Prüfung und Bewährung Ijobs*: In vier Schlägen verliert Ijob sein Vieh und seine Kinder, ohne sich gegen JHWH aufzulehnen.	2,7b–10 *Zweite Prüfung und Bewährung Ijobs*: Ijob wird mit Geschwüren geschlagen, hält aber trotz der Aufforderung seiner Frau, Gott zu verfluchen, an seiner Frömmigkeit fest.
2,11–13 Die drei Freunde Elifas von Teman, Bildad von Schuach und Zofar von Naama besuchen Ijob, um ihn zu trösten und ihre Teilnahme zu bekunden.	

1.2 Dialogteil 3,1–42,6

Im *Dialogteil* lassen sich die Reden Ijobs und der Freunde in drei Redegänge unterteilen:

3	Ijobs Monolog: Klage				
1. Redegang		**2. Redegang**		**3. Redegang**	
4–5	Elifas	15	Elifas	22	Elifas
6–7	Ijob	16–17	Ijob	23–24	Ijob
8	Bildad	18	Bildad	25	Bildad
9–10	Ijob	19	Ijob	26	Ijob
11	Zofar	20	Zofar	–	–
12–14	Ijob	21	Ijob	27–28	Ijob
29–31	Ijobs Monolog: Herausforderung Gottes				

32,1–6	Vorstellung Elihus
32,7–33,33	Erste Rede Elihus
34	Zweite Rede Elihus
35	Dritte Rede Elihus
36–37	Vierte Rede Elihus
38–40,2	Erste Rede JHWHs
40,3–5	Erste Antwort Ijobs
40,6–41,26	Zweite Rede JHWHs
42,1–6	Zweite Antwort Ijobs

Umstritten ist, ob die erste Rede Ijobs (3) den ersten Redegang eröffnet oder als Monolog für sich steht. Da in Ijob 3 keinerlei Bezug auf die anwesenden Freunde genommen wird, ist letzteres anzunehmen. So bilden Ijob 3 und 29–31 einen Rahmen um die drei Redegänge zwischen Ijob und seinen Freunden. Inhaltlich weist die Abschlussrede Ijobs (29–31) nach vorn. Ijob fordert Gott zu einer Antwort heraus (31,35). Doch zunächst folgen vier Reden des vierten, bisher nicht genannten Freundes, Elihu (32–37).

Erst in 38–41 antwortet JHWH dem Ijob aus dem Wettersturm. Lässt man 40,1 zunächst außer Acht, dann erfolgt die Antwort JHWHs in zwei großen Reden (38–39; 40,6–41,26), denen sich jeweils eine kurze Antwort Ijobs anschließt (40,3–5; 42,1–6).

1.3 Epilog 42,7–17

Der *Epilog* gliedert sich in zwei Szenen:

42,7–9	JHWHs Urteil über die drei Freunde
42,10–17	Ijobs Wiederherstellung

1.4 Der Gedankengang im Dialogteil

(1) Entgegen einer verbreiteten Meinung, die Reden des Dialogteils würden sich im Kreise drehen und dementsprechend keinerlei Gedankenfortschritt erkennen lassen, wird hier die Ansicht vertreten, dass sich trotz mehrfach wiederholender Motive und gleichbleibender Argumentationsmuster in der Abfolge der einzelnen Redegänge ein »Gedankenfortschritt« erkennen lässt. Die in der Abfolge der Reden erkennbare Gesamtbewegung lässt sich beschreiben als ein Prozess zunehmender Entfremdung zwischen Ijob und seinen Freunden und einer im Ausdruck von Klage und Hoffnung stärker werdenden Hinwendung Ijobs zu Gott, den er zunächst als Richter (9,33–35), dann als Zeuge (16,19–21) und schließlich als Löser (*go'ēl*: 19,25) anruft und den er schließlich zu einer Antwort herausfordert.

In den drei Reden des *ersten Redegangs (4–14)* schreitet Ijob vom Vorwurf gegen Gott (7,20) über die Anklage Gottes (9,14–35) hin zur Aufforderung Gottes, seine Unschuld anzuerkennen (13,23). In den Reden der Freunde lässt sich ebenfalls eine Steigerung beobachten. *Elifas* erklärt Ijobs Leid aus der kreatürlichen Schwäche des Menschen (4,17–21), er appelliert an seine Gottesfurcht (4,6) und legt ihm nahe, sein Anliegen vor Gott zu bringen (5,8). Ijob weist das Ansinnen zurück mit dem Hinweis, dass sich Gott selbst, den er in 7,14–21 erstmals direkt anredet, gegen ihn gestellt habe (6,4). Er wünscht sich, von Gott gänzlich vernichtet zu werden (6,9f) und bringt erstmals seine Enttäuschung über die Freunde zum Ausdruck (6,14–30). Daraufhin schlägt *Bildad* einen schärferen Ton an (8,2). Er stellt sich auf den Standpunkt des zweiseitigen Vergeltungsglaubens (8,20). Ausgehend von dem Grundsatz, dass Gott das Recht nicht beugt (8,3), vermutet er, dass Ijob gesündigt habe und deshalb leiden müsse (8,4.6). Würde er sich demutsvoll an Gott wenden, könne er mit seiner Wiederherstellung rechnen (8,5–7). In der Entgegnung beteuert Ijob seine Unschuld (9,21; 10,7), bezichtigt Gott des Rechtsbruchs (9,22f) und stellt die Behauptung auf, Gott würde wie ein Frevler über die Erde herrschen (9,24). Daraufhin greift *Zofar* ihn heftig an (11,1–6). Er belehrt Ijob, dass er Gottes unergründliches Walten nicht durchschauen könne (11,7–10). Eine Wende sei nur zu erhoffen, wenn er das Böse aus seiner Mitte entferne und sich von neuem Gott zuwende (11,13–19). Ijob lehnt die Reden der Freunde scharf ab (12,2–6; 13,1–12), fordert Gott zum Rechtsstreit heraus (13,3.13–28) und bringt in einer abschließenden Klage über das zu Leid und Tod bestimmte Leben des Menschen seine Hoffnungslosigkeit zum Ausdruck (14; vgl. 3).

Die *Reden Ijobs* (16–17; 19; 21) innerhalb des *zweiten Redegangs (15–21)* sind durch die zunehmend stärker werdende Herausforderung Gottes geprägt. Ijob weist die »windigen« Reden der Freunde zurück (16,2–5; 19,2–5), beteuert erneut seine Unschuld (16,17) und ruft »Gott gegen Gott« um Hilfe und Erbarmen an: den Gott, der den zu Unrecht Verfolgten Recht verschafft (16,19–21; 19,23–27), gegen den Gott (»Feindgott«, vgl. 13,24; 33,10), der ihn zu Unrecht verfolgt (16,6–14; 19,6–11.21f). Im Gegenzug sprechen die *Freunde* immer deutlicher den Verdacht aus, Ijob selbst sei ein Frevler (15,4–6), indem sie in ausmalenden Bildern das Unglück beschreiben, das den Frevler trifft (15,17–35; 18,5–21; 20,4–29). Ijob dagegen weist im Stil der Parodie (21,7–21) darauf hin, dass nicht die Unschuldigen, sondern die Frevler im Glück leben. Daran zeige sich, dass er, Ijob, der Unglückliche, kein Frevler, sondern ein Gerechter sei.

Im *dritten Redegang (22–28)* beschuldigt *Elifas* Ijob erstmals offen, schwere Verbrechen begangen zu haben, erklärt sein Leid als Strafe für diese Schuld (22,2–11) und fordert ihn zur Umkehr auf (22,21–30). Ijob dagegen beteuert erneut seine Unschuld (23,10–12; 27,2–6) und beklagt die Abwesenheit Gottes (23,8–9), der ihn, würde er ihn richten, für gerecht befinden würde (23,10).

(2) Eine in der Komposition zentrale Stellung nimmt das sehr wahrscheinlich sekundär eingefügte *Lied über die Weisheit (28)* ein, indem es mit seinem (möglicherweise sekundären) Schlussvers (V. 28: »Die Furcht JHWHs, das ist Weisheit, und das Meiden des Bösen ist Einsicht«) auf den Anfang des Buches (1,1b) verweist und mit seiner theologischen Neubestimmung der Weisheit als einer dem Menschen verborgenen, allein Gott zugänglichen Größe auf die Gottesreden vorausblickt. Weisheit wird hier als skeptische Weisheit konzipiert, die vom Menschen nicht »gefunden«, wohl jedoch in Gestalt der Gottesfurcht gelebt werden kann. Mit dem Rückbezug von 28,28 auf 1,1b deklariert Ijob selbst am Ende der Auseinandersetzung mit den Freunden seine anfängliche (1,1b) und nie aufgegebene Haltung der Gottesfurcht (1,22; 2,10; 27,2–6) als (die wahre Form von) Weisheit. Damit nimmt er jene Haltung vorweg, die er am Ende der Gottesreden einnimmt. So vermittelt das Lied über die Weisheit »Ijob den Dulder« aus dem → Prolog mit »Ijob dem Rebellen« aus dem Dialog. Zugleich eröffnet das Lied über die Weisheit im Hinblick auf die folgenden Gottesreden ein offenbarungstheologisches Verständnis von Weisheit: Weisheit kann nicht vom Menschen gefunden, sondern nur als eine von Gott geoffenbarte empfangen werden.

(3) In der großen *Abschlussrede (29–31)* stellt Ijob zunächst seine glückliche Vergangenheit (29) der leidvollen Gegenwart entgegen (30). Anschließend beteuert er erneut vor Gott seine Unschuld (31,1–34) und fordert ihn zu einer Antwort heraus (31,35–40). Doch bevor JHWH antwortet, ergreift ein vierter Freund das Wort: Elihu.

(4) In den *Elihureden (32–37)* werden sowohl die Freunde als auch Ijob getadelt. Die Freunde werden getadelt, weil es ihnen nicht gelungen ist, Ijob zu überzeugen (32,1–22). Mit der Position Ijobs setzt sich Elihu sehr differenziert auseinander, indem er seine Aussagen aufgreift (33,8–11.13; 34,5f.9; 35,3) und Punkt für Punkt zurückweist.

Den Vorwurf Ijobs, Gott würde schweigen, widerlegt Elihu in seiner *ersten Rede* (32,7–33,33): Gott spricht oft zu den Menschen, doch diese achten nicht darauf (33,14–22). Das Leid ist eine Form göttlicher Mahnung mit dem Ziel, den Menschen vom verkehrten Lebenswandel abzuhalten, um sein Leben vor dem Tod zu retten (33,19.29f).

In der *zweiten Rede (34)* weist Elihu die Behauptung Ijobs zurück, Gott hätte ihm sein Recht entzogen. Gegen den Vorwurf, Gott würde nicht zugunsten der Unterdrückten eintreten, weist Elihu in der *dritten Rede (35)* darauf hin, dass Gott in seiner unendlichen Souveränität selbst den Zeitpunkt seines Eingreifens bestimmen werde. In der *vierten Rede (36–37)* legt Elihu noch einmal dar, dass Leid eine Prüfung ist (36,21) und ein Modus göttlichen Rettungshandelns (36,15). Er warnt Ijob, sich dem Bösen zuzuwenden (36,21). Er verweist auf das unerforschliche Geheimnis Gottes (37,23), angesichts dessen die dem Menschen allein angemessene Haltung die der Gottesfurcht ist (37,24).

Im Vergleich mit den drei Freunden fällt auf, dass Elihu stärker nach dem Zweck als nach dem Grund des Leids fragt, wenngleich dieser Aspekt auch den drei Freunden nicht unbekannt ist (5,17f). Die Elihureden führen, besonders in ihrem Schlussteil (36,22–37,24), auf die Gottesreden hin, indem sie die Größe und das Geheimnis Gottes und seines Handelns in besonderer Weise herausstellen. Sie stellen den Versuch dar, das Ijobproblem von der traditionellen Weisheit her unter Anerkennung der ihr durch die Gottesreden gesetzten Grenzen zu lösen.

2. Entstehung

2.1 Altorientalische Paralleltexte

Aus einer Reihe altorientalischer Paralleltexte wird ersichtlich, dass das Ijobbuch kein genuin israelitisches, sondern ein gemeinorientalisches Thema behandelt. Aus der Zeit vom 3. Jt. bis zum 5. Jh. v. Chr. sind uns Texte überliefert, die in unterschiedlicher Form und thematischer Ausrichtung das »Ijobproblem« behandeln. Es ist nicht auszuschließen, dass u. a. über kanaanäische Vermittlung den Verfassern des Ijobbuches solche oder ähnliche Texte bekannt waren. Die Charakterisierung Ijobs als Nichtisraelit (aus dem Lande Uz im Osten: 1,1.3) könnte Reflex oder sogar gezielter Hinweis darauf sein. Die u. a. durch den Rückgriff auf außerisraelitische Verhältnisse (Nilpferd bzw. Flusspferd, Krokodil) in Erscheinung tretende Gelehrsamkeit des Autors (der Autoren) weist in die gleiche Richtung.

Als Parallelen zu Ijob werden u. a. folgende Texte genannt (weitere Texthinweise bei *H.-P. Müller*, Das Hiobproblem 49–57.69–72; ferner *C. Uehlinger*, in: *T. Krüger u.a.*, Buch Hiob 97–163):

(1) »*Mensch und Gott*« oder der »*Sumerische Ijob*« (ca. 2000 v. Chr.) (ANET 589–591; RGT 164f): Der Text beginnt mit einer Aufforderung zum Gotteslob. Ein namentlich nicht genannter Mann beklagt sein schweres Leid, bittet um Errettung, wird erhört und preist abschließend seinen Gott. Als Grund für das Leid wird u. a. auf die mit der menschlichen Natur als solcher gegebenen (»von Geburt an«) Sündhaftigkeit aller Menschen verwiesen (Z. 101–103; vgl. Ijob 4,17–21; 9,2; 15,14–16; 25,4–6).

(2) *Ludlul bel nemeqi* (»*Ich will preisen den Herrn der Weisheit*«), bekannt auch unter der Bezeichnung »*Babylonischer Ijob*« (ca. 12. Jh. v. Chr.) (ANET 596–601; RGT 160–163): Der Text beginnt mit einem Lobpreis Marduks, des »Herrn der Weisheit«. Der Dichter erzählt, wie Gott ihn ohne Grund verlassen habe, all seine Verwandten und

Bekannten sich von ihm abgewandt haben (vgl. Ijob 19,13–22; 29–31), er aber schließlich – durch Träume im Voraus angekündigt – durch Marduk Rettung aus seiner Not erfährt.

(3) »*Gespräch eines Leidenden mit seinem frommen Freund*«, bekannt unter den Bezeichnungen »*Babylonische Theodizee*« und »*Babylonischer Kohelet*« (ca. 1000–800 v. Chr.) (ANET 601–604; RGT 157–160): Neben einer Reihe von Motiven ergibt sich als eine Entsprechung zum Ijobbuch vor allem die Form des Dialogs. Ein leidender Gerechter beklagt die Ungerechtigkeit der Welt, während sein Freund im Gegenzug – vergleichbar den Freunden Ijobs – auf die dem Menschen unzugängliche, gottgewollte Ordnung (Z. 256; vgl. Ijob 11,7–9) der Welt verweist und den Leidenden auffordert, sich demutsvoll an Gott zu wenden.

(4) Aus der *ägyptischen Literatur* wird auf die *Gattung des weisheitlichen Streitgespräches* (Papyrus Anastasi I, Ende des 13. Jh.s v. Chr.) (ANET 475–479) verwiesen, ferner auf die sog. Auseinandersetzungsliteratur nach dem Zusammenbruch des Alten Reiches am Ende des 3. Jt.s: die *Klage des Bauern* (ANET 407–410), *das Gespräch des Lebensmüden mit seiner Seele* (ANET 405–407), *die Mahnworte des Ipu-Wer* (ANET 441–444).

(5) Aus der *griechischen Literatur* verweist man auf die Auseinandersetzung mit dem menschlichen Leid bei den Tragikern, so u. a. auf den *Prometheus* und die *Perser* des *Aischylos* (525–456 v. Chr.), ferner auf die Dramen des *Euripides* (ca. 480–406 v. Chr.) (vgl. *M. Hadas*, Hellenistische Kultur, Wien 1981, 157–165; *B. Klinger*).

(6) Die strukturell und thematisch engste Parallele zum Ijobbuch findet *M. Treves* in *Boethius*' (480–524 n. Chr.) *De consolatione philosophiae*. Literarisches Vorbild beider Werke sind wahrscheinlich die Dialoge des Kynikers *Menippos von Gadara* (4./3. Jh. v. Chr.) (*M. Treves*, The Book of Job 262–266).

2.2 Vorliterarische Gestalt

Ähnlich der Vorgehensweise griechischer Tragiker oder neuzeitlicher Dichter (z. B. *Goethe*, Faust) dürfte der Verfasser der ältesten Form der Ijoberzählung bei der Bearbeitung seines Themas eine volkstümliche Sage aufgegriffen haben. Der älteste Hinweis darauf findet sich in Ez 14,12–23. Zusammen mit Noach und Daniel wird Ijob hier als ein Gerechter angesehen. Der Kontext und die Nennung der Personen Noach und Daniel (gemeint ist die Tradition des »ugaritischen« Daniel) machen es wahrscheinlich, dass die älteste, literarisch nicht mehr fassbare Gestalt der Erzählung so ausgesehen haben könnte, dass Ijob aufgrund seiner möglicherweise im Leid bewährten Frömmigkeit seine Kinder vor dem Tod retten (wie Noach) oder aus der Unterwelt wieder heraufholen konnte (wie Daniel) (so *R. Gordis* 69 mit Hinweis auf Gen 22).

2.3 Literarische Wachstumsgeschichte

2.31 Literarkritisch orientiertes Basismodell

Bei einer literarkritisch orientierten Analyse des Ijobbuches wird – trotz zahlreicher Abweichungen im Detail – in der Forschung im Allgemeinen mit folgendem Wachstumsprozess gerechnet: Der älteste Kern liegt im Grundbestand der Rahmenerzählung vor (1–2; 42,7–17). Die erste umfangreiche Erweiterung geschah durch Einfügung des Dialogteils (3–27; 29–31; 38–42,6). Die Elihureden (32–37) wurden noch einmal später hinzugefügt.

Neuerdings wird jedoch auch damit gerechnet, dass der Dialogteil ursprünglich ohne eine rahmende Erzählung existierte (so u. a. *J. van Oorschot*, in: *T. Krüger u.a.*, Buch Hiob 165–184; *R. Heckel*, 373–376; kritisch dazu *K. Schmid* 13f).

Folgende Beobachtungen deuten darauf hin, dass das Buch eine literarische Wachstumsgeschichte durchlaufen hat:

(1) Spannungen zwischen *Rahmenerzählung und Dialogteil:*

Stilistisch: 1. Die Rahmenerzählung ist – abgesehen von 1,21 – in Prosa verfasst, der Dialogteil dagegen – abgesehen von 32,1–6 – in Poesie. 2. In der Rahmenerzählung wird der Gottesname »JHWH« 23x verwendet, die Gottesbezeichnung »Elohim« 11x. Im weitaus umfangreicheren Dialogteil dagegen begegnet »JHWH« nur 6x: in 12,9b als Zitat von Jes 41,20aβ, ferner als Redeeinleitung der Gottesreden (38,1; 40,1.6) und der Antworten Ijobs (40,3; 42,1). Weiterhin findet sich im Dialogteil 1x »Adonaj« (28,28), dagegen 45x »El«, 41x »Eloah«, 31x »Schaddaj«, 6x »Elohim«.

Sozialgeschichtlich: Der Ijob der Rahmenerzählung wird gezeichnet als patriarchalischer Nomadenscheich (1,3; 42,12), der Ijob des Dialogteils dagegen als sozial hochstehender Städter (29).

Theologisch: Der Ijob der Rahmenerzählung nimmt sein Leid gottergeben an (»der Dulder«), der Ijob des Dialogteils lehnt sich auf und fordert Gott zu einer rechtfertigenden Antwort heraus (»der Rebell«).

(2) Für die These, dass die *Elihureden* innerhalb des Dialogteils literarisch sekundär sind, werden neben sprachlichen und stilistischen Beobachtungen vor allem zwei Argumente angeführt: 1. Elihu wird im Unterschied zu den drei anderen Freunden Ijobs in der Rahmenerzählung nicht erwähnt. 2. Die Elihureden unterbrechen den Zusammenhang zwischen Ijobs Ruf zu Gott (31,35) und Gottes Antwort (38,1). *T. Mende* arbeitet innerhalb der Elihureden eine Grundschicht, drei Bearbeitungsschichten und einige nicht näher zuzuordnende → Glossen heraus. Sie findet darin den Schlüssel zur redaktionsgeschichtlichen Rekonstruktion des gesamten Ijobbuches. Ob man einem poetischen Werk mit einem derart engen Kohärenzverständnis gerecht wird, ist fraglich. *H.-M. Wahl* hält die Elihureden für einheitlich. Falls die Reden später hinzugefügt wurden, ist zu fragen, ob sie die Gesamtaussage des Buches im Sinne der Orthodoxie korrigieren wollen oder ob in ihnen – analog der Position der drei Freunde – eine Theologie zitiert wird, die im Kontext des Buches als unzulänglich dargestellt werden soll.

Es gibt allerdings auch eine Reihe von Argumenten, die dafür sprechen, dass die Elihureden originärer Bestandteil des Dialogteils sind (*N. C. Habel*) oder von demselben Verfasser in einer späteren Phase seines Schaffens hinzugefügt wurden (*R. Gordis* 104–116). Elihu würde dann als Kritiker der Freunde und Ijobs gleichermaßen einerseits auf die Theologie der Gottesreden hinführen, indem er vor allem den Geheimnischarakter Gottes und seines Handelns betont, sie andererseits aber durch den Gedanken der pädagogischen Funktion des Leids ergänzen. Im Unterschied zu den Reden der Freunde werden die Reden Elihus in 42,7–10 weder verworfen noch bestätigt. Ob sie nun originärer Bestandteil des Buches sind oder sekundär hinzugefügt wurden, in jedem Fall nehmen sie für das Gesamtverständnis des Buches eine zentrale Stellung ein. Das häufig anzutreffende Urteil, sie seien eine höchst überflüssige Wiederholung dessen, was die Freunde bereits gesagt haben, wird ihrer Stellung und Funktion im Ijobbuch nicht gerecht.

2.32 Weitere literarkritische Differenzierungen

Ausgehend von dem hier skizzierten entstehungsgeschichtlichen Basismodell werden oft weitere *literarkritische Differenzierungen* vorgenommen.

(1) In der *Rahmenerzählung* wird im Allgemeinen mit einem zwei- bis dreiphasigen Wachstumsprozess gerechnet. Zwar gibt es noch keinen Konsens, doch geht die Tendenz der Forschung dahin, die beiden Himmelsszenen als literarisch sekundär anzusehen (*L. Schwienhorst-Schönberger/G. Steins*).

(2) Innerhalb des *Dialogteils* weist der dritte Redegang (22–28) im Vergleich zu den beiden vorangehenden einige Unregelmäßigkeiten auf. Die Rede *Bildads* (25,1–6) ist im Vergleich zu allen vorangehenden Reden sehr kurz. Ferner kommt *Zofar* nicht mehr zu Wort. Man könnte darin eine ursprüngliche Aussageabsicht vermuten, und zwar dergestalt, dass bereits auf formaler Ebene angezeigt werden soll, dass den Freunden am Ende der Auseinandersetzung mit Ijob die Worte ausgegangen sind. Eine solche Bloßstellung entspräche der Zurückweisung ihrer Reden durch Elihu (32,1.3.7–19) und JHWH (42,7–10). Nun gibt es aber einige Beobachtungen, die darauf hindeuten, dass dies wahrscheinlich nicht die ursprüngliche Aussageabsicht des Ijob-Dichters war. Es folgen nämlich im vorliegenden Text drei Reden Ijobs unmittelbar aufeinander, zweimal mit der von den übrigen Redeeinleitungen abweichenden Formulierung »dann setzte Ijob seine Rede fort und sprach«:

26,1:	»Da antwortete Ijob und sprach:«
27,1:	»Dann setzte Ijob seine Rede fort und sprach:«
28:	*Lied der Weisheit*
29,1:	»Dann setzte Ijob seine Rede fort und sprach:«

Auch inhaltliche Gründe deuten darauf hin, dass der dritte Redegang gestört ist. Es gibt zahlreiche Versuche, die ursprüngliche Form des dritten Redegangs zu rekonstruieren (vgl. *M. Witte*). Was Ijob in 27,13–23 sagt, passt nicht zu dem, was er sonst gesagt hat, wohl jedoch zur Theologie der Freunde. Zwar gehört das *Lied der Weisheit (28)* formal zu der in 27,1 einsetzenden Rede Ijobs. Inhaltliche und formale Gründe sprechen aber dafür, das Lied als spätere Ergänzung anzusehen. Der Ergänzer fügte es in die Rede Ijobs ein, die er mit 29,1 wieder aufnahm. Gleichzeitig wird damit die Abschlussrede Ijobs (29–31) auf die Gottesreden hin ausgerichtet.

Innerhalb der Redegänge werden oft darüber hinausgehende literarkritische und redaktionsgeschichtliche Operationen vorgenommen. *M. Witte* rechnet mit einer auf den ursprünglichen Dichter zurückgehenden Grundschicht, einer ersten Erweiterung durch die Elihureden und drei weiteren Redaktionen (Niedrigkeits-, Majestäts- und

Gerechtigkeitsredaktion) sowie einigen nicht eindeutig zuzuordnenden → Glossen. Einige der Spannungen lassen sich aber auch so erklären, dass man mit ironisierender Zitation rechnet: Ijob zitiert ironisch – allerdings ohne entsprechende Zitateinleitung – die zuvor geäußerten Ansichten seiner Freunde und weist sie auf diese Weise oder anschließend explizit zurück, so z. B. in 12,7–25; 24; 27,7–13 (*R. Gordis* 81–85.98).

(3) Die zahlreichen literarkritischen Analysen der *Gottesreden* lassen sich nach *J. van Oorschot* auf fünf Modelle reduzieren:

(1) Die Gottesreden gehören nicht zum ursprünglichen Bestand der Ijobdichtung. Das Buch schloss ursprünglich mit den Herausforderungsreden Ijobs (29–31) oder mit einer wortlosen Theophanie (vgl. 38,1), der sich eine kurze Reaktion Ijobs (42,5f) anschloss (*F. Hesse*).

(2) Die Gottesreden und die beiden Antworten Ijobs sind einheitlich und gehören zum ursprünglichen Bestand der Ijobdichtung (*V. Kubina*).

(3) Die Gottesreden und die beiden Antworten Ijobs sind – abgesehen von 40,1 (→ Dittographie [Verdoppelung] und Verschreibung von 40,3) – einheitlich (38,1–39,30; 40,2+40,3–5 und 40,6–41,28+ 42,1–6) und gehören zum ursprünglichen Bestand der Ijobdichtung (*F. Stier, R. Gordis, O. Keel*).

(4) Die ursprünglich selbständige Dichtung schloss mit *einer* Gottesrede in 38,1*.2–39,2.5.19.26f. Eine Sekundär-Rezension A habe die Gottesrede gestrichen, eine Sekundär-Rezension B habe sie durch 40,6–14 ersetzt, eine Sekundär-Rezension C habe diese wiederum durch die Elihureden ersetzt, und erst die Endredaktion habe aus den vier umlaufenden Rezensionen den jetzigen MT erstellt (*V. Maag*).

(5) Die ursprüngliche Gottesrede bestand aus 38,1–39,30; 40,15–41,3; 40,2.8–14; ihr schloss sich eine Antwort Ijobs in 40,3–5; 42,2.3b.5f an (*K. Budde*).

Ein echtes Kohärenzproblem stellt im Grunde nur die Redeeinleitung von 40,1 dar. Man kann hierbei entweder von 40,3 her mit einer später korrigierten Dittographie rechnen oder mit der Stilfigur der *inclusio* (38,1/40,3), mit der das Ende der ersten Gottesrede angezeigt werden soll (anders *J. van Oorschot*). Nach *O. Keel* gehen die beiden Gottesreden auf zwei verschiedene Vorwürfe ein: Die erste Gottesrede geht auf den besonders in Ijob 3 erhobenen Vorwurf ein, die Erde sei ein Chaos, indem sie unter Hinweis auf den Schöpfergott (38,4–38) und mit Hilfe des Bildes vom »Herrn der Tiere« (38,39–39,30) die trotz des Vorhandenseins chaotischer Mächte bestehende Ordnung der Welt aufzeigt. Die zweite Gottesrede geht auf den besonders in 9,24 erhobenen Vorwurf ein, die Erde sei der Gewalt eines Verbrechers ausgeliefert, indem sie unter Hinweis auf den von JHWH immer wieder neu geführten Kampf gegen die Frevler (40,9–14) und die das Böse verkörpernden Gestalten von Behemot-Nilpferd und Leviatan-Krokodil (40,15–41,26) die Gerechtigkeit JHWHs aufzeigt.

(4) In der Abfolge der beiden *Antworten Ijobs* zeigt sich eine Entwicklung. In der ersten Antwort (40,3–5) bekundet er, nicht mehr so weiterreden zu wollen wie bisher. »Das Erfahrene, Gehörte und Gesehene reicht aus, sich auf eine neue Situation einzulassen und die bisherige Rolle des Anklägers vorerst auszusetzen« (*K. Engljähringer* 181). In der zweiten Antwort (42,1–6) geht Ijob einen Schritt weiter, indem er das, was er bisher gesagt hat, widerruft. »Vor dem Hintergrund neuer Erfahrung sieht Ijob sein Rechten mit Gott in einem anderen Licht« (*K. Engljähringer* 183).

2.4 Geschichtlicher Kontext

(1) Eine vorexilische Entstehung der Grundschicht der *Ijob-Erzählung* (*1,1–21; *42,12–17) ist möglich. Wahrscheinlicher aber ist eine frühnachexilische Entstehung derselben. Der »Held« der Erzählung ist ein Nichtisraelit. Eine solche theologische Weite fügt sich in ihrer implizit universal-monotheistischen Tendenz gut in Strömungen exilisch-nachexilischer Theologie ein, wie sie sich u. a. in den Büchern Jona, Rut und Daniel zeigt. In die frühnachexilische Zeit weist auch die durch die Himmelsszenen erweiterte Form der Erzählung, da hier »Satan« (Ankläger) – ähnlich wie in Sach 3,1f – ein dem Menschen feindlich gesinntes Himmelswesen bezeichnet, aber noch nicht wie in 1 Chr 21,1 als Eigenname gebraucht wird.

(2) Die *Ijobdichtung* problematisiert und reflektiert in einer literarisch und sprachlich höchst kunstvollen Form die traditionelle weisheitliche Anschauung vom Tun-Ergehen-Zusammenhang und dürfte demnach nicht zu den frühen Werken jüdischer Weisheitsliteratur zu rechnen sein. Die kritische Auseinandersetzung mit einer traditionellen weisheitlichen Theologie weist in die zeitliche Nähe Kohelets. Die Gleichsetzung von Weisheit und Gottesfurcht in dem möglicherweise spät hinzugefügten Vers 28,28 (vgl. 37,24) streift ein Thema, das in der Endredaktion des Sprüchebuches durchschlägt, von Kohelet am Rande und von Jesus Sirach ausführlich behandelt wird.

Als weitere Argumente für eine Datierung in die nachexilische Zeit werden genannt: 1. die stark mit Aramaismen durchsetzte Sprache; 2. Ijob 12,9b ist sehr wahrscheinlich Zitat von Jes 41,20aβ; 3. Ijob 14,7–22 weist die möglicherweise neu aufgekommene Ansicht von einem Fortleben des Menschen nach dem Tode zurück und nimmt damit in dieser Frage die gleiche »protosadduzäische« Haltung ein wie Kohelet (3,16–22; 9,5–6.10); 4. der Autor war wahrscheinlich mit griechischer Literatur und hellenistischer Kultur (vgl. 9,9.25) vertraut (*M. Treves, B. Klinger*).

(3) Den wohl kompliziertesten (und wenig plausiblen) Versuch einer geschichtlichen Verortung der einzelnen Wachstumsschichten hat *T. Mende* vorgelegt. Sie unterscheidet – abgesehen von einzelnen → Glossen – insgesamt sechs literarische Schichten, in denen sich in der unterschiedlichen Profilierung der Ijobgestalt die Leiderfahrung Israels in einer je neuen geschichtlichen Situation artikulieren soll.

Terminus post quem non ist das Ende des 2. Jh.s v. Chr., da Aristeas das Buch einschließlich der Elihureden voraussetzt (JSHRZ III/2, 296f). Sir 49,9 ist kein sicherer Hinweis auf die Existenz des Ijobbuches, da sich der Text möglicherweise nur auf Ez 14,14.20 bezieht. So wird man die Entstehung des Ijobbuches am ehesten in die Zeit des 5.–2. Jh.s v. Chr. ansetzen.

3. Theologie

Es wird kaum möglich sein, die Theologie des Ijobbuches auf *ein* Thema hin zusammenzufassen. Die beiden in diesem Zusammenhang am häufigsten vorgenommenen Bestimmungen, im Buch gehe es 1. um die Frage nach dem rechten Verhalten des Menschen im Leid und 2. um die Frage nach Ursache und Zweck des Leids, erweisen sich für die Darstellung der theologischen Schwerpunkte als hilfreich.

3.1 Das rechte Verhalten im Leid

(1) *Die Rahmenerzählung* sieht in der *gottergebenen Annahme des Leids* durch Ijob die rechte menschliche Haltung im Leid verwirklicht. Aus Ijobs Mund geht kein Wort des Haders und der Klage hervor (1,22). Er nimmt das Leid ohne Frage nach einem Warum und Wozu von Gott an (1,21a). Im tiefsten Unglück vollzieht er den von der Tradition gebotenen Ritus der Trauer (1,20) und spricht einen Lobpreis JHWHs (1,21b). Das traditionelle jüdische und christliche Verständnis des Ijob-Buches haftet vor allem an der Rahmenerzählung, in der Ijob als der fromme Dulder dem Leser als *persona imitabilis* vor Augen gestellt wird.

(2) Im *Dialogteil* wird diese Lösung problematisiert. Er beginnt mit einer großen *Klage Ijobs* (3), die sich bis zur *Anklage Gottes* (9,14–35) hin steigert. Elifas fordert Ijob unter Rückgriff auf die weisheitliche Tradition auf, seine Klage einzustellen (5,1–2; vgl. Spr 29,11). Elifas scheint damit Ijob die Annahme der in der Rahmenerzählung angezielten Lösung des Problems zu empfehlen. Ijob weigert sich, die Haltung des gottergebenen Dulders einzunehmen (6,1–13; 7,11; 10,1). Da der → Epilog die »Gottesrede« Ijobs als »recht« bezeichnet und diejenige der Freunde verwirft (42,7f), scheint die *Klage im Leid* vom Ijob-Dichter als eine menschlich legitime Haltung anerkannt zu werden.

(3) In den *Gottesreden* wird Ijob insofern zurechtgewiesen, als er in seinen Klagen den Vorwurf erhoben hat, die Erde sei ein Chaos (3; 21,7–11) und in die Hand eines Verbrechers (9,24) gegeben. Damit überschreitet er seine individuelle menschliche Erfahrung und erhebt einen quasi göttlichen Anspruch. In den Gottesreden wird Ijob (rhetorisch) gefragt, ob er wirklich die Rolle des Schöpfergottes je eingenommen habe oder je werde einnehmen können (40,9–14). Er wird gefragt, ob er beim Urakt der Schöpfung (*creatio prima*) dabei gewesen sei und die Gesetze ihrer Erhaltung (*creatio continua*) kenne. Durch die göttliche Rede zurechtgewiesen, gesteht er ein, dass er im Unverstand über Dinge geredet habe, die zu hoch und zu wunderbar für ihn sind (42,3.6). Er findet durch die Klage hindurch in der Begegnung mit JHWH (42,5) zu jener Haltung schweigender Annahme zurück (40,4f), die bereits im → Prolog als vorbildhaft dargestellt wurde. So stehen sich Ijob, der »Dulder«, und Ijob, der »Rebell«, näher als es zunächst den Anschein hat: »Mit 42,6 kommt die Gestalt Ijobs, wie sie der Redeteil profiliert, genau dort an, wo der Ijob der Rahmenerzählung zu finden ist: Er ist mit Gott und mit seiner schrecklichen Lage versöhnt« (*K. Engljähringer* 195).

(4) Die Frage nach dem rechten Verhalten im Leid wird im Buch Ijob aber nicht nur an der Figur des Protagonisten thematisiert, sondern auch am Verhalten seiner *Freunde.* Sie sind Vertreter einer weisheitlichen Theologie, die sich auf einen relativ breiten Konsens alttestamentlicher Traditionen stützen kann. Doch in der konkreten Situation des leidenden Ijob versagen sie, weil ihre »Gotteslehre« eine Rede *über* Gott bleibt und nicht im solidarischen Mit-Leiden zu einer klagend, fragend und bittend *an* Gott gerichteten »Rede« wird. So »verstellen« sie gerade das Antlitz dessen, den sie in ihrer Theologie gegenüber den Anklagen Ijobs so eifrig zu verteidigen suchen. »Ijob ist der einzige der vier Männer, der eine Lösung in der persönlichen Hinwendung zu Gott, im Reden zu und mit ihm sucht. Darin übersteigt seine Weisheit diejenige seiner Freunde bei weitem« (*K. Engljähringer* 194f).

3.2 Ursache und Zweck des Leids

(1) In der möglicherweise *ältesten Form der Rahmenerzählung* (ohne die beiden Himmelsszenen) wird die Frage nach dem Woher und Warum des Leids nicht thematisiert. In der Art der vier Unglücksfälle, in denen vertraute Metaphern göttlichen Gerichtshandelns aufgegriffen werden (vgl. 1,16: »Feuer Gottes«), deutet sich allerdings an, dass das über Ijob hereinbrechende Unglück von Gott stammt. In 1,21 bekennt Ijob sein Unglück als ein von JHWH gewirktes Unglück und nimmt es als ein solches an.

(2) In der durch die beiden Himmelsszenen *erweiterten Form der Rahmenerzählung* wird die Frage nach Ursache und Zweck des Leids weiter reflektiert. Die narrativ entfaltete Antwort entspricht durchaus dem, was die theologische Tradition dazu sagt (vgl. *Thomas von Aquin*, S. th. I,2,3 ad 1): Gott lässt das Leid zu. Das Leid stammt weder direkt von Gott, noch geht es auf die Initiative Gottes zurück. Initiativ wird der Satan, und er führt es auch durch, allerdings unter Zulassung, aber auch klarer Eingrenzung des Ausmaßes des Leids durch Gott. Die Zulassung des Leids durch Gott hat allerdings den Zweck, eine gegen Ijob gerichtete Anschuldigung zu widerlegen, und zwar die Behauptung, Ijobs Frömmigkeit sei eigennützig: er fürchte Gott nur deshalb, weil er einen Vorteil davon habe (1,9–11). Um diesen Vorwurf zu überprüfen bzw. zu widerlegen, wird Ijob einem »grausamen himmlischen Test« (*K. Schmid*) unterworfen. Der Leser kennt von Anfang an den wahren Grund von Ijobs Leid. Vor diesem Hintergrund erweisen sich die Mutmaßungen der Freunde als falsch. Auch Ijob bekommt keinen Einblick in die himmlische Welt.

(3) In den *Reden der Freunde* lassen sich insgesamt vier Antworten auf die Frage nach Ursache und Zweck des Leids herauskristallisieren:
(a) Leid ist *Folge menschlicher Schuld.* Der Zweck des Leids ist darin zu sehen, dass menschliche Schuld bestraft und gesühnt und der Sünder zur Umkehr gemahnt werden soll (36,10). Diese Erklärung ist Bestandteil des sog. *zweiseitigen Vergeltungsglaubens*, wonach der Fromme für sein Verhalten Lohn, der Frevler hingegen Strafe zu erwarten habe (15,20–35; 18,5–21; 27,7–10.13–23; 36,5–14). Weiter entfaltet wird diese Ansicht in der *Vergeltungslehre*, bei der man von der Folge auf die Ursache zurückschließt: Der Glückliche hat sittlich gut, der Unglückliche sittlich schlecht gehandelt.
(b) Leid gehört zur *Natur des Menschen*, es ist Folge seiner Kreatürlichkeit (4,17–21; 5,7; 9,2; 15,14–16; 25,4–6). Durch das stoffliche und vergängliche Geschaffensein (»Lehmhaus«: 4,19) ist das Leben des Menschen – unabhängig von jeder sittlichen Verfehlung – mit Leid behaftet.
(c) Leid ist eine Form *göttlicher Erziehung und Zurechtweisung*, durch die der Mensch vor dem Untergang bewahrt wird (5,17–18). Diese Erklärung des Leids greift auf Erfahrungen aus der Erziehung zurück. Wie ein Vater seine Kinder aus Liebe in harte Zucht nimmt (Spr 3,11–12; 13,24; 23,12–14), so ist auch das Leid Zeichen göttlicher Liebe und Sorge um den Menschen. Dieser Standpunkt wird vor allem in den Elihureden eingenommen: Der Mensch »wird gemahnt durch Schmerz auf seinem Lager« (33,19), »um fernzuhalten seine Seele vom Grab« (33,30).
(d) Leid ist eine *Prüfung des Frommen.* Diese bereits in der Rahmenerzählung narrativ entfaltete Ansicht wird auch von den Freunden Ijobs vertreten (36,21). Das Leid ist die

Bewährungsprobe des Frommen. Im Leid zeigt sich, ob sein Glaube und seine Rechtschaffenheit echt sind.

Da JHWH im → Epilog die »Gottesrede« der drei Freunde verwirft (42,7f), scheint der Ijob-Dichter die von den Freunden gegebenen Erklärungen des Leids zurückzuweisen. So wird man, um die Theologie des Ijob-Dichters zu erfahren, auf die Gottesreden verwiesen.

(4) Die *Gottesreden* (38–40,2; 40,6–41,26) gehen nicht explizit auf die Theologie der drei Freunde ein. Insbesondere wird der von den Freunden zunächst nur angedeutete, dann offen ausgesprochene Verdacht, Ijobs Sündhaftigkeit sei der Grund für sein Leiden, mit Stillschweigen übergangen. In 42,7–10 schließlich wird die »Rede« der Freunde ausdrücklich verworfen.

Die Gottesreden gehen aber auch nicht ausdrücklich auf das Leiden Ijobs ein. Inhaltlich werden ihm Erscheinungen in der Natur und Tierwelt vor Augen geführt, die sowohl seinem Erkenntnisvermögen als auch seiner Verfügungsgewalt entzogen sind. Die in der zweiten Gottesrede angeführten Tiere leben in der Wildnis, sie gehören nicht zum Herrschaftsbereich des Menschen. So wenden die Gottesreden Ijobs Blick gewissermaßen von sich selbst ab auf die ihm in der Erfahrung zwar zugängliche, aber in ihren Gründen nicht voll durchschaubare (und seiner Verfügungsgewalt entzogene) Natur. Diese wird als Schöpfung JHWHs vorgestellt. Sie enthält Chaotisches, ist aber kein vollständiges, sondern ein vom Schöpfer ständig neu gebändigtes Chaos. Die dem Chaos immer wieder neu abgerungene Ordnung kann vom Menschen (Ijob) weder hergestellt, noch in ihren Gründen voll durchschaut werden; sie ist wunderbar, schrecklich und erhaben zugleich.

So (er)lösen die Gottesreden – noch vor der expliziten »Wiederherstellung« – Ijob aus einer Haltung, in der er nur noch sich und sein Leid wahrzunehmen vermag. Theologisch lässt sich die hier vollzogene Bewegung beschreiben als eine Bewegung von der Anthropozentrik über die Kosmozentrik zur Theozentrik. Versuchten die Freunde vergeblich, Ijobs Haltung direkt zu brechen, so gelingt es den Gottesreden auf indirekte Art, Ijob aus der Verweigerung seines Einverständnisses zu (er-)lösen, indem sie ihm im Geheimnis der Schöpfung das Geheimnis seines eigenen Lebens vor Augen führen. Ijobs Fragen und Klagen werden nicht von unbeteiligten Dritten beantwortet, sondern von dem in der Schöpfung geheimnisvoll anwesenden und ihm antwortenden Gott gestillt. So gelangt Ijob noch vor seiner Wiederherstellung und vor seinem Tod zur Schau Gottes. Er erklärt den Streit mit Gott für beendet (40,4–5) und wird schließlich auch äußerlich wiederhergestellt (42,10–17). Bisher hat er Gott nur vom »Hörensagen« her gekannt, jetzt hat sein Auge ihn geschaut (42,5). So lässt sich der Weg Ijobs verstehen als ein Weg, der vom Glauben (1,1) zum Schauen (42,5) führt.

III. Das Buch der Psalmen

(Erich Zenger, Münster, bearb. von Frank-Lothar Hossfeld, Bonn)

Kommentare: F. Delitzsch (BC) 1859; S. R. Hirsch 1888; B. Duhm (KHC) 1899 (= ²1922); C. A. Briggs/E. G. Briggs (ICC) 1906, 1907; H. Gunkel (HK) 1926 (= ⁶1986); H. Schmidt (HAT) 1934; A. Weiser (ATD) 1935 (= ⁷1966); H.-J. Kraus (BK) 1960 (= ⁶1989); A. Deissler 1963, 1964, 1965; M. Dahood (AncB) 1966, 1968, 1970; J. W. Rogerson/J. W. McKay (CBC) 1977; G. Ravasi 1981, 1983, 1984, ⁵1991; P. Craigie (WBC) 1983; L. C. Allen (WBC) 1983, ²2002; M. E. Tate (WBC) 1990; E. S. Gerstenberger (FOTL) 1991; F.-L. Hossfeld/E. Zenger, Ps 1–50 (NEB) 1993, Ps 51–100 (NEB) 2002, Ps 101–150 (NEB) 2012; L. Alonso-Schökel/C. Carniti (Nueva Biblia Espanola) 1993; J. L. Mays (Interp.) 1994; M. Girard, Les Psaumes Redécouverts I–III, 1994, 1996; K. Seybold (HAT) 1996; J.-L. Vesco (LeDiv 210–211) 2006; M. Oeming/J. Vette, Ps 1–89 (NSK) 1999, 2010; F.-L. Hossfeld/E. Zenger, Ps 51–100 (HThKAT) ³2007, Ps 101–150 (HThKAT) 2008; F. Hartenstein/B. Janowski (BK Neuausgabe) 2012ff; W. Brueggemann/W. H. Bellinger (NCBiC) 2014.

Forschungsüberblicke: M. Oeming, An der Quelle des Gebets. Neuere Untersuchungen zu den Psalmen: ThLZ 127, 2002, 367–384; D. M. Howard, Jr., Editorial Activity in the Psalter: A State-of-the-Field Survey, in: J. C. McCann, Jr. (Hg.), The Shape and the Shaping of the Psalter (JSOT.S 159) Sheffield 1993, 52–70; K. Seybold, Psalmenkommentare 1972–1994: ThR 60, 1995, 113–130; ders., Beiträge zur neueren Psalmenforschung: ThR 61, 1996, 247–274; E. Zenger, Psalmenexegese und Psalterexegese: Eine Forschungsskizze, in: ders. (Hg.), The Composition of the Book of Psalms (BEThL 238) Leuven 2010, 17–66.

Einzelstudien zu übergreifenden Fragestellungen: G. Bader, Psalterspiel. Skizze einer Theologie des Psalters (HUTh 54) Tübingen 2009; E. Ballhorn, »Um deines Knechtes David willen« (Ps 132,10). Die Gestalt Davids im Psalter: BN 76, 1995, 16–31; ders., Zum Telos des Psalters. Der Textzusammenhang des Vierten und Fünften Psalmenbuches (Ps 90–150) (BBB 138) Berlin 2004; G. Barbiero, Das erste Psalmenbuch als Einheit. Eine synchrone Analyse von Ps 1–41 (ÖBS 16) Frankfurt 1999; J. Bremer, Wo Gott sich auf die Armen einlässt. Der sozioökonomische Hintergrund der achämenidischen Provinz *Yəhūd* und seine Implikationen für die Armentheologie des Psalters (BBB 174) Göttingen 2016; C. Buysch, Der letzte Davidpsalter. Interpretation, Komposition und Funktion der Psalmengruppe 138–145 (SBB 63) Stuttgart 2010; G. Braulik, Christologisches Verständnis der Psalmen – schon im Alten Testament?, in: B. Kranemann/K. Richter (Hg.), Christologie der Liturgie (QD 159) Freiburg 1995, 57–86; W. Brueggemann, The Message of the Psalms. A Theological Commentary, Minneapolis 1984; ders., Israel's Praise. Doxology against Idolatry and Ideology, Philadelphia 1988; A. Cordes, Die Asafpsalmen in der Septuaginta. Der griechische Psalter als Übersetzung und theologisches Zeugnis (HBS 41) Freiburg 2004; F. Crüsemann, Studien zu Formgeschichte von Hymnus und Danklied in Israel (WMANT 32) Neukirchen-Vluyn 1969; U. Dahmen, Psalmen- und Psalterrezeption im Frühjudentum (STDJ 49) Leiden 2003; M. Emmendörffer, Der ferne Gott. Eine Untersuchung der alttestamentlichen Volksklagelieder vor dem Hintergrund der mesopotamischen Literatur (FAT 21) Tübingen 1998; D. Erbele-Küster, Lesen als Akt des Betens (WMANT 87) Neukirchen-Vluyn 2001; P. W. Flint, The Dead Sea Psalms Scrolls and the Book of Psalms (STDJ 17) Leiden 1997; S. E. Gillingham, Psalms Through the Centuries, Malden/Oxford/Victoria 2008; H. Gunkel/J. Begrich, Einleitung in die Psalmen. Die Gattungen der religiösen

Lyrik Israels (HK II EB) Göttingen 1933 (Nachdruck 1975); M. Grohmann/Y. Zakovitch, Jewish and Christian Approaches to Psalms (HBS 57) Freiburg 2009; F.-L. Hossfeld/E. Zenger, »Neigt euer Ohr den Worten meines Mundes« (Ps 78,1). Studien zu Psalmen und Psalter, hg. v. C. Dohmen/T. Hieke, Stuttgart 2015; D. M. Howard, The Structure of Psalms 93–100 (Biblical and Judaic Studies 5) Winona Lake 1997; B. Janowski, Konfliktgespräche mit Gott. Eine Anthropologie der Psalmen, Neukirchen-Vluyn [4]2013; J. Jeremias, Das Königtum Gottes in den Psalmen. Israels Begegnung mit dem kanaanäischen Mythos in den Jahwe-König-Psalmen (FRLANT 141) Göttingen 1987; O. Keel, Die Welt der altorientalischen Bildsymbolik und das Alte Testament. Am Beispiel der Psalmen, Zürich [5]1996; M. Kleer, »Der liebliche Sänger der Psalmen Israels.« Untersuchungen zu David als Dichter und Beter der Psalmen (BBB 108) Bodenheim 1996; C. Körting, Zion in den Psalmen (FAT 48) Tübingen 2006; R. G. Kratz, Die Tora Davids. Psalm 1 und die doxologische Fünfteilung des Psalters: ZThK 93, 1996, 1–34; A. Kuckhoff, Psalm 6 und die Bitten im Psalter: Ein paradigmatisches Bitt- und Klagegebet im Horizont des Gesamtpsalters (BBB 160) Göttingen 2011; M. Leuenberger, Konzeptionen des Königtums Gottes im Psalter. Untersuchungen zu Komposition und Redaktion der theokratischen Bücher IV–V im Psalter (AThANT 83) Zürich 2004; C. Levin, Das Gebetbuch der Gerechten. Literargeschichtliche Beobachtungen am Psalter: ZThK 90, 1993, 355–381; N. Lohfink, Lobgesänge der Armen. Studien zum Magnifikat, den Hodajot von Qumran und einigen späten Psalmen (SBS 143) Stuttgart 1990; ders., Psalmengebet und Psalterredaktion: ALW 34, 1992, 1–22; N. Lohfink/E. Zenger, Der Gott Israels und die Völker. Untersuchungen zum Jesajabuch und zu den Psalmen (SBS 154) Stuttgart 1994; J. C. McCann, Jr., A Theological Introduction to the Book of Psalms. The Psalms as Torah, Nashville 1993; ders., The Shape and Shaping (s. o.); M. Millard, Die Komposition des Psalters. Ein formgeschichtlicher Ansatz (FAT 9) Tübingen 1994; P. D. Miller, They Cried to the Lord. The Form and Theology of Biblical Prayer, Minneapolis 1994; S. Mowinckel, Psalmenstudien I–VI, Amsterdam 1961; J. van Oorschot, Nachkultische Psalmen und spätbiblische Rollendichtung: ZAW 106, 1994, 69–86; U. Rechberger, Von der Klage zum Lob. Studien zum »Stimmungsumschwung« in den Psalmen (WMANT 133) Neukirchen-Vluyn 2012; J. Reindl, Weisheitliche Bearbeitung des Psalters (VT.S 32) Leiden 1981, 333–356; M. Saur, Die Königspsalmen. Studien zur Entstehung und Theologie (BZAW 340) Berlin/New York 2004; J. Schnocks, Vergänglichkeit und Gottesherrschaft. Studien zu Psalm 90 und dem vierten Psalmenbuch (BBB 140), Berlin/Wien 2002; ders., Psalmen (UTB 3473) Paderborn 2014; K. Seybold, Poetik der Psalmen (Poetische Studien zum Alten Testament 1) Stuttgart 2003; ders., Studien zu Sprache und Stil der Psalmen (BZAW 415) Berlin/New York 2010; K. Seybold/E. Zenger (Hg.), Neue Wege der Psalmenforschung (HBS 1) Freiburg [2]1995; H. Spieckermann, Heilsgegenwart. Eine Theologie der Psalmen (FRLANT 148) Göttingen 1989; F. Stolz, Psalmen im nachkultischen Raum (ThSt 129) Zürich 1983; W. D. Tucker, Constructing and Deconstructing Power in Psalms 107–150 (Ancient Israel and Its Literature 19) Atlanta 2014; B. Weber, Werkbuch Psalmen I. Die Psalmen 1–72, Stuttgart 2001; dies., II. Die Psalmen 73–150, Stuttgart 2003; ders., III. Theologie und Spiritualität des Psalters und seiner Psalmen, Stuttgart 2010; C. Westermann, Lob und Klage in den Psalmen, Göttingen 1977; N. Whybray, Reading the Psalms as a Book (JSOT.S 222) Sheffield 1996; G. H. Wilson, The Editing of the Hebrew Psalter (SBL.DS 76) Chico 1985; E. Zenger, Ein Gott der Rache? Feindpsalmen verstehen, Freiburg [2]1998; ders. (Hg.), Der Psalter in Judentum und Christentum (HBS 18) Freiburg 1998; ders. (Hg.), Der Septuaginta-Psalter (HBS 32) Freiburg 2001; ders. (Hg.), Ritual und Poesie (HBS 36) Freiburg 2003; ders., The Composition of the Book of Psalms (BEThL 238) Leuven 2010.

1. Bezeichnungen und Aufbau

1.1 Anzahl und Zählweise der Psalmen

Das Psalmenbuch ist eine Zusammenstellung von 150 *poetischen* (d. h. im → *parallelismus membrorum* = im Gedanken- und Bildreim gestalteten, s. u.) *Texten* unterschiedlicher Gattungen, Herkunft und Zeit. Diese 150 Psalmen sind nicht die einzigen Psalmen der Bibel. Es gibt auch in anderen Büchern Psalmen, meist an strukturell herausragender Stelle (z. B. das Siegeslied am Schilfmeer: Ex 15,1–18; das Lied des Mose: Dtn 32; das Lied der Debora: Ri 5; das »Magnificat« der Hanna: 1 Sam 2,1–11; das Abschiedslied des David: 2 Sam 23,1–7; das Danklied der Geretteten: Jes 12; der Psalm des Jona: Jona 2,3–10; das Lied der Judit: Jdt 16); manche Bücher bzw. Buchteile sind durchsetzt von Psalmensprache (z. B. Jes 40–55; Jer; Ijob). Das Buch der Klagelieder könnte man sogar als zweites kanonisches Psalmenbuch bezeichnen.
Zumindest in der Schlussphase der Entstehung des Psalmenbuchs wollte man gezielt eine zahlenmäßig festgelegte Auswahl von Psalmen schaffen. Das belegt die LXX-Fassung, die einerseits mehrere Einzelpsalmen anders zählt als das hebräische Psalmenbuch und die andererseits den »biographischen« Psalm über David, den sie am Schluss als »Überschuss« gegenüber dem hebräischen Psalter bietet, ausdrücklich als »außerhalb der Zählung« stehend kennzeichnet.
Die unterschiedliche Zählweise kommt dadurch zustande, dass die LXX die Ps 9 und 10 sowie 114 und 115 jeweils als einen einzigen Psalm betrachtet und die Ps 116 und 147 jeweils in zwei Psalmen zerlegt. Das ergibt folgende Differenzen in der Zählung:

MT	LXX	MT	LXX	MT	LXX
1–8	1–8	114/115	113	117–146	116–145
9/10	9	116,1–9	114	147,1–11	146
11–113	10–112	116,10–19	115	147,12–20	147
				148–150	148–150
					151

Als Gedächtnisstütze kann hilfreich sein: Wenn bei einem Psalmenhinweis eine Doppelangabe steht, z. B. Ps 23(22) oder Ps 22(23), bezieht sich die höhere Zahl immer auf die heute übliche Zählung nach der Hebräischen Bibel. Bei Psalmenvertonungen wurde bis in die Neuzeit die Zählung nach der → Vulgata/→ Septuaginta verwendet.
Da auch die Vulgata die Psalmen nach der Einteilung der LXX zählt, haben christliche Kommentatoren teilweise bis in die jüngste Zeit diese Zählung beibehalten. Auch die offiziellen Bücher der katholischen Liturgie geben diese Zählung an (meist in Klammern dann die Zählweise der Hebräischen Bibel). Um Verwirrung zu vermeiden, ist zu wünschen, dass sich die Zählweise der Hebräischen Bibel durchsetzt – vor allem, wenn ihr Text der Übersetzung in die Landessprachen zugrundegelegt wird.

1.2 Die Bezeichnungen

Die *in der christlichen Tradition* üblich gewordene Bezeichnung »(Buch der) *Psalmen*« geht auf die schon in der LXX belegte Übersetzung der am häufigsten (57x) als Psalmüberschrift begegnenden Bezeichnung *mizmōr* = kantilierender Sprechgesang mit Saitenspielbegleitung (ψαλμος von ψαλλειν = die Saiten spielen) zurück; diese auch im NT verwendete Bezeichnung (vgl. Lk 20,42; 24,44; Apg 1,20) steht in der aus dem 4. Jh. n. Chr. stammenden Hs. B (Codex Vaticanus) ausdrücklich als Buchtitel über den 150 Psalmen. Allerdings ist zweifelhaft, ob dies als Aus-

sage über die in biblischer Zeit praktizierte Vortragsweise dieser Texte ausgewertet werden darf; sie ist vermutlich im Zusammenhang mit der »Davidisierung« der Psalmen (s. u.) entstanden (*mizmōr* steht 35x in Verbindung mit »von/für David«) und knüpft an die biblische Tradition von David als »Leierspieler« (vgl. 1 Sam 16,14–23; 18,10) an. Die Bezeichnung »*Psalter*« geht auf das in der LXX für das Saiteninstrument *nebæl* = Standleier (meist, auch in der EÜ, wohl unzutreffend mit »Harfe« wiedergegeben) gewählte ψαλτηριον zurück; das Wort findet sich als Buchüberschrift in der aus dem 5. Jh. n. Chr. stammenden Hs. A (Codex Alexandrinus).
Die *im Judentum* übliche Bezeichnung (*sefær*) *tᵉhillīm* = »(Buch der) *Lobpreisungen*« (*M. Buber*: »Preisungen«) ist bereits auf einem Qumranfragment der Höhle 4 (1. Jh. v. Chr.) bezeugt. Auch in dem Prosatext »*David's Compositions*« auf der aus dem 1. Jh. n. Chr. stammenden Psalmenrolle 11 QPs[a], der zwischen die auf ihr versammelten biblischen und nichtbiblischen Psalmen eingeschoben ist, wird David als Verfasser von 3600 *tᵉhillīm* »Preisungen« sowie 450 *šīrīm* »Liedern« (*šīr* = chorisches Lied) genannt. Dies ist ein weiteres Indiz für das hohe Alter der Tradition des Buchtitels *tᵉhillīm*. Wie die redaktionelle Notiz in Ps 72,20 »Ende der Gebete (= *tᵉfillōt*) Davids, des Sohnes Isais« nahe legt, ist »Lobpreisungen« eine Gesamtbenennung, die gegenüber der (älteren) Bezeichnung als (Bitt-)Gebete (*tᵉfillōt*) einen neuen theologischen Akzent setzen will, der das Ziel der Bewegung unterstreicht, auf das das Psalmenbuch in seinem letzten Drittel und insbesondere in seinen letzten fünf Psalmen (146–150) und darin noch einmal in seinem letzten Satz (150,6) hindrängt: Das Psalmenbuch als Ganzes ist der vielstimmige Lobpreis JHWHs, der mitten aus den zahlenmäßig überwiegenden Klage- und Bittgebeten erwachsen soll und kann. Die Bezeichnung *tᵉhillīm* dürfte auch in der bei Philo und Flavius Josephus begegnenden Benennung ὕμνοι »Loblieder« vorausgesetzt sein. Auch Hieronymus sagt ausdrücklich, dass der hebräische Titel des Psalmenbuchs *sephar tallim* sei.

1.3 Hinweise auf eine planvolle Buchkomposition

Auch wenn das Psalmenbuch eine Zusammenstellung von 150 Einzeltexten ist, die gemäß der ihnen jeweils vorangestellten Überschriften als Einzeltexte gelesen werden wollen, ist es dennoch nicht eine mehr oder weniger zufällige Aneinanderreihung von beziehungslos nebeneinander stehenden Einzelgebeten und -liedern (eine Art »Psalmen-Archiv«). Dies wird gegenüber der seit *H. Gunkel* dominierenden gattungsgeschichtlichen Psalmenexegese, die primär an den Einzeltexten interessiert war, in der jüngsten Psalmenforschung mehr und mehr herausgearbeitet. Die *Psalmenexegese* wird so ergänzt durch die *Psalterexegese* (*E. Zenger*). Das Psalmenbuch wird damit in methodischer Hinsicht ebenso behandelt wie die übrigen Bücher der Bibel. Dass die Einzelpsalmen im Psalmenbuch als Teilelemente von Kompositionsbögen, Teilsammlungen oder sogar im makrostrukturellen Zusammenhang des ganzen Buchs eine theologische Aussage erhalten, die ihren jeweiligen »Einzelsinn« übersteigt, legt sich aus folgenden Beobachtungen zur literarischen Technik der Abfolge der Psalmen nahe:

(1) Zwischen unmittelbar aufeinanderfolgenden Psalmen ergeben sich häufig semantische, kompositionelle und formgeschichtlich relevante Zusammenhänge, die nicht zufällig sein können, sondern von der/den Redaktion(en) intendiert sein müssen. Es sind vor allem die literarischen Techniken der planvollen Anordnung (*iuxtapositio*) und der gezielten, redaktionellen Stichwort- und Motivverkettung (*concatenatio*), durch die die Einzelpsalmen in größere Sinnzusammenhänge gebracht werden. Nicht selten sind beide Techniken zugleich verwendet, um durch die überlegt gestaltete Aufeinanderfolge von

Psalmen neue Sinnräume zu konstituieren. Zwei Beispiele sollen dies kurz erläutern (weitere Beispiele in: *E. Zenger* [Hg.], Der Psalter 1–57).

Erstes Beispiel: Die *Psalmengruppe 3–14* ist in formgeschichtlicher Hinsicht eine planvoll angelegte und motivlich verwobene Komposition von Klage- und Bittgebeten (Ps 3–7), einem Hymnus (Ps 8) und einem Dankpsalm (Ps 9) als Mitte und Klage- und Bittgebeten (Ps 10–14), wobei durch Ps 3,9 und Ps 14,7 um die Komposition ein Rahmen gelegt ist (Motive: »Rettung/Hilfe« für JHWHs »Volk«). In den Bittgebeten 3–7 sind paradigmatische *persönliche* Leidenssituationen zusammengestellt, in denen *einzelne* Beter nach dem richtenden, rettenden und heilenden Gott schreien. Zugleich sind die Psalmen durch ein Zeitschema so miteinander verbunden, dass der Morgen bzw. der Tag als die Zeit der Sonne (aufgehende Sonne: Ende der Nacht und Beginn des Lichtes = Leben, Rettung, Gerechtigkeit, Heil) sowie der Abend bzw. die Nacht (mit den Konnotationen von Gefahr, Unheil, Tod) einen übergreifenden Zusammenhang herstellen:

Notsituationen		**Zeitschema**	
Ps 3:	Feindbedrängnis	Ps 3,6:	Morgen
Ps 4:	Soziale Not	Ps 4,9:	Abend
Ps 5:	Rechtsnot	Ps 5,4:	Morgen
Ps 6:	Krankheit	Ps 6,7:	Nacht
Ps 7:	Feindbedrängnis	Ps 7,12:	Tag

Die Bittgebetsgruppe Ps 10–14 kreist um die *strukturelle* Bedrohung der als soziale *Gruppe* gezeichneten »Armen«, die inmitten einer sie umgebenden feindlichen Welt ihre Hoffnung auf den Gott des Gerichts setzen, der dem Chaos wehrt und die gestörte Lebensordnung wiederherstellt. Zentrum dieser Komposition sind der hymnische Ps 8, der die Menschenwürde der in Ps 3–7 und Ps 10–14 klagenden Verfolgten und Armen im Schöpfergott und Weltenkönig, der zugleich der Gott Israels ist (Ps 8,2.10: »JHWH, unser Herrscher ...«), begründet sein lässt, und der Dankpslam 9, der JHWH als den Retter der Armen feiert. Ps 8–9 sind kompositionell aufeinander bezogen (vgl. 8,10 ⟶ 9,2f).
Zweites Beispiel: Psalmen unterschiedlicher Gattungen sind nach einem formgeschichtlich bzw. theologisch relevanten Schema gezielt hintereinandergestellt und *zugleich* durch redaktionelle Bearbeitung miteinander verkettet. So sind z. B. die drei *Psalmen 90 91 92* so hintereinander gestellt, dass sie einen fortschreitenden Geschehensbogen bilden. Ps 90 beginnt als Klage über die menschliche Todesverfallenheit sowie als Ausdruck der Angst vor einem unberechenbaren Gotteszorn und gipfelt in der Bitte, JHWH möge durch seine gnädige Zuwendung gewissermaßen die Angst vor seinem Zorn widerlegen und überwinden. Auf diese Bitte antwortet Ps 91 mit einer doppelten Zusage bzw. Verheißung. Im Stil weisheitlicher Belehrung spricht der Psalm dem betenden Du die Gewissheit zu, dass JHWH den, der sich zu ihm flüchtet, vor lebenszerstörerischen Mächten bewahrt. Vor allem aber erklingt in direkter Gottesrede die Verheißung, dass JHWH sich als rettender Gott erweist und dass er so Anteil gibt an der Fülle seines Lebens. Dass diese Zusage kein leeres Wort ist, sondern sich an dem erfüllt, der ihr vertraut, bezeugt dann der Dankhymnus Ps 92, der im Zusammenhang mit Ps 90 und Ps 91 zusätzliche Bedeutungsdimensionen erhält, aber auch seinerseits neues Licht auf die beiden ihm vorausgehenden Psalmen wirft. Ps 92 präzisiert und korrigiert in gewisser Weise die Vergänglichkeitsklage von Ps 90. Dem Protest gegen den allgegenwärtigen Gotteszorn, den Ps 90 in immer neuen Anläufen entfaltet, stellt Ps 92 seine differenzierende Beobachtung entgegen: Es gibt Menschen, die wie das Gras schnell emporsprießen und ebenso schnell verdorren; aber es gibt ebenso Menschen, die bis ins hohe Alter Frucht tragen. Dass Ps 90 als hermeneutischer Eröffnungspsalm der Komposition Ps 90–92 zu lesen ist, wird besonders in Ps 90,13–17 sichtbar. Dieser Abschnitt ist nach Meinung vieler Exegeten eine sekundäre Erweiterung. In unserem Zusammenhang ist wichtig:

Dieser Abschnitt bezieht seine entscheidenden Formulierungen aus Ps 91 und Ps 92, d. h. hier liegt eine gezielte redaktionelle Verkettung vor.

(2) Einzelne Psalmen haben eine Funktion in der Makrostruktur des Gesamtpsalters, was auf gezielte »Buchkomposition« hinweist. Dies gilt von den »Rahmenpsalmen« 1 und 2 sowie 146–150, aber auch von den den Psalter wie ein hermeneutisches Netz durchwirkenden (»messianischen«) Königspsalmen und Psalmen vom (Welt-)Königtum Gottes (s. u.).

(3) Die über den Einzelpsalmen stehenden (sekundär hinzugekommenen) *Überschriften* ordnen häufig inhaltlich und formal verwandte Psalmen so zu *Gruppen* zusammen, dass sinnvolle Kompositionen entstehen.

Die fünf durch die Überschrift »von/für David« als *Davidsammlungen* gekennzeichneten Gruppen (Davidpsalter I: Ps 3–41; Davidpsalter II: Ps 51–72; Davidpsalter III: Ps 101–103; Davidpsalter IV: Ps 108–110; Davidpsalter V: Ps 138–145) stimmen darin überein, dass sie überwiegend individuelle Klage- und Bittgebete in feindlicher Bedrängnis sind, denen aber an pointierter Position in der Sammlung (im Einzelnen unterschiedlich) einige Lob- und Dankpsalmen zugeordnet sind, die die Erhörung der Klage bzw. die Errettung aus der Not betonen. Das betende Ich hat einerseits häufig das Profil eines verfolgten und bedrängten Königs, der zu dem im Tempel als seinem irdischen Palast bzw. in seinem himmlischen Palast residierenden Gott-König JHWH um Beistand und Rettung schreit. Andererseits präsentiert sich das Ich oft als »Armer« und als »Gerechter«, der eben als solcher an die rettende Gerechtigkeit JHWHs appelliert.

Die zwölf (!) *Asafpsalmen* 50.73–83 (Überschrift: »von/für Asaf«) sind stark geschichtstheologisch interessiert und heben sich dadurch unverkennbar von den »Davidsammlungen« ab. Sie bedenken die Geschichte Israels vom Exodus an über das Exil (Klage über die Zerstörung des Tempels und der Stadt Jerusalem, über die Verwüstung des Landes und über den Hohn der Nachbarvölker) und sie ziehen den Geschichtsbogen aus bis zum »eschatologischen« Gericht, das die von JHWH als dem Schöpfergott gesetzte universale Weltordnung durchsetzen wird.

Die zwölf (!) *Korachpsalmen* Ps 42–49 und 84–85.87–88 sind – im Unterschied zu den Asafpsalmen – nicht geschichtstheologisch, sondern zionstheologisch bestimmt. In Aufnahme mythischer Vorstellungen (Zion als Götter-, Schöpfungs- und Weltberg) betonen sie die chaosbekämpfende Funktion des auf dem Zion als seiner königlichen Residenz und in seiner Gottesstadt residierenden Gottkönigs JHWH. Anders als die Asafpsalmen, die die katastrophischen Geschichtserfahrungen Israels (Untergang des Nordreichs 722 v. Chr., Zerstörung Jerusalem 586 v. Chr.) reflektieren und dabei auch Nordreichtheologie einbringen, feiern die Korachpsalmen die Unzerstörbarkeit des Zion und seine »ewige« Funktion als Quellort des Lebens.

Weitere gut erkennbare Psalmgruppen mit jeweils spezifischem kompositionellen und theologischen Profil sind die *JHWH-König-Psalmen 93–100* und die fünfzehn (!) *Wallfahrtspsalmen 120–134*.

Dass hier Indizien einer intendierten Buchkomposition vorliegen, wird dadurch erhärtet, dass die durch Überschriften zusammengeordneten Gruppen noch zugleich ein in formgeschichtlicher Hinsicht aussagekräftiges Schema widerspiegeln. Die Ps 42–49 sowie 84–85.87–88 sind durch die Überschrift »von den/für die Korachiten« und die

Ps 73–83 durch die Überschrift »von/für Asaf« als zusammenhängende Gruppe gekennzeichnet. In ihrer Reihenfolge bilden sie theologisch relevante Kompositionsbögen:

Komposition	**Korachpsalmen 42–49**	**Korachpsalmen 84–85.87–88**
Klage	42/43 (Ich)–44 (Wir)	84 (Ich)–85 (Wir)
Antwort (Gottes)	45–48	87
Klage	49 (Ich)	88 (Ich)

Komposition	**Asafpsalmen 73–77**	**Asafpsalmen 78–83**
»Lehre«	73	78
Klage	74 (Wir)	79–80 (Wir)
Antwort (Gottes)	75–76	81–82
Klage	77 (Ich)	83 (Ich)

Aber auch die durch Überschriften gekennzeichneten Psalmengruppen sind in der Architektur des Psalmenbuchs kunstvoll angeordnet. So ergibt sich beispielsweise für die Psalmenabfolge 42–88(89) diese konzentrische Reihenfolge:

Korachpsalmen 42–49	Asafpsalm 50	2. Davidpsalter 51–72	Asafpsalmen 73–83	Korachpsalmen 84–89
A	**B**	**C**	**B**	**A**

(4) Eine ausdrückliche Anweisung, zumindest Teile des Psalmenbuchs als zusammenhängende Meditation zu lesen, wird in der sog. *Davidisierung* des Psalters gegeben, die in vierfacher Weise vorliegt:

Erstens werden 73 Psalmen des Hebräischen Psalters (in LXX sind es sogar 83) durch die Überschrift *l^edāwid* (»im Hinblick auf David« bzw. »von David«) mit dem Leben Davids verbunden. *Zweitens* wird in 13 Psalmen die Notiz *l^edāwid* zusätzlich mit biographischen Angaben zu der in den Samuelbüchern erzählten David-Vita erweitert; auch diese Angaben sind ursprünglich referentielle Verweise auf bestimmte Lebenssituationen Davids als Identifikationsangebote und erst später als Autorenangaben konzipiert. *Drittens* gilt der ganze Psalter als geistliches Tagebuch Davids (die Davidisierung des Psalters führte so zur Poetisierung Davids); das Psalmenbuch kann nun als Meditation der Vita des historischen *und* messianischen David gelesen werden. *Viertens* gibt der in der LXX als »Nachwort« dem Psalter hinzugefügte Ps 151 (der sich in breiterer Ausführung auch im Anschluss an DavComp in 11QPs^a findet) mit seinem Hinweis, dass der Psalmensänger David zugleich der ist, der den Kampf gegen den »Götzen« Goliat siegreich bestanden hat (vgl. 1 Sam 17), den Psalmen Davids die Qualität, dass einerseits mit ihnen der Kampf gegen das Böse gelingt und dass andererseits die Psalmen Davids vor der Macht des Bösen retten (vgl. auch 1 Sam 16,23; 18,10f; 19,9f: der das Psalmeninstrument »Leier« spielende David vertreibt nicht nur den bösen Geist Sauls, sondern kann auch nicht von dem tödlichen Speer Sauls getroffen werden).

1.4 Die Fünfteilung des Psalmenbuchs

Die 150 Psalmen sind durch die vier doxologischen Schlussformeln Ps 41,14; 72,18–19; 89,53; 106,48 (→ Doxologie), die in literarkritischer Hinsicht allesamt nicht Bestandteil des jeweils vorausgehenden Psalms sind, in fünf »Bücher« gegliedert. Diese fünf Bücher haben ihrerseits eine kunstvolle Architektur, die hier nur angedeutet werden kann (vgl. die Übersicht S. 439). Ps 1–2 und Ps 146–150 bilden einen Rahmen um die fünf Bücher.

Die meisten neueren Bibelausgaben (auch EÜ) zeigen diese Fünfteilung des Psalmenbuchs durch entsprechende Zwischenüberschriften an, die aber weder im MT noch in der LXX stehen. Die doxologischen Formeln stammen zwar wegen ihrer Unterschiedlichkeit (s. u. die Übersicht) kaum von einer einzigen Hand, sondern markieren unterschiedliche Phasen der sukzessiven Zusammenstellung von Teilsammlungen, doch dürfte bereits die Schlussredaktion diese (sich ergebende) Fünfteilung erkannt und ihrerseits unterstrichen haben. Dafür sprechen u. a. folgende Beobachtungen:

(1) Die vier Formeln stehen alle an anderweitig erkennbaren Zäsuren: 41,14 am Ende des ersten Davidpsalters 3–41; 72,18–19 am Ende des zweiten Davidpsalters 51–72; 89,53 am Ende der angehängten Korachpsalmen 84–85; 87–89, die den mittlerweile angewachsenen zweiten Davidspsalter rahmen; 106,48 am Ende der thematisch bestimmten und literarisch gerahmten Psalmenkomposition 90–106.

(2) Im Textkomplex Ps 107–150 fehlt eine doxologische Formel, die den genannten vier doxologischen Formeln entspricht.

(3) Die nach der Doxologie Ps 106,48 noch folgende Halleluja-Aufforderung, die strukturell nachklappt und von der LXX (vereinfachend) an den Anfang von Ps 107 gestellt wird, lässt sich als sekundäres kompositionelles Element lesen, mit dem die Schlussredaktion auf das »Halleluja-Finale« des Psalmenbuchs hinweist (Ps 146–150: alle fünf Psalmen sind jeweils mit Halleluja gerahmt = 10x Halleluja; Ps 150 bringt zusätzlich im Corpus des Psalms 10x den Imperativ *hallᵉlū* »lobpreiset«).

(4) Entgegen der Meinung, der erste Hinweis auf die Fünfteilung finde sich erst seit dem 4. Jh. n. Chr. (bei Eusebius von Cäsarea und Epiphanius von Salamis), gibt es gute Gründe, dass schon Origenes in der Mitte des 3. Jh.s die Fünfteilung bezeugt: »In fünf Bücher teilen die Juden das Buch der Psalmen«. Er setzt sie als verbreitete Selbstverständlichkeit voraus, was auf Tradition schließen lässt.

Die Strukturierung eines Werkes in fünf Teile bzw. fünf Bücher ist in der jüdischen Überlieferung, wie die Tora, das Buch der Klagelieder und das äthiopische Henochbuch bezeugen, beliebt und programmatisch zugleich. Was die entsprechende rabbinische Kommentierung im schwer datierbaren → Midrasch Tehillim (7.–9. Jh. n. Chr. ?) darüber sagt, könnte durchaus die Intention der Schlussredaktion des Psalmenbuchs wiedergeben: »Mose gab den Israeliten die fünf Bücher der Tora, und David gab den Israeliten die fünf Bücher der Psalmen«. Die Psalmen sind die Antwort Israels auf die Israel gegebene Tora. Das hat die Schlussredaktion hervorgehoben, indem sie dem Psalmenbuch den Tora-Psalm Ps 1 als »hermeneutischen Schlüssel« vorangestellt und den Psalter zur »Tora Davids« (*R. G. Kratz*) deklariert hat. Zugleich macht diese doxologische Struktur den Psalter zur *lobpreisenden* Antwort Israels, die »auf Ewigkeit hin« angelegt ist, d. h. die Psalmen sind die bis zum Ende der Weltzeit vollgültige Antwort Israels (und der Völker) auf das Handeln JHWHs (Perspektive der »Verewigung«: *E. Jenni*).

Die Einteilung des Psalters in fünf Bücher deckt nicht die komplexe Struktur des Psalters ab, weil sich im Psalter die gewachsenen Strukturen überlagern und auch der sog. elohistische Psalter Ps 42–83, der → Kolophon Ps 72,20 und die sog. Hauptzäsur des Psalters nach Ps 89 berücksichtigt werden müssen (s. u. 2. Entstehung).

1–2 Königspsalm 2	Proömium: Tora + Messias/Zion/eschatologische Gottesherrschaft	
3–41	*1. Buch* 1. Davidpsalter: 3–14.15–24.25–34.35–41	
Doxologie 41,14:	*Gepriesen* sei JHWH, der Gott Israels, *von Ewigkeit zu Ewigkeit.* Amen, ja Amen.	
42–72	*2. Buch* Korachpsalmen: 42–49 Asafpsalm: 50 2. Davidpsalter: 51–72	Ps 42–83 sog. Elohistischer Psalter
Doxologie 72,18f: Königspsalm 72	*Gepriesen* sei JHWH Elohim, der Gott Israels, der Wunder tut allein, und gepriesen sei der Name seiner Herrlichkeit *in Ewigkeit*, und es erfülle seine Herrlichkeit die ganze Erde. Amen, ja Amen.	
Kolophon 72,20:	Zu Ende sind die Gebete Davids, des Sohnes Isais.	
73–89	*3. Buch* Asafpsalmen: 73–83 Korachpsalmen: 84–89 (86: Davidpsalm)	
Doxologie 89,53: Königspsalm 89	*Gepriesen* sei JHWH *in Ewigkeit.* Amen, ja Amen. ↓ Hauptzäsur ↓	
90–106	*4. Buch* Komposition: 90–92 (singuläre Mose-Überschrift 90,1) JHWH-Königtum: 93–100 (titellos) 3. Davidpsalter: 101–103 1. Hallelujatriade: 104–106	
Doxologie 106,48:	*Gepriesen* sei JHWH, der Gott Israels, *von Ewigkeit zu Ewigkeit.* Und es soll sprechen das ganze Volk: Amen (+ LXX: Amen). Halleluja!	
107–145	*5. Buch* Lobpsalm (Toda): 107 4. Davidpsalter: 108–110 2. Hallelujatriade: 111–113 Exoduserinnerung: 114 3. Hallelujatriade: 115–117 Dankpsalm: 118 Alphabet. Torapsalm: 119 Wallfahrtspsalmen: 120–134 Geschichtspsalmen: 135–136 Zionspsalm: 137 5. Davidpsalter: 138–145	Ps 113–118 sog. Pesach-Hallel
Königspsalm 144	Lobpsalm: 145 (JHWH-Königtum)	
146–150	Schluss-Hallel: 10x Halleluja als Über- und Unterschrift (Ps 150: zusätzlich 10x Imperativ-Hallel)	

1.5 Messianischer und theokratischer Horizont des Psalmenbuchs

Von den Rahmenpsalmen 1–2 und 146–150 her ist offenkundig, dass der Psalter ein Lobpreis der universalen in Schöpfung und Tora grundgelegten *Gottesherrschaft* (vgl. besonders Ps 2,10–12 und Ps 150, aber auch Ps 148) ist, die JHWH *durch seinen* auf dem *Zion* eingesetzten (*messianischen*) König (vgl. Ps 2) *und durch sein messianisches Volk*, die Kinder *Zions* (vgl. Ps 149), inmitten der Völkerwelt in einem eschatologischen Gericht durchsetzen will.

Diese messianische Perspektive wird dadurch unterstrichen, dass an makrostrukturell wichtigen Stellen des Psalmenbuchs »Königspsalmen« und »Davidpsalmen« stehen, die einerseits auf einen messianischen König und andererseits auf ein messianisches Volk (»Demokratisierung« der Davidverheißungen) hin gelesen werden können. Makrostrukturell besonders herausragende »messianische« Psalmen sind: Ps 2 (Eröffnung des 1. Psalmenbuchs), Ps 72 (Ende des 2. Psalmenbuchs), Ps 89 (Ende des 3. Psalmenbuchs), Ps 101 (Eröffnung der Davidkomposition 101–106 *nach* der JHWH-Königtum-Komposition 93–100), Ps 110 (Ende der kleinen David-Komposition 108–110) und Ps 144 (Ende der kleinen David-Komposition 138–144, die makrostrukturell 108–110 korrespondiert). Hinzu kommen »Königspsalmen«, die um die Davidverheißungen kreisen, in der Mitte von Teilkompositionen (z. B. Ps 122; 127; 132 jeweils in der Mitte der in Fünfergruppen gegliederten »Wallfahrtspsalmen« 120–134).

Neben der Linie der königstheologischen Psalmen verläuft durch den Psalter eine Linie makrostrukturell auffallender Psalmen, die das Königtum JHWHs (»theokratische Perspektive«) zeichnen: Ps 8; 19; 29; 45–48; 93–100; 145.

Beide Linien sind im Psalmenbuch einerseits kompositionell verschmolzen. Dies zeigt sich beispielhaft in der Abfolge der Ps 18–21 (18: Königspsalm; 19: JHWH als Weltenkönig; 20–21: Königspsalmen) und 144–145 (144: Königspsalm; 145: JHWH als Weltenkönig), aber auch in dem programmatischen Eröffnungspsalm 2, wo beide Perspektiven zusammen auftreten. Andererseits bilden die beiden Perspektiven einen fortschreitenden Geschehensbogen. In der Gesamtarchitektur des fünfteiligen Psalmenbuchs markieren die Königspsalmen 2; 72 und 89 eine königstheologische bzw. eine messianische Perspektive, die im 4. und 5. Psalmenbuch so weiter geführt wird, dass das messianische Konzept dem theokratischen Konzept untergeordnet und zugleich in einer eschatologischen Gesamtperspektive vollendet wird, deren Zielpunkt im JHWH-Königspsalm 145 bzw. im Schlusshallel 146–150 entworfen ist. »Es ist die *Vision der universalen Königsherrschaft JHWHs*, der als Retter der Armen das eschatologische Gericht durchführt (Ps 149,5–9) und damit den neuen Himmel und die neue Erde bringt (Ps 150). Diesem Königsgott gilt der Lobpreis, zu dem Ps 150 den neuen Kosmos – ›alles, was Atem hat‹ (V. 6) – auffordert und der, wie Ps 145 ... ausführt, seinen Grund in der Güte und Barmherzigkeit dieses Königsgottes hat ... Dieser Sicht des barmherzigen Königsgottes entspricht eine Neudefinition Israels als eines Volkes, an dem JHWH seine Güte und Barmherzigkeit offenbaren will. Es ist ein Israel der JHWH-Treuen, die im Gehorsam zur Tora (Ps 147,15.18) und der Rezitation der Psalmen (vgl. Ps 149,5ff) ihren Lebensweg suchen und finden« (*B. Janowski*, in: *E. Zenger* [Hg.], Der Psalter 404f). Für Israel selbst klingt die eschatologische Perspektive vor allem in den beiden »Schwellenpsalmen« 106 und 107 (Ende des 4. und Anfang des 5. Buchs) an: Die in Ps

106,47 in Anspielung auf die *eschatologischen* Verheißungen der Prophetie (vgl. besonders Sach 9–14) formulierte Bitte um Sammlung Israels aus den Völkern mit dem Ziel des Lobpreises JHWHs wird in Ps 107 aufgenommen und kompositionell mit der in Ps 145.146–150 entfalteten Vision vom Kommen des universalen Gottesreiches verknüpft – mit *Zion* als Zentrum.

2. Entstehung

2.1 Die Beziehung der Psalmen und des Psalters zum Kult

Dass die Entstehung des Psalters und der in ihm versammelten Einzelpsalmen und Teilsammlungen *im Horizont* der nationalen (»offiziellen«), lokalen und familiären gottesdienstlichen Begehungen erklärt werden muss, ist unbestritten. Das bestätigen auch die babylonischen Psalmen, deren ritueller »Sitz im Leben« teilweise in den Texten selbst mitüberliefert ist (vgl. *A. Zgoll,* in: E. Zenger [Hg.], Ritual und Poesie). Wie eng diese Beziehung der im Psalter überlieferten Psalmen gesehen werden kann, ist kontrovers. Es gibt einerseits eine Reihe von Einzelpsalmen, die für den Kult geschaffen und im Kult verwendet wurden (s. u. 2.3). Andererseits gibt es Psalmen, die keinerlei kultischen Bezug erkennen lassen. Vor allem hat die »Schlussredaktion« des Psalters kaum einen gottesdienstlichen »Sitz im Leben«, d. h. der Psalter hat seine Endgestalt weder als »Gesangbuch« für die Teilnahme am Tempelkult noch als »Gebetbuch« für die synagogale Liturgie erhalten. Die schon 1933 im »klassischen« Grundlagenwerk der Psalmenexegese »Einleitung in die Psalmen« von *J. Begrich/H. Gunkel* formulierte Erkenntnis (die zwar von vielen Exegeten bis heute vergessen wurde) ist immer noch richtig: Die Sammlung ist »in der Absicht zusammengestellt worden, ein Andachts- und Hausbuch für den frommen Laien zu schaffen. Der Vorgang ist des Näheren so vorzustellen, daß ein Stamm aus dem Gottesdienst bekannter und vertrauter Lieder mit geistlichen, kultusfreien Psalmen verbunden worden ist« (Einleitung 452).

Die Psalmenforschung des 20. Jh.s ist von *H. Gunkels* grundlegender Einsicht bestimmt, dass die überkommenen Psalmen Ausprägungen weniger Grundgattungen sind und als (Wieder-)Gebrauchstexte entstanden sind. Nach Gunkel bilden verschiedene Texte dann eine »*Gattung*«, wenn sie in folgenden *drei Eigenheiten* übereinstimmen: 1. »gemeinsame Formensprache«; 2. »gemeinsamer Schatz von Gedanken und Stimmungen«; 3. Zugehörigkeit zu »einer bestimmten Gelegenheit im Gottesdienst«, d. h. »Sitz im Leben« (Einleitung 22f).

Von diesem Ansatz her erarbeitete Gunkel folgenden *Katalog von Psalmengattungen*: 1. »Die Hymnen« (unter Einschluss der »Lieder von Jahwes Thronbesteigung«); 2. »Die Klagelieder des Volkes«; 3. »Königspsalmen«; 4. »Die Klagelieder des Einzelnen«; 5. »Die Danklieder des Einzelnen«; 6. »Kleinere Gattungen«: »Segens- und Fluchworte«, »Das Wallfahrtslied«, »Das Siegeslied«, »Das Danklied Israels«, »Die Legende«, »Die Tora«; 7. Prophetische Gattungen; 8. »Weisheitsdichtung in den Psalmen«; 9. »Mischungen, Wechselgedichte und Liturgien«. Diese Liste wurde nach Gunkel teilweise noch weiter ausdifferenziert, vor allem im Bereich der »Klagelieder des Einzelnen« (z. B. Krankenpsalmen, Feindpsalmen, Gebete der Angeklagten, Asylpsalmen) und der »Hymnen« (imperativischer bzw. partizipialer Hymnus, JHWH-anredender Hymnus,

Schöpfungshymnen). Ebenso wurde versucht, für die einzelnen Gattungen bzw. Untergattungen möglichst genaue (freilich insgesamt eher problematische) »Sitze im Leben« zu konstruieren (z. B. Festvollzüge und Rituale im Tempelkult, einzelne Phasen der Tempelgerichtsbarkeit und der Ordalpraxis/des Gottesgerichts, Familiengottesdienste bei Krankheit).

Schon zu Lebzeiten Gunkels brach eine bis heute nicht beendete *Kontroverse* darüber aus, ob die nunmehr im Psalmenbuch überlieferten Einzelpsalmen oder wenigstens die meisten von ihnen für den Kult und von Kultfunktionären verfasste Texte sind (so der prominente Gunkel-Schüler *S. Mowinckel* und die »Mowinckelianer« bis heute, zuletzt z. B. *E. S. Gerstenberger*), oder ob die Mehrzahl der Psalmen als »geistliche Dichtung« im Umfeld des Tempels bzw. für den »privaten«/»geistlichen« Tempelbesuch entstanden sind, die sich zwar an den ursprünglich im Kult beheimateten »Gattungen« (bzw. deren Formelementen und Sprache) inspirierten, aber selbst nicht mehr als kultische Texte verwendet wurden (so *H. Gunkel, F.-L. Hossfeld, E. Zenger*). Eine Mittelposition geht davon aus, dass die (literarkritisch rekonstruierbaren) »Grundfassungen« der biblischen Psalmen für kultische »Sitze im Leben« verfasst seien, dass diese sich aber zunehmend von ihrem ursprünglichen »Sitz im Leben« gelöst haben und vor allem beim Vorgang der Zusammenstellung zu Psalmen-Teilsammlungen umgestellt und erweitert wurden (so zuletzt: *K. Seybold*).

Dass und wie im *frühjüdischen Tempelkult* Psalmen Verwendung fanden, lässt sich plastisch in 1 Chr 16; 2 Chr 29,20–30 und Sir 50,15–21 nachlesen. Die eigentlichen Psalmtexte wurden demnach während des täglichen Opfers und an besonderen Festtagen von einem musizierenden und singenden Levitenchor vorgetragen, dem (zwei) Priester von einem Podium am Rande des Priesterhofs aus (wo der Opferaltar stand) mit Trompetensignalen den Einsatz, die Pausen und das Ende ihres Psalmenvortrags anzeigten. Dieser Levitenchor stand auf den Stufen vom Vorhof der Frauen zum Vorhof der Männer. Die teilnehmende Gemeinde konnte den Chor hier gut sehen und hören; die »Gemeinde« sang in der Regel nur den Refrain oder einen Kurzvers (z. B. »denn seine Huld/Güte währet ewig«, vgl. Ps 136). Die Anzahl der dabei verwendeten Psalmen war freilich klein, und sie orientierte sich nicht an der Abfolge des kanonischen Psalmenbuchs. Falls die Angaben der → Mischna (mTamid 7,4), die teilweise durch entsprechende Überschriften im Septuagintapsalter gestützt werden, ein historisches Fundament haben, wurden folgende Psalmen als »Wochenpsalmen« verwendet: 24 (erster Tag; so auch LXX); 47 (zweiter Tag; so auch LXX); 82 (dritter Tag; von LXX nicht gestützt); 94 (vierter Tag; so auch LXX); 81 (fünfter Tag; von LXX nicht gestützt, wohl aber von → Vetus Latina); 93 (sechster Tag; von LXX gestützt); 92 (Sabbat; so MT und LXX). Dass bestimmte Psalmen bei Liturgien, an denen die Gemeinde stärker und unmittelbarer als beim Opferritual beteiligt war, von allen gesungen wurden (z. B. die »Festpsalmen« 50; 81; 95 bei einem »Bundesfest« oder die »Hallelpsalmen« Ps 113–118 am Pesachabend), ist ebenfalls sicher. Kein Zweifel dürfte auch über den chorischen Vortrag von »Volksklagepsalmen« bei den großen Klage- und Bußliturgien am Tempel (vgl. das Buch der Klagelieder) bestehen.
Aus diesen Hinweisen auf kultische Verwendung einzelner Psalmen kann allerdings *nicht* geschlossen werden, dass das Psalmenbuch als »*Gesangbuch des Zweiten Tempels*« für die Teilnahme am Tempelkult entstanden sei. Für diesen gab es möglicherweise eigene kleine »Psalmenrollen«, die nach liturgischen Gesichtspunkten ausgewählt und angeordnet waren. Einige der in Qumran (in Fragmenten) gefundenen Psalmenrollen mit unterschiedlicher Psalmenabfolge könnten diese Hypothese bestätigen; zumindest wird von mehreren Qumranspezialisten die liturgische Abzweckung einiger qumranischer Psalmen-Kollektionen vertreten.

Das Psalmenbuch ist auch *nicht* als »*Gesang- und Gebetbuch der synagogalen Liturgie*« entstanden. Leider wissen wir bislang kaum Genaueres über Entstehung und Organisation der Synagogen-Gemeinden und über deren Verhältnis zu den »Ortsgemeinden«. Dass hier die Verhältnisse in Israel und in der → Diaspora unterschiedlich waren, ist anzunehmen. Aber selbst in Israel dürfte es unterschiedliche »Synagogenkonzepte« gegeben haben, in denen die verschiedenen Gruppierungen und Bewegungen ihre spezifisch akzentuierte jüdische Identität lebten. Auch wenn die Grundstruktur der Liturgie in den einzelnen Synagogen festgeschrieben gewesen sein dürfte (Schriftlesung, rahmende Benediktionen/→ Doxologien, »Höre Israel«), so gibt es doch keinen Hinweis darauf, dass *das Psalmenbuch* zu den gemeinsamen strukturellen Elementen gehörte. Vor allem ist die früher wiederholt vorgetragene Hypothese, die 150 biblischen Psalmen seien für die synagogale Sabbatmorgenliturgie als »Antwortpsalmen« auf die (rund) 150 Lesungen aus der Tora (nach der dreijährigen palästinischen Leseordnung) ausgewählt und angeordnet worden, weder in literarischer noch in historischer Hinsicht begründet. Dass die synagogale Liturgie völlig »psalmenlos« war, ist allerdings wenig wahrscheinlich.

2.2 Der »parallelismus membrorum« als Grundform der Psalmenpoesie

Die Verfasser der biblischen Psalmen orientierten sich bei der Gestaltung ihrer Texte an bestimmten formalen und motivlichen Konventionen, die zu kennen hilfreich ist, um den in den Einzelpsalmen realisierten Gebetsweg zu erfassen. Zu diesen vorgegebenen Konventionen gehört zunächst die typische Technik der hebräischen Versdichtung, die die Bibelwissenschaft (in Aufnahme eines Begriffs der Geometrie) den »Parallelismus (der Glieder)« nennt. Anders als die Prosa, die ihre Texte als fortlaufenden Satzzusammenhang gestaltet, arbeitet die Poesie mit »Verszeilen«, die nach einem bestimmten Schema aneinandergereiht werden. Bei den Psalmen sind in der Regel zwei aufeinander folgende Verszeilen (Verszeile = Kolon; Plural: Kola) als eine poetisch zusammengehörende Zweiergruppe (Parallelismus bzw. Bikolon = Zweizeiler) konzipiert. Daneben gibt es auch (viel seltener) die Zusammenordnung von Verszeilen zu einer Dreiergruppe (Trikolon = Dreizeiler) oder (ganz selten) die isolierte Position einer einzigen Verszeile (Monokolon = Einzeiler). In jenen Druckausgaben, die die Psalmen als Gedichte abdrucken (z. B. Bibelkommentare), lässt sich diese poetische Technik leicht am Druckbild erkennen. Die sog. Einheitsübersetzung deutet diese poetische Basisform so an, dass die Bikola bzw. Trikola jeweils mit einer neuen Zeile beginnen und dass die parallel konzipierten Verszeilen eines Bikolons (bzw. Trikolons) jeweils durch einen Schrägstrich voneinander getrennt werden. Die durch Parallelismen zusammengeordneten zwei oder drei Verszeilen wollen als eine Sinneinheit verstanden werden. Jede Zeile nähert sich gewissermaßen der gemeinten Sache in einer anderen Perspektive an. Das gibt der Aussage produktive Unschärfe und Plastizität zugleich. Man hat nicht zu Unrecht gesagt, hier komme eine Eigenart des semitischen/hebräischen Denkens zum Niederschlag, das nicht wie das griechische Denken begrifflich abgrenzen, sondern möglichst plastisch die Lebendigkeit einer Sache oder einer Erfahrung wiedergeben will.
Die Psalmen verwenden – grob gesprochen – drei unterschiedliche Techniken des Parallelismus: 1. Im *synonymen Parallelismus* (am häufigsten vertreten) wiederholt die zweite Zeile jeweils leicht abgewandelt die Aussage der ersten. Oft ist sogar der Satzbau gleich, manchmal ist er gezielt verändert. Der poetische Reiz liegt darin, die feinen Unterschiede zu erfassen und zu »schmecken« (Beispiel: Ps 8,5–6). 2. Beim *antithetischen Parallelismus* formulieren die beiden als Zweizeiler zusammengehörenden Verszeilen gegensätzliche Aussagen, die aber zugleich als eine spannungsreiche Gesamtaussage mit Ober- und Untertönen gehört werden wollen (Beispiel: Ps 1,6). 3. Im *synthetischen Parallelismus* bilden die beiden Zeilen nur (als »Synthese«) zusammengelesen die beabsichtigte Aussage, d. h. hier wird die erste Zeile durch die zweite so weitergeführt, dass erst durch diese die Aussage selbst abgeschlossen wird oder dass die in der ersten Zeile implizit gemeinte Aussage durch die zweite Zeile explizit gemacht wird (Beispiel: Ps 27,1.10).

2.3 Die Hauptgattungen des Psalters

Eine weitere Vorgabe der einzelnen Psalmen ist die *Gattung*. Sie bestimmt den Aufbau (die Architektur) des Psalms, das Inventar seiner Motive und seine theologische Intention. Den Psalmen liegt in der Regel ein gattungstypisches Sprachmuster zugrunde, aber dieses ist meist so durchgeführt, dass eine gute Mischung aus Konventionalität und Originalität vorliegt. Die wichtigsten Gattungen und deren typische Bauformen lassen sich mit Blick auf ihre unterschiedliche Herkunft so einteilen bzw. charakterisieren:

2.31 Gattungen des offiziellen Kultes

(1) Die *(Gottes-)Hymnen/Lobpsalmen* folgen idealtypisch dem Aufbauschema: Aufforderung zum Lob JHWHs, Begründung und Durchführung des Lobpreises, meist eingeleitet mit *kī* »denn«, und Ausklang (Beispiele: 29; 93; 100; 103; 104; 113; 117; 135; 136; 145; 148).

Die Hymnen feiern JHWHs »Wesen«: seine Größe und Wirkmächtigkeit in Schöpfung und Geschichte, seine Güte, Treue und Barmherzigkeit, seine Königsherrschaft über die ganze Erde und sein königliches Eintreten besonders für die Rechte der *personae miserae*. Hymnen wurden beim täglichen Tempelritual und bei Festversammlungen (musikalisch inszeniert) aufgeführt.

(2) Die *Zionspsalmen* sind (vermutlich chorisch aufgeführte) Kulthymnen, die den im Zionstempel bzw. in Jerusalem als Gottesstadt gegenwärtigen und von dort aus das Chaos bekämpfenden Gott feiern. Sie sind meist strophisch gegliedert und bieten hymnische Tempeltheologie (Beispiele: Ps 46; 47; 48; 76).

(3) Die *Volksklagepsalmen* folgen idealtypisch dem Aufbauschema: Anrufung Gottes mit entfalteter Notschilderung in Form einer Klage oder Bitte, Bitte um ein Ende der Not, unterstützt mit einem Rückblick auf JHWHs früheres Heilshandeln oder mit Betonung der Irrationalität dieser Not vor dem Forum der Nachbarvölker bzw. der Feinde, Bitte um Vernichtung der Feinde bzw. um sichtbare Zuwendung JHWHs zur klagenden Gemeinde, Lobversprechen oder Vertrauensbekenntnis (Beispiele: Ps 44; 74; 79; 80; 83).

Während die Gottes- und Tempelhymnen die Gegenwart JHWHs inmitten seines Volkes und im Jerusalemer Tempel feiern, beklagen diese Psalmen angesichts katastrophischer Erfahrungen die Abwesenheit und Verborgenheit JHWHs. Teilweise wird dabei die Notsituation als Auswirkung eines gerechten Zorngerichts gedeutet, teilweise steigern sich die Klagepsalmen aber auch zur Anklage Gottes wegen des Übermaßes oder wegen der Unbegreiflichkeit der hereingebrochenen Katastrophen. Diese Klagepsalmen waren Teil von Klagefeiern bzw. Bußgottesdiensten, zu denen unterschiedliche Buß- und Trauerriten gehörten und die an Tagen stattfanden, die als »Fastentage« begangen wurden. Anlass für solche »Klagefeiern« waren zum einen Notsituationen wie Krieg, Missernten, Seuchen, Heuschreckenplagen u. Ä. (vgl. den »Plagenkatalog« des Tempelweihegebets 1 Kön 8), zum anderen große politische Katastrophen wie der Untergang des Nordreichs (722 v. Chr.) oder die Eroberung Jerusalems mit Zerstörung des Tempels (586 v. Chr.).

(4) Die *Königspsalmen* sind ursprünglich rituelle Kompositionen, die mit den verschiedenen Feierlichkeiten bzw. Amtshandlungen des Jerusalemer Königtums (Inthronisation, Hochzeit, Jubiläum, Begräbnis, Krieg) zusammenhängen und eine Königstheologie

entfalten; sie partizipieren auffallend stark an der Königstheologie Ägyptens und Assurs (Beispiele: Ps 2; 20; 21; 45; 72; 89; 110).

2.32 Gattungen des familiären Kultes

(1) Die *Klagepsalmen eines Einzelnen* folgen idealtypisch dem Aufbauschema: Klagende Anrufung des Gottesnamens mit Notschilderung (Störung des Selbstbezugs [Ich-Klage], des Weltbezugs [Feind-Klage] und des Gottesbezugs [Gott-Klage]), Bitte um Rettung, Vertrauensbekenntnis bzw. Dankversprechen (»Stimmungsumschwung«: vgl. *B. Janowski*, Konfliktgespräche 75–84) als Vorwegnahme der erhofften Rettung (Beispiele: Ps 6; 10; 13; 22; 64; 69; 88; 102; 130).

(2) Die *Bittpsalmen eines Einzelnen* folgen idealtypisch dem Aufbauschema: Einleitende Bitte mit Betonung der Unschuld, zentrale Bitte mit breiter Schilderung der Not, abschließende Bitten mit Blick auf Feinde und Freunde; wie der Klagepsalm kulminiert auch der Bittpsalm (meist) in einem Vertrauensbekenntnis oder einem Dankversprechen (Beispiele: Ps 5; 7; 17; 25; 26; 28; 35; 38; 56; 57; 59; 86; 140–143).

Man kann erwägen, ob diese beiden Gattungen nicht letztlich Ausprägungen einer einzigen Grundgattung »Klage« bzw. »Bitte« sind, zumal bereits *H. Gunkel* konstatiert hatte: »Das bedeutendste Stück der Klagelieder ist die Bitte. Sie ist das Herzstück der Gattung, begreiflich, da es das Bestreben des Beters ist, etwas von seinem Gott zu erlangen« (*J. Begrich/H. Gunkel*, Einleitung 218). Dass die »Klage- und Bittpsalmen« des Psalters Variationen der ursprünglichen Gattung sind, lässt sich besonders an den in ihnen geschilderten Notsituationen erkennen: »Die Leiden der Beter ... erscheinen auf eigenartige Weise zugleich als individuell und allgemein. Sie sind oft als Ausdruck ganz persönlicher Nöte und Leiden formuliert, wirken aber vielfach zugleich fast stereotyp. Dabei ist es ein Charakteristikum der meisten Klagelieder, daß die Not, von der sie sprechen, nicht auf einen eindeutig definierbaren Bereich beschränkt erscheint. Sehr häufig sieht sich der Beter von Feinden verfolgt, und nicht selten ist dies der einzige Aspekt des Leidens, der explizit formuliert wird. Oft schließt dies die Isolierung von der bisherigen Umwelt mit ein. Daneben erscheinen Krankheit bis hin zum Tod, Armut und das Bewußtsein von Schuld als weitere Gründe für die Klagen des Beters. Aber häufig verbinden und vermischen sich mehrere der Gründe miteinander ... Auch die ›Feinde‹ des Klageliedbeters erscheinen unter einem doppelten Aspekt. Einerseits sind sie die persönlichen Feinde des Beters. Andererseits erscheinen sie geradezu als Repräsentanten einer Gegenwelt, so daß das Gegenüber des Beters und seiner Feinde weit über das Individuelle hinaus den Charakter einer grundsätzlichen Antithese erhält ... Vor allem aber versteht der Beter diesen Konflikt zugleich als Auseinandersetzung über das Verhältnis zu Gott. Er sieht sich selbst zwar nicht einfach auf der Seite Gottes; vielmehr bringt er häufig seine Sündhaftigkeit und Unwürdigkeit zum Ausdruck. Aber er wendet sich an Gott, er rechnet mit der Hilfe Gottes, und er weiß, daß vor Gott die ›Gerechtigkeit‹ gilt, um die er sich nach besten Kräften bemüht. Die Gegner hingegen werden oft als Spötter, ja als Gottesleugner dargestellt, so daß der Konflikt des Beters mit seinen Feinden die Gestalt des Grundsatzkonfliktes zwischen Gerechten und Ungerechten annimmt« (*R. Rendtorff*, Theologie des Alten Testaments. Bd. 1, Neukirchen-Vluyn 1998, 302).

(3) Die *Dankpsalmen eines Einzelnen* folgen idealtypisch dem Aufbauschema: Ankündigung des Dankes (Gottesanrede »Du«), Rettungserzählung (Gottesanrede »Du«) und Einladung an die »Gemeinde«, sich dem Dank an Gott (Rede von Gott »Er« = Bekenntnis) anzuschließen (Beispiele: Ps 9; 30; 116; 118).

Im Unterschied zu den Hymnen, die das Wesen JHWHs feiern, sind die Dankpsalmen Reaktion auf (individuell und punktuell) erfahrene Rettung aus der in den Klage- und Bittpsalmen geschilderten Not; als Gattung waren sie ursprünglich mit einer familiären Opferfeier am lokalen Heiligtum oder im Jerusalemer Tempel verbunden (vgl. die Hinweise auf das Toda-Opfer in Ps 22,26f; 66,13; 116,13–19).

2.33 Nichtkultische Gattungen

Aus dem Milieu, in dem die Weisheitsbücher wie z. B. das Buch der Sprichwörter, Kohelet und Jesus Sirach entstanden sind, stammen die *Lehr- und Weisheitspsalmen*. Sie haben keine stereotypen Aufbauschemata, sind aber meist kunstvoll komponiert (z. B. Form des → Akrostichon und des → Makarismus). Sie sind streng genommen keine Gebete, sondern Reflexionen und Meditationen über das Gelingen des Lebens, über das Schicksal der Guten und der Bösen, über die Schöpfung und über das Gesetz (Beispiele: Ps 1; 37; 39; 49; 73; 112; 119; 127; 128).

2.34 Relevanz der Gattungsmerkmale

Auch wenn die meisten der im Psalter überlieferten Psalmen als »nachkultische« Psalmen entstanden sind, haben sie sich an der Gebetsdynamik und an der Formensprache der ursprünglich im Kult entstandenen Gattungen inspiriert (es gibt auch »Gattungsmischungen«), so dass die Psalmenexegese auf die Erkenntnisse der Gattungsforschung nicht verzichten darf; doch darf nicht übersehen werden, dass jeder Psalm seine spezifische Gestalt und seine individuelle »Biographie« hat, die herausgearbeitet werden muss.

2.4 Entstehung von Einzelpsalmen

Die Datierung von Einzelpsalmen ist ein schwieriges Feld der Forschung, da die Psalmen kaum Anhaltspunkte für eine genauere Datierung bieten. Es wird angenommen, dass die meisten Psalmen aus nachexilischer Zeit stammen oder zumindest ihre nunmehr vorliegende Textfassung erst in dieser Zeit erhalten haben. Eine Entscheidung kann jeweils nur im Einzelfall getroffen werden (vgl. die Kommentare). Hier müssen einige Hinweise genügen.

In vorexilischer Zeit können die Primärfassungen der Königspsalmen (Ps 2* 18* 21* 45* 72* 110*) entstanden sein, die dann ihren »Sitz im Leben« bei offiziellen kultischen Anlässen im Rahmen der Amtsführung des Königs gehabt hätten. Ebenso dürften die Grundfassungen der mit dem Tempel als der königlichen Residenz JHWHs verbundenen JHWH-König-Psalmen 24* 29* 93* und der Zionshymnen Ps 46* 47* 48* 76* mit ihrer Chaos-Kosmos-Theologie vorexilisch sein. Einzelne Klage-, Bitt- und Dankpsalmen können aus spätvorexilischer/exilischer Zeit stammen (z. B. Ps *3–7.*11–14.17*.22*.*26–28.*30–32.*35–36.38*.41*.52.54–57.59.*61–68), wenngleich gerade solche Individualpsalmen wegen ihrer geprägten Sprache nicht leicht datierbar sind.

Einfacher datierbar sind Psalmen, die auf geschichtliche Ereignisse Bezug nehmen oder sich mit solchen verbinden lassen. So könnte sich z. B. die Primärfassung des Volksklagepsalms Ps 80 auf den Untergang des Nordreichs (722 v. Chr.) beziehen, während der Volksklagepsalm Ps 74 die Zerstörung des Jerusalemer Tempels (586 v. Chr.) beklagt.

Eine weitere Möglichkeit der Datierung kann die in einem Psalm entfaltete Theologie sein, falls sie klar profiliert ist und mit den theologischen Konzepten anderer Textkomplexe korreliert werden kann. So setzen z. B. die beiden Geschichtspsalmen Ps 105 und Ps 106 das priesterliche

Pentateuchkonzept, wenn nicht sogar erst das Konzept der Endgestalt des Pentateuch voraus, was eine Datierung nach 400 v. Chr. fordert. Ps 102 setzt nicht nur die Zerstörung Jerusalems voraus, sondern inspiriert sich an Deutero- und Tritojesaja (s. u. F.II.). Schließlich ergibt sich eine relative Chronologie für die Entstehung von Einzelpsalmen dadurch, dass ein Psalm einen anderen Psalm oder andere Psalmen aufnimmt und »auslegt«. So ist Ps 96 eine Neugestaltung von Ps 29, während Ps 144 unter Einbeziehung der Psalmen 8 und 139 sogar eine Relecture von Ps 18 darstellt.

Die im offiziellen Kult des Jerusalemer Tempels verwendeten Psalmen dürften von Mitgliedern der »Tempelmusikakademie« getextet und vertont worden sein (die in mehreren Psalmenüberschriften genannten Asaf und Korach könnten prominente Psalmenkomponisten gewesen sein, nach denen sich dann bestimmte Sänger- und Musikerschulen benannten). Die im familiären Kult verwendeten Psalmen könnten ursprünglich von (priesterlichen oder prophetischen) Ritualspezialisten verfasst und gesammelt worden sein, die ihren »Klienten« die passenden Psalmen zur Verfügung stellten bzw. diese sogar bei der gottesdienstlichen Feier vortrugen.

2.5 Bildung von Psalmgruppen bzw. Teilsammlungen

Es fällt auf, dass im Psalmenbuch gattungsmäßig und theologisch verwandte Psalmen mehrfach nebeneinander stehen und in ihrer Abfolge sogar ein spezifisches Konzept realisieren, wie dies bei der oben beschriebenen Psalmengruppe Ps 3–14 oder bei der Gruppe der Asaf- und Korachpsalmen (s. o. 1.3) der Fall ist. Auch die Psalmen 25–34 bilden eine planvoll zusammengestellte Teilsammlung, die zunächst drei Bittpsalmen Ps 26–28 bietet, mit denen dann die Dankpsalmen 30–32 spiegelbildlich korrespondieren; die Mitte der Komposition wird durch den Ps 29 gebildet, der den von seinem Heiligtum aus machtvoll wirkenden und sein Volk rettenden König JHWH hymnisch feiert. Auffallende Teilsammlungen sind auch die Komposition der JHWH-König-Psalmen Ps 93–100; dieser Komposition könnte eine in frühnachexilischer Zeit zusammengestellte »Tempelkantate« Ps 93* 95* 96* 98* 100 zugrunde liegen. Eine deutlich profilierte Teilsammlung ist schließlich auch der sog. Wallfahrtspsalter Ps 120–134.

2.6 Kompositions- und Redaktionsgeschichte des Psalmenbuchs

Das Psalmenbuch ist dadurch entstanden, dass Teilsammlungen zu Teilpsaltern zusammengefasst wurden und dass diese Teilpsalter ihrerseits miteinander verbunden sowie redaktionell bearbeitet wurden, bis die überlieferte Endgestalt des Psalters Ps 1–150 vorlag. Als Faustregel kann gelten: Die Abfolge der Teilsammlungen im jetzigen Psalmenbuch entspricht ihrem Alter. Dieser Prozess kann hier nicht im Detail nachgezeichnet werden.

Grundlegend ist die Beobachtung, dass der Formierungsprozess des 4. und 5. Psalmenbuchs anders verlaufen ist als die Entstehung der ersten drei Psalmenbücher. Die unterschiedliche Redaktionsgeschichte von Ps 90ff wird vor allem in dem gegenüber Ps 3–89 veränderten Überschriftensystem greifbar: Ab 90ff gibt es viele überschriftslose Psalmen; es fehlen in den Überschriften Melodieangaben; die in 3–89 sehr häufig auftretende Angabe »dem Musikmeister« (Lutherbibel: »vorzusingen«) gibt es ab 90ff nur noch dreimal (Ps 109; 139; 140); das ab 90ff mehrfach als Überschrift bzw. Rahmung auftretende Halleluja fehlt in Ps 3–89 überhaupt; auch der musikalische Terminus »*Sela*« (Bedeutung: Unterbrechung), der in Ps 3–89 sehr oft gesetzt ist, findet sich ab 90ff nur noch in Ps 140,4.6.9; 143,6. Ab 90ff gibt es auch keine Zuweisungen mehr an Asaf und an die Korachiten. Umgekehrt gibt es in Ps 3–89 keine Psalmen, die mit der

Formel »Danket JHWH« (vgl. Ps 105,1; 106,1; 107,1; 118,1 u. a.) oder mit der Proklamation »JHWH ist König« geworden (vgl. Ps 93,1; 97,1; 99,1) beginnen. Insgesamt fällt auf, dass ab 90ff die Klagepsalmen/Bittpsalmen im Vergleich zu 3–89 zahlenmäßig viel weniger häufig vertreten sind und dass demgegenüber die hymnischen Psalmen stark zunehmen. Wegen dieser Indizien wird die Zäsur nach Ps 89 »Hauptzäsur« genannt. Daneben ist der einzige Metatext des Psalters, nämlich der → Kolophon Ps 72,20 zu bedenken. Schließlich hat forschungsgeschichtlich seit H. Gunkel der sog. elohistische Psalter eine große Rolle gespielt (so bezeichnet, weil er durchgehend den Gottestitel »Elohim« bevorzugt). Er durchbricht kompositionell die durch die → Doxologie gesetzte Grenze zwischen dem zweiten und dem dritten Buch und geht ihr – anders als der Kolophon der Davidsgebete Ps 72,20 – entstehungsgeschichtlich voraus (s. u.).

Als erste Orientierung über die komplizierte Entstehungsgeschichte des Psalters kann die folgende Graphik dienen (vgl. *F.-L. Hossfeld/E. Zenger*, NEB und HThKAT; *E. Zenger*, Programm des messianischen Psalters, in *E. Otto/E. Zenger* [Hg.], »Mein Sohn bist du« [Ps 2,7]. Studien zu den Königspsalmen [SBS 192] Stuttgart 2002):

Kompositions- und Redaktionsgeschichte des Psalters

6. Jh.	Teilsammlungen individueller Klage-, Bitt- und Dankgebete: Ps 3–14 (ohne 9/10).15–24 (ohne 16 19 23).26–32.35–41 (ohne 37 39 40) Vorstellungshintergrund: Audienz des Beters bei JHWH, dem im Tempel als seiner Residenz gegenwärtigen Gott; JHWH als Schützer und Retter der »Armen« (Notsituationen: Anfeindung, Armut als Folge gesellschaftlicher Zerklüftung, Falschanklage und Rechtsbeugung, Machtbesessenheit und Rücksichtslosigkeit von Mächtigen und Reichen, Krankheit, eigene Sünden).
6./5. Jh.	Komposition/Redaktion der o. g. Teilsammlungen im Geiste der »Armenfrömmigkeit« (»die Armen« ist nun nicht mehr Bezeichnung für eine primär soziale Gruppe, sondern für eine religiöse Haltung); Integration weiterer Psalmen (16 19 23 25 34 37 39 40) und redaktionelle »Fortschreibung« der anderen Psalmen der Teilsammlungen; Verstärkung des Aspekts »Vertrauen auf JHWH«. Es ist möglich, dass die Komposition *3–41 (»Davidpsalter I«) auf Hof- und Tempelsänger des judäischen Königshofs zurückgeht (Beginn der »Davidisierung«).
6. Jh.	Teilsammlung Ps 52.54–57.59.61–68 Die Sammlung ist stark von Kriegsmetaphorik bestimmt; in Ps *52–64 wird ein dramatischer Ansturm gegen das betende Ich dargestellt, wobei der wachsenden Bedrohung des Beters eine zunehmende Steigerung des Vertrauens des Beters in die rettende Macht seines Gottes entspricht; Ps 64 verheißt das Ende der Bedrohung, worauf ab Ps 65 der hymnische Lobpreis folgt, der mit Ps 68 in einem großen Siegesfest endet; semantische Merkmale: zions- und tempeltheologische Perspektivik, JHWH als »Schutzburg und Wohnung«, Haltung der sog. persönlichen Frömmigkeit (»Innerlichkeits-Semantik«).
5. Jh.	Asafitischer Psalter (David-Asaf-Komposition): Ps 50–83 Ausbau der exilischen Sammlung Ps *52–68 zu einem Davidpsalter Ps *51–72 (»Davidpsalter II«), wobei die *Komposition* Ps *3–41 teilweise als »Vorlage« diente; Ummantelung der Davidgebete 51–72 (Rahmung von Ps 72 durch die Überschrift »für Salomo« und den → Kolophon Ps 72,20) durch die von asafitischer Theologie (u. a. starkes Interesse an der Geschichtstheologie; Gott als Richter Israels und der Völker)

geprägten Asafpsalmen 50 und 73–83; Einfügung der Psalmen 58 (JHWH als »Richter«) und 60 (Volksklagepsalm: Vorverweis auf die Asaf-Volksklagepsalmen 74 79 80).
Die asafitischen Theologen (in vorexilischer Zeit »Berufsstand« der Hof- und Tempelsänger: verantwortlich für die Gebets- und Liedüberlieferung) machen erstmals König David als »Knecht Gottes« zum paradigmatischen Psalmenbeter, der in der Not und in der Fremde zu Gott gebetet hat und von ihm erhört wurde (»Biographisierung« der Davidpsalmen).

5. Jh. Elohistischer Psalter: Ps 42–83
Vorbau der Korachpsalmen Ps 42–49 (vorgegebener »Korachpsalter«: Ps 42–48) vor den asafitischen Psalter Ps 50–83; auffallendstes Merkmal, das diese Abgrenzung begründet, ist das gehäufte Vorkommen des Gottestitels »Elohim« neben dem seltener, aber gezielt verwendeten → Tetragramm (JHWH). Diese Besonderheit (die z. B. in den jüngeren Korachpsalmen 84–85.87–88 nicht mehr gegeben ist) ist nicht Ergebnis einer nachträglichen (»elohistischen«) Redaktion, sondern Ausdruck eines differenzierenden Gotteskonzeptes, das auch im Pentateuch begegnet (z. B. in der Priesterschrift und in den sog. elohistischen Textpassagen Gen 20 22 u. a.). »Elohim« betont die Distanz und Transzendenz sowie die Universalität Gottes, »JHWH« betont die Nähe und Israel-Bezogenheit. Ps 42–83 arbeitet auch mit einer spezifischen Theologie des »Namens« Gottes. Die Korachpsalmen feiern den auf dem Zion und in der Gottesstadt gegenwärtigen und das Chaos bekämpfenden Königsgott JHWH.

5. Jh. Messianischer Psalter: Ps *2–89
Vorschaltung der Gebetssammlung Ps *3–41 (s. o.) vor den elohistischen Psalter und Anfügung der Korachpsalmen Ps 84–85.87–88; Rahmung der Komposition durch die Königspsalmen 2,1–9 und 89; Einfügung weiterer königstheologischer Notizen; Gliederung von Ps 2–89 durch die → Doxologien Ps 41,14; 72,18f; 89,53 in die drei Teile Ps 2.3–41.42–72.73–89
Die Bezeichnung »messianisch« inspiriert sich am Begriff »Maschiach« = »Gesalbter«, der pointiert in den Rahmenpsalmen Ps 2,2 und Ps 89,52 begegnet; in beiden Psalmen ist »der Gesalbte« (»Messias«) als Mandatar JHWHs gezeichnet, der in der Völkerwelt JHWHs Gerechtigkeitsordnung durchsetzen soll.

5. Jh. JHWH-König-Psalter: Ps *2–100
Anfügung der Psalmengruppe Ps 90–92 und der JHWH-König-Psalmen-Komposition Ps 93–100 als programmatisches Finale; der in Ps 89 angesichts des »Scheiterns« des davidischen Königtums beklagten Ohnmacht bzw. »Treulosigkeit« JHWHs setzt Ps 93–100 die Botschaft von der Macht des *Weltkönigs* JHWH und von seiner Verlässlichkeit entgegen, die in der Wiederherstellung des Tempels »vor aller Welt« sichtbar geworden sei; er kulminiert in Ps 100 mit der Aufforderung an die Völker, JHWH im Jerusalemer Tempel zusammen mit Israel zu huldigen.

5./4. Jh. Geschichtstheologischer Psalter: Ps *2–106
Die Psalmenreihe 101–106 nimmt aus Ps 93–100 das Thema von JHWHs Königtum auf und bietet eine paarweise Konkretisierung (101–102: Umsetzung der Königsherrschaft JHWHs durch den davidischen König; 103–104: JHWH als barmherziger und fürsorglicher Schöpfer und König der ganzen Welt; 105–106: JHWHs Königsherrschaft in der Geschichte Israels von den Anfängen bis zum Exil). Wegen der Pentateuchperspektive von 105–106, die den Bogen nach 90–92 zurückschlägt, kann man Ps *2–106 als geschichtstheologischen Psalter bezeichnen; er ist durch die → Doxologien in vier »Bücher« gegliedert.

5./4. Jh.	Zionspsalter: Ps *2–136 Fortschreibung durch Ps 107 (Dankliturgie).108–110 (4. Davidpsalter).111–112 (Zwillingspsalmen: weisheitliche Meditation über JHWHs Geschichtshandeln und die anthropologischen Implikationen).113–118 (traditionell »Pesach-Hallel« genannt).119 (Torameditation).120–134 (Wallfahrtspsalter).135–136 (Zwillingspsalmen: Hymnen über die kanonische Ursprungsgeschichte). Kompositionsbogen: *Hodu*-Formel (»Danket JHWH, denn er ist gut, denn in Ewigkeit währt seine Liebe«): 107 → 118 → 136. Thema: Dank für die Rettung, Restitution und Erneuerung Israels
um 300	Fünfteilige Tora Davids: Ps 1–145 Fortschreibung (»Davidredaktion«) durch den fünften Davidpsalter Ps 138–145 (Thema: Transzendenz und Immanenz der universalen Königsherrschaft JHWHs); Vorschaltung von Ps 1 (der seliggepriesene »Mann« ist der Zionskönig »David«: vgl. Dtn 17,18f) und Erweiterung von Ps 2 durch 2,10–12 (der Zionskönig als Toralehrer für die Könige der Völker). Analogie zur fünfteiligen Tora des Mose. Einfügung von Ps 137 als »Brückentext«.
2. Jh.	Sefer Tehillim: Ps 1–150 Abschluss des Psalters durch die fünfteilige Halleluja-Kantate Ps 146–150 (Thema: universale Durchsetzung der Königsherrschaft JHWHs, unter Mitwirkung des »armen« Israel; Entmachtung und Bestrafung der Machthaber der Völker der Erde). Die Einfügungen der Halleluja-Rufe als Über- bzw. Unterschrift im 4. und 5. Psalmenbuch sind konzeptionelle Akzentuierungen (»Halleluja-Redaktion«: Schlussredaktion)

2.7 Datierung und »Sitz im Leben« des Psalmenbuchs

Wann der Psalter seine Endgestalt Ps 1–150 erhielt, ist in der Forschung umstritten. Während die Meinungen darüber früher stark divergierten (5.–2. Jh. v. Chr.: von der Perserzeit bis in die Makkabäerzeit), tendiert die Forschung heute zu einer *Datierung zwischen 200 und 150 v. Chr.* Für diese Datierung sprechen u. a. folgende Gründe:

(1) Die Konzentration auf Zion/Jerusalem/Tempel und auf die Rolle der Kinder Zions bei der machtvollen Durchsetzung der universalen Königsherrschaft JHWHs (vgl. bes. Ps 149) ist gut im Kontext des antiseleukidischen Kampfes vorstellbar.

(2) Die sprachliche und theologische Verwandtschaft des Psalterschlusses Ps 146–150 mit dem um 175 v. Chr. entstandenen Buch Jesus Sirach (s. u. E.VIII.). Ob man allerdings die Tatsache, dass Sir 51,12a den als Überleitung zu Ps 149 redaktionell zu drei → Stichen/→ Kola ausgestalteten Vers Ps 148,14 zitiert, als Datierungsargument werten kann, ist fraglich, weil die Authentizität des nur in der mittelalterlichen Handschrift B aus der Kairoer Genisa (s. o. B.I.3.10) bezeugten Liedes Sir 51,12a–o (in der EÜ abgedruckt) zweifelhaft ist.

(3) Die theologische Verwandtschaft (Toraweisheit, Eschatologie, ethisch-kosmischer Dualismus, Gotteslob) von Ps 146–150 mit den zwischen 200 und 150 v. Chr. datierten in Qumran gefundenen nichtessenischen (!) Weisheitstexten »*mûsār lammebin*« und »Book of Mysteries« (vgl. *A. Lange*, Die Endgestalt des protomasoretischen Psalters und die Toraweisheit, in: *E. Zenger* [Hg.], Der Psalter 101–136).

(4) Der in der Qumrangemeinde in den Jahren 71 bis 63 v. Chr. entstandene thematische »→ Pescher« (= Kommentar) 4QMidr.Eschat[a] (frühere Bezeichnung: 4QFlor)

kombiniert die Aufeinanderfolge von Ps 1,1 und Ps 2,1f als strukturbestimmendes Leitzitat mit Zitaten aus anderen biblischen Büchern und appliziert sie eschatologisch auf die essenische Gemeinschaft. »Daß der protomasoretische Psalter innerhalb der essenischen Gemeinschaft eine solche Autorität haben konnte, ist am ehesten denkbar, wenn er schon bei ihrer Entstehung 152 v. Chr. mit ihr versehen war« (*A. Lange*, Endgestalt 106).

(5) Die Datierung wird gestützt durch den (griechischen) Septuagintapsalter. Diese in der 2. Hälfte des 2. Jh.s in Alexandria (vgl. *A. Cordes*, Die Asafpsalmen; andere Auffassung: um 100 v. Chr. vermutlich im Mutterland [Jerusalem?]) entstandene Psalterübersetzung belegt nicht nur (trotz teilweise anderer Zählweise, s. o. 1.1) die Psalmenanordnung des protomasoretischen Psalters, sondern zeigt, dass damals die Anzahl der Psalmen als bewusste Entscheidung feststand (s. o. 1.1).

(6) Die älteste Handschrift, die die Buchgestalt des protomasoretischen Psalters sicher belegt, ist die paläographisch in die 2. Hälfte des 1. Jh.s v. Chr. datierte Handschrift *Masada Psalms[b]* (s. o. B.I.3.9).

(7) Gegen diese Datierung des protomasoretischen Psalters Ps 1–150 spricht nicht die insbesondere im Buchschluss andere Reihenfolge der Psalmen, die in mehreren Handschriften von Qumran (insbesondere 11QPs[a]) belegt ist (s. o. B.I.3.8). Die Diskussion darüber, ob 11QPs[a] einen neben der protomasoretischen Buchgestalt des Psalters (»Jerusalem-Psalter«) oder gar einen gegen diesen konzipierten »Qumran-Psalter« bezeugt oder ob 11QPs[a] eine für einen spezifischen, liturgischen Zweck geschaffene Sammlung von »kanonischen« und »nicht-kanonischen« Texten ist, ist derzeit offen (vgl. dazu *H.-J. Fabry*, in: *E. Zenger* [Hg.], Der Psalter 137–163; sowie *U. Dahmen*, Psalmen- und Psalterrezeption, gegen *P. W. Flint*, The Dead Sea Psalms Scrolls). Immerhin lässt sich die in 11QPs[a] erkennbar andere Anordnung der Psalmen durchaus als programmatische Komposition mit spezifischer »Qumran-Theologie« verständlich machen (vgl. *M. Kleer*, Der liebliche Sänger; *U. Dahmen*, Psalmen- und Psalterrezeption). Sollte 11QPs[a] ein »Qumran-Psalter« neben dem protomasoretischen »Jerusalem-Psalter« sein wollen, bestätigt dies die These, dass der »Jerusalem-Psalter« eine planvolle Komposition ist. Dass sich der (chassidisch-pharisäisch-rabbinische) »Jerusalem-Psalter« dann bei der Kanonisierung im 1. Jh. n. Chr. gegen den »Qumran-Psalter« durchsetzte, ist nicht verwunderlich.

Die unverkennbare Nähe gerade der jüngsten Teile des Psalmenbuchs zur späten Weisheit und die Betonung der (Tempel-)Musik machen es wahrscheinlich, dass der Psalter seine Endgestalt im Milieu der weisheitlich inspirierten levitischen Tempelsängerschaft (vgl. 1 Chr 16,4f; 2 Chr 7,6; 29,30) erhalten hat, die in Distanz zur priesterlichen Tempelaristokratie stand und die mit ihrer Verbindung von Tora-Weisheit, prophetischer Eschatologie und »Armenfrömmigkeit« den Psalter als ein *Volksbuch* für Laien ausgestaltete und verbreitete, die als *Kurzfassung* von Tora und Nebiim gelesen, gelernt und gelebt werden konnte. So wurde das Psalmenbuch zum Grundtext der persönlichen Frömmigkeit und der messianischen Hoffnungen. Es war das »Lebensbuch« jener Gruppen, die in den Psalmen »die Armen«, »die Frommen« und »die Gerechten« genannt werden. Beim Singen – auch losgelöst von der offiziellen Tempelliturgie – der (auswendig gelernten) Psalmen als ihrer »Volkslieder« fanden sie Trost, Hoffnung und Lebensweisung, aber auch Gemeinschaft mit ihrem auf dem Zion gegenwärtigen Gott. Dass sie die Psalmen selbst lesen konnten, ist wenig wahrscheinlich. Dass sie ihnen von schriftgelehrten Leviten vorgetragen und ausgelegt wurden, dass die Psalmen auch zum elementaren »Lernstoff« der

»Lehrhäuser« (vgl. Sir 51,23) und der Synagogen gehört haben, dass sie in den »Genossenschaften« (*ḥabūrōt*) der pharisäischen Bewegung Meditationstexte waren, dass sie zum alltäglichen familiären Gebet gehörten – all dies kann man sich vorstellen, ohne es mit Sicherheit beweisen zu können.

3. Theologie

3.1 Gebet- und Lebensbuch Israels

Der Psalter ist als *Gebet- und Lebensbuch* entstanden, das mitten in Leid und Angst eine umfassende, Hoffnung stiftende Deutung menschlicher Existenz »im Angesicht Gottes« geben will und das als rezitiertes »Gotteslob« die stellvertretend für Israel und die ganze Schöpfung (vgl. Ps 146–150) gegebene Antwort auf JHWHs Wirken und Gegenwärtigsein in Israel und in der ganzen Schöpfung ist. Gerade von dieser zweifachen Funktion her ist verständlich, dass das Psalmenbuch die Psalmen nicht nach Gattungsgesichtspunkten hintereinander stellt, sondern die Gattungen gezielt »mischt«: Es ist ein Spiegel der widersprüchlichen Vielfalt des Lebens, das in den sich immer neu und anders einstellenden Konstellationen mit Lob, Klage, Dank, Bitte, Reflexion, Zeugnis u. a. ausgehalten werden soll – in der betenden Zusammenschau des Psalmenbuchs.

3.2 Antwort Israels

In einer klassisch gewordenen Formulierung hat *Gerhard von Rad* die Psalmen als »*Antwort Israels*« gekennzeichnet. JHWH hat sich Israel eben nicht als stummes Objekt seines Geschichtswillens erwählt, sondern zum Gespräch. Die Psalmen sind Niederschlag dieses Gesprächs, in dem Israel und der einzelne Israelit im Gegenüber Gottes zum Wir und Ich gefunden haben. Sie sind Israels Antwort auf die erfahrene Zuwendung und auf die erlittene Verborgenheit seines Gottes. Die Antwort zeigt uns, »wie Israel ... diese Existenz in der Unmittelbarkeit und Nähe zu Jahwe bejaht und verstanden hat; welche Anstalten es getroffen hat, sich vor sich selbst und vor Jahwe in dieser Nähe zu rechtfertigen oder zu schämen. Sie zeigt uns aber auch, wie Israel in diesem Verkehr mit Jahwe sich selbst offenbar wurde und in welchem Bild es sich sah, wenn es redend vor Jahwe trat« (*G. von Rad*). Die Psalmen führen dieses Gespräch mit und vor Gott häufig in Aufnahme der in der Tora und in den Propheten versammelten Überlieferungen. Deshalb kann man den Psalter sogar als deren betende Aneignung und Aktualisierung verstehen. Das ist auch die in der Rahmung des Psalters herausgestellte Perspektive. Insofern die Psalmen »Antwort« sind, sind sie zumeist Texte, in denen ein »Ich« oder ein »Wir« redet. Manchmal verschmelzen »Ich« und »Wir« sogar in ein und demselben Psalm (z. B. Ps 40). Die Exegese hat oft diskutiert, ob das »Ich« ein individuelles oder ein kollektives »Ich« ist. Heute wissen wir, dass dies eine eher moderne Unterscheidung ist. Auch wenn der einzelne Israelit »Ich« sagte, wusste er sich eingebunden – gerade im Angesicht seines Gottes, vor dem und zu dem er betete – in das »Wir« des Gottesvolks. Und umgekehrt wusste sich Israel vor dem »Du« seines Gottes als eine Gemeinschaft, deren Leben unteilbar und verletzlich zugleich war wie das eines »Ich«. Darüber hinaus zeigt der Vergleich der Psalmen Israels mit denen seiner Umwelt: Die »Wir-Gebete« sind ein Spezifikum Israels.

3.3 Lobpreis des Gottes Israels

Die Bezeichnung »Buch der Lobpreisungen« (s. o.) und die doxologischen Formeln als kompositionelles Grundraster (s. o.) unterstreichen: Die Psalmen sind *insgesamt ein Lobpreis des Gottes Israels.* Diese Sicht überrascht auf den ersten Blick. Immerhin ist der größere Teil der Psalmen nicht Lob, sondern Klage. Doch erschließt bei genauerem Zusehen gerade diese Gesamtbezeichnung die theologische Bedeutung des Psalmenbuchs. Was, wie und von wem immer in einem Psalm gesprochen wird, preisend oder klagend, immer wurzeln die Worte und Sätze in der Gotteswirklichkeit, dass ER da ist und da sein will inmitten SEINES Volkes. Dass der Gott JHWH nicht der Götze einer leeren (philosophischen oder mathematischen) Jenseitigkeit ist, sondern ein lebendiges Du, ein ansprechbarer Gott, der hört und sich herausfordern lässt, dem man sein Herz ausschütten kann, dem man alles sagen darf (ohne Angst vor Missverständnissen und Sanktionen), der es sich sogar »gereuen« lässt (vgl. Ex 32,14) – das ist die Grundposition, von der die Psalmen herkommen und die sie zur Annahme und Einübung anbieten. »Daß der Psalter ... trotz seiner zahlreichen Klagepsalmen ein ins Überdimensionale gesteigerter Lobpreis Gottes ist, hat seinen Anhalt darin, daß das ›Loben Gottes‹ eine Grundform von Theologie und nach alttestamentlichem Verständnis sogar die Bestimmung des Menschen ist. Denn im Lobpreis Gottes relativiert sich die Selbstmächtigkeit und Selbstverabsolutierung des Menschen und bringt zum Ausdruck, was der Kern der Gott-Mensch-Beziehung ist: die rettende Zuwendung des barmherzigen Gottes« (*B. Janowski,* Die »Kleine Biblia«, in: *E. Zenger* [Hg.], Der Psalter 401). Wie die einzelnen Klagepsalmen in ihrem Aufbau von der Klage zum Bekenntnis des Vertrauens bzw. zum Gotteslob (s. o.) schreiten, so ist auch der Psalter in seiner Gesamtarchitektur (in den ersten drei Büchern überwiegt die Klage, die letzten zwei Bücher sind vom Hymnus/Lobpreis bestimmt) eine Bewegung von der Klage zum Lobpreis Gottes und insofern »eines der stärksten Zeugnisse vom Rettungshandeln Gottes im Alten Testament« (*B. Janowski*, Kleine Biblia 402).

3.4 Tora Davids

Die jüdische Tradition hat schon in biblischer Zeit das ganze Psalmenbuch David als Verfasser zugeschrieben. Dieser Vorgang der *»Davidisierung«* (*N. Füglister*) des Psalters, der damit einsetzte, dass in den (sekundären) Überschriften David als Beter von Psalmen genannt wurde, und sich darin fortsetzte, dass mehrfach Angaben über Situationen aus dem Leben Davids hinzugefügt wurden, in denen der jeweilige Psalm »beheimatet« war und dass David schließlich zum Verfasser von Psalmen »aufstieg«, ist eine theologische Qualifizierung des Psalters: Er ist *das königlich-messianische Buch schlechthin.* Die Psalmen sind die Gebete der messianischen Hoffnung. Solange die Psalmen »Davids« erklingen, bleibt die Hoffnung auf den wiederkommenden »David« wach. »David«, der Psalmenbeter und Psalmendichter, ist die Idealgestalt des vor und mit seinem Gott lebenden Israel. Der → Midrasch sagt dies so: »Jeden Abschnitt, den David im Buch der Psalmen gesagt hat, hat er mit Bezug auf sich selbst und mit Bezug auf ganz Israel gesagt« (MidrPss 24,3). Und umgekehrt gilt: Wenn »Israel« die Psalmen spricht, dann ist es, als ob David selbst sie spräche und sänge (vgl. MidrPss 4,1). Dabei ist wichtig, dass die »biographischen« Angaben in den Überschriften nicht den »Helden« und »Krieger« David, sondern den Verfolgten, Leidenden, Sünder und Büßer David als Typus des gottgeliebten und gottliebenden Israel ausgewählt haben. David in der »Nacht«, voller Sehnsucht nach der »Morgenröte«, ist die messianische Leitfigur, die aus und in den Psalmen gegenwärtig wird. In diese mystische Biographie Davids sollen die Psalmenbeter sich hineinhören und hineinbeten. *So* hat auch Jesus die Psalmen gebetet: in der »Nachfolge« Davids. *So* betet Israel die Psalmen bis heute. Und *so*, Schulter an Schulter mit Israel, in der Nachfolge »Davids« sollen auch die Christen die Psalmen beten. *Mit* Jesus. In der Hoffnung auf das Kommen des Gottesreichs.

3.5 Die Psalmen als christliches Gebet

(1) Das kirchliche Festhalten an den »Psalmen Davids« geschieht in Treue zu Jesus, dem Psalmenbeter. Ihn stellen die Evangelien, insbesondere die Passionsgeschichte, als den paradigmatischen Psalmenbeter vor, der im Rezitieren und Meditieren der Klage- und Vertrauenspsalmen der jüdischen Tradition (u. a. Ps 22; 31; 42/43; 69) sein Leben und sein Sterben als Weg mit und zu dem Gott Israels gegangen ist, zugleich in der Hoffnung auf jene unzerstörbare und rettende Gottesgemeinschaft, die sich in eben diesen Psalmen ausspricht (vgl. besonders Ps 16). Die neutestamentliche Christologie ist weithin »Psalmen-Christologie«. Gut ein Drittel aller ersttestamentlichen Zitate im NT stammt aus dem Psalter. Mit keinem anderen Teil ihres Ersten Testaments waren die Christen in gleicher Weise vertraut – die Adressaten der neutestamentlichen Schriften ebenso wie ihre Verfasser.

(2) Die frühe Kirche hat das durch Jesus grundgelegte jüdische Fundament für christliches Gebet verstanden und verteidigt. Weder das Neue Testament noch die kirchliche Literatur des 2. Jh.s haben eine »neue« christliche Gebete- und Liedersammlung geschaffen. Gewiss gab es in den ur- und frühchristlichen Gottesdiensten das spontane charismatische und enthusiastische Hervorbringen von »Psalmen und Hymnen« (vgl. 1 Kor 14,15.26; Kol 3,16; Eph 5,19), aber diese wurden nicht gesammelt, um Teil der kanonischen Bibel oder der Kirchenordnungen zu werden. Und als offensichtlich unter dem Einfluss Markions die Markioniten einen neuen Gegenpsalter schufen und darin mehrfach Nachahmer fanden, widersetzte sich die Kirche dieser häretisch-gnostischen Hymnendichtung – nicht zuletzt, weil sie in Bildwelt und Stil zutiefst unjüdisch waren und sich von der Gebets-Vorgabe des (Psalmen-)Beters Jesus entfernten. In der Ablehnung christologischer Irrlehren beruft sich schon um 200 n. Chr. der erste lateinische Kirchenvater Tertullian auf die Psalmen Davids, die er den platonisierenden Häretikern als biblische Zeugnisse von der wahren Menschheit Jesu entgegenhält: »Uns leisten dabei auch die Psalmen Beistand, nicht die des Apostaten, Häretikers und Platonikers Valentin, sondern die heiligen und allgemein anerkannten Psalmen Davids. David *singt uns von Christus, und durch ihn singt uns Christus von sich selbst*«. Und zu Anfang des 3. Jh.s empfiehlt die syrische Didaskalie denen, die Reichtum und Zeit haben, Bücher zu lesen, die Tora und die Evangelien – und die Psalmen Davids: »Wenn du Hymnen begehrst, so hast du die Psalmen Davids«.

(3) Die Psalmen gehören zu den großen Dichtungen der Weltliteratur. Sie haben viele Dichter inspiriert. Sie sind das klassische Gebetbuch der Kirche geworden, insbesondere im kirchlichen Stundengebet und als Antwortpsalmen in der Liturgie. Manche Einzelpsalmen gehören bis heute zu den Lieblingsgebeten von Juden und Christen. Gleichwohl machen einige Psalmen und Psalmverse manchen Betern Schwierigkeiten; wieder andere erheben theologische Vorbehalte gegen die Verwendung der »alttestamentlich-jüdischen« Psalmen als christliches Gebet, weil sie in »vor-christlicher« Zeit entstanden und so eigentlich nicht für die christliche Liturgie geeignet seien, deren Mitte doch das »Christus-Ereignis« sei.

Dagegen ist festzuhalten: Der durch Jesus Christus handelnde Gott ist kein anderer Gott als der im Ersten Testament und in den Psalmen bezeugte Gott. Das Christuszeugnis des Neuen Testaments hat sein Fundament im Ersten Testament (s. o. A.I.). Und wenn gesagt wird, bestimmte Passagen in den Psalmen widersprächen wegen ihrer Feindseligkeit dem Geist des Neuen Testaments, so ist zwar richtig, dass die sog. Rache- und Fluchpsalmen eine emotionale Bildsprache und eine leidenschaftliche Direktheit haben, die irritieren. Aber hier sprechen sich eben das Leiden am Bösen, der Skandal des Unrechts und die Verzweiflung von Menschen aus, denen nichts weiter bleibt als der leidenschaftliche Schrei zu Gott, wo eigentlich alles gegen Gott spricht. Man sollte sie besser »Eiferpsalmen« oder »Gerechtigkeitspsalmen« nennen, weil sie mit höchster Intensität den Gott der Gerechtigkeit beschwören, seiner göttlichen Rolle endlich zu entsprechen. So sind diese Psalmen, fachtheologisch gesprochen, gebetete Theodizee: Sie geben Gott Recht, indem sie *ihm* das letzte Wort überlassen. Sie übergeben *ihm* nicht nur die Klage über die Not, sondern auch das Gericht über die Verursacher der Not. Sie stellen ihm *alles* anheim – sogar Hassgefühle wie die Aggressionen. Sie machen Ernst mit der biblischen Grundüberzeugung, dass man im Gebet alles, wirklich alles sagen darf, wenn man es nur Gott sagt.

IV. Das Buch der Sprichwörter

(Ludger Schwienhorst-Schönberger, Wien)

Kommentare: F. Delitzsch (BC) 1873; G. Wildeboer (KHC) 1899; J. van der Ploeg (BOT) 1952; B. Gemser (HAT) [2]1963; R. B. Y. Scott (AncB) 1965; H. Ringgren (ATD) 1962, [3]1980; W. McKane (OTL) 1970, [2]1977; R. N. Whybray (CNEB) 1972; O. Plöger (BK) 1984, [2]2003; A. Meinhold (ZBK) 1991; R. N. Whybray (NCBC) 1994; A. Lelièvre/A. Maillot, Ch. 10–18 (LD 1) 1993, Ch. 19–31 (LD 4) 1996, Ch. 1–9 (LD 8) 2000; R. E. Murphy/E. Huwiler (NIBC) 1999; R. J. Clifford (OTL) 1999; L. G. Perdue (Interpretation) 2000; H. F. Fuhs (NEB) 2001; T. Longman 2006; C. R. Yoder (AOTC) 2009; M. Saebo (ATD) 2012; J. A. Loader (HCOT) 2014.

Forschungsüberblicke: J. Kottsieper, Alttestamentliche Weisheit: Proverbia und Kohelet I/II: ThR 67, 2002, 1–34.201–237; R. N. Whybray, The Book of Proverbs. A Survey of Modern Study (History of Biblical Interpretation Series 1) Leiden/New York/Köln 1995.

Einzelstudien: C. B. Ansberry, Be wise, my son, and make my heart glad. An exploration of the courtly nature of the Book of Proverbs (BZAW 422) Berlin/New York 2011; J. Assmann, Ma'at. Gerechtigkeit und Unsterblichkeit im Alten Ägypten, München 1990, [2]1995; G. Baumann, Die Weisheitsgestalt in Proverbien 1–9. Traditionsgeschichtliche und theologische Studien (FAT 16) Tübingen 1996; G. Bella/A. Passaro (Hg.), Libro dei Proverbi. Tradizione, redazione, teologia, Casale Monferrat 1999; L. Boström, The God of the Sages. The Portrayal of God in the Book of Proverbs (CB 29) Stockholm 1990; K. Brockmöller, Eine Frau der Stärke – wer findet sie? Exegetische Analysen und intertextuelle Lektüren zu Spr 31,10–31 (BBB) Bodenheim 2004; C. V. Camp, Wisdom and the Feminine in the Book of Proverbs (BiLiSe 11) Sheffield 1985; K. Dell, The Book of Proverbs in Social and Theological Context, Cambridge 2006; J. A. Emerton, The Teaching of Amenemope and Proverbs XXII 17–XXIV 22: Further reflections on a long-standing problem: VT 51, 2001, 431–465; J. Fichtner, Die altorientalische Weisheit in ihrer israelitisch-jüdischen Ausprägung (BZAW 62) Berlin 1933; I. Fischer, Gotteslehrerin. Ein Streifzug durch Spr 31,10–31 auf den Pfaden unterschiedlicher Methodik: BZ 49, 2005, 237–253; M. V. Fox, The Social Location of the Book of Proverbs, in: ders. u. a. (Hg.), Texts, Temples and Traditions. A Tribute to Menahem Haran, Winona Lake 1996, 227–239; ders., Concepts of wisdom in the book of Proverbs, in: C. Cohen u. a. (Hg.), Birkat Shalom. FS S. M. Paul, Winona Lake 2008, 381–398; H. Gese, Lehre und Wirklichkeit in der alten Weisheit, Tübingen 1958; F. W. Golka, Die Königs- und Hofsprüche und der Ursprung der israelitischen Weisheit: VT 36, 1986, 13–36; J. Hausmann, Beobachtungen zu Spr 31,10–31, in: FS H. D. Preuß, Stuttgart/Berlin/Köln 1992, 261–266; dies., Studien zum Menschenbild der älteren Weisheit (FAT 7) Tübingen 1995; H.-J. Hermisson, Studien zur israelitischen Spruchweisheit (WMANT 28) Neukirchen-Vluyn 1968; B. Janowski, Die Tat kehrt zum Täter zurück. Offene Fragen im Umkreis des »Tun-Ergehen-Zusammenhangs«: ZThK 91, 1994, 247–273; C. Kayatz, Studien zu Proverbien 1–9. Eine form- und motivgeschichtliche Untersuchung unter Einbeziehung ägyptischen Vergleichsmaterials (WMANT 22) Neukirchen-Vluyn 1966; H. V. Kieweler, Erziehung zum guten Verhalten und zur rechten Frömmigkeit. Die Hiskianische Sammlung, ein hebräischer und ein griechischer Schultext (BEAT 49) Frankfurt 2001; K. Koch, Gibt es ein Vergeltungsdogma im Alten Testament?: ZThK 52, 1955, 1–42; ders., *ṣädaq* und *Ma'at.* Konnektive Gerechtigkeit in Israel und Ägypten? in: J. Assmann/B. Janowski/M. Welker (Hg.), Gerechtigkeit. Richten und Retten in der abendländischen Tradition und ihren altorientalischen Ursprüngen, München 1998, 37–64; J. Krispenz, Spruchkompositionen im Buch Proverbia (EHS.T 349) Frankfurt u. a. 1989; B. Lang, Wisdom and the Book of Proverbs. A Hebrew Goddess Redefined, New York 1986; M. Leuenberger, Die personifizierte Weisheit vorweltlichen Ursprungs von Hi 28 bis Joh 1. Ein traditionsgeschichtlicher Strang zwischen den Testamenten: ZAW 120, 2008, 366–386; J. A. Loader, Metaphorical and literal readings of aphorisms in the Book of Proverbs: HTS 62, 2006, 1177–1199; J. Luchsinger, Poetik der alttestamentlichen Spruchweisheit (Poetologische Studien zum Alten Testament 3) Stuttgart 2010; C. Maier, Die »fremde Frau« in Proverbien 1–9. Eine exegetische und sozialgeschichtliche Studie (OBO 144) Fribourg/Göttingen 1995; A. Meinhold, Zur strukturellen Eingebundenheit der JHWH-Sprüche in Prov 18, in: D. Vieweger/E.-J. Waschke (Hg.), Von Gott reden. Beiträge zur Theologie und Exegese des Alten Testaments. FS S. Wagner, Neukirchen-Vluyn 1995, 233–245; D. Michel, Proverbia 2 – ein Dokument der Geschichte der Weisheit, in: FS H. D. Preuß, Stuttgart/Berlin/Köln 1992, 233–243; A. Müller, Proverbien 1–9. Der Weisheit neue Kleider (BZAW 291) Berlin 2000; I. Müllner, Lehrerin und Gegenstand zugleich. Didaktische Aspekte der personifizierten Weisheit in Spr 1–9, in: I. Riedel-Spangenberger/E. Zenger (Hg.), »Gott bin ich, kein Mann«. FS H. Schüngel-Straumann, Paderborn 2006, 215–225; R. Murphy, Can the book of Proverbs be a player in »biblical theology«?, in: BTB 31, 2001, 4–9; P. J. Nel, The Structure and Ethos of the Wisdom Admonitions in Proverbs (BZAW 158) Berlin/New York 1982; H. D. Preuß, Einführung in die alttestamentliche Weisheitsliteratur, Stuttgart u. a. 1987; G. von Rad, Weisheit in Israel, Neukirchen-Vluyn 1970, ^{3}1985; D. Römheld, Wege der Weisheit. Die Lehren Amenemopes und Proverbien 22,17–24,22 (BZAW 184) Berlin/New York 1989; R. Schäfer, Die Poesie der Weisen. Dichotomie als Grundstruktur der Lehr- und Weisheitsgedichte in Proverbien 1–9 (WMANT 77) Neukirchen-Vluyn 1999; A. Scherer, Wort und Wirkung. Eine Untersuchung zur Komposition und Redaktion von Proverbia 10,1 bis 22,16 (WMANT 89) Neukirchen-Vluyn 1999; H. H. Schmid, Wesen und Geschichte der Weisheit (BZAW 101) Berlin 1966; L. Schwienhorst-Schönberger, Den Ruf der Weisheit hören. Das Konzept des Lernens im Buch der Sprichwörter, in: B. Ego/H. Merkel (Hg.), Religiöses Lernen in der biblischen, frühjüdischen und frühchristlichen Überlieferung (WUNT 180) Tübingen 2005, 69–82; ders., »Die den Bund ihres Gottes vergisst». Spr 2,7 und der Dekalog, in: C. Dohmen/C. Frevel (Hg.), Für immer verbündet. Studien zur Bundestheologie der Bibel. FS F.-L. Hossfeld (SBS 211) Stuttgart 2007, 203–210; R. Scoralick, Einzelspruch und Sammlung. Komposition im Buch der Sprichwörter Kapitel 10–15 (BZAW 232) Berlin 1995; dies., Das Buch der Sprichwörter und der Dekalog: Fragen und Perspektiven: BiLi 83, 2010, 238–245; U. Skladny, Die ältesten Spruchsammlungen in Israel, Göttingen 1962; R. Tavares, Eine königliche Weisheitslehre? Exegetische Analyse von Sprüche 28–29 und Vergleich mit den ägyptischen Lehren Merikaras und Amenemhats (OBO 234) Fribourg/Göttingen 2007; Themenheft »Proverbs/Wisdom«: Interpretation 36/3, 2009; G. Tauberschmidt, Secondary Parallelism. A Study of Translation Technique in LXX Proverbs, Leiden u. a. 2004; J. M. Thompson, The form and function of proverbs in Ancient Israel, The Hague/Paris 1974; G. Vanoni, Volkssprichwort und YHWH-Ethos. Beobachtungen zu Spr 15,16: BN 35, 1986, 73–108; C. Westermann, Wurzeln der Weisheit. Die ältesten Sprüche Israels und anderer Völker, Göttingen 1990; R. N. Whybray, The Composition of the Book of Proverbs (JSOT.S 168) Sheffield 1994; ders., Yahweh-sayings and their Contexts in Proverbs, 10,1–22,16, in: M. Gilbert (Hg.), La Sagesse de l'Ancien Testament (BEThL 51) Leuven 1979, 153–165, Nachtrag ^{2}1990, 411f; C. R. Yoder, Wisdom as a Woman of Substance: A Socioeconomic Reading of Proverbs 1–9 and 31:10–31 (BZAW 304) Berlin 2001.

Zur Septuagintafassung des Sprichwörterbuches: A. J. Baumgartner, Étude critique sur l'état du texte du Livre des Proverbes d'après les principales traductions anciennes, Leipzig 1890; R. J. Clifford, »Observations on the Text and Versions of Proverbs«, in: FS R. E. Murphy, Washington

1997, 47–61; J. Cook, The Septuagint of Proverbs. Jewish and/or Hellenistic Proverbs? Concerning the Hellenistic Colouring of LXX Proverbs (VT.S 69) Leiden 1997; ders., The relationship between the Septuagint versions of Isaiah and Proverbs, in: M. N. van der Meer u. a. (Hg.), Isaiah in context. FS A. van der Kooij (VT.S 138) Leiden 2010, 199–214; G. Gerleman, Studies in the Septuagint, 3. Proverbs (LUA NF 1, 52,3) Lund 1956; M. Küchler, Gott und seine Weisheit in der Septuaginta (Ijob 28; Spr 8), in: FS K. Kertelge, Freiburg 1992, 118–143; P. de Lagarde, Anmerkungen zur griechischen Übersetzung der Proverbien, Leipzig 1863; H. von Lips, Beobachtungen zur griechischen Übersetzung des Proverbia-Buches, in: W. Kraus/K.-W. Niebuhr (Hg.), Frühjudentum und Neues Testament im Horizont Biblischer Theologie (WUNT 162) Tübingen 2003, 36–49; G. Mezzacasa, Il libro dei Proverbi di Salomone. Studio critico sulle aggiunte Greco-Alessandrine (SPIB) Rom 1913; C. L. Miller-Naudé/J. A. Naudé, The translator as an agent of change and transformation: The case of translating biblical proverbs: OTE 23, 2010, 306–321; R. Scoralick, Salomos griechische Gewänder. Beobachtungen zur Septuagintafassung des Sprichwörterbuches, in: K. Löning (Hg.), Rettendes Wissen. Studien zum Fortgang weisheitlichen Denkens im Frühjudentum und im frühen Christentum (AOAT 300) Münster 2002, 43–75; G. Tauberschmidt, Secondary Parallelism. A Study of Translation Technique in LXX Proverbs, Leiden 2004; E. Tov, Recensional Differences between the Masoretic Text and the Septuagint of Proverbs, in: FS J. Strugnell Lanham, MD 1990, 43–56.

1. Aufbau

1.1 Das hebräische Sprichwörterbuch (Masoretischer Text)

Der Aufbau des hebräischen Sprichwörterbuches wird in der Forschung unterschiedlich bestimmt. Die Angaben schwanken zwischen sieben (*O. Eißfeldt*, *O. Kaiser*, *R. Smend*, *R. Rendtorff*), acht (*E. Sellin/G. Fohrer*) oder neun (*A. Meinhold*, *W. H. Schmidt*) Teilen, aus denen sich das Buch zusammensetzen soll. Der Grund für die Unterschiedlichkeit der Angaben liegt in der Vermischung von synchroner und diachroner Analyse und der Anwendung unterschiedlicher Kriterien bei der Herausarbeitung des Aufbaus. Unter Voraussetzung des MT, einer streng synchronen Betrachtungsweise und ausschließlicher Berücksichtigung der im Text selbst vorliegenden Überschriften als Gliederungssignale ergibt sich ein *siebenteiliger* Aufbau (vgl. 9,1: »Die Weisheit hat ihr Haus gebaut, ihre sieben Säulen behauen«):

I.	1–9:	Sprüche Salomos, des Sohnes Davids, des Königs von Israel (256 Verse)
II.	10,1–22,16:	Sprüche Salomos (375 Verse)
III.	22,17–24,22:	**Worte** von **Weisen** (70 Verse)
IV.	24,23–34:	Auch diese sind von **Weisen** (12 Verse)
V.	25–29:	Auch diese sind Sprüche Salomos, welche die Männer Hiskijas, des Königs von Juda, gesammelt haben (138 Verse)
VI.	30:	**Worte** Agurs, des Sohnes des Jake, aus *Massa* (33 Verse)
VII.	31:	**Worte** Lemuëls, des Königs von *Massa*, mit denen ihn seine Mutter unterwies (31 Verse)

Die Anordnung der Überschriften lässt ein System erkennen: 1. Die größeren Teile des Buches mit mehr als hundert Versen (Teil I, II, V) sind in der Überschrift jeweils als

»Sprüche Salomos« gekennzeichnet. 2. Unter den Überschriften mit der Bezeichnung »Sprüche Salomos« hebt sich die erste in 1,1 noch einmal dadurch ab, dass Salomo hier durch zwei Angaben näher vorgestellt wird: als Sohn Davids und als König von Israel. Daraus kann gefolgert werden, dass die erste Überschrift nicht nur Überschrift des ersten Teils, sondern des ganzen Buches ist. 3. Setzt man aus diesem Grund den ersten Teil von den übrigen Teilen ab, so erhält man eine parallelläufige Abfolge in der Anordnung von großen und kleinen Teilen: g-k-k/g'-k'-k'. 4. Die Überschriften der zusammenstehenden kleinen Abschnitte sind durch gemeinsame Stichworte miteinander verbunden: Teil III und IV durch das Wort »Weise«, Teil VI und VII durch die Ortsangabe »Massa« und die Bezeichnung »Worte«.

Der *erste und siebte* Teil sind durch gemeinsame Motive und Stichworte aufeinander bezogen. Sie bilden den Rahmen des Buches:

I	1,7:			**JHWH-Furcht** (A) ist Anfang der Erkenntnis (B)
		1,20–33:		Rede der personifizierten (Frau) Weisheit
			2:	Lehrprogramm (Alphabetisierendes → Akrostichon: 22 Verse)
			3,15:	»Wertvoller ist sie (die Weisheit) als *Korallen*, und all deine Kostbarkeiten kommen ihr nicht gleich.«
		8,1–36:		Rede der personifizierten (Frau) Weisheit
			8,11:	»Ja, Weisheit ist besser als *Korallen*, und alle Kostbarkeiten kommen ihr nicht gleich.«
	9,10:			Beginn der Weisheit (B') ist **JHWH-Furcht** (A')
II-VI		10–30:		»**JHWH-Furcht** ist Weisheitszucht« (15,33a). »Erwirb Weisheit! Was kann besser sein als *Gold*? Ja, das Erwerben von Einsicht ist erlesener als *Silber*!« (16,16)
VII	31,1–9:			Rede einer Königsmutter an ihren Sohn
	31,10–31:			Lob der tüchtigen (V. 10a), weisen (V. 26) und **JHWH-fürchtigen** (V. 30) Frau, die »alle *Korallen* an Wert übertrifft« (V. 10b; 3,15; 8,11) (Alphabetisches → Akrostichon: 22 Verse: vgl. Spr 2)

Die Bezüge zum ersten Teil des Buches finden sich innerhalb des siebten Teils vor allem im »Lob der tüchtigen Frau« (31,10–31), mit dem das Buch schließt:

(1) In 1,20–33 und 8 wird die Weisheit als eine *Frau* vorgestellt, die in aller Öffentlichkeit eine Rede hält. Damit ergibt sich eine Affinität zur tüchtigen Frau, die – wie es in 31,26 heißt – »ihren Mund in Weisheit öffnet und auf deren Zunge sich liebevolle Weisung (*tōrāh*) findet«. Damit stehen am Anfang und am Ende des Buches weibliche »Gestalten«, die den männlichen Adressaten Orientierung und Anhalt geben sollen (*A. Meinhold*, ZBK 43).

(2) In 3,15 und 8,11 wird gesagt, dass Weisheit wertvoller sei als Korallen. In 31,10 wird dieser Vergleich auf die tüchtige Frau übertragen: »Eine tüchtige Frau, wer findet sie, sie übertrifft alle Korallen an Wert«. Mit dieser Einleitung wird signalisiert, dass das Gedicht über die tüchtige Frau im Horizont der Aussagen über die Weisheit von 1–9 gelesen werden soll.

(3) Frau Weisheit und die tüchtige Frau werden zudem dadurch parallelisiert, dass beide als Objekt des Verbs »finden« fungieren: 3,13; 8,17.35; 31,10.

(4) Die Frau von 31,10–31 erweist ihre Tüchtigkeit in der Versorgung und Leitung ihres »Hauses« (31,15.21.27). Das Stichwort »Haus« begegnet auch am Ende des ersten Teils: »Frau Weisheit hat ihr Haus gebaut« (9,1a). Sie lässt es denen, die ihrer Einladung folgen und bei ihr einkehren, zum Haus des Lebens werden (9,4–6).

(5) Mit dem Stichwort »Beute« (31,11) liegt ein Bezug zur ersten Lehrrede vor (1,13): Die Frevler machen Beute auf Kosten des Unschuldigen, die tüchtige Frau dagegen verschafft ihrem Mann auf rechtmäßige Weise Beute und kann von ihrem Gewinn den Armen und Elenden austeilen (31,20).

(6) Spr 1–9 wird durch zwei Aussagen über das Verhältnis von Weisheit und JHWH-Furcht chiastisch (→ Chiasmus) gerahmt (1,7; 9,10). Das Motiv begegnet auch in der Mitte des Buches (15,33a). In 31,30 wird die tüchtige Frau schließlich als eine JHWH-fürchtige Frau bezeichnet. Dass hier eine gewollte redaktionelle Verknüpfung vorliegt, wird durch die abweichende Lesart der LXX bestätigt, die in 31,30b von der »verständigen« (συνετή = *n^e bōnāh*) Frau spricht, was die ursprüngliche Lesart sein dürfte.

(7) Das Gedicht über die tüchtige Frau ist der Form nach ein → Akrostichon (d. h. die Anfangsbuchstaben der Zeilen folgen dem Alphabet) und korrespondiert in dieser Hinsicht mit dem alphabetisierenden Akrostichon der zweiten Lehrrede (2).

(8) Das Gedicht über die tüchtige Frau gliedert sich – wie das gesamte Buch der Sprichwörter – in sieben Teile. Im Zentrum (31,19–20) findet sich die von der Frau verwirklichte Synthese von Fleiß und Barmherzigkeit. So kann das Gedicht über die tüchtige Frau in gewisser Weise als die Quintessenz des ganzen Buches angesehen werden.

Das Gedicht über die tüchtige Frau (31,10–31) und die Aussagen über Frau Weisheit (1–9) sind wechselseitig aufeinander zu beziehen. Sie bilden den Deuterahmen des Buches. Die tüchtige, weise und JHWH-fürchtige Frau repräsentiert ein Paradigma gelungener menschlicher Existenz.

Dass das »Lob der tüchtigen Frau« gezielt an das Ende gesetzt und auf diese Weise eine Rahmenbildung mit dem ersten Teil beabsichtigt ist, wird indirekt durch die vom MT abweichende Abgrenzung und Anordnung der einzelnen Teile in der *LXX* mit z. T. abweichenden bzw. fehlenden Überschriften bestätigt (s. u.).

1.2 Das griechische Sprichwörterbuch (Septuaginta)

Die Septuagintafassung des Sprichwörterbuches bietet »Sonderbares in Menge, interessant an sich und von großem kritischen Werthe« (*F. Delitzsch*). Sie zählt zu den »freien«, teilweise paraphrasierenden Übersetzungen und weicht zudem durch Textumordnungen, Auslassungen und Zufügungen von der hebräischen Fassung ab.

- Von MT 24,22 an sind große Textblöcke umgestellt (s. folgende Tabelle). Zugleich unterstreicht das veränderte Überschriftensystem die Urheberschaft Salomos (1,1; 25,1; die Eigennamen Agur [30,1] und Lemuël [31,1] entfallen). In den Kapiteln 15f, 17, 20 und 31 sind einige Verse umgeordnet.
- Die griechische Fassung des Sprichwörterbuches ist trotz zahlreicher Auslassungen (z. B. der Verse MT 1,16; 4,7; 8,33; 16,1.3; 20,14–19) etwa 130 → Stichen länger als die hebräische.

Zugefügt sind zusammenhängende Textpartien (z. B. das Lob der Biene in 6,8a–c LXX; die Erweiterung der Warnungen in 9,18a–d; die Sprüche über den König in 24,22a–e), neue Einzelsprüche oder Spruchteile (z. B. 12,11a), sowie mehrere Schriftzitate (z. B. Ps 110,10 LXX in 1,7; Jes 45,23 + Spr 31,26 in 3,16a). Charakteristisch ist die hohe Zahl sogenannter Doppelübersetzungen. Das sind zweifache Wiedergaben von Wörtern (11,13a; 14,30a), Phrasen, Stichen oder ganzen Versen (z. B. 2,21; 14,22; 15,6.18), die sich entweder Verständnisschwierigkeiten der

Übersetzer verdanken oder auf eine spätere Rezension zur stärkeren Angleichung an den hebräischen Text zurückgehen. Die Identifizierung und Klassifizierung der Fälle ist nicht immer leicht. Ob die Umordnungen, Auslassungen und Zufügungen gegenüber dem MT auf einen kreativen Umgang mit dem – weitgehend mit MT identischen – hebräischen Text weisen (*J. Cook*) oder auf eine eigene, nicht zur protomasoretischen Tradition gehörige Textvorlage deuten (*E. Tov, R. J. Clifford*) ist umstritten. In diesem Kontext sind jüngere Untersuchungen zur bewusst neugestalteten Komposition des griechischen Textes bedeutsam (zu Spr 15f LXX s. *R. Scoralick*).

Das Maß der Umprägung des Buches in hellenistisch-griechischem Geist ist gleichfalls umstritten. Insgesamt kann man der Übersetzung eine spiritualisierende, religiös-moralische Aussagen unterstreichende und vermehrende Tendenz bescheinigen (vgl. 10,26 MT [Faulheit] und LXX [Gesetzlosigkeit]), doch muss darin kein stoischer Einfluss (*G. Gerleman*) gesehen werden. Der Aufnahme griechischer Redewendungen und Gedankenverbindungen (z. B. in 30,31 der Hahn, der zwischen Hennen herumstolziert; 23,31 »nackter als ein Stößel«; 6,8a–c das Lob der Biene) stehen die Zitate aus der Schrift gegenüber. Spr 2 (bes. V. 15–17) ist von einer Warnung vor der »fremden Frau« zu einer Warnung vor »schlechtem Rat« umgeprägt worden. Das wird verschiedentlich als Ausdruck einer Abwehrhaltung gegen den hellenistischen Zeitgeist gelesen (*M. Hengel, J. Cook*). In Spr 8 ist die schillernde Weisheitsgestalt zurückgedrängt (*M. Küchler, J. Cook*). Diese Indizien führen *J. Cook* zu der Annahme eines eher konservativen, jüdische Traditionen aufwertenden Übersetzer(kreise)s im Jerusalem des 2. Jh.s v. Chr., der an wichtigen Stellen auf die Tora verweist, auch wenn er diese nicht mit der Weisheit identifiziert. Die Wahrnehmung der Septuagintafassung des Sprichwörterbuches als einer kreativen Neugestaltung, Fortschreibung und aktualisierenden Umdeutung steht noch an ihrem Anfang.

Die *nachstehende Tabelle* zeigt den gegenüber MT anderen Aufbau der Septuagintafassung von Spr:

		LXX	MT
I.	1–9	Sprüche Salomos, des Sohnes Davids, der König war in Israel	Sprüche Salomos
II.	10,1–22,16	–	Sprüche Salomos
III.	22,17–24,22	Den Worten von Weisen nähere dein Ohr und höre *meine* Rede ...	Worte von Weisen
VIa.	30,1–14	*Meine* Worte, Sohn, fürchte ...	Worte Agurs
IV.	24,23–34	Dies aber rate *ich* euch, den Weisen, [von den Weisen] aufmerksam anzunehmen ...	Auch diese sind von Weisen
VIb.	30,15–33		(Zahlensprüche)
VIIa.	31,1–9	*Meine* Worte sind von Gott mitgeteilt, Ausspruch für einen König [eines Königs], den seine Mutter unterwies.	Worte Lemuëls

		LXX	MT
V.	25–29	Dies sind unbezweifelbare ANWEISUNGEN SALOMOS, die die Freunde Hiskijas, des Königs von Juda, niedergeschrieben haben.	Auch diese sind Sprüche Salomos
VIIb.	31,10–31		(Lob der tüchtigen Frau)

2. Entstehung

Kontrovers diskutiert wird die Frage, ob die Spruchweisheit Israels aus der mündlichen Volksweisheit erwachsen ist (*H. W. Wolff, E. Gerstenberger, C. Westermann, J. M. Thompson, F. W. Golka*) oder dem Kreise weiser Lehrer in der Schule und/oder Beamter am königlichen Hof entstammt (*G. von Rad, H.-J. Hermisson, H. D. Preuß*). Wie Parallelen zu afrikanischen Sprichwörtern zeigen, wird man damit rechnen können, dass der einund zweizeilige Spruch, wie er sich vor allem in 10–22 und 25–29 findet, im *Volksmund* entstanden und ursprünglich *mündlich überliefert* worden ist. Dies gilt auch für die sog. Hof- und Königssprüche (*F. W. Golka*). Nach *C. Westermann* und *F. W. Golka* gehören die Sprichwörter aus den Themenbereichen »Mensch, der Mensch in der Gemeinschaft, Arbeit und Besitz, öffentliches Leben, Weisheit und Torheit« zum ältesten Bestand der Volkssprichwörter, die bis in die Vor- und Frühgeschichte der Stämme reichen können. Die Sprichwörter aus den Themenbereichen »Gott und Mensch, die Frommen und die Frevler«, die bei den afrikanischen Sprichwörtern fehlen, scheinen bereits das Ergebnis einer für Israel typischen theologischen Reflexion der Weisheit zu sein. Die *schriftliche Aufzeichnung* solcher Sprüche geschah im Kreise der Weisen, vermutlich am Hof, in der Schule und in späterer Zeit wohl auch am Tempel. Dabei wird man das weisheitliche Material nach übergreifenden Gesichtspunkten geordnet und ergänzt und dabei auch neue Sentenzen und Mahnungen verfasst und hinzugefügt haben.

Für die *weisheitliche Lehrrede*, die vor allem in 1–9 anzutreffen ist, muss man allerdings mit einem schriftlichen Ursprung im Kreise der Weisheitslehrer rechnen. Ihr ursprünglicher Sitz im Leben ist der Unterricht, wie u. a. durch die Anrede »mein Sohn« (1,8.10.15; 2,1; 3,1.11.21; 4,1[Pl.].10.20; 5,1.7[Pl.]; 6,1.3.20; 7,1.24 [Pl.]; 8,32[Pl.]) deutlich wird. Durch den → Prolog (1,2–6) und die Voranstellung der weisheitlichen Lehrreden (1–9) werden die Sprüche der Teile II–VII, die von sich aus weitgehend polysem, heterosituativ und polyfunktional sind (*P. Grzybek*), auf Erziehung und Unterricht hin ausgerichtet.

Die Teile II–VII weisen mit ihren einzelnen Überschriften auf ursprünglich selbständige Sammlungen hin, so dass die Frage nach der Entstehungs*zeit* des Sprüche-Buches nur für die einzelnen Sammlungen getrennt beantwortet werden kann.

Der Grundstock des Buches dürfte in den beiden Teilen II (10–22,16) und V (25–29) vorliegen und aus vorexilischer Zeit stammen. In der eigenständigen Teilsammlung 10,1–15,32 (vgl. *R. Scoralick*) wird eine vorwiegend ländliche, durch Ackerbau (10,5; 12,11a) und Viehzucht (12,10a; 14,4) geprägte Lebenswelt vorausgesetzt. In 16,1–22,16 verschiebt sich der Akzent etwas stärker auf den städtischen Lebensbereich, Handwerk und Handel finden Erwähnung, vor allem wird der Gegensatz von arm und reich reflektiert und die Bedeutung des Rechts hervorgehoben. *U. Skladny* sieht in diesen Kapiteln eine Unterweisung für königliche Beamte, *F. W. Golka* denkt dagegen an einen Bauern- und Kleinbürgerspiegel. *A. Scherer* findet in 10,1–22,16 eine an weisheitlich-didaktischen, ethischen und JHWH-Sprüchen orientierte Redaktion, die er am Königshof lokalisiert und in die Mitte der ersten Hälfte des 8. Jh.s datiert.

Die Überschrift 25,1 weist die Zusammenstellung des V. Teils (25–29) in die Zeit Hiskijas (8. Jh.). 25–27 ist der »weltlichste Abschnitt der israelitischen Weisheitsliteratur« (*H. H. Schmid*), nach *U. Skladny* und *F. W. Golka* ein Bauern- und Handwerkerspiegel. Zusammen mit den in 28–29 enthaltenen, stärker religiös geprägten Königssprüchen und Regeln für Höhergestellte passen sie gut in die Königszeit, so dass nichts gegen die zeitliche Angabe der Überschrift spricht, wenngleich man mit nachexilischer Bearbeitung (28,4; 29,18) rechnen muss.

Der 1. Abschnitt (22,17–23,11) des III. Teils (22,17–24,22) ist eine möglicherweise über eine kanaanäische Zwischenstufe vermittelte Übersetzung der ägyptischen Lehre des Amenemope, die freilich eigene theologische Akzente (22,19.23; 23,11) setzt. *D. Römheld* vermutet auch für 23,12–18 eine ägyptische Quelle. Eine Entstehung des III. Teils in vorexilischer Zeit ist wahrscheinlich.

Der IV. Teil (24,23–34) versteht sich durch seine Überschrift als Anhang zum III. Teil. Er wird allein schon aufgrund der vorherrschenden Mischformen in den Spruchaten jünger sein als jener.

Der VI. Teil (30) »stellt ein Summarium späten weisheitlich-theologischen Denkens dar« (*A. Meinhold*, ZBK 495). Er enthält Anspielungen an Einzelgebote des Dekalogs und in 30,5f unter selektiver Rezeption der Kanonformel (Dtn 4,2; 13,1) und leicht modifizierender Zitation von Ps 18,31 (2 Sam 22,31) eine Theologie des Wortes Gottes in Kurzfassung. *A. Meinhold* sieht darin einen Hinweis auf späte Entstehungszeit und denkt näherhin an das 4. Jh. v. Chr.

Aufgrund der Parallelen zu ägyptischen weisheitlichen und mythologischen Texten hält *C. Kayatz* die ihrerzeit übliche Datierung des I. Teils (1–9) in die nachexilische Zeit nicht mehr für zwingend (so auch *B. Lang, A. Scherer*). Doch rechnet die Mehrzahl der Forscher nach wie vor mit einer nachexilischen Entstehung (*C. Maier, G. Baumann, A. Müller*). Dabei dürfte allerdings älteres Material aufgegriffen und verarbeitet worden sein. Im Rahmen einer literarkritischen Analyse hat *D. Michel* in Spr 2 einen Grundtext (1–4.9–15.20) herausgearbeitet, der in den V. 5–8 theologisch erweitert, in den V. 16–19 um das Thema der fremden Frau und in den V. 21–22 mit apokalyptischem Gedankengut ergänzt wurde. *A. Müller* sieht den historischen Kern des I. Teils (1–9) in der nachexilischen Lehre 4,10–27; 5,21–22; 6,1–19. »Diese wurde in spätpersischer Zeit zu einem dramatischen Diskurs ausgebaut, in dem die personifizierte Weisheit auftritt. Spätere Ergänzungen fügen u. a. ein allegorisches Schlussexamen zu und behandeln das Verhältnis von Weisheit und Gott« (318).

Bei der *Endredaktion* des Buches, die in das 4.–3. Jh. v. Chr. zu datieren ist, wurde der I. Teil dem ganzen Werk als Deutehorizont vorangestellt. Gleichzeitig wurde mit dem 2. Abschnitt (31,10–31) des VII. Teils (31) ein Rahmen hergestellt. Da sich Sir 47,17 sehr wahrscheinlich auf Spr 1,6 bezieht, wird man die Endredaktion nicht später als 190 v. Chr. ansetzen dürfen.

Kontrovers diskutiert wird die Frage, ob sämtliche *JHWH-Sprüche* redaktionelle Ergänzungen sind, so dass man im Grundbestand des Sprüche-Buches, insbesondere in 10–29, mit einer rein profanen »älteren Weisheit« rechnen muss (*W. McKane*). Sehr wahrscheinlich gehören die Stellen, die die *JHWH-Furcht* der Weisheit vor- bzw. zuordnen (1,7; 9,10; 15,33; 31,30), zur Endredaktion des Buches. Von daher kann man von einer »Theologisierung der Weisheit« sprechen. Diese Entwicklung kulminiert im Buch Jesus Sirach. Auch die einfachen *JHWH-Sprüche* in den Teilkompositionen scheinen nicht wahllos gestreut, sondern gezielt gesetzt zu sein. »Sie sind überwiegend an den Anfang und/oder das Ende von Kapiteln oder Abschnitten gestellt und markieren auf diese Weise oft Ausgangs- bzw. Zielpunkt der inhaltlichen Aussagen« (*A. Meinhold*, ZBK 38). Von den 55 JHWH-Sprüchen in 10,1–22,16 handelt es sich nach *R. N. Whybray* in mindestens 25 Fällen um eine Interpretation vorhergehender oder folgender Sprüche. Man wird die JHWH-Sprüche allerdings kaum in ihrer Gesamtheit als rein sekundäre Zutaten ansehen können. Wahrscheinlicher ist die Annahme, dass sie teils konstitutiver Bestandteil der einzelnen Teilkompositionen sind, teils – vor allem in der Mitte des Buches (15,33–16,9) – auf das Konto des Endredaktors gehen. Hier zeigt sich offensichtlich der Versuch, das weisheitliche Material auf eine theologische Mitte hin zu zentrieren. Darüber hinaus ist nicht auszuschließen, dass einzelne JHWH-Sprüche ein relativ hohes Alter aufweisen. Die sich in den JHWH-Sprüchen artikulierende Frömmigkeit ist nicht auf die nachexilische Zeit zu beschränken (vgl. *G. Vanoni*). Die Entsprechungen zur ägyptischen Weisheit und zu den Achikar-Sprüchen machen es unwahrscheinlich, in Israel mit einer gänzlich unreligiösen, schriftlich verfassten älteren Weisheit zu rechnen. Die redaktionsgeschichtlich zu beobachtende Tendenz der Theologisierung lässt sich als ein Prozess der theologischen Explikation einer älteren, implizit religiösen Weisheitstradition verstehen.

3. Theologie

3.1 Tun-Ergehen-Zusammenhang

Die Grundstruktur weisheitlichen Denkens ist geprägt von einer Ordnungsvorstellung, die gern mit dem Begriff »Tun-Ergehen-Zusammenhang« bezeichnet wird. Dieser Vorstellung zufolge besteht ein Zusammenhang zwischen dem Tun und dem Ergehen eines Menschen und einer Gemeinschaft: Wer Gutes tut, dem ergeht es gut, wer Schlechtes tut, dem ergeht es schlecht (1,20–33; 10,2; 11,25; 12,3.14.21; 14,11; 21,21; 22,8). Dieser Zusammenhang betrifft die wirtschaftliche (10,4; 11,16; 12,11; 13,4.25; 19,15; 20,13; 24,30–34), soziale (12,24; 19,4.7) und politische (11,14; 14,34f; 16,12; 20,28; 28,12.28; 29,2.4.8.14.18) Dimension menschlichen Lebens. Die ältere Exegese verstand diesen Zusammenhang als *Vergeltung* im Sinne einer absoluten Straftheorie. Dagegen hat sich *K. Koch* (1955) ausgesprochen. Er betont die immanente Kausalität des Tun-Ergehen-Zusammenhangs (»*schicksalwirkende Tatsphäre*«) und lehnt »die gedankenlose Selbstverständlichkeit, mit der dem Alten Testament ein Vergeltungsdenken unterstellt wird«, ab. Die Kritik am Modell der schicksalwirkenden Tatsphäre konzentrierte sich auf die Frage, ob die Rolle JHWHs hierbei nicht unterschätzt wird. Einige Texte scheinen vorauszusetzen, dass der Zusammenhang von sich aus, gleichsam nach einer immanenten Gesetzlichkeit abläuft (11,5f.17; 26,27f), andere sagen ausdrücklich, dass er von JHWH aufrechterhalten bzw. in Kraft gesetzt wird (2,6–8; 3,33f; 10,29; 12,9; 15,3.9.25f; 16,5; 21,3; 22,12.23; 23,11; 24,12). Neuerdings gibt es Versuche, den Tun-Ergehen-Zusammenhang im Sinne der *konnektiven Gerechtigkeit* (*J. Assmann*) zu interpretieren: Vergeltung wäre im Rahmen der kommunikativen Verfasstheit der Wirklichkeit als soziale Interaktion zu verstehen, die nicht einfachhin naturgesetzlich gegeben, sondern durch »Füreinander-Handeln« aufrechtzuerhalten ist. In diesem Rahmen hat auch das Eingreifen JHWHs seinen Platz, das zwar erwartbar ist, aber unverfügbar bleibt (*B. Janowski* 1994; kritisch dazu *K. Koch* 1998). Das »Füreinander-Handeln« muss erkannt und eingeübt werden. Der Erziehung kommt die Aufgabe zu, diesen Prozess möglichst früh (4,3f; 13,24) zu initiieren und ein Leben lang zu begleiten (3,1–3; 4,1–9.20–27; 7,1–3; 23,12–14). Das Buch der Sprichwörter (vgl. den → Prolog 1,2–6) gibt die textliche Grundlage für einen derartigen Prozess von Bildung und Erziehung ab.

Die Vorstellung vom Tun-Ergehen-Zusammenhang wird häufig, ausgehend von den Büchern Ijob und Kohelet, aber auch aus der Sicht christlicher Theologie (vgl. *H. D. Preuß*) kritisiert. Dabei wird allerdings oft übersehen, dass sich bereits im Sprüche-Buch selbst Korrekturen eines einseitigen, gewissermaßen deterministisch orientierten Verständnisses dieser Vorstellung finden (3,11f). Die Vorstellung vom Tun-Ergehen-Zusammenhang gründet in der Erfahrung, sie ist aber auch Ausdruck einer Hoffnung auf Gerechtigkeit und bis zu einem gewissen Grade »kontrafaktisches Reden« (*R. Scoralick*). Die Emphase, mit der sie im Sprüche-Buch vertreten wird, dürfte vor allem einem pädagogischen Interesse verpflichtet sein. Dabei gilt es ferner zu bedenken, dass die diesbezüglichen Aussagen in vielen Fällen so grundsätzlich und zugleich offen gehalten sind, dass sich ein eschatologisches Verständnis nahe legt. Das »Wohlergehen«, das demjenigen verheißen wird, der Gerechtigkeit lebt, ist nicht einfachhin identisch mit dem, was jederzeit von jedermann gesehen und erfahren werden kann.

3.2 Die Weisheit als Schöpfungsmittlerin

Die dem weisheitlichen Denken zugrundeliegende Ordnungsvorstellung gründet in der Schöpfungstheologie. Die Theologie des Sprüche-Buches ist vor allem Schöpfungstheologie. JHWH ist Schöpfer der Welt (8,22–31) und des Menschen (14,31; 17,5; 20,12; 22,2; 29,13). Er hat »die Erde mit Weisheit gegründet und mit Einsicht den Himmel befestigt« (3,19). In Spr 8,22–31 stellt sich die Weisheit als Schöpfungsmittlerin vor. Vor der Erschaffung der Welt wurde sie von JHWH (wie eine geliebte Frau) »erworben« (so MT in 8,22) bzw. von JHWH »erschaffen« (so LXX in 8,22). Vergleichbar einer Tänzerin inspirierte sie JHWH bei der Erschaffung der Welt. Zugleich war es ihre Freude, bei den Menschen zu sein (8,31). So nimmt die präexistente Weisheit eine Mittlerstellung zwischen JHWH und den Menschen bzw. der Welt ein. Sie ist die der Welt zugewandte Seite Gottes: »Der Herr hat mich erschaffen als Anfang seiner Wege *auf seine Werke hin*« (Spr 3,22 LXX). Im weisheitstheologischen Diskurs der übrigen weisheitlichen Bücher wird die Rolle der Weisheit bei der Schöpfung und Erlösung weiter geklärt. Sie ist keine Göttin neben JHWH, wenngleich sie in Weish 9,4 als »Beisitzerin« auf Gottes Thron bezeichnet wird. Durch sie wurde alles erschaffen (Ps 104,24; Weish 9,2), sie durchwaltet voll Güte das All (Weish 8,1). Sie ist eine Gabe, eine »Gefährtin«, die Gott denen sendet, die nach ihr rufen (Spr 2; Weish 7–8). In der Gestalt der Tora hat sie Wohnung genommen in Israel (Sir 24). Sie greift rettend und erlösend in das Leben der Menschen und des Volkes Israel ein (vgl. Weish 10; Joh 1,1–8) (s. dazu auch u. E.VII.3.4).

3.3 Ethik von Gottes- und Nächstenliebe

Wenngleich nicht explizit gesagt, so lässt sich in der Anordnung einzelner Sprüche und Spruchkompositionen doch erkennen, dass die Ethik des Sprüche-Buches auf das Doppelgebot der Gottes- und Nächstenliebe zielt (2,5–8.9–11; 3,1–12.21–35; 14,21.27.31; 19,17; 22,9; 30,1–14). Die Nächstenliebe, die die Liebe zum Feind mit einschließt (17,13; 20,22; 24,17.28f; 25,21f), gründet in der Selbstliebe und nimmt Maß an ihr. In der Sorge für sich und für andere (31,19f) sucht sie die rechte Mitte. Die Ethik des Sprüche-Buches warnt vor einem rücksichtslosen Egoismus ebenso (1,10–19; 21,13) wie vor den Gefahren eines unreflektierten Altruismus, der in mangelnder Selbstachtung gründet und in eigener Verwahrlosung endet (6,1–5; 11,15; 22,26f; 27,13). Die guten Taten, die Leistung und der Erfolg des Menschen sind letztlich von JHWH ermöglicht (10,22; 16,1.3.9.33; 19,14; 20,24; 21,30f). Die dem Menschen angemessene Haltung gegenüber Gott ist Demut (8,13; 15,33; 16,18f; 18,12; 21,4; 22,4), Vertrauen (3,5f; 16,20; 18,10; 22,19; 28,25) und Ehrfurcht (1,7; 3,9f; 14,2; 15,16.33; 19,23; 22,4; 23,17; 24,21; 28,14).

3.4 Universalismus und JHWH-Tradition

Das weisheitliche Denken ist universalistisch ausgerichtet. Es behandelt Probleme des Menschseins überhaupt. Die großen Themen biblischer Geschichtstheologie – Herausführung aus Ägypten, Erwählung und Bundesschluss am Sinai, Offenbarung der Tora – spielen im Buch der Sprüche direkt keine Rolle. Gleichwohl wird der Gehalt dieser Traditionen durch gezielte Anspielungen aufgerufen. Mit der Zuschreibung an Salomo (1,1) wird das Buch in die Geschichte Israels gestellt. Mit dem Mottosatz »JHWH-Furcht ist Anfang der Erkenntnis« (1,7; vgl. 9,10; 15,33; 31,30) werden, streng intertextuell gelesen, jene Traditionen eingespielt, die mit dem Gottesnamen JHWH zu verbinden sind. In der Mahnung, Recht und Gerechtigkeit zu üben (vgl. 31,9), sind die Kerngehalte von Tora und Propheten präsent. Im Hören auf den Ruf der Weisheit findet der Schüler zur JHWH-Furcht und zur Gotteserkenntnis (2,5). Die Weisheit des Sprüche-Buches kann verstanden werden als spezifisch israelitische Ausprägung eines bei vielen Völkern anzutreffenden Denkens.

V. Das Buch Kohelet

(Ludger Schwienhorst-Schönberger, Wien)

Kommentare: C. D. Ginsburg 1861; F. Delitzsch (BC) 1877; E. H. Plumptre (CB) 1881; K. Siegfried (HK) 1898; G. Wildeboer (KHC) 1898; V. Zapletal (Collectanea Friburgensia) 1905; G. A. Barton (ICC) 1908; É. Podechard (ÉB) 1912; P. Udz (SAT) ²1921; A. L. Williams (CB) ²1922; K. Budde (KHC) 1898; ders., (HSAT) ⁴1922; A. Allgeier (HS) 1925; H. W. Hertzberg (KAT) 1932; D. Buzy (SB[PC]) 1946; G. C. Aalders (COT) 1948; O. S. Rankin/G. G. Atkins (IB) 1956; H. L. Ginsberg 1961; H. W. Hertzberg (KAT) 1963; R. B. Y. Scott (AB) 1965; K. Galling (HAT) 1940, ²1969; W. J. Fuerst (CB) 1975; A. Lauha (BK) 1978; W. Zimmerli (ATD) ³1980; N. Lohfink (NEB) 1980, ⁴1993 (engl. A Continental Commentary 2003); M. A. Eaton (TOTC) 1983; J. A. Loader 1986; G. S. Ogden (NBC) 1987; J. L. Crenshaw (OTL) 1987; G. Ravasi 1988; R. N. Whybray (NCeB) 1989; A. Bonora (GSAT) 1992; R. Murphy (WBC) 1992; J. Vílchez (NBE) 1994; C.-L. Seow (AncB) 1997; T. Longman III (NIC) 1998; W. Brown (Interpretation) 2000; T. Krüger (BK) 2000; L. Schwienhorst-Schönberger (HThKAT) ²2011; ders./E. Birnbaum (NSK) 2012; P. Enns (THOTC) 2011; A. Schellenberg (ZBK) 2013; A. Schoors (HCOT) 2013; M. Faessler, Qohélet philosophe. L'éphémère et la joie (Essais Bibliques) 2013; M. Köhlmoos (ATD) 2015.

Forschungsüberblicke: O. Kaiser, Beiträge zur Kohelet-Forschung. Eine Nachlese: ThR 60, 1995, 1–31.233–253; J. Kottsieper, Alttestamentliche Weisheit: Proverbia und Kohelet I/II: ThR 67, 2002, 1–34.201–237; D. Michel, Qohelet (EdF 258) Darmstadt 1988; L. Schwienhorst-Schönberger, Zehn Jahre Kohelet-Forschung (1987–1997): ThRev 94, 1998, 363–376; ders., Neuere Veröffentlichungen zum Buch Kohelet (1998–2003): ThLZ 128, 2003, 1123–1138.

Einzelstudien: V. D'Alario, Il libro del Qohelet. Struttura letteraria e retorica (SrivBib 27) Bologna 1992; Y. Amir, Doch ein griechischer Einfluß auf das Buch Kohelet?, in: ders., Studien zum antiken Judentum (BEAT 2) Frankfurt 1985, 35–50; F. J. Backhaus, »Denn Zeit und Zufall trifft sie alle«. Studien zur Komposition und zum Gottesbild im Buch Qohelet (BBB 83) Frankfurt 1993; ders., »Es gibt nichts Besseres für den Menschen« [Koh 3,22]. Studien zur Komposition und zur Weisheitskritik im Buch Kohelet (BBB 121) Bodenheim 1998; G. Bellia/A. Passaro (Hg.), Il libro del Qohelet. Tradizione, redazione, teologia, Milano 2001; A. Berlejung/P. van Hecke (Hg.), The Language of Qohelet in its Context. FS A. Schoors (OLA 164) Leuven 2007; E. Birnbaum, Der Kohelet-Kommentar des Hieronymus. Einleitung, revidierter Text, Übersetzung und Kommentierung (CSEL extra seriam) Berlin 2014; dies./L. Schwienhorst-Schönberger (Hg.), Hieronymus als Exeget und Theologe. Interdisziplinäre Zugänge zum Koheletkommentar des Hieronymus (BEThL 268) Leuven 2014; R. Brandscheidt, Weltbegeisterung und Offenbarungsglaube (TThSt 64) Trier 1999; R. Braun, Kohelet und die frühhellenistische Popularphilosophie (BZAW 130) Berlin 1973; S. Burkes, Death in Qoheleth and Egyptian Biographies of the Late Period (SBL 170) Chicago 1997; G. R. Castellino, Qohelet and his Wisdom: CBQ 30, 1968, 15–28; K. Dell, Interpreting Ecclesiastes. Readers Old and New (CSHB 3) Winona Lake 2013; F. Ellermeier, Qohelet I, 1. Untersuchungen zum Buch Qohelet, Hertzberg 1967; A. Fischer, Skepsis oder Furcht Gottes? Studien zur Komposition und Theologie des Buches Kohelet (BZAW 247) Berlin 1997; S. Fischer, Die Aufforderung zur Lebensfreude im Buch Kohelet und seine Rezeption der ägyptischen Harfnerlieder (WAS 2) Frankfurt u. a. 1999; M. V. Fox, A Time to Tear down and a Time to Build up. A Rereading of Ecclesiastes, Grand

Rapids/Cambridge 1999; H. L. Ginsberg, The Structure and Contents of the Book of Koheleth, in: FS H. H. Rowley (VT.S 3) Leiden 1935, 138–149; R. Gordis, Koheleth – the Man and his World. A Study of Ecclesiastes, New York 1951/³1968; O. Kaiser, Die Botschaft des Buches Kohelet: EThL 71, 1995, 48–70; L. Levy, Das Buch Qoheleth. Ein Beitrag zur Geschichte des Sadduzäismus, Leipzig 1912; N. Lohfink, Studien zu Kohelet (SBAB 26) Stuttgart 1998; O. Loretz, Qohelet und der Alte Orient. Untersuchungen zu Stil und theologischer Thematik des Buches Qohelet, Freiburg/Basel/Wien 1964; D. Lys, L'Être et le Temps. Communication de Qohèlèth, in: M. Gilbert (Hg.), La Sagesse de l'Ancien Testament (BEThL 51) Leuven 1979, 249–258; M. Maussion, Le mal, le bien et le jugement de Dieu dans le livre de Qohélet (OBO 190) Freiburg/Göttingen 2003; L. Mazzinghi, The divine violence in the book of Qohelet: Bib 90, 2009, 545–558; D. Michel, Untersuchungen zur Eigenart des Buches Qohelet. Mit einem Anhang von R. G. Lehmann. Bibliographie zu Qohelet (BZAW 183) Berlin 1989; J. Y.-S. Pahk, Il Canto della Gioia in Dio. L'itinerario sapienziale espresso dall' unità lettereria in Qohelet 8,16–9,10 e il parallelo di Gilgameš Me iii (Istituto Universitario Orientale. Dipartimento di Studi Asiatici. Series Minor LII) Napoli 1996; B. Pinçon, »Au jour de Bonheur, accueille de Bonheur« (Qo 7,14). Réhabilitation d`une parole de Bonheur méconnue du livre de Qohélet: RivBib 57, 2009, 311–325; S. Ramond, Y a-t-il de l`ironie dans le livre de Qohélet?: VT 60, 2010, 621–640; A. Reinert, Die Salomofiktion. Studien zu Struktur und Komposition des Koheletbuches (WMANT 126) Neukirchen-Vluyn 2010; M. Rose, Rien de nouveau. Nouvelles approches du livre de Qohéleth. Avec une bibliographie (1988–1998) élaborée par B. Perregaux Allisson (OBO 168) Fribourg/Göttingen 1999; F. Rousseau, Structure de Qohelet I 4–11 et plan du livre: VT 31, 1981, 200–217; A. Schellenberg, Erkenntnis als Problem. Qohelet und die alttestamentliche Diskussion um das menschliche Erkennen (OBO 188) Fribourg/Göttingen 2002; A. Schoors, The Preacher Sought to Find Pleasing Words. A Study of the Language of Qoheleth, Part 1: Grammar, Leuven 1992; A. Schoors (Hg.), Qohelet in the Context of Wisdom (BEThL 136) Leuven 1998; L. Schwienhorst-Schönberger, »Nicht im Menschen gründet das Glück« (Koh 2,24). Kohelet im Spannungsfeld jüdischer Weisheit und hellenistischer Philosophie (HBS 2) Freiburg ²1996; ders. (Hg.), Das Buch Kohelet. Studien zur Struktur, Geschichte, Rezeption und Theologie (BZAW 254) Berlin 1997; ders., Kohelet – ein Schulbuch?, in: U. Dahmen/J. Schnocks (Hg.), Juda und Jerusalem in der Seleukidenzeit. Herrschaft – Widerstand – Identität. FS H.-J. Fabry (BBB 159) Göttingen 2010, 91–104; R. Vignolo, La scrittura di Qohelet e la sua ricezione canonica alla sua cornice editoriale (1,1–2.3; 12,8.9–14): Teologia 35, 2010, 184–221; A. Vonach, Nähere dich um zu hören. Gottesvorstellungen und Glaubensvermittlung im Koheletbuch (BBB 125) Bodenheim 1999; C. F. Whitley, Koheleth. His Language and Thought (BZAW 148) Berlin 1979; A. G. Wright, The Riddle of the Sphinx Revisited: Numerical Patterns in the Book of Qoheleth: CBQ 42, 1980, 38–51; R. N. Whybray, The Identification and Use of Quotations in Ecclesiastes: VT 32, 1981, 435–451; W. Zimmerli, Das Buch Kohelet. Traktat oder Sentenzensammlung?: VT 24, 1974, 221–230 (wieder abgedruckt: VT 63, Sonderheft 2013, 77–86).

1. Aufbau

Bei der Frage nach dem Aufbau des Buches Kohelet lassen sich in der Forschung *zwei Grundpositionen* unterscheiden:

(1) Die *erste* vermag keine durchgehende Komposition des Gesamtwerkes zu erkennen, sondern lediglich eine teils zufällige, teils assoziativ vermittelte *Zusammenstellung einzelner Sentenzen* (*K. Galling*), Reflexionen (*F. Ellermeier*) oder Topoi (*O. Loretz*). Diese Forschungsrichtung findet ihren prägnanten Ausdruck in dem vielzitierten Satz

von *F. Delitzsch*: »Alle Versuche, in dem Ganzen nicht nur Einheit des Geistes, sondern auch genetischen Fortgang, allesbeherrschenden Plan und organische Gliederung nachzuweisen, mussten bisher und werden inskünftig scheitern« (195).

(2) Die *zweite Position* rechnet mit einer mehrere Texteinheiten oder sogar das gesamte Buch umgreifenden Komposition. Die Mehrzahl der hier anzuführenden Exegeten findet vor allem *in den ersten zwei bzw. drei Kapiteln des Buches* einen planvollen Aufbau, in den Kap. 3(4)–12 jedoch eine weitaus schwächer durchgestaltete Komposition oder lediglich eine lose Zusammenstellung einzelner Texteinheiten, womit bezüglich dieses Teils des Buches eine Annäherung an Position (1) vorliegt (*K. Budde, W. Zimmerli, D. Michel*). Es gibt aber auch zahlreiche Versuche, eine das gesamte Buch umgreifende Komposition herauszuarbeiten (*H. L. Ginsberg, G. R. Castellino, A. G. Wright, D. Lys, F. Rosseau, G. S. Ogden, J. A. Loader*). Für den »am besten begründeten Versuch einer Gliederung« hält *D. Michel* den Vorschlag *N. Lohfinks*, der mit einer siebenteiligen, um ein Zentrum hin angeordneten palindromischen Gesamtkonstruktion (→ Palindromie) rechnet (10):

1,2f Rahmen
  1,4–11 Kosmologie (Gedicht)
    1,12–3,15 Anthropologie
      3,16–4,16 Gesellschaftskritik I
        4,17–5,6 Religionskritik (Gedicht)
      5,7–6,10 Gesellschaftskritik II
    6,11–9,6 Ideologiekritik
  9,7–12,7 Ethik (am Ende: Gedicht)
12,8 Rahmen

Gegenwärtig überwiegen die Argumente, die für einen *planvollen Aufbau* sprechen, und der Trend der Forschung scheint in diese Richtung zu gehen. Ein uneinheitliches Bild bietet sich allerdings, wenn man die verschiedenen Gliederungsvorschläge miteinander vergleicht. Dass hier noch keine Annäherung in Sicht ist, dürfte damit zusammenhängen, dass noch keine Theorie allgemeine Anerkennung gefunden hat, die die Widersprüche und Spannungen im Buch Kohelet zu erklären vermag, so dass viele Texteinheiten höchst unterschiedlich interpretiert werden. Hier wird die These vertreten, dass sich die Widersprüche und Spannungen durch die Annahme erklären, dass Kohelet seine »Philosophie« im kritischen Gespräch mit gegnerischen Ansichten darlegt, die er durch Zitate zu Wort kommen lässt (»Zitatentheorie«, s. u.). Im Rückgriff auf die Zitatentheorie und im Anschluss an die ausführliche Strukturanalyse von *F. J. Backhaus* hat *L. Schwienhorst-Schönberger* folgenden Gliederungsvorschlag gemacht:

1,1	Überschrift		
	1,2	Rahmen- und Mottovers (»Windhauch«)	
	(I)	1,3–3,22	Darlegung (propositio): Entfaltung und Beantwortung der Frage nach Inhalt und Bedingung der Möglichkeit menschlichen Glücks
	(II)	4,1–6,9	Entfaltung (explicatio): Auseinandersetzung mit einem vorphilosophischen Glücksverständnis: Entwertung traditioneller Werte im Hinblick auf die Bestimmung des höchsten Gutes

(III)	6,10–8,17	Verteidigung (refutatio): Auseinandersetzung mit alternativen Glücksbestimmungen
(IV)	9,1–12,7	Anwendung (applicatio): Aufruf zur Freude und zu tatkräftigem Handeln
12,8	Rahmen- und Mottovers (»Windhauch«)	

12,9–14	Zwei Nachworte

Der I. Teil (1,3–3,22) präsentiert in Grundzügen eine »Philosophie des Glücks«. Hier hebt sich die sog. Königstravestie (1,12–2,26; nach *A. Reinert*: 1,12–4,16) heraus: Kohelet schlüpft in die Rolle eines Königs, um einen spezifischen Lebensentwurf durchzuspielen. Er versucht, sich durch großartige Werke, durch Anhäufung von Wissen und durch direkt angezielte Lustmaximierung Glück zu verschaffen, doch er muss erkennen, dass damit nicht jenes Glück erreicht wird, auf das er als Mensch zutiefst angelegt ist. Das »Königsexperiment« endet in 2,11.17.23 in Verdruss und Verzweiflung. In 2,24–26 bricht Kohelet zu einer neuen Erkenntnis durch: Das von ihm gesuchte Glück findet sich erst dort, wo auch von Gott die Rede ist. Dieses neue Wissen bestimmt den weiteren Gang der Erörterung. Von dieser Einsicht aus werden die großen Themen der biblischen Tradition, ihrer Anthropologie und Theologie angegangen: Zeit (3,1–9), Gott und Ewigkeit (3,10–15), Leben vor und nach dem Tod (3,16–22). Der II. Teil (4,1–6,9) widmet sich der Konkretisierung jener im I. Teil grundgelegten Lehre vom guten und gelingenden Leben. Probleme und Themen der damaligen Lebenswelt werden im Horizont jener Eudaimonologie entfaltet. Unterdrückung (4,1–3), Arbeit (4,4–12), sozialer Auf- und Abstieg (4,13–16), Religion (4,17–5,6), Königtum (5,7–8), Armut und Reichtum (5,9–6,9) kommen zur Sprache. Im III. Teil (6,10–8,17) wird vor allem das normative Wissen der Zeit einer kritischen Überprüfung unterzogen (6,10–8,17). Hier schlägt der weisheitskritische Zug des Buches durch. Im Gespräch mit traditioneller Spruchweisheit entwickelt Kohelet im IV. Teil (9,1–12,7) seine Weisungen zum tatkräftigen Handeln, die im Aufruf zur Freude (9,7–10; 11,9–12,7) ihr Ziel und ihren Abschluss finden.

2. Entstehung

2.1 Entstehungsmodelle

Will man die näheren Umstände der Entstehung des Buches erhellen, so kommt man nicht umhin, eine Erklärung für die zahlreichen *Widersprüche und Spannungen* zu geben, die sich im Buch finden. Die Erklärungen lassen sich auf fünf Grundmodelle reduzieren, die teilweise miteinander kombiniert werden:
(1) Der *literarkritische* Lösungsvorschlag sieht in den Spannungen und Widersprüchen des Buches das Ergebnis seiner literarischen Wachstumsgeschichte.

Der differenzierteste Lösungsvorschlag stammt hier von *C. Siegfried*. Er rechnet mit insgesamt neun Schichten: Einer Grundschrift, dem »Buch des pessimistischen Philosophen«, die sich vor allem in den ersten drei Kapiteln findet, ferner mit vier Glossatoren (→ Glosse) (einem Epikureer aus sadduzäischen Kreisen, einem »Weisen«, einem Frommen [Chasid], einer Gruppe von Glossatoren aus dem Umfeld der allgemeinen Spruchweisheit), zwei Redaktoren und zwei Epilogisten (→ Epilog). Der extrem literarkritisch orientierte Vorschlag von *C. Siegfried* konnte sich nicht durchsetzen. Gemäßigte literarkritische Positionen, in der Regel mit der Annahme von zwei Ergänzern und einem Herausgeber, vertreten u. a. *G. A. Barton, E. Podechard* und *D. Buzy. A. Lauha* rechnet mit zwei Redaktoren: Von R^1, einem Schüler Kohelets, stammen 1,1.2; 12,8.9–11, von R^2 stammen die »dogmatischen Korrekturen« 2,26a.b; 3,17a; 5,18; 7,26b; 8,12b.13; 11,9b; 12,12–14. Ein durchgehend literarkritischer Ansatz wird in jüngerer Zeit nur noch vereinzelt vertreten (*R. Brandscheidt, M. Rose*).

Eine gemäßigt literarkritische Position stellt auch das *redaktionsgeschichtliche* Modell von *A. Fischer* dar (vgl. auch *M. Köhlmoos*). *A. Fischer* sieht in 3,16–12,7 eine nach dem Tod Kohelets vom ersten Epilogisten (12,9–11) besorgte Zusammenstellung von Unterrichtsskizzen und themengebundenen Schultexten. Die redaktionelle Tätigkeit des Herausgebers, der wohl ein Schüler Kohelets war, verstärkt inhaltlich den skeptischen Zug im Denken seines Lehrers. Unabhängig von den Schultexten entstand der Traktat 1,3–3,16, der vollständig auf Kohelet zurückgeht und von diesem als späte Zusammenfassung seiner Lehre konzipiert wurde.

(2) In unterschiedlichen Varianten wird eine *biographische* Erklärung für die Spannungen und Widersprüche im Buch Kohelet gegeben.

Nach *V. Zapletal* »hat Kohelet seine Gedanken aufgezeichnet, wie sie kamen. Es ist also hierin eine Art chronologischer Ordnung. Daraus mag zum Teil folgen, dass hie und da über denselben Gegenstand anscheinend ganz widersprechende Urteile abgegeben werden, ähnlich wie wir öfters über dieselbe Sache zu verschiedenen Zeiten verschieden urteilen« (Das Buch Kohelet, Freiburg 1905, 31). *F. Zimmermann* diagnostiziert mit Hilfe der Psychoanalyse eine für einen Neurotiker typische Zerrissenheit und Unausgeglichenheit der Seele.

(3) Ein *gattungskritischer* Lösungsvorschlag liegt mit dem von *M. V. Fox* und *T. Longman* vertretenen Verständnis des Buches als einheitliche Rahmenerzählung vor. Diesem Modell zufolge stammt das Buch von *einem* Autor, der die Geschichte einer realen oder fiktiven Person namens Kohelet erzählt, die im Corpus des Buches (1,12–12,7) in Form einer langen Rede ausführlich zu Wort kommt und darin ihre eigene Geschichte erzählt, in der nicht selten frühere Ansichten späteren Erkenntnissen weichen müssen. Kohelet und der Buchautor sind also dieser Theorie zufolge verschiedene Personen mit unterschiedlichen Theologien; gleichwohl kann das Buch als einheitlich angesehen werden.

(4) Ein weiterer Versuch, die Widersprüche und Spannungen des Buches zu erklären, liegt mit der sog. *Zitatentheorie* vor. Erste Ansätze dazu finden sich bereits bei *M. Mendelssohn* (1771) und *F. Hitzig* (1847). *L. Levy* und *R. Gordis* haben sie weiter entfaltet, *N. Lohfink* sowie vor allem *R. N. Whybray* und *D. Michel* differenziert und argumentativ abgestützt.

Die *Zitatentheorie* erklärt die Spannungen und Widersprüche mit der Annahme, dass Kohelet Ansichten *zitiert*, mit denen er sich kritisch auseinandersetzt. Was von den Literarkritikern häufig als eine orthodoxe (religiöse oder weisheitliche) Erweiterung angesehen wird, werten die Vertreter der Zitatentheorie in der Regel als eine von Kohelet zitierte gegnerische Ansicht, die er nicht teilt, sondern kritisiert und zurückweist. Das Problem, mit dem sich die Zitatentheorie konfrontiert sieht, besteht darin, dass die Zitate in der Regel nicht als solche gekennzeichnet und folglich schwer zu erkennen sind. Doch haben sich *R. N. Whybray, D. Michel* und *F. J. Backhaus* um eine differenzierte Kriteriologie zur Herausarbeitung von Zitaten bemüht.

D. Michel geht davon aus, dass in 1,3–3,15 »ein bewußt als Einheit konzipierter Traktat« vorliegt. Was mit der hier »dargelegten Grundposition nicht übereinstimmt, ist als Anführung fremder Meinungen anzusehen, die Qohelet zitiert, um sich mit ihnen auseinanderzusetzen«. So bestimmt *D. Michel* u. a. 2,13–14a als Zitat, 2,14b–15 als Kommentar Kohelets, ferner: 7,1–6a Zitat, 7,6b–10 Kommentar; 7,11–12 Zitat, 7,13–14 Kommentar; 7,26.28 Zitat, 7,25.27.29 Kommentar; 8,2–5 Zitat, 8,6–8 Kommentar; 10,8–10 Zitat, 10,11 Kommentar.

Die Zitatentheorie ist für das Verständnis des Koheletbuches von grundlegender Bedeutung. Dies sei an zwei Beispielen gezeigt: (a) Die Aussage von 7,1a (»Besser ein [guter] Name als gutes Öl.«) steht in Spannung zum Aufruf von 9,8b (»An Öl auf deinem Haupt fehle es nicht.«), ferner steht 7,3 (»Besser Kummer als Lachen, denn bei trauriger Miene ist die Einsicht gut!«) in Spannung zu 7,9 (»Eile nicht, mit schnellem Atem Kummer zu empfinden, denn Kummer wohnt in der Brust der Toren!«). Nach *D. Michel* sind die pessimistischen anthropologischen Aussagen von 7,1–6a nicht die Ansicht Kohelets, sondern die von Kohelet zitierten und in 7,6b–10 von ihm kritisierten und zurückgewiesenen Ansichten seiner Gegner. (b) 7,26 (»Ich finde dauernd: Bitterer als der Tod ist die Frau. Sie besteht aus Netzen, aus Fangnetzen ihr Herz, aus Fesseln ihre Arme.«) steht in Spannung zum Aufruf von 9,9 (»Genieße das Leben mit einer Frau, die du liebst …!«). Nach *N. Lohfink, D. Michel, L. Schwienhorst-Schönberger* und *A. Schoors* handelt es sich bei 7,26 nicht um die Meinung Kohelets, sondern um eine von ihm zitierte frauenfeindliche Ansicht, die er im Rückgriff auf den Schöpfungsbericht (7,29) zurückweist.

(5) Ein stärker *rezeptionsorientierter* Ansatz, der sich mit der Zitatentheorie verbinden lässt, hält die Spannungen und Widersprüche des Buches für eine intendierte Form der Argumentationsstrategie, die den Leser in besonderer Weise an der Konstitution des Textverständnisses beteiligen soll (*T. Krüger*).

In Verbindung mit einem rezeptionsorientierten Ansatz vermag die Zitatentheorie Spannungen und Widersprüche innerhalb des Buches insofern plausibel zu erklären, als sie damit zugleich eine *gattungskritische Bestimmung* des Buches vornehmen kann, die die Beobachtung, dass Kohelet in einem kritischen Verhältnis zur traditionellen Weisheit steht, in sich zu integrieren vermag. Bereits *L. Levy* hat die dialogischen Elemente des Buches als »Nachahmung des Stilcharakters der kynisch-stoischen Diatribe« (59) interpretiert. Ebenso erinnert *A. Allgeier* die Form des Buches an die *Diatribe*, »worin ganz ähnlich wie in Koh Rede und Gegenrede wechselt und zwar ebenfalls oft so, dass äußerlich nicht kenntlich gemacht wird, wann die Gegenrede einsetzt und die Antwort beginnt« (Das Buch des Predigers oder Kohelet, Bonn 1925, 11). Zuletzt haben *N. Lohfink* und *L. Schwienhorst-Schönberger* die Form des Buches von der Diatribe her zu verstehen versucht. Der Ursprung dieser Art zu reden ist der Schulvortrag. In der Diatribe steht die Behandlung unterschiedlicher Themen unter einer gemeinsamen Grundidee. Die Grundidee wird häufig am Anfang des Werkes programmatisch entfaltet und anschließend auf unterschiedliche Situationen des alltäglichen Lebens appliziert und anhand vieler von der Tradition vorgegebener Themen und Motive durchgespielt. Ähnlich legt Kohelet im 1. Teil (1,3–3,22) seine Philosophie des Glücks in Grundzügen dar. Im 2. Teil (4,1–6,9) wird sie im Gespräch mit einem vorphilosophischen Glücksverständnis erläutert und vertieft, im 3. Teil (6,10–8,17) im fiktiven Dialog mit Gegnern verteidigt, und im 4. Teil (9,1–12,8) ruft Kohelet seinen Schüler auf, die Lehre anzunehmen. Vor diesem Hintergrund werden eine literarkritisch oder biographisch orientierte Herleitung der Entstehungsgeschichte des Buches mit Skepsis zu beurteilen sein. Selbst die Erwägung von *D. Michel*, die Aufrufe zur Gottesfurcht (3,6b; 7,18b) als möglicherweise literarisch sekundär zu betrachten, wurde von *N. Lohfink*, *F. J. Backhaus* und *L. Schwienhorst-Schönberger* zurückgewiesen.

2.2 Die Nachworte 12,9–11 und 12,12–14

Mehrheitlich wird in der Forschung die These vertreten, 12,9–11 und 12,12–14 seien Nachworte von zwei verschiedenen Herausgebern. Dieser Theorie zufolge stammt *12,9–11* von einem *ersten Herausgeber*, wahrscheinlich einem Schüler Kohelets. Er macht seinen Lehrer zu einem »Klassiker«. Von einem *zweiten Herausgeber* dürfte *12,12–14* stammen. Hier werden Begriffe und Motive des Buches aufgegriffen, aber in spezifischer Weise umgeformt. Die Gottesfurcht wird im Sinne der Beachtung der Gebote interpretiert und die Ethik mit dem Hinweis auf das göttliche Gericht begründet. Ferner wird die in der traditionellen Weisheit übliche Anrede »mein Sohn« (vgl. Spr) verwendet, die Kohelet gemieden hat (vgl. 11,9). Entgegen einer verbreiteten Ansicht will das zweite Nachwort das Koheletbuch offensichtlich nicht kritisieren, sondern gegen die Einführung eines neuen Buches (evtl. Jesus Sirach) als Schulbuch verteidigen (*N. Lohfink*, *L. Schwienhorst-Schönberger*). Durch die Verbindung der Gottesfurcht und Gesetzesobservanz greift das zweite Nachwort das zentrale Anliegen des Sirachbuches auf und gibt es als die Essenz aller Weisheitsbücher aus, der bereits eingeführten, zu denen inzwischen auch das Koheletbuch gehört (12,10–11), und der zukünftigen. Damit erübrigt sich die Einführung eines weiteren Buches. Es würde damit ohnehin kein Ende nehmen. Der Lernstoff würde unnötig vermehrt (12,12b) und am Ende könnte doch nichts anderes herauskommen (12,13a) als: Fürchte Gott und halte seine Gebote! (12,13b).

Dem zweiten Herausgeber wird gerne auch der Hinweis auf das göttliche Gericht in 11,9b zugesprochen, was in der neuesten Forschung allerdings keine ungeteilte Zustimmung mehr findet (vgl. *M. Maussion*). Eine Alternative zu diesem Modell vertritt *M. V. Fox*. Nach ihm stammt das ganze Buch von *einem* Autor. Dieser erzählt die Geschichte eines Mannes namens Kohelet, den er im Corpus seines Buches in Form einer langen Rede zu Wort kommen lässt. Das Ich des Autors kommt im → Epilog 12,9–14 zum Vorschein, in der Anrede »mein Sohn«. Er führt Kohelet in 3. Pers. in 1,1 und 1,2 ein, und er leitet ebenso in 12,8 wieder aus. Nach diesem Modell ist *Kohelet* nicht identisch mit dem Autor des Buches, sondern die Maske, die »persona«, durch die hindurch der Autor spricht. Die Distanz zwischen Epilog und Corpus ist nicht polemischer Natur, sondern hat eine schützende und vermittelnde Funktion. Durch die Unterscheidung der beiden Ebenen beabsichtigte der Autor, möglichen Widerstand gegen das Buch abzuschwächen, indem er den Inhalt als einen Bericht der Worte Kohelets präsentierte.

2.3 Entstehungszeit

Zwei persische Lehnwörter (2,5: *pardēs* = Baumgarten; 8,11: *pitgām* = Botschaft) und eine zum → Mischna-Hebräisch hin tendierende Sprachform mit lexikalischen und grammatikalischen Einflüssen des Aramäischen sprechen für eine *nachexilische Entstehungszeit* des Buches. Eine genauere zeitliche Eingrenzung ist nicht leicht. *C.-L. Seow* datiert das Buch in die persische Zeit (450–350 v. Chr.). Doch eine mögliche Polemik gegen aufkommendes apokalyptisches Gedankengut (7,1–10; vgl. *D. Michel*), eine Terminologie, die zwischen dem in einer übergeordneten Zentrale (Alexandrien?) und dem in einem lokalen Machtzentrum (Jerusalem?) residierenden Herrscher differenziert (*N. Lohfink*), und mögliche hellenistische Einflüsse lassen am ehesten an die zweite Hälfte des 3. Jh.s v. Chr. denken. Häufig wird angenommen, Sirach setze sich kritisch mit Kohelet auseinander. Dagegen hat *C. F. Whitley* den Versuch unternommen, Kohelet zeitlich nach Sirach, und zwar in die Zeit zwischen 152–145 v. Chr., zu datieren. Dagegen hat sich vor allem *F. J. Backhaus* ausgesprochen, so dass Sirach als Datierungshilfe vorläufig ausfällt. *Terminus ante quem* dürfte der Zeitpunkt der Abspaltung der Qumrangemeinde vom Jerusalemer Tempelkult sein (ca. 152 v. Chr.), da in Qumran Fragmente des Kohelettextes gefunden wurden, er also hier schon ein gewisses (kanonisches?) Ansehen genoss. Koh 5,7–8 setzt möglicherweise die Einführung und Auswirkungen des ptolemäischen Wirtschafts- und Verwaltungssystems unter Ptolemäus II. (285/83–246 v. Chr.) in Palästina voraus (Zenon-Papyri). Einige Texte scheinen eine Wirtschaftsweise mit hohen Gewinn- und Verlustmöglichkeiten und den damit einhergehenden sozialen Umschichtungsprozessen anzudeuten (4,1–3.4–6; 5,9–11.12–14). Bezüge zur Makkabäerzeit sind nicht erkennbar. So wird das Buch wahrscheinlich zwischen 250 und 190 v. Chr. entstanden sein.

2.4 Entstehungsort

Bezüglich des *Entstehungsortes* dachten *P. Volz* und *P. Humbert* wegen der im Buch vorausgesetzten Weite des geistigen Horizontes und einiger Anklänge an ägyptische Vorstellungen (1,5.7; 11,1; 12,5) an *Alexandrien. L. Levy* nahm im Anschluss an *P. Kleinert* an, Koh 1–7 sei in Jerusalem und Koh 8–12 wegen zahlreicher Anspielungen an den ptolemäischen Königshof (8,2; 10,4.16–19.20; 11,1) in Alexandrien verfasst. *H. W. Hertzberg* hat dagegen auf das durchgehend im Buch vorausgesetzte israelitische Kolorit (11,4; 12,2.6) hingewiesen, so dass die große Mehrzahl der Exegeten heute *Jerusalem* (vgl. 1,12; 2,7.9; 8,10) als Entstehungsort des Buches annimmt. Im Jerusalem der zweiten Hälfte des 3. Jh.s v. Chr. sind – insbesondere in der Oberschicht – sowohl eine noch ungebrochene Offenheit gegenüber der hellenistischen Kultur als auch das Vertrautsein mit alexandrinisch-ägyptischen Traditionen denkbar. Die Eigenart des Buches wird oft durch die Annahme unterschiedlicher *kultureller Einflüsse* erklärt. Entsprechungen zur ägyptischen Tradition finden sich vor allem in den biographischen Inschriften der Spätzeit und den Harfnerliedern (»Feiern des schönen Tages«; *S. Fischer*).

Innerhalb der mesopotamischen Tradition wird immer wieder auf die engen Entsprechungen zwischen 9,7–9 und der Rede der Schenkin im Gilgamesch-Epos verwiesen (*J. Y.-S. Pahk*). Entsprechungen zur griechisch-hellenistischen Kultur werden in einer gemeinsamen, evtl. pessimistischen (*R. Braun*), atmosphärischen Gestimmtheit oder in der diskursiv-reflexiven Zuspitzung auf die Glücks-Thematik (*eudaimonia*), wie sie im Koheletbuch und den hellenistischen Philosophien (vor allem bei Epikur, aber auch in der Stoa und der pyrrhonischen Skepsis) anzutreffen ist (*N. Lohfink, L. Schwienhorst-Schönberger*), gesehen. Man wird die hier genannten »Einflüsse« wohl nicht alternativ gegeneinander ausspielen dürfen, sondern damit rechnen müssen, dass Wissensgehalte unterschiedlicher Kulturen in weisheitlichen Kreisen Jerusalems des 3. Jh.s gleichermaßen zugänglich und für die jüdische Tradition anregend waren.

2.5 Der Name »Kohelet«

Der *Name »Kohelet«* kommt im Buch insgesamt siebenmal vor. In 1,1.2.12; 12,9.10 wird das Wort wie ein Eigenname gebraucht, in 12,8 jedoch als Appellativum, da es hier mit Artikel steht. Der Form nach ist das Wort ein Partizip Femininum Qal. Aus Esra 2,55.57 und Neh 7,57.59 lässt sich schließen, dass feminine Partizipien ursprünglich eine Funktion oder ein Amt bezeichnen und später als männliche Eigennamen verwendet werden konnten. Ein solcher Vorgang steht möglicherweise auch hinter dem Wort »Kohelet«. Ursprünglich dürfte das Wort eine Funktionsbezeichnung gewesen sein. *J. L. Crenshaw* denkt dabei an das Sammeln von Sprichwörtern. Kohelet wäre demnach ein *»Sammler von Sprichwörtern«* gewesen. In 12,9bβ findet sich ein Anhaltspunkt für diese Deutung. Da das Wort *qhl* aber nie im Zusammenhang mit Sprichwörtern verwendet wird, wäre es auch denkbar, dass Kohelet einen *Kreis von Hörern* um sich versammelte. Ein solches Versammeln von Menschen außerhalb des gewöhnlichen Schulbetriebes muss wohl etwas Auffallendes gewesen sein, so dass man ihn einfach den Leiter (»Versammler«) eines solchen Kreises genannt hat (*N. Lohfink*). Koh 12,9aβ läge auf dieser Linie. Welcher Erklärung des Wortes »Kohelet« man sich auch anschließen mag – ob als *»Sammler von Sprichwörtern«* oder *»Versammler eines Kreises von Hörern«* – in beiden Fällen wird der hiermit gemeinten Person die Funktionsbezeichnung im Laufe der Zeit wie eine Art Eigenname zugewachsen sein. In dem nicht ganz einheitlichen Gebrauch – als Eigenname und als Appellativum – mag dieser Vorgang noch nachklingen. Das Wort dürfte also eine sekundär als Eigenname verwendete Funktionsbezeichnung sein.

3. Theologie

Die hier vertretene »Kompositionstheorie« tendiert zu der Annahme, dass sich die Vielfalt des Buches in einer thematischen Einheit bündelt. Wie diese näher zu bestimmen sei, wird in der Forschung allerdings sehr kontrovers diskutiert. *Eine Richtung* hebt den *pessimistischen Zug* des Buches hervor, versteht den Motto- und Rahmenvers 1,2 und 12,8 im Sinne von »alles ist absurd« und rückt das Buch in die Nähe einer Philosophie des Absurden (*A. Lauha, D. Michel, A. Schoors*). Eine *andere Richtung* sieht im *Aufruf zur Freude* (5,17–19; 9,7–10; 11,9) den Schlüssel zu seinem Gesamtverständnis, einer Freude, die als Gabe (3,13) und nach 5,19 möglicherweise sogar als »Antwort Gottes« (*N. Lohfink*) den Vergänglichkeits- und Nichtigkeitscharakter des Lebens durchbricht (*L. Schwienhorst-Schönberger*). Diesem zuletzt genannten Verständnis nach gehört das Buch in jene altorientalische und antike Tradition, welche die Frage nach dem Inhalt und der Bedingung der Möglichkeit menschlichen Glücks (Eudaimonie) in das Zentrum ihrer Reflexionen stellt. Die pessimistischen Aussagen hätten in diesem eudaimonologischen Diskurs die Funktion, falsche aber verbreitete Glücksvorstellungen zu dekonstruieren. Sie heben den verborgenen Nihilismus einer (oberflächlich-)optimistischen Lebenskonzeption ans Licht, um den Weg frei zu machen, der zum »wahren Glück« führt. Vor allem jener Teil des Buches, in dem Kohelet als König in Erscheinung tritt (»Königstravestie« 1,12–2,26), zeigt, dass ein äußerlich glanzvolles Leben, dem es an Freude nicht mangelt (2,16), angesichts der Erfahrung des Todes (2,16) in die Verzweiflung führt (2,17.22f). Überwunden wird ein derartiger Lebensentwurf in der Erfahrung jener Freude, die »aus der Hand Gottes stammt« (2,24; vgl. 3,13). Anthropologisch wird diese Art der Freude als ein spezifischer Modus der *Erfahrung* (»essen, trinken, lieben«; 5,17–19; 9,7–10) näher bestimmt (»carpe diem«) – in Absetzung von einer Haltung des Habens, die sich darin erschöpft, die Gaben des Lebens zu horten, die aber nicht mehr in der Lage ist, dieselben auch zu genießen (2,26; 5,12–16; 6,1–6).

Mit seiner Philosophie des Glücks steht Kohelet wahrscheinlich in einem Gespräch mit *traditioneller jüdischer Weisheitstheologie* auf der einen und *hellenistischer Philosophie und Kultur* auf der anderen Seite (*L. Schwienhorst-Schönberger, M. Faessler*). Die Frage nach dem Glück des Menschen greift ein Grundmotiv *alttestamentlicher Weisheit* auf. In polemisch-provokativer Zuspitzung weist Kohelet darauf hin, dass die von der traditionellen Weisheit vertretene Lehre vom Tun-Ergehen-Zusammenhang oft mit der Erfahrung nicht übereinstimmt (7,15f; 8,12f–14). Ferner kritisiert er den Anspruch der Weisheit, den Menschen vor jeder Gefahr bewahren zu können (8,5 Zitat; 8,6–8 kritischer Kommentar Kohelets). Die Frage nach Inhalt und Bedingung der Möglichkeit menschlichen Glücks war auch Dreh- und Angelpunkt der *hellenistischen Philosophien*. Hier wurde die Ansicht vertreten, dass der Mensch durch eigene Anstrengung, und zwar durch die Entwertung alles Unverfügbaren, glücklich werden kann. Die hellenistischen Philosophien verstanden sich als Einübung in ein glückliches Leben (vgl. *Epikur*, Brief an Menoikeus 122). Wenn Kohelet am Ende der Königstravestie in 2,24 zu der Einsicht gelangt, dass die Erfahrung von Glück letztlich nicht im Menschen, sondern in Gott gründet, scheint er sich aus der Tradition alttestamentlicher Schöpfungstheologie heraus mit der hellenistischen Eudämonologie konstruktiv-kritisch auseinanderzusetzen.

VI. Das Hohelied

(Ludger Schwienhorst-Schönberger, Wien)

Kommentare: H. Graetz, Schir Ha-Schirim oder das salomonische Hohelied, Wien 1871/Breslau 1885; F. Delitzsch (BC) 1875; K. Budde (KHC) 1898; ders. (HSAT) [4]1923; A. Bea (SPIB) 1953; W. Rudolph (KAT) [2]1962; A. Robert/R. Tournay/A. Feuillet (EtB) 1963; G. Gerleman (BK) 1965; E. Würthwein (HAT) [2]1969; M. H. Pope (AncB) 1977; G. Krinetzki (NEB) 1980; ders. (BET) 1981; O. Keel (ZBK) [2]1992; R. E. Murphy (Hermeneia) 1990; H.-P. Müller (ATD) 1992; J. G. Snaith (NCB) 1993; W. Bühlmann (NSK) 1997; R. E. Murphy/E. Huwiler (NIBC) 1999; T. Longman III (NICOT) 2001; D. Bergant (Berit Olam) 2001; Y. Zakovitch (HThKAT) 2004; G. Barbiero (I Libri Biblici) 2004; ders., (VT.S 144) 2011.

Forschungsüberblicke: H. Haag, Das heutige Verständnis des Hohenliedes in der katholischen Exegese, in: FS M. M. Delcor, Neukirchen-Vluyn 1985, 209–219; C. Kuhl, Das Hohelied und seine Deutung: ThR 9, 1937, 137–167; R. E. Murphy, The Song of Songs: Critical Biblical Scholarship vis-à-vis exegetical traditions, in: FS B. W. Anderson, Sheffield 1985, 63–69; E. Würthwein, Zum Verständnis des Hohenliedes: ThR 32, 1967, 177–212; verwiesen sei auch auf das Themenheft WuB 21, 2001.

Einzelstudien: E. Bosetti, Cantico dei cantici: »Tu che il mio cuore ama«. Estasi e ricerca, Milano 2001; E. Bosshard-Nepustil, Zu Struktur und Sachprofil des Hohenlieds: BN 81, 1996, 45–71; A. Brenner, The Song of Songs (OTGu) Sheffield 1989; dies. (Hg.), A Feminist Companion to the Song of Songs (The Feminist Companion to the Bible 1) Sheffield 1993; dies., The Intercourse of Knowledge. On Gendering Desire and »Sexuality« in the Bible (BJS 26) Leiden 1997; K. Butting, Die Buchstaben werden sich noch wundern. Innerbiblische Kritik als Wegweisung feministischer Hermeneutik, Berlin 1994, 117–160; D. A. Dorsey, Literary Structuring in the Song of Songs: JSOT 46, 1990, 81–96; J. C. Exum, A Literary and Structural Analysis of the Song of Songs: ZAW 85, 1973, 47–79; A. Feuillet, Comment lire le Cantique des Cantiques. Études de théologie biblique et réflexions sur uns méthode d'exégèse, Paris [2]1999; S. Fischer, Das Hohelied Salomos zwischen Poesie und Erzählung. Erzähltextanalyse eines poetischen Textes (FAT 72) Tübingen 2010; M. V. Fox, The Song of Songs and the Ancient Egyptian Love Songs, Madison/Wisconsin 1985; G. Garbini, Il Cantico dei cantici nel quadro della poesia dell'antico Oriente: Sef. 57, 1997, 51–68; M. Gerhards, Das Hohelied. Studien zu seiner literarischen Gestalt und theologischen Bedeutung, Leipzig 2010; H. Haag, Das heutige Verständnis des Hohenliedes in der katholischen Exegese, in: FS M. M. Delcor (AOAT 215) Neukirchen-Vluyn 1985, 209–219; A. C. Hagedorn (Hg.), Perspectives on the Song of Songs. Perspektiven der Hoheliedauslegung (BZAW 346) Berlin 2005; M. C. Hastetter, »Horch! Mein Geliebter!« Die Wiederentdeckung der geistlichen Schriftauslegung in den Hoheliedvertonungen des 20. Jahrhunderts (MThS.S 69) München 2006; H.-J. Heinevetter, »Komm nun, mein Liebster, Dein Garten ruft Dich!« Das Hohelied als programmatische Komposition (BBB 69) Frankfurt 1988; U. Jung-Kaiser, Das Hohelied. Liebeslyrik als Kultur(en) erschließendes Medium?, Bern 2007; O. Keel, Art. Hoheslied, in: NBL 2, 1991, 183–191; F. Landy, The Song of Songs and the Garden of Eden: JBL 98, 1979, 513–528; ders., Paradoxes of Paradise. Identity and Difference in the Song of Songs (BiLiSe 7) Sheffield 1983; E. Kingsmill, The Song of Songs and the Eros of God: A Study in Biblical Intertextuality, Oxford 2010; H.-P. Müller, Die lyrische Reproduktion des Mythischen im Hohenlied: ZThK 73, 1976, 23–41; R. E. Murphy, The Unity of the Song of Songs: VT 29, 1979,

436–443; J. Nienviarts/P. Debergé (eds.), Les nouvelle voies de l'exégèse: En lisant le Cantique des Cantiques (LeDiv 190) Paris 2002; M. Nissinen, Love Lyrics of Nabû and Tašmetu, in: FS O. Loretz, Münster 1998, 585–634; M. Peetz, Emotionen im Hohelied. Eine literaturwissenschaftliche Analyse hebräischer Liebeslyrik unter Berücksichtigung geistlich-allegorischer Auslegungsversuche (HBS 81) Freiburg 2015; A.-M. Pelletier, Lecture de Cantique des Cantiques. De l'enigme du sens aux figures du lecteur (AnBib 121) Rom 1989; H. Graf Reventlow/P. Kuhn/U. Köpf, Art. Hoheslied: TRE 15, 1986, 499–514; H. Schmökel, Heilige Hochzeit und Hoheslied, Wiesbaden 1956; L. Schwienhorst-Schönberger, Das Hohelied der Liebe, Freiburg 2015; K. Seybold, Zur Sprache des Hohenlieds: ThZ 55, 1999, 112–120; W. H. Shea, The Chiastic Structure of the Song of Songs: ZAW 92, 1980, 378–396; H. Steinmetz, Sinnfestlegung und Auslegungsvielfalt, in: H. Brackert/J. Stückrath (Hg.), Literaturwissenschaft. Ein Grundkurs, Hamburg [4]1992, 475–490; W. G. E. Watson, Some Ancient Near Eastern Parallels to the Song of Songs, in: FS J. F. A. Sawyer (JSOT.S 195) Sheffield 1995, 253–271; J. G. Westenholz, Heilige Hochzeit und kultische Prostitution im Alten Mesopotamien – Sexuelle Vereinigung im sakralen Raum?: WuD 23, 1995, 43–62.

1. Aufbau

Mehrheitlich wird in der gegenwärtigen Forschung das Hld als eine *Sammlung* (→ *Anthologie*) *von Liebesliedern* angesehen. Ob die Sammlung nach einem übergreifenden Plan konzipiert wurde, ist umstritten. In jüngerer Zeit nehmen Versuche zu, das Hld als »einheitliche Dichtung« (*M. Gerhards* 27; *G. Barbiero*, 2011, 18: »a poetic, lyrical unity«) bzw. als Drama mit fortschreitender Entwicklung (*C. Uehlinger*, WuB 21, 2001, 35–39) zu verstehen, womit ältere Auslegungsmodelle wieder stärker in den Blick geraten. Bei der Diskussion bezüglich Aufbau und Gattung des Hld spielt die Frage nach dem *Gesamtverständnis* desselben eine entscheidende Rolle. Ein kurzer Blick in die *Forschungsgeschichte* mag dies verdeutlichen:

1.1 Entstehungsmodelle

(1) Die *allegorisch-typologische* Interpretation des Hld (→ Allegorie, → Typos) sieht im Verhältnis von Mann (Bräutigam) und Frau (Braut) das Verhältnis von JHWH und Israel bzw. in der christlichen Tradition vor allem das Verhältnis von Christus und seiner Kirche ausgesagt oder angedeutet. *A. Robert* sieht im Aufbau des Hld die Darstellung einer fortschreitenden Entwicklung in der Beziehung zwischen Braut und Bräutigam, die er auf die Geschichte Israels hin deutet. Dabei gliedert er das Buch folgendermaßen (18f):

Prolog (1,2–4):	Israel im Exil und seine Hoffnung auf Rückkehr in das Land
1. Gedicht (1,5–2,7):	Israels Sehnsucht auf vollständige Befreiung
2. Gedicht (2,8–3,5):	Ankündigung der bevorstehenden Befreiung
3. Gedicht (3,6–5,1):	Der neue Exodus
4. Gedicht (5,2–6,3):	Wiederaufbau
5. Gedicht (6,4–8,5a):	Höhepunkt des Buches: vollkommene gegenseitige Zugehörigkeit der Liebenden

Schluss (8,5b–7): JHWH weckt Israel, seine Verlobte, die das Land in Besitz nimmt
Zwei Nachträge (8,8–14)

(2) Als ein *Drama* versteht *F. Delitzsch* das Hld. Er unterteilt es in sechs Akte:

1,2–2,7:	Der Liebenden gegenseitiges Entbrennen
2,8–3,5:	Der Liebenden gegenseitiges Suchen und Finden
3,6–5,1:	Die Einholung der Braut und die Hochzeit
5,2–6,9:	Die verschmähte, aber wiedergewonnene Liebe
6,10–8,4:	Sulamith, die entzückend schöne, aber demütige Fürstin
8,5–14:	Die Befestigung des Liebesbundes in Sulamiths Heimat

(3) Die *kultmythologische* Deutung wurde zuletzt und am ausführlichsten von *H. Schmökel* vertreten. Er sieht im Hld das Textbuch für die vor allem aus sumerischen Texten des 3. und 2. Jt.s bekannte Feier der Heiligen Hochzeit. Er teilt es in drei Szenen ein, muss dabei allerdings den gesamten Textbestand neu ordnen. In der überlieferten Anordnung der einzelnen Lieder sieht er eine gezielte, auf die Kanonisierung des Buches hin angelegte Verschleierung seiner ursprünglichen Gestalt und Funktion.

(4) Die meisten neueren Arbeiten sehen im Hld eine *Sammlung von Liebesliedern*. Umstritten ist, ob diese ihren ursprünglichen »Sitz im Leben« in einer (siebentägigen) Hochzeitsfeier haben (*K. Budde, W. Würthwein*), oder ob es sich um Lieder handelt, die ganz allgemein der Welt der Liebenden entstammen (*G. Gerleman, O. Keel, H.-P. Müller*) und bei Gastmählern und Hochzeitsfeiern gesungen werden konnten, aber in ihrer Entstehung und Verwendung nicht darauf einzugrenzen sind.

Mit dem heute vorherrschenden Verständnis des Hld als einer Sammlung von Liebesliedern und der weitgehenden Zurückweisung der allegorischen, dramatischen und kultmythologischen Deutung wurde auch die mit diesen Deutungen verbundene Frage nach einer übergreifenden Struktur des Hld obsolet, so dass *O. Keel* sie in seinem Kommentar von 1986 (^{2}1992) ausdrücklich verneint (26f) und *H.-P. Müller* gar nicht mehr darauf eingeht.

1.2 Übergreifende Kompositionsstruktur

Nun haben allerdings *J. C. Exum, W. H. Shea, D. A. Dorsey* und *H.-J. Heinevetter* Beobachtungen vorgelegt, wonach das Hld eine die einzelnen Lieder übergreifende *Kompositionsstruktur* aufweist. Die Beobachtungen sind: szenenübergreifende Motiv- und Stichwortverbindungen, Refrains, eine Vorliebe für Siebener-Strukturen und → Chiasmen, reziproke → Parallelismen. In den neueren Strukturanalysen gibt es eine Reihe von Konvergenzen in den Grundlinien, aber auch Abweichungen in Einzelheiten. Umstritten sind insbesondere die Abgrenzung einiger Texteinheiten und die Gewichtung der Bezüge.

J. C. Exum und *W. H. Shea* rechnen mit einem sechsteiligen Aufbau, einer äußeren Rahmung und einem Zentrum in 5,1 bzw. 4,16/5,1:

J. C. Exum (1973):	W. H. Shea (1980):
A 1,2–2,6	A 1,2–2,2
B 2,7–3,5	B 2,3–17
C 3,6–5,1	C 3,1–4,16
B' 5,2–6,3	C' 5,1–7,10
C' 6,4–8,3	B' 7,11–8,5
A' 8,4–14	A' 8,6–14

Nach *D. A. Dorsey* besteht das Hld aus einer konzentrischen Anordnung von *sieben Einheiten*, die – mit Ausnahme der letzten – jeweils von der Sequenz »Trennung der Liebenden« – »Ausdruck wechselseitigen Verlangens« – »Zusammensein/Vereinigung der Liebenden« geprägt sind. In der letzten Einheit sind die Liebenden sowohl am Anfang als auch am Ende beisammen:

A 1,2–2,7: Gegenseitige Liebe und Sehnsucht

B 2,8–17: Einladung des Mannes an die Frau zur Liebe in der freien Natur

C 3,1–5: Traum der Frau und Zusammensein der Liebenden

D 3,6–5,1: Hochzeit: »Esst, Freunde, trinkt, berauscht euch an der Liebe!« (5,1)

C' 5,2–7,11: Traum der Frau, Ausdruck gegenseitiger Bewunderung und Zusammensein der Liebenden

B' 7,12–8,4: Einladung der Frau an den Mann zur Liebe in der freien Natur

A' 8,5–14: Gegenseitige Liebe und Sehnsucht: »Stark wie der Tod ist die Liebe« (8,6)

Nach *D. A. Dorsey* beginnt jeder Teil mit einem Szenenwechsel und wird durch einen *Refrain* im Munde der Frau abgeschlossen, mit Ausnahme des im Zentrum stehenden vierten Teils, der mit dem an die Liebenden und die Leser gerichteten Aufruf »Esst, Freunde, trinkt, berauscht euch an der Liebe!« endet.

Die Strukturanalysen von *J. C. Exum*, *W. H. Shea* und *D. A. Dorsey* verzichten auf eine Gesamtdeutung des Hld. Hier führt die Arbeit von *H.-J. Heinevetter* weiter, der Strukturanalyse und Gesamtdeutung miteinander zu verbinden versucht. Er sieht im Hld »eine aus verschiedenen Quellen erstellte Komposition«, die durch die Art der Zusammenstellung des vorgegebenen Materials und seine redaktionelle Akzentuierung und Ergänzung eine programmatische Gesamtaussage enthält. Hld 1,2–2,7 stellt »eine Art → Exposition dar, in der in bescheidenen Kleinformen« die wichtigsten Themen (Stadt-Land-Gegensatz, erotisches Selbstbewusstsein der Frau, »Selbstbestimmungsrecht« der Liebe), literarischen Formen (Travestien) und Motive (Töchter Jerusalems, Suchen und Finden, Augen wie Tauben, krank vor Liebe, Weckrefrain) eingeführt werden (96f). Dabei bilden die beiden äußeren Strophen des Einleitungsteils einen Rahmen: 1,2–4 bringt die Liebessehnsucht der Frau zum Ausdruck, 2,4–7 schildert die Erfüllung der Sehnsucht im Zusammensein der Liebenden. Der Einleitung folgen zwei einander entsprechende Hauptteile 2,8–5,1 und 5,2–8,6, wobei 5,1b (»Esst, Freunde, trinkt und berauscht euch an der Liebe!«) die Mitte des Buches markiert:

Einleitung: 1,2–2,7		I. Hauptteil: 2,8–5,1		II. Hauptteil: 5,2–8,6	
1,2–4:	*Mann* in »Travestie nach oben« als »Gegenstand« der Sehnsucht und Bewunderung der Frau	2,8–3,5:	Lieder der Frau 2,8–17: Erweiterte Türklage. Schluss: Ihre Aufforderung an ihn, zu ihr zu kommen 3,1–5: Nächtliche Stadtszene (Suchen und Finden)	5,2–6,3:	Frau und Chor: Türszene und nächtliche Suche
1,5–8:	*Frau* in »Travestie nach unten« 1,5–6: Selbstbeschreibung mit Vergleichen/ Selbstbeschreibung mit Begründung		3,5: »Ich beschwöre euch, Töchter Jerusalems, bei den Gazellen und Hinden der Steppe: Weckt nicht, stört nicht die Liebe, bis es ihr selbst gefällt!«		6,3: Formel gegenseitiger Zugehörigkeit
	1,7–8: Scherzgespräch: Fragen/Antworten	3,6–10(11):	Chorisches Element: Festzug	6,4–9:	Rezitativisches Element (Mann): Schönheit und Einzigartigkeit der Geliebten (→ 4,1–7)
1,9–2,3:	*Gegenseitige* Bewunderung (im Wechsel von Mann und Frau)	4,1–5,1:	Lieder des Mannes 4,1–7: Bewundernde Beschreibung 4,8–5,1a: Erweitertes Sehnsuchtslied. Schluss: Ihre Aufforderung an ihn, zu ihr zu kommen	6,10–8,6:	Große Schlusskomposition: Frau, Mann, Chor: Liebe in freier Natur und Liebe in der Stadt 8,4: »Ich beschwöre euch, Töchter Jerusalems: Warum weckt ihr, ja warum weckt ihr auf die Liebe, bevor sie es selbst will?!«
2,4–7:	Erfüllendes Zusammensein von *Mann und Frau*	*5,1b:*	*Aufforderung zum Lebens- und Liebesgenuss*		8,6: »Liebe ist stark wie der Tod.«
2,7:	»Ich beschwöre euch, Töchter Jerusalems, bei den Gazellen und den Hinden der Steppe: Weckt nicht, stört nicht die Liebe, bis es ihr selbst gefällt!«				

Neuerdings rechnet auch *O. Keel* mit einer gewissen Einheitlichkeit des Hld, er warnt allerdings davor, diese zu sehr zu betonen (*O. Keel*, Art. Hoheslied 187): »Das Hld ist keine Programm- und keine Kampfschrift« (Art. Hoheslied 190).

Nach *H.-J. Heinevetter* stellt das Hld eine redaktionelle Komposition mit programmatischer Aussageabsicht dar. Mit Hilfe der literar- und redaktionskritischen Analyse versucht er, Tradition und Redaktion voneinander zu scheiden. Zu den *größeren redaktionellen Stücken* rechnet *H.-J. Heinevetter*: 1,7f; 2,4–7; 3,1–5; 4,4–7; 4,10f.12a*(»Garten«).*13a.b.c.14b.d.15c.16–5,1; 5,5–9; 6,1–3; 8,1–5.6c–f, zu den *kleineren redaktionellen Ergänzungen* 1,3c.4.c–e.*5b.d(»Salomo«).6a.b.e.11f.16abc*(»sogar«); 2,3; 2,9.10a.12b. 14c–f.17; 3,9f; 4,1d.2c.d; 5,10b.12.13a.b.d.15c.d.16a.b.d;

6,4c.5a.b.9b–e.10b–11; 7,1.4–5a.d–7.9–11.13b–d. Zu einer *nachträglichen Bearbeitung*, die das »kritische Potential« des Hld zu glätten versucht, rechnet er 1,1; 3,11 und 8,7–14. Nun weist allerdings 8,11–12 eine königskritische Pointe auf. Von daher fügt sich diese Texteinheit sehr wohl in die von *H.-J. Heinevetter* konstatierte königskritische Tendenz der Komposition ein und ist von daher nicht einer *nachträglichen* königskritischen Redaktion zuzuordnen. Ferner korrespondiert 8,14 mit 2,17b, so dass nicht mit einer späteren Hinzufügung von 8,7–14 zu rechnen ist.

Eine scharfe Trennung von Tradition und Redaktion bleibt hypothetisch und sollte nicht zur Grundlage der Interpretation gemacht werden. Neuerdings hat *G. Barbiero*, 2011, 17–24 die Einheitlichkeit des Hld hervorgehoben. Dieses stamme nicht von einem Redaktor, sondern von einem Autor. Unter inhaltlichem Gesichtspunkt zeige sich im zweiteiligen Aufbau des Werkes die Dynamik von anfänglicher Trennung der Liebenden hin zur Vereinigung der beiden:

1,2–2,7	Prolog	
	2,8–17 / 5,2–5	Trennung der Liebenden. Er sucht sie.
	3,1–5 / 5,6–6,3	Sie sucht ihn.
	4,1–7 / 6,4–7,11	Wechselseitige Bewunderung der Liebenden
	4,8–5,1 / 7,12–8,4	Vereinigung
8,5–14	Epilog	

1.3 Gattungen der einzelnen Einheiten

Die einzelnen Lieder lassen sich folgenden *Gattungen* zuordnen, wobei Überschneidungen von Rahmen- und Gliedgattungen möglich sind: Beschreibungslied (1,13f; 4,1–7; 5,9–16), Bewunderungslied (1,9–11; 4,9–11; 6,4–7.10; 7,2–6.7–10; 8,5a), Selbstschilderung (1,5f; 2,1; 8,10), Prahllied (6,8f; 8,11f), Türklage (Paraklausithyron) (2,10–14; 5,2b), Sehnsuchtslied (1,2–4; 2,4f; 7,12f; 8,1f.6f), Rollengedicht (Dialog) (1,7f.15–17; 2,1–3; 4,12–5,1; 6,1–3; 8,8–10.13f), Erlebnisschilderung (2,8–14; 5,2–8; 6,11; 6,12–7,1; 8,5b), Traumschilderung (3,1–5), Situationsschilderung (2,6f; 8,3f), Schilderung eines Hochzeitszuges (3,6–11).

2. Entstehung

Für die *Entstehungszeit* des Hld werden drei Epochen in Erwägung gezogen:

(1) Die *frühe Königszeit*, insbesondere die *salomonische Epoche* (10./9. Jh.) mit ihrem neu erwachten Sinn für das Psychologische (»salomonischer Humanismus«) und ihren regen Beziehungen zu Ägypten, wo es bereits eine reich entwickelte Liebesdichtung gab, ist nach *G. Gerleman* die für die Entstehung des Hld am ehesten in Frage kommende Zeit.

(2) In seinem Hld-Kommentar datiert *O. Keel* die Entstehung der Sammlung in die *Mittlere Königszeit* (8.–6. Jh.). Um 700 v. Chr., zur Zeit des Königs Hiskija (vgl. Spr 25,1), gab es in Juda bedeutende literarische Aktivitäten. Einige Lieder (z. B. 4,8) dürften im Nordreich entstanden und nach dem Untergang Samarias (722 v. Chr.) mit ihren Tradenten nach Juda gelangt sein. Die zahlreichen Aramaismen des Hld sind frühestens gegen Ende des 8. Jh.s denkbar. Die altägyptische Liebesliteratur, zu der das Hld die engsten Parallelen aufweist, stand damals noch in Blüte. Altorientalische Motive erlebten in Israel ebenfalls eine letzte Blütezeit. Die Erwähnung der Oase von En-Gedi allerdings weist auf das Ende des 7. Jh.s hin, einige Bezeichnungen für exotische Würz- und Duftstoffe verweisen in die spätvorexilische und frühexilische Zeit.

(3) In die *hellenistische Zeit* (3. Jh.) datieren u. a. *M. V. Fox, H.-J. Heinevetter, H.-P. Müller* und *Y. Zakovitch* die abschließende Sammlung und Redaktion. Dafür sprechen »neben den zahlreichen lexikalischen und grammatischen Aramaismen Merkmale einer späten ... Sprachform« sowie ein griechisches (*ʾappirjōn* »Tragsessel« 3,9 < φορεῖον) und ein altiranisches Fremdwort (*pardes* »Hain« 4,13 < pari-daiḏam *H.-P. Müller*, ATD 3). Auch die Bräutigamsbekränzung in 3,11 scheint vor der hellenistischen Zeit nicht bezeugt zu sein (*O. Keel*, Art. Hoheslied 189). Dabei ist nicht auszuschließen, dass einzelne Stücke des Hld bis in die ältere Königszeit zurückreichen. Der Vorgang der Sammlung und Redaktion der Einzeltexte mag dabei angeregt worden sein durch den Kulturdruck des übermächtigen ägyptischen Alexandria. Die »alexandrinische Dichterschule« (Kallimachos, Appollonios von Rhodos, Theokrit) »pflegte zwar einen völlig anderen Stil und weithin andere Inhalte; der Druck aber, der von einer überlegenen dichterischen Leistung in der bewunderten Metropole ... auf die Provinz ausgeübt wurde, mag gleichwohl dazu beigetragen haben, eigene thematisch vergleichbare Traditionen zu mobilisieren, zu sammeln und einer endgültigen Gestaltung zuzuführen« (*H.-P. Müller*, ATD 3f). Auch *O. Keel* rechnet inzwischen damit, dass eine letzte Redaktion in hellenistischer Zeit (3. Jh.) stattfand (Art. Hoheslied 189).

Als Liebeslyrik steht das Hld in einer breiten *altorientalischen Tradition*. In vergleichbaren Texten des *mesopotamischen* Kulturkreises kommt vor allem ein kultisch-ritueller Aspekt der Liebe zur Sprache. Die erhaltenen Texte der Liebeslyrik artikulieren sich dort im Rahmen eines magischen Wirklichkeitsverständnisses, um nach dem Prinzip von Homöopathie und Analogie die Fruchtbarkeit der Herden und Felder zu steigern. Die *ägyptischen* Liebeslieder dagegen sind vor allem geprägt von der Sehnsucht der Liebenden zueinander. Thematisch und stimmungsmäßig steht das Hld den ägyptischen Liebesliedern näher. Aber die im Hld anzutreffenden Motive finden sich in beiden Kulturräumen. Tauben als Liebesbotinnen (1,15; 4,1; 5,12), die Geliebte, die wie eine Göttin auf Bergen unter Löwen weilt (4,8), sind Motive, die aus dem syrisch-mesopotamischen Raum stammen. Dagegen sind Lotusblumen (2,1f.16; 5,13; 6,2f; 7,3) und Gazellen, die unter Lotusblumen weiden (4,5), aus der ägyptischen Kultur bekannt.

Umstritten ist, ob die Kanonisierung des Hld sein allegorisches Verständnis (→ Allegorie) voraussetzt oder ob die allegorische Deutung der Kanonisierung folgt. In der gegenwärtigen Forschung werden beide Positionen vertreten. Nach *O. Keel* (ZBK 16 mit Hinweis auf *W. Rudolph*) setzt die »Allegorisierung ... das kanonische Ansehen des ›profan‹ verstandenen Liedes voraus und ist ohne dieses Ansehen unverständlich«. Die gegenteilige Position vertreten neuerdings *Y. Zakovitch* und *M. Gerhards*. Nach *Y. Zakovitch* »lässt sich sagen, dass die Allegorisierung von Hld bereits vor der endgültigen Fixierung des Textes stattgefunden haben muss« (HThKAT 96). In ähnlicher Weise vertritt in jüngster Zeit *M. Gerhards u. a.* im Rückgriff auf Überlegungen von *L. Schwienhorst-Schönberger* die These, dass das allegorische Verständnis des Hld bereits zu seiner ursprünglichen Bedeutung gehöre (vgl. auch *E. Kingsmill*).

3. Theologie

3.1 Ohne Gott?

Das im Hinblick auf die Frage nach der Theologie des Hld im Kontext der neuzeitlichen Bibelkritik immer wieder reflektierte Problem lässt sich mit *C. Kuhl* so umschreiben: »Es fehlt im Hld schlechterdings jeder religiöse Gedanke; ja, das ganze Buch ist von der ersten bis zur letzten Zeile so ohne Gott und ohne jede Religion ..., dass man um die Frage nicht herumkommt, wie konnte dieses Buch überhaupt kanonisiert und sogar den → Megillot zugewiesen werden« (*C. Kuhl*, Das Hohelied 141). Die allegorische und kultische Interpretation des Hld werden oft als ein Versuch kritisiert, der angeblich so profanen Sammlung von Liebesliedern einen theologischen Sinn abzugewinnen, der jedoch vom Text selbst her nicht gedeckt sei. Doch wird man schon allein aus literatursemiotischer Sicht die allegorische Interpretation (→ Allegorie) nicht mehr grundsätzlich als falsch bewerten können. Die Bedeutung eines Textes wird u. a. durch den jeweiligen Kontext mitbestimmt. Durch unterschiedliche Kontextualisierungen gewinnt ein literarischer, und das heißt: ein in gewisser Weise immer »offener Text«, unterschiedliche Bedeutungen (vgl. *H. Steinmetz*). Einem Leser, der das Hld im Kontext der Heiligen Schrift liest, in der über weite Strecken vom Verhältnis Gottes zu seinem Volk gesprochen wird und dies auch in Begriffen und Metaphern von Liebe und Ehe (vgl. Hos 2; Jer 2; Ez 16; 23), legt sich ein allegorisch-typologisches Verständnis durchaus nahe. So wird der von *C. Kuhl* konstatierte Befund (»von der ersten bis zur letzten Zeile ... ohne Gott«) von *Y. Zakovitch* in genau gegenläufiger Weise gedeutet: »Das völlige Fehlen jeglicher Gottesbezeichnung in Hld erleichtert paradoxerweise die Deutung des Textes auf die Beziehung zwischen Gott und Israel. Wenn nämlich neben dem männlichen Protagonisten (Bräutigam, Hirt, König) hier und da auch Gott genannt wäre, könnte die zentrale männliche Hauptfigur nicht ohne weiteres mit Gott identifiziert werden. Dies ist eher möglich, weil Gott überhaupt nicht vorkommt« (HThKAT 94f). *Y. Zakovitch* führt zahlreiche Motive an, die die enge Verknüpfung des Hld mit der übrigen biblischen Literatur deutlich hervortreten lassen und die Vermutung nahe legen, dass die »ersten Ansätze zur Allegorisierung von Hld ... noch vor der Endredaktion des Werks wahrzunehmen« sind (HThKAT 97). Auch im NT finden sich Belege für eine allegorische Deutung (z. B. Joh 3,28f). In jüngerer Zeit mehren sich die Stimmen, die für ein ursprüngliches, vom Autor intendiertes symbolisch-allegorisches Verständnis plädieren (*A. Feuillet, M. Gerhards, L. Schwienhorst-Schönberger*). Nach *M. Gerhards* gehört das genuin theologische Verständnis des Hld, wie es sich in der geistigen Deutung der jüdischen und christlichen Tradition herausgebildet hat, zur ursprünglichen Bedeutung des Textes. In ähnlicher Weise versteht *E. Kingsmill* das Hld als ein im Kern mystisches Werk.

Im Judentum reicht das allegorische Verständnis bis in die 2. Hälfte des 1. Jh.s v. Chr. zurück. Es zeigt sich heute noch darin, dass das Hld als Festrolle beim Pesach-Fest gelesen wird, jenem Fest, das die Befreiung Israels aus der Knechtschaft Ägyptens als Ausdruck der Liebe Gottes zu seinem Volk feiert. Die Kirche hat das allegorische Verständnis des Hld vom Judentum übernommen und weiter entfaltet, und zwar in den drei Hauptrichtungen der ekklesiologischen (Liebe zwischen Christus und seiner Kirche), der mystischen (Begegnung und Vereinigung der Seele mit Gott) und der mariologischen Deutung (Liebe zwischen Christus und Maria).

3.2 Rückkehr ins Paradies

Im Zuge der neuzeitlichen Bibelkritik wurde das allegorische Verständnis mehr und mehr zurückgedrängt. Die sogenannte »natürliche Deutung« setzte sich durch. Ihr zufolge ist das Hohelied eine Sammlung profaner Liebeslieder, in der die erotisch-sexuelle Liebe zwischen Mann und Frau als eine Quelle der Lust und der Freude erlebt und gepriesen wird (4,15). Zum primären Bezugstext dieser Interpretation wird dabei die

Paradieserzählung (Gen 2f). Die *theologische* Bedeutung des Hld wird darin gesehen, dass hier die Liebe zwischen Mann und Frau als ein Weg angesehen wird, auf dem eine Rückkehr ins Paradies möglich erscheint. Darauf haben vor allem *F. Landy*, *O. Keel* und *H.-J. Heinevetter* hingewiesen. *F. Landy* hat gezeigt, dass der Garten im Hld nicht nur eine Metapher für die Frau, sondern auch der Ort ist, an dem die Liebenden zueinander finden und ihre Liebe genießen. Die Analogien zwischen dem Garten des Hld und dem von Gen 2f lassen den Gang in den zunächst verschlossenen (4,12), sich dann aber öffnenden Garten und das Genießen seiner Früchte (4,16) als eine Wiederentdeckung des Paradieses verstehen. *O. Keel* und *H.-J. Heinevetter* sehen in Hld 7,11b einen Bezug auf Gen 3,16. In Gen 3,16 »werden im Anschluss an den Fluch über die Schlange in Strafsprüchen eine Anzahl menschlicher Nöte als Folgen der ersten Sünde dargestellt. Eine Not der Frau besteht darin, dass sie in ihrer Sehnsucht nach Liebe und nach Kindern nach dem Manne verlangt, dieses in seiner Art einseitige Begehren aber vom Manne dazu benützt wird, seine Herrschaft über die Frau in bedrückender Weise auszuüben«. Hld 7,11 »stellt nun die Aufhebung der Ungleichheit fest, die die Basis solcher Unterdrückung war. Wie ihr Begehren und ihre Leidenschaft auf ihn gerichtet sind, genauso richten sich seine Leidenschaft und sein Begehren auf sie. Damit ist der fluchähnliche Zustand aufgehoben und die schöpfungsgemäße geschwisterliche Ebenbürtigkeit wiederhergestellt. Die Liebe wird als Rückkehr ins Paradies erfahren« (*O. Keel*, ZBK 232f).

3.3 Liebe stärker als der Tod

H.-J. Heinevetter sieht in der auf allen Ebenen des Hld präsenten Gegenüberstellung von Tod und Leben, die in dem auf den Redaktor der Sammlung zurückzuführenden Vers 8,6c (»Stark wie der Tod ist Liebe«) kulminiert, die eigentlich theologische Aussage des Hld. Hld 8,6c ist im Kontext von 8,6ab (»Leg mich wie ein Siegel auf dein Herz, wie einen Siegelreif um dein Handgelenk!«) in Richtung von »*stärker* als der Tod ist die Liebe« zu verstehen. In der sich daran anschließenden Metapher (»Ihre Pfeile sind Feuerpfeile, Flammen Jahs«) wird die Liebe als eine göttliche Macht gepriesen, die Tod und Chaos besiegt. 8,6 ist die schöpfungstheologische Grundlage für die Aufforderung zum Lebens- und Liebesgenuss aus 5,1b. Beide Verse korrespondieren auf struktureller Ebene miteinander. Der Aufruf zum Lebens- und Liebesgenuss in der Mitte des Buches ist so von der Kompositionsstruktur des Buches her schöpfungstheologisch motiviert.

Im Hld entziehen sich die Liebenden weitgehend den Ansprüchen einer patriarchalischen Gesellschaft. Es kommt zu Konflikten, aber die Liebenden und die Liebe setzen sich durch (1,6; 3,1–5; 5,2–6,3; 8,1–4; 8,8–10). Mann und Frau sind in ähnlicher Weise aktiv und passiv, liebend und geliebt, bewundernd und bewundert, suchend, findend und gefunden. Man gewinnt den Eindruck, dass Redeformen so auf beide Partner verteilt sind, dass die uns aus anderen Texten der Schrift bekannten Rollenverteilungen (gezielt) unterlaufen werden. Die Frau scheint einen etwas aktiveren Part zu spielen als der Mann. Mit ihrem »Ausdruck des Begehrens« (1,2–4) setzt *sie* die Handlung in Gang, und gerade darin scheint sie die durch das »Gesetz des Vaters« bestimmte symbolische Ordnung zu durchbrechen. Der Frau kommen etwas mehr Redeanteile zu als dem Mann. Ihr gehört das erste (1,2–4) und das letzte Wort (8,14), in ihrem Munde findet sich die Spitzenaussage von der Liebe als einer dem Tod ebenbürtigen, ja ihn sogar überwindenden Macht (8,6–7), *sie* spricht den Satz von 7,11, der wie eine Umkehrung des Fluches aus Gen 3,16 erscheint, wo von der Herrschaft des Mannes über die Frau als Folge der Sünde die Rede ist. Nach *Y. Zakovitch* scheint die Frau im Hld dem Mann nicht unter-, sondern eher überlegen zu sein. Er hält deshalb die Annahme für berechtigt, »dass zumindest ein erheblicher Anteil der Lieder von Hld von Frauen verfasst sein kann« (46).

3.4 Personale Liebe

Wird die Liebe im Hld einerseits als eine das Individuum überwältigende, berauschende, gleichsam transpersonale Macht erfahren (8,6–7), so finden sich auf der anderen Seite Ansätze von dem, was in der Tradition als personale Liebe bezeichnet wird, bei der Individualität und Einmaligkeit des Geliebten und der Geliebten in den Blick kommen und in ihrem Wert erkannt werden. Die im Hld gepriesene Liebe wird einerseits in eine königlich-salomonische Lebenswelt gerückt mit ihrem Luxus und ihren vielen Frauen (1,4: »Der König führt mich in seine Gemächer«), auf der anderen Seite aber wird diese Form königlich-salomonischer Liebe ironisch-kritisch unterlaufen, was besonders gegen Ende des Hld deutlich wird: »Salomo besaß einen Weinberg in Baal-Hamon; den Weinberg gab er Hütern. Für seine Frucht würde jeder tausend Silberstücke bezahlen. Mein eigener Weinberg liegt vor mir. Die tausend lass ich dir, Salomo, und die zweihundert noch denen, die seine Früchte hüten« (8,11–12). Mit dem Weinberg Salomos ist der königliche Harem gemeint, die Hüter des Weinbergs dürften Haremswächter sein (vgl. Est 2,8). »Baal-Hamon« (»Herr des Getümmels«) ist ein sprechender Name, der auf die zahlreichen Frauen und Nebenfrauen Salomos anspielt (vgl. 1 Kön 11,3). Dem Weinberg Salomos stellt der Sprecher *seinen* Weinberg, *seine* Geliebte, »die ihm gehört«, entgegen. Gerne will er auf die tausend (Frauen) Salomos verzichten.

3.5 Braut- und Liebesmystik

Wird das Hohelied im Kontext der Heiligen Schrift gelesen, in der Israel geboten wird, Gott zu lieben (Dtn 6,5), in der vom Verhältnis Gottes zu seinem Volk in Begriffen und Metaphern von Liebe und Ehe gesprochen wird (vgl. Hos 2; Jer 2; Ez 16; 23), dann legt sich ein allegorisch-geistiges Verständnis durchaus nahe. In diesem Sinne wurde das Hohelied der klassische biblische Text christlicher *Braut- und Liebesmystik* und zu dem am häufigsten kommentierten Buch der Bibel. In der Abfolge der Bücher *Sprichwörter – Kohelet – Hoheslied* sieht die christliche Tradition in Analogie zu den drei Fächern der antiken Philosophie (Ethik, Physik, Theologie) drei Etappen auf dem Weg des Menschen zu Gott: Das Buch der Sprichwörter führt den jungen Menschen in die Welt ein, damit er sich dort nach Maßgabe der Tugenden zurechtfinde und bewähre (»Ethik«). Das Buch Kohelet deckt die Beschaffenheit (»Physik«), näherhin die Vergänglichkeit der Welt auf (»vanitas vanitatum, omnia vanitas« – »Windhauch, Windhauch, [das] alles ist Windhauch«) und lädt den erwachsen gewordenen Menschen ein, sich (innerlich) von ihr zu lösen. Das Hohelied schließlich führt den gereiften und aus den Verstrickungen der Welt befreiten Menschen zur *hochzeitlichen Begegnung mit Gott* (»Theologie«). So haben die jüdische und die christliche Tradition von ihren Anfängen an das »Lied der Lieder« als »hochheilig« (Rabbi Akiba) und als ein eminent theologisches Werk angesehen.

VII. Das Buch der Weisheit

(Silvia Schroer, Bern)

Textausgaben: J. Ziegler (Hg.), Sapientia Salomonis (Septuaginta: Vetus Testamentum Graecum XII/1) Göttingen [2]1980; W. Thiele (Hg.), Sapientia Salomonis (Vetus Latina 11/1) Freiburg 1977–85.

Kommentare: C. L. W. Grimm, Das Buch der Weisheit, 1860; P. Heinisch (ExHbAT) 1912; J. Fichtner (HAT) 1938; D. Winston (AncB) 1979; D. Georgi (JSHRZ III/4) 1980; C. Larcher (EtB.NS) I 1983, II 1984 III 1985; A. Schmitt, Das Buch der Weisheit, 1986; ders. (NEB 23) 1989; G. Scarpat, Libro della Sapienza, Brescia I 1989, II 1996, III 1999 (*mit kommentiertem Text der Vetus Latina*); A. Schenker, Il Libro della Sapienza (Guide Spirituali all'Antico Testamento) Rom 1996; H. Engel (NSK) 1998; H. Hübner (ATD.A) 1999; N. B. Pereira, Livro da Sabedoria, Petropolis/Sao Leopoldo 1999; O. Kaiser, Die Weisheit Salomos. Übersetzt und eingeleitet, Stuttgart 2010.

Forschungsüberblick mit umfassender Bibliographie: M. Gilbert, »Sagesse de Salomon (ou Livre de la Sagesse)«: DBS 9, 1986, 58–119; *bibliographisch zu ergänzen durch* Hübner 1999, 9–12.

Einzelstudien: F.-J. Backhaus, »Denn du hast Macht über Leben und Tod« (Weish 16,13). »Rettendes Wissen« am Beispiel von Weish 16,5–14, in: K. Löning/M. Faßnacht (Hg.), Rettendes Wissen. Studien zum Fortgang weisheitlichen Denkens im Frühjudentum und im frühen Christentum (AOAT 300) Münster 2002, 77–108; J. M. G. Barclay, Unnerving Grace. Approaching Romans 9–11 from the Wisdom of Solomon, in: F. Wilk/J. R. Wagner (Hg.), Between Gospel and Election. Explorations in the Interpretation of Romans 9–11 (WUNT 257) Tübingen 2010, 91–109; M. A. Beavis, Hebrews and Wisdom: in: D. T. Roth u. a. (Hg.), Mark, Manuscripts, and Monotheism, London 2015, 201–218; M. V. Blischke, Die Eschatologie in der Sapientia Salomonis (FAT 2/26) Tübingen 2007; H. Bückers, Die Unsterblichkeitslehre des Weisheitsbuches, Münster 1938; S. Burkes, Wisdom and Apocalypticism in the Wisdom of Solomon: HThR 95, 2002, 21–44; N. Calduch-Benages/J. Vermeylen (Hg.), Treasures of Wisdom: Studies in Ben Sira and the Book of Wisdom. FS M. Gilbert (BEThL 143) Leuven 1999, 241–394 (*Beiträge mehrerer Autoren*); S. Cheon, The Exodus Story in the Wisdom of Solomon. A Study in Biblical Interpretation (JSP.S 23) Sheffield 1997; L. DiPaolo, Hymn Fragments Embedded in the New Testament, Lampeter 2008, 69–104; J. R. Dodson, The »Powers« of Personification. Rhetorical Purpose in the *Book of Wisdom* and the Letter to the Romans (BZNW 161) Berlin 2008; M. Edwards, Pneuma and Realized Eschatology in the Book of Wisdom, Göttingen 2012; H. Engel, Sophia Salomonos. Sapientia Salomonis/Die Weisheit Salomos, in: M. Karrer/W. Kraus (Hg.), Septuaginta Deutsch. Erläuterungen und Kommentare zum griechischen Alten Testament II, Stuttgart 2011, 2127–2157; ders., Die Sapientia Salomonis als Buch. Die gedankliche Einheit im Buch der Weisheit, in: S. Kreuzer/M. Meiser (Hg.), Die Septuaginta. Entstehung, Sprache, Geschichte (WUNT 286) Tübingen 2012, 135–143; P. Enns, Exodus Retold. Ancient Exegesis of the Departure from Egypt in Wis 10:15–21 and 19:1–9 (HSM 57) Atlanta 1997; ders., Pseudo-Solomon and His Scripture. Biblical Interpretation in the Wisdom of Solomon, in: M. Henze (Hg.), A Companion to Biblical Interpretation in Early Judaism, Grand Rapids 2012, 389–412; M. V. Fabbri, Creazione e salvezza nel Libro della Sapienza. Esegesi di Sapienza 1,13–15, Rom 1998; F. Focke, Die Entstehung der Weisheit Salomos (FRLANT 5) Göttingen 1913; M. Gilbert, La critique des dieux dans le Livre de la Sagesse (Sg 13–15), Rom 1973; ders., La sagesse de

Salomon. The Wisdom of Solomon. Recueil d'études. Collected essays (AnBib 189) Rom 2011; A. Giménez González, »Si el justo es hijo de dios, le socorrerá« (Sab 2,18), Estella 2009; A.T. Glicksman, »Set Your Desire on My Words«. Authoritative Traditions in the Wisdom of Solomon, in: I. Kalimi u. a. (Hg.), Scriptural Authority in Early Judaism and Ancient Christianity, Berlin 2013, 167–184; ders., The Sage Behind the Wisdom of Solomon, in: L. G. Perdue (Hg.), Scribes, Sages and Seers. The Sage in the Eastern Mediterranean World, Göttingen 2008, 245–257; G. Hentschel/E. Zenger (Hg.), Lehrerin der Gerechtigkeit (EThS 19) Leipzig 1991; M. Kepper, Hellenistische Bildung im Buch der Weisheit (BZAW 280) Berlin/New York 1999; J. S. Kloppenborg, Isis and Sophia in the Book of Wisdom: HThR 75, 1982, 57–84; M. Kolarcik, The Ambiguity of Death in the Book of Wisdom 1–6 (AnBib 127) Rom 1991; I. Krammer, Gottes Umgang mit dem Fehlverhalten des Menschen in Weish 11,15–12,27, in: R. Egger-Wenzel u. a. (Hg.), Emotions from Ben Sira to Paul, Berlin u. a. 2012, 317–334; C. Kurzewitz, Weisheit und Tod. Die Ätiologie des Todes in der *Sapientia Salomonis*, Tübingen 2010; C. Larcher, Etudes sur le Livre de la Sagesse, Paris 1969; S. Lorenzen, Das paulinische Eikon-Konzept (WUNT 2/250) Tübingen 2008; A. Léonas, The Poetics of Wisdom. Language and Style in the Wisdom of Solomon, in: E. Bons/T. J. Kraus (Hg.), Et sapienter et eloquenter. Studies on Rhetorical and Stylistic Features of the Septuagint (FRLANT 241) Göttingen 2011, 99–126; J. A. Linebaugh, God, Grace, and Righteousness in Wisdom of Solomon and Paul's Letter to the Romans. Texts in Conversation, Leiden u. a. 2013; A. J. Lucas, Unearthing an Intra-Jewish Interpretive Debate? Romans 1,18–2,4, Wisdom of Solomon 11–19, and Psalms 105(104)–107(106): ASEs 27, 2010, 69–91; B. L. Mack, Logos und Sophia. Untersuchungen zur Weisheitstheologie im hellenistischen Judentum, Göttingen 1973; M. McGlynn, Divine Judgement and Divine Benevolence in the Book of Wisdom (WUNT 2/139) Tübingen 2001; dies., Authority and Sacred Space. Concepts of the Jerusalem Temple in Aristeas, Wisdom and Josephus: BN 161, 2014, 115–140; R. J. Morales, The Spirit, the Righteous Sufferer, and the Mysteries of God. Echoes of Wisdom in 1 Corinthians?: BZ.NF 54, 2010, 55–72; M. Neher, Wesen und Wirken der Weisheit Salomonis (BZAW 333) Berlin u. a. 2004; U. Offerhaus, Komposition und Intention der Sapientia Salomonis, Diss. theol. Bonn 1981; L. G. Perdue, Pseudonymity and Graeco-Roman Rhetoric. Mimesis and the Wisdom of Solomon, in: J. Frey u. a. (Hg.), Pseudepigraphie und Verfasserfiktion in frühchristlichen Briefen (WUNT 247) Tübingen 2009, 29–59; ders., Rhetoric and the Art of Persuasion in the Wisdom of Solomon, in: S. E. Porter/A. W. Pitts (Hg.), Early Christianity in its Hellenistic Context 2, Leiden u. a. 2013, 341–371; I. Peri, Omnia mensura et numero et pondere disposuisti: Die Auslegung von Weish 11,20 in der lateinischen Patristik, in: A. Zimmermann (Hg.), Mensura. Maß, Zahl, Zahlensymbolik im Mittelalter (MM 16/2) Berlin/New York 1983; J. M. Reese, Hellenistic Influence on the Book of Wisdom and its Consequences (AnBib 41) Rom 1970; F. V. Reiterer, Emotionen, Gefühle und Affekte im Buch der Weisheit. Ein Themenaufriss, in: R: Egger-Wenzel u. a. (Hg.), Emotions from Ben Sira to Paul, Berlin 2012, 281–315; ders., Die Macht und die Mächtigen im Buch der Weisheit: BN 161, 2014, 69–75; E. D. Reymond, The Poetry of the Wisdom of Solomon Reconsidered: VT 52, 2002, 385–399; P. Schäfer, Weibliche Gottesbilder im Judentum und Christentum, Frankfurt a. M./Leipzig 2008, 53–60; S. Schroer, Die göttliche Weisheit und der nachexilische Monotheismus, in: M.-T. Wacker/E. Zenger (Hg.), Der eine Gott und die Göttin (QD 135) Freiburg u. a. 1991, 151–182; dies., Die personifizierte Sophia im Buch der Weisheit, in: W. Dietrich/M. A. Klopfenstein (Hg.), Ein Gott allein? JHWH-Verehrung und biblischer Monotheismus im Kontext der israelitischen und altorientalischen Religionsgeschichte (OBO 139) Fribourg/Göttingen 1994, 543–558; dies., Die Gerechtigkeit der Sophia: ThZ 57, 2001, 281–290; U. Schwenk-Bressler, Sapientia Salomonis als ein Beispiel frühjüdischer Textauslegung (BEAT 32) Frankfurt 1993; A. Siquans, Motive aus Weish und Sir bei den Kirchenvätern und im Midrasch: PzB 23, 2014, 107–128; A. Strotmann, Die Entdeckung der personifizierten göttlichen Weisheit im Ersten Testament durch die feministische Theologie. Eine kleine Forschungsgeschichte, in: A. Hölscher/R. Kampling (Hg.), Die Tochter Gottes ist die Weisheit. Bibelauslegungen durch Frauen (Theologische Frauenforschung in Europa 10) Münster 2003, 35–67; J. Swearingen, Precreation Narratives in the Wisdom of Solomon. Genealogy, Gender, and Genre: Religion & Theology 18, 2011, 268–286; J. C. Thom, Wisdom in the Wisdom of Solomon and Cleanthes' Hymn to Zeus, in: J. Cook (Hg.), Septuagint and Reception (VT.S 127) Leiden/Boston 2009, 195–207; K. De Troyer, An Exploration of the Wisdom of Solomon as the Missing Link between Isaiah and Matthew, in: M. N. van der Meer u. a. (Hg.), Isaiah in Context (VT.S 138) Leiden/Boston 2010, 215–228; D. Volgger, Die Adressaten des Weisheitsbuches: Bib. 82, 2001, 153–177; N. Walter, Sapientia Salomonis und Paulus, in: H. Hübner (Hg.), Die Weisheit Salomos im Horizont biblischer Theologie (BThSt 22) Neukirchen-Vluyn 1993, 84–108; M. Witte, Jakob der Gerechte – Beobachtungen zum Jakobsbild der *Sapientia Salomonis* (Sap 19,10–12), in: A. C. Hagedorn/H. Pfeiffer (Hg.), Die Erzväter in der biblischen Tradition (BZAW 400) Berlin/New York 2009, 325–345; B. G. Wright, Praise Israel for Wisdom and Instruction. Essays on Ben Sira and Wisdom, the Letter of Aristeas and the Septuagint (SJJ 131) Leiden u. a. 2008; G. G. Xeravits/J. Zsengellér (Hg.), Studies in the Book of Wisdom (Supplements to the Journal for the Study of Judaism 142) Leiden/Boston 2010 (*Beiträge mehrerer Autoren*); T. Yoder Neufeld, Power, Love, and Creation. The Mercy of the Divine Warrior in the Wisdom of Solomon, in: T. Grimsrud/L. L. John (Hg.), Peace and Justice Shall Embrace – Power and Theopolitics in the Bible: Essays in Honor of M. Lind, Telford 1999, 174–191; J. Ziegler, Chokma – Sophia – Sapientia (Würzburger Universitätsreden 32) Würzburg o. J.; G. Ziener, Die theologische Begriffssprache im Buche der Weisheit (BBB 11) Bonn 1956.

0. Text

Unter dem Titel »Weisheit Salomos« ist die jüngste jüdische Schrift in den griechischen Bibelhandschriften des Ersten Testaments überliefert. Die Zuordnung zu Salomo, dem Patron der Weisheit, der im Mittelteil des Buches das Wort ergreift, wurde schon von Hieronymus und Augustinus als historische Angabe in Zweifel gezogen, weshalb die Schrift in der lateinischen Überlieferung auch schlicht als »Buch der Weisheit« bezeichnet wurde. Der griechische Text ist ursprünglich, es gab keine hebräischen oder aramäischen Vorlagen. Für die kritische Edition des griechischen Textes von *J. Ziegler* sind Handschriften (ab 4. Jh. v. Chr.), Zitate bei altchristlichen Schriftstellern und alte Übersetzungen maßgeblich (Ergänzungen bei *H. Engel*, NSK 14 und *M. Gilbert* 1986, 58–62). Die ins 2. Jh. n. Chr. zurückreichende → Vetus Latina ist wertvoll, da sie gelegentlich einen älteren griechischen Text erkennen lässt als den in den Handschriften erhaltenen.

1. Aufbau

Das »Buch der Weisheit« ist durchgehend in poetischer Sprache gestaltet (*A. Léonas*). Zahlreiche kunstvolle Stilmittel zeigen die literarische Ebenbürtigkeit des Textes mit zeitgenössischen nicht-jüdischen literarischen Werken, doch ist er nicht in griechischen Versmaßen, sondern nach der Tradition altorientalisch-biblischer Dichtung im zwei- oder mehrgliedrigen → *Parallelismus membrorum* gehalten (*E. D. Reymond*).

Als Ganzes ist die Schrift der im Hellenismus verbreiteten Gattung des *logos protreptikos* zuzuordnen (*J. M. Reese*), d. h. sie wirbt für eine bestimmte Lebensanschauung und konkrete Lebensführung, indem sie lehrt und mahnt (*L. G. Perdue*). Der Erzähler lässt den legendären Patron der Weisheit, Salomo, auftreten und sprechen. In Form und Inhalt ist so ein enger Anschluss an die aus Ägypten stammende und in Israel beliebte Lebenslehre, die ein Weiser an die nächste Generation vermittelt, gegeben. Im Gegensatz zur älteren Weisheit ist für die Weisen der hellenistisch-römischen Zeit aber der göttliche Wille nicht nur durch Weltbeobachtung, sondern auch durch minutiöse Schriftauslegung ergründbar; die Weisen sind Schriftgelehrte (vgl. Jesus Sirach). Auch innerhalb der Schrift ist ein Rückgriff auf bekannte Gattungen mehrfach festzustellen, z. B. beim *Enkomion* (6,22–11,1), den *Beispielreihen* (Kap. 10) und dem Modell der *Synkrisis* (vergleichende Gegenüberstellungen). Anders als Philo von Alexandrien betreibt das »Buch der Weisheit« keine allegorische Schriftdeutung (→ Allegorie), greift aber auf ein reiches Repertoire an auslegenden Nacherzählungen der biblischen Texte zurück (*P. Enns*).

Im Aufbau lassen sich *drei Hauptteile* unterscheiden, die jeweils in sich nochmals kunstvoll komponiert sind (vgl. die genaue Verseinteilung im Aufbau-Schema S. 492–493). Schwierig zuzuordnen ist Kap. 10, das formal dem dritten Buchteil näher steht als dem zweiten, jedoch inhaltlich zur Lobrede auf die Weisheit im zweiten Teil gehört.

Der erste Buchteil (1,1–6,21) ist konzentrisch aufgebaut. Den äußeren Rahmen (*A–A'*) bilden Ermahnungen, die Gerechtigkeit zu lieben und Gott zu suchen (*A*), bzw. Warnungen an die Machthaber und Richter vor dem göttlichen Gericht, dem sie nur durch Weisheit entgehen können (*A'*). Das Denken und Planen der Gottlosen ist Thema des inneren Rings *B – B'*. Ihre Einstellung wird zunächst als tief greifende Skepsis, Resignation und Zynismus angesichts der Vergänglichkeit des Lebens entlarvt (*B*). Reuevoll müssen sie am Tag des Gerichts ihren Irrweg einsehen (*B'*). Das Zentrum (*C*) bilden Kap. 3–4. Mit Bestimmtheit wird entgegen der Lebensphilosophie der Gottlosen daran festgehalten, dass die Gerechten, sogar wenn sie kinderlos bleiben oder frühzeitig sterben, in Gottes Hand sind und ihren Lohn erhalten werden.

Im Proömium (Kap. 1) klingen wie in einer Ouvertüre schon manche Themen des Buches an. Mahnreden und das rhetorische Mittel der *Diatribe* mit Reden, Einwänden, Widerlegungen, Beispielen, aber auch apokalyptischen Szenarien, prägen den ersten Buchteil.

Der zweite Buchteil (6,22–11,1) ist eine Lobrede (*Enkomion*) auf die Weisheit (vgl. den Zeus-Hymnus des Stoikers Kleanthes, dazu *J. C. Thom*, und die Isis-Aretalogien [→ Aretalogie]). Sie beginnt mit dem in sich wiederum konzentrisch komponierten eigentlichen Preislied (*Teil I*). Ihm folgen Salomos Gebet um Weisheit (*Teil II*) und erzählende Beispielreihen über das rettende Wirken der Weisheit (*Teil III*). Im eigentlichen Preislied geht es um die Erfahrungen *des* Weisen schlechthin (Salomo) mit der Weisheit. Der Patron der israelitischen Weisheit betont seine menschliche Herkunft und stellt heraus, dass er die Weisheit erbitten und erwerben musste. Gott allein verleiht Weisheit. Im Zentrum des *Enkomions* steht ein hymnisches Lob auf ihre Beschaffenheit und ihre Machterweise. Hier wird die Weisheit mit vielen Attributen als eine Emanation (lat. *emanatio*: Ausfluss, Ausströmung) Gottes beschrieben. Im darauf folgenden Liebeslied des Weisen (Salomo) erscheint die Weisheit als Geliebte, Partnerin und Mystin Gottes. Das ersehnte Zusammenleben mit ihr kann der Weise durch eigene Anstrengung nicht erreichen, wodurch die Überleitung zu seinem großen Gebet (*Teil II*) gegeben ist. Der Schlussvers des Gebetes um die Herabsendung der *Paredros* (Throngenossin) Gottes »Sie (die Menschen) wurden durch die Weisheit gerettet« bildet den Auftakt zu *Teil III*, einem hymnischen Rückblick auf das rettende Wirken der Weisheit in der »Menschheitsgeschichte«, das ohne Nennung von Namen an den Erzählungen aus Genesis und Exodus exemplarisch dargestellt wird.

Der dritte Buchteil (11,2–19,22) trägt als Erinnerung und Nacherzählung des Exodus (*S. Cheon, P. Enns*) midraschartige (→Midrasch/Midraschim) Züge. *Sieben vergleichende Gegenüberstellungen* prägen die Form dieses Buchteils, der sich in fünf Abschnitte untergliedern lässt. Das *erste Leitprinzip*, wonach sich Gottes Strafen an den Feinden und Gottes Wohltaten an den Gerechten entsprechen, wird am Beispiel des blutgetrübten Nils und des Leben spendenden Wassers aus dem Felsen demonstriert. Nach einem *zweiten Leitprinzip* gibt es eine Entsprechung zwischen Sünde und Strafe. Bevor dies veranschaulicht wird, werden zwei Exkurse eingeschaltet: 1. Der strafende Gott ist ein gerechter und menschenfreundlicher Gott, der seine Schöpfung liebt (*I. Krammer*). 2. Gott straft die, die ihn nicht anerkennen wollen und stattdessen Götzen verehren. Die in der ganzen biblischen Tradition verankerte Spannung zwischen dem souveränbarmherzigen und dem Gerechtigkeit vollziehenden Gott wird leidenschaftlich als ein nur scheinbarer Widerspruch erläutert (*T. Yoder Neufeld, M. McGlynn*). Der dritte Teil schließt in einer Art → Epilog, in dem der Fremdenhass der ÄgypterInnen als Grund für ein göttliches Strafgericht thematisiert wird. So wie Gott Israel damals beistand, indem er die Gesetzmäßigkeiten der Schöpfung zugunsten seines Volkes umkehrte, steht Gott ihm zu jeder Zeit und an jedem Ort bei (19,22). Rettendes Wissen (*F.-J. Backhaus*) liegt in Gottes Tora (νόμος).

Der Aufbau lässt sich (im Anschluss an *H. Engel*, Was Weisheit ist 92ff, hier stark vereinfacht) wie folgt darstellen:

1. Buchteil: 1,1–6,21 »Liebt Gerechtigkeit«

A	1,1–15	Ermahnung
B	1,16–2,24	Denken und Planen der Gottlosen gegenüber dem Gerechten; Beurteilung; Gegenüberstellungen Gerechter-Gottlose
C	3,1–4,20	(Probleme der Benachteiligung, Kinderlosigkeit, vorzeitiger Tod)
B'	5,1–23	Erkenntnis und Selbstbeurteilung der Gottlosen
A'	6,1–21	Ermahnung

2. Buchteil: 6,22–11,1 Enkomion auf die Weisheit

Teil I	6,22–8,21	Preislied auf die Weisheit
	6,22–25	Einleitung (Proömium)
A	7,1–6	Der Sprecher (Salomo) ist als Mensch allen Menschen gleich.
B	7,7–12	Er erbittet Weisheit und zieht sie allen Gütern vor.
C	7,13–22a	Gott verleiht Weisheit und lenkt. Sie ist Wissen und allumfassende Wissenschaft, Konstrukteurin und Lehrerin.
D	7,22b–8,1	Das Wesen der Weisheit und ihre Machterweise

C'	8,2–9	Gott liebt die Weisheit, lebt mit ihr zusammen. Sie ist Eingeweihte seines Wissens. Mit ihr will Salomo zusammenleben.
B'	8,10–16	Innerer Monolog Salomos über sein Leben mit der Weisheit
A'	8,17–21	Salomo sucht, sich die Weisheit zu nehmen, und fleht zu Gott um sie.
Teil II	9,1–18	Das Gebet um Weisheit
Teil III	10,1–11,1	Das rettende Wirken der Weisheit

3. Buchteil: 11,2–19,22 Hymnische Erinnerung an den Exodus

	11,2–5	Einleitung: Leitprinzip I: Entsprechung von Strafen an den Feinden und Wohltaten an den Gerechten
A	11,6–14	Wasser des Nils – Wasser aus dem Felsen
B	11,15–16,14	Leitprinzip II: Entsprechung Sünde-Strafe
		Exkurs über die Milde Gottes (11,15–12,27)
		Exkurs über den Götzendienst (13,1–15,19)
	16,1–4	Frösche – Wachteln
	16,5–14	Heuschrecken und Fliegen; Schlangen – eherne Schlange
C	16,15–29	Hagel und Unwetter – Brot vom Himmel
D	17,1–18,4	Finsternis – Licht/Feuersäule
E	18,5–19,9	Gegenüberstellung: Tod der Erstgeburt – Tod in der Wüste; Untergang und Tod – unbehinderter Weg durch das Rote Meer
	19,10–22	Epilog: Rückblicke, neuer Vergleich (Fremdenhass), Schlusssatz

2. Entstehung

2.1 Literarischer Entstehungsprozess

Die Einheitlichkeit der Schrift wird heute nur noch selten in Frage gestellt. Zwar sind die Buchteile in Form und Inhalt sehr verschieden, aber sie werden durch Vokabular, Struktur, durchgehende theologische Grundgedanken und Stilmittel sowie Quer- und Rückbezüge mehr als nur oberflächlich zusammengehalten (*M. Gilbert* 1986, 87–91). Obwohl häufig behauptet, ist damit nicht zwingend bewiesen, dass die Schrift von einem einzelnen (männlichen) Autor niedergeschrieben worden ist. Die Möglichkeit einer kollektiven AutorInnenschaft (*D. Georgi u. a.*) ist diskutabel. Dass das Werk sukzessive entstanden sein könnte, ist ebenfalls nicht ganz auszuschließen. *C. Larcher*, der die drei Hauptteile in zeitlicher Folge den letzten drei Jahrzehnten vor der Zeitenwende zuordnen möchte, löst mit seinem Modell inhaltliche Spannungen chronologisch auf. Solche Spannungen können aber ebenso gut das Nebeneinander und den Streit verschiedener Gruppen, sozialer Schichten und Positionen innerhalb der jüdischen Gemeinde von Alexandria dokumentieren. Das Redaktionsprinzip *audiatur et altera pars*, das für den Wachstumsprozess vieler biblischer Bücher nachweisbar ist, könnte eine Erklärung für den so unterschiedlichen theologischen Charakter der drei Hauptteile anbieten.

Der erste Buchteil widmet sich dem Thema des gerechten Lebenswandels in einer Welt, die keine Gottesfurcht kennt, sondern sich der Profitsucht und dem Hedonismus ohne soziale Rücksichten verschrieben hat. Der Konflikt zwischen der jüdischen Tradition und den Herausforderungen der hellenistischen Welt ist ein Konflikt *innerhalb* der Gemeinde (vgl. 2,12), bei dem es um Solidarität untereinander, Anpassung an oder Widerstand gegen die Gesetzmäßigkeiten einer »modernen Welt« und um Apostasie geht. In diesem Teil ist die Schrift trotz kleiner Abweichungen im Tenor sehr traditionell. Sie hält am Tun-Ergehen-Zusammenhang in alter biblischer Tradition fest und versucht für Gemeinschaftstreue und Festhalten an den Grundlagen jüdischer Identität zu werben. Die Identität der »Gerechten« wird in Abgrenzung gegen die »Gottlosen« durch ein starkes Erwählungsbewusstsein konstruiert.

Der zweite Buchteil atmet demgegenüber – ebenfalls in gut israelitischer Tradition – den internationalen und inklusiven Geist der Weisheitsliteratur. Man tritt der literarischen, philosophischen und religiösen Welt des Hellenismus in größter Offenheit entgegen. In Gestalt der personifizierten Weisheit wird die israelitische Tradition von Schriftenstudium und Wissen mit der griechischen φιλοσοφία und den wissenschaftlichen Disziplinen des Hellenismus sowie mit der Isis-Theologie der GriechInnen in Ägypten (*J. S. Kloppenborg*) in ein interkulturelles Gespräch von höchstem Niveau gebracht, ohne dass die jüdische Identität, verkörpert durch Salomo, den Empfänger der göttlichen Weisheit, dabei aufgegeben würde. Hier könnten die weltoffenen, gut situierten und gebildeten Juden und Jüdinnen Alexandrias das Wort ergriffen haben, deren Anliegen die Inkulturierung ihres jüdischen Erbes war (*M. Kepper*). Möglicherweise suchten diese Kreise – in Konkurrenz zur einflussreichen Isisreligion – auch SympathisantInnen des Judentums durch ihre Sophia-Theologie anzuziehen.

Der dritte Buchteil kreist um das Verhältnis Israels zu den Ägyptern, um wahre Gotteserkenntnis versus Götzenverehrung und Idolatrie. Viel stärker wird hier, wenn auch nun im Blick auf andere Gruppen, wieder das Bedürfnis zu Abgrenzung und Gegenüberstellung im stolzen Bewusstsein besonderer Erwählung spürbar, ja sogar offene Feindseligkeit und Hass. Diese könnten ihren Hintergrund in der als schmachvoll erlebten Gleichstellung von Juden und Ägyptern durch den Kopfsteuererlass des Augustus (24/23 v. Chr.) ausgelöst worden sein. Die Feindschaft zwischen Ägypten und Israel war ein virulenter Mythos, der jederzeit auf beiden Seiten mit unterschiedlichen Sichtweisen reaktiviert werden konnte. Während die Ptolemäer sich der Menschenfreundlichkeit rühmten und den Juden in Alexandria wohlgesonnen waren, könnte das Verhältnis zur einheimischen, sozial nicht gut gestellten ägyptischen Bevölkerung gespannt gewesen sein. Unter der römischen Herrschaft flackerte Antisemitismus bis hin zu Verfolgungen auf.

Somit wird die differenzierte, zugleich aber idealistische theologische Synthese des Mittelteils, die u. a. mit ihren bildhaften Anleihen bei polytheistischen Vorstellungen (die Sophia als Partnerin Gottes in 8,3 und 9,4) sehr weit geht und sich vielleicht bei konservativeren Kreisen des Synkretismus verdächtig machte, von zwei Teilen umklammert, in denen die exklusiveren Strömungen israelitischer Theologie ihre Fortsetzung fanden. Bedrängt durch Entwicklungen in ihrer nächsten Umgebung verfolgten Einzelne oder Gruppen, deren Denken im ersten und dritten Buchteil laut wird, die Taktik der Identitätswahrung durch die Pflege des Bewusstseins ihrer Erwählung und Andersartigkeit. So bilden die beiden exklusiv-theologisch ausgerichteten Teile eine Klammer um den inklusiv-theologischen Mittelteil. Sie flankieren ihn als wichtigsten vitalen Teil, sie schützen ihn als empfindliches Innenleben, indem sie nach außen Abwehrbereitschaft signalisieren.

2.2 Zeitgeschichtlicher Kontext

Im »Buch der Weisheit« fehlen jegliche Personen-, Volks- oder Ortsnamen, auch wo deren Identifikation bei Kenntnis der biblischen Schriften auf der Hand liegt. Die Schrift sucht Anonymität (zuletzt *L. G. Perdue*), indem sie biblische Traditionen quasi inkognito in griechisch-hellenistische Sprache und Formen verpackt. Der dadurch erweckte Anschein und Anspruch von Allgemeingültigkeit ist für Weisheitsliteratur allgemein charakteristisch, aber in diesem Fall besonders stark ausgeprägt. Die Indizien für eine genaue Datierung und Erhebung der zeitgeschichtlichen Hintergründe sind versteckt. Dass die Schrift in der hellenistischen Metropole *Alexandria ad Aegyptum* unter griechisch gebildeten Juden und Jüdinnen entstanden ist, gilt heute fast unumstritten als höchstwahrscheinlich, wenngleich ein eigentlicher Beweis nicht erbracht werden kann. Sprachlich setzt sie die LXX-Übersetzung der meisten atl. Bücher voraus, kennt aber zudem ein Repertoire an griechischem Vokabular der römischen Zeit. Der oder die Verfasser hatten eine umfassende hellenistische Bildung durch Schule, Bücher und Theater erfahren und waren daher in der Lage, traditionell jüdische Gedanken über Gott und Mensch zeitgemäß in hellenistischer Weise auszusagen (*M. Kepper, M. Kolarcik, A. T. Glicksman*). Falls es eine Beeinflussung von oder Bezüge zu Philo von Alexandrien, jüdisch-alexandrischen Schriften wie Pseudo-Aristeas, Testament des Orpheus, Aristobul, Demetrius u. a, aber auch → Targumim, → Talmud und frühesten Zeugnissen rabbinischer Literatur (*P. Enns*) gibt, machen diese eine Abfassung zur Zeit der Ptolemäer (Ende 2. oder 1. Hälfte des 1. Jh.s v. Chr.), wie sie früher von manchen angenommen wurde, ebenfalls unwahrscheinlich. Als *terminus post quem* gilt den meisten inzwischen die Machtergreifung des Caesar Octavianus Augustus über Ägypten (30 v. Chr.), auf die mit dem Begriff κράτησις in 6,3 angespielt wird (*G. Scarpat* I 16). Manche gehen aber in die Kaiserzeit des 1. Jh.s n. Chr., wie *D. Winston*, der in 5,16–23 Hinweise auf die antijüdischen Ausschreitungen unter Caligula, 37–41 n. Chr., erkennt. *Terminus ante quem* ist der Brief des Kaisers Claudius an die Alexandriner (41 n. Chr.), in welchem sie zwar vor Verfolgungen in Schutz genommen werden, sich aber gleichzeitig im Ringen um ihr volles Bürgerrecht eine endgültige Absage einhandeln. In jedem Fall sind – vor allem im dritten Buchteil – etliche Anspielungen auszumachen (6,22–25 gegen Mysterienreligionen; 12,3.7 Sehnsucht nach der palästinischen Heimat; 14,16b–22 Auswüchse des Herrscherkultes; 18,9 nationalistische Befreiungsgedanken; 19,13.16 Erfahrung von Fremdenhass und Verlust des Bürgerrechts), die im Kontext zunehmender Bedrängnis der jüdischen Gemeinden in Ägypten unter der *Pax Romana* eine plausible Erklärung finden würden. Den griechischen Bürgern wurden seit dem Herrschaftsantritt des Augustus in Ägypten noch die römischen Bürger in der Rangordnung vorgezogen. Eine erste Zuspitzung stellte die Einführung der Kopfsteuer für Nicht-Vollbürger unter Augustus dar (24/23 v. Chr.). Aufstiegsmöglichkeiten in der römischen Verwaltung waren zudem an die Erziehung in einem griechischen Gymnasium gekoppelt, dessen Besuch Juden unmöglich war.

Die Forschung zum »Buch der Weisheit« widmet sich seit jeher hauptsächlich literatur- und geistesgeschichtlichen Kontextualisierungsversuchen, während die Frage nach den AdressatInnen der Schrift und ihrer konkreten Situation immer wieder in den Hintergrund gerät. So klar erkennbar der »Sitz in der Literatur, Philosophie usw.« inzwischen ist, so verschwommen bleibt der »Sitz im Leben«. Die Palette der Erwägungen geht von »Schulbuch für junge Männer« (z. B. *M. Gilbert,* 1986, 85f; *H. Engel*, NSK 35) bis zu »Trostschrift für an Leib und Leben bedrohte Menschen« (zuletzt *P. Enns*, *A. Schenker*). Zur Erklärung der Aufnahme in den griechischen Kanon ist die Schulbuchthese allein unbefriedigend, auch wenn das Buch im Unterricht jüdischer Jugendlicher, die das griechische Gymnasium nicht besuchen durften, Verwendung gefunden haben mag. Mehr Plausibilität dürfte das Ziel der Glaubensvergewisserung und des Zuspruchs in einer Zeit zunehmender Infragestellung und konkreter Verletzungen haben, zumal an der Wurzel der apokalyptischen Schwarz-Weiß-Malerei doch eher Existenzängste als Simplifizierungsbedarf für Erziehungszwecke (*H. Engel* 1998, 41) zu vermuten sind. Die aus Vergleichen mit den Adressaten der Schriften von Philo und Flavius Josephus gewonnene These, dass nicht-jüdische, aber am Judentum interessierte Angehörige der machthabenden Kreise (daher die Adresse an die Regierenden 1,1) mit dieser Werbeschrift zur μετάνοια, zur Konversion, aufgerufen wurden, ist bedenkenswert (*D. Volgger*).

Die Tradierung und Kanonisierung der (im Judentum nie rezipierten, völlig bedeutungslosen!) Schrift durch die Kirche (früheste Hinweise auf Kenntnis des Buches evtl. bei Klemens von Rom im Brief an die Korinther, 96 n. Chr.) könnte auf die Vertrautheit und Sympathien von christlichen Gruppen, in denen das ägyptische Judentum aufging, mit ihrem Inhalt zurückzuführen sein (zur Rezeption in ntl. Schriften vgl. unten). Verbindend waren vielleicht über die Jahrzehnte hinweg Erfahrungen mit dem Terror römischer Herrschaft, aber auch dem Hass auf die AnhängerInnen einer monotheistischen Religion.

Für die Rekonstruktion des Entstehungsmilieus ist Philos Abhandlung »De vita contemplativa« evtl. ein wichtiges Zeugnis (*S. Schroer* 1994). Philo berichtet über die Gemeinschaft der Therapeuten, wohlhabende Juden und Jüdinnen, die das normale gesellschaftliche Leben (der Stadt) hinter sich ließen und sich in der Gegend von Alexandria in ländlicher Abgeschiedenheit dem Gebet, Schriftenstudium und einem asketischen Leben widmeten. Zur monastisch lebenden Gemeinschaft gehörten auch alleinstehende Frauen. In diesem Aussteigermilieu galt Kinderlosigkeit wie in 3,13ff als achtbare Lebensform und keinesfalls als das größte Unglück eines Menschen, als das es in der israelitischen Tradition angesehen war. Ähnlich wie im »Buch der Weisheit« kommen frauenspezifische biblische Traditionen zur Geltung (Mirjam als Leiterin des Exodus), es wird ein Sophia-Gottesbild gepflegt, und man setzt sich intensiv mit Götzendienst auseinander (VitCont 3–9; vgl. Weish 12–15). Das »Buch der Weisheit« könnte in Kreisen entstanden sein, die mit dem Ideengut monastisch lebender Gruppen wie der Therapeuten sympathisierten, ohne deren radikale Lebensweise zu teilen. Dass und inwiefern die Jüdinnen von Alexandria Einfluss auf die Theologie des androzentrisch fingierten »Buches der Weisheit« hatten, wird weiter zu erörtern sein. Der zweite Buchteil, der der personifizierten Weisheit gewidmet ist, dokumentiert eine intensive Auseinandersetzung auf hohem Niveau mit dem griechischen Isiskult in Ägypten. Dieser trug nachweislich stark frauenemanzipatorische Züge und dürfte für Jüdinnen ein attraktives religiöses Angebot dargestellt haben.

Das »Buch der Weisheit« ist in zwei »Welten« beheimatet, der jüdischen und der griechisch-hellenistischen. Die Kenntnis der Weltanschauung und der Literatur beider Traditionen prägt die Schrift. Vielfältig und zahlreich sind unmittelbare Rückbezüge auf oder inhaltliche Verwandtschaften mit biblischen Texten, nicht nur des Pentateuch (wie bei Philo von Alexandrien), sondern des ganzen Tanach. Nicht immer beziehen sich die Schriftauslegungen, besonders im dritten Buchteil, direkt auf den Bibeltext, vielmehr auf einen Fundus an geläufigen, deutenden Nacherzählungen (des hebräischen Textes!), die in → Apokryphen, → Targumim, → Talmud und der frührabbinischen Literatur ebenfalls zu finden sind (*P. Enns*). Obwohl das »Buch der Weisheit« auf die griechische Bibel Bezug nimmt, ist anzunehmen, dass ihre schriftgelehrten VerfasserInnen die hebräische Bibel kannten. Beziehungen zu den jüdischen Schriften der hellenistischen Epoche, u. a. Jubiläen, Henoch, Philo, sind ebenso bedeutend wie die zur griechischen Philosophie (Stoa, Platoniker, Eklektizismus), hellenistisch-römischen Weiheinschriften und Hymnen, Epen (Apollonius von Rhodos, Vergil), Trostschriften, Grabinschriften usw. (ausführliche Quellenverweise in allen neueren Kommentaren). Das »Buch der Weisheit« knüpft in seiner poetischen Form an die Weisheitsliteratur Israels an. Manche Gedanken der Schrift erscheinen apokalyptisch (*S. Burkes*), ein Einfluss apokalyptischer Literatur oder ein apokalyptisches Weltbild sind aber nicht nachzuweisen (*M. V. Blischke; zuletzt M. Kolarcik* und *A. Passero in Xeravits/Zsengellér*). Die der älteren Weisheit eigene Konzentration auf die diesseitige Welt wird aufgegeben.

3. Theologie

3.1 Weisheit und Gerechtigkeit

Das »Buch der Weisheit« steht unter dem programmatischen Aufruf »Liebt Gerechtigkeit« (1,1). Als roter Faden zieht sich das Thema durch die gesamte Schrift. Die Gabe und der Erwerb der Weisheit dient wie das Halten der Gebote (vgl. 6,18) der Gerechtigkeit, die wiederum Unsterblichkeit mit sich bringt (1,15). Im Gerechtigkeitsbegriff der Schrift schillern griechische, ägyptische und biblische Konzeptionen (*H. Engel*, NSK 58–63). Δικαιοσύνη ist im griechischen Verständnis eine erlernbare hohe Tugend, die sich wie das konkrete Recht von der Göttin Dikê herleitet. Sinngemäß ist δικαιοσύνη auch die Entsprechung des hebr. Begriffs *ṣædæq/ṣ^{e}dāqāh* (hebr. und griech. Bedeutung in 8,7). Dieser ist nicht zu trennen von der altägyptischen *Ma'at*-Theologie. *Ma'at* ist das Prinzip und die Göttin einer rechten und gerechten Weltordnung, die im sozialen (individuellen und staatlichen), kultischen und kosmischen Raum waltet bzw. vollzogen und durch ethisches Wollen realisiert werden muss. Sie spielt u. a. eine bedeutende Rolle im Totengericht. *ṣædæq/ṣ^{e}dāqāh* ist einerseits eine von JHWH gestiftete Ordnung, andererseits in Israel vor allem ein soziales Verhalten, das mit Übersetzungen wie Gerechtigkeit, Solidarität oder Loyalität nur unzulänglich erfasst ist. Schon in Spr 8 spricht die personifizierte Weisheit ausdrücklich als Lehrerin der Gerechtigkeit (Spr 8,8.15.16.18.20). Weisheit ist die Innenseite der Gerechtigkeit; das eine gibt es nicht ohne das andere (*S. Schroer* 2001, 281–290). Im »Buch der Weisheit« wird Gerechtigkeit, die zu innigster Gemeinschaft mit Gott führt, als realisierbar angesehen, weil sie von Gott selbst kommt. Häufiger als vom Abstraktum (Un-)Gerechtigkeit ist im ersten und dritten Buchteil vom Gerechten und seinem Kontrahenten, dem Gottlosen, die Rede. Als konkrete Kriterien der Einteilung in δίκαιοι und ἀσεβεῖς werden im ersten Buchteil u. a. Nekrophilie, Zynismus, Profitsucht, Hedonismus, soziale Rücksichtslosigkeit, Gewalt, Ehebruch, Hurerei angeführt, während im dritten Teil nicht nur große biblische Gerechte wie Noach u. a. (Kap. 10), sondern vor allem die Israeliten als Gerechte erscheinen und die (ägyptischen) Feinde wegen ihres Götzendienstes, aber auch wegen der daraus resultierenden übrigen Gräueltaten (14,22–31), den Part der Gottlosen übernehmen.

3.2 Der Tun-Ergehen-Zusammenhang

Nicht zu trennen vom Thema Gerechtigkeit – Gottlosigkeit ist die damit seit je verbundene theologische Frage des Zusammenhangs von Tun und Ergehen, die zur Theodizee führt. Das »Buch der Weisheit« hält diesen Zusammenhang aufrecht, greift dabei aber erstmals in der israelitischen Tradition zur Idee eines Totengerichts. Nicht zu Lebzeiten erfahren die Gottlosen ihre Strafe, die Gerechten ihren Lohn, sondern nach ihrem Tod. Mit diesem Schritt wird der jahrhundertelang rein innerweltliche Bezugsrahmen israelitischen Glaubens aufgebrochen, wobei vor allem Gedanken Deutero- und Tritojesajas weiterentwickelt werden (Jes 54,1; 56,3–5). Zwar relativieren sich dadurch individuelle Schicksalsschläge wie Kinderlosigkeit – Frömmigkeit als Lebenshaltung wird im Diesseits radikal »gratis«, »umsonst« (im Sinne von Ijob 1,9) –, zugleich wird aber im Keim die Gefahr der Jenseitsvertröstung angelegt.

3.3 Tod und Unsterblichkeit

Das »Buch der Weisheit« tröstet, vor allem im ersten Buchteil, leidende Menschen mit dem Ausblick auf ein Leben jenseits der Todesgrenze. *A. Schmitt* hat aber zu Recht betont, dass im Zusammenhang der Jenseitsvorstellungen (vgl. aber 8,19f) – anders als bei Philo oder Josephus – eigentlich kein griechischer Leib-Seele-Dualismus auszumachen ist. Es geht weder um die Unsterblichkeit der ψυχή noch um eine Auferstehung der Leiber, sondern um die Hoffnung der Gerechten, auch nach dem Tod in Gottes Hand zu sein (3,1.9 u. ö.) und nicht in Vergessenheit zu geraten. Ganz sicher ist damit die traditionelle israelitische Todes- und Scheolvorstellung gesprengt, wie es im → Diasporajudentum mit seinen diversen Jenseitsvorstellungen und Eschatologien schon allgemein der Fall war. Im Gegensatz zu anderen lässt jedoch diese Schrift, was die Eschatologie betrifft, vieles recht offen. Man erwartet einen Tag des göttlichen Gerichts, an welchem Gerechten und Gottlosen ihr endgültiger Lohn zugeteilt wird (Bezüge vor allem zu Jes 53; 59), wobei der Gerichtstag als Weltende apokalyptische Züge annimmt (5,17–23). Erstaunlicherweise erteilt die Schrift der verbreiteten und auch bei Kohelet ungebrochenen *carpe diem*-Weltanschauung eine Absage (2,6–9). Der Aufruf, angesichts des immer nahen Todes die vom Schöpfer geschenkten Freuden des Lebens in einer gewissen Selbstbescheidung zu genießen, wird entgegen der ursprünglichen Bedeutung als Verführung zu einer hedonistischen Lebensweise angesehen, als Anfang von Gewalt und Genusssucht, ja als eigentlicher Pakt mit dem Tod, dem die anheimfallen, die ihn für das einzig Zuverlässige halten. Für die Verfasser der Schrift gilt unverbrüchlich, dass Gott nicht den Tod, sondern das Leben alles Geschaffenen will, ja dass die Schöpfungswerke Rettung bewirken (1,13ff; vgl. *Fabbri*). Da alles, was Gott erschaffen hat, gerecht ist, der Gerechtigkeit aber Unvergänglichkeit und Unsterblichkeit eignet, ist auch der Tod (als *conditio humana*) nicht der wahre Tod. Gerade diejenigen aber, die im Angesicht des unausweichlichen Sterbens ein gottloses Leben führen, wird der endgültige Tod, die Gottesferne nach dem physischen Tod (*C. Kurzewitz*), ereilen. Sie werden verlöschen, die Gerechten in Ewigkeit leben (*M. Kolarcik* 1991). Unvergänglichkeit ist so die Hoffnung derer, die ein Leben in Gerechtigkeit erstreben, und sie ist die vom Schöpfer intendierte Bestimmung des gottebenbildlichen Menschen (2,23).

3.4 Die personifizierte Weisheit

Der Mittelteil der Schrift ist den Beziehungen zwischen Salomo, dem Weisen schlechthin, der personifizierten Sophia und Gott gewidmet. In verschiedenen Frauen- und Göttinnenbildern tritt die *chokmāh* schon in Spr 1–9 und im Buch Jesus Sirach auf. In jeder dieser Schriften übernimmt die Weisheit als Personifikation bestimmte theologische Funktionen (*S. Schroer, P. Schäfer, A. Strotmann*). Im »Buch der Weisheit« vermittelt sie zum einen den israelitischen und griechischen Weisheitsbegriff. Zum anderen ist sie als unpolemische, aber selbstbewusst jüdische Antwort auf den stark missionarischen griechischen Isiskult und die Mysterienreligionen (vgl. 6,22–25) konzipiert. In Anlehnung an die ptolemäisch-römische Isis-Königstheologie übernimmt die Sophia die Position der göttlichen Patronin des Herrscherhauses, nicht aber die mütterliche Rolle der Isis (Mutter des Horus/Herrschers). Inhaltlich sind jedoch die Bezüge zu den Attributen der *Allgöttin* und *Allretterin* Isis, wie sie in zahlreichen → Aretalogien und Weiheinschriften der späthellenistischen und römischen Zeit gepriesen wird, enger. Isis wurde als Herrin über alle kosmischen und irdischen Mächte, die Wissenschaften, die Seefahrt u. v. a. verehrt. Auf sie hofften die Gefangenen, sie wurde als Urheberin der Gleichstellung von Männern und Frauen gepriesen. Die Aussagen über die Sophia im »Buch der Weisheit« sind in höchstem Maß von Isis-Mythologoumena durchdrungen. So wird die Weisheit immer wieder als Retterin aus allen Gefahren (Gefängnis, Seenot) beschrieben. Sie ist es auch (nicht Mose, der wie in der Pesach-→ Haggada kaum Erwähnung findet), die Israel aus Ägypten herausführt. Anders als in den Proverbien (Buch der Sprichwörter) stehen der personifizierten Weisheit zwar starke weitere Personifikationen zur Seite (*J. R. Dodson*), aber kaum Hinweise auf konkrete Frauen gegenüber (vgl. oben zu 3,13ff und den TherapeutInnen bei Philo).

3.5 Der Auszug aus Ägypten oder Idolatrie und Götzendienst

Während der erste Buchteil sich vor allem der Frömmigkeit und Gottlosigkeit im mitmenschlichen Bereich widmet, beschreibt der dritte in aller Ausführlichkeit die religiösen *Gräuel* Ägyptens, darunter Herrscherkult, Totenverehrung, Götzendienerei aller Art, worunter die in dieser Zeit tatsächlich verbreitete Verehrung von tiergestaltigen Gottheiten als besonders ekelerregend hervortritt. *Ägypten* ist in dieser Schrift eine

Chiffre, in welche das gesamte biblische Erbe der Errettung Israels aus Ägypten, seiner Auserwählung unter den Völkern, seiner Abgrenzung gegenüber *Kanaan* und seiner Götzenpolemik der exilisch-nachexilischen Zeit einfließt. Problematisch an den mythisch aufgeladenen Darstellungen des dritten Teils ist, dass sie den geschichtlichen Wachstums-, Selektions- und Verschmelzungsprozessen, aus denen der JHWH-Monotheismus tatsächlich entstand, nicht Rechnung tragen. So konstruiert sich hier – ganz anders als im Mittelteil – jüdische Identität in absoluter Andersartigkeit und im Bruch mit den Religionen schlechthin.

J. Assmann (Moses der Ägypter, München 1998, 17–82) hat mit reichem Quellenmaterial gezeigt, dass in ptolemäischer und römischer Zeit keineswegs nur jüdische Schriften den Exodus erinnerten. In mehr als einem Dutzend variierender Versionen (nachweisbar u. a. bei Hekaitaios von Abdera, Manetho, Chairemon, Tacitus, Strabo) wurde erzählt, wie eine Gruppe von Aussätzigen oder Juden aus Ägypten vertrieben wurde, weil eine Not im Land herrschte (Seuche), und unter Führung eines Ägypters bzw. Juden namens Mose eine Gegenreligion gegründet wurde. Der Vorwurf der Verunreinigung des Landes durch Götzendienst wurde also beidseitig erhoben.

Theologisch geht mit dieser starken Fokussierung auf Exodus und Errettung die Entwicklung eines soteriologischen Schöpfungsverständnisses einher (*F.-J. Backhaus*).

3.6 Relevanz

Das »Buch der Weisheit« gehört zu den → deuterokanonischen Schriften, weshalb es bis in die jüngere Zeit fast nur von katholischen Exegeten ausgelegt wurde (vgl. aber *H. Hübner, M. Kepper, O. Kaiser, M. Neher*). Eine systematische Aufarbeitung der Wirkungsgeschichte der Schrift bei den Kirchenvätern, in kirchlichen Gebeten, aber auch in der mittelalterlichen → Ikonographie und Baukunst, für die beispielsweise Weish 9,8ff (Vorbild/Abbild des Tempels) und besonders 11,20 (»Alles hast du nach Maß, Zahl und Gewicht geordnet«) sehr grundlegend wurde, fehlt bisher (vgl. aber *W. Thiele* 448–454, *I. Peri, A. Siquans, G. Binding*, Der früh- und hochmittelalterliche Bauherr als sapiens architectus, Darmstadt 1996, 106–139). Befreiungstheologische (*N. B. Pereira* 1999) und feministische (*S. Schroer*) Zugänge zu dieser Schrift sind singulär. Zahlreiche neuere Forschungsbeiträge thematisieren die Bezüge zu ntl. Schriften, z. B. die Verbindung zwischen dem Gottesknecht Deuterojesajas und dem matthäischen Jesusbild über Weish 2,18 (*K. De Troyer, A. Giménez González*), zwischen theologischen Konzepten der Sapientia und der paulinischen Literatur (*J. M. G. Barclay, M. A. Beavis, J. R. Dodson, J. A. Linebaugh, S. Lorenzen, A. J. Lucas, R. J. Morales, M. Witte*). Im Rahmen der Septuaginta-Forschung (*H. Engel, B. G. Wright*) und aufgrund des zunehmenden Interesses an intertextuellen Bezügen (*P. Enns, M. McGlynn, J. More*) findet die Sapientia vermehrt über die Konfessionsgrenzen hinweg und unter neuen Themen Beachtung (*V. Reiterer, J. S. Wearingen*).

Im Anschluss an die theologischen Schwerpunkte der Schrift kann ihre heutige Relevanz an verschiedenen Punkten angebunden werden. Thesenartig einige Beispiele:

(1) Das »Buch der Weisheit« stellt als Ganzes die Herausforderung dar, im Gespräch mit der »modernen Welt« und ihren Anschauungen und Gesetzen religiöse Tradition zu bewahren und immer wieder neu zu formulieren, wobei im Zentrum ein *interkultureller und interreligiöser Dialog* steht, nicht die Ausgrenzung der/des Anderen.

(2) Als *zentrale Themen* einer solchen Erneuerung und Übersetzung von Tradition lassen sich aus der Schrift ableiten: a) Die Suche nach einer Bildung und Weisheit, die heute zu einer Welt größerer Gerechtigkeit führt. Weisheitslehren jeder Herkunft und Couleur müssen von ChristInnen daran gemessen werden, ob sie konkret der Gerechtigkeit dienen. b) Das Entlarven aller subtilen und kaschierten Formen von Zynismus und Nekrophilie, die in den hochtechnisierten, ausbeuterischen Zivilisationen des Nordens wirksam sind. c) Eine stetige Auseinandersetzung mit der Frage, wo Götzen und Götzenverehrung in unserer Kultur ihr Unwesen treiben und was wahre Gottesfurcht und Frömmigkeit angesichts dieser Götzenverehrung bedeutet. d) Das Einüben einer bildhaften, nicht ontologischen Redeweise von der einen Gottheit, wie sie im Bild der personifizierten Weisheit beispielhaft entfaltet wird.

(3) Die Schrift ist mindestens teilweise auf dem Hintergrund antisemitischer Ausschreitungen gegen jüdische Menschen in Alexandria zu lesen. Nach Auschwitz wird uns als ihren christlichen EmpfängerInnen die dringende Aufgabe bleiben, die komplexen *Wurzeln des Antisemitismus* zu erforschen. Warum hat das Judentum seine Weigerung, irgendetwas Geschaffenes, Vorläufiges, Innerweltliches als göttlich anzuerkennen, mit Ächtung und sogar millionenfachem Tod bezahlen müssen? Welche gewaltigen kulturellen und religiösen Verdrängungsmechanismen waren und sind hier am Werk, und wie können sie gestoppt oder entschärft werden?

VIII. Das Buch Jesus Sirach

(Johannes Marböck, Linz)

Textausgaben u. Hilfsmittel: D. Barthélemy/O. Rickenbacher, Konkordanz zum hebräischen Sirach, Göttingen 1973 (hebr., griech., syr.); E.-M. Becker/H.-J. Fabry/M. Reitemeyer, Sophia Sirach, in: M. Karrer/W. Kraus (Hg.), Septuaginta Deutsch. Erläuterungen und Kommentar II, Stuttgart 2011, 2153–2272; P. C. Beentjes, The Book of Ben Sira in Hebrew. A Text Edition of all Extant Hebrew Manuscripts and a Synopsis of all Parallel Hebrew Ben Sira Texts (VT.S 68) Leiden 1997; Z. Ben-Hayyim, The Book of Ben Sira, Jerusalem 1973 (Text u. Konk. hebr.); N. Calduch-Benages/J. Ferrer/J. Liesen, La Sabiduría del Escriba/Wisdom of the Scribe, Estella 2003 (syr. Text u. engl./span. Übers.); A. Pietersma/B. G. Wright (Hg.), A New English Translation of the Septuagint, NewYork/Oxford 2007, 715–762 (Sirach); F. V. Reiterer u. a. (Hg.), Bibliographie zu Ben Sira (BZAW 266) Berlin/New York 1998; ders. u. a. (Hg.), Zählsynopse zum Buch Ben Sira (FoSub 1) Berlin 2003; F. Vattioni, Ecclesiastico. Testo ebraico con apparato critico e versioni greca, latina e siriaca, Napoli 1968; J. Ziegler (Hg.), Sapientia Jesu Filii Sirach (Septuaginta: Vetus Testamentum Graecum XII,2) Göttingen ^{2}1980.

Kommentare: R. Smend, Die Weisheit des Jesus Sirach, Berlin 1906; N. Peters (EHAT) 1913; C. Spicq (SB) 1943; V. Hamp (EB) 1959; P. W. Skehan/A. A. Di Lella (AncB) 1987; J. L. Crenshaw (The New Interpreter's Bible) 1997, 601–867; G. Sauer, Jesus Sirach/Ben Sira (ATD.A) 2000; J. Schreiner, Jesus Sirach 1–24 (NEB) 2002; J. Marböck, Jesus Sirach 1–23 (HThKAT) 2010; B. Zapf, Jesus Sirach 25–51 (NEB) 2010; J. Corley (2012).

Monographien und Sammelbände: R. A. Argall, 1 Enoch and Sirach. A Comparative Literary and Conceptual Analysis of the Themes of Revelation, Creation and Judgement (SBL Early Judaism and Its Literature 8) Atlanta 1995; I. Balla, Ben Sira on Family, Gender and Sexuality (DCLS 8) Berlin u. a. 2011; P. C. Beentjes (Hg.), The Book of Ben Sira in Modern Research (BZAW 255) Berlin/New York 1997; ders., »Happy the One who Meditates on Wisdom« (Sir 14,20). Collected Essays on the Book of Ben Sira (CBET 43) Leuven 2006; R. Bohlen, Die Ehrung der Eltern bei Ben Sira (TThSt 51) Trier 1991; S. Bussoni, The Greek Additions in the Book of Ben Sira (AnBib 203) Rom 2013; N. Calduch-Benages, Un gioiello di sapienza. Leggendo Siracide 2, Mailand 2001; dies. (Hg.), Wisdom for Life (BZAW 445) Berlin u. a. 2014; dies. u. a. (Hg.), Treasures of Wisdom. Studies in Ben Sira and the Book of Wisdom (BEThL 143) Leuven 1999; J. Corley/V. Skemp (Hg.), Intertextual Studies in Ben Sira and Tobit (CBQ.MS 38) Washington 2005; R. Egger-Wenzel (Hg.), Ben Sira's God (BZAW 321) Berlin/New York 2002; dies. u. a. (Hg.), Der Einzelne und seine Gemeinschaft bei Ben Sira (BZAW 270) Berlin/New York 1998; dies. u. a. (Hg.), Weisheit als Lebensgrundlage (DCLS 15) Berlin u. a. 2013; T. A. Ellis, Gender in the Book of Ben Sira. Divine Wisdom, Erotic Poetry and the Garden of Eden (BZAW 453) Berlin u. a. 2013; I. Fischer u. a. (Hg.), Auf den Spuren der schriftgelehrten Weisen (BZAW 331) Berlin/New York 2003; M. Gilbert, Art. Siracide: DBS 12, 1996, 1389–1437; ders., Ben Sira. Recueil d'Ètudes. Collected Essays (BEThL 264) Leuven u. a. 2014; B. C. Gregory, Like an Everlasting Signet Ring. Generosity in the Book of Sirach (DCLS 2) Berlin 2010; J. Haspecker, Gottesfurcht bei Jesus Sirach (AnBib 30) Rom 1967; R. Hildesheim, Bis daß ein Prophet aufstand wie Feuer. Untersuchungen zum Prophetenverständnis des Ben Sira in Sir 48,1–49,16 (TThSt 58) Trier 1996; C. Kearns, The Expanded Text of Ecclesiasticus. Its Teaching on the Future Life as a Clue to its Origin (DCLS 11) Berlin 2011; H. V. Kieweler, Ben Sira zwischen Judentum und Hellenismus. Eine Auseinandersetzung mit T. Middendorp (BEAT 30) Frankfurt 1992; J. Liesen, Full of Praise. An Exegetical Study of Sir 39,12–35 (JSJ.S 64) Leiden 2000; B. L. Mack, Wisdom and Hebrew Epic. Ben Sira's Hymn in Praise of the Fathers, Chicago 1985; J. Marböck, Weisheit im Wandel (BBB 37) Bonn 1971 (= 2. Aufl. BZAW 272, Berlin 1999); ders., Gottes Weisheit unter uns. Studien zur Theologie des Buches Sirach (HBS 6) Freiburg 1995; ders., Weisheit und Frömmigkeit. Studien zur alttestamentlichen Literatur der Spätzeit (ÖBS 29) Frankfurt a. M. 2006; M. Marttila, Foreign Nations in the Book of Ben Sira. A Jewish Sage between Opposition and Assimilation (DCLS 13) Berlin u. a. 2012; O. Mulder, Simon the High Priest in Sirach 50 (JSJ.S 78) Leiden 2003; T. Muraoka u. a. (Hg.), The Hebrew of the Dead Sea Scrolls and Ben Sira (StTDJ 26) Leiden 1997; M. C. Palmisano, »Salvaci, Dio dell'universo!« Studi dell'eucologia di Sir 36H,1–17 (AnBib 163) Rom 2006; A. Passaro/G. Bellia (Hg.), The Wisdom of Ben Sira (DCLS 1) Berlin 2008; G. L. Prato, Il problema della teodicea in Ben Sira (AnBib 65) Rom 1975; M. Reitemeyer, Weisheitslehre als Gotteslob. Psalmentheologie im Buch Jesus Sirach (BBB 127) Berlin 2000; F. V. Reiterer, »Urtext« und Übersetzungen. Sprachstudie über Sir 44,16–45,26 als Beitrag zur Siraforschung (ATS 12) St. Ottilien 1980; ders. (Hg.), Freundschaft bei Ben Sira (BZAW 244) Berlin/New York 1996; ders., »Alle Weisheit stammt vom Herrn ...«. Gesammelte Studien zu Ben Sira (BZAW 375) Berlin/New York 2007; ders., »Die Vollendung der Gottesfurcht ist Weisheit« (Sir 21,11). Studien zum Buch Ben Sira (SBAB 50) Stuttgart 2011; H. P. Rüger, Text und Textform im hebräischen Sirach (BZAW 112) Berlin 1970; J. T. Sanders, Ben Sira and Demotic Wisdom (SBL.MS 28) Chico 1983; G. Sauer, Studien zu Ben Sira (BZAW 440) Berlin u. a. 2013; G. Schmidt Goering, Wisdom's Root Revealed. Ben Sira and the Election of Israel (JSJ.S 149) Leiden/Boston 2009; L. Schrader, Leiden und Gerechtigkeit. Studien zur Theologie und Textgeschichte des Sirachbuches (BET 27) Frankfurt 1994; H. Stadelmann, Ben Sira als Schriftgelehrter (WUNT 216) Tübingen 1980; A. Strotmann, Das Buch Jesus Sirach, in: L. Schottroff u. a. (Hg.), Kompendium Feministische Bibelauslegung, Gütersloh 1998, 428–440; K. Tesch, Weisheitsunterricht bei Ben Sira. Lehrkonzepte im Sirachbuch und ihre Relevanz für heutiges Lernen im Religionsunterricht (BBB 169) Göttingen 2013; F. Ueberschaer, Weisheit aus der Begegnung. Bildung nach dem Buch Ben Sira (BZAW 379) Berlin/New York 2007; W. Urbanz, Gebet im Sirachbuch. Zur Terminologie von Lob und Klage in der griechischen Texttradition (HBS 60) Freiburg 2009; C. Wagner, Die Septuaginta-Hapaxlegomena im Buch Jesus Sirach (BZAW 282) Berlin/New York 1999; U. Wicke-Reuter, Göttliche Providenz und menschliche Verantwortung bei Ben Sira und in der Frühen Stoa (BZAW 298) Berlin/New York 2000; O. Wischmeyer, Die Kultur des Buches Jesus Sirach (BZNW 77) Berlin 1995; B. G. Wright, Praise Israel for Wisdom and Instruction. Essays on Ben Sira and Wisdom, the Letter of Aristeas and the Septuagint (JSJ.S 131) Leiden/Boston 2008; G. Xeravits/J. Zsengellér (Hg.), Studies in the Book of Ben Sira (JSJ.S 127) Leiden/Boston 2008.

0. Textüberlieferung und Kanonfrage

Bereits die verschiedenen *Buchtitel*, eine längere und eine kürzere hebräische Form mit Simon als Name des Verfassers (Sir 51,30d; vgl. 50,27 sowie 51,30c) sowie die meist bevorzugte griechische Fassung »Jesus, der Sohn Sirachs, Eleazar von Jerusalem« (50,27), dazu der Titel (liber) Ecclesiasticus in der lateinischen Bibel (bei Cyprian: 3. Jh. n. Chr.) illustrieren die bewegte Überlieferung der Textgestalt einer → deuterokanonischen Schrift.

Dabei nimmt Jesus Sirach (rabbinische Kurzform: Ben Sira) als »Buch an der Grenze des Kanons« (*H. P. Rüger*) eine besondere Stellung ein; es ist das einzige nichtkanonische Buch, das im Judentum zeitweise wie ein kanonisches behandelt, d. h. zitiert, wurde. Die rabbinische Literatur bezeugt eine wechselvolle Geschichte der Verwendung, des Ausschlusses von der öffentlichen Lektüre (R. Akiba: gest. 135 n. Chr.), des neuerlichen Gebrauches und dessen Ende in der Epoche des → Talmuds; dies bestätigt auch die Überlieferung des hebräischen Textes. Das vom Judentum übernommene, in der christlichen Kirche beliebte Buch wird, wie auch Weish, Est und Tob, von Origenes für die Unterweisung der Anfänger im Glauben empfohlen. Selbst Hieronymus, der das für ihn zu den → Apokryphen zählende Buch nicht übersetzt hat, verwendet es vor allem ab 400 n. Chr. häufig. Die Entscheidung der Kirche des Westens für den Einschluss der → deuterokanonischen Schriften auf den Synoden von Hippo (393 n. Chr.) und Karthago (397 n. Chr.) wurde nach neuerlicher Diskussion 1546 auf dem Trienter Konzil für die röm.-kath. Kirche endgültig festgeschrieben.

Das wechselvolle Schicksal des Buches am Rande des hebräischen Kanons spiegelt sich vor allem in der bewegten, komplizierten *Textgeschichte*. Die Wiederentdeckung des *hebräischen* Sirach, von dem derzeit ca. zwei Drittel bekannt sind, begann 1896 mit der Identifizierung von Sirachfragmenten aus der Geniza von Altkairo, die sich gegenwärtig auf sechs verschiedene Handschriften verteilen (10.–12. Jh.). Fragmente aus Qumran (2Q18; 11QPs[a]: Schlussgedicht Sir 51,13ff) und Masada (Sir 39,27–44,17) bestätigen durch die Schreibung in Verszeilen (→ Kola) die Bedeutung der sprachlich literarischen Gestalt und damit Gewicht und frühjüdische Hochschätzung Sirachs sowie die Verwendung des Buches im frühen Judentum (1. Jh. v. Chr.–1. Jh. n. Chr.). In den nahezu 700 Jahren vom 12.–19. Jh. war der Text nur in Übersetzungen (vor allem griechisch, syrisch, lateinisch) bekannt. Die nach dem → Prolog vom Enkel des Verfassers nach 132 v. Chr. (38. Jahr des Königs Euergetes: Ptolemäus VIII.) in Ägypten geschaffene *griechische* Übersetzung ist in einer kürzeren (Gr I) und einer erweiterten (Gr II) Textform überliefert. Gr I kommt der in Qumran, in Masada sowie in manchen Genizatexten bezeugten älteren hebr. Textform bzw. dem Original nahe, während Gr II einer jüngeren hebr. Textform nahesteht. Für die Arbeit mit dem schwierigen Text, für den auch die syrische und altlateinische Fassung wichtig ist, ist bei der Benutzung von Textausgaben außerdem die Vertauschung von 30,25–33,13a und 33,13b–36,16 in den griechischen Handschriften zu beachten. Die Existenz von zwei verschiedenen Textfassungen in der jüdischen und der christlichen Tradition, einer kürzeren (älteren) und einer erweiterten (jüngeren), vor allem die Verwendung beider in der Praxis der christlichen Kirchen, ist wohl Hinweis darauf, dass sowohl die kürzere als auch die längere Textform als kanonischer, d. h. autoritativer, Text betrachtet wurde.

1. Aufbau

Die 51 Kapitel erwecken den Eindruck einer eher lockeren Sammlung: formal durch eine Vielfalt von Redeformen (weisheitliche Gattungen: Spruch, Lehrvortrag, Lehrgedicht, hymnische Abschnitte, Gebete), inhaltlich durch Aussagen zu allen Bereichen alltäglicher Lebenswelt, durch Reflexionen über Weisheit, Gottesfurcht, Theodizeefragen sowie durch Einbeziehung der Geschichte. Dennoch lassen mehrere Indizien mit einer überlegten Endgestalt des Buches rechnen.

1.1 Gliedernde Elemente

Schon in den ältesten Textzeugen (Mas, 11QPs^{a}) begegnen Gliederungssignale. Formal-inhaltliche Hinweise sind z. B. sogenannte autobiographische Notizen (Ich-Texte: vgl. 16,24f; 24,30–33; 33,16–18.19; 39,12.32; 50,27Gr; 51,13–22.25.27 sowie Gebete in der 1. Pers. wie 22,27–23,6; 51,1–12), in der 1. Buchhälfte eine Reihe von Weisheitsperikopen, schließlich die äußere (1,1–10; 51,13–30) und innere (2,1–18; 51,1–12) Gesamtrahmung. An gewichtiger Position stehen ferner Einheiten zu den Themen Gottesfurcht, Schöpfungsordnung sowie Gebetstexte (vgl. u. a. 2,18 u. 51,1–12; 22,27–23,6; 36,1–17; 42,15; 44,1f; 45,26f; 50,22–24).

1.2 Gesamtstruktur

Eine völlig überzeugende *Gesamtstruktur* des Buches wurde bisher nicht aufgewiesen. So stellt auch das hier vorgelegte Modell nur einen Versuch dar, der mit 3 großen Teilen des Buches rechnet (ähnlich *O. Mulder*; vgl. alternative Vorschläge von *H.-W. Jüngling* u. *M. Reitemeyer*). Dieser Aufbau lässt sich wie folgt darstellen:

Prolog zur griechischen Übersetzung

I. Teil **1,1–23,27(28)**	**II. Teil** **24,1–42,14**	**III. Teil** **42,15–51,30**
1,1–10: Programmatische Eröffnung: Ursprung und Ziel des Weges der Weisheit	24,1–22: Neueinsatz: Lobrede der Weisheit (1. Pers.) über ihren Weg (Gott – Schöpfung – Israel – Jerusalem)	42,15–43,33: Lobpreis der Herrlichkeit Gottes in der Schöpfung (42,15: Aufforderung 1. Pers. Sg.) 44,1–50,25: Lobpreis (44,1: 1. Pers. Sg.) der Herrlichkeit Gottes in der Geschichte Israels
1,11–2,18: Segen der Gottesfurcht als Weg zur Weisheit	24,23–29: Weisheit als Tora – ihr Segen 24,30–34: autobiographische Notiz – Wirken im Weisen	50,27: 1. Unterschrift
Gliedernde Elemente Perikopen über Mühe und Lohn der Weisheitssuche: 4,11–19 6,18–37 14,20–15,10	*Gliedernde Elemente* Suche nach Gott – Gottesfurcht – Tora: 32,14–33,18; 33,16–18: autobiographische Notiz	*Gliedernde Elemente* Lobpreis und Bitte: 45,25f
16,24f: autobiographische Notiz	38,24–39,11: der schriftgelehrte Weise	50,22–24

I. Teil 1,1–23,27(28)	II. Teil 24,1–42,14	III. Teil 42,15–51,30
Abschluss 22,27–23,6: Gebet um Zucht der Rede und der Sinne 23,27: Segen der Gottesfurcht	*Abschluss* 41,14–42,8: Falsche und rechte Scham	*Abschluss* 50,27–29: 1. Unterschrift und Seligpreisung 51: 51,1–12: Danklied 13–30a.b: → Akrostichon (1. Pers. Sg.) über die Weisheitssuche 30c: 2. Unterschrift

1.3. Charakteristika einzelner Teile

(1) In Teil I und II begegnen in unterschiedlicher Anordnung größere Einheiten zu Grundthemen wie Weisheit, Gottesfurcht und Schöpfungsordnung. In Teil I scheinen sie immer wieder gliedernd (?) eingewoben (vgl. Weisheit: 1,1–10; 4,11–19; 6,18–37; 14,20–15,10; 19,18–30; 22. – Gottesfurcht: 1,11–2,18; 10,19–24; 19,18–20. – Gottes Schöpfungsordnung: 15,11–18,14). In Teil II begegnen sie eher konzentriert auf Anfang (Kap. 24: Weisheit), Mitte (Kap. 33,1–6: Gottesfurcht) und Ende (Kap. 38,24–39,11; 39,12–35: Diptychon über den schriftgelehrten Weisen und seine Lehre als Lob der guten Ordnung des Schöpfers; 40,1–17; 41,1–13: Schöpfungsordnung/Theodizee; 40,18–27: Gottesfurcht).

(2) Die geschlossenste und eigenständigste Komposition in formaler und inhaltlicher Hinsicht stellt in unserer Großgliederung des Buches *Teil III* (42,15–Kap. 50.51) dar. Er besteht aus den großen Einheiten 42,15–43,33, dem Lobpreis der Herrlichkeit und Ordnung Gottes in seiner Schöpfung, der mit dem Väterlob, der Offenbarung des Wirkens Gottes in großen Gestalten der Geschichte Israels in 44,1–49,16 ein großes Diptychon bildet. Im Lob des Hohepriesters Simon Kap. 50, im Kult, ist dieses Wirken bleibende Gegenwart. Kap. 51 gehört mit Kap. 1,1–2,18 zum Gesamtrahmen des Buches.

Text	Strukturmerkmale	Inhalt	Parallelen
42,15–43,33	42,15–25: Einleitende Aufforderung zum Lob (1. Pers. Sg.) mit Zusammenfassung	Größe Gottes und Zweckmäßigkeit seiner Werke	39,12–17
	43,1–25: hymnische Durchführung (beschreibend)	Schönheit und Zweckmäßigkeit der einzelnen Werke	39,18–31
	43,26–33: Abschluss: 43,28: Aufforderung zum Lob	Unerforschlichkeit und Größe Gottes und seiner Werke	39,32–35
	43,30: 1. Pers. Pl.		45,25; 50,22
	43,33: 2. Pers. Pl.		

Text	Strukturmerkmale	Inhalt	Parallelen
44,1–49,16; 50	44,1–15: Einleitung 44,1: Aufforderung zum Lob (1. Pers. Sg.) Leitworte: Herrlichkeit, Weisheit, Huld/Frömmigkeit, Segen, Bund	Väterlob zusammenfassende Charakteristik der Gestalten	38,34–39,11: Der schriftgelehrte Weise
	44,16–49,16: Gliederung: 7 Bundesschlüsse von Noach–Erzväter–Aaron–David–Pinhas (44,17–45,24) 45,25: Lobpreis und Segenswunsch	Gestalten der Vergangenheit von Henoch bis Nehemia als Gründung der Gegenwart	
	50: Hymn. Schilderung 50,22–24: Lobpreis und Segenswunsch 50,24: Pinhasbund	Gegenwart: Hohepriester Simon	45,6–25: Aaron
	50,27–29: 1. Abschluss	1. Unterschrift und Seligpreisung	
51	51,1–12: Litaneiform	Dankpsalm	
	51,13–30a.b: → Akrostichon	Rückblick auf die Begegnung mit der Weisheit	
	51,30c: 2. Abschluss	2. Unterschrift	

(3) Weisheit und Gottesfurcht bilden, vor allem im Teil I, oft den Horizont für die Lehreinheiten mit konkreten Unterweisungen für die verschiedenen Bereiche des Verhaltens in den persönlichen und öffentlichen Lebensbereichen. Dabei wird vielfach mit Familie und Haus begonnen (vgl. 3,1–16: Eltern; 7,19–28: Personenkreis im Haus; Kap. 25–26: Mann und Frau; 33,19–32: Angehörige bzw. Nahestehende und Sklaven). Als weitere Bereiche für die Durchdringung mit Weisheit und Gottesfurcht folgen u. a. Freundschaft (vgl. 6,5–17), rechte Rede (21,11–28) sowie der Umgang mit Armen bzw. mit Macht und Reichtum (vgl. 4,1–10; 10,19–11,14; 13,1–14,14; 29,1–12; 34,8–11; 35,1–7).

(4) Besonders bemerkenswert ist die Funktion der Weisheit in den Weisheitsperikopen der großen Teile des Buches: Während in Teil I (vgl. 4,11–19; 14,20–15,10) und II (Kap. 24) die Weisheit als Person, d. h. als sprechendes, handelndes Ich auftritt, rückt nach Kap. 24 (bzw. bereits in 24,30–34) die Person des Weisheitslehrers als Mittler an ihre Stelle (vgl. 38,24–39,11; 39,12–35). Erst im Schlussgedicht 51,13–20 begegnet Frau Weisheit wieder.

Ein Spezifikum von Teil II und III ist auch die ausdrückliche Verbindung der in der Schöpfung gegenwärtigen Weisheit mit der Geschichte Israels, so verdichtet im großen Weg der Weisheit in der → Aretalogie Kap. 24 (Gott – Kosmos – Israel – Zion – Tempel – Tora), illustriert und entfaltet im Diptychon von Teil III, im zweifachen Lobpreis des Waltens Gottes in Schöpfung (42,15–43,33), Geschichte Israels (44–49) und kultischer Vergegenwärtigung (Kap. 50). Wie die Einführung zum Väterlob 44,1–15 zeigt, hält

Gestalt und Ideal des schriftgelehrten Weisen (38,24–39,11) das Wirken der großen Gestalten der Geschichte Israels lebendig.

(5) Bedeutsamer als eine exakte, logische Gesamtgliederung ist jedoch (nach *Liesen*) eher die sich in zentralen Texten bzw. Begriffen und Bildern vielfach spiegelnde doppelte Bewegung: der Mitteilung der Weisheit an den Weisen im Zusammenhang mit Gottesfurcht und Studium der Tora und der Weitergabe aus dieser Fülle an die Weisheitsschüler (z. B. 6,35ff; 14,20–15,10; 24,1–22.23–31.32f; 38,34cd–39,11 und 39,12–35 sowie die Weiterführung im → Prolog des Übersetzers).

2. Entstehung

Für das Werden des Buches sind literarische, historische und theologiegeschichtliche Gegebenheiten zu beachten. Ein längerer Entstehungsprozess des umfangreichen Buches legt sich von verschiedenen Beobachtungen her nahe.

2.1 Literarischer Entstehungsprozess

(1) Bereits die komplexe Textgeschichte mit ihren kürzeren und erweiterten Fassungen spricht für ein Wachstum bzw. eine längere Geschichte des Buches.

(2) Größere geschlossene Kompositionen dürften vorerst als selbständige Einheiten entstanden sein; neben den Weisheitsperikopen sind dies u. a. wohl 15,11–18,14; 38,24–39,11; 39,12–35; 42,15–43,33; 44,1–49,16; 50.

(3) Autobiographische Notizen verweisen auf mehrfache Abschlüsse bzw. Fortsetzungen innerhalb des Buches (vgl. 16,24f; 24,30–34; 33,16–18; 39,12–14.32; die zwei Abschlüsse/Unterschriften 50,27–29 und 51,30).

(4) Kap. 24 wird fast durchwegs als Neueinsatz betrachtet (anders zuletzt *Collins*, *Perdue*), da neue Wachstumsstufen jeweils mit einem Weisheitsgedicht und einer autobiographischen Notiz beginnen, auf die das Korpus der Einheit folgt (so Kap. 24; 32,14–33,18; 38,24–39,12; 44,1–15). *Corley* schlägt für das Wachstum des Buches zur Endgestalt 5 plausible Stufen vor: [1] Sir 1,1–23,27; 51,13–30; [2] 1,1–32,13; 51,13–30; [3] 1,1–38,23; 51,1–12.13–30; [4] 1,1–43,33; 51,1–30; [5] 1,1–51–30.

(5) Größere Teile der Unterweisung Ben Siras sind wohl im »Lehrhaus« (51,29), d. h. für den Unterricht, entstanden (als »Lehrzyklen«?), wie die Bewegung einzelner Lehreinheiten nahe legt.

(6) Die Herkunft von Ben Sira (Authentizität) wird nur für ganz wenige Texte der kürzeren Fassung (Hebr I, Gr I) in Frage gestellt bzw. diskutiert:
Das leidenschaftliche Gebet um Rettung Zions 36,1–17 scheint von Vokabular, Form und Inhalt her im Ganzen des Buches durchaus verankert (so *Marböck, Palmisano, Wright; anders Collins, Middendorp, Schrader*). Dies gilt auch für das Akrostichon 51,13–30b; anders steht es bei der in Hs B überlieferten Litanei 51,12a–o.

2.2 *Zeitgeschichtlicher Kontext*

Jesus, der Sohn des Eleazar (Ben Sira, griech. Sirach: Panzer?, ist vielleicht Familienname) gehörte nach verschiedenen Hinweisen des Buches dem Jerusalemer Bürgertum an. Das ideale (Selbst-)Porträt des Schriftgelehrten 38,24–39,11 spricht von Muße (38,24), Reisen (39,4; vgl. auch 34,9–13) und öffentlicher Tätigkeit (39,4.10f) und wirbt für den aufstrebenden Stand des Schriftgelehrten. In 51,23.29 lädt der Weise in sein »Lehrhaus«, d. h. in seine Schule. Der Anhänger und Verehrer der noch vor den Nachfolgestreitigkeiten amtierenden Hohepriester der Oniadenfamilie (vgl. das Lob Simons Kap. 50: wohl Simon II. ca. 215–196 v. Chr.) war selber kaum Priester (anders *Stadelmann*), eher Vertreter eines sich vom Priestertum lösenden eigenen Standes (vgl. den Erlass Antiochus' III. von 197 v. Chr. über die Tempelschreiber: Josephus, Ant XII, 142). Das Buch wurde in Qumran gelesen und steht z. T. am Beginn von Ideen, die dort begegnen (Sir 45,25: Verbindung von priesterlichem und davidischem Bund; Erwähnung Zadoks im diskutierten Psalm zwischen 51,12 und 51,13). Trotz Berührungen in der Eschatologie und bezüglich des Priestertums ist Sirach auch nicht als Prä-Sadduzäer einzuordnen.
Differenzen bezüglich gemeinsamer Themen wie Schöpfung, Gericht und Offenbarung (vgl. Sir 3,21–24) mit äthHen könnten zeitgenössische Auseinandersetzungen andeuten; dies mag auch für das Lob der amtierenden Hohepriesterdynastie Sir 50,1–24 gegenüber der Kritik in äthHen und TestLev gelten.
Einzige konkrete und weithin akzeptierte Zeitangabe ist der Hinweis im Prolog auf die Übersetzung des Werkes durch den Enkel, der im 38. Jahr des Königs Euergetes (wohl Ptolemäus VIII. Physkon, Euergetes II.: 170–163.145–117), d. i. um 132 v. Chr., nach Ägypten kam. Die daraus zu erschließende Abfassungszeit des Buches im ersten Viertel des 2. Jh.s v. Chr. ist vielleicht auf die Situation vor 175 v. Chr. zu präzisieren: die Bitte um Weisheit und Frieden für das Priestertum (45,26; 50,23) und um Bestand des Pinhasbundes (50,24) für Simon und seine Nachfolger mag bereits auf beginnende Konflikte zwischen Onias III. und Seleukus IV. (vgl. 2 Makk 3: Heliodoraffäre) bzw. in der Folgezeit verweisen, eventuell auch das leidenschaftliche Gebet Sir 36,1–22. Für eine Spätdatierung in die Makkabäerzeit fehlen jegliche Indizien.

2.3 *Geistesgeschichtlicher Kontext*

Den umfassenderen Kontext für Person und Werk bildet eine bewegte Zeit. Politisch brachte die durch Antiochus III. um 200 v. Chr. erfolgte Machtübernahme der Seleukiden den Juden vorerst Vorteile. Der Druck eines römischen Friedensdiktates (Apamea 188 v. Chr.) wirkte sich unter Seleukus IV. jedoch negativ auf das jüdische Gemeinwesen aus. Spannungen im Inneren aufgrund wechselnder politischer Optionen der Oniaden (Hohepriesterfamilie) und der reichen Tobiaden führten schließlich zur Situation der von Antiochus IV. (ab 175 v. Chr.) geförderten Rivalitäten um das Amt des Hohenpriesters. Jesus Sirach spiegelt nicht nur diese politischen Bewegungen bzw. Spannungen (vgl. 10,8–11; 45,26; 50,23f) wider, sondern auch das Vordringen der Lebens- und Denkweise des Hellenismus von Militärkolonien und Handelszentren bis nach Jerusalem, vor allem in den Kreisen der Tobiadenfamilie. Die Korrespondenz zwischen Zeno und seinem ägyptischen Auftraggeber (Zenopapyri) beleuchten das Leben in Palästina um 250 v. Chr. – Gebildete Vertreter des Judentums waren gewiss mit Werken hellenistischer Literatur und Philosophie vertraut (vgl. Kohelet). Die Tradition jüdischen Denkens, Glaubens und Lebens war dadurch herausgefordert. Die »Erziehung zu weisem Verhalten«, niedergelegt in »wohlgeformten Sprüchen« (vgl. 50,27), ist der Versuch einer Antwort Jesus Sirachs in seinem »Lehrhaus«, in vielfältiger Gestalt, auf verschiedenen Ebenen, eine Antwort, die von der geistesgeschichtlichen Stunde her ein Janusantlitz trägt. Das Werk kann und soll der menschlich-charakterlichen und religiösen Bildung junger Menschen, aber auch Lehrern als Grundlage ihrer Tätigkeit dienen.

Die griechische Übersetzung des Buches setzt eine neue Situation voraus. Der Enkel Ben Siras möchte mit seiner Relecture der Judenschaft Alexandriens zeigen, was das Werk in ihrer Stunde zu einer toratreuen Lebensweise beitragen kann (vgl. Prolog 34f).

3. Theologie

Das Bild des Weisen in 38,34–39,11 bezeugt die Begegnung der Traditionen der Schriften Israels mit den Erfahrungen und dem Wissen der Welt – als Impuls für spezifische Akzente und Schwerpunkte von Lehre und Bildung über Themen überlieferter Spruch- und Lehrweisheit hinaus.

3.1 Akzeptanz und Kritik des Wandels

Beispiele einer unbefangenen Übernahme von Elementen der Kultur der Gegenwart Ben Siras sind u. a. die Empfehlung des Reisens als Quelle von Erfahrung (34,9–13; 39,4; vgl. 51,13), die Ratschläge für Mahl und Symposion (31,12–32,13), Bekanntschaft mit griechischer Literatur (Theognis), mit popularisierten Ideen der Stoa (vgl. 15,11–17: freier Wille und Verantwortung; 22,27–23,6; 38,16–23: Selbstbeherrschung), mit ägyptischer demotischer Weisheit (Phibis-Papyrus Insinger), vor allem der interessante Versuch einer Synthese moderner medizinischer Wissenschaft mit Glaube und Frömmigkeit Israels in der Perikope über den Arzt 38,1–15. Manche Themen der Unterweisung sind wohl auch von Problemen und Nöten der Zeit angestoßen, etwa der Kommentar zum Elterngebot 3,1–16, viele Texte über Wert und Kriterien echter Freundschaft (z. B. 6,5–17), Fragen der Erziehung (30,1–13; 41,5–10), Mahnungen zur Vorsicht im Umgang mit Mächtigen und Reichen (9,17–11,6.9; 13), vor allem jedoch die Warnung, von der Weisung des Höchsten abzufallen, sich ihrer zu schämen (41,8; 42,2). In der Härte prophetischer Kritik an Ungerechtigkeit gegenüber Hilflosen und Armen vom Gott Israels her in 34,21–27; 35,15–20 lässt Jesus Sirach schließlich alle weisheitliche Zurückhaltung fallen und verteidigt die Untrennbarkeit von Kult und Ethos.

3.2 Weisheit und Tora, Schöpfung und Geschichte – eine »summa« der Tradition

Auch ohne die Leidenschaft Ijobs und die bohrenden Fragen Kohelets ist das Buch ein beachtliches Zeugnis des Ringens um eine Synthese des Glaubens in einer Stunde der Herausforderung.

Vielleicht nimmt der Sirazide Stellung zu Kohelet, wenn er in einer Reihe von »Theodizeeperikopen« Gottes Plan und Ordnung in einer Schöpfung mit polaren

Strukturen gegen Einwände verteidigt (15,11–18,14; 33,7–15; 40,1–11; 41,1–13); seine eigentliche Antwort sind Bekenntnis und Hymnus über Zweckmäßigkeit und Güte der unfassbaren Werke Gottes (39,12–35; 42,15–43,33). Die Weiterführung der Weisheitstraditionen, vor allem das große Selbstlob der Weisheit in Kap. 24 bietet die Begründung: Weisheit ist nicht nur wie Spr 8,22ff Zuwendung Gottes zur Schöpfung, sondern auch zu Israel (Erwählung, Gegenwart auf dem Zion: 24,7f.10f). Letzte Station des umfassenden Wohnungnehmens der Weisheit ist nach 24,23 die Tora des Mose. Diese erste ausdrückliche Verbindung von Weisheit und Mosetora (vgl. Dtn 4,6f), die in 17,7–14 geradezu als universale Schöpfungsordnung erscheint, stärkt Israels Identität angesichts zeitgenössischer philosophischer Rede von Weisheit und Weltgesetz (vgl. Stoa). Der Weg der Weisheit Gottes, wie Sir 24 ihn zusammenfasst, wird vom Schriftgelehrten in zwei großen hymnischen Darstellungen am Schluss entfaltet bzw. illustriert: dem Preis der Ordnung und Wunder der Schöpfung in 42,15–43,33 folgt im sog. Väterlob 44–49.50 anhand von Gestalten der biblischen Geschichte die Feier der von Gott geschenkten Fundamente der Gemeinde Israels der Zeit Ben Siras: dies sind sieben an die Anfänge gestellte tragende Bundesschlüsse von Noach über die Erzväter zu Aaron, Pinhas und David. Bei aller Überzeugung von deren Realisierung in Gestalt und Liturgie des Hohepriesters (Kap. 50) bleibt das Buch offen für eine neue Zuwendung Gottes in der Geschichte, auch wenn der Weise, der die Grenzen des Menschseins akzeptiert, eschatologischem und apokalyptischem Wissen zurückhaltend gegenübersteht (vgl. 3,19–24).

3.3 Gottesfurcht – Wurzel und Praxis der Weisheit

Wurzel der Weisheit im konkreten Alltag, aber auch für das Wirken des Lehrers, ist die Gottesfurcht als umfassende Haltung persönlicher Hingabe des Menschen an Gott; diese prägt nach 38,34 das Bild des schriftgelehrten Weisen und wird in einer Reihe von Texten entfaltet, beginnend mit der programmatischen Gottesfurchtpädagogik 1,11–2,18. Gottesfurcht steht vor und über aller Erfüllung des Gesetzes (vgl. 32,16.22f; 33,1f); sie durchdringt alle menschlichen Beziehungen (vgl. 3,7; 6,15f; 7,29f; 10,19–24; 25,10; 26,3). Sie verleiht auch dem Geringsten seine Würde (10,19–24) und ermöglicht Freiheit von Furcht vor allem, was geringer ist als Gott (vgl. 34,16). Sie ist Vertrauen und Hingabe an den Herrn (2,6–18; 34,14–20) und führt durch Erprobung zu Läuterung und Reife. Ihr höchster Ausdruck ist das Gebet (vgl. 15,9f; 17,6–10; 39,5.14c–16.32–35; 43,27–33; 51,1–12), das als eigentliche Lehre des Weisen eine zentrale Rolle einnimmt; auch die Großen Israels (Kap. 44–49) illustrieren dies (z. B. David 47,5–10).

3.4 Relevanz

Der Johannesprolog über den Weg des Logos vom Ausgang aus Gott bis hin zum Zeltaufschlagen unter uns (Joh 1,1–14) mag ein erstes Zeugnis der *Wirkung* der großen Synthese vom Weg der Weisheit Sir 24 sein (vgl. 24,7f).

Neben der Hochschätzung der umfassenden Weisheit für den Alltag in der frühen Kirche ist Jesus Sirach ein bemerkenswertes Beispiel für die ökumenische »Brückenfunktion« → deuterokanonischer Schriften: Zitation und Überlieferung des hebräischen Textes erweisen das Buch als Zeugnis authentischer jüdischer Geistigkeit bis ins 12. Jh. Ähnlich überraschend und interessant ist die Beliebtheit des Buches im Luthertum des 16./17. Jh.s; dies bestätigen neben der raschen und weiten Verbreitung der Sirachübersetzung Luthers die Praxis eifriger, fortlaufender Sirachpredigten in den Kirchen der Reformation sowie die Verwendung in der Katechese bis zu Reimfassungen (»Syrachische Lieder«). Schönstes Zeugnis dafür sind zwei vom Luthertext zu Sir 50,24–26 (EÜ 50,22f) inspirierte Kirchenlieder: »Nun danket alle Gott« (*M. Rinckart*) und »Nun danket all und bringet Ehr« (*P. Gerhardt*).

Für das gegenwärtige Verständnis (*Hermeneutik*) vieler Einzelweisungen ist ihre Situierung in einer Stunde gesellschaftlicher und religiöser Umbrüche zu berücksichtigen. Jesus Sirach verbindet eine starke Verwurzelung in der Tradition, die Option für den Bestand unsicher gewordener politischer und religiöser Ordnungen, mit maßvoller Offenheit für Errungenschaften hellenistischer Kultur.

Nicht abgeschlossen ist die Diskussion über die Aussagen zum Umgang des Hausherrn mit Söhnen, Frau und Sklaven 30,1–13; 33,19–33, die innerhalb der patriarchalen Struktur der Zeit dessen Sorge um die Unabhängigkeit sowie die Verantwortung für Ehre und Anerkennung des Hauses spiegeln. Die Aussagen zur Behandlung von Sklaven bezeugen die Spannung zwischen zeitgenössischer Praxis der Sklavenhaltung und dem Ideal des befreienden Gottes Israels. Die provozierenden Texte über Frauen 9,1–9; 23,22–26; 25–26; 41,21f; 42,9–14 spiegeln gewiss männliche Befürchtungen, angesichts vordringender hellenistischer Lebensweise in einem sehr verwundbaren Bereich Kontrolle und Ehre zu verlieren. Für die Hermeneutik dürfte jedoch auch zu beachten sein, dass es nicht um bloße Beschreibungen guter und schlechter Ehefrauen, auch nicht um abschließende Lehren geht, sondern um Weisheitstexte, die zu eigener Reflexion und Entscheidung für weises oder törichtes Handeln anregen möchten. Schließlich begegnet 25,6.10 und 27,3 als zentraler Rahmen die Haltung der Furcht des Herrn, die 10,22–24 über alle sozialen Grenzen hinweg die Würde jedes Menschen begründet.

Andererseits durchschaut der Weise sehr wohl die *Ambivalenz* der damals mit *Macht* und *Reichtum* verbundenen Ehre: Reichtum ist nach 31,8–11 nicht Lohn, sondern Testfall für Rechtschaffenheit. Die Verantwortung für die Armen ist Gebot (29,8f); ein Almosen hat wie auch die Ehrung der Eltern (3,14f) kultische Wirkung; es sühnt Sünden (3,30) und wird als Opfer angerechnet (35,4f). Neben seiner kraftvollen, geradezu prophetischen Option für Recht und Gerechtigkeit in 34,21–27; 35,15–20 bleibt auch der Versuch einer allgemein gültigen Formulierung der *Tora* Israels als *Schöpfungsordnung* in 17,1–14 und Kap. 24 modellhaft bedeutsam, konkret etwa die Vermittlung zwischen Wissenschaft und Glauben von der Schöpfung her in der Arztperikope 38,1–15.

Jesus Sirach ist mehr als ein billiger Ratgeber für alle Lebenslagen. Grundlegend in allem Suchen nach dem rechten Verhalten bleibt die Gottesfurcht als Anfang (1,14), Wurzel (1,20) und Fülle (1,16) der Weisheit: »Das Ganze der Weisheit ist Furcht des Herrn, und in jeglicher Weisheit liegt Erfüllung des Gesetzes« (19,20). Schönste Erfüllung ist der Lobpreis.

F. Die Bücher der Prophetie

I. Eigenart und Bedeutung der Prophetie Israels

(Erich Zenger, Münster, bearb. von Christian Frevel, Bochum)

Literatur: B. Becking/H. Barstad (Hg.), Prophecy and Prophets in Stories (OTS 65) Leiden u. a. 2015; J. Blenkinsopp, Geschichte der Prophetie in Israel, Stuttgart 1998; J. Day (Hg.), Prophecy and Prophets in Ancient Israel (LHBOTS 531) New York 2010; A. Deissler, Dann wirst du Gott erkennen. Die Grundbotschaft der Propheten, Freiburg 1987; M. Dietrich u. a., Deutungen der Zukunft in Briefen, Orakeln und Omina (TUAT II/1) Gütersloh 1986; I. Fischer, Gotteskünderinnen. Zu einer geschlechterfairen Deutung der Prophetie in der Hebräischen Bibel, Stuttgart 2002; dies. u. a. (Hg.), Prophetie in Israel (ATM 11) Münster 2003; dies., Das Prophetieverständnis von Dtn 18 als kanonische Deutekategorie, in: I. Müllner/L. Schwienhorst-Schönberger (Hg.), Gottes Name(n) (HBS 71) Freiburg u. a. 2012, 151–168; J. Jeremias, Das Proprium der alttestamentlichen Prophetie: ThLZ 119, 1994, 483–494; ders., Art. Prophet/Prophetin/Prophetie II/AT: RGG[4] 6, 2003, 692–699; ders., Das Wesen der alttestamentlichen Prophetie: ThLZ 131, 2006, 3–14; ders., Das Rätsel der Schriftprophetie: ZAW 125, 2013, 93–117; K. Koch, Profetenbuchüberschriften, in: FS W. H. Schmidt, Neukirchen-Vluyn 2000, 165–186; R. G. Kratz, Die Propheten Israels, München 2003; ders., Das Rätsel der Schriftprophetie. Eine Replik: ZAW 124, 2013, 635–639; B. Lang, Wie wird man Prophet in Israel? Aufsätze, Düsseldorf 1980; H. Leene, Newness in Old Testament Prophecy (OTS 64) Leiden 2014; R. Lux/E. J. Waschke (Hg.), Die unwiderstehliche Wahrheit. Studien zur alttestamentlichen Prophetie. FS A. Meinhold, Leipzig 2006; M. Nissinen, Die Relevanz der neuassyrischen Prophetie für die alttestamentliche Forschung, in: FS K. Bergerhof (AOAT 232) Neukirchen-Vluyn 1993, 217–258 (Lit.!); ders., Biblical prophecy from a near eastern perspective. The cases of kingship and divine possession, in: A. Lemaire (Hg.), Congress Volume Ljubljana 2007 (VT.S 133) Leiden 2010, 441–468; ders. u. a. (Hg.), Prophets and prophecy in the ancient Near East (Writings from the Ancient World 12) Atlanta 2003; W. H. Schmidt, Zukunftsgewißheit und Gegenwartskritik (BThSt 64) Neukirchen-Vluyn 1973; O. H. Steck, Prophetische Prophetenauslegung, in: H. F. Geißer u. a. (Hg.), Wahrheit der Schrift – Wahrheit der Auslegung, Zürich 1992, 198–244; ders., Gott in der Zeit entdecken (BThSt 42) Neukirchen-Vluyn 2001; R. I. Thelle/T. Stordalen (Hg.), New Perspectives on Old Testament Prophecy and History (VT.S 168) Leiden u. a. 2015; M. Weippert, Prophetische Heilsworte im Alten Testament (FRLANT 145) Göttingen 1987; ders., Götterwort in Menschenmund. Studien zur Prophetie in Assyrien, Israel und Juda (FRLANT 252) Göttingen 2014; C. Westermann, Grundformen prophetischer Rede (BEvTh 24) München 1964; ders., Prophetische Heilsworte im Alten Testament (FRLANT 145) Göttingen 1987; H. W. Wolff, Prophet und Institution im Alten Testament, in: T. Rendtorff (Hg.), Charisma und Institution, Gütersloh 1985, 87–101.

1. Die Vielgestaltigkeit der Prophetie

1.1 Beobachtungen zur Terminologie

»In den abendländischen Sprachen hat das Wort ›Prophet‹ eine beklagenswerte Bedeutungsverengung erfahren. Man versteht darunter einen Menschen, der ›prophezeit‹, d. h. die Zukunft weissagt. Beigetragen hat zu dieser schiefen Sicht leider auch die christliche Verkündigung, welche die Hauptaufgabe der Propheten zumeist so umschrieb: Gott hat die Propheten zu Israel gesandt, um den Messias zu weissagen. Die Bibel selbst widerlegt diese Behauptung schon dadurch, daß sich bei den Propheten nur wenige messianische Texte finden, dagegen die Gotteszeugnisse die Hauptmasse ihrer schriftlichen Hinterlassenschaft darstellen. Der hebräische Ausdruck für Prophet (nabī) bedeutet nichts anderes als ›berufener Rufer‹, und dessen griechische Wiedergabe mit ›prophétes‹ meint ursprünglich den ›Sprecher der Gottheit vor dem Volk‹. Da man an den Orakelstätten (z. B. in Delphi) zumeist die Zukunft erfragte, gewann der Begriff ›Prophet‹ dann auch den Nebensinn ›Vorhersager‹. Aber ihn zum Hauptsinn zu machen, ist wider die biblische Textlage« (*A. Deissler*, Grundbotschaft 11).

Wenn unter dem Oberbegriff »Prophetie« die vielgestaltigen Auftritte von Frauen und Männern in Israel, die im Auftrag JHWHs dem König und dem ganzen Volk, aber auch einzelnen Gruppen und Einzelpersonen ein ihnen intuitiv gegebenes »Wort JHWHs« übermittelten, zusammengefasst werden, ist dies vom biblischen Sprachgebrauch her eine Vereinfachung. Sie ist freilich schon in der biblischen Überlieferung selbst grundgelegt, denn die »Bücher der Prophetie« sind in *zweifacher Hinsicht eine Auswahl* aus der Prophetie Israels:

(1) In diesen Büchern sind nur Worte der von uns »Schriftpropheten« genannten Gestalten und die Fortschreibung ihrer Worte erhalten. In historischer Hinsicht ist dies eine Begrenzung der Prophetie auf das Umfeld der beiden großen Existenzkrisen Israels, d. h. 2. Hälfte des 8. Jh.s (Untergang des Nordreichs 722 v. Chr.; massive Gefährdung des Südreichs und Jerusalems durch die assyrische Bedrohung) und 6. Jh. (Bedrohung und zweimalige Eroberung Jerusalems 597 bzw. 586 v. Chr., Exil, Neuanfang). Über das Wirken von »Propheten« *vor den Schriftpropheten* bieten zwar die »Bücher der Geschichte« unterschiedlich breite Erzählungen und Hinweise (z. B. Ri 4: Debora; 1/2 Sam: Samuel; 1 Kön 17–19.21; 2 Kön 1–2: Elija; 1 Kön 19,19–21; 2 Kön 2–8; 9,1–13; 13,14–21: Elischa; 2 Kön 22,14–20: Hulda), doch sind diese Texte meist nur wenig an den »Gottesworten« dieser Propheten interessiert oder sind eine so späte Überlieferung, dass man sie kaum als historische Quellen auswerten kann. Über die Schriftpropheten selbst geben die nach ihnen benannten Bücher nur ein sehr begrenztes historisches Bild, da diese Bücher nur eine Auswahl ihrer Worte und diese nur in vielfach bearbeiteter und (in ihrem Geist) fortgeschriebener Gestalt enthalten.

(2) Die Bücher der Prophetie und die der Geschichte lassen erkennen, dass es zeitgleich *neben den Schriftpropheten* in Israel andere »Propheten« gab, die ebenfalls beanspruchten, im Namen JHWHs zu reden. Ihre Anzahl und die Akzeptanz durch ihre Zeitgenossen waren zweifellos größer als die der Schriftpropheten. Sie waren im Wesentlichen »Heilspropheten«, d. h. sie dienten der religiösen Stabilisierung des Staates und verkündeten den rettenden Beistand JHWHs. Demgegenüber zeigen die Bücher der Prophetie die Schriftpropheten hauptsächlich als öffentliche Kritiker und als Ankündiger des Gerichts und des Untergangs. Da die Geschichte den Unheilspropheten und nicht den Heilspropheten Recht gab, wurden ihre Worte zum Kern der in den nach ihnen benannten Büchern gesammelten »kanonischen« Prophetie.

Die *Vielfalt der Wörter*, mit denen die Hebräische Bibel die »Propheten« vor und neben den »Schriftpropheten« bezeichnet, und die Tatsache, dass z. B. Amos die Bezeichnungen *nābī'* (der berufene Übermittler eines Gottesworts = Prophet) und *bæn-nābī'* (»Prophetensohn« = Mitglied einer Prophetengenossenschaft s. u.) ablehnte, aber gegen die ihm gegebene Bezeichnung *ḥozæh* (»Seher«) keinen Einspruch erhob, lassen noch die Vielgestaltigkeit der prophetischen Tätigkeiten in Israel durchscheinen; gerade in der vor und neben der Schriftprophetie bezeugten Prophetie ist Israel Teil seiner Umwelt (s. u.).

Eine alte Bezeichnung ist »Gottesmann« (Samuel; Elischa). Sie impliziert Wunderkraft, insbesondere das Charisma der Heilung (vgl. 2 Kön 5) und der Mantik (Gottesbefragung), und wird offensichtlich nur herausragenden Prophetengestalten der Frühzeit (Führungsfigur innerhalb einer Prophetengemeinschaft) gegeben. Die Bezeichnung fehlt in der Schriftprophetie; in Chr wird sie zum Ehrentitel für große Männer.

Ebenfalls in der Frühzeit belegte Titel sind *ro'æh* und *ḥozæh* (»Seher/Schauer«), mit denen der durch Vision und Audition ergehende Empfang des Gotteswortes herausgestellt wird; dieser Offenbarungsempfang ist bisweilen mit ekstatischen Erscheinungen verbunden. Als »Seher« gelten Samuel (1 Sam 9,9), Bileam (Num 24), Gad (2 Sam 24,11); vermutlich haben sich auch Amos (vgl. Am 1,1; 7,12; 9,1) und Jesaja (vgl. Jes 29,10; 30,10) als »Seher« verstanden.

Der Titel *nābīʾ* ist die am häufigsten verwendete Prophetenbezeichnung. Im Singular wird sie für herausragende Gestalten der Frühzeit (Mose, Mirjam, Debora, Samuel, Elija), für einflussreiche Hofpropheten (Natan, Gad) und für die jüngere Schriftprophetie (Jer, Hab, Ez, Hag, Sach) verwendet. Im Plural (*n^ebīʾīm*) werden damit positiv konnotiert ekstatische Prophetengruppen (um Samuel) und »Ordenspropheten« (um Elischa) sowie negativ konnotiert die Gegner der Schriftprophetie (vgl. u. a. 1 Kön 22; Sach 13,2; Klgl 2,15 und besonders die ca. 30mal auftretende Wortverbindung »Priester und Propheten«) und die Baals- und Ascherapropheten (1 Kön 18,19f) bezeichnet.

Daneben gibt es eine ganze Reihe unterschiedlicher Bezeichnungen für die »induktive Prophetie«, die mit Orakeltechniken (Beobachtungen und Ausdeutung der Gestirne und des Vogelflugs, Eingeweideschau, Ölwahrsagung, Traumdeutung u. ä.) arbeitet. Diese prophetische Divination (Wahrsagekunst), die in der Umwelt Israels weit verbreitet war und auch (mindestens) im vorexilischen Israel eine große Akzeptanz gehabt haben dürfte, geriet zunehmend unter das ihnen durch die Schriftprophetie zugesprochene Verdikt der »falschen Prophetie«, zumal sie mit der sich gegenüber der Umwelt immer stärker profilierenden JHWH-Theologie wenig zusammenpasste. So ist schon biblisch der Eindruck grundgelegt, dass sich Prophetie in und für Israel auf Formen der »intuitiven Prophetie« beschränkt, die auf einem direkten (und zugleich die Botschaft legitimierenden) Offenbarungsempfang beruht.

1.2 Zur Typologie und Soziologie der Propheten Israels

Beachtet man die sozialen und geschichtlichen Kontexte, in denen Israels vielgestaltige Prophetie wirkte, kann man – etwas vergröbernd – folgende Differenzierungen vornehmen:

1.21 Die Ordens- bzw. Genossenschaftspropheten

Sie heißen »Prophetensöhne/Prophetenjünger« (vgl. 1 Kön 20,35; 2 Kön 2,3.5.7.15; 4,1.38; 5,22; 6,1; 9,1; vgl. auch Am 7,14) und bilden Prophetengemeinschaften (»Prophetenkonvente«) um Samuel (vgl. 1 Sam 19,18–24), Elija (2 Kön 2,1–18) und Elischa (2 Kön 4). Sie suchen den Kontakt mit der Gottheit durch Ekstase (Musik und Tanz: vgl. 1 Sam 10,5f; 19,18ff; 2 Kön 3,15) und agieren als Heilpraktiker, Erteiler von Gottessprüchen, volkstümliche »Seelsorger«, Wundertäter, aber auch als politische Unruhestifter (vgl. 2 Kön 9). Sie leben als Bauern und Hirten, treffen sich jedoch zu ihren prophetischen »Sitzungen« bei ihrem Meister in der »Prophetenschule« (vgl. 2 Kön 4,38–41; 6,1–7).

1.22 Die Tempel- bzw. Kultpropheten

Ihre Hauptfunktion sind Fürbitte und Gotteszuspruch in kultischem Kontext. Sie haben eine (wie immer geartete) Verbindung zu den Heiligtümern, sie wirken aber auch außerhalb der Heiligtümer im Bereich der familiären Religion (»Krankengottesdienste«). In Jerusalem sind sie der Priesterschaft untergeordnet bzw. gehören zum staatlichen/königlichen Beamtenapparat. In der kritisch gemeinten Wortverbindung »Priester und Propheten« (Mi 3,11; Jes 28,7; Jer 2,8.26 u. ö.) sind meist sie gemeint. Die in 1 Sam 3 erzählte »Famulatur« des jungen Samuel bei Eli am Heiligtum von Schilo spiegelt die Erinnerung an die Art der Ausbildung zum Tempelpropheten wider (Warten auf ein Gotteswort bei der Inkubation, d. h. beim »Tempelschlaf«). In der Tradition der Tempelprophetie stehen die Schriftpropheten Habakuk, Nahum und Joël.

1.23 Die Hofpropheten

Sie stehen im Dienste des Königs und seiner Politik, insbesondere durch ihren Gottesspruch in kritischen Situationen wie Krieg und Katastrophen, aber auch bei staatsentscheidenden festlichen Vorgängen wie Inthronisation und Jubiläum eines Königs, Hochzeit des Thronfolgers, Vertragszeremonien. Von ihnen wird erwartet, dass sie den Frieden/das Heil (*šālōm*) sichern und Unheil abhalten (vgl. als klassisches Paradigma: 1 Kön 22). Nach dem Zeugnis der biblischen Tradition wirken auch Frauen als Hofprophetinnen (2 Kön 22,14: Hulda; Jes 8,3: Jesajas Frau; Neh 6,14: Noadja).

1.24 Die freien, oppositionellen Einzelpropheten

Sie sind zahlenmäßig gesehen die kleinste und zur Zeit ihres Wirkens die am wenigsten angesehene Gruppe. Wirkungsgeschichtlich sind sie die bedeutendste Gruppe. Mit Ausnahme von Hab, Nah und Joël gehören alle Schriftpropheten des Tanach/des Ersten Testaments zu dieser Gruppe. Ihre traditionsgeschichtliche Wurzel sind die »Seher« der Frühzeit. Zwar verbirgt sich ihre konkrete Biographie in den Büchern, die nach ihnen benannt sind. Auch wird heute mehr und mehr bezweifelt, dass es möglich ist, aus und in diesen Büchern »authentische« Worte dieser Propheten zu rekonstruieren. Dennoch haben die einzelnen Bücher jeweils ein derart spezifisches sprachliches und theologisches Profil, dass man mindestens ansatzweise die jeweilige prophetische »Gestalt« erahnen kann. Sie kommen aus unterschiedlichem soziologischen Milieu (Amos und Micha: Bauern; Jesaja: Weisheitslehrer an der Jerusalemer Akademie; Jeremia und Ezechiel: Söhne angesehener Jerusalemer Priesterfamilien mit der Aussicht auf eine gute priesterliche Karriere), aus dem sie durch ihre spezielle Berufungserfahrung, die allein ihre Legitimation ist, herausgerissen werden. »Sie treten auf, wo die Institutionen faulen. Als Außenseiter sind sie soziologisch meist eher *peripheren* als zentralen Kreisen zuzuordnen. Selbst Jesaja, der dem Hof nahe steht, sieht sich gehindert, ›den Weg dieses Volkes zu gehen‹ (Jes 8,11). Amos ist Ausländer in Bet-El und vertritt die Sache der Ärmsten in Israel. Hosea wird im Familienleben prophetisch geschult. Micha tritt aus dem Landstädtchen Moreschet gegen die Führungskräfte der Hauptstadt an. Jeremia lebt vereinsamt und wird sogar von seinen Nächsten verfolgt. Man kann die Geschichte der klassischen Prophetie insgesamt als die Historie eines Martyriums betrachten. Das Auftreten der großen Propheten muß man streng *okkasionell* nennen. Es ist in der Regel weder von einem Festkalender noch von anderen institutionellen Ordnungen bestimmt. Julius Wellhausen verglich es im Unterschied zum ›stetig fortlaufenden‹ Fluß priesterlicher Dienste mit ›einer intermittirenden Quelle‹, ›die aber wenn sie sich öffnet um so gewaltiger sprudelt‹. Die Anlässe können Eruptionen in Natur und Geschichte sein, vor allem Notstände. Aber als das eigentlich Erregende nennen die Propheten selbst das spontane Widerfahrnis des Wortes Jahwes. Wenn Gott nicht spricht, hat auch der Prophet nichts zu sagen. So ist die klassische Prophetie entscheidend bestimmt und begrenzt vom okkasionellen charismatischen Geschehnis des göttlichen Wortes. Es öffnet das prophetische Auge für gegenwärtige Mißstände, weckt klärende Erinnerung an frühere Vorgänge und schärft argumentativ theologisches Denken« (*H. W. Wolff*, Prophet und Institution 92f). Als öffentliche und die Öffentlichkeit suchende Kritiker beanspruchen sie in der Kraft der ihnen zuteil gewordenen Gottesworte eine über allen Institutionen und Einzelpersonen stehende Autorität, die als solche einen Anlass permanenter Provokation, Unruhe und Innovation darstellt. Als oppositionelle Einzelkämpfer sind sie zugleich permanentes

Opfer von Spott, Marginalisierung und Verfolgung. Die kanonische Akzeptanz erhielten sie alle im Nachhinein, als der Gang der Geschichte ihre Botschaft bestätigte und als die Wahrheit ihrer Gottesworte durch aktualisierende Fortschreibung auch für neue Situationen schriftlich festgehalten wurde: So wurden sie zu »Schriftpropheten«.

Aus den Prophetenbüchern lassen sich folgende Merkmale ihres Auftretens ausmachen:

(1) Spektakuläre Szenerie (Am 4,4f; 5,21–27; Jes 7; Jer 27–28);

(2) kräftige, schockierende und sogar obszöne Bilder (Ez 16; 23; Am 4,1–3; Mi 3,1–3; Jes 1,10–17; 30,15–17; Am 9,1–4);

(3) rhythmisch-poetische Sprache, kunstvolle Gedichte und Liedformen (Jes 5,1–7; Am 5,1f; Jes 14,4b–21; Zef 1,7.12f);

(4) Zeichenhandlungen, Rollenspiele, Pantomimen und Straßentheater (Jes 20,1–4; Jer 19; Ez 4);

(5) Einsatz von »Flugblättern«, »Plakaten« bzw. »Transparenten« und Briefen (Jes 7; Jer 36; Jes 8,1–4; Hab 2,1–5; Jer 39).

1.25 Die literarischen Propheten (»Tradenten-Propheten«)

Nach dem heutigen Stand der Prophetenforschung stammt kein einziges »Prophetenbuch« von dem Propheten selbst, dessen Namen es trägt. Welche Kreise die mündlich vorgetragenen Prophetenworte, die in der Regel kurze Einzelsprüche waren (s. u.), sammelten und zu übergreifenden Kompositionen zusammenstellten, ist schwer auszumachen. Einerseits gründeten die Einzelpropheten keine »Prophetenkonvente«. Nichts weist darauf hin, dass sie eine prophetische Bewegung im Dienst eines sozialen Reformprogramms initiieren wollten oder dass sie Koalitionen mit anderen Reformbewegungen suchten. Lediglich Jes 8,16 verweist nach Meinung mancher Exegeten auf die Existenz eines prophetischen Jüngerkreises des Jesaja, doch ist dieser Text selbst so rätselhaft (ist von JHWH-Jüngern die Rede?), dass er als Argument nicht trägt. So wird man die früher verbreitete Hypothese von prophetischen »Schülerkreisen« als Redaktoren und Editoren der Prophetenworte nur mit großem Vorbehalt als eine mögliche Erklärung der Entstehung von Prophetenbüchern akzeptieren können. Andererseits ist nicht zu übersehen, dass die einzelnen Prophetenbücher planvolle Kompositionen sind und teilweise, wie z. B. das Jesajabuch, eine jahrhundertelange Fortschreibung erfahren haben, die bestrebt war, die originalen, okkasionellen Prophetenworte als auch für spätere Generationen weiterhin lebendige und gültige »Worte Gottes« zu überliefern und zu aktualisieren. Man kann den Prozess »vom Prophetenwort zum Prophetenbuch« als aktualisierende Auslegung kennzeichnen, die folgende Etappen durchlaufen hat (im Anschluss an *O. H. Steck*, Prophetische Prophetenauslegung):

(1) Die Erstverschriftung prophetischer Einzelworte hatte nicht das Ziel, den ursprünglichen Auftritt des Propheten zu dokumentieren, sondern wollte die bleibende Gültigkeit der in einem Einzelwort konzentrierten prophetischen Botschaft festhalten. Deshalb ist es nicht verwunderlich, dass wir aus den Prophetenbüchern kaum einen Propheten »im Originalton« rekonstruieren können.

(2) »Das zunächst aufgezeichnete Originalgut wurde um weiteres originales oder nicht originales Sammelgut literarisch vermehrt, vor allem aber schon bald durch rezeptive Passagen erweitert, die all dieses aufgezeichnete, älteste Gut unter Aufnahme seiner Formulierungen für eine etwas jüngere Zeit applizieren – in diesem Fall keine integrierten Anonymprophetien und keine Einzelzusätze an Einzeltexte ..., sondern eine quantitative Verlängerung des zuerst Aufgezeichneten um neuformuliertes, aneignendes Textgut im unmittelbaren Anschluß zur Erweiterung derselben Schrift« (*O. H. Steck*, Prophetische Prophetenauslegung 209). Diese aktualisierende Fortschreibung der ursprünglichen Prophetie »im Geist und in der Sprache« des jeweiligen Propheten wird im Einzelfall unterschiedlich verlaufen sein (Teilkompositionen, Grundstruktur des

späteren Prophetenbuchs), immer aber ging es darum, die als »gültig« akzeptierten Prophetenworte den veränderten Zeitumständen entsprechend um- und fortzuschreiben.

(3) Die neuere redaktionsgeschichtliche Forschung an den Prophetenbüchern hat herausgearbeitet, dass die Endgestalt dieser Bücher durch Redaktionen zustande kam, die jeweils diese Bücher *als ganze* betrafen – und zwar immer mit dem Ziel einer »produktiv-rezeptiven Neugestaltung und Erweiterung der Prophetenbücher als Bücher! In den Prophetenbüchern heben sich nämlich auf verschiedenen, aufeinanderfolgenden Werdeebenen Texte jeweils gleichen Profils und Ursprungs heraus, die auf die Prophetenschrift im damaligen Umfang *als ganzer* gerichtet sind und sie als ganze (!) unter neuen Akzenten immer wieder aneignen wollen. Texte, die anders als verschriftete Einzellogien, aber auch Einzelzusätze angesichts der Merkmale literarischer Verweise, Querbezugnahmen, Positionierung im Ganzen, makrostruktureller Inklusionen der Stellung besonders am Beginn bzw. Ende des Buches offenbar von vornherein für den größeren Zusammenhang einer überlieferten Gesamtschrift geschaffen sind. Texte, die in diesem Ganzen als Leseanleitung und Perspektive fungieren, den gesamten Aussagebestand der Schrift, wie er überkommen ist, wieder mit anderen Augen zu sehen« (*O. H. Steck*, Prophetische Prophetenauslegung 209f).

Hinter dem Wachstumsprozess der Prophetenbücher steckt demnach die Vorstellung, dass ein einmal ergangenes Prophetenwort, gerade insofern es auf eine geschichtliche Situation bezogen war, dieser Geschichte *so* konstitutiv eingebunden bleibt, dass es die Geschichte weiterhin gestaltend und deutend begleiten will – und *deshalb* aktualisierend fortgeschrieben werden muss. Man kann diese anonymen Propheten, die über die Jahrhunderte hinweg die Botschaft der namentlich bekannten »Schriftpropheten« überlieferten, als *literarische Propheten* oder Tradenten-Propheten bezeichnen. Ihnen darf man keineswegs das prophetische Charisma absprechen, auch wenn sie uns als Einzelgestalten nicht greifbar werden. Vermutlich handelt es sich bei diesen Tradenten-Propheten ohnedies eher um prophetisch inspirierte, schriftgelehrte Gruppen als um Einzelgestalten. Eine Sondergestalt könnte der von der Forschung »Deuterojesaja« genannte Prophet sein, der sich einerseits in Sprache und Theologie am Propheten Jesaja des 8. Jh.s inspirierte und insofern Merkmale der Tradenten-Prophetie aufweist, der aber andererseits als profilierte Einzelfigur im babylonischen Exil (6. Jh.) auftrat und möglicherweise sogar von der babylonischen »Polizei« als Unruhestifter hingerichtet wurde (diese »historische« Deutung von »Deuterojesaja« ist freilich nicht unbestritten; s. u. F.II.).

Die auffallendsten Neuakzentuierungen, die die ursprüngliche Prophetie dabei erhielt, lassen sich an zwei Eigenheiten der Prophetenbücher erkennen:

(1) Die ursprünglich meist kurzen, situativen Prophetenworte wollen nun im größeren *literarischen* Kontext ausgelegt werden, in dem sie jetzt im Buchganzen stehen. Dies kann man einerseits als Entkonkretisierung bedauern, man kann es aber andererseits als nachträgliche Vertiefung und Universalisierung einer paradigmatischen Einzelsituation begreifen und hoch schätzen.

(2) Die meisten Prophetenbücher haben von ihrer Komposition her eine *heilseschatologische* Perspektive. Sie geben damit der z. T. ursprünglicheren Gerichtsprophetie eine heilseschatologische Bedeutung, sei es als Umkehrprophetie, sei es als Ankündigung des Heils, das sich im/durch das Gericht vollzieht. Die Dialektik Unheil – Heil wird in den meisten Prophetenbüchern sogar zum prägenden Schema der Komposition, wie sich besonders deutlich an den Büchern Mi und Ez ablesen lässt:

Michabuch

1,1–2,11	Gericht	3	Gericht	6,1–7,7	Gericht
2,12f	Heil	4–5	Heil	7,8–20	Heil

Ezechielbuch

1–24	Gerichtsworte gegen Jerusalem und Juda
25–32	Gerichtsworte gegen die Völker
33–39	Heilsworte für Israel
40–48	Vision vom neuen Israel (»Verfassungsentwurf«)

Zu den Besonderheiten der schriftgelehrten alttestamentlichen Prophetie gehört, dass sie das Ende des mündlichen Offenbarungsempfangs selbst reflektiert. »Vielmehr sind im Zuge der aktualisierenden, kommentierenden und ergänzenden Schriftprophetie auch *eigene Prophetenbücher* entstanden, die von vornherein für Leser (und Vorleser) gedacht waren. ...
Gegenüber solcher schriftgelehrten Prophetie, deren Hochschätzung mit jedem Vorgang der Neuauslegung stieg, hatte die weiterhin auftretende mündliche Prophetie auf Dauer keine Lebensberechtigung mehr. In Sach 13,2–6 wird sie nur noch als Gefahr gesehen, dass sie im Namen Gottes mehr und Anderes aussagen wolle als die überlieferte schriftliche Prophetie, und wird daher in einem Atem mit dem Götzendienst verurteilt« (*J. Jeremias*, Rätsel 115f).

2. Selbstverständnis und Anspruch der kanonischen Prophetie Israels

2.1 Grundformen der prophetischen Überlieferung

Die Prophetenbücher enthalten zum überwiegenden Teil Gottes- und Prophetenworte in direkter Rede. Daneben bieten sie im Erzählstil der 1. oder 3. Pers. Ausschnitte aus der (fiktiven) Biographie des Propheten (1. Pers. = Eigenbericht; 3. Pers. = Fremdbericht).

Die *erzählenden* Passagen stehen im Dienst der Wortverkündigung. Berufungs-, Visions- und Auditionsberichte dienen als Legitimationsausweis; sie finden sich meist am Anfang des Prophetenbuches oder einer Teilkomposition (z. B. Jes 6; Jer 1; Ez 1–3; Am 7–9; Ez 37). Die Erzählungen über provozierende Zeichenhandlungen sollen nicht nur die außerordentliche Bedeutung der prophetischen Botschaft unterstreichen, sondern heben hervor, dass der Prophet durch sein Wirken die von ihm verkündete Botschaft auch herbeiführt.

Die Grundform prophetischer *Rede* der vorexilischen Propheten, an der sich zugleich das Selbstverständnis der Propheten ablesen lässt, ist das *begründete Gerichtswort* bzw. die begründete Unheilsankündigung:

Mi 2,1–3

Wehe, die auf ihrem Lager Unheil planen und Böses ersinnen: Wenn es Tag wird, führen sie es aus, denn sie haben die Macht dazu. Sie wollen Felder und reißen sie an sich, sie wollen Häuser und bringen sie in ihren Besitz. Sie wenden Gewalt an gegen den Mann und sein Haus, gegen den Besitzer und sein Eigentum.	Scheltwort (in der Form des Weherufs = Totenklage) = anklagender Schuldaufweis Zeitbezug: Gegenwart Sprecher: der Prophet (= Prophetenwort)

Darum: So hat JHWH gesprochen:	Botenspruchformel
Seht, ich plane Unheil gegen diese Sippe, dass ihr eure Hälse nicht herausziehen und nicht mehr aufrecht gehen könnt. Ja, es ist eine Unheilszeit.	Drohwort = Unheilsankündigung = Strafansage Zeitbezug: Zukunft Sprecher: »Ich« JHWHs (= Gotteswort)

Das Spezifikum dieser Grundform prophetischer Rede liegt in zwei Eigenheiten:

(1) Mit der aus der altorientalischen Diplomaten- und Korrespondenzsprache stammenden *Botenspruchformel* (mit der Formel »So hat N. N. gesprochen/spricht N. N.« werden im Alten Orient amtliche Briefe eingeleitet; mit der Formel leiten »Boten/Botschafter« die Übermittlung eines ihnen gegebenen Wortauftrags ein, vgl. z. B. Gen 32,4–6) deuten die Propheten an, wie sie sich selbst verstehen: als Boten, Abgesandte JHWHs, die ein ihnen von JHWH selbst aufgetragenes Gotteswort öffentlich und quasi-amtlich bekannt zu geben haben.
(2) Die Botenspruchformel steht zwischen der Gegenwartskritik und der Zukunftsaussage. Da Letztere durch die Botenspruchformel ausdrücklich als Wort JHWHs gekennzeichnet ist, legt es sich nahe, die Gegenwartskritik als »Eigenleistung« des Propheten (sein ureigenes prophetisches Charisma) zu verstehen. Der Prophet liefert gewissermaßen die Begründung für die Wahrheit des Gotteswortes.

Aus dieser Grundform prophetischer Rede lassen sich folgende Elemente des *prophetischen Selbstverständnisses* ableiten:

(1) Der Prophet ist Überbringer bzw. Bote ihm zuteil gewordener konkreter Gottesworte, die er ungefragt und kompromisslos übermitteln muss.
(2) In der Inspiration und in der Kraft des ihm zugekommenen Gotteswortes hat der Prophet das Charisma der scharfen Gegenwartsanalyse bzw. der schonungslosen Gegenwartskritik.
(3) Der Prophet sucht die Öffentlichkeit für das ihm übermittelte Gotteswort. Seine Adressaten sind der König, die führenden Kreise von Staat und Gesellschaft, die Priester am Jerusalemer Tempel, aber auch das ganze Volk.
(4) Der Prophet ist von seinem Grundimpetus her Kritiker, Visionär und »Protestant«, dessen einzige Legitimation seine Gottunmittelbarkeit ist. Als »Protestant« ist er (bzw. das nach ihm benannte Buch) die notwendige Gegeninstanz zum Amt und zur Institution.

2.2 »Wahre« und »falsche« Prophetie

Prophetie, die aktuell, konkret und kompromisslos Worte JHWHs übermittelt und daraus die Legitimation sogar zur Kritik an allem, was als heilig und richtig gilt, ableitet, erhebt einen Anspruch, der nur in der Kraft der Botschaft selbst liegt. Dabei zeigt sich in der Geschichte Israels, dass die »Schriftpropheten« häufig in Gegensatz zu »den Propheten« traten, die als prophetische Institution am Tempel oder am Hof ebenfalls für sich beanspruchten, ihnen zuteil gewordene »Gottesworte« empfangen zu haben (vgl. z. B. Ez 13,7; 22,28). Die Verfasser und Redaktoren der Prophetenbücher haben dieses Grundproblem der Prophetie überhaupt unter dem Stichwort »falsche Propheten/Lügenpropheten« vielfach reflektiert und geradezu eine Kriteriologie der »wahren« Prophetie entwickelt, die sie besonders in Darstellungen von Prophetenkonflikten zusammengefasst haben. Sie nennen fünf *Kriterien* der »wahren« Prophetie:

(1) keine Stabilisierung der Heilsgewissheit, sondern kritische, provozierende Rede (vgl. Mi 2,11; Am 7,10);

(2) keine Spur von Selbstsicherheit und Arroganz im Auftreten (vgl. Jer 27f; Num 12,3);

(3) wahre Propheten »leben« nicht von ihrer Prophetie und sind deshalb unabhängig und frei (vgl. Mi 3,5; Am 7,10–17);

(4) Korrespondenz zwischen Botschaft und Lebensweise des Propheten (vgl. Jer 23,14);

(5) der Prophet sucht nicht seine prophetische Tätigkeit, sondern ist »berufener Rufer« – oft gegen seinen eigenen Willen (vgl. das Zurückschaudern in den Berufungsberichten Jes 6; Jer 1; Ex 1–3 sowie die sog. Konfessionen des Jeremia Jer 15,10–21; 20,7–18).

Über die in den Prophetentexten selbst reflektierten Kriterien zur Unterscheidung von »wahrer« und »falscher« Prophetie spielt die Konformität mit der Tora als Kriterium eine in der Schriftprophetie zunehmende Rolle. Da zudem Gott die Geschicke des Volkes lenkt und er durch die Propheten spricht, kann »wahrer« Prophet nur der sein, dessen Botschaft sich bewahrheitet. Die Gerichtspropheten werden so durch die katastrophale Geschichtserfahrung legitimiert. Am deutlichsten sind die beiden letztgenannten Kriterien im sog. Prophetengesetz Dtn 18,15–22. Dort wird »wahre« Prophetie dem Offenbarungsempfang durch JHWH zugeordnet und »induktive« Prophetie (Dtn 18,10–11) grundsätzlich als falsche Prophetie anderen Völkern und anderen Göttern zugewiesen. Der »wahre« Prophet hingegen steht in der *successio mosaica*, der legitimen Nachfolge des Mose. »Zumindest die späteren Schichten, die in den Büchern der Propheten nachzuweisen sind, verstehen Prophetie als Auslegung und Aktualisierung der Mosetora und sind damit theologisch den sogenannten ›Prophetenerzählungen‹ des historischen Kanonteils an die Seite zu stellen« (*I. Fischer*, Gotteskünderinnen 29).

2.3 Israels Prophetie im Vergleich mit der Prophetie der Umwelt

Schon die Hebräische Bibel selbst verweist auf Prophetie außerhalb Israels. Num 22–24 erzählt vom ostjordanischen »Seher« Bileam, den wir nun auch aus den in *Tell Dēr ʿAllā* gefundenen Wandinschriften (9. oder 8. Jh. v. Chr.) kennen. Elija kämpft auf dem Karmel gegen 450 Baalspropheten und 400 Ascherapropheten (1 Kön 18,18f) und Jeremia setzt sich anlässlich von Verhandlungen ausländischer Regierungsdelegationen in Jerusalem mit deren prophetischen Begleitern auseinander (vgl. Jer 27,9).

Dass es in der Umwelt Israels Prophetie, vergleichbar der Israels, gab, ist durch zahlreiche Textfunde bezeugt. Allerdings wird man eine Reihe von Texten, die von der Forschung als »Prophetie« bezeichnet und bisweilen zum Vergleich mit Israels Prophetie herangezogen werden, nicht als solche betrachten dürfen. Es handelt sich dabei um die folgenden ägyptischen (1–3) und babylonischen (4–8) Texte: (1) Mahnworte des Ipuwer (englischer Titel: »Admonitions of an Egyptian Sage«); (2) Weissagung des Neferti; (3) Demotische Chronik; (4) Prophetische Rede

Marduks; (5) Šulgi-Prophetie; (6) Assur-Text KAR 421; (7) Prophetische Tontafel aus Uruk; (8) Dynastische Prophezeiungen aus der Seleukidenzeit (vgl. dazu die Angaben bei *M. Weippert*, Aspekte israelitischer Prophetie). Alle diese Texte sind *vaticinia ex eventu*, d. h. sie legitimieren ihre Gegenwartsbeschreibung dadurch, dass sie diese als Erfüllung eines früher ergangenen Gotteswortes darstellen. Aber »keiner dieser Texte wird auf ein Offenbarungserlebnis seines Verfassers zurückgeführt ... und nirgends ist die Rede vom Auftrag einer Gottheit, die Kunde von der Zukunft einem bestimmten Adressaten oder Publikum zu übermitteln ... Ein Adressat oder Auditorium wird, abgesehen von der ›Prophetischen Rede Marduks‹ (wo es sich um Götter handelt) auch gar nicht direkt angesprochen, wenngleich die Texte natürlich Leser voraussetzen (welcher Text täte das nicht)« (*M. Weippert*, Aspekte israelitischer Prophetie 294).

Die Kriterien der Prophetie (intuitiver Empfang eines Gotteswortes verbunden mit dem Auftrag der Gottheit, dieses Gotteswort zu übermitteln) werden hingegen in folgenden Texten bzw. Texthinweisen erfüllt (vgl. die Angaben bei *M. Weippert*, Aspekte israelitischer Prophetie sowie *M. Nissinen*, Relevanz der neuassyrischen Prophetie):

(1) Ca. 30 altbabylonische Briefe aus Mari am mittleren Eufrat (18./17. Jh. v. Chr.) berichten davon, dass männliche und weibliche Propheten die ihnen in einem Offenbarungserlebnis (Traumgesicht, Ekstase, Vision, Audition) zuteil gewordenen Gottesworte (»Gottesbescheide«) meist dem König im Auftrag der Gottheit mitteilen ließen. In der Regel handelt es sich um »Heilsprophetie« (Zusage göttlichen Beistands bei der Regierung und im Kampf gegen die Feinde). Kritische »Gottesbotschaften« tadeln kultische Nachlässigkeit gegenüber den Göttern. Gesellschaftskritik im Stil der »Schriftpropheten« Israels fehlt.

(2) Orakel der Göttin Kititum, einer lokalen Manifestation der Ištar, an den König Ibalpiel II. von Ešnunna (18. Jh. v. Chr.).

(3) In einem hethitischen Pestgebet Muršilis II. (14. Jh. v. Chr.) und in einem Gebet des Königs an die Sonnengöttin Arinna (14. Jh. v. Chr.) finden sich Hinweise auf Worte der Gottheiten, die diese in einem Offenbarungserlebnis einem »Propheten« mitteilten bzw. mitteilen sollten.

(4) Der Reisebericht des Ägypters Wen-Amun (11. Jh. v. Chr.) erzählt davon, dass in Byblos während eines Opfergottesdienstes ein junger Mann von der Gottheit »ergriffen« und eines Gotteswortes teilhaftig geworden sei, das den König von Byblos aufforderte, Wen-Amun, der im Hafen von Byblos wartete, zu empfangen.

(5) Die im ostjordanischen *Tell Dēr ʿAllā* gefundenen Wandinschriften bezeugen den Gotteswort-Empfang durch »Schauung« des auch in Num 22–24 erwähnten Bileam.

(6) Auf einer Steleninschrift berichtet der syrische König Zakkur von Hamat, dass er auf sein Gebet hin von seinem Gott »durch Seher« die Zusage der Erhörung und des göttlichen Beistandes erhalten habe.

(7) Aus der Regierungszeit Asarhaddons (681–669 v. Chr.) und Assurbanipals (669–629/7 v. Chr.) stammen ca. 30 auf Tontafeln geschriebene prophetische Orakel (»neuassyrische Prophetien«), die von männlichen und weiblichen Propheten stammen, welche teils als Tempelfunktionäre arbeiteten, teils profane Berufe (»Laien«) hatten. »Die Texte weisen einige gemeinsame Charakteristika auf, durch die sie sich von der übrigen Omen- und Orakelliteratur unterscheiden. Erstens sind sie alle direkte Gottesrede an eine Einzelperson oder an ein breiteres Publikum, übermittelt von einer meist namentlich genannten Persönlichkeit. Zudem weisen alle Texte mehr oder weniger eindeutig auf geschichtliche Ereignisse hin. Zweitens sind sie mit keiner induktiven Methode wie etwa der Opferschau oder der Astrologie verbunden, sondern verstehen sich ausschließlich als unmittelbarer, nicht-technischer Gottesbescheid« (*M. Nissinen,* Relevanz der neuassyrischen Prophetie 220). Wie die Mariprophetie ist auch die neuassyrische Prophetie »Heilsprophetie« zugunsten des Königs, um dessen Wohlergehen die Götter besorgt sind und dem sie langes Leben und Fortbestand

seiner Dynastie zusagen. Wie in Mari gibt es auch prophetischen Tadel für kultische Nachlässigkeit.

Der vergleichende Blick auf die altorientalische und israelitische Prophetie zeigt ein Dreifaches:

(1) Die Gemeinsamkeiten zwischen der skizzierten Prophetie der Umwelt und der Hof- und Tempelprophetie Israels sind unübersehbar. Die altorientalischen Texte bieten die Möglichkeit, die in der Hebräischen Bibel nur nebenbei oder polemisch erwähnte »Heilsprophetie« historisch angemessener zu würdigen.

(2) Vor dem Hintergrund der altorientalischen Prophetie erhalten die oppositionellen Einzelpropheten Israels ein noch schärferes Profil. Vergleichbare radikale Konflikte zwischen Propheten und König bzw. Staat gibt es in altorientalischen Texten bislang nicht. In den wenigen Fällen, in denen dort Kritik geäußert wird, bezieht diese sich auf den Kult, aber nicht auf gesellschaftliche und ethische Fragestellungen. Ebenso fehlt die massive Gerichtsansage, die das Proprium der vorexilischen (Schrift-)Propheten Israels ist. Dass den altorientalischen Propheten das Schicksal *des Volkes* am Herzen lag, wie dies in Israel der Fall war, ist nirgends zu erkennen.

(3) Zwar wurden altorientalische Prophetensprüche gesammelt und archiviert, aber sie wurden nicht zum Ausgangspunkt einer auch nur ansatzweise vergleichbaren Traditionsbildung, wie sie in der »prophetischen Prophetenauslegung« der Prophetenbücher Israels (s. o.) vorliegt. »Weder Mari noch Ninive noch Deir ʿAlla bieten – bei aller Vergleichbarkeit in formalen und inhaltlichen Einzelheiten – eine hinreichende Erklärung für das ›Rätsel der Schriftprophetie‹« (R. G. Kratz, Rätsel 638).

3. Die Bedeutung der Prophetie

Das Geheimnis der biblischen Propheten lässt sich auf folgenden Punkt bringen: Ihre unaufhaltsame Wirkmächtigkeit lag und liegt weder in ihrer Person noch in der provozierenden Art ihres Auftretens, sondern in der Wirkmächtigkeit ihrer Botschaft als einer Gottes-Botschaft. In ihnen und durch sie kam und kommt Gott selbst zur Sprache – und zwar als einer, der sich konkret in die menschliche Welt einmischt, mehr noch: als einer, der sein Gott-Sein an die konkrete Welt- und Menschheitsgeschichte gebunden hat. Die biblischen Propheten und ihre Wirkungsgeschichte sind Instrumente seines Wirkens in der Geschichte. Mit den Propheten und durch sie hat der biblische Gott nicht nur einmal geredet oder gar nur so, dass mit ihrem Tod ihre Botschaft überholt oder ungültig geworden sei. Im Gegenteil, das Proprium der biblischen Prophetie besteht darin, dass das prophetische Wort einerseits ungeheuer konkret in eine einmalige Zeitkonstellation gesprochen ist, aber dass dieses Wort andererseits in diesem konkreten Zeitbezug nicht aufging, sondern so paradigmatisch war, dass es auch bzw. gerade für weitere Zeitläufe erneute, ja sogar neue Aktualität erhielt. Diese erneute Aktualität erhielt das prophetische Wort gerade und erst dadurch, dass es verschriftet wurde. Die bleibende Aktualität der biblischen Prophetie ergibt und erschließt sich erst und nur aus den Schriften, die die Propheten ausgelöst haben und die wir deshalb die »Schriftpropheten« nennen. Das ist die vielleicht wichtigste Erkenntnis der neueren Prophetenforschung. Während die Forschung der letzten anderthalb Jahrhunderte ihre ganze Kraft darauf verwendete, die historische Gestalt der Propheten und ihre authentischen Worte zu rekonstruieren, wissen wir heute, dass dies nicht nur nicht möglich, sondern auch, zumindest in theologischer Hinsicht, nicht nötig ist. Denn das Spezifikum der biblischen Prophetie im Vergleich mit der altorientalischen Prophetie besteht nicht in erster Linie in ihrem historischen Auftreten, sondern in den Büchern, die über sie und über ihre Botschaft reflektiert sowie die bleibende Aktualität ihrer Botschaft immer neu formuliert haben.

Diese Bücher halten fest und stellen ausdrücklich dar, was die Essentials der biblischen Prophetie waren bzw. sind – auch und gerade für die Zeit nach diesen Propheten. Deshalb wurden die okkasionellen Worte der Propheten von ihren Schülern schriftlich festgehalten, zu einem theologischen Gesamtentwurf zusammengestellt und auch nach dem Tod des Propheten, ja sogar über Jahrhunderte hinweg, bearbeitet und aktualisiert, weil diese Schülerkreise bzw. Tradenten der Meinung waren, dass diese *einmal* verkündeten prophetischen Gottesworte auch weiterhin wichtig und gültig seien.

Mit *J. Jeremias* lässt sich die Bedeutung der »Schriftprophetie« so zusammenfassen: Das eigentliche »Rätsel der biblischen Prophetenworte ... besteht darin, daß diese Worte stets beides zugleich sind: Worte einer ganz bestimmten einmaligen geschichtlichen Stunde, in der unverwechselbare Menschen – ob sie nun Amos, Hosea, Jesaja hießen – zu unverwechselbaren Adressaten gesandt wurden, um ihnen Gottes Wort für diese eine Stunde zu sagen – und zugleich Worte, die keineswegs in dieser einen Stunde aufgingen, sondern nach Meinung der Schüler Bedeutung weit über diese geschichtliche Stunde hinaus besaßen für spätere Generationen. ... Dieses Doppelgesicht macht das Geheimnis der biblischen Prophetenworte aus. Auf der einen Seite liegt auf der historischen Stunde, auf die sich ein Prophetenwort bezieht, hohes Gewicht ... Alles liegt daran, daß das Prophetenwort in diese unverwechselbare geschichtliche Stunde hinein gesprochen wird. Aber andererseits gilt ebenso, daß das Prophetenwort weit über diese Stunde hinausreicht. Dazu wird es aufgeschrieben. Weil es Wort des lebendigen Gottes ist, geben es die Schüler weiter an Menschen in anderen geschichtlichen Lagen und in andersartigen Konflikten. Mit dieser Weitergabe wächst der Anspruch des Prophetenwortes. War das mündliche Wort eines Propheten an eine begrenzte Gruppe von Menschen gerichtet, z. B. an eine Berufsgruppe wie Bauern, Richter oder Priester, so erhebt das schriftlich weitergegebene Wort den Anspruch, auch für Leser außerhalb dieser Berufsgruppe zuständig zu sein. Hatte das mündliche Wort eines Propheten eine ganz bestimmte Schuld beim Namen genannt und angeklagt, so erhebt das schriftlich tradierte Wort den Anspruch, auch für Vergehen ganz anderer Art in einer zukünftigen Generation gültig zu sein. Hatte das mündliche Prophetenwort Hilfe in einer ganz bestimmten und einmaligen Not zugesagt, so erhebt das schriftliche Prophetenwort den Anspruch, auch für Nöte ganz anderer Art, die später lebende Menschen erfahren, mit zu gelten. Die Ursprungssituation des mündlichen Wortes erhält durch die Schriftlichkeit Modellcharakter und vermittelt grundsätzlich Erkenntnisse über Gottes Handeln an Israel, die auf neue geschichtliche Stunden übertragbar sind. Dazu muß das Prophetenwort allerdings in eine neue Zeit hinein ›übersetzt‹ werden; es muß für neue Umstände aktualisiert werden. Es muß mit ihm sozusagen das gleiche geschehen, was wir mit ihm heute in der Predigt und im Unterricht tun. Die kritische Wissenschaft hat seit vielen Jahrzehnten, ja seit über zwei Jahrhunderten Spuren dieses Aktualisierungsprozesses aufgedeckt. Aber erst in neuerer Zeit hat sie die Spuren recht zu würdigen vermocht« (*J. Jeremias*, Das Proprium 492).

Die »Schriftpropheten« sind sowohl Gegenwartskritiker als auch Zukunftsansager. *Als*

Visionäre der bereits hereinbrechenden katastrophischen Zukunft (vorexilische Epoche) oder der von Gott beschlossenen heilvollen Zukunft (exilische und nachexilische Epoche) *sind sie Kritiker* der in ihren (und Gottes) Augen verfehlten Gegenwart – und wollen so ihren gegenwärtigen und künftigen Zeitgenossen die Botschaft vom unaufhaltsamen Kommen des Gottesreiches nahe bringen. Als Kritiker decken sie auf, wo und warum Israel sich von seiner Sendung entfernt hat. Als Visionäre verkünden sie (bzw. die nach ihnen benannten Bücher in ihrer heilseschatologisch ausgezogenen Endgestalt) eine zukünftige, die bisherige Realität überholende neue Welt. Beide Male stellen sie den *status quo* in Frage. Als Kritiker konfrontieren sie meist die Gegenwart mit der Geschichte, insbesondere als Abkehr von dieser Anfangsgeschichte und als Verweigerung der mit dieser Geschichte gesetzten Möglichkeiten. Als Visionäre bekämpfen sie den Irrglauben, alles werde oder müsse so bleiben, wie es ist. Als Visionäre schauen sie das hereinbrechende Gericht als Folge gegenwärtiger Schuld *und* als Eröffnung neuen Heils. In dieser Dialektik von Gericht und Heil bzw. strafender und rettender Gerechtigkeit Gottes entwerfen die Prophetenbücher jene Gottesträume von einer Zukunft, die allem Augenschein zum Trotz die Geschichte vollenden wird. Damit relativieren sie die Macht der Mächtigen und die Ohnmacht der Ohmächtigen. Die Propheten sind mit ihrem Charisma der Gottunmittelbarkeit das unkalkulierbare Einfallstor der Transzendenz Gottes. Sie waren und sind die notwendige Provokation Gottes in allen Bereichen des gesellschaftlichen und religiösen Lebens.

II. Das Buch Jesaja

(Hans-Winfried Jüngling, Frankfurt/Sankt Georgen)

Kommentare: B. Duhm (HKAT) 1892; [4]1922; [5]1968; H. Wildberger (BK) 1965/1972–1982 (1–39); C. Westermann (ATD) 1966 (40–66); K. Elliger (BK) 1978 (40,1–45,7); O. Kaiser (ATD) I 1981, II 1973 (1–39); R. Kilian (NEB) I 1986, II 1994 (1–39); J. N. Oswalt (NIC) I 1986, II 1998; J. D. W. Watts (WBC) I 1986, II 2005; H.-J. Hermisson (BK) 1987/1991/2003/2008/2010 (45,8–52,12); P. Höffken (NSK) 1993/1998; M. A. Sweeney (FOTL XVI) 1996 (1–39); K. Baltzer (KAT) 1999 (40–55); J. Blenkinsopp (AB) 2000/2002/2003; B. S. Childs (OTL) 2001; B. Zapff (NEB) 2001/2006 (40–66); W. A. M. Beuken (HThKAT) 2003/2007/2010 (1–39); J. E. Goldingay/D. Payne (ICC) 2006 (40–55); H. G. M. Williamson (ICC) I 2006 (1–27); U. Berges (HThKAT) 2008 (40–48); U. Berges (HThKAT) 2015 (49–54).

Forschungsüberblicke: U. Becker, Jesajaforschung (Jes 1–39): ThR 64, 1999, 1–37.117–152; H. Haag, Der Gottesknecht bei Deuterojesaja (EdF 233) Darmstadt 1985; Ch. Hardmeier, Jesajaforschung im Umbruch: VF 31, 1986, 3–31; R. Kilian, Jesaja 1–39 (EdF 200) Darmstadt 1983; M. A. Sweeney, The Book of Isaiah in Recent Research: Currents in Research: Biblical Studies 1, 1993, 141–162.

Einzelstudien zum Jesajabuch: J. Becker, Isaias – der Prophet und sein Buch (SBS 30) Stuttgart 1968; U. Berges, Das Buch Jesaja (HBS 16) Freiburg 1998; C. C. Broyles/C. A. Evans, Writing and Reading the Scroll of Isaiah (VT. S 70 1–2) Leiden 1997; D. Carr, Reaching for Unity in Isaiah: JSOT 57, 1993, 61–80; M. J. de Jong, Isaiah among the Ancient Near Eastern Prophets (VT. S 117) 2007; B. Hrobon, Ethical Dimension of Cult in the Book of Isaiah (BZAW 418) Berlin 2010; Z. Kustar, »Durch seine Wunden sind wir geheilt« (BWANT 154) Stuttgart 2002; A. Laato, »About Zion I will Not Be Silent« (CB.OT 44) Stockholm 1998; R. Lack, La symbolique du livre d'Isaie. Essai sur l'image littéraire comme élément de structuration (AnBib 59) Rom 1973; M. Maier, Völkerwallfahrt im Jesajabuch (BZAW 474) Berlin u. a. 2015; R. F. Melugin/M. A. Sweeney (Hg.), New Visions of Isaiah (JSOT.S 214) Sheffield 1996; R. H. O'Connell, Concentricity and Continuity (JSOT.S 188) Sheffield 1994; R. Rendtorff, Zur Komposition des Buches Jesaja: VT 34, 1984, 295–320; ders., Jesaja 6 im Rahmen der Komposition des Jesajabuches, in: J. Vermeylen (Hg.), The Book of Isaiah (BEThL 51) Leuven 1989,73–82; C. R. Seitz, How is the Prophet Isaiah present in the latter Half of the Book?: JBL 115, 1996, 219–240; O. H. Steck, Bereitete Heimkehr (SBS 121) Stuttgart 1985; ders., Die Prophetenbücher und ihr theologisches Zeugnis, Tübingen 1996; M. A. Sweeney, Isaiah 1–4 and the Post-Exilic Understanding of the Isaianic Tradition (BZAW 171) Berlin 1988; A. J. Tomasini, Isaiah 1.1–2.4 and 63–64, and the composition of the Isaianic Corpus: JSOT 57, 1993, 81–98; J. van Ruiten/M. Vervenne (Hg.), Studies in the Book of Isaiah. FS W. A. M. Beuken (BEThL 132) Leuven 1997; J. Vermeylen (Hg.), The Book of Isaiah (BEThL 81) Leuven 1989; H. G. M. Williamson, The Book Called Isaiah, Oxford 1994.

Einzelstudien zu Jes 1–39: O. Bäckersten, Isaiah's Political Message (FAT 2/29) Tübingen 2008; H. Barth, Die Jesaja-Worte in der Josiazeit. Israel und Assur als Thema einer produktiven Neuinterpretation der Jesajaüberlieferung (WMANT 48) Neukirchen-Vluyn 1977; J. Barthel, Prophetenwort und Geschichte (FAT 19) Tübingen 1997; U. Becker, Jesaja – von der Botschaft zum Buch (FRLANT 178) Göttingen 1997; E. Blum, Jesajas prophetisches Testament. Beobachtungen zu Jes 1–11: ZAW 108, 1996, 547–568 (Teil I); ZAW 109, 1997, 12–29 (Teil II);

E. Bosshard-Nepustil, Rezeptionen von Jesaja 1–39 im Zwölfprophetenbuch (OBO 154) Freiburg/Göttingen 1997; F. J. Conçalves, L'expédition de Senachérib en Palestine dans la littérature hébraique ancienne (EB. NS. 7) Paris 1986; S. Deck, Die Gerichtsbotschaft Jesajas: Charakter und Begründung (FzB 67) Würzburg 1991; J. Eck, Jesaja 1. Eine Exegese der Eröffnung des Jesaja-Buchs (BZAW 473) Berlin u. a. 2015; Y. Gitay, Isaiah and his Audience. The structure and meaning of Isaiah 1–12 (SSN 30) Assen 1991; Ch. Hardmeier, Prophetie im Streit vor dem Untergang Judas (BZAW 187) Berlin 1990; J. T. Hibbard, Intertextuality in Isaiah 24–27 (FAT 2/16) Tübingen 2006; S. A. Nitsche, Jesaja 24–27: ein dramatischer Text (BWANT 166) Stuttgart 2006; H.-M. Pfaff, Die Entwicklung des Restgedankens in Jesaja 1–39, Frankfurt 1996; C. R. Seitz, Zion's final Destiny: the Development of the Book of Isaiah: A Reassessment of Isaiah 36–39, Minneapolis 1991; T. Uhlig, The Theme of Hardening in the Book of Isaiah (FAT 2/39), Tübingen 2009; P. D. Wegner, An Examination of Kingship and Messianic Expectation in Isaiah 1–35, Lewiston 1992; J. Werlitz, Studien zur literarkritischen Methode. Gericht und Heil in Jesaja 7,1–17 und 29,1–8 (BZAW 204) Berlin 1992; A. van Wieringen, The Implied Reader in Isaiah 6–12 (BibIntS 34) Leiden 1998; T. Wagner, Gottes Herrschaft. Eine Analyse der Denkschrift (VT. S 108) Leiden 2006; B. Zapff, Schriftgelehrte Prophetie. Jes 13 und die Komposition des Jesajabuches (FzB 74) Würzburg 1995.

Einzelstudien zu Jes 40–55: K. Budde, Die sogenannten Ebed-Jahwe-Lieder und die Bedeutung des Knechtes Jahwes in Jes. 40–55. Ein Minoritätsvotum, Gießen 1900; C. Ehring, Die Rückkehr JHWHs (WMANT 116) Neukirchen-Vluyn 2007; B. Janowski/P. Stuhlmacher (Hg.), Der leidende Gottesknecht (FAT 14) Tübingen 1996; M. C. A. Korpel/J. C. de Moor, The Structure of Classical Hebrew Poetry: Isaiah 40–55 (OTS XLVI) Leiden 1998; R. G. Kratz, Kyros im Deuterojesaja-Buch (FAT 1) Tübingen 1991; A. Laato, The Servant of YHWH and Cyrus. A Reinterpretation of the Exilic Messianic Programme in Isaiah 40–55 (CB.OT 35) Stockholm 1992; A. Labahn, Wort Gottes und Schuld Israels (BWANT 143) Stuttgart 1999; H. Loland, Silent or Salient Gender (FAT 2/32) Tübingen 2008; O. Lund, Way Metaphors and Way Topics in Isaiah 40–55 (FAT 2/38) Tübingen 2007; F. Matheus, Singt dem Herrn ein neues Lied. Die Hymnen Deuterojesajas (SBS 141) Stuttgart 1990; T. N. D. Mettinger, A Farewell To The Servant Songs. A critical examination of an exegetical axiom, Lund 1983; J. van Oorschot, Von Babel zum Zion (BZAW 206) Berlin 1993; B. Scheuer, The return of YHWH (BZAW 377) Berlin 2008; O. H. Steck, Gottesknecht und Zion (FAT 4) Tübingen 1992; ders., Der Gottesknecht als »Bund« und »Licht«: ZThK 90, 1993, 117–134; J. Werlitz, Vom Knecht der Lieder zum Knecht des Buches: ZAW 109, 1997, 30–43.

Einzelstudien zu Jes 56–66: I. Fischer, Wo ist Jahwe? Das Volksklagelied Jes 63,7–64,11 als Ausdruck des Ringens um eine gebrochene Beziehung (SBB 19) Stuttgart 1989; J. Goldenstein, Das Gebet des Gottesknechtes. Jesaja 63,7–64,11 im Jesajabuch (WMANT 92) Neukirchen-Vluyn 2001; I. J. de Hulster, Iconographic Exegesis and Third Isaiah (FAT 2/36), Tübingen 2009; K. Koenen, Ethik und Eschatologie im Tritojesajabuch (WMANT 62) Neukirchen-Vluyn 1990; W. Lau, Schriftgelehrte Prophetie in Jes 56–66. Eine Untersuchung zu den literarischen Bezügen in den letzten elf Kapiteln des Jesajabuches (BZAW 225) Berlin 1994; G. Polan, In the ways of justice toward salvation, New York 1986; L. Ruszkowski, Volk und Gemeinde im Wandel (FRLANT 191) Göttingen 2000; B. Schramm, The Opponents of Third Isaiah (JSOT.S 193) Sheffield 1995; P. A. Smith, Rhetoric and Redaction in Trito-Isaiah (VT. S 62) Leiden 1995; O. H. Steck, Studien zu Tritojesaja (BZAW 203) Berlin 1991.

Der ungewöhnlich große Umfang des Buches, die Verschiedenheit seiner Themen und der Formenreichtum, mit dem diese sprachlich realisiert wurden, v. a. aber die gravierenden in ihm zutage tretenden sachlichen und formalen Divergenzen haben die kritische Forschung veranlasst, das kanonische Jesajabuch in drei große Teile zu zerlegen:

(1) Jes 1–39 (übliche Bezeichnung: Protojesaja)
(2) Jes 40–55 (übliche Bezeichnung: Deuterojesaja)
(3) Jes 56–66 (übliche Bezeichnung: Tritojesaja)

Seit *B. Duhm* (1892) nach vorgängigen Plädoyers für eine Zweiteilung des Buches diese Dreiteilung in die wissenschaftliche Debatte über das Jesajabuch eingeführt hat, hat sie sich bis heute als Grundpfeiler der Jesajaexegese behauptet. Dementsprechend werden die drei Teile des Buches als in sich geschlossene Einheiten betrachtet und gewürdigt. Konsequenterweise werden in einigen Kommentarreihen Jesaja 1–39 und Jesaja 40–66 durch verschiedene Autoren bearbeitet (BK; ATD; NEB; HThKAT). Die Erörterung der Frage, ob das gesamte Buch nach einem Plan aufgebaut ist, galt den Exegeten lange Zeit als wissenschaftlich irrelevant. Doch macht in jüngster Zeit eine Forschungsrichtung unübersehbar auf sich aufmerksam, die das Buch in seiner Ganzheit in den Blick nimmt. Die mit Recht eingeforderte synchrone Analyse des Buches ist jedoch durch die Behandlung der diachronen Fragestellung nach seiner Redaktion zu ergänzen.

1. Aufbau

Der Personenname Jesaja (= »Rettung ist/wirkt JHWH«) findet sich 16x in dem Buch, das im biblischen Kanon seinerseits diesen Namen trägt. 3x findet er sich in Überschriften (1,1; 2,1; 13,1). Die weiteren Belege stehen in den Fremdberichten Kap. 7 (7,3); 20 (20,2.3) und Kap. 37–39 (37,2.5.6.21; 38,1.4.21; 39,3.5.8). Die den Namen Jesaja enthaltenden Stücke, die »Überschriften« und der »Erzählstoff«, zu dem außer den Fremdberichten noch die Ich-Erzählungen Kap. 6 und 8 zu zählen sind, helfen, der Anordnung des den Hauptbestandteil des Buches ausmachenden Redestoffes auf die Spur zu kommen.

Großflächig lässt sich das Buch in die folgenden Teile untergliedern:

1	Überschrift 1,1: »Schauung Jesajas, des Sohnes des Amoz, die er schaute über Juda und Jerusalem.«
2–12	Überschrift 2,1: »Das Wort, das schaute Jesaja, der Sohn des Amoz, über Juda und Jerusalem.«
13–23	»Aussprüche« Überschrift 13,1: »Ausspruch über Babel, den schaute Jesaja, der Sohn des Amoz.« Sammlung der mit »Ausspruch« betitelten Texte (13,1; 15,1; 17,1; 19,1; 21,1.11.13; 22,1; 23,1; vgl. 14,28; 30,6)
24–27	Textbereich, der durch signifikantes Fehlen der Elemente »Ausspruch« und »Wehe« ausgegrenzt wird
28–35	Wehe-Rufe Durch »Wehe« gegliederter Textkomplex (28,1; 29,1.15; 30,1; 31,1; 33,1)
36–39	Mit Ausnahme des Gebets Jes 38,9–20 auch in 2 Kön 18,13.17–20,19 überlieferter Erzählstoff
40–55	Durch ein kontrastiv zu 1,1–4 formuliertes Stück (40,1–2: »mein Volk«, »Schuld«, »Sünde«) eingeleiteter vielgestaltiger Komplex von Redestoff
56–66	Durch die programmatisch in 56,1 eingeführten Wortpaare »Recht – Gerechtigkeit« und »Rettung – Gerechtigkeit« (kontrastiv zu 1,21.26) markierter Redeteil

Der erste Überblick bestätigt die in der Forschung schon früh bemerkte und in der Auslegung immer wieder berücksichtigte tiefgehende Zäsur nach den Fremdberichten in Kap. 36–39. In den Texten von Kap. 40 an kommt der Name Jesaja nicht mehr vor. Auch die in 1,1 genannten Namen der judäischen Könige, deren Vorkommen in Kap. 1–39 eine chronologische Anordnung der Texte insinuiert (Usija: 6,1; Jotam: 7,1; Ahas: 7,1.3.10.12; 14,28; Hiskija: 36,1 u. ö.), beenden mit der Rede Hiskijas in 39,8 ihre Präsenz im Buch. Statt der judäischen Könige der 2. Hälfte des 8. Jh.s wird in 44,28 und 45,1 an prominenter Stelle der Perserkönig Kyrus genannt. Damit wird der umgebende Text in die Jahre um 540 v. Chr. verlegt. Ebenso weist der Name »Babel« (43,14; 47,1; 48,14.20) den Kap. 40ff ihren zeitlichen Rahmen in der babylonischen Krise des 6. Jh.s und nicht in der neuassyrischen Krise der 2. Hälfte des 8. Jh.s an. Auch die auf Babel bezogenen Texte 13–14 und 21,1–10 (vgl. 13,1.19; 14,4.22; 21,9) gehören in das 6. Jh.

1.1 Zu Jes 1,1–12,6 (Gerichts- und Heilsworte über Jerusalem/Zion und Juda)

Die Überschrift in 1,1 gilt für Kap. 1–39. Das legt die in 1,1 enthaltene Aufzählung der judäischen Könige nahe. Da in ungewöhnlich kurzem Abstand in 2,1 die nächste Überschrift folgt, stellt sich die Frage, wie der Text 1,2–31 einzuordnen ist. Ist Kap. 1 als vorangestellte Zusammenfassung des Jesajabuches zu verstehen? Eine plausible Erklärung für die unerwartete, von 1,1 markant abweichende Überschrift 2,1 könnte darin zu sehen sein, dass mit ihr der auch in Mi 4,1–3 überlieferte Text über die Völkerwallfahrt dezidiert dem Propheten Jesaja zugeschrieben wird. 2,1 hat dann keinen Überschriftcharakter im eigentlichen Sinn, obwohl das erste Kapitel durch das rahmende Vorkommen des Verbums »abfallen« (1,2 und 1,28) als eine eigene Einheit dargestellt wird.

Im Blick auf die durch 1,1 und 13,1 markierten Grenzen kann in dem in 1–12 gebotenen Material eine Ordnung nach dem Schema *Aufweis der Sünde und Ankündigung der Katastrophe Judas/Jerusalems* einerseits und *Ankündigung der Wiederherstellung Judas/Jerusalems* andererseits erkannt werden. Diese Folge erscheint viermal im Bereich 1–11:

I	1,2–20.29–31	Sünde – Katastrophe		
	1,21–26; 2,1–5	Wiederherstellung (Zion)	–	Subjekt: JHWH
II	2,6–4,1	Sünde – Katastrophe		
	4,2–6	Wiederherstellung (Zion)	–	Subjekt: JHWH
III	5,1–8,23a	Sünde – Katastrophe		
	8,23b–9,6	Wiederherstellung (König)	–	Subjekt: König
IV	9,7–10,19.28–34	Sünde – Katastrophe		
	10,20–27; 11,1–16	Wiederherstellung (König)	–	Subjekt: König

Die Texte, die »Wiederherstellung« zum Thema haben, sind insofern paarweise geordnet, als in 2,2–5 und 4,2–6 Gott selbst, in 8,23b-9,6 und in 11,1–10 eine messianische Gestalt die heilvolle Zukunft bewirken wird. Andererseits entsprechen sich die Texte chiastisch: Die Außenglieder 2,2–5 und 11,1–10 sind durch die ganz seltene Kombination der Verben »richten« und »zurechtweisen« verbunden (2,4 und 11,3.4; vgl. Mi 4,3). Die inneren Glieder 4,2–6 und 8,23b-9,6 sind durch die Themen »Abwaschen von Blutigem« und »feurigflammender Lichtglanz« (4,4 und 4,5) aufeinander bezogen. In 8,23b-9,6 werden diese Themen in umgekehrter Reihenfolge angesprochen (9,1 und 9,4).

Die vierfache Folge wird durch das Danklied in 12,1–6 wirkungsvoll abgeschlossen: Dreimal gebraucht das Danklied das Substantiv »Rettung« (12,2.3). Damit dürfte es auf den bisher ebenfalls dreimal genannten Namen Jesaja (1,1; 2,1; 7,3) anspielen.

Die thematisch-sachliche Ordnung nach dem großmaschigen Raster »Sünde/Katastrophe – Wiederherstellung/Bewahrung« wird durch *andere strukturelle Elemente* durchkreuzt bzw. überlagert. Der gesamte erste Teil des Jesajabuches (1–12) kann als *Folge dreier konzentrisch geordneter Textbereiche* angesehen werden (1,2–5,7; 5,8–10,19; 10,20–11,16).

(1) Die konzentrische Ordnung ist am deutlichsten in *5,8–10,19.* Etwa in der Mitte von 1–12 sind Erzählungen so untergebracht, dass ein Fremdbericht (Kap. 7) von Ich-Erzählungen (Kap. 6 und 8) gerahmt wird. Seit *K. Budde* (1928) trägt dieser Komplex den Namen „Denkschrift des Jesaja". Der Erzählstoff ist nochmals durch einen doppelten Rahmen von Redestoff zu einer größeren Einheit gebunden. Den äußeren bilden die Weherufe in Kap. 5 und in Kap. 10, den inneren die einzelnen Strophen des Kehrversgedichtes über die ausgestreckte Hand JHWHs in 5,25 (26–30) und in 9,7–20 (10,4b).

(2) Für *1,2–5,7* lässt sich folgende konzentrische Anordnung erkennen:
1,1–31 und 5,1–7 sind die äußere Klammer um 2,1–4,6. Für diese Auffassung sprechen folgende Indizien: (a) 1,2–3 und 5,1–7 entsprechen sich durch die betonte Verwendung des Namens Israel in 1,3 und 5,7 (vgl. ferner 1,4.24 und 4,2). (b) Die in 1,2 angesprochene elterliche Liebe zu Kindern korrespondiert der Liebe des Bräutigams zur Braut in 5,1–4. (c) In 1,21 und 1,27 ist wie in 5,7 von Recht und Gerechtigkeit die Rede. (d) Das Bildwort von der Dirne (1,21) hat in dem vom saure Trauben hervorbringenden Weinberg seine Entsprechung. (e) Wie die Terebinthe dürr und der Garten wasserlos sein werden (1,29–30), so wird der Weinberg der Verwahrlosung anheim gegeben und der Regen ihm versagt (5,5–6). (f) Der seltene Imperativ Plural des Verbums »richten« bindet die Stücke 1 und 5,1–7 zusammen (1,17 und 5,5; vgl. noch Sach 7,9; 8,13; Ps 82,3). (g) »Weinberg« wird in 1,8 wie 5,1 metaphorisch verwendet. Der dritte Beleg für das Bildwort in 3,14 führt zur Mitte der Komposition. (h) Die Gottesrede in der 1. Pers. führt ebenfalls zum Anfang, zur Mitte und zum Ende des Buchteils (1,2.11–16.24b–26; 3,4.12.15; 5,3–6). Wenn 1 und 5,1–7 den äußeren Rahmen um den Textkomplex 2,1–4,6 bilden, gewinnt die Überschrift in 2,1 einen guten Sinn. Sie markiert den Einsatz des neuen Rahmenteils. Der durch sie herausgestellte Heilstext 2,2–5 findet seine Korrespondenz in 4,2–6.
Die Korrespondenz der beiden Texte verdeutlicht die Verwendung der Namen *Zion* und *Jerusalem* (2,3 und 4,3.4). Sie kommen in der unmittelbaren Kombination in einem Vers zum ersten Mal im Jesajabuch in diesen beiden Texten vor (vgl. weiter 10,12.32; 24,23; 30,19; 31,9; 33,20 u. ö.).
Der Textbereich 2,6–4,1 besteht aus den beiden sich als innerer Rahmen um das Zentrum 3,1–15 legenden Gerichtsworten über den Hochmut der Männer (2,6–22) und den der Frauen (3,16–4,1). Das Zentrum handelt vom Rechtsstreit (3,13) JHWHs mit seinem Volk (3,12.13.14.15), das zunächst als Jerusalem und Juda eingeführt wird (3,1.8).
Die Heilstexte 2,2–5 und 4,2–5 sind mit dem folgenden bzw. vorangehenden Text über den Hochmut sachlich eng verbunden: Der Heilstext in 2,2–5 spricht von der Beseitigung des Krieges als einer Form des männlichen Hochseinwollens (2,7b.15). Dem Hochsein der Töchter Zions (3,16) und seiner Erniedrigung durch JHWH korrespondiert der Heilstext 4,2–5, der JHWHs

fürsorglich-pflegendes Bad für die Zionstöchter ankündigt (4,4). Gleichzeitig ist der zentrale Text 3,1–15 durch die Stichworte »Mantel – Brot« (V. 6–7) in der Perikope über den Hochmut der Frauen wiederaufgenommen (4,1).

(3) In *Jes 10,20–11,16* legen sich die eine Wiederherstellung »Israels« ankündigenden Texte 10,20–27 und 11,1–16 um 10,28–34, der das Heranrücken der Gefahr beschreibt.

Der Zusammenhang der Kap. 1–11 wird ferner durch das wiederkehrende Motiv des menschlichen Hochmuts einerseits und der Hoheit Gottes andererseits gewährleistet: Der Hochmut judäischer Männer (2,12–17) und Frauen (3,16) wird genauso erniedrigt wie der der Großmacht Assurs (10,12). JHWH allein ist erhaben (2,17), er erweist sich als der Hohe, in Recht und Gerechtigkeit kommt seine Heiligkeit zur Geltung (5,16). Der Mensch hat sich vor Gott zu beugen (5,15). Der Herr, der Gott Israels, thront in der Höhe und ist der Heilige (6,1.3).

Im Überblick sieht die konzentrische Ordnung in 1–12 so aus:

Überschrift: 1,1

- I. Konzentrischer Textbereich: 1,2–5,7
  - Söhne – Israel – Dirne – Recht und Gerechtigkeit: 1,2–31
    - Jerusalem – Zion: 2,1–5
      - Der Hochmut der Männer: 2,6–22
        - Der Rechtsstreit JHWHs: 3,1–15
      - Der Hochmut der Frauen: 3,16–4,1
    - Jerusalem – Zion: 4,2–5
  - Untreue Geliebte – Israel – Recht und Gerechtigkeit: 5,1–7
- II. Konzentrischer Textbereich: 5,8–10,19
  - Weherufe: 5,8–24
    - Kehrversgedicht: 5,25
      - Ich-Erzählung: 6
        - Fremderzählung: 7
      - Ich-Erzählung: 8
    - Kehrversgedicht: 9,7–20
  - Weherufe: 10,1–3(4).5–19
- III. Konzentrischer Textbereich: 10,20–11,16
  - Der Rest Israels: 10,20–27
    - Das Kommen der Gefahr; JHWH beseitigt das Hohe: 10,28–34
  - Der Spross aus dem Baumstumpf – der Rest des JHWH-Volkes: 11,1–16

Danklied: 12,1–6

1.2 Zu Jes 13,1–23,18 (Drohworte über/gegen einzelne Völker)

Die Überschrift »Ausspruch für ...« gliedert den Text in Worte für Babel (13,1–14,23), Moab (15,1–16,14), Damaskus (17,1–11), Ägypten (19,1–25), die Wüste des Meeres/Babel (21,1–10), Duma/Edom? (21,11–12), Arabien (21,13–17), das Tal der Schauung (22,1–14) und für Tyrus (23,1–18). Syntaktisch abweichend von der neunfachen Einführung, dennoch das Substantiv »Ausspruch« verwendend, findet sich in 14,28–32 noch der Ausspruch für Philistäa.

Die Aussprüche sind in Gruppen zusammengefasst, so dass sich die Großabschnitte 13–14; 15–20 und 21–23 ergeben. Anzeigen für die Abschnittsgrenzen sind die beiden sich von ihrer Umgebung durch ihre in der Einleitung gegebene Datierung unterscheidenden Texte 14,28–32 und 20,1–6.

Die Sequenz der Aussprüche in 13–23 stellt sich als ein differenziertes Gefüge dar. Das Wort über Babel, wie alle prophetischen Völkersprüche ein implizites Wort des Heils für »Israel«, wird in 14,1–3 durch eine implizite Ankündigung des Erbarmens Gottes für Jakob und Israel unterbrochen. Die Worte des Unheils über Ägypten (18–20) werden unterbrochen von Aussagen über eine Bekehrung dieses Ägypten (19,18–22). Nicht nur Ägypten, sondern auch Assur wird den Gott Israels verehren. Israel wird sich mit den Erzfeinden Ägypten und Assur die Prärogativen Israels teilen (19,23–25).

Schematischer Überblick über die Kap. 13–23:

Erster Teil der Aussprüche: 13,1–14,32
- Babel: 13,1–22
  - König von Babel: 14,4–23
- Assur: 14,24–27
- Philistäa: 14,28–32 (Datierung: 14,28)

Zweiter Teil der Aussprüche: 15,1–20,6
- Ausspruch für Moab: 15,1–16,14
- Ausspruch für Damaskus und Israel: 17,1–11
  - Weheruf für Assur: 17,12–14 (V. 14 »Wir«)
  - Weheruf für Kusch: 18,1–7
- Ausspruch für Ägypten: 19
- Bericht einer Zeichenhandlung:
  Ägypten und Kusch: 20,1–6 (V. 1: Datierung; V. 6: »Wir«)

Dritter Teil der Aussprüche: 21–23
- Babel: 21,1–10
- Duma/Edom: 21,11–12
- Arabien: 21,13–17
  - Jerusalem: 22,1–14.15–19.20–25 (V. 1 und V. 25: »Ausspruch« und »Last«)
- Tyrus und Sidon: 23,1–18

1.3 Zu Jes 24–27 (die sog. Jesaja-Apokalypse: Bilder von der Endzeit)

Im Unterschied zum vorangehenden Völkerspruchgut hat 24 nicht mehr konkrete Völker, sondern die Erde überhaupt im Blick (24,1.3.4.5.6.11.13.16.17.18.19.20). Die universale Perspektive bleibt bis 24,23 erhalten. Dann wird die Aufmerksamkeit auf den Berg Zion und Jerusalem gelenkt. Der Ausdruck »Berg Zion« aus 24,23 kehrt als »der heilige Berg in Jerusalem« in 27,13 wieder.

Der meist, freilich irreführend, »Jesaja-Apokalypse« genannte Abschnitt zerlegt sich klar in die zwei Teile 24,1–23 und 25,1–27,13: Es ist JHWH, der die Verheerung und Verwüstung der Erde bewirkt (24,1–23; vgl. auch 26,21). Aber sein souveränes Königtum (24,23) gewährt inmitten der universalen Verwüstung »Rettung« (25,9; 26,1). Der Ort der Rettung ist »der Berg« (25,6.7.10), d. h. der Berg Zion (24,23; vgl. 27,13). Ein thematisch wichtiges Element ist »die Stadt«: Den Kontrast zu »der Stadt der Öde«

(24,10.12) und zu der von Gott zerstörten Stadt (25,2; 27,10) bildet die von Gott gerettete Stadt (26,1).

1.4 Zu Jes 28–35 (Gerichts- und Heilsworte über Israel und Juda/Jerusalem)

Der Abschnitt wird durch den *Schrei der Totenklage* »Wehe« (28,1; 29,1.15; 30,1; 31,1; 33,1) in die folgenden Textgruppen gegliedert:

28,1–29	»Wehe« über Efraim
29,1–14	»Wehe« über Ariel
29,15–24	»Wehe« über das Volk
30,1–33	»Wehe« über die Söhne
31,1–32,20	»Wehe« über Jerusalem
33,1–35,10	»Wehe« über den Verwüster

Das Wort »Wehe« ist in 28–35 jedoch nicht das einzige Struktursignal. Wie in 1–12 ist auch in 28–35 das Alternieren zwischen Jerusalem/Juda geltenden Unheils- und Heilstexten für die Struktur konstitutiv. In mehrfach wechselndem Rhythmus lösen Texte, die eine trostlose Zukunft ankündigen, solche, deren Perspektive für die Zukunft positiv ist, ab. Bei Letzteren ist noch einmal zu unterscheiden zwischen solchen, die von der heilvollen Zukunft sehr verhalten sprechen (»Schonung« bzw. »Verschonung«), und solchen, die die Positivität der Zukunft mit kräftigen Bildern ausmalen (»Wiederherstellung«).
Der Text 28,1–6 hat eine Doppelfunktion. Er ist einerseits exemplarisch für die Serie in Kap. 28–35. Auf engem Raum bringt er den in Kap. 28–35 typischen Wechsel der Ankündigungen von Katastrophe und von Wiederherstellung: 28,1–4 und 28,5–6. Andererseits aber hebt der Text sich von seiner Umgebung ab: Durch den unerwarteten Adressaten »Efraim« und das Element »Wehe« ist das Stück im unmittelbaren Kontext isoliert. Gegenüber dem Vorangehenden markiert das »Wehe« kräftig einen Neueinsatz. Die Bezeichnung des Adressaten »Krone des Stolzes der betrunkenen Efraimiter« verweist einerseits auf eine Thematik, die in 2,12 und 5,12.22 angesprochen ist. Andererseits aber ist die Nennung der Bewohner des Nordreichs ganz unvorbereitet. Das Stück gewinnt dadurch zusätzlich zur Funktion des Vorentwurfs für Kap. 28–35 die eines Trenners im Textablauf.

Der mit 28,1–6 eingeführte *Wechsel von Unheils- und Heilstexten* hält sich bis 30,26 durch. Die Texte über Schonung bzw. Wiederherstellung (28,23–29; 29,5–8; 29,17–24) gelangen zu ihrem Höhepunkt, wenn im vierten Text Gottes Gnädigsein und sein Erbarmen als Motiv für seine Rettung genannt werden (30,18–26).
Mit 30,27 setzt ein anderer Rhythmus ein. Texte, die Unheil für Assur (30,31; 31,8) und damit implizit Heil für Jerusalem ankündigen, sind um einen Weheruf über die, die nicht auf den Heiligen Israels schauen und JHWH nicht suchen, gestellt. Vom Standpunkt Jerusalems aus betrachtet ergibt sich die Folge Schonung – Katastrophe – Schonung. In 32,1 wechselt der Rhythmus erneut. In hellen Farben wird die heilvolle Zukunft dargestellt. Vier Einheiten sind ihr gewidmet. Sie sind voneinander abgesetzt durch drei Stücke, in denen von der Katastrophe gesprochen wird. Die Kap. 32–33 sind durch Leitworte eng miteinander verbunden (»König«, »Recht und Gerechtigkeit«, »wohnen«). Den Abschluss von Kap. 28–35 bilden die Kap. 34–35 als einander über die Katastrophe für Edom und die Rückkehr der Erlösten zum Zion ergänzende Texte.
Das in Kap. 28–35 gebotene Spruchgut scheint ferner eine Ordnung nach den Namen Jerusalem und Zion aufzuweisen. Die Kombination der Namen innerhalb eines Verses kommt in Texten vor, die einen größeren Zusammenhang abschließen (30,19; 31,9; 33,20). So ergibt sich eine Be-

stätigung der vier aufgrund des Rhythmus von Heils- und Unheilstexten festgestellten Großabschnitte 28,(1–6).7–30,26; 30,27–31,9; 32–33 und 34–35.
Die Themen, die bereits in 7–11 angesprochen sind, wie »Glauben« (7,9), »Ruhe« (7,4; 11,10), sind auch in der Reihe 28–31 konstitutiv: 28,12.16.17 und 30,15. Wie es scheint, spielen sie aber strukturell keine herausgehobene Rolle.

Der Überblick über den komplizierten Textbereich kann so formalisiert werden:

Katastrophe für Efraim (»Wehe«): 28,1–4
    Wiederherstellung: 28,5–6

Katastrophe für Jerusalem: 28,7–13.14–22
    Schonung: 28,23–29

Katastrophe für Ariel (»Wehe«): 29,1–4
    Schonung Ariels: 29,5–8

Katastrophe für das Volk: 29,9–14.15–16 (»Wehe«: 29,15)
    Wiederherstellung: 29,17–24

Katastrophe für die Söhne (»Wehe«): 30,1–5.6–7.8–14.15–17
    Wiederherstellung: 30,18–26

    Katastrophe für Assur: 30,27–33
Katastrophe für Jerusalem (»Wehe«): 31,1–3
    Katastrophe für Assur: 31,4–9

    Wiederherstellung: 32,1–8
Katastrophe für die sorglosen Frauen: 32,9–14
    Wiederherstellung: 32,15–20

Katastrophe für den Verwüster (»Wehe«): 33,1
    Gebet um Wiederherstellung: 33,2–6
Katastrophe für die Völker: 33,7–12
    Wiederherstellung: 33,13–16.17–24

Katastrophe für Edom: 34
    Wiederherstellung: 35

1.5 Zu Jes 36–39 (Erzählungen über die Rettung Zions und die Heilung Hiskijas)

Kap. 36–39 bringen Erzählungen über Hiskija aus der Zeit der Belagerung Jerusalems durch die Truppen Sanheribs. Die Thematik kann in der durch den Rabschake überbrachten Frage des assyrischen Großkönigs erkannt werden: »Worauf vertraust du, dass du dich so sicher fühlst?« (36,4). Die Erzählungen stehen im Gegensatz zu den Fremd- und Ich-Berichten 7–8. Dem Unglauben des Königs Ahas wird das Vertrauen des Königs Hiskija gegenübergestellt (36–37). Außerdem zeichnen sie die widersprüchliche Persönlichkeit des Königs Hiskija: Dem in der Krankheit sich ergeben an JHWH wendenden König (Kap. 38) steht der politisch eigenmächtig handelnde (Kap. 39) gegenüber. Die auch den Propheten Jesaja betreffenden Erzählungen (37,2.5.6.21; 38,1.4.21; 39,3.5.8) laufen auf ein das babylonische Exil ankündigendes Prophetenwort hinaus (39,6–7). Mit der Antwort des Königs (39,8: »Gut ist die Rede des Herrn«), dem nach der Ankündigung des Exils noch ein für die Dauer seines Lebens währender Friede verheißen wird, ist ein passender Übergang zu der zu Herzen gehenden Rede, die den in Babylon Exilierten gilt (40,1–2), gefunden.

U. Berges hat neuerdings herausgearbeitet, dass die von der Forschung bislang wenig beachteten Kap. 36–39 auf der Ebene der Endkomposition die theologisch bedeutsame Mitte des Jesajabuches darstellen: Sie bündeln in ihrer literarisch kunstvollen Verschränkung der Heilung des todkranken Königs Hiskija *und* der Rettung der tödlich bedrohten Stadt Jerusalem die große Hoffnungsbotschaft der eschatologischen Rettung, die im übrigen Buch in immer neuen Anläufen entfaltet ist.

1.6 Zu Jes 40–55 (Aufforderung zur Heimkehr aus Babel und Verheißung der wundervollen Wiederherstellung Zions)

Der Einsatz des bis zum Ende des Buches reichenden Redestoffes (40,1–2) formuliert im Gegensatz zu 1,4 (vgl. 5,18; 22,14; 30,13), aber in Übereinstimmung mit 33,24 (vgl. 27,9): Dem schuldbeladenen Volk wird die Sünde vergeben. Innerhalb des großen Textabschnitts legt sich die *Abgrenzung* der Kap. 40–55 deswegen nahe, weil ein Einleitungsteil (40,1–11: »Prolog«) in einem Schlussteil seine Entsprechung hat (55,8–11: »Epilog«): Das Thema »das Wort Gottes«, am Anfang eingeführt (40,8), wird am Schluss aufgegriffen (55,11). In ähnlicher Weise sind die Kap. 56–66 durch das Stilmittel der *inclusio* (56,2–8 || 66,18–21) als eigener Teil kenntlich. Gleichzeitig bestehen zwischen Kap. 40–55 und Kap. 56–66, bes. Kap. 60–62, zahlreiche stilistische und sachliche Beziehungen. So werden z. B. Teile des Prologs (40,3–5.8 und 40,9–11) nicht nur in 52,7–10, sondern auch in 62,10–12 aufgenommen.

Der durch Prolog und Epilog begrenzte Text Kap. 40–55 spricht von der Vergebungsbereitschaft Gottes. Gott will, dass sein Volk getröstet wird (40,1). Er ist selbst der Tröster seines Volkes (49,13; 52,9; 51,12). Die Rettung seines Volkes (45,8.17; 46,13; 49,6.8 u. ö.) ist so sehr seine eigenste Tat, dass er schlechthin »Retter« heißt (vgl. 43,3.11f; 49,26f).

Für den Aufbau des Ganzen erscheint der in 48,20 gegebene Neueinsatz wichtig. Nachdem die Einzigkeit des Schöpfergottes JHWH gegen alle Ansprüche anderer Gottwesen erfolgreich durchgesetzt ist (40,12–48,19), kann zum Auszug aus Babel aufgefordert werden (48,20–55,13). Dass Gott einen neuen Auszug bewirken wird, wird zwar bereits im ersten Teil angedeutet (41,17ff; 42,7.13.15ff; 43,16ff), der Auszug der Exulanten selbst wird aber erst in 48,20 befohlen. Dem gezielt gesetzten Verbum »ausziehen« mit dem Subjekt der Exulanten in 48,20; 52,11 und 55,12 kommt dabei eine formal und sachlich wichtige Funktion zu. Der neue Auszug wird den Auszug aus Ägypten an Herrlichkeit überbieten. Ausdrücklich wird der Vergleich des neuen Auszugs aus Babel mit dem Auszug aus Ägypten in 52,12 gezogen.

Die hymnischen Stücke 42,10–13; 44,23; 45,8; 49,13; 52,9–10 bilden weitere Zäsuren im Textablauf. Sie stehen jeweils am Ende eines Teiles.

Der gesamte Text wird durch die kumuliert verwendeten Verben »erschaffen« (40,26.28; 41,20; 42,5; 43,1.7.15; 45,7.8.12; 48,7; 54,16) und »erlösen« (41,14; 43,1.14; 44,6.22.23.24; 47,4; 48,17; 49,7.26; 51,10; 52,3.9; 54,5.8) geprägt. Beide Verben erhalten in 40–55 insofern ihre theologische Füllung, als »erschaffen« auch auf die Erwählung Israels und seine konkrete Erlösung bezogen werden kann und »erlösen« von einem familienrechtlichen Terminus nun zu einem Zentralbegriff der Theologie avanciert.

Der Aufbau der Kap. 40–55 lässt sich folgendermaßen darstellen:

Prolog: 40,1–11

I. JHWH, der Schöpfergott, ist der einzige Gott und wirkt in der Geschichte: 40,12–48,19
- 1) 40,12–42,9
  - Abschluss-Hymnus: 42,10–13
- 2) 42,14–44,22
  - Abschluss-Hymnus: 44,23
- 3) 44,24–45,7
  - Abschluss-Hymnus: 45,8
- 4) 45,9–48,19

II. Der neue Exodus: 48,20–55,13
- 1) 48,20–49,12
  - Abschluss-Hymnus: 49,13
- 2) 49,14–52,8
  - Abschluss-Hymnus: 52,9–10 (∥ 49,13 und 44,23)
- 3) 52,13–55,7

Epilog: 55,10f.12f

1.7 Die Texte über den Knecht JHWHs (»Gottesknechtlieder«)

Als Knecht JHWHs wird in 41,8.9 (vgl. auch 44,1.2.21; 45,4; 48,20) Israel/Jakob eingeführt. Dieser Knecht ist verzagt und mutlos. Er ist sündig und bedarf der Vergebung (vgl. 44,21f). Gott redet dem Knecht Israel/Jakob die Furcht aus, hilft ihm, vergibt ihm die Sünden und erlöst ihn. Von der klar als Israel identifizierten Gestalt des Knechtes hebt sich in 42,1–4; 49,1–6; 50,4–9 und 52,13–53,12 ein weiterer »Knecht« ab. Er ist in anderer Weise als der Israel-Knecht Gott nahe und nimmt an dessen Werk in der Geschichte teil. Aufgrund der konzeptionellen Divergenz der beiden als Knechte bezeichneten Gestalten hat *B. Duhm* (1892) die »Gottesknechtlieder« als eigene Schicht aus ihrer literarischen Umgebung gelöst und in sich zu verstehen gesucht. Die von *Duhm* entwickelte literarische Auffassung fand bis heute zahlreiche Anhänger. Doch führte die breite Akzeptanz der Hypothese nicht zu einer allgemein geteilten Interpretation der Gestalt und ihres Verhältnisses zu dem Autor »Deuterojesaja«: Die Figur wurde kollektiv als das ideale Israel gedeutet; sie wurde individuell gefasst als königliche oder prophetische Gestalt. Skeptiker gegenüber der Möglichkeit, diese Texte überhaupt aus dem deuterojesajanischen Korpus auszugliedern, hat es immer gegeben (vgl. *K. Buddes* Minoritätsvotum 1900), sie sind seit 1975 zahlreicher geworden (*T. N. D. Mettinger* 1983), auch wenn die Verteidiger der Sonderstellung der Lieder noch immer in der Mehrzahl sind.
Angesichts der interpretatorischen Unsicherheiten sind einige Fakten über die Texte, die von dem (vielleicht) anonymen Gottesknecht handeln, festzuhalten:
1. Die Texte sind palindromisch angeordnet: Zwei Ich-Reden (49,1–6; 50,4–9) werden von zwei Reden über den Knecht gerahmt, deren erste reine Gottesrede (42,1–4) und deren zweite durch Gottesrede gerahmte (52,12–15; 53,11b-12) Menschenrede (53,1–11a) ist. 2. Der »anonyme« Knecht trägt in 49,3 den Namen Israel. 3. In 50,4–9 bezeichnet sich das redende Ich nicht als Knecht, sondern als »Schüler«. Erst 50,10, allgemein als Zusatz zum Lied betrachtet, spricht von

»seinem Knecht«. 4. Obwohl die vier Texte je eigenes Gepräge haben, bestehen zwischen ihnen feste Bindungen. Unter diesen ist die jeweils deutlicher werdende Rede über das Leiden des Knechtes besonders wichtig (42,4; 49,4; 50,4; 52,13ff.).

In den vier isoliert gelesenen Texten kann das Geschick eines von Gott zu einer universalen Aufgabe berufenen Menschen erkannt werden. Der *erste Text (42,1–4)* präsentiert den Knecht als ganz in die Nähe Gottes aufgenommenen Menschen. Mit Gottes Geist ausgerüstet, nimmt er seine Aufgabe, den Völkern das Recht zu bringen, wahr. Er tut das auf eine Weise, die gefährdetes Leben schont. Im *zweiten Text (49,1–6)* spricht der Knecht vor einem universalen Auditorium von seiner Berufung durch Gott, seiner Aufgabe für Jakob/Israel und deren Ausweitung für die Völker. Er steht im Dienste des göttlichen Heils für die Enden der Erde. Die Frustration bei dieser Aufgabe thematisiert der Knecht, spricht aber zugleich von seiner Zuversicht in den göttlichen Rechtsbeistand. Im *dritten Text (50,4–9)* ist das redende Ich ein gelehriger Schüler Gottes, der dem ihm zugemuteten Leiden nicht ausweicht, sondern die Hilfe Gottes erhofft. Im *vierten Text (52,13–53,12)* sprechen Gott und eine Gruppe über den Knecht. Entgegen der Erfahrung des das ganze Leben bis zum Tod währenden Leidens des Knechtes, was aufgrund des Tun-Ergehen-Zusammenhangs die Menschen als die Schuld des Knechtes hätten deuten müssen, ist der Knecht in die Gemeinschaft Gottes versetzt (Erhöhung). Sein Leiden kommt den Menschen zugute. Es bedeutet die Schuldableistung, die eigentlich den Menschen zugekommen wäre.

Kann in den isoliert gelesenen Texten das Geschick des Propheten »Deuterojesaja« selbst erblickt werden, so verändert sich die Perspektive auf diese Texte, wenn sie *im Zusammenhang von 40–55* gelesen werden. Da der Knecht der Lieder ebenso wie der Knecht Israel/Jakob erwählt (42,1 || 41,8; 44,2) und vom Mutterleib gebildet ist (49,5 || 44,2.24), legt sich die Deutung des Knechts als Israel überhaupt nahe, zumal in 49,3 diese Identifikation ausdrücklich vorgenommen wird. Im Gesamttext von Kap. 40–55 kann der erste Text (42,1–4.5–9) dann aber auch auf Kyrus gedeutet werden. Im vierten Text kann der Kontext den Knecht als die Gruppe innerhalb Israels deuten, die den Weg aus dem Exil zum Zion geht. Vorgeschlagen wurde ferner, in dem leidenden Knecht das malträtierte und unerwartet wiederhergestellte Zion/Jerusalem zu sehen.

1.8 Zu Jes 56–66 (Verheißung der inneren Erneuerung der Zionsgemeinde und ihres Verhältnisses zu den Völkern)

Die programmatisch in 56,1 eingeführten Wortpaare »*Recht – Gerechtigkeit*« und »*Rettung – Gerechtigkeit*« werden in 56,1–63,6 erörtert. Die Texte in 63,7–66,24 sind nach der für Gott verwendeten Doppelmetapher »*Vater – Mutter*« geordnet. Das in Kap. 1–35 charakteristische Wortpaar »*Recht und Gerechtigkeit*« (vgl. 1,21.27; 5,7.16; 9,6; 16,5; 26,9; 28,17; 32,1.16; 33,5) findet sich in Kap. 40–55 nur in 54,17 in einem abgewandelten Sinn. In 40–55 ist an seine Stelle das Wortpaar »Gerechtigkeit – Rettung« getreten (45,8; 46,13; 51,5.6.8). 56,1 führt die beiden Wortpaare zusammen. Ebenso verfugt der Abschnitt 59,14–17 das Thema »Gerechtigkeit – Rettung« mit dem Thema »Gerechtigkeit – Recht«. Er hat wie 56,1 dispositionellen Charakter. »Recht und Gerechtigkeit«, in 56,1 als Aufgabe und Thema benannt, wird vor allem in 58,2; 59,9.14 aufgenommen und erörtert. Das Wortpaar »Gerechtigkeit – Rettung« steht als Thema über den Kap. 60,1–63,6. Die Kohärenz von Kap. 60–62 wird durch die Rede an und über eine Frau in Kap. 60 und Kap. 62 bestätigt. Der Frau Zion/Jerusalem steht in 63,1 betont eine männliche Figur gegenüber. Die Rede dieser Gestalt (63,1b–6) erweist sich durch die Wiederaufnahme der Elemente »Kleider« (V. 1–3), »Rache« (V. 4), »Glut«, »sich entsetzen« (V. 5) und »Arm« (V. 5), als in die Ich-Rede umgesetzte Parallele zu

59,16–18. »Gerechtigkeit« und »Rettung« (63,1) realisieren sich hier wie dort als »Rache« und Zorneswirken.

Das Stück 63,7–64,11 gedenkt des Erbarmens JHWHs (63,7) und ruft dieses Erbarmen an (63,15). Es ist das Erbarmen des Vaters (63,16; 64,7) und des Erlösers (63,9.16). Es gilt den »Kindern«, »seinem Volk« (63,8). Die hervorgehobene Anrede JHWHs als *»unser Vater«* hat ihre Entsprechung in dem direkten Vergleich JHWHs mit der *Mutter* in 66,13. Der Zusammenhang der Kap. 63–66 ist durch die Kontinuität der Thematik »Gottesvolk« in 63,7–64,11 (63,8.11.14.18; 64,8) und 65 (65,2.3.10.18.19.22) gewährleistet. In 66 tritt diesem Thema das Motiv »die Völker« zur Seite (66,8.12.18.19.20). Außerdem entspricht dem Gebet (63,7–64,11) als Rede der Menschen komplementär die Gottesrede in Kap. 65–66 (65,1.6.8.13.26; 66,12.19.20.21.23). Die JHWH-Rede (Kap. 65–66) ist die Antwort auf die Frage, mit der das Gebet schloss (64,11). Durch die Aufnahme der Thematik *»JHWH und die Völker«* in 66,18–24 kehrt der Schluss zu 56,1–8 zurück. Doch nicht nur das: Mit der betonten Rede von »allen Völkern« kommt ein Thema zu seinem Ende, das in 2,2 begonnen wurde. Dass 2,2b und 3a signifikant von Mi 4,1 abweicht, dürfte damit zusammenhängen, dass bewusst ein Zusammenhang zwischen 2,2 und 66,18, also zwischen Anfang und Ende des Buches hergestellt werden sollte.

So ergibt sich für Kap. 56–66 folgender Aufbau:

I. Gerechtigkeit – Recht; Rettung – Gerechtigkeit: 56,1–63,6
   1. Recht und Gerechtigkeit: 56,1–59,15a
      Rache als Gerechtigkeit und Rettung: 59,15b–18(19–21)
   2. Gerechtigkeit und Rettung: 60,1–62,12
      Rache als Gerechtigkeit und Rettung: 63,1–6

II. Gott ist seinem Volk Vater und Mutter: 63,7–66,24
   1. Menschenrede: Gott unser Vater: 63,7–64,11
      Gottes Volk: 63,8 und 64,8
   2. Gottesrede: Gott wie eine Mutter: 65,1–66,24
      Der Gottesdienst des Gottesvolkes und der Völker

Wie schon in anderen Teilen des Buches ist auch im Bereich 56–66 nicht nur mit *einem* Prinzip der Stoffanordnung zu rechnen. Die durch die Themen *»Jahwe und die Völker«* (56,1–8 und 66,18–24) und *»der Arm JHWHs«* (59,16–19 und 63,1–7) gebildeten Rahmungen insinuieren neben der durch die Dispositionsangabe 56,1 angedeuteten linearen Stoffanordnung als weiteres Kompositionsprinzip eine konzentrische Struktur im Großabschnitt 56–66. Sie ist in der Forschung schon mehrfach herausgehoben worden.

Im Anschluss an *U. Berges* lässt sie sich so darstellen:

A Das über »Israel« hinausreichende Volk Gottes: 56,1–8
B Falscher Kult: 56,9–57,13
C Heil für das Volk: 57,14–21 (»mein Volk«: 57,14b; »erschaffen«: 57,19)
D Die verfehlte Suche des Volkes nach Gott: 58,1–14
E Anklage und Bekenntnis des Volkes: 59,1–15a
F Der Arm JHWHs: 59,15b–20
G Der Lichtglanz Zions: 60

Geistbegabung: 61

G Der Lichtglanz Zions: 62
F Der Arm JHWHs: 63,1–6
E Klage und Bekenntnis des Volkes: 63,7–64,11
D Die Suche Gottes nach dem Volk: 65,1–16
C Heil für das Volk: 65,17–25 (»erschaffen«: 65,18; »mein Volk«: 65,19)
B Falscher Kult: 66,1–6
A Jerusalem, alle Völker, die Söhne Israels, alles Fleisch und die Herrlichkeit JHWHs: 66,7–24

1.9 Der Buchzusammenhang

Das ganze Buch wird durch besonders auffallende wiederkehrende Stücke zusammengehalten. Das Weinberglied in 5,1–7 hat sein Gegenlied in 27,2–6. Die Motive von 11,6a.7b.9 finden sich mit leichten Variationen in 65,25 wieder. Nicht nur über weite Distanzen im Buch sondern auch in unmittelbar aufeinander folgenden Teilen gibt es zahlreiche Entsprechungen. Das Beziehungsgeflecht der Texte untereinander ist sehr dicht und verleiht dem umfangreichen Buch den Charakter eines Ganzen. Die Begriffe »der Heilige (Israels)« (35x im Buch) und »Zion« (47x im Buch; 17x im Parallelismus zu Jerusalem) haben einheitsstiftende Wirkung und verleihen dem Buch sein unverwechselbares Gepräge.

Einige weitere Beispiele für den übergreifenden Buchzusammenhang:
Der Spruch in 1,2–3, als Gotteswort eingeführt, nennt Themen, Stichwörter und theologische Sachverhalte, die im Korpus des Buches wiederholt aufgegriffen und am Ende des Buches verdichtet zusammengeführt werden: 1. Der Merismus »Him-mel und Erde« findet sich als Adressat eines Aufrufes in 45,8 und 49,13 wieder. Gott erschüttert Himmel und Erde (13,13), denn er ist ihr Schöpfer (37,16; 40,22; 42,5; 44,24; 45,12.18; 48,13; 51,16). Seine Schöpfermacht geht so weit, dass er einen neuen Himmel und eine neue Erde erschaffen wird (65,17; 66,22). Der Himmel ist Gottes Thron, die Erde sein Fußschemel (66,1). 2. Die Rede, die zu hören Himmel und Erde aufgefordert werden, spricht von Gottes väterlich-mütterlichem Verhalten gegenüber Söhnen (1,2). Von ungehorsamen Söhnen ist weiter in 1,4 und 30,1.9 die Rede. Gott spricht pointiert von »meinen Söhnen und meinen Töchtern« (43,6) und von »meinen Söhnen« (45,11). Im Gebet wird Gott zitiert, der sein Volk als Söhne, die nicht betrügen, bezeichnet (63,8). Das in 1,2 emphatisch eingeführte Thema »das väterlich-mütterliche Verhalten Gottes« wird in 42,13; 45,10; 49,14–21.22 entfaltet und findet seine abschließende Lösung in der Anrede Gottes als »unser Vater« (63,16; 64,7) und in dem Vergleich Gottes mit ei-

ner Mutter (66,13). 3. Auch das in 1,2 eingeführte Verbum »abfallen« stellt ein wichtiges Element für die Kohärenz des Buches dar: Der am Anfang von Gott beklagte Abfall wird von ihm erneut in 43,27 (vgl. 59,13) festgestellt. Der Name »Abtrünnig vom Mutterleib an« in 48,8 greift die Vorstellung von 1,2 direkt auf. Das Verbum kehrt wieder in 53,12, wenn Gott Zeugnis für seinen leidenden Knecht, der sich unter die Aufrührer zählen ließ und für diese eintrat, ablegt. Im letzten Vers des Buches erscheint das Verbum wieder (66,24; vgl. noch 1,28 und 46,8).

Als weiteres Beispiel sei das Wort »Schuld« in der Beziehung zum »Volk« genannt. Das Volk wird als schwer mit Schuld belastet eingeführt (1,4). Von der Schuld sprechen dann die Texte noch mehrfach (vgl. 5,18; 22,14; 30,13). Am Ende des ersten großen Buchteils darf das Volk von Schuld befreit auf dem Berg Zion wohnen (33,24). Der zweite Buchteil beginnt mit der Botschaft, dass die Schuld des Volkes und Jerusalems abgetragen ist (40,1–2). Schuld belastet die Geschichte Jakobs/Israels (43,24). Die Last der Schuld schleppt der Gottesknecht (53,11; vgl. V. 5–6). Im Schlussteil des Buches wird Gott darum noch immer angerufen, der Schuld seines Volkes nicht zu gedenken (64,8).

Schließlich: Eine Stadt wird als Dirne eingeführt (1,21), sie hat sich einem Läuterungsgericht zu unterziehen (1,21–26). Diese Stadt dürfte keine andere sein als Zion, wie es 1,27 auch ausdrücklich herausstellt. Zion wird als verzweifelte Frau eingeführt (49,14). Aber diese Stadt wird getröstet (51,3), sie wird ermutigt (52,1f). Wenn dieser Frau zugesagt wird, dass ihr Schöpfer ihr Gemahl ist (54,5), dass Gottes Gefallen auf ihr ruht (62,4f), so ist das metaphorische Rede dafür, dass Zion/Jerusalem in Gnaden von Gott aufgenommen ist, dass nun von Zion gilt: Mein Volk bist du (51,16).

2. Entstehung

2.1 Eckdaten und methodische Optionen

Die beschriebenen Hinweise auf einen Bauplan des gesamten Buches sind nicht in dem Sinne zu interpretieren, als sei das Buch Jesaja als einheitliches Werk entstanden. Viele Beobachtungen zwingen dazu, im Buchganzen das Resultat einer langen Entstehungsgeschichte zu sehen. Allerdings entziehen sich die konkreten Einzelheiten dieser Geschichte unserer Kenntnis. Angesichts der Divergenz der Meinungen ist es gut, einige unstrittige Tatsachen in Erinnerung zu rufen: 1. Von den 21 in Qumran gefundenen Manuskripten des Jesajabuches (zwei aus Höhle 1, 18 aus Höhle 4 und eines aus Höhle 5), zu denen noch ein Manuskript aus Muraba'at kommt, ist die vollständige große Jesajarolle (1QJes[a]) die bedeutendste und zugleich älteste. Während alle anderen Manuskripte in das 1. Jh v. Chr. und später zu datieren sind, ist die Anfertigung der großen Jesajarolle in der 2. Hälfte des 2. Jh.s v. Chr. anzusetzen (alternativ: in der Zeitspanne von 150–125 v. Chr. oder um 100 v. Chr.). Die große Jesajahandschrift belegt, dass in der Mitte des 2. Jh.s v. Chr. der Umfang des Jesajabuches festlag. 2. Auch die Zitate und Anspielungen im Neuen Testament, etwa so zahlreich wie die der Psalmen, bezeugen den heutigen Umfang des Buches.

3. Zu Beginn des 2. Jh.s v. Chr. ist das Buch Jesus Sirach Zeuge für den heutigen Umfang des Buches: Sir 48,22–25 spielt auf 1,1; auf 36–39 und 40ff an. 4. In der griechischen Fassung von 2 Chr 36,22–23 (|| 2 Esdr 1,1–2) wird ebenso wie im hebräischen Text die Anspielung auf Jes 41,2.25; 44,28; 45,1.13 auf Jeremia bezogen. Könnte diese Zuschreibung, wenn sie schon nicht direkt beweist, dass zur Zeit des Chronisten Jes 40ff mit dem Jeremiabuch verbunden waren, doch anzeigen, dass Jes 40ff noch nicht zum Buch Jesaja gehörte (*B. Duhm*)?

Wie lässt sich von diesen Daten der Weg zurück zum Propheten des 8. Jh.s verfolgen?

Von diesen Eckdaten her legen sich für die Rekonstruktion der Entstehungsgeschichte des Jesajabuches zwei *methodische Optionen* nahe: 1. Die Hinweise auf die Autorschaft eines Jesaja (8,1–2.16; 30,8), der in der zweiten Hälfte des 8. Jh.s in Jerusalem wirkte, sollten wohl doch nicht in der Weise unterbewertet werden, dass die Gestalt eines Propheten Jesaja völlig verschwindet. Der Tradition sollte nicht von vornherein jeder Wahrheitsgehalt abgesprochen werden. 2. Trotz der schwierigen Überlieferungslage dürfte das neuerdings formulierte methodische Prinzip, nach dem die Beweislast derjenige zu tragen hat, der ein Wort dem Propheten des 8. Jh.s zuschreibt, zu weit gehen. Nach wie vor scheint es methodisch richtig, die Beweislast dem aufzubürden, der Texte dem Propheten abspricht.

2.2 Das Problem von Textanteilen, die auf Jesaja selbst zurückgehen (8. Jh.)

Die extremen Positionen, nach denen im jetzt vorliegenden Buch überhaupt kein Wort des historischen Jesaja erhalten ist oder zumindest die Suche nach solchen Worten als irrelevant angesehen wird, werden dem Buch wohl nicht gerecht. Aber auch nach der Vorentscheidung, der traditionellen Zuschreibung von Vision (1,1), Wort (2,1) und Ausspruch (13,1) an einen Mann mit Namen Jesaja ihr Recht zu belassen, bleibt die Bestimmung des Anteils des Propheten an dem überlieferten Textbestand kontrovers. Konsens zwischen Minimalisten und Maximalisten bezüglich des Textanteils, der für den Propheten aus der 2. Hälfte des 8. Jh.s in Anspruch genommen werden kann, besteht lediglich darin, dass solches Gut nur im Bereich von 1–12 und 28–32 gesucht werden kann. Spuren des Propheten Jesaja mögen sich eventuell noch in 14,24ff und 17 finden.

Die momentan in der (deutschen) Forschung verbreitete radikale Skepsis bezüglich der dem Propheten des 8. Jh.s zuschreibbaren Texte hat zu Thesen wie der geführt, nach der Jesaja lediglich in dem für Jerusalem und Juda heilstheologisch orientierten Bestand von 8,1.3f.16 zuzüglich des um den Verstockungsauftrag reduzierten Berufungsberichts *6,1–8 zu Worte kommt. Diese schmale Textbasis habe genügt, dass in immer neuen Editionen mit je eigenem Aussageprofil das Protojesajabuch zu seiner heutigen »verwachsenen und unverwechselbaren Gestalt« gefunden habe (*U. Becker 1997*). Die Skepsis gegenüber genuin jesajanischem Gut beansprucht, die wissenschaftliche Kritik auf ihrer Seite zu haben. Tatsächlich jedoch sind die literarkritischen Argumente, die zur Etablierung entsprechender Minimalhypothesen führen, keineswegs zwingend. Gegen den aktuellen Trend erheben sich in jüngster Zeit vermehrt Stimmen, die für einen größeren Bestand jesajanischer Texte im überlieferten Buch plädieren (*M. Sweeney 1996; U. Berges*). Sogar vom »Testament« des Propheten Jesaja, maßgeblich von diesem selbst gegen Ende seiner Wirksamkeit literarisch als Ringstruktur gestaltet, kann gesprochen werden (*E. Blum*).

Auf ein kritisches Minimum reduziert lassen sich die folgenden Texte für den historischen Jesaja in Anspruch nehmen: 1,21–26; 2,12–17 und 6,1–8,18* und 14,28f.31; 17,1–3; 18*; 19*; 20; 22* und *28,1–4.7–18; 29,1–4.9–10.13–14; 29,15–16; 30,1–5.6–8.12–14.16–17; 31,1.3 (*U. Berges*).

Im Bereich 1–11 können aber auch noch mehr Texte als jesajanisch bestimmt werden: 1,21–26; 2,7.10.12–17; *3,1–7.12–15.16–24 (3,25–4,1[?]); 5,1–7.8–12.18–24a.24b-29; 6,1–11; *7,1–8.18; 9,*7–20; 10,1–4.*5–15. 27b*-34; 11,1–5 (*E. Blum*).

Auf der Basis der auf ein kritisches Minimum reduzierten jesajanischen Texte kann die *Periodisierung der Tätigkeit des Jesaja* in die Frühverkündigung (740–736 v. Chr., in 1*; 2* enthalten), die Verkündigung zur Zeit der syrisch-efraimitischen Auseinandersetzung (734–732, in 7–8 enthalten) und die Spätverkündigung (705–701, in 28–32 enthalten) plausibel gemacht und vertreten werden. Bei noch großzügigeren Zuteilungen von Text an den historischen Jesaja ergibt sich das folgende Bild: In die Zeit des syrisch-efraimitischen Krieges (735–732) sind 1,21–26.27–31; 5,1–24; 6,1–11[12–13]; 7,*2–17.20; 8,1–15; 8,16–9,6; 15,1b-16,12; 29,15–24) zu datieren. In die Jahre 724–720 gehören 5,25–30; 9,7–10,4; 10,5–34; 14,24–27; 17–18; 19,1–17; 29,1–14. Auf Hiskijas Vorbereitungen zum Aufstand gegen Assyrien und den Aufstand selbst, die Jahre 715–701, nehmen die folgenden Texte Bezug: 1,2–9.10–18; 2,6–19; 3,1–9.12–15; 3,16–4,1; 14,4b-21.28–32; 22,1b-14.15–25; 23,1b-14; 28; 30,1–18; 31; 32,9–14 (*M. Sweeney 1996*).

Über die *Art und Weise der Überlieferung* des *von Jesaja selbst* geformten Gutes lassen sich nur Vermutungen anstellen. Sie schließen sich an die zwar knappen, aber ausdrücklich von Verschriftung sprechenden Vermerke in 8,1; 30,8 an. So ist auch heute noch die Ansicht vertretbar, dass der von ca. 740 bis 701 Jerusalem und Juda mit seinem Wort begleitende Prophet seine Botschaft schriftlich fixierte und einem Kreis von Schülern anvertraute. Bezüglich des genauen Umfangs und der Gestalt des prophetischen Wortes bleibt die Wissenschaft auf Hypothesen angewiesen. Als eine derartige Hypothese hat das 1928 von *K. Budde* eingeführte und seitdem immer wieder diskutierte Konzept der »Denkschrift« des Propheten (*6–8) sich gegen alle Bestreitung behaupten können (*T. Wagner*). Die »Denkschrift« wird ebenso wie die Weherufe in 28,1–4; 29,1–4.15–16; 30,1–5; 31,1.3 als kleine Sammlung jesajanischer Worte aufgefasst, die den Ansatzpunkt für den weiteren literarischen Ausbau gebildet hat (*J. Barthel*). Auch die Reihe der Weherufe in 5,8–24; 10,1–3 mit dem Weinberglied (5,1–7) als Eingangstext kommt als derartige kleine Sammlung in Betracht. Da ausdrücklich von *Schülern* die Rede ist (8,16), scheint die Annahme der produktiven Weiterüberlieferung in diesem Kreis nicht völlig aus der Luft gegriffen. Dennoch ist die Existenz einer »jesajanischen Schule«, die für die weiteren Stadien der Entstehungsgeschichte des Buches verantwortlich wäre, wenig wahrscheinlich. Die Frage, ob am Ende des 8. und zu Beginn des 7. Jh.s bereits von einem »Jesajabuch« gesprochen werden kann, muss offen bleiben.

2.3 Die »Assur-Redaktion« in der Joschija-Zeit (7. Jh.)

Im vorliegenden Buch gibt es keine weiteren ausdrücklichen Hinweise auf seine Verschriftung mehr. So sind die Stationen in der Geschichte des Buches aus indirekten Angaben zu erschließen. Als Anhaltspunkte für die Rekonstruktion der Entstehungsgeschichte des Buches gelten die Erwähnungen der Großmächte *Assur* und *Babylon*. Da in manchen Texten der Niedergang des *assyrischen Großreichs* im ausgehenden 7. Jh. v. Chr. vorausgesetzt erscheint (z. B. 14,24–27; 30,27–33; 8,23b–9,6), legt sich eine »Assur-Redaktion« jesajanischer Texte in der Joschijazeit nahe (*H. Barth*). Die aus dieser Annahme weiterentwickelte Hypothese eines Jesajabuches vom Ende des 7. Jh.s erscheint plausibel. Die in diesem Buch schon zu größeren Blöcken zusammengestellten Texte beziehen sich 1. auf die assyrische Strafexpedition gegen das Nordreich Israel und den Niedergang des assyrischen Großreichs. Damit ist verbunden die Ankündigung eines messianischen (königlichen) Retters und die Rückkehr des Nordreichs zum Haus Davids (5–12). Sie enthalten 2. Völkersprüche, an deren Spitze der über Assyrien steht und die in der Ankündigung der Rückkehr der im Jahre 722 Exilierten gipfeln (*14–23.27), 3. Sprüche über Jerusalem mit der Ankündigung eines messianischen Retters (28–32) und 4. die Erzählung der Rettung Jerusalems durch JHWH (36–37). Die Redaktion benutzt jesajanisches Material, formuliert aber stellenweise ganz neue Texte. Ihre Arbeit lässt sich in 7,1–4.10.18–19.21–25; 15,2b; 16,13–14; 20; 23,1a.15–18; 27; 30,19–33; 32,1–8.15–20 erkennen. In 36–37 hat sie eine überarbeitete Fassung des Erzählguts aus 1 Kön 18–19 übernommen (*M. Sweeney 1996*).

Das postulierte joschijanische Jesajabuch endete mit einem geschichtlichen Anhang. Das Jeremiabuch stellt dazu eine Analogie dar. Es schließt ebenfalls mit einem geschichtlichen Anhang, der sein Seitenstück in 2 Kön hat (Jer 52 || 2 Kön 24,18–25,21.27–30). Die Hiskija-Jesaja-Erzählungen in 36–37 und 38–39 sind gegensätzlich einmal als Reflex der Vorgänge um 701 v. Chr. (*C. R. Seitz*), einmal als in der babylonischen Krise der Ermutigung dienende Texte interpretiert worden (*C. Hardmeier*). Vertreten wird auch die These, nach der die Hiskija-Jesaja-Erzählungen erst zu einem ganz späten Zeitpunkt (Ausgang des 5. Jh.s) in das schon fast vollständig vorliegende Jesajabuch eingefügt worden sind. Sie fungieren nun als kompositorische Mitte des Buches und stellen den Zion als den gegen jeden feindlichen Ansturm der Völker gefeiten Ort und als das rettende Ziel für die Gerechten Israels und der Völker heraus. Die Kap. 36–37 mit dem Thema »Bedrohung durch Assur« blicken auf die assyrische Zeit (Kap. 1–32) zurück, Kap. 39 mit dem Thema »Gesandtschaft aus Babylon« weist auf die babylonische Zeit (40ff) voraus (*U. Berges*).

Die Präsenz Babylons in 13,1.19; 14,4.22; 21,9 (vgl. 23,13) ist jedenfalls Indiz dafür, dass dem (hypothetischen) joschijanischen Jesajabuch noch Texte aus der Zeit nach 538 zugeordnet wurden.

2.4 Die Diskussion über die Entstehung der Kapitel 40–66 und deren Beziehung zu Jes 1–39

Muss mit einem aus dem letzten Drittel des 7. Jh.s stammenden Buch *1–39 gerechnet werden, ergibt sich die Frage, wie der Textbereich 40–55, dessen Entstehungszeit auf

Grund des in ihm vorausgesetzten Niedergangs der Großmacht Babylon (43,14; 47,1; 48,14.20; vgl. 47,5) und der Erwähnung des Perserkönigs Kyrus (44,28; 45,1) in die Zeit nach 538 v. Chr. anzusetzen ist, und die Kap. 56–66, die noch später datiert werden müssen, diesem Buch zuzuordnen sind.

Prinzipiell bieten sich zwei Modelle an: Das *erste* Modell postuliert für 40ff eine ganz eigene Entstehungsgeschichte. In ihm bilden die Kap. 40ff eine Größe für sich. Ihre Entstehung in mehreren Stufen hat nichts mit dem Komplex Kap. 1–39 zu tun. Das *zweite* Modell rechnet von vornherein mit einem engen Anschluss der Kap. 40ff an Kap. 1–39 in deren Entstehungsphase. Die Kap. 40ff haben nie selbständig und für sich bestanden, sondern sind als Weiterführung und Ergänzung von Kap. 1–35(39) konzipiert worden.

2.41 Das Modell der eigenständigen Entstehung von Jes 40–55.56–66

Dieses Modell ist seit dem Kommentar von *B. Duhm* in der Forschung immer wieder vertreten worden und hat in *O. H. Steck* mit seinen neue Gesichtspunkte zur Geltung bringenden Beiträgen in der gegenwärtigen Diskussion einen prominenten Vertreter.

B. Duhm fasste die Vereinigung eines wenig umfangreichen, biographisch orientierten Jesajabuches (6,1–9,6; 20; 36–39; dazu 3,16–4,1; 14,28–32; 29,13f) mit 40–66 als einen ganz äußerlichen, gegen Ende des dritten Jahrhunderts stattfindenden Akt auf. Die Hauptmasse von Kap. 40–55 stamme von Deuterojesaja, der um 540 in einem am Libanon, etwa in Phönizien, gelegenen Ort geschrieben habe. Später zu datieren seien die Gottesknechtlieder (42,1–4; 49,1–6; 50,4–9; 52,13–53,12). Noch später sei die Abfassung von Kap. 56–66 anzusetzen. Die Kapitel seien das Produkt eines einzigen Schriftstellers. Während Duhms Thesen zur Entstehung des ersten Großteils des Buches Jesaja (Kap. 1–39) in der weiteren Forschungsgeschichte mannigfache Kritik und Modifikationen erfuhren – *H. Wildberger* spricht von der »blühenden Phantasie« Duhms –, blieb doch die Annahme des sich auf völlig getrennten Wegen vollziehenden Werdegangs der Buchteile Kap. 1–39 und Kap. 40–55.56–66 eine Grundthese der Exegese. Die Frage, warum die großen Texte zusammengefügt wurden, wurde, so man sie überhaupt gestellt hat, nur unbefriedigend mit Hinweisen auf die Praktikabilität von Schriftrollen beantwortet.

Die entscheidende Modifikation innerhalb dieses Konzepts der Entstehungsgeschichte des Buches hat *O. H. Steck* angebracht. Auch nach ihm haben die Großteile *1–34.36–39 und Jes 40ff ihre je eigene Entstehungsgeschichte: In frühnachexilischer Zeit ist mit einem »ersten Jesaja« zu rechnen (Kap. *1–11; *13–34; 36–39). Ganz unabhängig von diesem Buch ist in den Jahren nach 540 in einem mehrstufigen Prozess der Komplex Kap. 40–55 entstanden, dem in einer weiteren Phase die Kap. 60–62 zugewachsen sind. Erst in den Jahren nach dem Tod Alexanders d. Großen (323) sind die Textmassen Kap. *1–39 und *40–55.60–62 zum Buch »Großjesaja« vereinigt worden. In mehreren Stufen ist noch weiteres Material in den nun gegebenen Zusammenhang eingefügt worden. Die Verbindung zwischen den Großtexten Kap. *1–39 und 40ff versteht Steck nun im Gegensatz zur vorangegangenen Forschung als einen sehr überlegten Redaktionsvorgang, dem nichts Mechanisches anhaftet. Als Brückentext zwischen beiden Textkomplexen dient Kap. 35. Außerdem hat die Redaktion in beiden Großteilen ihre Spuren hinterlassen (11,11–16; 27,12f; 62,10–12).

Den Anregungen *O. H. Stecks* folgend, literarkritische Vorschläge *J. van Oorschots* aufgreifend und die bisherige Forschung synthetisierend hat *U. Berges* das Werden des Jesajabuches so konzipiert:

Die Aussprüche eines von 550–539 in Babylon wirkenden *Anonymus* sind im Bereich 40,12–46,11 erhalten (I *40,12–28; 41,1–5.8–13.16b–20; 41,21–26.28; 42,5–9; II 42,13–16; 43,1–4.8–13.14–15.16–21; 44,1–3a.4.6–8.21–22; III 44,24–45,7*; IV 45,*11–13.20a.21; 46,9–11). Seine Worte werden von Schülern gesammelt und durch Hymnen strukturiert (= *Gola-Redaktion*). Sie ist tätig in den Jahren 539–521 noch in der Gola. Sie fordert die Exulanten zum Auszug aus Babel auf (42,1–4.10–12; 44,23; 47,1–11; 48*; 48,20–21). Eine aus der Gola heimgekehrte Gruppe ist verantwortlich für die *erste Jerusalemer Redaktion*, die nach 521 tätig wird. Ihre Texte sind Jerusalem/Zion orientiert und finden sich in 49,13–52,12 (*49,13.14–26; 50,1–3; 51,9–11.17.19; 52,1–2; 52,7–8.9–10). Sie formuliert den Prolog (40,1–5.9–11) und fordert zum Auszug aus der Diaspora auf (52,11–12). Sie besorgt auch die erstmalige Vernetzung der Großkomplexe Kap. *1–32 und Kap. *40–52 miteinander, wobei Kap. 33 als Brückentext fungiert. In der Mitte des 5. Jh.s wird eine *zweite Jerusalemer Redaktion* tätig. Sie bringt wiederum eigene Texte (40,3aα6–8; 40,29–31; 46,12–13; 50,4–9; 51,1–2.12–16; *54–55). Sie gipfeln in dem an JHWH-Gläubige aus den Völkern gerichteten Aufruf zum Auszug (55,12–13).

Während der 2. Hälfte des 5. Jh.s kommen weitere Texte hinzu: das Edomkapitel 34 und der neue Brückentext Kap. 35. Außerdem werden die *tritojesajanischen Kapitel *60–62* angefügt, die ihrerseits in der ersten Hälfte des 5. Jh.s entstanden sind. In diese Zeit fällt auch die Einarbeitung der *Umkehr-Redaktion* (*56,9–59,21) aus der zweiten Hälfte des 5. Jh.s. Am Ende des 5. Jh.s/Beginn des 4. Jh.s folgt die zweistufige *Redaktion der Knechtsgemeinde* (63,1–6; 63,7–64,11; 65 und 56,1–8; 66,1–24). Erst zu diesem Zeitpunkt finden auch die Erzählungen Kap. 36–39 in der Mitte des Buches ihren Platz (*U. Berges*).

Gegenüber *O. H. Steck* vertritt *U. Berges* eine Frühdatierung der Redaktion, die Protojesaja und Deuterojesaja in Kontakt miteinander bringt. Sie, die erste Jerusalemer Redaktion, ist gegen Ende des 6. Jh.s anzusetzen. Gegen Ende des 5. Jh.s liegt das Jesajabuch als Ganzes vor. Der entscheidende Brückentext, mit dem die 1. Jerusalemer Redaktion Proto- und Deuterojesaja verbindet, ist Kap. 33. Die letzte These ist eine Anleihe aus der konkurrierenden Konzeption zum Werden von »Großjesaja«.

2.42 Das Modell der produktiven Fortschreibung in Jes 40–66

Da sich der Text Kap. 40–55 als Gegenrede zu vielen Partien in Kap. 1–32 eng an eben diesen Komplex anschließt, ergibt sich die Alternativposition, die in Kap. 40–55 eher eine Fortschreibung von Kap. 1–32 als ein eigenständiges und in sich stehendes Textkorpus sieht. Als Verbindungstext zwischen der literarischen Hinterlassenschaft Jesajas von Jerusalem und dem Stoff, den Deuterojesaja in 40ff hinzufügte, diente Kap. 33, bei dem zwischen dem, was diesem aus der Tradition zukam, und dem, wofür er selbst verantwortlich war, kaum unterschieden werden kann (*H. G. M. Williamson*). Da ferner nicht nur Kap. 56–59, sondern auch Kap. 60–62 den Text 1–32 voraussetzen, muss damit gerechnet werden, dass in der Tat das Jesajabuch kontinuierlich zu seinem jetzigen

Umfang angewachsen ist. Eine zunächst parallele und jeweils unabhängige Existenz zweier relativ umfangreicher Texte, Kap. 1–32(39) und Kap. 40–55 (+ 60–62), ist weniger wahrscheinlich.

2.5 Eine (akzeptable) Gesamthypothese (M. Sweeney)

Der Kommentar von *M. Sweeney* lässt die Kontroverse bezüglich getrennter oder verbundener Entwicklung der Großkomplexe Kap. 1–39 und Kap. 40ff weithin auf sich beruhen und bringt das Werden des Jesajabuches auf eine einprägsame Form (*M. Sweeney*). Er rechnet mit vier Hauptstadien in der Komposition des Buches:

(1) Die Endfassung des Buches Kap. 1–66, die im Zusammenhang mit den Reformen von Esra und Nehemia steht, ist in die Mitte oder die Endphase des 5. Jh.s zu datieren. Die Redaktion ist verantwortlich für 1,1.19–20.27–28; 2,1; 4,3–6; 33; 34; 56–59; 63–66.

(2) Dieser Fassung geht eine Ausgabe des Buches vom Ende des 6. Jh.s voran (520–515). Es umfasste *2–32; 35–55 und 60–62.

Die Redaktion fügt über älteres Material eigene Texte hinzu: (a) Texte zur Rolle des Zion für Israel und die Völker (2,2–4.5; 4,2; 13,2–22; 14,1–2.3–4a.22–23; 24–26; 35 und 60–62.); (b) Texte mit besonderer Betonung der Heimkehr der Exilierten (11,11–16; 27,12–13; 35,8–10; 40,1–11; 48,17–22; 52,11–12; 54,1–17; 55,12–13; 62,10–12). (c) Texte, die den Perserkönig Kyrus nennen (44,24–28; 45,1–7) oder voraussetzen (41,2–3.25; 45,13; 46,11; 48,14–15); (d) hymnische Texte (12; 24–27; 35; 42,10–13; 44,23; 45,8; 48,20–21; 49,13; 51,3; 52,9–10; 54,1–3; 60–62).

(3) Am Ende des 7. Jh.s gibt es das »joschijanische Jesajabuch«, das 5–12; *14–23; 27; 28–32; 36–37 umfasst (s. o.).

(4) Am Anfang der Entwicklung stehen die Worte des historischen Propheten Jesaja aus der 2. Hälfte des 8. Jh.s. Sie finden sich in 1*; *2–4; 5–10; *14–23; *28–32 (s. o. 2.2).

2.6 Fazit

Die verhältnismäßig einfache Konzeption des Werdens des Jesajabuches bei *B. Duhm* – getrennte Geschichte der Buchteile Kap. 1–39 und Kap. 40–66; die sehr einheitlichen Konzeptionen von Deuterojesaja, dem er nach Abzug der Gottesknechtlieder und einiger Zusätze noch 75% des Textbestandes in Kap. 40–55 zuschrieb, und von Tritojesaja, den er als den einzigen Autor von Kap. 56–66 betrachtete – ist hundert Jahre später durch einander widerstreitende, komplizierte Hypothesen ersetzt. Zeichen für die veränderte Forschungssituation ist die sehr differenzierte literarkritische Auflösung der Kap. 40–55, die über das bisher vertretene Maß beträchtlich hinausgeht (*R. G. Kratz; J. van Oorschot; U. Berges*). Allerdings sind im Zusammenhang mit der literarkritischen Arbeit an 40–55 und der redaktionskritischen Analyse an 56–66 methodische Postulate formuliert worden (*O. H. Steck*), die der unkontrollierten Hypothesenbildung wehren können. Für Kap. 56–66 dürfen wohl schon jetzt zwei Ergebnisse verbucht werden: die Aufgabe des Duhmschen Verfassers »Tritojesaja« verbunden mit der Skepsis, Autorenstücke von Redaktionsarbeit exakt trennen zu können, einerseits und die Erkenntnis größerer, gleichwohl diachron zu ordnender Textzusammenhänge andererseits. Letzteres kommt einer Reduzierung literarkritischer Textsegmentierung in diesem Bereich gleich.

2.7 Theologiegeschichtliche Kontexte

Das Jesajabuch dokumentiert als Ganzes die Theologiegeschichte Judas und Jerusalems von der Mitte des 8. Jh.s bis zur Mitte des 3. Jh.s v. Chr. Hier kann nur auf einige das theologische Nachdenken herausfordernde Ereignisse aufmerksam gemacht werden.

2.71 Die neuassyrische Krise

Von der Person des Jesaja ist uns sehr wenig bekannt. Sein eigener Name, der seines Vaters, Amoz, und die Namen zweier Söhne, Schear-Jaschub und Maher-Schalal-Chasch-Bas, sind uns überliefert. Der Name seiner Frau bleibt unbekannt. Sie wird als »Prophetin« (8,3) eingeführt. Die Namen der judäischen Könige in der Überschrift des Buches (1,1) verlegen die Wirksamkeit Jesajas in die Zeit von 740–690 v. Chr. Die weiteren im Buch gegebenen Datierungen (6,1; 7,1; 14,28; 20,1) fügen sich diesem in der Überschrift gegebenen Rahmen ein. Sein Wirken hat sich auf Jerusalem konzentriert. Jesaja scheint seine Wirksamkeit noch in einer Zeit relativer politischer Ruhe begonnen zu haben. Die Periode brachte für Juda und Jerusalem jedoch nicht nur Prosperität, sondern bedeutete zugleich Verarmung großer Teile der Mittel- und Unterschicht. Auf diese Entwicklung reagierte Jesaja mit seinem sozial- und innenpolitischen Plädoyer für Recht und Gerechtigkeit (1,21–26; 5,1–7.8ff; 10,1–3). Herausforderungen der Epoche sind jedoch vor allem die Verwicklungen für Jerusalem und Juda in der Folge der Großmachtpolitik des neuassyrischen Reiches. Die Auseinandersetzung zwischen Jerusalem und Juda auf der einen Seite und dem Nordreich Israel auf der anderen Seite, das mit Syrien auf der Suche nach neuen Mitgliedern einer antiassyrischen Allianz verbündet war, bringt Jesaja auf die außenpolitische Bühne. In den Jahren 734–732 rät er dem judäischen König Ahas, sich jeder direkten Aktion zu enthalten und stattdessen auf den heiligen Gott zu vertrauen. Die Stellungnahme vom Jahr 734 wird Jesaja bei verschiedenen Gelegenheiten wiederholen. Das Plädoyer für den Glauben gegen jede Form der Bündnispolitik bleibt bis 701 für die Tätigkeit Jesajas bestimmend. Der Fall Samarias und in dessen Folge der Verlust der staatlichen Selbständigkeit des Nordreichs 722 stellen Herausforderungen ganz eigener Art dar. Von ihnen lassen sich jedoch nur geringe Spuren in der literarischen Hinterlassenschaft ausmachen (28,1–4?).

Deutlicher sind die Spuren der Ereignisse der Jahre 705–701 in den Texten. Der König Hiskija stellt die Tributleistungen an Assur ein (vgl. 2 Kön 18,7). Zur Wiederherstellung der vollen Vasallität Jerusalems überzieht Sanherib Juda mit Krieg, erobert alle wichtigen Städte Judas (2 Kön 18,13) und belagert Jerusalem. Allerdings nimmt der Assyrerkönig die Stadt nicht ein. Auch in dieser Krise hat Jesaja seine Stimme erhoben und für den Glauben an Gott geworben (vgl. 28,12.16.17; 30,15). Die Stellungnahmen des Jesaja scheinen jedoch keine weit reichenden Folgen bei den Menschen seiner Generation gehabt zu haben. Seine Worte fanden nur bei wenigen Aufnahme, die sie jedoch weiterüberlieferten, nicht ohne sie den veränderten Situationen anzupassen. Im Geist des Jesaja entstanden auch ganz neue Texte.

2.72 Die Krise des Glaubens im ausgehenden Exil

Die Kap. 40–55 setzen eine völlig andere Situation der Hörerschaft voraus. Den direkten und indirekten Zitaten der Reden der Adressaten (vgl. 40,27; 49,14; 40,12.18.25) kann entnommen werden, dass sich eine resignative und verzweifelte Stimmung unter den im Exil Lebenden ausgebreitet hatte. Der Klage über und dem Protest gegen die Zerstörung Jerusalems und des Tempels sowie den Verlust der Eigenstaatlichkeit Judas ist mit der Zeit eine Einstellung unter den Exilierten gefolgt, in der sie die Überlegenheit der babylonischen Religion, Kultur, Zivilisation, Wissenschaft und Politik über die hergebrachten Traditionen des Glaubens an JHWH anzuerkennen bereit waren. Sie scheinen im Begriff zu sein, sich in Babylon einzurichten und der Faszination der babylonischen Hochkultur zu erliegen. Das Wort in Kap. 40–55 versucht einerseits mit dem Aufgebot aller zur Verfügung stehenden Mittel der traditionellen Theologie und religiösen Rhetorik, andererseits mit dem Einsatz schöpferischer Kraft zur Formung ganz neuer, ungehörter theologischer Sätze den Glauben an JHWH, den einen Gott, den Schöpfer und Retter, attraktiv zu machen. Konkret werben die Texte dafür, die durch die Politik des Perserkönigs Kyrus eröffnete Möglichkeit der Rückkehr nach Jerusalem wahrzunehmen. Theologisch ist der Auszug aus Babylon ein Auszug, der den aus Ägypten überbietet.

2.73 Die Neukonstituierung nach dem Exil

Die Kap. 56–66 scheinen die Auseinandersetzungen zu spiegeln, die bei der gesellschaftlichen Neukonstituierung Jerusalems und Judas in den Jahren nach 520 bis in die Mitte des 5. Jh.s aufkamen. Themen sind die verzögerte Realisierung der in so leuchtenden Farben gezeichneten Wiederherstellung Jerusalems und die Gründe für eben diese Verzögerung. Das von Gott gewirkte Heil gilt denjenigen, die sich im Tun von Recht und Gerechtigkeit ganz auf JHWH einlassen. Die Scheidung innerhalb Israels zwischen Gerechten, den Knechten JHWHs, und Sündern wird ebenso Thema wie die Zulassung von Nichtisraeliten zum Bund mit JHWH. Bedingung ist die Bekehrung zu JHWH. Völker können so zum Zion kommen und die Herrlichkeit des Herrn sehen. Die gegenüber Nichtisraeliten offene, ihnen Anteil an der Rettung Israels gebende Haltung, wie sie in schließlich über das ganze Buch verteilten Texten zum Ausdruck kommt (2,2ff; 25,6f; 56,1–8; 66,18ff), lässt sich am besten in der Perserzeit verstehen. Die auf Israel konzentrierten Texte (11,11–16; 27,12–13; 35,9b-10) scheinen dagegen auf eine spätere Zeit zu deuten und sind eine Verengung der universalen Perspektive. Die innere Verfassung des Gemeinwesens verzichtet auf das davidische Königtum. Davidische Verheißungen gelten dem nachexilischen Gemeinwesen (55,3). Die Existenz des Tempels in Jerusalem ist vorausgesetzt. Opfergottesdienste gibt es (56,7). Aber ihr Vollzug richtet sich ganz nach der vergleichsweise armen ökonomischen Situation. Die Gegenüberstellung der beiden gottesdienstkritischen Texte 58,3–6 und 1,10ff legt nahe, dass in nach-exilischer Zeit Gebets- und Bußgottesdienste in die Position einrückten, die in der vorexilischen Kultkritik die Opfer einnahmen.

3. Theologie

3.1 Der »heilige Gott«

Von 1,4 bis 60,14 fällt das Wort »heilig« 35-mal. Es ist ein theologisches Leitwort. Gott erweist sich als heilig, d. h. als der weltüberlegene und machtvolle Herr, vor dessen Majestät der Mensch einbricht und versinkt, und er handelt zugleich engagiert in der Welt. Gott bringt väterlich-mütterlich Söhne hoch. Er umwirbt das Haus Israel wie ein Liebhaber die Braut. Auf den Begriff gebracht: Er ist der dreimal Heilige und zugleich der Heilige Israels. Als der Heilige fordert Gott streng die Entscheidung des Menschen zum Tun des Guten ein.

Die Rede vom Zorn Gottes wird angesichts der Sünde der Menschen in Jerusalem und Juda verständlich. Dennoch verhängt Gott nicht ein absolutes Gericht, sondern drängt Israel zur Wahl des durch den Vollzug von Recht und Gerechtigkeit und den Glauben noch immer möglichen Lebens. Gott schafft über die Sünde Jerusalems hinweg neues Heil. Er lässt bei allem Gericht einen Rest übrig (1,8–9; 30,17). Jesaja wird (wie Amos und Micha) häufig als radikaler Unheilsprophet angesehen. Diese Auffassung führt zur Ausgrenzung zahlreicher Texte als nicht-jesajanisch, da sie nicht unbedingtes Unheil ankündigen. Da der Prophet an sich selbst Sündenvergebung erfährt (6,7), sind Aussagen über die Definitivität der Schuld Jerusalems (22,14) ebenso wie der sogenannte »Verstockungsauftrag« (6,9–10) nicht auf der Linie absolut-radikalen Unheils zu interpretieren, sondern mit Texten, in denen das Gericht Gottes als Läuterungsgericht (1,21ff) verstanden wird, ja sogar eine Alternative für das Verhalten Jerusalems und Judas angedeutet ist, die dem von Gott verhängten und vom Propheten angekündigten Unheil wehren kann, interpretatorisch zu vermitteln. Der Auftrag in 6,9–10 geht wohl nicht dahin, durch die prophetische Botschaft absolute Unempfänglichkeit für eben diese Botschaft zu bewirken, sondern muss wohl aufgrund des Vorgangs der Verschriftung einer ursprünglichen Erfahrung als nachträgliche Interpretation des eigenen prophetischen Wirkens aufgefasst werden. Die Jerusalemer Öffentlichkeit, der König wie die anderen gesellschaftlichen Eliten der Stadt, begegneten der Botschaft des Propheten mit einer sehr effizienten Immunisierungsstrategie.

3.2 Theologische Anthropologie

Dem hohen Gottesverständnis entspricht eine differenzierte Anthropologie: Sie postuliert für den Menschen, Mann und Frau gleichermaßen, den Verzicht auf das verzweifelte Großseinwollen vor Gott und den Menschen. Der Mensch findet sich nicht durch Selbstbehauptung. Der Mensch erfährt »Ruhe« im Vertrauen auf und Glauben an den heiligen Gott. Aus der »Ruhe« vermag der Mensch dem Erschöpften Ruhe zu verschaffen (vgl. 28,12). Das heißt: Der Glaube ermöglicht den angstfreien Einsatz des Menschen für seinen Mitmenschen. Der Glaube an den heiligen Gott befähigt den Menschen zur Verwirklichung von Recht und Gerechtigkeit. Dieser Verwirklichung verweigern sich jedoch die Stadt (1,21), das Haus Israel und die Männer Judas (5,7). So ist von der schweren Schuld des Volkes zu sprechen (1,4). Sie besteht in der Missachtung der Rechte der Armen, ihrer brutalen Unterdrückung. Sie besteht aber auch in der Abwehr, Gott in außenpolitischen Fragen Gott sein zu lassen. Verweigerter Glaube bedingt individuelles und gesellschaftliches Scheitern.

3.3 Die Rettungstat des einen Gottes als neue Schöpfung

Schon im Bereich Kap. 1–39 wird die Botschaft, die Sünde analysiert und göttliches Gericht ankündigt, immer wieder durchkreuzt durch Texte, die von Gottes unbedingtem Heilswillen sprechen. Der Starke Israels läutert seine Stadt (1,24.25), so spricht noch der Prophet. In exilisch-nachexilischer Zeit sprechen die Texte deutlicher von Gottes Harren, dem Volk sich gnädig und barmherzig zu erweisen (30,18). Die Krankheit, die das Volk am ganzen Leib befallen hat (1,5–6), heilt Gott (30,26), so dass niemand, der auf dem Zion wohnt, mehr von seiner Krankheit sprechen wird (33,24). Die Schuld ist dem Volk vergeben.

Die unbedingte Heilszusage bildet dann den Hauptinhalt der Kap. 40–55. Den resignierten Menschen im Exil wird Mut zugesprochen, denn Gott vergibt die Sünde, bewirkt die Heimkehr als neuen Exodus und ermöglicht neues Leben. Der Glaube an einen Gott (Monotheismus) wird klar ausgesprochen (vgl. 43,10–11; 45,21–22). In Kap. 40–48 findet sich neben Gen 1–2 die breiteste Bezeugung des Schöpfungsglaubens. Der eine Gott ist der Schöpfer Himmels und der Erde. Er ist aber auch in seiner Qualität als Schöpfer tätig, wenn er Israel erwählt. Die Sündenvergebung ist ebenso Wirkung seiner Schöpfermacht wie die Heimkehr zum Zion.

Trotz der unbedingten Heilszusage (40–55.60–62) bleibt jedoch Israel herausgefordert, der Sünde entschieden abzusagen und sich auf Gott und den Nächsten einzustellen (Kap. 56–59).

3.4 Stellvertretendes Leiden

Das Leiden des Knechtes, dessen Identität in der Forschung diskutiert ist – die Gestalt wird kollektiv (= Israel), aber auch individuell gedeutet (als prophetische oder königliche Gestalt) –, geht nicht ins Leere. Das Leiden des Knechtes vermittelt Recht für die Völker und Sündenvergebung für viele (Jes 42,1–4; 49,1–6; 50,4–9 und 52,13–53,12). Sieht man im »Knecht« von Jes 52,13–53,12 eine individuelle Gestalt, lässt sich die Bedeutung seines stellvertretenden Leidens so zusammenfassen: »(1) Die Folgen des eigenen Tun, die die Wir hätten tragen müssen, aber nicht übernommen haben, werden einem anderen aufgebürdet. Die Initiative dazu geht von JHWH aus (V. 6b.10aα): Er lässt einen *fremden Tun-Ergehen-Zusammenhang so am Gottesknecht* zur Auswirkung kommen, dass der eigentlich Schuldige, nämlich Israel, in die Position des Erretteten gelangt - während der Unschuldige daran zerbricht. (2) Indem die Wir das erkennen, bekennen sie die vom Gottesknecht getragene Schuld als ihre eigene. Die im Bekenntnis von V. 4–6 vollzogene Schulderkenntnis ist die Voraussetzung für die ... Rettung Israels, weil sie nicht nur ein von Schuld befreites, sondern *durch Erkenntnis verwandel-*

tes Israel mit sich bringt. Nur dieses wird als Nachkomme des Gottesknechts (V. 10f) in die JHWH-Gemeinschaft zurückkehren. (3) Das vierte Gottesknechtslied beginnt nicht mit der Rede der Wir, sondern mit der Kundgabe des JHWH-Orakels. Dieses Orakel bewirkt bei den Wir *doppelte Einsicht*: zum einen die Einsicht in die Unschuld des Knechts und zum anderen die Einsicht, dass die eigene Schuld durch das Leiden des Knechts getilgt ist. Der Erfolg des Knechts, den die rahmenden JHWH-Reden weissagen (52,13–15; 53,11f), hängt mit dieser doppelten Einsicht zusammen: Israel kehrt zu JHWH zurück, weil es die Bedeutung dieses Todes und mit ihm seine eigene Situation verstanden hat« (*B. Janowski*, Stellvertretung 90–92).

3.5 Zion/Jerusalem als Ort göttlichen Heils und als geliebte Gattin JHWHs

Der Name Zion findet sich 47x im Buch. Ebenso wie die Gottesprädikation »heilig« steht der Name für ein theologisches Konzept. Die durch die Gegenwart des heiligen Gottes gewährleistete Unverletzlichkeit des Zion bedeutete dem historischen Jesaja den realen Hoffnungsgrund inmitten einer schweren persönlichen und staatlichen Krisensituation (8,17). Der Zion als der Ort, auf dem JHWH wohnt, von dem aus er als König herrscht und auf dem er den davidischen (»messianischen«) König als seinen Mandatar einsetzt, ist nicht für nur »Israel« der Ort göttlichen Heils (49,14ff; 54.55), sondern wird zum Ziel der Wallfahrt der Völker, wo sie die Weisung JHWHs zum Frieden vernehmen (2,3–4), und an dem von Gott üppig bereiteten Festmahl teilnehmen werden (25,6f).

Nach der Sicht des Jesajabuches ist Zion zutiefst bedroht »wie eine Hütte im Weinberg« (1,8). »Dieser Aspekt prägt das Buch Jesaja weithin. Man könnte es geradezu als das ›Buch der Sorge um Zion‹ bezeichnen. Die Bedrohung Jerusalems erscheint unter ganz verschiedenen Aspekten: teils als Bedrohung von außen durch Feinde, teils aber auch von innen durch das Verhalten der eigenen Bewohner. Hier verbindet sich das Thema ›Zion‹ mit dem von ›Recht und Gerechtigkeit‹, dem anderen großen Thema des Jesajabuches. Dabei zeigt sich, daß die Kritik und Anklage Jesajas gegenüber seinen Mitbewohnern ganz von der Sorge um Zion bestimmt ist. Das wird schon im ersten Kapitel sehr deutlich. Die vehementen Anklagen laufen auf die Hoffnung zu, daß Zion durch Recht und Gerechtigkeit gerettet wird und dann wieder ›Stadt der Gerechtigkeit‹ genannt werden wird (1,26f) und daß schließlich die Völker zum Zion wallfahren werden, um dort Tora zu lernen (2,2–4). Aber dem steht gegenüber, daß jetzt Recht und Gerechtigkeit fehlen. Dies wird neben vielen anderen Texten im Schlüsselgleichnis vom Weinstock Israel herausgestellt: Was Gott, der Weingärtner, vergeblich sucht, sind Recht und Gerechtigkeit (5,1–7). Umgekehrt steht bei den verschiedenen Erwartungen und Verheißungen eines künftigen Königs stets die Erwartung im Mittelpunkt, daß mit seiner Herrschaft Recht und Gerechtigkeit zur Geltung kommen werden (9,6; 11,3–5; 32,1). Das Programm für die Rückkehrer beginnt mit dem Aufruf, Recht und Gerechtigkeit zu verwirklichen (56,1), und schließlich gipfelt die Schilderung der glanzvollen endzeitlichen Zukunft Zions darin, daß Recht und Gerechtigkeit über ihr aufstrahlen, so daß alle Völker es sehen (62,1f)« (*R. Rendtorff*, Theologie I, 184f).

Die Verheißungen der Wiederherstellung Zions durch JHWH verbinden sich in Jes 40–66 mit der (neuen) Metapher von der Beziehung Jerusalems zu JHWH als Frau und als Mutter vieler Kinder. Zion als *Ort* wandelt sich zu Zion als *Gestalt.* Dabei ist insbesondere »die Metapher von Jahwe als Eheherrn Jerusalems als Ausdruck der Einzigartigkeit und Beständigkeit dieser Beziehung zu sehen, wie es Jes 54,4–8(10) auch ausdrücklich hervorhebt ... Doch ist bezeichnend, daß ... die Vorstellung Zions als Person mit ihrer Stellung als Königin hinsichtlich der Völkerwelt verbunden ist: 52,1f im Blick auf Jes 52,7–10; 49,23; 54,4–8 (vgl. V. 5); 60–62; 54,3.10. Damit rückt Zion in der Heilszeit in die Stellung des davidischen Königs gemäß Jerusalemer Sicht ein. Es ist schwerlich Zufall, daß sich die Vorstellung von der Frau Zion in Heilsweissagungen breit nur in einem einzigen Textbereich des Alten Testaments findet – in Deuterojesaja und daran angeschlossenen produktiven Neuinterpretationen in Tritojesaja, in einem Textbereich also, in dem eine messianische Erwartung bewußt ausgeschlossen ist. Es hat den Anschein, daß der Antrieb zur Heilsgestaltung der Figur der Frau Zion damit in Zusammenhang steht – die Stadt tritt als empfangende, handelnde Person auf Erden in die Stellung, die einst der Person des davidischen Königs in Jerusalem zugekommen war, und löst damit unausgesprochen den persischen Großkönig ab, der – wie Persepolis zeigt – eine derartige Weltstellung jetzt in Anspruch nimmt« (*O. H. Steck*, Gottesknecht 144).

3.6 Relevanz für die kirchliche Tradition

In der kirchlichen und theologischen Tradition wird das Buch Jesaja besonders wegen seiner messianischen Texte geschätzt; Jesaja gilt als der »Evangelist« des Alten Testaments (*Hieronymus*). Diesem Sachverhalt entspricht die breite liturgische Verwendung von Texten aus dem Jesajabuch während der Adventszeit. Die eschatologischen Texte des Buches bleiben für die Theologie und das kirchliche Leben wichtig. Sie verdeutlichen besonders eindringlich, dass Gott in *dieser* Schöpfung und für die ganze Menschheit das Heil wirken will. Sie machen klar, worauf der göttliche Wille bei der Gestaltung der gesellschaftlichen Wirklichkeit des Menschen aus ist: Das Werk der Gerechtigkeit ist Frieden (32,17).

Darüber hinaus haben die zahlreichen Jerusalem und Juda kritisierenden Texte die wichtige Funktion, Kirche und Gesellschaft je neu auf die in ihnen bestehenden Fehlhaltungen der kriegerischen Durchsetzung eigener Interessen (vgl. 2,7) und der schamlosen Ausbeutung der Armen (vgl. 3,15) aufmerksam zu machen.

Sein energisches, in den verschiedensten Zusammenhängen stetig wiederholtes Sprechen vom heiligen Gott erscheint in einer Zeit der allgemeinen Gefährdung des Humanum besonders relevant. Das Humanum wird nicht dadurch gerettet, dass Gott möglichst human gedacht wird, d. h. auf humane Plausibilitäten reduziert wird. Der heilige Gott in seiner Hoheit, in seiner Strenge und in seinem unbegreiflichen Zorn ist der Garant der Menschlichkeit. Beugt sich der Mensch vor ihm, ist die Bewahrung menschlicher Werte sichergestellt. Der Glaube an den heiligen Gott lässt diesen nicht nur als den strengen, sondern zugleich als den zärtlichen erfahren.

III. Das Buch Jeremia

(Franz Josef Backhaus, Stuttgart / Ivo Meyer, Luzern)

Kommentare: B. Duhm (KHC) 1901; W. Rudolph (HAT) ^{3}1968; J. Schreiner (NEB) I 1981, II 1984; R. P. Carroll (OTL) 1986; W. McKane (ICC) I 1986, II 1996; W. L. Holladay (Hermeneia) I 1986, II 1989; R. E. Clements (Interp.) 1988; W. Brueggemann, A Commentary on Jeremiah, Grand Rapids 1998; P. C. Craigie (WBC) I 1991; G. L. Keown (WBC) II 1995; G. Wanke (ZBK) I 1995, II 2003; W. Werner (NSK) I 1997, II 2003; J. R. Lundbom (AncB) I 1999, II 2004, III 2004; G. Fischer (HThKAT) I–II 2005; W. H. Schmidt (ATD) I 2008, II 2013; G. A. Walser (SCS) 2012.

Forschungsüberblicke: S. Herrmann, Jeremia. Der Prophet und das Buch (EdF 271) Darmstadt 1990; G. Fischer, Jeremia. Der Stand der theologischen Diskussion, Darmstadt 2007; C. Carroll, Another Dodecade. A dialectic model of the decentred universe of Jeremiah studies 1996–2008: CBR 8, 2010, 162–182; R. Liwak, Vierzig Jahre Forschung zum Jeremiabuch: ThR 76, 2011, 131–179.265–295.399–414.

Einzelstudien: R. Albertz, Die Exilszeit (BE 7) Stuttgart 2001, 231–260; H. D. Bak, Klagender Gott – Klagende Menschen (BZAW 193) Berlin /New York 1990; H. M. Barstad/R. G. Kratz (Hg.), Prophecy in the Book of Jeremiah (BZAW 388) Berlin/New York 2009; W. Baumgartner, Die Klagegedichte des Jeremia (BZAW 32) Gießen 1917; H. Bezzel, Die Konfessionen Jeremias (BZAW 378) Berlin/New York 2007; K. Bodner, After the Invasion. A Reading of Jeremia 40–44, Oxford u. a. 2015; P.-M. Bogaert (Hg.), Le Livre de Jérémie (BEThL 54) Leuven ^{2}1997; A. R. Diamond/L. Stulman (Hg.), Jeremiah (Dis)Placed (LHBOTS 529) New York u. a. 2011; G. Fischer, Das Trostbüchlein. Text, Komposition und Theologie von Jer 30–31 (SBB 26) Stuttgart 1993; ders., Der Prophet wie Mose. Studien zum Jeremiabuch (BZAR 15) Wiesbaden 2011; ders., Jeremia. Prophet über Völker und Königreiche, Leipzig 2015; G. Galvin, Egypt as a Place of Refuge (FAT 2/51) Tübingen 2011; Y. Goldman, Prophétie et royauté au retour de l'exil (OBO 118) Fribourg/Göttingen 1992; B. Gosse, Trois étapes de la rédaction du livre de Jérémie: ZAW 111, 1999, 508–529; A. Graupner, Auftrag und Geschick des Propheten Jeremia (BThSt 15) Neukirchen-Vluyn 1991; W. Groß (Hg.), Jeremia und die »deuteronomistische Bewegung« (BBB 98) Weinheim 1995; ders., Zukunft für Israel. Alttestamentliche Bundeskonzepte und die aktuelle Debatte um den Neuen Bund (SBS 176) Stuttgart 1998; C. Hardmeier, Prophetie im Streit vor dem Untergang Judas (BZAW 187) Berlin/New York 1990; M. Häusl, Bilder der Not. Weiblichkeits- und Geschlechtermetaphorik im Buch Jeremia (HBS 37) Freiburg 2003; E. K. Holt/C. J. Sharp (Hg.), Jeremiah Invented. Constructions and Deconstructions of Jeremiah (LHBOTS 595) New York u. a. 2015; F. D. Hubmann, Untersuchungen zu den Konfessionen Jer 11,18–12,6 und Jer 15,10–21 (FzB 30) Würzburg 1978; B. Huwyler, Jeremia und die Völker (FAT 20) Tübingen 1997; N. Ittmann, Die Konfessionen Jeremias (WMANT 54) Neukirchen-Vluyn 1981; D. W. Jamieson-Drake, Scribes and Schools in Monarchic Judah. A Socio-Archeological Approach (JSOT.S 109) Sheffield 1991; M. J. de Jong, Rewriting the Past in Light of the Present. The Stories of the Prophet Jeremiah, in: B. Becking/H. Barstad (Hg.), Prophecy and Prophets in Stories (OTS 65) Leiden u. a. 2015, 124–140; M. Kessler (Hg.), Reading the Book of Jeremiah, Winona Lake 2004; J. Kiss, Die Klage Gottes und des Propheten. Ihre Rolle in der Komposition und Redaktion von Jer 11–12, 14–15 und 18 (WMANT 99) Neukirchen-Vluyn 2003; H. Knobloch, Die nachexilische Prophetentheorie des Jeremiabuches (BZAR 12) Wiesbaden 2009; G. Langenhorst, Der »Narr mit dem Holzjoch« – Deutungen Jeremias in der Gegenwartsliteratur: EuA 77, 2001, 20–41; C. Levin, Die Verheißung des neuen Bundes in ihrem theologiegeschichtlichen Zusammenhang ausgelegt (FRLANT 137) Göttingen 1985; R. Liwak, Der Prophet und die Geschichte (BWANT 121) Stuttgart 1987; N. Lohfink, Der niemals gekündigte Bund, Freiburg 1989; C. Maier, Jeremia als Lehrer der Tora (FRLANT 196) Göttingen 2002; C. M. Maier/C. J. Sharp (Hg.), Prophecy and Power. Jeremiah in Feminist and Postcolonial Perspective (LHBOTS 577) New York u. a. 2013; S. Mowinckel, Zur Komposition des Buches Jeremia, Kristiania 1914; K. O'Connor, Jeremiah. Pain and Promise, Minneapolis 2011; T. Odashima, Untersuchungen zu den vordeuteronomistischen Bearbeitungen der Heilsworte im Jeremiabuch und ein Versuch zur Frage nach den Anfängen der Jeremiatradition (BZAW 125) Berlin 1989; K.-F. Pohlmann, Studien zum Jeremiabuch (FRLANT 118) Göttingen 1978; P. Riede, Ich mache dich zur festen Stadt (FzB 121) Würzburg 2009; D. Rom-Shiloni, »How can you say, ›I am not defiled ...‹?« (Jeremiah 2:20–25). Allusions to Priestly Legal Traditions in the Poetry of Jeremiah: JBL 133, 2014, 757–775; A. Schenker, Das Neue am neuen Bund und das Alte am alten (FRLANT 212) Göttingen 2006; K. Schmid, Buchgestalten des Jeremiabuches (WMANT 72) Neukirchen-Vluyn 1996; H.-J. Stipp, Jeremia im Parteienstreit. Studien zur Textentwicklung von Jer 26.36–43 und 45 als Beitrag zur Geschichte Jeremias, seines Buches und judäischer Parteien im 6. Jahrhundert (BBB 82) Weinheim 1992; ders., Legenden der Jeremia-Exegese (I). Das echatologische Schema im alexandrinischen Jeremiabuch: VT 64, 2014, 484–501; ders., Legenden der Jeremia-Exegese (II). Die Verschleppung Jeremias nach Ägypten: VT 64, 2014, 654–663; ders., Studien zum Jeremiabuch. Text und Redaktion (FAT 96) Tübingen 2015; W. Thiel, Die deuteronomistische Redaktion von Jeremia 1–25 (WMANT 41) Neukirchen-Vluyn 1973; ders., Die deuteronomistische Redaktion von Jeremia 26–45 (WMANT 52) Neukirchen-Vluyn 1981; H. M. Wahl, Die Entstehung der Schriftprophetie nach Jer 36: ZAW 110, 1998, 365–389; H. Weippert, Die Prosareden des Jeremiabuches (BZAW 132) Berlin/New York 1973; E. Zenger, Das Erste Testament. Die jüdische Bibel und die Christen, Düsseldorf 1991.

0. Textüberlieferung

Literatur: D. Barthélemy, Critique Textuelle de l'Ancien Testament (OBO 50/2) Fribourg/Göttingen 1986; G. Fischer, Zum Text des Jeremiabuches: Bib 78, 1997, 305–328; ders., Jeremia. Der Stand der theologischen Diskussion, Darmstadt 2007, 17–53; K. Davis, Cave 4 Apocryphon of Jeremiah and the Qumran Jeremianic Traditions (STDJ 111) Leiden u. a. 2014; J. Erzberger, Jeremiah 33:14–26. The Question of Text Stability and the Devaluation of Kingship: OTEs 26,3, 2013, 663–683; J. G. Janzen, Studies in the Text of Jeremiah (HSM 6) Cambridge/Mass. 1973; W. Kraus/M. Karrer (Hg.), Septuaginta Deutsch, Stuttgart 2009: Jeremias (Übersetzer G. Fischer/A. Vonach); A. Rahlfs/R. Hanhart (Hg.), Septuaginta. Id est Vetus Testamentum graece iuxta LXX interpretes. Editio altera quam recognovit et emendavit R. Hanhart, Stuttgart 2006; S. Soderlund, The Greek Text of Jeremiah (JSOT.S 47) Sheffield 1985; H.-J. Stipp, Das masoretische und alexandrinische Sondergut des Jeremiabuches (OBO 136) Fribourg/Göttingen 1994; ders., Studien zum Jeremiabuch. Text und Redaktion (FAT 96) Tübingen 2015; E. Tov, Der Text der Hebräischen Bibel, Stuttgart 1997, 264–270; J. Ziegler (Hg.), Ieremias, Baruch, Threni, Epistula Ieremiae (Septuaginta: Vetus Testamentum Graecum XV) Göttingen ^{2}1976.

Das Jeremiabuch begegnet in der Textüberlieferung in griechischer (= G) und in hebräischer (= H) Textgestalt. Die beiden Textformen unterscheiden sich vor allem hinsichtlich ihrer Textlänge, der Position und Reihenfolge der Völkersprüche und der Position der Becherperikope (G: 32,15ff; H: 25,15ff), die in H von den Völkersprüchen getrennt ist und in G den Abschluss derselben bildet. H bietet einen um ca. 1/7 längeren Text (nach *K. Schmid* ca. 2700 Wörter). Nach Mehrheitsmeinung ist die kürzere Textform von G nicht auf den/die Übersetzer zurückzuführen, sondern beruht auf einer kürzeren hebräischen Textform, die neben der durch die masoretische Tradition repräsentierten Textform existiert haben muss. Darauf weisen auch die hebräischen Textfragmente aus Qumran, die nicht nur der masoretischen Form des hebräischen Textes nahe kommen (2Q13; 4Q70; 4Q72; 4Q72b), sondern in einigen Fragmenten einem Texttyp ähneln, der bisher mittels Rückübersetzungen als hebräische Vorlage von G hypothetisch postuliert wurde (4Q71; 4Q72a). Hinzu kommt die wichtige Beobachtung, dass G (ohne Rezensionen) eine konsistente und wortgetreue Übersetzung ihrer hebräischen Vorlage bietet. Dies zeigen u. a. die Textpartien, in denen G mit H übereinstimmt (vgl. auch *H.-J. Stipp*, Sondergut 7–58).

Die Frage nach dem zeitlichen Verhältnis von G zu H hat u. a. *J. G. Janzen* zu beantworten versucht. Im Hinblick auf die quantitativen Unterschiede zwischen G und H kommt er zu dem Resultat, dass die hebräische Vorlage von G dem hebräischen, stark sekundär erweiterten Text, der uns in masoretischer Ausprägung vorliegt, zeitlich vorausgeht. Dieser Position schließen sich u. a. *P. M. Bogaert*, *Y. Goldman*, *H.-J. Stipp* und *E. Tov* an, die aus der zeitlichen Priorität der hebräischen Vorlage von G im Verhältnis zu H die Schlussfolgerung ziehen, dass G in Beziehung zu H steht und somit wichtige Beobachtungen und Argumente für die Textentwicklung von H liefern kann. Während allerdings für *P. M. Bogaert*, *Y. Goldman* und *E. Tov* der differierende Textbefund zwischen G und H im Wesentlichen durch redaktionelle Bearbeitung zu erklären ist, gehen u. a. *J. G. Janzen*, *W. McKane* und *H.-J. Stipp* von mehrfach erfolgten kleinräumigen Fortschreibungen aus. Da die Fortschreibungen in H kein sprachlich und thematisch übergreifendes Bearbeitungsinteresse aufweisen, spricht *H.-J. Stipp* von »Revisionen« oder »Rezensionen«. Nach ihm hat die hebräische Vorlage von G bzw. G nach der Gabelung in die beiden Textformen G und H auch eine Textentwicklung durchgemacht, die sich einerseits in sprachlichen Überschüssen (→ »Glossen«) zu H zeigt, andererseits lokale Bearbeitungen aufweist, die aber keine übergreifende theologische Aussageabsichten erkennen lassen (vgl. *H.-J. Stipp*, Sondergut 145–165).

Dagegen lehnen u. a. *G. Fischer*, *C. Levin*, *K. Schmid*, *A. Vonach* und *S. Soderlund* eine durchgehende zeitliche Priorität der hebräischen Vorlage von G ab. Dies versucht *S. Soderlund* in kritischer Auseinandersetzung mit *J. G. Janzen* für Jer 29 nachzuweisen, während *G. Fischer* für Jer 30–31 mit einer nicht von H differierenden hebräischen Vorlage von G rechnet, sodass die Abweichungen in G vom Übersetzer stammen. Ebenfalls bewertet er 4Q71 und 4Q72a ambivalent, insofern beide Fragmente sowohl mit G aber noch mehr mit H übereinstimmen. Auch zeigt sich in der hebräischen Überlieferung von Jer eine außerordentliche Texttreue (Beibehaltung des *Ketib* im Haupttext), die gegen umfangreiche sekundäre Erweiterungen in H sprechen. Ein Vergleich von Jer 52 G mit H ergibt nach *G. Fischer*, dass G größere sprachliche und inhaltliche Änderungen zum gemeinsamen Bezugstext 2 Kön 24,18–25,30 (H und G) vornimmt, sodass sich eine zeitliche Priorität von Jer 52 H zu G ergibt. In Anknüpfung an *C. Levin* lehnt *K. Schmid* aufgrund der textlichen Überschüsse in G zu H, die auf ein sekundäres Textwachstum in G hinweisen, die Hypothese ab, dass G (bzw. die hebräische Vorlage) redaktionell eine ältere Stufe von H darstelle.

Die bisherige Forschung deutet also die Textunterschiede zwischen G und H gegensätzlich. Dreh- und Angelpunkt ist die Frage, ob G eine hebräische Vorlage hat, die sich von H unterscheidet und zeitlich dem gemeinsamen Textahnen näher steht. Während die eine Gruppe die Qumranfragmente und die Übersetzungstechnik von G für die Existenz einer solchen hebräischen Vorlage anführt, deutet die andere Gruppe die beiden Sachverhalte so, dass sie gegen die Existenz einer hebräischen Vorlage von G sprechen. Im ersten Fall spiegeln die textlichen Überschüsse in H gegenüber G und in G gegenüber H eine schriftgelehrte Form von Textpflege wider. Diese möchte dem Jeremiabuch ein einheitlicheres Gepräge verleihen, das in der hebräischen Vorlage von G fehlt (*H.-J. Stipp*). Im zweiten Fall stellt G eine aktualisierende Übersetzung von H im hellenistisch-ägyptischen Kulturkreis dar (*G. Fischer*).

Hinsichtlich eines fehlenden Forschungskonsenses folgt für die weitere Forschung, dass G und H zunächst je für sich auf ihre Textentwicklung zu untersuchen sind, bevor nach einem möglichen gemeinsamen Textahn bzw. einem Gabelungspunkt sowie nach Abhängigkeiten zwischen beiden Textformen gefragt werden kann.

Obwohl das Jeremiabuch in zwei verschiedenen Textformen vorliegt, wird im Folgenden aus Platzgründen weiterhin vom Jeremiabuch (Singular!) gesprochen, wobei aber punktuell auf wichtige Unterschiede zwischen G und H hingewiesen wird.

Synopse der beiden Textformen

H	G	Völkerreihe in H	G	H	Völkerreihe in G
1–24	1–24		1–24	1–24	
25,1–13(14)	25,1–13		25,1–13	25,1–13	
25,15–38	32,15–38	*Zornwein für Völker*	25,14–20	49,34–39	Elam
			26,2–25	46,1–26	Ägypten
26	33		26,27–28	46,27–28	*Heilsverheißung*
27	34		27–28	50–51	Babel
28	35		29	47	Philister
29	36		30,1–16	49,7–22	Edom
30	37		30,17–21/22	49,1–6	Ammon
31	38		30,23–28	49,28–33	Kedar/Hazor
32	39		30,29–33	49,23–27	Damaskus
33	40		31	48	Moab
34	41		32,15–38	25,15–38	*Zornwein für Völker*
35	42				
36	43		33	26	
37	44		34	27	
38	45		35	28	
39	46		36	29	
40	47		37	30	
41	48		38	31	
42	49		39	32	
43	50		40	33	
44	51,1–30		41	34	
45	51,31–35		42	35	
46,1–26	26,2–25	Ägypten	43	36	
46,27–28	26,27–28	*Heilsverheißung*	44	37	
47	29	Philister	45	38	
48	31	Moab	46	39	
49,1–6	30,17–21/22	Ammon	47	40	
49,7–22	30,1–16	Edom	48	41	
49,23–27	30,29–33	Damaskus	49	42	
49,28–33	30,23–28	Kedar/Hazor	50	43	
49,34–39	25,14–20	Elam	51,1–30	44	
50–51	27–28	Babel	51,31–35	45	
52	52		52	52	

(Kapitel- und Verseinteilung nach *A. Rahlfs/R. Hanhart*)

Die nachfolgende Tabelle nennt die wichtigsten Überschüsse, die H im Vergleich zu G bietet:

2,1f*	Wortempfangsformel und Auftrittsbefehl
7,1f*	Wortempfangsformel, Auftrittsbefehl und Lokalisierung im Tempel
*8,10–12	Wiederholung der Polemik gegen Priester und Propheten nach 6,13–15
*10,6–10	Erweiterte Götzenpolemik und JHWH-Prädikationen
*11,7–8	Rekurs auf vergebliche Angebote an die Väter
17,1–4	Götzendienstvorwurf und Vertreibungsandrohung
25,14	Entsprechend dem Vergeltungsdenken (50,29a) wird Babel, welches viele Völker geknechtet hat, nun selber vielen Völkern dienstbar
27,1	(problematische) Datierung in die Jojakims-Zeit
27,7	Vorwegnahme der Begrenzung der Gerichtszeit auf drei Generationen
27,13f*	Warnung vor den Falschpropheten
*27,18–21f	Erweiterte Aufzählung Deportierter; Androhung der Konfiskation weiterer Tempelgeräte
*29,15–19	Deportationsandrohung und Begründung für judäische Restbevölkerung gemäß Kap. 24
30,10f	Rückkehr- und Beistandszusage für Jakob/Israel
30,22	Verheißung künftiger Zusammengehörigkeit von Gott und Volk
31,37	Weitere Bekräftigung der unverbrüchlichen Zuwendung JHWHs zu seinem Volk
33,14–26	Weitere Verheißungen für Jerusalem, Juda, das Haus David und das Haus Levi
39,4–13	Collage aus Teilen von 52,4–16 und 2 Kön 25,1–12
46,1	Wortereignisformel, die als Überschrift für den ganzen Komplex der Völkersprüche fungiert
46,26	Wiederholte Ankündigung der Auslieferung Ägyptens an Nebukadnezzar; Verheißung einer Wende
*48,45–47	Erweiterung der Klage über Moab in Anlehnung an Num 21,28f und Ankündigung einer Heilswende
49,6	Analoge Verheißung einer Heilswende für Ammon
51,45–48	Aufruf zum Verlassen Babels, Ankündigung der Bestrafung der Götzen, Jubel im Himmel und auf Erden
52,2f	Ergänzung der Beurteilung Zidkijas nach 2 Kön 24,19f
52,15	Ergänzung der Zerstörungsaktionen Nebusaradans um Deportation nach 2 Kön 25,11
52,28–30	Resümierende Notizen über die Zahlen der drei Deportationen

Die jeweilige Einzelanalyse wird zeigen, ob die Überschüsse von H im Rahmen der Textentwicklung von H oder im Rahmen einer (kürzenden) Bearbeitung von G zu suchen sind.

1. Aufbau der beiden Jeremiabücher H und G

Im Jeremiabuch (H und G) spiegelt sich die Katastrophe der Eroberung und Zerstörung Jerusalems und Judas im Jahr 586 v. Chr. durch den neubabylonischen König Nebukadnezzar wider. Das Buch ist durch die Polarität von Gericht und Heil geprägt. Als Grund für die Eroberung und Zerstörung Jerusalems mit seinem Tempel wird die Fremdgötterverehrung angegeben, die mit einem Verlassen JHWHs und dem Vergessen seiner Weisung (Tora) verbunden ist. Die Hinwendung des Volkes zu den trügerischen Göttern führt dazu, dass auch das zwischenmenschliche Zusammenleben von Lug und Trug geprägt ist.

Da das Gericht zeitlich begrenzt ist (s. Gericht über Babylon in Jer 50f), ergibt sich auch eine heilsame Zukunft für Israel/Juda jenseits des Babylonischen Exils. Dies ist einerseits mit der Verheißung eines davidischen Sprosses verbunden (Jer 33,15f), andererseits wird die Weisung JHWHs (Tora) nicht mehr auf eine Schriftrolle bzw. wie am Sinai auf Tafeln, sondern auf das Herz des geeinten Israels geschrieben (31,33). Das hat das umfassende Erkennen JHWHs zur Folge (31,34), was eine Belehrung überflüssig macht. Der Neue Bund mit JHWH kann nicht mehr wie bisher (31,32) gebrochen werden.

1.1 Der Aufbau des hebräischen Jeremiabuchs

Auch wenn die Textentwicklung ein komplexer Vorgang ist und in H keine Endredaktion vorzuliegen scheint, sieht u. a. *K. Schmid* in H eine »große doppelte Inklusion« vorliegen: Mit 1,4–10 wird das Völkerthema angeschnitten, das auf 46–51 vorverweist, während 1,11–19 »Israel« zum Thema hat, das in 2–45 wiederkehrt, wobei in 2–25 der Redeanteil (Poesie) und in 26–45 der Erzählanteil (Prosa) überwiegt. H versteht sich somit als eine »universale Willenskundgabe Gottes« (*K. Schmid*, Buchgestalten 3), indem die prophetischen Aussagen gegen bzw. für Israel umrahmt sind durch die prophetischen Aussagen gegen die Völker mit besonderem Schwerpunkt auf Babel. Für H steht also das Gericht im Vordergrund.

So ergibt sich für das *hebräische Jeremiabuch* folgende Gliederung:

1. Teil: 1–25: Sprüche und Reden gegen Israel und Juda		**POESIE**
1	Berufung und zwei Visionsberichte	
2–6	»Frühzeitverkündigung« gegen Israel und Juda/Jerusalem	
7–10	Verkündigung in der Zeit Jojakims (608–598 v. Chr.)	
11–13	Szenarien prophetischer Existenz	
14–17.18–20	Zeichenhandlungen, »Konfessionen«, Verfolgung des Propheten	
21–24	Verkündigung in der Zeit Zidkijas (598/7–587/6 v. Chr.)	
25	Verkündigung in der Zeit Jojakims (608–598 v. Chr.)	
2. Teil: 26–45: Erzählungen mit abschließendem Heilswort an Baruch		**PROSA**
26–29	Tempelrede und Auseinandersetzung mit »falschen« Propheten	
30–31	Trostbüchlein	
32–33	Ackerkauf und Heilsworte	
34	Zidkijas Ende und Widerruf der Sklavenbefreiung	
35	Vorbild der Rechabiter	
36–39	Konflikt mit Jojakim und Zidkija (»Leidensgeschichte des Jeremia«)	
40–43	Gedalja und Flucht nach Ägypten	
44	Götzendienst der Ägyptenflüchtlinge	
45	Heilswort für Baruch	

3. Teil: 46–51: Sprüche gegen die Völker		**POESIE**
46–51	Die Völkersprüche	
Geschichtlicher Abschluss: 52 (vgl. 2 Kön 24,18–25,21.27–30)		**PROSA**

1.2 Der Aufbau des griechischen Jeremiabuchs

G bzw. die hebräische Vorlage von G ist nach dem »dreigliedrigen eschatologischen Schema« aufgebaut – ein Schema, das sich auch in anderen Prophetenbüchern (zu Ez s. S. 605 und zu Zef s. S. 686–689 wieder findet: Auf die Gerichtsaussagen in 1,1–25,13 über Juda und Jerusalem folgen in 25,14–32,38 (H: 46–51; 25,15–38) Gerichtsaussagen über die Völker, gefolgt von Heilsaussagen für Israel, die mit 37–40 (H: 30–33) eine zentrale Stellung im Textabschnitt 33–51 (H: 26–45) einnehmen. G endet mit dem geschichtlichen Abschluss 52.

Unter Beachtung der strukturierenden Zwischenüberschriften ergibt sich für das *griechische Jeremiabuch* folgende Gliederung:

1. Teil: 1,1–25,13: Sprüche und Reden gegen Israel und Juda		**POESIE**
1	Berufung und zwei Visionsberichte	
2–6	»Frühzeitverkündigung« gegen Israel und Juda/Jerusalem	
7–10	Verkündigung in der Zeit Jojakims (608–598 v. Chr.)	
11–13	Szenarien prophetischer Existenz	
14–17.18–20	Zeichenhandlungen, »Konfessionen«, Verfolgung des Propheten	
21–24	Verkündigung in der Zeit Zidkijas (598/7–587/6 v. Chr.)	
25,1–13	Verkündigung in der Zeit Jojakims (608–598 v. Chr.)	
2. Teil: 25,14–32,38: Sprüche gegen die Völker		**POESIE**
25,14–32,38	Die Völkersprüche	
3. Teil: 33–51: Heilsansage für Israel und Juda		**PROSA**
33–36	Tempelrede und Auseinandersetzung mit »falschen« Propheten	
37–38	Trostbüchlein	
39–40	Ackerkauf und Heilsworte	
41	Zidkijas Ende und Widerruf der Sklavenbefreiung	
42	Vorbild der Rechabiter	
43–46	Konflikt mit Jojakim und Zidkija (»Leidensgeschichte des Jeremia«)	
47–50	Gedalja und Flucht nach Ägypten	
51,1–30	Götzendienst der Ägyptenflüchtlinge	
51,31–35	Heilswort für Baruch	
Geschichtlicher Abschluss: 52 (vgl. 2 Kön 24,18–25,21.27–30)		**PROSA**

Mit Blick auf die unterschiedlichen Aufbauschemata von H und G empfiehlt es sich, das Profil des Jeremiabuches von drei für Jer charakteristischen Textkomplexen her nachzuzeichnen: von den Völkersprüchen (1.3), vom Einleitungskapitel Jer 1 (1.4) und von den Konflikttexten (1.5).

1.3 Die Völkersprüche (= VS)

Die unterschiedliche Position der VS sowie die unterschiedliche Reihenfolge der einzelnen Sprüche in G und H haben in der Forschung zu unterschiedlichen Bewertungen geführt. So wird u. a. von *W. Rudolph*, *W. L. Holladay* und *B. Huwyler* angenommen, dass G die ursprüngliche Position der VS bietet, wobei die von G gebotene Spruchreihenfolge nicht ursprünglich sein muss (so *W. Rudolph*), während u. a. *S. Mowinckel*, *G. Fischer* und *R. Albertz* die Meinung vertreten, dass H die ursprüngliche Position der VS biete.

Mit der Stellung der VS und der Reihenfolge der Einzelsprüche sind verschiedene kompositorische oder redaktionelle Konzepte verbunden, wobei eine der beiden Varianten der Positionierung und eine der beiden Reihenfolgen der Einzelsprüche jeweils die ursprünglichere sein muss. Beide Fragen behandelt *B. Huwyler* im Hinblick auf die Becherperikope 25,15–38, die er im Wesentlichen auf Jeremia zurückführt. Dabei gibt es viele, vor allem inhaltliche Bezüge zwischen der Becherperikope und den VS: In beiden Fällen wird Unheil über die Völker angesagt, wobei JHWH der Urheber des Gerichts ist und eine konkrete Begründung für das Gericht in beiden Fällen fehlt. Die in 25,15–38 genannten Völker entsprechen im Wesentlichen den Völkern in den VS (allerdings fehlt Damaskus in der Becherperikope), wobei die Reihenfolge in H 25,19–26 (G 32,19–26) mehr Übereinstimmungen mit der Reihenfolge in den VS von H aufweist als von G. Aus diesen Beobachtungen folgert *B. Huwyler* (auch wenn ein stringenter Beweis nicht möglich ist), dass die Becherperikope ursprünglich mit den VS verknüpft gewesen ist, sodass die Position der VS in G ursprünglicher ist als die in H. Dabei wird die abschließende Stellung der Becherperikope entweder als ursprünglich (*W. McKane*) oder als sekundär (*W. Rudolph*) angesehen. Ob man für die ursprünglichere Stellung der VS in G das Argument des dreigliedrigen eschatologischen Schemas anführen kann (so *W. Rudolph*), ist sehr fraglich, denn damit könnte auch eine sekundäre Anpassung an Jes bzw. Ez vorliegen, was dann für eine ursprünglichere Stellung der VS in H sprechen würde (so *R. Albertz*).

Die meisten Exegeten halten die in H gebotene Reihenfolge der VS für die ursprünglichere Reihenfolge und führen geographische und/oder chronologische Gründe an. Hinzu kommt die Beobachtung, dass die Reihenfolge der VS in H weitestgehend der Reihenfolge der Völker in der Becherperikope in H und G entspricht. Andere Exegeten (u. a. *J. G. Janzen, R. P. Carroll*) sehen in der von H gebotenen Reihenfolge eine sekundäre Angleichung an die Reihenfolge der Völker in der Becherperikope, sodass G im Sinne einer *lectio difficilior* die ursprünglichere Reihenfolge der VS enthalte.

Nach ausführlichen Analysen zu den Einleitungs-, Zwischen- und Schlussformeln der VS in G und H kommt *B. Huwyler* zu dem Ergebnis, dass G die ursprünglichere Stellung der VS bewahrt hat, die dann im Rahmen einer Bearbeitung (prämasoretisch) an das Ende des Jeremiabuches hinter Kap. 45 gesetzt wurden, versehen mit einer eigenen Überschrift in 46,1 und den Babelsprüchen Kap. 50–51 in Endposition. Auch die Reihenfolge der Einzelsprüche sei in G ursprünglicher. *R. Albertz* geht dagegen von einer ursprünglichen Endstellung der Babelsprüche aus, was auch durch die enge Verbindung mit 51,59–64 gestützt wird. Die ursprüngliche Position der VS sieht er in H vorliegen, da u. a. Kap. 43–44 eine gute thematische Überleitung zum ersten Ägyptengedicht 46,2–12 bildet.

Die einzelnen Gedichte der VS zeichnen sich nicht zuletzt aufgrund schneller Szenenwechsel durch eine lebendige und anschauliche Darstellung aus. Das als zukünftig angesagte Unheil spiegelt sich in den Reaktionen der Menschen wider (u. a. 46,21; 47,2f.5; 49,22f) oder im Bild anstürmender Armeen (46,8; 47,3). Menschen fliehen (46,5.21;

48,19.39; 49,5), Soldaten fallen (46,5.6.12.16). Die Städte sind menschenleer (49,25) und ganze Landstriche sind verödet (49,33). Es wird zur Klage aufgerufen (49,3) oder es wird Klage über das Unheil erhoben (48,1.20; 49,25). Durch Zusammenschau der Bilder/Metaphern mit den übrigen Stilmitteln kommt *B. Huwyler* zu dem Schluss, dass die VS zu einem großen Teil für den mündlichen Vortrag verfasst wurden und insofern auf Jeremia selbst zurückgehen.

Da das Unheil in den VS nicht erklärt, sondern angesagt werden soll, besitzen die VS – abgesehen von den Babelsprüchen in Kap. 50–51 – auch keine expliziten Begründungen für das den Völkern angekündigte Unheil (siehe aber 48,7.42). Auffällig ist das dichte Netz von Anspielungen und Zitaten, durch das innerhalb des Textkomplexes 46–51, aber auch zu VS anderer Prophetenbücher Querverbindungen geschaffen werden (z. B. 48,29–38 zu Jes 15–16; 49,7–16 zu Obd 1–8).

1.4 Das Einleitungskapitel Jer 1 als »Programm« des Jeremiabuches

Überschrift mit Datierungen	1,1–3
1. Wort JHWHs »an mich«	*1,4–10*
Vorherbestimmung zum Propheten für die Völker	1,5
Einwand, Widerrede, Sendung, Redeauftrag	1,6f
Ermahnung zu Furchtlosigkeit, Beistands- und Rettungszusage	1,8
Wortübertragungsgestus und Deutung	
Wirkungsbereich und Aufgaben: »Ausreißen und niederreißen, vernichten und einreißen, aufbauen und einpflanzen«	1,9f
2. und 3. Wort JHWHs »an mich«. Visionspaar mit Frage-Antwort-Deutung	*1,11–19*
Mandelbaum: JHWH wacht über sein Wort	1,11f
überkochender Topf: Unheil aus dem Norden	1,13f
Ausführung der Deutung: Feinde aus dem Norden errichten ihre (Richter-) Stühle; JHWH hält Gericht gegen Jerusalem und Judas Städte	1,15f
Aufforderung zu Einsatz und Furchtlosigkeit. Ausstattung zum Dienst: Jeremia als »Gegenfestung« gegen Land, Führungselite, Volk; Konfliktprognose und Beistands-/ Rettungszusage	1,17–19

Von Jer 1 führen viele Spuren ins Jeremiabuch hinein:

(1) Die *komplexe Überschrift mit Datierungen* qualifiziert die »Worte Jeremias« als JHWH-Wort und stellt zwei Daten in den Mittelpunkt (vgl. 3,6; 25,3; 36,2): die Herrschaftszeit Joschijas ab dessen 13. Jahr (627 v. Chr.; nach 2 Chr 34,3 soll der König 628 v. Chr. mit Kultsäuberungsmaßnahmen begonnen haben) und die Zeit der Babylonierherrschaft unter Jojakim bis zur Zerstörung Jerusalems unter Zidkija im Juli/August 586 v. Chr. Die kurzen Herrschaftszeiten Joahas/Schallums (609 v. Chr.) und Jojachins (598/7 v. Chr.), sowie die Zeit nach dem Untergang Jerusalems (Jer 40–44) werden nicht erwähnt. Da kein Wort des Buches mit Sicherheit in die Zeit König Joschijas datiert werden kann (die Datierungen in 1,2; 3,6, 25,3; 36,2 können einer späteren Redaktion zugeordnet werden) und Jeremia kein Wort über die Joschijanische Reform verliert, ergibt sich in diesem Zusammenhang das Problem der Frühzeitverkündigung von Jeremia: Der historische Wert der Angabe in 1,3 wird häufig angezweifelt, sodass die sich aus der traditionellen Datierung er-

gebende vierzigjährige Tätigkeit des Propheten nicht selten als sekundäre Stilisierung verstanden wird, die Jeremia entweder zum Wegbereiter der Joschijanischen Reform macht (*C. Levin*) oder ihn als zweiten Mose versteht (*C. R. Seitz*). Der häufig als Beweis für eine Frühzeitverkündigung angeführte Textabschnitt *2–6 wird als eine Komposition verstanden, deren Entstehung komplex und im Einzelnen nur schwer nachweisbar ist und deren Sprüche eher die gesamte Wirkungszeit von Jeremia umfassen (*R. Liwak*). Diejenigen, die eine Frühzeitverkündigung ausschließen, verlegen den Beginn der Tätigkeit von Jeremia unter König Jojakim und damit nach 609 v. Chr.

(2) *»Prophet für die Völker«* (1,5) ist ein singulärer Ausdruck und findet erst in der Selbstdarstellung des Paulus als »Apostel für die Heiden« (Gal 1,15ff) ein Echo.

Jeremia ist aus verschiedenen Gründen ein »Prophet für die Völker«, auch wenn er von JHWH nicht als Prophet zu diesen Völkern gesandt wird. So kündigt er ein Aufgebot von Königreichen bzw. Völkern aus dem Norden als JHWHs Gerichtswerkzeuge an (vgl. 1,15; 4,16; 34,1). Völker übernehmen in verschiedenen Situationen eine Zeugenfunktion, sei es bei einer Verurteilung durch JHWH (6,18), im Zusammenhang mit einer gerechten Strafe (22,8; 29,18; 44,8) oder bei der Begnadigung Judas/Israels (31,10; 33,9). Alles, was an Juda/Israel geschieht, soll den Völkern zur Mahnung, zur Wegweisung für ihr eigenes Schicksal dienen. Völker nehmen die von JHWH zerstreuten Judäer auf (9,15) und dienen als dunkle Hintergrundfolie für die unvergleichliche Weisheit JHWHs (10,7). Die Völker dienen aber auch als Kontrast dazu, um die unvergleichliche Schuld Israels hervorzuheben (2,10f; 18,13) und werden selber Adressaten des göttlichen Strafgerichts (9,24f; 25,19ff; 30,11; angedeutet im Aufbruch des »Völkerwürgers« in 4,7, ausgeführt in 25,19–38 und in den Völkersprüchen in 46–49). Sie dienen als Werkzeuge für JHWHs Gericht an Babel (25,14; 27,7; 50–51). Gericht und späteres Heil werden insbesondere den Nachbarvölkern Israels angesagt (12,14–17). Die Unterwerfung von Völkern unter Nebukadnezzar, die Jeremia anzukündigen hat, soll JHWHs universale Herrschaft dokumentieren (27–28). Die grundsätzliche Reflexion über JHWHs Souveränität, aufzubauen oder einzureißen, zu pflanzen oder auszureißen, wird anhand seines Umgangs mit den Völkern illustriert (18,1–17).

Diese universale Perspektive der Verkündigung geht wohl nicht auf Jeremia selbst zurück, sondern auf eine spätere Interpretation seiner Worte. So rahmen die Sprüche über Völker und Königreiche (1,5.10) das in 1,6–9 im Dialogstil vorkommende »Berufungsschema« und erweisen sich als Produkt späterer Bearbeiter. In dieselbe Richtung weist auch die Beobachtung, dass der redaktionelle, den Völkeraspekt beinhaltende Abschnitt 25,1–14 eine Rahmung mit Kap. 1 bildet, sodass die Worte Jeremias in 2–24 aus dieser universalen Perspektive gedeutet werden sollen.

(3) Auf den Berufungsbericht (1,4–10) folgen in 1,11–12 und 1,13–16 *zwei Visionen,* die einen parallelen Aufbau besitzen. In der ersten Vision sieht Jeremia einen Mandelzweig, der mithilfe eines hebräischen Wortspiels auf das Wachen JHWHs über sein Wort und damit auf die Unwiderruflichkeit seines Gerichtswortes gedeutet wird. Der dampfende Kessel der zweiten Vision, dessen Rand (»sein Ausguss«) sich nach Norden neigt, steht symbolisch für den »Feind aus dem Norden« (vgl. u. a. 4,6; 6,1.22; 10,22; 13,20; 15,12; 25,9.26; 46,6.10.24). Die Wendung »Unheil gegen alle Bewohner des Landes/der Erde« (1,14) kehrt in jeweiliger Abwandlung in 13,13 (»alle Bewohner dieses Landes mit Trunkenheit füllen«), 25,29 (»das Schwert gegen alle Bewohner der Erde«) und

45,5 (»Unheil über alles Fleisch«) wieder. In der Vision 24,1–10 werden zwei Körbe mit Feigen ganz unterschiedlicher Qualität als Bilder für die korrumpierten Judäer unter Zidkija und für die nach Babylon Deportierten gedeutet, an denen JHWH seine Freude hat. Dabei besitzt 24,1–10 Rückbezüge zu Kap. 1: In beiden Fällen liegt die Frage JHWHs vor »Was siehst du?« (1,11a; 24,3a), gefolgt von der Einführung der Antwort Jeremias »und ich sagte« (1,11b; 24,3a). Die Quadriga »aufbauen, nicht zerstören, einpflanzen, nicht ausreißen« (24,6b) liegt auch in 1,10 vor, allerdings erweitert und in anderer Reihenfolge. Ein weiterer Rückbezug ergibt sich durch die Wortereignisformel »und das Wort JHWHs erging an mich, sprechend« in 24,4 zu 1,4.11.13.

Wie in den Visionen Zukünftiges geschaut wird, so nehmen auch die *prophetischen Zeichenhandlungen* Zukünftiges in symbolischer Form vorweg und treten so neben die Wortverkündigung als eigenständige Verkündigungsform. Die erste Zeichenhandlung des Jeremiabuches liegt in 13,1–14 vor: Ein Leinengürtel (sachgemäßer: ein Hüftschurz), den das Eufrat-Wasser verdorben hat, wird in 13,9–10 durch JHWH gedeutet: Wie der Leinengürtel unbrauchbar geworden ist, so wird die stolze Pracht Judas und Jerusalems durch JHWH verdorben. Aus der verdorbenen Gesinnung des Volkes folgt das physische Verderben. In 18,1–17 steht der Töpfer und seine Art, ein missratenes Werkstück aufzugeben und neu anzusetzen, symbolisch für JHWHs Souveränität im Umgang mit seinem Volk (»Material«). 13,1–14 und 18,1–17 bilden durch die Wortereignisformel »und das Wort JHWHs erging an mich, sprechend« in 13,3.8 und 18,5 jeweils einen Rückbezug zu Kap. 1.

Weitere Prophetenauftritte, die mit *Zeichenhandlungen* verbunden sind, liegen an folgenden Stellen vor: 19,1–11 das Zerbrechen eines irdenen Krugs; 25,15–29 der Auftrag, Völkern einen Becher voll »Zornwein« zum Trinken aufzunötigen, der sie betrunken macht, taumeln und stürzen lässt; 27–28 die Übergabe von Jochen und Stricken an die Teilnehmer einer im Jahr 594 v. Chr. in Jerusalem stattfindenden Konspirations-Konferenz gegen Babel bzw. Jeremias Auftritt mit einem Joch auf dem Nacken und der Gegenauftritt des Propheten Hananja; 43,8–13 das Einmauern von großen Steinen in das Ziegelpflaster am Eingang zum Haus des Pharaos in Tachpanhes für den Aufbau eines Zeltes Nebukadnezzars. In 32,1–44 wird Jeremia als nächster Verwandter zum »Löser« und hat entsprechend Lev 25,25 die Pflicht, ein Grundstück der Familie durch Vorkaufsrecht in Anatot zu erwerben. Da dieser Kauf vor Zeugen während der Belagerung Jerusalems geschieht, hat dieser Vorgang die zeichenhafte Bedeutung, dass die Eroberung und Zerstörung Jerusalems nicht das absolute Ende bedeutet, sondern das Leben im Land wird nach der Katastrophe von 586 v. Chr. weitergehen.

In 16,1–9 macht sich im Auftrage JHWHs *Jeremia selbst* zum Zeichen der göttlichen Gerichtsbotschaft (Rückbezug durch die Wortereignisformel in 16,1 zu 1,4.11.13). Der Verzicht auf Frau und Kinder (16,1–4), auf die Teilnahme an Trauerbräuchen (16,5–7) und Freudenfeiern (16,8–9) macht die einzelnen Aspekte des kommenden Gerichts an seiner Person ablesbar. Wenn auch in den überaus häufigen Klagetexten des Buches immer wieder der/die Redende – vielleicht absichtlich – undefiniert bleibt, so verkörpert doch immer wieder Jeremia in seiner Person das illusionslos hellsichtige und zugleich wehrlos betroffene klagende Subjekt. Dabei ist in der Forschung ungeklärt, ob die markantesten Klagetexte, die *sog. Konfessionen* (11,18–12,6; 15,10–21; 17,14–18; 18,18–23 und 20,7–18), als ursprünglich persönliche und nur privat aufgezeichnete Texte verstanden werden müssen oder ob sie Texte darstellen, die von vornherein zur Weitergabe bestimmt waren.

Schon 1917 hat *W. Baumgartner* darauf hingewiesen, dass die Komposition der sog. »Konfessionen« unter dem Einfluss der Gattung der individuellen Klagelieder erfolgt sei. Jeremia habe sich dieser Gattung bedient, sie aber durch die Verarbeitung seiner subjektiven Erfahrung inhaltlich neu gefüllt. *F. D. Hubmann* möchte im Hinblick auf 12,1–5 und 15,15–19 die Klage Jeremias im Rahmen seiner Auseinandersetzung mit prophetischen Gegnern verstehen. Erst durch Bearbeitung hätten die Texte und damit das Geschick Jeremias einen paradigmatischen Charakter erhalten. Nach *N. Ittmann* haben die sog. Konfessionen – trotz aller gattungsmäßigen Vorgaben – eine solche individuelle Gestalt angenommen, dass sie als Selbstzeugnisse des Propheten Jeremia zu gelten haben. Daher schreibt er den sog. Konfessionen eine Schlüsselfunktion für das Verständnis der gesamten Botschaft Jeremias zu. Im Gegensatz dazu sieht u. a. *D. H. Bak* in den sog. Konfessionen redaktionelle Deutungen der Verkündigung und der Person Jeremias vorliegen, die zum Zweck der Selbstidentifikation angefochtener Kreise in nachexilischer Zeit verfasst wurden und daher paradigmatischen Charakter haben. Neuerdings möchte *J. Kiss* eine inhaltliche Affinität (keine literarischen Bezüge) zwischen göttlichen und prophetischen Klagen im Jeremiabuch sehen: Wie JHWH über seine Verlassenheit klagt, so klagt Jeremia über seine Isolation, aus die er nicht heraustreten darf, da er den von seinem Volk verlassenen Gott abbilden muss. Wie JHWH an den Folgen des eigenen Gerichts leidet, so leidet Jeremia an den Konsequenzen seiner Verkündigung. In Fortführung von *J. Kiss* versteht *G. Fischer* Jeremia als eine *Reflektorfigur*, die sowohl die Seite Gottes samt seinem Leiden als auch die Seite des Volkes mit all seinen Fragen und Vorhaltungen verkörpert (s. *G. Fischer*, HThKAT I 406f).

(4) *»Ausreißen und niederreißen, vernichten und einreißen, aufbauen und einpflanzen«* (1,10) kennzeichnen die Aufgaben, zu denen Jeremia von JHWH eingesetzt wird. In den über das gesamte Buch verstreuten 85 Belegen, in denen diese Verben einzeln oder in Gruppen vorkommen, ist nie Jeremia, wohl aber des öfteren JHWH das ausdrücklich genannte Subjekt.

Jeremia hat JHWHs Wort, welches ihm in den Mund gelegt wird (1,9), an verschiedene Adressaten auszurichten. JHWH droht, »das Wort in deinem Mund zu Feuersglut« zu machen (5,14). Jeremia selbst beteuert: »Kamen Worte von dir, so verschlang ich sie; dein Wort war mir Glück und Herzensfreude« (15,16). Andererseits macht er mit JHWHs Wort auch die Erfahrung: »Sooft ich rede, muss ich schreien, ›Gewalt und Unterdrückung!‹ muss ich rufen. Denn das Wort des Herrn bringt mir den ganzen Tag nur Spott und Hohn« (20,8). Jeremias Gegner behaupten, das Wort könne dem Propheten sowenig ausgehen wie dem Priester die Tora und dem Weisen der Rat (18,18). Doch Jeremia ist davon überzeugt, dass seine Gegner nie in Gottes Ratsversammlung gestanden haben. Insofern können sie dem Volk auch nicht JHWHs Wort verkünden (23,18.23), das ein Wort ist »wie Feuer und wie ein Hammer, der Felsen zerschmettert!« (23,29). Dem Übergewicht der beiden destruktiven Wortpaare in Jeremias Beauftragung entspricht die Dominanz der Gerichtsreden im gesamten Buch. Heilsworte liegen vor allem in der *sog. Trostschrift 30–31* vor, deren Kern sich vielleicht ursprünglich an das Nordreich Israel gerichtet hat und die später, nachdem sie erweitert wurde, sich auch an Juda wendete. Im Anschluss an die Zeichenhandlung und –deutung vom Ackerkauf in 32 kündigt auch das nachfolgende Kap. 33 Heil an.

(5) *»Ich werde mein Urteil sprechen«* (1,16): Was andeutungsweise in Bildern und dann faktisch als kriegerischer Vorgang angekündigt wird, bildet ein gerichtliches Vorgehen

JHWHs, der die Richterrolle im Rahmen eines Strafprozesses einnimmt, in dem die Anklage auf Fremdgötterverehrung lautet (vgl. 22,8f). Daher werden die Teilsammlungen der ersten Buchhälfte von Anklagen und Urteilsankündigungen beherrscht.
(6) *»Fürchte dich nicht vor ihnen«* (1,8): Bevor AdressatInnen näher ins Blickfeld treten, wird vorausgesetzt, dass es zur Bedrohung des Propheten kommt. Deshalb ermuntert JHWH seinen Propheten (1,17–19), sodass Jeremia im Unterschied zu Jerusalem und Juda, die dem »Feind aus dem Norden« ausgeliefert werden, den Anfeindungen seiner Gegner trotzen kann (vgl. 15,20). Nicht mehr im Jerusalemer Tempel ist JHWH seinem Volk gegenwärtig, sondern durch seinen Propheten Jeremia, der »eisernen Säule«, spricht er zu seinem Volk.

1.5 Die Konflikttexte: der kämpferische und der bekämpfte Prophet

Zwei Gruppen fallen unter Jeremias Gegnern besonders auf: Propheten (und Priester) sowie Könige (und Beamte).

Ein großer Teil der einschlägigen poetischen Worte, die sich an die genannten Gegner richten, wie auch der narrativen Texte, die von Konflikten mit eben diesen Gruppen handeln (s. hierzu 2.4), sind zu Sammlungen zusammengestellt worden. So sind die Worte von 23,9–32 ganz den Propheten als Kontrahenten Jeremias gewidmet (Stichwort: wahre und falsche Prophetie). Doch stehen darüber hinaus polemische Worte gegen Falschpropheten nicht nur in Zusammenhängen, wo sie unter den Elitegruppen einfach mitaufgezählt sind (2,8.26; 8,1; 13,13), sondern auch – meist gepaart mit den Priestern – in 4,9; 5,31; 6,13; 8,10–12; 14,13–15. In 26–29 sind mehrere Episoden unter dem Gesichtspunkt zusammengestellt, dass sie den *tiefgreifenden Konflikt Jeremias mit den Falschpropheten* dokumentieren sollen. Im Gegensatz zu Jeremia verkünden sie nämlich nicht JHWHs Wort, sondern ihre eigenen Gedanken. Den Höhepunkt dieses Konflikts bildet die Auseinandersetzung mit dem Heilspropheten Hananja:

Jer 26	**Jer 27**	**Jer 28**	**Jer 29**
Propheten/Priester wollen Jeremia beseitigen	Jeremia warnt vor falschen Propheten bei den Völkern und in Jerusalem	Auftritt des exemplarischen Gegenpropheten Hananja	Exilsprophet fordert vom Tempelaufsichtspriester Maßnahmen gegen Jeremia

Mit 26–29 liegt eine komplexe Textentwicklung mit mehrfachen Redaktionen vor, wobei 29 (Brief Jeremias) eine Sonderstellung einnimmt (vgl. *A. Graupner* und *K. Schmid*). Auffällig ist, dass G in 27–29 einen kürzeren Text bietet als H. Dies kann so gedeutet werden, dass der Kurztext in G sekundär durch Kürzung entstanden ist (*K. Schmid*), u. a. mit der Absicht, Jeremia noch deutlicher von seinen Gegnern, den Falschpropheten, abzusetzen (*A. Graupner*).

Eine thematische Sammlung von Texten zum *Konflikt zwischen Jeremia und König* (*Beamte*) bilden Kap. 21–24 und 34–38.

Der Textkomplex 21,1–24,10 hebt sich vom literarischen Kontext ab. Die Einleitung »Das Wort, das von JHWH an Jeremia erging« (21,1) entspricht den Einleitungen in

7,1; 11,1 und 18,1. Erneut liegt diese Einleitung wieder in 25,1 vor. Erweitert ist die Einleitung durch eine Situationsangabe, die einerseits aufgrund von »Paschhur« einen Rückbezug zu 20,1ff herstellt, andererseits aufgrund der Nennung von Zidkija einen Bogen nach 24,8 schlägt. Insofern ergibt sich mit 21,1–10 und 24,1–10 eine Rahmung von 21,11–23,40. Nicht nur die zeitliche Datierung in die Regierungszeit von Zidkija, sondern auch die in 21,8–9 und in 24,1–10 vorgestellten Alternativen (wobei jeweils eine Gerichtsansage an Zidkija ergeht) sprechen für diese Rahmung. 21,11–23,40 enthalten zwei Spruchsammlungen. 21,11–22,30 bilden eine Sammlung über das Königtum. 23,1–8 schließen sich mit einem heilvollen Ausblick (Verheißung neuer »Hirten« bzw. eines neuen Königs) an. Gleichzeitig bilden sie eine Überleitung zur zweiten Spruchsammlung über die Propheten (und Priester) in 23,9–32. In einem Anhang (23,33–40) geht es um die Frage nach dem Gotteswort und wer es verkünden darf. Die Zweiteilung der Spruchsammlung 21,11–23,40 zeigt deutlich, dass das judäische Königtum und die Falschpropheten zwei Hauptgründe für die Eroberung und Zerstörung Jerusalems samt anschließender Deportation der Bevölkerung darstellen.

Der skizzierte Konflikt in Kap. 21–24 lässt sich graphisch so zusammenfassen:

Zidkija lässt Jeremia konsultieren (vgl. 37,3–8). Bitte und Hoffnung auf Wiederholung der »früheren Wunder« (Exodus und Landgabe). Antwortauftrag: JHWH, der einst Israels Befreiungskriege geführt hat, kämpft nun gegen sein Volk. Wer vom Volk überläuft, rettet sein Leben. Botschaft an das Volk: Überläufer können ihr Leben retten. Wer bleibt, kommt um.	21,1–10
Spruchsammlung über das Königshaus: Zwei generelle Worte über Davids Haus und Hof. Grundforderung: Sorge für das Recht = Schutz der Schwachen; Folgen des Versagens; Gericht Auftrittsauftrag in der Residenz; Höraufruf an König und Hof; Forderungen und Verheißung; Folgen für den Fall des Bundesbruchs	21,11–22,9
Spruchsammlung gegen drei Könige	22,10–30
Gegen Schallum/Joahas: Der von Necho Deportierte ist beklagenswerter als sein gefallener Vater.	22,10–12
Gegen Jojakim: Wehewort über den Ausbeuter und großmannssüchtigen Palasterbauer, Vergleich mit Joschija, Gerichtswort: Tod ohne Klage; Eselsbegräbnis	22,13–19
Klageaufruf (an Jerusalem? als Hauptstadt, an die Residenz?); Unheil über die Hirten	22,20–23
Über Jojachin: Klage Gottes über den Verworfenen ohne Thronfolger	22,24–30
Die »Hirten« (die Könige, aber wohl auch führende Kreise insgesamt, Überleitung zu den Worten über die Propheten); Weheruf und Anklage; Gerichtswort; Wende: Rückführung des Rests; Verheißung neuer Hirten; Verheißung eines neuen Königs; sein programmatischer Name: »JHWH – unsere Gerechtigkeit«. Überbietung des Exodus (vgl. 16,14f)	23,1–8
Spruchsammlung über die Propheten (und Priester)	23,9–32
Anhang: Instruktion über den rechten Umgang mit der Frage nach dem Gotteswort	23,33–40

Vision von den beiden Feigenkörben	24,1–10
Heil für die Deportierten von 597 v. Chr.; Rückkehr; »aufbauen«/»einpflanzen« (vgl. 1,10); erkenntnisfähiges Herz (vgl. 31,33f; Ez 11,19; 36,26); Zugehörigkeit JHWH + Volk	24,5f
Unheil für Zidkija, Elite und Volk, völlige Vernichtung	24,8–10

In Kap. 34–38 geht es um das Gegenüber von Jeremia und dem jeweiligen König (Zidkija bzw. Jojakim). Ein direktes Gespräch zwischen Jeremia und Zidkija, das auch die Gefangenschaft Zidkijas durch Nebukadnezzar thematisiert, liegt in 34,3.6; 37,17 und 38,23 vor. Rahmende Funktion für Kap. 34–38 haben 34,2–3 und 38,23, da nur hier das Gefangenenschicksal Zidkijas inhaltlich mit dem Niederbrennen Jerusalems verbunden ist. Kap. 35–36, die in die Zeit von Jojakim fallen, sind durch Kap. 34 und Kap. 37f gerahmt, die in die Zeit von Zidkija fallen (zur direkten Konfrontation zwischen Jeremia und Zidkija siehe die Markierungen in der letzten Spalte).
Der skizzierte Konflikt in Kap. 34–38 lässt sich graphisch so darstellen:

Jeremia tritt vor Zidkija 1. Wort JHWHs: Gericht über die Stadt, Auslieferung des Königs 2. Wort JHWHs: gewaltsamer Tod ist nicht unausweichlich, ehrenvolles Begräbnis noch möglich	34,1–7	X
Die widerrufene Sklavenbefreiung; Gerichtsadressaten, an prominenter Stelle: *Zidkija*	34,8–22	X
Das vorbildhaft befolgte Wort: Rechabiter; Datierung (in die Zeit Jojakims, parallel zu 36) Kontrastexempel; erfolgloses Reden JHWHs und der Propheten; Drohwort: das Unheil kommt Begründetes Heilswort für die Rechabiter	35,1–19	
Die eklatanteste Gehorsamsverweigerung: Datierung ins 4. Jahr Jojakims (605) *Das vernichtete Buch* Vom König befohlene Verhaftung Jeremias und Baruchs von Gott vereitelt Einleitung zu neuem Wortempfang; Auftrag, eine zweite Rolle zu schreiben Wort über Jojakim; Erweiterung der Adresse auf Jerusalemer und Judäer und erneute Ankündigung des ganzen angedrohten Unheils. Zweite erweiterte Rolle	36,1–32	
Zidkija ersucht Jeremia um Fürbitte (vgl. 21,1–10)	37,1–10	X
Jeremias Ergehen und Verhalten in den letzten Wochen Jerusalems	37,11–40,6	
Jeremias Gefangennahme, Misshandlung und Inhaftierung	37,11–16	
Heimliche Konsultationen durch Zidkija, Hafterleichterung	37,17–21	X
Notabeln betreiben Jeremias Tod	38,1–6	
Intervention und Rettung durch Ebed-Melech	38,7–13	
Letztes – heimliches – Gespräch Jeremias mit Zidkija	38,14–28	X

Eroberung Jerusalems, *Strafe Zidkijas*, Schicksal der Stadt und der Bevölkerung (Collage von Elementen aus 52,4–16 und 2 Kön 25,1–12)	39,1–10	
		X
Befreiung Jeremias, Anweisung Nebukadnezzars an Nebusaradan	39,11–14	
JHWH-Wort mit Rettungszusage an Ebed-Melech (vgl. 21,9; 45,5)	39,15–18	
JHWH-Wort an Jeremia: Der oberste General der Eroberer (!) bestätigt Jeremias Drohbotschaft mit ihrer Begründung, löst seine Fesseln und zeigt babylonische Großmut	40,1–6	

Berücksichtigt man die redaktionelle Arbeit in H, so kann eine Entwicklung beobachtet werden, die von einem positiven zu einem immer negativeren Zidkija-Bild hinführt: Während in 37,3–38,28 Zidkija getrennt von den »Notabeln« (königliche Beamte adeliger Herkunft, die Jeremia nach dem Leben trachten) als Bittsteller auftritt und sogar das Leben des Propheten zu schützen versucht, wird diese Sonderstellung Zidkijas in der redaktionellen Überleitung 37,1–2 sowie in 21,1–7 und 34,8–22 ausgeblendet. In 32,1–5 und 34,1–7 wird Zidkija dann als Feind und Verfolger Jeremias porträtiert (*H.-J. Stipp*). G bzw. die hebräische Vorlage greift dieses negative Bild von Zidkija auf und trägt es durch Bearbeitungen auch in die Textstellen ein, die vormals ein positives Bild von Zidkija zeichneten. Vergleiche hierzu 37,18–21 (H) mit 44,18–21 (G).

Neben diesen Texten, die Kritik an einen individuellen König (samt Hofstaat) enthalten, gibt es auch Passagen, in denen die Gegner eher *institutionell* gezeichnet werden (vgl. 1,18; 2,26): die Gräber der Machtelite (Könige, Beamten, Priester, Propheten) sollen geschändet werden (8,1); Könige (Beamten, Priester, Propheten) müssen den Gerichtsbecher trinken (13,13; 25,18ff; vgl. 32,32; 44,17.21); in einer fingierten Szene, aus theologischer Rückschau heraus, ruft Jeremia in 17,19 (vgl. auch 19,3) die Könige von Juda zur Sabbatheiligung auf.

Der Kreis der kritisierten Elite weitet sich, wo *die Gruppe »der Hirten«* angesprochen wird. Anders als im Ezechielbuch, wo die Belege mit diesem Stichwort sich auf das Kap. 34 beschränken (Ausnahme: 37,24) und dort das Thema systematisch abhandeln, durchzieht das Thema »Hirten« das gesamte Jeremiabuch: 2,8 Kritik an der Untreue der Hirten; 3,15 Verheißung besserer Hirten für Israel mit Einsicht und Weisheit; 6,3 und 12,10f Ankündigung von fremden Hirten (= Herrschern), die Volk und Land abweiden (= zerstören); 10,21 Kritik an der Torheit der Hirten, die die Zerstreuung der Herde zur Folge hat; 22,22 Verurteilung der korrupten Hirten Jerusalems; 25,32–35 die vom Weltuntergang bedrohten Hirten werden zur Klage aufgerufen; 31,10 Ankündigung, dass JHWH selbst seine Herde weiden wird; 33,23f Verheißung neuen, intakten Hirtenlebens (vgl. 31,23f korr Text); 43,12 Nebukadnezzar, JHWHs Knecht (!), wird, wenn er Ägypten mit Krieg überzieht, »wie ein Hirte, der sein Gewand laust«, sein; 49,19 und 50,44 stellen die rhetorische Frage, welcher Hirt (aus Edom bzw. Babel) dem Hirten JHWH widerstehen könnte; 50,6 Klage über Hirten als Verführer. Daneben finden sich die meisten Hirtentopoi zusammengefasst in Jer 23,1–4.

Von besonderer Bedeutung für den jeweiligen Aufbau des hebräischen und griechischen Jeremiabuches ist die Stellung der Völkersprüche. Damit ist entweder eine universale Gerichtsperspektive oder das Heil für Israel verbunden. Im Unterschied zu G, das die Verwüstung und Deportation Judas und seiner Nachbarn prophetisch ansagt, wird in H »ein globales Panorama, in dem die Babylonier unter Nebukadnezar die

Weltherrschaft erringen, sich aber schließlich selbst unter das Joch vieler Völker beugen müssen« (*H.-J. Stipp*, Sondergut 119) gezeichnet. Die »Programmatik« von Jer 1 zeigt deutlich, dass beide Jeremiabücher eine komplexe Textentstehung aufweisen, wobei schon 1,1 G im Unterschied zu H den göttlichen Ursprung der Botschaft Jeremias stärker betont. Die Auseinandersetzung Jeremias mit den Falschpropheten und den judäischen Königen (besonders Zidkija) zeigt deutlich, dass G im Unterschied zu H die Konflikte als lebensbedrohliche Gegnerschaft zeichnet.

Ob sich vom Aufbau her eine Priorität für H oder G ergibt, hängt u. a. auch von der jeweiligen Stellung der Völkersprüche ab und damit von der Frage, ob die Stellung der Völkersprüche in G eine sekundäre Anpassung zu Jes bzw. Ez darstellt.

2. Entstehung

B. Duhm schreibt in der Einleitung seines Jeremia-Kommentars: »Das Buch ist also langsam gewachsen, fast wie ein unbeaufsichtigter Wald wächst und sich ausbreitet; ... von einer methodischen Komposition, einer einheitlichen Disposition kann keine Rede sein ...« (XX). Seit dem Erscheinen des Kommentars von *B. Duhm* wird die Entstehung des Jeremiabuches lebhaft diskutiert. Deshalb wird der komplexe Entstehungsprozess des Buches zunächst kurz anhand von Beobachtungen zur Eigenart des Prophetenbuches skizziert (2.1).

Dabei sind auch die entstehende Schriftkultur und deren Konsequenzen für die Buchentstehung zu beachten (2.2). Es folgen maßgebliche Erklärungsmodelle für die Entstehung des Jeremiabuches, an die sich jüngste Forschungstrends anschließen (2.3). Abschließend wird exemplarisch auf die Herkunft der Erzählungen über Jeremia (2.4) und auf die Gestalt des Propheten (2.5) eingegangen.

2.1 Eigenarten des Jeremiabuches

Wer das Jeremiabuch liest, dem fallen Besonderheiten auf, die Fragen zur Buchkomposition und zur Buchentstehung betreffen. Hier seien nur einige genannt:

- Das Jeremiabuch enthält eine Vielzahl von Zeitangaben. Doch lässt sich eine beabsichtigte chronologische Reihenfolge nicht erkennen. Die Zeitangaben dienen anscheinend weniger dazu, einen Geschichtsablauf nachzuzeichnen, sondern haben eine wertende und damit deutende Funktion im Hinblick auf das Verhältnis von Juda zu anderen Völkern (besonders Babylon) und zu Gott (strafendes und rettendes Handeln). Dies kann dann durchaus kompositorische Konsequenzen haben.
- Die einleitenden Formeln (Wortereignisformel, Botenformel, JHWH-Spruchformel) haben eine gliedernde Funktion und können für kompositorische Fragen ausgewertet werden. Allerdings können diese Formeln auch einen unspezifischen Gebrauch aufweisen (auf Formeln, die Gott als Sprecher einführen, folgen menschliche Sprecher wie in 21,1f; 32,1–5) und ihre Stellung im Textzusammenhang kann variieren (Beginn, Mitte, Ende der Texteinheit).
- Auffällig sind Mehrdeutigkeiten im Bereich der Kommunikation: Unmarkierter Sprecherwechsel in wörtlicher Rede (z. B. in Jer 4). Durch die literarischen Bezüge auf biblische Texte (Tora, besonders Dtn 18; 28–32; vordere Propheten, besonders 2 Kön 17; 21–25; Schriftpropheten,

besonders Hos, Am, Mi), die im Textzusammenhang eine der Programmatik des Buches entsprechende Profilierung erfahren können, ergibt sich eine Vielstimmigkeit im Buch (verschiedene Rede- bzw. Anspielungs- und Zitierungsebenen), die vom Leser erkannt und sensibel gedeutet werden muss. So bedeutet die Übernahme deuteronomischer oder → deuteronomistischer Formulierungen nicht automatisch auch die Übernahme der damit verbundenen inhaltlichen Konzeptionen (z. B. sprachstilistische Deutung statt redaktioneller Erklärung).

- Sprachliche Wiederholungen können wichtige kompositorische Bausteine sein, vor allem dann, wenn sonst formal und inhaltlich disparates Textmaterial zusammengestellt wird (Klammerfunktion). Hierzu zählen auch die sprachlichen Doppelungen (Dubletten), die mehrere Sätze umfassen können. So kehren u. a. 6,12–15 in 8,10–12 und 6,22–24 in 50,41–43 wieder. Besonderes Augenmerk verdienen die damit verbundenen Änderungen.
- Poesie liegt überwiegend in 1–25 vor, während ab 26 die Prosa überwiegt (Ausnahme 30–31 und 46–51). Hier stellt sich nicht nur die Frage, ob und inwiefern Prosa und Poesie kompositorische Kriterien bilden, sondern ob man sprachlich immer zwischen beiden Sprachformen trennen kann.
- Zur Eigenart des Jeremiabuches gehört auch der innere Zusammenhang von Gerichtsworten und Heilsansagen (vgl. die programmatische Verbliste zu Beginn in 1,10). Aus diesem Gegensatz ergibt sich eine thematische Dynamik, die sich u. a. in einer komplexen Komposition äußern kann (s. dazu o.).
- Das Jeremiabuch ist in vielerlei Hinsicht mehrdimensional angelegt und zu lesen. Was zunächst wie eine Spannung oder wie ein Widerspruch aussieht, kann auf einer anderen Ebene durchaus einen Sinn ergeben. Methodisch folgt daraus auf der einen Seite eine Vorordnung der Buchperspektive und damit der Multiperspektivität und auf der anderen Seite ein ausgewogenes Zueinander synchroner und diachroner Erklärungsansätze.

2.2 Das Jeremiabuch – Dokument einer entstehenden Schriftkultur

Die Erzählung Kap. 36 bietet ein *Vorstellungsmodell* für die Entstehung des Jeremiabuchs an (*H. M. Wahl*): Jeremia hat seine bisherigen Worte dem Schreiber Baruch für einen Gesamtvortrag diktiert. Nach Vernichtung dieser Rolle hat er eine zweite Fassung derselben Worte, denen weitere Worte hinzugefügt werden, herstellen lassen. Die Geschichte liefert außer dem Datum kaum Kriterien, welche erhaltenen Texte dem vermuteten Kernbestand zuzurechnen sind. Die Historizität des Erzählten darf auch nicht fraglos vorausgesetzt werden, denn Kap. 36 stellt in seiner Endgestalt bewusst eine Kontrasterzählung zu 2 Kön 22f dar, sodass Jojakim dem idealen König Joschija antitypisch (→ Antitypos) entgegengestellt wird. Die vielfältigen Versuche einer textlichen Rekonstruktion der »Urrolle« haben auch nicht zu einem Konsens geführt. Dennoch bietet Kap. 36 einen Hinweis, die Entstehung des Jeremiabuches im Rahmen eines Fortschreibungsmodells (sukzessives Fortschreiben von Texten, die dadurch »an«- und »zusammenwachsen«) zu verstehen.

Ein Fortschreibungsmodell ist auch vom *Schreibmaterial* her nicht ausgeschlossen, denn in den Buchrollen (Papyrus oder Leder), die aus Einzelblättern zusammengenäht werden, liegt der Text in Kolumnen vor, sodass Zusätze leicht am Anfang oder am Ende einer Schriftrolle bzw. von Kolumnen eingefügt werden können. Glossierungen (→ Glosse) sind auch am Kolumnenrand oder zwischen den Schriftzeilen möglich. Da die Schriftrollen wegen der beschränkten Haltbarkeit nach einem bestimmten Zeitraum neu geschrieben werden müssen, ist im Rahmen dieser Herstellung einer neuen Schriftrolle durch Schneiden bzw. Löschen von Beschriftung oder Einnähen neuer Blätter eine Kürzung oder Einfügung im größeren Textumfang möglich. Von den *literatursoziologischen Voraussetzungen* ist nach *D. W. Jamieson-Drake* erst ab dem 8. Jh. v. Chr. mit Schreiberschulen zu rechnen, die sich auf Jerusalem beschränken. Wenn daher die Textproduktion und Textpflege nur auf einen kleinen Teil der damals lese- und schreibfähigen Bevölkerung, die auch örtlich in einem kleinen und überschaubaren Milieu (Palast/Tempel) beheimatet ist, beschränkt bleibt, dann fällt auch die Hauptschwierigkeit eines Fortschreibungsmodells für die Entstehung biblischer Bücher und des Buches Jeremia weg, die sich in der Frage auftut, wie denn die Schriftrollen ständig geändert werden konnten.

So ist das ganze Jeremiabuch mit Hinweisen auf die »neue« Schriftkultur durchzogen. Dazu abschließend einige Hinweise: Baruch trägt den Titel »Schreiber« (36,26); als Funktionsbezeichnung für höhere Beamte begegnet die Bezeichnung »Schreiber des Heerführers, der die Bürger des Landes auszuheben hatte« (52,25); in 37,15.20 ist von einem Haus des Staatsschreibers Jonatan die Rede, in dem ein Gefängnis eingerichtet ist. Neben »Briefen/Büchern«, »Rollen« (36; 51,60) mit »Spalten« (36,23), »Tafeln« (17,1), »Tinte« (36,18), »eisernem Griffel und diamantenem Stift« (17,1 vgl. 8,8) ist auch vom Schreibermesser (36,23) die Rede. Mehrfach werden Schriftdokumente erwähnt: 3,8 ein Scheidebrief JHWHs an Israel; 32,10–16.44 Kaufurkunden für Grundstückserwerb. Diese neue Schriftkultur wird für die Entstehung des Jeremiabuches z. B. im Modell der kleinräumigen Fortschreibungen (u. a. *H.-J. Stipp*) oder der großräumigen Redaktionen (u. a. *K. Schmid*) fruchtbar gemacht.

2.3 Theorien der Forschung

Der komplexen Entstehungsgeschichte des Jeremiabuches entspricht auch ein komplexes Bild der Forschungsgeschichte. Überblickt man den Zeitraum vom Beginn des 20. Jh.s bis heute, so lässt sich ein Übergang vom Quellenmodell zum redaktionsgeschichtlichen Modell beobachten, wobei letzteres vielfältige und differenzierte Ausgestaltungen erfahren hat. Der Verlauf der Forschung wird im Folgenden anhand von *vier Erklärungsmodellen* skizziert.

2.31 Das Quellenmodell

B. Duhm versuchte in seinem Kommentar von 1901, einen Kernbestand authentischer Jeremiaworte mittels poetischer Kriterien herauszuarbeiten und beließ Jeremia ca. 60 Gedichte mit identischem Metrum. Neben diesen Gedichten sah *B. Duhm* in den Baruch zugeschriebenen Aufzeichnungen über das Leben Jeremias eine weitere große Überlieferungsgruppe (»das Buch Baruch«), welche 26–29 und 32–45 umfasste. Die Gedichte und »das Buch Baruch«, das nicht mit dem Buch Baruch des Septuagintakanons zu verwechseln ist (s. dazu F.V.), erhielten dann noch ergänzende Bearbeitungen (ca. 850 Verse!), zu denen auch die Heilsaussagen in 30–33 und die Fremdvölkersprüche in 46–51 gehörten.

In Fortführung der Überlegungen von *B. Duhm* entwickelte *S. Mowinckel* 1914 eine Vierquellentheorie, die nur für die Kapitel 1–45 Gültigkeit beansprucht, da seiner Meinung nach 46–52 nicht zum eigentlichen Jeremiabuch gehören, sondern einen späteren Anhang darstellen. Die vier schriftlichen Quellen setzen sich wie folgt zusammen:

Quelle A = Sprüche und Selbstberichte in 1–25
Quelle B = Fremdberichte in 19,2–20,6; 26; 28–29 und 36–44
Quelle C = größere Reden in *7,1–8,3; 11*; 18*; 21*; 25*; 32*; *33–34; 35* und 44*
Quelle D = nachexilische Sammlung von Heilsworten in 30–31

Die Quellen A und B sind nach *S. Mowinckel* in aristokratischen Kreisen der ägyptischen → Diaspora zwischen 580 und 480 v. Chr. zusammengearbeitet worden, während die Quelle C aus inhaltlich-theologischen Gründen nicht älter als Esra sein kann. Die zeitliche Einordnung der Quelle D ist dagegen schwierig. Nach *S. Mowinckel* muss das vorliegende Jeremiabuch seine Endredaktion vor 165 v. Chr. erfahren haben.

W. Rudolph ist *S. Mowinckel* in der Zuordnung der Texte zu den Quellen A, B und C gefolgt, wobei er allerdings die Fremdvölkersprüche 46,1–49,33 zur Quelle A rechnet. Auch 30–31 bildet keine eigenständige Quelle D mehr, sondern ist weitgehend der Quelle A zuzuordnen. Gegen das Quellenmodell sprechen Beobachtungen, die zeigen, dass Texte, die zu einer Quelle gezählt werden, zu wenig homogen sind, da die sprachlichen und inhaltlichen Differenzen die Gemeinsamkeiten übertreffen. Auch ist zu berücksichtigen, dass oftmals Texte nicht unabhängig vom literarischen Kontext entstanden sind, sondern diesen voraussetzen und fortschreiben. Der entscheidende Wendepunkt – und damit der Übergang von einem Quellenmodell zu einem redaktionsgeschichtlichen Modell – liegt in der Einschätzung von C, dessen Verfasser für *W. Rudolph* der Hauptredaktor des Jeremiabuches ist. Damit eröffnet *W. Rudolph* eine Forschungsrichtung, die sich u. a. im Konzept der deuteronomistischen Redaktion des Jeremiabuches niederschlägt.

2.32 Das redaktionsgeschichtliche Modell

Zahlreiche und im Ergebnis divergente Arbeiten haben sich den vielfältigen sprachlichen und inhaltlichen Berührungen von Texten des Jeremiabuches und solchen des Deuteronomiums oder des Deuteronomistischen Geschichtswerks (Dtn–2 Kön) gewidmet. Die in diesem Zusammenhang zu stellende Frage nach den Trägerkreisen der sprachlichen und inhaltlichen Berührungen wird in der Forschung unterschiedlich beantwortet, insofern einerseits das Deuteronomium und das Deuteronomistische Geschichtswerk denselben Trägerkreisen entstammen sollen, die auch für die deuteronomistische Redaktion des Jeremiabuches verantwortlich sind, andererseits aber auch angenommen wird, dass es sich um verschiedene Kreise handelt. Die zeitliche, örtliche und soziale Verankerung dieser Trägerkreise hängt u. a. auch vom Gesamtverständnis der betreffenden Bücher bzw. Buchsammlungen und von dem vorausgesetzten Modell, nach dem Geschichte rekonstruiert wird, ab.

Nach Vorarbeiten durch *S. Herrmann* hat *W. Thiel* für das vorliegende Jeremiabuch (mit Ausnahme von 46–51) eine deuteronomistische Redaktion nachgewiesen (Schicht D), die sowohl die poetischen als auch die prosaischen Texte umfasst. Für *W. Thiel* sind die Beziehungen zwischen dem Jeremiabuch und der deuteronomisch-deuteronomistischen Literatur vornehmlich literarischer Art, sodass für ihn der Sprachbefund das wichtigste Kriterium für den Nachweis einer deuteronomistischen Redaktion bildet. Diese Redaktion hat schriftliches Traditionsgut des Propheten übernommen und durch literarische Entlehnungen aus dem Deuteronomium sowie den folgenden Büchern des

Deuteronomistischen Geschichtswerks angereichert und so aktualisiert. Gleichzeitig hat diese Redaktion durch die Einfügung eigener Texte das Gesamtbild jeremianischer Verkündigung wesentlich verändert (vgl. z. B. die Exodustradition und die Umkehrforderung).

Thiels Ansatz ist breit rezipiert worden und hat vielfältige Differenzierungen erfahren. So stellt z. B. die von *T. Odashima* bezeichnete *vordeuteronomistische Redaktion* eine Zwischenschicht dar, die zwischen jeremianisches Traditionsgut und deuteronomistische Redaktion tritt.

Aufgrund der differenzierenden Forschung am Deuteronomistischen Geschichtswerk (s. o. D.II.) wurde gegen *W. Thiel* mehrfach der Einwand geäußert, dass seine Schicht »D« weder inhaltlich noch literarisch eine einheitliche Schicht darstelle. So ordnet *K.-F. Pohlmann* 21,1–10 und 24, die *W. Thiel* der Schicht »D« zuordnet, sowie eine Redaktionsschicht in 37–44 und vielleicht noch 32,16–44 einer *golaorientierten Redaktion* (frühestens 4. Jh. v. Chr.) zu, die vorgegebene Texte auf die Hauptaussage hin überarbeitet, dass allein die babylonischen Exulanten (= → Gola) unter Jojachin die legitime Nachfolge des untergegangenen Israels antreten können. *C. R. Seitz* ist, wenn auch mit teilweise anderer Abgrenzung und abweichender Datierung (ausgehende Exilszeit), zu demselben Ergebnis wie *K.-F. Pohlmann* gekommen. Dagegen isoliert *H.-J. Stipp* aus Kap. 26; 36 und 37–45 eine *schafanidische bzw. patrizische Redaktion* (nachdeuteronomistisch), deren Intention darin besteht, durch die Parteinahme für die adeligen Schafaniden die Ansprüche der judäischen Aristokratie in frühnachexilischer Zeit zu unterstreichen.

Für die frühexilische Zeit rechnet *C. Hardmeier* mit einer tiefen Spaltung in der Anhängerschaft deuteronomistischen Gedankengutes in Juda, die sich durch eine Pro- und eine Contra-Haltung zum Propheten Jeremia äußert. Auch wenn die soziologischen Daten fehlen, um von einer *deuteronomistischen Bewegung* sprechen zu können, in deren Kreisen die Redaktoren oder der Redaktor zuhause gewesen sind, spricht manches dafür, dass die bereits erwähnten sprachlichen und theologischen Berührungen mit der übrigen Literatur, die in enger Beziehung zum Deuteronomium steht, hauptsächlich auf das Konto der Herausgeber eines exilischen Jeremiabuches gehen. Neuerdings rechnet *R. Albertz* – in Anlehnung an *B. Gosse* – mit *drei deuteronomistischen Ausgaben/Redaktionen* des Jeremiabuches (JerD^1; JerD^2; JerD^3) in exilischer Zeit, die jeweils ein eigenes kompositorisches Profil aufweisen und sich von spätdeuteronomistischen bzw. nachdeuteronomistischen Bearbeitungen in nachexilischer Zeit abgrenzen.

2.33 Das sprachgeschichtliche Modell

Dieses Modell versucht die Gemeinsamkeiten zwischen dem Jeremiabuch (Prosareden) und dem Deuteronomium bzw. dem Deuteronomistischen Geschichtswerk sprachgeschichtlich zu erklären. Der → deuteronomistische Sprachstil in Jeremia muss daher kein spätes, nur redaktionell zu erklärendes Phänomen sein, sondern kann als Idiom schon zu Lebzeiten Jeremias vorgelegen haben (vgl. dazu auch o. D.II.3.37). Jeremia als Dichter mit origineller Sprache kann (oder muss) sich gleichzeitig als »Prediger« im Idiom seiner Zunft, in der sich auch »Deuteronomisten« betätigten, ausgedrückt haben. Unterschiedlicher Sprachstil muss daher nicht auf eine komplexe redaktionelle Textentwicklung mit unterschiedlichen Verfasserkreisen hinweisen. Hier schließen sich – unter Ablehnung einer deuteronomistischen Redaktion – die Überlegungen von *W. L. Holladay* an, der den sprachlichen Unterschied zwischen Prophetensprüchen und Prosareden als nachträgliche Umformulierungen der Prophetensprüche charakterisiert (»prototype and copies«), wobei in beiden Fällen prophetische Authentizität von ihm nicht in Frage gestellt wird, ist doch Jeremia mit dem deuteronomistischen Sprachstil groß geworden.

Hier schließt sich auch die Position von *H. Weippert* an, die für die Prosareden des Jeremiabuches keinerlei deuteronomistische Redaktion gelten lässt, so dass die Prosareden als auf den Propheten Jeremia zurückgehende *Kunstprosa* eingeschätzt werden.

2.34 Das Modell der kleinräumigen Fortschreibungen

In Aufnahme von Duhms Bild des wildwuchernden Waldes und als Gegenbewegung zum Quellenmodell und zu einem Redaktionsmodell, das mit großräumigen Redaktionen rechnet, wurde das Modell der kleinräumigen Fortschreibungen entwickelt. Ein Hauptvertreter ist *W. McKane*, der für die Entstehung des Jeremiabuches das Modell des *rolling corpus* verwendet: Ausgangpunkt sind jeremianische oder nicht-jeremianische *kernels* (= Kerntexte im Umfang eines Verses bis hin zu einer Texteinheit), die in einem sukzessiven, bis in die nachexilische Zeit dauernden Prozess kleinräumiger Fortschreibungen zu dem Texttyp »heranwachsen«, wie sie uns in G oder H vorliegen. Kleinräumige, prosaische Fortschreibungen greifen dabei nicht selten auf jeremianische Poesie zurück (*reservoir idea*), ohne dass *W. McKane* dabei eine deuteronomistische Redaktion ausschließt. Daran zeigt sich, dass Thiels Modell der deuteronomistischen Redaktion durch *W. McKane* auf differenzierte Weise rezipiert wird. Demselben Modell der Textentwicklung sind auch *C. Levin*, *R. Liwak* und *R. P. Carroll* gefolgt.

Wie unterschiedlich Texte des Jeremiabuches entstehungsgeschichtlich eingeordnet werden können, sei am Beispiel der *sog. Trostschrift* (Kap. 30–31; anders *K. Schmid*: 30–33) gezeigt: Während nach *S. Mowinckel* die Sammlung nicht von Jeremia stammt, führt sie dagegen *W. Rudolph* weitgehend auf Jeremia zurück. Im weiteren Verlauf der Forschungsgeschichte ist zu beobachten, dass je höher man eine deuteronomistische Redaktion für das Jeremiabuch insgesamt veranschlagt, auch die Trostschrift eher als Resultat einer deuteronomistischen Redaktion aufgefasst wird (so vor allem *S. Herrmann* und *W. Thiel*), wobei ein jeremianischer Grundbestand unterschiedlich hoch angesetzt wird. Neuerdings unterliegt ein solches deuteronomistisches Redaktionsmodell der Kritik (u. a. *R. P. Carroll*; *H.-J. Stipp*) und die Entstehung der sog. Trostschrift wird alternativ dazu im Rahmen eines komplexen, kleinräumigen Fortschreibungsmodells verstanden (*K. Schmid*). Eine Lösung in der Kontroverse, ob ein poetischer Grundbestand der sog. Trostschrift in die umstrittene Frühzeitverkündigung unter König Joschija zu datieren ist (*N. Lohfink*) oder ob die sog. Trostschrift größtenteils erst eine exilische Bildung (*S. Herrmann*; *T. Odashima*) oder insgesamt – bei vorausgesetzter literarkritischer Einheitlichkeit – erst nachexilischen Ursprungs ist (*G. Fischer*), wird die weitere Forschung am Jeremiabuch anbieten müssen.

2.35 Jüngste Forschungstrends

Blickt man abschließend auf die *jüngste Forschungssituation*, so fällt auf, dass *H.-J. Stipp*, der in seiner Studie zum masoretischen und alexandrinischen Sondergut besonderes Augenmerk auf das Verhältnis zwischen G und H legt, sich eher skeptisch gegenüber großräumigen Redaktionen äußert (vgl. seine Kritik an der »Rédaction de la Restauration« von *Y. Goldman*) und deshalb im Rahmen des Modells kleinräumiger Fortschreibungen von *Revisionen* oder *Rezensionen* spricht.

Im Gegensatz dazu steht die Hypothese von *K. Schmid*, dass im vorliegenden Jeremiabuch verschiedene *Buchgestalten* mit den entsprechenden inhärenten Geschichtskonzepten vorliegen: Ausgehend vom Endtext, deuten die vom Text aufgezeigten Leselinien und Sachbezüge darauf hin, dass im Verlaufe des literarischen Wachstums der Jeremiatext mehrfach großräumige Redaktionen erfahren hat, die den jeweils vorliegenden Text als Buch gestalten. In diesem Zusammenhang übernimmt *K. Schmid* nicht das Modell einer deuteronomistischen Redaktion, da seiner Meinung nach → deuteronomistische Spracheigenschaften nicht redaktionsgeschichtlich, sondern traditionsgeschichtlich auszuwerten sind. *K. Schmid* setzt seine erste von insgesamt 10 Buchkonzepten spätvorexilisch an, während die deuteronomistische Redaktion exilisch anzusetzen ist. Die von *H.-J. Stipp* veranschlagte *patrizische Redaktion* ist frühnachexilisch-persisch, während die *golaorientierte Redaktion* (*K.-F. Pohlmann*) in die spätexilisch-frühhellenistische Zeit zu datieren ist. Weitere Arbeiten zur Redaktionsgeschichte des Jeremiabuches werden zeigen müssen, ob es eine Endredaktion angesichts der vorliegenden komplexen literarischen Gestalt geben kann.

Aufgrund von literarischen Bezügen des Jeremiabuches zu den Büchern Gen–Dtn rückt in jüngster Zeit neben dem Deuteronomistischen Geschichtswerk auch die Tora vermehrt ins Blickfeld der Forschung, wobei Aussagen der Tora im Jeremiabuch grundlegende (Um)Wandlungen erfahren können. So wird z. B. das Exodusmotiv in Jer 16,14f einerseits überboten, andererseits in Jer 42–44 wieder rückgängig gemacht.

Im Unterschied zu *H.-J. Stipp* und *K. Schmid* vertritt *G. Fischer* ein *konsequent synchrones Erklärungsmodell* für das gesamte Jeremiabuch. Literarkritische und redaktionskritische Überlegungen sind seiner Meinung nach keine Hilfe bei der Erschließung des Jeremiabuches. Die sprachlichen Befunde, die intertextuellen Bezüge und die komplexe Gesamtkomposition legen es nahe, das Jeremiabuch als einheitlich zu charakterisieren. Sein Autor, der vermutlich im 4. Jh. v. Chr. das Buch verfasst hat, muss jemand gewesen sein, der literarisch außerordentlich begabt war und in harter Auseinandersetzung mit Priestern und Propheten stand (s. *G. Fischer*, HThKAT, I 93f; *ders.*, Stand 110–114). Mit seinem konsequent synchronen Erklärungsmodell hebt sich *G. Fischer* von allen bisherigen Erklärungsmodellen ab, die von einer Entstehung des Jeremiabuches über einen kürzeren oder längeren Zeitraum ausgehen. Es ist allerdings fraglich, ob der von *G. Fischer* postulierte Autor, der ein literarisches Genie sein muss, eine solch weit reichende Hypothese zu begründen vermag.

2.4 Die Herkunft der Erzählpassagen

Die *Erzählungen über Jeremia* sind nicht genügend miteinander vernetzt, sodass man von einer Biographie sprechen könnte. Abgesehen davon, dass Details auch fingiert sein können, ist es nicht ausgeschlossen, dass die in den erzählenden Passagen des Jeremiabuches auftretende Häufung von Personennamen auf eine ereignisnahe Darstellung und damit auf historische Information hinweist. Unter Jeremias Parteigängern und möglichen Informanten für die Erzählüberlieferungen stößt man zunächst auf den

Schreiber Baruch ben Nerija (32,12–16; 36 und 45). Aber auch Ahikam ben Schafan (26,24) ist zu nennen. Gleichfalls der Priester und Tempelaufseher Zefanja ben Maaseja, der nach 29,29 den Antrag Schemajas, Jeremia zu maßregeln, offenbar nicht ausführt, sondern den Brief dem Jeremia vorliest. Als einziges Mitglied beider Delegationen, die Zidkija zu Jeremia schickt, besitzt er Augenzeugeninformationen von den beiden Befragungen in 21,1 und 37,3. Schließlich kann nur der Kuschiter Ebed-Melech selbst die Vorgänge rund um die Rettung Jeremias aus der Zisterne (38,7–13) so detailgetreu beschreiben (vgl. auch das Rettungswort an ihn in 39,15–18). Dagegen ist der Tradent des Dossiers unbekannt, das in 40,13–41,15 den Davididen Jischmael ben Netanja, seinen Kampf gegen den von Babel eingesetzten Statthalter Gedalja und die geradezu terroristischen Aktivitäten seiner Leute darstellt. Mit Jeremia hat diese Erzählung nichts zu tun. Auch liegt keine prophetische Bewertung dieser Vorgänge vor. Vielleicht ist diese Erzählung ein Stück politischer Zweckliteratur, insofern klargestellt wird, dass der Mord an Gedalja nicht Ausdruck einer breitgestützten Revolte mit davidischen Ambitionen ist, sondern dass es sich um einen Terrorakt unter Missachtung der Gastfreundschaft handelt. Dagegen verrät die Erzählung von Jeremias Verhaftung und Befreiung durch die Babylonier (34,7; *37,3–39,14) eine ganz andere Tendenz: mit ihren recht präzisen historischen und topographischen Detailkenntnissen zeichnet sie Jeremias Leiden während der letzten Monate Jerusalems, die mit einer heftigen Feindschaft der Kreise verbunden ist, die alles auf die Karte »Widerstand gegen Babel« setzen und keine prophetische Kritik an ihrer Bündnispolitik dulden. Im Gegensatz zu den lebensbedrohlichen Nachstellungen durch diese Kreise, vor denen auch ein schwacher König nicht schützen kann, steht die zuvorkommende Behandlung Jeremias durch die babylonischen Eroberer. Diese Erzählung war gewiss geeignet, in der Zeit unmittelbar nach der Einnahme und Zerstörung Jerusalems einerseits Jeremias Autorität zu betonen, andererseits in der Kooperation mit den Siegern die einzige Überlebensstrategie zu sehen (vgl. *H.-J. Stipp*, Jeremia 287f).

2.5 Zur Person des Jeremia

Seinen Eigennamen teilt Jeremia mit rund zehn anderen biblischen Personen. Er ist auch zeitgenössisch auf einem → Ostrakon aus Lachisch belegt. Die Namensbedeutung ist nicht eindeutig geklärt. Die Herkunftsangaben lassen Jeremia aus Anatot, einem Ort wenige Kilometer nordöstlich von Jerusalem, stammen. Seine Bewohner haben ihrem Landsmann das Auftreten als Prophet ausreden, ja ihn sogar umbringen wollen (vgl. 11,18–23). Nach 32,6–9 lag das Familiengrundstück, zu dessen Erwerb er sich ins Land Benjamin begeben wollte (37,11ff), in eben diesem Anatot. Dorthin hatte seinerzeit König Salomo den Priester Davids Ebjatar verbannt (1 Kön 2,26). Vermutungen über verwandtschaftliche Verbindungen oder über Zusammenhänge mit dem Schicksal einer Priesterschaft aus Anatot zur Zeit der Joschijanischen Kultreform sind reine Spekulation. Als levitischer Priester hätte nämlich Jeremia keinen Grund und Boden erwerben können. Im Gegensatz etwa zu Ezechiel ist auch eine priesterliche Prägung seiner Botschaft nicht zu erkennen. Beauftragung, Sendung und Ausstattung Jeremias in 1,4–10 erinnern vielmehr an Berufungen von Rettern wie Mose (Ex 3f) oder Gideon (Ri 6).

3. Theologie

Aufgrund der komplexen Entstehungsgeschichte des Jeremiabuches ist es wichtig, sich darüber klar zu werden, wie man die theologischen Themen erfassen und auswerten will. Zu berücksichtigen ist dabei, ob man seine Aufgabe vorrangig darin sieht, möglichst viele theologische Aussagen auf den Propheten Jeremia als historische Person zurückzuführen, oder ob man vor allem die theologischen Aussagen des Buches in der Endgestalt bzw. vor dem Hintergrund seiner Redaktionsgeschichte transparenter darstellen will.
In beiden Fällen schließt sich die alternative Fragestellung an, ob es überhaupt eine »Theologie« i. S. eines relativ geschlossenen Gedankengebäudes gibt, in dem die theologischen Aussagen aufeinander abgestimmt sind und möglicherweise auf ein Hauptthema (»Schlussstein«) zulaufen, oder ob sich das theologische Profil des Propheten Jeremia bzw. des Jeremiabuches eher durch die Eigenart der Verknüpfung und Neuinterpretation von explizit bzw. implizit rezipierten theologischen Aussagen ergibt, ohne dass durch den Propheten bzw. durch das Zusammenspiel der Redaktionen im Buch ein geschlossenes theologisches Gebäude beabsichtigt bzw. für den Exegeten erkennbar ist.
Hinzu tritt die Frage, wie sich das theologische Gedankengebäude des Propheten/des Buches bzw. die neuformulierten theologischen Aussagen des Propheten/des Buches zu Begriffen und Modellen einer in anderen Bereichen des AT rezipierten bibeltheologischen Systematik verhält bzw. verhalten. Sind solche Begriffe/Modelle überhaupt anwendbar? Wo erfahren sie durch den Propheten/durch das Buch spezifische Änderungen?
Abschließend sei noch einmal auf die im Eingang entfaltete Besonderheit hingewiesen, dass das Buch Jeremia in zwei Fassungen (H und G) mit je eigenem theologischen Profil vorliegt, das jeweils für die andere Buchfassung theologisch relevant werden kann, je nachdem wie die Frage nach der historischen Priorität und der genetischen Abhängigkeit entschieden wird.
Im Folgenden werden *theologische Schwerpunkte* des Buches Jeremia unter besonderer Berücksichtigung des Verhältnisses von *Theologie und Ethik* einerseits und des Verhältnisses von *Unheil und Heil* andererseits behandelt. Das theologische Proprium des Buches lässt sich – vorwegnehmend – so zusammenfassen: »Kein anderes Buch innerhalb der Bibel hat so ausführlich den nationalen Niedergang zum Thema ... [Es] gibt eine tiefgehende Analyse der Gründe und Vorgänge, die dazu geführt haben, einschließlich des Benennens der Schuld, ohne Beschönigung ... Diese aufdeckende Kraft für Hohlheit, Untreue und Überheblichkeit einer Gesellschaft kommt seinen Texten bis heute zu« (*G. Fischer*, RGG 4 422).

3.1 Theologische und ethische Kritik

Im Mittelpunkt der *theologischen* und *ethischen Analysen* des Jeremiabuches steht die *Fremdgötterverehrung*. Es beklagt, dass die Götter Judas so zahlreich wie seine Städte seien (2,28; 11,13). Die mit der Fremdgötterverehrung verbundene Schuldthematik wird oft stereotyp ausgedrückt (nachlaufen, dienen, opfern, Trankopfer spenden, Rauchopfer darbringen, anbeten, bei Göttern schwören, einen Gott/Götter machen, Gott/Götter vertauschen). Die Kehrseite dieser Zuwendung zu anderen Göttern lautet dann: JHWH verlassen, sich von ihm entfernen. Neben diesen stereotypen Wendungen liegen auch bildhafte/metaphorische Umschreibungen vor wie z. B. »Mich haben sie verlassen, den Quell des lebendigen Wassers, um sich Zisternen zu graben, Zisternen mit Rissen, die das Wasser nicht halten« (2,13) oder »Doch wie hast du dich mir gewandelt zum Wildling, zum entarteten Weinstock!« (2,21). Mit der Schuldthematik ist auch die Weiblichkeitsmetaphorik verbunden, die nicht nur auf das Volk, sondern auch auf die Stadt Jerusalem angewandt wird. *M. Häusl* zeigt, dass im Rahmen der Komposition Kap. 4–10 nur in 4,30 das weibliche Geschlecht mit der Schuldfrage direkt verbunden wird. In 13,20–26; 15,5–9 und 22,20–23 wird Jerusalem zwar eindeutig als schuldige Frau dargestellt (die Stadt ist also nicht nur der Ort der Schuld), aber der Schuldvorwurf wird nicht mittels der Geschlechtermetaphorik, sondern mit Hilfe theologischer Deskription geäußert. Anders sieht es in Kap. 2–3 aus, denn dort wird die Abwendung von JHWH durch das als Frau personifizierte Volk Israel mit obszön-pornographischer Metaphorik beschrieben. Israel wird nicht als Ehefrau JHWHs dargestellt, auch von Ehebruch ist keine Rede (erst in der sekundären Erweiterung 3,6–12), sondern Israel wird als promiskuitive, triebgeleitete Frau vorgestellt. Dieses Zerrbild weiblicher Sexualität soll radikale Ablehnung bewirken.

In diesem Zusammenhang steht auch die Kritik am *Baalskult.* In seinem Dienst treten die Propheten auf. Seinetwegen haben die Väter JHWH vergessen (23,27) und ihre Kinder daran gewöhnt, den Baalen nachzulaufen (9,13), auch wenn dies die Väter bestreiten (2,23). Von den Völkern hat sich Israel den Schwur bei Baal beibringen lassen (12,16). Das Volk opfert ihm (7,9; 11,17) und erzürnt dadurch JHWH. Auf Dächern (32,29) und in sämtlichen Gassen Jerusalems (11,13) hat es dem Baal Altäre gebaut. Besonders verwerflich ist die Kulthöhe Baals im Tal Ben Hinnom (19,5; 32,35). In Fortführung zu Hosea, der den Namen »Baal« kultkritisch verwendet, weitet Jeremia den Begriff »Baal« aus, um auch andere Verfehlungen (zur Falschprophetie im Namen des »Baal« s. 2,8; 23,13) mit einem Schimpfnamen benennen zu können (*M. Schulz-Rauch*).

Im Zusammenhang mit der Schuldfrage fällt immer wieder die *enge Relation* zwischen dem Verhalten Israels JHWH gegenüber und seinem Ergehen auf (Tun-Ergehen-Zusammenhang z. B. in 2,5b). Folgt Israel anderen Göttern, prozessiert JHWH gegen sein »auserwähltes« Volk. Er droht mit dem Verlust des Landes und damit der (nationalen) Eigenständigkeit. Dieser theologische Grundgedanke wiederholt sich im Jeremiabuch und wird – je nach Situation – weiter ausgestaltet durch Metaphern wie z. B. durch die Weg-Metapher in 2,23–25.36–37. Gerade der Tun-Ergehen-Zusammenhang zeigt, dass theologische und ethische Vorwürfe ineinander greifen. Dies zeigt sich beispielhaft am Leitwort *šæqær* = Lug, Trug, Verlogenheit. Neben konkreten Situationen, in denen der Gesprächspartner der Lüge bezichtigt wird, beinhaltet dieser Begriff theologische und ethische Urteile: Fremdgötter sind Trug, d. h. es ist keine Lebenskraft (Atem) in ihnen (10,14; 16,19; 51,17). Ebenso werden Höhenheiligtümer samt ihrem Kult als trügerisch dargestellt und stehen damit im Kontrast zu JHWH, der rettet (3,23). Diesem JHWH hat sich aber Juda unter dem Eindruck des Untergangs des Nordreiches nur scheinbar und damit auf trügerische Weise zugewandt (3,10). Wer sich von JHWH abwendet und sich auf den Trug der Fremdgötter verlässt, der geht zugrunde (13,25). Trügerisch sind aber auch die Empfehlungen der Heilspropheten, sich auf einen quasi magischen Schutz durch die Anwesenheit JHWHs im Tempel zu verlassen (7,4.8). Dabei verträgt sich seine Präsenz im Tempel nicht mit »stehlen, morden, die Ehe brechen, falsch schwören, dem Baal opfern und anderen Göttern nachlaufen« (7,9). Selbst die »Weisung JHWHs«, auf die man sich beruft, besitzt keine Echtheitsgarantie, sondern kann durch den Lügengriffel der Schreiber zu Lug und Trug korrumpiert sein (8,8). Verlogenheit als eigentliches »Zeichen der Zeit« wird sichtbar in den Meineiden (5,2) und setzt sich in Verbrechen fort (9,2). Nicht mehr das Recht JHWHs bestimmt eine auf Solidarität gegründete Gesellschaftsordnung, sondern Täuschung, Betrug und Gewinn prägen – bei einer falsch verstandenen Tempelfrömmigkeit – als oberste Maximen die Gesellschaft. Dagegen tritt Jeremia auf, indem er besonders diejenigen Teile des deuteronomischen Gesetzes lehrt, die auf die soziale Gerechtigkeit abzielen (*C. Maier*). In diesem Zusammenhang werden vor allem zwei Stände als eklatante Exponenten einer unsolidarischen Einstellung genannt: Propheten und Priester (6,13; 8,10).

Das Jeremiabuch bietet eine universale Sichtweise JHWHs. Als König aller Völker (10,6f; 46,18; 48,15; 51,57) leitet er die Welt. Fremde Herrscher wie Nebukadnezzar sind seine Diener (25,9; 27,6). Als Schöpfer der Erde (10,12) ist JHWH nicht nur auf ihr gegenwärtig, sondern auch im Himmel präsent (23,24).

3.2 Ankündigung von Unheil und Heil

(1) Mehr Raum noch als die Analysen des schuldhaften Verhaltens nehmen die Prognosen der zu erwartenden Folgen ein. In manchen Worten und Bildern erscheint *das göttliche Gericht* als unausweichlich: »Ändert etwa ein Kuschiter seine Hautfarbe oder ein Leopard seine Flecken? Dann könntet auch ihr euch noch bessern, die ihr ans Böse gewöhnt seid« (13,23). »JHWH sprach zu mir: Selbst wenn Mose und Samuel vor mein Angesicht träten, würde sich meine Seele diesem Volk nicht mehr zuneigen. Schaff sie mir aus den Augen, sie sollen gehen« (15,1). Die Androhung totaler Vernichtung ergibt sich aus dem Zeichen des durch Eufrat-Wasser irreparabel verdorbenen Gürtels (13,1ff). In die gleiche Richtung zielt auch das Bildwort, dass jeder Weinkrug dazu da sei, mit Wein gefüllt zu werden. Ebenso seien nun auch die Bewohner des Landes dran, von JHWH betrunken gemacht zu werden (13,12f). Unerbittlich klingt das Ende der JHWH-Rede in 13,14.

Das Unheil trifft aber nicht nur Juda/Jerusalem, sondern auch die Nachbarvölker, was die Völkersprüche in Bildern der militärischen Niederlage, der Zerstörung von Land und Städten, der Flucht, Gefangenschaft und in Bildern des Todes deutlich zeigen. Dabei wird das Unheil sprachlich und konzeptionell vom JHWH-Krieg her formuliert, d. h. JHWH führt mit Hilfe eines »Feindes aus dem Norden« (49,30 Nebukadnezzar) Krieg gegen Juda und die Völker. Damit liegt nach *B. Huwyler* nicht nur eine Verdrehung konventioneller Kriegsideologie vor, nach der JHWH mit seinem Volk gegen die Völker Krieg führt, sondern Unheil der Nachbarvölker bedeutet aus der Sicht Jeremias immer auch Unheil für Juda. Dies zeigen auch die vielen sprachlich-stilistischen Bezüge zwischen VS und den Gedichten über den »Feind aus dem Norden« in Kap. 4–6. *M. Häusl* hat in ihren Analysen zur Geschlechtermetaphorik diese sachliche Verbindung erhärtet und auf Kap. 4–10 ausgeweitet. In knapper Form wird allerdings auch den Völkern eine Wende vom Unheil zum Heil angesagt (vgl. 46,26; 48,47; 49,6.39).

(2) Neben den Unheilsaussagen liegen im Jeremiabuch auch *Heilsaussagen* vor. Der Zusammenhang von Heil und Unheil drückt sich programmatisch in der wiederkehrenden polaren Verbliste des »Ausreißens« und des »Einpflanzens« aus (vgl. 1,10; 12,14–17; 18,7.9; 24,6; 31,28.40; 42,10; 45,4). Heil und Unheil gehören während der gesamten Buchentstehung stets zusammen, denn aus literarischen und vor allem aus theologischen Gründen können beide Aspekte nicht voneinander getrennt werden. Die Gott zugeschriebenen Ankündigungen werden nämlich dem Kalkül der menschlichen Logik entzogen, wenn etwa nach 3,1–13 JHWH das (nach Dtn 24,1–4) Unmögliche schafft:

die geschiedene Frau, die zwischenzeitlich die Frau eines anderen Mannes war, darf wieder zu ihrem ersten Mann zurückkehren. Weil Israel (und Juda) nicht durch eigene Kraft von ganzem Herzen umkehren können/wollen, verzichtet JHWH auf weitere Bestrafungen. JHWH zürnt nicht für immer. Er ist gnädig (3,12), sodass Israel (und Juda) zu JHWH zurückkehren dürfen.

Heil bzw. Unheil lassen sich in der Textwelt des Jeremiabuches nicht säuberlich scheiden. Unheil und Gericht toben sich nicht grenzenlos aus: Jeremia selbst bekommt bei seiner Beauftragung (vgl. auch 15,20) Rettungszusagen (1,8.19). Die Bilder von der »befestigten Stadt und der ehernen Mauer« (1,18) implizieren, dass Jeremia als Bote des göttlichen Wortes nicht nur selber von JHWH geschützt wird, sondern auch denjenigen Schutz bietet, die auf JHWHs Wort hören. Ausdrücklich wird das Gericht über das Land begrenzt (4,27; vgl. auch 5,10.18).

Deutlich eingeschränkt wird die Auswirkung des angekündigten Gerichts dort, wo es zeitlich begrenzt ist und es ein »Danach« gibt. So rechnet 27,7 mit drei Generationen Babylonierherrschaft. 25,11f spricht von 70 Jahren. Danach soll Babel selbst verwüstet werden. 29,10 verbindet mit derselben Frist die Erfüllung der Heilsbotschaft von der Rückführung. Gemäß 51,59 soll 50,18–20 bereits im Jahr 594 v. Chr. die Abrechnung JHWHs mit Babel vorhergesagt haben, an die sich eine Rückführung Israels in seine besten Siedlungsgebiete (Karmel, Baschan, Bergland Efraim und Gilead) anschließt. Israels Schuld und Judas Sünden werden dann einem übriggebliebenen Rest vergeben. In 50,33 wird sogar auf eine Situation angespielt, in der die Herrschaftsvölker die Freilassung Israels und Judas verweigern, sodass JHWH seine Sache mit Macht durchsetzen muss. In 29,12 macht JHWH die Wende davon abhängig, dass man nach ihm ruft, sucht und fragt.

Heilszusagen für die Zeit nach dem ergangenem Gericht, das zunächst an das von Assur zerstörte Nordreich Israel (722 v. Chr.) gerichtet war, nun aber im Jeremiabuch auch Juda und Jerusalem umfasst, finden sich schon in Kap. 3: Gnade, nicht mehr Zorn (3,12); einer pro Stadt, zwei pro Sippe werden nach Zion gebracht (3,14); Hirten nach Gottes Herz werden das Volk weiden (3,15; vgl. 23,3). Zur Zeit des Segens, die sich in Fruchtbarkeit und Mehrung zeigt (3,16), heißt Jerusalem »Thron JHWHs«. Dort, beim Namen JHWHs, werden sich alle Völker versammeln (3,17, vgl. 16,19–21). Juda und Israel kehren gemeinsam aus dem Nordland ins Erbland zurück (3,18). So wird der Schwur beim Gott der Herausführung aus Ägypten abgelöst durch die Anrufung des Gottes, der aus dem Nordland und allen Ländern der Zerstreuung zurückgeführt hat (16,14; 23,7). Ein davidischer »Spross« mit dem Namen »JHWH, unsere Gerechtigkeit« wird dann für Recht, Gerechtigkeit und Sicherheit sorgen (23,5; 33,15f).

(3) Besondere theologische Aufmerksamkeit hat immer wieder die in der »Trostschrift« begegnende Wendung *b*^{e}*rīt ḥadāšā* erfahren, die entweder im Sinne eines »neuen Bundes« (u. a. *G. Fischer*; *W. Groß*) oder im Sinne eines »erneuerten Bundes« (u. a. *C. Levin*; *N. Lohfink*; *E. Zenger*) verstanden wird. Nach *W. Groß* liegt die Ursache des »neuen Bundes« in der göttlichen Vergebung des sündhaften Bundesbruchs, der seit dem Auszug aus Ägypten immer wieder begangen wurde (31,34b), wobei – unter Berücksichtigung der Textstruktur – 31,31–34 vor allem an der Diskontinuität zu dem Bund interessiert ist, den JHWH mit den Vätern beim Auszug aus Ägypten geschlossen hat. Dabei ist JHWHs Handeln völlig

unmotiviert, da eine Umkehr der Schuldigen nicht vorausgesetzt wird, sodass *W. Groß* den »neuen Bund« als »reine Gnaden-Berit« charakterisiert. Die Eigenart des »neuen Bundes« besteht darin, dass die Tora nicht auf eine Schriftrolle, sondern *auf das Herz* des geeinten Israels geschrieben wird. Daher kann dieser Bund niemals mehr gebrochen werden.

Die strittige Frage, ob mit »neuer« bzw. »erneuerter Bund« wirklich eine vom Text beabsichtigte, sich gegenseitig ausschließende Alternative vorliegt, oder ob eher aus der Leserperspektive (verbunden mit theologischen Vorentscheidungen) eine Differenzierung in »neu« bzw. »erneuert« für das Adjektiv *ḥadāš* vorgenommen wird, die es inhaltlich und in der vorliegenden grammatischen Form gar nicht besitzt (*W. Groß*), kann nur eine Analyse beantworten, die bei textnahen Beobachtungen einsetzt (u. a. Struktur von 30–31; Semantik von *ḥadāš*, unter Berücksichtigung der Wendung, in der das Adjektiv vorliegt), ohne dass ein bestimmtes redaktionelles Entstehungsmodell für das Jeremiabuch (und damit für die sog. Trostschrift) schon stillschweigend vorausgesetzt wird und damit theologische Prämissen für die Wendung *b^erīt ḥadāšā* getroffen werden.

3.3 Relevanz

Die große theologische Relevanz des Jeremiabuches mit seinen Aussagen sowie der Gestalt des Propheten Jeremia zeigt sich schon in der alttestamtlichen Rezeption. Nach Jer 25,11f und 29,10 dauert das babylonische Exil siebzig Jahre, was wirkungsgeschichtlich entweder in 2 Chr 36,20f mit dem Sühnegedanken (Ersetzung der Sabbate) verbunden wird oder in Dan 9,1–27 für die Geschichtsbetrachtung Relevanz besitzt. In Sach 1,12 begegnet ebenfalls ein kurzer Hinweis auf die siebzig Jahre. Weitere Erwähnungen des Propheten Jeremia liegen u. a. in 2 Chr 35,25; 36,12; Esra 1,1; 2 Makk 2,1–12; 15,14–16; Sir 49,6f und Klgl 1,1 (G) vor.

In den *Vitae Prophetarum* (1. Jh. n. Chr.) wird in der Jeremia-Vita berichtet, dass der Prophet in Taphnas/Tachpanhes (vgl. Jer 43,8ff) von den eigenen Landsleuten gesteinigt worden ist. Später wird sein Grab besonders von den Ägyptern verehrt, was inhaltlich der Beauftragung Jeremias zum Propheten für die Völker (1,5.10) entspricht.

Im NT wird der Name des Propheten nur dreimal erwähnt (Mt 2,17; 16,14; 27,9). Wirkungsgeschichtlich im NT mehrfach bedacht scheint dagegen die Wendung *b^erīt ḥadāšā* zu sein, obwohl Jer 31,31–34 im AT isoliert steht. Ob allerdings das Kelchwort in 1 Kor 11,25 | Lk 22,20 (»neuer Bund« im Blut Christi) von Jer 31 her zu verstehen ist und ob ein Rückbezug von Röm 11,25–27 (Verheißung des »neuen Bundes«) zu Jer 31 vorliegt, wird in jüngster Zeit eher als unwahrscheinlich betrachtet (*W. Groß*). Im Unterschied dazu zitiert Hebr 8,8–12 und 10,16–17 Jer 31,31–34 (G-Fassung), wobei im Rahmen einer gruppenspezifischen Selbstdefinition pointiert auf die Diskontinuität zwischen »neuem Bund« und »erstem Bund« hingewiesen wird.

Im Hinblick auf das jüdisch-christliche Gespräch wird neuerdings bezweifelt (*W. Groß*), dass biblische Bundeskonzepte (speziell das Konzept vom »neuen Bund«) für das nachbiblische Verhältnis von Synagoge und Kirche (Problematik der gemeinsamen Wurzel, der bleibenden und tiefgreifenden Verschiedenheit und der fortwährenden Verwiesenheit aufeinander) eine Lösung anbieten können, die beiden Seiten gerecht wird. Diesem Zweifel liegt freilich eine einseitig historisch orientierte Hermeneutik zugrunde, die der Dramatik der gesamtbiblischen (»kanonischen«) Bundestheologie nicht gerecht wird und die sich in theologischer Hinsicht auf die bloße Kritik beschränkt (*E. Zenger*).

In der zeitgenössischen Musik findet Jeremia z. B. eine kongeniale Umsetzung durch den jungen *Leonard Bernstein*, der 1942 seine erste Symphonie mit dem Titel »Jeremiah« schrieb. Während *Stefan Zweig* in seinem Bühnenstück »Jeremia« auf expressionistische Weise das Jeremiabuch umsetzt, versucht *Franz Werfel* in romanhafter Form die innere Zerrissenheit des Propheten darzustellen, die sich durch den göttlichen Anspruch an ihn ergibt. Gerade die im Jeremiabuch immer wieder beschriebene Situation des Leids, die sich auch im Leiden an JHWH ausdrückt, ergibt auf dem Hintergrund der Schoa immer neue Deutungen der Jeremiafigur in der Gegenwartsliteratur (vgl. *G. Langenhorst*). Weitere wichtige Hinweise zur Relevanz und Aktualität des Propheten und seines Buches bietet *G. Fischer*, HThKAT II 681–691.

Juden in aller Welt wie nach Israel Heimgekehrte berufen sich gerne auf den Propheten aus Anatot, hat er doch einerseits durch den Kauf eines Ackers mitten im Zusammenbruch nach dem Verständnis der Überlieferung den Anbruch einer neuen Heilszeit bezeichnet und vorweggenommen (Kap. 32). Andererseits gab er durch seinen Brief an die Verbannten in Babel (besonders 29,5–7) der jüdischen Existenz in der → Diaspora (und Migranten überhaupt) ein theologisches Fundament.

IV. Die Klagelieder

(Christian Frevel, Bochum/Ivo Meyer, Luzern)

Text: R. Schäfer, Der Masoretische Text der Klagelieder und die Handschriften 3QLam, 4QLam und 5QLam^{a,b} aus Qumran, in: U. Dahmen u. a. (Hg.), Die Textfunde vom Toten Meer und der Text der Hebräischen Bibel, Neukirchen-Vluyn 2000, 127–147; C. Maier/R. Hirsch-Luipold, Threnoi, in: M. Karrer/W. Kraus (Hg.), Septuaginta Deutsch. Erläuterungen und Kommentare II, Stuttgart 2011, 2827–2841; G. R. Kotzé, The Qumran Manuscripts of Lamentations, Leiden u. a. 2013; F. Ueberschaer, Die Septuaginta der Klagelieder. Überlegungen zu Entstehung und Textgeschichte, in: S. Kreuzer u. a. (Hg.), Die Septuaginta. Entstehung, Sprache, Geschichte (WUNT 286) Tübingen 2012, 98–111; J. Ziegler (Hg.), Jeremias, Baruch, Threni. Epistula Jeremiae (Septuaginta: Vetus Testamentum Graecum XV) Göttingen ^{4}2013.

Kommentare: W. Rudolph (KAT) 1962; O. Plöger (HAT) ^{2}1969; F. Asensio (BAC) 1970; D. R. Hillers (AncB) 1972; H. J. Kraus (BK) ^{4}1983; H. J. Boecker (ZBK) 1985; H. L. Ellison (EBC) 1986; H. Groß (NEB) 1986; O. Kaiser (ATD) ^{4}1992; J. Renkema (HCOT) 1998; A. Berlin (OTL) 2002; U. Berges (HThKAT) 2002, ^{2}2012; F. W. Dobbs-Allsopp (Interpretation) 2002; P. R. House 2004; R. B. Salters (ICC) 2010; R. A. Parry (Two Horizons) 2010; K. Koenen (BK) 2014ff; C. Frevel (NSK) 2016.

Forschungsberichte: H. A. Thomas, A Survey of Research on Lamentations (2002–2012): CBR 12, 2013, 8–38.

Einzelstudien: B. Albrektson, Studies in the Text and Theology of the Book of Lamentations (STL 21) Lund 1963; U. Bail, »Die verzogene Sehnsucht hinkt an ihren Ort«. Literarische Überlebensstrategien nach der Zerstörung Jerusalems im Alten Testament, Gütersloh 2004; M. J. Bier, »Perhaps there is hope«. Reading Lamentations as a Polyphony of Pain, Penitence, and Protest (LHBOTS 603) London u. a. 2015; E. Boase, Grounded in the Body. A Bakthinian Reading of Lamentations 2 from another Perspective: BI 22, 2014, 292–306; dies., Constructing meaning in the face of suffering: theodicy in Lamentations: VT 58, 2008, 449–468; M. Boda u. a. (Hg.), Daughter Zion. Her Portrait, Her Response, Atlanta 2012; R. Brandscheidt, Gotteszorn und Menschenleid. Die Gerichtsklage des leidenden Gerechten in Klgl 3 (TThS 41) Trier 1983; M. Emmendörffer, Der ferne Gott (FAT 21) Tübingen 1998; C. Frevel, Zerbrochene Zier. Tempel und Tempelzerstörung in den Klageliedern (Threni), in: O. Keel/E. Zenger (Hg.), Gottesstadt und Gottesgarten. Zu Geschichte und Theologie des Jerusalemer Tempels (QD 181) Freiburg 2002, 99–153; ders., Zerstörung bewegt. Zur Spiritualität der Klagelieder Jeremias, in: A. Hölscher/A. Middelbeck-Varwick (Hg.), Frömmigkeit. Eine verlorene Kunst (Theologie der Spiritualität 8) Münster 2005, 6–28; ders., Von fremden Händen und bloßgestellten Frauen. Ein Zwischenruf zur Inflation sexueller Gewalt in der Deutung von Klagelieder 1, in: A. Grund u. a. (Hg.), Ich will dir danken unter den Völkern, Gütersloh 2013, 373–393; W. C. Gwaltney, The Biblical Book of Lamentations in the Context of Near Eastern Lament Literature, in: W. W. Hallo/J. C. Moyer/L. G. Perdue (Hg.), Scripture in Context II, Winona Lake 1983, 191–211; V. Hoffer, The Poetic Beauty of Grief in Lamentations, in: L. S. Flesher u. a. (Hg.), Why? ... How Long? Studies on Voice(s) of Lamentation Rooted in Biblical Hebrew Poetry, New York u. a. 2014; H. Jahnow, Das Hebräische Leichelied im Rahmen der Völkerdichtung (BZAW 36) Giesen 1923; P. Joyce/D. Lipton, Lamentations Through the Centuries, Chichester u. a. 2013; B. Kaiser, Poet as »female Impersonator«. The Image of daughter Zion as Speaker in biblical

Poems of Suffering: JR 67, 1987, 164–183; O. Keel, Das je verschiedene theologische Profil der Klagelieder und der Volksklagen, in: D. Böhler/I. Himbaza (Hg.), L'ecrit et l'esprit (OBO 214) Fribourg/Göttingen 2005, 128–142; K. Koenen, Die Klagelieder Jeremias. Eine Rezeptionsgeschichte (BThS 143) Neukirchen-Vluyn 2013; G. Kotzé (Hg.), Readings in Lamentations: Scriptura 110, 2012, 151–307; N. C. Lee/C. Mandolfo, Lamentations in Ancient and Contemporary Cultural Contexts, Atlanta 2008; A. Labahn, Trauern als Bewältigung der Vergangenheit zur Gestaltung der Zukunft. Bemerkungen zur anthropologischen Theologie der Klagelieder: VT 52, 2002, 513–527; N. C. Lee, The Singers of Lamentations, Cities under Siege, from Jerusalem to Sarajewo, Leiden 2002; P. Michalowski, The Lamentation over the Destruction of Sumer and Ur (Mesopotamian Civilizations 1) Winona Lake 1989; K. L. Nguyen, Chorus in the Dark. The Voices of the Book of Lamentations (HBM 54) Sheffield 2013; W. H. P. Römer, Klagelieder in sumerischer Sprache, in: TUAT 2, 1986/91, 691–712; D. Rom Shiloni, Theodical Discourse. Justification, Doubt, and Protest in Face of Destruction, Atlanta 2016; W. H. Shea, The qinah Structure of the Book of Lamentations: Bib. 60, 1979, 103–107; H. A. Thomas, Poetry and Theology in the Book of Lamentations. The Aesthetics of an Open Text (HBM 47) Sheffield 2013; M. Weippert, Art. Edom und Israel: TRE 9, 1982, 291–299; C. Westermann, Die Klagelieder: Forschungsgeschichte und Auslegung, Neukirchen-Vluyn 1990.

0. Text und Bezeichnungen

Meist zwischen den Büchern Kohelet und Ester (gelegentlich hinter den als salomonisch geltenden Ijob, Spr, Koh und Hld, vor Dan) findet sich in hebräischen Bibelausgaben ein Buch mit fünf klar abgrenzbaren, poetischen (in Parallelzeilen gebauten) Kapiteln, das in jüdischer Tradition entweder mit dem Anfangswort der Kap. 1; 2 und 4 »*Echa*« (»ach, wie ...!«) oder mit der Gattungsbezeichnung »*Qinot*« (Klagen/Leichenlieder/Totenklagen) genannt wird. Die LXX schickt dem Text (wie in manchen Psalmen, z. B. Ps 50–51 LXX) eine erzählende Situationsangabe voran: »Und es geschah, nachdem Israel in die Gefangenschaft geführt und Jerusalem verwüstet war, setzte sich Jeremia weinend nieder und sang diesen Klagegesang über Jerusalem und sagte ...«. Die Schrift gilt hier als Einheit, wird Jeremia zugeschrieben, hinter das Prophetenbuch mit seinem Namen eingereiht und durch die Paronomasie ἐθρήνησεν τὸν θρῆνον beschrieben, woraus die Bezeichnung Threni für die Klagelieder abgeleitet ist. Die Einleitung verbindet den Text, der im hebräischen keinen Autor nennt, mit Jeremia vielleicht auch in Anlehnung an den Vermerk 2 Chr 35,25: »Jeremia aber hielt Klage über Joschija, und alle Sänger und Sängerinnen singen auf ihn Klagelieder (*Qinot*) bis auf den heutigen Tag. Es wurde dies zu einem festen Brauch in Israel. Sie sind aufgezeichnet in den Klageliedern (*Qinot*).« Die → Vulgata des Hieronymus erweitert die Autorenangabe um die Notiz, Jeremia habe seine »*Lamentationes*« »mit bitterem Herzen, mit Seufzern und Wehgeschrei« geklagt.

1. Aufbau

Auffallendstes poetisches Strukturmerkmal ist zunächst die Anlehnung an das Alphabet in Klgl 1–4, wo die jeweiligen Verse mit einem Buchstaben des Alphabets anfangen. In liturgischen Kompositionen wird der Buchstabe (Aleph, Beth, Gimel etc.) oft als Gliederungsmerkmal vorangestellt. In Klgl 3 beginnen sogar alle drei Zeilen der jeweiligen Strophe mit dem Buchstaben des Alphabets. Demgegenüber bezieht sich Klgl 5 nur in der Anzahl der Verse (22) auf die Zahl der Buchstaben des hebräischen Alphabets (vgl. im Psalmenbuch Ps 33; 38; 50; 103). Sog. → Akrosticha sind zwar außerbiblisch schon früh belegt, in der Bibel im Psalter (Ps 9f; 25; 34; 37; 111f; 119), im Buch der Sprichwörter (Spr 31,10–31) und fragmentarisch u. a. in Nah 1,2–8 jedoch ein eher spätes Phänomen der hebräischen Dichtung.

Das Entlanggehen am Alphabet lässt die Komposition als Ganzheit erscheinen und bildet einen Rahmen, der die Klage vor dem Ausufern bewahrt. Zugleich mag die alphabetische Dichtung das Auswendiglernen erleichtert haben. Möglicherweise haben sich schon mündliche Vorträge von KlagesängerInnen (2 Chr 35,25; vgl. 2 Sam 1,24; Ez 32,16; Am 5,16; Jer 9,16) dieses Reihungsprinzips bedient, um einzelnen Stimmen Einsatz und Grenze vorzugeben. Bei der Verschriftung und der Redaktionsarbeit erlaubte die vorgegebene Strophenaddition sowohl ein reines Nebeneinander von Stimmen wiederzugeben wie auch subtile Stichwort- und Themenbezüge zum Ausdruck zu bringen.
Erwähnung verdient die abweichende Buchstaben- und damit Strophenfolge in den Liedern 2, 3 und 4 – vielleicht ein Indiz für eine Mehrzahl von VerfasserInnen.

Zu den Eigentümlichkeiten der literarischen Gestalt gehört vor allem in den ersten vier Kapiteln ein auffällig häufiges Ungleichgewicht der beiden Zeilenhälften, wie dies *K. Budde* 1882 erstmals beschrieb. Weil das vermutete Metrum 3+2 hauptsächlich in Totenklagen zu finden ist, nennt man es → Qina-Metrum (*qināh* = Totenklage/Leichenlied). Elemente des *Leichenliedes* – akzentuierter Rückblick auf den Verlust eines Verstorbenen, keine Appelle an Gott (der ja zum Bereich des Lebens gehört) – mischen sich in den Klgl mit gattungstypischen Zügen der individuellen und kollektiven *Leidklage*: Anrufung Gottes, Klagen (im Blick auf Zustand und Erfahrungen der Sprechenden, auf das Verhalten von Feinden, sowie Anklagen gegen Gott), Bitten um Zuwendung und helfendes Eingreifen, Vertrauensbekundungen, Schuld-/Unschuldsbeteuerungen (in Klgl völlig fehlend: Lob und Lobgelübde).

Die in den Klgl Beklagte gilt jedoch nicht als tot, das personifizierte zerstörte Jerusalem (Zion) erhebt vielmehr öfters selbst die Stimme. Dies gehört zu den Besonderheiten der Klgl im Vergleich zu den Klagen über zerstörte Städte (oder über zerstörte Tempel) im Bereich des Alten Orients. Verwandtschaft von Thematik und Funktion dieser Texte legen solche Vergleiche trotz räumlicher und zeitlicher Distanz nahe.

Beispiele sind über Ur, Nippur, Eridu und Uruk seit der Isin-Larsa-Periode (1950–1700 v. Chr.) belegt (vgl. ANET 611–619.646–651; SAHG 199.200.203.208). Es geht dabei um theologische Bewältigung (in Klage, Anklage, Vertrauensbekenntnis, Schuldbekenntnis, Bitte) des unerforschlichen Zorns einer Gottheit, die durch ihr Wort ihre Stadt der Vernichtung durch Feinde preisgegeben hat und in den Liedern gelegentlich selbst als Klagende auftritt. Über die mit dem Thema gegebene gemeinsame Topik hinaus wird ein Einfluss der zeitlich entfernten Parallelen denkbar, wenn beachtet wird, dass die frühen sumerischen Tempelklagen die spätere babylonische *balag*-Klage maßgeblich geprägt haben, ihre Elemente Verbindungen mit anderen Gattungen eingegangen sind und die Texte offenbar von speziellen Priesterklassen in Schreiberschulen bis in die seleukidische Zeit hinunter kopiert und redigiert wurden.

Eine direkte Abhängigkeit der Klagelieder zu den Stadtklagen liegt allerdings nicht vor. Die Klagelieder heben sich von der Vielzahl der in ihnen präsenten Stimmen sowie von der Komposition mit Klgl 3 als Reflexionstext im Zentrum ab. Die Fünfzahl der Klagelieder ist kein Zufall, vor allem nicht, weil in Klgl 4,22 ein ursprünglicher Schluss vorliegt, der jetzt durch die Anfügung von Klgl 5 überdeckt wird. Aber anders als die akrostichischen Klgl 1–4 weist das alphabetisierende Klgl 5 kaum Bezüge zu den anderen Liedern auf. Die Fünfzahl könnte sich am Vorbild des Pentateuch und vielleicht auch des Psalters orientieren und erst im Zuge der zunehmenden kanonischen Geltung (bzw. um diese im 2 Jh. v. Chr. zu befördern) entstanden sein.

2. Entstehung

Die Tradition, die in Jeremia den Verfasser der Klagelieder sah und beispielsweise auch im Talmud (Baba Batra 15a) belegt ist, war bis ins 19. Jh. weithin unbestritten. Sie setzt über das *Incipit* im griechischen Text beim Bezug auf 2 Chr 35,27 an, doch bezieht sich nur Klgl 4,20 explizit auf »den Gesalbten« und meint damit nicht einmal Joschija. Berücksichtigt man aber, dass die Zuschreibung der Lieder an Jeremia als Autor durch enge Bezüge (z. B. Klgl 1,12 u. Jer 30,12–17 oder Klgl 2,11.18 u. Jer 8,21–23; 9,17) viele Anhaltspunkte im Text hat, wird verständlicher, dass die Tradition Klgl 3,1 auf Jeremia als Sprecher bezog. Außerdem ist Jeremia der einzige Prophet, der die Zerstörung Jerusalems 587/86 v. Chr. und die Verschleppung der Bewohner Jerusalems erlebt hat, weshalb er sich als »Autor« nahegelegt hat. Die kritische Bibelwissenschaft hingegen wertete inhaltliche Differenzen zwischen Jeremia und den Klageliedern als Indizien gegen eine Verfasserschaft aus. So gebrauchen die Klagelieder die Gottesbezeichnungen und Gottestitel anders als das Jeremiabuch. Klgl 4,20 wertschätzt den Gesalbten – und vom Kontext her ist der letzte König Zidkija (598/7–587/6 v. Chr.), gemeint – doch Jeremia kritisiert ihn harsch (Jer 21,1–10; 24,1–10; 32,1–5; 34,1–7.21; 37,1–10.17–21; 38,14–28).
Die Frage, ob der historische Jeremia als realer Autor der Klagelieder gelten kann, ist mit hoher Wahrscheinlichkeit zu verneinen. Vermutlich steht er auch ursprünglich als fiktiver literarischer Autor der Lieder nicht im Hintergrund, da dafür die Indizien zu schwach sind. Es lässt sich zeigen, dass es intertextuelle Verbindungen nicht nur in das Jeremiabuch gibt, sondern auch zu den kleinen Propheten und zu Jesaja. Dass sich die Klagelieder dennoch von der Annahme, Jeremia sei ihr Autor, her lesen lassen, lässt sich nicht bestreiten.

Auffällig bleibt, dass die Klagelieder nicht in den hebräischen Prophetenkanon, sondern unter die »Schriften« eingereiht wurden. So bleibt als plausibelste Vermutung: Als der Prophetenkanon abgeschlossen wurde, galten die Klagelieder noch nicht als jeremianisch, wohl aber zur Zeit der Übersetzung ins Griechische und dann für Flavius Josephus im 1. Jh. n. Chr. (Contra Apionem 1.8), die Kirchenväter und die rabbinische Tradition.

Löst man sich von der Vorstellung jeremianischer Autorschaft, stellt sich die Frage nach der Gemeinsamkeit der Kapitel anders. Dass sie je für sich eine Ganzheit bilden, ist unverkennbar. Die Fünfzahl lässt an die (nachträgliche) Einteilung der Tora und des Psalters denken. Für Klgl könnte sie als Kompositions-/Kompilationsmodell gedient haben. Relativ unbestritten ist die Annahme, dass Klgl 3 das Zentrum der Komposition bildet. Dass Klgl 5 eher die Situation *nach* der Eroberung im Blick hat und sich Klgl 1 mit dem Hinweis auf Bündnispartner und Freunde zum Teil auf die Zeit *vor* der Eroberung bezieht und Klgl 2 und 4 besonders auf den Vorgang der Eroberung selbst abzielen, trifft zwar von der Tendenz her zu, greift aber insgesamt zu kurz, da die Klagelieder keinen Geschehensbogen nachzeichnen. Kaum zu bezweifeln ist, dass sich die Klagelieder in einzelnen Formulierungen aufeinander beziehen (so z. B. 3,1 auf 2,2), doch ist zugleich festzuhalten, dass sich die Klagelieder in der Verwendung des Vokabulars, der Metaphern, der Gottesbezeichnungen oder auch theologisch (Umgang mit Schuld, Verantwortung der Führungselite, Gerechtigkeit Gottes etc.) unterscheiden. Vereinzelt lassen sich Bezüge zwischen den Alphabetzeilen der Strophen erkennen, die Mehrheit steht aber dem Versuch *J. Renkemas* sehr skeptisch gegenüber, darin ein Kompositionsprinzip entdecken zu wollen. Das Scheitern der Versuche, ein einheitliches Profil für alle fünf Lieder *und* die Komposition zu entwerfen, unterstreicht, dass die Zusammenstellung selbst gewachsen ist und die Klagelieder nicht gleich ursprünglich sind und von verschiedenen Verfassern stammen. Viel Übereinstimmung besteht in der Annahme, dass Klgl 2 das älteste Lied ist, das von Klgl 1 und 4 in einer ersten Komposition ummantelt wurde. Diese endete mit der positiven Zusage Klgl 4,20–22, dass die Schuld Judas zu Ende sei. Die Beschädigung des Gottesbildes in der (An-)Klage und das in Klgl 2 aufgeworfene Grundproblem der Rechtfertigung Gottes wurden so theologisch durch die Gerichtsdoxologie und Sündenreflexion abgefangen. Am Ende des Entstehungsprozesses wurde ein älteres Volksklagelied, das sich auf die Nöte der Perserzeit bezieht, angehängt und so die Komposition zur Fünfzahl an Liedern ergänzt (*C. Frevel, K. Koenen*). Das dürfte kaum vor dem 4. Jh. v. Chr. passiert sein.

Folgende Beobachtungen lassen sich für diese relative Chronologie der Klagelieder und zum Profil der einzelnen Lieder machen:

(1) Das *erste Lied* lässt sich in zwei gleich große Hälften teilen:
V. 1–11 führt ein Sprecher/eine Sprecherin das Wort; nach einleitendem Seufzer (»*echa*«) wird das bittere Schicksal Jerusalems durch einen Beobachter/Sprecher geschildert. V. 5b wird dieses *theologisch gedeutet;* jeweils in den letzten Zeilen der abschließenden drei Strophen (V. 9c.10c.11c) mischt sich unvermittelt Jerusalem mit direkten oder indirekten Rufen an JHWH ein.
Ab V. 12 führt Jerusalem selbst das Wort: Nach dem Ruf an Passanten zur Zeugenschaft benennt die Sprecherin JHWHs Zorn als Verursacher des Elends (V. 12f), bekennt ihre Schuld (V. 14a), gibt JHWH recht (V. 18) und spricht ihn in den letzten drei Strophen direkt an (damit er hinschaue!) und fordert ihn am Ende auf, (auch) die Feinde ihrem Tun gemäß zu bestrafen. In V. 17 wird durch den Beobachter/Sprecher die Zerstörung Jerusalems und seines Umlandes (Juda) addressiert. Jerusalem wird zur Klage aufgefordert (V. 18–19). Das Lied endet mit einer Ich-Klage. Es kennt keine Bitten um Rettung, JHWH wird nur aufgefordert, die Größe des Elends und das Verhalten der Feinde zur Kenntnis zu nehmen und Gerechtigkeit auch an ihnen zu vollstrecken. Mottoartig beschreibt Klgl 1, dass Jerusalem keinen Tröster hat (V. 2.9.16.17.21). Schon V. 1, wo Jerusalem quasi in die Mitte einer leeren Bühne gesetzt wird, unterstreicht die Verlassenheit.
Der Text setzt Jerusalems Zerstörung von 586 voraus (Aufhören der Wallfahrt V. 4, Entweihung des Tempels V. 10); ob ein solcher Text nach dem Wiederaufbau des Tempels und nach der Rückkehrerlaubnis für die Versprengten noch geschrieben werden konnte, muss offen bleiben.

(2) Das *zweite Lied* lässt sich zwar nicht im Blick auf eine Mehrzahl von Stimmen, vielleicht aber auf Stimmungen zweiteilen (*U. Berges*): Auch Klgl 2 beginnt mit dem Seufzer »*echa*«. V. 1–9 führt ein Sprecher/eine Sprecherin das Zorneswüten des zum Feind gewordenen JHWH vor, der seine Zerstörung gleichsam eigenhändig durchführt; andere Akteure treten nur am Rand auf: lärmende Feinde (V. 7c); die Opfer: Könige, Fürsten, Propheten, Älteste, Mädchen (V. 9b.10). V. 11f erklingt Ich-Klage mit Zitat der Kinder und Säuglinge in Jerusalem, ab V. 13 Anrede an Zion, die in V. 18f zu Schreien, Klagen, Bitten aufgerufen wird; V. 20–22 klagen JHWH an – als Worte des Sprechers/der Sprecherin oder Schreie, die Jerusalem in den Mund gelegt werden. Begründungen für JHWHs Toben werden nur V. 14 angedeutet: Betrug und Versagen der Pro-

pheten. Statt Bitten auch hier einzig der Ruf an JHWH: »Schau her!« Klgl 2 ist an Härte kaum zu überbieten. Die für JHWHs Gerichtshandeln gebrauchten Bilder sind unbarmherzig und gipfeln im Vorwurf, er sei ein Mörder. Klgl 2 endet dunkel und lässt einen beschädigten Gott zurück.

Was die Entstehungszeit anbelangt: V. 2 geht von Zerstörungen aus, die erst nach 586 bezeugt sind (eingerissene Bollwerke), die Klage über den unter Heidenvölkern festgehaltenen König (V. 9) muss vor der Perserzeit formuliert worden sein. Klgl 2 wird zu recht oft in die Nähe der Katastrophe gerückt, muss aber nicht zwingend dort auch entstanden sein.

(3) Das *dritte,* durch seine Zentralstellung herausgehobene *Lied* mit dem männlichen Sprecher, der hier das Wort führt, ließ sich in herkömmlicher Sicht besonders gut zu Jeremia in Beziehung setzen (vgl. etwa V. 14 mit Jer 20,7). Es beginnt mit einer Kaskade bitterböser Vorwürfe gegen »ihn« (erst V. 18 als JHWH identifiziert); nach einer Halbzeile mit Anrede V. 17a wendet sich der Sprecher seiner eigenen Person zu, erkennt die fatale Spirale erinnernden Grübelns, richtet sich durch Bekräftigung von Glaubenssätzen neu nach vorn aus und spricht sich selbst weisheitliche Empfehlungen zu (V. 22–30); dabei nutzt der Verfasser die Formzwänge des → Akrostichons zweimal zu eindrucksvollem Staccato (gut ... gut ... gut ... V. 25–27, und ja ... ja ... ja ... V. 31–33). Der Verfasser setzt dann an zu einer rhetorisch aufwendigen Theodizee (V. 31–38), die in eine Aufforderung zu (kollektiver!) Selbstprüfung übergeht (V. 40–42a); doch bekommt der Verfasser mit seinen Einsichten und seiner Theologie seine Erfahrungen nicht »in den Griff«; er kann weder beschönigen noch verstummen; sein Alphabet ist noch nicht zu Ende. Er kehrt zur Klage zurück: »Du hast nicht vergeben« (V. 42bff). Dabei verharrt er in der Anrede JHWHs; das kollektive Ergehen bleibt im Vordergrund bis V. 51, wo sich der Blick wieder der persönlichen Verfolgungssituation zuwendet und im Stil des individuellen Klageliedes Äußerungen von Rettungserfahrungen, Vertrauen, Feindklagen, Bitten schließlich zur Zuversicht führen, dass Gott den Feinden vergelten wird (V. 64–66). Das Gottesbild, auf das in V. 31–34 erinnernd Bezug genommen wird, ist durch und durch von der Gnade Gottes und seiner Barmherzigkeit durchdrungen. Es kontrastiert so den beschädigten Gott aus Klgl 2.

Hinweise auf äußere Umstände der Entstehungszeit fehlen hier völlig, wenn man von dem möglichen Bezug auf Gen 1 in Klgl 3,37 absieht. Eine Datierung kann im Rahmen der exilisch-nachexilischen Theologiegeschichte versucht werden. Klgl 3 gehört ins Umfeld von Rollen- oder Problemträger-Dichtungen wie die sog. Konfessionen Jeremias, Ijob oder die Texte vom leidenden Gerechten im Psalter. Den Verweis auf das erlittene Elend in der einleitenden Selbstvorstellung kann man auf die Leidklagen der Kapitel 1 und 2 (4 und gar 5) beziehen, auch wenn das nicht wirklich zwingend ist.

(4) Das *vierte Lied* kennt einen singularische/n (nur gerade an der »Tochter *meines* Volkes« V. 3 und 6 erkennbar) Sprecher/eine Sprecherin, der/die in den V. 1–16 mit Kontrastbildern vom glanzvollen Einst und der bedrückenden Gegenwart (wie sie sich vornehmlich in Leichenliedern finden) Jerusalems Grauen und Gräuel in schaurigen Szenen beschreibt und V. 11 (mit Gottes Zorn) und 16 theologisch begründet. Kein anderes Lied findet so drastische Bilder für den Sturz der Jerusalemer Elite. »Schuld der Tochter meines Volkes« (V. 6) und »Sünden von Propheten und Priestern« (V. 13) werden angesprochen. V. 17–20 erklingt die klagende Stimme einer *Gruppe* Betroffener, bevor in V. 21f nach einem sarkastischen Freudenaufruf an Edom zwischen zwei Gerichtsansagen an die Tochter Edom der Tochter Zion zugesagt wird, ihre Schuld (nicht ihre Not!) sei zu Ende, »er« führe nicht mehr in Verbannung. Die erschreckende Drastik verbietet verharmlosende Berufung auf Topik von Leichenliedern und von Projektionen suggerierte Katastrophenszenarien. Doch wird man das Aufgebot an grellsten Farben als (nachträglichen?) literarischen Legitimationshintergrund verstehen müssen für die massive Attacke auf Edom, dessen Rolle als Profiteurin bei der Katastrophe 586 lebendige Erinnerung blieb.

Als Datierungsindizien weisen die zahlreichen Stichwortbezüge auf Klgl 1 und 2 in relativ jüngere Zeit; der offenbar noch ausstehende Untergang Edoms ist (als unterer Termin) vermutlich in die 1. Hälfte des 5. Jh.s v. Chr. zu datieren (s. *M. Weippert*).

(5) Das abschließende *fünfte Lied* aus 22 einzeiligen Versen kennt keinen Sprecherwechsel und lässt durchgängig im Stil des Volksklageliedes eine Gruppe sprechen. Ein solches »Wir« fehlt in Kap. 1 und 2, erscheint hingegen in 3,40–47 und 4,17–20. Im Vergleich zu Volksklageliedern des Psalters fehlen allerdings die Feindklage, der heilsgeschichtliche Rückblick, das Bekenntnis der Zuversicht, während die Notschilderung in ungewohntem Maß dominiert. Das Gebet hebt an mit drei Rufen an JHWH (»Gedenke! Schau her! Sieh!«), führt ihm in den V. 2–18 quasi die detaillierte Negativfolie einer intakten Wirtschafts- und Sozialordnung vor, wobei V. 7 die Sünden der Väter und V. 16 die eigenen Sünden anerkannt werden. Die Darstellung des Elends endet mit dem Blick auf den verwüsteten Zion. Diesen Interventionsmotiven, die Gott vorgehalten werden, folgt ein hymnisches Bekenntnis zu seiner ewigen Herrschaft (V. 19), sowie die anklagende Frage nach der Dauer seiner Abwendung (V. 20) und die Bitte, dass er die Umkehr der Klagenden bewirke und ermögliche (V. 21). Besondere Bezüge zu Klgl 1–4 sind nicht zu erkennen, was nahelegt, dass das Volksklagelied unabhängig von Klgl 1–4 entstanden ist. Dafür spricht auch der letzte Vers, der gegenüber der in Klgl 4,22 formulierten Ansicht Probleme macht. Er lautet: »Es sei denn, du hast uns völlig verworfen, zürnst über das Maß«. Diese eine Zeile mit ihrer rhetorischen Mehrdeutigkeit reicht nicht aus zu weitreichenden Spekulationen, dass hier erste Zweifel an der (spät-)deuteronomistischen Umkehrtheologie ausgedrückt würden, weshalb eine späte Datierung angenommen werden müsse. V. 18 setzt einen desolaten Zustand des Zion voraus, der spätestens mit dem (vollendeten) Bau des neuen Tempels endet. Ob man aber deshalb eine exilische Entstehung des Liedes annehmen kann, bleibt sehr unsicher, zumal viele der in Klgl 5 geschilderten Nöten mit der nachexilischen Zeit konform gehen.

3. Theologie

Die Klagelieder sind ein vielstimmiger Text, der unterschiedliche Perspektiven auf das Leid und das Leiden an Gott zusammenbringt. Die Lieder wollen nicht eine Lösung der Theodizeefrage sein. Sie beantworten nicht, warum es überhaupt Leid gibt. Auch bieten sie kein Rezept für die Bewältigung des Leids. Vielmehr unterstreichen sie die Bedeutung der Klage, der eine zentrale Rolle im *Umgang* mit dem Leid zukommt. Sie sind bleibender Widerspruch gegen Gott ebenso wie aus der Reflexion gewonnener Zuspruch. Sie unterstreichen die Notwendigkeit, den vollständigen Bruch mit Gott auch in Situationen tiefster Verzweiflung nicht zuzulassen, sondern Vertrauen zu fassen und dazu kontrafaktische Erinnerungen zu nutzen. Die Reflexion auf die eigene Schuld ist um des Festhaltens an der Gerechtigkeit willen mit der Anklage Gottes auszubalancieren. Die Klagelieder verankern nicht nur die Not, sondern auch den Trost im Handeln Gottes. Mit ihrer Klage überdecken sie das Leid nicht, sondern geben der Verzweiflung not-wendenden Raum. Das Zerbrochene, Verzweifelte und Unfertige, das Schreiende, Nachdenkliche und zaghaft Vertrauende hat die Klagelieder zu allen Zeiten attraktiv gemacht.

Spätestens seit dem 8. Jh. n. Chr. haben die Klagelieder in der Erinnerung an die Zerstörung des Ersten und Zweiten Tempels 587 v. Chr. und 70 n. Chr. ihren liturgischen Ort im Judentum am 9. des Monats Ab. In der katholischen Liturgie wurden sie bis zur Liturgiereform intensiv in den letzten drei Tagen der Karwoche in der Tagzeitenliturgie und den Trauermetten (Tenebrae) verwendet. Im Zusammenhang mit der christlichen Verwendung stehen die meisten Vertonungen der Lamentationes.

Früheste Vertonungen, die zum Teil jüdische Meldodieformeln abwandeln, stammen bereits aus dem 10. Jh. Fast alle namhaften Komponisten der Renaissance und des Barock haben Verse aus den *Lamentationes* vertont (besonders bekannt sind die Vertonungen durch Carlo Gesualdo, Palestrina, Thomas Tallis, Orlando Lasso, John Tuder, Marc-Antoine Charpentier oder Jan Dismas Zelenka). Mehr als die traditionelle allegorische Ausdeutung (→ Allegorie) des beklagten Schicksals des Zion auf den Gekreuzigten wird man den liturgischen Unfug bedauern, an den Schluss der einzelnen Lesungen eine seltsame Verdrehung der Schlussbitte Klgl 5,21 (»Kehr uns dir zu, so kehren wir um!«) in :»Jerusalem, Jerusalem, kehr um zu deinem Herrn!« als Refrain und so die Texte in den Dienst antijüdischer Polemik zu stellen. Besser finden sich die Anliegen der Klagelieder gewiss aufgehoben in zahlreichen Werken, die zu Klagefeiern anlässlich des 30jährigen Krieges, der Pest oder der Kriege des 20. Jh.s komponiert wurden (siehe *S. Remmert*).

Die Traumata von 586 v. Chr. sind nie völlig vernarbt, vielmehr von immer neuen Generationen von Jüdinnen und Juden und bis in unsere Tage von immer weiteren Teilen der Menschheit erlitten worden. Was ein nordwestsemitisches Randvolk im Rahmen der kurzlebigen Expansion des neubabylonischen Reiches vor 2½ Jahrtausenden erfuhr, verdient in der Weltgeschichte der Sieger und Erfolgreichen gewiss nicht mehr als eine Fußnote. Katastrophentouristen und Elendsvoyeure kennen lohnendere Ziele und Objekte. Entscheidend ist, wie das, was damals zerbrochen ist, seither in Deuteversuchen biblischer Zeugen notdürftig, aber exemplarisch zusammengehalten wird. Religion – nicht mehr als gegenseitige Bestätigung einer Gottheit und menschlicher VerehrerInnen, vielmehr: als Klage, was wenig mit Larmoyanz und Selbstmitleid zu tun hat, sondern mit penetrantem Appell an Gott, sich diesen Jammer anzuschauen, den er mit seiner Abwesenheit in seiner Stadt anrichtet, den Jammer mit dem Heiligtum, den Jammer mit den Herrschenden und den geistlichen Eliten. Und dies alles, weil er den Schemel seiner Füße hat verkommen lassen, weil er in seinem Garten herumtrampelt, seine Feste vergessen hat. Innerhalb dieses Klagens passiert dann nach Ausweis unseres Buches Erstaunliches: Schuld wird eingestanden. »Gestehen können« hat offensichtlich mit »stehen können« zu tun. Und unter dem Druck des Leidens und der Klage gerinnen Einsichten wie etwa jene von 3,25–30, Sentenzen, die nicht klingen wie Lebensweisheiten aus der Ratgeberspalte. Zaghaft wird nach Halt im freien Fall der Verzweiflung und Trostlosigkeit gesucht. Klgl 3,31–34 findet ihn in der Erinnerung an die Gnadenformel und das Wesen des erbarmenden Gottes. Das kontrafaktische Denken an JHWHs Barmherzigkeit schafft neues Vertrauen auch in seine Gerechtigkeit. Mit dem Rückgriff auf die Tradition wird die Sprachlosigkeit gegenüber Gott überwunden und ein Anfang jenseits der bloßen Anklage gewagt. Die Theodizee verändert allerdings das Leiden nicht und hebt auch den Grund für die Klage auf. Dennoch verändert das Bekenntnis, dass Gott nicht das Schlechte um des Bösen willen will, das Gottesbild, das um die Spannung von Gerechtigkeit und Barmherzigkeit kreist. Von dieser Warte aus wird Vergeltung und Ausgleich gefordert. Die theologische Einsicht in das Wesen der Barmherzigkeit Gottes hat in den Klageliedern nicht das letzte Wort. Das Leid lässt sich nicht durch realitätsblinde Theologie übermalen, so dass die Katastrophe als geradezu obsolete Vorgeschichte verblasst. Die Betroffenen stehen mitten drin und können jederzeit kippen. In wieder aufgenommene Klage. So sind die Klagelieder weit mehr

Rechtfertigung der Klage als Rechtfertigung Gottes. Ihre theologisch bleibende Bedeutung liegt in der Aufwertung der Klage und dem Wert, der dem Tiefpunkt in der Gottesbeziehung beigemessen wird.

V. Das Buch Baruch und der Brief des Jeremia

(Ivo Meyer, Luzern)

Text: F. Feder (Hg.), Biblia Sahidica. Ieremias, Lamentationes (Threni), Epistula Ieremiae et Baruch (TU 147) Berlin 2002; I. Assan-Dhôte (Hg.), Baruch, lamentations, lettre de Jérémie (La Bible d'Alexandrie 25,2) Paris 2005; P.-M. Bogaert, Le livre de Baruch dans les manuscrits de la Bible latine: Revue Bénédictine 115, 2005, 286–342; G. Gäbel/W. Kraus, Das Buch Baruch, in: M. Karrer/W. Kraus (Hg.), Septuaginta Deutsch. Erläuterungen und Kommentare zum griechischen Alten Testament II, Stuttgart 2011, 2815–2826; J. Ziegler (Hg.), Jeremias, Baruch, Threni, Epistula Jeremiae (Septuaginta: Vetus Testamentum Graecum XV) Göttingen [4]2013.

Kommentare: F. Asensio, Lamentaciones, Baruk, Carta de Jeremias (BAC) 1970; A. H. J. Gunneweg (JSHRZ III/2) 1980; J. Schreiner (NEB) 1986; O. H. Steck/R. G. Kratz/I. Kottsieper (ATD) 1998; S. A. Adams (SCS) 2014.

Einzelstudien: L. Alonso Schökel, Jerusalén inocente intercede. Baruc 4,9–19, in: Gedenkschrift A. Diez Macho, Madrid 1986, 39–51; J. M. Asurmendi, Baruch: Causes, effects and remedies for a disaster, in: N. Calduch-Benages/J. Liesen (Hg.), History and identity. How Israel's later authors viewed its earlier history (Deuterocanonical and Cognate Literature. Yearbook 2006) Berlin 2006, 187–200; E. Ballhorn, Weisheit, die zur Tora führt. Die Israel-Mahnrede im Buch Baruch (Bar 3,9–4,4), in: U. Dahmen/J. Schnocks (Hg.), Juda und Jerusalem in der Seleukidenzeit. Herrschaft – Widerstand – Identität (BBB 159) Göttingen 2010, 259–280; ders., Vom Sekretär des Jeremia zum schriftgelehrten Weisen. Die Figur des Baruch und die kanonische Einbindung des Buches, in: T. Hieke (Hg.), Formen des Kanons (SBS 228) Stuttgart 2013, 209–224; P.-M. Bogaert, Le personnage de Baruch et l'histoire du livre de Jérémie. Aux origines du livre deutérocanonique de Baruch, in: E. A. Livingstone (Hg.), Studia Evangelica, vol. 7, Berlin 1982, 73–81; W. Brueggemann, The »Baruch Connection«: Reflections on Jer 43,1–7: JBL 133, 1994, 405–420; D. G. Burke, The Poetry of Baruch. A Reconstruction and Analysis of the Original Hebrew Text of Baruch 3:9–5:9 (SBL Septuagint and Cognate Studies 11) Chicago 1982; N. Calduch-Benages, Jerusalem as widow (Baruch 4:5–5:9), in: H. Lichtenberger/U. Mittmann-Richert, Biblical figures in deuterocanonical and cognate literature (Deuterocanonical and Cognate Literature. Yearbook 2008) Berlin 2009, 147–164; J. A. Goldstein, The Apocryphal Book of 1 Baruch, in: S. W. Baron/I. E. Barzilay (Hg.), Proceedings of the American Academy for Jewish Research. Jubilee Volume, New York/London 1980, 179–199; W. Harrelson, Wisdom Hidden and Revealed According to Baruch (Baruch 3.9–4.4), in: E. Ulrich u. a. (Hg.), Priests, Prophets and Scribes (JSOT.S 149) Sheffield 1992, 158–171; A. Kabasele Mukenge, La supplique collective de Ba 1,15–3,8. Traditions et réécriture, Diss. Louvain-la-Neuve 1992; ders., La structure littéraire de Ba 1,15–3,8: Le Muséon 106, 1993, 211–236; ders., Les citations internes en Ba 1,15–3,8. Un procédé rédactionnel et actualisant: Le Muséon 108, 1995, 211–237; ders., L'unité littéraire du livre de Baruch (EtB NS 38) Paris 1998; R. G. Kratz, Die Rezeption von Jer 10 und 29 im pseudepigraphen Brief des Jeremia: JSJ 26, 1995, 1–31; C. A. Moore, Toward the Dating of the Book of Baruch: CBQ 36, 1974, 312–320; W. Naumann, Untersuchungen über den apokryphen Jeremiasbrief (BZAW 25) Gießen 1913; H. D. Preuß, Verspottung fremder Religionen im Alten Testament (BWANT 92) Stuttgart 1971; O. H. Steck, Das apokryphe Baruchbuch. Studien zu Rezeption und Konzentration »kanonischer« Überlieferung (FRLANT 160) Göttingen 1993; ders., Zur Rezeption des Psalters im apokryphen Baruchbuch, in: K. Seybold/E. Zenger (Hg.), Neue Wege der Psalmenforschung (HBS 1) Freiburg 1994, 361–380; ders., Israels Gott statt anderer Götter – Israels Gesetz statt fremder Weisheit. Beobachtungen zur Rezeption von Hi 28 in Bar 3,9–4,4, in: FS O. Kaiser, Göttingen 1994, 457–471; E. Tov, The Book of Baruch, Missoula 1975; ders., The Septuagint Translation of Jeremiah and Baruch (HSM 8) Missoula 1976; C. J. de Vos, »You have forsaken the fountain of wisdom«. The function of law in Baruch 3:9–4:4: ZAR 13, 2007, 176–186.

1. Das Buch Baruch

1.0 Text

Die Originalsprache des Buches Baruch bleibt umstritten; die ältesten erhaltenen Textzeugen sind allesamt griechisch; zahlreiche (als Übersetzungsfehler zu deutende) eigenwillige Ausdrücke machen eine ursprüngliche hebräische Fassung, von der älteste syrische Texte Spuren bewahrt haben könnten, wahrscheinlich. Auch der zweite, poetische Buchteil (3,9–5,9) mit seinem idiomatisch etwas homogeneren Griechisch ist wohl in hebräischer Sprache entstanden (auch hier finden sich Übersetzungsfehler) und verdankt vielleicht seine sprachliche Überlegenheit einem besseren Übersetzer oder Teilrevisor (vgl. *D. G. Burke* und *E. Tov*).

Unter dem Autorenpseudonym Baruch sind in den ersten beiden nachchristlichen Jahrhunderten weitere apokryphe Schriften (→ Apokryphen) verfasst worden, die z. T. in christlichen Teilkirchen zum Kanon gerechnet werden. In der Forschung werden diese zur besseren Unterscheidung durchnummeriert: die syrische Baruch-Apokalypse als zweites Buch Baruch (2 Bar, syrBar), die griechische Baruch-Apokalypse als drittes Buch Baruch (3 Bar, grBar) und die sog. Paralipomena Jeremiae (griech. »das im Jeremia Übergangene«) als viertes Buch Baruch (4 Bar, ParJer).

1.1 Aufbau

Das sogenannte Baruchbuch setzt sich aus vier Teilen zusammen:

1,1–15aα	Einleitender Prosabericht über die Abfassung eines Buches oder Briefes und dessen doppelten öffentlichen Vortrag in Babylon und Jerusalem
1,15aβ–3,8	Kollektives, in Prosa formuliertes Bußgebet, das die Jerusalemer Gemeinde im Auftrag der Exilierten sprechen soll
3,9–4,4	Belehrung in parallel gebauten Versen über den einzigen Zugang zur Weisheit: das dem erwählten Volk geschenkte Buch des Gesetzes
4,5–5,9	Ermutigungszuspruch einer prophetischen Stimme und des personifizierten Jerusalem an die Adresse der Exilierten einerseits und Jerusalem andererseits

Den Zusammenhang der thematisch und formal unterschiedlichen Abschnitte kann man sich am ehesten durch die Annahme einer liturgischen Agenda als Hintergrund erklären.

1.11 Der einleitende Abschnitt 1,1–15aα

1,1–15aα ist ein Bericht mit thematischer Ringstruktur:

A Datierter Vortrag eines Buches vor der Versammlung der Exilierten am Fluss Sud (1,1–4)
B Gottesdienst der Exilierten (1,5)
C Kollekte für Jerusalem (1,6f)
D Rückgabe von Tempelgeräten (1,8f)
C' Bezugnahme auf die Kollekte (1,10a)
B' Gottesdienst in Jerusalem (1,10b–13)
A' Datierter Vortrag eines Buches vor der Versammlung der Jerusalemer im Tempel (1,14–15aα)

Die Szenen und Notizen entwerfen eine durchdachte historische Konzeption und sind voller Anspielungen auf biblische Vergleichstexte:
A berichtet von der Abfassung eines Buches (oder Briefes), datiert auf das 5. Jahr (offenbar des Untergangs Jerusalems, also 581 v. Chr.) und den 7. Tag des Monats mit dem wiederkehrenden Termin der Zerstörung; als Verfasser wird der aus dem Jeremiabuch (und inzwischen auch inschriftlich mit Vatername und dem offiziellen Titel »Schreiber«) bekannte Baruch genannt. Ihm hatte seinerzeit Jeremia die Urkunden des Ackerkaufs zur Verwahrung übergeben (Jer 32); nach Jer 36 diktierte er ihm im Jahre 605 v. Chr. seine bisherigen Worte und beauftragte ihn mit der öffentlichen Verlesung im Tempel, ließ ihn eine erweiterte, zweite Rolle schreiben und übermittelte ihm zur selben Zeit eine göttliche Verheißung, ihm bleibe sein Leben »als Beutestück *überall, wohin du auch gehst*« (Jer 45,5); mit ihm zusammen wurde Jeremia nach Jer 43,6 von Johanan ben Kareach und seinen Leuten nach Ägypten »mitgenommen«. Wer davon ausging, das Prophetenwort von Jer 43,8–13 müsse sich erfüllt haben (was historisch nicht der Fall war), musste annehmen, Nebukadnezzar habe Ägypten erobert und das Land »abgelaust wie ein Hirt sein Gewand ablaust« (Jer 43,12); dabei könnte er Baruch nach Babel gebracht haben. Baruchs Stammbaum wird 1,1 über den Jer 32,12 belegten Großvater hinaus um weitere, biblisch vertraute, Namen auf eine respektgebietende Länge (vgl. Esra 7,1–5) ergänzt.
Offen muss bleiben, ob mit der einleitend genannten Schrift der ab 1,15aβ folgende Text (oder Teile davon) oder eine Fassung des Jeremiabuches bezeichnet werden soll.
Zum Vortrag des Buches durch Baruch (vgl. Jer 36) erscheint die Exulantenschar um König Jojachin mit sämtlichen Würdenträgern und dem gesamten Volk am Fluss »Sud« – vermutlich eine hebräisch leicht mögliche Verschreibung für »Sur«. Der in Qumran belegte Name kann an Deuterojesajas Aufbruchskommando an die Exilierten in Jes 52,11 erinnern: *sûrû sûrû* = geht fort, geht fort! (es geht auch hier wie im Kontext des einleitenden Berichts von Bar um das Überbringen heiliger Geräte, und auffälligerweise wird gerade Jes 52,11f zur Formulierung des Buchschlusses von Bar verwendet). Die Szene ist einerseits als Prototyp der Versammlung einer aufbrechenden Heimkehrerschar wie Esra 8 (auch sie an einem Fluss, mit Fasten und Übergabe einer Kollekte für Jerusalem!), andererseits als Lesegottesdienst wie vergleichsweise beim Bundesschluss unter Joschija (2 Kön 23,1–3) und später bei Esras Gesetzesvortrag (Neh 8) gestaltet.
B Der Buß-Gottesdienst besteht aus den typischen Elementen Weinen – Fasten – Gebet.
C Jerusalem soll wohl nicht nur das gesammelte Geld (Silber), sondern auch das Buch samt anschließendem Bußgebet, Belehrung und Zuspruch gesandt werden (zu Botschaften in der Gegenrichtung vgl. die Korrespondenz Jer 29).
D Die zentral positionierte Geräterückgabe präludiert offenbar Esra 1 und soll die Wiederaufnahme des Kultes ermöglichen. Silberne Kultgeräte, die Zidkija als Ersatz für die 598 v. Chr. abtransportierten goldenen Geräte (vgl. Jer 27,16–22) hergestellt haben soll, sind sonst nicht bekannt. Ein (Hoher-)Priester Jojakim wird mit einem legitimierenden Stammbaum »Jojakim, Sohn Hilkijas, des Sohnes Schallums« ausgestattet (vgl. 1 Chr 5,27–41 und Jdt 4,6.8.14; 15,8).

C' Die Begleitbotschaft nimmt zunächst auf die Kollekte und ihren liturgischen Zweck Bezug.
B' Die erbetene Gottesdienstfeier soll umfassen: Opferdarbringungen, Gebete (wie Esra 6,10) für den König und seinen Sohn (»Nebukadnezzar und sein Sohn Belschazzar« – historisch endete Nebukadnezzars Dynastie mit Ewil-Merodach, vgl. 2 Kön 25,27; der Sohn des nachfolgenden Usurpators Nabonid, Belschazzar, war vermutlich dessen Korregent; Dan 5 macht ihn allerdings zum Sohn Nebukadnezzars!) sowie Fürbitte für die Exilierten.
A' Daran anschließen soll sich die Verlesung des »Baruchbuches« und der in der Folge wörtlich wiedergegebenen Texte im Tempel. (vgl. Ex 24,3–8; Dtn 31,9–13; Jos 8,32–35; 2 Kön 23,1–3 || 2 Chr 34,29–31; Neh 8).
Dass Jerusalem eine solche Botschaft empfangen soll, ist nach dem Jeremiabuch nicht selbstverständlich. Kap. 24 hatte ja ausdrücklich die Exulanten in Babel zum Adressaten göttlicher Zuwendung erklärt, die Jerusalemer aber als völlig »ungenießbare Feigen« disqualifiziert. Allerdings hat Jer 30f Heilsverheißungen bereits auf ganz Israel und Juda bezogen und Jer 32,36 markiert gar einen (kalendarisch allerdings nicht fixierbaren) Wendetermin: »Jetzt aber ...«. Das Baruchbuch entwirft also eine Konzeption dergestalt, dass die Deportierten in Babel und Jerusalem noch zu Zeiten Nebukadnezzars – fünf Jahre nach der Zerstörung – zu den beiden Brennpunkten einer Ellipse werden, innerhalb derer einerseits neues Heil anfängt, andererseits aber auch für beide »Noch-Exil-Status« gilt.

1.12 Das Bußgebet 1,15aβ–3,8

Das Bußgebet 1,15aβ–3,8, das im Namen der Exilierten in Jerusalem gebetet werden soll, besteht deutlich aus zwei – wiederum palindromisch gestalteten (→ Palindromie) – Teilen:

A Eine *Schuldanerkennung* 1,15aβ–2,10, mit der Gehorsamsverweigerung gegenüber den Propheten (1,21f) im Zentrum, dem Verweis auf Mose und sein Gesetz als innerem (1,19f; bzw. 2,1–5) und Gerichtsdoxologie (→ Doxologie) im äußeren Rahmen (1,15aβ–18; bzw. 2,6–10).

B Ein durch gattungstypisches »Jetzt aber« eingeleitetes *Bittgebet* (2,11–3,8); um den eingestandenen spezifischen Schuldtatbestand der Gehorsamsverweigerung gegen den prophetischen (jeremianischen!) Aufruf zur Unterwerfung unter den König von Babylon herum (2,24–26) gruppieren sich Anreden an den Herrn mit Zitaten von prophetischen Geboten (2,19–23) und von den Mose gegebenen Verheißungen göttlicher Milde (2,27–35) sowie ein- und ausleitend begründete Bitten (2,11–18 bzw. 3,1–8).

Das Bußgebet gibt sich als erweiterte Relecture der Parallele Dan 9,4b–19 oder seiner (liturgischen) Vorlage zu erkennen; es ist voller wörtlicher oder sachlicher Anspielungen auf ältere biblische Texte, hauptsächlich aus dem Jeremiabuch, die aber gezielt und geschickt konzeptionell verarbeitet wurden.

1.13 Die weisheitliche Belehrung 3,9–4,4

Mit 3,9 nimmt unvermittelt ein anonymer Einzelsprecher (Baruch?) das – nunmehr poetisch gestaltete –Wort, stellt sich in einer thematisch geschlossenen Rede Israel gegenüber und schließt sich selbst erst im abschließenden → Makarismus in den Adressatenkreis mit ein. Der Horizont weitet sich lokal über Israel – Babylon hinaus auf das »Haus Gottes« (3,24), das Kanaan, Teman, Midian ... (und zeitlich die vorsintflutlichen Riesen [4,26] und die Gründung der Erde, wie ihre Ausstattung mit Tieren [4,32]) umfasst. Das Vokabular wird weisheitlich (Stichworte wie: Weg und Pfade der Weisheit, Einsicht, Erkenntnis, Wissen, Torheit ...). Rhetorische Appelle an

Israel/Jakob zu Beginn und am Ende (3,9–14 und 4,2f) verweisen auf die gestaltende Absicht; anthologische (→ Anthologie) Anleihen bei älteren biblischen Texten (auch und gerade wieder Jeremia) sind weniger direkt sichtbar, doch bei genauerer Analyse erkennbar. Die Argumentation ist erst negativ: Ironisch-polemisch wird abgerechnet mit den Herren der Völker (3,16–21), den klassischen Koryphäen der Weisheit und des Besitzes (3,22f) und den sagenhaften Riesen der Urzeit, die alle den Zugang zur Weisheit nicht fanden (als Kontrast zu Dtn 30,11–14 formuliert). 3,32–4,1 wird anschließend positiv der allein Allwissende (3,32) identifiziert: »unser Gott« (3,36); das Medium, in dem er die Weisheit einzig »Jakob« verliehen hat, heißt: »das Buch der Gebote Gottes« (4,1).

Die Nähe des Gedichtes zu Ijob 28 ist bis in die Abfolge der Argumente hinein zu verfolgen. Neu sind allerdings die Identifikation der Weisheit mit dem Buch der Gebote Gottes, die Sir 24 nachgestaltet scheint, und die israelitische Perspektive mit der offenbar akuten Gefahr im Hintergrund, das Volk könnte das Privileg seines Besitzes preisgeben.

1.14 Der Ermutigungszuspruch 4,5–5,9

In der Ermutigungsrede mit Ankündigung unmittelbar bevorstehender Heilswende (geprägt von Anspielungen auf Deutero- und Tritojesaja!), mit gehäuften Appellen an die Exilierten einerseits (4,5–29) und an das als der Kinder beraubte Witwe vorgestellte Jerusalem andererseits (4,30–5,9), kommt das zunächst klagende (4,9b–20) und anschließend zur Zuversicht aufrufende Jerusalem (4,21–29) schon im ersten Teil mit einem ausführlichen Zitat zu Wort. Beide Teile entsprechen sich zum Teil bis in den Wortlaut hinein. Im Gegensatz zur erzählenden Einleitung und zum Bußgebet werden die Akteure der Deportation als Feinde qualifiziert (schon 3,10 sprach von Feinden!). Die Metapher vom Verkauf Israels an die Völker ist schon Dtn 28,68; 32,30 sowie Est 7,4 belegt, wobei im Gegensatz zur letztgenannten Stelle pointiert formuliert wird: »nicht zur Vernichtung«! (4,6). Es häufen sich die Gottesprädikationen: Schöpfer (4,7), Ernährer (4,8), Ewiger (4,10.14.22.24.35; 5,2), Heiland/Retter (4,22), Heiliger (4,37; 5,5). In origineller Weise wird Gott mit väterlichen, Jerusalem mit mütterlichen Zügen dargestellt. Bar 4,5–5,9 dürfte seinerseits für die Entstehung des 11. Kapitels der sog. Psalmen Salomos Pate gestanden haben.

1.2 Entstehung

Das Baruchbuch ist eine → pseudepigraphische Schrift. Der historische Schreiber Jeremias namens Baruch hätte gewiss nicht den Sprössling des letzten neubabylonischen Königs Nabonid (556–539 v. Chr.), Belschazzar, für einen Sohn Nebukadnezzars (605–562 v. Chr.) gehalten (Bar 1,11f). Literarische Abhängigkeiten ergeben eine sehr grobe Eingrenzung der Entstehungszeit: Bar muss jünger sein als Sir 24 und Dan 9, jedoch älter als PsSal 11. Ende des 2. Jh.s n. Chr. finden sich die ältesten Zitate aus Baruch bei christlichen Autoren. Zur näheren Eingrenzung, die mit theologiegeschichtlichen Überlegungen versucht werden muss, vgl. *O. H. Steck* und *A. Kabasele Mukenge*. Das im griechischen Kanon zwischen Jeremia und den Klageliedern eingereihte Baruchbuch dürfte älter sein als die zahlreichen → apokryphen Schriften, die diesem Verfasser zugeschrieben wurden (syr. und griech. Baruchapokalypse, Paralipomena Jeremiae, sowie weitere Werke, die nur äth., lat. oder slaw. erhalten sind).

1.3 *Theologie*

Gegen das in der Forschung vorherrschende Bild einer mehrstufigen Entstehungsgeschichte haben *O. H. Steck* und *A. Kabasele Mukenge* beeindruckende Gründe zusammengetragen, welche das gesamte Buch als einheitlich konzipiert und strukturiert verstehen lassen. Ein erster oberflächlicher Eindruck, dass hier ein Mosaik von anderswoher bekannten Steinen vorliege, täuscht. Die Unebenheiten des Endtextes zeugen nicht für Plankorrekturen mehrerer Architekten, die dem Bau schließlich das Gesicht gaben, sondern für die Absicht eines Autors, dem Neben- und Ineinander von inzwischen zu einem Kanon verschränkten Traditionen gerecht zu werden. Kein Satz im Buch ist originell. Originalität ist nicht das Ziel. Keiner Aussage des Buches fehlt die Rückbindung an die kanonische Überlieferung. Zusammenschau von Tora, Nebiim und Ketubim in ihrer Sacheinheit und ihre vermutlich liturgische »Neuinszenierung« sind die geistige Leistung, die hier erbracht wird. Schriftgelehrsamkeit hat die Feder geführt. Ihr Beitrag gehört in den zeitgenössischen geistigen Kontext. Der Text will vorgelesen werden, vor allem in Jerusalem. Er präsentiert keine apokalyptische Geheimoffenbarung. Er entwirft kein Szenario eines Weltgerichts, er arrangiert sich auch nicht mit den Mächtigen; er hofft auf die Bestrafung der fremden Herren, in deren Herrschaft er den noch andauernden Zorn Gottes sieht. Er vertritt keine qumranischen Sonderlehren. Er steht loyal zum Tempel, zu Priesterschaft und Opfer (ohne von Sühne und Vergebung zu reden). Noch ist »Exil« die Signatur des Gottesvolkes in der → Diaspora sowie in und um Jerusalem, die Wende aber steht bevor und erfordert das vorgängige Bekenntnis der Schuld.

2. Der Brief des Jeremia

Der in manchen Bibelausgaben als 6. Kapitel des Baruchbuches geführte sog. *Brief des Jeremia* (oft lateinisch als Epistula Jeremiae bezeichnet und EpJer abgekürzt) ist ein ursprünglich selbständiger, nur griechisch überlieferter Text.

Als selbständige Ergänzung zum Jeremiabuch konzipiert, ist EpJer erst durch die lateinische Zusammenstellung jeremianischer Literatur an Baruch angereiht worden, mit dem der Brief weder thematische noch formale Verbindungen hat. Der nur griechisch (und in davon abhängigen Übersetzungen) erhaltene, aber ursprünglich wohl hebräisch geschriebene Traktat ist der Form nach kein Brief, sucht aber durch diese Bezeichnung in der Überschrift → pseudepigraphisch Anschluss an die überlieferte Korrespondenz, die Jeremia (Kap. 29) mit Deportierten in Babel geführt hat. Die Schrift gibt sich als Instruktion der zur Wegführung Bestimmten und will sie warnen vor der Verführung durch den glanzvollen babylonischen Kult. In Weiterführung von Jer 10,1–16 und Jes 44,9–20; 46,5–7 (vgl. auch Ps 115,4–8; 135,15–18) polemisiert er mit einem gehörigen Maß an Rationalismus sowie massiven Sarkasmen gegen die Götterbilder, ihre Hersteller, ihr Kultpersonal und ihre Verehrer.

Der »Brief« entfaltet nach einer Überschrift und einer Einleitung (V. 1–6) seine Thematik in zehn kurzen Abschnitten (V. 7–14.15–22.23–28.29–39.40–51.52–56a.56b–62.63–64.65–68.69–72). Als Struktursignale fungieren jeweils Schlussfolgerungen, die aus der vorangehenden Darlegung gezogen werden: »dass sie keine Götter sind«

(V. 14.22.28.51.64); »Fürchtet sie also nicht!« (V. 14.22.28.64.68); »Wie kann einer da glauben und behaupten, sie seien Götter?« (V. 39.44.56); »So ist uns auf gar keine Weise sichtbar, dass sie Götter sind.« (V. 68); »Besser ist also ein gerechter Mann, der keine Götterbilder hat, denn er ist sicher vor dem Gespött« (V. 72).

7Q2 ist ein Papyrusfragment aus Qumran, das die Existenz der Schrift im 1. Jh. v. Chr. in griechischer Fassung belegt. Die Kenntnis babylonischer Verhältnisse und die Tatsache, dass einleitend die Dauer des Exils von 70 Jahren auf sieben Generationen ausgedehnt wird, könnte auf einen Verfasser im frühhellenistischen Babel mit seiner kulturellen Renaissance hindeuten. 2 Makk 2,2 und Weish 13–15 scheinen seine Götzenpolemik ebenso zu kennen wie eine Reihe frühjüdischer (Aristeasbrief, Jubiläenbuch) und neutestamentlicher (Röm 1–3; 1 Thess 1,9; 1 Joh 5,21; Apg 14,15) Schriften.

VI. Das Buch Ezechiel

(Frank-Lothar Hossfeld, Bonn)

Kommentare: G. Fohrer/K. Galling (HAT) 1955; W. Eichrodt (ATD) I ⁴1977, II ²1969; R. Mosis (GSL.AT) 1978; W. Zimmerli (BK) ²1979; J. W. Wevers (NCeB) 1969; H. F. Fuhs (NEB) I 1984, II 1988; W. H. Brownlee (WBC) I 1986; L. C. Allen (WBC) II (Kap. 20–48) 1990, I (Kap. 1–19) 1994; K. F. Pohlmann (ATD 22) I 1996, II 2001; D. I. Block (NICOT) I (Kap. 1–24) 1997, II (Kap. 25–48) 1998; M. Greenberg, 1–20 (HThKAT) 2001; 21–37, 2005; F. Sedlmeier, (NSK) I 2002 (1–24), II 2013 (25–48); P. M. Joyce, Ezekiel. A Commentary (LHBOTS 482) New York u. a. 2007; J. Milgrom/D. I. Block, Ezekiel's Hope. A Commentary on Ezekiel 38–48, Eugene 2012; S. Tuell (NICOT) 2014.

Forschungsberichte: J. Lust (Hg.), Ezekiel and His Book (BEThL 74) Leuven 1986; K. F. Pohlmann, Ezechiel. Der Stand der theologischen Diskussion, Darmstadt 2008.

Einzelstudien: B. Biberger, Endgültiges Heil innerhalb von Geschichte und Gegenwart. Zukunftskonzeptionen in Ez 38–39, Joel 1–4 und Sach 12–14 (BBB 161) Göttingen 2010; M. A. Corral, Ezekiel's Oracles against Tyre. Historical Reality and Motivations (Biblica et Orientalia 46) Rom 2002; A. S. Crane, Israels' Restoration. A Textual-Comparative Exploration of Ez 36–39 (VT.S 122) Leiden 2008; F. Fechter, Bewältigung der Katastrophe. Untersuchungen zu ausgewählten Fremdvölkersprüchen im Ezechielbuch (BZAW 208) Berlin/New York 1992; J. Galambush, Jerusalem in the Book of Ezekiel. The City as Yahweh's Wife (SBL Diss. Series 130) Atlanta 1992; T. Häner, Bleibendes Nachwirken des Exils. Untersuchungen zur kanonischen Endgestalt des Ezechielbuches (HBS 78) Freiburg u. a. 2014; J. M. Hiebel, Ezekiel's Vision Accounts as Interrelated Narratives. A Redaction-Critical and Theological Study (BZAW 475) Berlin u. a. 2015; F.-L. Hossfeld, Untersuchungen zu Komposition und Theologie des Ezechielbuches (FzB 20) Würzburg 1977, ²1983; P. Joyce, Divine Initiative and Human Response in Ezekiel (JSOT.S 51) Sheffield 1989; P. Joyce/A. Mein (Hg.), After Ezekiel. Essays on the Reception of a Difficult Prophet (LHBOTS 535) New York u. a. 2011; A. Klein, Schriftauslesung im Ezechielbuch. Redaktionsgeschichtliche Untersuchungen zu Ez 34–39 (BZAW 391) Berlin/New York 2008; M. Konkel, Architektonik des Heiligen. Studien zur zweiten Tempelvision Ezechiels (BBB 129) Berlin/Wien 2001; ders., Ezechiel – Prophet ohne Eigenschaften. Biographie zwischen Theologie und Anthropologie, in: C. Frevel (Hg.), Biblische Anthropologie. Neue Einsichten aus dem Alten Testament (QD 237) Freiburg 2010, 216–242; ders., Das Ezechielbuch zwischen Hasmonäern und Zadokiden, in: FS H.-J. Fabry (BBB 159) Göttingen 2010, 59–78; T. Krüger, Geschichtskonzepte im Ezechielbuch (BZAW 180) Berlin/New York 1989; E. Kutsch, Die chronologischen Daten des Ezechielbuches (OBO 62) Fribourg/Göttingen 1985; J. E. Lapsley, Can These Bones Live? The Problem of the Moral Self in the Book of Ezekiel (BZAW 301) Berlin/New York 2000; C. Levin, Die Verheißung des neuen Bundes in ihrem theologiegeschichtlichen Zusammenhang ausgelegt (FRLANT 137) Göttingen 1985; 5; I. E. Lilly, Two Books of Ezekiel. Papyrus 967 and the Masoretic Text as Variant Literary Editions (VT.S 150) Leiden u. a. 2012; M. A. Lyons, From Law to Prophecy. Ezekiel's Use of the Holiness Code (LHBOTS 507) New York u. a. 2009; F. Markter, Transformationen. Zur Anthropologie des Propheten Ezechiel unter besonderer Berücksichtigung des Motivs »Herz« (FzB 127) Würzburg 2013; A. Mein, Ezekiel and the Ethics of Exils, Oxford ²2009; R. Mosis, Ezechiel 37,1–4: Auferweckung des Volkes – Auferweckung der Toten, in: R. Brandscheidt/T. Mende (Hg.), Schöpfungsplan und Heilsgeschichte. FS E. Haag, Trier 2002, 123–173; S. Ohnesorge,

Jahwe gestaltet sein Volk neu. Zur Sicht der Zukunft Israels nach Ez 11,14–21; 20,1–44; 36,16–38; 37,1–14.15–28 (FzB 64) Würzburg 1991; R. Poser, Das Ezechielbuch als Trauma-Literatur (VT.S 154) Leiden u. a. 2012; V. Premstaller, Fremdvölkersprüche des Ezechielbuches (FzB 104) Würzburg 2005; T. Renz, The Rhetorical Function of the Book of Ezekiel (VT.S 76) Leiden 1999; C. Rösel, JHWHs Sieg über Gog aus Magog. Ez 38–39 im Masoretischen Text und in der Septuaginta (WMANT 132) Neukirchen-Vluyn 2012; M. F. Rooker, Biblical Hebrew in Transition. The Language of the Book of Ezekiel (JSOT.S 90) Sheffield 1990; T. Rudnig, Heilig und profan. Redaktionskritische Studien zu Ez 40–48 (BZAW 287) Berlin/New York 2000; M. Saur, Der Tyroszyklus des Ezechielbuches (BZAW 386) Berlin/New York 2008; J. Schnocks, Rettung und Neuschöpfung. Studien zur alttestamentlichen Grundlegung einer gesamtbiblischen Theologie der Auferstehung (BBB 158) Göttingen 2009; K. Schöpflin, Theologie als Biographie im Ezechielbuch. Ein Beitrag zur Konzeption alttestamentlicher Prophetie (FAT 36) Tübingen 2002; P. Schwagmeier, Untersuchungen zu Textgeschichte und Entstehung des Ezechielbuches in masoretischer und griechischer Überlieferung, Diss. Zürich 2004; F. Sedlmeier, Studien zur Komposition und Theologie von Ez 20 (SBB 21) Stuttgart 1990; H. Simian, Die theologische Nachgeschichte der Prophetie Ezechiels (FzB 14) Würzburg 1974; W. A. Tooman, Gog of Magog. Reuse of Scripture and Compositional Technique in Ezekiel 38–39 (FAT 2/52) Tübingen 2011; W. A. Tooman/M. A. Lyons (Hg.), Transforming Visions. Transformations of Text, Tradition, and Theology in Ezekiel, Cambridge 2010; C. Uehlinger, »Zeichne eine Stadt ... und belagere sie!« Bild und Wort in einer Zeichenhandlung Ezechiels gegen Jerusalem (Ez 4f): NTOA 6, 1987, 111–200; F. van Dijks-Hemmes, The Metaphorization of Woman in Prohetic Speech: an Analysis of Ez 23: VT 43, 1993, 162–170; D. Vieweger, Die literarischen Beziehungen zwischen den Büchern Jeremia und Ezechiel (BEAT 26) Frankfurt 1993; J. W. Wevers/D. Fraenkel, Studies in the Text Histories of Deuteronomy and Ezekiel (MSU 26) Göttingen 2003; B. Willmes, Die sogenante Hirtenallegorie Ez 34 (BET 19) Frankfurt 1984; W. Zimmerli, Deutero-Ezechiel?: ZAW 84, 1972, 501–516; ders., Das Phänomen der Fortschreibung im Buche Ezechiel, in: FS G. Fohrer (BZAW 150) Berlin 1980, 174–191.

0. Textüberlieferung

Ähnlich wie beim Jeremiabuch sind auch beim Ezechielbuch erhebliche Unterschiede zwischen der masoretischen (MT) und der griechischen Textüberlieferung (LXX) vorhanden, was sowohl den Text selbst als auch die Anordnung von Textabschnitten betrifft. Besonders neuralgische Punkte sind z. B. die Kap. 7; 28,11–19; 32,17–32; 36; 40–42.

Der griechische Papyrus 967 (3. Jh. n. Chr.) bezeugt vermutlich noch eine ältere Buchgestalt, in der der Abschnitt 36,23bβ–38 noch fehlte und Kapitel 37 auf die Gog-Kapitel 38–39 folgten (*Schwagmeier, Crane*).

Die derzeitige Textkritik zum Ezechielbuch geht von folgenden Prinzipien aus: Sie favorisiert MT und versucht zuerst, ihm einen Sinn abzugewinnen. In vielen Fällen enthält MT die *lectio difficilior*. Die Entstehung und Eigenart von LXX werden separat für sich erhoben und dann zur Rekonstruktion der Textgeschichte ausgewertet. Text-, Literar- und Redaktionskritik werden in ihrer Interdependenz schärfer voneinander getrennt und zugleich miteinander erwogen.

1. Aufbau

1.1 Gesamteindruck

Das Ezechielbuch ist schon immer durch seinen einheitlichen Stil aufgefallen, der für den geschlossenen Gesamteindruck sorgt. Mehrere Faktoren sind dafür maßgebend:

(1) Das ganze Buch ist ein lückenloser *Ich-Bericht* des Propheten mit zwei kleinen Ausnahmen (1,3 und 24,24). Fremdberichte, wie sie in anderen Prophetenbüchern da und dort auftauchen, fehlen völlig. Obwohl das ganze Buch Selbstbericht ist, bleibt der Prophet hinter der alles beherrschenden JHWH-Rede verborgen. JHWH spricht und handelt ununterbrochen. Sogar Ereignisse, in die der Prophet unmittelbar verwickelt ist, wie Diskussionen und an ihn gerichtete Rückfragen, werden ihm selbst auf dem Umweg über JHWH mitgeteilt (vgl. 11,15; 12,9 u. a.). Diese kompromisslose Ich-Rede mit dem Schwerpunkt auf JHWH als dem redenden Ich ist in der prophetischen Literatur typisch für Berufungs- und Visionsberichte – beides Textsorten, die im Ezechielbuch eine tragende Rolle spielen (Ez 1–3; 8–11; 33,7–9; 37,1–14 und 40–48).

(2) Der prophetische Ich-Bericht wird geprägt durch 14 *Datierungen* (1,1f; [3,16]; 8,1; 20,1; 24,1; 26,1; 29,1.17; 30,20; 31,1; 32,1.17; 33,21; 40,1). Sowohl die gegenüber anderen Prophetenbüchern auffallende Häufigkeit als auch die Sukzession der Datumsangaben verleihen dem prophetischen Ich-Bericht den Charakter einer Biographie, unterstreichen die Zeitgebundenheit der Prophetie und zeigen ein chronologisches Anordnungsprinzip der Abschnitte an.

(3) Maßgebend für den geschlossenen Eindruck der durchgängigen Ich-Rede (des Propheten wie JHWHs) ist das hohe Ausmaß der Typisierung der Sprache durch *Redeformeln*, die inhaltlich Gewicht haben und textpragmatisch eine Rolle spielen: An erster Stelle steht die Wortereignisformel (»das Wort JHWHs erging an mich«). Sie hebt auf die Initiative und Wirkmächtigkeit des redenden Gottes ab; textpragmatisch ist sie das beherrschende (52x) Anfangssyntagma des gesamten Buches. Die Botenformel (»so spricht der Herr JHWH«) drückt die aktuelle Vermittlung durch den Propheten aus und kann Unterabschnitte der Rede anzeigen. Die Gottesspruchformel (»Spruch des Herrn JHWH«), wahrscheinlich aus dem alten Seherspruch stammend, markiert im Ezechielbuch überwiegend das Ende von Redeeinheiten. Die Wortbekräftigungsformeln (»denn ich habe gesprochen« und »[denn] ich, JHWH, habe gesprochen«) sind ein Spezifikum des Ezechielbuches und heben am Ende einer JHWH-Rede das redende Ich hervor. Die charakteristische Erkenntnisformel (»erkennen, dass ich JHWH bin«) zielt auf die Durchsetzungskraft der Begegnung mit JHWH und ist deswegen auch zu Recht Erfahrungsformel genannt worden; sie vermag Redeeinheiten zu unterteilen oder zu beenden und kann selbst durch zusammenfassende Aussagen erweitert werden. Die Herausforderungsformel (»siehe, ich bin gegen dich«) leitet häufig Unheilsansagen ein; sie scheint ein Spezifikum der Prophetie des frühen 6. Jh.s zu sein (vgl. Jer, Nah). Ebenso findet sich die Hinwendungsformel (»wende dein Angesicht hin zu/gegen«) in der Einleitung von Unheilsaussagen und deutet (wegen der weiten Entfernung) einen optischen Kontakt zwischen Redendem und Adressaten nur mehr an.

Von den Redeformeln her fällt auch Licht auf den Gebrauch der *Gottesbezeichnungen* und der konstanten Anrede an den Propheten durch Gott. Das Buch konzentriert sich auf den Gebrauch des Eigennamens JHWH sowohl in der Wortereignis- wie in der Erkenntnis- bzw. Erfahrungsformel. Er ist der einzige Gott, von dem namentlich geredet wird. Insofern drückt das Ezechielbuch indirekt einen Monotheismus aus. Andere Götter werden als Götzen, genauer »Scheißgötter« und »Scheusale«, disqualifiziert.

Im Falle der Botenformel, der Gottesspruchformel und des gelegentlichen klagenden Anrufs an JHWH (»Ach, Herr JHWH«) tritt regelmäßig der Titel »Herr« auf, um die Mächtigkeit und Transzendenz JHWHs zu unterstreichen. In Korrespondenz dazu wird der Prophet mit der Niedrigkeitsaussage »Mensch« angeredet (93x), die die Hinfälligkeit und Sterblichkeit im Gegenüber zum mächtigen JHWH betont.

1.2 Das Ezechielbuch als Exilsliteratur

Mehrere Indizien zeigen an, dass die Texte des Ezechielbuches überwiegend im babylonischen Exil entstanden sind:

(1) Das Wirken des Propheten kennt zwei geographische Schwerpunkte: Babylon bzw. Tel-Abib am Kebarkanal bei Nippur, wo er leibhaftig anwesend ist (1,1.3; 3,10–15; 3,22f; 37,1), und Jerusalem bzw. die Heimat, wohin er gelegentlich entführt wird (vgl. 8,3 in Verbindung mit 11,24f; 40,1f) oder von wo er »den Flüchtling« mit der Nachricht vom Fall der Stadt erwartet (vgl. 24,26f in Verbindung mit 33,21).

(2) Die »biographischen« Datierungen sind auf das Jahr 597 v. Chr. geeicht, das Jahr, in dem der König Jojachin zusammen mit Teilen der Oberschicht (darunter auch Ezechiel) von Nebukadnezzar nach Babylonien deportiert wurde.

Drei markante Daten rufen das in Erinnerung: Das Ausgangsdatum 1,2, das Wendedatum 33,21 und das Datum der letzten authentischen Verkündigung Ezechiels 40,1.

(3) Obwohl der Prophet zum gesamten Israel gesandt ist (vgl. die bevorzugten Verbindungen mit Israel wie Söhne Israels, Haus Israel, Land Israel, Berge Israels, Älteste Israels, Propheten und Hirten Israels), kann sich gelegentlich und in gewisser Weise durchgehend der Adressat ausdifferenzieren in die ferne Heimat und die nahen Verschleppten, die → Gola. In sechs Fällen werden ausgleichend bestimmte Worte nebeneinandergestellt: Sendung an das Haus Israel (3,4–9) neben der Sendung an die Gola (3,10–11); Disputation mit den Jerusalemern (11,2–12) neben der Disputation mit der Gola (11,14–21); Zeichenhandlung vor der Gola (12,1–16) neben Zeichenhandlung für die Jerusalemer (12,17–20); Disputation über ein Sprichwort im Land Israel (12,21–25) neben Disputation über ein Sprichwort des Hauses Israel (12,26–28); Gleichnis gegen den Wald im Südland (21,1–10) neben der Zeichenhandlung für die Gola (21,11–12); Disputation mit den Trümmerbewohnern im Land Israel (33,23–29) neben einer Mitteilung über das Reden und Verhalten der Verbannten (33,30–33).

(4) Gelegentlich kann in ein und derselben Redesituation die spezifische Situation des Exilspropheten angezeigt werden. Die nahe Gola wird angeredet, während von der fernen Heimat in dritter Person gesprochen wird (vgl. z. B. 11,16f; 12,11).

(5) In gewisser Weise ist die im Vergleich mit anderen Prophetenbüchern mangelnde Ausdifferenzierung der angeredeten sozialen Gruppen ein Hinweis auf die spezifische

soziale Zusammensetzung der Gola. Ezechiel redet innerhalb Israels nur wenige Gruppen an, z. B. die Ältesten Judas (8,1), die Ältesten Israels (14,1; 20,1), die Könige Israels (17.19 vgl. 15), die Propheten und Prophetinnen Israels (13), die Hirten Israels (34).

1.3 Bevorzugte Textsorten

Das Ezechielbuch fällt durch die Bevorzugung bestimmter Textsorten auf, die gelegentlich zu Großkompositionen und barocken Textcollagen ausgebaut werden können. (1) An erster Stelle stehen die vier *Visionsberichte* (s. o. 1.1). Sie stechen ins Auge durch das Ausmaß dessen, was der Prophet sieht. Drei der Visionen überschreiben das mit »Gottesgesichten« (1,1; 8,3 und 11,24; 40,2), und in der Tat wird der Prophet des Privilegs gewürdigt, Gottes unmittelbar ansichtig zu werden bzw. die »Herrlichkeit JHWHs« zu schauen. Das Ausmaß der Anteilnahme des Propheten am Visionsgeschehen wird gesteigert: Mit ihm geschieht etwas, er wird geführt, er greift fürbittend ein (9,8; 11,13) und er prophezeit (11,4; 37,4ff). In allen Visionen legt sich die Hand JHWHs auf den Propheten und zeigt die persönliche Ergriffenheit an (1,3; 3,14; [3,22]; 8,1.[3]; 37,1; 40,1). Daneben tritt als zweite Wirkmacht der lebende Geist auf (2,2; 3,12.14.24; 8,3; 11,1.5.24; 37,1; 43,5). Neben der kleinen Zwischenvision (3,16a.22–24), die zur Dreizeichenkomposition (Ez 4f) überleitet, tanzt die Vision von der Auferweckung der Totengebeine aus der Reihe: Sie besitzt kein auszeichnendes Datum und verzichtet auf die Erscheinung der Herrlichkeit JHWHs. Damit zusammenhängend wird sie auch nicht in ein Netz von Rückverweisen eingebunden, was für die drei bzw. vier anderen Visionen typisch ist (vgl. 3,23 mit Rückbezug auf Kap. 1; 8,2–3a.4 mit Rückbezug auf 1,26b–27 und 3,23; 43,3 mit Rückbezug auf Kap. 1 und 8–11).

(2) Neben die Visionen treten im Ezechielbuch sowohl in Bezug auf die Komposition als auch in Bezug auf das Gewicht der Aussagen die *Zeichenhandlungen*. Dreimal folgen im Ezechielbuch Zeichenhandlungen bzw. eine Zusammenstellung von mehreren Zeichenhandlungen auf Visionsberichte (4f nach 1–3; 12,1–20 nach 8–11; 37,15–28 nach 37,1–14). Im Übrigen ist das Ezechielbuch das Prophetenbuch mit den meisten (sieben) Zeichenhandlungen. Die Form der Berichte über die Zeichenhandlungen kann stark variieren. Konstitutiv bleibt eine göttliche Aufforderung an den Propheten zu besonderen Aktionen mit Verkündigungswert, wobei diese auffälligen Aktionen auch immer gedeutet werden. Strukturell kann man zweiteilige Berichte (Befehl mit Deutung: 4f; 12,17–20; 21,11f; 21,23–28) von dreiteiligen unterscheiden (Befehl, Rückfrage des Volkes, Deutung: 12,1–16; 24,15–24; 37,15–19). Die Zeichenhandlungen knüpfen an das für Ezechiel typische starke körperliche Erleben an (vgl. das Phänomen der Stummheit s. u.; die Begleithandlungen in 6,11; 21,17ff; 22,13) sowie an die schon erwähnten ekstatischen Phänomene. Von daher auf krankhafte Zustände zu schließen, verfehlt die Intention und die besondere Situation des prophetischen Verhaltens. Die Zeichenhandlungen haben drei Funktionen: Sie konkretisieren die Gerichts- und Heilsansage. Sie wollen die Öffentlichkeit mobilisieren und zur umkehrenden Einsicht bringen, aus diesem Grund hat man sie mit Straßentheater bzw. Happenings verglichen. Sie wollen schließlich das Zukünftige im Voraus abbilden und unterstreichen damit eine Eigentümlichkeit der Verkündigung des Propheten, die Zukunft detailliert vorauszusagen.

(3) Wie die Zeichenhandlungen das Publikum in die Zukunftsaussage hineingezogen haben, so lassen sich auf andere Weise die neuen *Disputationsworte* auf Meinungen des Volkes ein. Seien die Disputationsworte zweiteilig (Zitat des Volkssprichwortes und göttliche Antwort, vgl. 12,26–28; 18,1–4; 20,32–38; 33,10f; 37,11–14) oder dreiteilig (Zitat des Volkssprichwortes, göttliche Zurückweisung und neue Ansage, vgl. 11,2–12.14–21; 12,21–25; 33,23–29), Ausgangspunkt ist immer die aufschlussreiche Theologie des Volkes, die sich in den knappen Verdichtungen von Sprichworten niederschlägt und von Seiten JHWHs regelrecht abgearbeitet wird. Gerade die Disputationsworte, die gelegentlich zu größeren Abhandlungen ausgebaut werden können (18 und 33,1–20), zeigen, wie das Ezechielbuch zur systematisierenden Theologie unterwegs ist.

(4) Die für das Ezechielbuch *typischen Bildreden* (15; 16; 17; 19; 21,1–10; 22,17–22; 23; 24,1–14; 26,15–21; 27; 28,11–19; 31; 32) können sich von kurzen Gleichnissen ausfalten zu umfangreichen → Allegorien. Dabei können sich verschiedene Bilder ineinanderschieben und die Bildrede kann fließend in die Deutung übergehen. Sowohl stilistisch als auch inhaltlich fallen darunter die Totenklagen (19; 26,15–21; 27; 28,11–19; 32,1–15.17–32) auf. Die Bildreden 16 und 23 sind für sich zu nehmen, weil sie anspielungsreiche Geschichtsrückblicke darstellen, die vom verdorbenen Anfang (16,3–5; 23,3) bis zur Gegenwart des Sprechers (16,29; 23,16f) reichen. Darin kommen die Bildreden überein mit dem unbildlichen datierten Geschichtsrückblick, der ebenso vom Anfang (20,5–8) bis zur Gegenwart (20,23) und darüber hinaus zum neuen Exodus (20,32ff) und zum neuen Kult in Jerusalem (20,39ff) reicht.

Was sich punktuell unter 1.3 andeutete, gilt es, abschließend hervorzuheben: Das Ezechielbuch hat einen Hang zur systematisierenden Abhandlung. Verschiedene Teiltexte können durch Aneinanderreihung zu Großkompositionen zusammengestellt werden. Bestimmte Textsorten wachsen sich zu ganzen Traktaten aus. Andere Gattungen, wie u. a. die Geschichtsrückblicke, tendieren zur vollständigen Darstellung von Vergangenheit, Gegenwart und Zukunft.

1.4 Übergreifende Strukturierungen des Buches

Das Ezechielbuch unterscheidet *zwei Phasen der Verkündigung des Propheten*, die Phase der Unheilsverkündigung und die der Heilsverkündigung. Der Text setzt dafür mehrere Signale:

(1) Die einzige autobiographische Erzählung des Buches ohne JHWH-Rede markiert die Wende (33,21f). Ein Flüchtling kommt in der → Gola an und meldet den Fall der Stadt. Damit bezeugt er die Vollstreckung der Unheilsverkündigung, die der Prophet seit seiner Berufung auf sich genommen hat. Der Synchronismus von 40,1 (im 14. Jahr nach dem Fall der Stadt) bestätigt das Ereignis der Wende (vgl. den mit dem Leitwort schlagen/erschlagen gebildeten Bogen von 5,2; 7,9; 9,5.7f am Anfang zur Wende 33,21 und zum Ende 40,1). Die Berufungsvision hat die Unheilsverkündigung von 593 bis 586 mit der Buchrolle verdeutlicht, die mit »Klage, Seufzen und Wehe« beschrieben ist und die Ezechiel essen muss (2,8–3,3).

(2) Die Zweiphasigkeit der Verkündigung wird durch eine Reihe gezielter *Entsprechungen* bestätigt: die Berufungsvision 1–3 macht Ezechiel zum Gerichtspropheten für ganz Israel, insbesondere Jerusalem. Ihr entspricht in der zweiten Phase die Ernennung zum Umkehrrufer und Wächterpropheten vor allem gegenüber den Verschleppten (33,1–20), die bewusst vor den Wendebericht (33,21f) gesetzt wurde. Die Vorwegnahme dieser Zweitberufung in 3,16–21 verankert aus programmatischen Gründen die spätere zweite Phase im entscheidenden Anfang der Erstberufung. Das Wort gegen die Berge Israels aus 6 wird in 35 umgeleitet auf die Berge Seïrs/Edoms, damit im anschließenden Heilswort an die Berge Israels (36,1–15), deren Erneuerung angesagt werden kann. Dem Gerichtswort vom »Tag JHWHs« in 7 entspricht die Prophetie vom Gerichtstag über Gog aus Magog 38f. Die erste Tempelvision (8–11; die Herrlichkeit JHWHs verlässt den Tempel und gibt ihn wie die Stadt zum Verbrennen frei) hat ihr Gegenstück in der zweiten Tempelvision (40–48; Rückkehr der Herrlichkeit JHWHs in den neuen Tempel). Der Geschichtsrückblick in 20,5–26 findet in gewisser Weise seine Fortsetzung in 36,16–23 (vgl. die Verunreinigung durch die Götzen in 20,7 und 36,18; das Ausgießen des Zorns in 20,8.13.21 und 36,18; die Zerstreuung unter die Völker in 20,23 und 36,19; die Entweihung des Namens JHWHs in 20,9.14.22 und 36,20–23). Das Gericht über Israel, angedeutet im Schicksal ihrer Knochen (6,5; 24,4f.10), schlägt um zur Auferstehung der vielen ausgetrockneten Knochen Israels in 37,1–14.

(3) In die Zwei-Phasen-Struktur von Unheils- und Heilsverkündigung trägt das Ezechielbuch eine *Dreiteilung* ein (vgl. Jes I, Jer LXX und Zef):

1. Teil	1–24	Gericht über Israel (Jerusalem und Juda)
2. Teil	25–32	Gericht über die Fremdvölker
3. Teil	33–37.40–48	Heil für Israel

1.5 Der Aufbau im Einzelnen

1.51 Die Gerichtsverkündigung in Kap. 1–24

Die *Gerichtsverkündigung über Israel*, insbesondere Jerusalem und Juda, in *1–24* kann in vier größere Blöcke bzw. Abschnitte unterteilt werden:

(1) Berufungsvision und häusliche Zeichenhandlungen in Kap. 1–5:

Text	Strukturmerkmale	Inhaltliche Merkmale
1,1–28	1,1–3 Visionseinleitung mit Überschrift (Einschub V. 2–3a); 1,28 identifizierende Unterschrift	Vision der Herrlichkeit JHWHs als Kombination von Gewitter- und Throntheophanie am Ort der Gola
2,1–3,11	Audition mit Sendung (2,1–5), Ermutigung (2,6f), symbolischem Wortempfang (2,8–3,3); zweifache Aussendung an Israel (3,4–9) und an die Gola (3,10f)	Variation und Ausbau des Berufungsschemas mit Auftrag und integriertem Einwand, die Widerspenstigkeit und Hörunwilligkeit Israels, Zusicherung des Beistands und Zeichen (Essen der Buchrolle)

Text	Strukturmerkmale	Inhaltliche Merkmale
3,12–15	Beendigung der Entrückung und Rückkehr zur Gola (vgl. 1,3b und 3,14)	Einwirken von Geist und Hand JHWHs mit priesterlicher Inkubationszeit von 7 Tagen (vgl. Lev 8,33ff)
3,16b–21	Eingeschobene Ernennung zum Wächter im → kasuistischen Stil	Programmatische Zusammenfassung von Passagen aus den Kap. 13.14.18.33
3,16a.22–27	Überleitungsvision mit relativer Datierung und neuen Befehlen	Vision der Herrlichkeit JHWHs mit Anweisung zum Einschließen ins Haus, zur Fesselung und zur Stummheit
4,1–5,17	Kombination von mehreren Befehlsketten zu Zeichenhandlungen, voneinander abgetrennt durch die Anrede (4,1.4.9; 5,1), mit anschließender Deutung (5,5–17)	Dreizeichenkomposition zur Darstellung der Belagerung Jerusalems; Belagerung eines Lehmziegels mit Stadtplan von Jerusalem (4,1–3); Rationierung von Brot und Wasser (4,9–11); Vernichtung der Bevölkerung (5,1–4) mit Gerichtsrede über Jerusalem in der Mitte der Völker und Länder – eingeschoben weitere Zeichenhandlungen: Tragen der Schuld (4,4–8); Backen von Brot und Verstöße gegen die Reinheit (4,12–17) mit integrierter Deutung

(2) Gerichtsworte über die Berge und das Land Israels in Kap. 6–7:

Text	Strukturmerkmale	Inhaltliche Merkmale
6,1–14	Gerichtsworte, die durch Botenformel und Erkenntnisformel abgegrenzt sind 6,2–7.(8–10).11–14	Gericht über Berge und Täler Israels wegen kultischer Vergehen; Zerstörung der Kultstätten und Kultdiener
7,1–27	Gerichtsworte, die durch Botenformel und Erkenntnisformel abgegrenzt sind 7,2–4.5–9.(10–27)	Gericht über das Land Israel durch Ankündigung des Gerichtstages und Endes; das Weltende bricht über das Land Israel herein (7,2–4); Gerichtstag und Ende wegen der Vergehen (7,5–9); Schilderung der Gerichtsvorgänge mit Andeutung der primär sozialen Vergehen (7,10–27)

(3) Komposition der ersten Tempelvision in Kap. 8–11:

Text	Strukturmerkmale	Inhaltliche Merkmale
8,1–18	8,1–4 vorderer Rahmen mit Anlass (V. 1), Einführung des »Angelus interpres« (V. 2–3a), Entrückung (V. 3b) und rückverweisender Überschrift (vgl. 3,22f) 8,5–18 Bewegung des Propheten in vier Etappen von Norden auf den Tempel zu (8,5–6.7–13.14–15.16–18)	Begründung und Darstellung des Gerichts über Stadt u. Tempel; vier sich steigernde Kultgräuel: Verstoß gegen das 1. Gebot durch Altar und Eifersuchtsbild außerhalb des Tempels, ägyptische Bilderverehrung, Tammuz-Kult, Sonnenkult der Priester und Abfall von JHWH

Text	Strukturmerkmale	Inhaltliche Merkmale
9,1–10,7	9,1 Ankündigung des Gerichts; sechs Männer erschlagen die Bevölkerung (9,2–8), der siebte Mann, ein Priester, nimmt Glühkohlen aus dem Kohlebecken und verbrennt die Stadt (10,2–7) – Umdeutung des Priesters zum Schreiber mit der Aufgabe der Zeichnung der zu Verschonenden (9,2–11)	Begründetes Totalgericht über Jerusalem (9,6–8); nachträglich gemildert zum Teilgericht, gleichzeitiger Auszug der Herrlichkeit JHWHs aus dem Allerheiligsten von West nach Ost in vier Etappen (10,1–4 beschreibt zwei Etappen)
10,8–22	Erweiterungen mit visionären Beschreibungen, vermischt mit Erzählung	10,8–17 Beschreibung des Kerubenwagens (vgl. Kap. 1); 10,18f dritte Etappe des Auszugs; 10,20–22 Beschreibung der Keruben (vgl. Kap. 1)
11,1–25	Drei Einheiten: eingeschobenes Disputationswort mit den führenden Männern Jerusalems (11,2–12), das durch 11,1.13 in das visionäre Gericht eingebunden ist; eingeschobenes Disputationswort über die Gola (11,14–21); Abschluss der Vision (11,22f) mit hinterem Rahmen (11,24f)	Auseinandersetzung mit der Hybris und den sozialen Vergehen der Oberschicht, Umkehrung ihrer Selbstsicherheit (11,3) ins Gericht (11,7), anfanghafter Gerichtsvollzug (11,13); Disputation zum Schicksal der Gola mit Ansage des neuen Exodus und der inneren Restitution Israels; Erzählung der 4. Etappe mit spiegelbildlichem Aufbau der Vision

(4) Zusammenstellung von Gerichtsansagen über Israel und vornehmlich Jerusalem, gerahmt durch Zeichenhandlungen zum Schicksal Jerusalems in Kap. 12–24. Die rahmenden Zeichenhandlungen lassen sich schematisch wie folgt darstellen:

Text	Strukturmerkmale	Inhaltliche Merkmale
12,1–16	Rahmende Zeichenhandlung aus drei bzw. vier Teilen (Befehle, Ausführung, Frage des Volkes und Deutung); kultische Zeiteinteilung (Tag, Abend, nächster Morgen); der Prophet als Vorzeichen (12,6.11) und Betonung der Analogie, thematische Verbindung zum vorhergehenden Kontext: das Herausgehen der Herrlichkeit JHWHs (10,18f) und das Herausgehen des Propheten (12,4)	Zeichenhandlung »Exulantengepäck« mit Vorwegnahme der Deportation der Jerusalemer; Ergänzungen im Bereich von 2,5–7.10–17 zum Vorgang (Legen von Breschen in die Stadtmauer) und zum Schicksal Zidkijas
12,17–20	Zweiteilige Zeichenhandlung für die Jerusalemer (12,19)	Das Essen und Trinken mit Zittern zeigt das Schicksal von Stadt und Land an.

Text	Strukturmerkmale	Inhaltliche Merkmale
24,15–24	Rahmende Zeichenhandlung (vgl. 12,1–16) aus vier Teilen (Befehle, Ausführung, Frage des Volkes und Deutung); kultische Zeiteinteilung (Morgen, Abend, nächster Morgen); der Prophet als Vorzeichen (24,24) und Betonung der Analogie	Der Tod von Ezechiels Frau und die befohlene Reaktion des Witwers ist Vorzeichen der Reaktion der Gola auf den Fall Jerusalems.
24,25–27	Ansage des zukünftigen Tages (des Falles Jerusalems vgl. 24,25 mit 24,28 und 24,2; des Eintreffens der Nachricht vgl. 24,26 mit 33,21; der Aufhebung der Stummheit vgl. 24,27 mit 33,22)	Angehängte Verkündigung mit der Absicht, Kap. 24 mit 33,21f zu verbinden

1.52 Die Fremdvölkerworte in Kap. 25–32

Die *Sammlung von Worten gegen sieben Fremdvölker* (Ammon, Moab, Edom, Philistäa, Tyrus, Sidon, Ägypten) in Kap. 25–32 lässt sich wie folgt gliedern:

25	Gerichtsworte gegen Ammon (2x), Moab, Edom, Philistäa
26–28	Sammlung von Gerichtsworten gegen Tyrus (und Sidon)
29–32	Sammlung von Gerichtsworten gegen Ägypten

1.53 Die Heilsankündigung in Kap. 33–39

Text	Strukturmerkmale	Inhaltliche Merkmale
33,1–20	Im Kern der JHWH-Rede stecken eine private Ernennung zum Wächter (V. 7–9) und ein Disputationswort (V. 10–11), die durch das Thema »Umkehr« (V. 9.11) verklammert sind. Der Kern ist durch → kasuistische Erläuterungen in V. 1–6.12–20 ummantelt worden (der Prophet spricht jetzt die Gola als »Söhne deines Volkes« an und redet wie das Medium Mose im Heiligkeitsgesetz ohne Botenformel).	Programmatische Zweitberufung zur Einleitung der folgenden Heilsverkündigung; der Prophet ist Wächter für das Volk in der Warnung jedes Einzelnen und Rufer zur Umkehr
33,21f	Singulärer, datierter, autobiographischer Bericht	Erzählung vom Ereignis der biographischen Wende: Die Nachricht vom Fall der Stadt trifft ein, und eine zeitweilige Stummheit löst sich.
33,23–29	Disputationswort an die Adresse der Trümmerbewohner im Lande	Kampf gegen die Selbstsicherheit der Überlebenden
33,30–33	Göttliche Mitteilung über das Verhalten der Verbannten	Kampf gegen das folgenlose Zuhören der Verbannten

Text	Strukturmerkmale	Inhaltliche Merkmale
34	Gerichts- und Wehewort über die bösen Hirten mit Heilsverkündigung des guten Hirten JHWH. Möglicher Kern ist die gerichtsansagende und Heil andeutende Rede (V. 1–10.11–15.16); es folgen die Ansage des gerechten Hirtenamtes JHWHs in V. 17–22, die Ansage der Restauration des davidischen Königtums (V. 23–24) und die Verkündigung des Friedensbundes (V. 25–30.31)	Querschnitt durch das Wachstum der Verkündigung vom Gericht zum Heil bezogen auf das Thema der Hirten Israels; Die Ansagen der Restitution in V. 23f.25ff haben Verbindung zu 37,24a.24b.28.
35–36,15	Gerichtsansage gegen Berge Seïrs/Edoms als Folie für die Heilsverkündigung an die Berge Israels 36,1–15; Vorherrschen der zweiteiligen Gerichtsrede (weil ... darum ...); Verarbeitung von Kap. 6	Verurteilung Edoms wegen des Verhaltens beim Fall Jerusalems und wegen der Ansprüche auf das Land, Sicherung des Landes für Israel
36,16–38	Knapper Geschichtsrückblick mit Begründung der Wende (V. 16–23) und anschließenden Restitutionsansagen (V. 23–32.33–36.37f); Verbindung zu Kap. 11,14ff; 20	Kurzgeschichte der begründeten Vertreibung, Sorge um den JHWH-Namen als Motiv der Wende, Restitution Israels (neuer Exodus aus der Gola, innere Erneuerung mit neuem Herz und Geist), Restitution des Landes, Restitution der Bevölkerungszahl
37,1–14	Visionsbericht (V. 1–11a) mit makkabäischen Ergänzungen im Bereich der V. 7–10a und Disputationswort an die Gola (V. 11b–13a) mit Ergänzung in V. 13b–14	Wiederbelebung der toten Knochen Israels unter Mitwirkung des Propheten verbunden mit der Ansage der äußeren und inneren Erneuerung Israels aus der Gola heraus
37,15–28	Dreiteilige Zeichenhandlung (V. 15–19) mit nachträglichen Erweiterungen in V. 20–23.24a.24b–28 (Berührungen mit Kap. 34)	Vereinigung der beiden Hölzer »Juda« und »Josef« als Wiedervereinigung von Nord- und Südreich mit Restitutionsaussagen zu Exodus und Reinigung Israels, zur Errichtung des davidischen Königtums und zum dauernden Friedensbund

Text	Strukturmerkmale	Inhaltliche Merkmale
38–39	Textcollage zum endzeitlichen Ansturm einer Volkskoalition aus dem Norden (vgl. Jes 10.17; Jer 4–6) unter Führung von Gog aus Magog mit deren endgültiger Vernichtung auf den Bergen Israels und Sicherung des Landes Israel (Kap. 39 Vernichtung Gogs); Modelle der Interpretation: a) (im Buch sekundäres?) Schlachtengemälde mit selbstständigen Einzelmotiven in einem feststehenden Rahmen b) authentischer Kern von umstrittenem Umfang (vgl. Fremdvölkerorakel) mit vielen Erweiterungen Konsens: Epilog in 39,23–29	Besonderheiten: Gog aus Magog als historisch-mythische Größe; enge Verbindung des Schicksals von Fremdvölkern mit dem Israels; Dramaturgie für eine ferne Zukunft (38,8): Angriff auf das restituierte Israel; Bewusstsein vom Einlösen früherer Prophetien in 38,17; 39,8.22; der → Epilog bindet die Gog-Kapitel in die übrige Heilsverkündigung ein

1.54 Die Vision vom neuen Tempel (der sog. Verfassungsentwurf) in Kap. 40–48

Die Vision vollzieht insgesamt die detaillierte Neuordnung nach dem Programm von 37,24b–28 (der davidische Fürst, das Wohnen im angestammten Land, der Friedensbund, die Wohnung JHWHs in seinem Heiligtum mitten unter den Israeliten, die Erkenntnis der Völker und die Heiligung Israels). Als Entrückungs- und Führungsvision mit der Erscheinung der Herrlichkeit JHWHs entspricht sie der ersten Tempelvision (vgl. die Rückverweise in 43,3, der »Angelus interpres« 8,2f; 40,3f; Beginn der Führung beim Osttor 40,6 und Ende am Osttor 42,15; 43,1, wo bei der 1. Tempelvision die Herrlichkeit den Tempelbereich verlassen hatte 10,19, hier auch Einzug der Herrlichkeit JHWHs 43,2ff).

Text	Strukturmerkmale	Inhaltliche Merkmale
40–42	40,1–4: Visionseinleitung (synchronistische Datierung, Kommen der Hand JHWHs, Entrückung, Einführung des »Angelus interpres«, Übermittlung des Messvorgangs; 40,5–42,20: Führung durch das Tempelareal vom Osttor zum Osttor [40,6; 42,15])	Mitteilung der Grundmaße des Heiligtums
43,1–12	Ende der Führung 43,1, Rückkehr der Herrlichkeit JHWHs, abschließende Unterschrift 43,12	Rückkehr als Einweihung des neuen Tempels und Verkündigung der bleibenden Präsenz 43,5ff
43,13–46,24	Fortsetzung der Führung und Promulgation diverser Vorschriften	Ausstattung des eingeweihten Heiligtums und Angaben zu Riten, Altar, Leviten, Priestern, Fürsten, Opfern

Text	Strukturmerkmale	Inhaltliche Merkmale
47,1–12	Die Tempelquelle	Die Tempelquelle wird zum Paradiesstrom, der die Wüste Juda und das Tote Meer heilt und zum üppigen Lebensraum macht.
47,13–48,35	Verteilung des Landes nebst Anhang über die heilige Stadt (48,30–35)	Neue Landgabe an die zwölf Stämme durch JHWH mit Beschränkung auf das Westjordanland

2. Entstehung

2.1 Diachrone Beobachtungen

Gerade das Entlanggehen am vorliegenden Text und das Durchlaufen des Aufbaus fördert eine Reihe von Beobachtungen zutage, die ein diachrones Wachstum zum Endtext des vorliegenden Ezechielbuches nahe legen. Dabei bleiben hier detailliertere Einzeltextbeobachtungen außer Betracht.

(1) Die abgrenzbaren Texte werden im Unheilsteil der Kap. 1–24 anders zusammengeordnet als im Heilsteil der Kap. 33–48. Im Unheilsteil dominieren kleinere Einheiten, die durch Assoziation, Stichwortverbindung und thematische Verwandtschaft verbunden sind, wohingegen im Heilsteil die Einheiten größer werden und die Tendenz zur thematischen Vollständigkeit zunimmt. Der Unheilsteil zentriert sich u. a. auf Jerusalem, während der Heilsteil überwiegend die Perspektive auf ganz Israel durchhält.

(2) Die Trennung von Unheils- und Heilsverkündigung wird mehrfach durchbrochen:

(a) Die Kap. 1–24 kennen Heilsverkündigung in 11,14–21; 14,11; 16,59–63; 17,22–24; 20,32–44, wohingegen die Heilsverkündigung der Kap. 33ff noch Gerichtsworte überliefert wie in 33,23–29; 34,1–10.
(b) Die Unheilsverkündigung vermittelt durchgehend den Eindruck eines kompromisslosen, totalen Gerichts (vgl. 5,11ff; 9,5ff; 11,13; 15; 21,3.6ff; 22; 24). Daneben existiert aber ein roter Faden der Verschonung im Totalgericht (vgl. 5,3–4a; 6,8–10; der priesterliche Schreiber in 9,2ff; 12,15b–16; 14,22f; 15,7). Die → Gola, die sich schon im Gericht/Exil befindet, wird milder beurteilt (vgl. 3,10f; 33,30–33) und wird zum Samen des neuen, restituierten Israel (vgl. 11,14ff; 20,32ff; 37,11ff). Zugleich kann die Gerichtsverkündigung bei bestimmten Gruppen und Teilen Israels differenzieren: Gericht für die Übeltäter, Heil für deren Opfer und die Gerechten (vgl. 13,9.20ff; 14,6; 14,12–20; 18; 20,38; 33,1–20; 34,10).
Diese Unterscheidungen bezeugen in bestimmten Texten konkurrierende Interessen.

(3) Bei zwei Phänomenen drängt sich der Eindruck auf, dass sie von ihrem ursprünglichen Ort nach vorne getragen und dabei ausgeweitet bzw. vergrundsätzlicht wurden:

(a) Die in sich komplexe Zweitberufung zum Wächterpropheten 33,1–20 ist redaktionell zusammengefasst und in die Berufungsvision nach vorne eingetragen worden (3,16b–21). Die Entwicklung des Propheten vom Gerichtsverkünder an Gesamtisrael zum Wächterpropheten in Einzelpastoral wird am Anfang der Berufung grundgelegt.

(b) Die schwierige Erscheinung der Stummheit des Propheten wird von ihrem Ursprungsort 33,21f sukzessive nach vorne versetzt und dabei zeitlich ausgedehnt. In 33,21f reicht die Stummheit vom Abend bis zum Morgen, an dem die Nachricht vom Fall der Stadt eintrifft. In 24,25–27 hat sie sich auf die Periode vom historischen Fall der Stadt bis zum Datum von 33,21 ausgedehnt und umgreift damit die Tätigkeit der Fremdvölkerverkündigung (vgl. den älteren Abschluss der Fremdvölkersprüche in 29,21). In 3,16a.22–27 stigmatisiert sie den gesamten Zeitraum der Unheilsverkündigung von der Berufung (593 v. Chr.) bis zum Eintreffen der Nachricht vom Fall der Stadt (585 v. Chr.) und ist nur als intermittierende Stummheit und Unheilszeichen zu verstehen.

(4) Die das Buch prägenden Datierungen lassen sich grob in zwei unterschiedliche Systeme einordnen:

(a) Das erste System (1,1f; [3,16a]; 8,1; 20,1; 24,1; 33,21; 40,1) gestaltet die einzelnen Daten syntaktisch jeweils individuell, hält sich streng an eine chronologische Abfolge (1,2: 5. Jahr; 8,1: 6. Jahr; 20,1: 7. Jahr; 24,1: 9. Jahr; 33,21: 12. Jahr; 40,1: 25. Jahr) und bezieht die Datierung auf israelrelevante Mitteilungen. Nach einer alten (*Origenes*) und neuen (*J. E. Miller*) Vermutung ist das auffallende Datum von 1,1 (30. Jahr) biographisch zu deuten: Der vorliegende Text legt eine Identifizierung der beiden Daten 1,1f nahe. Das 30. Jahr bezieht sich auf das Lebensalter des Propheten zum Zeitpunkt seiner Berufung im 5. Jahr des obigen Systems. Ezechiel hat seinen Prophetendienst in dem Alter angetreten, in dem er – unter normalen Umständen – seinen Dienst als Priester hätte beginnen können (vgl. Num 4,3.23.30). Differenzierend *Konkel* (Ezechiel – Prophet ohne Eigenschaften) mit Berücksichtigung des → Targum.

(b) Das zweite System (26,1; 29,1.17; 30,20; 31,1; 32,1.17) weist eine einheitliche syntaktische Gestaltung auf, macht aus der chronologischen Abfolge kein Prinzip (die Daten 26,1; 29,17 und 32,1 tanzen aus der Reihe) und bezieht die Datierung durchweg auf Fremdvölkerorakel.

(5) Die Fremdvölkerverkündigung der Kap. 25–32 (s. o. 1.52) steht unter dem Verdacht, weitgehend sekundär zu sein (vgl. *F. Fechter*). Neben Argumenten aus der Analyse der jeweiligen Einheiten sprechen dafür die folgenden Indizien:

(a) Es gibt Fremdvölkerworte außerhalb der Sammlung, wie 21,33–37; 35; 38f, die teilweise vom Kontext, teilweise vom Inhalt her stärker mit Israels Schicksal verbunden sind als die Fremdvölkerworte der Sammlung.

(b) Die Fremdvölkerworte der Sammlung haben ein eigenes System der Datierung (s. o. 2.14).

(c) Ezechiel wird exklusiv zum Haus Israel gesandt und nicht zu einem Volk mit fremder Sprache und unverständlicher »Rede« (3,4–6). Das Phänomen der Stummheit zeigt im Aufriss des Buches an, dass Ezechiel nicht der Sprecher der Fremdvölkerworte der Sammlung sein kann (vgl. 24,25–27 im Verbund mit 29,21 und 33,21f).

(d) Die Sammlung der Fremdvölkerworte zeigt selbst Wachstumsspuren in den verschiedenen Abschlüssen an (28,24.25f; 29,21). Die Gog-Kapitel 38f sprengen den Zusammenhang von Kap. 37 mit 40–48. Im Unterschied zum Kontext beschäftigen sie sich mit der »nachnächsten Zukunft« und müssen vom → Epilog 39,23–29 eigens in den Kontext zurückgebunden werden.

2.2 Basismodelle der Ezechielexegese

Die derzeitige Ezechielexegese steht – vereinfachend gesprochen – vor *zwei Basismodellen*:

(1) Eine ganzheitliche, vom Endtext bestimmte Exegese, die strukturalistisch auf die rhetorisch-literarischen Qualitäten der großen Textkompositionen achtet und vornehmlich die Signale der Verknüpfung und der thematischen Durchführung notiert (vgl. als herausragendes Beispiel den zweibändigen Kommentar von *M. Greenberg*, der das ganze Buch auf den Propheten Ezechiel zurückführt).
(2) Die diachron orientierte Exegese nach dem Modell der Fortschreibung, die im Ezechielkommentar von *W. Zimmerli* ihren Parameter hat.
Die jüngsten Kommentare übernehmen jeweils die Basismodelle: Sowohl der Kurzkommentar von *B. Vawter/L. J. Hoppe* als auch der forschungs- und religionsgeschichtlich materialreiche Kommentar von *D. I. Block* folgen den Spuren *Greenbergs*. Der Kommentar von *K. F. Pohlmann* tritt für eine diachron orientierte Exegese ein.

Bei solcher Ausgangslage wird man in der Ezechielexegese den »goldenen Mittelweg« versuchen, wie ihn die Kommentare von *L. C. Allen* und *F. Sedlmeier* andeuten. Man wird vom abgegrenzten Endtext ausgehen und zu ihm auch wieder zurückkehren, nicht ohne das individuelle Profil des Textes mit seinen Spuren diachronen Wachstums abgetastet zu haben.

Die derzeitigen Akzente der Ezechielexegese lassen sich etwa folgendermaßen beschreiben:
(1) Die Neubewertung der Septuaginta mit ihren Textbelegen (z. B. Papyrus 967) weitet den Prozess der Textbearbeitung und des unterschiedlichen Arrangements von Abschnitten des Ezechielbuches von der exilischen bis in die spätalttestamentliche Zeit des 2. Jh.s v. Chr. aus.
(2) Jüngere Arbeiten des vergangenen Jahrzehnts bevorzugen überwiegend das Modell der Fortschreibung, berücksichtigen dabei aber die Beobachtungen der sog. ganzheitlichen Ezechielexegese und bemühen sich um eine Synthese von Synchronie und Diachronie (vgl. z. B. *Konkel, Saur, Schnocks, Biberger*).
(3) Intensiver geworden ist der monographische Zugriff auf die Heilsverkündigung des Ezechielbuches in den Kapiteln 33–48 (vgl. *Konkel, Crane, Klein, Schnocks, Biberger*).

(4) Nach wie vor ist die Redaktionsgeschichte des Ezechielbuches umstritten, weil die Modelle in Bezug auf Anzahl der Redaktionen und deren grober zeitlicher Einordnung konkurrieren.

2.3 Theologiegeschichtlicher Kontext

Vor dem Hintergrund der »gemäßigten Fortschreibung« kann das Profil des Propheten Ezechiel und seiner Verkündigung in seinem zeitgeschichtlichen Kontext folgendermaßen zusammengefasst werden:

2.31 Der Prophet und seine Epoche

Trotz der spröden Diktion und der fast intellektuellen Distanz zur eigenen Person gewinnt das persönliche Profil des Propheten dank der Andeutungen seines Buches Konturen. Sein Name heißt übersetzt »Gott möge stark/kräftig machen«. Der Geburtsname – für ein Kind verständlich – erhält seine spezifische Note in der Interpretation der Berufungsvision 3,7–9 (hartes Gesicht, harte Stirn, wie Diamant, härter als Kieselstein). Als Sohn des Priesters Busi (1,3) entstammte er einer Jerusalemer Priesterfamilie. 597 wurde er mit »den oberen Zehntausend« und *seinem* König Jojachin nach Babylonien verschleppt und siedelte am Kebarkanal bei Nippur. Im priesterlichen Dienstantrittsalter von 30 Jahren wurde er 593 v. Chr. in der → Gola zum Propheten berufen. Seine Verkündigung konzentrierte sich zuerst auf die unerbittliche Gerichtsansage an das Haus Israel, Juda, Jerusalem und die Gola. Der Fall der Stadt im Jahre 586 war für ihn eine Zäsur und eine Wende (Kap. 24.33). Danach hat er die Gola sowie die Überlebenden in der Heimat weiterhin kritisch begleitet, zunehmend aber auch Heil verkündet. Sein letztes Orakel für das Haus Israel stammt aus dem Jahre 573/72 (40,1); d. h. im priesterlichen Pensionsalter von 50 Jahren hat er seine Tätigkeit eingestellt. Ezechiel war verheiratet (24,15ff) und besaß ein Haus (12,1ff). Die öffentlichen Sitzungen der Ältesten vor ihm (im oder am Haus) wie in 8,1; 14,1; 20,1 und die Indizien aus 33,30ff (der Prophet ist Ortsgespräch, das Volk läuft bei ihm zusammen) weisen auf seine überragende Rolle in der Gola hin.

Sein Leben reicht von der relativen Hoch-Zeit der joschijanischen Reform 622 v. Chr. über die letzten Tage des Südreiches bis hin zur Verzweiflung einer länger dauernden Verbannung. Die Stimmungen seiner unmittelbaren Umgebung wie die der Heimat spiegeln sich in den Sprichworten der Disputationsworte wider (von der Auflehnung, keckem Selbstbewusstsein bis hin zu Resignation und Verzweiflung). In seiner Verkündigung werden die Könige Joahas (609), Jojachin (597) und vor allem Zidkija (597–586) angesprochen. Ezechiel unterscheidet die zeitgenössischen Weltmächte Ägypten und Babylonien mit ihren Königen von den abhängigen Kleinkönigen und »Fürsten Israels«. Obwohl prodavidisch eingestellt, verlautet bei ihm von einer Wiedereinführung des davidischen Königtums nichts. Er hofft auf die Rückführung eines gereinigten Israels aus der Gola heraus (11,14–17; 20,32–38); er schaut die Auferstehung Israels (*37,1–13a) und die Rückkehr der Herrlichkeit JHWHs in den neuen Tempel (*40–43); aus seiner Deutung des auferstandenen Israel als »großes Heer« in 37,10 wie aus seiner Zeichenhandlung 37,15–19 zur Wiedervereinigung der beiden Reiche ist ein Interesse an der staatlichen Verfasstheit des wiedererstehenden Israel zu erschließen.

2.32 Die Schüler des Propheten

Die Schüler Ezechiels haben seine Anstöße aufgegriffen, in seinem Sinne prophetisch gewirkt und seine Hinweise ausgebaut. In ihrer Arbeit schlagen sich die Metamorphosen einer exilisch-nachexilischen Theologie nieder, wie es jüngere Analysen zur zweiten Tempelvision (*T. Rudnig, M. Konkel*) aufgewiesen haben. Die neuere Exegese arbeitet an einer Aufhellung des priesterlichen Hintergrundes der ezechielischen Verkündigung und an einer genaueren Verortung der Arbeit der Ezechielschule im Verhältnis zur dtr

Literatur, zur Priesterschrift und mit ihr verbundenen Ergänzungen sowie zur Verkündigung Deuterojesajas und zu den Psalmen.

3. Theologie

3.1 Schwerpunkte

(1) Ezechiel erweitert das Selbstverständnis der Prophetie. In Redeformen und Inhalt tritt er das Erbe seiner prophetischen Vorgänger von Amos bis Jeremia an (Gerichtsprediger, Heilsverkünder, Visionär, Fürbitter, Öffentlichkeitsarbeiter, scharfer Beobachter seiner Zeit, sprachbegabter Dichter usw.).

In singulärer Weise revitalisiert er Wirkweisen und Inhalte der Vorschriftprophetie Elijas und Elischas: Er knüpft an deren ekstatische Erfahrungen an (vgl. das Kommen der Hand JHWHs, die Entrückungen). Er verleiht dem Prophezeien direkte Einwirkung (vgl. auch die Begleithandlungen). Er redet wieder sowohl prophetisch als auch anthropologisch vom Wirken des Geistes, der seinen Vorgängern suspekt geworden war. Er erfährt die gesellschaftliche Akzeptanz seiner Prophetie, indem man ihr positiv wie negativ eine enorme Rolle zubilligt. Er verstärkt wieder die Überzeugung von der Wirkkraft des prophetischen Wortes. Mehr als bei jedem anderen Propheten wird dieses bei ihm zum Weissager und Vorausverkünder (vgl. die Zeichenhandlungen, die Disputationsworte 12,11–28, den Angriff auf die Falschpropheten wegen nichtiger Schauung und lügnerischer Orakel 13,3ff, die Überzeugung von der Durchsetzungskraft seiner Prophetie 2,5; 33,33). Damit wird die Prophetie an das Zeitgeschehen angebunden (vgl. die Datierungen) und zugleich von ihm abhängig. Seine Schüler haben das in ihren Fremdvölkerworten ausgekostet, so dass sie wie im Falle der Tyrus- und Ägyptenworte die Ansagen im Sinne ihres Meisters an den Gang der Ereignisse anpassen mussten. In analoger Weise behandelt auch die Gogverkündigung 38f dieses Problem.

Aus seinem Wirken in der Gola heraus entwickelt er mit typischer Gründlichkeit das Prophetenverständnis eines Umkehrpredigers und Wächters für den Einzelnen (14,6; 33,7–9.10–11), der in Solidarität mit den Anbefohlenen in die Bresche springt (13,5), die abgelehnte Möglichkeit der Intercessio wahrnimmt (14,12ff) und sogar die Schuld trägt (vgl. 4,4ff).

(2) Vom Impetus zur Systematisierung und von den antreibenden Faktoren seiner Verkündigung her ist Ezechiel ein herausragender Theologe. Ezechiel vertritt indirekt einen reflexen Monotheismus. JHWH ist allein der Herr, die Götter sind nur Götzen und Scheusale. Alles geht vom Wort JHWHs aus (vgl. die Bedeutung der Wortereignisformel), und alles zukünftige Geschehen mündet in die Begegnung mit JHWH (vgl. die Rolle der Erkenntnisformel). JHWH ist der Schöpfer (vgl. 37,1ff) und Lenker einer universalen Geschichte (16.20.23). Der Sache nach spielen das erste und zweite Gebot in den Gerichtsbegründungen eine tragende Rolle (6; 8; 14,1ff; 16; 20,5ff.32ff; 23). JHWH ist König (20,33) und Hirte (34).

(3) Die verpflichtenden Maximen des Gotteswillens werden in seltener Akribie und theologischer Reflexion dargelegt. Aus dem Sakralrecht (Tempeltora) werden die No-

tae des Gerechten bzw. die Inhalte von Recht und Gerechtigkeit angeführt (18,1–20). Die sozialen und kultischen Vergehen werden aufgelistet (6.8.22.34). Die historische Bedeutung von Satzungen und Rechtsentscheiden JHWHs wird erwogen und der Gerichtsgedanke bis zum Paradox der unguten göttlichen Gesetze, die das Leben verunmöglichen, zugespitzt (vgl. 20,10ff.25f).

(4) Wie kaum ein anderer bedenkt Ezechiel die Wirkung und den Konnex menschlicher Schuld. Das Ausmaß des gegenwärtigen Gerichts zwingt zum Bedenken der Schuld vom Anfang, vom Ursprung her (16.20.23). Aber die gegenwärtige Generation ist nicht schuldloser Erbe, sie hat sich an den Vergehen beteiligt (18,1–20; 20,30f). Ob sie sich dagegen auflehnt (18,2) oder darein schickt (18,19), es zählt nur das Tun von Recht und Gerechtigkeit. Innerhalb jeder Generation steht jeder Einzelne für sich; einzelne Gerechte vermögen ihn nicht zu entlasten (14,12–20). Und innerhalb des eigenen Lebens wirbt JHWH mit dem Angebot der Umkehr (14,6; 33,7–9.10–11), weil er kein Gefallen am Tod des Schuldigen hat, sondern möchte, dass er umkehre und lebe.

(5) Ezechiel ist der Vater der priesterlichen Theologie. Das betrifft Darstellungsweisen (Datierungen, Integration des Sakralrechts, Geschichtsinteresse, Heranziehen mythischer Stoffe) und einzelne Argumentationen (vgl. z. B. den Zusammenhang der Beschreibung Gottes in 1,26 »eine Gestalt, die wie ein Mensch aussah« mit der Gottebenbildlichkeitsaussage Gen 1,26). Das Interesse am Tempel und seinen Einrichtungen rückt mehr und mehr ins Zentrum; kultische Überlieferungen treten ans Tageslicht. Vornehmlich ist es die Vorstellung der Heiligkeit, die beherrschend in den Vordergrund tritt. Priesterliche Sorge um die eigene Reinheit meldet sich zu Wort (4,14); Unreinheit wird zum roten Faden der Anklagen (z. B. 22; 24,1ff); die Erscheinungen der Herrlichkeit JHWHs meiden in der Gola die Nähe zu menschlicher Behausung (3,12–15.22f); die Herrlichkeit JHWHs verlässt den unrein gewordenen heiligen Bereich (8–11) und kehrt erst in den neuen Tempel wieder ein (40–43) mit ausdrücklicher Trennung des Heiligen von sündigen Anwohnern (43,7ff). Zentrales Motiv des göttlichen Handelns war und ist die Heiligung des göttlichen Namens (20,5ff; 36,16ff). Die bei Ezechiel grundgelegten Verbindungslinien sind in der späteren Nacharbeit systematisch verstärkt worden. Die priesterliche Theologie von Ez 40–48 ist »zadokidisch« ausgerichtet. Sie zeichnet sich durch besondere Strenge und Rigorismus im Namen der Heiligkeit JHWHs aus.

3.2 Rezeption und Relevanz

Nachgewirkt hat Ezechiel vor allem durch seine Visionen. Das beginnt schon innerbiblisch in Sach 2,5–9; 1 Chr 28,18; Sir 49,8 und setzt sich in den Qumranschriften fort (Einfluss der Thronwagenvision auf die Sabbatlieder, Wirkung der zweiten Tempelvision auf die Tempelrolle) und beeinflusst die Offenbarung des Johannes (vgl. *B. Kowalski*, Die Rezeption des Propheten Ezechiel in der Offenbarung des Johannes [SBB 52] Stuttgart 2004).

Die jüdische Tradition entwickelt Reserven gerade gegenüber den Visionen. Beim Verfassungsentwurf wird der Widerspruch zur Tora empfunden (vgl. im babylonischen → Talmud Schab 13b; Men 45a). Die theosophischen Spekulationen im Anschluss an die Kap. 1 und 10 werden als gefährlich erachtet (Chag 13a). Bei Kap. 37 hat man den Argwohn, dass Sekten die Vision tendenziös ausnützen würden. Darüber hinaus wird Kap. 16 als Beleidigung Jerusalems empfunden (Meg 4,10). Ferner fürchtet man, dass die harten Anklagen an die Adresse Israels antijüdisch verwertet werden können. Trotzdem hat Ezechiel immer wieder Verteidiger gefunden und für die Märkaba-Mystik (Thronwagen-Mystik nach Ez 1) ist er unverzichtbar geworden. – In der christlichen Tradition ergibt sich ein analoges Bild: Man ist fasziniert von den Visionen und überträgt z. B. in der Väterexegese die Schilderung der vier Lebewesen 1,5–12; 10,14 auf die vier Evangelien- und Evangelistensymbole. Zugleich hat man Schwierigkeiten mit der Gottesbeschreibung in 1 und 10, die man für die Zweinaturenlehre der Person Christi nutzbar machen kann.

Die Gog-Kapitel 38f haben in der Apokalyptik Spuren hinterlassen (vgl. Mk 13; 2 Thess 2; Offb 20,2f). Die Vision vom neuen Jerusalem ist inspirierend. Die jüdische wie die christliche Kunstgeschichte bestätigen den Rang der Visionen (vgl. z. B. die Malereien in Dura-Europos und in Schwarzrheindorf bei Bonn).

Solche Rezeption ist ebenso großartig wie einseitig. Sie beeinträchtigt die Aufmerksamkeit für das ganze Buch in seinem Reichtum. Als weiterer Hemmschuh hat sich bis heute die drastische sexuelle Bildersprache insbesondere der Kap. 16 und 23 ausgewirkt. Hier hat die christliche Rezeption aus unterschiedlichen Motiven mehr Hemmungen entwickelt als der Priesterprophet Ezechiel. Die feministische Exegese diskutiert heute mit Blick auf das Bild der Frau die Zuträglichkeit solcher drastischen Bildreden.

Heute erfahren der Prophet und sein Buch eine stärkere Würdigung ihrer theologischen Absichten. Der priesterlich-kultische Hintergrund fordert mehr Aufhellung. Die Fülle an Fabeln und mythischen Stoffen genießt mehr und mehr Aufmerksamkeit. Die Integration von Recht und Gesetz in die Prophetie in Bezug auf Rechtsmaterie und Reflexion auf deren Stellenwert gewinnt an Relevanz gerade auch für die Tora des Pentateuch. Darin sind der Prophet und sein Buch nicht mehr Widerpart, sondern Stimulans.

VII. Das Buch Daniel

(Herbert Niehr, Tübingen)

1. Das Buch Daniel 1–12

Kommentare: J. A. Montgomery (ICC) 1926, ³1964; A. Bentzen (HAT) ²1952; N. W. Porteous (ATD) 1962, ³1978; O. Plöger (KAT) 1965; M. Delcor (SBi) 1971; L. F. Hartmann/A. A. Di Lella (AncB) 1978; J. J. Collins (FOTL) 1984; J.-C. Lebram (ZBK) 1984; J. E. Goldingday (WBC) 1989; J. J. Collins (Hermeneia) 1993; E. Haag (NEB) 1993; D. Bauer (NSK) 1996; K. Koch (BK) 2005; C. A. Newsome/B. B. Breed (OTL) 2014.

Forschungsüberblicke: D. M. Valeta, The Book of Daniel in Recent Research (Part 1): CBR 6, 2008, 330–354.

Einzelstudien: J. J. Collins, The Apocalyptic Vision of the Book of Daniel (HSM 16) Missoula 1977; J. J. Collins/P. W. Flint (Hg.), The Book of Daniel (VT.S 83,1–2) Leiden 2000/2001; P. R. Davies, Daniel, Sheffield 1985; J. Day, The Daniel of Ugarit and Ezekiel and the Hero of the Book of Daniel: VT 30, 1980, 174–184; D. N. Fewell, Circle of Sovereignty: A Story of Stories in Dan 1–6 (JSOT.S 72) Sheffield 1988; H. Gese, Die dreieinhalb Jahre des Danielbuches, in: FS K. Koch, Neukirchen-Vluyn 1991, 399–421; ders., Das medische Reich im Geschichtsbild des Danielbuches – eine hermeneutische Frage, in: FS H.-D. Preuß, Stuttgart 1992, 309–320; E. Haag, Die Errettung Daniels aus der Löwengrube (SBS 110) Stuttgart 1983; ders., Die drei Männer im Feuerofen nach Dan 3,1–30: TrThZ 96, 1987, 21–50; D. Hellholm (Hg.), Apocalypticism in the Mediterranean World and the Near East, Tübingen 1983; M. Hengel, Judentum und Hellenismus (WUNT 10) Tübingen 1969, ³1988; T. L. Holm, Of Courtiers and Kings. The Biblical Daniel Narrative and Ancient Story-Collections, Winona Lake 2013; O. Keel/U. Staub, Hellenismus und Judentum (OBO 178) Fribourg/Göttingen 2000; K. Koch, Deuterokanonische Zusätze zum Danielbuch (AOAT 38) Kevelaer/Neukirchen-Vluyn 1987; ders., Die Reiche der Welt und der kommende Menschensohn. Studien zum Danielbuch, Neukirchen-Vluyn 1995; ders. u. a., Das Buch Daniel (EdF 144) Darmstadt 1980; R. G. Kratz, Translatio imperii (WMANT 63) Neukirchen-Vluyn 1991; H. S. Kvanvig, Roots of Apocalyptic (WMANT 61) Neukirchen-Vluyn 1988; A. Lacoque, Daniel et son temps, Genf 1983; J. C. Lebram, Apokalyptik und Hellenismus im Buche Daniel: VT 20, 1970, 503–524; K. Müller, Studien zur frühjüdischen Apokalyptik (SBAB 11) Stuttgart 1991; H.-P. Müller, Magisch-mantische Weisheit und die Gestalt Daniels: UF 1, 1969, 79–94; H.-D. Neef, Menschliche Hybris und göttliche Macht. Dan 4 LXX und Dan 4 Th im Vergleich: JNSL 31/2, 2005, 59–89; ders., Das Gebet des Asarja – Daniel 3,26–45 LXX und Theodotion, in: H. Lichtenberger/U. Mittmann-Richtert (Hg.), Biblical Figures in Deuterocanonical and Cognate Literature (Deuterocanonical and Cognate Literature. Yearbook 2008) Berlin/New York 2009, 123–145; B. Schlenke, Gottes Reich und Königs Macht. Komposition und Redaktion von Daniel 4–6 (HBS 76) Freiburg 2013; J. Schreiner, »...wird der Gott des Himmels ein Reich errichten, das in Ewigkeit nicht untergeht« (Dan 2,44). Gestalt und Botschaft apokalyptischen Redens von Gott am Beispiel von Daniel 2, in: H. Merklein/E. Zenger (Hg.), »Ich will euer Gott werden« (SBS 100) Stuttgart 1981, 123–149; R. Wildgruber, Daniel 10–12 als Schlüssel zum Buch (FAT 2/58) Tübingen 2013; A. S. van der Woude (Hg.), The Book of Daniel in the Light of New Findings (BEThL 106) Leuven 1993.

Wirkungsgeschichte: K. Bracht/D. S. du Toit (Hg.), Die Geschichte der Danielauslegung in Judentum, Christentum und Islam. Studien zur Kommentierung des Danielbuches in Literatur und Kunst (BZAW 371) Berlin/New York 2008; M. Delgado/K. Koch/E. Marsch (Hg.), Europa, Tausendjähriges Reich und Neue Welt, Freiburg/Stuttgart 2003; K. Koch, Europa, Rom und der Kaiser vor dem Hintergrund von zwei Jahrtausenden Rezeption des Buches Daniel (Berichte aus den Sitzungen der Joachim Jungius-Gesellschaft der Wissenschaften e. V. Hamburg, Jg 15, F 1) Göttingen 1997; L. DiTommaso, The Book of Daniel and the Apocryphal Daniel Literature (Studia in Veteris Testamenti Pseudepigraphia 20) Leiden u. a. 2005.

Das Buch Daniel ist das einzige *apokalyptische Buch* des AT. Zur Gattung der atl. Apokalypsen werden auch die in Jes 24–27 vorliegende Jesaja-Apokalypse (s. F.II.1.3) und die sog. kleine Apokalypse in Jes 33 gezählt. Angesichts einer als äußerste Bedrängnis erfahrenden Gegenwart beansprucht die Apokalyptik, den der Geschichte innewohnenden Plan Gottes im Hinblick auf seine Vollendung in Gericht und Heil offen legen zu können.

Aufgrund der Zugehörigkeit zur Apokalyptik gehört das Buch Daniel eigentlich nicht in den Prophetenkanon. In Ausgaben der Hebräischen Bibel ist das Danielbuch meist hinter dem Esterbuch und vor den Büchern Esra/Nehemia und Chronik eingeordnet. Demnach steht es im letzten Teil der dreigeteilten Hebräischen Bibel, in den Schriften, die auch zuletzt abgeschlossen wurden und kanonischen Rang erhielten. Warum dem so ist, lässt sich nicht mehr klären: War der Prophetenkanon bereits abgeschlossen, konnte das Danielbuch als apokalyptisches Buch in bestimmten Kreisen nur allmählich kanonische Anerkennung gewinnen, oder steht es aufgrund der Sprachmischung von Hebräisch und Aramäisch vor dem Esrabuch, das eine vergleichbare Mischung aufweist?

Nach dem Kanon der griechischsprachigen → Diaspora von Alexandrien tritt das Danielbuch hinter Ezechiel und vor dem Dodekapropheton auf. Somit wird in diesem Kanon Daniel unter die großen Propheten gerechnet, womit ihm auch ein höheres kanonisches Ansehen zuteil wird. Die Einordnung des Danielbuches hinter Ezechiel hängt damit zusammen, dass der Prophet Ezechiel im Exil wirkte und auch die Danielerzählungen in dieser Zeit spielen. Die → Vulgata hat diese Stellung des Buches Daniel innerhalb des Prophetenkanons übernommen.

1.0 Text

Dan 1–12 liegt in 1,1–2,4a und 8,1–12,13 in hebräischer und in 2,4b–7,28 in aramäischer Sprache vor. Dazu treten in der LXX als Zusätze das Gebet des Asarja (3,24–45), eine kurze Überleitung (3,46–50) und der Lobgesang der drei Männer im Feuerofen (3,51–90). In Kap. 4–6 weicht der LXX-Text derart stark vom aramäischen Text ab, dass dieser kaum als Vorlage für den LXX-Text gedient haben kann. Umstritten ist, ob der in der LXX bewahrte Text eine überlieferungsgeschichtliche Vorstufe zum aramäischen Danielbuch Kap. 2–7 bildet. Bemerkenswert ist die Geschichte des LXX-Textes, der im 3. Jh. n. Chr. zugunsten einer dem aramäischen Danielbuch nahestehenden Vorform des → Theodotion (s. dazu B.III.1.2) aufgegeben wurde und deshalb weitgehend in Vergessenheit geriet.

In Qumran sind u. a. Reste von fünf Daniel-Rollen aus der Mittte des 1. Jh.s v. Chr. belegt, die Dan 1–11 fragmentarisch beinhalten (4QDan^{a-e}; DJD XVI, 239–289).

1.1 Aufbau

Dan 1–12 weist eine deutliche Dreiteilung auf. Die hebräisch verfasste Einleitung Dan 1 führt in die Zeit und das Leben des Daniel und seiner Gefährten ein und verortet damit den Hauptteil der in 2–7 vorliegenden aramäischen Danielerzählungen während der Exilszeit am Königshof von Babylon. Der dritte, wieder hebräisch verfasste Teil, bringt weitere Visionen, die an der Gestalt des Daniel festgemacht werden.

Einleitung	Hauptteil	Erweiterungen
(hebräisch)	(aramäisch)	(hebräisch)
1,1–2,4a	2,4b–7,28	8,1–12,13

Die hebräische Einleitung des Danielbuches (1,1–2,4a) stellt Daniel als einen Angehörigen des judäischen Königshauses vor, den die Ereignisse von 586 an den Hof des Nebukadnezzar nach Babylon verschlagen haben. Daniel und seine Gefährten durchlaufen hier eine Ausbildung in Sprache und Schrift der Babylonier. Mittels dieser den aramäischen Danielerzählungen (2,4b–7,28) vorgeschalteten Einleitung wurde die Gestalt des Daniel in die Geschichte Judas integriert und seine traumdeuterischen Fähigkeiten mit der Ausbildung am Königshof erklärt. Darüber hinaus werden auch die in Dan 3 auftretenden Gefährten des Daniel vorgestellt. Da Daniel selbst in Kap. 3 nicht begegnet, wird er in der Einleitung mit den Personen von 3 als Gefährten umgeben, und somit wird Kap. 3 in die Danielerzählung integriert.

Den Hauptteil des Danielbuches bilden die in Dan 2–7 vorliegenden aramäischen Danielerzählungen. Diese sind streng konzentrisch angeordnet. Daniel und die Könige Nebukadnezzar und Belschazzar stehen im Mittelpunkt der Handlungen. Die Könige Nebukadnezzar und Belschazzar sind als → Typos und → Antitypos aufgebaut. Im Unterschied zu Belschazzar kommt Nebukadnezzar zur Anerkennung des einzigen Gottes und seiner Herrschaft. Damit ist das thematische Zentrum der aramäischen Danielerzählungen genannt: Es geht um die Aufrichtung der Königsherrschaft Gottes angesichts der einander ablösenden Weltherrschaften menschlicher Machthaber. Als Weltherrschaften treten nach Dan 2 und 7 die Reiche der Babylonier, Meder, Perser und Griechen auf. Alle diese Reiche haben keinen dauerhaften Bestand. Den Schlusspunkt der Danielerzählungen bildet die Vision vom Menschensohn (7,9–14), dem eine ewigdauernde Herrschaft vom höchsten Gott übergeben wird.

Text	**Strukturmerkmale**	**Inhaltliche Merkmale**
2	Traumdeutung	Untergang der Weltreiche; Errichtung der Herrschaft Gottes
3,1–30	Erzählung	Leiden der Gerechten
3,31–33	Doxologie	Anerkennung der Herrschaft Gottes
4,1–30	Traum und Deutung	Hybris des Königs und ihre Vernichtung
4,31–32	Doxologie	Anerkennung der Herrschaft Gottes
5,1–28	Erscheinung und Deutung	Hybris des Königs und ihre Vernichtung
5,29–30	keine Doxologie	keine Anerkennung der Herrschaft Gottes
6,1–25	Erzählung	Leiden des Gottesfürchtigen
6,26–28	Doxologie	Anerkennung der Herrschaft Gottes
7	Vision und Deutung	Untergang der Weltreiche; Errichtung der Herrschaft Gottes

Die griechischen Zusätze zu Dan 3 erweitern das stumme Leiden der Freunde um ein Sündenbekenntnis (3,24–45) und einen Lobgesang (3,51–90) und unterstreichen somit den Glauben der drei Freunde.

Die wieder hebräisch abgefassten Kap. 8–12 des dritten Teils lassen eine den aramäischen Danielerzählungen vergleichbare Ordnung nicht erkennen. Der Text wird in 8 mit einer Tiervision eröffnet, die die Zerstörung menschlicher Herrschaft aufzeigt. In 9 folgt ein Schuldbekenntnis Daniels und Israels, und in einer Vision werden Angaben über die 70 Jahrwochen gemacht. In Kap. 10–12 werden in mehreren Visionen Daniel die Ereignisse der Endzeit geoffenbart.

Text	Strukturmerkmale	Inhaltliche Merkmale
8	Selbstbericht (Ich-Stil) Vision Daniels	Vision von der Ablösung der Weltreiche
9,1–19	Selbstbericht (Ich-Stil)	Bekenntnis der Sünden Israels
9,20–27	Selbstbericht (Ich-Stil) Vision Daniels	Erscheinung des Gabriel; Daniel wird über die Dauer der Endzeit informiert
10,1–12,4	Selbstbericht (Ich-Stil) Vision Daniels	Erscheinung eines Völkerengels; Deutung der Weltreiche, der Geschehnisse der Endzeit; Auferstehung der Toten
12,5–13	Selbstbericht (Ich-Stil) Vision Daniels	Erneuter Hinweis auf das Ende und die Auferstehung des Daniel.

1.2 Entstehung

1.21 Literarischer Entstehungsprozess

Mehrere Indizien weisen nachdrücklich darauf hin, dass das Danielbuch nicht aus einem Guss ist, sondern seine heutige Gestalt einem längeren Entstehungsprozess verdankt.

(1) Das Buch ist in drei Sprachen abgefasst: Hebräisch (1,1–2,4a; 8,1–12,13), Aramäisch (2,4b–7,28) und Griechisch (3,24–50.51–90; 13,1–14,42). Der Sprachwechsel zeigt die Genese des Buches von einer aramäischen Grundschrift zu einer hebräischen Erweiterung und griechischen Ergänzungen an.

(2) Es gibt mehrere Brüche in den Danielerzählungen Dan 1–7: So soll Daniel nach 1,5 drei Jahre am Königshof ausgebildet werden, er tritt nach Dan 2,1.25 aber schon im zweiten Jahr des Nebukadnezzar vor den König. Ebenso ist Daniel nach Dan 1,19 dem König bereits bekannt, muss aber nach Dan 2,25 dem König vorgestellt werden. Kap. 7 bezieht sich auf die Herrschaft des Belschazzar, obwohl nach Dan 6,29 Kyrus bereits an der Herrschaft ist.

(3) Ein weiteres Kriterium der Uneinheitlichkeit stellen die Umbenennungen des Daniel und seiner Freunde (1,7) dar, die es ermöglichen, Kap. 3, in dem Daniel nicht auftritt, bruchlos in die Danielerzählungen zu integrieren.

(4) Der Wechsel der Erzählperspektive von der 1. Pers. (7,2–12,13) zur 3. Pers. (1,1–7,1; 13–14) weist gleichfalls auf Brüche innerhalb des Danielbuches hin.

Verschiedene Theorien versuchen dieser Problemlage gerecht zu werden:

Nachdem sowohl die Fragmentenhypothese, die das Werden des Danielbuches aus ursprünglich selbständigen Einzelvorlagen erklären wollte, als auch die Einheitshypothese, die im Danielbuch die planvoll angelegte Einheit eines makkabäischen Verfassers erblickte, als zu extrem und einseitig überwunden worden waren, wurde eine Aufstockungshypothese entwickelt.

Diese versucht die richtigen Einsichten der Fragmenten- und Einheitshypothese aufzugreifen, ihre jeweilige Verabsolutierung aber zu vermeiden. Dazu soll ein Modell verhelfen, welches die Genese des Danielbuches mit einem sukzessiven Anwachsen des Buchbestandes erklärt. Die meisten neueren Hypothesen zur Entstehung des Danielbuches beruhen auf der Aufstockungshypothese.

Derzeit werden in der Forschung u. a. folgende Thesen vertreten:

(1) Den ältesten Bestand des Buches bilden die Erzählungen in Dan 1–6. Diese wurden um einen Visionsteil in Dan 7; 8–12 erweitert. 1 wurde aus dem Aramäischen ins Hebräische übersetzt, 7 als Bindeglied in Aramäisch belassen. Dan 1–6 stammen aus der östlichen → Diaspora, die Visionen Dan 7.8–12 aus der Jerusalemer Oberschicht (*J. J. Collins*).

(2) Aus Dan 3–6 lassen sich zwei weisheitliche Lehrerzählungen ermitteln, die im 5./4. Jh. v. Chr. eine selbständige literarische Einheit darstellten. Diese Erzählung handelt vom weisen und gerechten Daniel (*4,1–24.31–34 und *6,1–29). Hinzu treten zwei Geschichtsdarstellungen vom Untergang der Weltherrschaft Babels (*4,25–30 und *5,1–30). Diese beiden Elemente wurden gegen Ende des 3. Jh.s v. Chr. zur Grundschicht des Danielbuches in Kap. *4–6 vereinigt. Diese Grundschicht wurde weiter ausgebaut durch die Hinzufügung einer paränetischen Einleitung (*1–3) und eines visionären Ausblicks (*7–8). Diese Texte wurden um der Kanonizität des Buches willen auf Hebräisch verfasst. Nach den Ereignissen von 167 v. Chr. wurde das Buch neu bearbeitet und um *9–12 ergänzt. Seine endgültige Gestalt erhielt das protokanonische Danielbuch durch eine nachmakkabäische Bearbeitung (*E. Haag*).

(3) In Dan 2–7 liegt eine aramäische Apokalypse mit symmetrischem Aufbau vor. Diese hat den Verfassern des hebräischen Danielbuches, die in zwei Redaktionen (Red. I: 1.8*; Red. II: 8,8.11.12a.13.14.16.18.19.24–26a.27b; 9,1–12,13) den aramäischen Kern ausweiten, bereits vorgelegen. Redaktion I verschafft durch die Verwendung des Hebräischen dem Buch Eingang in Jerusalemer Priesterkreise. Daniel wird in Kap. 1 zum Mitglied des judäischen Königshauses. Kap. 8 bezieht sich auf Antiochus III. Redaktion II ist provoziert durch den Überfall von Antiochus IV. auf Jerusalem und insofern nach 168 v. Chr. einzuordnen. Sie arbeitet 8 im Hinblick auf Antiochus IV. um und fügt einen Anhang an das Buch von Redaktion I an (*J.-C. Lebram*).

(4) Es sind drei Schichten bei der Entstehung des Danielbuches nachzuweisen, deren früheste nach 539 v. Chr. anzusetzen ist (*1,1–2,4a in Aramäisch; *2,4b–49; 3–6), die zweite seit dem 3. Jh. v. Chr. (2,1aα.28aβγ.b.39*.40.41aβγ.bα.42a*.44; *7,1–28) und die dritte (2,41aα.bβγ.42*.43; 7,1b.7bβ.8.11a.20–22.24f.28a.bβ; 8–12) zwischen 168 und 163 v. Chr. (*R. G. Kratz*).

(5) Abweichend von der Aufstockungshypothese stellt Dan 4–6^{LXX} die überlieferungsgeschichtliche Vorstufe zum aramäischen Dan 2–7 dar. Der Text enthält drei Einzeler-

zählungen, die auf hebräische und aramäische Vorlagen des 4./3. Jh.s v. Chr. zurückgehen und von einem Übersetzer aus dem ägyptischen Judentum in hellenistischer Zeit in eine griechische Sammlung überführt wurden. Der aramäische Text fügt zu Kap. 4–6 noch Kap. 3 als Leidenserzählung und rahmt diesen Duktus durch Kap. 2 und 7. Ein späterer Ausbau liegt mit 1.8–12 vor (*R. Albertz*).

Als vorläufiges Fazit aus den Diskussionen zeichnet sich die Existenz einer älteren aramäischen Schrift in Kap. 2,4b–6,29 ab, die um eine Einleitung und um eine Vision in Kap. 7 ergänzt wurde. Diesem Komplex wurden Kap. 8–12 und noch später Kap. 13 und 14 angefügt.

1.22 Zeitgeschichtlicher Kontext

Die traditionsgeschichtlichen Wurzeln des atl. Daniel sind greifbar in der spätbronzezeitlichen Mythologie Ugarits mit der Gestalt des Königs Danʾilu (KTU 1.17–19). Danʾilu (= »Gott hat Recht verschafft«) wird dargestellt als gerechter Richter und Inhaber magischer und mantischer Fähigkeiten. Diese beiden Züge finden sich wieder in der alttestamentlichen Rezeption seiner Gestalt in Ez 14,13f.19f und 28,3. Der Daniel des Danielbuches steht als Gerechter, Traumdeuter und Abkömmling des Königshauses von Juda ebenfalls in der Traditionslinie des ugaritischen Danʾilu. Dabei ist nicht zu übersehen, dass das Danielbuch eine apokalyptische Schrift darstellt, zu deren Typica die Pseudonymität gehört. Die Hauptfigur des Danielbuches stellt keine historische Person, sondern eine Idealfigur dar.

Diese Figur erfährt in den verschiedenen Teilen des Danielbuches eine unterschiedliche Ausgestaltung. Nach Ausweis des aramäischen Buchteils Kap. 2–7 ist Daniel ein unbekannter Jude unter den aus Juda Verschleppten (2,25). Damit konkurriert eine zweite Angabe, der zufolge Daniel unter die Weisen Babylons (2,13) zählt. Als Belohnung für seine weise Traumdeutung wird Daniel mit einem hohen Amt am Königshof ausgestattet (2,48). Dadurch gehört er zum Typ des höfischen Weisen, womit er an andere erfolgreiche Juden in der → Diaspora wie Josef, Nehemia, Tobit und Mordechai erinnert. Auch der Aramäer Achikar ist hier zu nennen (*H. Niehr*, Aramäischer Aḥiqar [JSHRZ.NF II/2] Gütersloh 2007, 7–10). Der Zug des weisen Daniel wird durch die von ihm vorgelegte Traumdeutung in 4 weiter ausgezogen. Einen neuen Aspekt steuert 7 bei, wo Daniel als Visionär endzeitlicher Geheimnisse verstanden wird.

Der hebräische Rahmen in Kap. 1 und 8 ordnet Daniel stärker in die jüdische Tradition ein. Daniel entstammt dem Jerusalemer Königshaus (1,3.6) und genießt nach seiner Deportation eine Ausbildung am Hof des babylonischen Königs Nebukadnezzar. Damit wird der bereits im aramäischen Danielbuch grundgelegte Aspekt von Daniel als höfischem Weisen durch Daniels Herkunft und Ausbildung erklärt. Kap. 8 nimmt den in Kap. 7 eingeschlagenen Weg der Zeichnung Daniels als Visionär endzeitlicher Geheimnisse auf. Die Visionen von Kap. 8 machen Daniel krank und er versteht sie nicht (8,27). Damit ist das Ideal des weisen babylonischen Traumdeuters verlassen in Richtung auf die Darstellung Daniels als apokalyptischer Gestalt.

Kap. 9–12 führen Züge der Danielfigur aus Kap. 7 und 8 fort. Daniel erhält Einblick in die Pläne JHWHs, da er ein Geliebter Gottes ist (9,23; 10,11.19). Nach Dan 12,8 versteht er seine Gesichte nicht. Des Weiteren wird Daniel in Kap. 9 als Schriftgelehrter und Fürbitter konzipiert. Kap. 12 endet mit der Verheißung der Auferstehung an Daniel. Damit ist trotz aller Not zu Lebzeiten über den Tod hinaus ein gutes Ende für den Protagonisten des Buches gefunden.

Die entscheidende Zeit für die Herausbildung des Danielbuches stellt die erste Hälfte des 2. Jh.s v. Chr. dar. Diese Zeit ist gekennzeichnet durch die Hellenisierung Vorderasiens und damit auch Palästinas, welches zur seleukidischen Machtsphäre gehörte. Von dieser Hellenisierung blieb auch die jüdische Religion nicht unberührt, wogegen sich der Widerstand toratreuer Juden regte. Als auf Bestreben einer reformfreudigen jüdischen Partei der Brandopferaltar des Jerusalemer Tempels mit einer Massebe versehen wurde und der Kult sich nunmehr an JHWH unter dem Namen »Gott des Himmels« richtete, wurde diese binnenjüdische Reform von den toratreuen Kreisen (Makkabäer) als Aufgabe des jüdischen JHWH-Glaubens gewertet. Im hebräischen Teil des Danielbuches Kap. 8–12 wird deshalb mehrfach gegen die Verehrung JHWHs als »Gott des Himmels« polemisiert (11,31; 12,11; vgl. 8,13; 9,27; 1 Makk 1,54).

In dieser Zeit wurde auch der babylonische König Nebukadnezzar (605–562 v. Chr.), der Eroberer und Zerstörer Jerusalems von 586 v. Chr., zum Widerpart Daniels. Darüber geriet der in Dan 3,31–4,34 eigentlich im Hintergrund der Ereignisse stehende König Nabonid (556–539 v. Chr.) in Vergessenheit. Nabonid, der Vater des Belschazzar (vgl. Kap. 5,1–6,1), war 10 Jahre von Babylon abwesend. Die Erinnerung an ihn hat in Qumran das Gebet des Nabonid mit der Erwähnung einer Heilung des Königs durch einen Seher aus Juda dagegen noch bewahrt (4Q242).

1.3 Theologie

Grundsätzlich ist zu sehen, dass das Danielbuch ein apokalyptisches Buch ist und insofern dem AT sonst fremde theologische Anliegen vertritt:

1.31 Geschichtstheologie

Nach dem Untergang Judas ist der weitere Ablauf der Weltgeschichte bestimmt durch die Sukzession mehrerer Weltreiche: Babylonier, Meder, Perser, Griechen (Kap. 2 und 7). Alle diese Weltreiche gehen zugrunde, und danach errichtet der »Gott des Himmels« ein unvergängliches Reich, in dem seine Verehrer die Herrschaft ausüben (2,44; 7,14.18.22.27).

1.32 Der »Gott des Himmels«

Das Danielbuch meidet den Gottesnamen JHWH (nur in 9,2.4.8.10.13f.20 belegt). Dafür findet sich die Benennung »Gott/Herr/König des Himmels« (2,18.19.37.44; 4,34; 5,23). Mit dieser Bezeichnung, die innerhalb des AT vor allem in den nachexilischen Büchern Esra, Neh, Jud und Tob sowie in der Korrespondenz der Judäo-Aramäer von Elephantine belegt ist, überschreitet JHWH seine Beschränkung auf die israelitisch-judäische Religion und wird zum universalen Gott, dessen Herrschaft die Weltreiche aller irdischen Machthaber ablöst. Es zeigt sich darin die Tendenz, den Jerusalemer Kult an die von Antiochus IV. favorisierte Verehrung des Zeus Olympios anzuschließen. Dabei sind im Falle des Kultes von Jerusalem die semitischen Bezüge des Zeus Olympios nicht zu übersehen. Diese zeigen sich anhand der Verballhornung des Gottesnamens Baʿalšamem zu *šqwṣ šmm* (»Gräuel der Verwüstung«) im Danielbuch, aber auch in der zeitgenössischen Literatur außerhalb des Danielbuches (*H. Niehr*, Baʿalšamem [OLA 123] Leuven 2003, 196–213).

1.33 Völkerengel

Im Zuge des Aufstiegs JHWHs zu einer universalen Gottheit in exilisch-nachexilischer Zeit konnte er nicht länger als »Nationalgott« Israels oder Judas gelten. Hatte nach Dtn 32,8–9 JHWH Israel als sein Erbteil genommen, als er die anderen Völker unterschiedlichen Göttern zuwies, so weist das Danielbuch eine andere Sichtweise auf. Es wird ein Modell der Weltherrschaft entworfen, dem zufolge alle Völker von JHWH unterstellten Fürsten bzw. Engeln regiert werden. Israel steht unter der Herrschaft des Michael (Dan 12,1; vgl. 10,13).

1.34 Der Menschensohn

Als einer der Völkerengel ist auch der in Dan 7 auftretende »Menschensohn« zu verstehen. Nach Dan 7,9–14 wird die universale Herrschaft Gottes dem Menschensohn übergeben, der somit eine Mittlerfunktion zwischen Gott und Welt ausübt. Der Menschensohn ist über sein Kommen mit den Wolken des Himmels als himmlisches Wesen qualifiziert. Dem NT zufolge sieht Jesus sich und sein Auftreten in Entsprechung zum Menschensohn (vgl. *H. Merklein*, Jesu Botschaft von der Gottesherrschaft [SBS 111], Stuttgart 1983, 152–164).

1.35 Die Heiligen (des) Höchsten

Hierunter sind zunächst die Mitglieder des himmlischen Thronrates Gottes zu verstehen. Sekundär wurde der Begriff ausgeweitet und als »Heilige des Höchsten« verstanden. Damit ist die Vereinigung der Mitglieder des himmlischen Thronrats und der JHWH-treuen Juden gemeint, denen nach 7 zusammen mit dem Menschensohn die Herrschaft übergeben werden soll.

1.36 Auferstehung von den Toten

Das Danielbuch stellt neben den Makkabäerbüchern (2 Makk 7,9.11.14.23.29.36; 12,44f) das einzige atl. Zeugnis für eine Auferstehung von den Toten dar. Der möglicherweise noch in Frage kommende Text Jes 26,19 ist hinsichtlich seiner Aussage umstritten. Die ältere Tradition kennt demgegenüber das Fortleben aller Verstorbenen in der Unterwelt ohne Rücksicht auf ihre guten oder schlechten Taten. Hier wird im Danielbuch anders akzentuiert. Nach Dan 12,1–4.13 werden die JHWH-treuen Israeliten nach ihrem Tod zu einem ewigen Leben auferstehen, während allen anderen die ewige Schande angedroht wird.

1.37 Relevanz

An erster Stelle ist die Vorstellung vom Menschensohn als dem irdischen Sachwalter Gottes (Kap. 7) zu nennen, die sich vor allem in der Theologie der Logienquelle Q und in den synoptischen Evangelien des NT ausgewirkt hat. Ebenso ist die im Danielbuch erstmals belegte Vorstellung von der Auferstehung der Toten (Kap. 12) zur Grundlage der christlichen Theologie geworden. Des Weiteren ist auf die radikale Kritik des Danielbuches an allen menschlichen Herrschaftsverhältnissen hinzuweisen. Seit dem Mittelalter hat das Danielbuch chiliastischen Erwartungen Auftrieb gegeben. Alle irdischen und von Menschen etablierten Weltreiche stehen letztlich auf tönernen Füßen, nur JHWH verleiht eine Herrschaft auf Dauer. Somit wird menschliche Herrschaft nicht mehr unter Berufung auf göttliche Legitimierung als unantastbar und unveränderbar dahingestellt.

2. Die Susanna-Erzählung Daniel 13

H. Engel, Die Susanna-Erzählung (OBO 61) Fribourg/Göttingen 1985; A. Geissen, Der Septuaginta-Text des Buches Daniel Kap. 5–12, zusammen mit Susanna, Bel et Draco sowie Esther Kap. 1,1–2,15 nach dem Kölner Teil des Papyrus 967 (PTA 5) Bonn 1968; I. Kottsieper, Zusätze zu Daniel, in: O. H. Steck/R. G. Kratz/I. Kottsieper, Das Buch Baruch. Der Brief des Jeremia. Zusätze zu Ester und Daniel (ATD Apokryphen 5) Göttingen 1998, 286–328; C. Leisering, Susanna und der Sündenfall der Ältesten. Eine vergleichende Studie zu den Geschlechterkonstruktionen der Septuaginta- und Theodotionfassung von Dan 13 und ihren intertextuellen Bezügen (Exegese in unserer Zeit 19) Wien/Berlin 2008; O. Plöger, Zusätze zu Daniel (JSHRZ I/1) Göttingen 1973, 63–87; J. Ziegler (Hg.), Susanna, Daniel, Bel et Draco (Septuaginta. Vetus Testamentum Graecum XVI/2) Göttingen ²1999 (neu bearbeitet von O. Munnich/D. Fraenkel).

2.0 Text

Die Erzählung bildet eine Ergänzung zum Danielbuch, die in einer älteren Version in der LXX und in einer jüngeren in → Theodotion (s. dazu B.III.1.2) erhalten ist. Obwohl eine enge sprachliche Beziehung beider Texte festzustellen ist, weichen sie in erzählerischer Hinsicht voneinander ab. In den Bibelübersetzungen wird der Theodotiontext zugrundegelegt.
Die Identifikation einer aramäischen Susanna-Erzählung aus Qumran (4QDanSus = 4Q551) durch *J.-T. Milik*, Daniel et Susanne à Qoumrân, in: *M. Carrez u. a.* (Hg.), De la Tôrah au Messie. FS H. Cazelles, Paris 1981, 336–359 ist nicht unumstritten und wird mittlerweile abgelehnt; vgl. *E. Puech*, DJD XXVII, 47–56.

2.1 Aufbau

Die im babylonischen Exil lebende Jüdin Susanna wird von zwei das Richteramt bekleidenden Ältesten fälschlicherweise des Ehebruchs angeklagt, da sie den Verkehr mit ihnen verweigert hatte. Auf dem Weg zu ihrer Hinrichtung erhebt ein Jüngling namens Daniel aufgrund göttlicher Weisung Einspruch gegen das ungerechte Urteil. Es gelingt Daniel, die beiden Ältesten des Meineids zu überführen. Susanna wird freigelassen, die beiden Ältesten dafür getötet, und das Ansehen Daniels steigt.

Fraglich ist, ob der Daniel der Susanna-Erzählung mit der gleichnamigen Person aus Kap. 1–12 identisch ist, oder ob eine Namensgleichheit vorliegt, die zur Kombination von Kap. 1–12 und Kap. 13 sowie 14 geführt hat (vgl. *Engel* 116f). Deutlich ist, dass Daniel aufgrund seines programmtischen Namens »Gott hat Recht verschafft« sowie seiner Gerechtigkeit (vgl. Ez 14,14.20) und Weisheit (vgl. Ez 28,3) als Richter agiert.

2.2 Entstehung

Die schon in der LXX festzustellende Verbindung der Geschichte mit Daniel hängt wohl weniger mit der atl. Subsumierung Daniels unter die Gerechten (Ez 14,13f.19f) als vielmehr mit dem Personennamen selbst (»Gott hat Recht verschafft«) zusammen. Über die Gestalt des Daniel wurde auch die Anbindung der Erzählung an das Danielbuch bewerkstelligt. Hierin mag sich ein traditionsgeschichtlich älterer Zug der Danielgestalt als Richter (vgl. Dan'ilu in Ugarit) widerspiegeln (*K. Koch*).

Die erzählerische Anbindung der Susanna-Erzählung an das Danielbuch wird in den griechischen Versionen unterschiedlich durchgeführt. Im → Theodotion-Text wird die Susanna-Erzählung an den Anfang des Danielbuches gerückt oder z. T. auch als eigenes Buch gewertet. Dies tun auch LXX und S. Die Vg setzt die Susanna-Erzählung als Abschluss an das Ende des Danielbuches.

Die LXX-Fassung der Susanna-Erzählung wendet sich schon in der Einleitung gegen die Ältesten als Richter und lässt damit eine bestimmte Sozialkritik erkennen. Hierin hat man eine Ablehnung der Hasmonäerherrschaft wegen ihrer Vergewaltigung Israels, personifiziert in der Gestalt der Susanna, sehen wollen (*H. Engel*). Aufgrund des Endes im LXX-Text hat man auch auf die Kollaboration der jüdischen Führungsschicht mit den Seleukiden und auf die Hervorhebung der integren Jugend aufmerksam gemacht (*E. Haag*). Dagegen verlegt die jüngere Theodotion-Fassung den Vorgang nach Babylon, nennt in der Einleitung bereits die Tora-Frömmigkeit der Susanna und ihrer Eltern und unterstreicht Daniels Rolle als Richter. Die Erzählung wird zu einer erbaulichen Lehrerzählung verändert, so dass der historische Horizont verwischt wird.

2.3 Theologie

In der Susanna-Erzählung zeigt sich, wie Gott als Richter einer unschuldig Angeklagten ihr Recht verschafft. In scheinbar aussichtsloser Lage erfährt die gottesfürchtige Susanna ihre Rettung durch Gottes Eingreifen. Die Rechtshilfe Gottes wird vermittelt durch Daniel, dessen Name »Gott hat Recht verschafft« das theologische Programm der Susanna-Erzählung beinhaltet.

3. Die Erzählung über Bel und den Drachen Daniel 14

A. Geissen, Der Septuaginta–Text des Buches Daniel Kap. 5–12, zusammen mit Susanna, Bel et Draco sowie Esther Kap. 1,1–2,15 nach dem Kölner Teil des Papyrus 967 (PTA 5) Bonn 1968; E. Haag, Bel und Drache: TThZ 110, 2001, 20–46; K. Koch, Deuterokanonische Zusätze zum Danielbuch (AOAT 38) Kevelaer/Neukirchen-Vluyn 1987; I. Kottsieper, Zusätze zu Daniel, in:

O. H. Steck/R. G. Kratz/I. Kottsieper, Das Buch Baruch. Der Brief des Jeremia. Zusätze zu Ester und Daniel (ATD Apokryphen 5) Göttingen 1998, 248–285; O. Plöger, Zusätze zu Daniel (JSHRZ I/1) Göttingen 1973, 63–87; A. Wysny, Die Erzählungen von Bel und dem Drachen (SBB 33) Stuttgart 1996; J. Ziegler (Hg.), Susanna, Daniel, Bel et Draco (Septuaginta. Vetus Testamentum Graecum XVI/2) Göttingen ²1999 (neu bearbeitet von O. Munnich/D. Fraenkel).

3.0 Text

Dan 14 enthält zwei Erzählungen (14,1–22; 14,23–42). Die Erzählungen liegen wie die Susanna-Erzählung in der LXX und → Theodotion vor. Für die LXX wird als Vorlage ein hebräisches Original angenommen, von dem sich jedoch keine Textzeugen erhalten haben. Die Fassung des Theodotion geht auf die LXX zurück, ändert aber auch hier wieder die Erzählung durch Straffung und Konzentrierung ab.

3.1 Aufbau

Die beiden in Dan 14 überlieferten Erzählungen haben ursprünglich nichts miteinander zu tun und wurden separat tradiert. Erzählerisches Bindeglied ist der Gott Bel, von dem in der ersten Erzählung ein Kultgerät (Götterbild) und in der zweiten ein Kulttier (Drache) im Vordergrund steht. Der Protagonist beider Erzählungen ist Daniel. Die *Geschichte vom Kultbild des Gottes Bel* (= Marduk) in Dan 14,1–22 erzählt, wie Daniel dem König Kyrus nachweist, dass das Kultbild des Gottes Bel nur einen toten Gegenstand darstellt und keinen Gott repräsentiert. Die ihm dargebotenen Opfer kann es nicht konsumieren, sie verschwinden vielmehr durch Betrug der Priester. Der König lässt nach Aufdeckung dieses Betrugs die Bel-Priester töten. Daniel erhält die Vollmacht, das Kultbild des Bel und sein Heiligtum zu zerstören. Die in Dan 14,23–42 enthaltene *Erzählung vom Drachen* ist deshalb zu Recht mit der vorangehenden Erzählung verbunden, weil der Drache das Symboltier des Bel (= Marduk) ist. Auf die Aufforderung des Königs, den Drachen als Gott anzubeten, reagiert Daniel mit dem erfolgreichen Versuch, diesen zu töten. Auf Drängen der Bel-Verehrer muss der König allerdings Daniel in die Löwengrube werfen. Daniel überlebt dies und an seiner Stelle werden die, die auf seinen Tod gedrängt haben, den Löwen vorgeworfen.

3.2 Entstehung

K. Koch hat versucht, die Existenz einer älteren Danieltradition, die nur in griechischer Sprache vorliegt, aber an Alter den aramäischen Danielerzählungen gleichkommt, nachzuweisen. Die Drachengeschichte setzt die Geschichte vom Kultbild des Bel voraus und stellt eine Ausweitung zu ihr dar. Das Motiv von Daniel in der Löwengrube entnimmt sie den aramäischen Danielerzählungen aus 6 unter Anreicherung um einen Habakuk-→ Midrasch. Es wurde allerdings auch die Vermutung geäußert, dass Dan 6 jünger sei als 14 (*K. Koch*).

Nach *A. Wysny* liegt in Dan 14 eine Lehrerzählung ohne semitisches Original vor, deren LXX-Text für die jüdische Oberschicht aus Alexandria zwischen 145 und 88 v. Chr. bestimmt war. Die Lehrerzählung richtet sich gegen Assimilationstendenzen und fordert zum Verharren im JHWH-Glauben auf. Der LXX-Text wurde zwischen 80 v. Chr. und 50 n. Chr. in Palästina überarbeitet. In diesem → Theodotion-Text wird die LXX enthistorisiert, vom Kult der Ptolemäerherrscher auf jeglichen Götzendienst abgehoben und die Lebendigkeit JHWHs betont.

Der zeitgeschichtliche Kontext ist mit der Ptolemäerzeit in Ägypten gegeben, insbesondere mit der wachsenden Judenfeindlichkeit in Alexandrien nach 150 v. Chr. Diese speiste sich aus dem Vorwurf der Götterfeindlichkeit, der Verweigerung der Bilder- und Tierverehrung und der distanzierten Einstellung dem Staatskult gegenüber, die zu einer sozialen Abgrenzung der Juden führten (*A. Wysny*).

3.3 Theologie

Die Geschichte vom Kultbild des Gottes Bel steht in der Tendenzlinie der im AT seit exilisch-nachexilischer Zeit geübten Kritik an Götterbildern (Jes 40,18–20; 41,6f; 42,17; 44,9–20; 46,5–7; Ps 135,15–18; Weish 13–15). Gegen altorientalische Theologien der Kultbilder werden diese nicht als Ort der Realpräsenz der Götter akzeptiert und müssen deshalb, da ihre Verehrung auf Priesterbetrug beruht, zerstört werden. Beide Erzählungen unterstreichen den jüdischen Monotheismus. Heidnische Gottheiten haben keine Macht, und ihre Symbole (Kultbilder, Tempel, heilige Tiere) sind zu vernichten. Wer dies unternimmt, untersteht dem Schutz JHWHs. Dass die Geschichten mit der Person des Daniel verbunden werden, hängt mit dessen Eintreten für die Verehrung des einzigen Gottes am Königshof von Babylon, wie sie aus den aramäischen Danielerzählungen in Kap. 2–7 bekannt ist, zusammen.

VIII. Das Zwölfprophetenbuch

(Erich Zenger, Münster)

0. Das Zwölfprophetenbuch als Ganzes

Literatur: R. Albertz/J. Nogalski (Hg.), Perspectives on the Formation of the Book of the Twelve. Methodological Foundations – Redactional Processes – Historical Insights (BZAW 433) Berlin 2012; E. Ben-Zvi/J. Nogalski, Two Sides of a Coin. Juxtaposing Views on Interpreting the Book of the Twelve/The Twelve Prophetic Books, New York 2009; E. Bosshard, Beobachtungen zum Zwölfprophetenbuch: BN 40, 1987, 30–62; ders., Rezeptionen von Jesaja 1–39 im Zwölfprophetenbuch (OBO 154) Fribourg/Göttingen 1997; E. Bosshard/R. G. Kratz, Maleachi im Zwölfprophetenbuch: BN 52, 1990, 27–46; P. R. House, The Unity of the Twelve (JSOT.S 97) Sheffield 1990; J. Jeremias, Neuere Tendenzen der Forschung an den kleinen Propheten, in: F. G. Martinez/E. Noort (Hg.), Perspectives in the Study of the Old Testament and Early Judaism, Leiden 1998, 122–136; B. A. Jones, The Formation of the Book of the Twelve. A Study in Text and Canon (SBL.DS 149) Atlanta 1995; R. G. Kratz, Prophetenstudien. Kleine Schriften II (FAT 74) Tübingen 2011, 275–286; F. Landy, Three Sides of a Coin: JHS 10, 2010, Article 11; M. Leuchter, Another Look at the Hosea/Malachi Framework in the Twelve: VT 64, 2014, 249–265; C. Levin, Das »Vierprophetenbuch«. Ein exegetischer Nachruf, in: ders., Verheißung und Rechtfertigung. Gesammelte Studien zum Alten Testament II (BZAW 431) Berlin 2013, 260-275; J. D. Nogalski, Literary Precursors to the Book of the Twelve (BZAW 217) Berlin 1993; ders., Redactional Processes in the Book of the Twelve (BZAW 218) Berlin 1993; P. L. Redditt/A. Schart (Hg.), Thematic Threads in the Book of the Twelves (BZAW 325) Berlin 2003; A. Schart, Die Entstehung des Zwölfprophetenbuchs. Neubearbeitungen von Amos im Rahmen schriftenübergreifender Redaktionsprozesse (BZAW 260) Berlin 1998; ders., Das Zwölfprophetenbuch als redaktionelle Großeinheit: ThLZ 133, 2008, 227–246; ders., Dodekapropheton. Das Zwölfprophetenbuch, in: M. Karrer/W. Kraus (Hg.), Septuaginta Deutsch. Erläuterungen und Kommentare zum griechischen Alten Testament II, Stuttgart 2011, 2275–2286; A. Schart/J. Krispens (Hg.), Die Stadt im Zwölfprophetenbuch (BZAW 428) Berlin 2012, 75–106; R. Scoralick, Die Gottesprädikationen in Ex 34,6f und ihre intertextuellen Beziehungen zum Zwölfprophetenbuch (HBS 33) Freiburg 2002; dies., Priester als »Boten« Gottes (Mal 2,7)? Zum Priester- und Prophetenbild des Zwölfprophetenbuches, in: R. Lux/E.-J. Waschke (Hg.), Die unwiderstehliche Wahrheit. Studien zur alttestamentlichen Prophetie, Leipzig 2006, 415–443; K. Spronk, Jonah, Nahum, and the Book of the Twelve: A Response to Jakob Wöhrle: JHS 9, 2009, Article 8; O. H. Steck, Der Abschluß der Prophetie im Alten Testament (BThS 17) Neukirchen-Vluyn 1991; I. Willi-Plein, Das Zwölfprophetenbuch: ThR 64, 1999, 351–395; J. Wöhrle, Die frühen Sammlungen des Zwölfprophetenbuches. Entstehung und Komposition (BZAW 360) Berlin 2006; ders., Der Abschluss des Zwölfprophetenbuches. Buchübergreifende Redaktionsprozesse in den späten Sammlungen (BZAW 389) Berlin 2008; ders., »No future for the proud exultant ones«. The exilic book of the four prophets (Hos., Am., Mic., Zeph.) as a concept opposed to the Deuteronomistic history: VT 58, 2008, 608-627; ders., A Prophetic Reflection on Divine Forgiveness: The Integration of the Book of Jonah into the Book of the Twelve: JHS 9, 2009, Article 7; E. Zenger, »Wort JHWHs, das geschah ...« (Hos 1,1). Studien zum Zwölfprophetenbuch (HBS 35) Freiburg 2003.

0.1 Der Aufbau

Den frühesten ausdrücklichen Hinweis darauf, dass die Prophetenschriften von Hosea bis Maleachi als *ein* Prophetenbuch verstanden wurden, gibt um 180 v. Chr. das Buch Jesus Sirach. Im »Lobpreis der Väter« (Sir 44,1–50,24) werden – entsprechend der Abfolge im Aufbau der Hebräischen Bibel nach Jesaja (48,22), Jeremia (49,7) und Ezechiel (49,8) – »die Zwölf Propheten« (49,10) genannt, offenkundig als eine zusammengehörende Größe. Dabei wird die Zwölfzahl subtil mit dem aus den zwölf Söhnen Jakobs entstandenen Volk Israel in Verbindung gebracht, wenn das Wirken der Zwölf folgendermaßen gepriesen wird: »Sie brachten Heilung für *Jakobs* Volk und halfen ihm durch zuverlässige Hoffnung« (49,10; *Heilung* und *Hoffnung* drücken auch die beiden Aspekte der Prophetie aus: Ankündigung des Gerichts und der Rettung bzw. Kritik und Vision; s. o. F.I.). Die LXX betont durch ihre Bezeichnung Δωδεκαπρόφητον (Dodekapropheton = das Zwölfprophetenbuch), dass es sich um *ein* Werk handelt. Die Vg gibt dem Buch die Überschrift »*Prophetae minores*«, was zu der im Deutschen üblichen Benennung »Die kleinen Propheten» geführt hat (»*minores*« bzw. »klein«: wegen des im Vergleich zu Jes, Jer, Ez geringeren Umfangs der *einzelnen* Schriften des Zwölfprophetenbuchs, das als Ganzes ungefähr dem Umfang von Jes entspricht). Auch die jüdische und die christliche Überlieferung hat »die Zwölf« als *ein* Buch betrachtet und zitiert (vgl. im Traktat Baba Batra 14b/15a des Babylonischen → Talmud und das Vorwort des Hieronymus in der Vg, wo er ausdrücklich vermerkt: »*unum librum esse duodecim prophetarum*«). Die kritische Bibelwissenschaft der letzten zwei Jahrhunderte hat diesem Aspekt keine Aufmerksamkeit geschenkt und die Zwölf als je eigenständige Bücher wahrgenommen. Erst in jüngerer Zeit gibt es Ansätze, das Zwölfprophetenbuch als Ganzes zu untersuchen *und* auszulegen. Dabei ist sowohl die synchrone (einzelschriftenübergreifende Kompositionsstrukturen und Stichwortverkettungen) als auch die diachrone (Wachstums- und Redaktionsgeschichte) Fragestellung zu beachten.

Die *Anordnung* der zwölf Bücher folgt dem zeitgeschichtlichen Rahmen, den die Überschriften der einzelnen Bücher selbst angeben und/oder wie er im Buchinnern explizit oder implizit vorausgesetzt wird. Wie die folgende Tabelle zeigt, ergibt sich dabei eine epochale Einteilung: die ersten sechs Propheten werden in das 8. Jh., die nächsten drei in das ausgehende 7. Jh. und die letzten drei in das ausgehende 6. Jh. eingeordnet.

Das Überschriftensystem des Zwölfprophetenbuchs

Hosea	8. Jh	*Das Wort JHWHs, das erging an* Hosea, Sohn Beeris, in den Tagen des Usija, Jotam, Ahas, Hiskija, der Könige von Juda und in den Tagen des Jerobeam, Sohnes des Joasch, des Königs von Israel
Joël		*Das Wort JHWHs, das erging an* Joël, Sohn Petuëls
Amos		*Die Worte* des Amos, ... *die er schaute über* Israel in den Tagen des Usija, des Königs von Juda und in den Tagen des Jerobeam, Sohnes des Joasch, des Königs von Israel
Obadja		*Schauung* des Obadja

Das Überschriftensystem des Zwölfprophetenbuchs		
Jona		Und es *erging das Wort JHWHs an* Jona, Sohn Amittais
Micha		*Das Wort JHWHs, das erging an* Micha ... in den Tagen des Jotam, Ahas, Hiskija, der Könige von Juda, *das er schaute über* Samaria und Jerusalem
Nahum	7. Jh.	*Ausspruch über* Ninive. Buch der *Schauung* des Nahum
Habakuk		Der *Ausspruch*, den der Prophet Habakuk *schaute*
Zefanja		*Das Wort JHWHs, das erging an* Zefanja, Sohn Kuschis ..., in den Tagen des Joschija, Sohnes des Amon, des Königs von Juda
Haggai	6. Jh.	Im 2. Jahr des Königs Darius, am 1. Tag des 6. Monats, *erging das Wort JHWHs durch* den Propheten Haggai
Sacharja		Im 2. Jahr des Darius, im 8. Monat, *erging das Wort JHWHs an* den Propheten Sacharja, Sohn Berechjas
Maleachi		*Ausspruch. Wort JHWHs* an Israel *durch Maleachi*

Diese chronologische *Reihenfolge* entspricht de facto nicht bei allen Büchern deren *tatsächlicher* chronologischer Einordnung bzw. Entstehungszeit, wie sie aus heutiger historischer Erkenntnis angenommen wird. Dies gilt insbesondere für die Bücher Joël, Obadja, Jona und Maleachi. Diese »Bücher« sind nicht der Niederschlag eines »historischen« Propheten, sondern im engen Sinn »Schriftprophetie« bzw. »literarische Prophetie« (s. o. F.I.1.), die allesamt jünger sind als in der »biblischen« Chronologie des Zwölfprophetenbuchs vorausgesetzt ist. Die Einordnung des Buches *Jona* im 8. Jh. hängt mit der Erwähnung des Propheten Jona, Sohn Amittais, in 2 Kön 14,25 zusammen, wo dieser mit der Zeit Jerobeams II. (vgl. die Überschrift Hos 1,1; Am 1,1) in Verbindung gebracht wird; auf diesen Jona spielt das (im 4. Jh. entstandene, s. u. F.VIII.5.) Buch Jona an. Die Einordnung der Bücher Joël, Obadja und Maleachi erfolgte aus inhaltlichen Gründen: *Joël* liest sich wie ein Kommentar zu seinen beiden Nachbarbüchern Hos und Am; *Obadja* berührt sich in seiner Edom-Polemik mit dem vorangehenden Buch Amos; *Maleachi* kann man geradezu als Fortschreibung von Sach lesen.

Wie die obige Tabelle weiter zeigt, entspricht die formale *Gestaltung der Überschriften* weitgehend der chronologischen Anordnung. Zugleich werden zwei »Typen« von Prophetie herausgestellt; einerseits wird der Vorgang des Wortempfangs (Wortereignisformel: »das Wort JHWHs erging ...«), andererseits der visionäre Aspekt (Schauung bzw. schauen) betont.

Zwischen den jeweils aufeinanderfolgenden Büchern gibt es vor allem an den Rändern eine ganze Reihe von Stichwort- und Motivverkettungen (zur gleichen Technik der *concatenatio* im Psalmenbuch s. o. E.III.), die als eine Art Leseanweisung den fortlaufenden Zusammenhang herstellen.

Die Bücher *Hosea und Maleachi* haben durch ihre *Anfangs- bzw. Schlussposition* eine herausgehobene strukturelle und hermeneutische Funktion. Hos ist das am stärksten geschichtstheologisch imprägnierte Prophetenbuch; mit seinem intensiven Rückgriff auf die Anfänge Israels (Jakob; Exodus, Wüstenwanderung und Landnahme) entwirft es den theologischen Horizont für die im Zwölfprophetenbuch folgende Unheils- und Heilsankündigung. Vor allem stellt es die unendliche Liebe JHWHs zu seinem Volk

Israel als das Fundament seines Zorns und seiner letztendlich rettenden Zuwendung heraus (vgl. Hos 11 als Abschluss des Mittelteils und Hos 14 als Ende des Schlussteils des Hoseabuchs; s. u. F.VIII.1.). Der letzte Vers des Buchs (Hos 14,10) fasst schließlich die ganze Geschichte JHWHs mit seinem Volk und der Völkerwelt als ein Scheidungsgericht zwischen Gerechten und Treulosen zusammen. Genau diese beiden Perspektiven (JHWHs Liebe zu Israel sowie die Geschichte als Trennung der Gerechten und der Gottlosen) werden im Buch Maleachi aufgegriffen. Dessen Anfang, Mal 1,2f, verkündet programmatisch (im Rückgriff auf Hos 11,1; 14,5 sowie auf die Edom-Passagen in Joël, Am, Obd): »Ich habe euch geliebt ... Habe ich nicht Jakob geliebt und Esau [= Edom] gehasst?« Und Mal 3,13–21, der letzte Abschnitt von Mal (s. u. F.VIII.12.), deutet das Kommen des Tages JHWHs (eines der Hauptthemen des Zwölfprophetenbuchs) als Vernichtung der Frevler und als Rettung der Gerechten. Schließlich charakterisiert das in Hos 14 und Mal 3 entfaltete Thema der Umkehr als Weg zum Heil das ganze durch Hos und Mal gerahmte Dodekapropheton als Aufruf zur Umkehr (das Motiv begegnet gehäuft auch im »Innenbereich« von Am bis Sach).

Mal 3,22–24 ist Abschluss nicht nur des Zwölfprophetenbuchs, sondern des Prophetenkorpus überhaupt (Tanach: Jos–Mal = Nebiim, s. o. A.II.; Erstes Testament: Jes–Mal = Bücher der Prophetie; s. o. A.III.).

0.2 Entstehung und Schwerpunkte der Theologie des Zwölfprophetenbuchs

Bei der Erforschung der Entstehung des Zwölfprophetenbuchs sind in methodischer Hinsicht drei Fragestellungen leitend: 1. Lässt sich erkennen, dass Schichtungen bzw. Fortschreibungen, die in den einzelnen Prophetenbüchern erkennbar sind, auf gemeinsame, einzelbuchübergreifende Bearbeitungen/Redaktionen zurückgehen? 2. Gibt es Indizien, die darauf hindeuten, dass einzelne Bücher (insbesondere an ihrem Anfang und an ihrem Ende) gezielt in der Absicht bearbeitet wurden, damit ein größeres Textkorpus entsteht? 3. Gibt es Themen (z. B. der »Tag JHWHs«) und Motivkomplexe (z. B. das mehrfache Zitat der sog. »Gnadenformel«/»Namensformel« Ex 34,6f), die die einzelnen Bücher als »kanonische« Einheit konstituieren?

Die im Einzelnen divergierenden Forschungsergebnisse lassen sich in folgende (heuristische) Thesen bündeln:

(1) Spätestens in der Exilszeit werden die Bücher Hos, Am, Mi, Zef zu einem »Mehrprophetenbuch I« zusammengearbeitet (Auseinandersetzung mit der Katastrophenerfahrung des Untergangs des Staates Juda und der Exilsepoche).

(2) In der frühnachexilischen Zeit werden die Bücher Hag und Sach 1–8 (s. u. F.VIII.10. und F.VIII.11.) als »Mehrprophetenbuch II« bzw. als »Zweiprophetenbuch« zusammengefasst (Deutung des Wiederaufbaus des Tempels sowie Auseinandersetzung mit den gesellschaftlichen und religiösen Verhältnissen der »Bürger-Tempel-Gemeinde«).

(3) Vereinigung der beiden Kompositionen Mehrprophetenbuch I und II sowie (sukzessive?) Einfügung von Joël, Obd, Jona, Nah, Hab, sowie Fortschreibung von Sach 1–8 durch Sach 9–11.12–14 (sukzessiv) und schließlich Abschluss durch Mal im 4. und 3. Jh. (besondere Schwerpunkte sind nun das Verhältnis Israels zur Völkerwelt und die Eschatologisierung der Geschichte).

Den *Abschluss der Formation* des Zwölfprophetenbuchs kann man vor allem wegen der in Sach 14 und Mal *letztendlich friedlichen* Perspektive des Verhältnisses Israel – Völker mit *O. H. Steck* in die Zeit zwischen 240 und 220 v. Chr. ansetzen, da diese Epoche am ehesten die vorausgesetzte friedliche Konstellation plausibel macht: »Wir schlagen vor, in dem Friedensschluß zwischen Ptolemaios III. und Seleukos II., wie er nach dem dritten syrischen Krieg um 240 v. Chr. erfolgte, und der Lage in den Folgejahren vor dem Wiederaufflammen der Machtkämpfe der Ptolemäer und Seleukiden um Palästina (ab 221 v. Chr.) diese Konstellation zu sehen. Dürfte man der Nachricht des Josephus trauen, daß Ptolemaios III. anläßlich seines Sieges sogar selbst Jerusalem besucht und dort geopfert habe, wäre eine höchst signifikante zeitgeschichtliche Erfahrung gegeben, die ins Eschatologische transponierte Erwartungen wie Sach 14,9.16, aber angesichts des partiellen Ereignisses auch die eigentümliche Berücksichtigung des Falls, daß unter den Überlebenden wieder Ungehorsame sein könnten, sehr wohl verständlich machte« (*O. H. Steck*, Der Abschluß der Prophetie 102f).

Die Endkomposition des Zwölfprophetenbuchs hat auffallend starke strukturelle und thematische *Entsprechungen zur Endkomposition des Jesajabuchs* (vgl. dazu *O. H. Steck*, Der Abschluß der Prophetie sowie *E. Bosshard*, Beobachtungen zum Zwölfprophetenbuch). Höchstwahrscheinlich gehen beide Endkompositionen (»Makroredaktionen«) auf gleiche Jerusalemer Kreise zurück, die damit zugleich eine chiastische Struktur (→ Chiasmus) des Prophetenblocks Jes–Mal schaffen wollten:

Jesajabuch
    Jeremiabuch
    Ezechielbuch
Zwölfprophetenbuch

Das Jesajabuch und das Zwölfprophetenbuch sind beide stark zion-orientiert und schließen mit einer universalistischen Endzeitvision. Die in der Endkomposition der beiden Bücher, insbesondere in den Rahmenkapiteln des Jesajabuchs und in Sach–Mal als den Endbüchern des Dodekapropheton, zum Ausdruck kommende prophetische *Grundperspektive* lässt sich folgendermaßen beschreiben: »Jerusalem und Juda sind Schlägen und Gefährdungen durch Jahwe ausgesetzt (Jes 1,5–9.21–25; 5,1–24 / 56,9–59,20 / 63,7–64,11 / Sach 12,1–3 nach 11,4–17 / 14,1–2), die im Frevel von Führungsschichten und Volk begründet sind (Jes 1,2–4; 5,1–24 / 56,9–59,15a / 63,7–64,11; 65,1–7 / Sach 11,4–17 / Mal I [1,6–2,9; 3,6–12]); wer aber jetzt vom Bösen der Kult- und Sozialfrevel absteht (Jes 1,16–20.27 / 57,14; 58,1–12; 59,9–15a.20 / Aussagen über die Frommen in 65f / [Sach 12,10–13,9] Mal 3,5 und Aussagen über die Frommen in 3,13–21), wird an Jahwes Heilswende für Jerusalem und das Land (Juda) teilhaben (Jes 1,26f / 57,13b; 59,20; 60–62 / 65,17–19; 66,7–12 / Sach 12,10–13,9 und Aussagen über die Frommen in Jes 65f / Sach 14,6–11 und in Mal 3,13–21), während die unbußfertigen Frevler aus dem Gottesvolk (Jes 1,28.30f [Stellung] / 57,20f; 59,18 / Aussagen über die Frevler in Jes 65f / [Sach 11,4–13,9] Mal 3,5.17f und 3,19–21) zusammen mit den Völkern oder einem Teil derselben (Jes 5,26 [MT].30 / 59,18.19b; 63,1–6 / 66,14.15–18 / Sach 12,2–9 / 14,3ff.12–15) den Untergang im Endgericht bei Jahwes Kommen zu gewärtigen haben; ein anderer Teil der Völker wird oder kann positiv in den Heilszustand am

Ende einbezogen sein (Jes 2,2–4 / 56,1–8; 66,19–23, vgl. 19,18–25 / Sach 14,16–21) ... Wer sich im Judäa des 3. Jhdt.s vom Corpus propheticum leiten läßt, bekommt mit der Grundperspektive, die für das Gottesvolk in Jerusalem und Juda eine Standortbestimmung in der Gegenwart und einen Vorblick auf das Gottesvolk und Völkerwelt letztlich Bevorstehende aus göttlich-prophetischer Sicht vorweist, auch orientierende *Grenzen* gesetzt. Jahwes endzeitliche Wende ist schon im Gange (zeitgeschichtliche Anspielungen in Sach 9,1ff; 10,3ff; 11,4ff vor 12,1ff; Jes 59,15bff [Präterita]; 66,6; Endzeitsystematik in Sach 14 + Mal II); insofern ist realpolitisch oder gar theologisch begründetes Paktieren mit den aktuellen Machthabern im Süden oder im Norden ausgeschlossen. Macht wird von Jahwe entmachtet, und aktuelle Mächte überdauern als Mächte keinesfalls. Das allein steht bevor, und das gilt auch von den kollaborierenden, heimischen Führungskreisen ... Im ganzen ist das Corpus propheticum somit in dieser Zeit darauf aus, den Menschen in Jerusalem und Judäa die Angst vor der Macht, wie sie real entgegentritt, zu nehmen und diese Menschen anzuleiten, in ihrem Verhalten die angestammte Eigenart, wie sie neben Tora und Zeugnissen der späten Psalmenfrömmigkeit vor allem die Überlieferung im Corpus selbst vorweist, zu wahren und sich dafür vom Wissen um das Gericht nach den Taten (Jes 59,18), die alle vermerkt sind (Mal 3,5a.16), schrecken und vom Wissen um das kommende Heil für Zion und Land locken zu lassen« (*O. H. Steck*, Der Abschluß der Prophetie 123–125).

1. Das Buch Hosea

Kommentare: K. Marti (KHC) 1904; T. H. Robinson (HAT) [3]1964; H. W. Wolff (BK) 1961ff; W. Rudolph (KAT) 1966–76; J. L. Mays (OTL) 1969; F. I. Andersen/D. N. Freedman (AncB) 1980; A. Deissler (NEB) 1981; J. Jeremias (ATD) 1983; D. Stuart (WBC) 1987; G. I. Davies (NCB) 1992; E. Bons (NSK) 1996; M. A. Sweeney (BO) 2000; J. A. Dearman (NICOT) 2010; J. Nogalski 2011; D. Stuart (WBC) 2014; B. H. Lim (Two Horizons) 2015.

Forschungsberichte: B. E. Kelle, Hosea 1–3 in twentieth-century scholarship: CBR 7, 2008, 179–216; ders., Hosea 4–14 in twentieth-century scholarship: CBR 8, 2010, 314–375.

Einzelstudien: E. Blum, Hosea 12 und die Pentateuchüberlieferungen, in: A. C. Hagedorn/H. Pfeiffer (Hg.), Die Erzväter in der biblischen Tradition (BZAW 400) Berlin 2009, 291–321; J. M. Bos, Reconsidering the Data and Provenance of the Book of Hosea. The Case for Persian Period Yehud (LHBOTS 580) New York 2013; F. Crüsemann, »Jetzt«. Hosea 4–11 als Anfang der Schriftprophetie, in: E. Zenger (Hg.), Studien zum Zwölfprophetenbuch (HBS 35) Freiburg 2002, 13–31; D. R. Daniels, Hosea and Salvation History. The Early Traditions of Israel in the Prophecy of Hosea (BZAW 191) Berlin 1990; E. Gass, Hosea zwischen Tradition und Innovation am Beispiel von Hos 2,16f: ZAW 122, 2010, 169–184; H. Irsigler, Der Streit um die Identität Israels in der vorexilischen Prophetie. Besonders am Beispiel von Hosea 12, in: ders. (Hg.), Die Identität Israels. Entwicklungen und Kontroversen in alttestamentlicher Zeit (HBS 56) Freiburg 2009, 59–86; J. Jeremias, Hosea. Das älteste Prophetenbuch: BiKi 68, 2013, 8–13; R. Kessler, Hosea 3 - Entzug oder Hinwendung Gottes?: ZAW 120, 2008, 563–581; R. G. Kratz, Hosea und Amos im Zwölfprophetenbuch, in: ders., Prophetenstudien. Kleine Schriften II (FAT 74) Tübingen 2011, 275–286; T. Naumann, Hoseas Erben. Strukturen der Nachinterpretation im Buch Hosea (BWANT 131) Stuttgart 1991; M. Nissinen, Prophetie, Redaktion und Fortschreibung im Hoseabuch (AOAT 231) Kevelaer/Neukirchen-Vluyn 1991; J. Pixley, Hosea: Ein neuer Lesevorschlag aus Mittelamerika: EvTh 51, 1991, 60–81; C. Schäfer-Lichtenberger, JHWH,

Hosea und die drei Frauen im Hoseabuch: EvTh 55, 1995, 114–140; W. Schütte, Die Entstehung der juda-exilischen Hoseaschrift: Bib 95, 2014, 198–223; M.-T. Wacker, Figurationen des Weiblichen im Hoseabuch. Literarische, entstehungsgeschichtliche und religionsgeschichtliche Studien, unter besonderer Berücksichtigung von Hos 1–3 (HBS 8) Freiburg 1996; I. Willi-Plein, Vorformen der Schriftexegese innerhalb des Alten Testaments (BZAW 123) Berlin 1971; G. A. Yee, Composition and Tradition in the Book of Hosea (SBL.DS 102) Atlanta 1987; E. Zenger, »Durch Menschliche Seile zog ich sie ...« (Hos 11,4). Beobachtungen zum Verständnis des prophetischen Amtes im Hoseabuch, in: FS J. Schreiner, Würzburg 1982, 183–201.

1.1 Aufbau

Zwar fehlen im Hoseabuch die üblichen Ein- und Ausleitungsformeln prophetischer Rede fast ganz (die Botenformel kommt überhaupt nicht vor; auch die »klassischen« Grundformen prophetischer Rede begegnen nicht), doch lässt sich bei Beachtung der vielfältigen Struktursignale zumindest auf der Ebene des Endtextes ein planvoller Aufbau erkennen.

In seiner Endgestalt ist das Buch in die *drei Teile 1–3; 4–11; 12–14* gegliedert, um die sich als deutender Rahmen die Überschrift 1,1 (sie kennzeichnet mit ihrer singularischen Formulierung »Das Wort, das ...« die vielen Einzelworte als *ein* Wort JHWHs) und das Nachwort 14,10 (es charakterisiert das Buch als weisheitliche Geschichts- und Lebenslehre) legen.

1,1	**1. Teil: 1,2–3,5**	**2. Teil: 4,1–11,11**	**3. Teil: 12,1–14,9**	**14,10**
	Rahmung: 1,2 »denn das Land hurt weg von JHWH« 3,5 »sie werden umkehren ... zu JHWH«	Rahmung: 4,1 »Hört das Wort JHWHs« 11,11 »Spruch/ Wort JHWHs«	Rahmung: 12,1 ↔ 12,15 13,1 ↔ 14,1 14,2 ↔ 14,9	
	Leitmotive/-wörter: 2,4 »Rechtsstreit« *(rīb)*	Leitmotive/-wörter: 4,1.4 »Rechtsstreit« *(rīb)*	Leitmotive/-wörter: 12,3 »Rechtsstreit« *(rīb)*	
	3,5 »umkehren« *(šūb)*	11,11 »umkehren lassen« *(šūb)*	14,2.3.8 »umkehren (lassen)« *(šūb)*	
	3,5 »suchen«		14,9 »finden«	

Die drei im Einzelnen unterschiedlich strukturierten Teile sind als »Rechtsstreit« (*rīb*), ein Prozess JHWHs mit Israel (und Juda), gestaltet, wobei JHWH sowohl die Rolle des Anklägers wie des Richters übernimmt. Gemeinsam ist allen drei »Prozessabläufen«, dass sie schlussendlich, wider Erwarten und in freier Entscheidung des »Richters« JHWH, für das schuldige Israel (und Juda) heilvoll enden. In den drei Teilen werden dabei sowohl die Schuldverstrickung Israels als auch die (dennoch bleibende) Zuwendung JHWHs immer tiefgründiger und theologisch dichter entfaltet. Auch von daher besitzt das Buch eine hohe thematisch-metaphorische Einheitlichkeit.

Der *erste Teil (1–3)* deutet in drei konzentrischen Abschnitten (Modell: ABA') die Beziehung JHWH – Israel durch Aufnahme der Ehemetaphorik, wobei in den beiden äußeren Abschnitten die Ehe Hoseas als Figuration (Zeichenhandlung) der im mittleren Abschnitt explizit thematisierten »Ehe« JHWHs mit Israel erzählt wird. Die drei Abschnitte wollen als thematischer und geschehensmäßiger Zusammenhang gelesen werden: 1. Ehe mit der »hurerischen« Frau ⟶ 2. Anklage und Verstoßung der Frau ⟶ 3. Erneute Liebe zur ehebrecherischen Frau.

Text	Strukturmerkmale	Inhaltliche Merkmale
1,2–2,3 (A)	Fremdbericht (Er-Stil) JHWH-Auftrag zu einer Zeichenhandlung (Schema: Auftrag–Ausführung–Deutung) 1,2–9: Gerichtsperspektive	Ehe des Hosea mit der »Hure« Gomer, Geburt dreier Kinder (Abfolge: Sohn, Tochter, Sohn) mit den theologischen Programmnamen »Jesreel«, »Kein Erbarmen«, »Nicht-mein-Volk«
	2,1–3: Heilsperspektive (Neueinsatz 2,1 »Es wird aber sein ...«)	2,1–3: Die drei Namen werden heilseschatologisch in ihr Gegenteil gewendet.
2,4–25 (B)	Zweiteilige Gottesrede 2,4–17: JHWH als Ankläger (V. 4 Eröffnung mit Imperativ) und Richter (V. 8 Eröffnung der Urteilsverkündung mit »darum«)	2,4–7 Schuldaufweis: Israel verwechselt JHWH mit Baal 2,8–17 Angedrohte Strafe: Verwüstung des Landes; Absicht: Weckung der Sehnsucht nach Israels »erstem« Ehemann JHWH
	2,18–25: Heilsankündigung (Neueinsatz »an jenem Tage«)	2,18–25 Neuanfang in der »Wüste« (2,25 wie in 2,1–3 Umdeutung der drei Kindernamen)
3,1–5 (A')	Selbstbericht (Ich-Stil) JHWH-Auftrag zu einer erneuten Zeichenhandlung (Schema: Auftrag–Ausführung–Deutung) 3,1–4: Gerichtsperspektive 3,5: Heilsperspektive	Ehe des Hosea mit der ehebrecherischen Frau, verbunden mit deren »Quarantäne«; Bedeutung: JHWH wird sich Israel entziehen (Gericht) 3,5: Das Gericht wird Israel zur Rückkehr zu JHWH und seinem »messianischen« König bewegen.

Der *zweite Teil (4–11)* bietet eine collagenartige Zusammenstellung von rhythmisch geformten Einzelworten, deren (literarische) Sprecher JHWH oder der Prophet sind. Vorangestellt ist in 4,1–3 ein »Deutehorizont« (*J. Jeremias*), der den Teil als »Prozess« JHWHs mit dem Land Israel und seinen Bewohnern deklariert und die »Anklagepunkte« vorweg zusammenfasst: Es fehlt an Solidarität im Zusammenleben (*ḥæsæd*) und an Gotteswissen (*da'at ᵉlohîm*) – so sehr, dass die Erde insgesamt aufhört, ein »Lebenshaus« zu sein (4,2–3). Der Hauptteil ist dann in zwei Abschnitte gegliedert: 4,4–9,9 setzt sich mit den beiden »Hauptsünden« Israels auseinander; 9,10–11,11 deckt in Geschichtsrückblicken die Wurzeln dieser »Hauptsünden« auf und kontrastiert die Schuldgeschichte Israels mit der mütterlich/väterlichen Liebe JHWHs, die letztendlich in einem »Herzensumsturz« (*J. Jeremias*) über den berechtigten Zorn JHWHs siegen wird. So sehr der zweite Teil thematisch den ersten Teil fortführt, sind doch neue Dimensionen nicht zu übersehen: 1. Die Ehemetaphorik tritt zurück; die Ehe des Propheten spielt überhaupt keine Rolle. 2. Die Anklage wird differenzierter und adressatenspezifisch entfaltet. 3. Israels Schuld und JHWHs dennoch bleibende Liebe werden geschichtstheologisch erläutert.

Text	Strukturmerkmale	Inhaltliche Merkmale
4,1–3	Imperativische Eröffnung mit Nennung der Adressaten (vgl. 3,5) Zusammenfassende Anklage (die Schuld und ihre zerstörerischen Wirkungen)	»Deutehorizont« des Prozesses 4–11 Hauptstichworte der Theologie des Buches (Treue, Güte, Gotteserkenntnis) Fünffacher Schuldvorwurf (Reihung: Schlussstellung »ehebrechen«)
4,4–9,9 (5 Abschnitte)	4,4 Neueinsatz mit »gewiss, doch« und Aufnahme des Themaworts »prozessieren« *(rīb)* Weitere Untergliederung durch imperativische Aufrufe (5,1.8; 8,1; 9.1) in fünf Abschnitte: 4,4–19; 5,1–7; 5,8–7,16; 8,1–14; 9,1–9 (Bauschema 1+2/3+4/5)	Die beiden Hauptsünden Israels: Gottvergessenheit im Kult (Abschnitte 1+2) und in der Politik (Abschnitte 3+4); Abschnitt 5: Ablehnung der Prophetie durch Israel, Schuldverstrikung »wie in den Tagen Gibeas«
9,10–11,11 (5 Abschnitte)	vier Geschichtsrückblicke (jeweils Schema Anklage – Strafankündigung) 9,10–17; 10,1–8 (jeweils eröffnet mit Weinstock-Metaphorik); 10,9–15; 11,1–7 (jeweils mit Ackerbau-Metaphorik) sowie »Urteilsverkündung« (11,8–11: feierliche Erklärung des Strafverzichts) als Schluss des Prozessverfahrens 4–11 (Bauschema: 1+2/3+4/5)	Geschichtstheologische Rückblicke (Kontrast: JHWHs liebendes Handeln an Israel – Israels unbegreifliche Abkehr von JHWH) Höhepunkt 11,8–11: JHWH ermöglicht in mütterlicher Liebe einen neuen »Exodus« – freilich durch das Gericht hindurch.

Der *dritte Teil (12–14)* konfrontiert Israel abermals in einem Prozess mit seiner Schuldgeschichte, deren unaufhaltsame Todesmacht drastisch geschildert wird (vgl. besonders die Todesbilder in 13,8; 14,1). In 12,1–15 und 13,1–14,1 wird an der Figur des Jakob, der ja im Gebiet des Nordreichs »beheimatet« war, und an der Figur des Stammes Efraim, dessen traditionelles Stammesgebiet das Israel der Zeit des Hosea weitgehend ausmachte, aufgezeigt, dass und wie das Gottesverhältnis Israels »von Anfang an« gestört war. 14,2–9 entfaltet, dass das letzte Wort JHWHs seine grenzenlose Liebe ist (14,5–9 ist nochmals Steigerung im Vergleich zu 11,11).

Text	Strukturmerkmale	Inhaltliche Merkmale
12,1–15	Rahmung: 12,1.3 ↔ 12,15 (Efraims Gotteskränkung; »heimzahlen, vergelten«) Themawort: 12,10 »JHWH, dein Gott von Ägypten her« *Gerichtsperspektive*	Jakob-Israel war von seinem Wesen her »Betrüger«, »Gottesrebell«, »Gottesflüchtling«, »hurerischer Gotteshüter«
13,1–14,1	Rahmung: 13,1 ↔ 14,1 (Tod, Schuld) Themawort: 13,4 »JHWH, dein Gott von Ägypten her« *Gerichtsperspektive*	Efraim-Israel setzte die »Gottesempörung« und »Gottesverwerfung« fort – in Kult und Politik
14,2–9	Rahmung: 14,2 ↔ 14,8f (Anrede im Singular; »umkehren« *šūb*) Themawort: 14,2 »JHWH, dein Gott« Neueinsatz: Imperativ »Kehre um!« *Heilsperspektive*	14,2–4: Die Katastrophe ist da; Israel soll »zurückkehren« durch Bitte um Vergebung und Abkehr von den »Götzen« 14,5–9: Zusage der Heilung Israels und Verheißung des »neuen« Heils

1.2 Entstehung

1.21 Beobachtungen zur Diachronie

Dass sich Hos einem komplexen Entstehungsprozess verdankt, legen mehrere Beobachtungen nahe.

(1) Hos weist einen ungewöhnlichen »Misch-Stil« auf. Einerseits: vielfach überraschender Wechsel von Poesie und Prosa; Numeruswechsel in der Anrede (du/ihr); collagenartiges Nebeneinander kleiner Sprucheinheiten. Andererseits: größere Zusammenhänge konstituierende Kompositionsstrukturen.

(2) Die drei Teile 1–3.4–11.12–14 haben bei aller motivlich-theologischen Verwandtschaft unterschiedliche Kompositionstechniken und »ruhen« in gewisser Weise in sich selbst.

(3) Obwohl Hosea im Nordreich Israel gewirkt hat und das Buch sich vehement und ausführlich mit dessen politischer und kultischer Situation auseinandersetzt, ist das Buch zugleich von einer judäischen Perspektive durchzogen (Verweise auf Juda; Ausweitung von Nordreichkritik auf Juda u. ä.). Die Judaperspektive ist meist punktuell und »angehängt« (z. B. 5,5; 6,11; 10,11).

(4) Über das ganze Buch verstreut gibt es Formulierungen, die charakteristisch sind für exilische/nachexilische Theologie, wie sie insbesondere in Jer und in der dtr Geschichtstheologie belegt ist (z. B. 4,3; 8,1b.6a; 11,5b; 13,2b; 14,4). Nach manchen Autoren ist die gesamte Rechtsstreit-Konzeption (*rīb*) dtr.

(5) Die Heilsverheißungen 2,1–3.18–25; 3,5 und 14,5–9 stehen nicht nur in Kontrast zu ihrem Kontext, sondern setzen ihn sprachlich und motivlich voraus (z. B. 2,1–3.25 wenden die drei Kindernamen von 1,2–9 in ihr Gegenteil; 14,5–9 ist steigernde Variation über 11,8–9.11).

(6) Mehrere literarkritisch »sperrige« Stellen verweisen auf die Nachbarbücher Joël und Amos und gehen auf die übergreifende »Großkommentierung« innerhalb des Zwölfprophetenbuchs zurück (s. o. F.VIII.0.).

1.22 Theorien über die Entstehung

Die (wichtigsten) Theorien über die Entstehung von Hos lassen sich auf vier Grundmodelle reduzieren:

(1) Das Buch geht zum Großteil auf schriftliche Fixierung durch Hosea selbst zurück (*A. Deissler*) oder auf »Auftrittsskizzen«, die Schüler Hoseas gleich nach dessen »Auftritten« angefertigt hätten, wobei sie nur die Worte Hoseas, nicht aber die Szenerie oder die Einwände der Hörer notiert hätten (*H. W. Wolff*). Nach *F. Crüsemann* ist Hos *4–11 von vornherein schriftlich verfasst worden, und zwar während der dreijährigen Belagerung Samarias, also zwischen 734 und 732 v. Chr., in jedem Fall vor der Eroberung der Stadt 732 v. Chr. (nur so seien mehrere Bezugnahmen auf historische Vorgänge erklärbar). Kap. 4–11 ist »eine Deutung *gegenwärtig* erfahrener Ereignisse als sich vollziehendes Gericht, das verschuldet ist und vom eigenen Gott herbeigeführt wird« (*F. Crüsemann*, »Jetzt« 21): Hos 4–11 ist vielleicht sogar im eigentlichen Sinne der »Anfang von Schriftprophetie« (*F. Crüsemann*, »Jetzt« 25).

(2) Der Grundbestand von Hos ist die von »Schülern« Hoseas nach dem Untergang des Nordreichs geschaffene literarische Komposition 4–14; diese Komposition hat dann mehrere kleine, eher punktuelle Erweiterungen (»judäische« Redaktion, dtr Bearbeitung, Glossierungen [→ Glosse]) erfahren. Die drei Kapitel 1–3 haben je für sich ihre eigene Wachstumsgeschichte gehabt, ehe sie frühestens in exilischer Zeit zusammen- und Hos 4–14 vorangestellt wurden (*J. Jeremias*).

(3) Als eigentlicher »Autor« von Hos hat eine nachexilische dtr Redaktion zu gelten, auf die ca. 50% des Buchs zurückgehen. Dieser dtr Redaktion war eine frühdtr (Zeit Joschijas) Sammlung von Hoseaworten vorgegeben. Auf Hosea selbst können nur einige Logien zurückgeführt werden (*G. A. Yee*).

(4) Das Buch ist das Endresultat eines mehrstufigen Fortschreibungsprozesses (»Schneeballeffekt« bzw. Modell des »rolling corpus«: am Anfang steht ein Textkorpus, das sukzessiv angereichert wird, teils durch punktuelle Fortschreibungen, teils durch übergreifende Redaktionen *[M. Nissinen, M.-T. Wacker, I. Willi-Plein]*).

1.23 Zeitgeschichtliche Einordnung des Propheten Hosea

Über Hosea selbst wissen wir fast nichts. Die (späte) Überschrift 1,1 nennt außer seinem eigenen Namen *Hôšeaʿ* (= »Er [= Gott] hat geholfen«, Kurzform des in Langform mehrfach belegten Namens *Hôšaʿjāh* = »JHWH hat geholfen«) den Namen seines Vaters (Beeri = »mein Brunnen«) und die Zeit seines prophetischen Wirkens, die mit Verweis auf die Regierungszeit der vier judäischen Könige Usija (787–736 v. Chr.), Jotam (756–741 v. Chr.), Ahas (744–725 v. Chr.), Hiskija (725–697 v. Chr.) und des israelitischen Königs Jerobeam II. (787–747 v. Chr.) angegeben wird. Durch zeitgeschichtliche Bezüge von Einzelworten im Buch, die auf Hosea selbst zurückgeführt werden können, lässt sich der Zeitraum seines Wirkens auf 750–722 v. Chr. eingrenzen. Gegenüber der lange Zeit üblichen biographischen Auswertung der Zeichenhandlungen 1,2–9 und 3,1–4 insistiert *M.-T. Wacker* zu Recht auf deren metaphorischer Funktion; überdies sind die Texte frühestens exilisch.

Hosea war vermutlich Mitglied einer »prophetisch-levitischen Oppositionsgemeinschaft« (*H. W. Wolff*) bzw. sogar deren führender Kopf; so ist auch am ehesten die Sammlung seiner Worte zu erklären. Vor allem 12,14 könnte als Zeugnis für das prophetische Selbstverständnis gewertet werden, wonach Hosea sich selbst, wie schon vor ihm Elija, als Inhaber eines »Exodus-Amtes« sah, das sich von Mose herleitete (*E. Zenger*). Zwar begegnet einige Male auch »Juda« in hoseanischen Einzelworten, doch dürfte Hosea nur im Gebiet des Nordreichs aufgetreten sein, vornehmlich in der Hauptstadt Samaria (außenpolitische Stellungnahmen) und im Reichsheiligtum in Bet-El (Polemik gegen das »Staatskalb« von Bet-Awen = »Haus des Frevels«), aber auch im Umfeld der »ländlichen« Höhenheiligtümer (kultkritische Worte gegen die »Gottesverwechslung« bei den orgiastischen Opferfesten).

1.24 Zeitgeschichtlicher Kontext der Formation des Hoseabuchs

Die Epoche der formativen Phase in der Entstehung des Hoseabuchs war in außenpolitischer Hinsicht durch die Expansion des assyrischen Weltreichs bestimmt. Diese führte auch in Israel zu starken innenpolitischen Erschütterungen (vier Königsmorde innerhalb von 20 Jahren!) und zu einer zunehmenden Brutalisierung der Gesellschaft (vgl. auch Am). Nach der Eroberung von Samaria 722 v. Chr. wurde das Nordreich von den Assyrern ihrem Weltreich einverleibt.
In religionsgeschichtlicher Hinsicht war das 8. Jh. v. Chr. eine der dezisiven Phasen in der Geschichte der JHWH-Religion, insofern sich die Wende von der unpolemisch-inklusiven zur polemisch-exklusiven JHWH-→ Monolatrie vollzog. In Hos spiegelt sich dieser Vorgang als Kampf Hoseas bzw. JHWHs gegen »Baal«, »die Baalim« und eine namentlich nicht genannte Göttin (vgl. Hos 4,18; 14,9) sowie gegen die mit »Baal« und der Göttin verbundenen Kultpraktiken. Ob in Hos »Baal« bzw. »die Baalim« ein Gattungsbegriff für mehrere von Israel verehrte Gottheiten ist, ob damit der seit dem 9. Jh. v. Chr. in Israel eingedrungene Kult des phönizisch-tyrischen Baal bzw. Ba'alšamem (»Himmelsherr«) als Geber des Regens, oder ob damit der damals mehr und mehr die Züge Baals annehmende JHWH selbst, dem man im 9. und 8. Jh. v. Chr. sogar eine Göttin (Aschera) als Paredros (»Beigesellter«, hier: Gattin) zuordnete, gemeint ist, ist in der Forschung umstritten; für die zuletzt genannte Alternative scheinen derzeit die Gründe zu überwiegen.
Während das sog. Nordreich Israel 722 v. Chr. dem assyrischen Druck zum Opfer fiel, überlebte das südliche Reich Juda. Dies führte dort zu einer theologischen Grundlagenbesinnung, wobei die aus dem Norden in den Süden geflohenen (prophetischen) Gruppen die Erinnerungen an das Wirken des Hosea (und des Amos) einbrachten.

1.3 Theologie

1.31 Kritik an Politik, Gesellschaft und Kult

Das Buch Hosea übt radikale System- und Institutionskritik. Das, was in den beiden zentralen Bereichen des öffentlichen Lebens, Politik und Kult, geschieht, ist für Hos gleichbedeutend mit »Weglaufen von JHWH«, »Hurerei« und »Ehebruch«. Hos macht dafür vor allem das Königtum mit den Beamten sowie die Priesterschaft verantwortlich. Beide Institutionen sind nicht Führer, sondern Verführer des Volkes. Ihr Tun ist »Hurerei«, weil es der Selbstsucht entspringt und der Selbstbefriedigung dient.

1.32 Geschichtstheologie

Angesichts der weitgehenden »Baalisierung« von Politik und Kult reklamiert das Buch Hosea Israels geschichtliche Erfahrungen mit seinem Gott. Die Geschichte wird reduziert auf Basisereignisse, in denen positive (Exodus und Wüstenwanderung als Beginn der Liebeszuwendung des Gottes JHWH zu Israel) und negative (Landnahme als beginnender Abfall zu »Baal«, Staatswerdung als Abkehr von der Würde, »Volk JHWHs« zu sein) Grundbedingungen von Israels Existenz sichtbar werden, mit denen das Buch Hosea seine Adressaten konfrontiert, um ihnen ihre tiefe »Gottvergessenheit« vorzuhalten.

1.33 Botschaft vom Gott der elterlichen Liebe

Besonders in den Metaphern von JHWH als dem geduldig liebenden Ehemann Israels und als dem/der seinem/ihrem Sohn Israel vergebenden und ihn heilenden Vater/Mutter gelingt es Hos, die personale und geschichtliche Komplexität des Gottgeheimnisses JHWH anzudeuten. Die Spannung von berechtigtem Zorn und noch größerer Liebe, die den Zorn besiegt und Israel im Strafgericht einen Neuanfang schenken will (11,8–11), lässt die Alternative »Gott der Rache« – »Gott der Liebe« hinter sich und macht zugleich deutlich, dass die im Exodus begründete Gotteserfahrung Israels ein Widerfahrnis ist, das nicht nur Israel, sondern auch diesen Gott selbst zutiefst gebunden hat (vgl. auch die »späten« Texte 2,1–3.18–25; 3,1–5).

1.34 Theologiegeschichtliche Anstöße

Durch die Theologie Hoseas, die von Elija herkommt, wurde vor allem die deuteronomische Theologie (s. o. C.IV.) inspiriert. Das Buch Jeremia liest sich teilweise wie eine Fortschreibung des Hoseabuchs bzw. wie ein Kommentar zu ihm (s. o. F.III.)

1.35 Relevanz

Die nachbiblische Wirkungs- und Auslegungsgeschichte hat sich (übermäßig) stark auf Hos 1–3 konzentriert, vor allem auf die moralisierende Frage nach der Bedeutung der anstößigen Ehegeschichte. Die insgesamt zentrale theologisch-politische Botschaft des ganzen Buchs wurde dabei weitgehend vergessen; auf ihre Relevanz kommt es an. Dabei ist die Erkenntnis, dass nicht die Ehe, sondern die »Hurerei« die übergreifende Metapher für Israels/Judas Schuld ist, insofern bedeutsam, als damit die (auch von feministisch-theologischer Seite kritisch angemahnte) vorschnelle Rollenzuteilung JHWH = Eheherr bzw. Israel = ehebrecherische Frau »aufgebrochen« wird (der Vorwurf der »Hurerei« gilt im Übrigen in Hos 4–11 besonders den Regierenden und den Priestern). Vor allem leitet Hos 4–11 als hermeneutische Mitte der Komposition dazu an, das Hoseabuch als prophetisches Drama der unzerstörbaren väterlichen/mütterlichen Liebe JHWHs zum »verlorenen Sohn« Israel zu lesen. *In der Sache* ist dies die Botschaft vom »neuen« als dem »erneuerten« Bund; diese Dimension kommt besonders in Hos 1–3 und Hos 12–14 als hermeneutischem Rahmen von Hos 4–11 zur Sprache. Dass Israel und die Kirche gemeinsam, aber in verschiedener Weise aus der Gnade dieser unbegreiflichen Liebe JHWHs leben und an JHWH allein als ihrem immergrünen Lebensbaum reiche Frucht finden können (vgl. 14,9), ist die theologische »Weisheit« (vgl. 14,10), die das Hoseabuch nahe bringen will.

2. Das Buch Joël

Kommentare: K. Marti (KHC) 1904; T. H. Robinson (HAT) [2]1954, [3]1964; C. A. Keller (CAT) 1965; H. W. Wolff (BK) 1969, [4]2004; W. Rudolph (KAT) 1971; A. Deissler (NEB) 1981, [3]1992; D. Stuart (WBC) 1987; J. L. Crenshaw (AncB) 1995; R. J. Coggins (NCB) 2000; J. Barton (OTL) 2001; U. Dahmen (NSK) 2001; J. Nogalski 2011; D. Stuart (WBC) 2014.

Einzelstudien: E. Assis, Book of Joel. A Prophet between Calamity and Hope (LHBOTS 581) New York u. a. 2013; S. Bergler, Joel als Schriftinterpret (BEAT 16) Frankfurt 1988; J. Bourke, Le jour de Jahvé dans Joël: RB 66, 1959, 5–31.191–212; B. Duhm, Anmerkungen zu den zwölf Propheten: ZAW 31, 1911, 184–188; J. Jeremias, Art. Joel/Joelbuch: TRE 17, 1988, 91–97; ders., »Denn auf dem Berg Zion wird Rettung sein« (Joel 3,5). Zur Heilserwartung des Joelbuchs, in: FS L. Klein (BBB 90) Bodenheim 1993, 35–45; O. Loretz, Regenritual und Jahwetag im Joelbuch (UBL 4) Altenberge 1986; A. M. Müller, Gottes Zukunft. Die Möglichkeit der Rettung am Tag JHWHs nach dem Joelbuch (WMANT 119) Neukirchen-Vluyn 2008: H.-P. Müller, Prophetie und Apokalyptik bei Joel: ThViat 10, 1965/66, 231–252; J. Nogalski, Redactional Processes in the Book of the Twelve (BZAW 218) Berlin 1993, 3–57; W. S. Prinsloo, The Theology of the Book of Joel (BZAW 163) Berlin 1985; ders., The Unity of the Book of Joel: ZAW 104, 1992, 66–81; M. Roth, Israel und die Völker im Zwölfprophetenbuch (FRLANT 210) Göttingen 2005; B. Schlenke/P. Weimar, »Hab Mitleid, JHWH, mit deinem Volk!« (Joel 2,17). Zu Struktur und Komposition von Joel (I): BZ 53, 2009, 1–28; dies., »Und JHWH eiferte für sein Land und erbarmte sich seines Volkes« (Joel 2,18). Zu Struktur und Komposition von Joel (II): BZ 53, 2009, 212–237; R. Scoralick, »Auch jetzt noch« (Joel 2,12a). Zur Eigenart der Joelschrift und ihrer Funktion im Kontext des Zwölfprophetenbuches, in: E. Zenger (Hg.), Studien zum Zwölfprophetenbuch (HBS 35) Freiburg 2002, 47–69; M.-T. Wacker, Gottes Groll, Gottes Güte und Gottes Gerechtigkeit nach dem Joel-Buch, in: R. Scoralick (Hg.), Das Drama der Barmherzigkeit Gottes (SBS 183) Stuttgart 2000, 107–124; R. L. Troxel, Scope, Genre(s), and Meaning, Winona Lake 2015; G. Widmer, Die Kommentare von Raschi, Ibn Esra, Radaq zu Joel, Basel 1945.

2.1 Aufbau

Dass sich das Buch in zwei Teile gliedert, ist Konsens der Forschung. Kontrovers ist, wo die Zäsur der beiden Teile liegt.

2.11 Gliederung in die zwei Hauptteile 1,2–2,27 und 3,1–4,21

Meist (z. B. auch in der EÜ), vor allem in der älteren Forschung, werden die beiden Teile mit Joël 1–2 und Joël 3–4 angegeben und so beschrieben: »Der erste [Teil], Kap. 1f., handelt von dem denkwürdigen Vorgang (1,2–4) einer offenbar wiederholten furchtbaren Heuschreckenplage (in Kap. 1 auch Dürre?), die als Vorzeichen des ›Tages Jahwes‹ angesehen wird (1,15; 2,1b.2a.11b). Zu ihrer Abwendung erging in mehreren Redegängen, mit bilderreichen Schilderungen der Not begründet, der Aufruf zu Fasten, Klage und Gebet im Rahmen eines großen Bußgottesdienstes, bei dem freilich von der Sünde nicht die Rede ist (1,5–2,17). Am Ende wird Jahwes rettendes Eingreifen konstatiert (2,18) und ein göttliches Heilsorakel mitgeteilt (2,19–27); eingelegt in einen hymnenartigen Aufruf (21–24).
Der zweite Teil, Kap. 3f., gilt ganz der Zukunft. Er verheißt die allg. Ausgießung des Geistes, wunderbare Erscheinungen am Himmel, die Rettung aller, die Jahwes Namen anrufen (3), das Gericht über die anderen Völker im Tal Joschafat und dagegen das paradiesische Heil, das Juda und Jerusalem erwartet (4)« (*R. Smend*, Die Entstehung des Alten Testaments, Stuttgart [4]1989, 171f).
Diese Zweiteilung, die vorwiegend aus *inhaltlichen* Gründen geschieht, berücksichtigt zu wenig die *formalen* Eigenheiten des Buchs, die eine Zäsur zwischen 2,17 und 2,18 nahe legen.

2.12 Gliederung in die zwei Hauptteile 1,2–2,17 und 2,18–4,21

(1) Die Komposition des *ganzen* Buchs inspiriert sich am zweiteiligen Ablauf der Klageliturgie eines Fasttages (*ṣôm*), bei der nach der Klage der Gemeinde/des Volkes, die auch durch den »Kultpropheten« im Namen des Volkes gesprochen werden kann (1. Akt), die Antwort Gottes, vermittelt durch den Propheten, ergeht (2. Akt). Dieses Schema (vgl. die Strukturparallele in Jer 14) verlangt die Zäsur zwischen 2,17 und 2,18, da auch Joël 3–4 wie Joël 2,19–27 als Antwort Gottes in Ich-Rede gestaltet ist – und zwar als Antwort auf die Klage 2,1–11; die in Joël 3–4 als Rettung Jerusalems angekündigte Vernichtung des feindlichen Heeres vor Jerusalem (im Tal Joschafat) ist geradezu als Kontrastbild zu 2,1–11 entworfen (vgl. besonders die wörtlichen bzw. motivlichen Entsprechungen zwischen 2,10f und 3,4; 4,15f sowie die Tag-JHWH-Motive in 2,1f.11 und 3,4f; 4,14).
(2) Die Zweiteilung 1,2–2,17; 2,18–4,18 (zu 4,19–21 s. u.) ist auch durch die jeweils als Einleitung fungierenden »berichtenden« Abschnitte 1,2–4 und 2,18.19aα angezeigt. Die Aussage »Da erwachte in JHWH die Leidenschaft für sein Land und er hatte Erbarmen mit seinem Volk und er antwortete ...« (2,18.19aα) bezieht sich *auch* auf Kap. 3–4, zumal 2,18–4,17 in formaler Hinsicht einen Zusammenhang bildet (vgl. den engen Anschluss in 3,1 sowie die den Teil 2,18–4,17 zusammenbindende Erkenntnisformel 2,27; 4,17).
(3) Das Schema »Klage über die Not – Ankündigung der Notwende« wird in den beiden Teilen 1,2–2,17; 2,18–4,17 jeweils in zweigestufter Steigerung entfaltet (1,5–20: Aufruf zu Klage und Fasten wegen Hungersnot infolge von Heuschreckeneinfall und Dürre; 2,1–17: Aufruf zu Klage, Fasten und Umkehr angesichts eines gegen Jerusalem heranrückenden Heeres [»Völkersturms«], das von JHWH selbst angeführt wird; 2,18 [bzw. 19]–27: Ankündigung des Endes der ökologischen und ökonomischen Katastrophe durch Regen und reiche Ernten; 3,1–4,17: Ankündigung der Verschonung Jerusalems am Tag JHWHs, dessen vernichtende Gewalt nur die heranrückenden feindlichen Völker treffen wird). Die zwei Unterabschnitte der beiden Teile sind jeweils durch Stichwortaufnahmen miteinander verbunden (vgl. 1,14 = 2,15f; 2,27 = 4,17).
(4) Sieht man in 2,18 die Mitte der Gesamtkomposition, »ist eine nahezu vollendete *Symmetrie* der beiden Teile zu erkennen. Der Klage über die vorläufige Lebensmittelnot in 1,4–20 entspricht die Zusage der Wende dieser Not in 2,21–27, der Ankündigung der eschatologischen Ka-

tastrophe in 2,1–11 entspricht die Zusage ihrer Wende in 4,1–3.9–17, der Aufforderung zur Umkehr zu Jahwe als dem vorläufig Notwendigen in 2,12–17 entsprechen Geistausschüttung und Rettung auf Zion als das eschatologisch Notwendige in Kap. 3« (*H. W. Wolff*, Kommentar 6f). Die Entsprechungen sind als kunstvolle Kontrastbilder gestaltet (vgl. in 1,5–20 und 2,19–27 die Kontraste Hunger – Sättigung, Dürre – Regen; verkarstete Felder – grünende, fruchtbare Äcker, Mangel – Überfluss, Aufruf zur Klage – Aufruf zur Freude; vgl. ebenso den Kontrast »Eroberung Jerusalems durch die hochgerüsteten feindlichen Völker« – »Niederlage bzw. Selbstvernichtung der hochgerüsteten feindlichen Völker vor Jerusalem« in 2,1–11 bzw. 4,1–17).
(5) 4,18–21 fasst beide Aspekte der Heilsankündigung für Jerusalem und Juda zusammen (paradiesische Fruchtbarkeit des Landes und Vernichtung der Feinde [Ägypten und Edom als Typen]). Die Schlussfunktion von 4,18–21 wird durch zahlreiche Stichwortaufnahmen aus dem ganzen Buch angezeigt.

Der skizzierte Gesamtaufbau lässt sich folgendermaßen darstellen:

1,1	Buchüberschrift	
1,2–4	Eröffnung	
1,5–20	Prophetischer Aufruf zu Klage sowie Durchführung der Klage wegen Heuschreckeneinfall und Dürre (Tag JHWHs für Israel)	Schlusselement: Gebet 1,19f
2,1–17	Prophetischer Aufruf zur Klage und Umkehr sowie Durchführung der Klage wegen der gegen Jerusalem heranrückenden feindlichen Völker (Tag JHWHs für Israel)	Schlusselement: Gebet 2,17
2,18–19aα	Eröffnung (mit Rückbezug auf die vorangehende Klage)	
2,19aβ–27	Gottesrede als Erhörungswort auf die Klage: Ankündigung von Regen und reicher Ernte; Aufforderung zum Jubel	Schlusselement: Erweisformel 2,27
3,1–4,17	Gottesrede als Erhörungswort auf die Klage: Ankündigung der Verschonung Jerusalems und Vernichtung der feindlichen Völker (Tag JHWHs für die Völker)	Schlusselement: Erweisformel 4,17
4,18–21	Zusammenfassung der beiden Gottesreden	

2.2 Entstehung

2.21 Literarkritische Theorien

Bis zum Ende des 19. Jh.s wurde das ganze Buch als Zukunftsankündigung und damit als einheitliches Werk verstanden. Dies änderte sich, als man erkannte, dass Joël 1 auf eine bereits erlittene Not zurückblickt (Verbformen der Vergangenheit!), und als man außerdem Joël 2 als Konkretion der schon in Joël 1 als Symbol für die feindlichen Völker genannten Heuschrecken verstand. Diese neue Sicht, die Joël 1–2 als »geschichtlich« und Joël 3–4 als »eschatologisch« qualifizierte und für die beiden Teile ein sehr unterschiedliches Wirklichkeitsverständnis annahm (vgl. *H.-P. Müller*, Prophetie), führte zu der literarkritischen These, die beiden Teile gingen auch auf verschiedene Verfasser zurück. Diese Zweistufigkeit der Entstehung schien sich für manche Exegeten auch durch die Beobachtung zu bestätigen, dass Joël 3–4 viel stärker als Joël

1–2 andere Prophetenbücher zitierend oder anspielend (insbesondere in der Tag-JHWH-Theologie) aufnimmt. Eine Modifizierung fand diese literarkritische These (vor allem angestoßen durch *B. Duhm*, der seinerseits sogar 2,18–27 für sekundär hielt, so dass das ursprüngliche Buch 1,1–2,17 nur Klage über gegenwärtige Not gewesen sei), als man auch die in Joël 1–2 gegebenen Hinweise auf den »Tag JHWHs« als eschatologisierende Bearbeitung deutete, die bei der Anfügung von Joël 3–4 hinzukam.

Gegen die literarkritische These, Joël 1–2 sei als Klage über *erfahrene* Not der Grundbestand des Buches, muss betont werden, dass bereits 2,1–11 die feindliche Bedrohung Jerusalems als zukünftiges Geschehen (Verbformen: *yiqtol* = Zukunft) darstellt; schon gar nicht lassen sich die Tag-JHWH-Notizen in 2,1–11 als Bearbeitung herauslösen. Die beiden Notschilderungen in Joël 1–2 sind »terminologisch bewußt aufeinander bezogen, so daß das anstürmende Heer mit Farben des Heuschreckeneinfalls gemalt wird. Das geschieht aber, um die schon erfahrene Demütigung für die kommende Katastrophe des ›Tages Jahwes‹ mit ihrem endgültigen Charakter transparent zu machen. Wenn *in neuerer Zeit* im Unterschied zur literarkritischen Lösung überwiegend die *Einheitlichkeit (mit geringfügigen Ergänzungen)* vertreten wird, so beruht diese Einschätzung wesentlich auf der Einsicht, daß die Zweistufigkeit der beklagten Not und zugleich der heilvollen Gottesantwort gerade das eigentliche Anliegen des Buches darstellt. Die von Vertretern der literarkritischen Lösung hervorgehobene Beobachtung, daß die Abhängigkeit Joëls von älterer Prophetie stärker in den ›eschatologischen‹ Passagen zu Buche schlägt als bei der Beschreibung der Heuschreckenplage, liegt demgegenüber in der Natur der Sache. Es geht dem Buch Joël entscheidend darum, die gegenwärtig erfahrene Not als Anbruch der von früheren Propheten verkündeten Endzeit zu deuten. Die vielfältigen internen Wortbezüge zwischen Joël 1–2 und 3–4 … sind mit dieser Absicht gesetzt« (*J. Jeremias*, Joël/Joëlbuch 93f).

2.22 Das Buch als literarische Prophetie

Die außergewöhnlich intensive Aufnahme (Zitation, Variation, Anspielung, Kontexteinspielung) anderer Prophetenbücher machen deutlich, dass das Buch Joël als *literarische Prophetie* und als *prophetische Prophetenauslegung* in eschatologischer Perspektive entstanden ist und verstanden werden muss. Wegen der starken Bezüge zum vorangehenden Buch Hosea und zum nachfolgenden Buch Amos bzw. zu den anderen Schriften des Zwölfprophetenbuchs ist es wahrscheinlich, dass Joël sogar für seinen jetzigen Zusammenhang im (noch nicht vollständigen) Zwölfprophetenbuch geschrieben wurde.

Die wichtigsten *intertextuellen Bezüge* des Buches Joël lassen sich tabellarisch so zusammenfassen:

1,15	**2,1f**	**2,3**	**2,6**	**2,10**
Jes 13,6	*Zef 1,14f*	Ez 36,35	Nah 2,11	Jes 13,10.13
Ez 30,2	Ex 10,14			

2,11	2,12	2,13b	2,14a	2,17
Mal 3,2.23 Am 1,2 Ps 46,7	Hos 14,2f Jer 3,14.22 Sach 1,3f Mal 3,7	*Jona 4,2* *Ex 34,6* *Ex 32,14*	Am 5,15 Jona 3,9 Zef 2,3	Jer 24,9 Ez 20,17 Ez 36,15 Ps 42,4.11
2,20	**2,27**	**3,1**	**3,4b**	**3,5**
Jer 1,14 Ez 38,6.15 Ez 39,2	Jes 45,5f.17 Ez 6,7.13 Zef 3,15	Ez 39,29	*Mal 3,23*	Obd 17
4,1	**4,10**	**4,16**	**4,17**	**4,18**
Jer 33,15 *Jer 50,4.20* Jer 29,14 Ez 39,25	Jes 2,4 Mi 4,3	*Am 1,2*	Jes 8,18	Am 9,13 Ez 47,1

Legende: Kursive Zahlenangaben sind wörtliche Zitate.

Schon allein diese literarische Auslegungstechnik spricht gegen die von *O. Loretz* (vgl. *ders.*, Regenritual) vorgelegte komplizierte Mehrstufenhypothese; problematisch ist auch die von ihm praktizierte Methode der kolometrischen Literarkritik.

In thematischer Hinsicht aktualisiert das Buch Joël vor allem die prophetische Tag-JHWH-Theologie von Jes 13 und 34; Ez 30 und 38; Jer 4–6; Am 5,18–20; Obd 15a.16–18; Zef 1,14–18; Mal 3, wobei zugleich die in Nah 3,15–17; Hab 1,5–11 (vgl. besonders 1,9) gegebene Polysemie (Vielsinnigkeit) der Heuschreckenmetapher zur Beschreibung der feindlichen Invasion *und* ihrer tödlichen Folgen integriert wird. Daneben baut das Buch durch Anspielungen auf die Exodus-Plagen Ex 10 (Heuschrecke, Finsternis) und durch Anspielungen auf das Buch Obadja (s. u. F.VIII.4.) eine Ägypten- und Edomtypologie auf (vgl. dazu *S. Bergler*, Joël 247–333), die einerseits die gegenwärtige und die künftige Not als potenzierte Ägyptenplagen- und Edombedrohung darstellt und die andererseits, im Falle der Umkehr, einen neuen endzeitlichen Exodus der Rettung vor dem (pharaonischen) Fremdvölkersturm und die Zerstörung allen Kriegsmaterials (vgl. Joël 4,10 als ironische Umformulierung von Mi 4,3) verheißt. Insgesamt ist das Buch eine prophetische Aktualisierung der prophetischen und psalmistischen Zionstheologie (vgl. die Zusammenfassung 4,18–21).

2.23 Datierung

Für die *Datierung* des Buches in die 1. Hälfte des 4. Jh.s lassen sich folgende Beobachtungen und Überlegungen anführen:

(1) Indirekte Hinweise auf nachexilische Entstehungszeit gibt die in Joël 4 vorausgesetzte Situation: Besetzung des Landes und gewaltsame Deportation (4,2f), Erfahrungen mit ausländischen Machthabern in Jerusalem (4,17), Wiedererrichtung der Mauern um Jerusalem (2,9). Die das Buch durchziehende Androhung eines »Völkersturms« gegen Jerusalem könnte die im 4. Jh. einsetzenden Erschütterungen des Perserreichs widerspiegeln.

(2) Der in 4,4–8 beklagte Sklavenhandel der Städte Tyrus und Sidon und der Philistäa, die Judäer und Jerusalemer an die Jawaniter (= Jonier, Griechen) verkauften, ist zeitgeschichtlich am ehesten im 4. Jh. v. Chr. plausibel; die hier vorausgesetzte phönizisch-philistäische Aktionsgemeinschaft wurde spätestens durch die Zerstörung Sidons (343 durch die Perser) sowie Gazas und Tyrus' (332 durch Alexander) beendigt. Der Abschnitt 4,4–8 ist literarkritisch sekundär (Prosa, nicht Poesie wie der Kontext; unterbricht den engen Zusammenhang 4,1–3.9–17; hängt sich thematisch an 4,3 an) und könnte ein Reflex auf die Zerstörung sein (*vaticinium ex eventu,* d. h. Prophetie im Rückblick), oder eine »prophetische« Auseinandersetzung mit der von den Jerusalemern als gottwidrig empfundenen Situation.

(3) Das im Buch gezeichnete Gemeindeleben (Leitung durch Priester und Ältestenkollegium, Tempelliturgie mit »Speiseopfer und Trankopfer«) verweist in die nachexilische Zeit.

(4) Die oben skizzierte breite intertextuelle Abhängigkeit des Joëlbuchs ist vor dem 4. Jh. kaum denkbar.

Als Anlass der »prophetischen Prophetenauslegung« durch Joël ist eine katastrophische Erfahrung anzunehmen, deren Konkretion freilich angesichts der Vieldeutigkeit der verwendeten Metaphern (Trockenheit, Heuschreckeneinfall, Kriegsgefahr) offen bleiben muss. Da der Gesamtaufbau des Buchs nicht eine liturgische Agende ist, sondern sich nur an einer solchen inspiriert, kann man Joël kaum als »Kultpropheten« verstehen. Sein Name Joël (= »JHWH ist [der wahre, alleinige] Gott«) fasst bündig das Anliegen des Buches zusammen.

2.3 *Theologie*

(1) »Das Joëlbuch kreist von Beginn bis Ende um ein einziges Thema, das seit dem Beginn der klassischen Prophetie geläufig war: den ›*Tag Jahwes*‹. Joël setzt die Geschichte der prophetischen Verkündigung von Amos und Jesaja über Zephanja und Ez 30 hin zu Obadja, Mal 3, Jes 13 und 34 zum ›Tag Jahwes‹ bei seinen Lesern schon voraus. Er will ihnen zeigen, wie jene bislang noch unerfüllte Prophetie in ihren Tagen zur Realisation und Vollendung gelangt. Zweierlei ist neu und analogielos an seiner eigenen Botschaft von diesem Tag. Zum einen nimmt er ihm die reine Zukunftsperspektive und läßt ihn schon in gegenwärtiger Erfahrung anbrechen; zum anderen gibt er ihm inhaltlich ein Doppelgesicht: Er kann für Israel grundsätzlich sowohl Vernichtung als auch endgültiges Heil bedeuten« (*J. Jeremias,* Joël/Joëlbuch 94).

(2) Angesichts der eschatologischen Dialektik von Unheil und Heil zeichnet Joël ein ebenfalls dialektisches Gottesbild, wenn er den auf dem Zion wohnenden Gott (4,17.21) selbst an der Spitze der den Zion bedrohenden feindlichen Völker ziehen lässt (*A. Deissler,* Paradoxie Gottes). Diese doppelte Dialektik soll Israel (und die Kirche) zur »Herzensumkehr« (2,13) zu JHWH bewegen, dessen tiefster Lebensvollzug Güte und barmherzige Selbstbeschränkung (»Reue«, »Mitleid«) ist, wie 2,13 mit Kombinationszitat aus Ex 34,6 und Ex 32,12.14 verkündet (vgl. Jona 4,2). Das in 2,14 formulierte »Vielleicht« der Rettung (vgl. ähnlich Am 5,15; Jona 3,9; Zef 2,3) belässt JHWH die Freiheit, *aus Güte* zu retten.

(3) Die Umkehr *und* die Rettung vollziehen sich durch bzw. in der eschatologischen Geistausgießung auf *alle,* die den Mitgliedern des Gottesvolkes in gleicher Weise das Charisma der Gottunmittelbarkeit gibt (vgl. Jer 31,34; Ez 36,26f). Die Petruspredigt

Apg 2,17–21 weitet die in Joël nur Israel verheißene Gottunmittelbarkeit auf *alle Völker* aus. Im Horizont dieser prophetischen Verheißung von der Aufhebung aller Unterschiede im Gottesvolk, die auch Paulus in Gal 3,28 als Kennzeichen der Kirche Jesu Christi verkündet, und des prophetischen Aufrufs, die »Zeichen der Zeit« als Umkehrbotschaft wahrzunehmen, stehen Judentum und Kirche unter dem Zeitdruck des angebrochenen Tages JHWHs. »Freilich ist der Horizont sowohl von Joël 3,1f wie von Gal 3,28 ›eschatologisch‹. Erst die Endzeit wird die Voll-Erfüllung bringen. Doch enthebt dies das neutestamentliche Gottesvolk nicht der Anstrengung, ein Vorausbild dieser ›Geistkirche‹ zu werden« (*A. Deissler*, Kommentar 82).

3. Das Buch Amos

Kommentare: K. Marti (KHC) 1904; T. H. Robinson (HAT) ^{2}1954, ^{4}1963; S. Amsler (CAT) 1965; H. W. Wolff (BK) 1969, ^{4}2004; W. Rudolph (KAT) 1971; J. L. Mays (OTL) 1969; A. Deissler (NEB) 1981, ^{3}1992; D. Stuart (WBC) 1987; F. I. Anderson/D. N. Freedman (AncB) 1989; S. M. Paul (Hermeneia) 1991; J. Jeremias (ATD) 1995, ^{2}2007, ^{3}2013; M. A. Sweeney (BO) 2000; R. J. Coggins (NCB) 2000; G. Fleischer (NSK) 2001; G. A. Auld (Old Testament Guides) 2004; J. Nogalski 2011; W. E. Glenny (SCS) 2013; D. Stuart (WBC) 2014.

Bibliographie: A. van der Wal, Amos. A Classified Bibliography, Amsterdam ^{3}1986.

Einzelstudien: J. Barton, Theology of the Book of Amos, Cambridge 2012; W. Beyerlin, Bleilot, Brecheisen oder was sonst? Revision einer Amos-Vision (OBO 81) Fribourg/Göttingen 1988; R. Bohlen, Zur Sozialkritik des Amos: TrThZ 95, 1986, 282–301; M. E. Campos, Structure and Meaning in the Third Vision of Amos (7:7–17): JHS 11, 2011, Art. 3; G. Fleischer, Von Menschenverkäufern, Baschankühen und Rechtsverkehrern. Die Sozialkritik des Amosbuches in historisch-kritischer, sozialgeschichtlicher und archäologischer Perspektive (BBB 74) Frankfurt 1989; V. Fritz, Die Fremdvölkersprüche des Amos: VT 37, 1987, 26–38; ders., Amosbuch, Amos-Schule und historischer Amos, in: FS O. Kaiser (BZAW 185) Berlin 1989, 29–43; H. Gese, Das Problem von Am 9,7, in: FS E. Würthwein, Göttingen 1979, 33–38; ders., Komposition bei Amos, in: J. A. Emerton u. a. (Hg.), Congress Volume Vienna 1980 (VT.S 32) Leiden 1981, 74–95; T. S. Hadjiev, The composition and redaction of the Book of Amos (BZAW 393) Berlin 2009; G. R. Hamborg, Still Selling the Rightheous (LHBOTS 555) New York 2012; J. Jeremias, Hosea und Amos. Studien zu den Anfängen des Dodekapropheton (FAT 13) Tübingen 1996; R. Kessler, Frühkapitalismus, Rentenkapitalismus, Tributarismus, antike Klassengesellschaft. Theorien zur Gesellschaft des alten Israel: EvTh 54, 1994, 413–427; P. J. King, Amos, Hosea, Micah – An Archaeological Commentary, Philadelphia 1988; K. Koch, Die Rolle der hymnischen Abschnitte in der Komposition des Amos-Buches: ZAW 86, 1974, 504–537; ders., u. a., Amos. Untersucht mit den Methoden einer strukturalen Formgeschichte (AOAT 30) Neukirchen-Vluyn 1976; R. G. Kratz, Die Worte des Amos von Tekoa, in: M. Köckert/M. Nissinen (Hg.), Propheten in Mari, Assyrien und Israel (FRLANT 201) Göttingen 2003, 54–89; J. Kreuch, Das Amos- und Jesajabuch. Eine exegetische Studie zur Neubestimmung ihres Verhältnisses (BThS 149) Neukirchen-Vluyn 2014; B. Lang, Sklaven und Unfreie im Buch Amos (II 6; VIII 6): VT 31, 1981, 482–488; O. Loretz, Die prophetische Kritik des Rentenkapitalismus: UF 7, 1975, 271–278; V. K. Nagy/L. S. Egeresi (Hg.), Propheten der Epochen (AOAT 426) Münster 2015; J. Nogalski, Literary Precursors in the Book of Twelve (BZAW 217) Berlin 1993, 74–122; J. Radine, The Book of Amos in emergent Judah (FAT 2/45) Tübingen 2010; H. Reimer, Richtet auf das Recht! Studien zur Botschaft des Amos (SBS 149) Stuttgart 1992; P. Riede,

Vom Erbarmen zum Gericht. Die Visionen des Amosbuches (Am 7–9*) und ihr literatur- und traditionsgeschichtlicher Zusammenhang (WMANT 129) Neukirchen-Vluyn 2008; A. Schart, Die Entstehung des Zwölfprophetenbuchs. Neubearbeitungen von Amos im Rahmen schriftenübergreifender Redaktionsprozesse (BZAW 260) Berlin 1998; W. H. Schmidt, Die deuteronomistische Redaktion des Amosbuches: ZAW 77, 1965, 168–193; W. Schottroff, Der Prophet Amos, in: W. Schottroff/W. Stegemann (Hg.), Der Gott der kleinen Leute, München/Gelnhausen ^{2}1979, 39–66; R. Smend, Das Nein des Amos: EvTh 23, 1963, 404–423; G. Steins, Gericht und Vergebung. Re-Visionen zum Amosbuch (SBS 221) Stuttgart 2010; C. Sticher, Gerechtigkeit ist wie ein nie versiegender Bach, Stuttgart 2012; N. J. Tromp, Am V 1–17. Toward a Stylistic and Rhetorical Analysis: OTS 23, 1984, 56–84; C. Uehlinger, Der Herr auf der Zinnmauer. Zur Dritten Amos-Vision (Am VII 7–8): BN 48, 1989, 89–104; E.-J. Waschke, Die fünfte Vision des Amosbuches (9,1–4) – Eine Nachinterpretation: ZAW 106, 1994, 434–445; P. Weimar, Der Schluß des Amos-Buches. Ein Beitrag zur Redaktionsgeschichte des Amos-Buches: BN 16, 1981 ,60–100; H. Weippert, Amos. Seine Bilder und ihr Milieu, in: dies. u. a., Beiträge zur prophetischen Bildsprache in Israel und Assyrien (OBO 64) Fribourg/Göttingen 1985, 1–29; E. Zenger, Die eigentliche Botschaft des Amos, in: FS J. B. Metz, Mainz 1988, 394–406.

3.1 Aufbau

Das Amosbuch besteht – nach der Überschrift 1,1f – aus *vier Teilen.* Die hier unterschiedenen Teile 3 und 4 lassen sich mit guten Gründen auch als *ein* Teil begreifen.

1. Teil: 1,3–2,16	**2. Teil: 3,1–6,14**	**3. Teil: 7,1–9,6**	**4. Teil: 9,7–15**
Völkerspruchzyklus	Unheilsworte gegen (das Nordreich) Israel	Visionenzyklus	Heilsworte für ganz Israel
Schlussformel 2,16: »Spruch JHWHs«	Schlussformel 6,14: »Spruch JHWHs, des Gottes der Heerscharen«	Schlussformel 9,6: »JHWH ist sein Name«	Schlussformel 9,15: »hat gesprochen JHWH, dein Gott«

3.11 Der Völkerspruchzyklus 1,3–2,16

Der *erste Teil 1,3–2,16* ist ein Acht-Strophengedicht gegen sechs Nachbarvölker, gegen Juda und gegen (das Nordreich) Israel. Es kündigt in ähnlich gestalteten, paarweise angeordneten Sprüchen an, dass JHWH die von Aram (Syrien) und vom Philisterreich, von Tyrus und Edom, von Ammon und Moab sowie *in* Juda und Israel begangenen Menschenrechtsverbrechen nicht hinnehmen werde:

I	1,3–5 (lang)	Aram	Opfer: Gilead	Strafankündigung: Feuer; Städteliste, Ausrottung der Herrschenden, Deportation	Verbrechen: Verwüstung des Landes

II	1,6–8 (lang)	Philister	Nutznießer: Edom	Strafankündigung: Feuer; Städteliste, Ausrottung der Herrschenden, Deportation	Verbrechen: Entvölkerung durch Verschleppung
III	1,9–10 (kurz)	Tyrus		Strafankündigung: Feuer	Verbrechen: Verstoß gegen den Bruder-Bund
IV	1,11–12 (kurz)	Edom		Strafankündigung: Feuer	Verbrechen: Verstoß gegen die Brüderlichkeit
V	1,13–15 (lang)	Ammon	Opfer: Gilead	Strafankündigung: Feuer; Dezimierung im Kampf, Bestrafung der höfischen Kreise	Verbrechen: Mord an Schwangeren
VI	2,1–3 (lang)	Moab	Opfer: Edom	Strafankündigung: Feuer; Dezimierung im Kampf, Bestrafung der höfischen Kreise	Verbrechen: Vernichtung von Totengebeinen
VII	2,4–5 (kurz)	Juda		Strafankündigung: Feuer	Verbrechen: Gegen JHWHs Tora und gegen JHWH
VIII	2,6–16 (lang)	Israel		Strafankündigung: Gerichtsbilder der Ernte und des Gottesschreckens	Verbrechen: Gegen die Armen

Das achtstrophige Völkergedicht, das seine Endgestalt erst einem Bearbeitungsvorgang verdankt (s. u. 3.2) ist nach dem Schema 7+1 klimaktisch auf die Israel-Strophe hin ausgerichtet. Wie die vorangehenden Strophen beginnt auch sie mit der Botenspruchformel und mit der im gestaffelten Zahlenspruch gestalteten Unwiderruflichkeitserklärung, doch hebt sie sich dann durch den breit ausgeführten Schuldaufweis ab (vier Vergehen gegen die Armen in Israel: Verkauf von Schuldsklaven in die Sklaverei, Rechtsbeugung, sexueller Missbrauch Abhängiger, Missbrauch von Pfändungen). Keine Entsprechung in den anderen Strophen hat der auf den Schuldaufweis folgende Geschichtsrückblick 2,9–12, der kontrastierend angeschlossen ist (»doch ich …«: 2,9 bzw. 2,10). Auch die Strafankündigung ist formal und motivlich anders gestaltet. Statt des Feuermotivs werden die Gerichtsbilder vom krachenden Erntewagen und vom Gottesschrecken im JHWH-Krieg verwendet. Statt der Botenspruchformel (»hat JHWH gesprochen«: Strophen I II V VI) steht am Schluss der Strophe die Gottesspruchformel (»Spruch JHWHs«).

Ob sich diese Komposition am ägyptischen Ritual der Ächtung feindlicher Fürsten und Könige (weniger wahrscheinlich) oder an der israelitischen Orakelverkündigung der Hof- und Tempelpropheten gegen feindliche Völker (s. o. F.I.1.) inspiriert, es geht beide Male um ein im Namen von Göttern gesprochenes Gericht gegen feindliche Nachbarvölker, das zum Heil des eigenen Volkes gereichen soll. Am 1–2 greift dieses

Schema auf, kehrt es aber am Ende in sein Gegenteil um: JHWHs Gericht kulminiert im Gericht gegen sein eigenes Volk.

3.12 Die Unheilsworte gegen Israel 3,1–6,14

Der *zweite Teil 3,1–6,14* ist eine Zusammenstellung von Worten der Anklage und der Gerichtsankündigung gegen verschiedene Gruppen in Israel. Die Gliederung dieses Teils in die zwei Abschnitte 3,1–4,13 und 5,1–6,14 wird durch die beiden Höraufrufe 3,1 und 5,1 angezeigt. Zwar begegnet auch noch in 4,1 ein Höraufruf, doch unterscheidet sich dieser von den beiden in 3,1 und 5,1 (in 4,1 steht kein Relativsatz; die angesprochenen Adressaten sind nur eine Gruppe). Dass 3–4 und 5–6 als zwei Abschnitte der Einheit 3–6 gelesen sein wollen, wird durch mehrere Beobachtungen unterstrichen:

Die in 3,1 stehende Anrede »Söhne Israels« begegnet ausschließlich in 3–4 (3,1.12; 4,5); die in 5,1 stehende Anrede »Haus Israel« wird ausschließlich in 5–6 verwendet (5,1.25; 6,14, vgl. 5,3.4; 6,1). Von der Überschrift 3,1 her ist JHWH der Sprecher von 3–4, während von 5,1 her als Sprecher von 5–6 der Prophet zu denken ist: Am 3–4 ist Unheilswort Gottes, das den Tod ankündigt; Am 5–6 ist Totenklage des Propheten, mit der dieser auf das Unheilswort reagiert. An dieser Abfolge wird erkennbar, dass eine programmatische Komposition vorliegt, deren Teile nicht umkehrbar sind.
Sowohl 3–4 als auch 5–6 bestehen jeweils aus drei Teilen:

3,1–8	Programmatische Ankündigung des Eingreifens JHWHs (*pāqad*)
3,9–4,3	Worte gegen die Hauptstadt Samaria (Konkretion von 3,2)
4,4–13	Worte gegen den Kult, mit abschließender Aufforderung zur Gottesbegegnung (4,12) und Gottesprädikation (4,13)

5,1–17	Totenklage mit Gottesprädikation 5,8 als Zentrum
5,18–27	Weherufe: Worte gegen den Kult
6,1–14	Weherufe: Worte gegen die Hauptstadt

Der Komplex 5–6 ist kunstvoll komponiert (*J. Jeremias*): 5,1–17 ist eine Ringkomposition. 5,18–27 und 6,1–14 sind parallel aufgebaut und strukturell dem Abschnitt 5,1–17 untergeordnet; sie bilden gewissermaßen dessen Explikation. Dies ist daran erkennbar, dass sie mit ihren eröffnenden Totenklageschreien »Wehe« (*hōj*) die beiden »Wehe«-Schreie, mit denen 5,1–17 endet (vgl. 5,16), aufnehmen und entfalten.

Die Ringkomposition 5,1–17

A	5,1–3	Totenklage
B	5,4–6	Mahnung zum Suchen JHWHs
C	5,7	Schuldaufweis (kein »Weheruf«, wie EÜ u. a.)
D	5,8–9	Hymnische Gottesprädikation
C'	5,10–12.13	Schuldaufweis
B'	5,14–15	Mahnung zum Suchen JHWHs
A'	5,16–17	Totenklage (2 Weherufe)

Die Parallelkompositionen 5,18–27 || 6,1–14

A	5,18–20	6,1–7	Weherufe (= Totenklage)
B	5,21–24	6,8–11	Begründung der Totenklage in der Form direkter Gottesrede (»ich hasse, ich verabscheue«)
C	5,25	6,12	Didaktische Frage, die auf Einsicht der Leser zielt
D	5,26–27	6,13–14	JHWH als (künftiger) Vollstrecker des tödlichen Gerichts (Rückbezug auf 5,1)

Die drei Unterabschnitte 5,1–17; 5,18–27; 6,1–14 beklagen die Perversion, ja das Fehlen von »Recht und Gerechtigkeit« im Haus Israel. Die politisch und wirtschaftlich Mächtigen nutzen die bestehende Rechtsordnung oder verändern die Rechtsordnung so, dass dies ausschließlich der Mehrung ihrer Macht, ihres Besitzes und ihres Luxus dient. Weil das *Tor*, der *Tempel* und der *Königspalast* (also die drei »Gewalten«) als »Haus des Rechts« versagen, ja zu einem Haus des Unrechts geworden sind, ist das Haus Israel zu einem Haus des Todes geworden, über das der Prophet die Leichenklage anstimmen muss.

Die drei Abschnitte rufen auf der Ebene der Komposition zur Anerkennung der Gottesherrschaft des Gottes Israels und damit zur Umkehr »in letzter Minute« auf. Dies ist kompositionell dadurch angezeigt, dass die in der Mitte von 5,1–17 stehende Gottesprädikation 5,8 jeweils am Ende der beiden Abschnitte 5,18–27 und 6,1–14 wiederkehrt. Diese Linie der Gottesprädikationen muss ihrerseits im Horizont von 4,13f, des Abschlusses von Am 3–4, gelesen werden: »Mach dich bereit, deinem Gott zu begegnen ...: JHWH, Gott der Heere ist sein Name«, d. h. setz dich diesem Gott aus, der ein Gott von Recht und Gerechtigkeit ist. Als solcher will er dich bewegen, Recht und Gerechtigkeit zu wirken. Aber zugleich sollst du wissen: Er fordert Recht und Gerechtigkeit ein, wo sie verweigert werden – nicht aus Rache, sondern aus Recht!

3.13 Der Visionenzyklus 7,1–9,6

Der *dritte Teil 7,1–9,6* ist (analog dem Völkerspruchzyklus 1–2) eine strophisch gegliederte Komposition von fünf Visionsschilderungen. Die ersten vier bilden jeweils ein Paar (1+2; 3+4). Die fünfte Vision, die formal von den vorangehenden abweicht, ist die Klimax: Sie zeigt den *auf dem* Altar (nicht wie EÜ: *beim* Altar) stehenden Adonaj, der das Gottesgericht ankündigt bzw. selbst in Gang setzt (Text ist unklar). In den beiden Paaren dieses Zyklus wird die Dialektik der Gottesbotschaft des Amos sichtbar: Im ersten Visionenpaar bewegt Amos durch seine Fürbitte und den Hinweis auf den »kleinen Jakob« JHWH dazu, sich das Unheil »leid sein zu lassen« (*niḥam* wie Hos 11,8). Im zweiten Visionenpaar (dessen »Bildelemente« von EÜ kaum richtig wiedergegeben sein dürften: in der 3. Vision schaut Amos JHWH, der auf einer Zinnmauer = Stadtmauer steht und »Zinn« in der Hand hält = Drohbild, dass JHWH die Stadt kriegerisch vernichten will; in der 4. Vision schaut er nicht »einen Korb mit reifem Obst«, sondern einen leeren Erntekorb, in den JHWH hineinfüllen will, wer aus Israel »reif« ist, um gegessen zu werden) kommt das unausweichliche Gottesgericht zum Ausdruck, auf dessen Ankündigung der Visionenzyklus in der fünften Vision zuläuft.

Die Visionen 3–5 sind durch kommentierende »Anhänge« (7,10–17; 8,4–14; 9,5–6) fortgeführt, die aus der jeweils vorangehenden Vision Stichworte aufgreifen und der Vision eine theologische Vertiefung geben:

1. Vision: 7,1–3 (Heuschreckenschwarm)	2. Vision: 7,4–6 (Feuerregen)
3. Vision: 7,7–9 (JHWH mit dem Zinnschwert)	4. Vision: 8,1–3 (der leere Korb für die Ernte)
7,10–17 (Konflikt Amazja – Amos)	8,4–14 (Begründung des Ernte-Gerichts)

5. Vision: 9,1–4 (Zerschlagung des Heiligtums)
9,5–6 (Gottesprädikation)

Der Abschnitt 7,10–17 liefert die Begründung für die in 7,9 angekündigte Vernichtung der Heiligtümer: weil diese nicht nur JHWHs Wort nicht weitergeben, sondern es sogar verhindern wollen. Der Abschnitt 8,4–14 greift das der Vision 8,1–3 zugrundeliegende Motiv vom Ernte-Gericht auf (8,4–6: Anklage; 8,11: Gerichtsbild) und entfaltet das in 8,3 anklingende Thema der Totenklage. Der Abschnitt 9,5–6 ist eine in hymnischem Partizipialstil gestaltete Gottesprädikation, die die in 9,1–4 angesprochene universale Gottesherrschaft JHWHs vertieft.

3.14 Die Heilsworte für Gesamt-Israel 9,7–15

Der *vierte Teil 9,7–15*, der als direkte Gottesrede gestaltet ist, ist das heilseschatologische Finale des Buchs. Es sind vier durch Struktursignale abgegrenzte Abschnitte (9,7–8: Rahmung durch die Gottesspruchformel; 9,9–10: Einführung durch deiktisches *kī* = »ja« und Abschluss durch fiktives Zitat; 9,11–12: Einführung durch Zeitangabe, Abschluss durch die erweiterte Gottesspruchformel; 9,13–15: Einführung durch Zeitangabe und Gottesspruchformel, Abschluss durch Botenspruchformel). Die vier Abschnitte sind paarweise zusammengeordnet. Das erste Paar (9,7–8.9–10) deutet das im Visionenzyklus bzw. in Am 1,2–9,6 angekündigte »Ende« als ein Läuterungsgericht, das keinesfalls »das Haus Israel« gänzlich vernichten will. Das zweite Paar (9,11–12.13–15) entwirft in gezieltem Kontrast zu den vorher im Buch stehenden Gerichtsbildern eine vielgestaltige Heilsutopie (Wiederherstellung des davidischen Königtums, paradiesische Fruchtbarkeit des Landes und dauerhaftes Wohlergehen Israels):

9,7–8 Läuterungsgericht für Königtum und Volk
9,9–10

9,11–12 Heilszusagen für Königtum und Volk
9,13–15

3.2 Entstehung

3.21 Die vorexilische Komposition

Gegenüber früheren Forschungspositionen, die meinten, im Amosbuch einen hohen Anteil an authentischen Worten des historischen Amos herausarbeiten zu können, ist heute eine deutliche Skepsis zu konstatieren. Die in 3.1 skizzierte Komposition spricht ohnedies für gezielte literarische Arbeit, die das Wirken des Amos systematisiert und in ein theologisches Programm bringt. So wird es kaum noch möglich sein, Einzelworte des Propheten im Detail zu rekonstruieren. Doch spiegelt die Bildsprache die bäuerliche Lebenswelt des Amos oft so plastisch wider, dass sie auf Amos selbst zurückgehen könnte.

Meist wird angenommen, dass die beiden strophisch gestalteten *Zyklen 1–2 und 7–9 in ihrem Grundbestand* auf den gleichen Verfasserkreis zurückgehen und sich gegenseitig auslegen sollen. Dabei wird sogar erwogen (z. B. von *J. Jeremias*), dass auf dieser Ebene der Entstehung des Amosbuchs der Visionenzyklus mit seiner radikalen Gerichtsbotschaft vorangestellt war und der Völkerspruchzyklus als Begründung folgte. Nach Meinung vieler Amos-Interpreten begegnen wir im Visionenzyklus am ehesten dem historischen und biographischen Proprium des Propheten Amos. Er dokumentierte gewissermaßen das Berufungserlebnis, durch das Amos die schmerzliche Gewissheit gegeben wurde, dass JHWH zur Rettung der Armen für das Königreich Israel das Ende bestimmt habe und dass es seine Aufgabe sei, dieses unausweichliche Ende als Tat Gottes öffentlich anzusagen *und* zu begründen.

Dass die *Sammlung 3–6* (Unheilsworte gegen Israel) auf einen anderen Verfasserkreis zurückgeht, wird vor allem mit drei Beobachtungen begründet: 1. Das in den beiden Zyklen so wichtige Bild von der Ernte als Gericht fehlt in Am 3–6. 2. Die in Am 3–6 starke Konzentration auf die Schuld Samarias ist in den beiden Zyklen nicht erkennbar. 3. Am 3–6 zeigt eine gegenüber Am 1–2 und Am 7–9 andere Technik der literarischen Komposition. Während *H. W. Wolff* in der Sammlung 3–6 den ältesten Bestand des Amosbuchs sieht, um den dann erst die beiden Zyklen gelegt worden seien, kehrt *J. Jeremias* den Wachstumsprozess um; dafür spricht auch die Beobachtung, dass die Gesellschafts- und Kultkritik von Am 3–6 und Hos 4–11, bei aller Differenz im Detail, sich in ihrer Systematik so stark annähern, dass man beide Kompositionen auf den gleichen Verfasserkreis zurückführen könnte.

Wann die Teilkompositionen 1–2.7–9 (Grundbestand) und 3–6 entstanden und wann sie verbunden wurden, ist schwer zu begründen. Die Kombination 1–2.3–6.7–9 (Grundbestand) dürfte erst im Südreich, nach dem Untergang des Nordreichs, erfolgt sein. Die Kompositionen 1–2.7–9 könnten noch vor 722 literarisch fixiert worden sein.

3.22 Exilische und nachexilische Bearbeitung

Dass der *4. Teil* 9,7–15 erst aus *exilischer bzw. nachexilischer* Zeit stammt, ist weitgehender Konsens der Forschung. Zumindest die abschließenden Heilszusagen 9,11–15, die sich nur schwer mit der vorexilischen Geschichte verbinden lassen (»zerfallene Hütte

Davids«, »Rest Edoms«, »verwüstete Städte«, Exilierung), entsprechen der auch in den übrigen Prophetenbüchern gegebenen heilseschatologischen Fortschreibungstechnik, die festhält, dass JHWH der heilswillige Gott ist, der nicht den Tod, sondern das Leben will. Höchstwahrscheinlich sind die in literarkritischer Hinsicht in ihrem Kontext auffälligen Sätze 9,12a.13b das späteste Element, das auf die Zusammenstellung der Nachbarbücher Joël und Obadja mit dem Amosbuch (s. o. F.VIII.0.) zurückgeht (zu 9,12a vgl. Obd 17–19; zu 9,13a vgl. Joël 4,18a).

Für die Existenz *einer exilischen Redaktion des Amosbuchs 1,1–9,6* lassen sich u. a. folgende Beobachtungen anführen:

(1) Am 1,2f; 4,13; 5,8–9; 9,5–6 ist makrostruktureller Rahmen des exilischen Amosbuchs 1,1–9,6.

Den drei Texten 4,13; 5,8–9; 9,5–6 ist gemeinsam, dass sie Gottesprädikationen im Partizipialstil bieten, wie er für Hymnen (sowohl Israels wie der Umwelt Israels) charakteristisch ist, und dass es sich dabei vorwiegend um schöpfungstheologische Aussagen handelt; außerdem steht in ihnen die Bekenntnisformel »JHWH ist sein Name« jeweils als Unterschrift unter den vorangehenden partizipialen Aussagen. Die drei Texte stehen einerseits isoliert in ihrem Kontext, sie sind andererseits motivlich aufeinander hingeordnet (5,8f und 9,5f sind teilweise wörtlich identisch). So drängt sich die Hypothese auf, dass die drei Texte auf eine redaktionelle Bearbeitung des Amosbuchs zurückgehen. *H. W. Wolff* sieht in ihr eine liturgische Aktualisierung des 7. Jh.s anlässlich der durch den König Joschija durchgeführten feierlichen Zerstörung des Heiligtums von Bet-El (Projekt der joschijanischen Kultzentralisation). *K. Koch* deutet sie als apokalyptisierende Interpretation. Die Hymnenstücke hätten demnach den »Zweck, auf die göttliche Zukunft als einen großen endgültigen Vernichtungsschlag zu verweisen, der den gesamten Erdkreis betrifft« (*K. Koch*, Die Rolle der hymnischen Abschnitte 536). Versteht man die hymnischen Abschnitte schöpfungstheologisch positiv (der Text ist leider nicht eindeutig) und berücksichtigt, dass sich ähnliche Theophaniemotive wie in 9,5f auch in 1,2 finden, wird hier eine das ganze Buch übergreifende Gliederung sichtbar, deren Eigenheiten folgendermaßen zusammengefasst werden können:
(a) Die Abschnitte stehen an strukturell herausragender Stelle: 1,2 eröffnet das Buch bzw. den Völkerspruchzyklus; 4,13 beschließt die Komposition Am 3–4; 5,8 ist das Zentrum der Komposition 5,1–17; 9,5f beschließt den Visionenzyklus bzw. das Buch 1,1–9,6.
(b) Die hymnischen Abschnitte blicken nicht nur auf den Untergang des Nordreichs, sondern ebenso auf die Zerstörung Jerusalems zurück. Diese Katastrophen werden durch die → Doxologien als Gerichtstheophanien gedeutet und angenommen.
(c) Insofern die hymnischen Abschnitte als partizipiale »Wesensaussagen« gestaltet sind, machen sie das Amosbuch zur bleibenden Gerichtsdrohung als Parteinahme JHWHs für die Armen und Unterdrückten.
(d) Dass angesichts der katastrophischen Erfahrungen des Exils diese Redaktion schöpfungstheologisch argumentiert, teilt sie u. a. mit Deuterojesaja, Jeremia und mit der Priesterschrift. Als Weltenschöpfer und Weltenkönig hält JHWH an seiner Schöpfung und an Israels Auftrag für diese Schöpfung fest (vgl. Jes 54,1–10; Jer 31,35f).
(e) Liest man 1,2; 4,13; 5,8; 9,5f als eine durchlaufende theologische Linie, wird eine *insgesamt* hoffnungsvolle Botschaft erkennbar. Dem Gerichtsbild von den trauernden Auen und dem vertrocknenden Karmelgipfel (1,2) setzen die hymnischen Abschnitte das Bild vom Schöpfergott entgegen, der die Erde bewässert und die verdörrte Erde in ein fruchtbares Paradies verwandeln kann. Diese Dialektik wird in den (nachexilischen) Fortschreibungen 9,7–10 und 9,11–15 weiter entfaltet.

(2) Im Völkerspruchzyklus gehen die kürzeren Strophen III IV VII sowie der Geschichtsrückblick 2,9–12 der Strophe VIII erst auf eine exilische Bearbeitung zurück.

Für diese These sprechen u. a. folgende Beobachtungen:
(a) Die Strophen III, IV und V stimmen einerseits in ihrem Aufbauschema überein, andererseits unterscheiden sie sich dabei von dem fünfgliedrigen Aufbauschema der Strophen I II V VI.
(b) Die Strophen III und IV verwenden Formulierungen, die als Nachahmung aus den »langen« Strophen zu beurteilen sind.
(c) Liegt bei den langen Strophen der Akzent auf der Ankündigung des Gerichts, so bei den kurzen Strophen auf dem Schuldaufweis. Die Schuld von Tyrus (III) und von Edom (IV) wird als Verbrechen gegen den Bruder-Bund bzw. gegen die Brüderlichkeit diagnostiziert, die Schuld von Juda (VII) als Verbrechen gegen JHWH und seine Tora. Beides spricht für exilische Herkunft.
(d) Der Geschichtsrückblick 2,9–12 in der Israel-Strophe (VIII) unterbricht den engen Zusammenhang zwischen dem Schuldaufweis 2,6b–8 und der Strafankündigung 2,13–16. Der Geschichtsrückblick atmet dtr Geist (starke Betonung des Exodus als Urdatum der Geschichte Israels; Schuld Israels als Undank gegenüber dem Heilshandeln JHWHs; das in 2,11f zum Ausdruck kommende Verständnis der Propheten und Nasiräer).
(e) Die ursprüngliche Völkerspruchkomposition bildete eine Komposition von fünf Strophen nach dem Schema 2+2+1. Diese Fünfer-Struktur entspricht der Struktur des Visionenzyklus nach Abzug der im Visionenzyklus sekundär eingefügten Abschnitte 7,10–17; 8,4–14.

(3) Im Visionenzyklus 7,1–9,4 sind die Abschnitte 7,10–17; 8,4–14 spätere Einschübe, vermutlich ebenfalls aus der Exilszeit.

Kontrovers sind die Meinungen der Forschung darüber, ob alle fünf Visionenberichte zum ältesten Visionenzyklus gehören. Nach manchen Autoren ist die fünfte Vision erst eine aktualisierende Nachinterpretation der Exilszeit, die die Zerstörung des Jerusalemer Tempels reflektiert (*E. Waschke*). Wieder andere Autoren halten bereits die Visionen 3–4 für gegenüber den Visionen 1–2 sekundär; dabei werden die Visionen 1–2 dem Propheten Amos selbst zugeschrieben, während die anderen Visionen den 722 v. Chr. geschehenen Untergang des Nordreichs als »*vaticinia ex eventu*« formulieren, um dadurch der Gerichtsbotschaft des Amos Autorität zu geben (*V. Fritz*). Jüngst hat *G. Steins* einen beachtlichen Vorschlag zur Neustrukturierung der Amosvisionen im Kontext des Prophetenbuches vorgelegt, in denen er von einer Frühdatierung der Visionen 1, 2 und 4 ganz abrückt. »Der Visionenzyklus in 7,1-8,3 führt nicht zum historischen Amos, ja nicht einmal in die zeitliche Nähe etwa eines ›Schülerkreises‹. ... Der Amostext will offensichtlich auf einer anderen Ebene als der Biographie oder der einer historischen Reportage gehört und gelesen werden. ... Die Figur des Amos wird so vielfältig literarisch überblendet und semantisch aufgeladen, sie wird zum Medium oder zur Schnittstelle eines ebenso großräumigen wie subtilen theologischen Diskurses« (*G. Steins*, Gericht 72f).

(4) Über weitere redaktionelle Fortschreibungen/Zusätze aus der exilischen/frühnachexilischen Epoche (z. B. Am 3,7; 5,25f; 6,5) gehen die Forschungsmeinungen auseinander.

3.23 Der Prophet Amos und seine Zeit

Amos ist der früheste Vertreter der Schriftprophetie. Von der in der Buchüberschrift gegebenen zeitlichen Einordnung her trat der aus Tekoa (ca. 17 km südlich von Jerusalem) stammende Amos um 760 v. Chr. im Nordreich, insbesondere in der Hauptstadt Samaria und wahrscheinlich auch am Reichsheiligtum in Bet-El, als »Gerichtsprophet« auf.

Die in 1,1 und 7,12–15 über Amos gemachten Angaben lassen sich folgendermaßen auswerten: Die Aussage in 7,15a (»JHWH nahm mich hinter den Schafen weg«) kann nicht als Berufsangabe (»Hirte«) verstanden werden; mit ihr wird Amos von der Redaktion in Anspielung auf Mose und David, die ebenfalls »von der Herde weggeholt wurden«, als Retter und Befreier *des Volkes* Israel gedeutet (Am 7,15a ist Anspielung auf 2 Sam 7,8). Ebenso ist die in Am 1,1 genannte Titulierung »Schafzüchter« eine archaische Ehrenbezeichnung, die ursprünglich einem »Scheich« galt. So verbleiben »Rinderzüchter« und »Sykomorenbesitzer« (genauer: »Sykomorenritzer« als *pars pro toto*-Bezeichnung; die noch unreifen Früchte des Maulbeerfeigenbaums wurden mit einem scharfen Instrument geritzt, damit ein Teil des bitteren Saftes abfloss und der in der Frucht verbleibende Saft in Zuckergärung überging, so dass die Frucht süß wurde) als Beruf des Amos, was einen gewissen Wohlstand voraussetzt. Als Bauer mit eigener Rinder- und Maulbeerfeigenzucht besaß Amos die Unabhängigkeit und das Selbstbewusstsein, die nach der Tradition des nach ihm benannten Buches, das offensichtlich seine bäuerliche Sprach- und Bildwelt gut bewahrt hat, sein öffentliches Auftreten kennzeichneten. Wenn die (exilische) Redaktion ihn in Am 7,14 sagen lässt »Ich bin kein (Tempel- und Hof-)Prophet und kein Prophetenjünger (Mitglied eines Prophetenkonvents)«, ist genau dies gemeint: In und durch Amos spricht »der brüllende Löwe JHWH« selbst. In Amos kämpft nicht eine Gruppe für ihre Interessen, sondern der Gott Israels für »sein Volk« (= seine Familie) *und* für seinen Traum von einer gerechten und menschenfreundlichen Gesellschaft, als deren sozialer Parameter die Lebensumstände der Kleinbauern und der Armen zu gelten haben. Deren Lebensumstände haben sich offensichtlich zur Zeit des Amos so drastisch verschlechtert, dass nun die Epoche der Schriftpropheten und ihrer unerbittlich scharfen Staats-, Gesellschafts- und Kultkritik beginnt.

Die Gründe für diese gesellschaftlichen Veränderungen in Israel sind vielschichtig. Ein wichtiger Faktor war der Ausbau Israels zu einem monumentalen Staat, der sich auch in der Baugeschichte der Städte, insbesondere im Wandel der Stadtpläne, ablesen lässt. Zu diesem Ausbau war einerseits ein aufwendiger und teurer Verwaltungsapparat notwendig, der sukzessiv Lebensbedürfnisse des internationalen Standards entwickelte, wodurch ein starkes soziales Gefälle von der Hauptstadt und den städtischen Verwaltungszentren hin zu den Landstädten und Dörfern entstand. Andererseits war dieser Ausbau nur mit einem hohen Maß an Abgaben und an staatlichem Arbeitsdienst der Bauern zu bewältigen, was diese stark belastete und im Falle von Dürrekatastrophen, Zerstörung der Ernte durch Unwetter, Viehseuchen oder familiäre Unglücksfälle in so große Nöte stürzte, dass sie oft nur mit Kredit oder eben mit Schuldknechtschaft überleben konnten. Eine offene Frage ist, ob auch die gemeinorientalischen Systeme des sog. Rentenkapitalismus (*O. Loretz, B. Lang*) und des sog. Tributarismus (*C. A. Dreher*) in Israel übernommen wurden, bei dem der Großteil der Bauern nur als Pächter in totaler Abhängigkeit von den in den Städten lebenden Aristokraten und Großgrundbesitzern arbeitete. Möglicherweise war auch die vom 8. Jh. an den Raum Griechenland, Syrien, Iran erfassende wirtschaftliche und gesellschaftliche Transformation zur »antiken Gesellschaft« (*H. G. Kippenberg, R. Kessler*) ein weiterer Faktor, der die gesellschaftliche Zerklüftung beschleunigte. Schließlich wird zur Veränderung der Gesellschaftsstruktur gegenüber der vorstaatlichen und der frühstaatlichen Zeit auch das Bevölkerungswachstum beigetragen haben, während gleichzeitig das bebaubare Ackerland nicht mehr gesteigert werden konnte (*G. Fleischer*). Während anfangs die den Sippen zur Verfügung stehenden Acker- und Weidegebiete ausreichend groß waren, wurden sie nun im Laufe der Entwicklung, insbesondere auf Grund der Erbteilung, immer kleiner, aber auch ungleicher, weil etwa bei geringerer Kinderzahl sich in manchen Händen der Besitz zu konzentrieren begann oder aber weil manche Bauern bei unrentabel gewordenem Besitz aufgaben und so der Akkumulierung von Boden und Macht Vorschub leisteten. Die Wohlhabenden werden auch ihrerseits viele Wege gefunden haben, scheinbar völlig legal die Schere zwischen Arm und Reich zu ihren Gunsten zu vergrößern.

Die gesellschaftliche Entwicklung von einer egalitären zu einer sozial zerklüfteten Gesellschaft hat es nicht nur in Israel gegeben. Derartige Verdrängungsprozesse gab es im gesamten antiken Vorderen Orient. Wir wüssten von diesem Prozess in Israel kaum etwas und würden historisch über ihn hinweggehen – wenn es nicht Propheten wie Amos gegeben hätte, die ihn im Namen ihres Gottes und in der Beschwörung der idealen Anfänge bekämpften.

3.3 Theologie

Das theologisch-politische Programm des Amosbuchs lässt sich an der Korrelation seiner vier Teile ablesen: 1. Die Teile 1 und 3 bilden einen Rahmen um Teil 2. 2. Teil 4 fasst die in den Teilen 1–3 enthaltene Gottesbotschaft zusammen und gibt ihr die bleibende Aktualität.

Völkerspruchzyklus (Teil 1) und Visionenzyklus (Teil 3) haben in der Komposition die Funktion, die Schwere der in Israel begangenen Verbrechen und das unausweichliche Eingreifen JHWHs angesichts dieser Verbrechen zu betonen: In Israel wird Krieg geführt gegen die Armen (Völkerspruchzyklus); als Antwort darauf wird JHWH Krieg führen gegen die, die die Armen bekriegen und vernichten (Visionenzyklus).

Der zwischen diesen beiden Teilen stehende Teil 2 bietet die detaillierte Begründung für das in den Teilen 1 und 3 verkündete Gottesgericht. Zugleich ist dieser mittlere Teil ein Ruf zur Umkehr, der die Armen *und* ihre Unterdrücker retten will. Der Schluss des ersten Abschnitts des zweiten Teils formuliert die dialektische Vision von der Begegnung mit JHWH: »Mach dich bereit, deinem Gott zu begegnen, Israel« (4,12). Zu dieser Begegnung will die biblische Prophetie bewegen und fähig machen. Die Prophetie des Amosbuchs ist von daher die Botschaft vom kommenden Gott, der die von ihm »gegründete« Gesellschaft retten will – durch Umkehr oder durch Gericht!

Teil 4 wiederholt und konkretisiert diese Gottesbotschaft im Rückblick auf das im Untergang des Nordreichs Israel (722 v. Chr.) und in der Zerstörung Jerusalems (586 v. Chr.) erlittene Gericht. Er deutet im Gespräch mit den Teilen 1–3 diese Katastrophen als Läuterungsprozess, der nicht die Vernichtung, sondern die Rettung der »Gottesidee« Israels zum Ziel hatte. Dieser Teil verkündet das spannungsreiche Gottesbild Israels: JHWH ist nicht neutral gegenüber dem Bösen in der Gesellschaft. Er nimmt das Böse nicht als naturnotwendiges, schöpfungsgegebenes (mythisches) Übel hin, sondern bekämpft es als gott- und menschenwidrig – um seine »Gottesträume« von einer Gesellschaft, in der er sich selbst in seiner Güte und Treue »widerspiegelt«, zu retten. Der vierte Teil fasst zusammen, worum es dem Gott Israels in der Geschichte Israels letztlich geht: Dass die Menschen die Gaben der Erde und den Ertrag ihrer Arbeit in messianischem Frieden gemeinsam genießen können.

Diese an der Kompositionsstruktur des Amosbuchs ablesbare Theologie ist auch heute ein theologisch-politisches Programm:

(1) Die »Wahrheit« des biblischen Gottes entscheidet sich an der »Wahrheit« des gesellschaftlichen Zusammenlebens, d. h. die Praxis von gesellschaftlicher Solidarität insbesondere mit den Schwachen ist der biblische »Offenbarungserweis« Gottes par excellence.

(2) Das Amosbuch hält in Kritik *und* Vision die Utopie der biblisch bezeugten Anfänge Israels fest: »Was du mit deiner Hand mühevoll erarbeitet hast, das sollst du selbst essen« (Ps 128,2).

(3) Die Verwirklichung von Recht und Gerechtigkeit, um die das Amosbuch kämpft, ist gelebter Gottesbund, wie die das Amosbuch abschließende Anspielung auf die sog. Bundesformel unterstreicht (Am 9,14f: »mein Volk Israel« – »JHWH, dein Gott«).

4. Das Buch Obadja

Kommentare: K. Marti (KHC) 1904; T. H. Robinson (HAT) 1936, ³1964; C.-A. Keller (CAT) 1965; W. Rudolph (KAT) 1971; H. W. Wolff (BK) 1977, ³2004; A. Deissler (NEB) 1984, ²1986; D. Stuart (WBC) 1987; P. R. Raabe (AncB) 1996; U. Struppe (NSK) 1996; M. A. Sweeney (BO) 2000; J. Barton (OTL) 2001; J. Jeremias (ATD) 2007; J. Nogalski 2011; D. Stuart (WBC) 2014; P. Weimar (HThKAT) 2016.

Einzelstudien: E. Bosshard, Beobachtungen zum Zwölfprophetenbuch: BN 40, 1987, 30–62; W. Dietrich, Art. Obadja/Obadjabuch: TRE 24, 1994, 715–720; G. Fohrer, Die Sprüche Obadjas, in: FS T. C. Vriezen, Wageningen 1966, 81–93 (= ders., Studien zu alttestamentlichen Texten und Themen [BZAW 155] Berlin 1981, 69–80); A. C. Hagedorn, Die Anderen im Spiegel. Israels Auseinandersetzung mit den Völkern in den Büchern Nahum, Zefanja, Obadja und Joel (BZAW 414) Berlin u. a. 2011; B. Hartberger, »An den Wassern von Babylon ...« Psalm 137 auf dem Hintergrund von Jeremia 51, der biblischen Edom-Traditionen und babylonischer Originalquellen (BBB 63) Frankfurt/Bonn 1986; J. Jeremias, Zur Theologie Obadjas. Die Auslegung von Jer 49,7-16 durch Obadja, in: R. Lux/E.-J. Waschke (Hg.), Die unwiderstehliche Wahrheit. Studien zur alttestamentlichen Prophetie, Leipzig 2006, 269–282; U. Kellermann, Israel und Edom. Studien zum Edomhaß Israels im 6.–4. Jahrhundert v. Chr., Habil. Münster 1975; J. Nogalski, Redactional Processes in the Book of the Twelve (BZAW 218) Berlin 1993; O. H. Steck, Der Abschluß der Prophetie im Alten Testament (BThSt 17) Neukirchen-Vluyn 1991; J. Wehrle, Prophetie und Textanalyse. Die Komposition Obadja 1–21 interpretiert auf der Basis textlinguistischer und semiotischer Konzeptionen (ATS 28) St. Ottilien 1987; P. Weimar, Obadja. Eine redaktionskritische Analyse: BN 27, 1985, 35–99; M. Weippert, Edom. Studien und Materialien zur Geschichte der Edomiter auf Grund schriftlicher und archäologischer Quellen, Diss. Tübingen 1971.

Das mit seinen 21 Versen kürzeste Buch der Hebräischen Bibel steckt voller exegetischer Probleme. Sie beginnen bei dem schwierigen hebräischen Text, der zu manchen → Konjekturen und Umstellungen verführt (vgl. auch EÜ), und reichen bis zum Streit über die Relevanz für christliche Theologie (vgl. *J. A. Soggin*: »... is of little theological interest«). Schon der Kirchenvater Hieronymus seufzte deshalb: »*Quanto brevius est, tanto difficilius*« (etwa: »Es ist so schwierig wie es kurz ist«).

4.1 Aufbau

Das Büchlein lässt sich – nach der komplexen Überschrift V. 1 – in thematischer und formaler Hinsicht in die *zwei Teile V. 2–15* (Gerichtsankündigung gegen Edom) und *V. 16–21* (Heilsankündigung für Zion und Gesamt-Israel) gliedern.

Die wichtigsten Unterschiede, die den Teilen ihr spezifisches Profil geben, sind:
(1) In V. 2–15 geht es ausschließlich um Strafe und Schuld Edoms, wobei sich JHWH zu seinem Strafgericht anderer Völker bedient; von Heil für Zion/Israel ist nicht die Rede; die Jerusalem-Perspektive ist durch die Erläuterung der Schuld Edoms im Zusammenhang mit der Katastrophe Jerusalems 586 v. Chr. gegeben. In V. 16–21 ergeht das Gericht an alle Völker, Edom einge-

schlossen, dessen Schicksal zum Exempel des universalen, eschatologischen Völkergerichts wird; Werkzeuge des Gerichts an Edom sind nun gemeinsam das »Haus Jakob« (= Südreich) und das »Haus Josef« (= Nordreich), also Gesamt-Israel. Das Völkergericht ist freilich nur die Voraussetzung für die in V. 16–21 entfaltete Heilsperspektive für Zion und Gesamt-Israel: Wiederherstellung des Zion und des Gottesvolks, erneute Landnahme in den »alten« Grenzen des davidischen Reichs, mit dem Ziel des Weltkönigtums JHWHs (nicht: Israels!).
(2) V. 2–15 ist stark geprägt von der direkten Anrede JHWHs an Edom (meist in 2. Pers. Sg: ich – du). Diese Redesituation fehlt in V. 16–21; der Teil setzt mit JHWHs pluralischer Anrede »ihr« ein, die sich an die Judäer richtet, die die Katastrophe von 586 v. Chr. überlebt haben.

Der *erste Teil (V. 2–15)* ist eine begründete Gerichtsankündigung (V. 2–9: Strafankündigung; V. 10–14: anklagender Schuldaufweis; V. 15: Zusammenfassung: Gerichtsansage und Vergeltungsspruch). Er ist eine Komposition kleinerer Texteinheiten:

2–4	Kampfansage JHWHs an Edom: »*Ich* stürze dich von deiner Hybris hinab«
5–7	Schilderung der Bestrafung Edoms durch menschliche Akteure; in der Form eines ironischen Leichenliedes
8–9	Vernichtungsansage JHWHs an Edom: »*Ich* vernichte ...«
10–11	Anklage gegen Edom: Mord und Gewalt an Bruder Jakob sowie Mitwirkung bei der Zerstörung Jerusalems 586 v. Chr.
12–14	Indirekte Anklage gegen Edom in der Form von acht Warnsprüchen/Verboten (mit achtmaliger Angabe »am Tage ...«)
15	Zusammenfassung/Klimax: Strafansage (»Tag JHWHs«) und Ansage der Vergeltung nach dem *ius talionis*

Der *zweite Teil (V. 16–21)*, der mit seiner Ihr-Anrede an die Jerusalemer den Neueinsatz markiert, ist gleich zu Anfang durch die Aufnahme des *ius talionis*-Prinzips (V. 16: »wie ihr ... so«; vgl. 15b: »was/wie du ... so«) sowie durch das Stichwort »alle Völker« (V. 16; vgl. V. 15a) mit dem Schluss des ersten Teils verzahnt. Auch er ist eine Komposition kleinerer Einheiten:

16–17	Kriegsansage JHWHs an alle Völker: Sie müssen den Zornbecher JHWHs trinken wie Israel. Umkehrung der Machtverhältnisse: Zion als Ort der Rettung und als Metropole der Völker
18	Vernichtung Edoms durch Gesamt-Israel
19–20	Konkretisierung der in V. 17 gegebenen Heilsverheißung für Israel (Stichwortaufnahme: *jāraš* »in Besitz nehmen«): Erneute Landnahme
21	Zusammenfassung/Klimax: JHWHs Weltkönigtum vom Zion aus (Rettung des Zion/Gericht über Edom)

4.2 Entstehung

4.21 Mehrphasiges Wachstum

Zwar ist das Verhältnis Israel – Edom im Kontext der Völkerwelt das Thema, das dem Büchlein eine einheitliche Perspektive gibt, doch sprechen schon allein die oben angeführten Unterschiede der beiden Teile gegen die Annahme *eines* Verfasserkreises. Das in der derzeitigen Forschung am meisten vertretene Entstehungsmodell nimmt mindestens drei Wachstumsstufen an, die als sukzessiver Fortschreibungsprozess gedeutet werden:

Als *erste Phase* kann die Zusammenstellung der Sprüche V. 2–14.15b zu der begründeten Gerichtsankündigung gegen Edom (s. o.) gelten. Da vor allem in den Warnsprüchen V. 12–14, aber auch in V. 11 konkrete Details (Eroberung Jerusalems durch »Fremde« = Barbaren, Werfen des Loses zur Bestimmung der Deportierten, Verrat der Fluchtwege an die landesunkundigen Babylonier, Abfangen der Flüchtlinge durch die Edomiter) mit geradezu miterlebbarer Erregung, Enttäuschung und Empörung aufgeführt werden, wird vielfach (freilich nicht unwidersprochen) angenommen, dass diese Komposition Zeitnähe und Zeitzeugenschaft hat, also zwischen 586 und 550 entstanden ist. Da sich innerhalb der Komposition der Abschnitt V. 2–4 als Einzelorakel heraushebt (Abschluss durch »Gottesspruchformel«), wird u. a. von *H. W. Wolff* (BK) V. 2–4 als das in der Überschrift V. 1 »Wir haben *eine Kunde* gehört von JHWH« gemeinte ursprüngliche »Gotteswort« verstanden, das dann in V. 5–14.15b ausgelegt wird. V. 2–4 wäre dann der Kristallisationskern der Obadja-Überlieferung überhaupt. Ein *möglicher* »Sitz im Leben«, für den V. 2–14.15b verfasst wurde, lässt sich mit *H. W. Wolff* (BK 3) so bestimmen: »Wir wissen aus Sach 7,3.5; 8,19, daß in Jerusalem nach 587 jährliche Klagegottesdienste an den Tagen der Eroberung der Stadt und des Tempelbrandes stattfanden. Das Buch Klgl bietet uns vor allem Klagegebete, die bei dieser Gelegenheit in den Trümmern des Jerusalemer Heiligtums angestimmt wurden ... Es zeigt uns zugleich, daß die Klagen nicht ohne Antwort blieben, ja daß solche Antworten speziell auch das Gericht über Edom ankündigten, wie Klgl 4,21f zeigt ... In Obadja können wir einen solchen Kultpropheten erkennen, der der zerschlagenen Notgemeinde auf dem Zion den Erhörungszuspruch zukommen ließ, vor allem in der Form der Gerichtsdrohung an ihre Feinde«.

Als *zweite Phase* kann die Fortschreibung V. 15a.16–18 (mit der abschließenden »Wortbekräftigungsformel« in V. 18) gelten. Das Schicksal Edoms (das in V. 2–9 angedrohte Gericht ist inzwischen geschichtliche Wirklichkeit) ist nun ein Gerichtsexempel für die ganze Völkerwelt und ein Heilszeichen für Zion/Israel. Die veränderte Perspektive zeigt sich in der Ankündigung des »nahen Tages JHWHs«, an dem JHWH Israel als Werkzeug seines Weltgerichts gebraucht.

In kompositioneller Hinsicht ist V. 16–17 eine Gerichtsankündigung, die das Zerschellen des Völkersturms am Zion, der selbst gerettet und zum Ort der Rettung für Israel wird, ansagt. Um diesen Doppelspruch legt sich der Rahmen V. 15a.18, der mit dem Bild vom Tag JHWHs als »Feuer-Tag« gestaltet ist. Diese Fortschreibung dürfte gegen Ende des 5. Jh.s anzusetzen sein.

Als *dritte Phase* ist die in Prosa verfasste Fortschreibung V. 19–21 anzusehen, die mit ihrer Vorstellung von der Restituierung Gesamt-Israels einschließlich der → Gola eine nochmals spätere zeitgeschichtliche Situation (4./3. Jh. v. Chr.?) widerspiegelt.

Möglicherweise ist die skizzierte mehrstufige Entstehungsgeschichte auch in der *komplexen Überschrift* V. 1 abzulesen. Die Botenspruchformel V. 1bα könnte das vorgegebene Edom-Orakel eingeleitet haben. Die Auditionsformel »Eine Kunde/Audition von JHWH her« ist gut als Überschrift der Komposition V. 2–14a.15b denkbar. Die Überschrift »Vision/Weissagung Obadjas« passt gut für die durch V. 16–18 bzw. 19–21 ausgeweitete Zukunftsperspektive.

4.22 Beziehung zu anderen prophetischen Büchern

Die sukzessive Entstehungsgeschichte von Obd spiegelt sich auch in den unterschiedlichen *Beziehungen* wider, die die einzelnen Wachstumsschichten *zu anderen prophetischen Büchern* haben.

Das als Kristallisationskern der Obadja-Überlieferung vorausgesetzte Edom-Orakel V. 2–4 ist beinahe wörtlich identisch mit Jer 49,14–16. Der (synoptische) Vergleich beider Texte spricht dafür, dass der Jer-Text eine gezielte Neufassung des Obd-Textes ist (*A. Deissler, B. Hartberger, W. Rudolph, P. Weimar*); andere Autoren (z. B. *H. W. Wolff*) rechnen damit, dass der Obd-Text *und* der Jer-Text vom gleichen mündlich verkündigten und »umlaufenden« Orakel abhängen. Sollte freilich jene Forschungsposition recht haben, die V. 2–4 bzw. V. 2–7 erst als Echo auf den Untergang Edoms in der 1. Hälfte des 5. Jh.s datiert (*M. Weippert*), müsste diese Frage sowie die Entstehungsgeschichte von Obd überhaupt anders diskutiert werden.
Die zwischen V. 5–9 bestehenden Gemeinsamkeiten mit Jer 49,9–10.22 sind nicht so eng. Für die Entstehungsgeschichte von Obd ist freilich relevant, dass vergleichbare Ähnlichkeiten mit Jer-Texten sich *nicht* in den beiden Wachstumsschichten V. 15a.16–18 und V. 19–21 finden; diese sind von Sprache und Bildwelt der nachexilischen prophetischen Literatur (Scheitern des Völkersturms am Zion, Wiedervereinigung der ehemaligen Teilstaaten Juda und Israel, Rückkehr aus der → Gola, universales Weltkönigtum JHWHs vom Zion aus) geprägt.
Für die (früh)exilische Herkunft von V. 2–14.15b spricht auch die sachliche und teilweise sprachliche Verwandtschaft von V. 10–14 mit den exilischen Texten Am 1,11f; Ps 137,7–9, während V. 17.19–20 in den Horizont der in dem nachexilischen Text Am 9,11f entworfenen heilstheologischen Umkehrung des spannungreichen Verhältnisses Israel – Edom gehört.
Die in den letzten Jahren begonnene redaktionsgeschichtliche Diskussion über die Wachstumsgeschichte des Zwölfprophetenbuchs (vgl. *E. Bosshard, J. Nogalski, O. H. Steck, P. Weimar*) hat noch zu keinem Konsens geführt. Immerhin deutet sich die Möglichkeit an, das Büchlein (analog Joël und Mal) weitgehend als Werk einer sukzessiv aktualisierenden literarischen Schriftprophetie zu begreifen.

4.3 Theologie

Der Schlusssatz V. 21 fasst die Problematik zusammen, von der das Büchlein umgetrieben wird: Wie steht es um die Königsherrschaft des Gottes Israels angesichts der Leidensgeschichte Israels, als deren Tiefpunkte die Katastrophe von 586 v. Chr. und die von da an Israel bedrängende Fremdherrschaft erlitten werden? Das schwierige Verhältnis »Israel und die Völker« wird in Obd paradigmatisch am Bruderkonflikt Israel – Edom reflektiert, der sich ähnlich in den Jakob-Esau-Erzählungen der Genesis, aber auch in zahlreichen Anti-Edom-Texten der Prophetenbücher (vgl. u. a. Jes 34; 63,1–6; Jer 49; Ez 35; Am 1,11f; 9,11f) widerspiegelt.

Gegen diese leidvollen Erfahrungen und gegen die These von der Ohnmacht des Gottes Israels hält Obd daran fest, »daß das göttliche Gericht nicht nur Israel, sondern auch die anderen Völker treffe, wenn ihre Schuld ein Gott herausforderndes Maß erreicht hat. Gottes Heiligkeit wird dann zur strafenden Gerechtigkeit. Sie waltet hier über Edom, dem in Hybris und Selbstsucht alle menschlichen Bande zerstörenden Brudervolk Israels. Am ebenfalls im Strafgericht geschlagenen Gottesvolk wird jedoch auch offenbar, daß Jahwes Bundeswille sich am Ende als größer erweist als sein Gerichtswille. Dies gilt, wie andere Propheten verkünden, prinzipiell auch für Jahwes Gerichtswalten an den Völkern. Denn seine endzeitliche Königsherrschaft, die Obd 21 in den Horizont aller Geschichte stellt, schließt in der prophetischen Gesamtbotschaft ein universales, die ganze Menschheit umfassendes Reich der Gerechtigkeit und des Friedens ein« (*A. Deissler*, NEB 139).

Innerhalb dieser Gesamtbotschaft bleibt Obd freilich ein provozierendes und leicht missverstandenes Dokument der Sonderrolle Israels in der Geschichte Gottes mit der Menschheit. »Wo Gott herausgreift, müssen alle anderen, auch ›Esau‹, zurückstehen; was Gott verheißen und gegeben hat, darf niemand, auch ›Esau‹ nicht, wegnehmen. Der hier lauernden chauvinistischen Versuchung hat Israel, aufs ganze gesehen, widerstanden ..., wogegen die Christenheit als gewissermaßen jüngerer Bruder Jakobs der antijudaistischen Versuchung oft und gründlich erlegen ist ... Das Obadjabuch ist konkret-historisch – und doch nicht nur als Dokument eines zeitgebundenen Nationalismus zu lesen. Es will grundsätzlich-paradigmatisch verstanden werden – und muß doch als anstößig-parteiliches Zeugnis israelitischer Erwählungsgewißheit *wahr*genommen werden« (*W. Dietrich*, Obadja 719).

5. Das Buch Jona

Kommentare: K. Marti (KHC) 1904; T. H. Robinson (HAT) ³1964; C. A. Keller (CAT) ²1982; W. Rudolph (KAT) 1971; H. W. Wolff (BK) 1977, ³2004; A. Deissler (NEB) 1984, ²1986; D. Stuart (WBC) 1984; J. M. Sasson (AncB) 1990; F. W. Golka (Calwer Bibelkommentare) 1991, ²2007; U. Struppe (NSK) 1996; M. A. Sweeney (BO) 2001; J. Jeremias (ATD) 2007; J. Nogalski 2011; D. Stuart (WBC) 2014; P. Weimar (HThKAT) 2016.

Einzelstudien: G. C. Cohn, Das Buch Jona im Lichte der biblischen Erzählkunst (SSN 12) Assen 1969; J.-D. Döhling, Der bewegliche Gott. Eine Untersuchung des Motivs der Reue in der Endgestalt der Hebräischen Bibel (HBS 61) Freiburg 2009; J. Ebach, Kassandra und Jona. Über den Umgang mit dem Schicksal, Frankfurt 1987; M. Gerhards, Studien zum Jonabuch (BThSt 78) Neukirchen-Vluyn 2006; O. Kaiser, Wirklichkeit, Möglichkeit und Vorurteil. Ein Beitrag zum Verständnis des Buches Jona, in: ders., Der Mensch unter dem Schicksal (BZAW 161) Berlin 1985, 41–53; T. Krüger, Literarisches Wachstum und theologische Diskussion im Jona-Buch: BN 59, 1991, 57–88; R. Lux, Jona. Prophet zwischen »Verweigerung« und »Gehorsam«. Eine erzählanalytische Studie (FRLANT 162) Göttingen 1994; J. Magonet, Form and Meaning. Studies in Literary Techniques in the Book of Jonah, Sheffield ²1983; J. Marböck, Der Bezeugte und sein Zeuge im Büchlein Jona, in: FS E. J. Korherr, Graz 1988, 21–30; J. A. Miles, Laughing at the Bible. Jonah as Parody: JQR 65, 1974/75, 168–181; I. Müllner, Fraglos eine Frage? Zum Schluss des Jonabuchs, in: K Schiffner/S. Leibold (Hg.), Fragen wider die Antworten, Gütersloh 2010, 286–304; M. Roth, Israel und die Völker im Zwölfprophetenbuch (FRLANT 210) Göttingen 2005; L. Schmidt, »De Deo«. Studien zur Literarkritik und Theologie des Buches Jona, des Gesprächs zwischen Abraham und Jahwe in Gen 18,22ff. und von Hi 1 (BZAW 143) Berlin 1976; U. Simon, Jona. Ein jüdischer Kommentar (SBS 157) Stuttgart 1994; U. Steffen, Die Jona-Geschichte. Ihre Auslegung und Darstellung im Judentum, Christentum und Islam, Neukirchen-Vluyn 1994; G. Vanoni, Das Buch Jona. Literar- und formkritische Untersuchungen (ATS 7) St. Ottilien 1978; B. Weber, Jona. Der widerspenstige Prophet und der gnädige Gott (Biblische Gestalten 27) Leipzig 2012; P. Weimar, Literarische Kritik und Literarkritik. Unzeitgemäße Beobachtung zu Jon 1,4–16, in: FS J. Schreiner, Würzburg 1982, 217–235; ders., Jon 4,5. Beobachtungen zur Entstehung der Jonaerzählung: BN 18, 1982, 86–109; ders., Jonapsalm und Jonaerzählung: BZ 28, 1984, 43–68; ders., Das Jona-Buch: BiLi 73, 2000, 54–59.129–136.183–188.240–246; ders., Eine Geschichte voller Überraschungen. Annäherungen an die Jonaerzählung (SBS 217) Stuttgart 2009; H. H. Witzenrath, Das Buch Jona. Eine literaturwissenschaftliche Untersuchung (ATS 6) St. Ottilien 1978; H. W. Wolff, Studien zum Jonabuch. Mit einem Anhang von J. Jeremias: Das Jonabuch in der Forschung seit H. W. Wolff (BSt 47) Neukirchen-Vluyn [3]2003.

5.1 Literarische und theologische Eigenart

Das Buch Jona unterscheidet sich von allen anderen Büchern der Prophetie. Abgesehen von dem kurzen Wort »Noch vierzig Tage, und Ninive ist zerstört« (3,4) bietet es nicht die Botschaft eines Propheten, sondern eine Erzählung *über* einen Propheten – bzw. über die Belehrung dieses Propheten durch JHWH. Als Prophetenerzählung ist sie mit den Prophetengeschichten über Elija und Elischa (vgl. 1 Kön 17–2 Kön 9) vergleichbar. Mit diesen Geschichten teilt die Jona-Erzählung auch den Charakter der märchenhaften, wundervollen Welt. Da fällt unerwartet ein gewaltiger Sturm über das Meer herein. Da kommt ein großer Fisch, verschlingt Jona, und Jona überlebt drei Tage und Nächte in den Eingeweiden des Fisches, ehe dieser ihn auf das Festland ausspeit – offensichtlich just dorthin, wo die Geschichte in 1,1 begonnen hatte. Da geht Jona schnurstracks nach Ninive, predigt dort und die Leute verstehen ihn, obwohl er eine ihnen fremde Sprache spricht. Mehr noch: obwohl er nur einen Tag gepredigt und dabei nur ein Drittel der Stadt durchwandert hat, bekehren sich alle Lebewesen von Ninive, groß und klein, Mensch und Tier, zum Guten – allesamt an einem Tag. Und am Schluss wächst in einer Nacht ein mächtiger Rizinusstrauch, der dann am nächsten Tag beim Aufgang der Morgenröte urplötzlich vertrocknet. All dieses wird nun aber gerade nicht als Wunder wie in den Elija- und Elischageschichten erzählt – weder als spektakuläres Wunder Gottes noch als Wunder des Propheten, das die Leser in Erstaunen über die *Mächtigkeit* Gottes oder seines Propheten versetzen soll. Die märchenhafte, wundervolle Einfärbung, die der Geschichte bei aller Dramatik eine heitere, faszinierende Gestimmtheit gibt, hängt mit der theologischen Lehre zusammen, die in dieser »Perle der israelitisch-jüdischen Literatur« (*L. Schmidt*, De Deo 7) dem Propheten und den Lesern des Buches vermittelt werden soll: Dass die starke und liebende Hand Gottes *alle* seine Geschöpfe zu sich führen will, auch den Propheten, der vom Angesicht JHWHs wegläuft. Zu dieser Erkenntnis führt JHWH, der von Anfang bis Ende der eigentliche Akteur des Geschehens ist, seinen widerspenstigen Propheten, der die strafende Gerechtigkeit als unaufgebbares Grundaxiom der Weltordnung verteidigt, mit einer Mischung von Ironie und Überraschungen, die den Propheten schließlich verstummen und aufgeben lassen – wie Ijob!

Von den Elija- und Elischaerzählungen, aber auch von den anderen Büchern der Prophetie unterscheidet sich das Buch Jona noch dadurch, dass der Erzählung jegliche Einbindung in die Geschichte Israels fehlt. Die handelnden Figuren und die gezeichneten Schauplätze haben kein historisch-individuelles, sondern typisches und fiktiv-literarisches Profil. »Name, Nationalität und Gott des ›Königs von Ninive‹ werden nicht genannt, so daß die Erzählung dementsprechend auch nicht in einer bestimmten Zeit verankert ist. Es fehlen sowohl die politische Dimension als auch religiöse Details. Auch der Oberste der Matrosen und seine Leute, von denen jeder seinen Gott anruft, haben keinerlei Identität oder besondere Eigentümlichkeiten. Jona selbst wird zwar mit einer bekannten historischen Persönlichkeit identifiziert [der Heilsprophet Jona ben Amittai des 8. Jh.s: vgl. 2 Kön 14,25]. Damit soll er aber offensichtlich nicht historisch eingeordnet, sondern nur zusätzlich charakterisiert werden ... Das gleiche gilt von Ninive. Es wird nicht als Hauptstadt der assyrischen Weltmacht beschrieben, sondern ist eine Metropole des Unrechts irgendwo im Osten ... Die Erzählung endet mit einer rhetorischen Frage Gottes, ohne daß irgendetwas über die Rückkehr des Propheten und die weiteren Ereignisse gesagt würde ... Im Buch Jona wird ... die historisch-reale Seite verdeckt, um die theologische Seite – das direkte und offenbare Eingreifen Gottes – hervorzuheben« (*U. Simon*, Jona 31). Insofern ist diese theologische Prophetenerzählung eben doch »Prophetie«: Als literarische Prophetie verkündet sie jenes Gotteswort, auf das die ganze Erzählung in 4,10f zuläuft und das die »altüberlieferte« Gottesrede Ex 34,6, die in 4,2 zitiert wird, »prophetisch« auslegt – und zwar in literarisch kunstvoller Form, wie der Aufbau der Erzählung belegt (hier gilt unbestreitbar: The medium is the message).

5.2 Der Aufbau

Die Erzählung ist in mehrfacher Hinsicht in die zwei Teile Kap. 1–2 und Kap. 3–4 gegliedert:

(1) Die zweifach gesetzte prophetische Wortereignisformel 1,1 und 3,1 löst beidemal wortgleich eingeleitete, in der Sache zunächst entgegengesetzte und letztlich doch zum gemeinsamen Ziel führende Handlungen aus:

1,1–3	**3,1–3a**
Und das Wort JHWHs erging an Jona ben Amittai folgendermaßen:	Und das Wort JHWHs erging an Jona zum zweiten Mal folgendermaßen:
Steh auf, geh nach Ninive, der großen Stadt,	Steh auf, geh nach Ninive, der großen Stadt,
und rufe über sie aus ...	und rufe ihr zu ...
Und Jona stand auf, um nach Tarschisch zu fliehen ... weg von dem Angesicht JHWHs.	Und Jona stand auf, und er ging nach Ninive, gemäß dem Wort JHWHs.

Beiden Szenen ist gemeinsam, dass sie keinen festgelegten »Ort« der Handlung haben, ganz im Unterschied zur übrigen Erzählung.

(2) Ort der Handlung der Kap. 1–2 ist (ab 1,4) das Meer bzw. das Schiff auf dem Meer und der Fisch im Meer; Ort der Handlung der Kap. 3–4 ist (ab 3,3b) Ninive, sei es inmitten der Stadt (3,3b–4,5) oder der Blick auf die Stadt, östlich von ihr (4,6–11).

(3) Die handelnden Figuren in Kap. 1–2 sind JHWH und Jona sowie die Seeleute und ihr Kapitän; die handelnden Figuren in Kap. 3–4 sind JHWH und Jona sowie die Bewohner von Ninive und ihr König.

(4) Die beiden Teile bestehen jeweils aus drei Szenen, die in ihrem Geschehensablauf und in ihrer formalen Komposition eine symmetrische Parallel-Struktur aufweisen:

1–2: Die äußere Flucht	**3–4: Die innere Flucht**
1,1–3 Der Befehl und seine Übertretung	3,1–3a Der Befehl und seine scheinbare Ausführung
1,4–16 Auf dem Meer im Schiff: Die Gottesfurcht der Seeleute und Jonas Widerstand (Gebetsverweigerung und Todeswunsch)	3,3b–4,5 In der Stadt Ninive: Die Umkehr der Sünder und Jonas Widerstand (Einklagen der strafenden Gerechtigkeit und Todeswunsch)
2,1–11 Im Meer, in den Eingeweiden des Fisches: Die Unterwerfung des Jona	4,6–11 In Ninive, vor den Toren der Stadt: Die Ergebung des Jona

(5) Die Szenen 2 und 3 der beiden Teile haben jeweils eine analoge Geschehensstruktur (vgl. *U. Simon*, Jona 49):

Teil 1	**2. Szene: 1,4–16**		**3. Szene: 2,1–11**
	Seeleute	*Jona*	*Jona*
gottgesandte Notlage	»Das Schiff drohte auseinanderzubrechen.«	Gott verfolgt seinen Propheten.	Der Fisch, der Jona gerettet hat, wird ihm zum Gefängnis.
Gebet (und Handlung)	Die Seeleute beten zu Gott (und werfen Jona ins Meer).	Jona weigert sich, zu Gott zu beten (und flieht ins Meer in den Tod).	Der gedemütigte Prophet bittet um Errettung.
Gottes Antwort	»Das Meer stand still von seinem Zorn.«		»Und JHWH sprach zu dem Fisch. Und er spie Jona aus.«

Teil 2	**2. Szene: 3,3b–4,5**		**3. Szene: 4,6–11**
	Die Bewohner Ninives	*Jona*	*Jona*
gottgesandte Notlage	»Noch vierzig Tage und die Stadt ist umgestürzt.«	Gottes Erbarmen ärgert Jona.	Der Rizinusstrauch, der Jona von seinem Ärger errettet, verdorrt, und die Sonne sticht auf seinen Kopf.

Teil 2	**2. Szene: 3,3b–4,5**		**3. Szene: 4,6–11**
Gebet (und Handlung)	Gebet zu Gott (und Rückgabe gestohlenen Eigentums).	Protestgebet: »Nimm doch meine Seele von mir« (und fortgesetzter Protest: Verlassen der Stadt nach Osten).	Der protestierende Prophet ist verzweifelt: er will sterben, weigert sich aber zu beten.
Gottes Antwort	»da gereute Gott das Böse ...«		Gottes Antwort an Jona erklärt ihm seine Wege und versöhnt ihn wieder.

Die einzelnen Szenen weisen also einen jeweils gleichen Geschehensbogen auf: »Am Anfang steht eine große Notlage (wirklich oder eingebildet), die durch Gott verursacht wird. Danach folgt in der Mitte eine Hinwendung zu Gott in Wort oder Tat (oder auch in einer demonstrativen Passivität), und am Ende ein Antworten Gottes (das selbstverständlich fehlt, wenn keine Hinwendung zu Gott vorausgegangen ist) ... Anhand dieses Grundschemas werden Verbindungen und Gegensätze zwischen den Reaktionen der Seeleute und Bewohner Ninives, die ihrer Notlage durchaus angemessen sind, und den problematischen Reaktionen des rebellierenden Propheten hergestellt. Daneben werden auch die unterschiedlichen Reaktionen des Propheten selbst miteinander verbunden oder einander gegenübergestellt. Im zweiten Teil wird alles viel intensiver ausgestaltet: Die Umkehr der Bewohner Ninives steht dann dem Gehorsam der Seeleute gegenüber, die Jona ins Wasser werfen müssen. Jonas verzweifelter Protest gegen Gottes Güte findet sein Gegenstück in seinem Schweigen auf dem Schiff. Seine wiederholte Weigerung zu beten, nachdem der Rizinusstrauch verdorrt war, steht dem erzwungenen Gebet aus den Eingeweiden des Fisches gegenüber. Gott erhört alle Gebete um Errettung vor dem Tode, sei es das der Seeleute, das der Sünder Ninives oder das des Propheten aus den Eingeweiden des Fisches, aber er weist Jonas beständiges Streben zu sterben zurück und vereitelt es. Erst am Ende der Erzählung erhält Jona von Gott eine ausdrückliche und ausführliche Antwort, mit der er ihm seine Wege erklärt« (*U. Simon*, Jona 50).

5.3 Entstehung

In der Forschung haben vor allem vier Problemfelder zu unterschiedlichen Theorien über die Entstehung des Buches geführt:

(1) Die oben herausgearbeiteten beiden Teile sind motivgeschichtlich sehr verschieden und bilden jeweils einen in sich geschlossenen Erzählbogen, so dass man an zwei Erzählungen (Stillung eines Seesturms durch ein Menschenopfer bzw. »Gegengeschichte« dazu: Ablehnung der Notwendigkeit von Menschenopfern, um Gott zu besänftigen o. ä.; Bekehrung einer sündigen Stadt) dachte, die hier zusammengearbeitet wurden. Gegen diese These spricht die symmetrische Struktur der beiden Teile. Dass der Verfasserkreis unterschiedliche Stoffe aufgenommen und kunstvoll kombiniert hat, ist offensichtlich; aber dass sich deren Gestalt rekonstruieren lässt, ist höchst unwahrscheinlich.

(2) Auffallend ist der Wechsel von JHWH und Elohim (Gott) in der Erzählung: In 1,1–3,4 findet sich JHWH, in 3,5–10 Elohim, in 4,1–5 JHWH, in 4,6 JHWH Elohim, in 4,10–11 JHWH. Die von dieser Beobachtung ausgehenden Versuche, eine Elohim-Grundschicht zu rekonstruieren, die dann durch eine JHWH-Schicht bearbeitet worden wäre (*E. Nielsen, L. Schmidt*), hat wenig Zustimmung gefunden.

(3) Ausgehend von der literarkritisch als Dublette interpretierten Abfolge 4,5b | 4,6a (doppelter Schatten für Jona: das Laubdach bzw. der Rizinusstrauch mit seinen riesigen Blättern) wurde, unter Beiziehung weiterer literarkritischer Annahmen, eine mehrstufige Wachstumsgeschichte vermutet (z. B. *P. Weimar*: Grundschicht und zwei redaktionelle Bearbeitungen). Diese »Dublette« lässt sich entweder als literarische Technik der »Nachholung« (vgl. *H. W. Wolff*, BK) oder interpretatorisch (Rizinusstrauch: Schatten gegen die Morgensonne!) lösen.

(4) Das am meisten diskutierte Problem ist die Frage, ob der sog. Jonapsalm 2,3–10 zur ursprünglichen Erzählung gehört oder erst nachträglich eingefügt wurde. Dass der Dank-Psalm mit seinem Tempelbezug erst später hinzukam, begründet z. B. *H. W. Wolff* so: »1. Die Situation des Psalms paßt nicht zum Kontext ... 2. Die Sprache des Psalms ist eine andere als die der Erzählung ... 3. Der Jona des Psalms ist ein anderer als der der Erzählung. Darum sprach *G. von Rad* von der ›psychologischen Unglaubwürdigkeit‹: ›Diese frommen und dankergebenen Worte passen doch gar nicht zu dem störrischen Jona, der sich nachher nur noch unglaublicher benimmt als vorher‹« (*H. W. Wolff*, BK 104f). Diese Gründe veranlassen *H. W. Wolff* »zu der Annahme, daß 2,3–10 nachgetragen ist und daß auch 2,2 zu diesem Nachtrag gehört. Er führt dem Leser einen vorbildlich bekehrten Jona vor, wie wir ihn am Ende der alten Prosaerzählung noch nicht finden. Der Ergänzer hat den neuen Beter Jona in jene Fischszene hineingestellt, die auch die spätere Auslegung und die Kunstgeschichte am stärksten gefesselt hat« (*H. W. Wolff*, BK 57). Demgegenüber halten neuere Arbeiten mit guten Gründen daran fest, dass der Psalm zur ursprünglichen und insgesamt einheitlichen Erzählung gehört; dabei kann der Psalm vom Erzähler selbst geschaffen oder als vorgegebener Psalm integriert worden sein; denkbar ist auch, dass 2,3–10 teilweise vorlag und teilweise vom Erzähler stammt.

Die derzeitige Forschung tendiert mehrheitlich dazu, das Buch Jona als ein einheitliches Werk zu betrachten, das in der 2. Hälfte des 4. Jh.s oder zu Beginn des 3. Jh.s entstanden ist (in Jerusalem oder in der ägyptischen → Diaspora?). Für diese Datierung sprechen vor allem folgende Gründe:

(1) Das Buch ist als »literarische Prophetie« (s. o.) mit seinen vielfältigen Anspielungen auf andere biblische Bücher, durch seine dtr Umkehrtheologie und insbesondere durch die gezielten Bezüge zum Jeremiabuch (Kap. 3 liest sich wie eine Illustration zu Jer 18,7f und wie ein Gegentext zu Jer 36) erst in nachexilischer Zeit denkbar.

(2) Die Aufnahme der griechisch-mythologischen Stoffe (Verschlingung eines sagenhaften Helden durch einen großen Fisch; Ausspeiung des Jason in der Argonautensage) ist am ehesten in der frühhellenistischen Epoche vorstellbar.

(3) Die wörtlichen intertextuellen Gemeinsamkeiten zwischen Joël und Jona (Joël 2,13b = Jona 4,2b; Joël 2,14a = Jona 3,9b) sind als Abhängigkeit Jonas von Joël wahrscheinlicher als umgekehrt (s. o. F.VIII.2.).

5.4 Theologie

Das Buch Jona gehört zu den beliebtesten Büchern der Bibel. Es fasziniert als literarisches Kunstwerk – und gibt doch seine theologische Botschaft nicht so leicht preis, wie die christliche *und* jüdische Auslegungsgeschichte zeigen. Die vielfältigen Interpretationen lassen sich »auf vier Grundauffassungen reduzieren, von denen jede ihre eigene Antwort auf folgende Fragen vorschlägt: Was ist der Grund für Jonas Widerstand gegen den Auftrag, Prophet über Ninive zu sein? Und was lehrt Gott seinen Propheten durch den Sturm, den Fisch und den Rizinusstrauch?« (*U. Simon*, Jona 13). Die *vier Positionen* lassen sich thesenhaft so zusammenfassen und beurteilen:

(1) Gegen die in Jonas Widerstand zum Ausdruck kommende Auffassung, dass Sünde einzig und allein durch Strafe gesühnt werden könne, wird in der Erzählung die sühnende und rettende Kraft der Umkehr demonstriert. Dieses Verständnis liegt offensichtlich auch der gemäß dem babylonischen → Talmud (Megilla 31a) gültigen jüdischen Praxis zugrunde, das ganze Buch Jona beim Nachmittagsgebet am Jom Kippur (Versöhnungstag) als Schlussabschnitt zu verlesen.

In der christlichen Auslegungsgeschichte führte dieser Verständnistyp nicht selten dazu, dass der Prophet Jona als Repräsentant des unbußfertigen Judentums und die Heiden im Jonabuch als die »besseren Juden« nach Röm 2,17ff gedeutet wurden. Mit Verweis auf Mt 12,41; Lk 11,32 wurde bzw. wird dieser Jona = Judentum zum → Typos der »ungläubigen« Juden, die sich weigern, Jesus als das an sie ergangene Gotteswort und als Messias anzunehmen.

Das Thema Umkehr ist allerdings nicht das Hauptthema der Erzählung. Es ist nur in Kap. 3 prägend. Vor allem gibt die Schlussszene 4,6–11 ein anderes Motiv für die Rettung Ninives an: die Liebe des Schöpfers zu seinen Geschöpfen (vgl. 4,11: die Kinder und das Vieh – die weder sündigen noch umkehren können!).

(2) Das Buch kritisiert nationalistische, partikularistische und fremdenfeindliche Tendenzen im nachexilischen Judentum und schärft ein, dass Israels Erwählung durch JHWH darauf abziele, den Völkern die Botschaft vom wahren Gott zu bringen.

In der christlichen Auslegungsgeschichte sah man nicht selten den Propheten als »typischen« Repräsentanten des Judentums, das sich weigere, das Heil mit den Völkern zu teilen. Dieser Auslegungstyp hat zu schrecklichen und folgenschweren Antijudaismen geführt (teilweise bis heute).

Das Verhältnis Israel – Völker (bzw. Juden – Heiden) ist keinesfalls das Hauptthema des Buchs. Die Schiffsbesatzung und die Niniviten gehören zum erzählerischen Inventar (sie sind »Rollen«), um die Bedingungslosigkeit und Universalität der Liebe des Schöpfergottes zu erzählen, aus der *auch* der Prophet lebt – wie alle Geschöpfe.

(3) Das Buch ist eine Lehrerzählung über die Dramatik einer prophetischen Berufung und/oder über die Bedeutung der Gerichts- und Unheilsprophetie. Jona hält daran fest, dass sich ein einmal ergangenes Wort erfüllen muss, andernfalls würden er und vor allem der ihn sendende Gott als »Lügner« desavouiert. Freilich spielt diese Perspektive in der Schlussszene 4,6–11 überhaupt keine Rolle mehr. Welch' ein Prophetenbild wäre hier entfaltet, wenn der Prophet um seiner Ehre willen lieber den Untergang einer ganzen Stadt als ihre Umkehr und Errettung sehen möchte!

(4) Das Buch ist eine theologische Prophetenerzählung, die ihre LeserInnen (Juden *und* Christen) dazu einlädt, sich mit Jona zusammen zu jener Gottes-Wahrheit hinführen zu lassen, mit der das Buch endet: dass der Gott Israels als der Schöpfergott ein Gott der Gnade ist, der als Gott des Rechts zur Umkehr bewegt und sich darin als Gott der Vergebung *und* des Strafverzichts erweist – weil er ein Gott der grenzenlosen Liebe zu allem Lebendigen ist. Von *dieser* Liebe allein lebt *auch* der Prophet. In diese Einsicht ergibt Jona sich am Ende des Buchs, indem er schweigt (vgl. 4,11). »Wie das Buch Ijob endet auch das Buch Jona mit der Ergebung dessen, der gegen seinen Gott rebelliert hatte.

Während dort aber das Zugeständnis, daß Gott recht hatte, ausdrücklich gegeben wird (›darum verwerfe ich, und es gereut mich in dem Staub und der Asche‹, Ijob 42,6), ist es hier stillschweigend. In völligem Gegensatz zu Ijob ist Jona kein Mann der Worte. Seine Flucht war von beredtem Schweigen begleitet, und so drückt sich auch seine Antwort an Gott in demütigem Schweigen aus, das darauf verzichtet, die Zustimmung auszusprechen, wie es der Psalm sagt: ›Dir ist Schweigen Lobpreis‹ (Ps 65,2)« (*U. Simon*, Jona 141). Die offene Frage 4,11 ist zugleich eine Frage an die LeserInnen der Erzählung.

6. Das Buch Micha

Kommentare: K. Marti (KHC) 1904; T. H. Robinson (HAT) ³1964; R. Vuilleumier (CAT) 1971; W. Rudolph (KAT) 1975; J. L. Mays (OTL) 1976.³1985; H. W. Wolff (BK) 1982, ³2004; D. R. Hillers (Hermeneia) 1984; A. Deissler (NEB) 1984, ²1986; R. L. Smith (WBC) 1984; R. Oberforcher (NSK) 1995; R. Kessler (HThKAT) ²2000; M. A. Sweeney (BO) 2001; H. Utzschneider (ZBK) 2005; J. Jeremias (ATD) 2007; J. Nogalski 2011; R. L. Smith (WBC) 2014; W. E. Glenny (SCS) 2015; D. Smith-Christopher (OTL) 2015.

Bibliographie: A. van der Wal, Micah. A Classified Bibliography, Amsterdam 1990.

Einzelstudien: K. H. Cuffey, The Coherence of Micah. A Review of the Proposals and a New Interpretation, Diss. Drew University 1987; A. Decorzant, Vom Gericht zum Erbarmen. Text und Theologie von Micha 6–7 (fzb 123) Würzburg 2010; V. Fritz, Das Wort gegen Samaria Mi 1,2–7: ZAW 86, 1974, 316–331; J. Jeremias, Die Deutung der Gerichtsworte Michas in der Exilszeit: ZAW 83, 1971, 330–354; ders., Tau und Löwe (Mi 5,6f), in: FS H. W. Wolff, München 1992, 221–227; P. J. King, Amos, Hosea, Micah. An Archaeological Commentary, Philadelphia 1988; T. Lescow, Micha 6,6–8. Studien zu Sprache, Form und Auslegung (AzTh I/25) Stuttgart 1966; ders., Redaktionsgeschichtliche Analyse von Micha 1–5: ZAW 84, 1972, 46–85; ders., Redaktionsgeschichtliche Analyse von Micha 6–7: ZAW 84, 1972, 182–212; J. L. Mays, The Theological Purpose of the Book of Micah, in: FS W. Zimmerli, Göttingen 1977, 276–287; E. Otto, Art. Micha/Michabuch: TRE 22, 1992, 695–704; B. Renaud, Structure et attaches littéraires de Michée IV–V (CRB 2) Paris 1964; ders., La formation du livre de Michée. Tradition et actualisation (EtB) Paris 1977; M. Roth, Israel und die Völker im Zwölfprophetenbuch (FRLANT 210) Göttingen 2005; L. Schwienhorst-Schönberger, Zion – Ort der Tora. Überlegungen zu Mi 4,1–5, in: FS L. Klein (BBB 90) Bodenheim 1993, 107–125; B. Stade, Bemerkungen über das Buch Micha: ZAW 1, 1881, 161–172; ders., Streiflichter auf die Entstehung der jetzigen Gestalt der alttestamentlichen Prophetenschriften: ZAW 23, 1903, 153–171; J. Wellhausen, Ergänzungen zu Friedrich Bleek, Einleitung in das Alte Testament, Berlin ⁴1878; I. Willi-Plein, Vorformen der Schriftexegese innerhalb des Alten Testaments. Untersuchungen zum literarischen Werden der auf Amos, Hosea und Micha zurückgehenden Bücher im hebräischen Zwölfprophetenbuch (BZAW 123) Berlin 1971; J. T. Willis, The Structure, Setting and Interrelationship of the Pericopes in the Book of Micah, Diss. Vanderbild University 1966; H. W. Wolff, Wie verstand Micha von Moreschet sein prophetisches Amt?: VT.S 29, 1978, 403–417; B. M. Zapff, Redaktionsgeschichtliche Studien zum Michabuch im Kontext des Dodekapropheton (BZAW 256) Berlin 1997.

6.1 Aufbau

Die Beschreibung der Makrostruktur des Buchs orientiert sich an der Abfolge von Unheils- und Heilsworten. Sie wird freilich in der Forschung unterschiedlich durchgeführt.

Die Berücksichtigung der Abfolge Unheil (1,2–2,11) – Heil (2,12f) – Unheil (3,1–12) – Heil (4,1–5,14) – Unheil (6,1–7,7) – Heil (7,8–20) ergibt die *Dreiteilung* 1–2; 3–5; 6–7 (*W. Rudolph, J. T. Willis*), zumal diese Abfolge dem alternierenden Schema lang – kurz – kurz – lang – lang – kurz entspricht und durch die eröffnenden Imperative »hört« 1,2; 3,1; 6,1 nahegelegt wird. Freilich ist der Abschnitt 2,12f auffallend kurz und der den Abschnitt 3,1–12 eröffnende Imperativ »hört« begegnet wortgleich (»Hört doch ihr Häupter Jakobs/des Hauses Jakob«) nochmals in 3,9; er ist nur ein Struktursignal für die Komposition 3,1–12 (und der Höraufruf in 6,9 ist nur ein Struktursignal zweiter Ordnung).

Die *Vierteilung* 1,2–2,13; 3,1–4,8; 4,9–5,14; 6,1–7,20, die sich an den vier Heilsverheißungen für den (heiligen) »Rest« Israels (2,12f; 4,6f; 5,6f; 7,18) orientiert (*K. H. Cuffey*) hat ihren Schwachpunkt darin, dass 4,9 in makrostruktureller Hinsicht nicht als Neueinsatz markiert ist; auch ist fraglich, ob man 4,9ff als Unheilsworte charakterisieren kann.

Die Berücksichtigung möglichst vieler Gesichtspunkte führt zu einer Gliederung in die *vier Teile* 1,2–3,12 (Unheil) – 4,1–5,14 (Heil) – 6,1–7,7 (Unheil) – 7,8–20 (Heil). Die vier Teile haben jeweils ihr besonderes sprachliches und theologisches Profil. Sie sind durch die Abfolge Unheil – Heil sowie durch Stichwort- und Motivverbindungen paarweise aufeinanderbezogen, so dass sich insgesamt die *zweiteilige Makrostruktur* 1,2–5,14; 6,1–7,20 ergibt. Diese Zweiteilung ist durch entsprechende Struktursignale angezeigt. Die Komposition 1,2–5,14 wird in 1,2 mit dem Aufruf »hört alle ihre Völker« eröffnet und schließt in 5,14 mit der Ankündigung *des Zorns* für die Völker, die nicht gehört haben (EÜ übersetzt hier nicht konsequent!). Mit einem erneuten Höraufruf setzt dann die Komposition 6,1–7,20 ein; der Imperativ »hört« richtet sich nun an die Berge und Hügel der Erde. Sie schließt mit der Ankündigung, dass Gott nicht für immer festhält an seinem *Zorn* (7,18). Beide Höraufrufe (1,2; 6,1) sind Aufrufe zur Teilnahme an einem »Rechtsstreit« zwischen JHWH und seinem Volk (vgl. ähnlich die drei Teile Hos 1–3; 4–11; 12–14); auch dies bestätigt die Zäsur zwischen 5,14 und 6,1. Darüberhinaus ist das Buch durch die aufeinanderbezogenen Rahmenabschnitte 1,2–7 und 7,17–20 als eine theozentrische Gesamtkomposition ausgewiesen: 1,2–7 kündigt, nach dem Höraufruf 1,2, das Kommen JHWHs (Theophaniebilder: 1,3f) zum Gericht über die Schuld Israels/Samarias und Judas/Jerusalems (1,5–7) an; 7,18–20 greift die Stichworte »Schuld« und »Sünde« (7,18f) auf und proklamiert die Einzigartigkeit (7,18: »Wer ist ein Gott [El] wie du: Schuld vergebend?«: Anspielung auf Ex 34,6!) dieses Gerichts, das darin gipfelt, dass JHWH die Sünden ins Meer wirft – wie vormals beim Exodus die Israel verfolgende ägyptische Streitmacht (vgl. 7,19), denn er ist ein Gott der Güte und der Treue (abermals Anspielung auf Ex 34,6; vgl. auch das vorangehende Buch Jona 3,9; 4,2).

Die folgenden Tabellen zeigen den Aufbau des Buchs und das Profil der einzelnen Teile. Teil 1 und Teil 2 bilden die erste makrostrukturelle Einheit des Buchs (1,2–5,14).

1. Teil: Unheilsankündigung (1,2–3,12)

1,2–7	Unheilsankündigung gegen Israel/Samaria und Juda/Jerusalem: Generelle Anklage und Strafandrohung	1,2 Eröffnung: Höraufruf an die Völker zur Teilnahme am »Rechtsstreit« gegen Israel und Juda
1,8–16	Prophetische Klage wegen des angedrohten Unheils	
2,1–5	Unheilsankündigung gegen die wirtschaftlich Mächtigen (eingeleitet mit Weheruf): Spezifische Anklage und Strafandrohung	Fehlen der Perspektive Israel – Völker im ganzen Teil Rhetorische Bewegung: Von Samaria nach Jerusalem/Zion
2,6–11	Prophetisches Streitgespräch mit den wirtschaftlich Mächtigen	Schuldaufweis: Machtmissbrauch, Perversion der Justiz, wirtschaftlicher Ruin der Kleinbauern, Versagen der Amtsträger
2,12–13	Heilsankündigung für Israel *und* Juda (»Rest-Theologie«)	
3,1–4	Unheilsankündigung gegen die Amtsträger (eingeleitet mit Höraufruf): Spezifische Anklage und Strafandrohung	
3,5–8	Unheilsankündigung gegen die Heilspropheten (eingeleitet mit Botenspruchformel): Spezifische Anklage und Strafandrohung	
3,9–12	Unheilsankündigung gegen die Amtsträger (eingeleitet mit Höraufruf): Spezifische Anklage und Strafandrohung gegen Zion/Jerusalem	Schlussbild: Zion und Tempelberg als Trümmerfelder

2. Teil: Heilsankündigung (4,1–5,14)

A	4,1–5	Wallfahrt der Völker zum Zion und Beseitigung der Waffen	Anfangsbild: Zion und Tempelberg als Orte von Schalom und Ziel der Völkerwallfahrt
B	4,6–8	Heil für den Rest	Ringkomposition: die Wirkungen der messianischen Zeit (Zentrum: 4,14–5,3!)
C	4,9–13	Befreiung von »Babel«	
D	4,14–5,3	Ankündigung der messianischen Zeit	Durchlaufende Perspektive: Israel/Zion und die Völker
C'	5,4–5	Errettung vor »Assur«	Starker Rückgriff auf (frühnachexilische) Texte des Jesajabuchs (Jes 2,16ff; 7,9; 11)
B'	5,6–8	Der gerettete »Rest« und die Völker	Schlusssatz: Zorngericht an den Völkern, die nicht gehört haben
A'	5,9–14	Beseitigung aller Waffen und Götzenbilder	

Die Teile 3 und 4 bilden die zweite makrostrukturelle Einheit des Buchs (6,1–7,20). Wie zu erläutern sein wird, ist diese makrostrukturelle Aufteilung auch in diachroner Hinsicht relevant.

3. Teil: Unheilsankündigung (6,1–7,7)

6,1–8	Lehrrede (Geschichtsrückblick und Tora-Liturgie)	6,1–2 Eröffnung: Höraufruf an die Berge und Hügel zur Teilnahme am »Rechtsstreit« gegen »mein Volk«
6,9–16	Unheilsankündigung gegen die Stadt Jerusalem (eingeleitet mit Höraufruf): Spezifische Anklage und Strafandrohung	Geschichtsrückblick: Exodus und Landnahme Schuldaufweis: Machtmissbrauch, Wirtschaftskriminalität, Lug und Betrug
7,1–7	Prophetenklage und Warnung (Streitrede)	Fehlen der Völkerperspektive (nur in 6,16); keine namentliche Erwähnung Zions/Jerusalems (nur: »die Stadt«)

4. Teil: Heilsankündigung (7,8–20)

7,8–10	Vertrauenslied Jerusalems	Imitation einer Liturgie
7,11–13	Heilsankündigung für die Stadt Jerusalem	Geschichtsrückblick: Exodus Durchlaufende Perspektive: Israel und die Völker; keine namentliche Erwähnung Zions/Jerusalems
7,14–17	Klagelied Jerusalems	
7,18–20	Loblied Jerusalems	Schluss: Rückbezug von 7,18–20 nach 1,3–7

6.2 Entstehung

Die Überschrift 1,1 führt das Buch zurück auf Micha aus Moreschet Gat, einer 35 km südwestlich von Jerusalem in der Schefela gelegenen Kleinstadt, wo er Sippen- oder Ortsältester (»Bürgermeister«) war, was ihn von Amts wegen zu Kontakten mit der Hauptstadt Jerusalem führte. Man nennt Micha auch den »Amos des Südreichs«. Mit Amos teilt er die Sensibilität für die gesellschaftlichen Zerklüftungen und die Einsicht in deren strukturelle Ursachen. Wie Amos dürfte er eine kräftige, bildreiche Sprache verwendet haben; auch wenn wir Einzelsprüche nicht mehr rekonstruieren können (s. u.), hat zumindest Mi 1–3 ein unverwechselbares Sprachprofil, das Erinnerungen an den historischen Micha festgehalten hat.

Nach der Überschrift 1,1 wirkte Micha in der Zeit der judäischen Könige Jotam (756–741 v. Chr.), Ahas (744–725 v. Chr.) und Hiskija (725–697 v. Chr.). Dass er seine Unheilsankündigungen gegen Jerusalem und insbesondere gegen den Jerusalemer Tempel (vgl. 3,12) unter der Regierung des Hiskija vorgetragen habe, sogar mit dem Erfolg, dass er dadurch zur Umkehr in Jerusalem bewegte, sagt immerhin Jer 26,17–19. Ob man diese Notiz jedoch historisch auswerten kann, ist umstritten. Manche Autoren sind der Meinung, die in Mi 1,6 angedrohte Verwüstung Samarias müsse vor 722 v. Chr. verkündet worden sein, da Samaria nach der Eroberung durch die Assyrer de facto nicht zerstört wurde. Ähnlich wird argumentiert, das Drohwort gegen die judäischen Städte in 1,8–16 müsse in seiner Substanz vor 712 formuliert worden sein, da die in 1,10 genannte Stadt Gat ab 712 v. Chr. nicht mehr zu Juda gehörte.

Seit den diesbezüglich grundlegenden Erkenntnissen von *J. Wellhausen* (1878) und *B. Stade* (1881; 1903) ist es weitgehender Konsens, dass höchstens Mi 1–3 auf Micha zurückgeht, während die anderen Teile aus spätvorexilischer (*B. Stade*: 6,1–7,6), exilischer (*J. Wellhausen*: 7,7–20) und nachexilischer Zeit (*B. Stade*: 4–5) stammen.

> Die im »klassischen« deutschsprachigen Micha-Kommentar von *H. W. Wolff* präsentierte Position stellt sich die Entstehungsgeschichte folgendermaßen vor: »Am Anfang stehen die drei Auftrittsskizzen Michas selbst in 1,6.7b–13a.14–16; 2,1–4.6–11; 3,1–12 ... Sie finden ihre ersten deuteronomistischen Kommentare in 1,5.7a.13b sowie in den Zusätzen und Änderungen in 2,3–5.10b; 3,4.5.8; 1,1 und in der Aufnahme des liturgischen Introitus zur gottesdienstlichen Lesung in 1,3f. (Theophanie-Hymnus).
>
> Ab 587 bis in die frühnachexilische Zeit wächst in Kap. 4–5 eine Sammlung von heilsprophetischen Worten. Sie beginnt in frühexilischer Zeit mit den Rettungszusprüchen in 4,9–5,1.3.4a.5b. In spätexilischer Zeit treten Heimkehrverheißungen für die → Gola sowohl in 2,12.13 als auch in 4,6–7a hinzu. Es folgen Sprüche, die das Verhältnis von Rest-Israel zu den Fremdvölkern behandeln (5,6–14), und andere, die von der Zukunft Jerusalems sprechen (4,1–8). Dabei werden zuvor bekannte Heilsworte redigiert, wie 4,6–7a durch 7b und 5,9–12 durch 5,8 und (13cj.) 14, ferner 5,1.3 durch 5,2 einerseits und durch 4,8 andererseits. Der Abschluß der Sammlung Kap. 4–5 ist nicht vor der Tempelweihe im Jahre 515 denkbar. Mit ihm verbunden ist die redaktionelle Einbeziehung von Kap. 1–3 durch den Aufruf zum Hören an alle Völker in 1,2 (vgl. 5,14).
>
> Diese nachexilische Redaktion von Kap. 1–5 stellt das Ergebnis einer literarischen Bewegung dar, die seit frühexilischer Zeit im Zusammenhang mit den Klagefeiern zum Untergang Jerusalems gewachsen ist. Hier traten einerseits Heils- und Fremdvölkerpropheten auf, andererseits respondierte die hörende Gemeinde (4,5; 5,8).
>
> Um die Redaktionsgeschichte des Michabuches zu verstehen, haben wir für die frühpersische Zeit mit einer hohen Schule heilsprophetisch-universalistischer Tradition in Jerusalem zu rechnen. Sie tradierte nicht nur das inzwischen erfüllte Prophetenwort Michas mitsamt seiner → deuteronomistischen Kommentierung, sondern führte es auch produktiv weiter. Dabei war ihr eigenes Hauptthema die Zukunft Rest-Israels, Jerusalems und der Völkerwelt. Daneben muß innerhalb der Tradentenschule eine Gruppe bestanden haben, die im losen Anschluß an Michas Anklagen sozialkritisch orientiert und damit ganz gegenwärtigen (frühnachexilischen) Mißständen zugewandt war, wie wir es in den Texten 6,2–7,7 finden. Diese Textgruppe wurde von der Schulredaktion (nach 5,14; 6,1) mit in die schon in 1,1–5,14 vorliegenden Micha-Überlieferungen hineingenommen.
>
> Ein letzter Arbeitszweig der Tradentenschule richtete die Verkündigung Michas (Kap. 1–3), die der neuen Heilspropheten (Kap. 4–5) und auch die Nachträge aus den Kreisen der Sozialkritiker (6,2–7,7) liturgisch für die gottesdienstliche Lesung her und fügte als Antwort der Gemeinde drei Psalmentexte hinzu (7,8–10.14–17.18–20).
>
> Einige (vermutlich rein literarische) Zutaten bleiben redaktionsgeschichtlich schwer einzuordnen, so 5,4b–5a und 7,4b.11f.13; sie sind vermutlich nicht vor dem 5. Jh. anzusetzen« (*H. W. Wolff*, BK XXXVIf).

Dieses Modell, das ähnlich von *A. Deissler* und mit höherer Komplexität von *E. Otto* vertreten wird, rechnet mit der methodischen Möglichkeit, Worte der mündlichen Prophetie des historischen Micha zu rekonstruieren (»Auftrittsskizzen«) und will das Wachstum des Buchs als evolutive Kontinuität zwischen den mündlichen Traditionen und dem jetzt vorliegenden Prophetenbuch erklären. Dies ist nach den neuesten Arbeiten zur Entstehung der Prophetenbücher wenig plausibel. Die oben skizzierte Kompositionsstruktur des Buches Micha, die an ähnliche Bauprinzipien der Bücher Hosea und Amos erinnert, sowie die motivliche und strukturelle Nähe zum Jesajabuch (Zionstheologie; messianische Perspektive; psalmodischer Schluss: vgl. Jes 12 als Schlusselement in Jes 1–12) sind nur durch von Anfang an gezielt kompositorische Gestaltung erklärbar. Schon der im Einzelnen wie immer bestimmte Grundbestand Mi 1–3 ist nicht (mehr) als bloße Kompilation von authentischen Micha-Worten erklärbar, sondern als »Tradenten-Prophetie« bzw. als »literarische Prophetie« entstanden. Entsprechendes gilt für die Komposition der anderen drei Teile des Buches.

Mit *R. Kessler* (HThKAT 45–47) ist anzunehmen, dass die im 7. Jh. zusammengestellte »Micha-Denkschrift« *1–3 bald nach der Katastrophe von 586 v. Chr. durch 4,8–5,3 ergänzt und in der frühen Perserzeit zur Komposition *1–5 erweitert wurde. In der Mitte des 5. Jh.s v. Chr. kam die Komposition 6,1–7,7 hinzu, deren Sozialkritik die Zustände des 5. Jh.s v. Chr. widerspiegelt (vgl. dazu Jes 56,10–57,2; 59,4–8; Jer 9,1–8; Am 8,4–7; Ps 14; Neh 5). Die Schlussredaktion dürfte erst am Ende der Perserzeit oder bereits im hellenistischen Zeitalter erfolgt sein. Von ihr stammt (neben kleineren Einfügungen) vor allem der Michaschluss 7,8–20, durch den das Michabuch eine Wir-Perspektive erhält. Dieses »Wir« ist die Gemeinschaft, die sich den ihr vorliegenden Michatext zu Eigen macht.

6.3 Theologie

(1) Die Unheilsworte in Mi 1–3 und 6,1–7,7 sind massive Staats- und Gesellschaftskritik, die sich schonungslos mit der für die Kleinbauern ruinösen Wirtschaftsordnung der mittleren Königszeit und der frühnachexilischen Zeit auseinandersetzt. Dabei geht es in Mi 2 vor allem um das sog. Bauernlegen durch das rücksichtslose Ausnutzen des antiken Schuldenwesens; dies führt ab dem 8. Jh. (vgl. ähnlich die Kritik in Jes und Am) zur Zerstörung der egalitären Gesellschaftsordnung (»ein Mann – ein Feld – ein Haus«) und zur Etablierung einer Klassengesellschaft, die von den reichen Großgrundbesitzern konsequent betrieben wird. Mi 3 protestiert vor allem gegen die Blutopfer, die der von der staatlichen Administration brutal organisierte Frondienst der Kleinbauern bei staatlichen Großbauprojekten forderte. Mi 6,9–12 kritisiert den Betrug der »in der Stadt« (= Jerusalem) lebenden reichen Darlehengeber und Händler, während 7,1–6 die totale soziale Zerrüttung und Desolidarisierung beklagt. Angesichts dieser Schuld ruft das Buch Micha nicht zur Umkehr auf, sondern kündigt das Gericht JHWHs an, der dadurch offenbar macht, dass *seine* Rechtsordnung (*mišpaṭ*) mächtiger ist als die durch die Interessen des Staates und der Reichen durchgesetzten Wirtschafts- und Gesellschaftsordnungen. Dies anzusagen, ist nach Mi 3,8 Aufgabe des »wahren« JHWH-Propheten. Die Achtung der Menschenwürde und das Einhalten der Menschenrechte sind die Grundlage und der Maßstab der JHWH-Verehrung. Die nachexilische »Lehrrede« 6,1–8 hat *diese* Hierarchie und Interdependenz von Menschenliebe und Gottesliebe bündig formuliert.

(2) Die Heilsankündigungen kreisen um die Erneuerung des Zion als Ort umfassender Gerechtigkeit, was die Völkerwelt fasziniert und entweder zur freiwilligen Umwandlung der Kriegswaffen (4,4: »Schwerter zu Pflugscharen und Lanzen zu Winzermessern«) oder zur gewaltsamen Vernichtung aller Kriegsmaterialien und Götzen führen wird. Als Kontrast zu dem beklagten Versagen der politischen Amtsträger entwirft Mi 4–5 die Vision von einem messianischen Neuanfang, der nicht in Jerusalem, sondern in Betlehem, der Geburtsstadt Davids, mit der Geburt eines »Friedensherrschers« (Aktualisierung von Jes 7,14–17; 9,1–6; 11,1–9) kommen wird. Mt 1–2; Lk 1–2 (vgl. besonders Mt 2,5f und Lk 2,14) haben auf Mi 4–5 zurückgegriffen, um im Lichte dieser Verhei-

ßung Jesus als messianischen Bringer von Gerechtigkeit und Frieden zu proklamieren. Im Schlussbild 7,18–20 vom Zerbrechen der Schuld und der Versenkung der Sünden im Abgrund des Meeres – aus Treue zu Jakob und aus Liebe zu Abraham – »geschieht ein großer Vorgriff auf die zentrale ntl Botschaft vom Vergebungswillen und von der Vergebungsmacht des Vaters Jesu Christi, wie sie schon Lk 1,76ff ankündigt« (*A. Deissler*, NEB 201).

7. Das Buch Nahum

Kommentare: K. Marti (KHC) 1904; T. H. Robinson (HAT) [3]1964; C. A. Keller (CAT) 1971; W. Rudolph (KAT) 1975; A. Deissler (NEB) 1984, [2]1986; R. L. Smith (WBC) 1984; B. Renaud (SBi) 1987; K. Seybold (ZBK) 1991; J. J. M. Roberts (OTL) 1991; M. H. Floyd (FOTL) 2000; M. A. Sweeney (BO) 2001; L. Perlitt (ATD) 2004; H.-J. Fabry (HThKAT) 2006; D. L. Christensen (The Anchor Yale Bible) 2009; J. Nogalski 2011; R. L. Smith (WBC) 2014; W. Dietrich (IEKAT) 2014.

Einzelstudien: G. Baumann, Gottes Gewalt im Wandel. Traditionsgeschichtliche und intertextuelle Studien zu Nahum 1,2-8 (WMANT 106) Neukirchen-Vluyn 2005; D. Benka, Power of the Powerless and the Powerless Power. A Reading of Nahum: BN 161, 2014, 3–18; A. C. Hagedorn, Die Anderen im Spiegel. Israels Auseinandersetzung mit den Völkern in den Büchern Nahum, Zefanja, Obadja und Joel (BZAW 414) Berlin u. a. 2011; J. Jeremias, Kultprophetie und Gerichtsverkündigung in der späten Königszeit Israels (WMANT 35) Neukirchen-Vluyn 1970, 11–55; C. A. Keller, Die theologische Bewältigung der geschichtlichen Wirklichkeit in der Prophetie Nahums: VT 22, 1972, 399–419; B. Renaud, La composition du livre de Nahum: ZAW 99, 1987, 198–219; M. Roth, Israel und die Völker im Zwölfprophetenbuch (FRLANT 210) Göttingen 2005; H. Schulz, Das Buch Nahum. Eine redaktionskritische Untersuchung (BZAW 129) Berlin 1973; K. Seybold, Profane Prophetie. Studien zum Buch Nahum (SBS 135) Stuttgart 1988; M. A. Sweeney, Concerning the Structure and Generic Character of the Book of Nahum: ZAW 104, 1992, 364–376; A. S. van der Woude, The Book of Nahum. A Written Letter in Exile: OTS 20, 1977, 108–126.

7.1 Aufbau

Das Buch gliedert sich, im Anschluss an eine doppelte Überschrift (s. u.), in drei von ihrer Form her klar unterschiedene und ihrem Umfang nach ungleich lange Teile:

(1) Der alphabetische (Buchstaben *Alef* bis *Kaf* = 11 Buchstaben = erste Hälfte des Alphabets) *Hymnus 1,2–8* gibt mit einer poetischen Theophanieschilderung das Thema an: JHWH erweist sich an seinen Feinden als Gott des strafenden Gerichts und als rettende Burg für die, die bei ihm ihre Zuflucht suchen.

(2) Die prophetische *Disputationsrede 1,9–2,3*, die mit der die Israeliten und (sehr wahrscheinlich) Ninive als Repräsentantin der feindlichen Völkerwelt anredenden Streitfrage »Was macht ihr euch für (falsche) Gedanken über JHWH« eröffnet wird, führt mit dem Doppelzitat von JHWH-Worten an Juda (1,12f) und an den König von Assur (1,14) den Nachweis für die Wahrheit des Hymnus, dessen Kernaussage in 1,9 durch Stichwortaufnahme (vgl. 1,7f) wiederholt wird und in 2,3 als Heilsvision für Israel zusammengefasst wird.

(3) Das dreiteilige *Gerichtswort gegen Ninive 2,4–3,19* ist Entfaltung der Gerichtsaussage des Hymnus und des Gottesworts 1,14. Es besteht aus den drei Abschnitten 2,4–14; 3,1–7; 3,8–19, die in kräftigen poetischen Bildern die Eroberung und Zerstörung Ninives ankündigen. 2,4–14 setzt mit der Schilderung eines unheimlichen, zunächst nicht näher bezeichneten Feindes ein, der mit seinem Heer die Stadt erobert und plündert; der Abschnitt kulminiert dann in einer direkten JHWH-Rede, in der offenbar wird, wer der unheimliche Feind Ninives ist: JHWH selbst. 3,1–7 beginnt mit einem Weheruf über die mörderische »Blutstadt« Ninive, die nun selbst zur Leiche wird; analog zu 2,4–14 wird dann in einer direkten JHWH-Rede (mit der freilich aus heutiger Sicht höchst problematischen Metapher von der öffentlichen Entehrung der »Hure« Ninive) klar gemacht, dass JHWH selbst es ist, der die Stadt Ninive entmachtet. 3,8–19 verstärkt die Vernichtungsschilderung durch den Hinweis auf die Einnahme und Niederbrennung von No-Amon (= Theben) durch den assyrischen (!) König Assurbanipal im Jahre 664; wie Theben weder durch seine wegen der Lage am Nil geradezu sprichwörtlichen Uneinnehmbarkeit noch durch seinen gewaltigen Herrschaftsbereich vor dem Untergang bewahrt wurde, so wird auch Ninive dem Ansturm nicht widerstehen können, der unaufhaltsam von den Grenzfestungen aus (3,12) wie ein Feuerbrand die Hauptstadt erreicht und auffrisst (3,15). Die drei Abschnitte laufen jeweils auf ein Spottlied zu (2,12f; 3,7; 3,18f). Die Abschnitte 2,4–14 und 3,1–7 sind durch die wortgleich beginnenden JHWH-Reden (2,14; 3,5) miteinander verbunden; die Abschnitte 3,1–7 und 3,8–19 schildern in ihrem jeweils abschließenden Spottlied die Reaktion über den Untergang Ninives mit analogen Bildern (3,7: »jeder, der dich sieht ...«; 3,19: »jeder der hört, was man von dir erzählt ...«).

Der skizzierte Aufbau lässt sich so zusammenfassen:

1,2–8	Theophaniepsalm	Konzentrische Struktur: 2–3a Aussagen über JHWH: 3b–6 Gerichtstheophanie; 7–8 Aussagen über JHWH
1,9–2,3	Prophetische Disputationsrede gegen Juda und Assur/Ninive	Wechselnde Adressaten: Juda und Ninive (1,9f) – Juda (1,11–13) – Assur (1,14) – Juda (2,1) – Ninive (2,2) – Juda (2,3)
2,4–3,19	Dreifaches Gerichtswort gegen Ninive	Kräftige poetische Bilder, deren Bildwelt sich von 1,2–2,3 abhebt; jeder Unterabschnitt nennt einmal Ninive/Assur (2,9; 3,7; 3,18); die Unterabschnitte sind motivlich und strukturell miteinander verbunden.
2,4–14	Vernichtungsschilderung – Spottlied – Gottesspruch	
3,1–7	Leichenklage – Gottesspruch – Spottlied	
3,8–19	Ironischer Vergleich – Vernichtungsschilderung – Spottklage	

7.2 Entstehung

Schon die zweiteilige Überschrift 1,1 (Ausspruch über/gegen Ninive; Buch/Rolle der Schauungen Nahums) weist darauf hin, dass das Buch als Komposition von Texteinheiten unterschiedlicher Herkunft entstanden ist; dieser Prozess wird in der Forschung verschieden erklärt.

(1) Die dreiteilige Gerichtsrede gegen Ninive 2,4–3,19 hebt sich durch ihre poetische Bildsprache und ihre konkreten politischen Bezüge (Zerstörung von No-Amon = Theben im Jahre 664; Fall Ninives im Jahre 612) deutlich von 1,2–2,3 ab. Meist wird angenommen, dass dieser Teil weitgehend die »politische Prophetie« des in der Regierungszeit des in assyrischer Vasallität stehenden Königs Manasse (696–642) wirkenden Propheten Nahum wiedergibt, die nach dem Fall Ninives theologisch bearbeitet wurde. Die genauere zeitgeschichtliche Einordnung hängt davon ab, wie eng die Verbindung der Gerichtsworte mit den in ihnen jeweils angesprochenen Ereignissen gesehen wird und ob man die drei Teile der Gerichtspredigt entstehungsgeschichtlich noch einmal unterschiedlich zuordnet.

Eine derart sukzessive Wachstumsgeschichte des Buchs hat in jüngster Zeit mehrfach *K. Seybold* vertreten: »Eine Rekonstruktion der Entstehung des Buches ergibt, daß das Werk sozusagen von hinten nach vorne gewachsen ist. Das Gedicht (3,8–19a) ist der älteste Teil der Überlieferung – entstanden nach der Eroberung des ägyptischen Theben durch die Assyrer im Jahre 664. Etwas jünger scheinen die anderen Dichtungen zu sein, das Wehewort (3,1.4a) und das Gedicht (3,2; 2,2–13), beide mit dem Untergang Ninives befaßt, darum vor 612 anzusetzen – wohl noch in zeitlicher Nähe zu dem ältesten Gedicht aus Kap. 3, d. h. in den 50er Jahren. Nur diese drei Texte sind mit Sicherheit auf den Propheten Nahum zurückzuführen. Auf sie würde die erste Überschrift ›Ausspruch über Ninive‹ (1,1a) passen. Offenbar bilden sie die älteste Sammlung von Nahum-Überlieferungen, zusammengestellt von eigener Hand oder aus dem Nachlaß des fast völlig unbekannten Propheten. Ein erster Vorbau zu dieser Sammlung (mit Bearbeitungen verbunden in 2,14ff.), ein zweiter bestehend aus Heilsworten an Juda in 1,12ff. (1,12.13; 2,1[3]) kam wohl nach dem Untergang Ninives (612), wahrscheinlich nach der Zerstörung Jerusalems (587) im Exil dazu und machte aus dem Büchlein eine Dokumentation der Heilstaten JHWHs in der Vergangenheit und eine Verheißung für die Zukunft. So lautet offenbar der Titel dieser sukzessiv erweiterten Schrift: ›Buch der Schau Nahums des Elqoschiten‹ (1,1b) – ein Werk wohl der Exilszeit. Der dritte Vorbau in 1,2ff. – ergänzt durch die Füllung entstandener Lücken in 1,10ff. – wurde zum machtvollen Introitus für das Nahum-Buch. Er brachte die offenbar vermißten theologischen Prinzipien in die ›Schau‹ und deutete hymnisch das Gesagte als Teil der Interventionen des richtenden Gottes: Die Weltgeschichte ist das Weltgericht. Diese letzte größere Bearbeitung setzte die kombinierte Überschrift an den Anfang. Sie schuf das kanonische Prophetenbuch, wie es jetzt überliefert ist. Mehr als ein ungefähres Datum: nachexilisch, ca. 4. Jh. v. Chr., läßt sich dafür nicht finden« (ZBK 11f).

(2) Ausgehend von den Beobachtungen, dass im Buch Nahum Gerichtsworte gegen Juda/Israel fehlen und dass die Heilsperspektive in Nah 2,1 von Jes 52,7 inspiriert sei, rekonstruiert *J. Jeremias* einen mehrphasigen Entstehungsprozess. Grundlage des Buchs seien Worte gegen Assur/Ninive (2,4–14; 3,12–19) und Gerichtsworte *gegen Israel* (1,11.14; 2,2f; 3,1–5.8–11); die Worte gegen Israel seien nachträglich zu Worten *gegen Ninive* uminterpretiert und zugleich, nach dem Fall Babylons im Jahre 538, im Sinne der deuterojesajanischen Heilsverheißungen neu bearbeitet worden.

(3) Die Einheit der Komposition wird von jenen Autoren betont, die das Buch im Wesentlichen auf einen einzigen Entstehungsvorgang zurückführen.

Eine heute kaum noch akzeptierte Position erklärte das Buch als eine prophetische Liturgie (»Kantate«) beim Jerusalemer Herbstfest des Jahres 612, wo man den Untergang Ninives als Machterweis JHWHs gefeiert habe. Gegen diese These spricht nicht nur, dass sich Nah kaum als

liturgisches »Libretto« lesen lässt, sondern auch, dass die für ein solches Fest zu erwartende Prädikationen von JHWHs Königtum und JHWH-anredende Passagen fehlen.
Als literarische Prophetie, die als Reaktion auf den eben erfolgten Untergang Ninives diesen zum Ausgangspunkt der rhetorischen Demonstration der Macht JHWHs nimmt, hat *M. Sweeney* die Entstehung des Buchs erklärt, die er um 612 ansetzt.
(4) Wann die Endkomposition des Buchs vorlag, entscheidet sich an der Datierung und Funktion des Theophaniehymnus 1,2–8. Dass dieser Teil eines Hymnus vorgegeben war und für den jetzigen Zusammenhang bearbeitet wurde, zeigen die Zeilen 1,2b–3a. Sie sind einerseits als Einschub in die alphabetische Abfolge der Zeilen 2a.4–9 erkennbar. Andererseits ist 1,3a ein Zitat aus Ex 34,6f, jenem Text, der gerade im Zwölfprophetenbuch vielfach zitiert und variiert wird. Das ist ein Hinweis darauf, dass diese Bearbeitung des Hymnus-Fragments mit der Kompositionsgeschichte des Zwölfprophetenbuchs in Zusammenhang zu bringen ist (vgl. auch die analoge Eröffnung von Am und Mi mit dem Theophaniemotiv). Da 1,9 die wichtigen Stichworte aus dem Hymnus 1,8 bezieht, dürfte die Zusammenstellung von 1,2–8 und 1,9–2,3 auf die gleiche Hand zurückgehen (vgl. auch das Stichwort »seine Feinde« in 1,2 und 1,8 als Rahmen des Hymnus).

Diese Beobachtungen sprechen für eine zweistufige Kompositionsgeschichte des Buchs, die sich auch in der zweifachen Überschrift niedergeschlagen hat: Vorgegeben ist zunächst eine Komposition von Gerichtsworten gegen Ninive (2,4–3,19), die entweder die Vernichtung der imperialen Macht Assurs ankündigt (vor 612) oder diese nachträglich als Strafgericht JHWHs deutet (*vaticinium ex eventu* = Prophezeiung im Rückblick). Dieser »Ausspruch über Ninive« (1,1a) wurde dann (im 5. oder 4. Jh.) in das Mehrprophetenbuch eingegliedert und erhielt dabei durch die Vorschaltung von 1,2–2,3 einen größeren geschichtstheologischen Horizont: die Vernichtung Ninives und die dadurch bewirkte Rettung Judas wurden nun zum Paradigma der Rettung des Gottesvolks aus der Übermacht des Bösen.

7.3 Theologie

(1) Die Gerichtsworte und die Spottlieder über Ninive als Hauptstadt der imperialen Macht Assurs, die zwischen 750 und 612 mit kriegerischer Gewalt ein Weltreich aufbaute und die unterworfenen Kleinstaaten als Provinzen (wie das Nordreich Israel ab 722, nach der Eroberung Samarias) oder als Vasallen ausbeutete, sind als Dokumente des Widerstands entstanden *und* überliefert worden.

(2) Von dem in 1,2–2,3 entworfenen Horizont her ist die Prophetie des Buchs ein »Lehrstück zum Thema ›Gott und die Weltmacht‹. An ihr kann erkannt werden, wie sich der Schöpfer der Welt zu den Weltmächten und ihren Kapitalen verhält, wie der Gott Israels zu Judas und Jerusalems Einbeziehung in das imperiale System steht und wie er die politischen Verhältnisse seinerseits im Griff behält. Man kann erkennen, daß er entgegen dem Augenschein auf lange Sicht und mit langem Atem (1,3) plant ... Man kann und soll erkennen, wie die großen Ereignisse auf der Weltbühne sich zwar nach ihrer eigenen Logik zu entwickeln scheinen und doch nach einem vorgeschriebenen Textbuch ablaufen. Es ist Nahums visionäres Rollendrama, das sie spielen ... Nahums Prophetie dient so als Illustration für die Art und Weise des Umgangs Gottes mit den

Weltmächten oder – wie man gesagt hat – des Handelns Gottes in der Geschichte. Der Fall Ninive wird zum Exempel, seine Geschichte (der ›Schlag, der es getroffen‹, heißt es im letzten Vers des Büchleins) zum Paradigma göttlichen Gerichts (*B. Renaud*) ... So ist das Kerygma des Nahum-Büchleins das Zeugnis von der Geschichtsmächtigkeit Gottes. Sie erweist sich in der souveränen Verfügungsgewalt über die Potentaten und Potentiale der Völkerwelt« (*K. Seybold*, ZBK 15f). So gelesen ist das Buch ein Dokument der Hoffnung, dass Gott das letzte Wort der Geschichte spricht: »Die Mächtigen stürzt er vom Throne und erhöht die Niedrigen« (Lk 1,52).

(3) Das Welt-Gericht Gottes gilt der Auf-Richtung des Rechts und der Wiederherstellung der gottgewollten Rechtsordnung in der Völkerwelt. Sowohl die in 1,2–8 genannte »Rache« wie der »Zorn« sind Rechtskategorien und keineswegs Ausdruck eines irrationalen, rachgierigen Gottesbildes. Zugleich ist die in 1,2–8 programmatisch verkündete Dialektik wichtig: JHWH ist ein Gott »der Rache« für seine Feinde, aber ein rettender Gott *für alle*, die seine Gemeinschaft suchen. Diese Dialektik des biblischen Gottesbildes bestimmt auch die Predigt Jesu (vgl. Mt 25,31–46) und insbesondere die apokalyptische Vision der Offenbarung des Johannes, die sich in ihrer Bildwelt mehrfach am Buch Nahum inspiriert.

(4) Die Qumran-Gemeinde hat im 1. Jh. v. Chr. das Buch als Kampfschrift aktualisiert. »Sie sah in ›Ninive‹ eine Chiffre für ihre Gegner und erkannte darin die Partei der Pharisäer, ›No-Ammon‹ hingegen war für sie Symbol für die Partei der Sadduzäer. Aus der Ankündigung bzw. Schilderung ihrer Vernichtung schöpfte sie Mut für die Zukunft. Man wird fragen müssen, ob das Vor-Bild solche Identifikation zuläßt. Aber man wird sagen können, daß sie den ›Trost‹ des Büchleins, wie er im 1. Kap. im Blick auf Gottes Souveränität notifiziert ist, gefunden hat« (*K. Seybold*, ZBK 16).

8. Das Buch Habakuk

Kommentare: K. Marti (KHC) 1904; F. Horst (HAT) ³1964; C. A. Keller (CAT) 1971; W. Rudolph (KAT) 1975; A. Deissler (NEB) 1984, ²1986; R. L. Smith (WBC) 1984; K. Seybold (ZBK) 1991; J. J. M. Roberts (OTL) 1991; M. H. Floyd (FOTL) 2000; M. A. Sweeney (BO) 2001; F. I. Andersen (AncB) 2001; L. Perlitt (ATD) 2004; J. Nogalski 2011; R. L. Smith (WBC) 2014; W. Dietrich (IEKAT) 2014; O. Dangl (NSK) 2014.

Einzelstudien: A. Deissler, Art. Habakuk (Buch): NBL 2, 1991, 1f; W. Dietrich, Habakuk – ein Jesajaschüler: Nachdenken über Israel, Bibel und Theologie, in: FS K. D. Schunck (BEAT 37) Frankfurt 1994, 197–215; B. Duhm, Die Zwölf Propheten, Tübingen 1910; H. Eshel, The two historical layers of Pesher Habakkuk, in: A. Klostergaard Petersen/T. Elgvin (Hg.) Northern lights on the Dead Sea scrolls (STDJ 80) Leiden 2009, 107–117; A. H. J. Gunneweg, Habakuk und das Problem des leidenden *ṣdjq*: ZAW 98, 1986, 400–415; R. D. Haak, Habakkuk (VT.S 44) Leiden 1992; A. C. Hagedorn, Die Anderen im Spiegel. Israels Auseinandersetzung mit den Völkern in den Büchern Nahum, Zefanja, Obadja und Joel (BZAW 414) Berlin u. a. 2011; J. Jeremias, Kultprophetie und Gerichtsverkündigung in der späten Königszeit Israels (WMANT 35) Neukirchen-Vluyn 1970, 55–110; P. Jöcken, Das Buch Habakuk. Darstellung seiner kritischen Erforschung mit einer Beurteilung (BBB 48) Bonn 1977; E. Otto, Die Stellung der Wehe-Worte in der Verkündigung des Propheten Habakuk: ZAW 89, 1977, 73–107; ders., Die Theologie des Buches Habakuk: VT 35, 1985, 274–295; M. A. Sweeney, Structure, Genre and Intent in the Book of Habakkuk: VT 41, 1991, 63–83; M. Witte, Orakel und Gebete im Buch Habakuk, in: M. Witte/J. F. Diehl (Hg.), Orakel und Gebete (FAT 2/38) Tübingen 2009, 67–91.

8.1 Aufbau

(1) Von seinem *Überschriftensystem* her ist das Buch in *zwei Teile* gegliedert. Die Überschrift 1,1 »Ausspruch und Schauung« bezieht sich auf die Kap. 1–2 und deutet deren beide Aussageebenen an: Aussprüche vorwiegend gegen fremde Völker (vgl. das Wort »Ausspruch« als Struktursignal vor allem im »Fremdvölkerteil« Jes 13–23) sowie Vision des hereinbrechenden Völkersturms. Die Überschrift 3,1 »Gebet des Propheten Habakuk, nach der Melodie von Schigjonot (bzw. im Klageton)« und die aus dem Psalmenbuch bekannte Unterschrift »Dem Chormeister. Zum Saitenspiel« grenzt die hymnische Theophanieschilderung Kap. 3 als in sich geschlossene Texteinheit ab.

(2) Von der *Kompositionsstruktur* her legt sich eine klimaktische (auf einen Höhepunkt hinzielende) *Dreiteilung* nahe: 1,2–2,5; 2,6–20; 3,1–19.

I	1,2–4	Klage des Propheten über Gewalt und Unterdrückung in Juda	
	1,5–11	Antwort JHWHs: Ankündigung der Sendung der Chaldäer als Strafwerkzeug (»Reitersturm«)	
	1,12–17	Vorhaltungsklage des Propheten über die Gewalt des gottgesandten Strafwerkzeugs	
	2,1–5	Antwort JHWHs mit Befehl zur Niederschrift auf den Tafeln: »Wer nicht rechtschaffen ist, schwindet dahin; der Gerechte aber bleibt wegen seiner Treue (zu JHWH) am Leben.«	
II	2,6–20	Weherufe (Leichenklage), auf der Ebene des Endtextes gegen den Gewaltherrscher von Babylon; sie sind den von den Babyloniern unterdrückten Völkern in den Mund gelegt; sie richten sich gegen die Raff- und Machtgier (2,6–8), gegen die Brutalität bei der Durchführung riesiger Bauprojekte (2,9–14), gegen die schrankenlose Gewalt an Mensch und Natur (2,15–17) und gegen den Götzendienst (2,18–20).	
III	3,1–19	Theophaniepsalm	
		2	Bitte des Propheten um die Verwirklichung des in 2,2–5 gegebenen JHWH-Wortes
		3–15	Vision des zum Weltgericht kommenden JHWH
		16–19	Reaktion des Propheten auf die Vision: Erschrecken und Gelassenheit, Vertrauensgewissheit

(3) Die drei Teile, die durch Stichwort- und Motivbezüge aufeinander aufbauen, lassen sich als dramatischer *Geschehenszusammenhang* lesen. Auf die leidenschaftliche Klage des Propheten gegen die Gewalt und den Rechtsbruch sowohl in Juda als auch durch die über Juda und die anderen Kleinstaaten herfallenden Babylonier ergeht im *1. Teil* die Zusage JHWHs, dass er *alle* Gewalttätigen und Hochmütigen vernichtet und dass die Gerechten am Leben bleiben. Daraufhin konkretisiert der *2. Teil* in fünf Wehesprüchen den Rechtsbruch und die Bosheit, die allüberall herrschen; der Teil kulminiert im Bild von JHWH, der in seinem »heiligen Palast« (Tempel? Himmel? – Zitat Ps 11,4a) als Weltenrichter thront. Das Kommen dieses Weltenrichters erbittet und schaut dann der als *3. Teil* angeschlossene Theophaniepsalm (spiegelbildliche Entsprechung: Nah *beginnt* und Hab *schließt* mit einem Theophaniepsalm).

8.2 Entstehung

Die skizzierte Buchkomposition ist von mehreren Autoren in eine entstehungsgeschichtliche Hypothese umgesetzt worden, wonach das Buch eine von Habakuk als Kultprophet verfasste prophetische Liturgie (mit der Abfolge: Klage – Gottesorakel – Weherufreihe – abschließendes Gebet) sei. Für dieses kultprophetische Verständnis spreche nicht nur die gedoppelte Klage-Orakel-Struktur in 1,2–2,5, sondern auch die insgesamt kultisch und psalmistisch geprägte Sprache und Bildwelt des Buches. Zeitlich wären der Prophet bzw. das Buch wegen der intensiven Erwartung eines durch die Chaldäer = Neubabylonier bewirkten Strafgerichts und wegen der in 1,2–4 beklagten massiven sozialen Missstände in Jerusalem am ehesten in die Regierungszeit des Nebukadnezzar (ab 605 v. Chr.) und des judäischen Königs Jojakim (ab 608 v. Chr.), also um 600 v. Chr., einzuordnen.

Gegen die These einer weitgehenden literarischen Einheitlichkeit, die mit unterschiedlicher Datierung auch von anderen Autoren ohne Rückgriff auf die kultprophetische Hypothese vertreten wird (z. B. *A. Deissler*: die Zusammenstellung geht auf Habakuk selbst zurück, nur 2,18–20; 3,1b.c und 3,17–19 sind spätere Zusätze; *B. Duhm*: das Buch ist Reflex auf den Eroberungszug Alexanders des Großen zwischen 333 und 331 v. Chr.), wurden unterschiedliche Gründe und Beobachtungen geltend gemacht, die für ein sukzessives Wachstum sprechen:

(1) Einerseits bietet das Buch detaillierte gesellschaftliche und staatliche Kritik. Andererseits sind die Adressaten dieser Kritik nicht präzise benannt. Zwar ist in 1,6 von den Chaldäern = Neubabyloniern die Rede, auf die nach dem Verständnis des Endtextes zumindest die nach 1,6 begegnenden Anklagen bezogen werden können. Doch gibt es eine Reihe von Formulierungen, insbesondere in den Weherufen, die viel eher zu den Verhältnissen in Juda bzw. Jerusalem passen und sogar präzise auf König Jojakim zielen könnten.
(2) Zwar fügt sich der Hymnus Hab 3 in die Gesamtkomposition ein, insofern er die Gerichtsperspektive von Hab 1–2 fortführt, aber Hab 3 zieht diese Perspektive weit über den aktuellen politischen Kontext Babylon – Jojakim hinaus (Endzeitperspektive).
(3) Im Buch überlagern bzw. mischen sich drei Sprachebenen: prophetische, klagende und hymnische Sprache. Nach mehreren Autoren besteht das entstehungsgeschichtliche Hauptproblem gerade im Verhältnis dieser drei Größen zueinander (Prophetie: 1,1.5–11.14–17; 2,1–3.5–19; Hymnen: 3,1.3.7.15.8–13a [Rahmen: 3,2.16]; Klagepsalm: 1,2–4.12–13; 2,1*.4.20; 3,7*.8*.13b.14.17–19a).

Ausgehend von diesen Beobachtungen werden unterschiedliche Entstehungsmodelle vorgeschlagen (wobei das als erstes genannte am plausibelsten ist):
(1) Grundschicht des Buches war die Verkündigung des um 600 v. Chr. auftretenden Propheten Habakuk. Diese war einerseits eine nur gegen die Oberschicht und das Königtum in Juda/Jerusalem gerichtete Sozialkritik und andererseits die Ankündigung der neubabylonischen Invasion als JHWHs Strafgericht wegen der gesellschaftlichen Verwerfungen. Erst durch eine exilische Bearbeitung wurde angesichts der Brutalität der babylonischen Besatzungsmacht die ursprünglich innerjudäische Kritik zu einer Gerichtsankündigung gegen Babylon umgestaltet. In nachexilischer Zeit wurde die gegen Babylon adressierte Gerichtsankündigung durch die Hinzufügung des Theophaniepsalms Kap. 3 universalisiert und eschatologisiert (*J. Jeremias, E. Otto*; mit jeweils unterschiedlichen Nuancierungen).

(2) Grundschicht des Buches waren eine weisheitliche Klage über das Schicksal der Gerechten inmitten einer von Gottlosigkeit bedrängten Welt und die in der Zwiesprache mit JHWH gefundene Gewissheit, dass JHWH die Gottlosen vernichtet und den Gerechten rettet. Diese weisheitlich-psalmistische Theodizeedichtung wurde sodann durch die Einzeichnung der geschichtlich-gesellschaftlichen Verhältnisse des beginnenden 6. Jh.s zum jetzigen Prophetenbuch (*A. H. J. Gunneweg*).

(3) Ein kompliziertes Entstehungsmodell hat 1988 *K. Seybold* vorgelegt. Ausgangspunkt der Überlieferung waren nach ihm die in 2,2–3 erwähnten Tafeln. »Was auf ihnen stand, kann nur vermutet werden. Doch wäre es im Blick auf den Öffentlichkeitscharakter der Weissagung am ehesten verständlich, wenn es knappe und plakative Worte gewesen wären, die man ›geläufig gelesen‹ [sic!] oder ›ausrufen‹ konnte (2,2), weshalb die 5(6) ursprünglich doppelzeiligen Weherufe neben der Reitervision (1,6ff) in Frage kommen. Diese richteten sich auch sehr wahrscheinlich zunächst auf innerjudäische soziale Verhältnisse und betrafen die Lesenden und Hörenden wohl selbst« (ZBK 45). Sowohl die Schärfe der Sozialkritik wie die Vision des Reitersturms, welche durch die im 7. Jh. erstmals auftretenden skythischen Reitervölker inspiriert war, sprechen für eine Datierung des Auftretens des Habakuk um 630 v. Chr.; auch die Verwandtschaft dieser »Tafelprophetie« mit Jer 2–6 macht diese zeitliche Ansetzung plausibel. Zu einem »Buch« (Buchrolle) wurde die Prophetie des Habakuk, als durch Tradenten in der Mitte des Exils die Reitervision auf die Babylonier umgedeutet und mit hymnischen Theophanietexten, die bereits in vorexilischer Zeit gedichtet waren (nicht von Habakuk!), kombiniert wurden. Als späteste Schicht wurde im 4. Jh. ein vorgegebenes Psalmgedicht (Gebet eines unschuldig Angeklagten) als deutender Rahmen über das im Exil entstandene Habakuk-Trostbüchlein gelegt. Vielleicht versteht man die Absicht dieser Endredaktoren am besten, »wenn man sich vorstellt, sie hätten den Text der Trostschrift für ihre Zeit durch den Klagepsalm illustrieren wollen, d. h. sie hätten gleichsam dem Buch bildhafte Teile beigegeben. Diese wären – wie bei Illustrationen üblich – eben aus ihrer Zeit mit ihrem eigenen Stil gestaltet, so daß Habakuk durchaus in neuem Gewand für eine neue Zeit dargestellt worden wäre ... die ›Bild‹beigaben profilieren auf ihre Art das Bild jenes Propheten, der auf Gerechtigkeit drang. In dem Dialog-Charakter der Letztfassung ist es begründet, weshalb man gelegentlich das Buch mit einer Klageliturgie vergleichen konnte. Ob es als solche gottesdienstliche Verwendung fand, muß offen bleiben« (ZBK 49).

8.3 Theologie

(1) »Wie Jeremia litt Habakuk unter der in Jerusalem zur Herrschaft gelangten Ungerechtigkeit und deutete die Babylonier als Strafwerkzeuge. Doch je länger je mehr quälte ihn die Frage, wie ein so ungerecht vorgehendes Imperium Gottes Gerichtsinstrument sein könne. In einem visionären Widerfahrnis erhielt Habakuk die Antwort Jahwes, daß das Strafwerkzeug Babylon aufgrund seiner maßlosen Untaten dem Gerichte verfalle (vgl. Jes 10,5–34). Letzte Richtschnur des göttlichen Geschichtswaltens ist und bleibt nach 2,4: ›Wer nicht rechtschaffen ist, schwindet dahin, der Gerechte aber bleibt wegen seiner Treue am Leben!‹ Dies gilt, wie der Kontext bezeugt, auch auf der Ebene der Völkerwelt. So bleibt Jahwe trotz allem Gewoge der Geschichte der Herr des Weltregiments, auf den der Psalm in 3 hin- und ausblickt« (*A. Deissler*, Art. Habakuk 2).

(2) Der um 50 v. Chr. in Qumran entstandene → Pescher (= Kommentar) Habakuk bietet Hab 1–2 und legt den Text abschnittweise als eschatologische Weissagung auf die Auseinandersetzungen der Qumranleute mit ihren Gegnern aus.

(3) Im Neuen Testament wird Hab 2,4 zum *locus classicus* der paulinischen Rechtfertigungslehre (vgl. Röm 1,17; Gal 3,10–13). Hebr 10,37 zitiert 2,3f nach der Fassung der LXX, um damit den Appell zu standhaftem Festhalten an der Erwartung der Parusie Christi »schriftgemäß« zu unterstützen.

(4) Als prophetische Theodizeedichtung erhebt das Buch heilsamen Einspruch gegen alle zu glatten Theorien über Gottes Wirken in der Geschichte und hält zugleich die Hoffnung offen, dass der Gott der Gerechtigkeit das letzte Wort über die Geschichte spricht – freilich erst an deren Ende.

9. Das Buch Zefanja

Kommentare: K. Marti (KHC) 1904; F. Horst (HAT) [3]1964; C. A. Keller (CAT) 1971; W. Rudolph (KAT) 1975; R. L. Smith (WBC) 1984; B. Renaud (SBi) 1987; A. Deissler (NEB) 1988; J. J. M. Roberts (OTL) 1991; K. Seybold (ZBK) 1991; A. Spreafico (Commentario storico ed esegetico) 1991; A. Berlin (AncB) 1994; J. Vlaardingerbroek (HCOT) 1999; M. H. Floyd (FOTL) 2000; M. A. Sweeney (BO) 2001; H. Irsigler (HThKAT) 2002; M. A. Sweeney (Hermeneia) 2003; L. Perlitt (ATD) 2004; J. Nogalski 2011; R. L. Smith (WBC) 2014; W. Dietrich (IEKAT) 2014.

Einzelstudien: E. Ben Zvi, A Historical-Critical Study of the Book of Zephaniah (BZAW 198) Berlin 1991; D. L. Christensen, Zephaniah 2,4–15. A Theological Basis for Josiah's Program of Political Expansion: CBQ 46, 1984, 669–682; W. Dietrich/M. Schwantes (Hg.), Der Tag wird kommen. Ein interkontextuelles Gespräch über das Buch des Propheten Zefanja (SBS 170) Stuttgart 1996; H. Donner, Die Schwellenhüpfer. Beobachtungen zu Zephanja 1,8f: JSS 15, 1970, 42–55; A. C. Hagedorn, Die Anderen im Spiegel. Israels Auseinandersetzung mit den Völkern in den Büchern Nahum, Zefanja, Obadja und Joel (BZAW 414) Berlin u. a. 2011; C. Hardmeier, Zwei spätvorexilische Diskurse in Zefanja 1,1-3,8. Jhwhs Schlachtopfertag (1,7) und der Tag seines Ingrimms (1,15.18), in: T. Naumann/R. Hunziker-Rodewald (Hg.), Diasynchron, Stuttgart 2009, 139–183; H. Irsigler, Gottesgericht und Jahwetag. Die Komposition Zef 1,1–2,3 untersucht auf der Grundlage der Literarkritik des Zefanjabuches (ATS 3) St. Ottilien 1977; C. Levin, Zephaniah. How this Book became Prophecy, in: ders., Re-reading the Scriptures. Essays on the Literary History of the Old Testament (FAT 87) Tübingen 2013, 261–280; N. Lohfink, Zefanja und das Israel der Armen: BiKi 39, 1984, 100–108; M. Oeming, Gericht Gottes und Geschichte der Völker nach Zef 3,1–13. Exegetische und systematische Erwägungen zur Frage: In welchem Sinne ist der kanonische Endtext normativ?: ThQ 167, 1987, 289–300; B. Renaud, Le livre de Sophonie. Le Jour de YHWH thème structurant de la synthèse rédactionelle: RScR 60, 1986, 1–33; J. Scharbert, Zefanja und die Reform des Joschija, in: FS J. Schreiner, Würzburg 1982, 237–253; K. Seybold, Satirische Prophetie. Studien zum Buch Zefanja (SBS 120) Stuttgart 1985; H. Spieckermann, Dies irae: Der alttestamentliche Befund und seine Vorgeschichte: VT 39, 1989, 194–208; M. Striek, Das vordeuteronomistische Zephanjabuch (BET 29) Frankfurt 1999; M. A. Sweeney, A Form-Critical Reassessment of the Book of Zephaniah: CBQ 53, 1991, 388–408; M. Weigl, Zefanja und das »Israel der Armen«. Eine Untersuchung zur Theologie des Buches Zefanja (ÖBS 13) Klosterneuburg 1994; P. Weimar, Zefanja – Aufbau und Struktur einer Prophetenschrift: UF 29, 1997, 723–774; ders., Zef 1 und das Problem der Komposition der Zefanjaprophetie, in: M. Dietrich/I. Kottsieper (Hg.), »Und Mose schrieb dieses Lied auf ...«. FS O. Loretz (AOAT 250) Münster 1998, 809–932.

9.1 Aufbau

Der Aufbau von Zef wird in den Kap. 2 und 3 je nach Gewichtung der Strukturmerkmale unterschiedlich bestimmt. Meist wird das Buch in drei Teile gegliedert. Dabei gibt es folgende Strukturvorschläge:

9.11 Dreiteilung in Entsprechung zu den Kapitelgrenzen (K. Seybold, P. Weimar)

Häufig wird das Buch so gegliedert und charakterisiert: »Es hat einen dreiteiligen Aufbau. Auf Unheilssprüche gegen Jerusalem (Kap. 1) folgen Völkersprüche (Kap. 2) und dann wieder Sprüche an Jerusalem, vorwiegend Heilsworte (Kap. 3). Es hat eine Überschrift mit Daten zu Person und Zeit Zephanjas (1,1) und eine Eröffnung durch eine Art Motto (1,2) und es hat ein Schlußwort in Gestalt des lapidaren Satzes: ›JHWH hat es gesagt‹ (3,20), welches auf die Eingangsformel der Überschrift: ›Das Wort JHWHs, welches erging ...‹ (1,1) zurückweist« (*K. Seybold*, ZBK 85).
Auch wenn die drei Kapitel in der Tat um diese drei Themen kreisen, so fügen sich doch mehrere Unterabschnitte kaum in dieses dreigliedrige Aufbauschema: 1,2–4; 1,17–18 sind nicht Worte an Israel, sondern an die ganze Erde; 2,1–3 ist weder ein Unheilswort gegen Jerusalem noch passt es in den Komplex Unheilsansage gegen die Völker; 2,11 ist eher eine Heilsutopie über die Völkerwelt; 3,1–5 ist ein Gerichtswort gegen Jerusalem. Dieses einfache Dreierschema verdeckt auch die Funktion, die das den Völkern angedrohte Gericht für Juda/Jerusalem haben soll.

9.12 Dreiteilung unter Beachtung von Ringkompositionen (N. Lohfink, M. Weigl)

Angesichts der Problematik einer sich an der Kapiteleinteilung orientierenden Gliederung haben *N. Lohfink* und *M. Weigl* eine Dreiteilung vorgeschlagen, die sich enger an der Textstruktur und der Gesamtthematik des Buchs orientiert. Die drei Teile 1,2–18; 2,1–3,5 und 3,6–20 sind jeweils eine Ringkomposition, die durch Stichwort- und Motivwiederholungen miteinander verschränkt sind und die zugleich einen heilsdramatischen Geschehensbogen bilden.
Der *1. Teil 1,2–18* lässt sich so strukturieren:

A	1,2–3	Vernichtung weltweit	Ich (JHWH)
B_1	1,4–6	JHWHs Abrechnung mit den Götzendienern von Juda und Jerusalem	Ich (JHWH)
B_2	1,7	Der »Tag JHWHs« ist nahe	3. Person (Beobachter)
C_1	1,8–9	JHWHs Abrechnung am Hof zu Jerusalem	Ich (JHWH)
C_2	1,10–11	Der »Tag JHWHs« in Jerusalem	3. Person (Beobachter)
B'_1	1,12–13	JHWHs Abrechnung mit den Reichen von Jerusalem	Ich (JHWH)
B'_2	1,14–16	Der »Tag JHWHs« ist nahe	3. Person (Beobachter)
A'	1,17–18	Vernichtung weltweit	Ich (JHWH)

N. Lohfink charakterisiert die Komposition, deren Mitte 1,8–11 zum einen die erschreckende Konzentration kultischer und sozialer Verirrungen am Hof von Jerusalem und zum anderen in

einer Detailaufnahme die katastrophische Dimension der am »Tag JHWHs« hereinbrechenden Vernichtung schildert, folgendermaßen: »Zwei Stimmen lösen einander ab: die Stimme Jahwes, die sein Eingreifen in der Welt, in Juda, ganz besonders aber in Jerusalem immer neu konkret ankündigt, und die Stimme eines Beobachters, wenn man will, der das kommende Unheil (›Tag Jahwes‹) erschrocken beschreibt. In den Jahweworten wird zugleich der Grund des göttlichen Eingreifens aufgedeckt: die Sünden Judas und Jerusalems. Niemand wird angeredet, niemand zu etwas aufgefordert. Es wird einfach im Theater der Weltgeschichte für einen Augenblick der sonst herabgelassene und undurchsichtige Vorhang vor der Bühne der Zukunft aufgezogen. Der ›Tag Jahwes‹ bereitet sich auf ihr vor. Warum enthüllt Jahwe durch seinen Propheten dieses Bild? Wir erfahren es aus dem Anfang des zweiten Teils des Buches, der nun endlich anredet: Angesichts des Herankommenden gälte es, Jahwe zu suchen und so vielleicht dem Zorn zu entrinnen« (*N. Lohfink*, Zefanja 103f).
Auch der *2. Teil 2,1–3,5* bildet eine Ringkomposition:

A	2,1–3	Die Armen des Landes: Aufruf zur Gottsuche als Weg der Rettung	Kontrastbild zu 3,1–5 Imperative
B_1	2,4–7	Gericht über Philistäa	Nachbarn Westen
B_2	2,8–10	Gericht über Moab und Ammon	Nachbarn Osten
C	2,11	Bekehrung und Rettung der »Inseln der Völker«	Vernichtung der Götter
B'_1	2,12	Gericht über Kusch	Nachbarn Süden
B'_2	2,13–15	Gericht über Assur und Ninive	Nachbarn Norden
A'	3,1–5	Die Oberschicht der Stadt: Keine Bekehrung und Rettung mehr möglich	Weheruf (Leichenklage)

Dieser Teil beginnt mit der Aufforderung an die »Armen auf dem Lande«, die die Opfer der gewaltbesessenen Jerusalemer Oberschicht sind, angesichts der hereinbrechenden Katastrophe alle ihre Kraft auf ein Leben in Gerechtigkeit und Selbstbescheidung zu setzen, um so »vielleicht« (theologischer Vorbehalt!) gerettet zu werden (2,1–3). Dieser Weg ist der Oberschicht und den Amtsträgern in der gewalttätigen Stadt nicht mehr möglich, denn sie sind bereits voll vom Tod (»Weheruf« als Leichenklage) infiziert (3,1–5).
Welche Dynamik das zwischen 2,1–3 und 3,1–5 angekündigte Geschehen des »Tages JHWHs« hat, lässt sich mit *N. Lohfink* so beschreiben: »Die vier Regionen, denen Gericht Jahwes angekündigt wird, sind natürlich beispielhaft ausgewählt. Hinzukommt die Spannung zwischen diesen vier nahen Regionen und dem im Zentrum erscheinenden ›Inseln‹-Symbol der allerfernsten Völker am Rande des Erdkreises. Zweifellos ist hier die Gesamtheit der Völker gemeint. Während sich an den nahen das Gericht vollziehen wird, wird in der äußersten Ferne schon der Effekt des Gerichts sichtbar: Jahwe wird ihnen sichtbar als der Furchterregende, ihre Götter sind am Ende, sie beginnen dort in der Ferne Jahwe anzubeten. Die Aussage steht hier noch völlig erratisch. Sie ist unerwartet und überrascht. Sie ist ganz kurz, und sofort läuft alles wieder in die Gerichtsansage für die Nachbarvölker zurück. Doch sie steht im Zentrum und gibt schon durch kurzes Aufblitzen an, was im dritten Teil des Buches kommen könnte. Doch zunächst folgt im Rücklauf der Komposition wieder Gericht. Die Gerichtsschilderung wird besonders breit an ihrem Ende, wenn es um Assur, damals [d. h. zur Zeit des Zefanja] noch der Oberherr Jerusalems und Judas, unmittelbar im Norden angrenzend, geht. Das Gericht über Assur wird deutlich gemacht am Bild ihrer zerstörten und zur Wüste gewordenen Hauptstadt Ninive. Von hier aus kann dann, sogar ohne daß der Name genannt wird, hinüberassoziiert werden zu Jerusalem, der ›rebellischen, schmutzigen, gewalttätigen Stadt‹ (3,1), die ›auf die Warnung nicht hört, keine Er-

ziehung (durch das Geschehen in der Völkerwelt) annimmt‹ (3,2). Beamte und Richter, Propheten und Priester, die ganze Führungselite der Stadt ist verderbt (3,3–4), obwohl doch Jahwe als die Sonne der Gerechtigkeit in ihrer Mitte weilt (3,5)« (*N. Lohfink*, Zefanja 104).

Der *3. Teil 3,6–20* setzt mit einem Rückblick in die Vergangenheit ein (das in Teil 1 und 2 angekündigte Geschehen wird als inzwischen eintretend vorausgesetzt) und malt die dadurch ausgelöste überraschende Zukunft aus: Das in Teil 2 angekündigte Gericht über die Völker löst eine Völkerwallfahrt nach Jerusalem aus, mit dem JHWH seine Geschichte nach der Vernichtung der verbrecherischen Oberschicht neu beginnt – mit den Armen und Unterdrückten, die als »Rest Israels« gerettet wurden. Sie sind der Kern des »neuen« Gottesvolks in Jerusalem, zu dem die Völker kommen, um bei ihnen die Gerechtigkeit und den wahren Gottesdienst zu lernen. Um der Armen willen hat JHWH den Tag JHWHs kommen lassen – um sie aus der Gewalt zu retten und um mit ihnen sein Programm einer menschenfreundlichen Gesellschaft zu verwirklichen: das Israel der Armen soll zum Paradigma für die Völker werden. Die Struktur des 3. Teils lässt sich folgendermaßen darstellen:

A	3,6–8	Die Völker als Gerichtswerkzeuge gegen Jerusalem	JHWHs Rechtsanspruch
B	3,9–10	Völkerbekehrung und Völkerwallfahrt	Anrufung des Namens JHWHs
C	3,11	Reinigungsgericht über Jerusalem	Beseitigung der Schande durch Beseitigung der Oberschicht
B'	3,12–13	Die geretteten »Armen« als Rest Israels	Zuflucht beim Namen JHWHs
A'	3,14–20	Jerusalems und Israels Ehre bei allen Völkern der Erde	JHWHs Rechtsverzicht und umfassende Erneuerung

9.13 Dreiteilung unter Beachtung des Zentralthemas »Tag JHWHs« (B. Renaud, H. Irsigler)

B. Renaud und *H. Irsigler* bewerten die auffällige refrainartige Wiederholung der universalgerichtlichen Ankündigungen 1,18b und 3,8d (1,18b: »Am Tag des Zornes JHWHs und im Feuer seines Eifers wird die ganze Erde verzehrt werden«; 3,8d: »Ja, im Feuer meines Eifers wird die ganze Erde verzehrt«) als makrostrukturelle Markierungen und teilen das Buch dementsprechend in die drei Teile 1,2–18; 2,1–3,8; 3,9–20 ein. Diese drei Teile sind durchgehend vom Thema Tag JHWHs bestimmt: »Der Tag JHWHs wird vorgestellt als partikulares geschichtlich-konkretes Eingreifen Gottes (1,7; 1,14–16; 2,1–3), aber auch entschränkt, universalisiert und eschatologisiert auf ein Weltgericht über Menschen und Schöpfung sowie die Völker insgesamt (1,2–3; 1,17–18; MT 3,8). Damit ist das theologische Problem eines Endes der Zeit und eines universalen Gerichts gegeben. Positiv gewendet erscheint der ›Tag‹ in Zef 3,9–20 in der Nachinterpretation zu 3,8 als Tag der Läuterung und Rettung für die Völker und für Jerusalem« (*H. Irsigler*, Zefanja 34). H. Irsigler beschreibt diesen dreiteiligen Aufbau folgendermaßen:

I	**1,2–18**	**Der »Tag« des Gerichts zentral über Jerusalem**
	1,2–6	Die Ankündigung des Gottesgerichts universal und zentral über Juda und Jerusalem
	1,7–13	Ankündigung des Gerichts über Jerusalem am nahen Tag JHWHs
	1,14–18	Der nahe Tag JHWHs als theophanes Ereignis des unheimlichen JHWH-Zorns, ausgeweitet zum ›Weltgericht‹
II	**2,1–3,8**	**Der »Tag« des großen Volksgerichts**
	2,1–15	Drohung und Mahnung an das Volk von Juda (2,1–3), begründet im kommenden Unheil als Vernichtungsgericht über Nachbarvölker mit der Assyrerhauptstadt Ninive als Höhepunkt (2,4–15)
	3,1–8	Jerusalem wird als gewalttätige und unbelehrbare Stadt angeprangert und in das Unheilsgeschick der Nachbarvölker Judas (2,4–15) einbezogen, als Höhepunkt eines ins Universale ausgeweiteten Völkergerichts (3,8)
III	**3,9–20**	**Der »Tag« der Läuterung und Rettung (das andere Gesicht des JHWH-Tags)**
	3,9–13	Verheißung: die Läuterung der Nationen und Jerusalems
	3,14–20	Heilszuspruch und Verheißung für das Jerusalem jenseits des Gerichts

9.2 Entstehung

9.21 Zeitgeschichtliche Einordnung des Propheten Zefanja

Die Überschrift 1,1 datiert das Wirken des Propheten Zefanja (= »JHWH hat rettend/schützend geborgen«) in die Regierungszeit des Joschija (639–609 v. Chr.). Die genauere zeitliche Eingrenzung ist allerdings kontrovers. Da der Spruch 1,8f gegen den Jerusalemer Hof nur die Beamten und die Prinzen und nicht den König nennt, nehmen viele Autoren (z. B. *A. Deissler*) an, dass Zefanja während der ersten Regierungsjahre des Joschija auftrat, der bereits mit acht Jahren offiziell zum König proklamiert wurde. Zu dieser Datierung würde auch die Götzendienstkritik passen, die dann *vor* der joschijanischen Reform von 622 v. Chr. verständlich wäre. Auch der Spruch gegen Assur und Ninive (2,13–15) hätte angesichts der um 630 v. Chr. noch ungebrochenen Macht des assyrischen Reichs seinen plausiblen Sitz im Leben. Ebenso ist der Kampf des Propheten gegen den massiven Einfluss der assyrischen Kultur und Religion in der Oberschicht und im Königshaus (assyrische Kleidermode, assyrische Amulette und Götterfigurinen u. a.) am ehesten vor 620 v. Chr. erklärbar, zumal ab dieser Zeit der assyrische Kultur- und Religionsdruck abnimmt bzw. verschwindet (614 v. Chr. Fall Assurs, 612 v. Chr.: Fall Ninives). Andere Autoren, wie z. B. *K. Seybold*, datieren später: »Wir denken aufgrund der Völkersprüche und der Missachtung der josianischen Kultreform eher an die spätassyrische bzw. spätjosianische Zeit, als Jerusalems Leben sich nach der assyrischen Besetzung zunehmend normalisiert hatte und die Reformen von 622 v. Chr. längst ihre Wirkung verloren hatten oder in einer restaurativen Politik aufgegangen waren. Man könnte sich die Jahre um 615 vorstellen« (*K. Seybold*, ZBK 88). Diese Datierungen setzen voraus, dass im Zefanjabuch viele authentische Worte des Propheten Zefanja in ihrer ursprünglichen Gestalt gesammelt sind.

9.22 Theorien über den literarischen Werdegang des Buches

Nicht wenige Autoren sind der Meinung, dass die allermeisten als selbständige Einzelsprüche erkennbaren Abschnitte (ca. 10–15 mehr oder weniger in sich geschlossene Einzelsprüche) vom historischen Zefanja stammen. Sogar die Buchkomposition wird – mit Ausnahme der allgemein als nachexilische Erweiterung qualifizierten V. 3,16–20 – von verschiedenen Autoren auf den Propheten selbst zurückgeführt. Vertreter dieser »Maximalposition« ist z. B. *N. Lohfink*, der seine Position (die dann von *M. Weigl* aufgenommen und detailliert begründet wurde) folgendermaßen beschreibt: Das vom Propheten selbst komponierte Zefanjabuch »umfaßte, etwas vergröbert, folgenden Textbestand: Zef 1,1–18; 2,1–6.8–9a.11–15; 3,1–10a.bβ–15. In nachexilischer Zeit ist das Buch noch einmal erweitert worden, wohl im Blick auf das zukünftige Geschick der jüdischen → Diaspora. Vor allem jeweils am Ende einzelner Teile wurden deutende Zusätze hinzugefügt: 2,7; 2,9b.10; 3,10bα; 3,16–20. Noch später kamen kleinere Ergänzungen hinzu, die sich in der ältesten Übersetzung, der Septuaginta, noch gar nicht spiegeln: vor allem in 1,3.4.5; 2,6.9; 3,5 (stets nur einzelne oder wenige Wörter)« (*N. Lohfink*, Zefanja 102).
H. Irsigler nimmt an, dass Zef in einem Zeitraum vom 7. Jh. bis in das 3. Jh. entstanden ist. Er rechnet mit etwa zehn Stufen der Überlieferung und Bearbeitung, die sich auf vier Hauptetappen konzentrieren:

(1) Am Anfang stehen elf Logien, die sich auf Zefanja selbst zurückführen lassen. Diese Logien »werden noch vor dem Untergang Assurs und Ninives, d. h. noch vor 614 bzw. 612 v. Chr., und nach der Kultreform [des Joschija] von 622, sei es von Zefanja selbst oder wahrscheinlicher von einem frühen Zefanjatradenten auf einer Schriftrolle gesammelt worden sein« (*H. Irsigler*, Zefanja 60).

(2) Die erste Großkomposition von Zefanjaworten *1,4–3,8 entstand zwischen der ersten und zweiten Eroberung Jerusalems durch Nebukadnezzar (also zwischen 597 und 586 v. Chr.). Sie setzt die Ereignisse von 598/97 v. Chr. einschließlich der ersten Deportation nach Babel voraus und steht unter dem Motto des nahen JHWH-Tags als eines »Schlachttags«.

(3) In exilischer Zeit wird die Zefanjasammlung (innerhalb von *1,4–3,8) in unterschiedlichen Perspektiven erweitert. Zef dient nun vor allem als Dokumentation, die das eingetretene Gottesgericht über Juda und Jerusalem begründet und im Sinne einer Theodizee deutet.

(4) In nachexilischer Zeit wird 1,2–3 vorangestellt und sukzessiv der Teil 3,9–20 angefügt (Heilsverheißungen für Jerusalem, den Rest Israels und der Völker; Universalisierung und Eschatologisierung des vorher geschichtlich-konkret angekündigten Gottesgerichts).

9.3 Theologie

9.31 Zwei grundlegende Voraussetzungen

»Um den inneren Duktus des Zefanjabuches zu erfassen, muß man zwei für Zefanja und seine Zeitgenossen offenbar selbstverständliche Voraussetzungen machen.
Einmal, daß Jahwe, der Gott Israels, zugleich der Gott der ganzen Weltgeschichte ist. Er will ein Werk an allen Völkern wirken. Aber er wirkt dieses Werk nicht an der ganzen Menschheit auf einmal. Er nimmt seinen Weg über eine besondere Gruppe, eine Art Voraustrupp, ein ›Gottesvolk‹, eben: Israel. Liegen die anderen Völker in tiefer Nacht, dann hat Jahwe begonnen, durch Israel sein Licht in diese Nacht zu bringen.
Die andere Voraussetzung ist, daß die Völker der Welt in der Tat in tiefer Nacht liegen. Es steht mit ihnen nicht zum besten. Sie haben nichts anderes zu erwarten, als daß sie in den Untergang laufen. Das Ende der in ihren Wurzeln korrupten Welt ist zusammengefaßt im uralten Bild vom ›Tag Jahwes‹. An diesem ›Tag‹ kommt Gott selbst über die Völker, ja über alles. Er macht allem Bösen ein Ende. Dann – so sagte die Tradition – wird Gottes eigenes Volk strahlend überleben und der Welt Zukunft geben.
Seit Amos allerdings ... haben die Propheten diese alte Gesamtvorstellung umgedreht und gegen Israel selbst gewendet. Denn sie stellen ja gerade fest, daß das Böse auch in Israel eingedrungen ist. So hat nun auch Israel selbst mit dem ›Tag Jahwes‹ zu rechnen ... Doch hier [d. h. im Zefanjabuch] ist eine neue Erkenntnis: Dem Propheten wird klar, dass der ›Tag Jahwes‹, der Völker wie Israel zugleich bedroht, nicht Untergang, sondern neues, durch göttliches Wunder gewirktes Heil sein wird ... In Jerusalem werden die Träger des Heils gerade diejenigen sein, die bisher die Opfer derer waren, die Jerusalem herunterkommen ließen. Jerusalem, und damit die eschatologische Gemeinde Jahwes, wird aus den ›Armen Jahwes‹ bestehen« (*N. Lohfink*, Zefanja 106).

9.32 Theologie für die Armen

(1) Zef bietet radikale Staats- und Machtkritik: »Von oben« ist nie »Heil« zu erwarten. Die Machthaber und die Reichen sind grundsätzlich unfähig, an JHWHs Gerechtigkeits-Projekt mitzuwirken.

(2) JHWH lässt Jerusalem nur um der Armen willen überleben. Sie, die schon Opfer der Reichen und Mächtigen sind, sollen nicht noch einmal Opfer des Zorngerichts sein, das JHWH über die Ausbeuter und Gewalttäter bringt. Zugleich rettet JHWH die Armen, weil er nur mit ihnen sein Welt-Vorhaben verwirklichen kann.

(3) Die Rettung Israels und der Völker ist nur möglich, wenn »die Armen« als Lehrer von Recht und Gerechtigkeit akzeptiert werden. Die Völkerwallfahrt dient auch diesem Ziel.

(4) Entgegen der verbreiteten Tendenz, »die Armen« des Zefanjabuchs als primär religiöse Kategorie (»Armenfrömmigkeit«: die sich arm und demütig vor Gott *fühlen*) zu interpretieren, ist festzuhalten, dass hier die ökonomisch und gesellschaftlich Armen gemeint sind. Das Zefanjabuch nimmt mit seiner Vision von den Armen als den »Lebens- und Tora-Lehrern« eine machtpolitische Umkehrung ersten Ranges vor.

(5) »Das Zefanjabuch ist der Anfang aller Rede von der ›Kirche der Armen‹ und von der ›armen Kirche‹ ... Gott will nicht das Elend als das Ende seiner Wege mit seinem Volk, sondern Reichtum und Segen. Aber dieser Reichtum ist alles andere als jener Reich-

tum, der aus der Ausbeutung der Armen entstand und immer weiter entsteht. Es ist ein Reichtum, wie er eigentlich nur entstehen kann, wenn Arme in ihn hineingeführt werden und dabei nicht aufhören, Gerechtigkeit zu suchen, ein Leben der Offenheit zu führen und friedlich miteinander umzugehen« (*N. Lohfink*, Zefanja 108).

10. Das Buch Haggai

Kommentare: K. Marti (KHC) 1904; F. Horst (HAT) ³1964; W. Rudolph (KAT) 1976; R. Mason (CBC) 1977; S. Amsler (CAT) 1981; R. L. Smith (WBC) 1984; H. W. Wolff (BK) 1986; C. L. Meyers/E. M. Meyers (AncB) 1987; A. Deissler (NEB) 1988; H. G. Reventlow (ATD) 1993; M. H. Floyd (FOTL) 2000; M. A. Sweeney (BO) 2001; I. Willi-Plein (ZBK) 2007 ; J. Nogalski 2011; R. L. Smith (WBC) 2014; M. Leuenberger (HThKAT) 2015.

Einzelstudien: W. A. M. Beuken, Haggai–Sacharja 1–8. Studien zur Überlieferungsgeschichte der frühnachexilischen Prophetie (SSN 10) Assen 1967; K.-M. Beyse, Serubbabel und die Königserwartungen der Propheten Haggai und Sacharja. Eine historische und traditionsgeschichtliche Untersuchung (AzTh I/48) Stuttgart 1972; M. Hallaschka, Haggai und Sacharja 1–8. Eine redaktionskritische Untersuchung (BZAW 411) Berlin/New York 2011; K. Koch, Haggais unreines Volk: ZAW 79, 1967, 52–66; R. Lux, Prophetie und Zweiter Tempel. Studien zu Haggai und Sacharja (FAT 65) Tübingen 2009; R. A. Mason, The Purpose of the »Editorial Framework« of the Book of Haggai: VT 27, 1977, 413–421; P. Reddit, Prophecy and the Monarchy in Haggai and Zechariah: CBQ 76, 2014, 436–449; R. Rendtorff, Haggai im Zwölfprophetenbuch, in: E. Zenger (Hg.), Zwölfprophetenbuch (s. o.), 219–222; O. H. Steck, Zu Haggai 1,2–11: ZAW 83, 1971, 355–379; T. Unger, Noch einmal: Haggais unreines Volk: ZAW 103, 1991, 210–225.

10.1 Aufbau

Das Buch, das sich in seiner Endgestalt als Erzählung über das Wirken des Propheten Haggai beim Beginn des Wiederaufbaus des Tempels im Jahre 520 v. Chr. präsentiert, wird durch ein Rahmenwerk in die *vier Abschnitte 1,1–15a; 1,15b–2,9; 2,10–19; 2,20–23* gegliedert. Das Rahmenwerk besteht jeweils aus einer Zeitangabe (bezogen auf die Regierungszeit des persischen Königs Darius I.), Wortereignisformel und Name des Haggai sowie der Bezeichnung »Prophet«. Dabei werden die Abschnitte 1 und 2 sowie 3 und 4 durch ihren Rahmen paarweise als kompositionelle Einheit zusammengebunden. Zugleich gibt es, wie die folgende Graphik zeigt, sprachliche Entsprechungen im Redeteil zwischen Abschnitt 1 und 3 sowie Abschnitt 2 und 4.

1,1–2 (Datierung: 29. August 520)	**2,10–11 (Datierung: 18. Dezember 520)**
Im 2. Jahr des Königs Darius	Im 2. Jahr des Königs Darius
im 6. Monat	im 9. Monat
am 1. Tag (= 29.8.520),	am 24. Tag (= 18.12.520),
erging das Wort JHWHs	erging das Wort JHWHs
durch den Propheten Haggai ... also:	*an* den Propheten Haggai also:
So hat JHWH der Heerscharen gesprochen:	*So hat JHWH der Heerscharen gesprochen*:

1,15b–2,2 (Datierung: 17. Oktober 520)	**2,20–21 (Datierung: 18. Dezember 520)**
Im 2. Jahr des Königs Darius	
im 7. Monat	
am 21. Tag (= 17.10.520)	Am 24. Tag des Monats (= 18.12.520)
erging das Wort JHWHs	erging das Wort JHWHs
durch den Propheten Haggai also:	*an* Haggai ein zweites Mal also:
Sprich zu Serubbabel, dem Statthalter von Juda	*Sprich zu Serubbabel, dem Statthalter von Juda*
...	...

Die vier Abschnitte der Erzählung, die eine Kette von prophetischen Gottessprüchen (ungewöhnliche Häufung der Gottesspruchformel und der Botenspruchformel) darbietet, bilden einen dramatischen Geschehenszusammenhang mit Klimax im vierten Abschnitt. Die Abschnitte sind in inhaltlicher Hinsicht paarweise zusammengeordnet. Die Abschnitte 1 und 2 setzen sich mit Widerständen gegen den Tempelbau auseinander; die Abschnitte 3 und 4 deuten die Grundsteinlegung in heilseschatologischer Perspektive (so mit *O. H. Steck*, Zu Haggai 1,2–11).

Der *erste Abschnitt 1,1–15a* setzt sich mit einem zweifachen Widerstand gegen den Tempelbau (1,4–8.9–11) auseinander, berichtet über die positive Wirkung der Worte Haggais auf den Statthalter Serubbabel, den Hohenpriester Jeschua sowie auf das Volk (1,12) und konstatiert den Beginn der Aufräumungs- und Vorbereitungsarbeiten zum Tempelbau am 24.6. des 2. Regierungsjahrs des Darius (= 21. September 520 v. Chr.). Der zweifache Widerstand kommt höchstwahrscheinlich aus unterschiedlichen Kreisen. Der in 1,4–8 erkennbare Widerstand kommt aus Kreisen der nichtdeportierten »Altjudäer«, die Haggai entgegenhalten: »Es ist noch nicht der Zeitpunkt für das Haus JHWHs da, dass es gebaut werde« (1,4). Für sie wäre der Tempelbau der eigenmächtige Versuch, dem Strafgericht Gottes ein Ende zu setzen. Der in 1,9–11 sich artikulierende Einwand kommt aus den Kreisen der zurückgekehrten Exulanten. Sie hatten andere Sorgen als den Tempelbau; sie wollten zuerst ihre eigenen Häuser bauen und erst danach ein Haus für ihren Gott.

Der *zweite Abschnitt 1,15b–2,9* setzt sich mit der schon knapp einen Monat nach Beginn der Arbeiten einsetzenden Unlust und Enttäuschung angesichts der begrenzten Möglichkeiten und der Kümmerlichkeit des Bauprojekts im Vergleich mit dem (586 v. Chr. von den Babyloniern zerstörten) salomonischen Tempel auseinander, den eine ganze Reihe von Zeitgenossen noch selbst gesehen hatte. Ein prophetisch übermitteltes JHWH-Wort spricht den Resignierenden nicht nur Mut zu, sondern entwirft in der Erinnerung an den unerschütterlichen Gottesbund und an die bleibende Zusage des Gottesgeistes eine universale, eschatologische Heilsperspektive für diesen *neuen* Tempel, der darin seinen Vorgänger sogar übertreffen wird. Der Tempel wird schon in naher Zukunft eine kosmische Erschütterung auslösen, wenn JHWH dort Wohnung nehmen und ihn mit Herrlichkeit erfüllen wird. Alle Völker werden dann herbei strömen zu diesem Zentrum des Kosmos, das ein Ort des Friedens sein wird.

Der *dritte Abschnitt 2,10–19*, der in der Forschung kontrovers ausgelegt wird (s. u.), deutet die erfolgte Grundsteinlegung zum Tempel als Ende der »Unreinheit« des Volkes und als Tag beginnenden Heils (»von heute an spende ich Segen«). Im Zusammenhang einer prophetischen Zeichenhandlung (zweimalige Einholung einer priesterlichen Tora zur Frage der Übertragung kultischer Reinheit bzw. Unreinheit) wird durch den Propheten festgestellt, »daß ›dieses Volk und diese Leute‹ in den Augen Jahwes ›unrein‹, d. h. nicht wirklich kultfähig seien, auch nicht bei Opfermahlzeiten, die sie am Altar – ohne Tempel! – feiern. Darum ist die ... Deutung, 2,14 beziehe sich auf die Samaritaner bzw. die mit den Samaritanern Zusammenarbeitenden, und Haggai sei so ›der Vater des (orthodoxen) Judentums‹ fragwürdig. Es liegt vielmehr nahe, daß der Prophet hier den Auftrag bekam, noch einmal herauszustellen, daß ›in den Augen Jahwes‹ die Gemeinde ohne einen Tempelneubau keine göttlich voll anerkannte Kultgemeinde sei (trotz der Opfer am wiedererrichteten Altar!). Diese Interpretation wird auch durch 2,15–19 gestützt. Danach wird die jetzt erfolgte Grundsteinlegung ein Wendepunkt von der bisher von Jahwe verhängten Dürre zu einer fruchtbaren Segenszeit sein« (*A. Deissler*, NEB 262f).

Der *vierte Abschnitt 2,20–23* steigert die Bedeutung der Grundsteinlegung durch eine latent messianische Verheißung an den politischen Hauptakteur des Geschehens. Serubbabel (er wird nun »mein Knecht« genannt: Vorzugstitel für David) wird designiert zum »Siegelring JHWHs« (so wird in Jer 22,24 Jojachin, der königliche Großvater des Serubbabel, bezeichnet), d. h. zum »Stellvertreter« JHWHs. V. 22 entwirft einen gewaltigen weltpolitischen Horizont für den Amtsantritt dieses »Heilkönigs«. Die bereits in 2,6 angekündigte kosmische Erschütterung wird eintreten, alle politischen Mächte mitsamt ihren Armeen und Waffen werden entmachtet, ja verschwinden und Serubbabel wird als Statthalter des Weltfriedenskönigs JHWH dessen »Amtsgeschäfte« in Jerusalem führen.

Die paarweise zusammengeordneten Abschnitte sind durch Motiv- und Wortaufnahme spiegelbildlich aufeinanderbezogen, wie die folgende Übersicht anzeigt:

1. Abschnitt: 1,1–15a Erntebilder	3. Abschnitt: 2,10–19 Erntebilder
2. Abschnitt: 1,15b–2,9 Erbeben von Himmel und Erde Geschehen in der Völkerwelt	4. Abschnitt: 2,20–23 Erbeben von Himmel und Erde Geschehen in der Völkerwelt

10.2 Entstehung

10.21 Zeitgeschichtliche Einordnung des Auftretens Haggais

Über das im Buch erzählte Wirken Haggais berichtet auch Esra 5–6. Dass Haggai (= »der am Festtag Geborene«) zusammen mit Sacharja, der in Esra 5,1; 6,14 mit ihm genannt wird, maßgeblich den Wiederaufbau des Tempels initiiert und inspiriert hat, wird in der Forschung nicht bezweifelt. Ob Haggai selbst im Exil gewesen war und zu den mit Serubbabel und Jeschua zurückgekehrten Gruppen gehörte oder ob er ein nichtdeportierter »Altjudäer« war, ist schwer zu entscheiden. Manche Autoren weisen darauf hin, dass Haggai nicht in der Rückkehrerliste Esra 2/Neh 7 aufgeführt ist und dass die Abschnitte 1,1–15a; 2,10–19 stark von bäuerlicher Perspektive geprägt sind; sie nehmen deshalb an, dass Haggai der daheimgebliebenen Landbevölkerung angehört habe. Die verschiedentlich geäußerte These, Haggai sei Kultprophet gewesen, ist wenig wahrscheinlich. Da sein Denken und seine Sprache stark von priesterlicher Theologie imprägniert sind (Kategorien »rein – unrein«, Segenstheologie), ist anzunehmen, dass er einer priesterlichen Familie entstammte. Die im Haggaibuch für sein Wirken angegebenen Daten ergeben nur ein knappes halbes Jahr prophetischer Aktivität (vom 29. August bis 18. Dezember 520 v. Chr.). Über sein Alter wissen wir nichts; da wir nur von seinem Wirken 520 v. Chr. hören, wäre vorstellbar, dass er bereits sehr alt war und zu der in 2,3 genannten Gruppe gehörte, die den Tempel noch vor dessen Zerstörung 586 v. Chr. gesehen hatte. Ob er die Vollendung des Tempelbaus 515 v. Chr. noch erlebte wissen wir nicht. Es ist eher zweifelhaft.

10.22 Der literarische Werdegang des Buchs

Auch wenn das so kunstvoll komponierte Buch, in dem Berichte Haggais fehlen, kaum auf Haggai zurückgehen kann, nehmen viele Autoren an, dass das Buch im wesentlichen seine Endgestalt zeitlich nicht allzu entfernt vom Auftreten des Haggai im Jahre 520 erhalten hat. Repräsentativ ist *A. Deisslers* Position: »Der Grundbestand des Büchleins ist wohl vor der Einweihung des Tempels im Jahre 515 v. Chr. – weder Haggai noch Serubbabel sind daran beteiligt – fixiert gewesen« (*A. Deissler*, NEB 255).

Dass das Buch in seiner Endgestalt nicht auf den Propheten Haggai selbst zurückgehen kann und dass mindestens zwei Entstehungsphasen anzunehmen sind, ergibt sich vor allem aus zwei Beobachtungen:

(1) Der um die Gottessprüche gelegte erzählerische Rahmen (1,1–3.12–15; 2,1–2.20–21a) unterscheidet sich sprachlich und teilweise auch inhaltlich so stark von den Gottessprüchen, dass beide Textebenen nicht auf die gleiche Hand zurückgehen können. Während der Rahmen als Adressaten der Gottessprüche »den Statthalter Serubbabel«, den »Hohenpriester Jeschua« und den »*Rest* des Volkes« (= die aus der → Gola Heimgekehrten) herausstellt, gibt es daneben im Buch eine Aussagelinie, die vom »Volk« bzw. von »allem Volk des Landes« redet. Diese Spannung wird besonders in der Abfolge 1,12–14 sichtbar, wo 1,12b–13 »das Volk« im Blick hat (und wo Haggai nicht wie im Rahmen »der Prophet«, sondern »Bote JHWHs« heißt), während 1,12a.14 Serubbabel, Jeschua und »*den Rest* des Volkes« nennt. Eine ähnliche Spannung besteht auch zwischen 2,21a (Rahmen) und 2,23 (Gottesspruch), wenn Serubbabel in 2,23 anders als in 2,21 nicht den Titel »Statthalter« hat.
(2) Ein vergleichbarer erzählerischer Rahmen mit Datierungen, die sich auf die Regierungszeit des Darius beziehen, findet sich auch in Sach 1–8 (vgl. Sach 1,1.7; 7,1); allerdings liegen die Datierungen von Sach nicht auf ein und derselben literarischen Ebene. Mit dem System von Hag korrespondiert die Datierung Sach 1,7, woraus sich ergibt: Sach 1,7–6,15 kann man als Fortführung von Hag 2,20–23 lesen. Hag 1–2 und Sach *1,7–6,15 bildeten demnach ursprünglich ein »Zweiprophetenbuch« über den Tempelbau (*R. Lux*).

Beide Beobachtungen führen zu der These, dass der Rahmen auf einen »Chronisten« zurückgeht, der die Worte des Haggai zusammengestellt und mit Sach *1,7–6,15 kombiniert hat. Gegenüber dem Propheten Haggai rückt der »Chronist« die Rolle Serubbabels und des »Restes«, d. h. der Heimkehrergemeinde (der er wahrscheinlich selbst angehörte), beim Wiederaufbau des Tempels in den Vordergrund.

Mehrere Autoren (z. B. *H. W. Wolff*) gehen davon aus, dass dem »Chronisten« schon eine literarisch fixierte Sammlung der Haggai-Worte vorlag, und zwar als Niederschrift von fünf Auftritten des Propheten. Dieses Korpus der ursprünglichen Verkündigung des Haggai wäre nach *H. W. Wolff* »vermutlich einem Schüler zu verdanken (vgl. Jes 8,16; Jer 36), der in *Auftrittsskizzen* ... nicht nur die prophetischen Worte festhielt, sondern dazu deren Wirkungsgeschichte (1,12b–13) oder der Vorgeschichte (2,11–13) und auch den Widerspruch der Hörer (1,2)« (BK 4). Diese Komposition der Auftrittsskizzen habe die Haggai-Worte in einer gegenüber dem jetzigen Buch anderen Reihenfolge geboten: 1,4–11; *2,15–19; 2,3–9; 2,14; 2,21b–23; der »Chronist« hätte diese Reihenfolge im Interesse seiner Aussageintention (Abwehr der Samaritaner u. ä.) geändert. Diese Umstellungs-Hypothese hängt eng mit dem antisamaritanischen Verständnis von 2,10–14 zusammen, das nicht unproblematisch ist (s. o.).
Der in der Tat inhaltlich schwierige Abschnitt 2,10–14 *und* die ebenso auffällige Datierung in 1,15a, die nicht wie die anderen Datierungen des Buchs am Beginn, sondern am Ende des Ab-

schnitts 1,1–15a steht, haben zu unterschiedlichen entstehungsgeschichtlichen Hypothesen geführt. Neben der bereits genannten These einer nachträglichen Umstellung durch den Haggai-Chronisten (s. o.) ist besonders auf die (freilich wenig plausible) These von *T. Unger* hinzuweisen, wonach 2,10–14 ein spät eingefügter Text sei, der sich ablehnend mit der Tempelgründung (der Samaritaner) auf dem Garizim in der Alexanderzeit auseinandersetzt. Erst bei dieser Einfügung sei die ursprüngliche und viel organischere Textfolge *1,2–11; 1,15b+2,15–18; *2,1–9; 2,20–23 zur jetzigen Abfolge verändert worden.

10.3 Theologie

Eine meisterhafte Zusammenfassung der Theologie des Buchs Haggai, die eine auffallende Nähe zur Theologie der Priestergrundschrift (s. o. C.V.) aufweist, bietet *G. von Rad* in seiner »Theologie des Alten Testaments«: »Die Prophetie Haggais ... gipfelt in der Verkündigung des nahen Kommens Jahwes und der unmittelbar bevorstehenden Aufrichtung seines Reiches; aber die Botschaft – große Verlegenheit vieler Ausleger! – ist aufs engste verknüpft mit dem Wiederaufbau des von den Babyloniern zerstörten Tempels in Jerusalem, dergestalt, daß für diese Propheten der Wiederaufbau des Tempels geradezu als die notwendige Voraussetzung des Kommens Jahwes und seines Reiches gilt. Es ist richtig: mit einem Jesaja oder Jeremia kann eine solche Vorstellung nicht in Verbindung gebracht werden. Der Unterschied erklärt sich zunächst einfach aus der völlig verschiedenen inneren Verfassung derer, zu denen die Propheten gesandt waren ... Jetzt, angesichts einer in ›resignierter Sicherheit‹ dahinlebenden und nur auf ein wirtschaftliches Vegetieren bedachten Bevölkerung war die Frage des Tempelbaus zum status confessionis geworden. Der Tempel war doch der Ort, an dem Jahwe zu Israel sprach, an dem er ihm seine Sünde vergab und an dem er für Israel gegenwärtig war. In der Einstellung zum Tempel entschied sich also die Einstellung für oder gegen Jahwe. Die Leute aber waren an diesem Ort ziemlich desinteressiert; sie schoben angesichts der wirtschaftlichen Misere den Bau des Tempels noch hinaus, weil dafür ›jetzt nicht die Zeit‹ sei (Hag. 1,2). Haggai stellt diese Rangordnung der Pflichten auf den Kopf: Israel ist nicht mehr Israel, wenn es nicht am ersten nach dem Reiche Gottes trachtet; das andere, der Segen Jahwes, werde ihm dann auch zufallen (Hag. 1,2–11; 2,14–19) ... Haggai konnte das freilich nur sagen, weil er der Überzeugung war, daß das eschatologische Israel eine sakrale Mitte und nur von dieser Mitte her seinen Bestand haben werde. Es ist sehr fraglich, ob Jesaja dem widersprochen hätte. Liegt es nicht näher, eben darin die Echtheit der Prophetie Haggais zu sehen, daß er gerade in der Kärglichkeit der Verhältnisse Jahwe ein Neues anbahnen sah und seine Zeitgenossen beschwor, sich dem, was Jahwe inmitten Israels werden ließ, zu öffnen und zur Verfügung zu halten, daß er also gegen allen Augenschein die Zeit als eine Heilszeit deutete? ... Haggai hat damit, daß er Israel neu an den Tempel band, nicht Israels Welt verengt; er hat sie vielmehr, wie mit Recht gesagt worden ist, geweitet, indem er seinen Zeitgenossen ein Bekenntnis zu dem eschatologischen Werk Jahwes abrang« (*G. von Rad*, Theologie des Alten Testaments II, München ^{2}1961, 294f).

11. Das Buch Sacharja

Kommentare: K. Marti (KHC) 1904; F. Horst (HAT) ³1964; W. Rudolph (KAT) 1976; R. Mason (CBC) 1977; S. Amsler/A. Lacocque (CAT) 1981; R. L. Smith (WBC) 1984; C. L. Meyers/E. M. Meyers (AncB) 1987; A. Deissler (NEB) 1988; R. Hanhart (BK) 1990ff; H. G. Reventlow (ATD) 1993; M. H. Floyd (FOTL) 2000; M. A. Sweeney (BO) 2001; I. Willi-Plein (ZBK) 2007; J. Nogalski 2011; R. L. Smith (WBC) 2014; P. L. Redditt (IEKAT) 2014 (9–14).

Einzelstudien: E. Assis, Zecharia 8 as Revision and Digest of Zecharia 1–7: JHS 10, 2010, Art. 15; dies., Zechariah 8 and its Allusions to Jeremiah 30–33 and Deutero-Isaiah: JHS 11, 2011, Art. 1; L. Bauer, Zeit des Zweiten Tempels – Zeit der Gerechtigkeit. Zur sozio-ökonomischen Konzeption im Haggai-Sacharja-Maleachi-Korpus (BEAT 31) Frankfurt 1992; W. A. M. Beuken, Haggai–Sacharja 1–8. Studien zur Überlieferungsgeschichte der frühnachexilischen Prophetie (SSN 10) Assen 1967; N. Bilić, Jerusalem an jenem Tag. Text und Botschaft von Sach 12–14 (fzb 117) Würzburg 2008; H. Delkurt, Sacharjas Nachtgesichte (BZAW 302) Berlin 2000; H. Gese, Anfang und Ende der Apokalyptik, dargestellt am Sacharjabuch: ZThK 70, 1973, 20–49 (= ders., Vom Sinai zum Zion [BEvTh 64] München 1974, ³1990, 202–230); A. Finitsis, Visions and Eschatology. A Socio-Historical Analysis of Zechariah 1–6, New York 2011; M. Hallaschka, Haggai und Sacharja 1–8. Eine redaktionskritische Untersuchung (BZAW 411) Berlin/New York 2011; A. Kunz, Ablehnung des Krieges. Untersuchungen zu Sacharja 9 und 10 (HBS 17) Freiburg 1998; H.-M. Lutz, Jahwe, Jerusalem und die Völker. Zur Vorgeschichte von Sach 12,1–8 und 14,1–5 (WMANT 27) Neukirchen-Vluyn 1968; R. Lux, Prophetie und Zweiter Tempel. Studien zu Haggai und Sacharja (FAT 65) Tübingen 2009; H.-P. Mathys, Anmerkungen zur dritten Vision des Sacharja (Sacharja 2,5-9): ThZ 66, 2010, 103–118; B. Otzen, Studien über Deuterosacharja (AThD 6) Kopenhagen 1964; T. Pola, Das Priestertum bei Sacharja. Historische und traditionsgeschichtliche Untersuchungen zur frühnachexilischen Herrschererwartung (FAT 35) Tübingen 2003; R. Rothenbusch, Serubbabel im Haggai- und im Protosacharja-Buch. Konzepte der Gemeindeleitung im frühnachexilischen Juda, in: S. Ö. Steingrimsson (Hg.), Literatur- und sprachwissenschaftliche Beiträge zu alttestamentlichen Texten (ATS 83) St. Ottilien 2007, 219–264; M. Sæbø, Sacharja 9–14. Untersuchungen von Text und Form (WMANT 34) Neukirchen-Vluyn 1969; R. Scemama, Zacharie, le prophète exégète. Ko amar Adonaï. Modalités et enjeux du discours prophétique dans le livre de Zacharie 1–8 (Études bibliques 65) Pendé 2014; K. Seybold, Bilder zum Tempelbau. Die Visionen des Propheten Sacharja (SBS 70) Stuttgart 1974; H.-G. Schöttler, Gott inmitten seines Volkes. Die Neuordnung des Gottesvolkes nach Sach 1–6 (TThSt 43) Trier 1987; O. H. Steck, Der Abschluß der Prophetie im Alten Testament. Ein Versuch zur Frage der Vorgeschichte des Kanons (BThSt 17) Neukirchen-Vluyn 1991; L.-S. Tiemeyer, Zechariah and His Visions. An Exegetical Study of Zechariah's Vision Report (LHBOTS 605) New York 2015; J. E. Tollington, Tradition and Innovation in Haggai and Zechariah 1–8 (JSOT.S 150) Sheffield 1993; R. Rothenbusch, Serubbabel im Haggai- und im Protosacharja-Buch. Konzepte der Gemeindeleitung im frühnachexilischen Juda, in: S. Ö. Steingrimsson (Hg.), Literatur- und sprachwissenschaftliche Beiträge zu alttestamentlichen Texten (ATS 83) St. Ottilien 2007, 219–264; O. H. Steck, Der Abschluß der Prophetie im Alten Testament. Ein Versuch zur Frage der Vorgeschichte des Kanons (BThSt 17) Neukirchen-Vluyn 1991; C. Uehlinger, Die Frau im Efa (Sach 5,5–11). Eine Programmvision von der Abschiebung der Göttin: BiKi 49, 1994, 93–103; ders., Figurative Policy, Propaganda und Prophetie: VT.S 66, 1997, 297–349; I. Willi-Plein, Prophetie am Ende. Untersuchungen zu Sach 9–14 (BBB 42) Köln 1974.

11.1 Aufbau

Hauptthema im Buch Sacharja ist – wie im vorangehenden Buch Haggai (s. o.) – der (neue) Tempel in seiner Bedeutung für ein erneuertes Jerusalem als Mitte einer paradiesischen Schöpfung und der befriedeten Völkerwelt: »An jenem Tag wird aus Jerusalem lebendiges Wasser fließen, eine Hälfte zum Meer im Osten und eine Hälfte zum Meer im Westen; im Sommer und im Winter wird es fließen. Dann wird JHWH König sein über die ganze Erde. An jenem Tag wird JHWH der einzige sein und sein Name der einzige« (Sach 14,8f). Dieses Thema wird in drei Variationen entfaltet, die durch ein Überschriftensystem deutlich voneinander abgesetzt sind. Der *erste Teil (Kap. 1–8)* ist durch die auch Hag strukturierende Überschriftentechnik (1,1; 1,7; 7,1: Datierung bezogen auf die Regierungszeit des Perserkönigs Darius I. + Wortereignisformel) als Einheit ausgewiesen. Der *zweite Teil (Kap. 9–11)* und der *dritte Teil (Kap. 12–14)* sind durch die Überschrift »Ausspruch« in 9,1 und 12,1, die auch über dem nachfolgenden Buch Maleachi steht (s. u.) und die sonst in Prophetenbüchern über Abschnitte gesetzt ist, die sich auf die (Fremd-)Völker beziehen (vgl. besonders Jes 13–23), als Texteinheiten abgegrenzt. Für die drei Teile 1–8.9–11.12–14 (die auch eine je unterschiedliche Entstehungsgeschichte haben) werden in der Forschung (in Analogie zum Jesajabuch) bisweilen die Bezeichnungen Proto- (Erster), Deutero- (Zweiter) und Trito- (Dritter) Sacharja gebraucht.
(1) Der *erste Teil (Kap. 1–8)* wird durch die drei Überschriften 1,1; 1,7; 7,1 in die drei ungleich langen Teile 1,1–6; 1,7–6,15; 7,1–8,23 untergliedert. Die beiden äußeren Abschnitte sind durch Thema und Stichworte aufeinander bezogen. Sie legen sich wie ein Rahmen um den Mittelabschnitt, der seinerseits konzentrisch (palindromisch [→ Palindromie]) aufgebaut ist.

1,1–6 Wortverkündigung	Datierung: Okt./Nov. 520 + Wortereignisformel	Thema: »Kehrt um zu mir, dann kehre ich um zu euch« (1,3). Stichworte: eure Väter, die früheren Propheten, Zorn Gottes
1,7–6,15 Visionenzyklus (»Nachtgesichte«)	Datierung: 15. Febr. 519 + Wortereignisformel	
7,1–8,23 Wortverkündigung	Datierung: 7. Dez. 518 + Wortereignisformel	Thema: »So kehre ich jetzt um und plane, Jerusalem Gutes zu tun« (8,15). Stichworte: eure Väter, die früheren Propheten, Zorn Gottes

Das Schwergewicht dieses Teils liegt auf dem umfangreichen, kunstvoll gestalteten Visionenzyklus 1,7–6,15:

1,7–17: Vision I Reiter und Pferde	Auskundschaftung der ganzen Welt und Entscheidung Gottes (Zorn gegen die Völker und Liebe für Jerusalem)	+ Heilsworte für Jerusalem (V. 16f)
2,1–4: Vision II Hörner und Schmiede	Entmachtung der imperialen Mächte und Völker	

2,5–17: Vision III Mann mit Messschnur	Errichtung des neuen Jerusalem als einer offenen Stadt	+ Aufforderung zur und Ankündigung der Rückkehr aus dem Exil (V. 10–17)
3,1–10: Vision IV A Jeschua vor dem Himmelsgericht	Einsetzung (»Reinigung«) des Hohenpriestertums	+ Heilsworte für Jeschua (V. 8–10)
4,1–14: Vision IV B Leuchter zwischen zwei Bäumen	JHWH als leuchtende Mitte und seine beiden »Gesalbten« (König und Priester)	+ Heilsworte für Serubbabel (V. 6–10a)
5,1–4: Vision V Fliegende Schriftrolle	Bekämpfung der Verbrecher (Diebe und Meineidige)	
5,5–11: Vision VI Frau im Efa (Hohlmaß)	Entfernung von Götzendienst und Gottlosigkeit	
6,1–15: Vision VII Wagen und Pferde	Aussendung in die ganze Welt: Eingreifen Gottes (*rū*^{a}*ḥ* »Geist«)	+ Zeichenhandlung: Kompetenzaufteilung zwischen den zwei Gesalbten (V. 9–15)

Der siebenteilige Visionenzyklus, der sich als teppichartige Darstellung eines siebenarmigen Leuchters lesen lässt, ist eine stufenartige, auf die Vision IV als seine Mitte zulaufende Komposition, in der sich die jeweiligen Visionen spiegelbildlich entsprechen:

»Die Augen Gottes IV und die zwei Öl-Söhne«
Befreiung von III V Befreiung von
äußerer Bedrohung II VI innerer Bedrohung
Gottes Weltregiment I VII Gottes Weltregiment
(Abend) *(Mitternacht)* *(Morgen)*

Die sieben Visionen, die den ihnen allen gemeinsamen Bauplan (vier Elemente: Eröffnung, Visionsbeschreibung, Visionserzählung, Deutegespräch; zur Doppelung IV A und IV B und zum abweichenden Bauplan von IV A s. u.) kunstvoll variieren, bilden einen Geschehenszusammenhang, der im Himmel beginnt und die mit dem Tempelbau verbundene Erneuerung der ganzen Erde bewirkt. Die *erste Vision* zeigt dem Propheten einen Mann als Anführer inmitten von Reitern auf farbigen Pferden, die von ihrem Streifzug über die Erde zurückkommen und die Meldung bringen, dass die Erde – zwei Monate nach der Grundsteinlegung des Tempels, die Haggai als Auslöser kosmischer Erschütterungen proklamiert hatte (vgl. Hag 2,21–23) – immer noch »still und ruhig ist«, d. h. dass es noch keine Anzeichen für die Erfüllung der Weissagung gibt. Das ist die Stunde des Propheten Sacharja, dem nun durch das Gespräch zwischen dem Deuteengel und JHWH die Botschaft übermittelt wird, dass JHWH sein Gericht über die Völker vollziehen wird, um so Jerusalem und Zion zu retten. Die *zweite Vision* zeigt, dass die »Stille« zu Ende geht und mit der Entmachtung der Mächte beginnt, die Jerusalem, Juda und Israel bedrängt und zerstreut haben. Die *dritte* Vision wendet sich dem Zentrum des ›Weltbilds‹ zu: Ein Mann mit einer Messschnur beginnt damit, die Ausdehnung Jerusalems zu vermessen, damit wieder eine Stadtmauer zum Schutz seiner Bewohner gebaut wird (wir sind zeitgeschichtlich im Jahr 519 v. Chr.; die Mauern Jerusalems waren 586 v. Chr. durch die Babylonier geschleift worden!). Doch diese Vermessung ist überflüssig. Jerusalem, so sagt der Engel, wird (als Mitte der Welt) eine offene Stadt sein. Und vor allem: JHWH selbst wird Jerusalems Schutz sein. Die *vierte Vision* greift die im Alten Orient verbreitete Symbolik auf, dass ein brennender Leuchter die Gegenwart einer Gottheit im Heiligtum anzeigt. Aber der JHWH-Leuchter hat eine besondere Gestalt. Er ist aus kostbarem Gold und hat auf seinem Ständer eine Schale, die sieben offene Öllampen trägt, die jeweils sieben Ausbuchtungen für die Dochte haben. Das ergibt eine Lichtfülle von 7 x 7 Flammen. Zu beiden Seiten dieses Leuchters stehen zwei Ölbäume; sie sind »die zwei Öl-Söhne«, die JHWH sich als priesterlichen und königlichen Diener (als die zwei »messianischen« Ämter) erwählt hat. Ging es in der zweiten und dritten Vision um die Ausschaltung äußerer Bedrohung Jerusalems/Judas, so geht es in der fünften und sechsten Vision um die innere Reinigung des ganzen Landes Israel bzw. der ganzen Erde. In der *fünften Vision* sieht Sacharja eine riesige Schriftrolle l (ca. 10 x 5m) über dem Land dahinschweben, die den auf ihr geschriebenen (und deshalb wirkmächtigen) Fluch über Diebe und Meineidige (zwei offensichtlich damals besonders verbreitete Verbrechen, möglicherweise im Zusammenhang mit der Klärung der Eigentumsrechte der Rückkehrer aus dem Exil) auslösen soll. In der *sechsten Vision* geht es um die Reinigung Jerusalems/Judas von den fremden Göttern, *beispielhaft* um die Entfernung der in spätvorexilischer Zeit besonders beliebten und verehrten »Himmelskönigin« (vgl. Jer 7,16–20; 44,15–25). Der Prophet darf nur ganz kurz in das *Epha* (= Hohlmaß) schauen, in dem »die Frau« (= die Figur der Göttin sitzt) – und schon wird diese Personifikation der »Gottlosigkeit« abtransportiert in das Land Schinar (= Babylonien), d. h. an den äußersten Rand der Weltkarte im Osten bzw. in das als Region der Gottesfeindschaft geltende Mesopotamien. Wie die erste Vision ist auch die *siebte Vision* vom Motiv der Pferde bestimmt. Waren es dort Reiter, die die Erde auskundschafteten und dem Himmel ihre Meldung zurückbrachten, so sind es nun pferdebespannte Streitwagen, die in alle Himmelsrichtungen der Erde geschickt werden, um die imperialen Mächte auszuschalten, besonders die »im Norden«, dem traditionellen Herkunftsort der Feinde des Gottesvolks. Nun also soll definitiv in Gang kommen, was Hag 2,22 verheißen hat – und was die Voraussetzung dafür ist, dass die im Visionenzyklus geschaute Befreiung der Welt vom Bösen und das Kommen der Gottesherrschaft von einem erneuerten Jerusalem her in Gang gesetzt werden. Die Streitwagen sollen vor allem »den Geist« JHWHs als seine schöpferische Lebensmacht in die Welt tragen, damit das Neue endlich anbricht und sich die prophetische Verheißung erfüllt. Am Ende der Visionen erhält Sacharja den Auftrag zu einer prophetischen Zeichenhandlung, durch die der Prophet die Realisierung des visionär Geschauten in Gang setzen soll. Er soll zwei Kronen anfertigen: mit der einen soll er den Hohenpriester Jeschua krönen, die andere soll er im Tempel deponieren, bis der verheißene Davidide (»Spross«) erscheint. Diese beiden Kronen entsprechen der in 4,1–14 visionär präsentierten *gemeinsamen* Herrschaft von Priester und König.

Die in der *ersten* Vision geschaute »totale Auskundschaftung der Ökumene führt zu dem Ergebnis, dass die Erde sich nicht rührt: alles bleibt im Grunde, wie es war, Unterdrückung und Herrschaft, und Gottes Heilswille wird nicht befolgt. Die menschliche Geschichte ist ohnmächtig, das Heil zu bringen. Gott allein kann durch transzendenten Eingriff in diese Geschichte das Heil bewirken, und die Bitte des Engels führt zur Heilsansage Gottes: Es ist an der Zeit, der eifernde Liebeswille Gottes gilt Jerusalem, aber der Zorn den Völkern, die nur zum Unheil geholfen haben ... Die *letzte* Vision hat Ähnlichkeit mit der ersten, auch hier geht es um Pferde, diesmal aber nicht um Reitpferde, sondern um Wagenpferde; diesmal kommen sie nicht aus der Welt ..., sondern gehen ... in die Welt hinaus ... Sie bringen Gottes Hand, *rūaḥ*, Gottes Geist in die Welt, und mit diesem pfingstlichen Ereignis beginnt der neue Äon. Die gesamte Menschheit der Ökumene wird von diesem in alle vier Himmelsrichtungen ausgesandten Geist ergriffen, besonders aber die Hauptmasse der jüdischen Exulanten in Babel; denn der hier am Ende besonders erwähnte, nach Norden gehende Wind zieht nach Babel, das für Sacharja im Norden liegt« (*H. Gese*, Anfang und Ende der Apokalyptik 26f.31.33). Die *vierte* Vision (durch mehrere Eigenheiten herausgehoben) in der Mitte zeigt den *deus praesens* (vgl. schon die Ankündigung in

2,10). Der Leuchter mit den 49 (7x7) Flammen zwischen den zwei Bäumen ist das Bild der neu aufstrahlenden Fülle des Lichts. »Der kultische Leuchter ist das zeichenhafte Sein der göttlichen Epiphanie. Und daß die Deutung dann geheimnisvoll von den sehenden Augen Gottes spricht, ist verständlich: Gott sieht man nicht, sondern man wird von ihm gesehen, waren doch auch schon für Ezechiel die göttlichen Wesen voller Augen. Licht ist das Medium des Sehens, im Zeichen des kultischen Lichts wird Gott angesichtig, und die beiden Gesalbten repräsentieren die neue Kultgemeinde, den Priester und den davidischen Tempelbauer, den neuen Kultus, durch den Gott seine doxa in die Welt ausstrahlt« (*H. Gese*, Anfang und Ende der Apokalyptik 29).

(2) Der *zweite Teil (Kap. 9–11)* schildert in einer neuen, weniger systematisch komponierten Bilderfolge die Wiederherstellung Jerusalems und des Gottesvolks sowie deren Indienstnahme für die eschatologische Niederwerfung aller Feindmächte. Durch 9,1b (»Denn JHWH hat *ein Auge*, das auf die Menschen sieht«) und 9,8b (»Denn jetzt sehe ich *mit meinen Augen*«) greift der Anfang dieses Teils auf die Vision IV des vorangehenden Teils zurück und präsentiert sich als dessen Aktualisierung. Der Teil setzt in *9,1–8* mit einem Unheilsorakel gegen die Jerusalem/Juda bedrohenden Nachbarvölker ein. Das Orakel inspiriert sich als »Prophetie im Rückblick« (*vaticinium ex eventu*) am Siegeszug Alexanders des Großen durch Syro-Palästina und deutet diese weltpolitische Erschütterung als Anbruch einer »neuen Zeit«, die schließlich mit dem in Jerusalem einziehenden Friedenskönig zur messianischen Heilsszeit führen wird, wie der Abschnitt *9,9–17* entfaltet; dieser Abschnitt gibt mit seinem Rahmen 9,9–10 und 9,16–17 das Ziel des in 9,11–15 angesagten eschatologischen Krieges an. Ehe die messianische Zeit (vgl. besonders 9,9f) anbricht, müssen die bösen Hirten entmachtet werden, wie die beiden Abschnitte *10,1–11,3* (Kampf gegen die Hirten und Leithammel der Völkerwelt) und *11,4–17* (sog. Hirtenallegorie [→ Allegorie]: prophetische Zeichenhandlung gegen die bösen Hirten im Gottesvolk selbst = Hohepriester; nach anderen ist der böse Hirte von 11,15–17 Figur für die Ptolemäerherrschaft) zeigen.

(3) Der *dritte Teil (Kap. 12–14)* entwirft ein apokalyptisch eingefärbtes Endzeitgeschehen, das in und um Jerusalem spielt; auch hier stellt das Motiv des »Auges JHWHs«, das JHWH über dem Haus Juda offen hält, den Rückbezug zur Vision IV des ersten Teils (s. o.) her. Diesmal findet vor Jerusalem, gegen das sich alle Völker zum schwer bewaffneten »Völkersturm« zusammenrotten, die eschatologische Entscheidungsschlacht statt, bei der es zuerst auf seiten Jerusalems Leid und Todesopfer gibt, ehe JHWH das Gericht an den Völkern vollzieht, das zur Rettung Jerusalems *und* zur Bekehrung des aus den Völkern geretteten Restes zu JHWH führt. »An jenem Tag« wird Jerusalem zum Zentrum aller friedliebenden Menschen werden, die dort in Überwindung aller bis dahin geltenden Abgrenzungen *gemeinsame* JHWH-Feste feiern. Die Lebensfülle JHWHs wird so intensiv und bedingungslos in Jerusalem anwesend sein, dass selbst die bis dahin als götzendienerisch verurteilten Dinge (Pferdeschellen) ebenso wie alltäglichste Gegenstände (Kochtöpfe) als kultisch rein gelten (vgl. 14,20f). Bei der Schilderung dieses endzeitlichen Kampfes um Jerusalem spielt die Gestalt eines »Durchbohrten«, auf den alle schauen, um den große Klage gehalten wird (vgl. 12,10–13) und dessen Tod für das Haus David und für die Einwohner Jerusalems Reinigung von Sünde bewirkt (vgl. 13,1), eine wichtige Rolle. Die Deutung dieser Gestalt ist schwierig und kontrovers: Man kann sie entweder als Personifikation der im Kampf um Jerusalem

gefallenen jüdischen Martyrer der Endzeit deuten (*H. Gese*) oder in ihr »den messianischen Heilbringer der Zukunft« sehen, der »in naher Beziehung zum Gottesknecht von Jes 53« (*A. Deissler*) steht.

11.2 Entstehung

11.21 Zeitgeschichtliche Einordnung des Propheten

Sacharja (= »JHWH war/ist eingedenk«) war ein wohl jüngerer Zeitgenosse des Propheten Haggai (vgl. Esra 5,1; 6,14) und setzte sich wie dieser bei seinen öffentlichen Auftritten für den Wiederaufbau des Tempels ein. Vermutlich griff er sogar gezielt die von Haggai bei der Grundsteinlegung am 18.12.520 v. Chr. verkündete Weissagung Hag 2,21–23 (s. o.) auf und gab ihr in dem mehrteiligen Visionenzyklus 1,7–6,15 (s. u.) eine grandiose Interpretation. Sacharja entstammt, wie 1,1 angibt, einer angesehenen priesterlichen Familie, die vermutlich nach Babylon deportiert worden war. Mit Haggai teilt er die theologische Überzeugung, dass der Bau des Tempels zu einer universalen Erneuerung der ganzen Weltordnung führen werde; dass dies zugleich als subtile, implizite Kritik am Weltherrschaftsanspruch der Perser gedacht war, ist durchaus möglich. Wie bei Haggai ist auch Sacharjas prophetisches Auftreten zeitlich eng begrenzt (nach den Datierungen des Buches: 520–518 v. Chr.). Auch von ihm wissen wir nicht, ob er die Tempelweihe 515 v. Chr. miterlebt hat.

11.22 Der literarische Werdegang des Sacharjabuches

Dass 1–8.9–11.12–14 aus jeweils unterschiedlichen Epochen stammen, ist weitgehender Konsens der Forschung.

(1) Dafür, dass 9–14 nicht von der gleichen Hand verfasst sein kann wie 1–8, lassen sich folgende Beobachtungen anführen: »Nicht nur die Daten, sondern auch die Erwähnung konkreter Umstände wie des Tempelbaus oder von Personen wie Serubbabel, Josua, Darius fehlen im zweiten Teil des Buches. Die Überschrift 9,1 (vgl. 12,1; Mal 1,1) nennt keinen namentlich bekannten Propheten als Urheber; offenbar ist diese Prophetie anonym. Andererseits gibt es zwischen beiden Teilen des Sacharja-Buches auch Verbindungslinien: In beiden Teilen spielt die Zionstradition eine zentrale Rolle, wird ein allein von Gott beschütztes neues Jerusalem erwartet (2,5; 9,8; 14,11), dessen Heraufkommen mit paradiesischer Fruchtbarkeit verbunden sein wird (8,12; 14,6.8). Die Exilierten sollen heimkommen (8,7; 10,9f.), die Fremdvölker gestraft (1,18–21; 14,12) und/oder zu Jahwe bekehrt werden (2,11; 8,20.22; 14,16). Jahwe will seinen Geist ausgießen (4,6; 12,10) und einen Messias senden (3,8; 9,9f.). So wird man die Zuordnung von Sacharja 9–14 zu Sacharja 1–8 nicht als einen Zufall ansehen können, sondern im zweiten Teil des Buchs eine Sacharja-Schule sehen können, die in einer veränderten Situation die Botschaft des Propheten fortführte« (*H. G. Reventlow*, ATD 86). Diese Fortschreibung hängt höchstwahrscheinlich mit der Integration von Sach 1–8 in das entstehende Dodekapropheton zusammen.

(2) Dass entstehungsgeschichtlich zwischen 9–11 und 12–14 (bzw. gegebenenfalls nochmals zwischen 12–13 und 14) unterschieden werden muss, legt sich aus sprachlichen (9–11 ist fast durchweg in gebundener Rede verfasst) und inhaltlichen (12–14 ist stärker eschatologisch/apokalyptisch eingefärbt und kreist viel deutlicher um Jerusalem; die Gestalt des messianischen

Friedenskönigs von Sach 9,9f und die Hirtenthematik, die 9–11 bestimmen, fehlen in Sach 12–14; sollte »der Durchbohrte« von Sach 12,10f eine messianische Figur sein, wäre die Differenz zu 9,9f offensichtlich) Gründen nahe.

(3) Auch Sach 1–8 ist keine ursprüngliche Einheit. Nach allgemeinem Konsens ist die Vision IV A = 3,1–10 (s. o.) eine spätere Erweiterung aus priesterlichem Interesse: »Gegenüber den anderen Visionen fallen folgende Differenzen auf: a) Der Deute-Engel fehlt. b) Der ›Engel Jahwes‹ ist ganz Stellvertreter und ›Mund Jahwes‹ und hat keine eigene Kontur. c) Der Visionär ist passiver Zuschauer und Zuhörer. d) Das abschließende Gotteswort richtet sich an Jeschua, nicht an den Propheten. Dieses ›Gesicht‹ fällt so sehr aus dem ›Rahmen‹ der anderen Visionen, daß es gewiß nicht zum ursprünglichen Visionszyklus gehört; es ist eingefügt« (*A. Deissler*, NEB 277). Ebenfalls sekundär dürften im Visionszyklus 1,7–6,15 alle kommentierenden Passagen sein, die die Visionen I III IV B und VII aktualisieren (s. o. die Graphik).
Die drei Datierungen 1,1; 1,7; 7,1 zeigen durch ihre Differenzen an, dass sie nicht von einer einzigen Redaktion stammen. Die den Zyklus der Visionsschilderungen einleitende Angabe 1,7 entspricht dem die Haggai-Schrift strukturierenden chronologischen System und dürfte auf eine Redaktion zurückgehen, die die mit dem Tempelbauprojekt verbundenen Heilsweissagungen der Propheten Haggai und Sacharja gezielt zusammengebunden hat (Sach 1,7–6,15 kann man geradezu als Fortführung und Entfaltung von Hag 2,20–23 lesen!). Die beiden Angaben 1,1 und 7,1 könnten dagegen auf jene Redaktion zurückgehen, die den engen Zusammenhang Hag-Sach auflöste und das Protosacharjabuch Sach 1–8 schuf, indem es um den (dabei auch erweiterten) Visionenzyklus die rahmende »Wortverkündigung« 1,1–6 und 7,1–8,23 legte (diese beiden Teile sind auch sprachlich und motivlich miteinander verwandt). Auf dieser Ebene ergibt sich folgender Zeitablauf: Der Aufruf zur Umkehr Sach 1,1–6 ergeht im 8. Monat des 2. Regierungsjahres des Darius (= November/Dezember 520 v. Chr.), das ist mitten in der Krise des Tempelbauprojekts, die nach Hag 2,10.18 am 24. Tag des 9. Monats des 2. Regierungsjahres (= 18.12.520 v. Chr.) mit der Grundsteinlegung des Tempels beendet ist. Just an diesem Tag ergeht die grandiose Weissagung Hag 2,20–23. Freilich ließ deren Erfüllung auf sich warten. Und so erhält gemäß Sach 1,7 der Prophet Sacharja am 24. Tag des 11. Monats des 2. Regierungsjahres (= 15.12.519 v. Chr.), also zwei Monate später, in einer mehrteiligen Vision, die als Ereignisfolge gestaltet ist, die Botschaft, dass JHWH seine Verheißung erfüllen wird. Die Datierung in 7,1 zieht dann die Zeitperspektive noch einmal weiter aus: Das nun auf den 4. Tag des 9. Monats des 4. Regierungsjahres (= 7.12.518 v. Chr., also ein Jahr und neun Monate nach der »Visionsnacht«!) datierte Wort löst die enge zeitliche Bindung der Heilszeit an das Datum der Grundsteinlegung des Tempels auf und »verlagert« das Kommen der verheißenen Heilszeit in eine nicht näher bestimmte Zukunft.

(4) Die beiden Fortschreibungen 9–11 und 12–14 dürften wegen ihrer zeitgeschichtlichen Transparenz auf die beginnende hellenistische Epoche hin (9,1–8: Bezugnahme auf den zurückliegenden Siegeszug Alexanders des Großen) und die Erschütterungen der ptolemäischen Epoche erst im ausgehenden 4. Jh. (9–11) bzw. im 3. Jh. (12–14) entstanden sein.

(5) Ein sehr komplexes Wachstum von Sach 9–14 im Zusammenhang der Entstehungsgeschichte des Zwölfprophetenbuchs nehmen *E. Bosshard*/*R. G. Kratz*/*O. H. Steck* an: 9,1–10,2 (zwischen 332 und 323 v. Chr.); 10,3–11,3 (zwischen 320 und 315 v. Chr.); 11,4–13,9 (zwischen 311 und 302/1 v. Chr.), 14 (zwischen 240 und 220 v. Chr.); 12,1 (zwischen 220 und 201 oder zwischen 198 und 190 v. Chr., im Zusammenhang mit der Abtrennung von Mal als eigener Prophetenschrift).

11.3 Theologie

(1) Wie für Haggai ist auch für Sacharja »der Wiederaufbau des Tempels (vgl. 1,16; 4,6–10, vorab 2,14) ein großes Anliegen, aber sein prophetischer Blick reicht weiter und erreicht so das ›neue Jerusalem‹ als ganzes, das nicht nur ein durch Jahwes Geschichtswalten äußerlich erneuertes und gesichertes Zentrum der Jahweverehrung inmitten der Völkerwelt (2,14f) wird, sondern auch eine nach innen geläuterte und von Sünde und Schuld gereinigte ›Stätte Jahwes‹. Diese innere Läuterung muß nach Sacharja ansetzen bei der Realisierung der Weisungen der früheren Propheten (vgl. 7,7.12; 8,16f), wobei die Anliegen der ›zweiten mosaischen Tafel‹ des Dekalogs sogar im Vordergrund stehen.

(2) Auch gegenüber den ›Völkern‹ hat Sacharja eine offenere Einstellung als Haggai, der vorab auf die Schätze blickt, die der Tempel einheimsen wird (2,7–9). Für Sacharja ist Zion zwar der ›Augapfel Jahwes‹ (2,12), den niemand antasten darf, aber viele Völker werden sich seiner Botschaft gemäß Israel anschließen und werden mit ihm zusammen das ›Bundesvolk Jahwes‹ bilden (2,15, vgl. auch 6,8 und 8,20–22)« (*A. Deissler*, NEB 265). Die Fortschreibungen Sach 9–11 und 12–14 ziehen diese universalistische Linie noch aus: Jerusalem wird zur Quelle weltweiten Friedens und zum Ort, an dem alle Völker zusammen mit Israel JHWH als einzigen Gott anbeten werden.

(3) Alle drei Teile des Buchs entwerfen eine spezifische messianische Utopie. Während *4,1–14 von einer messianischen Ämterverteilung träumt, zeichnet 9,9f das Bild von einem »armen, ohnmächtigen« Messias, der *als solcher* der Gewaltherrschaft ein Ende setzt; ob »der Durchbohrte« von 12,10–13,1 kollektiv oder individuell gedeutet wird, in beiden Deutungen leuchtet die Perspektive einer messianischen Gemeinschaft oder einer messianischen Einzelgestalt auf, die dem Gottesvolk (*und* der Völkerwelt: vgl. das Bild von der Quelle in 13,1 *und* in 14,8!) Reinigung von Sünde und von Unreinheit bringen wird.

(4) Die Kirche kann sich als jene Menschengruppe aus der Völkerwelt verstehen, die sich von der Bundesgeschichte JHWHs mit Israel faszinieren lässt und zu Israel sagt: »Wir wollen mit euch gehen; denn wir haben gehört: Gott ist mit euch« (Sach 8,23). Durch Jesus, den Christus, den die Kirche als den messianischen Friedenskönig von Sach 9,9f und als den Durchbohrten von Sach 12,10f begreift, bleibt sie an Israel gebunden. Sie kann diese Utopie von Sach 9–14 nur (inklusiv, nicht exklusiv!) auf sich beziehen, wenn sie sich unter die Predigt von Sach 1,3 stellt: »Kehrt um zu mir, dann kehre ich um zu euch« – zumal dies auch die Quintessenz der Predigt Jesu war (vgl. Mk 1,15).

12. Das Buch Maleachi

Kommentare: K. Marti (KHC) 1904; F. Horst (HAT) ³1964; W. Rudolph (KAT) 1976; R. Mason (CBC) 1977; R. Vuilleumier (CAT) 1981; R. L. Smith (WBC) 1988; A. Deissler (NEB) 1988; H. G. Reventlow (ATD) 1993; A. Meinhold (BK) 2000ff.; M. A. Sweeney (BO) 2001; I. Willi-Plein (ZBK) 2007; J. Nogalski 2011; R. Kessler (HThKAT) 2011; R. L. Smith (WBC) 2014; A. Schart (IEKAT) 2015.

Einzelstudien: H. J. Boecker, Bemerkungen zur formgeschichtlichen Terminologie des Buches Maleachi: ZAW 78, 1966, 78–80; B. O. Boloje/A. Groenewald, Malachi's Vision of the Temple. An Emblem of Eschatological Hope (Malachi 3:1–5) and an Economic Centre of the Community (Malachi 3:10–12): JSem 23, 2014, 354–381; E. Bosshard/R. G. Kratz, Maleachi im Zwölfprophetenbuch: BN 52, 1990, 27–46; T. Hieke, Kult und Ethos. Die Verschmelzung von rechtem Gottesdienst und gerechtem Handeln im Lesevorgang der Maleachischrift (SBS 208) Stuttgart 2006; R. Kessler, Maleachi - ein dramatisches Gedicht, in: S. Gehrig/S. Seiler (Hg.), Gottes Wahrnehmungen, Stuttgart 2009, 160–176; ders., Jakob und Esau als Brüderpaar in Mal 1,2-5, in: T. Naumann/R. Hunziker-Rodewald (Hg.), Diasynchron, Stuttgart 2009, 209–229; M. Krieg, Mutmaßungen über Maleachi (AThANT 80) Zürich 1993; S. Lauber, Textpragmatische Strategien im »Disputationswort« als gattungsbildendes Kriterium: ZAW 120, 2008, 341–365; T. Lescow, Das Buch Maleachi. Texttheorie – Auslegung – Kanontheorie (AzTh 75) Stuttgart 1993; A. Meinhold, Die theologischen Vorsprüche in den Diskussionsworten des Maleachibuches, in: FS H. J. Boeker, Neukirchen-Vluyn 1993, 197–209; E. Pfeiffer, Die Disputationsworte im Buche Maleachi: EvTh 19, 1959, 546–568; F. Snyman, A Theological Appraisal of the Book of Malachi: OTEs 27, 2014, 597–611; A. Renker, Die Tora bei Maleachi (FThSt 112) Freiburg 1979; O. H. Steck, Der Abschluß der Prophetie im Alten Testament. Ein Versuch zur Frage der Vorgeschichte des Kanons (BThSt 17) Neukirchen-Vluyn 1991; H. Utzschneider, Künder oder Schreiber? Eine These zum Problem der »Schriftprophetie« auf Grund von Maleachi 1,6–2,9 (BEAT 19) Frankfurt 1989; G. Wallis, Wesen und Struktur der Botschaft Maleachis, in: FS L. Rost (BZAW 105) Berlin 1967, 229–237.

12.1 Aufbau

Das unverwechselbare Proprium des Buches Maleachi ist seine dialogische Struktur, durch die sein Hauptteil in *sechs Redeeinheiten* gegliedert wird, die als »Disputationsworte« (*E. Pfeiffer*) oder als »*Diskussionsworte*« (*H. J. Boecker*) bezeichnet werden. Sie bestehen aus vier Bauelementen: 1. Am Anfang steht eine Feststellung; diese kann eine Zusage Gottes sein (1,2), eine Sentenz (1,6), eine rhetorische Frage (2,10), ein Vorwurf (2,17; 3,13) oder eine Selbstaussage (3,6). 2. Darauf folgt ein Einspruch bzw. eine vorwurfsvolle Rückfrage der jeweiligen Diskussionspartner (als Zitat). 3. Dieser Einspruch wird dann von JHWH bzw. dem Propheten zurückgewiesen und so wird die Anfangsfeststellung weiter entfaltet. 4. Das Schlusselement bringt dann eine Folgerung (z. B. Gerichtsankündigung, Heilsverheißung).

	1,1	Überschrift (vgl. Sach 9,1; 12,1)	
A	1,2–5	1. Diskussionswort	JHWHs Liebe zu Israel im Kontrast zum Gericht JHWHs über Edom
B_1	1,6–2,9	2. Diskussionswort	Anklage (1,6–14) und Gerichtsankündigung gegen die Priester (Nachlässigkeit im Opferwesen und in der Erteilung von Tora)
B_2	2,10–16	3. Diskussionswort	Anklage gegen die Männer der judäischen Oberschicht und abschließendes Mahnwort (Heirat mit ausländischen Frauen und Verstoßung der jüdischen Ehefrauen)

B'$_2$	2,17–3,5	4. Diskussionswort	Anklage und Gerichtsankündigung (Schwerpunkt: Sozialkonflikte, Ausbeutung der Kleinbauern und Armen)
B'$_1$	3,6–12	5. Diskussionswort	Aufforderung zur Umkehr und Heilsankündigung (Konflikt: Tempelpersonal – Laienschaft; Ablieferung des Zehnten)
A'	3,13–21	6. Diskussionswort	Ankündigung des eschatologischen Gerichts (Tag JHWHs): Rettung der Gerechten und Vernichtung der Frevler
	3,22	1. Epilog (Rückbezug nach Jos 1,7.13 sowie Dtn 5,1; 11,32; 12,1; 26,12)	
	3,23–24	2. Epilog (Rückbezug nach 1 Kön 19 sowie Jes 66)	

12.2 Entstehung

Das Buch setzt sich mit den sozialen und religiösen Konflikten der nachexilischen Gemeinde ab dem 5. Jh. auseinander. In das 5. Jh. weisen zunächst die im 2. und 3. Disputationswort erörterten religiösen Konflikte. Die Nachlässigkeiten im Opferwesen (1,6–2,9) setzen nicht nur den Wiederaufbau des Tempels (Einweihung 515 v. Chr.) voraus, sondern auch eine gewisse zeitliche Distanz von der Wiederaufnahme des Kultbetriebs, wodurch diese offensichtlich breiter um sich greifende Nachlässigkeit leichter erklärbar ist. Die Auseinandersetzung mit der Mischehenproblematik (2,10–16) ist noch nicht von der rigorosen Lösung des Esra bestimmt, der um 400 v. Chr. die Scheidung von nichtisraelitischen Ehefrauen forderte (vgl. Esra 10,1–17). Die im 4. und 5. Disputationswort angesprochenen Sozialkonflikte sind die typischen Grundkonflikte der Provinz Juda (Jehûd) zur Zeit des Nehemia (vgl. Neh 5 und 13). Damit dürfte der Grundbestand des Maleachi in das 5. Jh. anzusetzen sein; ob man »Maleachi« (Bedeutung des Eigennamens unklar: »mein Bote« oder »der Bote JHWHs« oder »mein schützender Bote/Engel ist JHWH«) für eine historische Gestalt halten kann, ist kontrovers. Möglicherweise ist »Maleachi« ein Programmname für das von Anfang an als literarische Prophetie entstandene Buch (s. u. zu *T. Lescow*, *E. Bosshard*/*R. G. Kratz* und *O. H. Steck*; ähnlich *H. Utzschneider*).

Auf die mündliche Verkündigung eines (priesterlichen?) Propheten, dessen Eigennamen wir nicht kennen und der von der Redaktion den Namen »Maleachi« erhielt, führen u. a. die jüngsten beiden deutschsprachigen Kommentare zu Mal von *A. Deissler* und *H. G. Reventlow* das Buch zurück: »Die Einzeltexte sind der schriftliche Niederschlag mündlicher Redegänge, doch sind sie gewiß vom Propheten bzw. seinen Jüngern literarisch bearbeitet, um die Substanz der mündlich ausgerichteten Botschaft auch für spätere Generationen festzuhalten ... Daß sie nach der Chronologie geordnet sind, ist für das Ganze des Büchleins nicht erweisbar. Mit Sicherheit kann man nur sagen, daß das Diskussionswort 3,13–21 später als 2,17–3,5 datiert werden muß ... Im vierten Diskussionswort, näherhin in 3,1b–4 kommt ein späterer Schriftgelehrter, dem wie Maleachi eine JHWHs würdige Priesterschaft am Herzen liegt, zu Wort. Charakteristisch für ihn jedoch ist, daß er von einem Läuterungsgericht am Levi-Stamm spricht (nicht von einem schlimmen Strafgericht wie in 2,3.9) und dies zugleich dem Endgericht vorschaltet (vgl. 3,22–24). Auch in 3,22 ... ist eine Schriftgelehrtenhand am Werk. Hier ist P schon in Sicht, aber anscheinend noch nicht in prägender Weise wirksam. Das Datum dürfte kurz vor Esra liegen (398 v. Chr.). Der Anhang 3,23–24 – gewiß am spätesten zu datieren – sieht im Boten von 3,1 (und damit wohl auch in der Rolle des ›Bundesengels‹ von 3,1b) den wiederkommenden Propheten Elija tätig. Auch hier geht das Wirken des ›Boten‹ an Israel dem Endgericht voraus« (*A. Deissler*, NEB 316f).

Als eine von Anfang an »literarische Prophetie« bzw. »Tradenten-Prophetie« (s. o. F.I.1.2) erklären – im Einzelnen unterschiedlich – *T. Lescow, E. Bosshard/R. G. Kratz, O. H. Steck* und *H. Utzschneider* die Entstehung des Buches.

Nach *T. Lescow* ist das Buch »vermutlich in drei Phasen entstanden: 1. eine aus sechs Torot bestehende, konzeptionell geordnete Grundschrift. 2. Umwandlung der Grundschrift in eine Sammlung von sechs Themapredigten durch Prosaisierung und Erweiterung. 3. Fortschreibung der Themapredigten durch Kommentierung und Glossierungen« (*T. Lescow*, Das Buch Maleachi 12). Die um 480 v. Chr. verfasste Grundschrift des Buches Maleachi »ist von vornherein literarisch konzipiert und sie ist *anonym* verfaßt. Das unterscheidet sie prinzipiell von der vorexilischen Prophetie, die auf *mündlicher* Kommunikation eines *namentlich bekannten* Propheten mit seiner Zuhörerschaft beruhte. Zu dieser neuen Form *literarischer Kommunikation* hat *H. Utzschneider* bemerkt: ›Auch ein geschriebener Text muß in einen Kommunikationsprozeß eingehen, um wirksam zu sein ... er muß als geschriebener Text (vor-) gelesen werden, als gelesener Text besprochen und diskutiert werden! ... Wir haben hier ... einen *neuen Typus von Prophetie* vor uns, der sich unter den Bedingungen der nachexilischen Tempelgemeinde entwickelt hat: seine Verkündigungsform ist *Tora*, und ihre Aneignung erfolgt durch *Dialog* ... Um 480 wurde Jerusalem zumindest teilweise erneut zerstört ... Nähere Umstände sind nicht bekannt. Sollte dieses Ereignis der unmittelbare *politische* Anlaß für die Grundschrift gewesen sein, dann wäre noch einmal um so nachdrücklicher auf das gegenüber der herkömmlichen Prophetie völlig veränderte theologische Grundmuster hinzuweisen: der Mut wird nicht in prophetischer Inspiration aus dem Ereignis selbst gewonnen, sondern durch schriftgelehrte Auslegung der Tradition« (*T. Lescow*, Das Buch Maleachi 148.157f). Die Umwandlung der Grundschrift zu »Predigtvorlagen« datiert *Lescow* in das ausgehende 5. Jh. (ca. 410 v. Chr.); die Kommentierung und Glossierung (→ Glosse) erfolgte ca. 100 Jahre später, also in frühhellenistischer Zeit.
Nach *E. Bosshard, R. G. Kratz, O. H. Steck* ist Maleachi überhaupt nicht als eigenständiges Werk entstanden, sondern erst durch die Schlussredaktion des Zwölfprophetenbuchs vom Buch Sacharja abgegrenzt worden, als dessen mehrstufige Fortschreibung Mal 1–3 entstanden ist. Diese Autoren unterscheiden in Mal drei Wachstumsphasen: 1. Grundschicht = Mal I (1,2–5; 1,6–2,9 [ohne 1,14a; mit 2,13–16?]; 3,6–12; Datierung: Perserzeit); 2. erste Überarbeitungsschicht = Mal II (2,17–3,5; 3,13–21; Datierung: zwischen 240 und 220 v. Chr.); 3. zweite Überarbeitungsschicht = Mal III (1,1; 2,10–12; 3,22–24; Datierung: zwischen 220 und 201 v. Chr. oder zwischen 198 und 190 v. Chr.).
Als Hauptargument für diese Position werden die vielfältigen sprachlichen Bezüge von Mal zu den anderen Büchern des Dodekapropheton und zum Jesajabuch, sowie zu Dtn, Jos und 1 Kön herangezogen: »Die Bedeutung der Bezüge liegt darin, daß sie durchweg vom Maleachi-Text ausgehen, literarischer Natur sind und eine buchstrukturierende Funktion erfüllen. Von daher legt sich der Schluß nahe, daß das letzte Buch im Dodekapropheton nicht immer ein Buch für sich war, sondern bis zu seiner Letztgestalt ein auf verschiedenen Ebenen und im Blick auf unterschiedliche Horizonte gewachsener, redaktioneller Fortschreibungstext ist. So stellt sich die Grundschicht (Mal I) als unmittelbare literarische Fortsetzung von Sach 1–8 dar; eine erste Überarbeitungsschicht (Mal II) ergänzt die dazwischenplazierte Einschreibung Sach 9–14 mit Blick auf Jes 66, beide Schichten als Abschluß eines Zwölfprophetenbuches; eine zweite Überarbeitungsschicht (Mal III) schließlich greift noch weiter aus und beschließt das Zwölfpropheten-

buch im Rahmen des Kanonteils Nebjim mit Rückverweis auf Jos 1« (*E. Bosshard/R. G. Kratz*, Maleachi im Zwölfprophetenbuch 46).

Gegenüber den zu starken literarkritischen Differenzierungen der Positionen von *T. Lescow* und *O. H. Steck* einerseits und gegenüber den zu wenig differenzierenden Positionen von *A. Deissler* und *H. G. Reventlow* andererseits wird man von einer *Grundschrift 1,2–3,12* ausgehen können, die *durch 3,13–21 fortgeschrieben* (vgl. die unterschiedlichen Konzepte des Tages JHWHs in der Einheit 2,17–3,5 und in 3,13–21) und durch den in zwei Phasen hinzugesetzten → Epilog (3,22 und 3,23–24) als Abschluss des gesamten Prophetencorpus Jes–Mal qualifiziert und mit der inzwischen kanonisierten Tora des Mose in Beziehung gesetzt wurde (s. o. A.II.). Es ist davon auszugehen, dass im Zusammenhang mit der Fortschreibung durch 3,13–21 auch in 1,6–2,9 sowie in 2,17–3,5 kleinere bearbeitende Einfügungen vorgenommen wurden.

12.3 Theologie

(1) »Zu Unrecht wird die Botschaft Maleachis oft wegen ihrer kultischen Orientierung geringgeschätzt oder wenig beachtet. In der vollmächtigen Verkündigung des Gotteswortes gegenüber seinen Zeitgenossen steht er seinen Vorgängern in nichts nach. Er hat es mit Hörern zu tun, die in einer Zeit politischer und wirtschaftlicher Bedrückung teils kleinmütig geworden sind, teils ihre Pflichten gegen Gott nicht mehr ernstnehmen. Sie sucht er zu ermutigen und zum Gehorsam gegen Gottes Gebote zurückzurufen. Auffallend ist das große Gewicht, das er auf die Nichteinhaltung der Opfervorschriften (1,6–14) und der für den Tempel bestimmten Abgaben (3,8–10) legt. Doch zeigt sich für ihn gerade darin die Mißachtung Jahwes durch seine Hörer. 2,13 vgl. 3,3b–4, macht deutlich, daß der Wille Gottes unteilbar ist und die Annahme auch korrekter Opfergaben davon abhängt, ob die Darbringenden die ethischen Gebote ebenso erfüllen. Damit hängt auch zusammen, daß die Aufgabe der Priester nicht zuletzt in wahrhaftiger Weisung (Tora) besteht (2,6–8). Damit sind sie für die ethische Haltung des gesamten Volkes verantwortlich. Das unrechte Tun der Gottlosen besteht einmal in Verstößen gegen die traditionellen Gebote einschließlich der Unterdrückung der paradigmatisch sozial Schwachen (3,5), zum andern in den Ehen mit ausländischen Frauen (2,10–16). Diese sind teils verwerflich, weil sie zum Dienst des ›fremden Gottes‹, d. h. zum Abfall von Jahwe verleiten, teils, weil sie zur Treulosigkeit gegenüber der ›Frau der Jugend‹ führen, der früh geheirateten israelitischen ersten Ehefrau. Auch hier sind religiöse und ethische Aspekte miteinander verbunden« (*H. G. Reventlow*, ATD 132).

(2) Das Buch führt seinen prophetischen Kampf *gegen* die religiösen und sozialen Verwerfungen sowie *für* umfassende Gerechtigkeit mit der Verkündigung eines dialektischen Gottesbildes in der Spannung von bedingungsloser Liebe JHWHs für Israel (vgl. 1,2; 3,23f) bzw. für alle, die JHWH fürchten und seinen Namen achten (vgl. 3,16.20), *und* strafender Gerechtigkeit für Edom (vgl. 1,2b–5) bzw. für alle Frevler (vgl. 3,19.21). Von daher ist Mal eine prophetische Theodizee in eschatologischer Perspektive.

(3) Mit den beiden in 3,22–24 unauflösbar miteinander verschränkten Brennpunkten der Geschichte JHWHs mit Israel, nämlich Tora (Mose) und Prophetie (Elija), die zugleich im Neuen Testament den Deute-Horizont für die Sendung Jesu bilden (vgl.

besonders Mk 9,2–10 par), ist Mal ein Buch, das Juden und Christen zu einem Leben aus Tora *und* Prophetie verpflichtet – freilich in der Dynamik ihrer je eigenen und unterschiedlichen Glaubensgeschichte, aber zugleich in der ihnen gemeinsam in Mal 3,20 geschenkten Verheißung:

»Euch, die ihr *meinen* Namen fürchtet,
wird die Sonne der Gerechtigkeit aufgehen:
ihre Flügel bringen Heilung«.

Anhang 1: Epochen und Daten der Geschichte in Israel/Palästina in biblischer Zeit

(Christian Frevel, Bochum)

Das Alte/Erste Testament ist zu allererst ein theologisches Buch, dessen Absicht es nicht ist, Geschichte im Sinne eines historischen Berichts zu schreiben. Die Texte entfalten ihre Schönheit und Kraft jenseits der Frage ihrer Historizität, doch nicht jenseits des Bezugs auf den geschichtlichen Rahmen, in dem sie entstanden sind. Auch wenn man glaubend die Bibel als Offenbarung auffasst, ist sie Offenbarung mit dem Bezug auf eine konkrete Zeit und einen konkreten Raum. Für ein Verständnis der Texte ist es daher unverzichtbar, eine Grundvorstellung von den konkreten Orten und Zeiten zu haben, in denen die Texte sich situieren (»Welt der Texte«). Auch die in diesem Studienbuch entfaltete Literargeschichte des Alten/Ersten Testaments bezieht sich immer wieder auf die »Geschichte Israels« (z. B. auf den Untergang Samarias 722 v. Chr., die Eroberung Jerusalems 597/96 und 587/86 v. Chr.) und ist besser verständlich, wenn sie vor dem Horizont einer »Geschichte Israels« verstanden wird. Die folgende Tabelle soll mit zwölf wichtigen »Merkdaten« der biblischen Geschichte eine erste grobe Orientierung ermöglichen. Den Daten, die mit der Königszeit einsetzen, sind Epochen vorangestellt, die als »Vorgeschichte Israels« (I–IV) nur annäherungsweise datierbar sind. Im Hintergrund steht in methodischer und inhaltlicher Hinsicht die ausführliche Darstellung bei *C. Frevel*, Geschichte Israels (Kohlhammer Studienbücher 2) Stuttgart 2015. Für eine Kontextualisierung der Daten und Angaben kann aber auch auf andere jüngere Darstellungen der Geschichte Israels zurückgegriffen werden.

		Biblische Darstellung	Historische Aspekte
Erzelternzeit	Vorgeschichte Israels I **Abraham**	Nachdem sich die Völker auf die geschaffene Welt verteilt haben, wird Abraham aus seinem Vaterhaus gerufen und nach Kanaan geführt. Die Erzeltern (Abraham und Sara, Isaak und Rebekka, Jakob und Rahel/Lea) wohnen an verschiedenen Orten im verheißenen Land Kanaan in mehr oder minder friedlicher Koexistenz mit den Landesbewohnern, bis die Brüder Josefs aufgrund einer Hungersnot nach Ägypten ziehen. Ein »Israel« gibt es noch nicht, es wird erst durch die Söhne des Israel genannten Jakobs in Ägypten gebildet. Josef war am Hof des Pharao zu Ansehen und Ruhm gelangt und ermöglicht, dass seine Brüder im Land zunächst ein erträgliches Auskommen finden. Mit dem Tod Josefs schwindet das Ansehen der Israeliten und die Unterdrückung durch die Pharaonen, die zum Exodus führt, beginnt.	Rechnet man die biblische Chronologie hoch, so müsste Abraham in der Mittelbronzezeit zu Beginn des 2. Jt.s v. Chr. gelebt haben. Historisch Verlässliches lässt sich jedoch weder über die Erzeltern noch über Josef und den Aufenthalt der Söhne Jakobs in Ägypten sagen. »Kanaan« war in der Spätbronzezeit (ca. 1550–1150 v. Chr.) ägyptische Provinz. Für die Entstehung Israels ist die Stadtstaatenkultur der Spätbronzezeit in Südpalästina als Voraussetzung von großer Bedeutung. Eine erkennbare Größe »Israel« gibt es dort noch nicht. Der früheste Beleg für den Namen »Israel« stammt aus der Merenptah-Stele 1208 v. Chr. und bezeichnet dort eine Menschengruppe, die vom ägyptischen Pharao in Syrien/Palästina besiegt wurde.
Exodus	Vorgeschichte Israels II **Mose**	Israel wird von den Ägyptern zu Bauarbeiten gezwungen und wird unterdrückt. Mose, der einen Ägypter erschlagen hat und deswegen nach Midian fliehen musste, kehrt mit dem Auftrag JHWHs zurück, das Volk aus Ägypten herauszuführen. Nach zähen Verhandlungen, die mit den über Ägypten verhängten Plagen einhergehen, gestattet der Pharao schließlich einen Aufenthalt in der Wüste. Doch als die Israeliten ausziehen, setzen die Ägypter ihnen nach. Am Schilfmeer kommt es zur wundersamen Rettung Israels und der Vernichtung der Ägypter. Israel zieht weiter zum Berg Sinai, wo die Zehn Gebote direkt von Gott verkündet werden. Weitere von Gott gegebene Gesetze werden dem Volk durch Mose übermittelt. Nach einem gescheiterten Versuch, das Land von Süden aus zu betreten, zieht Israel vom Sinai aus 40 Jahre durch die Wüste und gelangt über das Ostjordanland in die Ebenen gegenüber von Jericho, wo Mose stirbt.	Ägypten erlebt unter den Ramessiden (1292–1185 v. Chr.) eine wirtschaftliche und politische Blüte, die sich auch im Bau von Städten im Nildelta niederschlägt. Dabei werden auch westsemitische Arbeiter eingesetzt. Von einer Flucht oder Vertreibung einer Großgruppe aus Ägypten fehlt nahezu jede historische Spur. Auch der Sinai lässt sich nicht sicher lokalisieren. Erkennbar ist, dass der Übergang zwischen dem 12. und 10. Jh. in Palästina eine starke Umbruchszeit ist. Zum Ausgang der Spätbronzezeit bricht die Stadtstaatenkultur in der gesamten südlichen Levante zusammen. Die Regionen unterscheiden sich stark zwischen Kontinuität und Diskontinuität. Im unzugänglichen Bergland entsteht in der frühen Eisenzeit (1250–1000 v. Chr.) eine neue Dorfkultur, während die kanaanäische Stadtkultur im nördlichen Städtegürtel (Megiddo, Taanach, Bet-Schean, Tell Rehov etc.) noch bis in die Eisen II-Zeit fortbesteht.

		Biblische Darstellung	Historische Aspekte
Landnahme	Vorgeschichte Israels III **Josua**	Noch unter der Führung des Mose wird das Ostjordanland militärisch erobert. Unter der Führung des Nachfolgers Josua erobert Israel anschließend die Städte im Westjordanland, zunächst Jericho, dann Ai, Hazor und viele andere Städte. Das vollständig eingenommene Land wird per Los unter den elf Stämmen verteilt. Der zwölfte Stamm, Levi, erhält wegen seiner Aufgaben am Heiligtum keinen Erbbesitz. Neben dieser Darstellung gibt es Texte, in denen nicht das ganze Land in Besitz genommen ist und die im Land verbliebenen Völker Israel bedrohen. Von dieser Version geht die Darstellung des Richterbuches aus.	Viele Städte werden zwischen dem 12. und 11. Jh. zerstört. Die Verursacher (Seevölker, Ägypter, Landesbewohner, Einwanderer) lassen sich im archäologischen Befund nicht ablesen. Eine militärische Eroberung des Landes durch die Israeliten erscheint nahezu ausgeschlossen. Der Zusammenbruch der Stadtstaatenkultur der Spätbronzezeit bildet die Voraussetzung für die Entstehung Israels. »Israel« entsteht *in* Kanaan und *aus* Kanaan. Die neue Dorfkultur im Bergland ist nicht zentral organisiert. Die Gesellschaft ist in Stämmen organisiert, über deren Zusammenhang untereinander wir keine außerbiblischen Informationen haben.
Richterzeit	Vorgeschichte Israels IV **Simson**	Nach dem Einzug in das Land ist »Israel« in Stämmen organisiert, aber schon eine durch den Bund in Sichem geeinte Größe. Obwohl sich Israel zunächst entschieden hat, JHWH zu dienen, fällt der Stämmeverbund immer durch die Verehrung von Fremdgöttern von JHWH wieder ab. Die Bedrohung von außen durch die im Land verbliebenen Kanaanäer und vor allem die Philister wächst periodisch an und führt zu Chaos und drohender Auslöschung. JHWH erwählt Richter als »Retter« (Ehud, Debora, Otniël, Gideon, Jiftach, Simson, Samuel), die Israel durch ihre Führung wieder zu JHWH zurückführen. Die Richterzeit wird gerade am Ende durch den Wunsch Israels geprägt, wie die umliegenden Völker einen König zu haben.	Erste Ansätze einer sub-staatlichen Herrschaft bilden sich in den ökonomisch starken Gebieten, wie z. B. dem Kupferbergbaugebiet im südlichen Moab bzw. Negev östlich und westlich des Arabah-Grabens heraus. Aus archäologischer Perspektive sind die Städte der Küstenebene, bes. Gat und Ekron, später dann auch Aschdod sehr gut entwickelt (ohne ein Eisenmonopol zu besitzen), bevor in der Schefela und dem angrenzenden judäischen Bergland sich Zonen einer Auseinandersetzung mit den Landesbewohnern bilden können. Sowohl das samarische Bergland als auch Judäa sind noch weit entfernt von der Ausbildung staatlicher Strukturen.

		Biblische Darstellung	Historische Aspekte
Königszeit	um 1000 v. Chr. **David**	Mit Saul, David und Salomo setzt das Königtum ein. Saul wird von Samuel zum ersten König gesalbt. Jerusalem wird unter David zum Regierungssitz, unter Salomo wird der Tempel gebaut. Nicht nur Jerusalem, sondern auch andere Städte wie Geser, Megiddo und Hazor werden ausgebaut und in die staatliche Herrschaft administrativ eingegliedert. Sukzessive wird die Herrschaft Davids und Salomos über die gesamte südliche Levante zu einem großen Reich ausgedehnt. Davids Herrschaft dehnt sich bis in den Libanon aus und Salomo unterhält ökonomische Beziehungen mit den Phöniziern und engagiert sich im internationalen Fernhandel zu See. Die Bibel stellt die Herrschaft Davids und Sauls als glorreiche Zeit dar, in der Israel internationale Bedeutung hatte.	Ein Großreich Davids und Salomos, das internationale ökonomische, militärische und politische Bedeutung gehabt hat, hat es allem Anschein nach nicht gegeben. Ob es im 10. Jh. v. Chr. in Jerusalem zentrale Bauten gegeben hat, die als Indiz einer staatliche Herrschaft gewertet werden können, ist in der Archäologie sehr umstritten. Nichts deutet über lokale Häuptlingstümer hinaus auf eine ausgebaute Staatlichkeit. Von Salomo fehlt im archäologischen und epigraphischen Befund nahezu jede Spur. Erst im 9. Jh. v. Chr. werden die Städte im Norden ausgebaut. Die Historizität Davids als lokaler Herrscher ist durch eine aramäische Inschrift aus Dan aus dem 9. Jh. v. Chr. gesichert, was aber Rückschlüsse auf Jerusalem im 10. Jh. v. Chr. kaum zulässt.
	926 v. Chr. **Reichsteilung**	Das Großreich bricht jedoch auseinander und zerfällt wieder in die Südstämme (Juda und Benjamin) und die zehn Nordstämme, da der Nachfolger Salomos, Rehabeam, die Fronarbeit zum Ausbau des Reiches forciert bzw. weil Salomo im Alter von der Alleinverehrung JHWHs durch den Einfluss seiner ausländischen Ehefrauen abgerückt ist. Jerobeam wird von den Nordstämmen in einem Aufstand zum König erhoben. Rehabeam regiert weiter in Jerusalem, Jerobeam und seine Nachfolger in Sichem, Tirza und schließlich ab den Omriden in Samaria. Das Verhältnis der beiden Staaten ist immer wieder angespannt und führt sogar zu kriegerischen Auseinandersetzungen, als Juda sich nicht in eine antiassyrische Koalition fügen will. Darüber finden sich auch Angaben in den Prophetenbüchern.	Für ein Süd- und Nordstämme vereinigendes »Großreich« gibt es außerbiblisch keine belastbaren Indizien, so dass auch die biblische Rede von der »Reichsteilung« (datiert auf 926 bzw. traditionell auch 931 v. Chr.) für das 10. Jh. v. Chr. in die Leere läuft. Staatliche Strukturen scheinen sich im Norden erst unter den Omriden (9. Jh. v. Chr.) herausgebildet zu haben. Jetzt finden sich erste Erwähnungen der Könige in außerbiblischen Quellen (bes. Mescha-stele, Stele aus Dan, Inschriften Salmanassars III.). Juda entwickelt sich stark verzögert und steht anfänglich unter dem Einfluss der Omriden und Nimschiden aus Samaria. Als die Aramäer nach Süden ausgreifen, wird der Nordstaat so weit geschwächt, dass sich Juda von Israel lösen kann.
		Alle Könige des Nordstaates, vor allem aber Ahab und Omri, werden in der biblischen Darstellung negativ beurteilt, weil sie nicht JHWH allein, sondern auch andere Götter verehrt haben. Die-	Die Westexpansion der Assyrer übt immer stärkeren Druck auf die Vasallen im Westen. Antiassyrische Koalitionen versuchen die Selbständigkeit der teilautonomen Staaten zu halten. 722/20

		Biblische Darstellung	Historische Aspekte
Königszeit	722 v. Chr. **Eroberung Samarias** und Untergang des Nordstaates Israel	ses Abweichen von der Alleinverehrung wird letztlich als Grund für den Untergang des Nordstaates angegeben, der sich in der Eroberung der Hauptstadt Samarias 722/720 v. Chr. manifestiert. Der Name »Israel«, der zuvor für das Reich Davids und Salomos verwendet wurde, geht jetzt vor allem in der prophetischen Literatur vom Nordstaat Israel auf den Südstaat Juda über. »Israel« wird mehr und mehr die integrative Bezeichnung für das ganze erwählte Volk, wie etwa auch im »Höre Israel« im Deuteronomium.	v. Chr. wird jedoch Samaria von den Neuassyrern erobert und verliert damit seine Eigenstaatlichkeit. Juda hingegen kann als Vasall Assurs zunächst profitieren und entwickelt sich im 7. Jh. v. Chr. zum voll ausgebauten Staat. Juda muss sich nach Westen und Süden hin gegen die Assyrer zwar absetzen, profitiert aber zugleich sehr von dem Vasallenverhältnis. Die Stadt Jerusalem wächst und wird nach Westen hin ausgebaut. Schefela und Negev nehmen eine zunehmend wichtige Rolle im Staatsgebiet ein.
	701 v. Chr. **Belagerung Jerusalems**	Während Manasse wegen religiöser Verfehlungen als einer der schlimmsten Könige beurteilt wird, wird sein Vater Hiskija sehr positiv beurteilt. Als der assyrische König Sanherib 701 v. Chr. gegen Juda und Jerusalem zieht, wehrt Hiskija die Einnahme der Stadt durch hohe Tributzahlungen ab. Die biblische Darstellung charakterisiert Hiskija als frommen Reformer, der die Alleinverehrung JHWHs in Jerusalem und Juda forciert, Kulthöhen beseitigt und Symbole fremder Gottheiten entfernt hat. Der Ausbau Jerusalems wird biblisch mit König Hiskija in Verbindung gebracht, während Manasse sich vor allem kultisch verfehlt.	Der Feldzug Sanheribs nach Juda ist außerbiblisch in Texten, in Bildern sowie im archäologischen Befund bezeugt. Die Eroberung Lachischs, von der die assyrische Belagerungsrampe archäologisch nachgewiesen werden konnte, hat Sanherib in großen Reliefs in seinem Palast in Ninive darstellen lassen. Nach dem Abzug der Assyrer kann sich Juda erst unter Manasse im beginnenden 7. Jh. v. Chr. wirklich erholen. Dessen geschickte Politik hat Juda in eine Blütephase geführt, die durch den Ausbau Jerusalems und der Städte Judas gekennzeichnet ist. Die starken Mächte von denen Juda abhängig ist, sind Assur und Ägypten.
	622 v. Chr. **Kultreform Joschijas**	König Joschija findet nach der Darstellung der Königsbücher bei Renovierungsarbeiten im Tempel ein Buch und gestaltet daraufhin den Tempelkult in Jerusalem um, indem er alle fremdkultischen Elemente entfernt. Zugleich zentralisiert er den Kult vollständig auf Jerusalem, indem andere Heiligtümer im Land verunreinigt und dann stillgelegt werden. Nach biblischer Darstellung greifen die Reformen auch auf den Norden des Landes aus. Joschija stirbt, als er sich dem ägyptischen Pharao Necho in Megiddo entgegenstellt.	Im Laufe des 8./7. Jh.s werden Kultstätten in Arad, Beerscheba, Tel Moza u. a. stillgelegt. Ob man das mit religionspolitischem Handeln der Könige Hiskija und Joschija verbinden kann, ist umstritten, doch faktisch bleibt Jerusalem als einziges JHWH-Heiligtum in Juda im ausgehenden 7. Jh. v. Chr. übrig. Vielleicht konnte Joschija sogar das Territorium des Staates durch geschickte Vasallitätspolitik leicht nach Norden erweitern. Als er sich von Ägypten zu lösen versucht, wird Joschija wahrscheinlich als abtrünniger Vasall von Pharao Necho getötet.

		Biblische Darstellung	Historische Aspekte
Exilszeit	587/86 v. Chr. **Eroberung Jerusalems**	Die Belagerung und Eroberung Jerusalems, die mit der Zerstörung des Tempels und der Stadt endet, ist in biblischer Darstellung das einschneidendste Ereignis der Geschichte Israels. Schon bei der ersten Eroberung 597/86 v. Chr. wird ein großer Teil der Bevölkerung nach Babylon verschleppt. In einer zweiten Welle nach der endgültigen Eroberung erscheint das Land in der Sicht einiger biblischer Texte völlig entleert und verwüstet. Flucht, Vertreibung und Zerstörung bestimmen das biblisch gezeichnete Bild. Die Exulanten müssen in Babylon ihr Dasein fristen, bis sie von Kyrus die Erlaubnis erhalten, in das Land ihrer Heimat zurückzukehren.	Die Spuren der Zerstörung sind an Jerusalem und anderen Orten abzulesen, doch gab es auch Regionen, die von der neubabylonischen Eroberung kaum betroffen waren. Das »ganze Land« war nicht leer, an vielen Orten überwiegt die Kontinuität gegenüber der Diskontinuität. Nur die Oberschicht wurde deportiert und in Babylon in größeren Gruppen angesiedelt. Andere fliehen nach Ägypten. Babylonische Urkunden lassen erkennen, dass die Exilierten zwar zu Arbeiten eingesetzt wurden, sich aber vor allem wirtschaftlich eigenständig entwickeln konnten. In der Exilszeit entstehen eine babylonische und eine ägyptische Diaspora.
Nachexilische Zeit	539 v. Chr. Ende des Exils **Kyrus d. Gr.**	Die biblische Darstellung verbindet mit König Kyrus das Ende des Exils und den entscheidenden Einschnitt zur Entstehung der nachexilischen Gemeinde. Kyrus erlässt 539 v. Chr. einen Befehl, nach dem alle exilierten Judäer in ihre Heimat zurückkehren dürfen. Die Tempelgeräte werden zurückgeführt und die Rückkehrer beginnen sofort mit dem Bau des Zweiten Tempels, wobei der Bau aber wegen innerer und äußerer Widerstände ins Stocken gerät und erst unter König Darius fertig gestellt wird.	Der Perserkönig Kyrus besiegt 539 v. Chr. den letzten neubabylonischen König Nabonid. Eine darauf folgende Massenrückkehr von Exilierten hat es nach den archäologischen Daten nicht gegeben. Die Exilierten kehren nur zögerlich in das Land zurück, viele verbleiben in Babylon. Die Provinz Jehûd entwickelt sich zunächst langsam und erlebt erst ab etwa 450 v. Chr. einen wirtschaftlichen Aufschwung. Erneut ist, wie in der Königszeit, Samaria die besser entwickelte und international besser eingebundene Provinz.
	520/515 v. Chr. **Wiederaufbau** Zweiter Tempel	Die aus dem Exil zurückkehrende Gola wird von Scheschbazzar angeführt, der die nach Babylon verbrachten Tempelgeräte zurückführt und so die Kontinuität zum Ersten Tempel sichert. Der Wiederaufbau des Zweiten Tempels wird den biblisch chronologischen Angaben zufolge 520 v. Chr. durch eine Erlaubnis der Perser gegen die Widerstände fortgesetzt.	Auch vom Zweiten Tempel gibt es wie vom Ersten archäologisch keine Spuren. Weder lässt sich genau sagen, wo er stand, noch wie er ausgestattet war oder wann er gebaut und vollendet wurde. Vielleicht wurde er erst im 5. Jh. v. Chr. vollendet und steht dann im Zusammenhang mit der aus archäologischer Sicht anfänglich bescheidenen Restauration der Stadt.

		Biblische Darstellung	Historische Aspekte
Nachexilische Zeit	515 v. Chr. **Einweihung** Zweiter Tempel	Der Tempel wird dank persischer Finanzierung und gemeinsamer Anstrengung 515 v. Chr. vollendet und ist nach Darstellung der Bibel einziger JHWH-Tempel. Dabei spielt der von den Persern entsandte Beamte und Priester Esra eine wichtige Rolle, da er auf Erlass des Königs Artaxerxes alle Priester und Leviten nach Jerusalem zurückführt.	Schon in der Perserzeit gab es auf dem Garizim bei Sichem einen JHWH-Tempel, der bis zu seiner Zerstörung 128 v. Chr. wahrscheinlich mindestens so bedeutend wie der Jerusalemer Tempel war. Es gab nachweislich weitere JHWH-Tempel, vor allem auf der Nilinsel Elephantine, aber auch inschriftlich bezeugt im Süden des Landes.
	464/445/400 v. Chr. Abschluss der Tora **Artaxerxes**	Nehemia kommt nach biblischer Darstellung im 20. Jahr des Persers Artaxerxes um 445 v. Chr. nach Jerusalem und begleitet den Wiederaufbau der Stadt, vor allem den Wiederaufbau der Mauer. Nach der Fertigstellung versammelt sich das ganze Volk geschlossen am Wassertor in Jerusalem und stimmt unter Vermittlung des Priesters Esra dem öffentlich verlesenen Gesetz des Mose zu.	Das Wirken Nehemias bleibt aus archäologischer Perspektive undeutlich. Indizien für die Erneuerung der Stadtbefestigung in persischer Zeit fehlen, nachweisbar ist eher das hasmonäische Mauersystem Jerusalems aus dem 2. Jh. v. Chr. Dass die Tora um 400 v. Chr. zu einem gewissen Abschluss gekommen ist, findet sehr viel Zustimmung in der Forschung. Allerdings lässt sich der Abschluss nicht wirklich fix datieren oder mit einem äußeren Anlass verbinden.
Hellenistische Zeit	333 v. Chr. **Alexander d. Gr.**	Mit dem Auftreten Alexanders d. Gr. beginnen die Makkabäerbücher, doch wird weder über die Schlacht gegen Darius III. bei Issos 333 v. Chr. noch über die übrigen Feldzüge Alexanders und seine Herrschaft ausführlicher berichtet. Sehr schnell wird zu den Ereignissen der Seleukidenzeit um 175 v. Chr. weitergeleitet. Das ereignisreiche 4. Jh. v. Chr. findet so in biblischer Darstellung nur am Rande in der Prophetie (z. B. Dan 2,39; 7,6), ansonsten so gut wie nicht statt.	Mit dem Auftreten des Makedonen Alexander beginnt die griechische Herrschaft in Palästina. Schon vorher zeigte sich der Einfluss der griechischen Kultur in der gesamten Levante, doch setzt jetzt ein Hellenisierungsschub ein, der im 2. Jh. v. Chr. seinen Höhepunkt erreicht. Nach dem Tod Alexanders d. Gr. 323 v. Chr. wird das Gebiet in den Auseinandersetzungen der Diadochen zwischen Ptolemäern und Seleukiden aufgerieben.

		Biblische Darstellung	Historische Aspekte
Makkabäerzeit	167 v. Chr. **Makkabäeraufstand**	Die Darstellung der geschichtlichen Abläufe im Ersten/Alten Testament endet mit den Makkabäerbüchern. Der Aufstand der Makkabäer reagiert auf die Hellenisierung Jerusalems, die durch den Bau eines Gymnasions, die Umwidmung des Tempels und die Absetzung des Hohenpriesters Onias gekennzeichnet ist. Der Seleukide Antiochus IV. lässt im Jahr 168 v. Chr. ein »Gräuel der Verwüstung« im Tempel(areal) aufstellen, was den Widerstand der Makkabäer endgültig hervorruft. Aus dem Untergrund kämpfen sie erfolgreich gegen die seleukidische Herrschaft. 164 v. Chr. wurde der Tempel feierlich wieder eingeweiht (Chanukka). Danach bringen sie das Land Stück für Stück militärisch unter ihre Kontrolle.	Die ptolemäische Vorherrschaft in Palästina wird zu Beginn des 2. Jh.s v. Chr. von den Seleukiden abgelöst. Obwohl das mit einem Hellenisierungsschub verbunden war, ist die Vorstellung von einem Zwang zur Hellenisierung der jüdischen Bevölkerung mit Beschneidungsverbot übertrieben. Der Makkabäeraufstand führt nach dem Tod Antiochus IV. zu einer inneren Konsolidierung, die ihre Fortsetzung im hasmonäischen Königtum findet. Unter dem hasmonäischen Königsgeschlecht entwickelt sich Juda noch einmal zu einem eigenständigen und territorial weit ausgedehnten Staat. Diese Eigenständigkeit eines hasmonäischen Staates wird durch das Auftreten Roms 63 v. Chr. beendet.

Anhang 2: Erklärung bibelwissenschaftlicher Fachbegriffe

(Erich Zenger, Münster; bearb. von Christian Frevel, Bochum)

Das nachstehende kleine Glossar will und kann kein Lexikon sein; solche stehen derzeit hinreichend zur Verfügung. Es will vielmehr jene Fachbegriffe erläutern, die in dieser »Einleitung« selbst vorkommen, ohne dass sie jedes Mal erklärt werden können. Die Erklärung hat insbesondere Studierende in der Eingangsphase ihres Studiums im Blick. Die Auswahl ist aus der Erfahrung bei Lehrveranstaltungen und Prüfungen erwachsen. Eine verborgene Hermeneutik liegt nicht zugrunde. Gleichwohl ist zu hoffen, dass dieses Glossar bei der Benutzung des Buches nützlich ist. Für eine Erstinformation über bibelwissenschaftliche Fachbegriffe ist neben den Bibellexika (besonders das von *M. Görg/B. Lang* herausgegebene »Neue Bibel-Lexikon«) *P.-G. Müller*, Lexikon exegetischer Fachbegriffe, Stuttgart/Kevelaer 1985 zu empfehlen, das in nahezu allen Bibliotheken vorhanden ist.

Ab, 9. Fast- und Trauertag am 9. des Monats Ab (im August) zur Erinnerung an die Zerstörung des Jerusalemer Tempels; im Synagogengottesdienst u. a. Verlesung der »Klagelieder des Jeremia« (s. o. F.IV.).

Akrostichon (griech. Versspitze) Gedicht, bei dem die Anfangsbuchstaben der Zeilen (→ Kola, Stichen) oder Strophen zusammengelesen einen Sinn (Wort, Name, Satz) ergeben. Im Tanach mehrfach belegt ist als Spezialform das alphabetische (Zeilenanfänge nach der Abfolge der 22 Buchstaben des hebr. Alphabets: z. B. Ps 25; 111; Spr 31) oder alphabetisierende (22 Zeilen/Parallelismen: z. B. Ps 33; Klgl 5) Akrostichon.

Allegorie (griech. bildliche Rede, Sinnbild) Figurative oder metaphorische Bildrede zur Verdeutlichung oder Deutung eines Sachverhalts oder eines Geschehens.

Amphiktyonie (griech. Nachbarschaft) Früher übliche Bezeichnung für den sakralen Zwölfstämmebund des vorstaatlichen Israel (Zentralheiligtum) in Anlehnung an griechische Stämmebünde; heute kaum noch vertretene Hypothese.

Anthologie (griech. Blütenlese) Zusammenstellung von Texten eines Autors, einer Epoche oder zu einem bestimmten Thema. Nach Meinung mancher Bibelwissenschaftler sind zahlreiche junge Texte des Ersten Testaments anthologische Texte (z. B. die jungen Psalmen 144 und 145).

Antitypos (griech. Gegenbild) Gegenpart zu → Typos; eine Gestalt oder ein Geschehen, die einer früheren Gestalt oder Geschichte »entgegensteht« und diese überhöht oder deutet (z. B. der erste und der zweite Exodus; Adam – Christus).

Apodiktisch (griech. beweiskräftig) bezeichnet in der Bibelwissenschaft eine bestimmte Form von unbedingten Rechtssätzen ohne Bedingungsgefüge (»Du sollst …«) im Unterschied zu → kasuistischen Rechtsformulierungen. Die früher übliche Einordnung apodiktischer Rechtssätze als älteres Recht ist inzwischen aufgegeben.

Apodosis (griech. Nachgabe) Meist der auf einen Bedingungssatz (→ Protasis) folgende (Schluss-)Satz.

Apokryphen (griech. verborgen, geheim, Sg. Apokryphon) Schriften des Judentums und des frühen Christentums, die zur Zeit ihrer Entstehung in bestimmten Kreisen und »im Volk« hohes Ansehen hatten und dennoch nicht in den Kanon aufgenommen wurden. Im Sprachgebrauch der reformatorischen Kirchen werden missverständlicherweise die → deuterokanonischen Bücher »Apokryphen« genannt (s. o. A.III.).

Aquila Schüler von Rabbi Akiba, der um 130 n. Chr. eine neue, streng wörtliche Übersetzung des Tanach ins Griechische anfertigte (B.III.1.2).

Aretalogie (griech. Rede von den Taten) bezeichnet als Gattungsbegriff der hellenistischen Literatur einen vorwiegend in der 1. Sg. gehaltenen Lobpreis der Taten (meist) einer Gottheit.

Asteriskos* (griech. Sternchen) wird bei Stellenangaben benutzt, um Teile der angegebenen Verse oder Kapitel zu bezeichnen. Dabei wird das Symbol (in diesem Studienbuch) vorangestellt, wenn es sich auf Kapitel oder größere Textpassagen bezieht (*Ex 19–21 = Teile von Ex 19–21) oder nachgestellt, wenn es sich nur auf Verse bezieht (Ex 19,21* = ein Teil des Verses Ex 19,21). Bei Angaben von Lexemen bzw. Wortwurzeln kennzeichnet der Asteriskos eine nicht belegte Form. Der Asteriskos ist auch ein textkritisches Zeichen in der → Hexapla.

Asyndese (griech. ohne Verbindung) im Unterschied zur Syndese die Aufeinanderfolge von Wörtern oder Sätzen ohne konjunktionale Verbindung (ohne »und«).

Ätiologie (griech. Rede/Lehre von den Ursachen) Erklärung von Namen und auffallenden Sachverhalten, oft durch eine Erzählung.

Chanukka-Fest (oft auch Hanukka) Fest von acht Tagen (November/Dezember) zur Erinnerung an die Wiedereinweihung des Tempels durch Judas Makkabäus 164 v. Chr. nach der Entweihung durch die Seleukiden.

Chiasmus, Chiasmen (Plural) (griech. nach der Gestalt des Buchstabens Chi = χ: Überkreuzstellung) Stilfigur; Abfolge von Wörtern, Abschnitten nach dem Schema ABB'A'. Oft werden auch → Palindrome mit dem Begriff Chiasmus bezeichnet.

Deuterokanonische Bücher (griech. kanonisch zweiten Ranges) Bezeichnung jener Schriften/ Bücher, die im Kanon der röm.-kath. und der östlichen Kirchen, aber weder in der Jüdischen Bibel noch im Kanon der reformatorischen Kirchen stehen; sie werden missverständlicherweise manchmal → Apokryphen genannt (s. o. A.III.).

Deuteronomistisch (dtr) Bezeichnung für jene Textschichten/Redaktionen, die im Geiste und in sprachlicher Prägung des joschijanischen Deuteronomiums gestaltet sind (s. o. C.IV. und D.II.); zur Unterscheidung dtn/dtr vgl. bes. D.II.3.37.

Diachronie/diachron (griech. durch die Zeit [hindurch]) meint in der Exegese die methodische Untersuchung eines Textes mit dem Ziel, seine Entstehung zu erklären, indem Wachstumsstufen, Redaktionen, Zusätze, Fortschreibungen, → Glossen etc. identifziert werden.

Diaspora Das Substantiv (abgeleitet vom griechischen Verbum *dia-speírein* = ausstreuen, sich zerstreuen, getrennt werden) bezeichnet in der Septuaginta sowohl den Vorgang der Zerstreuung Israels unter die (heidnischen) Völker als auch die Zerstreuten selbst. Anders als der Begriff Galut bzw. Gola (s. u.), der diesen Zustand/Vorgang als Deportation (v. a.: babylonisches Exil/babylonische Gefangenschaft, babylonische und ägyptische Diaspora, s. G.V.11.) und als von Gott verhängte Strafe charakterisiert, hat »Diaspora« positive Konnotationen und bezeichnet die besondere Gegebenheit, dass ein großer Teil Israels (bis heute) außerhalb des Landes Israel lebt und dabei sowohl die innere als auch die äußere Beziehung zum Mutterland aufrecht erhält.

Dittographie (griech. Doppelschreibung) Versehentliches doppeltes Abschreiben von Buchstaben, Wörtern oder Sätzen beim Kopieren von Handschriften (z. B. Ijob 40,3).

Doxologie (griech. Lobpreis der doxa = Herrlichkeit Gottes) Meist am Anfang oder Ende eines Gebetes oder eines Textabschnitts (z. B. Am 4,13; 5,8–9; 9,5–6 s. o. F.VIII.3.22). Das Psalmenbuch wird durch Doxologien in 5 Bücher gegliedert. Mit dem zusammengesetzten Wort »Gerichtsdoxologie« wird euphemistisch (sprachlich abmildernd) die beschreibende Begründung des als Gericht gedeuteten Exils bezeichnet.

Epigraphie (griech. Inschrift, Aufschrift) Sammelbezeichnung für Inschriften, die in der Epigraphik erforscht werden. Das Adjektiv epigraphisch bezeichnet inschriftlich belegte außerbiblische Texte.

Epilog (griech. Nachwort, Nachrede) bezeichnet ein Nachwort, eine Schlussrede, im weiteren Sinne auch einen Schlussteil.

Epitaph (griech. auf dem Grab, in Bezug auf das Grab) bezeichnet aufwändig gestaltete Grabplatten bzw. die Inschriften darauf; wird in der Literatur auch für Nachreden auf einen Verstorbenen verwendet (Dtn 34,10–12).

Epitome (griech. Kurzfassung, Auszug aus einem größeren Schriftwerk) Der Verfasser einer Epitome heißt Epitomator (s. o. D.XIII.).

Exposition (lat. Darlegung, Darstellung) bezeichnet einen Auftakt, einen Anfangsteil bzw. die Einführung, in der wesentliche Informationen für das Folgende gegeben werden.

Gemara (aram. Vollendung, erlernte Tradition) Bezeichnung für die überlieferten Diskussionen und Erklärungen der Rabbinen über die → Mischna; Mischna und Gemara bilden zusammen den → Talmud.

Glosse (griech. Zunge, Sprache) Bezeichnung für die Erläuterung eines unverständlichen/schwierigen Wortes in einem Text; sie wurde entweder an den Rand (Marginal-Glosse) einer Handschrift oder zwischen die Zeilen (Interlinear-Glosse) geschrieben und später in den Text selbst aufgenommen. Aufgabe der Text- bzw. Literarkritik ist es u. a., solche Glossen zu entdecken. Der Begriff bezeichnet z. T. auch punktuelle kommentierende Fortschreibungen eines Textes.

Gola/Galut Hebräische/aramäische Bezeichnungen (vgl. das Verbum *galah* Hifil = in die Verbannung führen; Substantiv: *galut* = Wegführung; *golah* = die Weggeführten) für die (unfreiwillig) im Exil lebenden Juden bzw. den Vorgang der Deportation selbst (v. a.: das Babylonische Exil; die Vertreibung durch die Römer); mit diesem negativ konnotierten Begriff des Exils (Strafe/Gericht Gottes) ist meist die Vorstellung von der Rückführung/Rettung der Exilierten als einer Heilstat Gottes verbunden.

Haggada, haggadisch (hebr. Erzählung) Der erbauliche (nicht religionsgesetzliche) Teil der rabbinischen Tradition. Als haggadisch werden auch frühere erzählende Formen der Auslegung bezeichnet.

Halacha, halachisch (hebr. das Gehen, Wandeln, Plural Halachim od. Halachot) Religiöses Gesetz oder auch die Gesamtheit dieser Gesetze, wie sie vor allem in der → Mischna niedergelegt, aber auch im → Talmud und in → midraschischen Schriften durch Auslegung von Mischna und Bibel weiterentwickelt wurden. Mit dem Adjektiv »halachisch« werden oft auch vergleichbare Vorformen der Auslegung bezeichnet.

Hapaxlegomenon (griech. einmal gesagt, auch *hapax legomenon,* Plural Hapaxlegomena) Ein Wort, das nur ein einziges Mal im Text der Bibel vorkommt.

Haplographie (griech. Einfachschreibung) Versehentliches Auslassen eines Buchstabens, Wortes oder Satzes beim Kopieren eines Textes (Gegensatz zu → Dittographie).

Hexapla (griech. die Sechsfache) Von Origenes geschaffene Nebeneinanderstellung von sechs Textformen des Tanach/Ersten Testaments: 1. hebr. Text in hebr. Schrift; 2. hebr. Text in griechischer Umschrift; 3. → Aquila; 4. → Symmachus; 5. → Septuaginta; 6. → Theodotion (s. o. B.III.1.2).

Hexateuch Bezeichnung für die fünf Bücher der Tora/des Pentateuch *und* das anschließende Buch Josua; in der Forschung früher von jenen Autoren verwendet, die der Auffassung waren, dass die »Quellen« des Pentateuch bis ins Buch Josua reichen.

Ikonographie bezeichnet im weiteren Sinne die Beschäftigung mit antiken Bildwerken (Stelen, Wandmalerei, Siegel, Amulette, Figurinen, Münzen u. a. m.) und ihren Motiven.

Intertextualität bezeichnet ein Konzept der Literaturwissenschaft. Der Begriff geht auf die Literatur- und Kulturwissenschaftlerin *Julia Kristeva* in der Beschäftigung mit *Michael Bachtins* Annahme der Dialogizität von Texten zurück. Er versucht im weitesten Sinne die generelle Eigenart von Texten und ihrer Rezeption zu fassen: *»Jeder Text baut sich als Mosaik von Zitaten auf, jeder Text ist Absorption und Transformation eines anderen Textes«*. Im engeren Sinne bezeichnet der Begriff die Beziehungen zwischen konkreten Texten. Dabei ist wichtig, dass es nicht um eine bloße Autorintention bei der Produktion eines Textes, sondern auch um den Prozess der Sinnkonstitution in der Rezeption (Semiose) geht. In der Exegese werden mit dem Konzept meist Formen der Bezugnahme zwischen literarischen Werken bzw. konkrete literarische Bezüge zwischen Texten durch Zitate, Anspielungen, Aufnahmen, Strukturparallelen, Kommentierungen usw. bezeichnet.

Intratextualität wird bes. in der Exegese im Unterschied zur Intertextualität bzw. als Sonderform der Intertextualität verwendet. Beziehungen zwischen Texten verschiedener Bücher oder in sich abgeschlossener Text- und Überlieferungszusammenhänge werden als intertextuell bezeichnet (z. B. die Beziehung zwischen Ps 103,6–10 und der Sinai-Horeb-Erzählung mit besonderem Bezug auf Ex 34,6f oder die Beziehungen von Kanonteilen aufeinander). Die Bezüge innerhalb eines Buches werden hingegen als intratextuell bezeichnet (z. B. die Bezüge von Gen 35 auf Gen 28). Der Begriff der Intratextualität kann auch auf Bezüge innerhalb ein und desselben Text- und Überlieferungszusammenhangs (z. B. Psalter, Zwölfprophetenbuch, Hexateuch) angewandt werden.

Kasuistisch (lat. *casus* Fall) Die Kasuistik bezeichnet allgemein die Betrachtung von Einzelfällen. In der bibelwissenschaftlichen Verwendung wird damit eine bestimmte Form von bedingten Rechtssätzen mit → Protasis und → Apodosis (wenn-dann-Konstruktionen) bezeichnet.

K^{e}tīb (aram. das Geschriebene) Der überlieferte Konsonantenbestand eines Wortes der Hebräischen Bibel, das jedoch anders zu lesen ist, worauf in den Bibelausgaben durch besondere Zeichen aufmerksam gemacht wird (→ *Qerē*).

Kodex (lat. Codex »Baumstamm«, Pl. Codices) Seit dem 2. Jh. in Ägypten an Stelle der Papyrus-/Leder-Buchrolle gebrauchte »Buchform« zusammengehefteter Holztäfelchen oder Pergamentblätter; allgemein üblich gewordene Bezeichnung der alten Bibelhandschriften (Codex Alexandrinus, Sinaiticus, Vaticanus; Codex Leningradensis, Codex von Aleppo; die latinisierten Bezeichnungen verwenden »Codex« statt »Kodex«). Auch Gesetzsammlungen werden als Kodex bezeichnet (z. B. Kodex Hammurapi).

Kolon, Kola (Plural) (griech. Körperglied) Kleinste poetische Sinneinheit der Poesie (Zeile eines Gedichts/Psalms); zwei/drei Kola bilden zusammen ein Bikolon/Trikolon, ein Kolon wird auch als Monokolon bezeichnet. Nach anderer Terminologie ist Stichos = Kolon bzw. Stichen = Kola.

Kolophon (griech. Gipfel) Schlussvermerk am Ende eines Textes (z. B. Ps 72,20).

Konjektur (lat. Vermutung) Exegetischer Vorschlag einer Änderung des überlieferten Wortlautes eines biblischen Textes, um den Text verständlich(er) zu machen (in der EÜ meist angegeben mit dem Hinweis in einer Anmerkung: »Text korr.«); gegenüber der früheren Praxis, schwierige Texte durch Konjekturen »verständlich« zu machen, ist heute die Tendenz zu diesbezüglich großer Zurückhaltung festzustellen – zu Recht!

Majuskel (lat. *maius* = größer) Schreibweise von griech. oder lat. Texten in Großbuchstaben; bis ins 8. Jh. für literarische und religiöse Texte vorherrschend; die großen biblischen Codices (→ Kodex) sind Majuskeln; sie werden auch Unzialen (von lat. uncia = Zoll: 1 Zoll hohe Buchstaben) genannt.

Makarismus (griech. Seligpreisung) Literarische Form, eingeleitet mit der Partikel »Selig«, bezogen auf ein dann folgendes Subjekt, das durch Relativsätze, Konditionalsätze oder Partizipien charakterisiert wird; oft wird der M. mit einer futurischen Heilszusage abgeschlossen. M.en eröffnen (besonders in Ägypten) häufig »Lebenslehren« (biblische Beispiele: Ps 1 als Proömium des Psalters und Mt 5,3–12 als Proömium der Bergpredigt Mt 5–7).

Masoretischer Text/Masoreten (aram. *mᵉsar* = überliefern) Bezeichnung für die überlieferte kanonische *Textgestalt* bzw. für die Gelehrten, die diese zwischen 700 und 1000 n. Chr. schufen; die »masoretische« Textgestalt wird mit MT/TM/M abgekürzt (s. o. B.I.). Der MT liegt den heute verwendeten Druckausgaben der Hebräischen Bibel zugrunde.

Megillôt (Pl. von hebr. *megillah* »Rolle«) Bezeichnung der fünf »Festrollen« Rut, Hld, Koh, Klgl, Est, die in der jüdischen Liturgie an den Festen verlesen werden (Rut – Wochenfest, Hld – Pesach, Koh – Laubhüttenfest, Klgl – Gedenktag der Tempelzerstörung [→ 9. Ab], Est – Purim). Bei der Bezeichnung nur einer der Rollen wird der hebr. Constructus verwandt z. B. Megillat Rut. Megilla heißt auch der → Talmudtraktat zu Ester.

Midrasch/Midraschim (Plural) (abgeleitet von hebr. *dāraš* = suchen, erforschen) Rabbinische Auslegung zu einem Buch der Bibel (»Kommentar«). In der Exegese wird Midrasch im engeren Sinn als Gattungsbezeichnung für die rabbinischen Midraschim und im weiteren Sinn für midraschartige innerbiblische Schriftauslegung (z. B. Rut, Chronik) bzw. frühe Formen kommentierender Schriftauslegung (z. B. im Jubiläenbuch) gebraucht.

Minuskel (lat. *minus* = kleiner) Schreibweise in Kleinbuchstaben, oft in fortlaufender Kursivschrift; ab dem 9. Jh. lösen die Minuskeln die → Majuskeln ab.

Mischna (hebr./aram. Wiederholung, Lehre) Die erste autoritative, um 200 n. Chr. redigierte Sammlung religiöser Gesetze; »mündliche Tora« als Pendant zur »schriftlichen Tora« des Tanach; sie wird von der → Gemara kommentiert und bildet mit dieser zusammen den → Talmud.

Monolatrie (griech. Alleinverehrung) Andauernde Verehrung nur *einer* Gottheit, ohne die Existenz anderer Gottheiten explizit auszuschließen (→ Monotheismus). Im Bereich ihrer offiziellen Gültigkeit wertet die M. die Verehrung anderer Gottheiten als Verletzung des Alleinverehrungsanspruchs und bekämpft sie als Häresie bzw. Abfall. Sie ist *per se* partikularistisch und intolerant.

Monotheismus (griech. Alleingottglaube; Gegenbegriff zu Polytheismus = Vielgötterglaube) Überzeugung, dass es nur einen einzigen Gott gibt, der auch nur als einziger verehrt werden kann. In seiner exkludierenden Form ist der M. intolerant gegenüber der Verehrung anderer Gottheiten und verspottet bzw. bekämpft diese als Götzen und ihre Verehrer als Götzendiener. In seiner inkludierenden Form beurteilt er die Vielfalt der Gottheiten bzw. Religionen als Manifestationen des Göttlichen, das letztlich eine Einheit ist. Der Monotheismus ist *per se* universalistisch.

Onkelos, Onqelos Übertragung der Hebräischen Bibel ins Aramäische, gewöhnlich als »→ Targum Onqelos« bezeichnet (s. o. B.III.2.).

Onomastik (griech. Namenskunde) beschäftigt sich mit den Namen, ihrer Verbreitung und ihrer Herkunft. Mit dem Begriff Onomastikon wird im engeren Sinne die Ganzheit aller regional in einem bestimmten Zeitraum belegten Namen bezeichnet.

Ostrakon, Ostraka (Plural) (griech. Tonscherbe) Bezeichnung für Tongefäßscherben, die als Schreibmaterial verwendet wurden; die Israel-Archäologie der letzten Jahrzehnte hat zahlreiche Ostraka gefunden, die für die Religions- und Sozialgeschichte Israels hochbedeutsam sind.

Palindromie (griech. Vor- und Rücklauf) Wortfolge, die vorwärts und rückwärts gelesen den gleichen Sinn ergibt (z. B. »Die Liebe ist Sieger – Rege ist sie bei Leid«); palindromische (oder konzentrische) Struktur: spiegelbildliche Anordnung von Textelementen nach dem (palindromischen) Schema ABCB'A' (s. o. zu Kohelet). Z. T. wird zwischen Palindromie (ABB'A') und Konzentrik (ABCB'A') unterschieden. S. auch o. → Chiasmus.

Parallelismus, Parallismen (Plural), auch Parallelismus membrorum (Parallelität der Glieder) Das grundlegende Bauprinzip der semitischen Poesie, besonders der Psalmen (s. bes. E.III.2.2): zwei aufeinanderfolgende Zeilen (→ Kola, Stichen) bilden so zusammen einen Gedanken- oder Bildreim, dass sie das Gleiche mit jeweils anderen Worten bzw. Bildern sagen. Beide Zeilen wollen dabei als eine Aussage genommen werden. Jede Zeile nähert sich der gemeinten Sache in einer etwas veränderten Perspektive; das gibt der Aussage eine produktive Unschärfe und Offenheit. Es gibt drei Grundformen des Parallelismus: 1. Im synonymen P. wiederholt die zweite Zeile leicht abgewandelt die Aussage der ersten Zeile (z. B. Ps 8,5). 2. Im antithetischen P. formulieren die beiden Zeilen gegensätzliche Aussagen, die als spannungsreiche Gesamtaussage mit vielen Ober- und Untertönen gehört werden sollen (z. B. Ps 1,6). 3. Im synthetischen P. bilden die beiden Zeilen nur (als »Synthese«) zusammengelesen die beabsichtigte Aussage, d. h. hier wird die erste Zeile durch die zweite so weitergeführt, dass erst durch diese die Aussage selbst abgeschlossen wird oder dass die in der ersten Zeile implizit gemeinte Aussage durch die zweite Zeile explizit gemacht wird (z. B. Ps 27,1.10).

Parasche (hebr./aram. Abschnitt) Einer der 54 Abschnitte der Tora, wie sie im Sabbat-Gottesdienst gemäß dem einjährigen, in der babylonischen Diaspora der nachbiblischen Zeit entstandenen Lese-Zyklus vorgetragen werden.

Pescher, Pescharim (Plural) (hebr./aram. Erklärung) Kommentarähnliche Auslegung eines biblischen Textes/Buches in/aus Qumran; z. B. der Pescher zu Hab 1–2 und zu Ps 37 (s. bes. B.I.3.6).

Peschitta (syr. die Allgemeine) Alte christliche Übersetzung der Hebräischen Bibel ins Syrische (entstanden zwischen dem 2. und dem 5. Jh.) (s. o. B.III.3.).

Polyglotte (griech. vielsprachig) Bibelausgabe, die den biblischen Text in mehreren Sprachen, in der Regel nebeneinandergestellt, wiedergibt.

Prohibitiv (lat. *prohibere* verhindern, abhalten) Form der unbedingten Verneinung (im Hebräischen immer mit lo'), mit der ein starkes Verbot ausgedrückt wird; gegenüber dem Vetitiv (verneinter Imperativ) die stärkere Form der Verneinung im Hebräischen.

Prolog (griech. Vorwort) bezeichnet im weiteren Sinne eine Vorrede, ein Vorwort bzw. einen Eingangsteil.

Proömium (griech. vor dem Weg) Ein Vorwort, Vorspiel, Eingangsteil bzw. die Eröffnung eines Literaturwerks, eines Theater- oder Musikstücks.

Protasis (griech. Vorspann) Vordersatz eines zweigliedrigen Bedingungssatzgefüges (→ Apodosis).

Pseudepigraphie (griech. *pseudos* = falsch, lügenhaft; *graphein* = schreiben) Fiktive Zuschreibung einer Schrift/eines Buches an einen berühmten Autor (von dem das Werk nicht stammt), um dem Werk Autorität zu geben. – In einem missverständlichen Sprachgebrauch werden die → Apokryphen bisweilen »Pseudepigraphen« genannt.

Purim Jüdisches Fest, das am 14. bzw. in Jerusalem am 15. Adar (Februar/März) gefeiert wird und an die im Esterbuch erzählte Rettung des Volkes Israel erinnert (s. o. D.XII.1.).

Qerē (hebr./aram. zu lesen) Die von den → Masoreten an den Rand der Manuskripte geschriebene Lesart, die an Stelle der im Text selbst geschriebenen Lesart (→ Ketib) zu lesen ist.

Qinā (hebr. Klage) Klageliedversmaß.

Revision (der Septuaginta) Überarbeitung des griechischen Übersetzungstextes mit dem Ziel der sprachlichen Verbesserung bzw. der Angleichung an die hebräische Vorlage (z. B. die Revisionen von Aquila, Symmachus und Theodotion sowie die Kaige-Revision).

Rezension (der Septuaginta-)Bearbeitung bzw. Zusammenstellung vorhandener griechischer Übersetzungstexte mit dem Ziel, die bestmögliche bzw. möglichst originale Textform herzustellen (z. B. die hexaplarische und die lukianische/antiochenische Rezension) (s. o. B.III.1.2).

Samaritanus Die von den Samaritanern überlieferte Textform der Tora/des Pentateuch; hat etwa 6000 Abweichungen gegenüber dem → Masoretischen Text.

Septuaginta (lat. siebzig = LXX) Älteste Übersetzung der Tora ins Griechische, unter Ptolemäus II. Philadelphos (285/83–246 v. Chr.) angefertigt. Im Anschluss daran wurden sukzessiv auch die übrigen Bücher der Hebräischen Bibel ins Griechische übersetzt. Dass es einen besonderen *jüdischen* »Septuaginta-Kanon« gegeben habe, wie bislang angenommen wurde, ist unwahrscheinlich.

Stichos (griech. Zeile, Pl. Stichoi/Stichen) bezeichnet in Manuskripten und in der Poesie eine Zeile normaler Länge, → Kolon.

Symmachus Jüdisch-hellenistischer Bibelübersetzer, der um 170 n. Chr. eine nach ihm benannte Übersetzung der Hebräischen Bibel ins Griechische anfertigte, die »besseres« Griechisch als die LXX bieten wollte.

Synchronie/synchron (griech. mit der Zeit, gleichzeitig) bezeichnet in der Exegese die methodische Untersuchung eines Textes, die nicht dessen Textwachstum (s. diachron) in den Vordergrund stellt. Synchronie meint in der Sprachwissenschaft die Untersuchung von Phänomenen, die in derselben Zeit vorkommen. Ein Synchronismus setzt zwei Zeitangaben zueinander in Beziehung (z. B. 1 Kön 15,25–28).

Talmud (hebr./aram. Studium, Lehre; eigentlich *talmūd tōrāh* »die von der Tora ausgehende Belehrung«) Im technischen Sinne die aus → Mischna und → Gemara bestehende halachische Traditionsliteratur des Judentums. Es gibt zwei Formen des Talmud: den umfangreicheren »Babylonischen Talmud« und den kürzeren »Jerusalemer Talmud«.

Targum (aram. Übersetzung, Interpretation, Pl. Targumim oder Targume) Paraphrasierende und z. T. aktualisierende Übertragung der Tora und der Prophetenbücher ins Aramäische für den bzw. beim synagogalen Gottesdienst (s. o. B.III.2.).

Tetragramm (griech. vier u. Buchstabe) Bezeichnung für den aus vier Konsonantenbuchstaben bestehenden Gottesnamen JHWH; wird im Judentum aus Ehrfurcht vor dem Gott-Geheimnis nicht ausgesprochen; man liest »der Name« oder »Adonaj«; man könnte auch »der Lebendige« lesen; viele Christen sprechen aus Solidarität mit dem Judentum bzw. aus Ehrfurcht den Gottesnamen ebenfalls nicht aus.

Tetrateuch Bezeichnung für die vier ersten Bücher der Tora/des Pentateuch (Gen, Ex, Lev, Num, ohne das Dtn).

Theodotion Jüdisch-hellenistischer Bibelübersetzer, der Ende des 2. Jh.s n. Chr. die LXX nach dem hebräischen Urtext revidierte; der Theodotiontext wurde in der christlichen Tradition vor allem für das Buch Daniel wichtig; dass die EÜ dabei Theodotion gegenüber LXX vorzieht, ist nicht unproblematisch (s. o. F.VII.).

Typos (griech. Abbild, Vorherbild) Biblische Gestalten und Ereignisse werden als (schattenhafte) Voraus-Darstellung eines sich später in *voller* Wirklichkeit ereignenden Geschehens verstanden oder gedeutet (→ Antitypos). Dieses typologische Verständnis ist bereits eine inner-ersttestamentliche Sichtweise (z. B. erster und zweiter Exodus) und wird besonders im hellenistischen Judentum (auch im NT) praktiziert. Insofern »der Typos« nicht durch den Antitypos in seiner Eigenbedeutung relativiert bzw. disqualifiziert wird, ist die typologische Betrachtungsweise durchaus legitim; faktisch wurde sie freilich seit der Kirchenväterexegese dadurch desavouiert, dass den ersttestamentlichen Bildern/Gestalten/Erzählungen ihre Eigenbedeutung genommen wurde.

Unziale → Majuskel.

Vetus Latina (lat. die alte lateinische, scil. Übersetzung) Sammelbezeichnung für die unterschiedlichen lateinischen Bibelübersetzungen der altkirchlichen Zeit, die vor und neben der → Vulgata im Umlauf waren (s. o. B.III.4.).

Vulgata (lat. die allgemeine, scil. Übersetzung) Von Hieronymus um 390 n. Chr. im Auftrag des Papstes Damasus angefertigte Bibelübersetzung, wobei Hieronymus (gegen den Widerstand des Augustinus) nicht die LXX, sondern den hebräischen Urtext zugrunde legte.

Anhang 3: Karten

entnommen aus: Christian Frevel, Geschichte Israels, Stuttgart 2015.

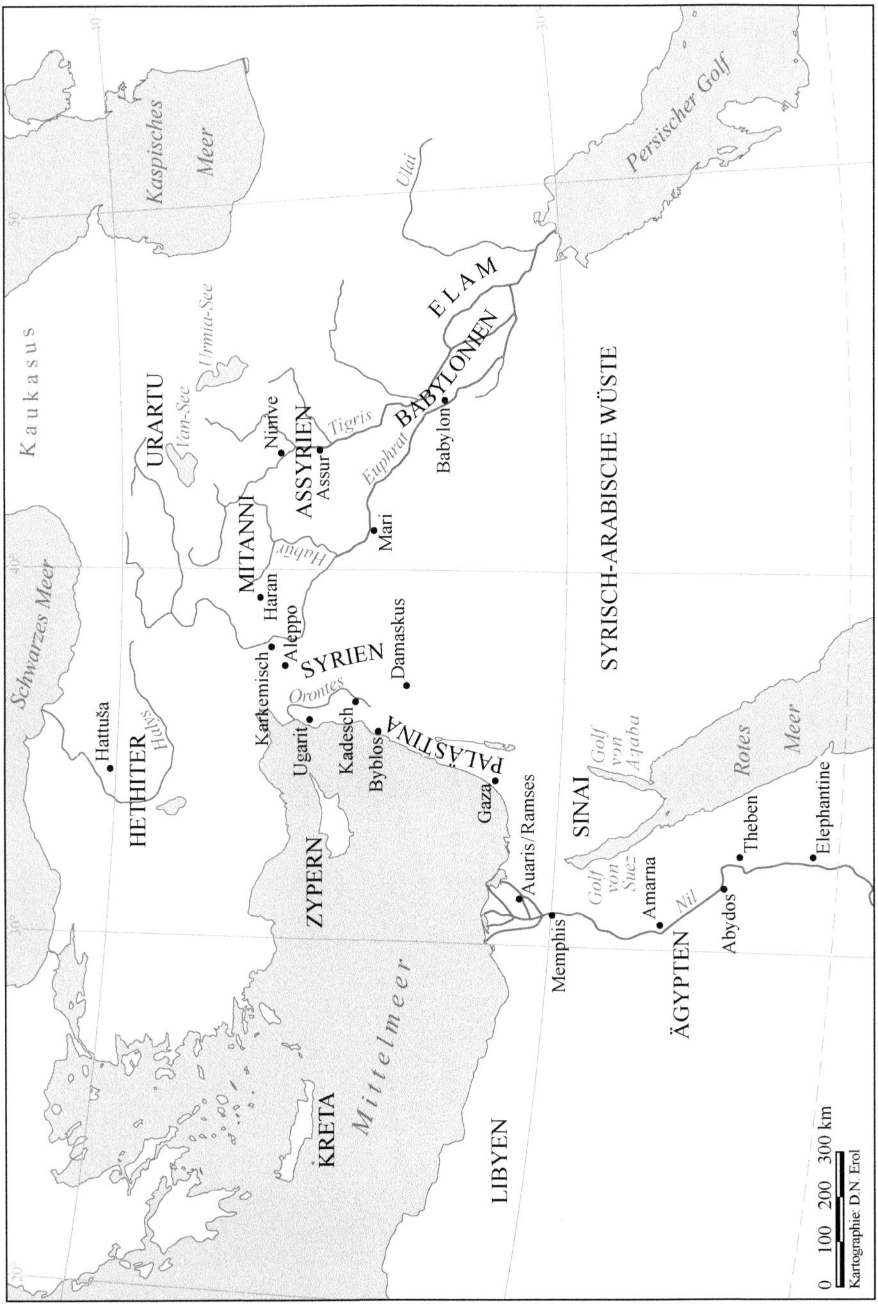

Karte 1: Der Vordere Orient in der zweiten Hälfte des 2. Jt.s v. Chr.
Vorlage H. Donner, Geschichte des Volkes Israel in Grundzügen, Bd. 1, Göttingen 1984, S. 31.

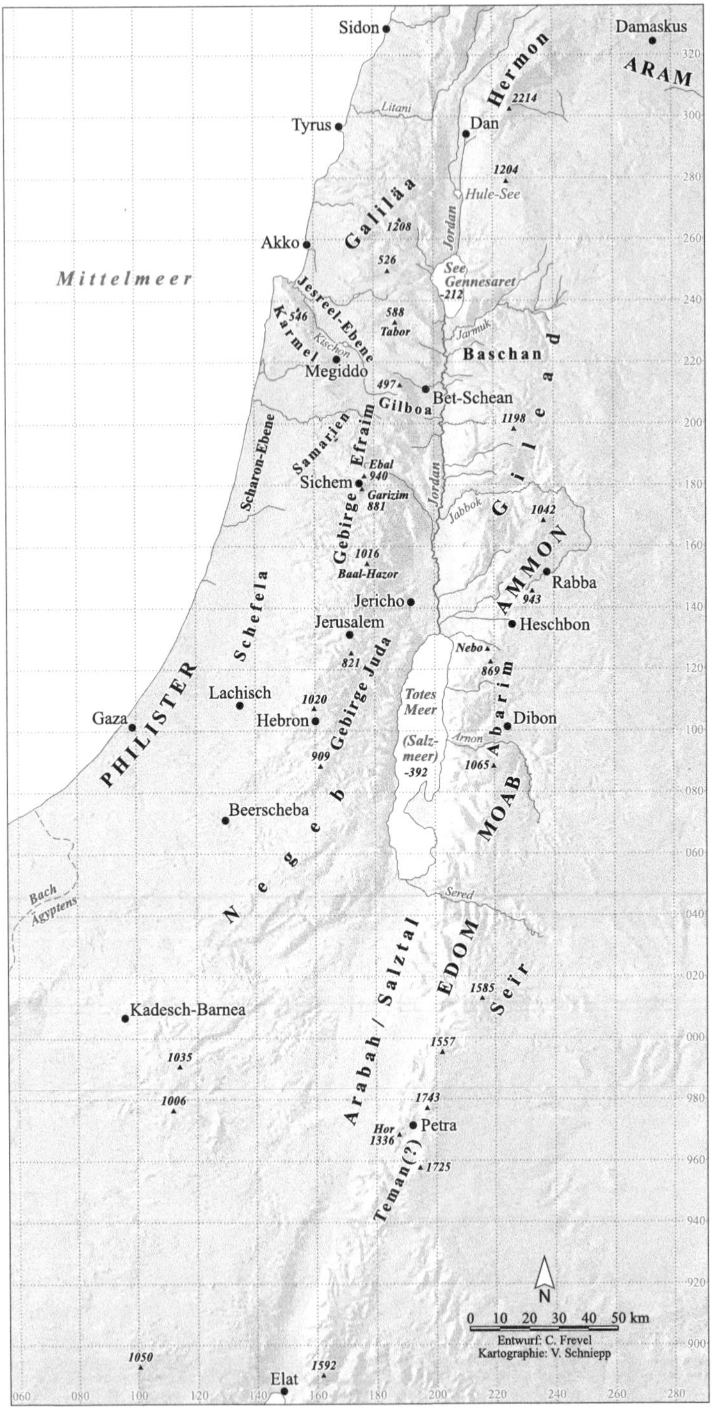

Karte 2: Regionen und Landschaften Israels/Palästinas
Entwurf C. Frevel auf der Grundlage von W. Zwickel, Palästina im 2. Jahrtausend v. Chr., Calwer Bibelatlas © 11. Auflage 2000, by Calwer Verlag Stuttgart.